गौतम उठकर खड़े हो गए। अपने भीतर की किसी व्याकुलता को दबाने के लिए कुटिया में इधर से उधर टहलने लगे थे। उनके जबड़े भिंचे हुए थे, मुट्ठियां कसी हुई थीं, "मैं अहल्या को छोड़कर नहीं जाऊंगा, नहीं जाऊंगा। मुझे नहीं चाहिए कुलपतित्व! ये लोग समझते हैं कि कुलपति बनने के लालच में मैं अपनी धर्मपत्नी को पतिता घोषित कर उसका त्याग कर दूंगा? यह कभी नहीं होगा, सदानीरा! तुम जाओ। उन लोगों से कह दो, यहां वन में रहकर, अपनी तपस्या के बल पर, गौतम समस्त कुलपतियों के सामूहिक सम्मान से बड़ा गौरव प्राप्त करके दिखाएगा...."

इसी उपन्यास से

# नरेन्द्र कोहली की अन्य रचनाएं

**उपन्यास** : 1. पुनरारंभ, 2. आतंक, 3. आश्रितों का विद्रोह, 4. साथ सहा गया दुख, 5. मेरा अपना संसार, 6. जंगल की कहानी, 7. अभिज्ञान, 8. आत्मदान, 9. प्रीतिकथा, 10 महासमर (बंधन, अधिकार, कर्म, धर्म, अंतराल, प्रच्छन्न, प्रत्यक्ष, निर्बंध), 11. तोड़ो कारा तोड़ो (निर्माण-साधना), 13 क्षमा करना जीजी

**कहानी-संग्रह** : 1. परिणति, 2. कहानी का अभाव, 3. दृष्टिदेश में एकाएक, 4. शटल, 5. नमक का कैदी, 6. निचले फ्लैट में, 7. संचित भूख, 8. मेरी तेरह कहानियां

**नाटक** : 1. शंबूक की हत्या, 2. निर्णय रुका हुआ, 3. हत्यारे, 4. गारे की दीवार, 5. संघर्ष की ओर, 6. किष्किंधा, 7. अगस्त्य-कथा

**व्यंग्य** : 1. एक और लाल तिकोन, 2. पांच एब्सर्ड उपन्यास, 3. जगाने का अपराध, 4. आधुनिक लड़की की पीड़ा, 5. त्रासदियां, 6. परेशानियां, 7. आत्मा की पवित्रता, 8. गणतंत्र का गणित, 9. देश के शुभचिंतक, 10 त्राहि-त्राहि, 11. इश्क एक शहर का, 12. रामलुभाया कहता है, 13. मेरे मुहल्ले के फूल, 14. मेरी इक्यावन व्यंग्य रचनाएं

**निबंध** : 1. नेपथ्य, 2. माजरा क्या है, 3. जहां है धर्म, वहीं है जय, 4. किसे जगाऊं?

**संस्मरण** : 1. बाबा नागार्जुन, 2. प्रतिनाद, 3. स्मरामि

**बाल-साहित्य** : 1. गणित का प्रश्न, 2. आसान रास्ता, 3. एक दिन मथुरा में, 5. हम सबका घर, 5. तुम अभी बच्चे हो, 6. समाधान, 7. कुकुर

डायमंड पॉकेट बुक्स

रामकथा रामकथा रामकथा रामकथा रामकथा रामकथा रामकथा रामकथा
रामकथा रामकथा रामकथा रामकथा रामकथा रामकथा रामकथा रामकथा
रामकथा रामकथा रामकथा रामकथा रामकथा रामकथा रामकथा रामकथा
रामकथा रामकथा रामकथा रामकथा रामकथा रामकथा रामकथा रामकथा

## रामकथा पर आधृत उपन्यास

रामकथा रामकथा रामकथा रामकथा रामकथा रामकथा रामकथा रामकथा
रामकथा रामकथा रामकथा रामकथा रामकथा रामकथा रामकथा रामकथा
रामकथा रामकथा रामकथा रामकथा रामकथा रामकथा रामकथा रामकथा
रामकथा रामकथा रामकथा रामकथा रामकथा रामकथा रामकथा रामकथा
रामकथा रामकथा रामकथा रामकथा रामकथा रामकथा रामकथा रामकथा
रामकथा रामकथा रामकथा रामकथा रामकथा रामकथा रामकथा रामकथा

# अभ्युदय

## खण्ड 1

रामकथा रामकथा रामकथा रामकथा रामकथा रामकथा रामकथा रामकथा
रामकथा रामकथा रामकथा रामकथा रामकथा रामकथा रामकथा रामकथा
रामकथा रामकथा रामकथा रामकथा रामकथा रामकथा रामकथा रामकथा
रामकथा रामकथा रामकथा रामकथा रामकथा रामकथा रामकथा रामकथा

नरेन्द्र कोहली

रामकथा रामकथा रामकथा रामकथा रामकथा रामकथा रामकथा रामकथा
रामकथा रामकथा रामकथा रामकथा रामकथा रामकथा रामकथा रामकथा
रामकथा रामकथा रामकथा रामकथा रामकथा रामकथा रामकथा रामकथा
रामकथा रामकथा रामकथा रामकथा रामकथा रामकथा रामकथा रामकथा
रामकथा रामकथा रामकथा रामकथा रामकथा रामकथा रामकथा रामकथा

प्रकाशक : डायमंड पॉकेट बुक्स (प्रा.) लि.
X-30 ओखला इंडस्ट्रियल एरिया, फेज-II
नई दिल्ली-110020
फोन : 011-40712200
ई-मेल : sales@dpb.in
वेबसाइट : www.diamondbook.in

**Abhyudaya Ram Katha-I**
*By : Narendra Kohli*

मधुरिमा, कार्त्तिकेय तथा अगस्त्य
के लिए

# अनुक्रम

# दीक्षा

## 1

समाचार सुना और विश्वामित्र एकदम क्षुब्ध हो उठे। उनकी आंखें, ललाट, कपोल — क्षोभ में लाल हो गये। क्षणभर समाचार लाने वाले शिष्य पुनर्वसु को बेध्याने घूरते रहे; और सहसा उनके नेत्र झुककर पृथ्वी पर टिक गये। अस्फुट-से स्वर में उन्होंने कहा, "असह्य!"

शब्द के उच्चारण के साथ ही उनका शरीर सक्रिय हो उठा। झटके से उठकर वे खड़े हो गए, "मार्ग दिखाओ, वत्स!"

पुनर्वसु पहले ही स्तंभित था, गुरु की प्रतिक्रिया देखकर जड़ हो चुका था; सहसा यह आज्ञा सुनकर जैसे जाग पड़ा और अटपटी-सी चाल चलता हुआ, गुरु के आगे-आगे कुटिया से बाहर निकल गया।

विश्वामित्र झपटते हुए-से पुनर्वसु के पीछे चल पड़े।

मार्ग में जहां-तहां आश्रमवासियों के त्रस्त चेहरे देखकर विश्वामित्र का उद्वेग बढ़ता गया। आश्रमवासी गुरु को आते देख, मार्ग से एक ओर हट, नतमस्तक खड़े हो जाते थे। और उनका इस प्रकार निरीह-कातर होना, गुरु को और अधिक पीड़ित कर जाता था: 'ये सब लोग मेरे आश्रित हैं। ये मुझ पर विश्वास कर यहां आये हैं। इनकी व्यवस्था और रक्षा मेरा कर्तव्य है। और मैंने इन सब लोगों को इतना असुरक्षित रख छोड़ा है। इनकी सुरक्षा का प्रबन्ध.....'

आश्रमवासियों की भीड़ में दरार पैदा हो गयी। उस मार्ग से प्रविष्ट हो, विश्वामित्र वृत्त के केन्द्र के पास पहुंच गए। उनके उस कठोर शुष्क चेहरे पर भी दया, करुणा, पीड़ा, उद्वेग, क्षोभ, क्रोध, विवशता जैसे अनेक भाव पुंजीभूत हो, कुंडली मारकर बैठ गये थे।

उनके पैरों के पास, भूमि पर नक्षत्र का मृत शरीर चित पड़ा था। इस समय यह पहचानना कठिन था कि शरीर किसका है। शरीर के विभिन्न मांसल अंगों की त्वचा फाड़कर मांस नोच लिया गया था, जैसे रजाई फाड़कर गूदड़ नोच लिया गया हो। कहीं केवल घायल त्वचा थी, कहीं त्वचा के भीतर से नंगा मांस झांक रहा था, जिस पर रक्त जमकर ठंडा और काला हो चुका था; और कहीं-कहीं मांस इतना अधिक नोच लिया गया था कि मांस के मध्य की हड्डी की श्वेतता मांस की ललाई के भीतर से भासित हो रही थी। शरीर की विभिन्न मांसपेशियां टूटी हुई रस्सियों के समान जहां-तहां उलझी

हुई थीं। चेहरा जगह-जगह से इतना नोचा-खसोटा गया था कि कोई भी अंग पहचान पाना कठिन था।

विश्वामित्र का मन हुआ कि वे अपनी आंखें फेर लें। पर आंखें थीं कि नक्षत्र के क्षत-विक्षत चेहरे से चिपक गयी थीं और नक्षत्र की भयविदीर्ण मृत पुतलियां कहीं उनके मन में जलती लौह शलाकाओं के समान चुभ गयी थीं, अब वे न अपनी आंखें फेर सकेंगे और न उन्हें मूंद ही सकेंगे। बहुत दिनों तक उन्होंने अपनी आंखें मूंदे रखी थीं — अब वे और अधिक उपेक्षा नहीं कर सकते । कोई-न-कोई व्यवस्था उन्हें करनी पड़ेगी....

" यह कैसे हुआ, वत्स?" उन्होंने पुनर्वसु से पूछा।

"गुरुदेव! पूरी सूचना तो सुकंठ से ही मिल सकेगी। सुकंठ नक्षत्र के साथ था।"

"मुझे सुकंठ के पास ले चलो।"

जाने से पहले विश्वामित्र आश्रमवासियों की भीड़ की ओर उन्मुख हुए, "व्याकुल मत होओ, तपस्वीगण। राक्षसों को उचित दंड देने की व्यवस्था मैं शीघ्र करूंगा। नक्षत्र के शव का उचित प्रबध कर मुझे सूचना दो।"

वे पुनर्वसु के पीछे चले जा रहे थे, "जब कभी भी मैं किसी नये प्रयोग के लिए यज्ञ आरंभ करता हूं, ये राक्षस मेरे आश्रम के साथ इसी प्रकार रक्त और मांस का खेल खेलते हैं। रक्त-मांस की इस वर्षा में कोई भी यज्ञ कैसे सम्पन्न हो सकता है...!"

पुनर्वसु चिकित्सा-कुटीर के मार्ग पर चल पड़ा था। विश्वामित्र उसके पीछे-पीछे मुड़ गये, "क्या अपनी शांति के लिए, अपने आश्रमवासियों की रक्षा के लिए, राक्षसों से समझौता कर लूं ? क्या उनकी बात मान लूं ? क्या अपना शस्त्र-ज्ञान उन्हें समर्पित कर मैं एक और शुक्राचार्य बन जाऊं ? भृगुओं और भरतों का समस्त शस्त्र, औषध तथा अश्वपालन सम्बन्धी ज्ञान देकर इन्हें और भी शक्तिशाली बना दूं ? क्या मैं भी उनमें से ही एक हो जाऊं ? राक्षसी वृत्तियों को निर्बाध पनपने दूं ? अपने आश्रम से आर्य-संस्कृति को निष्कासित कर, इसे राक्षस-संस्कृति का गढ़ बन जाने दूं ?"

पुनर्वसु चिकित्सा-कुटीर के द्वार पर जाकर रुक गया। उसने एक ओर हटकर गुरु को मार्ग दे दिया।

विश्वामित्र भीतर प्रविष्ट हुए।

चिकित्साचार्य ने अपनी शिष्य मंडली को एक ओर कर, आश्रम के कुलपति के लिए मार्ग बना दिया। विश्वामित्र सुकंठ की शैया से लगकर खड़े हो गये। सुकंठ का चेहरा और शरीर तरह-तरह की पट्टियों से बंधा हुआ था, किन्तु उसकी आंखें खुली हुई थीं और वह पूरी तरह चैतन्य था। गुरु को देखकर उसने शैया से उठने का प्रयत्न किया।

विश्वामित्र ने उसके कंधे पर अपना हाथ रख तनिक-से दबाव के साथ उसे लेटे रहने का संकेत किया।

"मुझे बताओ, वत्स! यह सब कैसे हुआ ?"

सुकंठ की भोली आंखों में एक त्रास तैर गया और उसका चेहरा अपना स्वाभाविक रंग छोड़, कुछ पीला हो गया; जैसे वह चिकित्सालय से उठाकर फिर से उन्हीं त्रासद क्षणों में पटक दिया गया था।

विश्वामित्र उसकी ओर कुछ और अधिक झुक गए। उनका स्वर बहुत ही कोमल हो आया था, "बताने में विशेष कष्ट हो तो अभी रहने दो, वत्स!"

सुकंठ के चहरे पर क्षणभर के लिए एक पीड़ित मुसकान झलकी, "नहीं, गुरुदेव! जो देखा है, उससे अधिक कष्ट बताने में नहीं है।" उसने एक निःश्वास छोड़ा, "मैं तथा नक्षत्र उधर से जा रहे थे, तो हमने वहां दो राक्षसों को बैठे हुए देखा। वे लोग डील-डौल में हमसे बहुत बड़े और शारीरिक शक्ति में हमसे बहुत अधिक थे। उनके वस्त्र भड़कीले, मूल्यवान एवं भद्दे थे। शरीर पर विभिन्न प्रकार के मणि-माणिक्य एवं स्वर्ण-आभूषण इस विपुलता से पहने हुए थे कि वे आभूषण न लगकर कबाड़ का आभास दे रहे थे। आश्रम के भीतर हमें उनका यह भद्दा व्यक्तित्व अत्यन्त आपत्तिजनक लग रहा था; पर शायद हम उन्हें कुछ भी नहीं कहते; क्योंकि मेरा ही नहीं, अनेक आश्रमवासियों का यह अनुभव है कि इन राक्षसों से कोई अच्छी बात भी कही जाए, या उनके सार्वजनिक दूषित व्यवहार के लिए उन्हें टोका जाए, तो वे लोग तनिक भी लज्जित नहीं होते, उल्टे झगड़ा करने लगते हैं। उनके पास शारीरिक शक्ति है, शस्त्र-बल है, धन-बल है; और फिर कोई शासन उनका विरोध नहीं करता। इन राक्षसों से झगड़ा कर हम कभी भी जीत नहीं पाते। इसलिए उनके अनुचित व्यवहार को देखते हुए भी आश्रमवासी सामान्यतः आंखें मूद लेते हैं..."

विश्वामित्र के मन में कहीं कसक उठी, 'क्या यह बालक मुझे उपालंभ दे रहा है ? क्या मैं इन राक्षसों की ओर से आंखें मूंदे हुए हूं.....?'

सुकंठ कह रहा था, "हम शायद उन्हें कुछ भी न कहते। पर तभी उधर से आश्रमवासिनी आर्या अनुगता गुजरीं। और तब हमें ज्ञात हुआ कि वे दोनों राक्षस मदिरा पीकर धुत्त थे। उन्होंने आर्या अनुगता को पकड़ लिया और अनेक अशिष्ट बातें कहीं। तब हमारे लिए उनकी उपेक्षा कर पाना संभव नहीं रहा। सोच-विचार का समय नहीं था, आर्य! और सच तो यह है कि हम लोग अपनी इच्छा से सोच-विचारकर, अपनी वीरता दिखाने भी नहीं गये थे। वह तो क्षण की मांग थी। यदि हम सोचते रह जाते तो वह राक्षस या तो आर्या अनुगता को मार डालते, या फिर उन्हें उठाकर ले जाते। हमने उन्हें ललकारा। उन दोनों ने खड्ग निकाल लिये। हम निःशस्त्र थे, परिणाम आपके सामने है.... ?" सुकंठ की वाणी रुंध गयी, "मैंने संज्ञा-शून्य होने से पूर्व उन्हें नक्षत्र के जीवित शरीर को अपने नखों एवं दांतों से उसी प्रकार नोचते हुए देखा था, जैसे गिद्ध किसी लोथ को नोचते हैं। वे लोग शायद मेरे साथ भी वही व्यवहार करते, किन्तु उससे पूर्व ही आश्रमवासियों की भीड़ एकत्रित हो गयी...."

सुकंठ ने अपनी आंखें भींच लीं और उसके गालों पर से बहते हुए अश्रु कानों

की ओर मुड़ गए।

''तुमने बहुत कष्ट सहा है, वत्स!'' विश्वामित्र बोले, ''अब शांत होओ। लगता है कि यह मेरी ही उद्यमहीनता का फल है। मैं दूसरों को दोष देता, शांत बैठा रहा; पर अब मुझे कुछ-न कुछ करना ही होगा, नहीं तो यह सिद्धाश्रम श्मशान बन जाएगा।''

उन्होंने सुकंठ के सिर पर हाथ फेरा। उन्हें शब्द नहीं सूझ रहे थे — कैसे वे अपने मन की पीड़ा सुकंठ तक पहुंचाएं। क्या उसके केशों पर फिरता उनका यह हाथ शब्दों से कुछ अधिक कह पायेगा ?...

वे द्वार की ओर बढ़ चले।

चिकित्सा-कुटीर से बाहर निकलते हुए विश्वामित्र के चेहरे पर निर्णय की दृढ़ता थी। यह निर्णय कितनी बार उभर-उभरकर उनके मस्तिष्क की ऊपरी तहों पर आया था, उन्होंने हर बार उसे स्थगित कर दिया था। किंतु अब और शिथिलता नहीं दिखानी होगी...

चेहरे के साथ उनके पगों में भी दृढ़ता आ गयी थी। उनके पग निश्चित आयास के साथ अपनी कुटिया की ओर बढ़ रहे थे। उनमें द्वंद्व नहीं था, अनिर्णय नहीं था, गंतव्यहीनता नहीं थी।

पर अपनी कुटिया में आकर, अपने आसन पर बैठते ही उनके भीतर का चिंतन जागरूक हो उठा । कर्मण्य विश्वामित्र फिर कहीं सो गया और चिंतक विश्वामित्र चेतावनी देने लगा — 'ठीक से सोच ले, विश्वामित्र! यह न हो कि गलत निर्णय के कारण अपमानित होना पड़े। सोच, सोच, अच्छी तरह सोच...'

विश्वामित्र के मन में कर्म का आवेश, फेन के समान बैठ गया। शीघ्रता विश्वामित्र के लिए नहीं है। वे जो कुछ करेंगे, सोच-समझकर करेंगे। एक बार कार्य आरंभ कर पीछे नहीं हटना है। अत: काम ऊपर से आरंभ करने के स्थान पर नीचे से ही आरंभ करना चाहिए। जब सूई से ही कार्य हो सकता है, तो खड्ग का उपयोग क्यों किया जाए ? स्थानीय शक्तियों से ही कार्य हो जाए, तो क्या आवश्यकता है कि वे सम्राटों के पास जाएं...

''पुनर्वसु!''

''गुरुदेव!''

''पुत्र! मुनि आजानुबाहु को बुला लाओ। कहना, आवश्यक कार्य है।''

पुनर्वसु चला गया और विश्वामित्र अत्यन्त उद्विग्नता से मुनि आजानुबाहु की प्रतीक्षा करते रहे... विश्वामित्र का मन कभी-कभी ही ऐसा उद्विग्न हुआ था...

मुनि ने आने में अधिक देर नहीं लगायी।

''आर्य कुलपति!''

''मुनि आजानुबाहु!'' विश्वामित्र ने कोमल आकृति वाले उस अधेड़ तपस्वी की ओर देखा, ''आपके व्यवस्था-कौशल, आपके परिश्रमी स्वभाव तथा आपके मधुर

व्यवहार को दृष्टि में रखते हुए एक अत्यन्त गंभीर कार्य आपको सौंप रहा हूं।''

"कुलपति, आज्ञा करें।'' मुनि ने सिर को तनिक झुकाते हुए कहा।

"जो कुछ आश्रम में घटित हुआ, उसे आपने देखा है। आश्रम के तपस्वियों के लिए राक्षसों से लड़ना संभव नहीं है। न तो उनके पास शस्त्र-बल है और न मनोबल। इसलिए हमें सहायता की आवश्यकता है। आप कुछ शिष्यों को साथ लेकर, आश्रम से लगते हुए, सभी ग्रामों में घूम जाएं — ग्राम चाहे आर्यों के हों, निषादों के हों, शबरों के हों अथवा भीलों के हों। सभी ग्राम-प्रमुखों को इस घटना की सूचना दें। उनसे कहें कि वे लोग आश्रमवासियों की सुरक्षा का प्रबन्ध करें और...'' विश्वामित्र का स्वर कुछ आवेशमय हो उठा, "और यदि वे लोग कुछ आनाकानी करें तो किसी राज्य व्यवस्था का अवलंब लेना पड़ेगा। मलद और करूश के राजवंशों का नाश हो जाने के कारण यह क्षेत्र राजविहीन हो गया है। किन्तु मुनिवर! यदि आवश्यकता पड़े, तो कुछ आगे बढ़ सम्राट् दशरथ की सीमा-चौकी पर नियुक्त राज-प्रतिनिधि सेनानायक बहुलाश्व के पास जाकर निवेदन करें। उसे सारी स्थिति समझाएं और उससे कहें कि वह अपराधियों को पकड़कर दंडित करे। यह ठीक है कि यह क्षेत्र उसकी सीमा में नहीं है, किन्तु सीमांत की भूमि शत्रु के लिए इस प्रकार असुरक्षित नहीं छोड़ देनी चाहिए। सीमांत पर होने वाली ऐसी घटनाओं का दमन उसका कर्तव्य है, नहीं तो ये ही घटनाएं उसकी सीमा के भीतर होने लगेंगी।''

मुनि ने एक बार पूरी दृष्टि से विश्वामित्र को देखा और सिर झुका दिया, "आपकी आज्ञा का अक्षरशः पालन होगा।''

प्रणाम कर वे जाने के लिए मुड़ गये।

आजानुबाहु चले गए, किंतु विश्वामित्र उनकी आंखों का भाव नहीं भूल पाये। सदा यही होता है — हर बार यही होता है। आजानुबाहु की आंखें उन्हें उपालंभ देती हैं-जैसे कहती हों, 'विश्वामित्र! तुम बातों के ही धनी हो। कर्म तुम्हारे वश का नहीं है।'

ऋषि विश्वामित्र का अत्यन्त संयमी मन दिनभर किसी काम में नहीं लगा। जैसे ही ध्यान किसी ओर लगाते, उनकी आंखों के सम्मुख नक्षत्र और सुकंठ के चेहरे फिरने लगते। और नक्षत्र का वह विकृत रूप — जगह-जगह से उधड़ा हुआ मांस, टूटी हुई मांसपेशियां, लाल मांस में से झांकती हुई सफेद हड्डियां-क्या करें विश्वामित्र ? कैसे उन चेहरों से पीछा छुड़ाएं ?

फिर उनका ध्यान मुनि आजानुबाहु की ओर चला गया। उन्हें भेजा है ग्राम-प्रमुखों के पास और सेनानायक बहुलाश्व के पास भी। देखें, क्या उत्तर लाते हैं। क्या उत्तर हो सकता है? मुनि आजानुबाहु सदा अपना कार्य पूरा करके आते हैं और फिर उनकी आंखों में वही भाव होता है— मैं तो कर आया, विश्वामित्र! देखना है, तुम क्या करते हो।' ओह! उन आंखों का अविश्वास...

...पर विश्वामित्र स्वयं अपने ऊपर चकित थे। क्या हो गया है उन्हें! उन्होंने

अपनी युवावस्था में अनेक युद्ध लड़े हैं, सेनाओं का संचालन किया है। फिर राक्षसों के आक्रमण की भी यह कोई पहली घटना नहीं है... इतने विचलित तो वे कभी नहीं हुए। वे अत्यन्त संयम और आत्म-नियन्त्रण से अपना दैनिक कार्य करते रहे हैं, किंतु आज... क्या उनके सहने की भी सीमा आ गयी है?...

संध्या ढलने को थी, अंधकार होने में थोड़ा ही समय शेष था, जब मुनि आजानुबाहु ने उपस्थित हो, झुककर कुलपति को प्रणाम किया।

"आसन ग्रहण करें, मुनिवर!"

मुनि अत्यन्त उदासीन भाव से बैठ गए। उनके मुख पर उल्लास की कोई भी रेखा नहीं थी। शरीर के अंग-संचालन में चपलता सर्वथा अनुपस्थित थी। विश्वामित्र की आंखें मुनि का निरीक्षण कर रही थीं — "क्या समाचार लाये हैं, मुनि ?..."

"आपकी आज्ञा के अनुसार मैं सिद्धाश्रम के साथ लगते हुए दसों ग्रामों के मुखियों के पास हो आया हूं।"

"आपने उन्हें इस दुर्घटना की सूचना दी ?"

" हां, आर्य कुलपति!"

"उन्होंने क्या उत्तर दिया ?"

"प्रभु! वे उत्तर नहीं देते।" मुनि बहुत उदास थे, "मौन होकर सब कुछ सुन लेते हैं और दीर्घ निःश्वास छोड़कर शून्य में घूरने लगते हैं। उन्हें जब यह ज्ञात होता है कि यह राक्षसों का कृत्य है; और राक्षस ताड़का के सैनिक शिविर से संबद्ध हैं तो वे उनके विरुद्ध कुछ करने के स्थान पर उल्टे भयभीत हो जाते हैं।"

"जन-सामान्य का भीरू हो जाना अत्यन्त शोचनीय है, मुनिवर!" विश्वामित्र का स्वर चिंतित था।

"हां, आर्य कुलपति!" मुनि आजानुबाहु बोले, "यदि ऐसा न होता तो इन राक्षसों का इतना साहस ही न होता। ऋषिवर! हमारे आश्रमनिवासियों में अभी भी थोड़ा-सा आत्मबल और तेज है, अतः आश्रम के भीतर हमें उतना अनुभव नहीं होता, अन्यथा आश्रम के बाहर तो स्थिति यह है कि सैकड़ों लोगों की उपस्थिति में राक्षस तथा उनके अनुयायी व्यक्ति का धन छीन लेते हैं, उसे पीट देते हैं, उसकी हत्या कर देते हैं। जनाकीर्ण हाट-बाजार में महिलाओं को परेशान किया जाता है, उन्हें अपमानित किया जाता है, उनका हरण किया जाता है —और जनसमुदाय खड़ा देखता रहता है। जनसमुदाय अब मानो नैतिक-सामाजिक भावनाओं से शून्य, हतवीर्य तथा कायर, जड़ वस्तु है। जिसके सिर पर पड़ती है, वह स्वयं भुगत लेता है — शेष प्रत्येक व्यक्ति इन घटनाओं से उदासीन, स्वयं को बचाता-सा निकल जाता है। इससे अधिक शोचनीय स्थिति और क्या होगी, आर्य कुलपति!"

जाने क्यों विश्वामित्र को मुनि का प्रत्येक वाक्य अपने लिए ही उच्चरित होता लगता था। क्या आजानुबाहु जान-बूझकर ऐसे वाक्यों का प्रयोग कर रहे हैं, या

विश्वामित्र का अपना ही मन उन्हें धिक्कार रहा है...पर धिक्कार से क्या होगा, अब कर्म का समय है।

विश्वामित्र अपने चिंतन को नियंत्रित करते हुए बोले, ''न्याय-पक्ष दुर्बल और भीरु तथा अन्याय-पक्ष दुस्साहसी एवं शक्तिशाली हो गया है। यह स्थिति अत्यन्त अहितकर है।...आप शासन-प्रतिनिधि सेनानायक बहुलाश्व के पास भी गए थे?''

''आर्य! गया था।'' मुनि का स्वर और अधिक शुष्क और उदासीन हो गया।

''उससे क्या बातचीत हुई ? उसने अपराधियों को बंदी करने के लिए सैनिक भेजे?''

''उससे बातचीत तो बहुत हुई ।'' मुनि ने उत्तर दिया। उनके स्वर में फिर वही भाव था। विश्वामित्र साफ-साफ सुन पा रहे थे। आजानुबाहु ने कुलपति की आज्ञा का पालन अवश्य किया था, किन्तु उन्हें इन कार्यों की सार्थकता पर विश्वास नहीं था। ''किन्तु उसने अपने सैनिकों को कोई आदेश नहीं दिया। कदाचित् वह कोई आदेश देगा भी नहीं।''

''क्यों ?'' विश्वामित्र की भृकुटी वक्र हो उठी।

''सेनानायक बहुलाश्व को आज बहुत से उपहार प्राप्त हुए हैं, आर्य कुलपति! उसे एक बहुमूल्य रथ मिला है। उसकी पत्नी को शुद्ध स्वर्ण के आभूषण मिले हैं। मदिरा का एक दीर्घाकार भांड मिला है; और कहते हैं कि एक अत्यन्त सुन्दरी दासी भी दिए जाने का वचन है।''

''ये उपहार किसने दिये हैं, मुनिवर ?''

''राक्षस शिविर ने, आर्य ! राक्षस बिना युद्ध किए भी विपक्षी सैनिकों को पूर्णतः पराजित कर देते हैं।''

विश्वामित्र के मन में सीमातीत क्षोभ हिल्लोलित हो उठा। शांतिपूर्वक बैठे रहना असंभव हो गया। वे उठ खड़े हुए और अत्यन्त व्याकुलता की स्थिति में, अपनी कुटिया में एक कोने से दूसरे कोने तक टहलने लगे। मुनि आजानुबाहु ने उन्हें ऐसी क्षुब्धावस्था में कभी नहीं देखा था...

विश्वामित्र जैसे वाचिक चिंतन करते हुए बोले, ''इसका अर्थ यह हुआ कि शासन, शासन-प्रतिनिधि, सेना — सब के होते हुए भी, जो कोई चाहे, मनमाना अपराध कर ले और उसके प्रतिकार के लिए शासन-प्रतिनिधि के पास उपहार भेज दे — उसके अपराध का परिमार्जन हो जायेगा। यह कैसा मानव-समाज है ? हम किन परिस्थितियों में जी रहे हैं ! यह कैसा शासन है ? यह तो सभ्यता-संस्कृति से दूर हिंस्र पशुओं से भरे किसी गहन विपिन में जीना है...''

''इतना ही नहीं, आर्य कुलपति!'' मुनि के स्वर में व्यंग्य से अधिक पीड़ा थी, ''मैंने तो सुना है कि अनेक बार ये राक्षस तथा उनके मित्र शासन-प्रतिनिधि को पहले से ही सूचित कर देते हैं कि वे लोग किसी विशिष्ट समय पर, विशिष्ट स्थान पर, कोई

अत्याचार करने जा रहे हैं — शासन-प्रतिनिधि को चाहिए कि वह उस समय अपने सैनिकों को उधर जाने से रोक ले; और शासन-प्रतिनिधि वही करता है... इस कृपा के लिए शासन-प्रतिनिधि को पूर्ण पुरस्कार दिया जाता है..."

"असहनीय! पूर्णतः अमानवीय! राक्षसी...राक्षसी..." विश्वामित्र विक्षिप्त-से इधर से उधर चक्कर लगा रहे थे।

"आपने सेनानायक को बताया था कि आप सिद्धाश्रम से आये हैं और आपको मैंने भेजा है ?" सहसा विश्वामित्र ने रुककर पूछा।

"हां, आर्य!" मुनि ने कहा।

"उसका कोई प्रभाव नहीं हुआ ?"

मुनि के मुखमंडल पर फिर व्यंग्य आ बैठा, "आप सब कुछ जानते हुए भी पूछते हैं, ऋषिवर! राक्षसों ने कभी भी आश्रमों तथा ऋषियों को सम्मान की दृष्टि से नहीं देखा। उनकी ही देखा-देखी अनेक आर्यों ने भी ऋषियों को उपहास की, तुच्छ एवं नगण्य वस्तु मान लिया है। सेनानायक बहुलाश्व ने मुझे ऐसा ही सम्मान दिया।...हम उनके लिए क्या हैं ? निरीह, कोमल जीव — जो उन्हें डंक नहीं मार सकते; और वे जब चाहें, हमें मसल सकते हैं।"

विश्वामित्र का ध्यान मुनि के व्यंग्यात्मक स्वर की ओर नहीं गया। उनका क्रोध बढ़ता जा रहा था — लगता था, वे किसी भी क्षण फट पड़ेंगे; उन्होंने स्वयं को किसी प्रकार नियंत्रित किया। बोले, "अच्छा, मुनिवर ! आप विश्राम करें, मैं कोई-न-कोई व्यवस्था करूंगा। यह क्रम बहुत दिन नहीं चलेगा।"

मुनि आजानुबाहु उठे नहीं, वैसे ही बैठे-बैठे तनिक-सा सिर झुकाकर बोले, "यदि अनुमति हो तो एक और सूचना देना चाहता हूं। घटना तनिक विस्तार से बताने की है।"

विश्वामित्र का क्रोध बार-बार उन्हें खींचकर किसी और लोक में ले जाता था, और वे बार-बार स्वयं को घसीटकर सिद्धाश्रम में ला रहे थे। कैसा समय है कि जिन विश्वामित्र के सम्मुख आर्य सम्राट् सिर झुकाते थे — आज एक तुच्छ सेनानायक उनकी उपेक्षा कर रहा था; केवल इसलिए कि उन्होंने अपनी इच्छा से राजसिक सत्ता, सैन्य बल, अस्त्र-शस्त्र तथा भोग की भौतिक सामग्रियों का त्याग कर समाज के कल्याण के लिए तपस्या का यह कठिन मार्ग स्वीकार किया था। जिन गुणों के लिए उनकी पूजा होनी चाहिए थी, उन्हें उनका दोष मान लिया गया है..

मुनि की बात सुनकर बोले, "कहिए, मुनिवर! मैं सुन रहा हूं।"

"आर्य कुलपति!" आजानुबाहु बोले, "सेनानायक बहुलाश्व के सैनिक शिविर के समीप, सम्राट दशरथ के राज्य की सीमा के भीतर ही एक ग्राम है। ग्राम के निवासी जाति के निषाद हैं। पुरुष अधिकांशतः नौकाएं चलाते हैं और स्त्रियां मछलियां पकड़ती हैं..."

"शायद मैं उस ग्राम से परिचित हूं।" विश्वामित्र बोले।

"उसी ग्राम में गहन नामक एक व्यक्ति रहता है। कुछ दिन पूर्व आर्य युवकों का एक दल गहन की कुटिया पर गया था। युवकों ने मदिरा इतनी अधिक पी रखी थी कि उन्हें उचित-अनुचित का बोध नहीं था। उन्होंने सीधे स्वयं गहन के पास जाकर मांग की कि वह अने परिवार की स्त्रियां उनकी सेवा में भेज दे। ऐसी अशिष्ट मांग सुनकर गहन क्रुद्ध हो उठा। उसके आह्वान पर ग्राम के अनेक युवक वहां एकत्रित हो गए। किन्तु आर्य युवक अपनी मांग से टले नहीं। उनका तर्क था कि वे लोग धनी-मानी सवर्ण आर्य हैं और कंगाल गहन के परिवार की स्त्रियां नीच जाति की तुच्छ स्त्रियां हैं। नीच जाति की स्त्रियों की भी कोई मर्यादा होती है क्या ? वे होती ही किसलिए हैं ? सवर्ण आर्यों के भोग के लिए ही तो!"

"वे लोग न केवल अपनी दुष्टता पर लज्जित नहीं हुए, वरन् अपनी हठ मनवाने के लिए झगड़ा भी करने लगे। उस झगड़े में उन्हें कुछ चोटें आयीं। अंततः वे लोग यह धमकी देते हुए चले गए कि वे नीच जाति को उसकी उच्छृंखलता के लिए ऐसा दंड दिलाएंगे, जो आज तक न किसी ने देखा होगा, न सुना होगा।"

"फिर ?" विश्वामित्र तन्मय होकर सुन रहे थे।

"गहन कल से अस्वस्थ चल रहा था। आज जब सारा ग्राम अपने काम से नदी पर चल गया, गहन अपनी कुटिया में ही रह गया। गहन की देख-भाल के लिए उसकी पत्नी भी रह गयी। अपनी सास की सहायता करने के विचार से गहन की दोनों पुत्रवधुएं भी घर पर ही रहीं। गहन की दुहिता अकेली कहां जाती, अतः वह भी नदी पर नहीं गयी.."

"फिर ?" विश्वामित्र जैसे श्वास रोके हुए, सब कुछ सुन रहे थे।

"अवसर देखकर आर्य युवकों का वही दल ग्राम में घुस आया।" मुनि आजानुबाहु ने बताया, "अकेला अस्वस्थ गहन क्या करता! उन्होंने उसे पकड़कर एक खम्भे के साथ बांध दिया। उसकी वृद्धा पत्नी, युवा पुत्रवधुओं तथा बाला दुहिता को पकड़कर, गहन के सम्मुख ही नग्न कर दिया। उन्होंने वृद्ध गहन की आंखों के सम्मुख बारी-बारी उन स्त्रियों का शील-भंग किया। फिर उन्होंने जीवित गहन को आग लगा दी; और जीवित जलते हुए गहन की उस चिता में लौह शलाकाएं गर्म कर-करके उन स्त्रियों के गुप्तांगों पर उनकी जाति चिह्नित की..."

"असहनीय!" विश्वामित्र ने पीड़ा से कराहते हुए कहा।

उन्होंने दोनों हथेलियों से अपने कान बंद कर, आंखें मींच ली थीं।

वृद्ध ऋषि की मानसिक पीड़ा देखकर मुनि आजानुबाहु चुप हो गये — ऋषि विश्वामित्र से उच्च्व आर्यों की कौन-सी जाति है। भरतों में सर्वश्रेष्ठ विश्वामित्र! वे विश्वामित्र उन निषाद स्त्रियों के साथ घटी घटना को सुन तक नहीं सकते — और कुलीनता का दंभ भरने वाले वे आर्य युवक ऐसे कृत्यों को अपना धर्म मानते हैं!...

आजानुबाहु को लगा, उनके मन में बैठा विश्वामित्र-द्रोही भाव विगलित हो उठा है और अब उनके मन में श्रद्धा ही है। इस वृद्ध ऋषि के लिए दूसरा भाव हो ही क्या सकता है। स्फटिक जैसा उज्ज्वल मन होते हुए भी, परिस्थितियों के सम्मुख कैसे असहाय हो गए हैं विश्वामित्र!

मुनि चुपचाप कुलपति की आकृति पर चिह्नित पीड़ा को आंखों से पीते रहे। कुछ नहीं बोले। और बोलकर ऋषि की पीड़ा में वृद्धि करना उचित होगा क्या?...

"इस घटना की सूचना सेनानायक बहुलाश्व को है ?" अन्त में विश्वामित्र ने ही पूछा।

"शासन-तंत्र के विभिन्न प्रतिनिधियों ने इस घटना की सूचना पाकर जब कुछ नहीं किया, तो गहन के पुत्र बहुलाश्व के पास भी गये थे। बहुलाश्व ने सारी घटना सुनकर कहा कि वह शोध करके देखेगा कि इस घटना में तथ्य कितना है।"

"इतनी बर्बरता हो रही है — अमानवीय, पैशाचिक, राक्षसी। और शासन का प्रतिनिधि कहता है, वह शोध करेगा।" विश्वामित्र असाधारण तेजपुंज हो रहे थे, "उन आर्य युवकों की जीवित त्वचा खींच ली जानी चाहिए। मैं घोषणा करता हूं कि ये युवक आर्य नहीं हैं। वे लोग राक्षस हैं-पूर्ण राक्षस। रावण के वंशज।"

"आर्य कुलपति!" मुनि बोले, "गहन के पुत्र उन स्त्रियों के साथ मुझे मिले थे। मैं उन्हें अपने साथ सिद्धाश्रम में लेता आया हूं। वे आश्रम के बाहर कहीं भी स्वयं को सुरक्षित नहीं पाते।"

"उन्हें बुलाओ!" विश्वामित्र उतावली से बोले।

मुनि बाहर गये और क्षणभर में ही लौट आये। उनके साथ एक भीड़ थी — चुपचाप, मौन। किन्तु उनकी आकृतियों पर आक्रोश और विरोध चिपक-सा गया था। उन्होंने कंधों पर चारपाइयां उठा रखी थीं। चारपाइयां भूमि पर रखकर वे लोग हट गये। केवल दो पुरुष उन चारपाइयों के पास खड़े रह गये। कदाचित् ये दोनों ही गहन के पुत्र थे।

विश्वामित्र ने देखा — अत्यन्त पीड़ित चेहरे। त्रस्त एंव आतंकित। चारपाइयों पर एक वृद्धा स्त्री थी, कदाचित् यही गहन की पत्नी थी। दो युवतियां-असह्य पीड़ा में कराहती हुई; और एक निपट बालिका, जिसने अपनी पीड़ा को सहने के उपक्रम में अपने ही दांतों से अपने होंठ काट लिये थे।

विश्वामित्र का दृढ़ व्यक्तित्व सर्वथा हिल गया। उनके जी में आया, वे रो पड़ें — उन राक्षसों को इस बालिका पर भी दया न आयी...और सहसा विश्वामित्र के भीतर घृणा पूंजीभूत होने लगी । इस घृणा को पोषित करना होगा — तभी राक्षसों का संहार होगा।

"मुनिवर, इन देवियों को तुरन्त चिकित्सा-कुटीर में पहुंचाकर इनका उपचार करवाएं।" उन्होंने आदेश दिया, "गहन के पुत्रो! तुम दोनों यहीं ठहर जाओ।"

आदेश का पालन हुआ। भीड़ उन चारपाइयों को लेकर चली गयी, केवल गहन के दोनों पुत्र पीछे रह गये।

"बैठ जाओ, पुत्रो!" ऋषि ने कहा।

वे दोनों बैठे नहीं। दंड के समान ऋषि के चरणों में टूटकर गिरे–जैसे अब तक का रोका हुआ बांध बह गया हो। वे लोग देर तक उनके चरणों पर पड़े हुए रोते रहे। विश्वामित्र की आंखों से भी निःशब्द अश्रु झरते रहे।

अंततः ऋषि बोले, "उठो, वत्स! धैर्य धारण करो। मुझे बताओ कि जब तुम्हारी सहायता को कोई नहीं आया, तो तुम्हारे ग्राम-बंधुओं ने उन आर्य युवकों से प्रतिशोध क्यों नहीं लिया ?"

"ऋषिवर! वह आत्महत्या होती। हमारा सारा ग्राम जला दिया जाता। सारे पुरुषों की हत्या कर दी जाती। ग्राम की प्रत्येक स्त्री की वही स्थिति होती, जो आज हमारे परिवार की स्त्रियों की हुई है। उन आर्य युवकों के त्रास से किसी आर्य वैद्य ने इनका उपचार भी नहीं किया।" गहन का ज्येष्ठ पुत्र गगन बोला।

"ऐसे शक्तिशाली लोग हैं वे!" ऋषि पीड़ा के साथ-साथ आश्चर्य से भर उठे, "वत्स, कौन लोग हैं वे ?"

गगन सिर झुकाए मौन बैठा रहा।

"तुम उन लोगों से परिचित हो ?"

गगन ने स्वीकृति में सिर हिला दिया।

"तो बताते क्यों नहीं ?"

गगन की आंखों में मृत्यु की छाया प्रत्यक्ष हो गयी, "उन्हें पता चलेगा कि मैंने आपको बताया है तो वे लोग मेरी भी हत्या कर देंगे।"

तेज-प्रज्वलित स्वर में विश्वामित्र बोले, "मृत्यु के भय से कायर मत बनो, वत्स! जो कुछ घटित हो चुका है, क्या वह किसी मृत्यु से कम है ?...मैं तुम्हें सिद्धाश्रम में शरण देता हूं। किसी भी आश्रमवासी की जितनी रक्षा होती है, वैसी ही रक्षा तुम्हारी भी होगी। बोलो, वे कौन हैं ?"

"बाध्य न करें, ऋषिवर!" गगन का मुख दीनयाचना में डूब गया।

"बोलो!" ऋषि कड़ककर बोले, "उन दलितों का उद्धार कभी नहीं होता, जो अत्याचार का विरोध नहीं करते।"

गगन ने अत्यन्त भयभीत होकर ऋषि को देखा। वहां मानो विश्वामित्र नहीं थे, एक तेज था, प्रकाश था, सत्य था...उस तेज में जैसे वह बंध गया। उसका भय, भीतर का प्रतिरोध उस प्रकाश में विलीन हो गया। बोला, "उनका नेता सेनानायक बहुलाश्व का पुत्र देवप्रिय है।"

पर देवप्रिय नाम लेते ही वह सचेत हो उठा। वह अपने-आप में लौट आया था। रोने के लिए उसने अपने होंठ फैला दिए।

विश्वामित्र का मस्तिष्क एकदम झन्नाका खा गया। स्वयं शासन-प्रतिनिधि का ही पुत्र राक्षसी कृत्य करेगा तो न्याय कौन करेगा ? न्याय की मांग करने कोई किसके पास जाए!...और यदि पिता उत्कोच लेकर अत्याचारों की ओर से आंखें मूंद लेता है तो पुत्र इतना भी नहीं करेगा क्या ?''

विश्वामित्र की आंखें जैसे आकाश को बेध देने के लिए ऊपर की ओर उठीं। उन आंखों में दृढ़ता थी, वज्र की-सी। बोले, ''जब शासक राक्षस हो जाए तो न्याय का कर्तव्य ऋषि का होता है।...''

तभी मुनि आजानुबाहु ने कुटिया में प्रवेश किया। उनका मुख पहले से भी अधिक पीड़ित था।

विश्वामित्र की प्रश्नभरी आंखें उनकी ओर उठीं।

''आर्य कुलपति! उन स्त्रियों में से वृद्ध और बालिका का देहांत हो गया है।''

विश्वामित्र कुछ नहीं बोले। उनकी आंखों में जल के दो कण चमक आए। मुनि आजानुबाहु और गहन के दोनों पुत्र जा चुके थे।

विश्वामित्र अकेले अपनी कुटिया में इधर से उधर टहल रहे थे। वे बार-बार किसी निर्णय पर पहुंचते और फिर उसे त्याग देते। वे निर्द्वन्द्व रूप से एक निर्णय पर पहुंच नहीं पा रहे थे। क्या करें ? प्रश्न! प्रश्न ! चिंता ही चिंता। वे सोचते जा रहे थे।

बात सोचने की ही नहीं, चिंता की भी थी। सत्‌युग के साथ ही देवताओं का बल एकदम क्षीण हो चुका था। अब स्थान-स्थान पर वे राक्षसों के साथ संघर्ष करते हुए दिखाई नहीं पड़ते थे। देवासुर-संग्राम अतीत की बात हो चुका था। अपनी अत्यधिक वैज्ञानिक उन्नति के कारण देवताओं ने सत्‌युग में बहुत अधिक शक्ति, धन और सत्ता प्राप्त कर ली थी। परिणामतः वे लोग निश्चिंत, विलास में मग्न हो गये थे। वह विलास कितना आत्मघाती सिद्ध हुआ।...जल-प्लावन में प्रायः देव-शक्ति नष्ट हो गयी। देव-शक्ति के क्षीण होते ही राक्षस लोगों ने सिर उठाना आरम्भ किया। ठीक है, ये राक्षस देवताओं के समान विज्ञान एवं तकनीकी ज्ञान में उन्नत नहीं हैं, किन्तु वे अस्त्र-बल से सम्पन्न हैं और उनके पास जन-शक्ति है।...और अब तो उनको रावण जैसा नेता भी मिल गया है। वह जंबू-द्वीप ही नहीं, क्षीण-शक्ति देवलोक तक धावा मार आया है; पर कोई उसकी गति बाधित नहीं कर सका। रावण ने लंका को अपना केन्द्र बना लिया है। जंबू-द्वीप के दक्षिण-पूर्व के सारे द्वीप जीत लिये हैं। सारा हेतिकुल उसके संरक्षण में पाताल को छोड़कर लंका में आ गया है। वह भूगोल की सुविधाओं को समझता है। उसके पास जल-सेना है जो आर्यावर्त्त में किसी सम्राट के पास नहीं है...।'' विश्वामित्र की आंखें एक अनजाने भय से विस्फारित हो उठीं, ''कितना असुरक्षित है आर्यावर्त्त ...आर्यावर्त्त ही क्यों, सारा जंबू-दीप। दक्षिण में कोई शक्तिशाली राजा नहीं है। वहां की निवासी-अर्द्धविकसित जातियों के पास शस्त्र-बल है ही नहीं। वे हाथों, नखों, दांतों, पत्थरों तथा लकड़ियों से लड़ते हैं। वे कैसे रोक पाएंगे रावण की सुशिक्षित सशस्त्र

राक्षसी सेना को!...हां, एक वाली है। पर वाली से रावण ने मित्रता कर ली है। वैसे भी वाली से रावण को कोई भय नहीं है। वाली न तो महत्त्वाकांक्षी है, न विस्तारवादी, न वह दूसरों के अन्याय और अपने अधिकारों के प्रति सचेत है। वह रावण का विरोध क्यों करेगा ? किसी समय वह रावण का उपकरण अवश्य बन सकता है। ...रावण ने कितने सुसंयोजित ढंग से अपनी सेनाओं को आगे बढ़ाना आरम्भ किया है। दक्षिणी जंबू-दीप में पंचवटी के पास उसने अत्यन्त महत्त्वपूर्ण सैनिक शिविर स्थापित किया है। वहां उसकी बहन शूर्पणखा है, उसके सेनापति खर और दूषण हैं। सहस्रों राक्षस उस जनपद में बस गये हैं। लंका भी वहां से दूर नहीं है... सारे दक्षिणी जंबू-दीप में उसके राक्षस हिंस्र पशुओं के समान उन्मुक्त घूमते फिर रहे हैं। ऋषियों, मुनियों, तपस्वियों, आर्य बुद्धिजीवियों तथा दुर्बल जन-साधारण की हड्डियां चबाना उनका नित्यकर्म हो गया है। वे नहीं चाहते कि स्थानीय अर्द्ध-विकसित जातियों को ऋषियो का बौद्धिक नेतृत्व मिले। इसलिए किसी भी ऋषि को देखते ही वे उसे फाड़ खाने को दौड़ते हैं...और उस रावण की दृष्टि आर्यावर्त्त पर केन्द्रित है। सम्राटों की शिथिलता का लाभ उठाते हुए, उसने अपने सिद्धाश्रम के पास सैनिक शिविर ही नहीं, पूरा का पूरा राक्षसी उपनिवेश स्थापित कर लिया है। मलद और करूश दोनों राज्य ताड़का और उसके पुत्र मारीच ने नष्ट कर दिए हैं। अब यहां क्या रह गया है ? भयंकर ताड़कावन! आज न मलद और करूश के राजवंशों का पता है, न उनकी प्रजा का। वे या तो राक्षसों के पेट में चले गये हैं, या किसी अन्य सुरक्षित स्थान की खोज में भाग गये हैं। कहीं-कहीं कोई ग्राम मिल जाता है। नगर तो कहीं कोई रहा ही नहीं। अब सिद्धाश्रम राक्षसों के मार्ग की बाधा है। इसे भी किसी दिन वे समाप्त कर देंगे और फिर आर्यावर्त्त..." विश्वामित्र भीतर ही भीतर एकदम सिहर उठे, "...राक्षस लोग एक बार आर्यावर्त्त में जा घुसे तो क्या होगा आर्यावर्त्त का ? ग्राम जला डाले जायेंगे। पुरुष, नारियां और बच्चे कच्चे या भून-भूनकर खाए जाएंगे। रूपवती नारियां राक्षसों के घरों में दासियां-बांदियां बनेंगी। उच्च चिंतन, उच्च संस्कृति — सब कुछ अग्नि, धूल, रक्त और मज्जा के कीचड़ में विलीन हो जाएगा..."

सहसा विश्वामित्र को लगा, उनके मन में राक्षसों के विरुद्ध जो क्षोभ है, उससे भी अधिक क्षोभ आर्यावर्त्त के राजाओं के विरुद्ध है। आज वह समय क्यों नहीं है, जब सारी सेनाएं एक ही सेनापति के अधीन युद्ध करती थीं ? क्यों आज भी प्राचीन काल के भरत, युत्सु, जह्नु, भृगु जन के प्रमुख एक ही ग्राम में रहकर, न्यायपूर्ण संयुक्त शासन नहीं कर सकते ? ऐसा क्यों है कि विभिन्न वर्ग एक-दूसरे से इतनी दूर जा पड़े हैं, कि वे लोग रक्षात्मक युद्ध भी मिलकर नहीं कर सकते ? ...फिर इन राजाओं की शस्त्रविद्या भी संतोषजनक नही थी। पार्थिव शस्त्रों की उनके पास कमी नहीं थी। धनुष-बाण, खड्ग, भाला, गदा - बहुत थे; किन्तु इन शस्त्रों से राक्षसों को पराजित नहीं किया जा सकता था। राक्षसों के पास अनेक मायावी दिव्यास्त्र थे। आर्यावर्त्त के राजाओं के पास

कदाचित् ही कोई दिव्यास्त्र था, जो उन्हें देव-महाशक्तियों से मिला था। अनेक ऋषियों के पास कुछ दिव्यास्त्र अवश्य थे। पर वे कुयोग्य व्यक्ति के हाथ में दिव्यास्त्र देने की आशंका से पीड़ित, उन दिव्यास्त्रों के ज्ञान को अपने वक्ष में छिपाए, विलीन होते जा रहे थे। जनक के पास शिव का धनुष पड़ा था, तो भी उसका उपयोग नहीं हो रहा था। उसकी पूजा हो रही थी। विभिन्न युद्धों में जनक ने एक बार भी तो उसका उपयोग नहीं किया। यदि कहीं वह किसी राक्षस के हाथ में चला गया तो अनर्थ हो जाएगा...''

विश्वामित्र सोचते जा रहे थे। विचारों का प्रवाह थम नहीं रहा था। कोई एक बात तो थी नहीं। इतने कारण थे इस स्थिति के पीछे।...आर्य राजा भोगी और विलासी होते जा रहे थे। अधिक से अधिक पत्नियां, अधिक से अधिक सुख-भोग। वे कोमल हो गये थे। थोड़ी-थोड़ी सेनाएं लेकर अपनी राजधानियों में पड़े थे। दशरथ चक्रवर्ती सम्राट कहलाते हैं, पर सागर को पार करना तो दूर, कभी किष्किंधा तक भी नहीं गये। जल-सेना से विहीन इन सब राजाओं की पहुंच से बाहर, लंका में सुरक्षित बैठा रावण, जहां-तहां उत्पात मचा रहा है...आर्यावर्त्त के राजाओं में न्याय नहीं रहा, साहस नहीं रहा, राजनीतिक सूझ-बूझ नहीं रही, महत्त्वाकांक्षा नहीं रही, सजगता और सचेतता नहीं रही...

नगरों से निरन्तर खेदजनक समाचार आ रहे हैं। शासन-तंत्र ढीला हो गया है। भीतर और बाहर से शत्रु सिर उठाने लगे हैं। मानव की पशु-वृत्तियां गौरवान्वित हो रही हैं। समाज में जो हिंस्र हैं, दुष्ट हैं, वे ही प्रसन्न हैं, सुखी हैं। सेनानायक और सैनिक लुटेरे हो गए हैं। राजसी व्यवस्था की इस सड़ांध में अपराध के सहस्रों कीटाणु रोज जन्म ले रहे हैं। राज-कर्मचारी, राजसी वेश उतारकर, स्वयं प्रजा को लूट लेते हैं; और फिर स्वयं ही न्याय करने के लिए, आसन पर बैठ जाते हैं। अथवा अपने भाई-भतीजों को चोरी, डकैती, हत्या एवं बलात्कार करने के लिए उन्मुक्त छोड़, उनकी रक्षा के लिए स्वयं सैनिक पद लिये बैठे हैं।

साधारण प्रजा कितनी दु:खी है। नगरों तक में खाद्य-सामग्री उपलब्ध नहीं है। कहीं दुर्भिक्ष है, कहीं बाढ़ है। लोग कीड़ों-मकोड़ों के समान भूखे मर रहे हैं, और सारा अन्न श्रेष्ठियों के भंडार-गृहों में पड़ा है। व्यापारी धन कमाकर शासन को उपहार दे-देकर अपने वश में कर लेता है, परिणामत: शासन अत्याचार का समर्थन करने लगता है।

और ये बेचारे शबर, निषाद, किरात, भील, दक्षिण में वानर, ऋक्ष तथा अन्य जातियां। उन्होंने सोचा था कि आर्य संस्कृति उनका उद्धार करेगी। क्या हुआ उनका ? एक ओर राक्षसों ने आर्य संस्कृति उन तक पहुंचने ही नहीं दी; और अब आर्य संस्कृति के उद्घोषकर्ता स्वयं ही राक्षस होते जा रहे हैं। ऐसी स्थिति में विश्वामित्र क्या करेंगे? अगस्त्य क्या करेंगे? वाल्मीकि क्या करेंगे ? भरद्वाज क्या करेंगे ?

पर कर्म का समय भी यही है। विश्वामित्र चूक नहीं सकते। कोई कुछ नहीं करेगा, तो विश्वामित्र को ही कुछ करना होगा...

क्या करें विश्वामित्र ? किसके पास जाएं ? दशरथ के पास ? जनक के पास? दोनों के पास ? किसी के भी पास जाने का कोई लाभ नहीं। क्या आर्यावर्त्त रावण के विरुद्ध संगठित नहीं हो सकता ? क्या दशरथ और जनक में मैत्री नहीं हो सकती ? प्रश्न! प्रश्न! प्रश्न! विश्वामित्र को कुछ करना ही होगा। उद्यम-शून्य हो यहां बैठे रहने का क्या लाभ ? क्या उन्होंने सिद्धाश्रम राक्षसों के भक्षण के लिए, आहार उपलब्ध कराने के लिए बनाया था ? उनके अपने साथियों का उन पर से विश्वास उठता जा रहा है। क्या मुनि आजानुबाहु की उपालंभ देती हुई दृष्टि वे भुला सकते हैं ?...

नहीं! उन्हें सक्रिय होना होगा। राजा सक्रिय न हो, तो ऋषि ही सक्रिय क्यों न हों ?

ऋषि! एक ऋषि अयोध्या में बैठा है - वशिष्ठ! एक जनकपुरी में बैठा है- शतानन्द!

वशिष्ठ! आर्य-शुद्धता का प्रतीक! आर्यत्व को सांप्रदायिक रूप देने का उपक्रम! जो आर्य संस्कृति के प्रसार में सबसे बड़ी बाधा है। वशिष्ठ आर्यों को आर्येतर जातियों के संपर्क में नहीं आने देना चाहता। इसलिए वह आर्य राजाओं को आर्यावर्त्त से बाहर निकलने के लिए प्रोत्साहित नहीं करेगा। ब्रह्मतेज के गौरव पर जीने वाला वशिष्ठ इन राजाओं को कूप-मंडूक बनाकर छोड़ेगा। ...और शतानन्द! निरीह शतानन्द! एक तो अनासक्त सीरध्वज की छत्रछाया में रहने वाला, आध्यात्मिक चिंतन करने वाला ऋषि, जिसे राजनीति से कुछ नहीं लेना ; और ऊपर से अपने माता-पिता के पार्थक्य से पीड़ित। गौतम, अहल्या को छोड़, नये आश्रम में जा बैठे हैं; और अहल्या समाज से बहिष्कृत, तिरस्कृत, एकांत शिलावत् अपना जीवन व्यतीत कर रही है। शतानन्द में इतना भी साहस नहीं कि वह अपनी मां को सामाजिक मान्यता दिला सके — उसका पवित्र ब्राह्मणी के रूप में सामाजिक अभिषेक कर सके ...

तो फिर विश्वामित्र को ही कर्मरत होना पड़ेगा।

विश्वामित्र की आंखें चमक उठीं। आकृति पर एक दृढ़ता आ विराजी। सारे शरीर की मांसपेशियां जैसे कुछ कर गुजरने को उद्यत हो गयीं। मन और शरीर की शिथिलता बहुत दिनों के पश्चात् मिटी थी। ...यह विश्वामित्र का संकल्प था। विश्वामित्र अपने संकल्प के बल पर जन्मतः क्षत्रिय होते हुए भी, यदि हठी वशिष्ठ से ब्रह्मर्षि की प्रतिष्ठा पा सकते हैं, तो आर्यावर्त्त के राजाओं को शत्रु राक्षसों के विरुद्ध खड़ा कर देना क्या बड़ी बात है! ...

कुटिया में उनकी गंभीर आवाज गूंजी, ''द्वार पर तुम हो, पुत्र पुनर्वसु!''

''आज्ञा, गुरुदेव!'' पुनर्वसु भीतर आ गया।

''वत्स! कल प्रातः मैं अयोध्या की यात्रा करूंगा। उचित व्यवस्था कर दी जाए। मेरी अनुपस्थिति में आश्रम की व्यवस्था आचार्य विश्वबंधु देखेंगे।''

''जो आज्ञा, गुरुदेव!''

पुनर्वसु कुटिया से बाहर निकल गया।

चक्रवर्ती सम्राट् दशरथ की राजसभा, सूर्यवंशी राजाओं के गौरव के अनुकूल सुसज्जित थी। दशरथ अपने सिंहासन पर बैठे थे। निकट ही मंत्रि-परिषद् उपस्थित थी। सामने एक उच्च स्थान पर वशिष्ठ एवं उनके अनुयायी अन्य ब्राह्मण बैठे थे। दूसरी ओर वामदेव और उनके शिष्य। एक ओर सेनापति थे, दूसरी ओर सामंत। राजसभा में पूर्ण शांति थी, जैसे चलती हुई बात कहीं रुक गयी हो और किन्ही कारणों से सभा स्तब्ध रह गयी हो।

सहसा उस निःस्तब्धता को भंग करता हुआ सम्राट का स्वर गूंजा, ''तो गुरुदेव का क्या आदेश है ?''

वशिष्ठ ने सारी राजसभा का मौन निरीक्षण किया और अंत में अपने नेत्र सम्राट् के चेहरे पर टिका दिए, जैसे वाणी से ही नहीं, वे अपनी आंखों से भी बहुत कुछ कहना चाहते हों। उनकी वाणी गंभीर, ठहरी हुई तथा पूर्णतः आश्वस्त थी। ''सम्राट का विचार अति उत्तम है। राम का विवाह कर दिया जाना चाहिए, वे ब्रह्मचर्य की आयु पूर्ण कर चुके हैं। किन्तु सम्राट् को विवाह-संबंध स्थापित करते हुए, अपने वंश के अनुकूल समधी की खोज करनी चाहिए। इस विषय में यदि मेरी इच्छा जानना चाहें तो मैं कहूंगा कि सम्राट् यदि किन्हीं राजनीतिक कारणों से भी चाहें, तो राजकुमार का विवाह पूर्व के व्रात्यों में न करें- जिन्होंने वैदिक कर्मकाण्ड का त्याग कर, स्वयं को ब्रह्मवादी चिंतन में विलीन कर भ्रष्ट कर लिया है। सम्राट,! राजनीति का अपना महत्त्व है, किंतु आर्य जाति के रक्त, कर्म, संस्कृति एवं विचारों की शुद्धता का महत्त्व उससे भी कहीं अधिक है। ... पूर्व के अतिरिक्त दक्षिण में भी ऐसा कोई राजवंश मुझे नहीं दीखता, जो रघुकुल का उपयुक्त समधी हो सके। केवल उत्तर एवं पश्चिम ...''

वशिष्ठ रुक गए। उनकी आंखें सम्राट के मुख से हटकर उस प्रतिहारी पर जम गयी थीं, जो राजसभा की कार्यवाही निवेदित करने के लिए सम्राट् के सम्मुख उपस्थित हुआ था। निश्चय ही समाचार अत्यन्त महत्त्वपूर्ण था, अन्यथा वह इस प्रकार कार्यवाही के मध्य में सभाभवन के भीतर प्रवेश करने का साहस न करता। वशिष्ठ के साथ-साथ प्रत्येक उपस्थित व्यक्ति का ध्यान प्रतिहारी की ओर चला गया था।

सम्राट् की अनुमति पाते ही प्रतिहारी ने निवेदन किया, ''सम्राट्! द्वार पर स्वयं ऋषि विश्वामित्र अपनी शिष्य-मंडली के साथ उपस्थित हैं।''

विश्वामित्र! राजसभा में उपस्थित प्रत्येक चेहरे ने कोई-न-कोई प्रतिक्रिया व्यक्त की। सबसे अधिक प्रभाव बूढ़े सम्राट् दशरथ पर हुआ -विश्वामित्र निष्प्रयोजन नहीं आते। नारद के समान भ्रमण उनका स्वभाव नहीं है। विशेषकर दशरथ की राजसभा में, जहां राजगुरु के आसन पर वशिष्ठ बैठे हैं, विश्वामित्र का आना अवश्य अत्यधिक गंभीर घटना है।

''उन्हें सादर लिवा लाओ।'' दशरथ ने उच्च किंतु कंपित स्वर में आदेश दिया,

और अग़ले ही क्षण जोड़ दिया, "ठहरो, मैं स्वयं चलता हूं।"

इससे पूर्व कि राजसभा का कोई अन्य सदस्य उठकर बाहर जाने का निर्णय कर पाए, सम्राट् स्वयं उठकर बाहर चले गये।

विश्वामित्र दशरथ के साथ भीतर आए। उनके साथ उनके दस शिष्यों की मंडली थी। दशरथ ने उन्हें लाकर उसी स्थान पर बैठाया, जहां वशिष्ठ पहले से बैठे हुए थे। विश्वामित्र के बैठते ही सामग्री उपस्थित हुई और सम्राट् ने उनका पूजन कर उन्हें अर्घ्य दिया।

"राजन! तुम सकुशल तो हो ? तुम्हारा धान्य, बंधु-परिजन, मंत्री-प्रजा सब सुखी हैं ? तम्हारे शत्रु तुम्हारे अधीन हैं ? तुम्हारे सेनापति तुम्हारी आज्ञा में तो हैं ? तुम यज्ञ आदि देवकृत्य तथा अतिथि-सेवा इत्यादि मानवकृत्य ठीक से संपन्न कर रहे हो ?"

विश्वामित्र राजसभा की औपचारिकता का निर्वाह करते हुए, अपने ही मन में उसका विरोध अनुभव कर रहे थे। क्यों पूछ रहे हैं वे यह सब ? क्या वे नहीं जानते कि स्थिति क्या है। संभव है, अयोध्या नगरी की स्थिति शेष प्रदेशों से कुछ उत्तम हो, किंतु सब कुछ यहां भी ठीक नहीं था ...

"सब आपकी कृपा है, महर्षि!" दशरथ ने मस्तक झुका दिया।

विश्वामित्र सहसा वशिष्ठ की ओर मुड़े, "आप प्रसन्न तो हैं, ब्रह्मर्षि ?"

वे जानते थे कि वशिष्ठ उनके आने से प्रसन्न नहीं हो सकते। उनके शिष्य नृप की सभा में कोई अन्य ऋषि सम्मान पाए, यह उन्हें कैसे प्रिय होगा! यदि ऋषियों, विद्वानों, चिंतकों, बुद्धिजीवियों में इस प्रकार अहंकार तथा परस्पर द्वेष न होता, तो आर्यावर्त्त और जंबू-द्वीप की यह अवस्था न होती। यदि मन में द्वेष न होता, तो वशिष्ठ राजसभा से उठकर उनके स्वागत के लिए दशरथ के साथ बाहर आये होते, सभा में उनके आने पर प्रसन्न-मुख उनका स्वागत करते। इस प्रकार स्तब्ध-से किंकर्तव्यविमूढ़ न बैठे रह गये होते ।

विश्वामित्र की जिज्ञासा के उत्तर में वशिष्ठ मुसकराकर रह गये।

दशरथ क्रमशः साहस बटोरकर बोले, "महर्षि! आपने यहां पधारकर मुझ दीन पर अत्यन्त कृपा की है। आदेश दें, मैं आपकी क्या सेवा करूं ? मैं अपनी संपूर्ण क्षमता और अपने राज्य के साथ आपकी सेवा में प्रस्तुत हूं। आज्ञा करें।"

"राजन् !" विश्वामित्र के मुख पर मंद हास था, "कुछ मांगने आया हूं। बोलो, दोगे?"

"आज्ञा करें, ऋषि श्रेष्ठ!"

"प्रतिश्रुत होते हो ?"

"मैं प्रतिज्ञा करता हूं।"

"तो सुनो, राजन्!" विश्वामित्र की वाणी में अपने लिए आश्वस्ति और दशरथ के प्रति व्यंग्य था, "मैं नहीं जानता, तुम्हारी राजसभा में कितनी चर्चा राजनीति की होती

है और कितनी ब्रह्मवाद की। पर संभव है कि तुम्हें यह सूचना हो कि जंबू-द्वीप के दक्षिण में लंका नामक द्वीप में रावण नामक एक राक्षस बसता है।''

''रावण का नाम कौन नहीं जानता, ऋषिवर!'' दशरथ का ध्यान विश्वामित्र के व्यंग्य की ओर नहीं था, ''उसने देवलोक तक पर आक्रमण किया है। सारा विश्व उससे कांप रहा है। एक बार उसने अयोध्या पर भी आक्रमण किया था और अनरण्य की हत्या कर दी थी।''

विश्वामित्र खुलकर मुसकराए, ''इतना जानते हुए भी तुम इतने निश्चिंत कैसे हो, राजन? मुझे आश्चर्य है। वही रावण अब अपने सैनिक शिविरों का जाल फैलाकर, आर्यावर्त्त को घेर रहा है, ताकि एक ही बार में सब कुछ ग्रस सके। उसका एक ऐसा ही शिविर मेरे सिद्धाश्रम के पास ताड़कावन में भी है। उस वन में विकट राक्षसी ताड़का, उसका बेटा मारीच तथा उसका सहायक सुबाहु अपने राक्षस-सैनिकों के साथ रहते हैं। वे लोग रावण की प्रेरणा से मुझे निरंतर पीड़ित करते हैं। मैं जब भी कोई यज्ञ आरंभ करता हूं, वे मेरे आश्रम पर रक्त और मांस की वर्षा कर देते हैं। इस निरंतर उत्पीड़न के कारण सिद्धाश्रम में न तो कोई नया प्रयोग हो सकता है, न तप, न यज्ञ, न ज्ञान-विज्ञान की चर्चा। राक्षस चहते हैं कि मैं अस्त्रों के क्षेत्र में नये प्रयोग एकदम न करूं। जो दिव्यास्त्र मेरे पास हैं, वे मैं उन्हें प्रदान कर दूं। जब तक मैं दिव्यास्त्र उन्हें नहीं देता, तब तक वे मेरी हत्या नहीं करेंगे; केवल पीड़ित करते रहेंगे। दिव्यास्त्र मैंने उन राक्षसों को दे दिये, तो वे लोग और अधिक शक्तिशाली हो उठेंगे; और सम्पूर्ण आर्यावर्त्त को पीड़ित करेंगे। मैं उन राक्षसों के विरुद्ध तुमसे सहायता लेने आया हूं।''

दशरथ वचन देने में पहले के समान दृढ़ नहीं रह पाए। रावण उनका ही नहीं, संपूर्ण देवलोक का आतंक था— वे जानते थे। ताड़का, मारीच और सुबाहु के विरोध का अर्थ था-रावण का विरोध। रावण से उन्हें लड़ना होगा ? उस रावण से दशरथ को लड़ना होगा, जिससे इन्द्र भी डरते हैं ?

दशरथ का मन डोल गया था। पर द्वन्द्व का क्या लाभ ? वे वचन हार चुके थे।

दशरथ ने कई क्षण सोचने में लगा दिए। कुछ समय तक शून्य में घूरने के पश्चात् बोले, ''सीमांत चौकी पर सेनानायक बहुलाश्व स्वयं वर्तमान हैं। क्या उसने आपकी सहायता नहीं की, ऋषिवर!'' दशरथ के स्वर में आत्मबल नहीं रह गया था।

''वह केवल अपने स्वार्थों की रक्षा कर रहा है, सम्राट!'' विश्वामित्र कटु स्वर में बोले, ''और ऐसे लोग न्याय की रक्षा नहीं कर सकते।''

दशरथ ने अगला प्रश्न नहीं किया।

विश्वामित्र ने सोचा — 'संभव है, दशरथ बहुलाश्व के कृत्यों से पूर्व-परिचित हों। तभी तो उन्होंने यह नहीं पूछा कि ऋषि के इस आरोप का क्या प्रमाण है।

इस बार जब दशरथ बोले, तो उनका स्वर अत्यन्त संकुचित था, ''मैं स्वयं अपनी चतुरंगिणी सेना लेकर आपके आश्रम की रक्षा करूंगा, ऋषिवर! मैं सेना को तुरंत

तैयार होने का आदेश भिजवा देता हूं। आप कब चलना चाहेंगे ?"

दशरथ के शब्दों में जितनी तत्परता थी, उनकी वाणी तथा आकृति में उसका सर्वथा अभाव था।

विश्वामित्र हंस पड़े, "इतना कष्ट न करो, सम्राट्! मैं तुम्हें और तुम्हारी चतुरंगिणी सेना को नहीं लेने आया हूं। तुम्हारी सेना इतनी समर्थ होती तो मुझे प्रार्थना करने के लिए यहां तक क्यों आना पड़ता! फिर तुम्हें अपनी अयोध्या की रक्षा करने के लिए भी सेना की आवश्यकता पड़ेगी। तुम अपनी सेना के साथ राजधानी में ही रहो, सम्राट! राजधानी तुम्हारे लिए अत्यन्त आवश्यक है और तुम राजधानी के लिए। अपने वय और क्षमता को पहचानो, राजन्! बहुत तीव्र इच्छा होने पर भी, अत्यन्त आवश्यकता होने पर भी तुम अपनी राजधानी त्यागकर कठिन वन में नहीं जा सकोगे। वन्य जीवन तुम्हारे लिए असहनीय है। तुम बहुत कोमल हो चुके हो, सम्राट्! मेरे यज्ञ की रक्षा के लिए, केवल दस दिनों की अवधि के लिए तुम अपने राम को मुझे दे दो।"

दशरथ एकदम सन्नाटा खा गये। राम!

राम राक्षसों से लड़ने जायेंगे। जिन राक्षसों के अत्याचारों को देखते हुए भी वे एक क्षीण-से भय के कारण, उनकी सदा उपेक्षा करते रहे, उनसे लड़ने के लिए वे अपने राम को कैसे भेज सकते हैं। किस बुरी घड़ी में तुम आए, विश्वामित्र! मैं तो अपनी छोटी-सी गृहस्थी में प्रसन्न था। कोई बड़ी आकांक्षा लेकर जोखिम का काम मैंने नहीं सोचा था। पर अब अपने राम को राक्षसों के मुख में धकेलकर मैं स्वयं को नहीं बचाना चाहता...

और सहसा दशरथ को लगा कि वे अपने प्रति ही अपरिचित होते जा रहे हैं। इस दशरथ को उन्होंने पहले तो कभी नहीं देखा, जिसे राम के प्रति इतना मोह हो। राम के प्रति मोह —कौशल्या के बेटे के प्रति। कौशल्या — जो रघुवंश की ज्येष्ठ वधू — सम्राट् की ज्येष्ठ पत्नी होने के कारण, एक अनिवार्य बुराई, घर की एक बेकार-किंतु पुरानी वस्तु के रूप में उनके घर में पड़ी हुई है। उसके बेटे राम के प्रति इतना मोह! इस मोह को उन्होंने पहले तो कभी नहीं जाना। ...पर अब वे साफ-साफ देख रहे थे — राम कौशल्या का ही पुत्र नहीं था, राम उनका अपना बेटा था। वरन् राम के रूप में वे स्वयं ही युवावस्था की ओर बढ़ रहे थे। ...अपनी आरंभिक युवावस्था में दशरथ का भी कुछ ऐसा ही रूप था। लगभग इतनी ही लंबाई। ऐसे ही चौड़े, भरे हुए कंधे। ऐसा ही स्फीत, बलशाली वक्ष। ऐसी ही तीखी नाक और बड़ी-बड़ी गुलाबी आंखें। हां, दशरथ का वर्ण ऐसा श्यामल नहीं था — यह राम को कौशल्या से मिला था। और दशरथ में ऐसा कठिन आत्मविश्वास भी नहीं था, जैसा राम में है... राम को देखकर, उन्हें कहीं लगता कि वे क्षीण, दुर्बल और वृद्ध हो रहे हैं। दशरथ को लगता है कि राम के रूप में वे स्वयं प्रशासन की देखभाल कर रहे हैं। राम, दशरथ के व्यक्तित्व के अंतरंग तत्त्व हो गये हैं...।

दशरथ की आंखें डबडबा आयीं। अत्यन्त दीन स्वर में बोले, ''ऋषिवर! जिस रावण से मैं जीवन-भर डरता रहा, जिसके भय से मैंने रघुवंश की पराजय के प्रतिशोध की बात कभी नहीं सोची, उसके विरुद्ध मैं अपने पुत्र को कैसे भेज दूं ? मेरा राम अभी कुल पचीस वर्षों का है। मैं तो उसके विवाह की बात सोच...''

विश्वामित्र ने बात पूरी नहीं होने दी, ''दशरथ! आर्य सम्राट् अब क्या छोटी बालिकाओं के समान गुड्डे-गुड़िया का ही खेल खेलते रहेंगे! उनकी महत्त्वाकांक्षाएं पुत्र उत्पन्न कर उनके विवाहों तक ही रह जाएंगी! इस आर्यावर्त्त के भविष्य के विषय में सोचने का दायित्व किसे सौंप दिया है तुम लोगों ने...!''

दशरथ की आंखों से दो आंसू चू पड़े, ''मेरे पुत्र की रक्षा करो, ऋषि-श्रेष्ठ! उसे असमय काल के मुख में मत धकेलो।''

विश्वामित्र, दशरथ के अनपेक्षित व्यवहार से कुछ स्तब्ध हुए — कितना प्रेम है दशरथ को राम से! और उन्होंने क्या सुन रखा था। तो क्या उनकी वे सूचनाएं गलत थीं! क्या अयोध्या से सिद्धाश्रम तक जाते-जाते तथ्य बदल जाते हैं ? और यदि दशरथ के विषय में सूचनाएं गलत थीं, तो राम के विषय में प्राप्त तथ्य भी गलत हो सकते हैं...

किंतु उनकी स्तब्धता टिकी नहीं। दशरथ का पहले प्रतिश्रुत होकर अब इस प्रकार आनाकानी करना ...दशरथ क्या समझता है उन्हें ? क्या वे यह अपमान सह जाएंगे ?...

विश्वामित्र के नेत्र क्रमशः रक्तिम हो उठे। वे अपना दीर्घ परीक्षित आत्मनियंत्रण खो चुके थे। वे भूल गये कि वे दशरथ की राजसभा में बैठे हैं। आज उन्हें वह सत्य कह ही देना होगा, जिसे वे शब्दों में अभिव्यक्त करना नहीं चाहते थे। देश और काल का भान उन्हें नहीं था। इस समय वे शुद्ध सत्य थे, कर्तव्य थे।

''दशरथ!'' विश्वामित्र के उग्र स्वर से राजसभा थर्रा उठी, ''वीर तो तुम्हें मैं नहीं ही मानता था, किंतु आज तुम यह सिद्ध करना चाहते हो कि तुम अपने वचन की रक्षा भी नहीं कर सकते। तुम वचन देकर पैर पीछे हटा लोगे, इसकी आशा मुझे नहीं थी। तुम वचन देने को इतने आतुर क्यों रहते हो ? तुम्हारा नाश बिना साचे-समझे वचन दे देने की इसी आतुरता से होगा, दशरथ! ...आज सारे आर्यावर्त्त में जो चर्चा हो रही है, वह गलत नहीं है। तुम जानते हो कि जितने भी ऋषि-मुनि, चिंतक-बुद्धिजीवी सत्य और न्याय की रक्षा के लिए रघुवंशियों की ओर देखा करते थे, उन सबको तुमने अपने आचरण से हताश कर डाला है। आज कोई भी व्यक्ति तुमसे न्याय के नाम पर कोई अपेक्षा नहीं रखता। यह मेरी ही मूर्खता थी कि मैं तुमसे इतनी बड़ी आशा लेकर आया कि तुम अन्याय और अत्याचार का विरोध करोगे। लोग ठीक कहते हैं, दशरथ का राज्य उसके अपने प्रासादों के भीतर भी शायद नहीं है, वहां कैकेयी का राज्य है...।''

''ऋषिवर!'' दशरथ ने कातर स्वर में टोका।

''आज मुझे कह लेने दो, दशरथ!'' विश्वामित्र बोले, ''ये सारी बातें मैं कहना

नहीं चाहता था, पर तुमने मुझे कहने को बाध्य किया है तो सुनो। हम बुद्धिजीवियों ने अनासक्त होकर तुम्हें शासन सौंप दिया, तो तुम सत्ताधारी यह समझते हो कि सामान्य प्रजा तुम्हारे भोग के साधन जुटाने का माध्यम मात्र है। तुम समझते हो प्रजा मात्र कीट-पतंग है। पर दशरथ! आज मैं तुम्हें बताने आया हूं कि हमारी रक्षा कर, तुम हम पर कोई कृपा नहीं करते। वह तुम्हारा कर्तव्य है। आज तुम उससे विमुख हो रहे हो, तो मैं कुशिकनन्दन विश्वामित्र तुम्हारे सामने स्पष्ट कर देता हूं कि हम अनासक्त बुद्धिजीवियों में तुम्हारे जैसे अनेक शासकों के निर्माण की क्षमता है। मैं किसी भी स्वस्थ क्षत्रिय को दिव्यास्त्रों का ज्ञान देकर सम्राट् दशरथ बना सकता हूं। मैं प्रतिज्ञा करता हूं..."

"शांत हो, भरत-श्रेष्ठ!" वशिष्ठ सारे वर्तालाप में पहली बार बोले, "आप कोई प्रतिज्ञा न करें। सम्राट् के प्रति उदार हों। सम्राट बाधा नहीं देंगे। उनके संकोच का कारण पुत्र के प्रति मोह ही है, कर्तव्य-शून्यता नहीं। मैं राम आपको सौंपता हूं, किन्तु..."

"गुरुदेव!" दशरथ के मुंह से निःश्वास निकल गया।

"उद्विग्न न हों, सम्राट!" वशिष्ठ ने उन्हें सांत्वना दी और फिर विश्वामित्र से संबोधित हुए, "मैं आपके यज्ञ की रक्षा-हेतु, दस दिनों के लिए राम आपको सौंपता हूं; किन्तु आप मुझे वचन दें कि उसकी रक्षा के लिए आप उत्तरदायी होंगे और राजकुमार को सकुशल सम्राट को लौटाना आपका कर्तव्य होगा।"

"मुझे स्वीकार है।" विश्वामित्र बोले।

दशरथ का बूढ़ा मन समझ नहीं पा रहा था कि वे हंसें या रोएं। वे तो वचन हार ही चुके थे, अब गुरु वशिष्ठ भी राम को देने के लिए प्रतिश्रुत हो गये थे। पर गुरुदेव ने स्पष्ट कर दिया था कि अवधि केवल दस दिनों की होगी और उसकी रक्षा का दायित्व विश्वामित्र का होगा। क्या वे मान लें कि दस दिनों के पश्चात् राम सुरक्षित लौट आएंगे ? क्या यह संभव है ? और यदि ऐसा न हुआ तो वे गुरु वशिष्ठ से क्या कहेंगे ?...

दशरथ का मन कहीं अपने-आप से ही खीझ उठा। उन्हें इस प्रकार आतुर होकर वचन देने की क्या जल्दी थी ? और उन्हें सत्यवादी बनकर ही क्या करना है ? क्यों नहीं वे स्पष्ट कह सकते कि वे राम को ऋषि के साथ नहीं भेजेंगे... पर गुरु वशिष्ठ ने शायद राम को बुला भी भेजा था। दशरथ अपने भीतर ही कहीं बहुत टूट चुके थे।

कौशल्या को सूचना मिली। वह धक्-सी रह गयीं — यह कैसे हुआ ? यह संभव कैसे है ? मेरा राम — पच्चीस वर्षों का नवयुवक राम राक्षसों से लड़ने के लिए विश्वामित्र के साथ जाएगा। किसकी बुद्धि ऐसी दुष्ट घटनाओं की सर्जना कर रही है ? कौन राम को वन भेज रहा है ? वशिष्ठ ? दशरथ ? कैकेयी ? कौन... पर ऋषि विश्वामित्र इस षड्यंत्र में सहयोगी कैसे हो गये?

कौशल्या का मन रह-रहकर आज वापस लौट रहा है। वे किसी भी प्रकार स्वयं को रोक नहीं पा रही हैं। वे सारी घटनाएं आज फिर से आकार ग्रहण कर उसकी आंखों के सम्मुख घूम रही हैं — सजीव, जीवन्त...

पिता भानुमान ने अपने ही वंश के श्रेष्ठ युवक दशरथ के साथ अपनी बेटी का विवाह किया था। किसी भी कन्या के पिता को और किस बात की इच्छा हो सकती है ...और कन्या स्वयं ही इससे बढ़कर क्या कल्पना कर सकती है। अज रघुवंश के प्रसिद्ध सम्राट् थे और दशरथ युवराज। अयोध्या का राज्य सब ओर से शक्तिशाली, सम्पन्न, सम्मानित तथा यश से भरा-पूरा था। ऐसे राज्य के युवराज थे दशरथ। फिर स्वयं दशरथ में क्या कमी थी — बलिष्ठ, लंबे-ऊंचे सुन्दर युवक। समस्त आर्य राजकुमारों में श्रेष्ठ योद्धा, ज्ञानी तथा आकर्षक दशरथ।

और क्या चाहता भानुमान ? और कौशल्या स्वयं और क्या मांगती ?

श्वसुर अज उनका कितना मान करते थे। वे बार-बार याद दिलाते थे, ''बेटे! हम मानव-वंशी मनु की संतान हैं। आर्य राजा, सम्राट् तथा विभिन्न प्रकार के शासक तो और भी अनेक हैं, किन्तु वैवस्वत मनु का सीधा, प्रत्यक्ष उत्तराधिकार केवल हमारे पास है। हम उनके रक्त, उनकी परंपराओं, उनके चिन्तन और विधान के सीधे अधिकारी हैं। इसलिए पुत्री! मैंने स्वयं भानुमान से तुम्हें मांगा। भानुमान भी मानव-वंशी हैं। सम्राट् और भी हैं, उनकी राजकुमारियां भी हैं; किन्तु मैं नहीं चाहता कि दूसरे वंशों के भिन्न चिन्तन, परंपराओं तथा संस्कारों में पली कन्याएं मेरे घर में आकर, मेरी अगली पीढ़ियों को ऐसे संस्कार दें, जो मानव-वंश के अनुकूल न हों। पुत्री! तू केवल दशरथ की पत्नी ही नहीं है, अज की पुत्र-वधू ही नहीं है — तेरे ऊपर मनु की महान् परम्परा तथा संस्कारों को स्थिर रखने का गुरु-उत्तरदायित्व भी है...''

और श्वसुर की आज्ञाओं तथा इच्छाओं का अक्षरश: पालन करने का प्रयत्न किया था कौशल्या ने। वह जानती थीं मानव-वंश में नारी पूर्णत: पति के अधीन है। उसका कोई स्वतंत्र व्यक्तित्व नहीं है। यह वंश समाज में पितृ-सत्ता को उसकी पराकाष्ठा तक ले गया था। कौशल्या ने अपने मायके में भी यही देखा था और ससुराल में भी वही देख रही थीं। वह व्यक्ति नहीं थीं, वह उस वंश की पुत्र-वधू थीं और उन्हें वही रहना था। परिवार के लिए, उसकी सुख-सुविधा के लिए, उन्हें अपने व्यक्तित्व का बलिदान करना था। और कौशल्या ने वही किया था।

तभी राम का जन्म हुआ था। अज के लिए राम कोशल के साम्राज्य का उत्तराधिकारी था, मानव-वंश की अगली पीढ़ी का प्रतिनिधि था, किन्तु दशरथ के लिए वह मात्र कोशल का पुत्र था। इससे अधिक महत्त्व दशरथ ने उसे कभी नहीं दिया।

और जब दशरथ अपने पिता के पश्चात् राज-सिंहासन पर बैठे, तो कौशल्या के सम्मुख उनकी अपनी स्थिति और भी स्पष्ट हो गई। वह दरबार के विशिष्ट उत्सवों में साम्राज्ञी थीं; राज्य के उत्तराधिकारी की मां भी थीं; रघुवंश की वधू भी थीं; किन्तु न तो

वह दशरथ की कान्ता थीं, न प्रेमिका और न संगिनी।

उन्हीं दिनों दशरथ ने मगध की राजकुमारी सुमित्रा से विवाह कर लिया। सुमित्रा अद्भुत सुन्दरी थी। उसे देखकर आंखें चौंधिया जाती थीं। उसे देखकर दशरथ की पसन्द की प्रशंसा करनी पड़ती थी। किन्तु, दशरथ ने भी उसका रूप ही देखा था — मन वे नहीं देख पाए थे। सुमित्रा प्रज्वलित अग्नि थी, पूर्ण तीव्रता से जलती हुई अग्निकाष्ठा। वह आलोक भी देती थी और ताप भी। उसने पहले दिन ही स्पष्ट कर दिया कि एक पत्नी और पुत्र के होते हुए दशरथ का इस प्रकार पुनः विवाह करना उसे एकदम पसन्द नहीं था। अधीनस्थ मगध-नृप ने दशरथ की सैनिक-शक्ति से भयभीत होकर अपनी पुत्री का विवाह कर दिया था और सुमित्रा यहां आ गयी थी। वह दशरथ की धर्मपत्नी थी और रहेगी, किन्तु न वह उनकी कांता, प्रेमिका बन सकती है, न बनना चाहती है।

कौशल्या को कितना प्रेम, कितनी सहानुभूति तथा कितनी करुणा दी थी सुमित्रा ने। कौशल्या के प्रति करुणा के भाव में डूबी सुमित्रा का तिरस्कार दशरथ नहीं कर सके; स्वयं सुमित्रा ही उनका तिरस्कार करती रही। वह पत्नी तथा कुलवधू की मर्यादा को मानकार चलती रही, किन्तु रही सदा निडर सिंहनी के समान।

इस बीच दशरथ अनेक स्त्रियों के सम्पर्क में आये। उन्होंने अनेक विवाह किये, किन्तु वे अपने भीतर किसी असंतोष के कारण छटपटा रहे थे, स्थिर नहीं थे। अपनी किसी भीतरी मजबूरी से भटक रहे थे। इसी भटकन में सम्राट दशरथ ने दिग्विजय के लिए देश- विदेश में सैनिक अभियान चला दिये।

कोशल की सेना जिधर जाती, अपने पदाघातों से पर्वतों को पीसकर चूर्ण बना देती थी। दशरथ की तलवार ने भूगोल की बाधाओं को खंड-खंड करके फेंक दिया था। देवासुर-संग्राम में देव-पक्ष से लड़ने वाले दशरथ, पृथ्वी पर इन्द्र और कुबेर से कम महत्त्वपूर्ण नहीं माने जाते थे।

ऐसे समय में कोशल की सेनाएं केकय देश में घुस गयीं। वीर तथा प्रतापी माना जाने वाला केकय नरेश भी दशरथ के सम्मुख सर्वथा अक्षम सिद्ध हुआ। केकय नरेश ने आत्म-समर्पण किया और दशरथ की सेनाओं ने राजगृहपुर को पूर्णतः अवरोध में ले लिया।

कोई नहीं जानता था कि केकय नरेश तथा उनके परिवार का भविष्य क्या है। वे बंदी होंगे अथवा उनका वध होगा। उन्होंने दशरथ के विरुद्ध लड़ने की मूर्खता की थी, दशरथ उन्हें कदाचित् क्षमा नहीं करेंगे।

दशरथ के मंत्रियों ने उचित अवसर जानकर केकय नरेश से पूछा, ''क्या वे दशरथ से संधि करना चाहते हैं ?'' केकय नरेश के लिए इससे अधिक प्रसन्नता का प्रस्ताव क्या हो सकता था। वे तुरन्त सहमत हो गये।

राजा से वचन ले मंत्री राजकुमारी कैकेयी के पास गये। उन्होंने राजकुमारी से पूछा कि वह इस विकट स्थिति में अपने परिवार की रक्षा के लिए क्या कर सकती है ?

कैकेयी साधारण, कोमल एवं भीरू राजकुमारी नहीं थी। वह असाधारण थी — हठीली, उग्र, तेजस्विनी, महत्त्वाकांक्षिणी तथा असाधारण सुन्दरी!

उसने कहा था, वह समाज की भलाई के लिए, देश के कल्याण के लिए, अपने परिवार की रक्षा के लिए, राष्ट्र के सुख के लिए सब कुछ त्याग सकती है — मान! सम्मान! वह अपने प्राण दे सकती है। वह कठिन-से-कठिन दु:ख उठा सकती है।

उसकी दृढ़ता को देखकर मंत्रियों ने उससे कहा था, ''यदि यह सत्य है तो तुम हमारे कहे अनुसार चलो। हम तुम्हारे पिता, बंधु-बांधवों, भाइयों की रक्षा का वचन दशरथ से ले लेंगे; पर उससे पूर्व एक वचन तुम हमें दो।''

''क्या ?'' कैकेयी ने पूछा था।

मंत्रियों ने कहा था, ''सम्राट दशरथ प्रौढ़ हैं। तुमसे आयु में बहुत बड़े हैं। पर यदि वे तुमसे विवाह की इच्छा प्रकट करें तो तुम अस्वीकार मत करना। इसे अपने यौवन का अपमान मत समझो। कर्तव्य समझकर इस कर्म को करो, ताकि तुम्हारे परिवार तथा देश की रक्षा हो सके।''

मंत्रियों ने दशरथ को इस बात के लिए मना लिया कि वे केकय-राजपरिवार को दंड देने से पूर्व परिवार के सदस्यों से मिल लें। दशरथ ने राजप्रासाद के अन्त:पुर में प्रवेश किया। उन्होंने रूपवती कैकेयी को देखा तो उनकी आंखें खुली-की-खुली रह गयीं। सुमित्रा भी असाधारण सुन्दरी थी, किन्तु कैकेयी भिन्न थी। इससे पूर्व दशरथ ने ऐसा सौन्दर्य नहीं देखा था — गोरा रंग, कुछ-कुछ लालिमा लिये हुए, नीली गहरी झील जैसी आंखें, कुछ-कुछ पीले लम्बे घने बाल, ऊंची तीखी नुकीली नाक, पतले लाल होंठ, लम्बा कद, स्वस्थ यौवन।

दशरथ ने तुरन्त निर्णय लिया। संधि की पहली शर्त थी — कैकेयी का कन्यादान।

और तब शर्त रखने की बारी कैकेया-नरेश की थी, ''सम्राट् यदि मुझे एक वचन दें तो मैं कैकेयी का विवाह आपसे कर दूंगा।''

''कैसा वचन ?''

''कैकेयी का पुत्र ही अयोध्या का युवराज हो!''

दशरथ ने तत्काल वचन दिया और कैकेयी से विवाह कर लिया। कैकेयी अयोध्या में आयी और सबने उसे देखा। वह सुदूर केकय देश के उन्मुक्त आर्यों की पुत्री थी। वह मानव-वंश की स्त्री-विरोधी मर्यादाओं से अनजान, स्वच्छन्द वातावरण में पली राजकुमारी थी। जब दशरथ युद्ध में जाते तो वह कौशल्या के समान घर पर बैठ भगवान विष्णु के सम्मुख अपने पति की रक्षा की प्रार्थना नहीं करती थी; वह युद्ध की बात सुनते ही कवच पहन पति के साथ चलने को तैयार हो जाती थी। कैकेयी युद्ध में जा सकती थी, धनुष-बाण का प्रयोग जानती थी, खड्ग चला सकती थी और कोशल के अच्छे से अच्छे सारथी से रथ-संचालन की कुशलता में होड़ ले सकती थी ... शंबर के साथ हुए युद्ध में भी वह साथ गयी थी। जब वह घायल सम्राट् को लेकर वापस

अयोध्या लौटी तो अयोध्या के जन-जन के मुख पर यही था कि यदि कैकेयी न होती तो सम्राट् के प्राण न बच पाते। तब कौशल्या कहीं कैकेयी की कृतज्ञ भी हुई थीं। उसने कौशल्या के सौभाग्य की रक्षा की थी।

अन्य रानियों के आने से कौशल्या को विशेष अन्तर नहीं पड़ा था, किन्तु कैकेयी के आने से परिस्थितियां बदल गयी थीं। कैकेयी को सुमित्रा के समान कौशल्या से कोई सहानुभूति नहीं थी, वरन् उसे कौशल्या की ओर से आशंकाएं ही अधिक पीड़ित करती रहती थीं। कौशल्या मानव-वंश की ही पुत्री भी थी। वह सम्राट की ज्येष्ठ पत्नी तथा ज्येष्ठ पुत्र की माता थी। वह सम्राट् पर, साम्राज्य के उत्तराधिकार पर अपना अधिकार जमा सकती थी। कैकेयी को उससे सतर्क रहना था; उसकी उपेक्षा करनी थी; यदि संभव हो तो उसे पीड़ित भी करना था...

कौशल्या ने अपने लिए दशरथ के हाथों सदा तिरस्कार, उपेक्षा तथा पीड़ा पायी थी। उन्होंने कहीं स्वयं को समझा लिया था कि वह इतने की ही अधिकारिणी है और उन्हें इतना ही मिलेगा। किन्तु, कैकेयी तथा दशरथ के हाथों राम का तिरस्कार, उनका हृदय चीर जाता था। ... लाख प्रयत्न करने पर भी वे भूल नहीं पातीं कि अपने विवाह के आरम्भिक दिनों में कैकेयी ने, अपने महल में उत्सुकतावश घुस आये बालक राम को अपनी दासी से पिटवाया था। और जब अत्यन्त आक्रोश में भरकर कौशल्या ने इस बात की चर्चा दशरथ के सम्मुख की थी, तो दशरथ ने उपेक्षा से मुंह फेर लिया था। सुमित्रा कितनी आग-बबूला हुई थी। वह कशा हाथ में लेकर कैकेयी के महल में जाने को पूर्णतः उद्यत थी, तब कौशल्या ने रो-रोकर उसे रोक लिया था।

किन्तु, बाद में परिस्थितियां बदल गयी थीं। कौशल्या आज तक नहीं जान सकी कि यह राम की शालीनता, गुण, दूसरों को जीत लेने की कला के कारण था या कैकेयी अपने महल के अकेलेपन से ऊब गयी थी कि वह स्वयं आग्रह कर राम को अपने महल में बुलाने लगी थी। राम कैकेयी का अत्यन्त प्रिय हो उठा था और दशरथ भी कैकेयी को देखकर राम के अनुकूल हो गये थे।

...और तभी शंबर के साथ युद्ध वाली घटना घटी थी। अयोध्या के अनेक यूथपति, सेनापति युद्ध में काम आये थे और सम्राट् गंभीर रूप से घायल होकर बिस्तर पर पड़े थे। राज्य के भीतर विद्रोह की स्थिति थी और बाहर से आक्रमण का भय सदा के समान उपस्थित था। ऐसी परिस्थितियों में पहली बार बाध्य होकर सम्राट् ने राम को युवराज घोषित किए बिना अयोध्या की रक्षा के लिए सैनिक अधिकार दिए थे। चौदह वर्षों के किशोर राम ने उन्हीं दिनों व्यवस्था, न्याय तथा सैनिक कर्म की जो योग्यता एवं क्षमता दिखायी थी, उसने प्रजा के साथ-साथ दशरथ तथा कैकेयी का मन भी जीत लिया था। पहली बार कौशल्या ने दशरथ के मुख से ऐसे शब्द सुने थे — ''कौशल्या! मैंने आज यह अनुभव किया है कि मेरा इतना बड़ा बेटा है और वह भी इतना योग्य तथा सक्षम! यह मेरे लिए कितना बड़ा सहारा है...''

दशरथ की आंखों में भावुकता के आंसू उमड़ गये थे।

बहुत थोड़े-से अंतराल के साथ भरत और लक्ष्मण-शत्रुघ्न का जन्म हुआ था। शायद तब पहली बार सम्राट् तथा उनके शुभाकांक्षी मंत्रियों ने यह समझा था कि सम्राट् क्रमशः बूढ़े और दुर्बल होते जा रहे हैं। उनके पश्चात् युवराज-पद के लिए सम्राट् के पुत्रों में संघर्ष हो सकता है। फिर सम्राट् को अपने लिए यश भी चाहिए था। प्रजा की आंखों में, मन में सम्राट् के चरित्र का बिंब खंडित नहीं होना चाहिए था। कामुकतावश किये गए सम्राट् के अनेक विवाहों के लिए किसी सार्थक व्याख्या की आवश्यकता का अनुभव किया गया। सम्राट् के दरबारी कवियों और इतिहासकारों ने दशरथ के पुत्रहीन होने, पुत्र की कामना से अनेक विवाह करने तथा अन्त में पुत्रेष्टि यज्ञ के माध्यम से चार पुत्रों की प्राप्ति की कथा बनाकर ग्राम-ग्राम में प्रचारित कर दी। पर क्या ऐसी कपोल-कल्पनाओं से तथ्य मिटाये जा सकेंगे ? कौन नहीं देख सकता कि राम तथा अन्य भाइयों के वय में कितना अन्तर है। क्या लक्ष्मण, भरत और शत्रुघ्न, राम को अपने बराबर का भाई मान सकते हैं ? वे लोग राम को पिता-तुल्य बड़ा भाई मानते हैं। राम ने उन्हें गोद में खिलाया है, आज भी प्यार में भरकर राम यदा-कदा उन्हें अपनी गोद में बैठा लेते हैं।

और आज राम को ताड़का से लड़ने के लिए वन भेजा जा रहा है। क्या राम के प्रति दशरथ का बढ़ता हुआ मोह मात्र आडंबर था ? क्या वह नाटक मात्र था ? या यह कैकेयी के द्वारा वशिष्ठ को अपनी ओर मिलाकर रचा गया कोई नया षड्यन्त्र?

संभव है, कैकेयी ने ही ऐसा कोई षड्यंत्र किया हो।

अपने बचपन से ही लक्ष्मण, राम के अनन्य अनुरागी हैं। सुमित्रा ने सदा लक्ष्मण को राम के पीछे चलने का उपदेश दिया है। ऐसा तो नहीं कि कैकेयी राम को इस प्रकार मृत्यु के मुख में ढकेलने का प्रयत्न कर रही है ? वह जानती है कि राम को जाते देख, लक्ष्मण पीछे नहीं रहेंगे। वे भी साथ जाएंगे। इन दोनों की वहां हत्या हो जाएगी और कैकेयी के बेटे का राज्य निष्कंटक हो जाएगा...

पर विश्वामित्र इस षड्यंत्र में कैसे सम्मिलित हो गये ?

विश्वामित्र वशिष्ठ से भिन्न हैं। वे किसी प्रलोभन में, किसी के दबाव में कोई गलत काम नहीं कर सकते। उन्होंने स्वयं अपनी इच्छा से अपना राज्य त्याग दिया है। उन्हें धन का, पद का, भोग का मोह नहीं हो सकता। विश्वामित्र षड्यंत्र में सम्मिलित नहीं हो सकते। ...वे राम के हाथों राक्षसों का नाश करवाना चाहते हैं...

तो क्या कौशल्या का राम इतना समर्थ है ? वह जानती थीं कि राम वीर है, सक्षम है... पर क्या वह इतना सामर्थ्यवान है ? कौशल्या का मन सहज ही विश्वास नहीं करता। पर वह विश्वामित्र पर विश्वास कर सकती हैं...

राम की आंखों में उन्हें विदा करती हुई माता कौशल्या तथा सुमित्रा और पिता दशरथ

के चित्र अंकित थे। कौशल्या उनके जाने से दु:खी थीं, कहीं आशंकित भी थीं, पर उनकी दृश्टि में ऋषि विश्वामित्र के प्रति श्रद्धा तथा विश्वास दोनों ही थे। राम कुछ आश्चर्यचकित भी थे। कैसे मां ने ऋषि पर इतना विश्वास किया! इतना विश्वास तो वे वशिष्ठ पर भी नहीं करती थीं, जो राजगुरु और राजपुरोहित दोनों थे; जिन्हें अयोध्या का राजकुल वर्षों से जानता था। ...सम्राट् की ओर भी मां ने इस विश्वस्त दृष्टि से कभी नहीं देखा। फिर ऋषि विश्वामित्र में ऐसी कौन-सी बात है कि मां उन पर भरोसा करती हैं। क्या ऋषि इतने समर्थ, इतने निस्पृह, इतने न्यायप्रिय हैं ?... और माता सुमित्रा — सदा के समान दृढ़! दो टूक। कर्तव्य की जाग्रत अग्निकाष्ठ-सी। माता सुमित्रा की आकृति पर कभी द्वन्द्व नहीं होता, कभी शिथिलता नहीं होती। कौशल्या पचीस वर्षों के राम को भेजकर चिंतित हैं। किन्तु सुमित्रा तेरह वर्षों के लक्ष्मण को आग्रह के साथ भेज रही हैं। ऋषि ने सम्राट् से केवल राम को मांगा था, किन्तु लक्ष्मण की साथ जाने की जिद और माता सुमित्रा का उसे रोकने के स्थान पर आदेश देना — "पुत्र! भाई के साथ जा!" राम मन में कहीं गद्गद हो उठते हैं, मां-बेटे दोनों की दृढ़ता और तेज को देखकर! यदि सुमित्रा ने इस प्रकार अपनी समस्त शक्ति माता कौशल्या को संभालने में न लगा दी होती, तो कौशल्या जाने कब से टूटकर बिखर गयी होती। सुमित्रा वास्तविक अर्थों में क्षत्राणी हैं...

...सम्राट् को इतना दीन राम ने कभी नहीं देखा। इनके प्रति पिता के मन में इतना मोह होगा, यह राम ने कभी नहीं सोचा था। अयोध्या की समस्त प्रजा जानती है कि दशरथ की प्रिय रानी कैकेयी है, स्वभावत: ही दशरथ का प्रिय पुत्र फिर भरत ही होना चाहिए। भरत है भी प्रिय होने योग्य। फिर सम्राट् ने उसे युवराज बनाने का वचन उसके नाना को दे रखा है ...किन्तु राम अपनी आंखों से देखा झुठला नहीं सकते। उन्होंने देखा है कि सम्राट् अपनी सत्य-प्रतिज्ञा से स्खलित होने को भी प्रस्तुत थे। यदि वशिष्ठ ने विशवामित्र का समर्थन न किया होता और सम्राट् विश्वमित्र से भयभीत न होते, तो कदाचित् वे अपनी प्रतिश्रुति की चिन्ता न करते हुए, उन्हें ऋषि के साथ भेजना अस्वीकृत कर देते।

...कितनी विचित्र बात है! जिससे पिता इतने भयभीत हैं, माता को उसी विश्वामित्र पर इतना अधिक विश्वास है —क्यों ? निष्पाप मां जिस पर इतना विश्वास करती हैं, वह व्यक्ति अवश्य ही निष्कलुष होगा; पर फिर पिता क्यों उसके सम्मुख तेजहीन हो जाते हैं ?...अवश्य ही सम्राट् के व्यक्तित्व में ऐसे दोष हैं, ज़िनके कारण वे प्रत्येक व्यक्ति के सम्मुख निर्भीक और तेजस्वी व्यवहार नहीं कर सकते...

किन्तु इस सारे दृश्य में कैकेयी कहीं नहीं थी। उसे सूचना ही नहीं मिली ? वह उनके और लक्ष्मण के प्रति उदासीन है ? अथवा वह उनके जाने से प्रसन्न हैं ?...राम का मन अभी कोई निर्णय नहीं कर पाता।

राम की दृष्टि बहिर्मुखी हुई।

राजपथ पर भागते हुए तीन रथों में से पहले में स्वयं ऋषि, राम तथा लक्ष्मण थे। पीछे के दो रथों में ऋषि के साथ आये ब्रह्मचारी तथा उनका सामान था। ऋषि विश्वामित्र आत्मलीन बैठे थे। लक्ष्मण आने वाले जोखिमों से अनजान, एक उत्सुक बालक के समान तन्मय होकर राजपथ के दोनों ओर खड़े नागरिकों को देख रहे थे। नागरिक ? कुछ लोग उदास थे; कुछ युद्ध के लिए जाते हुए राजकुमारों को उत्साह दिला रहे थे और कुछ केवल तमाशा ही देख रहे थे।

निरंतर भागते हुए रथ नगर-द्वार की ओर बढ़ रहे थे।

रथ के नगर-द्वार के समीप पहुंचते ही द्वार पर तैनात सैनिक टुकड़ी सावधान हो गयी। नायक ने रथ को रुकने का संकेत किया। ...सारथी ने अश्वों की वल्गु खींच ली, किन्तु तब तक नायक ने रथ के ध्वज, सारथी तथा रथारूढ़ लोगों को कदाचित् पहचान लिया था। उसने सारथी को आगे बढ़ने का संकेत किया और राजकुमारों को प्रणाम करने के लिए झुक गया।

सारथी ने वल्गु ढीली छोड़ दी और घोड़ों की गति बढ़ाने के लिए कशाधरी भुजा ऊपर उठाई...किन्तु तभी ऋषि विश्वामित्र का गंभीर स्वर सुनाई दिया, ''सारथी, रथ रोक दो।''

सारथी ने आश्चर्य से ऋषि की ओर देखा, किन्तु उनकी आज्ञा का पालन किया। पीछे आने वाले रथ भी स्वत: ही रुक गये। रथों को रुकते देखकर, सैनिक-टुकड़ी के नायक की आकृति पर घबराहट के चिह्न प्रकट हुए। वह भागता-सा निकट आया।

''मैंने आगे बढ़ने का संकेत दे दिया था, सारथे!'' उसकी वाणी स्थिर नहीं थी।

''हां, नायक!'' विश्वामित्र रथ से नीचे उतरते हुए बोले, ''किन्तु मैंने रुकने के लिए कहा था। आओ, पुत्र राम! वत्स लक्ष्मण! रथ से नीचे उतर आओ। अब आगे की यात्रा पैदल ही होगी, पुत्र! और सारथे! तुम रथ को वापस राजभवन लौटा ले जाओ। कोई प्रश्न करे तो कह देना कि मैंने ऐसी ही आज्ञा दी थी।''

पिछले दोनों रथों के ब्रह्मचारी भी बड़ी तत्परता से अपने सामान समेत नीचे उतर आये थे।

अपने नायक सहित सारे सैनिक विस्मित थे और रथ का सारथी असमंजस में पड़ा हुआ था, किन्तु राम और लक्ष्मण दोनों ही पूर्ण सहजतापूर्वक रथ से नीचे उतर आये थे।

''रथ लौटा ले जाओ।'' राम ने कोमल वाणी में आदेश दिया, ''और नायक! अपना विस्मय त्याग, हमें नगर से बाहर जाने का मार्ग दो।''

''किन्तु राजकुमार! ...'' नायक ने कुछ कहना चाहा।

''आदेश का पालन करो।'' राम का स्वर पहले से अधिक गंभीर था।

सारथी ने रथ मोड़ लिया; नायक और सैनिक अपने स्थान पर लौट गये।

वे नगर-द्वार से बाहर निकल गये।

राम ने लंबे-लंबे दो-तीन डग भरे और गुरु के साथ-साथ चलने लगे। लक्ष्मण को साथ चलने के लिए कुछ अधिक प्रयत्न करना पड़ा। वे अभी भाई राम के समान न तो लंबे-तड़ंगे ही थे, न उतने बलिष्ठ ही। ब्रह्मचारी लोग अपना संक्षिप्त-सा सामान उठाए, एक निश्चित दूरी बनाये, सधी हुई चाल से गुरु के पीछे-पीछे आ रहे थे।

सारी टोली सर्वथा मौन बढ़ती चली गयी, जैसे वे लोग जल्दी से जल्दी एक निश्चित दूरी पार कर, अयोध्या से दूर हो जाना चाहते हों। कोई नहीं जानता था कि रात को ठहरने के विषय में गुरु ने क्या सोचा है। इस ढलती हुई संध्या में अंधकार घिर आने से पूर्व तक के समय में कितनी यात्रा हो जानी चाहिए ? ...और गुरु थे कि निरंतर बढ़ते चले जा रहे थे।

सूर्य तथा अयोध्या नगरी समान गति से पीछे छूटते जा रहे थे और अब सरयू का जल दिखाई पड़ने लगा था। सरयू के दृष्टि में आते ही विश्वामित्र के पग कुछ शिथिल होने लगे। और एक सुविधापूर्ण घाट के दिखाई पड़ते ही गुरु रुक गये, "वत्स पुनर्वसु! आज रात यहीं विश्राम करना है। तदनुकूल व्यवस्था करो।"

और रथ से उतरने के पश्चात् पहली बार गुरु राम से सम्बोधित हुए, "वत्स राम! संन्यासी-तपस्वी लोग रथों में यात्राएं नहीं करते। सम्राट् की मर्यादा के विचार से ही अयोध्या के नगर-द्वार तक मैंने यात्रा स्वीकार कर ली थी। हमारी इस यात्रा में सब स्थानों पर रथ-यात्रा की सुविधा भी नहीं है। और पुत्र! तुम्हें रथ से उतारकर वनों में पदाति चलाने के पीछे मेरा एक निश्चित उद्देश्य भी है।"

पुनर्वसु ने गुरु तथा राम-लक्ष्मण के बैठने के लिए आसन बिछा दिए थे।

"बैठो, पुत्र!" गुरु ने कहा, और लक्ष्मण की ओर कुछ अतिरिक्त स्नेहिल दृष्टि से देखकर बोले, "पुत्र लक्ष्मण! तुम थक तो नहीं गये ? तुम्हारे लिए कदाचित् यह यात्रा अधिक कठिन हो।"

लक्ष्मण पूरी तरह स्फूर्तिपूर्ण दीख रहे थे। चंचल मुद्रा में सहास बोले, "मेरी मां कहती हैं, 'सौमित्र को थकने का कोई अधिकार नहीं है। सुमित्रा के पुत्रों ने पाप-रूपी अंधकार को जला डालने के लिए अग्नि-रूप में जन्म लिया है। उन्हें थकना नहीं चाहिए।"

गुरु ने कुछ विस्मय से लक्ष्मण को देखा, "ऐसा कहती हैं देवी सुमित्रा!"

"हां, ऋषि-श्रेष्ठ!" राम बोले, "माता सुमित्रा स्वयं भी पवित्र अग्नि से कम नहीं हैं — तेजस्विनी, उग्र तथा निष्पाप।"

ऋषि के मन का उल्लास उनके चेहरे पर फूट पड़ा, "फिर तो मैं ठीक जगह पहुंचा, वत्स! मेरे जैसा और कौन भाग्यशाली होगा, जो राम की कामना लेकर गया और राम तथा लक्ष्मण को लेकर लौटा।" गुरु अपने मन के किसी भाव में रम गये और कुछ क्षणों तक शांत रहे। फिर बोले, "वत्स राम और लक्ष्मण, मैंने जान-बूझकर तुम्हें यह

सारा मार्ग पैदल चलाया है। मैं चाहता हूं कि तुम लोग सहज नागरिक होकर, साधारण मनुष्य की पीड़ा को देखकर उसका अनुभव करो। पुत्र! जिसने स्वयं कभी पीड़ा नहीं देखी, वह दूसरों की व्यथा को भी नहीं देख पाता। सुख एक बहुत बड़ा अभिशाप है, जो व्यक्ति को दूसरों की व्यथा की ओर से अंधा कर देता है। इसीलिए ये राजा, सम्राट्, सेनापति, सामंत विलास की चर्बी आंखों पर चढ़ाए आश्वस्त बैठे हैं। राम! मैं तुम्हें अयोध्या के विलासी वातावरण से इसीलिए बाहर निकाल लाया हूं। राजकुमारों के जीवन से हटकर साधारण व्यक्ति के अस्तित्व के, मानापमान के, न्यायान्याय के संघर्ष को भी देखो।''

राम के अधरों पर एक वक्र-सी मुसकान उदित हुई और क्षणभर में ही विलीन हो गयी। वे गंभीर थे, ''एक उपेक्षित माता के सबकी आंखों में खटकने वाले पुत्र के विषय में यह मान लेना उचित नहीं है कि वह दुःख से अनभिज्ञ होगा, दूसरों के लिए करुणा से शून्य होगा और न्यायान्याय के संघर्ष से उसका परिचय नहीं होगा।''

''राम!'' गुरु राम की वाणी की करुणा से कहीं भीग उठे।

''हां, ऋषिवर!'' राम अपनी गंभीर वाणी में कहते गये, ''जैसा आपने देखा, पिता का व्यवहार सदा मेरे प्रति ऐसा ही नहीं था। ठीक है कि धनाभाव का कष्ट मुझे या माता कौशल्या को कभी नहीं हुआ, किन्तु धनाभाव का कष्ट तो सम्राट् की रखैलों और दासियों तक को नहीं होता। मैं एक धनवान पिता की अनचाही संतान के रूप में पला हूं। जब से मैंने होश संभाला है, सदा यही देखा है कि मेरी मां इस राजकुल में साम्राज्ञी होते हुए भी उपेक्षित, पीड़ित तथा दलित व्यक्ति का जीवन जीती रही हैं। कैकेयी की दासियां मेरी मां से अधिक महत्त्वपूर्ण मानी जाती रही हैं।...मैं अपनी व्यथा सुनाकर आपको पीड़ित नहीं करना चाहता, कुशिकनन्दन! केवल इतना ही स्पष्ट करना चाहता हूं कि अपने शैशव के उन्हीं आरंभिक दिनों से माता कौशल्या ने अपने उत्तराधिकार और संस्कारों में मुझे दूसरों के प्रति करुणा दी है और माता सुमित्रा ने मुझे न्याय के लिए, सम्मान के लिए, अधिकारों के लिए संघर्ष करने की प्रेरणा। इन दोनों माताओं ने मेरे सम्मुख स्पष्ट कर दिया है कि जो स्वयं दुर्बल है, संरक्षणहीन है, अन्य लोगों के लिए उसके प्रति अन्याय, अधर्म तथा अपमान का व्यवहार कितना सहज हो जाता है।''

''सुना तो मैंने भी कुछ ऐसा ही था, राम!'' गुरु बोले, ''और कदाचित् इसीलिए मैं तुम्हें लेने के लिए अयोध्या आया था कि सुख-सुविधा में अंधा सम्राट् यदि किसी की पीड़ा नहीं समझता, तो उसका उपेक्षित राजकुमार उसे अवश्य समझता होगा, किन्तु सम्राट् का तुम्हारे प्रति मोह देखकर लगा कि मेरी धारणा भ्रम मात्र थी।''

''आपकी धारणा भ्रम नहीं थी।'' लक्ष्मण कुछ तीखी आवाज में बोले, ''भ्रम तो सम्राट् का भैया के प्रति मोह था वरन् वह नाटक था। ऐसे बहुत सारे नाटक हमारे पिता करते रहते हैं। हमारे पिता बहुरूपिया हैं, ऋषिवर!''

''तुम कटु सत्य बोलने में बहुत पटु हो, लक्ष्मण!'' विश्वामित्र हंस पड़े ''पर वह

"तुम कटु सत्य बोलने में बहुत पटु हो, लक्ष्मण!" विश्वामित्र हंस पड़े "पर वह नाटक कैसे था ?"

"वह नाटक नहीं था।" राम बोले, "पर आश्चर्यजनक अवश्य था, ऋषिवर! सम्राट् अब पहले से बहुत बदल गये हैं; और मुझे लगता है कि निरंतर बदल रहे हैं। शंबर के साथ हुए युद्ध में घायल होकर पिता घर लौटे थे, तो पहली बार उनके व्यवहार में कुछ परिवर्तन होता दिखाई पड़ा था। मुझे तब कुछ राजकीय अधिकार दिए गये थे और तब से आज तक किसी-न-किसी रूप में पिता मुझे उपयोगी पाते रहे हैं। यही कारण है कि उनका मुझ पर मोह निरंतर बढ़ता रहा है। माता कौशल्या तथा माता सुमित्रा की अपेक्षा कैकेयी पर उनका स्नेह आज भी अधिक है इसमें कोई संदेह नहीं; किन्तु भरत के प्रति वरीयता उन्होंने शायद ही कभी दिखायी हो। मुझे लगता है कि भरत के प्रति उनका स्नेह-प्रदर्शन कैकेयी के दबाव के कारण ही अधिक है, अपने मन की बाध्यता के कारण कम। वैसे भी भरत अधिकांशतः अपनी ननिहाल में ही रहे हैं। उन पर पिता की अपेक्षा अपने मामा तथा नाना का प्रभाव अधिक है। पिता उनके प्रति स्नेह विकसित न कर पाए हों तो पिता को दोष नहीं देना चाहिए । पुत्रेष्ठि यज्ञ द्वारा चार पुत्रों की प्राप्ति की कथा के निरंतर प्रचार के होते हुए भी", राम मुसकराए, "ये तीनों भाई मुझसे इतने छोटे हैं कि क्रमशः वृद्ध तथा दुर्बल होते जाते हुए पिता को सहारे के रूप में मेरी ही उपयोगिता दिखायी पड़ती है। मुझे लगता है कि जैसे-जैसे उनका शरीर असमर्थ होता है, मेरे प्रति उनकी ममता बढ़ती जाती है।... गुरुदेव!" राम पुनः मुसकराए, "यदि इसे आत्मश्लाघा न माना जाए, तो नागरिकों का परिचय तथा विश्वास सम्राट् के ज्येष्ठ पुत्र राम पर ही अधिक है।"

"गुरुदेव!" लक्ष्मण उत्तेजित हो उठे थे, "मैं बता नहीं सकता कि हमारे भैया से प्रजा को कितना प्रेम है। प्रजागण जानते हैं कि उनके दुःख-सुख में, संघर्ष तथा आपत्तियों में केवल राम ही उनके साथ हैं। बाहरी आक्रमणों से भी राम ही उन्हें बचाते हैं। सम्राट् अब युद्ध-यात्राएं नहीं करते, वर-यात्रा चाहे वे कर लें। न्याय-स्थापना भी राजकुमार राम ही करते हैं, सम्राट् को अन्तःपुर के झगड़ों से ही अवकाश नहीं। मेरी माता कहती हैं कि पिछले दस-ग्यारह वर्षों से कौशल का राज्य भैया राम चला रहे हैं, पर फिर भी उनका अभी तक युवराज्याभिषेक तक नहीं हुआ। होगा भी या नहीं, कहा नहीं जा सकता। भैया दूसरों के अधिकारों की रक्षा करते हुए भी अपने लिए कुछ नहीं कर रहे हैं। वे कहते हैं...."

"लक्ष्मण!" राम ने टोका।

"ठहरो, राम!" गुरु बोले, "हां, लक्ष्मण! तुम्हारे भैया क्या कहते हैं ?"

लक्ष्मण राम की ओर देखकर चंचलता से मुसकराए, "भैया कहते हैं, दूसरों के अधिकारों की रक्षा करना न्याय है; और अपने अधिकारों के लिए लड़ना स्वार्थ है। पर मेरी माता कहती हैं कि राम की अपनी ओर से उदासीनता उन्हें पसंद नहीं है। माता

कौशल्या भी अपनी ओर इसी प्रकार उदासीन थीं, इसीलिए वे सदा दुःख सहती रहीं। यदि कहीं सम्राट् ने ऐसा व्यवहार माता सुमित्रा से किया होता, तो वे सम्राट् को अवश्य ही उचित मार्ग दिखा देतीं। मेरी..."

"लक्ष्मण !" राम ने स्नेह-मिश्रित अधिकार से डांटा।

लक्ष्मण ने तिरछी दृष्टि से राम को देखा और मुसकराकर पुनः बोले, "गुरुदेव! मेरी माता कहती हैं कि यदि भैया ने अपने लिए कुछ नहीं किया तो मुझे बड़े होकर भैया को उनका अधिकार दिलाना है। वे कहती हैं कि राम का पक्ष न्याय है और राम से उदासीन होना न्याय से उदासीन होना है। वे चाहती हैं कि मैं बहुत वीर बनूं और राम के मार्ग के प्रत्येक्ष कंटक को समूल उखाड़ फेंकूं। वे कहती हैं..."

गुरु ने दृष्टि उठाकर कुछ कहने के लिए आये खड़े पुनर्वसु की ओर देखा।

"भोजन तैयार है, गुरुदेव!" पुनर्वसु ने कहा।

"आओ, वत्स! पहले भोजन कर लें।" गुरु अपने आसन से उठ खड़े हुए।

"वत्स! वशिष्ठ ने तुम्हारे पिता की इच्छा के विरुद्ध तुम्हें मेरे साथ भेजा है, यह उनकी बुद्धिमत्ता है।" विश्वामित्र का स्वर बहुत कोमल और शब्द स्नेह-सिचिंत थे, "क्योंकि वे अनेक ऐसी बातें समझते हैं, जो दशरथ नहीं समझते।"

राम के सरल, ईमानदार चेहरे पर अशांति की कुछ रेखाएं उभरीं।

"पिता की निन्दा नहीं सुन सकते, पुत्र ?" विश्वामित्र हंस पड़े।

"गुरुदेव! अन्यथा न मानें।" राम के शब्द सधे हुए थे, "विदा करते समय पिताजी ने आदेश दिया था कि हम आपको अपना गुरु और पिता दोनों मानकर आपकी आज्ञा का पालन करें — वह हम करेंगे, गुरुदेव! किंतु यदि मैं अपने बूढ़े और निरीह पिता की आंखों में पीड़ा के आंसू और आपके प्रति एक अव्यक्त भय की छाप भुला न पाऊं तो क्या आप मुझे दोषी मानेंगे ?"

विश्वामित्र हंस पड़े, "तुम ठीक कहते हो, राम! मुझे न केवल यह ध्यान रखना होगा कि अपने पिता के व्यवहार और व्यक्तित्व के अनेक दोषों को जानते हुए भी तुम्हारे मन में उनके प्रति स्नेह और सम्मान की भावना है, वरन् यह भी याद रखना होगा कि तुम स्वतंत्र चिंतन करने वाले, निर्भीक, तेजस्वी वीर भी हो। निश्चित रूप से मैंने तुम्हारे पिता का मन दुखाया है, किन्तु राम! जीवन में अनेक बार धर्म की रक्षा के लिए कटु होकर अन्य जनों का मन दुखाना पड़ता है।"

वे लोग गंगा और सरयू के संगम पर ठहर गये थे। जल का हहर-निनाद कानों को भेद रहा था। लक्ष्मण संगम की ओर उन्मुख बैठें थे। वे गुरु और राम के वार्तालाप के प्रति प्रायः अनमने थे। प्रकृति उनके लिए अधिक मोहक थी। शिष्य-मंडली कुछ दूर पीछे बैठी हुई विश्राम कर रही थी। राम की बड़ी-बड़ी निर्भीक आंखें विश्वामित्र के चेहरे पर टिकी हुई थीं; और विश्वामित्र जैसे अपने आस-पास की प्रकृति से असंपृक्त

वे बड़े ही मीठे स्वर में बोले, "राम! मैंने अपनी बाजी तुम पर लगाई है, पुत्र! इसलिए तुमसे कुछ स्पष्ट बातें करना चाहता हूं। यदि तुम मेरी अपेक्षाओं पर खरे उतरे तो तुम्हें अपने साथ सिद्धाश्रम ले जाऊंगा, और यदि ऐसा नहीं हुआ तो तुम्हें और लक्ष्मण को यहीं से लौटा दूंगा।"

राम चकित रह गए। चलने से पहले पूर्व उन्हें सब कुछ बताया गया था। पिता और गुरु का विवाद। पिता का संकोच, गुरु की कटुता। कितना आग्रह और कितने आश्वासन! गुरु विश्वामित्र सिद्धाश्रम से चलकर केवल उन्हें लेने के लिए अयोध्या आये थे। इतना प्रयास, इतना उद्यम! और अब वे कह रहे हैं कि उन्हें वे यहीं से लौटा देंगे। कैसा कौतुक है!

लक्ष्मण की आंखों में आशंका समा गयी। उन्हें हाथ में आयी एक आकर्षक वस्तु छिनती दिखाई पड़ी। विश्वामित्र उन्हें वापस अयोध्या भेज देंगे। अयोध्या उन्होंने पचासों बार देखी है। ये वन-उपवन, नदी-पर्वत — लक्ष्मण यह सब कब देखेंगे! अब तो सब कुछ भैया राम पर निर्भर था...

"मैं समझा नहीं, गुरुवर!" राम बोले।

"विस्तार से समझाता हूँ, पुत्र!" विश्वामित्र प्रवचन की मुद्रा में बैठ गए, "तुमने अपने पिता की निन्दा के संदर्भ में जो कुछ कहा है, उससे मुझे तुम्हारे व्यक्तित्व में तेज का आभास मिला है, जो मेरी अपेक्षाओं के अनुकूल है। पर जो कुछ मैंने कहा वह तुम्हारे पिता की निन्दा नहीं थी, वह उनके चरित्र का विश्लेषण मात्र था। पुत्र! जब हमारा चिंतन सीमित और बद्ध हो जाता है तो हमारी चिंतन-प्रणाली, हमारे विचार एकदम रूढ़ हो जाते हैं। तुम अपने पिता की छत्र-छाया में, गुरु वशिष्ठ की चिंतन-प्रणाली में आबद्ध, पोषित हुए हो। मैं उस वातावरण का जीव नहीं हूं, जिसके तुम अभ्यस्त हो। इसलिए यदि मेरी बातों को अपनी रूढ़ दृष्टि से देखोगे, तो मैं कई बार तुम्हें अपना विरोधी और निन्दक प्रतीत होऊंगा; और यदि उदार होकर मेरी बात सुनोगे तथा उस पर विचार करोगे तो तुम अपने सीमित वृत्त से बाहर निकलकर एक बड़े, व्यपक वृत्त में आओगे। मेरी बात समझ रहे हो, पुत्र ?"

"आपका कथन सर्वथा सत्य है, ऋषिवर!" राम का तेजस्वी, सरल मुख नये ज्ञान, नये विचार को पाने को उत्सुक और अत्यन्त उदार हो आया।

"मेरा और वशिष्ठ का मतांतर बहुत प्रसिद्ध है, राम!" विश्वामित्र बोले, "तुमने भी सुना होगा। वशिष्ठ की अपनी निष्ठा है। मुझे उनकी ईमानदारी पर पूरा विश्वास है; फिर भी अनेक विषयों में मैं उनसे सहमत नहीं हो पाता।...वे बातें बाद की हैं, वत्स! मैंने आरंभ में कहा था कि वशिष्ठ ने तुम्हें मेरे साथ भेज दिया, क्योंकि वे बहुत सी ऐसी बातें समझते हैं, जो तुम्हारे पिता नहीं समझते। वे यह जानते हैं कि यदि तुम मेरे साथ न आए होते तो भी मैं अपना काम करवा लेता। पुत्र! हम जिसे ऋषि कहते हैं, वह एक अनासक्त बुद्धिजीवी है। वह अपने स्वार्थ के लिए कुछ नहीं करता। वह

मानव-समाज की दृष्टि से सोचता है। इसलिए वह कहीं भी साधन जुटा सकता है। तुम न आते तो मैं किसी अन्य आर्य राजकुमार से वह कार्य करवाता। ऐसी स्थिति में सम्राट् दशरथ का अहित हो सकता था, इसे वशिष्ठ समझते हैं।''

''आप समर्थ हैं, गुरुदेव!'' राम ने सिर को तनिक झुकाते हुए कहा।

''पुत्र! अब मैं तुमसे अपनी बात कहता हूं।'' विश्वामित्र कुछ हल्के होकर बोले, ''जब कभी बुद्धि विलासी हो जाती है, सत्ता कोमल और भीरू हो जाती है, तो अन्याय को बल मिलता है। वत्स, आज संसार में ऐसा ही समय आ गया है। देश-शक्ति अपने विलास में नष्ट हो गयी है। आर्य राजाओं में मतभेद हैं। ऋषि-मुनि अपना पेट पालने में व्यस्त हैं, अत: एक अन्यायी और अत्याचारी शक्ति संसार पर छाती जा रही है।''

''कौन है वह ?'' राम जैसे संघर्ष के लिए पूर्णतः उद्यत थे, ''मुझे बताएं — ताड़का? मारीच ? सुबाहु ?''

विश्वामित्र हंस पड़े, ''तुम्हारा उत्साह मुझे आश्वस्त करता है, पुत्र! तुमने अभी भयभीत होना नहीं सीखा। इन्हीं लोगों के नाम सुनकर तुम्हारे पिता भय से पीले पड़ गए थे। ...पर जिनके नाम तुमने लिये हैं, वे तो शाखाएं मात्र हैं...जड़ है रावण।''

''पर वह तो लंका में बैठा है।'' राम सहज भोले भाव से बोले।

''यही कठिनाई है, पुत्र ! आर्य सम्राटों के लिए रावण लंका में बैठा है और लंका आर्यों को किसी अन्य ब्रह्मांड में स्थित प्रतीत होती है। किंतु रावण के लिए, लंका में बैठे हुए भी, न विदेह दूर है, न अयोध्या और न सिद्धाश्रम ! उसके अग्रदूत राक्षसी मनोवृत्ति और चिन्तन लेकर बहुत दूर-दूर तक आर्य संस्कृति को घुन के समान चाटकर भीतर से खोखला करते जा रहे हैं। रावण लंका में बैठा इस अत्याचार का संचालन कर रहा है, राम! उसके सैनिक शिविर आर्यावर्त्त की नाक तक आ पहुंचे हैं।''

राम विचलित नहीं हुए। वे उसी प्रकार सहज बने रहे, ''आप रावण के सैनिक अभियान को अत्याचार क्यों कहते हैं, ऋषिश्रेष्ठ ? आर्य राजा भी सैनिक अभियान करते हैं। अश्वमेध यज्ञ क्या सैनिक अभियान नहीं है ? क्या वह अनावश्यक हिंसा नहीं है ?''

''तुम ठीक कहते हो, राम!'' विश्वामित्र का मुख प्रफुल्लित हो उठा, ''तुम मेरी अपेक्षाओं पर पूरे उतर रहे हो, बेटा! तुम उद्दंड नहीं हो, उच्छृंखल नहीं हो — किन्तु बड़ों की बात को बिना अपनी कसौटी पर तोले स्वीकार भी नहीं करते! यह इस बात का लक्षण है कि तुम आगे बढ़ोगे — अपने पिता से, अपने गुरु से।'' वे क्षण-भर के लिए रुके और फिर बोले, ''बेटा! बात हिंसा और अहिंसा की नहीं है। बात सैनिक अभियान की भी नहीं है। महत्त्वपूर्ण बात यह है कि उस सैनिक अभियान के मूल में कौन-सा दर्शन कार्य कर रहा है। अश्वमेध यज्ञ करने वाला राजा यह प्रण करता है कि वह अपनी प्रजा पर न्यायपूर्वक शासन करेगा, उनकी रक्षा करेगा, प्रजा के सुख को अपने निजी सुख-स्वार्थ पर वरीयता देगा। वह छोटे-छोटे नरेशों के ऊपर एक बड़ी

शक्ति स्थापित कर पूर्ण देश में एक संतुलित शासन स्थापित करने में सहायक होता है।... पर रावण के सैनिक-अभियानों के पीछे सुशासन का लक्ष्य नहीं है। वह तो अपने लिए सुख, विलास, सम्पन्नता, अधिकार चाहता है। उसके लिए न्याय-अन्याय का द्वंद्व नहीं है। उसका शासन एक व्यक्ति — सर्वशक्ति-सम्पन्न अधिनायक का शासन है। वह न अपनी मंत्रि-परिषद् का परामर्श मानता है, न विद्वानों का। निर्धन प्रजा की कोई सुनवाई नहीं है उसके राज्य में। वह सोने की लंका में बैठा उच्छृंखल, उद्दंड शासन कर रहा है। उसके तंत्र के मूल में स्वर्ण है, पुत्र! वह सामाजिक कल्याण के लिए कुछ नहीं करता। उसके राज्य में कन्याओं का सम्मान सुरक्षित नहीं, बुद्धिजीवियों के प्राण सुरक्षित नहीं। उसकी राजनीति अन्याय की राजनीति है, पुत्र! वह अपने लाभ और अपने भाई-बांधवों के तनिक-से स्वार्थ के लिए अपनी संपूर्ण प्रजा का नाश करने में संकोच नहीं करेगा। प्रजा उसके लिए एक लोथ है, जिसे वह अपना पेट भरने और विलास की इच्छा की पूर्ति के लिए जितना चाहे नोच ले।...धन तथा जन-बल की उसे कमी नहीं है, अतः अन्य राज्यों में अपनी इन शक्तियों के बल पर उत्पात मचाता रहता है। किसी भी देश का कोई आर्य-विरोधी, मानव-विराधी रावण का समर्थन अत्यन्त सुगमता से पा सकता है। रावण ने कभी दलित-पीड़ित मानवता की रक्षा के लिए, उसके उत्थान के लिए —कोई भी कार्य नहीं किया। ...और पुत्र!'' विश्वामित्र ने राम की ओर देखा,''आर्य राजा प्रत्येक मानव को समान मानते हैं — यह उनका आदर्श है। उनकी राजसभा में पंडित, विद्वान, ऋषि, मंत्रि-परिषद् तथा अन्य जन-प्रतिनिधि होते हैं, जिनकी बात राजा को माननी पड़ती है। यदि रावण का कोई राजगुरु होता, तो वह वशिष्ठ के समान राजा की इच्छा के विरुद्ध उसके राजकुमार मुझे नहीं दे सकता था। प्रजा की इच्छा, प्रजा के प्रतिनिधियों की इच्छा आर्य राजाओं के लिए सर्वोपरि है; और यदि उनका व्यवहार ऐसा नहीं है तो वे अपने आदर्श से पतित हो चुके हैं, उन्हें तुरंत पदच्युत कर दिया जाना चाहिए।''

''आर्य शासन-पद्धति से मैं परिचित हूं, तात!'' राम बोले, ''पर राक्षसी तंत्र का ज्ञान मुझे नहीं है।''

''यह वशिष्ठ की शुद्धतावादी प्रणाली का परिणाम है, पुत्र!'' विश्वामित्र शून्य में घूरते हुए बोले, ''रावण ने आर्यावर्त्त से बाहर या तो राजाओं को मार डाला है, या उनसे मित्रता कर ली है। किष्किंधा का राजा वाली स्वयं दुष्ट न होते हुए भी रावण का मित्र है। महिष्मती का दुष्ट आर्य सम्राट् सहस्रार्जुन उसका मित्र था, किन्तु भार्गव परशुराम ने उसका वध कर दिया, अन्यथा रावण और सहस्रार्जुन मिलकर अनर्थ कर डालते। रावण शिव का परम भक्त है, और शिव उस पर अत्यन्त कृपालु हैं। देवताओं को वह पराजित कर चुका है और आर्यावर्त्त के राजाओं को त्रस्त। इसका अर्थ यह हुआ कि कोई भी महाशक्ति रावण का विरोध करने नहीं आयेगी। दुर्बल जन-समुदाय रावण के अत्याचारों से पीड़ित होता रहेगा। वह एक बार आर्यावर्त्त में घुस आया तो मानवीय समानता के

सिद्धान्त पर खड़ा शासन-तंत्र समाप्त हो जायेगा और उसके स्थान पर धन तथा पशु-शक्ति पर आश्रित शासन-तंत्र आरंभ होगा। कन्याओं का उन्मुक्त व्यापार होगा, मदिरा की अबाध धारा बहेगी...''

विश्वामित्र की आकृति किसी संभावित भय से एकदम पीली पड़ गयी। वे जैसे उस भयंकर शासन-तंत्र में जी रहे थे।

राम एकदम उद्विग्न हो उठे। उनके सहज सलोने चेहरे पर क्षोभ की परत जम गयी, ''तात! इसका विरोध क्यों नहीं किया जाता ?''

''कौन करे, पुत्र ?''

''आर्य सम्राट्।''

''आर्य सम्राट् के गुरु के पद पर वशिष्ठ बैठा है, जो मानव-मात्र को समान नहीं मानता। वह अन्य जातियों से आर्यों को श्रेष्ठ मानता है, आर्यों से ब्राह्मणों को श्रेष्ठ मानता है और पुरुषों को नारियों से श्रेष्ठ समझता है। वह शबरों, किरातों, निषादों, वानरों, ऋक्षों, कोल-भीलों जैसी अनेक आर्येतर जातियों तथा दूर-दूर तक फैले हुए वशिष्ठ-दर्शन को न मानने वाले आर्य ऋषि-मुनियों पर होने वाले अत्याचारों से पीड़ित नहीं होता। वह आर्य सम्राटों को आर्यावर्त्त से बाहर निकलने नहीं देता। फिर आर्य सम्राटों में मतभेद है। जनक और दशरथ साथ मिलकर कभी नहीं लड़ेंगे...।''

राम कुछ उत्तेजित हो उठे, ''आर्य लोग मृत्यु के अपने घर में घुसने की प्रतीक्षा कर रहे हैं, गुरुदेव! क्या वे यह नहीं जानते — इससे पहले कि शत्रु हमारे घर में घुसने का साहस करे, हमें उसके घर में घुसकर उसका नाश कर देना चाहिए ?''

विश्वामित्र मुग्ध नेत्रों से राम को ऐसे तन्मय होकर देख रहे थे, जैसे समाधिस्थ हो गये हों। फिर उस तन्मयता से बाहर आ, गद्गद होकर बोले, ''तुम सच्चे क्षत्रिय हो, राम! तुम धन्य हो। तुम यह कार्य कर सकोगे। पुत्र! यह प्रण करो कि अपने विरुद्ध हुए अत्याचारों का तो प्रतिकार तुम करोगे ही, अन्य जनों की पीड़ा भी मिटाओगे — जहां कहीं अत्याचार होगा तुम अपने प्राणों का पण लगाकर भी उसका विरोध करोगे।''

''मैं प्रण करता हूं, गुरुदेव!''

''मैं आश्वस्त हुआ, पुत्र! अब तुम्हें अयोध्या लौटने को नहीं कहूंगा।''

''मैं भी प्रतिज्ञा करूं, गुरुवर!'' लक्ष्मण चहककर बोले, ''मेरी मां कहती है —ऐसी प्रतिज्ञा रोज किया करो।''

''तुम्हारी मां ठीक कहती हैं, लक्ष्मण !'' विश्वामित्र अत्यन्त प्रसन्न थे।

प्रातः विश्वामित्र ने राम और लक्ष्मण को बहुत जल्दी जगा दिया। सामान्य दिनों से भी जल्दी, यात्रा के दिन अधिक देर तक सोने से धूप चढ़ आयेगी, और सूर्य के निरन्तर उग्र होते हुए ताप में यात्रा अपेक्षाकृत अधिक कठिन और परिश्रमसाध्य हो जायेगी। गुरु को अपनी चिन्ता कम थी — उनमें हिम-आतप सहन करने की पर्याप्त क्षमता थी। राम

और लक्ष्मण भी कोई ऐसे कोमल नहीं थे। लक्ष्मण अवश्य अभी छोटे थे, किन्तु वे लोग क्षत्रिय राजकुमार, वीर तथा योद्धा थे। उन्हें कठिन शारीरिक श्रम का अभ्यासी होना ही चाहिए था। किन्तु गुरु उनके प्रति अनावश्यक रूप से कठोर नहीं होना चाहते थे। गुरु के साथ पुनर्वसु तथा अन्य ब्रह्मचारियों की मंडली भी थी। अंततः उन्हें भी तप करना था — शरीर को कठिन अभ्यासी बनाना था; किन्तु अभी वे लोग इस योग्य हो नहीं पाये थे। शनैः-शनैः हो जायेंगे।

स्थाणु आश्रम के ऋषियों ने उन लोगों के लिए एक बड़ी-सी नौका का प्रबंध कर दिया था। गंगा की धारा में जल-यात्रा करते हुए, वे सहज ही ताड़कावान तक जा सकते थे। चलने का श्रम उन्हें नहीं करना था। केवल धूप से बचना था। छायादार नौका होती तो कदाचित् धूप का भी विचार इतना नहीं करना पड़ता, किन्तु गुरु विश्वामित्र इतनी सुविधाओं में साथ यात्रा करने के विराधी थे। ठंडे-ठंडे, प्रकृति की सहायता से जितनी यात्रा सुविधापूर्वक हो जाए, उतना ही अच्छा — फिर तो धूप सहन करनी ही है...

गुरु सिद्धाश्रम में अपने पहुंचने के समय का अनुमान भी लगा रहे थे। रात्रि के अंधकार के गहराने से पूर्व ही वे लोग सिद्धाश्रम की सीमाओं के भीतर पहुंच जाएं तो ठीक होगा; अन्यथा वह रात या तो गंगा के तट पर खुले आकाश के नीचे व्यतीत करनी पड़ेगी, अथवा ताड़कावन के पेड़ों की छाया में। ये दोनों ही स्थितियां उन्हें स्वीकार नहीं थीं। अतः जल्दी ही चल पड़ना चाहिए...

राम, लक्ष्मण तथा अपनी शिष्य-मंडली के साथ विश्वामित्र घाट पर बंधी नौका के पास आये। स्थाणु आश्रम के अनेक ऋषि उन्हें विदा करने आये थे। विश्वामित्र को उनके चेहरों पर अपने प्रति सहानुभूति और करुणा के भाव स्पष्ट दीख रहे थे, और उन लोगों की आंखों में जड़ीभूत एक द्वंद्व की भी वे उपेक्षा नहीं कर पा रहे थे। वे आंखें आश्वस्त नहीं थीं। उनमें जैसे एक भय था, आशंका थी, कातरता थी और उन सब के मध्य आशा, विश्वास और आश्वस्तता की एक धीमी-सी ज्योति भी थी। इन्हीं विरोधी भावों के कारण वे आंखें स्पष्ट और सरल नहीं लग रही थीं। अस्पष्ट, कुछ अऋजु, भ्रांत...

"प्रणाम, ऋषिवर!" आश्रम के कुलपति ने कहा, "प्रभु आपको सफल करें।"

विश्वामित्र ने आशीर्वाद की मुद्रा में हाथ उठा भर दिया। कुछ कह नहीं सके। स्पष्ट बात तो भविष्य ही करेगा। ...उनकी आंखें आकाश की ओर उठ गयीं। वे बड़ी देर तक शून्य में घूरते रहे जैसे नीले आकाश की उदासी को धीरे-धीरे अपने मन में उतार रहे हों।

नौका चल पड़ी। अगले क्षण नाविकों ने, नाव को गंगा की बीच धारा में डाल दिया था। प्रवाह की क्षिप्रता के साथ नौका बहती चली जा रही थी और विश्वामित्र जैसे भीतर ही भीतर उदास होते जा रहे थे।

राम ने गंगा की धारा पर से आंखें हटाकर गुरु को देखा। गुरु के मुख पर सामान्य दिनों जैसा सहज उल्लास नहीं था। क्या यह संघर्ष से पहले की चिन्ता थी? युद्ध से पूर्व की माया? राम का मन जिज्ञासा से अधीर हो गया।

"गुरुदेव!"

विश्वामित्र को राम के द्वारा इस प्रकार पुकारा जाना अच्छा लगा। राम वशिष्ठ के शिष्य थे। इसी नाते वे उन्हें सामान्यत: 'ऋषिवर' और 'ऋषिश्रेष्ठ' इत्यादि संबोधनों से पुकारते थे। किन्तु जब राम 'गुरुदेव' कहकर पुकारते तो विश्वामित्र का मन कहीं आश्वस्त होता —राम का संबोधन औपचारिक नहीं है, वह शील का प्रदर्शन भी नहीं है, वह अभिनय नहीं है। राम के हृदय और जिह्वा में ऋजु संबंध था। गुरु स्नेह-आप्लावित स्वर में बोले, "वत्स राम!"

"स्थाणु आश्रम के ऋषियों और आप में एक सहज अन्तर पाता हूं, गुरुदेव! वे तपस्वी मात्र हैं। वे अपनी तपस्या करते हैं, युद्ध की बात नहीं सोचते। हिंसा कदाचित् उनके स्वभाव में ही नहीं है। वे कितने शांत दीखते हैं। आप उनसे भिन्न हैं, गुरुदेव!"

राम ने उनके चिन्तन को उकसाया था और कहीं उन्हें आहत भी किया था। बोले, "मैं भी यही सोच-सोचकर उदास हो रहा हूं, राम! मैंने भी ऐसा ही शांत वातावरण, ऐसा ही एक शांत आश्रम, तपस्या और त्याग का जीवन चाहा था, जिसमें कटुता न हो, संघर्ष न हो, युद्ध न हो। मैंने क्षात्र-कर्म त्याग, ऋषि-धर्म को अंगीकार किया। किन्तु मुझे शान्त रहने नहीं दिया जाता और मैं कच्छप-वृत्ति स्वीकार कर अपने कर्तव्य से मुख मोड़ नहीं सकता...।"

"मैं समझा नहीं, ऋषिवर!" राम की जिज्ञासु आंखें गुरु के मुख पर टंगी हुई थीं।

विश्वामित्र ने दुराव का प्रयत्न ही छोड़ दिया था। उनके मन की पीड़ा मुख पर भी प्रकट हो गयी थी। पीड़ित मन:स्थिति से विकृत वाणी को संयमित करते हुए बोले, "वत्स! मैं रक्त-पिपासु हिंस्र जीव नहीं हूं। युद्ध किसी भी सामान्य व्यक्ति को अच्छा नहीं लगता — शांतिप्रिय व्यक्ति तो उससे घृणा करता है। पर फिर भी मुझे लगता है, युद्ध की, संघर्ष की, विरोध की एक आवश्यकता होती है। जिस समय न्यायप्रिय लोगों की ओर से, न्याय के पक्ष को लेकर युद्ध, संघर्ष, विरोध, बाधा — कुछ नहीं रहता तो अन्यायीजन का अन्याय के प्रति आग्रह बढ़ जाता है, अत्याचार में वृद्धि होने लगती है। युद्ध भी अपने समय की एक आवश्यकता होती है, चाहे वह अपने परिवार के लोगों से हो, परिवार के बाहर हो, समाज में विरोधी तत्त्वों के साथ हो, या एक राज्य का दूसरे राज्य के साथ हो।"

"इस बात का कौन विरोध करता है, गुरुदेव ?" राम ने पूछा।

"विरोध कोई नहीं करता। कम-से-कम इस सिद्धांत का कोई विरोध नहीं करता। किन्तु, वत्स! आर्यावर्त्त के सम्राटों की जो मन:स्थिति इस समय है, उससे मुझे अत्यन्त निराशा होती है। मेरे ऐसा कहने के कुछ विशेष कारण हैं।" ...गुरु ने

संक्षिप्त–से विराम के पश्चात् कहा, "युद्ध न तो मात्र शारीरिक शक्ति से होता है, न केवल मनोबल से। युद्ध के लिए अस्त्र-शस्त्र अनिवार्य उपकरण हैं। उनके अभाव में सम्यक् युद्ध संभव नहीं है। किन्तु इस महत्त्वपूर्ण उपकरण की जितनी उपेक्षा आर्य राजा, आर्य प्रजा, आर्य सम्राट् कर रहे हैं, वह अत्यन्त शोचनीय है। पुत्र! आर्य राजाओं के पास सिवाय खड्ग, धनुष-बाण या बर्छी-भाले के अन्य कोई भी अस्त्र-शस्त्र नहीं है। अर्ध-विकसित आर्येतर जातियों की दशा और भी विचित्र है। किष्किंधा-सम्राट् वाली अत्यन्त शक्तिशाली है, किन्तु किष्किंधा की अपनी नियमित सेना तक नहीं है। युद्ध की स्थिति में या तो स्वयं वाली लड़कर जय-पराजय का निर्णय कर लेता है, अथवा शारीरिक रूप से सक्षम प्रत्येक वानर सैनिक मान लिया जाता है। उस वानर सेना के पास न धनुष-बाण होते हैं, न खड्ग। उनके पास होते हैं उनके नख, उनके दांत और उनकी शारीरिक शक्ति। किन्तु इन उपकरणों से राक्षसों का विरोध नहीं किया जा सकता। अतः रावण को वाली से कोई भय नहीं है, यद्यपि वाली व्यक्तिगत रूप में उससे कहीं अधिक बलशाली है। परिणामस्वरूप रावण की अत्याचारी विस्तारवादी सेनाओं के मार्ग में वाली ने कभी कोई बाधा नहीं दी। लगभग ऐसी ही स्थिति आर्य राजाओं की भी है। जिस समय उन्हें दिव्यास्त्रों के सम्मुख लड़ना पड़ता है, उनके पास न तो आत्मरक्षा का साधन होता है, न उन दिव्यास्त्रों के विरोध का उपाय। ऐसी स्थिति में इन लोगों को दिव्यास्त्रों की प्राप्ति के लिए, सीधे देवताओं की कृपा का आश्रय लेना पड़ता है। अन्य शक्तियों से दिव्यास्त्र प्राप्त करना — चाहे वे अन्य शक्तियां देव-जाति की ही क्यों न हों — अत्यन्त कठिन है। उसके लिए अत्यन्त विकट तपस्या करनी पड़ती है। और देते हुए देवगण यह भी नहीं सोचते कि वे ये दिव्यास्त्र किसे दे रहे हैं, और उन्हें प्राप्त करने वाला उनका कैसा उपयोग करेगा। कभी-कभी वे दिव्यास्त्र अन्यायी, समाज-विरोधी–मानव-विरोधी राक्षसों के हाथों में भी पड़ जाते हैं। ऐसी स्थिति में मानवों का उनके विरुद्ध लड़ना असंभव हो जाता है। जब शस्त्रों के लिए हम दूसरों पर आश्रित होते हैं, तो हमें उनकी कृपा की बाट जोहनी पड़ती है। वत्स! तब समय पर सारे काम संभव नहीं हो पाते। दूसरी ओर, युद्ध की दृष्टि से वाहनों की स्थिति भी संतोषजनक नहीं है। आर्य सम्राट् आज भी अश्व पर, गज पर या पैदल लड़ते हैं, जबकि राक्षसों ने अपने कवच-रक्षित रथ तैयार कर लिये हैं, जिनमें छिपकर वे लोग बड़ी सुविधा से अपने शत्रुओं के विरुद्ध लड़ सकते है।... हां, कुछ आर्य ऋषियों ने अपनी तपस्या और साधना से अनेक दिव्यास्त्र अवश्य प्राप्त किए हैं, अनेक का निर्माण भी किया है। कुछ दिव्यास्त्र मेरे पास भी हैं...।" कहते-कहते विश्वामित्र के मुख पर एक करुण मुसकान प्रकट हो गयी, "किन्तु मेरे लिए वे दिव्यास्त्र ही सबसे बड़ी समस्या भी बन गये हैं। वे दिव्यास्त्र मैं किसे दूं ? उतावली में किसी ऐसे व्यक्ति को न दे दूं, जो बाद में उनका दुरुपयोग करे।"

राम और लक्ष्मण अत्यन्त उत्सुक भाव से ऋषि के चेहरे की ओर देख रहे थे।

उनके कान ऋषि के मुख से निकला एक-एक शब्द जैसे मोती के समान चुग रहे थे। ये बातें लक्ष्मण के लिए ही नहीं, राम के लिए भी कदाचित् नयी थीं। वे और अधिक जानना चाहते थे। और, और अधिक...

ऋषि उनके मन की अवस्था समझकर मुसकराए। बोले, ''वत्स! कुछ पूछना चाहते हो?''

राम के हृदय का उल्लास उनकी वाणी में फूट आया, ''ऋषिवर! आप अद्‌भुत हैं। आपकी बातों में सम्मोहन की शक्ति है। आप पवित्र ग्रन्थों की वाणी नहीं बोलते, आपकी जिह्वा से स्वयं जीवन का अनुभव और उसका सत्य बोलता है। आप अन्य ऋषियों से भिन्न हैं।''

गुरु मुसकराए, ''तुम कुछ पूछना चाहते हो, राम ?''

राम बोले, ''एक जिज्ञासा है। यदि युद्ध के लिए शस्त्र तथा शस्त्र-ज्ञान इतना आवश्यक है, और आप जैसे ऋषियों के पास वे शस्त्र हैं भी, तो क्या ऋषिगण राक्षसों के अत्याचारों के विकट विरोधी होते हुए भी, शस्त्र धारण कर अन्याय के विरुद्ध लड़ नहीं पाते हैं ? मेरी वाचालता क्षमा करें, किन्तु मुझे लगता है कि ये सारी बातें मैंने कभी नहीं सोची थीं। मुझे उन दिव्यास्त्रों का ज्ञान भी आपके तुल्य नहीं है, फिर भी आपको अपने यज्ञ के लिए मेरी आवश्यकता क्यों पड़ी? आपने स्वयं राक्षसों का संहार क्यों नहीं किया?''

लक्ष्मण के नेत्र बोलते हुए भैया राम के चेहरे से हटकर गुरु के चेहरे पर टिक गए।

गुरु गरिमा के बंधनों को शिथिल कर उन्मुक्त रूप से हंसे, ''उपयुक्त प्रश्न है, राम! ऐसे ही प्रश्न की अपेक्षा तुमसे थी। पुत्र! प्रकृति का बड़ा विचित्र न्याय है। प्रकृति किसी एक व्यक्ति को अपनी सम्पूर्ण शक्तियां नहीं देती। दो पक्ष हैं, पुत्र ! एक चिंतन और दूसरा कर्म। यह भी एक अद्‌भुत नियम है कि जो चिंतन करता है, जो न्याय-अन्याय की बात सोचता है, जो सामाजिक कल्याण की बात सोचता है, उसके व्यक्तित्व का चिंतन-पक्ष विकसित होता है और उसका कर्म-पक्ष पीछे छूट जाता है। तुम देखोगे, पुत्र! चिंतक केवल सोचता है। वह जानता है कि क्या उचित है, क्या अनुचित। समाज और देश में क्या होना चाहिए, क्या नहीं होना चाहिए। किन्तु अपने चिंतन को कर्म के रूप में परिणत करना सामान्यत: उसके लिए संभव नहीं हो पाता। उसकी कर्म-शक्ति क्षीण हो जाती है। वहां केवल मस्तिष्क रह जाता है। दूसरी ओर, जो न न्याय और औचित्य की बात सोचते हैं, जो न समाज और राष्ट्र की बात सोचते हैं, वे केवल अपने स्वार्थ के लिए कर्म करते चले जाते हैं। केवल कर्म व्यक्ति को राक्षस बना देता है। न्याय और अन्याय का विचार मनुष्य को ऋषि बना देता है। और पुत्र! जिनमें न्याय-अन्याय का विचार और कर्म दोनों हों, ऐसे अद्‌भुत लोग संसार में बहुत ही कम हैं। जन--सामान्य ऐसे ही लोगों को ईश्वर का अवतार मान लेता है। जब

न्याययुक्त कर्म करने की शक्ति किसी में आ जाए, और वह जन-सामान्य का नेतृत्व अपने हाथ में लेकर, आगे बढ़, अन्याय का विरोध करे, तो उसमें प्रकृति की अनेक अद्भुत शक्तियां अपनी पूर्णता में साक्षात् हो उठती हैं। वही अवतार कहलाता है। जब सिद्धाश्रममुझमें कर्म था, तब चिन्तन नहीं था; पर आज जब चिन्तन है, ज्ञान है, ऋषि कहलाता हूं — कर्म की शक्ति मुझ में नहीं रह गयी है। सामान्यतः बुद्धिवादी ऋषि अपंग और कर्मशून्य हो जाता है। वह केवल एक सूक्ष्म विचार है। उनका स्थूल कर्मशील शरीर निष्क्रिय हो जाता है। इसलिए मुझे तुम्हारी आवश्यकता पड़ी है, राम! जब तुम मेरे आदेश के अनुसार कर्म करोगे, तुम मेरे पूरक कहलाओगे। किन्तु जब तुम स्वयं न्याय की बात सोचकर, स्वतंत्र कर्म करोगे, तो जैसा मैंने कहा, तुम अवतार कहलाओगे।''

ऋषि चुप हो गए थे, किन्तु उनकी आकृति से ऐसा नहीं लगता था कि वे अपनी बात पूरी कर चुके हैं। शायद कहीं कोई असमंजस अभी शेष था।

राम को विश्वामित्र जैसे ऋषि के मुख पर असमंजस कुछ विचित्र लगा — उस मुख के भावों से असंपृक्त-सा। वह पुरुष जो इतना कुछ सोचता-समझता है, जो ऐसा अद्भुत ज्ञानी है, जिसे त्रिकालज्ञ द्रष्टा माना जाता है, उस पुरुष के मन में असमंजस, द्वंद्व...

''आप कुछ सोच रहे हैं, गरुदेव!'' राम ने पूछा।

''हां।'' विश्वामित्र उनींदे-से स्वर में बोले, ''सोच रहा हूं, पुत्र! अब अंतिम चरण है। इस पड़ाव से चलने के पश्चात् हम सिद्धाश्रम में पहुंच जाएंगे। तब तुम्हें ताड़का, मारीच और सुबाहु का वध करना है। पर उस युद्ध से पहले, तुम्हें समर्थ बनाने के लिए, मैं तुम्हें कुछ दिव्यास्त्रों का ज्ञान देना चाहता हूं।... और उन दिव्यास्त्रों का ज्ञान देने के पहले का जो द्वंद्व है, यही मुझे सोचने को बाध्य करता है।''

''क्या द्वंद्व है, गुरुदेव?''

''द्वंद्व एक ही है, पुत्र! तुम्हें दिव्यास्त्र देकर मैं कहीं भूल तो नहीं कर रहा। कहीं ऐसा न हो कि जिस लक्ष्य के लिए मैं तुम्हें दिव्यास्त्र दूं, तुम उस लक्ष्य से भटक जाओ और दिव्यास्त्रों का अनुचित प्रयोग करो अथवा निष्क्रिय होकर उनका नाश हो जाने दो।''

''ऐसा कभी नहीं होगा।'' राम के बोलने से पूर्व ही लक्ष्मण कुछ उग्र स्वर में बोले, ''मेरी माता कहती हैं कि राम न अनुचित कार्य करते हैं, न निष्क्रिय रहते हैं।''

राम निर्द्वन्द्व रूप से धीरे-धीरे मुसकराए, ''मैं अपनी ओर से पूर्णतः आश्वस्त हूं। कहिए, आपको मैं कैसे आश्वस्त कर सकता हूं?''

विश्वामित्र बोले, ''तुम्हारे वचन मात्र से मैं आश्वस्त हो जाऊंगा। किंतु मैं किसी स्वार्थी जड़ ऋषि के समान बिना स्थिति स्पष्ट किए हुए तुमसे कोई वचन नहीं लेना चाहता। तुम सोच-विचारकर स्थिर बुद्धि से मुझे वचन दो। ऐसा न हो कि वचन देने के

पश्चात् मेरा द्वंद्व तुम्हारे मन में जा विराजे।''

राम के मुख पर वैसी ही असमंजस-रहित, निर्द्वन्द्व, पूर्ण आत्मविश्वासी मुसकान फिर उभरी, ''कैसा वचन चाहते हैं, ऋषिवर?''

विश्वामित्र कुछ देर तक तो सोचते रहे। फिर बोले, ''राम! मैंने वर्तमान स्थिति तुम्हारे सामने प्रायः स्पष्ट कर दी है। पर अभी बहुत कुछ ऐसा है, जो बताया नहीं जा सकता। तुम स्वयं उस ओर बढ़ोगे, उस मार्ग पर चलोगे तो अपने आप देखोगे। मैं तो तुम्हें संकेत मात्र दे सकता हूं।'' और फिर ऋषि जैसे एक सात्विक तेज के आवेश में बोले, ''मैं भविष्य के प्रति तुमसे आश्वासन चाहता हूं कि तुम इन दिव्यास्त्रों का ज्ञान प्राप्त करने के पश्चात् अयोध्या के सम्राट् बनकर सुख-सुविधापूर्ण जीवन व्यतीत करने का लोभ मन में नहीं लाआगे।''

राम जैसे उत्सुकता से विचलित होते हुए बोले, ''आप मुझसे क्या करवाना चाहते हैं, गुरुदेव?''

ऋषि बोले, ''पुत्र! सामान्य शब्दों में कहूंगा — अन्याय का विरोध। प्रत्येक मूल्य पर अन्याय का विरोध। वह अन्याय चाहे तुम्हारे अपने परिवार में हो, अपने राज्य में हो, चाहे राज्य के बाहर हो। विशेष रूप से कहूंगा, निष्पक्ष, मौलिक मानवीय न्याय का पक्ष लेकर, जीवन व्यतीत करने वाले उन ऋषियों की रक्षा, जो हिमालय से लेकर दक्षिण में महासागर तक विभिन्न स्थलों पर बैठे सत्य की तपस्या कर रहे हैं। वे ऋषि तथा उनके आश्रम सर्वथा सुरक्षाहीन हैं, पुत्र! जिस भी समय कोई राक्षस चाहता है, उन पर आक्रमण कर उनकी हत्या कर देता है, उनका मांस खा जाता है, उनकी अस्थियां चबा जाता है। यदि ये उच्छृंखल राक्षस अपनी इस क्रिया की इसी प्रकार पुनरावृत्ति करते रहे तो क्रमशः ये ऋषि समाप्त हो जाएंगे। इस देश में स्वतंत्र, मौलिक चिंतन समाप्त हो जाएगा, न्याय का विचार समाप्त हो जाएगा, सदाचरण और संस्कृति समाप्त हो जाएगी। मैं इन समस्त चीज़ों के लिए रक्षा का वचन चाहता हूं। पर साथ ही साथ यह चेतावनी भी दे रहा हूं कि बिना सोचे-समझे कोई वचन मत देना।''

राम उन्मुक्त मन से हंसे। बोले, ''ऋषिवर! अपने मन के अनुरूप इस कर्म के लिए वचन देते हुए मुझे क्या सोचना है?''

लक्ष्मण अपने चेहरे पर उत्फुल्ल मुसकान लिये, राम के वचन का समर्थन कर रहे थे।

''सोचना है, पुत्र! अपनी राजधानी में सेना से रक्षित राजसिंहासन पर बैठना, आक्रमण होने पर शत्रु से युद्ध अत्यंत सरल कार्य है। और जो कार्य मैं कह रहा हूं, वह उससे कहीं कठिन और विकट है। उसके लिए तुम्हें अपना राज्य छोड़कर उन गहन वनों में जाना होगा, जहां ऋषि तुमसे पहले जा पहुंचे हैं। ये समस्त ऋषि अपनी तथा अपने पक्ष की रक्षा के लिए याचना करने तुम तक नहीं आएंगे। तुम्हें उनका शोध कर, उन तक पहुंचना होगा। आदर्श-व्यवस्था स्वयं नागरिक तक पहुंचकर उसका कष्ट पूछती

है। नागरिक को परिवाद लेकर स्वयं शान तक पहुंचना पड़े तो वह आदर्श व्यवस्था नहीं है। तुम मुझे वचन दो कि तुम अपने राज्य और उसके बाहर भी आदर्श व्यवस्था स्थापित करोगे —एक राजा के रूप में भी, और एक मनुष्य के रूप में भी। तुम प्रासाद, सिंहासन, राज्य छोड़कर, अकेले पदाति वन-वन घूमकर गहन वनों में ऋषि-आश्रमों को खोज उनकी रक्षा करोगे, और उनके शत्रु राक्षसों का समूल नाश करोगे। इस बात की प्रतीक्षा नहीं करोगे कि पहले राक्षस तुम्हें पीड़ित करें। तुम रुके नहीं रहोगे कि पहले रावण अयोध्या पर आक्रमण करे। तुम स्वयं अन्याय का नाश करने का प्रण करके घर से निकल पड़ोगे।''

''गुरुदेव! ...'' राम कुछ कहने को उत्सुक हुए।

ऋषि ने अपने हाथ के संकेत से निवारण किया और बोलते गए, ''राम, पहले पूरी बात सुन लो। चपलता में कोई वचन मुझे मत दो। तुम घर छोड़ने की बात सोचोगे, तुम्हारे मार्ग में बाधास्वरूप तुम्हारे पिता, तुम्हारी माताएं तथा तुम्हारे भाई-बंधु होंगे। भीतर की दुर्बलताओं से लड़ भी लोगे, तो ये बाहर की बाधाएं तुम्हें वन नहीं जाने देंगी। आज तक कभी सुना है, पुत्र! कि किसी सम्राट् का राजकुमार, कोई युवराज, राजप्रासाद छोड़कर, सेना-विहीन, अकेला, एकाकी, पदाति, अन्याय का विरोध करने के लिए वनों में चला गया हो। माता-पिता, बंधु-बांधवों को त्यागना अत्यन्त कठिन होगा। वे बेड़ियों के समान लिपट जाएंगे। तुम झटका देकर अपने चरण छुड़ा सकोगे ? अच्छी तरह सोच लो। सैनिक अभियानों से यह संभव होता तो कोई भी सम्राट् यह कार्य कर सकता था। किन्तु उन दुरूह वनों में पर्वतों पर, सैनिक अभियान संभव नहीं है, पुत्र! वहां तो एकाकी, पदाति ही जाना होगा। अपने शारीरिक बल, अपने दिव्यास्त्रों, अपने शस्त्र-ज्ञान, अपने मनोबल, अपनी न्याय-बुद्धि से लड़ना होगा। और वे लोग, जिनकी रक्षा की बात मैं कह रहा हूं, तुम्हारे राज्य के प्रजाजन नहीं हैं। संभव है, वे राजा के रूप में तुम्हें सम्मान न दें। संभव है, उनसे तुम्हें कोई कर न मिले। इसलिए पुत्र, अपना राजसी कर्तव्य न समझकर, मानवीय कर्तव्य के रूप में, किसी भी प्रतिपादन की इच्छा के बिना, तुम्हें कर्म करना होगा ... अब जितना समय चाहो, लो। सोच-समझकर अपने निर्णय की सूचना मुझे दो।''

राम के मन में विभिन्न दिशाओं में व्याकुल टक्करें मारती, ऊर्जा की क्षुब्ध चपलताओं में जैसे सामंजस्य स्थापित हो रहा था — वे एक आकार ग्रहण करती जा रही थीं। उनके भीतर का कुछ कर गुजरने का संतोष जैसे आधार पाकर उस पर टिक, शांत होता जा रहा था।

राम उसी प्रकार सरल मुख से मंद-मंद मुसकराते रहे और उसी मुसकान के मध्य पहले से कुछ अधिक ललक के साथ बोले, ''ऋषिवर, कोई और चेतावनी देनी हो, दे लें। कोई और कठिनाई मार्ग में आती हो, तो जता दें। किसी और बाधा को इंगित कर सकते हों, तो कर दें। वचन मैं उसके पश्चात् ही दूंगा।''

विश्वामित्र हलके मन से हंसे। बोले, ''राम! मुझे और कुछ नहीं कहना।''

सहसा राम का सहज मुसकराता मुख आवेश से आरक्त हो गया, उनके मुख पर सात्विक तेज उद्भाषित होने लगा। स्वर की गंभीरता अधिक प्रखर हो उठी। उनका स्वर जैसे किसी स्वप्न– लोक में से गूंजता हुआ आ रहा था, ''ऋषिवर! मैं आपको यह वचन देता हूं कि मेरे जीवन का लक्ष्य राज-भोग नहीं, न्याय का पक्ष लेकर लड़ना, अन्याय का विरोध करना, वैयक्तिक स्वार्थों का त्याग, जन-कल्याण के मार्ग में आने वाली बाधाओं का नाश तथा सबके हित और सुख के लिए अपने जीवन को अर्पित करना होगा। मैं आपको वचन देता हूं कि मैं स्वयं तपस्वियों, ऋषियों, बुद्धिवादियों के पास जाऊंगा, जिन्होंने अपने जीवन को सत्य और न्याय के चिन्तन में, साधना में ज्ञान और विज्ञान की वृद्धि में खपा दिया है। जो अपनी रक्षा का वचन लेने के लिए मुझ तक नहीं आ सकते, मैं उन तक पहुंचूंगा, और अन्याय का, उसकी शाखा-प्रशाखाओं के साथ-साथ, समूल नाश करूंगा। आपने मुझे जीवन में एक लक्ष्य दिया है। अब मेरी ऊर्जा व्यर्थ आखेट खेल-खेलकर पशुओं के वध में व्यय न होकर, किसी सार्थक कार्य में लगेगी। इस कार्य से मुझे कोई नहीं रोक सकता — चाहे वे स्वयं मेरे पिता, माताएं अथवा बंधु-बांधव हों। और ऋषिवर!'' राम का स्वर अधिक गंभीर हो गया, ''मेरे राज्य के विषय में न सोचें। मुझे राज्य मिलेगा, इसकी संभावना आयोध्या में किसी के मन में नहीं है।''

सारे वार्तालाप में लक्ष्मण ने पहली बार होंठ खोले, ''भैया! इस वचन में मैं भी आपके साथ हूं।''

विश्वामित्र ने देखा — बालक लक्ष्मण के मुख पर क्षात्र-तेज अपनी पूर्ण उग्रता में मूर्तिमान था। वे इस संघर्ष के लिए राम से भी अधिक व्यग्र दिखायी पड़ रहे थे। उनके नेत्र में अपने भाई के लिए प्रेम और श्रद्धा के साथ-साथ सम्मोहन का भी भाव था।

विश्वामित्र शिथिल नहीं हुए। उन्होंने जैसे तप्त धातु पर घन-प्रहार किया, ''राम! अंत में एक और कटु बात कहना चाहता हूं। तुम्हारे वंश में पत्नी-प्रेम बहुत प्रसिद्ध है। यदि तुम्हारे मार्ग में बाधा-स्वरूप तुम्हारी पत्नी आ खड़ी हुई?''

''भाभी!'' लक्ष्मण कौतुकपूर्वक हंसे।

राम के सरल मुख की आभा लजाकर लाल हो गयी। गुरु ठीक कह रहे थे। राम की आंखों के सम्मुख अज और दशरथ के चेहरे घूम गये। गुरु ने बड़ा कोमल किन्तु सार्थक तंतु छुआ था।

''इस विषय में अभी मुझे मौन रहने की अनुमति दें, ऋषिवर! जो अभी मेरे जीवन में नहीं आयी, उसके विरुद्ध अभी से मन में पूर्वाग्रह एकत्रित नहीं करना चाहता। किन्तु आपकी सामयिक चेतावनी निरर्थक नहीं जाएगी, इतना तो कह ही सकता हूं।''

लक्ष्मण का मन बात की गंभीरता से हटकर भाई के विवाह की ओर बहक गया

था। वे राम के लजाए चेहरे को देख-देखकर मुसकरा रहे थे।

विश्वामित्र जोर से हंस पड़े। उनके मन की सारी दुविधाएं मिट गयीं और हृदय निर्मल हो उठा।

वे राम को देख रहे थे। राम पत्नी की बात नहीं करना चाहते। अपने वंश के पत्नी-प्रेम का प्रतिवाद उन्होंने नहीं किया, एक प्रकार से वचन भी दे दिया है। ... विश्वामित्र की कल्पना इधर-उधर नहीं भटकती। वे निर्णय ले चुके हैं — राम को वैसी पत्नी नहीं चाहिए, जैसी दशरथ चाहते हैं। राम की पत्नी भिन्न होनी चाहिए — इंदुमती से भिन्न, कौशल्या, सुमित्रा और कैकेयी से भिन्न। साधरण कन्या, किन्तु राजसी संस्कारों से मुक्त। और उनके मन में बार-बार जनकपुर का राजप्रासाद घूम जाता है ... भिन्न! भिन्न! साधारण कन्या, किन्तु राजसी संस्कार...

असमंजस-शून्य स्वर में विश्वामित्र बोले, "राम का वचन कर्म का प्रमाण है। अब मेरे मन में कोई दुविधा नहीं है। राम, तुमने मुझे ऋषियों के संकेत पर चलने का वचन दिया है, और लक्ष्मण ने तुम्हारा समर्थन किया है। शेष कार्य स्वतः तुम्हारे मार्ग में आएंगे और तुम उन्हें पूर्ण करोगे। अब प्रस्तुत हो जाओ। मैं चाहता हूं, जितने दिव्यास्त्र मेरे पास हैं, उन सबका ज्ञान मैं तुम्हें दे दूं। तुम्हारा प्रशिक्षण आरम्भ होता है, पुत्र! इस प्रशिक्षण के पश्चात् तुम राक्षसों को मारने में पूर्णतः समर्थ हो जाओगे। उठो, राम! धनुष उठाओ।"

और गुरु ने पीछे की ओर गर्दन मोड़कर आदेश दिया, "नाविक! नौका घाट पर लगाओ।"

घाट से कुछ दूर चलकर, वन के भीतर, खुला स्थान देखकर विश्वामित्र ने राम का प्रशिक्षण आरम्भ किया, "रघुनन्दन! तुम्हारा कल्याण हो। यह दिव्य और महान् दंडचक्र, यह कालचक्र, यह विष्णुचक्र तथा यह अत्यन्त भयंकर ऐन्द्रचक्र है। राघव! यह शिव का श्रेष्ठ त्रिशूल, यह इन्द्र का वज्रास्त्र, यह ब्रह्मा का ब्रह्मशर है। यह ऐषीकास्त्र और यह परम उत्तम ब्रह्मास्त्र है। पुत्र! ये मोदकी और शिखरी नामक गदाएं हैं। पुरुष सिंह! ये धर्मपाश, कलापाश और वरुणपाश नामक उत्तम अस्त्र हैं। राम! तामस, महाबली, सौमन, संवर्त, दुर्जय, मौसल, सत्य और मायामय उत्तम अस्त्र भी मैं तुम्हें अर्पित करता हूं। सूर्य का तेजःप्रभ अस्त्र भी तुम्हें देता हूं। सोम का शिशिर नामक अस्त्र और मनु का शीतेषु नामक अस्त्र भी तुम लो। ... और महाबाहु! अब इनके प्रयोग की विधि भी सीख लो।"

राम जैसे एक नये चामत्कारिक लोक में आ गये थे। कैसी विचित्र बात थी। अपने शिक्षणकाल में गुरु वशिष्ठ ने इन अस्त्रों की कभी चर्चा भी नहीं की थी। और विश्वामित्र उन्हें वे अस्त्र दे रहे थे — साक्षात्। राम का मन विश्वामित्र के प्रति श्रद्धा से भर उठा...

"पुत्र राम!" विश्वामित्र पूर्वाभिमुख होकर बैठ गये थे, "मेरे सम्मुख बैठ जाओ

और इन अस्त्रों की परिचालन-विधि को ग्रहण करो।''

सम्मोहित-से राम, गुरु की महिमा से सर्वथा अभिभूत, गुरु के सम्मुख बैठ गये।

गुरु ने उपदेश किया, ''कुकुत्स्थनन्दन! यह दंडचक्र...''

गुरु का उपदेश चलता रहा और राम उन्हें आंखों और कानों से पीते रहे। उनके सामने ज्ञान और कर्म का सर्वथा अपरिचित, अभिनव संसार खुलता जा रहा था...

अस्त्र-प्रशिक्षण के बाद यात्रा फिर आरम्भ हुई।

राम और लक्ष्मण ने ही नहीं, सारी शिष्य-मंडली ने लक्ष्य किया कि गुरु कुछ शीघ्रता में भी थे और कदाचित् कुछ उद्विग्न भी। वे बार-बार ढलते हुए सूर्य की ओर देख लेते थे और फिर अपने चारों ओर फैले हुए घने वन को भी परख लेते थे। किन्तु यह क्षिप्र-त्वरित यात्रा बहुत अधिक देर नहीं चली। कुछ ही दूर चलकर, सहसा विश्वामित्र की गति पहले कुछ धीमी हुई और फिर वे रुक गये। उनके साथ-साथ चलते हुए राम और लक्ष्मण भी रुक गये। कुछ पग पीछे आती हुई शिष्य-मंडली भी ठहर गयी। सब लोग प्रश्नपूर्ण नेत्रों से ऋषि की ओर देख रहे थे।

विश्वामित्र ने बहुत मंद स्वर में कहना आरम्भ किया, ''राम और लक्ष्मण! सुनो! तुम्हारे सम्मुख जो यह गहन वन है, इसी का नाम ताड़कावन है।''

राम पूर्ण तन्मयता के साथ गुरु की बात सुन रहे थे, किन्तु लक्ष्मण का हाथ तुरन्त अपने धनुष पर चला गया — वे लोग ताड़कावन में प्रवेश करने वाले थे और इसी वन में ताड़का रहती है...

पर विश्वामित्र युद्ध की मुद्रा में नहीं थे। वे केवल बता रहे थे, ''यहां पहले मलद और करूश नाम के दो छोटे-छोटे राज्य हुआ करते थे। अगस्त्य के प्रति शत्रुता के कारण, समस्त ऋषियों की विरोधी बनकर जिस समय ताड़का अपने पुत्र तथा सैनिक सहायकों के साथ यहां आयी, उस सम्य इस वन के स्थान पर सुंदर नगर एवं जनपद थे। किंतु वे ताड़का के अनुकूल नहीं पड़ते थे। वे राज्य छोटे तथा शक्तिहीन थे और उनके शासक अजागरूक। राक्षसी सेना के अस्त्र-शस्त्रों, छल-प्रपंचों तथा युद्ध की अनैतिक पद्धतियों का सामना वे नहीं कर सके। ताड़का ने मलद और करूश के राजवंशों की हत्या करवा दी। कितने ही लोगों को ताड़का के सहायक राक्षस खा गये। राजवंश समाप्त हो गये। प्रजा भयभीत होकर भाग गई। जो नहीं भागे, वे या तो मार डाले गए, अथवा वे भी दस्यु या राक्षस हो गए। धीरे-धीरे भवन नष्ट हो गए, अथवा राक्षसों ने उनका मनमाना उपयोग किया। वृक्ष उगते गये, बढ़ते गए, और अब यह स्थान ताड़कावन हो गया है ... जो राक्षसों का दुर्ग शिविर और उनकी बस्ती है...'' और तब गुरु का स्वर आवेशपूर्ण हो उठा, ''छोटे-छोटे राज्य इसी प्रकार राक्षसों के उदर में समाते चले गए और निकट के सम्राट् अपनी रानियों के आंचलों में छिपे बैठे रहे। इन राजनीति-विशारदों को इतनी छोटी-सी बात समझ में नहीं आयी कि राक्षसों तथा उनकी

लिए कितना आवश्यक था। यह राक्षस शिविर दशरथ और सीरध्वज के राज्यों की नाक पर स्थापित है, पर उन्हें अभी होश नहीं आया। उन्हें तो होश उस दिन आएगा, जिस दिन राक्षसों की सेनाएं उनकी राजधानियों की प्राचीरों को तोड़ रही होंगी...''

राम ने जैसे गुरु की ही आंखों से इस राक्षसी जोखिम को देख लिया था। मन असंतुष्ट हो उठा। बोले, ''गुरुदेव! सम्राटों ने इन राज्यों पर राक्षसों का अधिकार स्वीकार कैसे कर लिया ?''

''जैसे सम्राट् दशरथ ने रघुकुल पर कैकेयी का अधिकार स्वीकार कर लिया। है न, गुरुवर?'' लक्ष्मण ने अत्यन्त भोलेपन से पूछा।

विश्वामित्र कटुता से आविष्ट हंसी हंसे, ''शायद लक्ष्मण ठीक कहता है। राक्षसों का अधिकार स्वीकार ही नहीं कर लिया, यह कहकर उनका समर्थन भी किया कि अत्यन्त प्राचीन काल में पहले भी यहां राक्षसों की एक बस्ती थी।'' उनका स्वर मुखर रूप से कटु हो गया, ''यदि प्राचीन इतिहास के आधार पर ही राज्यों की सत्ता का निर्णय होगा, तो एक समय रावण ने अनरण्य की हत्या कर अयोध्या भी जीत ली थी। क्या दशरथ अयोध्या भी रावण को दे देंगे?''

राम चुपचाप विश्वामित्र का तमतमाया हुआ मुख देखते रहे।

गुरु फिर बोले, ''आज राक्षसों की सेना यहां पूरी तरह जम चुकी है। वे आस-पास के समस्त ग्रामों और जनपदों को पीड़ित और आतंकित करते फिर रहे हैं। ताड़कावन में तो कोई शासन है ही नहीं, पड़ोसी राज्यों के शासन तथा शासन-प्रतिनिधि भी शिथिल होते जा रहे हैं। उनका समस्त आत्म-नियंत्रण, आत्मानुशासन क्षीण होता जा रहा है। आदर्शों, सिद्धांतों और मर्यादाओं का लोप होता जा रहा है। पाशविक वृत्तियां, तुच्छता तथा विलास मुखर हो रहे हैं। आदर्श, नीति, नियंत्रण एवं मर्यादा की बात करने वाले लोग उनके लिए उपहास की वस्तु बनते जा रहे हैं। स्वार्थ एवं विलास के पीछे दृष्टिहीन होकर भागते हुए वे लोग मानवता तथा उसके महान् आदर्शों को सर्वथा विस्मृत कर बैठे हैं। राक्षस संस्कृति जब हमारे समाज को भीतर से सर्वथा खोखला कर देगी, तब राक्षसी सेना बाहर से आक्रमण कर, अन्य राजाओं और सम्राटों के साथ मानवीय संस्कृति को भी सर्वथा ध्वस्त कर देगी...''

''आप चिंतित न हों, गुरुदेव! ऐसा समय कभी नहीं आएगा।'' राम दृढ़ता से मुसकराए। संकेत-सा करते हुए, उन्होंने लक्ष्मण को देखा और धनुष को कंधे से उतार हाथ में ले लिया।

लक्ष्मण के मुख पर उल्लास था।

वे लोग पुनः चल पड़े थे — आगे-आगे विश्वामित्र, राम एवं लक्ष्मण तथा पीछे-पीछे शिष्यों की मंडली। वन पर्याप्त गहन था। दीर्घाकार, ऊंचे तथा घने वृक्ष और उन पर छायी हुई लताएं, जैसे वृक्षों में रस्सियां बांध झूले डाले गए हों।

सूर्यास्त का समय था। प्रकाश क्रमशः क्षीण होता जा रहा था और अंधकार क्षण-क्षण बढ़ता जा रहा था। बीच-बीच में किसी वन्य पशु का स्वर वायु में तैर जाता था।

विश्वामित्र अत्यधिक सचेत लग रहे थे। उनके नेत्र दृष्टि में आने वाली प्रत्येक वस्तु को बड़ी सावधानी से परख रहे थे, कान प्रत्येक ध्वनि का विश्लेषण कर रहे थे। तापस-मंडली अवश्य कुछ भयभीत थी। ताड़कावन का आतंक उन पर छाता जा रहा था। उनके मुख भय से पीले पड़ते जा रहे थे। यदि वे गुरु की आज्ञा के अधीन न होते और उनका अपना वश चलता तो वे इस समय कदापि वन में प्रवेश न करते।

राम एवं लक्ष्मण अत्यन्त सहज भाव से निश्शंक गुरु के साथ बढ़ते चले जा रहे थे, जैसे वह ताड़कावन न होकर, अयोध्या का राजमार्ग हो। राम के मुख पर एक सहज हास था। उनका मुख उस बालक का-सा सरल था, जिसका भय से अभी परिचय ही नहीं हुआ; और लक्ष्मण तो मुग्ध-भाव से वन की शोभा देखते हुए बढ़ रहे थे। ऐसा घना वन उन्होंने जीवन में पहली बार देखा था — अयोध्या के आस-पास तो ऐसा वन एक भी नहीं है। उन्हें राक्षसों की कोई चिन्ता नहीं थी।

सहसा विश्वामित्र की सम्पूर्ण सचेत ज्ञानेन्द्रियां किसी अदृश्य बिंदु पर केन्द्रित हो गईं — वे शून्य में से किसी स्वर को पकड़ने का प्रयत्न कर रहे थे।

अपने इसी प्रयत्न के बीच वे बोले, "राम! प्रायः इसी समय राक्षस लोग अपनी बस्ती से वन में निकल पड़ते हैं। ताड़का के भ्रमण का तो यही प्रिय समय है। अनेक अस्पष्ट शब्दों से मुझे ऐसा कुछ आभास मिल रहा है, पुत्र! कि ताड़का इधर ही आ रही है। यदि इस प्रकार भ्रमण करती हुई निःशस्त्र ताड़का हमें दिखाई पड़ जाए तो यह अत्यन्त शुभ होगा। यदि मेरा अनुमान ठीक हुआ तो थोड़ी ही देर में हम ताड़का के आमने-सामने होंगे। राम! तब के लिए दो-एक बातें कहना चाहता हूं। यह न हो कि ताड़का को सम्मुख देखकर तुम धर्म-संकट में पड़ जाओ कि वह निःशस्त्र है। रघुनन्दन! क्षत्रियों के युद्ध के नियम केवल उन क्षत्रियों के साथ युद्ध के लिए हैं, जो उन नियमों की मर्यादा मानकर युद्ध करते हैं। राक्षस युद्ध के नियमों को एकदम नहीं मानते। अतः उन नियमों का विचार मत करना। यदि तुम नियमाधीन धर्म-युद्ध करना चाहोगे, तो वह संभव नहीं होगा। और..." विश्वामित्र ने रुककर राम को देखा, "और तात! यह बात भी मन में मत लाना कि वह स्त्री है और क्षत्रिय होकर स्त्री का वध करना तुम्हारे लिए धर्मोचित नहीं है। ऐसे नियमों के पीछे प्रायः धर्म-बुद्धि कार्य करती है; किन्तु इस समय ऐसे नियमों का विचार सर्वथा अधर्म होगा। इस समय तुम्हारा मात्र एक धर्म है — राक्षस-वध।"

राम स्थिर भाव से धर्म की नयी व्याख्या सुन रहे थे। लक्ष्मण के मन में पर्याप्त उथल-पुथल मची हुई थी। उनके मन में विवाद की बात उठ रही थी, वे विश्वामित्र का प्रतिवाद करना चाहते थे; पर बड़े भाई की ओर देखकर चुप थे। राम का गांभीर्य उन्हें सदा ही आश्चर्यचकित कर देता था। प्रत्येक नयी बात को राम कितनी सहजता से सुनते

और तौलते थे — प्रतिवाद करना होता, तो सब कुछ तौल-परख करने के बाद करते। और लक्ष्मण के मन में तुरन्त खलबली मच जाती थी — भीतर से जैसे कोई बार-बार उन्हें ठेलता, 'उत्तर दो। उत्तर दो।'

पर इस समय लक्ष्मण भी कुछ नहीं बोल सके।

राम ने गुरु की बात सुनी और मुसकरा दिए, "आश्वस्त रहें, गुरुदेव! धर्म का मर्म अत्याचार का विरोध करने में है, वही मैं करूंगा। शेष बातें तो आडंबर मात्र हैं।"

विश्वामित्र का ध्यान पहले ही दूसरी ओर जा चुका था। राम और लक्ष्मण ने भी उधर देखा — सामने गहन वृक्षों के पीछे से किसी के आने की आहट थी। आने वाले अनेक लोग थे। उनके पगों की आहट से लगता था कि वे लोग बड़ी मौज में टहल रहे हैं। उनके शरीर विराट थे। वर्ण काला था। चाल भद्दी थी। दूसरे ही क्षण वे लोग वृक्षों से बाहर निकल आये थे।

"ताड़का!" विश्वामित्र ने संकेत किया, "सबसे आगे।"

राम ने पेड़ों की ओर से निकल आयी ताड़का को आमने-सामने देखा — उसका रंग सर्वथा काला था। लम्बे-ऊंचे तथा स्थूल पुरुष से भी उसका आकार विशाल था। काफी फूहड़ ढंग से हंसते हुए, उसके भद्दे तथा बड़े, आगे की ओर बढ़े दांत दिखायी दे रहे थे। उसके गले में मानवी मुंडों की माला थी। उसके साथ चार पुरुष और थे, किन्तु उनमें से कोई ताड़का के आकार का नहीं था। ताड़का का आकार राक्षसों में भी असाधारण था।

ताड़का ने भी इन लोगों को देखा। उसकी दृष्टि ऋषि विश्वामित्र पर ठहर गयी। उसने अपने साथियों की ओर देखकर उपहासपूर्वक कुछ कहा और वे सब अत्यन्त अशिष्ट ढंग से हंसने लगे।

ताड़का ने फिर विश्वामित्र की ओर देखा और दांत दिखाकर जैसे चिढ़ाते हुए बोली, "गुरु!"

सहसा उसका चेहरा विकृत हो उठा। उसने राम तथा लक्ष्मण के हाथों में धनुष देख लिये थे।

"शस्त्रधारी!" उसकी आंखें रक्तिम हो उठीं। उसने अपना घूंसा ताना और आघात करने के लिए उनकी ओर झपटी। उसके साथी अपने-अपने स्थान पर खड़े, सर्वथा चिन्ताशून्य, भद्दे ढंग से 'हो-हो' कर हंसते रहे...

"राम! इसे मारो!" विश्वामित्र ने निष्कंप वाणी में आदेश दिया।

ताड़का भयंकर शब्द उत्पन्न करती हुई, अपनी उग्र चेष्टाओं से धूल, मिट्टी, पत्थर, वृक्षों की शाखाएं, पत्ते उड़ाती हुई उन पर आंधी-तूफान के समान झपटती चली आ रही थी।

और राम ने क्षण भर में अपना धनुष साध लिया। उन्होंने, जैसे किसी पूर्व निर्णय के अनुसार, गुरु विश्वामित्र द्वारा दिया गया कालचक्र नामक दिव्यास्त्र धनुष पर धारण

किया और गोह-चर्म के दस्तानों से सज्जित अपनी अंगुलियों से धनुष की प्रत्यंचा कानों तक खींच ली।

ताड़का बिना रुके, अपनी उसी गति से झपटती चली आ रही थी।

राम की अंगुलियों ने प्रत्यंचा छोड़ दी। कालचक्र प्रतिरोधविहीन वायुवेग से बढ़ता हुआ, ताड़का के वक्ष में जा धंसा। ताड़का ने कर्णभेदी चीत्कार किया और अपने ही वेग में अपने स्थान से ऊपर उछल पड़ी। अपने सिर के ऊपर के वृक्षों की शाखाओं से रगड़ खाता हुआ किसी टूटे हुए शैल-श्रृंग के समान उसका स्थूल शरीर धम से भूमि पर आ पड़ा। उसने मुख से रक्त वमन किया और अपना सिर पृथ्वी पर टेक दिया।

राक्षसों की 'हो-हो' सहसा थम गयी। वे कौतुक में भरे निश्चिंत, जोखिम की संभावनाओं की ओर से आंखें मूंदे, ताड़का का खिलवाड़ देख रहे थे और कदाचित् राम, लक्ष्मण तथा विश्वामित्र की मृत्यु निश्चित मान चुके थे; किन्तु ताड़का को धरती पर गिरते देख स्तब्ध रह गए। इतनी आकस्मिक, अनपेक्षित घटना उनके जीवन में पहले कभी नहीं घटी थी। उन्होंने पीड़ा-मिश्रित भय तथा आश्चर्य में भरकर राम को देखा। ऐसा रूप, ऐसा शौर्य, ऐसी शस्त्र-दक्षता उन्होंने पहले कभी नहीं देखी थी। वे रुक नहीं पाए। ताड़का के शरीर को वहीं पड़ा छोड़, उलटे पैरों घने वृक्षों के पीछे विलीन हो गये...

लक्ष्मण का अट्टहास दूर तक उनका पीछा करता चला गया। तापस-मंडली का भय राक्षसों के पलायन के साथ ही भाग गया था। ...और राम ऐसे सहज भाव से खड़े थे, जैसे कुछ हुआ ही न हो।

"राम, तुम्हारी जय हो।" विश्वामित्र ने जयघोष किया, किन्तु उनके स्वर में अपेक्षित उन्मुक्त उल्लास नहीं था। वे गंभीर तथा चिन्तित थे, "तुमने अन्याय और अत्याचार के विरुद्ध आज सक्रिय युद्ध आरम्भ किया है। न्याय का संघर्ष एक बार आरम्भ हो जाए, तो पुत्र! उसमें न तो समझौता होता है, और न उसे स्थगित करना संभव हो पाता है। तुमने जो जोखिम मोल लिया है, उसे अब अन्त तक निभाना ही होगा।" वे तनिक थमे और ताड़का के मृत शरीर की ओर एक दृष्टिपात कर, पुनः बोले, "पुत्र! राक्षस इस समय भाग गए हैं। वे बहुत चकित भी हुए हैं तथा भयभीत भी। इस वन में किसी दिव्यास्त्रधारी पुरुष की अपेक्षा वे नहीं करते। आश्रम के किसी भी व्यक्ति ने, इससे पहले कभी उन पर आक्रमण नहीं किया था — आश्रम में कोई दिव्यास्त्रधारी पुरुष नहीं है। मैंने आश्रमवासियों में से किसी को भी इसके योग्य नहीं समझा। अब तक आक्रमण एकपक्षीय थे। वे जब चाहते थे, आक्रमण कर देते थे। कभी-कभी उनका प्रतिरोध तो होता था, किन्तु प्रत्याक्रमण कभी नहीं हुआ। राक्षस सर्वथा निर्भय थे। तुम्हारे यहां आने की सूचना उन्हें अब तक नहीं थी। वे अपनी शक्ति के मद में इतने आश्वस्त थे कि उन्होंने कभी सावधानी नहीं बरती कि आश्रम में से कौन गया और कौन आया। वे जाकर मारीच और सुबाहु को सूचना देंगे। संभव है, प्रतिशोध के लिए वे तत्काल ही

चल पड़ें। इस खुले वन में हम जोखिम में घिरे हैं। पुत्र! हमें शीघ्र ही सिद्धाश्रम पहुंचना है। यह अत्यावश्यक है। शीघ्रता करो, राम!''

लक्ष्मण प्रशंसा और विस्मय से राम को निहार रहे थे। तापस-मंडली का क्षणिक उल्लास समाप्त हो चुका था। वे कुछ प्रसन्न और कुछ डरे हुए, एक ओर खड़े थे। कदाचित् वे समझ नहीं पा रहे थे कि ताड़का के वध से प्रसन्न हों, या राम के इस कृत्य से क्रुद्ध राक्षसों के भयंकर अत्याचार की आशंका से भयभीत हों।...पर जो कुछ उन्होंने देखा था, वह अद्‌भुत था। ताड़का और उसके साथियों को देख, राम के सहज आत्मविश्वासी मुख पर चिंता की हल्की-सी रेखा भी नहीं उभरी थी। ऐसा साहस तो उन्होंने पहले किसी भी व्यक्ति में नहीं देखा था — गुरु विश्वामित्र में भी नहीं। राक्षसों को देखते ही गुरु भी कुछ विचलित हो जाया करते थे ... फिर वह धनुष-परिचालन की दक्षता — और दिव्यास्त्रों का ज्ञान। एक पूर्ण वीर उनके मध्य था, जो अन्याय के विरुद्ध लड़ने को कटिबद्ध था। अब कदाचित् सारे अत्याचारी समाप्त हो जाएंगे। धरती पर सुरक्षा, समता तथा न्याय का राज्य होगा। साधारण लोग अपने परिवारों में सुख से रह सकेंगे।

वे बड़ी शीघ्रता से सिद्धाश्रम की ओर बढ़ते जा रहे थे।

आश्रम में पहुंचते-पहुंचते अंधकार पूरी तरह से घिर आया था। आश्रम के आस-पास के सारे मार्ग पूरी तरह से जन-शून्य हो गए थे; और मनुष्य का स्वर कम, वन्य-पशुओं का स्वर ही अधिक सुनाई पड़ रहा था। पर आज वन्य-पशुओं के उन स्वरों के साथ, राक्षसों के शिविर का उच्छृंखल कोलाहल कहीं नहीं था।

आश्रम में प्रवेश करते ही गुरु विश्वामित्र ने सुकंठ तथा गहन की पुत्र-वधुओं के स्वास्थ्य के विषय में पूछा। पता चला कि उन तीनों का स्वास्थ्य सुधर रहा है और उनकी अवस्था अव चिंतनीय नहीं है। विश्वामित्र का मन कुछ आश्वस्त हुआ।

अपनी कुटिया में आकर गुरु अपने आसन पर बैठ गए। राम और लक्ष्मण को उन्होंने समीप ही अपने ही सम्मुख बैठने का संकेत किया।

वे कुछ क्षण आत्मलीन रहे और फिर सहसा बहिर्मुख होकर बोले, ''पुनर्वसु! वत्स, समस्त आश्रमवासियों को सूचना दो कि सबको कुटिया के सम्मुख वाले आंगन में तत्काल उपस्थित होना है। चिकित्सा कुटीर के रोगियों तथा उनकी सेवा-सुश्रूषा करने वाले जनों को छोड़, शेष सब लोग उपस्थित हों। अत्यन्त आवश्यक कार्य है।''

पुनर्वसु आज्ञा का पालन करने चल पड़ा।

गुरु राम की ओर उन्मुख हुए, ''राम! मैं किसी निष्कर्ष पर नहीं पहुंच पा रहा हूं कि राक्षस रात के समय आश्रम पर आक्रमण करेंगे या नहीं। यदि वे ताड़का के वध के समाचार से क्षुब्ध होकर तुरन्त आक्रमण करने के लिए चल पड़े, तो उन्हें रात्रि में ही आना चाहिए। वैसे भी रात्रि-युद्ध उनकी प्रवृत्ति के अधिक अनुकूल पड़ता है। पर

इसका विपरीत पक्ष भी है। संभवतः वे ताड़का के वध से भयभीत होकर किंकर्तव्यविमूढ़ हो जाएं। ऐसी स्थिति में ताड़का के शव का प्रबंध करते, उस घटना के शोक तथा झटके से उबरते तथा परस्पर विचार-विनिमय करते हुए रात्रि व्यतीत हो जाएगी। ऐसी स्थिति में वे लोग प्रातः ही आश्रम पर आक्रमण करेंगे।''

राम की अपनी सहज मंद मुसकान उनके मुख पर प्रकट हुई। बोले, ''ऋषिश्रेष्ठ! आप निश्चिंत रहें। राक्षसों का आक्रमण चाहे रात्रि में हो अथवा प्रातः, आपकी कृपा से आपका राम उनसे युद्ध करने में पूर्णतः समर्थ है। प्रश्न यह नहीं है कि राक्षस कब आक्रमण करेंगे — प्रश्न यह है कि वे किस घड़ी में मरना चाहते हैं। वे लोग उसी क्षण आक्रमण करेंगे।''

विश्वामित्र अत्यन्त आश्वस्त-भाव से राम को निहारते रहे। राक्षसों के विषय में ऐसी बात कहने वाला अपने जीवन में गुरु को यह पहला ही पुरुष मिला था। अब तक उन्होंने राक्षसों के नाम पर पीले पड़ते हुए चेहरे, कांपते हुए हाथ और भागते हुए पांव ही देखे थे।

स्नेह से भीगी वाणी में गुरु बोले, ''तुम्हारी शक्ति, वीरता, न्यायबुद्धि तथा दृढ़ निर्णय राक्षसों के काल हैं — इसका मुझे पूर्ण विश्वास है। पर पुत्र! मुझे और भी बहुत कुछ सोचना है। मुझे आश्रमवासियों को इस युद्ध के लिए तैयार करना है।''

''उनकी आवश्यकता नहीं पड़ेगी, गुरुदेव!'' राम मुसकराए, ''मैं और लक्ष्मण ही राक्षसों के लिए पर्याप्त हैं। क्यों, लक्ष्मण!''

लक्ष्मण का मुख उल्लास से खिल उठा। राम ने उनके मन की बात कही थी। बोले, ''पर्याप्त तो भैया राम अकेले ही हैं; पर हम दोनों मिलकर भी पर्याप्त हैं।''

विश्वामित्र शून्य में घूर रहे थे, जैसे साक्षात् भविष्य को अपनी खुली आंखों से देख रहे हों। बोले, ''तुम्हारे कथन में मुझे तनिक भी संदेह नहीं है, राघव! किन्तु यह न्याय का युद्ध है। मात्र तुम्हारे और लक्ष्मण के लड़ लेने से हमें लक्ष्य की प्राप्ति नहीं होगी। इस सम्पूर्ण क्षेत्र के प्रजाजन, राक्षसों तथा उनके सहयोगियों के दुर्विनीत अत्याचारों को सहते-सहते न केवल निष्क्रिय, कायर तथा सहिष्णु हो गए हैं, वरन् लोग न्याय के प्रति अपनी निष्ठा, तेज, आत्मविश्वास — सब कुछ खो चुके हैं। उनके सहयोग के बिना, उनके द्वारा किए गए किसी भी प्रयत्न के अभाव में यदि तुम समस्त राक्षसों का विनाश कर दोगे, तो उनका तेज और आत्मविश्वास नहीं लौटेगा। वे लोग यह मान लेंगे कि वे अत्याचारियों से लड़ने में अक्षम हैं। भविष्य में जब कभी फिर कोई राक्षस जन्म लेगा, ये ही प्रजाजन उसके अत्याचारों को प्रतिरोध-रहित होकर सहन करेंगे और फिर तुम्हारी प्रतीक्षा करेंगे। राम! तुम राक्षसों का नाश करने के साथ-साथ प्रजाजनों का तेज तथा आत्मविश्वास लौटाओ — न्याय में उनकी खोयी आस्था और निष्ठा उनमें पुनः प्रतिष्ठित करो। तुम उनमें रामत्व स्थापित करो। अवतार की आवश्यकता दुर्बल प्रजा को होती है, पुत्र ! तेजस्वी प्रजा अपने आप में ईश्वर का रूप होती है। अतः प्रजा की दीक्षा

पूर्ण है। अदीक्षित प्रजा की सहायता से की गई क्रांति बहुधा दिग्भ्रमित संत के रूप में छिपे भेड़िए निरीह प्रजा का रक्त चूसने लगते हैं।''

कृति में मुसकराए, ''आपकी इच्छा पूर्ण हो, गुरुदेव! मैं नहीं चाहूंगा कि म मारकर अयोध्या लौट जाऊं और बाद में बहुलाश्व और देवप्रिय राक्षस होकर प्रजा की अस्थियां चबाएं।''

तभी पुनर्वसु ने आकर सूचना दी, ''गुरुदेव! सारे आश्रमवासी बाहर के आंगन में एकत्रित हो चुके हैं।''

''चलो, वत्स! हम आ रहे हैं।''

गुरु के उठते ही राम तथा लक्ष्मण भी उठ खड़े हुए। गुरु शांत थे। उनकी चाल में कोई उद्वेग नहीं था; अत्यन्त सहज गति से वे कुटिया के बाहर निकले। उनके आगे-आगे पुनर्वसु चल रहा था और दाएं-बाएं राम एवं लक्ष्मण थे।

बाहर एक विशाल जन-समुदाय एकत्रित था। प्रत्येक आयु के स्त्री-पुरुष उनमें थे — सिद्ध ऋषि, मुनि, तपस्वी, साधक तथा ब्रह्मचारी। पर सब पूर्ण शांति से बैठे थे। कहीं कोई कोलाहल नहीं था। वातावरण में एक प्रकार की निस्तब्धता थी।

विश्वामित्र को देखते ही, जन-समुदाय ने साष्टांग दंडवत् प्रणाम किया। ऋषि आशीर्वाद देकर बैठ गए। राम तथा लक्ष्मण उनसे तनिक हटकर पीछे बैठे।

जन-समुदाय के चेहरे उत्सुक थे — ऋषि क्या कहना चाहते हैं। विश्वामित्र के साथ आने वाली तापस-मंडली से उन लोगों को सूचना मिल चुकी थी कि राम और लक्ष्मण कुलपति के साथ आए हैं। राम के अद्‌भुत पराक्रम की बात भी उन लोगों तक पहुंच चुकी थी।

विश्वामित्र ने बोलना आरंभ किया, ''तपस्विगण! अब तक राक्षसों से हमारा केवल संघर्ष चल रहा था, आज हमने अपनी ओर से युद्ध की घोषणा कर दी है। राम और लक्ष्मण आश्रम की रक्षा के लिए हमारे मध्य हैं। किन्तु न्याय का युद्ध अकेले व्यक्ति का युद्ध नहीं है। यह युद्ध प्रत्येक आश्रमवासी को ही नहीं, जनपद की संपूर्ण प्रजा को लड़ना है। मैं कह नहीं सकता कि राक्षसों का आक्रमण रात्रि में किसी समय होगा अथवा प्रातः। किन्तु हमें इसी क्षण से पूर्णतः सावधान रहना है। जिसके पास जो भी शस्त्र हो, वह उसे धारण करे और सन्नद्ध रहे। ...और मुनि आजानुबाहु!''

''आर्य कुलपति!''

मुनि अपने स्थान से उठकर, विश्वामित्र के सम्मुख आ बैठे। बहुत समय के पश्चात् विश्वामित्र ने मुनि के मुख पर अपने प्रति अविश्वास के स्थान पर स्वागत का भाव देखा था। मुनि बहुत प्रसन्न एवं तत्पर लग रहे थे।

''सूचनाएं प्रसारित करने का कर्तव्य आप संभालें। यथासंभव जितने अधिक ग्रामों को सूचना भिजवा सकें, भिजवा दें कि ताड़का का वध हो चुका है, और शेष राक्षसों के विरुद्ध धर्म-युद्ध करने के लिए, आश्रमवासियों की सहायता के लिए उन्हें यथाशीघ्र

भी अत्यन्त महत्त्वपूर्ण है। अदीक्षित प्रजा की सहायता से की गई क्रांति बहुधा दिग्भ्रमित हो जाती है और संत के रूप में छिपे भेड़िए निरीह प्रजा का रक्त चूसने लगते हैं।''

राम स्वीकृति में मुसकराए, ''आपकी इच्छा पूर्ण हो, गुरुदेव! मैं नहीं चाहूंगा कि मैं राक्षसों को मारकर अयोध्या लौट जाऊं और बाद में बहुलाश्व और देवप्रिय राक्षस होकर प्रजा की अस्थियां चबाएं।''

तभी पुनर्वसु ने आकर सूचना दी, ''गुरुदेव! सारे आश्रमवासी बाहर के आंगन में एकत्रित हो चुके हैं।''

''चलो, वत्स! हम आ रहे हैं।''

गुरु के उठते ही राम तथा लक्ष्मण भी उठ खड़े हुए। गुरु शांत थे। उनकी चाल में कोई उद्वेग नहीं था; अत्यन्त सहज गति से वे कुटिया के बाहर निकले। उनके आगे-आगे पुनर्वसु चल रहा था और दाएं-बाएं राम एवं लक्ष्मण थे।

बाहर एक विशाल जन-समुदाय एकत्रित था। प्रत्येक आयु के स्त्री-पुरुष उनमें थे — सिद्ध ऋषि, मुनि, तपस्वी, साधक तथा ब्रह्मचारी। पर सब पूर्ण शांति से बैठे थे। कहीं कोई कोलाहल नहीं था। वातावरण में एक प्रकार की निस्तब्धता थी।

विश्वामित्र को देखते ही, जन-समुदाय ने साष्टांग दंडवत् प्रणाम किया। ऋषि आशीर्वाद देकर बैठ गए। राम तथा लक्ष्मण उनसे तनिक हटकर पीछे बैठे।

जन-समुदाय के चेहरे उत्सुक थे — ऋषि क्या कहना चाहते हैं। विश्वामित्र के साथ आने वाली तापस-मंडली से उन लोगों को सूचना मिल चुकी थी कि राम और लक्ष्मण कुलपति के साथ आए हैं। राम के अद्भुत पराक्रम की बात भी उन लोगों तक पहुंच चुकी थी।

विश्वामित्र ने बोलना आरंभ किया, ''तपस्विगण! अब तक राक्षसों से हमारा केवल संघर्ष चल रहा था, आज हमने अपनी ओर से युद्ध की घोषणा कर दी है। राम और लक्ष्मण आश्रम की रक्षा के लिए हमारे मध्य हैं। किन्तु न्याय का युद्ध अकेले व्यक्ति का युद्ध नहीं है। यह युद्ध प्रत्येक आश्रमवासी को ही नहीं, जनपद की संपूर्ण प्रजा को लड़ना है। मैं कह नहीं सकता कि राक्षसों का आक्रमण रात्रि में किसी समय होगा अथवा प्रातः। किन्तु हमें इसी क्षण से पूर्णतः सावधान रहना है। जिसके पास जो भी शस्त्र हो, वह उसे धारण करे और सन्नद्ध रहे। ...और मुनि आजानुबाहु!''

''आर्य कुलपति!''

मुनि अपने स्थान से उठकर, विश्वामित्र के सम्मुख आ बैठे। बहुत समय के पश्चात् विश्वामित्र ने मुनि के मुख पर अपने प्रति अविश्वास के स्थान पर स्वागत का भाव देखा था। मुनि बहुत प्रसन्न एवं तत्पर लग रहे थे।

''सूचनाएं प्रसारित करने का कर्तव्य आप संभालें। यथासंभव जितने अधिक ग्रामों को सूचना भिजवा सकें, भिजवा दें कि ताड़का का वध हो चुका है, और शेष राक्षसों के विरुद्ध धर्म-युद्ध करने के लिए, आश्रमवासियों की सहायता के लिए उन्हें यथाशीघ्र

यहां पहुंचना है। ...किन्तु मुनिवर! संदेश उन ब्रह्मचारियों के हाथ भेजें, जो इस अंधकार में भी वन में से होकर जा सकें और स्वयं को राक्षसों की दृष्टि में पड़ने से बचा सकें।''

''और आचार्य विश्वबंधु?'' गुरु मुड़े।

''आर्य कुलपति!''

''आप आश्रमवासियों की सशस्त्र टोलियां आश्रम की सीमा के साथ-साथ नियुक्त कर दें। यथासंभव कुछ लोग आश्रम की सीमा के आगे, वन में गुप्त रूप से रहें। वृद्धों तथा शिशुओं को उनके कुटीरों में भेज दें। स्त्रियों को चिकित्सा कुटीर, पाकशाला तथा असमर्थ जनों की देख-भाल सौंप दें। आश्रमवाहिनी का मुख्य भाग इसी स्थान पर रात्रि भर सन्नद्ध रहे। कुछ टोलियां सारे आश्रम में फेरियां लगाएं। सूचनाओं के आदान-प्रदान की व्यवस्था विशेष सावधानी से की जाए।''

विश्वामित्र उठ खड़े हुए, ''आओ, वत्स! हम चिकित्सा-कुटीर में चलें। वत्स पुनर्वसु! मार्ग दिखाओ!''

कुलपति चले गए। मुनि आजानुबहु और आचार्य विश्वबंधु उनकी आज्ञाओं का पालन करने में जुट गए।

''गुरुदेव!'' राम बोले, ''रात्रि में राक्षसों के आक्रमण की कोई संभावना नहीं दीखती।''

''संभावना सचमुच बहुत कम है, राम!'' गुरु ने स्नेह से राम और लक्ष्मण की ओर निहारा, ''पर सावधानी अत्यावश्यक है। वैसे आज के वातावरण से कोई नहीं जान पाएगा कि पहले यहां कैसा वातावरण होता था। वत्स! इससे पूर्व प्रतिदिन रात्रि के समय यहां ऐसा स्तब्धता नहीं छा जाया करती थी। रात्रि के समय वन्य-पशुओं के साथ-साथ राक्षस भी उन्मुक्त विहार करते फिरते थे। आश्रम का वातावरण उनके मदिरालिप्त, विलासी, उच्छृंखल अट्टहासों से, उनके अशिष्ट और अश्लील शब्दों से सदा आहत होता रहता था। राक्षस-शिविर में तो इतना अधिक शोर होता था कि आश्रमवासियों का सोना असंभव हो जाता था। आज चारों ओर शांति है, पुत्र! न उनके आखेट का स्वर है, न उनके नृत्य का। आज वे ताड़का के वध से भयभीत हो, मौन हो गए हैं। राघव! वे अत्याचारी हैं, वीर नहीं! वे निःशस्त्र दुर्बलों तथा अयुयुत्सु लोगों पर सहज ही अत्याचार कर लेते हैं; किन्तु जब उन्हें कोई समर्थ प्रतिद्वंद्वी मिल जाता है, तो उनमें युद्ध का उत्साह नहीं रह जाता।''

चिकित्सा-कुटीर के भीतर प्रवेश करते हुए गुरु ने कहा, ''आओ, वत्स! तुम्हें दिखाऊं, वे लोग कैसा-कैसा अत्याचार करते हैं।''

वे सुकंठ की चारपाई के पास खड़े हो गए। सुकंठ उठकर बैठ गया। उसने हाथ जोड़कर प्रणाम किया। उसके शरीर पर पट्टियां अब भी थीं, किन्तु अवस्था काफी सुधर चुकी थी।

''कैसे हो, सुकंठ?''

''आपकी कृपा है, आर्य कुलपति!'' सुकंठ मुसकराया, ''मैंने सुना, राम ने ताड़का का वध कर दिया है। कैसे बताऊं, मैं कितना प्रसन्न हूं, गुरुदेव! जो मेरे पास आया, उसकी जिह्वा पर यही चर्चा थी। सबके भीतर एक नया उत्साह जाग उठा है, तात! आश्रम का बच्चा-बच्चा अब राक्षसों का काल बनने का स्वप्न देख रहा है। लोग इतने अल्प समय में कैसे इतने बदल गए हैं, गुरुदेव?''

''राम का प्रभाव!'' गुरु ने स्नेहभरी दृष्टि से राम को देखा, ''सामान्य प्रजाजन के साथ यही होता है। उनके सम्मुख बलिदान का उदाहरण रखो, तो उनमें बलिदान की भावना जागती है, स्वार्थ की रखो तो स्वार्थ की। राम ने उनके सम्मुख न्याय, निर्भीकता तथा वीरता का आदर्श रखा है — प्रजाजन में दीर्घकाल से दमित ये शक्तियां जाग उठी हैं। इन शक्तियों को जगा पाने की क्षमता वाला व्यक्ति अत्याचारियों के लिए सदा एक चुनौती बन जाता है।''

''मेरा मन है, आर्य कुलपति! मैं भी चारपाई छोड़, राक्षसों के विरुद्ध लडूं। इस समय चारपाई पर लेटे रहने से ग्लानि मुझे बहुत पीड़ित कर रही है।''

''पहले पूर्णत: स्वस्थ हो जाओ, मित्र!'' राम ने आगे बढ़कर, स्नेह से सुकंठ के कंधे पर हाथ रखा, ''अन्याय और अत्याचार के विरुद्ध न तो यह पहला युद्ध है, न अन्तिम। तुम्हारे भीतर अन्याय के विरुद्ध संघर्ष का भाव है तो तुम्हें अपने जीवन में अनेक अवसर मिलेंगे। ऐसे युद्ध के लिए न तो कोई विशिष्ट समय होता है, न स्थान। जहां कहीं अन्याय नजर आए, वहीं लड़ो।''

सुकंठ मुग्ध-सा राम को देखता रहा।

''ग्लानि तो मेरे मन में बहुत है, ब्रह्मचारी!'' लक्ष्मण हंसे, ''पर चिन्ता मत करो। कभी तो भैया हमें भी राक्षस-वध का अवसर देंगे। तब मैं और तुम मिलकर बचे-कुचे राक्षसों का उद्धार कर डालेंगे।''

''परिहास लक्ष्मण का स्वभाव है, सुकंठ!'' गुरु मुसकराए, ''स्वस्थ होने पर इनके रूप में तुम्हें एक अच्छा मित्र मिलेगा। अच्छा, वत्स! अब तुम विश्राम करो।''

गुरु आगे बढ़ गए।

वे गहन की बहुओं की चारपाइयों के पास गए। वे पहले से अधिक स्वस्थ थीं। किन्तु उनसे अधिक बातचीत नहीं हो सकी। ग्राम की निपट भोली निषाद युवतियां गुरु को देखते ही सम्मान और श्रद्धा से मूक हो गईं। फिर साथ राम और लक्ष्मण भी थे। दो अत्यन्त सुन्दर, स्वस्थ तथा उदार-हृदय राजकुमारों को अपने इतने समीप पाकर, संकोच ने उन्हें और भी अधिक घेर लिया था। वे दोनों ही अपनी पीड़ित आंखों में कृतज्ञता के अश्रु लिये मुग्ध-भाव से उन्हें निरंतर देखती रहीं।

पर गुरु कुछ चिन्तित हो गए थे। उन्हें बताया गया कि जैसे ही गहन के पुत्रों को ताड़का-वध और राक्षसों के संभावित आक्रमण की सूचना मिली, वे तत्काल वहां से

लुप्त हो गए। कहां गए, यह किसी को मालूम नहीं था — उनकी पत्नियों को भी नहीं।

कहां गए गहन के पुत्र ? — गुरु सोचते रहे — क्यों गए ? क्या ताड़का-वध का समाचार सुनकर वे लोग अपनी प्रसन्नता रोक नहीं पाए और अपने ग्राम-बंधुओं को सूचित करने के लिए चल दिए ? अथवा राक्षसों के संभावित आक्रमण के भय से कहीं भाग गए ? पर वे लोग अपने व्यवहार और वार्तालाप से कायर तो नहीं लगते थे। फिर उन दोनों की पत्नियां यहां हैं। वे बताकर क्यों नहीं गए ?

जन-सामान्य में उनका विश्वास झूठा है ? क्या उनकी यह युक्ति असफल रही? राम और लक्ष्मण को सिद्धाश्रम में लाने तथा ताड़का के वध का फल कुछ भी उत्साहवर्धक नहीं हुआ ? क्या गहन के पुत्रों का आत्मविश्वास, प्रतिशोध का भाव नहीं जागा ? राम और लक्ष्मण की उपस्थिति यदि गहन के पुत्रों के भीतर वीरता, साहस, आत्मविश्वास और अत्याचार के विरुद्ध आक्रोश नहीं जगा सकी तो शेष आश्रमवासियों पर भी कोई प्रभाव नहीं पड़ेगा। फिर उनके इतने उद्यम की क्या सार्थकता है... ? पर अभी से उनको अपने मन में कोई निश्चित धारणा नहीं बना लेनी चाहिए ... जब तक कोई निश्चित सूचना न मिले, किसी निर्णय पर पहुंचना कठिन था; और इस समय अन्य अनेक महत्त्वपूर्ण कार्य उनके सम्मुख पड़े थे।

गुरु वापस अपनी कुटिया की ओर चल पड़े।

गुरु के अनेक बार आग्रह करने पर भी राम ने अपने लिए निश्चित की गई कुटिया में जाकर विश्राम करना स्वीकार नहीं किया। राम उन लोगों के साथ रहना चाहते थे, जो लोग आश्रम की रक्षा के लिए, गुरु की कुटिया के बाहर आंगन में सन्नद्ध खड़े थे।

"गुरुवर! यदि आश्रमवासियों को ही आश्रम की रक्षा करनी थी, तो मेरे यहां आने की क्या आवश्यकता थी। ?" गुरु के आग्रह के उत्तर में राम ने कहा, "मुझे उन्हीं लोगों के बीच रहने दीजिए, तभी मेरा आना सार्थक होगा।"

गुरु ने राम की बात स्वीकार की ली। वे अपनी कुटिया में चले गए और राम तथा लक्ष्मण बाहर आंगन में आकर आश्रमवासियों के बीच बैठ गए।

पुनर्वसु प्रतिक्षण बाहर की सूचनाएं कुटिया में पहुंचा रहा था, जिसका अर्थ था कि वृद्ध गुरु सो नहीं रहे — वे अपनी कुटिया में बैठे समस्त कार्यवाही के केन्द्र का कार्य कर रहे थे।

आश्रमवासी सशस्त्र थे; किन्तु उनके पास शस्त्र के नाम पर लाठियां थीं, कुछ पुराने खड्ग थे तथा कुछ लोगों के पास धनुष-बाण थे। सिद्धाश्रम मूलतः शस्त्रशिक्षा का केन्द्र नहीं था। जब साधारण धनुष-बाण भी सब आश्रमवासियों के पास नहीं थे, तो दिव्यास्त्रों का प्रश्न ही कहां उठता था। राम और लक्ष्मण ने गुरु वशिष्ठ से सुना था कि, परशुराम अपने आश्रम में शिष्यों को शस्त्र-शिक्षा अवश्य देते थे। उन्हें कभी किसी राजा अथवा सेना की सहायता की आवश्यकता नहीं हुई — वे ही स्वयं जिस-तिस की

सहायता करते रहे थे। हैहयराज सहस्त्रार्जुन की हत्या कर उन्होंने विश्व का पाप काटा था; किन्तु अब जब सारा जंबू द्वीप राक्षसों के चुंगल में त्राहि-त्राहि कर रहा था, परशुराम अपने आश्रम में महेन्द्रिगिरि पर निश्‍चिंत बैठे थे। वे वृद्ध हो गए हैं अथवा साधारण जन और उनकी पीड़ा से उनका कोई संपर्क ही नहीं रहा ?... राम के मन में कभी-कभी एक टीस उठती थी —समर्थ लोग क्यों आंखें मूंदकर बैठ जाते हैं...

और गुरु विश्वामित्र ने क्यों अपने आश्रमवासियों को शस्त्र-ज्ञान नहीं दिया ? क्यों उन्होंने परशुराम के समान आश्रमवाहिनी का निर्माण नहीं किया ? क्या यह क्षात्र-धर्म को त्याग, ब्राह्मणत्व की ओर बढ़ने के अतिरिक्त उत्साह का दुष्परिणाम है ? या ... या गुरु को जन-साधारण में विश्वास ही नहीं रहा ? वे विशिष्ट पात्र को खोजते रहे ... पर गुरु विश्वामित्र अक्षम नहीं हैं। वे आवेश में नये ब्रह्माण्ड की सृष्टि के लिए उद्यत हुए थे। वे आश्रमवासियों में से एक राम का निर्माण नहीं कर सके! क्या गुरु सचमुच अब वृद्ध होते जा रहे हैं... ?

शस्त्र-ज्ञान चाहे उनको नहीं मिला था; पर राम देख रहे थे कि उनके सम्मुख बैठे आश्रमवासियों का उत्साह विस्मयकारक था। ये योद्धा नहीं थे। कदाचित् इनमें से अनेक ऐसे होंगे, जिन्होंने किसी युद्ध में भाग लेना तो दूर, किसी व्यक्ति से कभी झगड़ा भी नहीं किया होगा। और फिर भी आज ये कितनी ललक और उत्साह के साथ, राक्षसों से लड़ने के लिए सन्नद्ध बैठे हैं।

राम को लगा — न तो जन-सामान्य में न्याय का अभाव है, न साहस की कमी। वे तो भ्रष्ट परिवेश के कारण अपना आत्मविश्वास खो बैठते हैं। एक बार उन्हें विश्वास हो जाए कि अन्याय के विरुद्ध लड़ने में उनका कोई सहायक है तो वे जूझ मरने के लिए तैयार हो जाते हैं। न्यायी शासक का नेतृत्व पाकर स्वयं प्रजा ही अपने बल पर समस्त अन्याय और अत्याचार को समाप्त कर देती है। पर यदि शासक अन्यायी हो तो ये दुर्बल जन किसके भरोसे पर अन्याय के विरुद्ध लड़ें ... ?

एक दस-वर्षीय ब्रह्मचारी राम के ठीक सामने बैठा था। उसके हाथ में जलावन की एक लकड़ी मात्र थी। वह बड़ी देर से राम को आंखें भर-भरकर देख रहा था।

''बालक! क्या नाम है तुम्हारा ?''

''सत्यप्रिय!''

राम हंसे, ''तुम सत्यप्रिय हो, युद्धप्रिय तो नहीं! फिर युद्ध करने क्यों आए हो ?''

बालक कुछ संकुचित हो गया पर फिर संभलकर बोला, ''आर्य! सत्यप्रिय होने के कारण ही लड़ना पड़ रहा है — असत्यप्रिय होता तो कब से राक्षसों के शिविर में जाकर सुख से सोया होता।''

तभी फेरी लगाने वाली टुकड़ी आयी। उल्काओं के प्रकाश में वे बड़े उत्साह से चलते चले जा रहे थे।

''राक्षसों का कोई समाचार, नायक ?'' राम ने पूछा।

"कोई समाचार नहीं है, आर्य ?" नायक ने बताया, "ताड़का-वध क्या हुआ, समस्त राक्षसों का वध हो गया। ऐसा सन्नाटा इससे पूर्व हमने कभी नहीं देखा, राम! यह अपूर्व रात्रि है।"

टुकड़ी आगे बढ़ गई।

"तो सत्यप्रिय!" राम फिर बालक की ओर उन्मुख हुए, "यदि युद्ध हुआ तो तुम इस लकड़ी से कैसे लड़ोगे ?"

"मैं इसे जलाकर राक्षसों की दाढ़ियां झुलसा दूंगा।"

लक्ष्मण चुप बैठे थे। अब स्वयं को रोक नहीं सके। उन्होंने जोर का अट्टहास किया, "सत्यप्रिय! वह युद्ध अत्यंत मनोरंजक होगा। सारे राक्षस अपनी दाढ़ियों की अग्नि से व्याकुल, जल के लिए कोई ताल-तलैया खोजते, इधर-उधर भागते नजर आएंगे।"

राम मंद-मंद मुसकरा रहे थे।

"अब कदाचित् ही राक्षस आएं।" भीड़ में से किसी ने कहा।

"उनमें तनिक भी बुद्धि हुई तो वे आएंगे ही नहीं। उन्हें ज्ञात हो गया होगा कि सिद्धाश्रम में स्वयं राम और लक्ष्मण वर्तमान हैं।" किसी और ने कहा।

गुरु स्नान कर आश्रम में लौटे तो चकित रह गए। सिद्धाश्रम का स्वरूप ही बदल गया था। वह आश्रम कम, सैनिक शिविर ही अधिक लग रहा था। आश्रमवासियों में से शायद ही रात को कोई सोया हो, किन्तु वे इस समय तनिक भी शिथिल नहीं थे। सब नहा-धोकर अपने-अपने कर्तव्य-स्थान पर वर्तमान थे।

इससे भी बड़ा आश्चर्य था कि साथ लगते ग्रामों के प्रायः समस्त स्त्री-पुरुष अपने परिवारों के साथ सिद्धाश्रम में उपस्थित थे। पुरुष सैनिक मुद्रा में युद्ध के लिए प्रस्तुत थे और स्त्रियों ने अनेक युद्धेतर कार्य संभाल लिये थे। वे वृद्धों, शिशुओं तथा रोगियों की देख-भाल कर रही थीं। सूचनाएं लाने और ले जाने का कार्य कर रही थीं। सब ओर एक अनुशासित व्यस्तता दिखाई पड़ रही थी। सबकी आकृति पर आशा थी, आत्मविश्वास था और था तेज।... ये वे थे, जिन्होंने गुरु के बार-बार आह्वान करने पर भी राक्षसों के भय से, कभी अपने ग्राम से बाहर पैर नहीं रखा था। उन्हें यदि पता लग जाता कि जिस मार्ग पर वे चल रहे हैं, उस पर किसी राक्षस के आने की संभावना है, तो वे मार्ग छोड़कर भाग जाया करते थे। इनके मुखिया लोगों के मुख 'राक्षस' शब्द सुनते ही पीले पड़ जाते थे। ...और आज वे ही कितने निर्भय हो, राक्षसों से युद्ध करने के लिए अक्रामक मुद्रा में बैठे हैं — आर्य भी, शबर भी, भील भी, निषाद भी...

गुरु अपनी गरिमापूर्ण सहज गति से, लोगों से मिले, मध्य में बैठे राम और लक्ष्मण के पास पहुंचे।

"राम! तुमने चमत्कार किया है, पुत्र! यह शोषित और दलित प्रजा आज कितनी

समर्थ और सक्षम लग रही है। मैं आज मान गया हूं कि प्रजा न तो कायर होती है, न आलसी; पर उचित नेतृत्व का निरंतर अभाव उसे कायर और आलसी ही नहीं, अत्याचार और अन्याय के प्रति सहिष्णु भी बना देता है। उचित नेतृत्व के मिलते ही गीले, ठंडे पड़े पदार्थ में आग लग जाती है, उसका तेज जाग्रत हो उठता है। तुम समर्थ हो, राम! तुम समर्थ हो।''

''आपकी महिमा है, गुरुदेव!'' राम ने मस्तक झुकाते हुए, नम्र वाणी में कहा, ''प्रार्थना है, अपना यज्ञ आरम्भ करें। मैं, लक्ष्मण, आश्रमवासी और समस्त प्रजा-जन यज्ञ की रक्षा के लिए प्रस्तुत हैं। यज्ञ राक्षसों के लिए युद्ध का आह्वान है। देखें, उनमें कितना साहस है।''

विश्वामित्र ने मुग्ध दृष्टि से राम को देखा — सरलता और साहस की मूर्ति राम। स्नेह से उनका कंठ अवरुद्ध हो गया। गुरु मुख से कुछ कह नहीं सके।

यज्ञ आरंभ हुआ।

मध्य में यज्ञवेदी पर गुरु विश्वामित्र आसीन थे। उनके दक्षिण और वाम भाग में, कुछ हटकर आचार्य विश्वबंधु तथा मुनि आजानुबाहु बैठे थे। उनके पीछे समस्त आश्रमवासी थे। आश्रमवासी इस समय भी सैनिक मुद्रा में थे। जिनके पास जो भी शस्त्र था, वह उनके सम्मुख रखा था। धनुष-बाण, खड्ग, परशु, गंडासा, चाकू, छुरी, लाठी — सबके पास आक्रमण के लिए कोई-न-कोई शस्त्र अवश्य था।

आश्रम के मुख्यद्वार की ओर मुख किए राम बैठे थे, उनके हाथ में धनुष था। उनके साथ ग्रामीण योद्धाओं की एक टोली थी, वे सब के सब सशस्त्र थे। उनके शस्त्र आश्रमवासियों से अधिक सार्थक और उपयोगी थे। इस टोली के लोग आश्रमवासियों के समान युद्ध से सर्वथा असंबद्ध नहीं रहे थे। उन्होंने परस्पर झगड़ों से लेकर, आखेट तक के किसी-न-किसी युद्ध में भाग अवश्य लिया था।

सिद्धाश्रम के मुख्यद्वार को ओर पीठ किए हुए, राम की विपरीत दिशा में लक्ष्मण अपने धुनष को लिये सचेत बैठे थे। उनके साथ भी ग्रामीण युवकों की वैसी ही एक टोली थी। लक्ष्मण का मुखमंडल राम के समान सहज नहीं था। वे कुछ उत्तेजित थे। वे अपने आवेश को अभिव्यक्त होने से रोक नहीं पा रहे थे। राम ने ताड़का का वध कर दिया था, किन्तु लक्ष्मण को अभी तक एक बाण चलाने का भी अवसर नहीं मिला था। उन्हें राक्षसों पर क्रोध आ रहा था — वे शीघ्र आते क्यों नहीं ? लक्ष्मण अपनी वीरता का प्रदर्शन कैसे करें ? गुरु का यज्ञ सिद्धाश्रम में चल रहा था और उसकी रक्षा आवश्यक थी; राम की अनुमति भी नहीं थी, नहीं तो लक्ष्मण यहां प्रतीक्षा करने से कहीं उत्तम सीधे राक्षस-शिविर पर धावा करना समझते। कौन यहां बैठा उनकी प्रतीक्षा करे!

यज्ञ आरंभ हुआ। वेदी में अग्नि प्रज्वलित हुई। धुआं आकाश की ओर उठा। मंत्रोच्चार

का शब्द वायुमंडल में प्रसारित होने लगा और उपस्थित प्रत्येक जन अपने स्थान पर सतर्क और सावधान हो गया। यज्ञ आरंभ करना राक्षसों को चुनौती देना था और यज्ञ का निर्विघ्न सम्पन्न होना उनकी शक्ति की अस्वीकृति की घोषणा।

किन्तु आज राक्षसों का कहीं भी कोई चिह्न नहीं था। वे दिखाई तो नहीं ही पड़ते थे, उनका कोलाहल अथवा उनके कहीं होने का किसी भी प्रकार का कोई प्रमाण नहीं था।

आश्रम की सीमा, और उससे भी कहीं आगे, राक्षसों की बस्ती के अत्यंत निकट नियुक्त टोलियों से राम और लक्ष्मण का निरंतर सम्पर्क बना हुआ था। संदेशवाहक आ और जा रहे थे। राक्षसों की कहीं कोई गतिविधि दिखाई नहीं पड़ रही थी।

गुरु के मंत्रोच्चार का स्वर स्थिर होता गया। उनका ध्यान अपने परिवेश से हटकर अपने भीतर डूबता जा रहा था। राक्षस उनके ध्यान में से निकल गए थे और उनका चित्त एक केन्द्र पर एकाग्र होता जा रहा था... आश्रमवासियों के राक्षसों के भय से अवरुद्ध कंठ भी क्रमशः कंपनहीन और सहज होते जा रहे थे। मंत्रोच्चारण का स्वर तीव्रतर होता जा रहा था। वायुमंडल में उनकी बढ़ती हुई गूंज राक्षसी-भावों को वहां से खदेड़कर दूर करती जा रही थी। वातावरण शुद्ध होता जा रहा था।

तभी एक संदेहवाहक ने आकर, अत्यंत धीमे और नम्र स्वर में राम को सूचना दी, ''आर्य! राक्षस अपने शिविर से निकलकर इस ओर आते हुए देखे गए हैं।''

''सावधान!'' राम ने लक्ष्मण को संकेत किया।

राम और लक्ष्मण की टोलियां उठ खड़ी हुईं। धनुष-बाण और खड्ग सध गए। उनकी मुद्रा आक्रामक हो गई।

यज्ञ निर्विघ्न चलता रहा।

आश्रम के मुख्यद्वार की ओर से दो अत्यंत दीर्घकाय तथा भयंकर राक्षस प्रकट हुए। उनका वर्ण निपट काला, नाक चपटी तथा चौड़ी और सिर पर व्यवस्थाहीन, बढ़े हुए लंबे अस्त-व्यस्त बाल थे। लंबी-लंबी कलमें, कानों तक चढ़ी हुई मूंछें तथा मदिरा से आरक्त क्रूर आंखें थीं। उनकी कटि पर भड़कीले, मूल्यवान और भद्दे वस्त्र तथा शरीर पर मणि-माणिक्य जड़े अत्यंत मूल्यवान स्वर्ण आभूषण सर्वथा सौंदर्य-शून्य ढंग से लदे हुए थे। दोनों ने एक-एक हाथ में भयंकर खड्ग तथा दूसरे हाथ में बड़ा-सा मांस-खंड पकड़ रखा था। मांस के मध्य की अस्थि को हाथ में पकड़े हुए, वे दोनों अपने बड़े-बड़े दांतों से मांस नोचते हुए प्रचंडता से वेदी की ओर बढ़े चले आ रहे थे। मांस-खंड में से अभी भी रक्त टपक रहा था। वह कच्चा-ताजा मांस पशु अथवा मनुष्य, किसी का भी हो सकता था।

''मारीच और सुबाहु!'' राम की टोली में से किसी ने कहा।

तभी राक्षसों की दृष्टि टोली का नेतृत्व करते राम पर पड़ी। उनकी लाल-लाल

आंखें भयंकर क्रोध के मारे जैसे कोटरों से निकल पड़ने को हो गईं।

विकट हुंकार कर मारीच ने अपने हाथ का मांस-खंड यज्ञ-वेदी की ओर उछाल दिया और स्वयं खड्ग तानकर आकाश की ओर उछला।

राम के लिए परीक्षा का समय था। वे राक्षसों के मायावी युद्ध के अभ्यस्त नहीं थे। मांस-खंड वायु में उड़ता-सा यज्ञ-वेदी की ओर आ रहा था। उसे न रोका जाता तो यज्ञ भ्रष्ट हो जाता और पृथ्वी को छोड़ ऊपर उछले हुए मारीच को न रोका जाता, तो वह अपने खड्ग से राम पर प्रहार कर बैठता।

निमिष मात्र में मस्तिष्क और शरीर दोनों को ही काम करना था। राम ने कान तक धनुष की प्रत्यंचा तानकर एक साधारण बाण मारा। बाण ने शक्तिशाली पक्षी के समान झपटते आते हुए उस मांस-खंड को यज्ञ-वेदी से बहुत दूर वायु में ही रोक दिया।

किंतु मारीच ... राम ने तूणीर से तुरंत दूसरा बाण खींचा और लाघवपूर्वक इतने कम अंतराल में उसे चला दिया, मानो दोनों बाण साथ-ही-साथ छोड़े गए हों। किन्तु दूसरा बाण, पृथ्वी से उछले मारीच की ओर झपटा ही था कि राम ने अनुभव किया कि उनके धनुष से अनुपयुक्त अस्त्र छूटा है। यह शीतेषु नामक मानवास्त्र था। साधारण मनुष्य के लिए यह अस्त्र यम का दूत था, किन्तु मारीच जैसे बलवान राक्षस के वध के लिए कदाचित् इसकी शक्ति अपर्याप्त हो।

'शीतेषु' ने मारीच के वक्ष पर आघात किया। राम का लक्ष्य सुई की नोंक भर भी नहीं भटका था। मारीच के कंठ से लंबा चीत्कार फूटा और 'शीतेषु' के वेगपूर्ण आघात से वह उलटी दिशा में परे जाकर झाड़ियों में गिर पड़ा।

क्षण-भर तक राम ने मारीच की प्रतीक्षा की, किन्तु उसके वहां होने या लौटने का कहीं कोई चिह्न नहीं था। सुबाहु ने भी अब तक आक्रमण का कोई प्रयत्न नहीं किया था। वह भौंचक-सा मारीच और राम का युद्ध देख रहा था। उसने इससे पूर्व किसी मानव को राक्षसों से ऐसे लड़ते नहीं देखा था। वह अपनी स्थिति भूला-सा मारीच के लौट आने की प्रतीक्षा कर रहा था। किन्तु मारीच के लौटने का कहीं कोई आभास नहीं था। या तो वह मर चुका था, या गंभीर घाव खाकर कहीं पड़ा था। सहसा सुबाहु अपनी स्थिति के प्रति सजग हुआ। वह सिद्धाश्रम में खड़ा था — अपने शत्रुओं से घिरा हुआ। सामने राम थे, दूसरी ओर लक्ष्मण। लक्ष्मण बच्चा था, पर राम साधारण योद्धा नहीं थे। उन्होंने ताड़का और मारीच जैसे प्रसिद्ध राक्षस योद्धाओं को मार गिराया था।

राम अपने तीसरे बाण के साथ प्रस्तुत थे। इस बार वे संयोग पर निर्भर नहीं थे। उन्हें चयन का अवसर मिल गया था। उन्होंने इस बार अपने धनुष पर आग्नेयास्त्र धारण किया था। आग्नेयास्त्र के आघात को सुबाहु भी नहीं झेल पाएगा — वे जानते थे।

सुबाहु ने अपना खड्ग ताना और राम पर प्रहार करने के लिए झपटा।

राम इस बार पूर्णतः प्रस्तुत थे। कोई जल्दी नहीं थी। पूर्ण योजना के अनुसार उपयुक्त क्षण पर, राम ने अपना धनुष ताना और पूरे वेग के साथ आग्नेयास्त्र छोड़

दिया।

आग्नेयास्त्र सुबाहु के वक्ष को मध्य से बींध गया। रक्त का उत्स फूटा। सुबाहु का शरीर निमिष-भर को कांपा और औंधा होकर पृथ्वी पर गिरा। उसकी गर्दन तनिक-सी हिली, माथे पर पीड़ा की रेखाएं प्रकट हुईं और मुख से रक्त बह निकला। मरते हुए पशु के समान, वह पीड़ा में डकराया और उसने अपना निश्चेष्ट सिर भूमि पर टेक दिया।

राम ने मारीच के लौट आने की प्रतीक्षा की, पर मारीच कहीं दिखाई नहीं पड़ा। उन्होंने पलटकर पीछे की ओर होते हुए चीत्कारपूर्ण कोलाहल की ओर देखा।

राक्षसों की सेना ने लक्ष्मण की टोली पर आक्रमण किया था। अपनी समझ में कदाचित् उन्होंने गुप्त प्रहार किया था, किन्तु लक्ष्मण अपनी टोली के साथ पूर्णत: सावधान थे। राक्षस लगभग वैसे ही भयंकर थे, जैसे मारीच और सुबाहु थे। किन्तु आकार में ये कुछ छोटे थे। उनके वस्त्र और आभूषण भी उतने मूल्यवान नहीं थे।

उन्होंने अपने आक्रमण के साथ-ही-साथ मारीच और सुबाहु का परिणाम देख लिया था —उनके मुख पर क्रूरता और भय में द्वन्द्व चल रहा था। भय से मुक्त होने के लिए वे जोर-जोर से चिल्ला रहे थे; व्यवहार में आक्रामक होने का प्रयत्न कर रहे थे। किसी निश्चित योजना के अभाव में व्याकुल-से इधर-उधर भाग रहे थे और कभी-कभी आकाश की ओर उछलने का अभिनय कर रहे थे।

लक्ष्मण की टोली बड़े आत्मविश्वास और सामर्थ्य के साथ, उनसे जूझ रही थी। लक्ष्मण ताक-ताककर उन्हें तीक्ष्ण फलों वाले बाण मार रहे थे। बीच-बीच में वे वायवास्त्र का भी प्रयोग कर रहे थे।

राक्षसों की संख्या क्रमश: कम होती जा रही थी। उनका चीत्कार और कोलाहल भी धीमा पड़ता जा रहा था। राम को इस युद्ध में हस्तक्षेप करने की आवश्यकता नहीं लगी। वे अपनी टोली के साथ मुख्यद्वार की ओर सन्नद्ध खड़े रहकर इस युद्ध के साक्षी होने का आनन्द उठा सकते थे। राम के आ जाने से लक्ष्मण को अपना पूर्ण पराक्रम प्रकट करने का अवसर नहीं मिल पाता।

तभी योद्धाओं का एक और दल, राक्षसों की पीठ पर प्रकट हुआ और उन पर टूट पड़ा। राक्षस दो पाटों के बीच फंस गए थे। नवागंतुक आश्रमवाहिनी के लोग नहीं थे। किन्तु थे वे भी राक्षसों के शत्रु ही। राम कुछ विस्मित- से उन लोगों को देख रहे थे। रंग-रूप से वे लोग निषाद जाति के लगते थे। उनके पास कुछ छोटी-छोटी पुरानी तलवारें, कुछ कुल्हाड़ियां और छोटे-छोटे धनुष थे, जिनसे छोटे और हल्के बाण चलाए जा सकते थे। उनके बाण बिना फल के थे, परन्तु उनका पराक्रम अद्भुत था।

इन दो पाटों के बीच नेतृत्वविहीन राक्षस अत्यन्त व्याकुल हो उठे थे। उनकी संख्या इतनी तेजी से कम हो रही थी कि युद्ध में वे अधिक देर टिकते नहीं लग रहे थे। इसका आभास स्वयं राक्षसों को भी था — यह उनके चेहरों के भाव स्पष्ट घोषित

कर रहे थे।

अकस्मात् ही बिना किसी पूर्व भूमिका के राक्षसों के पांव उखड़ गए। वे लोग भागे। उनके भागने की कोई विशेष दिशा नहीं थी। वे नियन्त्रणहीन हो, तितर-बितर, अपने प्राणों की रक्षा के लिए भाग रहे थे।

"इनका पीछा करो!" लक्ष्मण ने अपनी टोली को आदेश दिया, "देखो, कहीं ये दुष्ट यहां से असफल हो, तुम्हारे ग्रामों में घुसकर हानि न करें।"

ग्रामीण तथा निषाद योद्धा अपना दबाव बनाए प्रहार करते हुए, राक्षसों को खदेड़ते दूर तक चले गए।

युद्ध सहसा ही समाप्त हो गया था।

तभी गुरु ने अंतिम आहुति डाली।

गुरु यज्ञ-वेदी से उठे, तो राक्षसों को खदेड़ने गए हुए ग्रामीण तथा निषाद योद्धा लौट आये थे।

विश्वामित्र ने अत्यन्त गद्गद हो, स्नेह के आवेश में राम को कंठ से लगा लिया, "तुम समर्थ हो, राम! आज कितने समय के पश्चात् सिद्धाश्रम में यज्ञ निर्विघ्न समाप्त हुआ है।"

गुरु ने लक्ष्मण को वक्ष से चिपकाकर आशीर्वाद दिया, "सदा राम के योग्य भाई सिद्ध होओ।"

ग्रामों के मुखिया आकर गुरु के चरणों पर गिर पड़े। गुरु जैसे चिर-प्रतीक्षित अपनी सफलता की प्रसन्नता और योद्धाओं के प्रति अपने स्नेह के वश में आत्मनियन्त्रण खो बैठे थे। वे मुख से आशीर्वाद दे रहे थे। लोगों के सिरों पर स्नेह का हाथ फेर रहे थे। कंधे थपथपा रहे थे।

और सहसा अपने चरणों पर गिरे दो भाइयों को भुजाओं से पकड़, ऊपर उठाकर, उन्होंने आश्चर्य से देखा, "तुम लोग कहां चले गए थे, गहन के पुत्रो ?"

"आर्य कुलपति! हम अपने ग्राम के लोगों को इस धर्मयुद्ध के लिए बुलाने गए थे। ऋषिवर! आपकी अनुमति के बिना इस प्रकार लुप्त हो जाने तथा ग्राम दूर होने के कारण युद्ध के पूर्व न पहुंच पाने के लिए हम आपसे क्षमा-याचना करते हैं। हमें क्षमा करें, गुरुदेव!" वे दोनों फिर से गुरु के चरणों पर लोट गए।

प्रसन्नता के कारण गुरु के नेत्रों में आंसू छलक आए, "तुम भी पीछे नहीं रहे निषाद वीरो! तुम धन्य हो।"

"आर्य कुलपति!" गहन का ज्येष्ठ पुत्र गगन खड़ा होकर सधी हुई आवाज में बोला, "एक और बात के लिए भी हमें क्षमा-याचना करनी है। हम आपकी आज्ञा के बिना ही, अपने अपराधी, सेनानायक बहुलाश्व के पुत्र देवप्रिय और उनके चार साथियों को बंदी बनाकर लाये हैं। इस कारण से भी हमें आने में कुछ विलंब हुआ, गुरुवर!

हम यह जानते हैं, महर्षि! कि हम निषाद हैं और अपराधी आर्य हैं। हम इस तथ्य से भी अवगत हैं कि वे शासन-प्रतिनिधि सेनापति बहुलाश्व के सम्बन्धी हैं। हमें यह स्वीकार है कि वे लोग धनवान् और समृद्ध जन हैं — पर फिर भी हम आपसे न्याय मांगते हैं, आर्य कुलपति! आपने ही हमें आश्रय दिया था, न्याय भी हमें आपसे ही मिल सकेगा।''

विश्वामित्र स्नेह और विस्मय के भाव से गगन को देखते रहे। बोले, ''अद्भुत है, पुत्र! तुम अपराधियों को बंदी भी कर लाये। तुम आर्य नहीं हो, शासन-प्रतिनिधि के सम्बन्धी नहीं हो, तुम धनी-मानी नहीं हो, पर तुम विकट वीर हो, गगन! न्याय जाति, सम्बन्धों, संभ्रांतता तथा समृद्धि का विचार नहीं करता। तुम्हें न्याय तो मिलना चाहिए। वैसे भी, पुत्र! दुर्बल को न्याय मांगने का अधिकार सबल से कहीं अधिक होता है। किन्तु वत्स! न्याय तुम्हें मुझसे नहीं मिलेगा। यद्यपि आश्रम का कुलपति मैं हूं, फिर भी शासन के प्रतिनिधि राम हैं — कोशल के सम्राट, दशरथ के पुत्र। युद्ध की जय का श्रेय भी उन्हें ही है। न्याय वे ही करेंगे। जाओ, अपराधियों को प्रस्तुत करो!''

निषाद ने पांच आर्य युवक लाकर राम के सम्मुख खड़े कर दिए। उनके हाथ पीठ पीछे बंधे हुए थे। उनका वर्ण गौर था। आकार दीर्घ था। शरीर पर ढीला विलासी मांस और उस पर अनेक स्वर्णाभूषण थे। उनकी आंखों में काजल, केशों में सुगंधित तेल और मुख पर चंदन-लेप था। अधरों पर तांबूल की रक्तिमा अब तक काली पड़ चुकी थी।

देवप्रिय ने राम को देखा और उसके मुरझाए मुख पर कुछ उत्साह झलक आया। वह एक डग आगे बढ़ आया, ''राजकुमार! आपको यहां देखकर मैं अत्यन्त आश्वस्त हूं। देखिए, ये नीच निषाद मुझे पकड़कर बांध लाये हैं। मुझे लगता है कि इन्होंने इतना दुस्साहस इस बूढ़े ढोंगी विश्वामित्र की प्रेरणा पर किया है। यह बूढ़ा सदा से आर्य-द्रोही और दस्यु-मित्र रहा है। शाबरी के प्रेम को कभी नहीं भूल पाया। आप यहां न होते तो यह अवश्य मुझे मरवा डालता। आप आर्य सम्राट् दशरथ के प्रतिनिधि हैं, मैं आपसे न्याय मांगता हूं।''

लक्ष्मण का क्रोध से तमतमाता चेहरा विद्रूप में कुछ फैल गया, ''भैया! इसके साथ बहुत अन्याय हुआ है। न्याय के लिए यह उत्सुक भी बहुत है। इसे मैं कुछ न्याय दे दूं ?''

राम मुसकराए, ''ठहरो, लक्ष्मण!'' और वे देवप्रिय की आरे मुड़े, ''देवप्रिय, तुम्हें केवल न्याय मिलेगा। आज यहां सिवाय न्याय के और कुछ नहीं होगा।''

आचार्य विश्वबंधु काफी देर से कुछ कहने को उतावले हो रहे थे, अब रुक नहीं सके। विश्वामित्र को संबोधित कर बोले, ''आर्य कुलपति ! ये बालक राक्षस नहीं, आर्य हैं; फिर ये राज-परिवार से सम्बद्ध हैं। निषादों की प्रार्थना पर इनका न्याय इस प्रकार दासों या दस्युओं के समान नहीं हो सकता। इनके हाथ मुक्त किये जाएं।''

वे इस प्रकार आगे बढ़े, जैसे वे स्वयं देवप्रिय तथा उनके साथियों के हाथ मुक्त कर देंगे।

लक्ष्मण ने अपना विशाल धनुष आचार्य विश्वबंधु के मार्ग में अड़ा दिया, "आचार्य! यह ग्रंथ-विमोचन नहीं है, जो आप ही के कर-कमलों से हो। इस कार्य को आप इस दास के लिए छोड़ दें।"

राम का ध्यान लक्ष्मण के परिहास की ओर नहीं था। उनके नयन सात्विक क्रोध से आरक्त हो गए। उनका स्वर किंचित् आवेश-मिश्रित किंतु गंभीर था, "राक्षसों का न्याय चाहे न हो, किंतु इनका न्याय अवश्य होगा। ये लोग आर्य संस्कृति में पोषित होकर भी राक्षस हो गए, राक्षसों के सहायक हो गए। अपने राजसी अधिकारों का दुरुपयोग करने वाले, निरीह प्रजा को पीड़ित करने वाले, ये लोग आर्य नहीं हैं — चाहे ये लोग आर्य सेनानायकों के पुत्र ही क्यों न हों। 'आर्य' किसी जाति, वर्ण, आकार अथवा पक्ष का नाम नहीं है। वह मानवीय सिद्धान्त, आदर्श और महान् चरित्र का नाम है। जो अमानवीय कृत्य इन्होंने निषाद स्त्री-पुरुषों के साथ किए हैं, उन पापों के प्रतिकार के लिए, इन राक्षसों के लिए, मैं न्यूनतम दंड प्रस्तावित करता हूं — मृत्युदंड। क्या आप लोगों को स्वीकार है ?"

"स्वीकार है! स्वीकार है!" आश्रमवासियों, ग्रामीण और निषादों का हर्षभरा सम्मिलित स्वर गूंजा।

"लक्ष्मण!" राम बोले, "इन्हें वन में ले जाकर इनका वध कर दो। देखना, इनका गंदा रक्त सिद्धाश्रम की पवित्र भूमि पर न गिरने पाए!"

उपस्थित समुदाय उल्लसित हो कोलाहल कर उठा। एक क्षण पहले तक उनमें से कदाचित् ही किसी ने सोचा था कि इन सेनानायक-पुत्रों को भी कोई दंड दिया जा सकता है। राम के न्याय ने उनमें न्याय के प्रति आस्था जगा दी थी।

गुरु विश्वामित्र अत्यन्त आश्वस्त लग रहे थे।

आचार्य विश्वबंधु के चेहरे का रंग उड़ गया। फीके स्वर में बोले, "राम! यह भी तो सोचो, क्षण भर में सेनापति बहुलाश्व अपनी सेना को लेकर सिद्धश्रम पर चढ़ दौड़ेगा। फिर उसने कौन लड़ेगा ? यदि तुम समर्थ भी होओ, तो क्या कोशल की आर्य सेना का नाश करना तुम्हारे लिए उचित होगा ?"

"आप व्यर्थ चिन्ता कर अपना बहुमूल्य स्वास्थ्य नष्ट न करें, आचार्यपाद! अभी आपको अनेक यज्ञ करने हैं। बहुलाश्व की समस्या आप हमारे लिए छोड़ दें। जो सिंह की गर्दन मरोड़ सकता है, वह उसकी मौसी बिल्ली की पूंछ भी ऐंठ सकता है।" लक्ष्मण वक्रता से मुसकराये और देवप्रिय तथा उसके साथियों को पशुओं के समान हांकते हुए वन की ओर चले गए। उनके मन की प्रसन्नता उनके एक-एक अंग से फूटी पड़ रही थी।

राम ने आचार्य विश्वबंधु को कोई उत्तर नहीं दिया। वे गहन के पुत्रों की ओर उन्मुख हुए, ''वीरो! मैं तुम्हारे कृत्य से अत्यन्त प्रसन्न हूं। तुम्हें समर्थ जानकर वीरता का एक और कार्य तुम्हें सौंपता हूं। मारीच की मृत्यु का हमें कोई निश्चित प्रमाण नहीं मिला है। तुम लोग अपने ग्रामवासियों के साथ उसका शोध कर मुझे सूचित करो, ताकि उस दुष्ट के बोझ से पृथ्वी को हलका किया जा सके।'' राम क्षण भर रुककर जैसे समझाते हुए बोले, ''पर एक बात का ध्यान रखना, यदि वह जीवित और सक्षम अवस्था में मिल जाए और तुम लोगों पर भारी पड़े, तो युद्ध का अनावश्यक जोखिम मत उठाना। मुझे सूचित कर देना।''

निषदों की टोली ने अत्यन्त प्रसन्नतापूर्वक झुककर राम को प्रणाम किया और सिद्धाश्रम से बाहर जाने के लिए मुड़ गई।

निषादों की टोली के जाते ही, एक दूसरी टोली सिद्धाश्रम में प्रविष्ट हुई। यह टोली अश्वारोहियों की थी।

राम ने ध्यान से उन्हें देखा। उनकी संख्या दो-ढाई सौ से कम नहीं थी। वे सब सैनिक-वेश में थे और सब-के-सब सशस्त्र थे। उनके आगे-आगे एक ऊंचे श्वेत अश्व पर उनका नायक था।

राम कुछ चकित थे। आर्य नियमों के अनुसार, किसी भी व्यक्ति को, चाहे वह स्वयं उस देश का राजा ही क्यों न हो — आश्रम में प्रविष्ट होने से पूर्व अपना वाहन, अपने शस्त्र, अपनी सेना — सब कुछ सिंहद्वार के बाहर ही त्यागना पड़ता था। तो यह कौन है, जो इतने सशस्त्र सैनिकों के साथ अश्वों पर आश्रम के भीतर चला आया है! फिर, आश्रम की सीमाओं पर नियुक्त आश्रमवासियों ने इन लोगों के आने की सूचना भी राम तक नहीं पहुंचाई। वे आश्रमवासी क्या वहां नहीं हैं, इन लोगों के द्वारा मार डाले गये हैं या इनको मित्र समझकर बेरोक-टोक भीतर आने दिया गया है!

अश्वारोही रुक गए। केवल उनका नायक चार सैनिकों के साथ आगे बढ़ा। नायक और उसके साथ के चार सैनिकों ने इन लोगों से कुछ दूरी पर अश्व त्याग दिए, किन्तु उनके खड्ग अब भी उनके साथ थे। वे पदाति आगे बढ़े और उन्होंने गुरु विश्वामित्र को साष्टांग प्रणाम किया।

राम ने गुरु को देखा। गुरु के मन का असमंजस उनके चेहरे पर लिखा हुआ था। पर उन्होंने स्वयं को नियंत्रित कर नायक को कंधों से पकड़कर उठाया और बोले, ''सेनानायक बहुलाश्व! तुम ?''

''आर्य कुलपति!'' नायक के मुख पर उद्धतता, वाणी में खुरदुरापन तथा शब्दों के चयन में स्पष्ट सावधानी थी, ''सुना था, राजकुमार राम तथा लक्ष्मण आए हुए हैं, अतः उन्हें प्रणाम करने चला आया।'' उसने आगे बढ़कर, झुककर राम को प्रणाम किया, ''कुछ नीच निषाद मेरे पुत्र देवप्रिय को अनधिकृत रूप से बंदी बनाकर, सुना

है, न्याय के लिए आपके पास लाये हैं। प्रार्थना है, उसे तथा उसके साथियों को मुक्त कर दिया जाए।''

''सेनानायक!'' राम का तेजस्वी स्वर गूंजा, ''तुम यहां प्रणाम करने आए हो या प्रार्थना करने आए हो। तुम आर्य सेनानायक हो और अपने सशस्त्र अश्वारोहियों के साथ सिद्धाश्रम में घुस आए हो। क्या तुम्हें आर्य नियमों का ज्ञान नहीं है ?''

बहुलाश्व के स्वर में उद्धतता पहले से बहुत बढ़ गई थी, ''कदाचित् राजकुमार को ज्ञात नहीं है कि आर्यावर्त्त के इस भाग में ऐसा ही प्रचलन है।''

''यह प्रचलन तुम्हारे ही कारण है, बहुलाश्व!''

''किसी के भी कारण हो।'' बहुलाश्व लापरवाही से बोला, ''मुझे उससे कोई विवाद नहीं है। देवप्रिय कहां है, राम ?''

''उसका न्याय कर दिया गया है, सेनानायक!'' राम ओज-भरे स्वर में बोले, ''उसे मृत्युदंड दिया गया है। लक्ष्मण उसका वध कर चुके होंगे।''

''मृत्युदंड!'' बहुलाश्व का मुख एक साथ पीला और लाल हो गया, ''यह न्याय किस की इच्छा से हुआ है, राजकुमार ?''

''न्याय किसी की इच्छा से नहीं होता, बहुलाश्व!'' राम बोले, ''न्याय सत्य और मानव-प्रेम पर आधृत होता है। तुम और तुम्हारा पुत्र अधिकार पाकर राक्षस हो गए थे। तुम लोगों का न्याय होना ही चाहिए।''

बहुलाश्व के मुख पर से भय के चिह्न मिट गए। वह क्रोध से जल रहा था। उसने कोष से बाहर निकाल नग्न खड्ग हाथ में ले लिया, ''यह न भूलो राजकुमार कि अयोध्या और आयोध्या की सेना यहां से बहुत दूर है। यहां मैं हूं सेनानायक बहुलाश्व। मेरी आज्ञा के बिना, किसी का न्याय करने का तुम्हें क्या अधिकार था!''

राम की सतर्क आंखों ने देखा, बहुलाश्व के खड्ग के नग्न होते ही, उसके सैनिकों ने फैलना आरम्भ कर दिया था और उपस्थित समुदाय को चारों ओर से घेर लिया था।

''अधिकार उसको होता है, जो न्याय कर सके।'' राम मुसकराए, ''मेरा अधिकार भी यही था। और अयोध्या की सेना के दूर होने से भी कोई अन्तर नहीं पड़ेगा। किसी का भी न्यायपूर्ण व्यवहार अपने आस-पास के जन-सामान्य में सेना खड़ी कर लेता है। राम सेनाएं साथ लेकर नहीं चलता, वह जनता में से सेना का निर्माण करता है। अतः अब मुझे तुम्हारा भी न्याय करना है।''

''मेरा न्याय!'' बहुलाश्व की आंखें क्रोध से फट पड़ीं।

''केवल अपराधी को दंड देने से न्याय पूर्ण नहीं हो जाता, बहुलाश्व!'' राम ने अपने ओजस्वी स्वर में कहा, ''अपराधी की रक्षा करने वाले को भी उसके दुष्ट कृत्यों के लिए दंडित किया जाना पूर्णतः न्याय के अन्तर्गत है। तुमने पुत्र-प्रेम में पड़कर, प्रजा पर अमानवीय अत्याचार करने वाले राक्षसों की रक्षा की है, उनसे मित्रता की है, उनसे

उत्कोच स्वीकार किया है। तुमने न केवल अपना कर्तव्य पूर्ण नहीं किया, तुमने अपने अधिकारों का दुरुपयोग भी किया है। इन अपराधों के लिए तुम्हें कोई कठिन दंड मिलना चाहिए, किन्तु मैं दयावश तुम्हें केवल मृत्युदंड दे रहा हूं।''

बहुलाश्व ने क्रोध में दांत पीसे। नग्न खड्ग को उसने अपने हाथ में तौला और आक्रामक मुद्रा में राम की ओर बढ़ते हुए बोला, ''देखता हूं मुझे कौन दंड देता है!...''

उसके सैनिक सावधान हो गए। उनका घेरा संकीर्ण होने लगा था। उपस्थित जन-समुदाय भय से पीला पड़ गया। गुरु विश्वामित्र भी कुछ विचलित हो गए।

राम अपनी परिचित मोहक मुसकान अधरों पर ले आए। अत्यन्त सहजं भाव से बोले, ''तो देखो।''

शब्दों के साथ ही राम की भुजाएं सक्रिय हुईं और अन्तिम शब्द के साथ ही राम का बाण बहुलाश्व के वक्ष को मध्य से भेद गया।

''आत्मसमर्पण करो!'' तभी लक्ष्मण का आदेश देता हुआ स्वर कड़क उठा।

बहुलाश्व के बढ़ते हुए सैनिकों ने देखा — उनके सम्मुख, राम के चरणों के पास बहुलाश्व का शव धरती पर पड़ा था। राम अब भी धनुष ताने अपनी उग्र मुद्रा में प्रस्तुत थे; और जाने कब लक्ष्मण लौट आए थे। लक्ष्मण ने अपनी टोली के साथ उन्हें पृष्ठ पर से घेर लिया था और वे आक्रमण के लिए पूर्णतः सन्नद्ध थे।

सैनिकों के खड्ग कोष में लौट गए। उनके अश्वों के पग जहां के तहां रुक गए।

क्षण-भर में उनका उपनायक अश्व से उतर पदाति राम की ओर बढ़ा। उसने अपना खड्ग माथे से लगा, झुककर राम को प्रणाम किया और खड्ग राम के चरणों के पास, भूमि पर रख दिया।

''प्रभु! मैं उपनायक पृथुसेन अपने अधीन सैनिकों के साथ आत्मसमर्पण करता हूं। सेनानायक बहुलाश्व की आज्ञाओं के अधीन किए गए कृत्यों के लिए हमें दंड दिया जाए, अथवा यदि प्रभु उचित समझें तो क्षमा किया जाए।''

उपनायक पृथुसेन राम के सम्मुख घुटनों के बल बैठ गया।

राम मुसकराए। उन्होंने खड्ग उठा लिया। बोले, ''उठो, पृथुसेन!'' पृथुसेन उठ खड़ा हुआ।

राम ने खड्ग उसे प्रदान किया, ''मैं अयोध्या के शासन-प्रतिनिधि के रूप में न्याय की रक्षा तथा अत्याचार के दमन के लिए तुम्हें इन सैनिकों का सेनानायक नियुक्त करता हूं। देखना, जनता को तनिक भी असुविधा न हो। जाओ, अपने सैनिकों के साथ सिद्धाश्रम से बाहर मेरी आज्ञा की प्रतीक्षा करो।''

पृथुसेन ने झुककर अभिवादन किया और अपने सैनिकों की ओर मुड़ गया।

पृथुसेन अपने सैनिकों के साथ सिद्धाश्रम से बाहर जा चुका था।

गुरु विश्वामित्र, आचार्य विश्वबंधु, मुनि आजानुबाहु, समस्त आश्रमवासी तथा युद्ध

के लिए आए ग्रामीण — सब किंचित् हत्प्रभ, मौन खड़े थे। और उन सबके बीच सेनानायक बहुलाश्व का शव भूमि पर चित पड़ा था। प्रायः लोगों की आकृति पर एक ही भाव था — आकस्मिक, अपूर्व-चिंतित घटना से हत्प्रभ हो जाने का। राक्षसों के वध से वे हर्षित हुए थे। देवप्रिय के दंड से विस्मित हुए थे। किंतु बहुलाश्व की हत्या ... और होता-होता रह गया सैनिक विद्रोह ... राम और लक्ष्मण ने यदि तनिक भी शिथिलता दिखाई होती, तो यहां जन-समुदाय के स्थान पर रुंड-मुड ही बिखरे हुए होते।

किंतु उस भारी भीड़ में घिरे हुए राम अपने पूरे आत्मविश्वास के साथ सहज भाव से खड़े थे। उनके मुख पर अविचलित, सम्मोहनमयी मुसकान थी। उनके मन में कहीं कोई द्वंद्व नहीं था — उन्होंने एक निर्णय लिया था, उस पर कर्म किया था, और उस निर्णय की सच्चाई में उन्हें पूर्ण विश्वास था।

राम के साथ, अपने भाई पर मुग्ध लक्ष्मण खड़े थे — पूर्णतः आश्वस्त।

उस स्तब्धता को राम ने ही तोड़ा । बोले, ''आप लोग अब निश्चिंत हों। जो कुछ हुआ, उसमें कुछ भी गलत नहीं हुआ। पापियों को उचित दंड मिल गया।''

राम ने वार्तालाप आरंभ कर उपस्थित लोगों को अपने विचार प्रकट करने का अवसर दिया था। वे जानते थे, अपने प्रत्येक कृत्य को, चाहे वह कितना ही न्यायाश्रित क्यों न हो, उन्हें प्रजा के सम्मुख विचार-विमर्श के लिए रखना होगा। उस कृत्य के न्यायोचित होने को प्रजा द्वारा सिद्ध होने का अवसर देना होगा। अपना उद्देश्य उन्हें बताना होगा। विचार-विनिमय के निषेध तथा विचाराभिव्यक्ति के वर्जन से उचित-से -उचित कर्म भी प्रजा की दृष्टि में अनुचित हो जाएगा।

''किंतु राम!'' सबसे पहले आचार्य विश्वबंधु बोले, ''बहुलाश्व सम्राट् दशरथ का आर्य सेनापति था। ... हां, यह ठीक है कि तुमने आत्मरक्षा...''

''नहीं!'' राम पहली बार इतने आवेश में दिखाई पड़े, ''नहीं, आचार्य विश्वबंधु! मैं इस बात को अस्वीकार करता हूं कि मैंने आत्मरक्षा के लिए बहुलाश्व की हत्या की है। आत्मरक्षा युद्ध में होती है। मैंने बहुलाश्व के साथ युद्ध नहीं किया। मैंने उसे अपराधी, दुष्ट और पापी मानकर उसको मृत्युदंड दिया है।'' वे रुककर मुसकराए, ''हां, आपका यह कथन सत्य है कि वह सम्राट् दशरथ का आर्य सेनापति था; किंतु अपराधी को इसलिए क्षमा नहीं किया जा सकता कि वह सम्राट् का सेनापति है; और न उसे इसलिए क्षमा किया जा सकता है कि वह आर्य है। गुरु विश्वामित्र पहले ही इस नीति की घोषणा सबके मध्य कर चुके हैं कि किसी वर्ग, जाति, राष्ट्र, वय अथवा स्थिति-विशेष के कारण किसी अपराधी को क्षमा कर देना न्याय की हत्या कर, अपराध को प्रोत्साहित करना है।''

''किंतु राम! यदि तुमने सेनानायक को आत्मरक्षा में नहीं मारा, तो उसका कोई प्रत्यक्ष अपराध भी तो नहीं था।'' आचार्य बोले।

''अपराध था, आचार्य!'' लक्ष्मण बीच में बोले, ''बहुलाश्व को काव्य-शास्त्र

स्मरण नहीं था।''

''ठहरो, लक्ष्मण!'' राम पहले से भी दृढ़ स्वर में बोले, ''आचार्य! यदि देवप्रिय को दंड देकर, बहुलाश्व को छोड़ दिया जाता, तो पुन: देवप्रिय जैसे किसी अपराधी के उत्पन्न होने पर, उसे दंडित करने के लिए, फिर किसी राम को आना पड़ता। बहुलाश्व के दंडित होने का परिणाम यह होगा कि भविष्य में जन्म लेने वाले देवप्रिय को दंडित करने का कार्य तत्कालीन बहुलाश्व करेगा। यदि प्रत्येक अपराधी को दंड देने का कार्य राम को ही करना है तो इन सेनानायकों तथा शासंन-प्रतिनिधियों की आवश्यकता ही क्या है! यह दंड शेष सेनानायकों और शासन-प्रतिनिधियों को बताएगा कि यदि वे स्वयं अपराधियों को दंड न देकर, यह कार्य राम के लिए छोड़ देंगे तो राम अपराधियों के साथ-साथ उन्हें भी अपने अकर्तव्य के लिए दंडित करेगा। उन्हें अपना दायित्व पूर्ण न करने का दंड अवश्य मिलना चाहिए।''

''राम! तुम्हारी नीति की जय हो।'' विश्वामित्र का उल्लास उनकी आकृति से झर रहा था, ''यदि शासन में इतना दायित्व-बोध आ जाए, तो इस भूतल पर अपराध का अस्तित्व नहीं रह जाएगा। तुम धन्य हो, राम! तुमने अपना कार्य पूर्ण किया।''

''ऋषिवर! इसे मेरी वाचालता न मानें।'' राम बोले, ''अभी कार्य पूर्ण नहीं हुआ। गहन के पुत्र आकर मारीच की सूचना देंगे। उसकी कोई व्यवस्था करके, हमें राक्षसों के शिविर तक जाना है। यदि हम उनके शिविर को जैसे का तैसा छोड़ देंगे, तो रणनीति की दृष्टि से यह भयंकर भूल होगी। उससे राक्षस यह समझ बैठेंगे कि यदि वे सिद्धाश्रम पर आक्रमण करेंगे, तो ही उनका विरोध होगा, अन्यथा वे अपने शिविर में सुरक्षित हैं। इस सुरक्षा की भावना के आधार पर, वे लोग सिद्धाश्रम की ओर न आकर, ताड़कावन तथा अन्यत्र अनाचार करेंगे, अथवा स्थानीय प्रजा में मिश्रित होकर अपनी कुटिलताओं का प्रसार करते रहेंगे। केवल नेता को दंडित कर, उसके अनुयायियों को बिना परख के अपने में सम्मिलित कर लेने का प्राय: परिणाम यह होता है कि जिन अपराधों के लिए हमने उनके नेताओं को दंडित किया था, उन्हीं अपराधों का प्रसार उनके अनुयायी स्वयं हमारी अपनी प्रजा में कर देंगे। ताड़कावन उन लोगों से खाली कराना ही होगा।''

''ठीक कहते हो, राम! यही करो।'' गुरु ने अनुमति दे दी।

राम लक्ष्मण की ओर मुड़े, ''तुमसे पूछने का अवसर ही नहीं मिला, लक्ष्मण! अपराधियों को दंड दे दिया गया ?''

''हां, भैया! आपके आदेश का पूर्ण पालन हुआ।'' लक्ष्मण प्रसन्न थे। उन्हें देवप्रिय तथा उसके साथियों का वध कर वास्तविक आनन्द मिला था।

राम को अधिक प्रतिक्षा नहीं करनी पड़ी। गगन तथा उसके साथी जल्दी ही लौट आए।

सिर झुकाकर गगन ने अभिवादन किया और बोला, ''हे राम! हम बहुत दूर तक मारीच के पीछे हो आए हैं। किंतु खेद है कि वह हमें कहीं भी दिखाई नहीं पड़ा। हमें

मार्ग में अनेक लोगों ने बताया है कि उन्होंने एक अत्यन्त विकट तथा भयंकर दिखने वाले राक्षस को देखा है। उस राक्षस के शरीर पर एक गंभीर घाव था, जिससे रक्त-स्राव हो रहा था और राक्षस काफी पीड़ित था। उसके जाने के मार्ग के विषय में पूछने पर प्रत्येक व्यक्ति ने दक्षिण दिशा की ओर संकेत किया है। ऐसा लगता है कि वह आपसे भयभीत और पीड़ित होकर बिना रुके दक्षिण की ओर भागता ही चला गया है और अब वह लंका में ही जाकर रुकेगा और रावण की गोद में सिर रखकर रोएगा।'' गगन हंस पड़ा, ''आपकी अनुमति के अभाव में हम लौट आए हैं। अब यदि आज्ञा हो तो हम अन्त तक उसका पीछा करें।''

वह सिर उठाकर राम की आज्ञा की प्रतीक्षा करने लगा।

'राम का आना निष्फल नहीं हुआ' — गुरु सोच रहे थे — 'उस गगन में, जो उन्हें अपने पिता के हत्यारे का नाम बताने के पश्चात फूट-फूटकर रोया था और इस गगन में, जो मारीच को ढूंढ़ने के लिए लंका तक जाने को प्रस्तुत है, कितना अन्तर है! राम का प्रभाव अमोघ है।'

''तुम ठीक कहते हो, गगन!'' राम गंभीर थे, ''मारीच कदाचित् लंका जाकर ही रुकेगा, उससे पूर्व उसे कोई भी स्थान सुरक्षित नहीं लगेगा। किन्तु वीर बंधु! तुम्हें लंका जाने की आवश्यकता नहीं है। पहले हम ताड़कावन में बनी लंका का ध्वंस कर लें।''

''ताड़कावन की लंका ?''

प्रत्येक आकृति पर प्रसन्नता थी। राक्षसों की लंका नष्ट करने की चर्चा से ऐसी प्रसन्नता कदाचित् अयोध्या के सैनिकों के मुख पर भी नहीं आती। वे वेतनभोगी सैनिक थे, आज्ञाधीन लड़ते थे। युद्ध के लिए उनके मन में ललक नहीं थी। किंतु, ग्रामीणों और आश्रमवासियों की यह सेना अन्याय के विरुद्ध संघर्ष करने के लिए स्वत: उठ खड़ी हुई थी। वह ललकपूर्वक न्याय के लिए युद्ध कर रही थी। ये वेतन के प्रतिदान में, अपने स्वामी की विजय के लिए उसके शत्रुओं का वध नहीं कर रहे थे — ये अपने विरुद्ध किए गए शोषण और अत्याचार का प्रतिशोध ले रहे थे; और भविष्य में होने वाले अत्याचारों की संभावनाओं को नष्ट कर रहे थे। यह त्रस्त प्रजा थी, जो त्रास को समाप्त कर रही थी। एक बार यह त्रास समाप्त हो जाए, तो इन समस्त जनपदों की प्रजा स्वच्छ मन से फूले-फलेगी। न्याय और समता की भावना शक्तिमती होगी। तब यह अत्याचारों का विरोध कर सकने वाली जीवन्त प्रजा होगी।

राम ने हाथ जाड़कर गुरु को संबोधित किया, ''गुरुदेव! आपका राम जनसाधारण के विरुद्ध अन्याय तथा अत्याचार करने वाले राक्षसों के शिविर के नाश की अनुमति चाहता है।''

''जाओ, वत्स! प्रसन्न-मन जाओ। भगवान तुम्हारी रक्षा करें। तुमने इस प्रजा में न्याय और वीरता के मंत्र फूंक दिए हैं।''

आगे-आगे राम और लक्ष्मण, पीछे-पीछे सारी प्रजा चली। गुरु ने बड़े आश्चर्य से देखा, केवल आचार्य विश्वबंधु तथा मुनि आजानुबाहु उनके दाएं-बाएं खड़े रह गए थे, शेष आश्रमवासी राम और लक्ष्मण के पीछे चले गए थे — पुरुष, स्त्रियां, बच्चे! पुनर्वसु, जो उनकी आज्ञा के बिना एक डग भी नहीं उठाता था, वह भी उत्साहित होकर आश्रम की जनता के साथ चला जा रहा था।

''यह वास्तविक जनयुद्ध है।'' गुरु ने अपनी आंखों में आए हुए आनन्द के अश्रु पोंछ लिये।

सिद्धाश्रम से बाहर निकलते ही राम को ज्ञात हो गया कि आश्रमवासियों की सूचना-व्यवस्था पूर्णतः समाप्त हो चुकी थी। युद्ध के लिए अनभ्यस्त आश्रमवासियों की जिन टुकड़ियों को सूचना लाने-ले जाने के कार्यों पर नियुक्त किया था, वे सारी टुकड़ियां युद्ध आरम्भ होते ही राक्षसों से लड़ने के लिए आश्रम में चली आयी थीं। अतः राक्षसों की गतिविधि का किसी को कोई ज्ञान नहीं था। राम सावधान हो गए। राक्षस अपनी बस्ती में हो सकते हैं और सम्मुख युद्ध के लिए आ सकते हैं। वे वन में इधर-उधर छिपे हुए भी हो सकते हैं और अवसर पाते ही गुप्त आक्रमण भी कर सकते हैं। वे आश्रम के पास कहीं छिपे हुए आश्रमवासियों की गतिविधियों का निरीक्षण भी कर रहे हो सकते हैं, आश्रमवाहिनी के आश्रम से निकलते ही वे आश्रम पर आक्रमण भी कर सकते हैं और आश्रम में छिपे रह गए लोगों को हानि पहुंचा सकते हैं — गुरु विश्वामित्र भी अभी आश्रम में ही हैं।

राम ने नायक पृथुसेन को आश्रम की रक्षा के लिए रुकने का आदेश दिया। न तो पृथुसेन आश्रम में रुकना चाहता था, न उसके सैनिक ही इस बात से प्रसन्न थे। कदाचित् वे लोग अपने पिछले व्यवहार का प्रतिहार करना चाहते थे। वे राक्षसों से युद्ध कर राम के प्रति अपनी निष्ठा तथा स्वाभीभक्ति प्रमाणित करना चाहते थे। राम उनके इस अतिरिक्त उत्साह को समझ रहे थे। अतः उन्होंने पृथुसेन से कहा था, ''मैं तुम्हें वही करने को कह रहा हूं, जो स्वयं तुम्हारी और तुम्हारे सैनिकों की इच्छा है। अतीत का प्रतिकार। तुमने अब तक सिद्धाश्रम को असुरक्षित छोड़ा है, आज उसकी रक्षा करो।''

पृथुसेन को सहमत होना पड़ा, और आश्रम की ओर से कुछ निश्चिंत होकर राम ताड़कावन की ओर बढ़ गए।

राक्षसों की गतिविधि के विषय में कोई भी सूचना न होने से सावधानी बहुत आवश्यक थी। राक्षस-शिविर से बहुत पहले ही राम रुक गए। उन्होंने विभिन्न ग्रामों के याद्धाओं को उन्हीं के मुखियों के अधीन अनेक टोलियों में बांट दिया। उन टोलियों को उन्होंने थोड़ी-थोड़ी दूरी पर अर्धवृत्त के रूप में फैला दिया। वे सारी टोलियां एक साथ

आगे बढ़ रही थीं...

राक्षस-शिविर की सीमा तक वे लोग निर्विघ्न आ गए। ग्रामीण टोलियों और आश्रमवाहिनी के इतने कोलाहल के पश्चात् भी कोई राक्षस सम्मुख नहीं आया था, अत: सम्मुख युद्ध की कोई संभावना अब नहीं थी।

शिविर के भीतर प्रवेश करना अनिवार्य हो गया था। बाहर रुककर राक्षसों की प्रतीक्षा करना निरर्थक था।

अनेक टोलियां शिविर में पहले प्रवेश करने का प्रस्ताव कर चुकी थीं। किन्तु राम किसी एक टुकड़ी को भीतर भेजकर सूचना मंगवाने के पक्ष में नहीं थे। अन्त में, आगे-आगे राम तथा लक्ष्मण ने शिविर में प्रवेश किया, उनके पीछे एक के बाद एक सारी टोलियां घुस गईं।

राक्षस परिवारों का वास होते हुए भी इस स्थान का रूप एक सामान्य बस्ती का-सा न होकर, एक सैनिक-शिविर का-सा था। कदाचित् पूर्व-राक्षस राज्यों के समय के भवनों को तोड़कर, अथवा उनमें परिवर्तन इत्यादि कर, उन्हें, वर्तमान रूप दिया गया था।

सारी बस्ती में कहीं कोई प्राणी दिखाई नहीं पड़ा। जीवित व्यक्ति का कहीं कोई स्वर नहीं था। किसी वीर राक्षस ने रावण के शिविर के प्रति अपना दायित्व नहीं निभाया।

राम शिविर के मध्य एक ऊंचे स्थान पर बैठ गए। उनकी दायीं ओर कुछ हटकर, हाथ में धनुष पकड़े, लक्ष्मण किसी आकस्मिक आक्रमण से रक्षा के लिए सन्नद्ध खड़े हो गए।

राम ने उच्च स्वर में टोलियों को संबोधित किया, ''बंधुओ! युद्ध के लिए राक्षस सम्मुख नहीं आए हैं। संभव है कि वे भयभीत हो भाग गए हों; किन्तु यह भी संभव है कि वे लोग यहीं कहीं छिपे बैठे हों और कपट-युद्ध के लिए अवसर देख रहे हों। इसलिए सावधानी से काम लें। दिशाएं और क्षेत्र बांट लें और अपने-अपने मुखियों के नेतृत्व में चारों ओर की टोह लें। राक्षसों का चिह्न मिलते ही सूचित करें।''

ग्रामीण-वाहिनी और आश्रमवाहिनी के मुखिया अपनी-अपनी टोलियों को लेकर सावधानी से विभिन्न दिशाओं में चले गए।

राम और लक्ष्मण सचेत हो, सूचनाओं की प्रतीक्षा करते रहे। ...किन्तु समय बीतता गया और राक्षसों की उपस्थिति की कहीं से भी कोई सूचना उन्हें नहीं मिली। लक्ष्मण अधीर होने लगे। मन खीझ उठा। यह कैसा युद्ध है कि प्रतीक्षा करते रहो। ऐसी परिस्थितियों में, जबकि शत्रुओं का पता हो, उनके घर में घुसे बैठे हों, एक स्थान पर स्थिर खड़े रहना, जैसे लक्ष्मण न हों, कोई पेड़ हो, कठिन काम था। उनके पग चंचल होते जा रहे थे। मुख पर अधीरता और उग्रता के भाव बढ़ते जा रहे थे। मन होता था, अभी धनुष हाथ में ले, सारे राक्षस-शिविर का एक चक्कर लगा आएं ... पर राम अपने स्थान पर धैर्यपूर्वक शांत बैठे थे। सचेत और सतर्क वे भी थे, किन्तु अशांत नहीं थे।

"कोई समाचार नहीं आया, भैया!" लक्ष्मण धीरे से बोले।

"आ जाएगा।" राम मुसकरा रहे थे।

संध्या ढल रही थी। अंधकार अपने आने की पूर्व-सूचना दे रहा था। तभी गगन अपनी टोली के साथ लौट आया। उसके साथ चार स्त्रियां थीं। राम ने देखा — वे सभी प्रायः युवतियां थीं। उनके शरीरों पर अत्यन्त संक्षिप्त वस्त्र थे। मुख मुरझाए हुए, मानो वर्षों से रोगिणी हों। पीड़ित — यातना की प्रतिमूर्तियां। रंग-रूप से तीनों आर्य कन्याएं लगती थीं, एक कदाचित् शबर थी। राक्षसी उनमें कोई नहीं थी।

गगन ने निवेदन किया, "आर्य! राक्षस हमें कहीं नहीं मिले। मूल्यवान वस्त्र, स्वर्ण, मदिरा के भांड, विलास की अन्य वस्तुएं तथा ये अभागिनी कन्याएं बंदिनी रूप में इन घरों में मिली हैं। किसी के हाथ-पांव बंधे थे, कोई पशु के समान किसी कोठरी में बंद थी।"

गगन का कंठ रुंध गया।

राम का मन पीड़ा से भर आया। इन अबलाओं ने किस प्रकार राक्षसों के अत्याचार सहन किए होंगे।... और गगन! ...वे कल्पना कर सकते थे कि जब गगन के अपने परिवार की स्त्रियों के साथ अत्याचार हुआ होगा, तो उसे तब भी ऐसी ही अनुभूति हुई होगी। अपने दुःख के पश्चात् वह दूसरों का दुःख भी समझने लगा था। उसमें करुणा का उदय हुआ था — वह पूर्ण मानव हो गया था। और तब राम का ध्यान राक्षसों की ओर चला गया। इन दुष्टों ने यथाशक्ति किसी को भी नहीं छोड़ा। काश! गुरु विश्वामित्र पहले अयोध्या आये होते। कदाचित् कुछ और लोग राक्षसों के हाथ अकालमृत्यु प्राप्त करने से बच जाते। कदाचित् इनमें से ही कुछ अबलाओं की पीड़ा संक्षिप्त हो जाती...

"लक्ष्मण, इनके लिए उपयुक्त वस्त्रों का प्रबंध करो।" राम बोले, "और इन्हें सिद्धाश्रम में गुरु विश्वामित्र के पास पहुंचाने की व्यवस्था करो। इन्हें विश्राम की आवश्यकता है।"

युवतियों ने सिर झुका रखे थे। उनकी आंखों से अश्रु बह रहे थे। मुख से सिसकियां फूट रही थीं।

"शांत होओ, देवि!" राम ने संरक्षण की मुद्रा में हाथ उठाया, "तुम्हारी पीड़ा की कोई सीमा रही होगी — मैं समझ सकता हूं। आज मेरा मन मुझे कितना धिक्कार रहा है। यहां ऐसे-ऐसे अत्याचार हो रहे थे और राम इन सबसे अपरिचित अयोध्या में सुख से जी रहा था और स्वयं को एक प्रकार से पीड़ित भी मान रहा था। देवी! सच जानो, तुम लोगों की पीड़ा ने अनेक लोगों को पीड़ित होने से बचाया है। तुम लोग धन्य हो, पूज्य हो। क्या तुम्हारा परिचय जान सकता हूं ?"

"मैं वनजा हूं।" एक युवती बोली, "करूश की राजकन्या।"

और तब राम अन्य तीन युवतियों से संबोधित हुए, "आप..."

"आर्य! अपना परिचय देकर संबंधियों को कलंकित नहीं करना चाहती। आप समझ लें कि मेरा कोई नहीं है।"

शेष दोनों ने उनका मौन समर्थन कर दिया।

राम सहसा कुछ बोल न सके। भीगी आंखों से उन्हें देखते रहे। फिर बोले, "देवियो! सांत्वना देने योग्य शब्द भी मेरे पास नहीं हैं। तुम लोगों ने मेरे जीवन को एक दिशा दी है, एक संकल्प दिया है। मेरे जीवन में जब कभी अवसर आएगा, मैं इन राक्षसी कृत्यों का विरोध करूंगा। पर इतनी पीड़ा सहकर जीवन का जो सत्य तुमने पाया है, मैं वहां तक पहुंच भी सकूंगा कि नहीं — कह नहीं सकता। तुमने पीड़ा पायी है, अब तुम अपना शेष जीवन पीड़कों के विरोध में लगाओ। पीड़क चाहे राक्षस हों, आर्य हों, शबर हों, निषाद हों, भील हों। पीड़कों और शोषकों की कोई जाति नहीं होती, उनकी कोई संज्ञा नहीं होती। वे तो एक दुष्कृत्य मात्र हैं — वे एक अभिशाप हैं। वे सब एक हैं।"

राम चुप हो गए।

युवतियों ने सिर झुका, राम को प्रणाम किया और लक्ष्मण के साथ सिद्धाश्रम की ओर चली गईं।

विभिन्न टोलियों के मुखिया शोध के पश्चात् अपनी टोलियों के साथ लौटते रहे और राम के सम्मुख नये-नये तथ्य उद्‌घाटित होते रहे । उनके शोध का परिणाम राम के सामने था — अनेक अपहृता युवतियां, स्वर्ण के ढेर, अमूल्य मणि-माणिक्य, मदिरा के बड़े-बड़े अनेक भांड, स्नायु-उत्तेजक विभिन्न औषधियां, विभिन्न प्रकार के विष, मानव-मुंड तथा अस्थियां, अनेक लौह-खड्‌ग, बर्छे-भाले... हिंसा और विलास के साधन, अत्याचार के उपकरण...

राम की पीड़ा गहराती गई। एक विषाद-सा उनके मन पर छाता चला गया -- इतना अत्याचार! इतना कि जिसे शब्द न दिये जा सकें, और इन जनपदों की प्रजा सब-कुछ सहती चली गई ? उनके भीतर विरोध नहीं जागा, आक्रोश नहीं जागा, आत्मविश्वास नहीं जागा ? उनकी सहायता को कोई नहीं आया ? उनके ग्रामों के मुखिया थे। आस-पास अनेक आश्रम थे, ऋषि-मुनि थे। सेनानायक और शासन-प्रतिनिधि थे। इन दुखियों की सहायता को कोई भी नहीं आया ? और अब इस सारे अत्याचार के पश्चात् वे राक्षस जीवित निकल गए थे। वे कहीं और जाकर ऐसा ही शिविर बनाएंगे। फिर ऐसे ही अत्याचार करेंगे...

राम को ही कुछ करना होगा।

वे ही करेंगे।...

राक्षसों का नाश। दुर्बलों की रक्षा। जन-सामान्य में न्याय, समता, वीरता और

आत्मनिर्भरता के भावों की उत्पत्ति। उन्हें शिक्षित करना होगा। उन्हें जगाना होगा। राम ही करेंगे।

राम का मन गुरु विश्वामित्र के प्रति कृतज्ञता और श्रद्धा से आप्लावित हो उठा। गुरु ने उन्हें कैसी दीक्षा दी है — और यही दीक्षा राम जन-साधारण को देने जा रहे हैं।

राम की आंखों के सम्मुख एक नया संसार जाग रहा था।

कहां थे राम, और कहां आ गए। यदि कहीं विश्वामित्र उन्हें बुलाने अयोध्या न आए होते, तो राम अपने राजभवन में सुख का जीवन व्यतीत कर रहे होते। सम्राट् की विभिन्न रानियों की दासियों का कलह देखकर क्षुब्ध हो रहे होते। विभिन्न माताओं का वैर-विरोध देखते। मंत्रियों तथा ब्राह्मणों के दलों का जूझना देखते। ... और युवराज पद की प्राप्ति की प्रतीक्षा... वहां तो कभी चर्चा नहीं हुई कि दशरथ के राज्य के बाहर; और अनेक बार राज्य की सीमा के भीतर भी, असहनीय राक्षसी अत्याचार होते हैं। वहां रहकर राम पूर्ण सुरक्षा में, सुविधापूर्ण जीवन जीते। और कुछ समय के पश्चात् यदि उनका आह्वान भी किया जाता, तो वे उस सुख-सुविधापूर्ण जीवन के अभ्यास के कारण, इतने कोमल हो चुके होते कि आह्वान का उत्तर न दे पाते। गुरु विश्वामित्र ने उन्हें गहन वनों में पैदल चलाया है। परिश्रम तथा कठोर कर्म करना सिखाया है, कर्तव्य की सुविधा पर वरीयता देने का पाठ पढ़ाया है, अत्याचारों का दिग्दर्शन कराया है और उन लोगों की ओर इंगित भी किया है, जो अत्याचारी हैं। ...अब से राम के जीवन का लक्ष्य इन अत्याचारियों के विरुद्ध लड़ना ही होगा।...

राम ने अपना मुख आकाश की ओर उठाया। उनकी आकृति गंभीर थी, आंखें रक्तिम थीं। और सहसा जैसे उन आंखों में एक अग्नि प्रज्वलित हो उठी।

राम स्वयं ही भीतर से कहीं बहुत बदल चुके थे।

वह संध्या, अब तक की समस्त संध्याओं से सर्वथा भिन्न थी। पहले कभी ऐसा अवसर नहीं आया, जब सिद्धाश्रम में इतने लोग एक साथ जमा हुए हों। अब तक आकर आश्रम में रहना तो दूर, उसके साथ किसी प्रकार का संपर्क रखना भी भय और जोखिम का कार्य था। विश्वामित्र का आश्रम निर्द्वन्द्व रूप से अन्याय और अत्याचार के विरोध का प्रतीक था — सिद्धाश्रम से संबद्ध प्रत्येक व्यक्ति को राक्षस अपने शत्रु के रूप में देखते थे। बहुलाश्व के पुत्र देवप्रिय जैसे अनेक आर्य भी आश्रम से संबंधित लोगों से प्रायः रुष्ट ही रहते थे। अतः जन-सामान्य का खुले रूप में आश्रम के साथ संबंध रखना कभी संभव नहीं हो पाया था। ...किन्तु आज वहां मेला लगा हुआ था।

...और वातावरण कितना बदल गया था। राक्षसों के भय का कुहरा मिट गया था। लोगों के चेहरे ऐसे प्रकाशित हो रहे थे, जैसे आज तक का दमित उल्लास एक बार ही प्रकट हो आया था।

किन्तु इस सारे उल्लास में कहीं विषाद की नमी प्रत्येक कण में विद्यमान थी।

गुरु ने अपना यज्ञ पूरा कर लिया था और अब वे हिमालय में कौशिकी नदी के किनारे अपने पुराने आश्रम में प्रातः ही लौट जाने की तैयारी कर रहे थे। उन्हीं के साथ-साथ राम और लक्ष्मण भी चले जाएंगे... ठीक है कि अब राक्षसों का भय पूर्णतः समाप्त हो चुका था, बहुलाश्व और उसका अत्याचारी पुत्र भी मारे जा चुके थे। आश्रमवासी और ग्रामीण जनता अब साहस और आत्मविश्वास से इतनी भरपूर थी कि कोई अत्याचारी आंख उठाकर इधर देख भी नहीं सकता था। ...गुरु तथा राम-लक्ष्मण को न तो रोकने की आवश्यकता थी, और न ही रोका जा सकता था। ...पर स्नेह कोई तर्क नहीं जानता। ...प्रत्येक हंसते हुए मुखौटे के पीछे एक उदास चेहरा था। प्रत्येक मन में एक ही बात थी — कल प्रायः गुरु विश्वामित्र और राम-लक्ष्मण सदा के लिए सिद्धाश्रम से चले जाएंगे।...

राम और लक्ष्मण कुटिया में गुरु के सम्मुख बैठे थे। गुरु गंभीर मुद्रा में ऐसे कठोर दिख रहे थे, जैसे अपने भीतर कोई युद्ध लड़ रहे हों, किसी परीक्षा में से गुजर रहे हों। उन्होंने राम और लक्ष्मण को सचेत दृष्टि से देखा और फिर अंतर्मुखी-से होकर बोलने लगे, "पुत्र! मोह अनावश्यक है, किंतु वह अत्यधिक बली होता है। इतने दिनों के पश्चात् मैंने इन आश्रमवासियों तथा ग्रामीणों को इस प्रकार प्रसन्न देखा है। इन्हें छोड़ने को मन नहीं मानता, किन्तु कार्य पूर्ण हो जाने की अवधि के पश्चात् रुके रहना उचित नहीं है। यहां मेरा कार्य समाप्त हो गया है, अब यदि मैं अनावश्यक अटका रहा तो व्यर्थ अपना क्षय करूंगा और उन समस्त दायित्वों की उपेक्षा करूंगा, जो मेरी प्रतीक्षा कर रहे हैं। पुत्रो! तुम दोनों के लिए भी यही सत्य है। तुम्हारा भी यहां का कार्य पूर्ण हो गया है।"

"हम प्रातः अयोध्या लौट जाएंगे, गुरुदेव!" राम ने सस्मित कहा।

"यहां से तो चल पड़ना है, पुत्र! किन्तु अभी अयोध्या नहीं लौटना है।" गुरु अपनी अन्तर्मुखी मुद्रा से मुक्त हो चुके थे। वे जागरूक तथा किंचित् चपल लग रहे थे।

"हम लोग कहां चलेंगे, ऋषिवर ?" लक्ष्मण के स्वर में निहित उल्लास मुखर हो उठा।

राम मुसकराए। वे जानते थे, उनकी उपस्थिति में, अपने संकोच के कारण, लक्ष्मण गुरु से सीधे बहुत कम बात करते थे। किन्तु अयोध्या से विश्वामित्र के साथ आने के पश्चात्, लक्ष्मण ने जो एक नया संसार देखा था, वह अद्भुत था। अब यहां से तुरंत अयोध्या लौटकर महलों मे रहना लक्ष्मण को प्रिय नहीं था। अतः कहीं और चलने के प्रस्ताव से उनका उत्सुक तथा उल्लसित हो उठना स्वाभाविक ही था।

लक्ष्मण की उत्कंठा पर गुरु भी तनिक मुसकराए और फिर जैसे गम्भीर हो गये, "पुत्र! मैं जिस उद्देश्य से तुमको तुम्हारे पिता से मांगकर लाया था, वह ताड़का, मारीच और सुबाहु का नाश मात्र नहीं था। वह उद्देश्य उससे कुछ बड़ा है। वह तो भविष्य में

होने वाले एक बड़े संघर्ष की तैयारी है, पुत्र! अत: चाहता हूं कि सम्राट को लौटाने से पहले तुम्हें हर तरह से तैयार कर दूं। संघर्ष के सारे सूत्र जोड़ दूं। ...मैं कल मिथिला के लिए चलूंगा, राम! तुम लोग भी मेरे साथ चलो। वहां तपस्वी नृप सीरध्वज जनक के दर्शन करना, और भविष्य के लिए उन समस्त सूत्रों को भी ग्रहण करना।''

राम और लक्ष्मण दोनों ने ही सहमति में सिर झुका दिये।

''किन्तु राम!'' गुरु फिर पहले के ही समान उदास हो गये थे, ''जाने के पहले का मोह मैं त्याग नहीं पा रहा हूं।''

''क्या चिंता है, गुरुदेव ?''

''वत्स! आश्रम को मैं आचार्य विश्वबंधु के हाथों में छोड़ रहा हूं, किंतु आचार्य के मन में, यत्किंचित् मात्रा में ही सही, जाति-भेद का आग्रह है अवश्य। उनके मन में आर्यों के प्रति कुछ पक्षपात है। तुमने स्वयं देखा है कि देवप्रिय और बहुलाश्व के दंड के संबंध में वे निर्द्वन्द्व नहीं थे।''

''हां आर्य! मैंने भी लक्ष्य किया था।'' राम ने स्वीकार किया।

''यह तो फिर भी समय के साथ ठीक हो जायेगा, पुत्र!'' विश्वामित्र बोले, ''किंतु उनसे अधिक चिंता मुझे उन अपहृत युवतियों की है, जो राक्षस-शिविर से मुक्त करायी गयी हैं।''

''उनके विषय में भी चिंता ?''

''हां, राम! हमारा समाज इन संदर्भों में अभी इतना उदार नहीं है कि उन युवतियों को अपेक्षित सम्मान दे सके। मर्यादा की रूढ़ परिकल्पना में बंधा हुआ यह जन-मानस यदि उन्हें पतित मानकर उनका अपमान कर बैठा तो ? और उनमें से अनेक युवतियों में मुझे गर्भ के लक्षण भी दिखायी पड़े हैं। उनकी संतान के भविष्य के विषय में भी मैं आशंकित हूं, पुत्र!''

राम का सहास मुख गम्भीर हो गया। गुरु ठीक कह रहे हैं। जन-सामान्य उन स्त्रियों को निर्दोष और निष्पाप मानकर उनका अपमान कर बैठा तो ? यदि नहीं माने तो ? समाज का ताड़न करना पड़ेगा। उनकी सुरक्षा का प्रबंध भी होना ही चाहिए — गुरु ठीक सोच रहे हैं।

''ऋषिवर!'' सहसा राम कुछ हलके स्वर में बोले, ''अनुचित न समझें, तो उन युवतियों को गगन के संरक्षण में उसके ग्राम भेज दें, या आश्रम में ही गगन को उनका अभिभावक नियुक्त कर दें। अपने परिवार की स्त्रियों के प्रति हुए अत्याचार के पश्चात् वह उनके प्रति अनुदार नहीं हुआ है, न ही उन्हें त्यागने की बात वह मन में लाया है। उसने एक उदार, न्यायप्रिय एवं वीर मानव के समान उस अत्याचार का प्रतिशोध लिया है। वह वनजा तथा अन्य युवतियों के प्रति भी कभी अनुदार नहीं होगा।''

गुरु का विषाद जैसे पिघलकर बह गया। वे एकदम चिंतामुक्त हो उठे। सहास बोले, ''तुम ठीक कहते हो, राम! निश्चित रूप से गगन ही उनका उचित अभिभावक

हो सकता है। कुछ लोगों को कतिपय आर्य स्त्रियों का एक निषाद के संरक्षण में रहना खल सकता है, किंतु उसने स्वयं को अनेक आर्यों से श्रेष्ठ मानव सिद्ध किया है। मैं जाने से पूर्व आज्ञा दे दूंगा कि वे युवतियां आश्रम में रहें, चाहे ग्राम में, उनके संरक्षण का दायित्व गगन का ही होगा ... अब मैं मोहमुक्त होकर मिथिला जा सकता हूं।'' गुरु सशब्द हंसे, ''जाओ, राम! अब सो रहो। प्रातः सवेरे ही चलना है। देखो, लक्ष्मण को भी नींद आ रही है।''

प्रातः जागकर राम ने देखा, सारा सिद्धाश्रम उनसे भी पहले जाग उठा था। संभव है, आश्रम-निवासी रात भर सोये ही न हों, या बहुत थोड़े समय के लिए सोये हों। किंतु किसी भी व्यक्ति के चेहरे के भाव देखकर निश्चित रूप से कहा जा सकता था कि वे लोग उल्लासपूर्वक उन्हें विदा देने के लिए, इतनी सुबह जागकर तैयार नहीं हुए थे। उनके चेहरों पर विदाई के समय राम, लक्ष्मण और गुरु विश्वामित्र के दर्शनों से वंचित रह जाने की आशंका का भाव अधिक मुखर था। कोई नहीं कह सकता था कि उस समय गुरु का आश्रम से जाना उन्हें अधिक खल रहा था, अथवा राम-लक्ष्मण का।

राम और लक्ष्मण गुरु को प्रणाम करने उनकी कुटिया में पहुंचे तो देखा गुरु तैयार थे। सामान्य आश्रमवासी तथा ग्रामवासी, जो गुरु तथा राम-लक्ष्मण की विदाई तक के लिए आश्रम में ही रुक गये थे, एक-एक कर कुटिया में आ रहे थे और प्रणाम कर बाहर निकलते जा रहे थे।

गुरु की कुटिया से सिद्धाश्रम के प्रमुख द्वार तक के मार्ग के दोनों ओर भीड़ लगी हुई थी। जाते हुए राम-लक्ष्मण और गुरु को अधिक-से-अधिक समय तक देख पाने की एक होड़-सी लगी हुई थी।

वातावरण गंभीर तथा भावुक था। गुरु ने अनेक लोगों को आश्रम के अनेक दायित्व सौंप दिये थे। थोड़ी-थोड़ी देर में वे किसी को कोई अनुदेश दे देते थे। पुनः कोई बात याद आ जाने पर फिर कुछ कह देते।

अंततः गुरु उठे। उन्होंने भुजा उठाकर उपस्थित जन-समूह को आशीर्वाद दिया, आचार्य विश्वबंधु को भुजाओं में भरकर वक्ष से लगाया, मुनि आजानुबाहु के सिर पर हाथ रखा और बाहर की ओर चल पड़े। किंतु आजानुबाहु को लेकर उनके साथ आज फिर वही हुआ था, जो सदा से होता आया था — आजानुबाहु की आंखों में आज फिर उपालंभ था। गुरु की निष्क्रियता के प्रति नहीं, कदाचित् सक्रियता के प्रति! वे आंखें बार-बार शब्दशून्य उपालंभ दे रही थीं — ''आज जब पहली बार आपकी सक्रियता पर विश्वास हुआ तो आप हमें छोड़कर चल दिये, कुलपति!''

पर गुरु रुक नहीं सकते थे।

बीच में विश्वामित्र थे, उनके दाएं-बांए राम-लक्ष्मण थे और पीछे-पीछे गुरु के साथ जाने वाले तपस्वी, आश्रम के मुख्यगण तथा कुछ ग्रामों के मुखिया थे। मार्ग के

दोनों ओर जमा लोग अवरुद्ध कंठों से गुरु तथा राम-लक्ष्मण की जय बोल रहे थे। उनकी आंखों से अश्रु तथा हथेलियों से पुष्प झर रहे थे। पुष्पवर्षा करते हुए, हाथ रोककर वे अपने अश्रु पोंछ लेते थे और पुनः पुष्प बिखेरने लगते थे। बीच-बीच में कोई व्यक्ति आकर कभी गुरु के और कभी राम के चरणों से चिपट जाता। उन लोगों की गति थम जाती। उस व्यक्ति को उठाकर स्नेहपूर्वक समझाया जाता, और वे लोग फिर आगे बढ़ने लगते।

सिद्धाश्रम के मुख्यद्वार पर पहुंचकर गुरु तथा राम-लक्ष्मण ने सबसे विदा ली और वन में प्रवेश करने के लिए मुड़े। तभी कोई असाधारण तेजी से आकर राम के सम्मुख झुका और उसने अपना माथा राम के चरणों पर रख दिया। सब रुक गये। विदाई के समय अनेक लोगों ने प्रणाम किया था, किंतु वह प्रणाम असाधारण था।

"उठो, देवि!" राम ने अत्यन्त कोमल वाणी में स्नेहपूर्वक आदेश दिया।

युवती के मुख ऊपर उठाते ही राम ने पहचाना, यह वनजा थी। उसका सारा मुख अश्रुओं से भीगा हुआ था और वह सिसकियां ले-लेकर रो रही थी। अनेक अन्य युवतियां भी भीड़ से निकलकर उनके पीछे कुछ दूरी पर आकर खड़ी हो गयी थीं। उनमें से अनेक को राम पहचानते थे, कुछ को नहीं भी पहचानते थे। कदाचित् वे सब वे अपहृता युवतियां थीं जिन्हें कल संध्या समय राक्षस-शिविर से मुक्त कराया गया था।

राम का मन करुणा-विह्वल हो उठा। गुरु विश्वामित्र की उपस्थिति में भी वनजा ने अपना माथा उनके चरणों पर रखा था। क्यों ?

"व्याकुल क्यों हो, वनजा ?" राम का स्वर और भी कोमल हो उठा।

वनजा ने हथेली की पीठ से अपने अश्रु झटककर आंखें स्वच्छ कीं, मुख ऊपर उठाकर राम को देखा, और रोते हुए अवरुद्ध तथा अनियंत्रित स्वर में बोली, "आर्य! मेरे पति को मारकर राक्षस खा चुके हैं। मैं अपहृत की गई अबला हूं, जो समाज की दृष्टि में पतित हो चुकी हूं। इस समय मैं किसी राक्षस का गर्भ वहन कर रही हूं। ऐसी अवस्था में आप मुझे किसके भरोसे छोड़कर जा रहे हैं, प्रभु ? यदि इस प्रकार निर्मम संसार में प्रतारणा सहने और अपमानित होने के लिए निराश्रित ही छोड़ना था तो हमें आपने मुक्त ही क्यों कराया ?"

राम की दृष्टि वनजा से हटकर अन्य युवतियों के चेहरों पर भी घूम गयी।

"देवियो! व्यथा त्यागो। अपने भविष्य के निर्माण में अतीत को भूलने का प्रयत्न करो। तुम लोग यद्यपि अपने घरों को नहीं लौट सकतीं, तो भी स्वयं को निराश्रित मत समझो। यह आश्रम और यह जनपद तुम्हारा घर है। मैं तुम्हें निराश्रित नहीं छोड़ रहा। मैं तुम्हें राम के संरक्षण में छोड़ रहा हूं। वह तुम में से एक है — गगन। वही तुम्हारा अभिभावक है। उसके संपर्क से यहां अनेक और रामों का निर्माण होगा। अपना आत्म-विश्वास मत छोड़ो। और मुझे दूर मत समझो। तुम्हें जब भी मेरी आवश्यकता होगी — मैं आऊंगा। बार-बार आऊंगा। राम शपथपूर्वक तुम्हें वचन देता है कि वह तुम्हारे बुलाने

पर अवश्य आयेगा। पर तुम्हें मेरी आवश्यकता नहीं पड़ेगी, क्योंकि स्वयं तुम में राम बनने की सामर्थ्य है। ...उठो, देवि! स्वयं को हीन, तुच्छ और निराश्रित मत जानो।''

वनजा उठ खड़ी हुई। उसकी आंखों में अब भी अश्रु थे, किंतु ये अश्रु व्यथा के न होकर, कृतज्ञता के थे। उसने मुसकराने का प्रयत्न किया, और उस प्रयत्न में पुनः रो पड़ी।

तभ गगन ने आकर अपना माथा धरती पर टेक दिया, ''मैं धन्य हुआ, राम! आपका प्रभाव मैं जान गया, आर्य! आप जहां-जहां जायेंगे, अनेक रामों का निर्माण करेंगे। आपके चरण जिस धरती पर पड़ेंगे, वहीं अत्याचार के विरुद्ध लोग उठ खड़े होंगे। रघुवर! आपको वचन देता हूं कि इन युवतियों को मैं अपनी भगिनी के सम्मान के साथ रखूंगा। आपका दिया दायित्व सफलतापूर्वक पूर्ण कर, आपके विश्वास की रक्षा करूंगा।''

वृद्ध गुरु की आंखों से अश्रु टपककर दाढ़ी में खो गये। कंठ को स्वच्छ करते हुए धीमे स्वर में बोले, ''पुत्र राम! आओ, अब चलें।''

## 2

सिद्धाश्रम से चलकर विश्वामित्र के पग जितनी तेजी से आगे बढ़ रहे थे, मन उतनी ही तीव्रता से पीछे की ओर लौट रहा था। पचीस वर्ष हो चुके थे, पर आज भी वे उन घटनाओं को भूल नहीं पाये थे। वे आज भी उतनी ही जीवंत हैं, जैसे कल की बात हो। समय तनिक-सी विस्मृति की काई बिछाता भी है, तो घटनाओं का कोई-न-कोई झकोरा काई को छेद जाता है। अतीत फिर से वर्तमान बनकर मन पर छा जाता है — फिर से छिल गए पुराने घाव के समान। इन दिनों विश्वामित्र ने बार-बार जुगाली की है; वनजा ने अपनी पीड़ा से जैसे उन घटनाओं को फिर से आकार देकर उनके सामने साक्षात् खड़ा कर दिया था। बाहर की घटनाओं की पीड़ा ने उनके अपने मन में जमी पीड़ा के साथ स्वयं को एकरूप कर दिया है, जैसे किसी और के मृत शिशु को देखकर, मां को अपने शिशु की मृत्यु याद आ जाये, और उसे सांत्वना देते-देते, वह स्वयं अपनी पीड़ा से रो पड़े।

विश्वामित्र की दृष्टि बहिर्मुखी हुई। उन्होंने राम की ओर देखा; राम भी कुछ आत्मलीन-से चल रहे थे, परिवेश के प्रति अचेत। संभव है, वे भी अतीत के विषय में ही सोच रहे हों — महलों में होने वाले स्वार्थपूर्ण संघर्ष, एक-दूसरे के विरुद्ध होने वाले घृणित षड्यंत्र, राम की अपनी निजी पीड़ा ... संभव है, वे सिद्धाश्रम में तेजी से घटित होने वाली घटनाओं के विषय में सोच रहे हों — गगन के विषय में, वनजा के विषय में ... पर राम और स्वयं विश्वामित्र की आयु में बहुत अंतर है। आवश्यक नहीं कि राम अपने अतीत के विषय में ही सोच रहे हों। उनके सम्मुख उनका संपूर्ण भविष्य पड़ा है।

वे कदाचित् आगे के विषय में ही सोच रहे हों। ...और लक्ष्मण ? इन सबसे निर्द्वन्द्व, आगे बढ़ते हुए अपने चारों ओर की प्रकृति को ही निरखते जा रहे थे। उनके कंधों पर न बूढ़ा अतीत बैठा था, न माथे पर भविष्य की चिंता। वे शुद्ध वर्तमान में जी रहे थे...

पर विश्वामित्र, वर्तमान के होते हुए भी, केवल वर्तमान के होकर नहीं रह सकते। उनका मन आंधी में फड़फड़ाते हुए ध्वज के समान पीछे की ओर लौटने को ही तड़प रहा था ... मन पर कुछ अस्पष्ट-सी रेखाएं निरन्तर आकार ग्रहण करती जा रही थीं...

"राम!"

राम की आंखें गुरु की ओर घूमीं। गुरु बड़े उत्साह-शून्य लग रहे थे।

"पुत्र! आज एक पुरानी कथा सुनाने को मन हो रहा है।"

यांत्रिक ढंग से आगे बढ़ते हुए, लक्ष्मण के पग एकदम रुक गए, "गुरुदेव! कथा मैं भी सुनूंगा। मुझे कथाएं बहुत अच्छी लगती हैं। पर वैसी कथा तो नहीं सुनायेंगे न, जैसी दासी वामा सुनाया करती है। मुझे पशुओं-वशुओं की कथाएं एकदम अच्छी नहीं लगतीं।"

राम स्नेहभरी आंखों से लक्ष्मण को देखकर मुसकराए।

"तुम्हें ऐतिहासिक कथाएं अच्छी लगती हैं, लक्ष्मण ?" विश्वामित्र का अवसाद कुछ क्षीण हुआ।

"मुझे ऐतिहासिक कथाएं अच्छी लगती हैं, विशेषकर न्यायी पुरुषों के वीरतापूर्ण युद्धों की।" लक्ष्मण का स्वर उत्साह से भरा-पूरा था, "मेरी मां कहती हैं, क्षत्रियपुत्र को वीरता की कथाएं ही सुननी चाहिए।"

"पर सौमित्र!" विश्वामित्र की वाणी कुछ शिथिल हो गयी, "जो कथा मैं सुनाना चाह रहा हूं वह किसी विजयी वीर की नहीं है — हां, वह ऐतिहासिक अवश्य है।"

"तो ठीक है।" लक्ष्मण के चेहरे का द्वंद्व छंट गया, "शत्रुघ्न सदा परियों की कहानियां सुनता है, इतना बड़ा होकर भी। मुझे वे एकदम अच्छी नहीं लगतीं। ऐतिहासिक कथा ठीक है।"

विश्वामित्र ने राम की ओर देखा। लक्ष्मण ने बीच में राम को बोलने का अवसर नहीं दिया था। वैसे भी राम कुछ बोलने को उत्सुक नहीं लग रहे थे। पर जिस ढंग से उन्हें देख रहे थे, उस दृष्टि में अनेक प्रश्न थे —ऐतिहासिक कथा क्यों सुनाना चाहते हैं ऋषिवर ? इतिहास ही क्यों नहीं सुनाते ? कथा ही सुनानी है, तो इतिहास बीच में आवश्यक क्यों है ?...

विश्वामित्र अनायास ही इन प्रश्नों का समाधान करने लगे, "पुत्र! जो कुछ मैं सुनाने जा रहा हूँ, है वह इतिहास ही। संभव है, इसके कुछ अंश उड़ते-उड़ते तुमने कहीं से सुने भी हों। पर मैं इसे इतिसास के रूप में नहीं सुना रहा हूं, कथा के रूप में ही सुनाऊंगा। यह इसलिए कि मैं तुम्हें वह सब भी बता सकूं, जो कुछ मैंने देखा है, जो

कुछ मैंने सुना है, जो कुछ मैंने समझा और अनुमान किया है, जो कुछ मैंने कल्पना की है...''

''कथा क्या ऐसे बनती है, गुरुवर ?'' लक्ष्मण की आंखों में विस्मय था।

''हां, पुत्र! कथा ऐसे ही बनती है।'' विश्वामित्र बोले, ''जब आख्याता ईश्वर के समान सर्वज्ञ होकर, तथ्यों और पात्रों के मन में जा समाता है — वह सब कुछ जानता है। वह तथ्यों और पात्रों के आर-पार देख सकता है, पारदर्शी स्वच्छ जल के समान, जब उसकी सूचनाओं में कोई अभाव नहीं रहता, कुछ छूटता नहीं, वह सारी रिक्तियां अपनी कल्पना और अनुभूति से भर देता है, तो वह कथा होती है, लक्ष्मण!''

''सुनाएं, गुरुदेव!'' लक्ष्मण उल्लसित हो उठे, ''कितना मजा रहेगा — भैया राम का संग, प्रकृति की शोभा, नये-नये स्थान, और गुरुदेव सुना रहे हों ऐतिहासिक कथा।''

''तो सुनो, पुत्र!'' गुरु अपने मन का निरीक्षण कर रहे थे, उसमें बसी घटनाओं और चित्रों को उलट-पलट रहे थे। वे किसी और ही संसार में जा पहुंचे थे।

राम और लक्ष्मण, गुरु से सटते हुए-से, उत्सुक दृष्टि से उनके मुख की ओर देखते चल रहे थे। पुनर्वसु तथा अन्य ब्रह्मचारी भी अपनी नियमित दूरी छोड़कर, अपेक्षाकृत कुछ निकट आ गये थे। केवल सामान ढोने वाले छकड़े ही पीछे छूट गये थे।

गुरु ने कथा आरंभ की —

गौतम का अनेक वर्षों पुराना स्वप्न आज पूरा हुआ था।

मिथिला प्रदेश ही नहीं, उसके बाहर से भी अनेक ऋषि अपने पट्ट शिष्यों के साथ उनके आश्रम में पधारे थे। गौतम, उनके आश्रम और मिथिला-प्रदेश के 'ज्ञान' को मान्यता मिली थी। सात दिनों का सम्मेलन था। सात दिनों तक अभ्यागत ऋषि उनके आश्रम की शोभा बढ़ाएंगे, व्याख्यान देंगे, मिलकर विचार-विमर्श करेंगे। अनेक समस्याएं और गुत्थियां सुलझायेंगे। ऋषियों के साथ आए हुए सैकड़ों ग्रंथ इन दिनों गौतम के आश्रम के किसी भी ब्रह्मचारी के लिए सहज सुलभ होंगे। इन सात दिनों में जो आचार्य, मुनि अथवा ब्रह्मचारी इन ग्रंथों को लेकर जितना परिश्रम करेगा, वह उतने ही लाभ में रहेगा।

गौतम का मन अभ्यागतों द्वारा प्रदर्शित इन ग्रंथों के प्रति लोलुप हो रहा था। नवीन ग्रंथ देखते ही, उनके भीतर बैठा ग्रंथ-लोभी जाग उठता है। मुंह से लार टपकने लगती है। इच्छा होती है, सारे ग्रंथ पढ़ जायें, उनकी प्रतिलिपि कर लें, उन्हें किसी प्रकार अपने पास रख लें। ...उन्होंने अपने प्रत्येक लोभ को जीता है, किंतु ग्रंथ-लोभ को नहीं। जीतना चाहते भी नहीं। इस लोभ को वे सायास पोषित कर रहे हैं। जितना बढ़ सकता है, बढ़ा रहे हैं ... यही तो उनका धन है, उनके जीवन की उपलब्धि।

कोई और समय होता, तो वे स्वयं भोजपत्र तथा लेखनी लेकर जुट जाते और

अधिकाधिक ग्रंथों की प्रतिलिपियां तैयार कर लेते; किंतु इस समय वह संभव नहीं है। आश्रम में इतने अभ्यागत ठहरे हुए हैं। गौतम स्वयं ग्रंथों की प्रतिलिपियां तैयार करने में लग गये, तो अभ्यागत ऋषियों, आचार्यों और ब्रह्मचारियों की देखभाल कौन करेगा ? चर्चाएं-वार्ताएं होंगी, चिंतन-मनन होगा, यज्ञ होंगे। ... गौतम ग्रंथों की प्रतिलिपियों के लिए अधिक समय नहीं दे सकते। यह काम उन्हें आश्रम के आचार्यों तथा ब्रह्मचारियों पर ही छोड़ना होगा। कुछ महत्त्वपूर्ण ग्रंथों का कार्य अवश्य वे अपने हाथ में लेंगे ...

संध्या होते-होते सीरध्वज भी आ पहुंचे। सभी प्रसन्न थे, किन्तु गौतम विशेष रूप से हर्षित थे। सीरध्वज मिथिला के सम्राट् थे। सम्मेलन में उनके सम्मिलित होने का अर्थ था — धन तथा सुरक्षा की दृष्टि से पूरी निश्चिंतता। प्रत्येक कुलपति को अपने आश्रम के लिए इस प्रकार के राज्याश्रय की आकांक्षा बनी रहती है। किंतु राज्याश्रय के कारण, आश्रम में शासन के अवांछित हस्तक्षेप तथा आश्रम के कुलपति की स्वतन्त्रता पर राज-अंकुश लगने का जो भय होता है, वह यहां नहीं था। सीरध्वज शासक होने के साथ-साथ स्वयं भी ऋषि थे। उनका आना गौतम के लिए आनन्द का विषय था। इससे भी बढ़कर आनन्द की एक और सूचना सीरध्वज लाये थे। सीरध्वज के माध्यम से भेजा गया नियंत्रण इंद्र ने स्वीकार कर लिया था, और वे रात्रि से पूर्व ही आश्रम में पहुंच रहे थे।

गौतम तथा उनके सहयोगियों का ध्यान सीरध्वज की ओर से हटकर इंद्र के आगमन की ओर चला गया। देवराज शक्ति और महिमा की दृष्टि से मिथिला-नरेश से कहीं अधिक महत्त्वपूर्ण थे। सीरध्वज स्वभाव से सज्जन व्यक्ति हैं। उन्होंने स्वयं, इंद्र के स्वागत के लिए आश्रम को सुसज्जित करने में गौतम को सहयोग दिया। उनका कहना था कि मिथिला आश्रमों के अभ्यागतों के आतिथेय का कर्तव्य स्वयं मिथिला-नरेश का है।

आश्रम में उन द्वारों तथा मार्गों को यथासंभव अलंकृत कर दिया गया, जिनसे होकर देवराज के आने की संभावना थी। स्वागत के लिए अनेक ब्रह्मचारियों को नियुक्त कर दिया गया। कुछ टोलियों को निर्देश दिया गया कि वे ऊंचे-ऊंचे वृक्षों पर चढ़कर, देवराज के आने के संभावित मार्गों पर दृष्टि रखें और उनको देखते ही सूचनार्थ निश्चित संकेत दें।

गौतम की निजी कुटिया के एकदम साथ वाला, सबसे बड़ा तथा विशिष्ट कुटीर, जो अब तक कदाचित् मिथिला-नरेश के लिए खाली रखा गया था, विशेष रूप से पुन: झाड़-बुहारकर, पुष्पों से सुवासित किया गया। उसमें देवराज के लिए उत्तम भोज्य-पदार्थ प्रस्तुत किए गये; और आश्रम के नियमों के सर्वथा विरुद्ध, उस कुटीर में मदिरा का प्रबंध किया गया।

''मदिरा!'' राम के पैर रुक गए।

प्रवाह बाधित हो गया। लक्ष्मण तथा ब्रह्मचारीगण भी रुक गए। विश्वामित्र को थम जाना पड़ा।

''देवराज मदिरापान करते हैं ?'' राम के स्वर में आवेश था।

''हां, पुत्र!'' विश्वामित्र विषादपूर्ण स्वर में बोले, ''यह अत्यंत दुखद और शोचनीय प्रसंग है, राम! आर्य-संस्कृति के मूलभूत स्रोत, देव जातियों ने अपने वैभव से विक्षिप्त होकर, भोग की ओर मदांध पग बढ़ाए हैं। उनके क्षय का मूल कारण उनका यही विलास है, पुत्र! विलास के कारण ही अनेक बार उन्हें युद्ध में पराजित होना पड़ा है। वैभव अपने-आप में विष भी होता है, पुत्र! यदि व्यक्ति में चरित्र की दृढ़ता, आत्मबल और जन-कल्याणोन्मुखी दृष्टि न हो तो वह जाति के वैभव को निजी वैभव मानकर संपूर्ण प्रजा में समान वितरण न कर, स्वयं उसका भोग आरंभ कर देता है।''

''लोग चरित्रहीनों का सम्मान क्यों करते हैं!'' लक्ष्मण के मन की तड़प उनके चेहरे पर अंकित थी, ''धन-सत्ता, पद अथवा ज्ञान की औषध से चरित्रहीनता का विष तो नहीं कटता, गुरुदेव! मेरी मां कहती हैं कि चरित्रहीन का कदापि सम्मान मत करो, चाहे वह स्वयं तुम्हारा पिता ही क्यों न हो।''

''तुम्हारी मां ठीक कहती हैं, पुत्र!'' विश्वामित्र धीमे से मुसकराए, ''किन्तु सौमित्र! न तो हर किसी की मां देवी सुमित्रा जैसे तेजस्विनी होती है, और न हर पुत्र लक्ष्मण-सा जाज्वल्यमान अनल होता है।''

''किन्तु गुरुदेव!'' राम का स्वर अत्यन्त गंभीर था, ''साधारण जन जो भी करें, ऋषि क्यों पद, सत्ता, शक्ति अथवा समृद्धि से अभिभूत होकर, ऐसे चरित्रहीन का न केवल स्वागत करता है, वरन् उसे विशेष सुविधाएं देता है ? यह क्या ऋषि-कर्म है? ऐसा ऋषि समाज में चरित्रहीनता को प्रोत्साहित करता है। उसे उसका दंड मिलना चाहिए।''

विश्वामित्र अवाक् रह गये — राम चिंतन की मौलिक कसौटी है। वह आप्त वचनों को, आप्त चरित्रों को , आप्त प्रथाओं को सिर झुकाकर चुपचाप स्वीकार नहीं करेगा। गुरु की आंखें किसी पीड़ा से भीग उठीं। कंठ में जैसे कुछ अटक गया। ब्रह्मचारियों की मंडली स्तब्ध खड़ी गुरु की पीड़ा देख रही थी।

गुरु ने अपने-आपको संभाला, ''मैं तुमसे सहमत हूं, राम! कि यह ऋषि-कर्म नहीं है। ऋषि का स्वरूप न्याय-स्वरूप है; किंतु ऋषि भी मनुष्य है, पुत्र! प्रत्येक ऋषि मानवीय दुर्बलताओं से शून्य, पूर्ण न्याय-स्वरूप हो ही जाये, यह आवश्यक नहीं है...''

''ऋषिवर!'' लक्ष्मण का उत्तेजित कंठ फूटा।

''ठहरो, लक्ष्मण! क्रोध न करो।'' विश्वामित्र बोले, ''मैं गौतम के इस कृत्य का समर्थन नहीं कर रहा। मैं तो यह कह रहा हूं कि परम्परा से चली आती अनेक मर्यादाओं को सामान्य लोग, मन से कहीं असहमत होते हुए भी, ढोते चले जाते हैं। जब कोई क्रान्तिकारी मौलिक व्यक्तित्व उन मर्यादाओं पर प्रहार करता है, तभी वे मर्यादाएं टूटती

हैं और जन-सामान्य उनका उल्लंघन कर पाता है। गौतम तपस्वी हैं, सच्चरित्र हैं, किंतु उनके व्यक्तित्व में मौलिक क्रांति का तत्त्व नहीं है। ...पर फिर भी दंड मिला, गौतम को बहुत बड़ा दंड मिला, पुत्र!" विश्वामित्र की पीड़ा गहरा गयी। उनका स्वर रुंध गया।

राम शांत मन से खड़े ऋषि की पीड़ा को समझने का प्रयत्न कर रहे थे, और लक्ष्मण कुछ अटपटा-से गये थे। गुरु की आंखों के अश्रु उन्हें स्थिर नहीं रहने दे रहे थे। उनका बाल-मन कोई उपाय नहीं ढूंढ़ पा रहा था। ...सहसा उन्होंने आगे बढ़कर गुरु की भुजा पकड़कर हिलाई और मचलकर कहा, "गुरुदेव! कथा सुनाएं न!"

"कथा ?" विश्वामित्र जैसे जाग पड़े, "हां, कथा सुनो, पुत्र!"

गुरु ने अपनी आंखें पोंछ लीं। मन को सहज कर लिया। उन्होंने पग आगे बढ़ा दिये। सब लोग चल पड़े।

कुटीर को पूर्णतः सुसज्जित कर; इन्द्र के आने की सूचना पाकर, अहल्या को संग ले गौतम उसके स्वागत के लिए आश्रम के मुख्यद्वार पर पहुंचे।

तब इन्द्र आज के समान वृद्ध नहीं था। वह ढलती आयु का प्रौढ़ पुरुष था। इन्द्र अपने आकाशगामी विमान से आया था। उसके साथ अनेक अन्य विमान थे, जिनमें उसके सैनिक, सेवक तथा दासियां थीं। उसका वैभव देवराज के अनुकूल ही था।

गौतम और अहल्या ने आगे बढ़कर उसका स्वागत किया और आश्रम में पधारने की प्रार्थना की।

इन्द्र ने पूजन स्वीकार किया, सीरध्वज से भेंट की, अपने साथ आये सैनिकों तथा सेवकों को आश्रम से बाहर शिविर स्थापित कर, ठहर जाने का आदेश देकर, उसने आश्रम में प्रवेश किया। यद्यपि उसने आश्रम में पदाति प्रवेश किया था, किंतु उसका विमान उसके निजी सेवकों द्वारा, आश्रम के भीतर उसके ठहरने के कुटीर के पास पहुंचा दिया गया था, ताकि आवश्यकता होने पर देवराज को कोई असुविधा न हो।

गौतम इन्द्र से बातचीत कर रहे थे। आश्रम में पधारने के लिए वे उसके प्रति आभार प्रकट कर रहे थे। किंतु सभी उपस्थित जन ने देखा था कि इन्द्र का ध्यान गौतम तथा उनके आभार-ज्ञापन की ओर नहीं था। उसकी दृष्टि किसी-न-किसी व्यास से, प्रत्यक्ष अथवा अप्रत्यक्ष रूप से अहल्या की ओर घूम जाती थी। उसकी आंखों का भाव आश्रम के कुलपति की अर्द्धांगिनी की श्रद्धा से सर्वथा अछूता था। किंतु वह देवराज था, आश्रम में मिथिला-नरेश तथा कुलपति का आमंत्रित अभ्यागत होकर आया था। धन, सम्पत्ति, सत्ता, शक्ति, मान-मर्यादा, पद इत्यादि की दृष्टि से सब पर भारी पड़ता था। फिर चाहे आश्रम के बाहर ही ठहरे हुए क्यों न हों, उसके पास पर्याप्त सैनिक थे। ...उसकी इन छोटी-छोटी अभद्रताओं के विरुद्ध आपत्ति नहीं की जा सकती थी।

अंत में कुटीर के द्वार पर उसे छोड़ते हुए, गौतम ने कहा, "देवराज! हम आपके वैभव के अनुकूल आपका आतिथ्य नहीं कर सकते किंतु आशा है, आश्रम-भूमि

जानकर, आप इन अभावों की ओर ध्यान नहीं देंगे।''

और इन्द्र ने उपस्थित समुदाय के लिए सर्वथा अप्रत्याशित कर्म किया। वह अहल्या की ओर मुड़ा, ''देवी अहल्या! आप जैसी त्रैलोक्य सुंदरी के लिए यह अभावमय आश्रम तो अत्यन्त कष्टदायक होगा ! मैं यहां से लौटकर आपके सुख के लिए कोई प्रयत्न करूंगा।''

उपस्थित समुदाय अटपटा गया। गौतम ज्वलन्त रोष से तपकर एकदम लाल हो गये। सीरध्वज की आकृति निष्प्रभ हो गयी। अहल्या ने अत्यन्त पीड़ित तथा अपमानित दृष्टि से, उपालंभ-सा देते हुए, अपने पति की ओर देखा; और कुलपति की धर्मपत्नी के कर्तव्य का निर्वाह करती हुई, अतिथि इन्द्र से बोली, ''देवराज! आश्रमवासी अपने धर्म का निर्वाह करते हैं। आश्रम के कुलपति की धर्मपत्नी के रूप में मिलने वाला सम्मान ही मेरा सुख-वैभव है।''

सबके देखते-देखते, अहल्या अपने पुत्र शत को गोद में उठा, अपनी कुटिया की ओर चली गयी।

इन्द्र को उपस्थित ऋषियों, आचार्यों तथा ब्रह्मचारियों में कोई रुचि नहीं रह गयी। वह भी अपने कुटीर में विश्राम करने चला गया।

गुरु रुक गये, ''सामने शोणभद्र का तट है, वत्स! हम आज रात यहीं विश्राम करेंगे। पुनर्वसु! व्यवस्था करो, पुत्र!''

''और कथा, गुरुदेव!'' लक्ष्मण ने पूछा।

''शेष कथा कल सुनाऊंगा, सौमित्र!'' विश्वामित्र मुसकराए, ''आज आवश्यक व्यवस्था तथा भोजन आदि के उपरांत कदाचित् तुम थककर सोना चाहोगे, पुत्र! दिन-भर चलने के पश्चात् तुम्हारे जैसे बालक थक जाते हैं।''

लक्ष्मण की मुद्रा से स्पष्ट था, उन्हें गुरु की बात अच्छी नहीं लगी। पर क्षण-भर के पश्चात् उत्साह बटोरकर बोले, ''कल प्रातः सुनाएंगे ?''

''अवश्य!''

गुरु ने राम की ओर देखा, और मुसकरा दिये।

अगले दिन प्रातः उठकर, शिविर उठाने, सामान बटोरने, छकड़ों में रखने इत्यादि का कार्य कर, गुरु ने चल पड़ने का आदेश दिया।

राम सहास लक्ष्मण को देख रहे थे। लक्ष्मण अन्य दिनों की अपेक्षा कुछ जल्दी ही उठ गये थे। स्नानादि में उन्होंने तनिक भी विलंब नहीं किया था; चलने के लिए भी वे ही सबसे अधिक उत्सुक दीख रहे थे। किंतु इस सारे उपक्रम में, उन्होंने सायास अपने होंठ चांप रखे थे।

आदेश मिलते ही मंडली के पग उठे और लक्ष्मण की उत्सुक आंखें गुरु के चेहरे की ओर उठ गयीं, ''गुरुदेव, कथा!''

गुरु अकस्मात् ही अट्टहास कर उठे, उन्होंने आंखों-ही-आंखों में राम से हास का आदान-प्रदान किया और बोले, "सौमित्र! रात को तुम्हें नींद आयी थी, पुत्र ?"

"मैं खूब मजे में सोया, गुरुदेव!" लक्ष्मण इठलाकर बोले, "जब से आपके साथ आया हूं, दिन-भर के परिश्रम के बाद रात को प्रगाढ़ नींद में सोता हूं। सवेरे भैया राम जगाते हैं तो..."

"...बड़ी कठिनाई से जागता हूं।" राम ने बात पूरी की।

लक्ष्मण झेंपे और मुसकरा पड़े।

"यह तो अच्छा है।" गुरु ने बात संभाल ली, "गहरी नींद स्वास्थ्य की पहचान है। ...पर मैं तो इसलिए पूछ रहा था, पुत्र! कि कहीं रात-भर कथा तुम्हारी नींद में ऊब-चूब तो नहीं करती रही ?"

राम मुसकराए, "गुरुदेव! सौमित्र इस विषय में अद्‌भुत हैं। कथा सुनते रहें, तो नींद नहीं आती; और नींद आ जाये तो कोई कथा याद नहीं रहती।"

"ऐतिहासिक कथा में तो कोई बुराई नहीं, गुरुवर! मेरी मां कहती हैं, ऐतिहासिक कथाएं इतिहास को हाड़-मांस देकर जीवन्त कर देती हैं।"

"कोई बुराई नहीं। ऐतिहासिक ही क्यों, किसी भी अच्छी कथा में कोई बुराई नहीं। अब कथा सुनो।" गुरु बोले।

दूसरा दिन उत्साह एवं उत्सवों-भरा था। न तो किसी आश्रमवासी को ही तनिक अवकाश था और न अभ्यागतों को। प्रातः यज्ञ से उत्सव आरंभ हुआ और मध्याह्न के भोजन से पूर्व विभिन्न स्थानों पर चार पृथक्-पृथक् गोष्ठियां हुईं। भोजन के पश्चात् जन-सामान्य के लिए, एक खुले अधिवेशन में, गोष्ठियों में विचारित समस्याओं पर चर्चा होनी थी। कुछ लोगों को, जिन्हें ग्रंथावलोकन में अधिक रुचि थी, इस खुले अधिवेशन से मुक्त कर दिया गया था, ताकि वे ग्रंथ-दीर्घा में जाकर ग्रंथों का पाठ अथवा अवलोकन कर सकें।

गौतम का अपना मन ग्रंथ-दीर्घा में जाने के लिए तड़फड़ा रहा था। किसी प्रकार अधिवेशन की अध्यक्षता किसी अन्य व्यक्ति को सौंप सकते, तो नये-नये ग्रंथों के बीच यह समय बिताने का अपूर्व उल्लास पा सकते थे। उन्होंने सोचा भी था कि वे देवराज इन्द्र या महाराज सीरध्वज से अध्यक्षता के लिए कहेंगे। किंतु, इन्द्र को प्रातः के यज्ञ के सिवाय सारे सम्मेलन में कहीं भी नहीं देखा गया। उसे ज्ञान-चर्चाओं में कोई रुचि नहीं थी। महाराज सीरध्वज हल्की-सी अस्वस्थता के कारण विश्राम-हेतु चले गये थे। ...वैसे एक आशंका भी थी। इन दोनों में से कोई अध्यक्षता स्वीकार कर भी लेता, तो आतिथेय कुलपति के रूप में, गौतम को उनके निकट बने ही रहना पड़ता। ...गौतम किसी प्रकार मुक्त नहीं हो सकते थे। इतने ढेर सारे नये ग्रंथों के इतने निकट होते हुए भी, वे अपनी प्यास नहीं बुझा सकते थे।

सहसा गौतम का ध्यान उपकुलपति आचार्य अमितलाभ की ओर चला गया। क्यों न वे आचार्य को अध्यक्षता सौंपकर, थोड़ी देर के लिए स्वयं मुक्त हो जायें ? कुलपति सब स्थानों पर उपस्थित नहीं रह सकता, ऐसे ही समय में उसकी सहायता के लिए उपकुलपति होता है।

अमितलाभ ने अनेक लोगों के सामने उनकी शिकायत भी की थी – "अरे, कुलपति किसी को कुछ समझें, तब न! किसी और पर तनिक-सा भी न तो दायित्व छोड़ने को तैयार हैं, न किसी को अधिकार देना चाहते हैं। प्रत्येक काम स्वयं करेंगे, प्रत्येक स्थान पर स्वयं रहेंगे, प्रत्येक व्यक्ति से स्वयं बात करेंगे। किसी अन्य की क्षमता पर तो उनका विश्वास ही नहीं है। उनका वश चले तो आश्रम-भर में झाड़ू भी वे स्वयं अपने हाथों ही लगायें..."

आचार्य अमितलाभ को अध्यक्षता सौंपी जाये तो वे प्रसन्न भी होंगे।

गौतम ने उपकुलपति को बुला भेजा।

पर प्रस्ताव सुनकर, उपकुलपति ने तनिक भी प्रसन्नता नहीं दिखाई। प्रत्यक्षत: अस्वीकार तो नहीं किया, प्रकारांतर से अपनी अनिच्छा अवश्य प्रकट कर दी, "आर्य कुलपति! यह अधिवेशन आश्रम का भीतरी कार्य तो है नहीं। बाहर से अनेक उद्भट विद्वान, ऋषि-मुनि तथा ज्ञानी लोग आए हुए हैं। इस समय तो आश्रम की प्रतिष्ठा का प्रश्न है। यदि अपने अज्ञान में मुझसे कोई भूल हो गयी, तो आश्रम के सम्मान पर ध्ब्बा लग जाएगा। यह कार्य तो आप ही करें, आर्य कुलपति! ..."

गौतम अच्छी तरह जानते थे कि उनके ज्ञान तथा सामर्थ्य के प्रति सम्मान दिखाने वाले इन शब्दों में स्वयं उपकुलपति का अपना भी विश्वास नहीं था। किसी अज्ञात कारण से सामयिक चाटुकारिता मात्र थी। किसी भी कारण से हो, अधिवेशन की अध्यक्षता वे नहीं करना चाहते थे। तो फिर गौतम क्या करते ? उन्हें ग्रंथ-दीर्घा का मोह संप्रति छोड़ना ही होगा...

गौतम चले गए तो आचार्य अमितलाभ कुछ आश्वस्त हुए। वे रात्रि तक पूर्णत: मुक्त थे, और गौतम अधिवेशन में व्यस्त। वे किसी भी प्रकार यह नहीं जान पाएंगे कि इस बीच अमितलाभ ने क्या किया। यह संयोग मात्र था, किन्तु यही वह अवसर भी था, जब अमितलाभ अपने लिए कुछ कर सकते थे। वे गौतम के कृतज्ञ थे कि यह सम्मेलन बुलवाकर गौतम ने उन्हें ऐसा अच्छा अवसर उपलब्ध करा दिया।

उपकुलपति ग्रंथ-दीर्घा की ओर नहीं गए। यहां क्या रखा था! देवराज आश्रम में साक्षात् विद्यमान थे। ऐसा अवसर फिर कब मिलेगा ? इन्द्र को थोड़ा-सा भी प्रसन्न कर सकें तो उनके लिए मिथिला से बाहर, आर्यावर्त्त में कहीं भी, या भाग्य ने साथ दिया तो देवलोक में भी, किसी वृत्ति की व्यवस्था हो सकती है। – बस, इन्द्र को प्रसन्न करने की बात है।

वे इन्द्र के कुटीर के सम्मुख पहुंचे। उन्होंने आधे भिड़े कपाटों से झांककर

देखा-- मदिरा-पात्र लिये, अपने आसन पर बैठा, इन्द्र शून्य को घूर रहा था। वह किसी चिंता में डूबा हुआ था, और वह चिंता ज्ञान की कोई उलझी हुई गुत्थी नहीं थी।

अमितलाभ के मन में आशंका जगी — कदाचित् इस समय इन्द्र के सम्मुख जाना विशेष लाभकारी न हो, किन्तु फिर अवसर मिले न मिले। कितनी झूठी-सच्ची बातें कहकर वे अधिवेशन से मुक्ति पा सके हैं। फिर गौतम उन्हें अवसर ही न दें तो ? या फिर, इन्द्र ही इस प्रकार अकेले सहज-सुलभ न हुए तो ?

अमितलाभ ने कुटीर में प्रवेश किया ।

आहट पाकर इन्द्र ने दृष्टि अमितलाभ को ओर फेरी। उसकी आंखों में न तो स्वागत का भाव था, न आने वाले के प्रति शिष्टाचार, न ही सहज विस्मय...उन आंखों में उपेक्षा, खीझ, झुंझलाहट और वितृष्णा थी।

अमितलाभ को लगा, इन्द्र ने उन्हें पहचाना नहीं है ... कल संध्या समय आश्रम के सिंहद्वार पर उनका परिचय तो कराया गया था; किन्तु सम्भव है, उतनी-सी भेंट, किसी को पहचान लेने के लिए देवराज के लिए पर्याप्त न हो...

"आश्रम का उपकुलपति, आचार्य अमितलाभ, देवराज इन्द्र को प्रणाम करता है।" अमितलाभ ने अपना परिचय दिया।

इन्द्र की मुद्रा में तनिक भी परिर्वतन नहीं हुआ। बोला, "क्या है ?"

अमितलाभ का उत्साह शिथिल हो गया। इन्द्र ने उनका परिचय सुनकर भी, तनिक शिष्टाचार तक नहीं दिखाया था। अवश्य ही इस व्यक्ति के मन में आश्रमों तथा तपस्वियों के प्रति कोई सम्मान नहीं था। मन खट्टा तो हुआ, किन्तु वे सम्मान नहीं, 'लाभ' पाने की आशा से आए थे। धृष्ट होकर बोले, " अधिवेशन में आप दिखे नहीं, तो आपको खोजता हुआ इधर आ गया।"

"क्या काम है ?" इन्द्र घूर रहा था।

"काम तो कुछ नहीं है, आर्य के दर्शनों की इच्छा..."

"मैं कोई सुंदरी कामिनी हूं, जिसके दर्शनों के लिए तड़प रहे हो।" इन्द्र अमर्यादित हो उठा।

"देवराज ज्ञान के इस अधिवेशन ..." अमितलाभ ने बात आरंभ की।

इन्द्र ने बात बीच में ही काट दी, "ज्ञान की देवलोक में कमी नहीं है।"

"तो देवराज किस आकर्षण में आए हैं ?"

"ऋषि-कु..." इन्द्र रुक गया। फिर जैसे अपने-आपको संतुलित करता-सा बोला, "तुम जाओ, संन्यासी! मेरा मन अशांत है।"

अमितलाभ व्यथित होकर कुटीर से बाहर निकल आए। किंतु उनकी व्यथा अपने अपमान की नहीं थी — वे अपने भ्रमण तथा वृत्ति के अवसर के छिन जाने से दुःखी थे।

अपने को सहेजते-संभालते, अमितलाभ आश्रम में इधर से उधर डोलते फिरे। वे व्यथित-पीड़ित तो थे, किंतु अभी हताश नहीं हुए थे। वे इतनी जल्दी हताश हो जाने वाले जीव नहीं थे। न सही देवलोक का भ्रमण या वृत्ति, कुछ और सही, कुछ और ... ऐसे सम्मेलन बार-बार नहीं होते ... वे डोलते रहे। सारा आश्रम सूना था। समस्त आश्रमवासी किसी-न-किसी कार्यक्रम में लगे हुए थे। सब ही लोग कहीं-न-कहीं व्यस्त थे।

अंततः अमितलाभ सीरध्वज के विश्रामस्थल पर पहुंचे।

सम्राट् सीरध्वज सचमुच अस्वस्थ और शारीरिक कष्ट से पीड़ित थे। किंतु उन्होंने शैया से उठकर अमितलाभ का स्वागत किया, ''मैं सीरध्वज, उपकुलपति को प्रणाम करता हूं।''

अमितलाभ की उदासीनता विलीन हो गई। न सही देवराज, सीरध्वज ही सही। सीरध्वज ने न केवल उन्हें पहचान लिया था, वरन् शैया से उठ, उनका स्वागत कर उन्हें सम्मान भी दिया था। यहां अमितलाभ के लिए अनेक संभावनाएं थीं।

''सम्राट् अस्वस्थ हैं ?'' अमितलाभ ने बात आरंभ की।

''मेरा दुर्भाग्य, उपकुलपति! ऐसे अवसरों पर, जब आस-पास ज्ञान का सागर लहरा रहा हो, अस्वस्थ होकर, शैयासीन होना कितना बड़ा दुर्भाग्य है। ऐसे सम्मेलन में उपस्थित होकर भी मैं विश्राम कर रहा हूं।'' और सहसा सम्राट् का स्वर बदल गया, ''उपकुलपति! आप अधिवेशन में नहीं गये ?''

''सम्राट् को अधिवेशन में न देख चिंता हुई। अतः आपके दर्शल-लाभ के लिए चला आया।'' अमितलाभ ने अपने स्वर में करुणा घोली, ''वैसे भी व्यवस्था-संबंधी इतने दायित्व कुलपति ने मुझ पर छोड़ रखे हैं सम्राट् कि अधिवेशनों में उपस्थित होना मेरे लिए संभव नहीं है। आश्रमों में कुलपति के एकाधिकार की परंपरा अनेक लोगों के विकास में बाधक हो रही है, सम्राट्! यदि कुलपति के अतिरिक्त कुछ अन्य उच्च अधिकारियों को भी कुछ विशिष्ट अधिकार दे दिये जायें तो व्यवस्था अधिक सुचारु हो जायेगी।''

अपनी बात समाप्त कर अमितलाभ ने सीरध्वज की ओर देखा। उन्होंने पाया, यह व्यक्ति सम्राट् होते हुए भी इन्द्र से बहुत भिन्न था। अपने मुख से सीरध्वज ने कुछ नहीं कहा था; किंतु उन आंखों में अमितलाभ के लिए असम्मान तथा संशय था। वे आंखें जैसे पूछ रही थीं, 'तुम व्यवस्था में व्यस्त थे, तो अधिवेशन में कैसे चले गए ? तुम्हें कैसे पता चला कि सीरध्वज अस्वस्थ हैं ? कम व्यस्त होने पर भी गौतम यहां नहीं आ सके, और तुम अधिक व्यस्त होकर भी यहां कैसे आ सके ?'

''यदि सम्राट् ही इस विषय में कुछ करें...''

पर सीरध्वज ने बात काट दी, ''उपकुलपति! स्वयं आश्रमवासियों द्वारा आश्रम में शासन के हस्तक्षेप को आमंत्रित करना मैं शुभ नहीं मानता; और तब तो एकदम ही

नहीं, जब वह आमंत्रण निजी स्वार्थ से युक्त हो। आप अत्यन्त व्यस्त हैं। यहां समय नष्ट न करें।''

अमितलाभ इच्छा होते हुए भी और नहीं ठहर सकते थे। सम्राट् ने उन्हें जाने का आदेश दे दिया था।

''कितना नीच व्यक्ति है यह!'' लक्ष्मण दांत पीस रहे थे।

''ऐसे लोग प्रत्येक देश और काल में वर्तमान होते हैं, वत्स!'' गुरु बोले, ''जो ऊंचे आदर्शों तथा लक्ष्यों का आवरण ओढ़कर अपना स्वार्थ सिद्ध करते रहते हैं, उनके लिए आश्रमों में ऐसे सम्मेलन, ज्ञानोपार्जन का साधन न होकर, राजा, मंत्रियों, श्रेष्ठियों अथवा अन्य प्रभावशाली व्यक्तियों से संपर्क स्थापित करने का स्वर्णावसर होते हैं। अपने स्वार्थ की सिद्धि के लिए कभी-कभी वे लोग राजाओं के निजी दासों तक की चाटुकारिता करते देखे जाते हैं...''

''क्या अमितलाभ सफल हुए ?'' राम ने पूछा।

''यथासमय बताऊंगा।'' गुरु बोले, ''कथा सुनो।''

गौतम दिन-भर व्यस्त रहे। वे नहीं जानते थे कि दिन-भर शत किसके पास रहा, अहल्या कहां रही, क्या करती रही, पर जिस किसी समारोह में कुलपति का अपनी अर्द्धांगिनी के साथ उपस्थित होना आवश्यक था, वहां उन्होंने अहल्या को सदा उपस्थित पाया। अहल्या अपने दायित्व के प्रति पूर्णतः सजग थी। आश्रम के संचालन में अकेला कुलपति कभी भी समर्थ नहीं होता, यद्यपि नाम केवल कुलपति का ही होता है। कुलपति की पत्नी आश्रम के दैनिक कार्यक्रम का अनिवार्य अंग तो होती ही है, ऐसे सम्मेलनों के अवसर पर उसका दायित्व और भी बढ़ जाता है। यज्ञों, गोष्ठियों, विचार-वार्ताओं, प्रवचनों के कारण कुलपति तो अपने स्थान से हिल भी नहीं सकता। उनकी पत्नी आश्रमवासियों तथा अभ्यागतों की देख-भाल तो करती ही है —यथावश्यक समारोहों में उपस्थित भी होती है तथा अनिवार्य होने पर चर्चित समस्याओं पर अपना मत प्रकट करती है। सम्मेलनों की सफलता के लिए, आवश्यक है कि कुलपति में बुद्धि, तर्क, ज्ञान की पिपासा, सहिष्णुता एवं ईमानदारी हो, साथ ही यह भी आवश्यक है कि कुलपति की पत्नी बुद्धिमती, विदूषी, नम्र तथा व्यवहारकुशल हो।

गौतम जानते थे कि उनकी पत्नी में ये सारे गुण हैं। उन्हें विश्वास था कि अहल्या की सुव्यवस्था के कारण, आश्रम में सारे कार्य सुचारु रूप से चल रहे होंगे और बालक शत भी किन्हीं सुयोग्य हाथों में होगा, कदाचित् आचार्य ज्ञानप्रिय की पत्नी सदानीरा के पास। ...साथ ही कहीं वे पिछली संध्या की घटना भूल नहीं पाते। इन्द्र का वह एक वाक्य! उपस्थित जन-समुदाय पर उसकी प्रतिक्रिया! और अहल्या का वह मर्यादित-संतुलित उत्तर।

अहल्या उस घटना से काफी विचलित हो गई थी, किंतु गौतम जानते हैं कि

अवसर की मर्यादा के प्रति वह कितनी जागरूक थी। उसने अपने मन को बांधा होगा, स्वयं को समझाया होगा और परिणामतः दिन-भर में जब कभी वह किसी उत्सव में दिखाई पड़ी — पर्याप्त संतुलित और महिमामयी दिखी। उसने अपने आहत, अपमानित मन की पीड़ा को छिपाकर अपनी, अपने पति की तथा आश्रम की मर्यादा की रक्षा की थी, अन्यथा तनिक-सी असावधानी से सारा वातावरण बिगड़ जाता...

दिन के अंतिम कार्यक्रम को पूर्ण कर, गौतम जब अपनी कुटिया के एकांत में लौटे, तो रात का अंधकार काफी गहरा हो चुका था। शत को गोद में लिये, अहल्या दीपक के पास बैठी थी और अजाने ही कभी उसके बालों को और कभी उसके शरीर को, स्नेहभरी हथेलियों से धीरे-धीरे सहला देती थी। किंतु गौतम की आंखों से छिपा नहीं रह सका कि अन्य दिनों के समान, शत को गोद में लिये होने पर भी, न तो उसका मन तुष्ट था, न उसकी आंखों से ममता ही झर रही थी। कुछ-न-कुछ असहज अवश्य था।

"आज कुछ शिथिल हो, अहल्या!" गौतम ने निकट आ अहल्या के कंधे पर हाथ रखा, "दिन-भर का कार्य बहुत अधिक था ?"

"नहीं! कार्य की तो कोई बात नहीं।" अहल्या ने पुत्र पर से दृष्टि हटाकर पति को देखा, "किंतु उस व्यस्तता के कारण मैं दिन-भर में शत को तनिक भी समय नहीं दे सकी। दिन-भर मुझसे अलग रहा है, इसलिए इस समय काफी चिपकू हो रहा है। गोद से उतरना ही नहीं चाहता। वैसे मुझे लगता है, इसे हल्का-सा ज्वर भी है। आप देखिये तो..."

गौतम ने शत के माथे पर अपनी हथेली रखी। माथा गर्म था। पिता का स्पर्श पाकर शत ने आंखें खोल दीं। उन आंखों में भी ज्वर का ताप चढ़ा हुआ था।

"बेटे को ज्वर आ गया।" गौतम ने कहा।

शत ने शरीर के माप से सूखे होंठों पर जीभ फेर उन्हें गीला किया और बड़ी धीमी आवाज में बोला, "पिताजी, गोद में ले लो।"

गौतम ने शत को गोद में उठा लिया। शत ने फिर से आंखें बंद कर लीं। पर गौतम समझ रहे थे, यह नींद नहीं थी, ज्वर के कारण शरीर तथा मन की शिथिलता थी।

"चिकित्साचार्य को नहीं दिखाया ?"

"दिन-भर तो मुझे अवकाश ही नहीं मिला।" अहल्या ने उत्तर दिया, "मैं आपसे थोड़ी ही देर पहले कुटिया में लौटी हूं। तभी सखी सदानीरा इसे मुझे देकर गयी है। आज शत दिन-भर सदानीरा के पास ही रहा है। तब मैंने सोचा कि चिकित्साचार्य भी दिन-भर के कार्य से थके हुए होंगे, इस समय उन्हें क्या कष्ट देना। बच्चा ज्वर से शिथिल हो गया है। कोई गंभीर बात नहीं है। कल प्रातः उन्हें दिखा दूंगी।"

"ठीक तो कहती हो, अहल्या!" गौतम पूर्णतः सहमत नहीं थे, "पर रात में यदि ज्वर बढ़ गया तो और भी परेशानी होगी। इन दिनों अपनी व्यस्तता में हम बच्चे की पूरी

तरह देख-भाल भी नहीं कर पायेंगे।''

और गौतम अपने ही मन में अनेक बार उभरे हुए प्रश्न से उलझ गये — जब कभी उन्होंने आश्रम में कोई विशेष उत्सव किया है, और ऐसे उत्सव वे करते ही रहते हैं, तो उन्होंने पाया है कि वे उन उत्सवों में कुछ ऐसे खो गये हैं, व्यस्त हो गए हैं कि वे अपने घर-परिवार को सर्वथा भूल गये हैं। जब कभी उन्होंने स्वयं को दक्ष एवं कुशल कुलपति प्रमाणित करने का प्रयत्न किया, उन्हें पति तथा पिता-रूप की उपेक्षा करनी पड़ी। ऐसा क्यों है कि जो व्यक्ति स्वयं को सारी मानव-जाति के सुख के लिए समर्पित कर देता है, वह अपने परिवार को ही सुखी नहीं रख पाता ? यह दीपक तले अंधेरा क्या प्रकृति का नियम है ? उन्होंने उत्सव किये हैं, सम्मेलन किये हैं, अभ्यागतों की देख-भाल की है, ज्ञान-चर्चाएं की हैं — उन्हें उसके लिए भरपूर यश मिला है; पर क्या उन दिनों वे यह देख पाये हैं कि अहल्या कहां है ? कैसी है ? क्या उन्हें याद रहा है कि शत ने दिन-भर में कुछ खाया है, या भूखा ही रहा है? ये ज्ञान-उत्सव उनकी अपनी महत्त्वाकांक्षा रही है, उसे पूर्ण कर वे आत्मतोष भी पाते हैं और यश भी; पर क्या यह उनकी अपनी महत्त्वाकांक्षा रही है, उसे पूर्ण कर वे आत्मतोष भी पाते हैं और यश भी; पर क्या यह उनकी पत्नी और बच्चे की भी महत्त्वाकांक्षा है ? क्या इससे उन्हें भी आत्मतोष और यश मिलता है ? या वे लोग गौतम की महत्त्वाकांक्षा की पूर्ति के लिए अपना बलिदान कर रहे हैं ? क्या किसी महत्त्वाकांक्षी, किसी परमार्थी के सगे-संबंधी होना, भाग्य का अभिशाप है ?

''महान् दायित्वों के लिए कई बार अपने क्षुद्र दायित्वों की उपेक्षा करनी ही पड़ती है, ऋषिवर!'' राम ने कथा के प्रवाह को रोक दिया।

''समाधान क्या हो, राम ?'' विश्वामित्र मुसकराए, ''क्या व्यक्ति अपना घर फूंके बिना परमार्थ की राह पर चल ही नहीं सकता ?''

''नहीं! ऐसा तो नहीं है, गुरुदेव!'' राम बोले, ''मैं मानता हूं कि ऐसी स्थिति भी आती है। अधिकांशतः जो लोग संसार की दृष्टि में बहुत महान् होते हैं, वे स्वयं अपने परिवार की दृष्टि में मूर्ख होते हैं, क्योंकि उन्होंने अपने स्वार्थ को न साधकर, एक बड़े व्यापक स्वार्थ को साधा है, जो मानवीय स्वार्थ है। यह अवश्य विचित्र है कि जो व्यक्ति संसार को एक नया सिद्धान्त, एक नया चिन्तन, एक नया दर्शन देता है, बहुधा वह स्वयं अपने परिवार को उस सिद्धान्त अथवा दर्शन में दीक्षित नहीं कर पाता। कदाचित् इसलिए कि उस नये सिद्धांत से वह एक व्यापक कल्याण तो कर रहा है, किन्तु अपने परिवार के संकुचित स्वार्थ की रक्षा नहीं कर पा रहा होता।''

''भैया! गुरुजी ने समाधान पूछा था।'' लक्ष्मण ने राम का ध्यान खींचा।

''गुरुजी को मैं क्या समाधान दूं!'' राम का स्वर शांत था, पर मेरा अपना मत है कि ऐसी समस्या वहां होती है, जहां जन-सेवा के प्रति समर्पण एक व्यक्ति का है,

पूर्ण परिवार का नहीं। अतः वह व्यक्ति उस परिवार में एक बाहरी व्यक्ति हो जाता है। यदि किसी भी लक्ष्य के प्रति समर्पण, व्यक्ति की इकाई के स्तर पर न होकर, परिवार की इकाई के स्तर पर हो, तो कदाचित् ऐसी भावना किसी के भी मन में न उठे। यदि पति किसी उद्देश्य के प्रति समर्पित है और पत्नी नहीं है; अथवा पत्नी समर्पित है और पति नहीं है, तो एक-दूसरे की उपेक्षा की भावना अवश्य उठेगी।''

''तुम ठीक कहते हो, राम!'' विश्वामित्र ने बात का सूत्र उठाया, ''इसका अर्थ यह हुआ कि विवाह से पूर्व यह भी देखा जाना चाहिए कि वर अथवा वधू में कोई एक किसी लक्ष्य के प्रति एकांतिक रूप में समर्पित तो नहीं है; और यदि है तो वहां एक-दूसरे की उपेक्षा की समस्या तो नहीं उठ खड़ी होगी।''

''ठीक है, गुरुदेव!''

''तो राम, अपने विवाह से पूर्व, तुम इस पक्ष पर भी विचार कर लेना।''

लक्ष्मण ने हंसकर जोर से ताली पीट दी, ''भैया पकड़े गये। मेरी मां कहती है, चतुर व्यक्ति वही है, जो दूसरे को उसी के सिद्धान्त में बांध दे।'

''तुम्हारी मां ठीक कहती हैं।'' विश्वामित्र मुसकराये, ''इस दृष्टि से मैं चतुर हुआ। और लक्ष्मण! तुम्हें चतुर व्यक्ति की बात माननी चाहिए। कथा आगे चलाने से पहले थोड़ा भोजन कर लें न ?''

''अवश्य!'' लक्ष्मण ने कहा।

''सौमित्र, इस बार तुम फंसे।'' राम मुसकराए।

भोजन के पश्चात् वे लोग पुनः चले तो गुरु ने कथा आरंभ की।

बालक शत को गोद में लिये हुए गौतम बड़ी देर तक चुपचाप, धीरे-धीरे टहलते रहे और सोचते रहे। कुटिया में कोई कुछ नहीं बोला। शत आंखें बंद किए, उनींदा-सा पिता की गोद में शांत पड़ा रहा। अहल्या छोटे-मोटे घरेलू काम करती रही। काफी देर के पश्चात् गौतम ने अनुभव किया कि वे स्वयं दिन-भर की शारीरिक तथा मानसिक व्यस्तता के कारण काफी थके हुए हैं, और उनका शरीर आराम चाहता है। उनकी आंखें विशेष रूप से थकी हुई थीं, यह कदाचित् दिन-भर के कार्य से मुक्त होकर, दीपक के प्रकाश में अधिकाधिक ग्रंथावलोकन के प्रयत्न के कारण हुआ था। उनकी आंखों ने कम प्रकाश में पढ़ने-लिखने में सदा असहयोग किया था। यही कारण था कि वे सूर्य के प्रकाश में ही अध्ययन का कार्य कर लेते थे। अंधकार होने के पश्चात वार्तालाप अथवा चिंतन-मनन ही उन्हें अधिक सुविधाजनक लगता था। किन्तु आज बाध्य होकर उन्होंने आंखों पर अधिक परिश्रम का भार डाला। और इस समय आंखें बन्द होती-सी लग रही थीं। ...

इधर शत को उन्होंने बहुत दिनों के पश्चात् गोद में लिया था। वह अब काफी बड़ा हो गया था। उसे अधिक देर तक गोद में उठाए-उठाए फिरना उनकी शारीरिक

क्षमता से बाहर था — वैसे भी शत सो गया था, अब उसे बिस्तर पर डाल देना चाहिए।

"इसका बिस्तर ठीक कर दो, अहल्या!" उन्होंने बहुत धीरे से कहा, ताकि शत उनकी आवाज से जाग न जाए।

"बिस्तर ठीक है।" अहल्या धीरे से बोली।

गौतम आगे बढ़े और बिस्तर के पास पहुंचकर शत को अपने शरीर से लगाए हुए ही झुके। उन्होंने जैसे ही शत को बिस्तर पर लिटाया, शत ने आंखें खोल दीं, "मां!"

"यह तो जाग गया।" गौतम हताश हो गए।

अहल्या ने तुरन्त शत को उठा लिया। गोद में आकर थोड़ी देर तो बालक कुनमुनाया, फिर शांत हो सो गया। अहल्या ने उसे बिस्तर पर सुलाने का प्रयत्न किया, तो वह पुनः जाग उठा, "मां!"

"ज्वर में है।" गौतम बोले, "लगता है, गोद में ही सोएगा।"

अहल्या ने उसे पुनः गोद में ले लिया। गौतम अपने बिस्तर पर लेट गए। अत्यधिक थके होने पर भी वे सोना नहीं चाह रहे थे। अहल्या भी थकी हुई थी, और बालक ज्वर में था। वे सो गए तो वह अकेली, अस्वस्थ बालक को कैसे संभालेगी। यदि शत रात-भर बिस्तर पर न सोया तो अहल्या कब तक उसे गोद में लिये बैठी रहेगी। दोनों मिलकर बच्चे को संभालें तो एक व्यक्ति का बोझ कुछ हल्का हो सकता था — किंतु वे स्वयं कितने थके हुए थे।

तभी अहल्या ने एक बार और शत को बिस्तर पर लिटाने का प्रयत्न किया; और शत ने पुनः आंखें खोलकर कहा, "मां !"

"लाओ, एक बार मुझे दे दो।" गौतम साहस कर, बिस्तर से उठे।

किंतु अहल्या ने शत उन्हें नहीं दिया, "आप सो जाएं। दिन-भर के थके हैं। कल प्रातः आपको जल्दी उठना है। आप सो जाएं, मैं शत को गोद में सुलाए रखूंगी।"

गौतम की आंखें नींद से बोझिल हो रही थीं। मन अहल्या की सहायता के लिए आतुर था। शत अकेली अहल्या को तो थका मारेगा। अहल्या को भी आराम चाहिए था। ...पर वे क्या करते, शरीर एकदम साथ नहीं दे रहा था। इस उधेड़बुन में ही बिस्तर पर लेटे हुए जाने कब वे सो गए। ...

"जैसे मैं सो जाता हूं।" लक्ष्मण हंस पड़े।

"हां, वैसे ही।" विश्वामित्र बाले।

प्रातः गौतम की नींद उचटी तो उन्होंने अपनी चेतना केन्द्रित की। रात्रि प्रायः व्यतीत हो चुकी थी। उषा आया ही चाहती थी। उन्हें अब शैया त्याग देनी चाहिए। तनिक भी शिथिलता दिखाई तो उजाला हो जाएगा, और फिर नित्यकर्मों के पश्चात् ठीक समय पर

वे यज्ञशाला में नहीं पहुंच पाएंगे। विलंब किसी ऋषि के दैनिक कार्यक्रम में भी उचित नहीं है; और जिस आश्रम में ज्ञान-सम्मेलन हो रहा हो, उसके कुलपति का ऐसा व्यवहार तो अत्यन्त लज्जाजनक माना जाएगा।

निकट ही, शत को अपने शरीर से चिपकाए, सोयी हुई अहल्या को उन्होंने देखा — आज वह गहरी नींद में थी। रोज इस समय तक उसकी नींद प्रायः पूरी हो चुकती है। एक हल्की-सी आहट से वह जाग जाती है; यद्यपि शत की नींद के भंग हो जाने से, वह इतनी जल्दी उठती नहीं है। अहल्या यदि प्रायः अपने पति के साथ ही उठ बैठेगी, तो अपने समीप मां का आभास न पाकर, शत भी उठ जाएगा। बच्चा, बिना नींद पूरी किए, यदि इतनी सुबह उठ जाएगा तो दिन-भर उनींदा-सा रहेगा; नींद, थकावट तथा चिड़चिड़ेपन के कारण मां को परेशान करता रहेगा।

और संभव है, अभी शत का ज्वर भी न उतरा हो। ... एक बार तो गौतम के मन में आया कि वे शत के माथे पर हाथ रखकर उसके ज्वर की परख कर लें, किंतु फिर यह विचार छोड़ दिया। सोया है, सोया रहे। ज्वर देखने-देखने में कहीं जाग गया, तो सारी व्यवस्था गड़बड़ा जाएगी। ...पता नहीं बेचारी रात को किस समय सोयी है।

गौतम बहुत धीर-से बिस्तर में से निकले और उन्होंने निःशब्द कुटिया का द्वार खोला। एक बार कुटिया के भीतर दृष्टि डाल, उन्होंने अहल्या और शत को देखा और स्नान करने के लिए नदी की ओर चल पड़े।

इन्द्र आश्रम-द्वार पर स्वागत करती हुई अहल्या को देखते ही बुरी तरह विचलित हो गया था। वह भूल गया कि वह इन्द्र है — आर्य ऋषियों का पूज्य अभ्यागत, जिससे सच्चरित्रता की कुछ विशेष अपेक्षाएं हैं। वह भूल गया कि वह यहां आमंत्रित होकर आया है; और यह आर्यावर्त्त का एक पवित्र आश्रम है। अहल्या इस आश्रम के कुलपति की धर्मपत्नी है; और वह अपने पति के प्रति पूर्णतः निष्ठावान है।

वह सब कुछ भूल गया। याद रहा केवल कामुक मन का चीत्कार। स्वागत के पश्चात् विदा होते हुए उसने अहल्या पर अपने वैभव का जाल फेंका था और उसे अपने एक वाक्य से याद दिलाया था कि अत्यन्त रूपवती स्त्री होते हुए वह एक कंगाल ऋषि से बंधी हुई, व्यर्थ ही इस वन में कष्ट उठा रही है। भला ऐसी अद्वितीय सुंदरी का वैभव, समृद्धि तथा विलास के उपकरणों से वंचित, इस प्रकार इस वन में पड़े रहने का क्या अर्थ ? ऐसी सुंदरी के महत्त्व को कोई जड़ ऋषि क्या समझेगा! उसका आनन्द तो काम-कला-प्रवीण इन्द्र जैसा कोई समृद्ध और वैभवशाली व्यक्ति ही उठा सकता है। ऋषि को सन्तान उत्पन्न करने के लिए कोई स्त्री चाहिए ही तो इन्द्र उसे अपनी कोई साधारण दासी दे देगा! ...

किंतु अहल्या का उत्तर उसके लिए तनिक भी उत्साहवर्धक नहीं था। पहले ऐसे अनेक अवसरों पर; अनेक रूपसी युवतियों के मुख से, विलासाकांक्षा की लार टपक

पड़ी थी; किंतु इन्द्र ने स्पष्ट देखा था कि उसकी बात सुनकर अहल्या उल्लसित होने के स्थान पर कहीं आहत हो गई थी। ... पर उससे क्या ? इन्द्र क्या ऐसी असाधरण सुंदरी को प्राप्त करने का मोह केवल इसलिए छोड़ देगा कि वह सुंदरी एक साधारण जड़, कंगाल ऋषि की पत्नी है और उससे प्रेम करती है। इन्द्र इतना मूर्ख नहीं है...

उसके मन में एक बार उपस्थित ऋषियों का भय जगा — वे लोग उससे रुष्ट हो सकते हैं। क्रुद्ध होकर उसे शाप भी दे सकते हैं। शाप ... और इन्द्र का मन भीतर-ही-भीतर कहीं उपहास की हंसी हंस पड़ा। इन बुद्धिजीवियों ने भी शासन से पृथक् अपनी स्वतंत्र सत्ता बनाए रखने के लिए एक-से-एक विचित्र युक्तियां सोच निकाली हैं। शाप ... जो दंड शासन दे, वह दंड, और जो दंड कोई बुद्धिजीवी किसी को दे, वह शाप। प्रत्येक शासन के पास दंड को कार्यान्वित कराने के लिए भौतिक बल होता है, उपकरण होता है; पर यदि शासन इनको संरक्षण न दे, तो ऋषियों के पास ऐसी कौन-सी शक्ति है, जिससे वे अपने शापों को कार्यान्वित करा सकें।

प्रत्येक शासन ने ऋषियों को महत्त्व दिया था कि ये लोग सामान्य-जन के विरुद्ध शासन का पक्ष लें और जन-सामान्य के शोषण तथा दलन में शासन के सहायक हों — नहीं तो इन्हें इतना आदर-मान देने की सार्थकता ही क्या है। किसी भी शासन में जब तक बुद्धिजीवी शासन का साथ देते हैं, तब तक शासन कितने सुचारु रूप से चलता है — शासक प्रजा के शरीर पर शासन करता है, बुद्धिजीवी उसके मन को बहकाए रखता है। प्रजा न तो अपनी दयनीय स्थिति, अपने शोषण के प्रति जागरूक होती है, न अपने अधिकारों के प्रति सचेत। कहीं कोई उपद्रव नहीं होता। सब ओर शान्ति बनी रहती है। इस उपद्रवहीन स्थिति में शासक सुखी रहता है, और अनेक प्रकार के उत्कोच एवं सुविधाएं देकर ऋषियों को भी प्रसन्न रखता है।

किंतु ऋषि अब शासन से भी स्वतंत्र होना चाहते हैं। अपने शापों के भय से सत्ता को भी भयभीत करना चाहते हैं ... इन्द्र ऐसे दंभी लोगों से न तो डरता है और न उनका सम्मान करता है। ऊंची उड़ान भरने के आकांक्षी इन गरुड़ों के पर कतरकर वह उन्हें चीटियां बना देगा!

यदि वे समझते हैं कि मिथिला में इन्द्र की नहीं, सीरध्वज की सत्ता है, तो इन्द्र उनका यह भ्रम भी दूर कर देगा। इन्द्र जितने सैनिक अपने साथ लाया है, वे सीरध्वज की पूरी सेना को कई दिनों अटकाए रखने के लिए पर्याप्त हैं। यदि सीरध्वज ने उसके विरुद्ध ऋषियों का पक्ष लेने का प्रयत्न किया, तो वह आर्य राजाओं से संधि की चिन्ता किए बिना सीरध्वज को धूल चटा देगा।...

कुटीर में विलास के वे साधन उपलब्ध नहीं थे, जिनका इन्द्र अभ्यस्त था; किंतु मदिरा का प्रबंध गौतम ने कर दिया था। यही बहुत था, नहीं तो सामान्यतः आश्रमों में पीने के लिए केवल दूध ही मिलता था। इन्द्र को सदा लगता था कि जब कभी इन आश्रमों में वह गया है, दूध पी-पीकर बीमार हो गया है। कहां मदिरा और कहां दूध!

पर आश्रमों से इन्द्र अपना संबंध तोड़ भी नहीं सकता। आर्य-संस्कृति के प्रचारक आश्रम देव-सत्ता के पोषक थे। इनके निमंत्रण अस्वीकार कर, इनसे संबंध तोड़कर, इन्द्र अपनी शक्ति क्षीण नहीं कर सकता। ...फिर इन्द्र अपने मन से भी बाध्य था। आश्रमों में रहने वाली देव-बालाओं से भी सुन्दर ऋषि-कन्याएं और ऋषि-पत्नियां, दर्शन मात्र से इन्द्र के उष्ण रक्त का संचार तीव्रतर कर देती थीं। इन्द्र सब कुछ छोड़ सकता था, किंतु ऋषि-पत्नियों तथा ऋषि-कन्याओं का आकर्षण नहीं छोड़ सकता था।

इन्द्र के मस्तिष्क में अहल्या का अलौकिक सौंदर्य जागा। वह मदिरा के पात्र पर पात्र पीता जा रहा था। उसका रक्त और-और उष्ण होता जा रहा था, मन आतुर। उसका शरीर काम के तनाव से तनता जा रहा था। ...इन्द्र अहल्या को प्राप्त करेगा ही, जैसे भी हो वह अहल्या को प्राप्त करेगा...

आश्रम में पहली संध्या इन्द्र ने बड़ी व्याकुलता में काटी। समय कट नहीं रहा था, और मदिरा क्रमशः कम होती जा रही थी। अहल्या ने इन्द्र के देव-रूप, उसके पद, वैभव तथा उसकी सत्ता के प्रति किसी प्रकार के सम्मोहन का संकेत तो नहीं ही दिया, वह तो एक बार अपनी कुटिया में समाई तो दिखाई ही नहीं पड़ी। गौतम ने बड़ा अच्छा किया कि उसे अपनी कुटिया के साथ वाले कुटीर में ठहराया था। वह अपने गवाक्ष में से प्रतिक्षण गौतम की कुटिया पर दृष्टि रख सकता था। उस कुटिया के भीतर अहल्या थी — अहल्या। यदि कहीं गौतम की कुटिया का गवाक्ष भी खुला होता तो इन्द्र यह भी देख पाता कि अहल्या क्या कर रही है। वह उसे कोई इंगित भी कर सकता था, बुलाने का कोई प्रयत्न भी।

रात गहराती गई और इन्द्र मदिरा पीता चला गया। साथ ही गौतम की कुटिया थी और कुटिया में अहल्या! ...कितनी बार उसका मन हुआ कि वह सीधा गौतम की कुटिया में घुस जाए ... पर नशे में भी इतना चेत उसे था ही कि कुटिया में गौतम भी थे। गौतम शारीरिक शक्ति में उससे हल्के नहीं थे, और चाहे उनके पास वज्र न हो, खड्ग तथा धनुष-बाण जैसे साधारण शस्त्रों का वे पर्याप्त दक्षता से प्रयोग कर सकते थे।

इन्द्र मदिरा पीता रहा और अहल्या की अपने निकट, विभिन्न रूपों और मुद्राओं में कल्पना करता रहा। अहल्या ...

बड़ी रात गए, नशे में ढुलककर, इन्द्र अस्त-व्यस्त हो गया।

विश्वामित्र ने रुककर, राम और लक्ष्मण की ओर देखा। राम कुछ हतप्रभ हो रहे थे, कदाचित् इन्द्र के विषय में मोह-भंग के कारण, वे एक प्रकार की पीड़ा का अनुभव कर रहे थे। किंतु लक्ष्मण का चेहरा तीव्र मुखर घृणा के कारण विकृत हो रहा था। वे कदाचित् प्रहारक मुद्रा में थे।

विश्वामित्र की वाणी थमते ही लक्ष्मण को अवसर मिला। उनके मुख से शब्द ऐसे

छूटे, जैसे खिंचे हुए धनुष से बाण छूटता है, ''आज मेरी समझ में आया है कि इन्द्र मेरे पिता के इतने मित्र क्यों हैं !''

विश्वामित्र जोर से हंस पड़े, ''सौमित्र! तुम अपने पिता से काफी नाराज लगते हो। पर पुत्र! तुम्हारा यह निष्कर्ष बहुत उचित नहीं है। दशरथ विवाह जितने भी कर लें, पर वे किसी अन्य पुरुष की पत्नी पर कुदृष्टि नहीं डालते।''

राम अवसाद भरे मौन में बंधे खड़े रहे, जैसे उनके मुख का स्वाद कड़वा हो गया हो।

अंत में लक्ष्मण ही बोले, ''गुरुदेव ! मेरे पिता के मित्र इन्द्र की कथा आगे कहें।''

विश्वामित्र ने कथा आगे बढ़ाई

इन्द्र की नींद बहुत जल्दी ही टूट गई। वह बहुत कम सो पाया था। उतना, जितना उसे नशे ने सुलाए रखा था। जागते ही उसने नशा टूटने की थकान का अनुभव किया।... पर वह पुनः मदिरा नहीं पी सकता था। आश्रम में अभी चारों ओर अंधकार था, किंतु दैनिक-जीवन आरम्भ होने की विभिन्न ध्वनियां आ रही थीं। आज सम्मेलन का आरम्भ था। प्रायः आश्रमवासी तथा अभ्यागत लोग जाग उठे थे और सम्मेलन में सम्मिलित होने की तैयारी कर रहे थे।

तभी इन्द्र ने अपने गवाक्ष में से देखा — गौतम अपनी कुटिया में से निकले और उन्होंने कुटिया का द्वार भिड़ा दिया। इन्द्र के शरीर का सारा रक्त उसके मस्तिष्क की ओर दौड़ चला — अहल्या कुटिया में अकेली है।

पर इन्द्र इतना मूर्ख नहीं था कि यह न देख सकता कि कुटिया में प्रकाश था और कदाचित् अहल्या जाग रही थी। तभी कोई स्त्री कुटिया में आयी; और बालक उसे सौंपकर, अहल्या कुछ अन्य आश्रमवासी स्त्रियों के साथ स्नान करने चली गई।

उस दिन इन्द्र सम्मेलन के आरम्भ में होने वाले यज्ञ में उपस्थित था। किंतु उसका ध्यान एक क्षण के लिए भी किसी अन्य दिशा में नहीं गया। सामने कुलपति के साथ अहल्या बैठी थी। वह उसे आंखों के मार्ग से निगलता जा रहा था, जाने फिर वह इतने निकट से अहल्या को देख पाए, न देख पाए। जाने फिर अहल्या किसी समारोह में भाग ले, न ले ... देख ले इन्द्र, देख ले — आंखों से ही सही, उसके रूप का रसपान कर ले।

यज्ञशाला से उठकर इन्द्र वापस अपने कुटीर में चला आया। वह फिर किसी समारोह में नहीं गया। उसका शरीर फुंक रहा था और मस्तिष्क में धुआं ही धुआं था। वह पुनः मदिरा का पात्र लेकर बैठ गया ... उसे अपने चारों ओर अहल्या ही अहल्या दिखाई पड़ रही थी ... पर अहल्या दिन-भर अपनी कुटिया में नहीं लौटी। वह बाहर ही व्यस्त रही। गौतम भी नहीं आए। शत को सवेरे ही एक स्त्री ले गई थी — यह इन्द्र

ने अपनी आंखों से देखा था।

उसने सारा दिन अवसाद की उधेड़-बुन में किसी प्रकार काट दिया। रात होते-होते उसका चिंतन एक विशेष दिशा में चल पड़ा था। उसने अच्छी तरह देख लिया था कि अहल्या उस पर थूकना भी पसंद नहीं करती। वह उसके पहली संध्या के क्षण-भर के व्यवहार से ही इतनी वितृष्णा से भर उठी थी कि उसके प्रति अभ्यागत के शिष्टाचार का निर्वाह करने की भी आवश्यकता नहीं समझी थी। प्रातः यज्ञ-कुंड के पास बैठे हुए, उसने अपना ध्यान अग्नि की ओर इतनी सावधानी से केन्द्रित कर रखा था कि कहीं भूल से भी उसकी दृष्टि इन्द्र पर न पड़े ... इन्द्र यदि यह समझता है कि अहल्या उसके रूप, वैभव, पद अथवा सत्ता से प्रभावित होकर उसके पास आ जाएगी, तो यह उसका भ्रम है! अहल्या अपने आप से उसके पास कभी नहीं आएगी, कभी नहीं! वह उससे घृणा करती है, इन्द्र को ही उसके पास जाना होगा। जब तक यह सम्मेलन चल रहा है, इन्द्र तभी तक यहां है। सम्मेलन के इन दिनों में कुलपति की पत्नी अहल्या कुछ इतनी व्यस्त रहेगी कि कुटिया में वह एक क्षण के लिए भी अकेली नहीं मिलेगी। कुटिया से बाहर, जहां कहीं भी वह होगी, अकेली नहीं होगी; उसके निकट अनेक आश्रमवासी और अभ्यागत होंगे...

क्या वह निराश लौट जाए ? ...असफल ? ...इन्द्र होकर भी असफल ? ...इन्द्र एक साधारण ऋषि-पत्नी को प्राप्त करने में असफल हो जाएगा ? एक कंगाल ऋषि की पत्नी में इतना दंभ कि वह इन्द्र के काम-आह्वान को इस प्रकार ठुकरा दे! ...इन्द्र को सहज नहीं तो असहज ढंग से अहल्या को प्राप्त करना होगा ... उसे कुछ असाधारण करना होगा...

इन्द्र के मस्तिष्क में वे कुछ क्षण घूम गए, जब प्रातः अंधेरे-अंधेरे में ही गौतम स्नान के लिए कुटिया से निकल गए थे, और अहल्या कुटिया में अकेली रह गई थी ... कुछ क्षणों के लिए ही सही, पर वह अकेली ही थी ... उसके लिए वही एक अवसर था ... आज उसे चूकना नहीं था ... आधी रात के समय से ही इन्द्र सन्नद्ध होकर अपने कुटीर के गवाक्ष के पास बैठ गया। उसके मन का कोई अंश बार-बार उसके निर्णय के विरुद्ध विद्रोह कर रहा था, किंतु वह उसकी बात सुनने को प्रस्तुत नहीं था। जब भी वह क्षीण-सा स्वर उसके भीतर कहीं उठा, उसने उस पर मदिरा का एक पात्र ढाल दिया ... इस स्वर को सुनने का उसे कोई लाभ नहीं था। आज वह अहल्या को प्राप्त करके ही रहेगा...

समय बीत ही नहीं रहा था, और उसे बैठकर प्रतीक्षा करने की आदत नहीं थी। उसके तो इंगित मात्र पर सुन्दरी से सुन्दरी अप्सरा सेवा में उपस्थित हो जाती थी ... पर अहल्या की बात ही और थी। उसके सौंदर्य से किसी अप्सरा की तुलना नहीं हो सकती। अहल्या का गठा हुआ परिश्रमी शरीर, उसका वह सात्विक तेज, उसकी बड़ी-बड़ी आंखों में संतुष्टि का वह ठहराव...

सहसा इन्द्र सचेत हो गया। अभिसारिकाओं के प्रेम में दक्ष इन्द्र ऐसी ध्वनियों को सहज ही समझ लेने में पारंगत था ... कदाचित् गौतम शैया से उठे थे। यह उन्हीं की आहट होनी चाहिए। अभी एक क्षण में कुटिया का द्वार खुलेगा, गौतम बाहर चले जाएंगे। कुटिया का द्वार भिड़ा होगा, और भीतर होगी अहल्या — अकेली, निस्सहाय, असुरक्षित! ...

इन्द्र उठकर खड़ा हो गया।

कुछ ही क्षणों में गौतम ने कुटिया का द्वार बहुत धीरे से खोला और बाहर निकल आए। आज कुटिया में कल के समान प्रकाश नहीं था, न ही भीतर किसी के जागे होने की आहट थी। गौतम का अतिरिक्त सावधानी से निःशब्द कुटिया से बाहर निकलना, और बिना किसी ध्वनि के द्वार को भिड़ा देना ... क्या इसका अर्थ है कि अहल्या अभी तक सोयी हुई है, और गौतम नहीं चाहते थे कि वह किसी ध्वनि से जाग उठे ... कदाचित् रात अहल्या देर से सोयी हो। इन्द्र को ऐसा कुछ आभास तो हुआ था, किंतु नशे में उसने इस ओर ध्यान नहीं दिया था।

उसके शरीर का रक्त एकदम उफन पड़ा ... कुटिया में अकेली अहल्या और वह सोयी हुई ... इन्द्र की शिराओं का सारा रक्त मदिरा में बदल गया।

गौतम बड़ी तेजी से कुटिया से दूर चले गए थे। कुटिया के आस-पास और कोई नहीं था। कुटिया में पूरी तरह सन्नाटा था। इन्द्र एक भी क्षण नष्ट नहीं कर सकता था। विलंब उसके लिए अत्यन्त घातक होता।

वह बेहताशा भागा। उसने गौतम की कुटिया का भिड़ा हुआ द्वार खोला और भीतर घुसकर बंद कर लिया। उसने पलटकर देखा, शत को अपने साथ चिपकाए, अहल्या गहरी नींद में सोयी पड़ी थी। वह धीरे, किंतु सधे हुए पगों से उसकी ओर बढ़ा।

विश्वामित्र मौन हो गए।

लक्ष्मण, राम, पुनर्वसु तथा अन्य ब्रह्मचारी — सब लोग अपनी संपूर्ण चेतना कानों में बटोरे, कथा सुन रहे थे। गुरु ने मौन होकर उन सबकी चेतना के आस-पास बन आया काल्पनिक परिवेश छिन्न-भिन्न कर दिया था। वे अपने भौतिक परिवेश में लौट आए।

उनके पग गंगा के तट से कुछ हटकर यांत्रिक ढंग से आगे बढ़ते जा रहे थे। सूर्य पश्चिम की ओर काफी झुक आया था।

लक्ष्मण ने सबसे पहले अचकचाकर आकाश में सूर्य की ओर देखा, और प्रतिक्रियावश, सहज वृत्ति के अधीन गुरु की ओर मुड़े, "गुरुवर! अभी कथा रोकने का समय ... मेरा तात्पर्य है, अभी यात्रा स्थगित करने का समय तो नहीं हुआ। अभी संध्या होने में कुछ समय शेष है।"

राम अपनी गंभीर उदासी के मध्य हल्का-सा मुसकराए।

विश्वामित्र ने अपनी आंखों के त्रास को पी लिया और हल्के होने का प्रयत्न

किया, "मैंने सोचा, लक्ष्मण थक गया होगा एक बूढ़े की ऊबाऊ कहानी सुनकर।"

लक्ष्मण ने उपालंभ भरी आंखों से देखा, "गुरुदेव!"

गुरु फिर से अपनी गंभीरता के खोल में जा बैठे। वे जैसे अपने-आप में डूब गए थे। क्रमशः वे कथा के परिवेश में लौट आए।

किसी के स्पर्श ने अहल्या को उसकी प्रगाढ़ निंद्रा की स्थिति से निकालकर, हल्की-झीनी नींद में पहुंचा दिया। अपनी उस झीनी नींद में उसकी संवेदना की एक परत जाग रही थी। उसने अनुभव किया, कोई उसके शरीर का स्पर्श कर रहा है, आलिंगन कर रहा है, चुंबन कर रहा है, उसके वस्त्र शिथिल हो रहे हैं। ...उसके अजागरूक मस्तिष्क ने अभ्यासवश ही शरीर को शिथिल छोड़ दिया था। ... किंतु उसका सोया हुआ मस्तिष्क भी प्रक्रिया की भिन्नता का अनुभव कर रहा था। उसके शरीर का स्पर्श करने वाला हाथ, गौतम के प्रेम भरे हाथ से भिन्न, आक्रामक हाथ था। आलिंगन में स्नेह का संतोष न होकर, शोषण की भूख थी; चुंबन अपेक्षाकृत अधिक हिंस्र थे ... उसका मन सावधान हो गया — रात्रि के अंतिम प्रहर में, उसके स्वामी ने कभी कामदेव का स्मरण नहीं किया था। वे इस समय सूर्यदेव का आह्वान करते थे...

अहल्या ने झटके से आंखें खोलकर क्षीण पड़ते हुए उस अंधकार की हल्की परतों में उस पुरुष को देखा। निमिष-भर में ही वह इन्द्र की कामुकता से विकृत नग्न आकृति को पहचान गई ... अहल्या के कंठ से एक विकट चीत्कार फूटा और उसके हाथ-पांव अपने शरीर पर लदे आते हुए इन्द्र के शरीर से संघर्ष करने लगे।

अहल्या की चीख और दो शरीरों के संघर्ष की हिल-डुल से शत की आंखें खुल गयीं और साथ ही उसका गला भी खुल गया। पांच वर्षों का बालक शत साफ-साफ देख रहा था कि कुटिया में उपस्थित व्यक्ति उसका पिता न होकर कोई और पुरुष था, जिसके चेहरे पर अत्यन्त दुष्ट भाव थे। फिर उसकी मां उस पुरुष से लड़ रही थी और उसके चुंगल से मुक्त होने का प्रयत्न कर रही थी। शत जोर-जोर से रोता चला गया...

अहल्या चीखती रही, चिल्लाती रही, हाथ-पैर पटकती रही, अपने दांतों तथा नखों से इन्द्र के साथ लड़ती गई...

किंतु इन्द्र उस पर हावी होता चला गया। इन्द्र ने उसके केशों को अपने बाएं हाथ की मुट्ठी में इस प्रकार जकड़ रखा था कि वह अपना सिर तनिक भी नहीं हिला सकती थी। उसकी जंघा को अपने बलिष्ठ घुटने के नीचे दबाकर, इन्द्र ने उसके शरीर को कीलित कर दिया था ... अहल्या पूरी तरह असमर्थ हो चुकी थी...

सहसा इन्द्र कुटिया के द्वारा पर निरन्तर बढ़ते हुए शोर के प्रति सजग हुआ। कदाचित् बाहर लोग जमा हो चुके थे और उन्होंने कुटिया के द्वार को खोलने का प्रयत्न भी किया था — किंतु द्वार भीतर से बंद था। जाने क्यों, वे लोग कुटिया का द्वार तोड़ने में संकोच

कर रहे थे — संभव है वे कुलपति की आज्ञा की प्रतीक्षा कर रहे हों। पर वे किसी भी क्षण द्वार तोड़ सकते थे। अब इन्द्र को भाग जाना चाहिए था।

''नीच!''

विश्वामित्र ने देखा, राम के जबड़े आक्रोश में भिंच गए थे। उनका क्रोध सीमा का अतिक्रमण कर गया था, नहीं तो राम का गंभीर व्यक्तित्व, किसी अन्य को सरलता से, विचलित होता हुआ दिखाई नहीं पड़ता। ... लक्ष्मण की आंखें क्रोध से जल रही थीं और मुट्ठियां आक्रोशपूर्वक भिंची हुई थीं।

कोई कुछ नहीं बोला, जैसे किसी अत्यन्त लज्जाजनक प्रसंग के आ जाने से प्रत्येक व्यक्ति स्तब्ध रह जाता है। विश्वामित्र खड़े-खड़े अपने आस-पास खड़ी आकृतियों की प्रतिक्रियाएं पढ़ते रहे; और उन प्रतिक्रियाओं से पूरी तरह आश्वस्त होकर बोले, ''पुत्र पुनर्वसु! आज डेरा यहां लगेगा। गंगा का तट आ गया है।''

प्रात: शिविर समेटने से लेकर टोली के आगे बढ़ने तक का कार्य अपने-आप होता गया। राम से लेकर ब्रह्मचारी शिष्यों तक के मन में अवसाद घर कर गया था। अहल्या की पीड़ा अंशत: उन लोगों में भी समा गई थी। चपल लक्ष्मण मौन हो गए थे।

चलते हुए जब वे दूर निकल गए और लक्ष्मण ने कथा की कोई उत्सुकता नहीं दिखाई तो राम ने कहा, ''ऋषिवर! अहल्या की कथा का शेष भाग सुनाने की इच्छा नहीं है क्या ?''

''मुझे नहीं सुननी शेष कथा!'' आक्रोश से भरे लक्ष्मण फूट पड़े, ''नीच और दुष्ट इन्द्र!''

''तुम्हें इन्द्र पर क्रोध आता है, क्यों लक्ष्मण ?'' गुरु ने पूछा।

''जी ?''

''तो पुत्र! कथा सार्थक हुई।'' विश्वामित्र का स्वर आश्वस्त था, ''वत्स! बुद्धिजीवी ऐसी कथाएं सुनाकर संघर्ष की एक भूमिका निभाता है। जन-मानस में अन्याय का रूप स्पष्ट कर उसके विरुद्ध आक्रोश भड़काना क्रांति की पृष्ठभूमि को प्रस्तुत करना है। यदि मैंने कथा सुनाकर अत्याचार के विरुद्ध तुम्हारे आक्रोश को स्फीत किया है, तो मैंने कथा के युयुत्सु रूप को सार्थक किया है; उसका उपयोग एक शस्त्र के रूप में किया है, सौमित्र!'' और विश्वामित्र मुड़े, ''राम! तुम्हें क्यों लगता है कि कथा अभी शेष है ?''

''गुरुवर!'' राम बोले , ''आक्रोश को भड़काने की सार्थकता को मैं अस्वीकार नहीं करता; किंतु जितना मैं आपको समझ सका हूं, उस स्फीत आक्रोश को निर्माण की दिशा का संकेत दिए बिना आप नहीं रहेंगे। कथा का शेष भाग पीड़ामय होगा, मैं जानता हूं — किंतु उस पीड़ा को जानकर ही हम अधिक उपयोगी हो पाएंगे।''

गुरु की आंखों में प्रशंसा का भाव उमड़ आया, "मनुष्य के स्वभाव की तुम्हारी पहचान अद्भुत है, राम! मेरे पास शब्द नहीं हैं कि मैं बता सकूं कि तुमने मेरे लक्ष्य को कितना सटीक समझा है।"

गुरु ने थमकर, जैसे कथा आगे बढ़ाने के लिए बल एकत्रित किया।

गौतम स्नान कर लौटे तो आश्रम में उन्हें एक प्रकार की अव्यवस्था-सी दिखाई पड़ी। कुछ-न-कुछ असाधारण अवश्य था। कुटिया के पास आए, तो स्थिति सबसे अधिक असाधारण थी। उनकी कुटिया के सामने भीड़ थी ... गौतम का मन धक् रह गया — क्या बात है ... शत को तो कहीं कुछ ... पर शत का ज्वर ऐसा कोई गंभीर नहीं था ... थोड़ी देर पहले तो वे उसे ठीक-ठाक सोता हुआ छोड़कर गए थे...

किंतु अहल्या का यह चीत्कार और उसकी ऊंची-से-ऊंची चीख से होड़ लेता हुआ शत का स्वर ... यह कैसी पीड़ा है! ... कुटिया के द्वार पर खड़े आश्रमवासी और अभ्यागत ऋषि-मुनि। घटना का अंग होते हुए भी ये कितने तटस्थ खड़े हैं — दर्शक मात्र, तटस्थ... कर्ता नहीं ...

गौतम कुटिया तक पहुंचते, उससे पहले ही भीतर से द्वार खुला और इन्द्र बाहर निकला — अस्त-व्यस्त वस्त्र और मुद्रा। मुख और भुजाओं पर लगी खरोंचें, रक्त के छोटे-छोटे बिन्दु, जैसे किसी से हिंस्र मल्ल-युद्ध करके आया हो — इससे पूर्व कि इस अप्रत्याशित दृश्य को ग्रहण कर, गौतम की चेतना किसी निष्कर्ष पर पहुंचती, इन्द्र ने तनिक संकोच से उन्हें एक क्षणांश तक देखा और निर्लज्जता और धृष्टता से एक वाक्य भीड़ की ओर उछाल दिया, "पहले स्वयं बुला लिया और अब नाटक कर रही है..."

इन्द्र निमिष भर भी नहीं रुका। ऋषियों, तपस्वियों तथा आश्रमवासियों को धकियाता हुआ, सीधा अपने विमान तक पहुंचा; और जब तक कोई संभल सके, उसका विमान पृथ्वी से ऊपर उठ गया।

बिजली की चमक और कड़क के साथ, सारी स्थिति गौतम के सम्मुख कौंध गई। वे जड़ हो गए।

कोई अपनी जगह से नहीं हिला। सब ओर निष्पंदता थी। समस्त दृष्टियां गौतम के चेहरे पर स्तंभित हो गयीं, शत के क्रंदन तथा अहल्या की सिसकियों का स्वर नियमित अंतराल से लगातार आ रहा था ...

थके-टूटे गौतम कुटिया की ओर बढ़े। अहल्या ने एक बार मुख उठाकर उनकी ओर देखा और बोली, "मैं सर्वथा निर्दोष हूं, प्रिय!"

उसका कंठ अवरुद्ध हो गया। मुख हथेलियों में छिप गया।

गौतम की चेतना अनुभूति-शून्य हो चुकी थी। वे कुछ भी अनुभव करने में असमर्थ थे — सुख-दुःख, हंसी-क्रंदन, झूठ-सच, करुणा-घृणा ... कुछ नहीं। एक निर्जीव यंत्र मात्र थे। अपनी उसी यांत्रिक स्थिति में आगे बढ़कर उन्होंने रोते हुए शत को

उठा लिया। शत ज्वर में तप रहा था। निरन्तर रोने तथा ताप के कारण उसका कंठ और होंठ बुरी तरह सूख गए थे।

शत ने पिता को अपनी पूरी शक्ति से भींच लिया था, वह उनसे भीत पक्षी-शावक के समान चिपक गया था। अंततः उसका भय वाणी में फूटा, "हमें अकेले छोड़कर मत जाना, पिताजी!"

"नहीं, पुत्र! नहीं!" गौतम ने शत को थपथपाया, "मैं अब कहीं नहीं जाऊंगा।"

गौतम सहज होने का प्रयत्न कर रहे थे।

क्या धर्म था उनका ?

इन्द्र जाते-जाते कह गया था, "पहले स्वयं बुला लिया और अब नाटक कर रही है..." पर यह कहते हुए कितनी प्रवंचना थी उसके चेहरे पर। अपना अपराध छिपाने के लिए, जाते-जाते वह अहल्या पर लांछन लगा गया। इन्द्र ने चाल चली है। अहल्या को लांछित कर वह अपने आतिथेय ऋषि की पत्नी के साथ बलात्कार जैसे गंभीर अपराध तथा पाप को छिपा जाना चाहता है...

"किंतु," संदेह ने सिर उठाया, "वे क्यों मान रहे हैं कि इन्द्र ने मिथ्याकथन किया है। पूर्वाग्रहयुक्त बुद्धि तो सत्य का अन्वेषण नहीं कर सकती..." पर संदेह का तर्क खोखला है। अहल्या को वे अच्छी तरह जानते हैं। आठ-नौ वर्षों के वैवाहिक जीवन में क्या वे अहल्या को इतना भी नहीं पहचान पाए ? अहल्या में काम-दुर्बलता नहीं है, न ही उसे किसी का धन-ऐश्वर्य अथवा पद सम्मोहित कर सकता है। ...आश्रम में आते ही इन्द्र ने अहल्या पर कैसी लोलुप दृष्टि डाली थी, उसके सम्मुख अपने ऐश्वर्य का जाल बिछाया था। यदि अहल्या में दुर्बलता होती तो उसका व्यवहार भिन्न होता। वह शालीनतावश भी इन्द्र का दुष्ट व्यवहार हंसकर स्वीकार कर सकती थी, किंतु वह घृणा और जुगुप्सा से भर उठी थी। अपनी घृणा को उसने छिपाया भी नहीं था ... दूसरे दिन यज्ञशाला में पवित्र अग्नि के सम्मुख बैठकर इन्द्र का तनिक भी ध्यान ब्रह्म-चिंतन की ओर नहीं था। वह सार्वजनिक रूप से निर्लज्जतापूर्वक अहल्या को अपनी आंखों से निगल रहा था। ...ज्ञान-समारोह में इन्द्र ने कोई भाग नहीं लिया था, वह अपने कुटीर में बैठा मदिरा पीता रहा था। ...गौतम कैसे यह स्वीकार कर लें की इन्द्र सच्चा है और अहल्या झूठी। नहीं ... इन्द्र झूठा है, प्रवंचक है, अन्यायी है, अत्याचारी है...

शत को गोद में लिये, गौतम धीमे पगों से बढ़कर, अहल्या के समीप आये। उन्होंने अहल्या के सिर पर हाथ रखा, उसके केशों को सहलाया, "अहल्या!"

अहल्या ने हथेलियां हटायीं, गौतम की ओर देखा। गौतम के चेहरे पर प्रेम, करुणा और संवेदना थी। वह खड़ी हो गयी। उसने क्षण-भर गौतम की आंखों में देखा और टूटकर गिरे हुए पेड़ के समान, उसकी छाती से जा लगी, "मेरा तनिक भी दोष नहीं, आर्यपुत्र!"

"जानता हूं, देवी!" गौतम की आंखें भर आयीं, "अच्छी तरह जानता हूं। सफाई

की तनिक भी आवश्यकता नहीं। उस दुष्ट के अत्याचार का प्रतिकार करना होगा।''

अहल्या मौन रही। वह फटी-फटी आंखों से अपने पति के तेजस्वी चेहरे को देख रही थी — इन्द्र के अत्याचार का प्रतिकार ? इन्द्र देवराज है, समस्त देव -जातियां उसके प्रति पूज्य-भाव रखती हैं, समस्त आर्य सम्राट् उसे अपना संरक्षक मानते हैं। वह जिससे बात कर लेता है, वही सम्राट् कृतकृत्य हो जाता है। ऐसे देवराज से उसके प्रति कैसे प्रतिशोध लेंगे ? एक साधारण ऋषि! सीरध्वज का उनके प्रति किंचित् मैत्री-भाव अवश्य है, किंतु ऐसा सम्बन्ध तो उनका किसी भी शासक से नहीं कि कोई उनका पक्ष लेकर इन्द्र के विरुद्ध उठ खड़ा हो और किसके पास इतनी शक्ति है कि वह युद्ध में इन्द्र को ललकार सके! ...

पुत्र को गोद में लिये, पत्नी को वक्ष से लगाये, गौतम मौन खड़े थे, किंतु उनका मन वहां नहीं था। पहले झटके में वे मात्र स्तंभित हुए थे, अब क्रमशः स्तंभन क्षीण हो रहा था। जड़ावस्था समाप्त हो रही थी और उनके मन में एक पीड़ा उभर आयी थी। क्रमशः वे अनुभव कर रहे थे कि इन्द्र ने उनको कितना अपमानित, पीड़ित और प्रवंचित किया था ... अहल्या! जो उनकी सम्पूर्ण कोमल भावनाओं, प्रेम तथा संवेदनाओं की पूंजीभूत मूर्ति थी, उसके साथ इन्द्र ने बलात्कार किया था ... अहल्या के मन में कितनी पीड़ा होगी! उसकी इच्छा के सर्वथा विरुद्ध संपूर्ण शक्ति के साथ विरोध करते रहने पर भी, एक पुरुष ने केवल अपने पशुबल के आधार पर उसका भोग किया था। क्या सोचती होगी अहल्या ? सतीत्व की रक्षा के जो संस्कार पीढ़ियों से उसे दिये गए हैं, और जो इस समय उसके जीवन-मरण का प्रश्न है, वह सतीत्व भंग किया है इन्द्र ने।

और सहसा गौतम का तेज जागा ... उनकी भृकुटियां वक्र हो उठीं, मुख लाल हो गया, आंखों में अग्नि जल उठी ... इन्द्र से प्रतिशोध लिया जायेगा ... प्रतिशोध ...!

''चलो, अहल्या! बाहर चलें।'' गौतम ने कोमल तथा स्नेहमयी वाणी में कहा, ''हम ऋषि-समाज के सम्मुख चलें।''

पुत्र को उसी प्रकार गोद में लिये, अहल्या को सहारा देते हुए, गौतम धीरे-धीरे कुटिया से निकलकर बाहर आए। द्वार से निकल, एक बार रुककर उन्होंने देखा, सारा ऋषि-समाज एकत्रित था, उसी प्रकार जिस प्रकार छोड़कर वे कुटिया के भीतर गये थे। तब जिनको सूचना नहीं मिली थी, वे भी अब वहां उपस्थित थे।

अहल्या पुनः संकुचित हो उठी। सारा उपस्थित समाज जानता है कि इन्द्र ने बलात् उसका भोग किया है। यह समाज बिखरकर देश के विभिन्न कोनों में फैल जायेगा — तब सारा देश इस बात को जान जायेगा ... उसकी हथेलियां अनायास ही उठीं, और उसका चेहरा उनमें ढंप गया ...

''संकुचित मत होओ, अहल्या!'' गौतम ने कहा।

गौतम देख रहे थे, वातावरण पूरी तरह स्तब्ध था। कोई किसी से कुछ नहीं कह रहा था। सबकी आंखें अहल्या पर टंगी थीं और चेहरे भाव-शून्य थे। उनकी प्रतिक्रियाओं

के विषय में कुछ भी नहीं कहा जा सकता था।

"उपस्थित तपस्वि-समाज!" गौतम ने ऊंचे स्वर में कहना आरम्भ किया," दुष्ट देवराज ने मेरी पत्नी का अपमान किया है। इन्द्र का यह अपराध अहल्या के विरुद्ध ही नहीं, मेरे विरुद्ध भी है। यह पवित्र नारी-जाति का अपमान भी है, और आश्रमों की पवित्रता तथा ऋषि-समाज की दुर्बलता का उपहास भी है। यदि नीच इन्द्र को इस अपराध का दंड नहीं दिया गया, तो पृथ्वी पर किसी भी स्त्री का सतीत्व सुरक्षित नहीं रहेगा, कोई ऋषि सम्मानित नहीं रहेगा, कोई आश्रम पवित्र नहीं रहेगा। तपस्विगण! आप सब प्रबुद्ध, स्वतंत्र एवं न्यायपूर्ण बुद्धि से निर्णय लेने में समर्थ हैं। आपके सम्मुख मैं देवराज इन्द्र पर दुश्चरित्र होने का अभियोग लगाकर आपसे प्रार्थना करता हूं कि आप न्याय करें और इन्द्र को देवराज, देव-संस्कृति के पूज्य तथा आर्य ऋषियों के संरक्षक के पद से पदच्युत कर दें...।"

"पदच्युत कर दें ?" लक्ष्मण के निराश आक्रोश ने कथा को बीच में रोक दिया, "यह क्या दंड हुआ ? ऐसे व्यक्ति के शरीर की बोटी-बोटी कर चील-कौओं को खिला देनी चाहिए। ऋषि का दंड भी बड़ा उच्च एवं बौद्धिक है।"

विश्वामित्र करुण हंसी हंसे, "पर वह भी कहां हो पाया, सौमित्र ?"

"वह भी नहीं हो पाया ?" लक्ष्मण चकित थे।

"क्यों, ऋषिवर ?" राम का गम्भीर स्वर केवल प्रश्नवाचक ही नहीं था, उसमें असन्तोष, रोष, विरोध और ताड़ना थी।

"क्यों ?" वर्षों से कोंचते हुए प्रश्न से विश्वामित्र पुनः उलझ गये, "क्यों ? क्यों ?" वे मन-ही-मन युद्ध करते रहे और फिर बोले, "पुत्र! कारण अनेक हैं। क्या बताऊं, प्रजा भीरु है। वत्स! यह जानते हुए भी कि उचित क्या है, उपयुक्त क्या है, प्रायः लोग प्रतीक्षारत हैं कि कोई उनका संगठन करे, कोई उनका नेतृत्व अपने हाथों में ले, पहल कोई और करे। आज तक किसी को घोषित रूप में अहल्या का सम्मान करने का साहस नहीं हुआ, आज तक कोई इन्द्र को अपराधी ठहराने का साहस नहीं कर सका। इन्द्र से सब भयभीत हैं, पुत्र! और उस समाज से भी जो केवल रूढ़ियों पर चलता है, जानते-बूझते भी गलत चाज़ों को छोड़ देने का साहस नहीं करता। किसी ने नहीं सोचा कि अहल्या कितनी पवित्र है, कितनी महान है। इन्द्र के लांछन के अनुसार यदि अहल्या में यत्किंचित-सा भी दोष होता, तो इतने अन्तराल में अहल्या अनेक ऐसे कृत्य कर चुकी होती कि गौतम और शतानन्द कहीं मुख दिखने योग्य नहीं रह जाते। राघव! सबल पुरुष दुर्बल नारी के साथ दुष्कृत्य करे तो उस अबला का क्या दोष ? अनेक ऋषियों को राक्षसों ने मार डाला। कइयों के हाथ-पांव काट दिये। कइयों की आंखें फोड़ दीं। क्या इनके लिए ऋषियों को दोषी ठहराकर, दंड दिया जा सकता है? दोषी इन्द्र है किन्तु कोई उसकी भर्त्सना करने का साहस नहीं करता। सब ओर

निष्क्रियता, मानसिक-नैतिक साहस का अभाव है। और दंड भोग रही है अहल्या ...''

''गौतम की बात का ऋषियों ने क्या उत्तर दिया, ऋषिवर ?'' राम ने विश्वामित्र की आक्रोश-धारा को बाधा दी।

''उन्होंने कहा होगा, हमारी संध्या का समय हो गया है, हमें देवों का आह्वान करना है। अन्यायी ...'' लक्ष्मण दांत पीस रहे थे।

विश्वामित्र बहुत पीड़ित दिखते हुए भी मुसकराए, ''कुछ ऐसा ही हुआ, सौमित्र! गौतम ने अपनी बात पूरी कर देखा, आधे लोग चुपचाप खिसक गए थे। राघव! ये वे लोग हैं, जो अपना पल्ला बचाने के लिए तटस्थ, निर्विकार तथा उदासीन होने का अभिनय करते हैं। राह चलते मार्ग पर तमाशा देखने के लिए उत्सुक भीड़। जब तक तमाशा होता रहा, देखते रहे; और जैसे ही न्याय ने अपने पक्ष में कर्म का आह्वान किया, उनके कंधों पर दायित्व डालने का प्रयत्न किया, निर्विकार हो गए।

शेष के सामने प्रश्न था कि कौन प्रमाणित करेगा कि इन्द्र जो कह गया है, वह झूठ था। संभव है कि वह सच ही कह रहा हो।

एक वर्ग का मत था कि अहल्या को निर्दोष मान लिया जाए, तो भी उसका सतीत्व-भंग हो ही चुका था। दोष किसी का भी हो, वह पतित हो चुकी थी। उसका उद्धार संभव नहीं था — इन्द्र को दंडित किया जाए अथवा न किया जाए।

एक अन्य वर्ग का मत था कि इन्द्र तो इन्द्र था, उसे कौन दंडित कर सकता है, उसे दंड देना सूर्य पर थूकना है।

''यह चिन्तक समाज है जो न्याय का पक्ष ग्रहण नहीं कर सकता।'' राम का स्वर खेद से आप्लावित था, ''ये क्या केवल उन समस्याओं पर चिंतन कर सकते हैं, जिनका जीवन्त समाज से कोई संबंध नहीं है।''

''वत्स! ऋषि का चोला ओढ़कर ही कोई ऋषि नहीं हो जाता, जैसे केवल लेखनी चलाकर कोई कवि नहीं हो जाता, या शिष्यों को लिखा-पढ़ाकर कोई गुरु नहीं हो जाता। केवल बाह्याचार ही पर्याप्त नहीं। कर्म, दायित्व, सत्यनिष्ठा और दृढ़ चरित्र की भी आवश्यकता होती है।''

''आप भी वहां उपस्थित थे, गुरुदेव ?'' लक्ष्मण का निर्दोष प्रश्न विश्वामित्र के हृदय को चीरता चला गया।

''हां! मैं भी वहीं था, वत्स!'' विश्वामित्र दग्ध होते जा रहे थे, ''यह सब कुछ मेरे सामने हुआ और मैं कुछ कर नहीं सका — इस बात की यातना आज तक मेरी आत्मा से जोंक-सी चिपकी हुई है।''

''अन्याय के विरुद्ध आह्वान पर सब ऋषि-मुनि, ब्रह्मचारी और आचार्यगण मुख फेरकर चले गए तो आपने क्या किया, गुरुदेव ?'' राम की तीखी पारदर्शी आंखें उनसे उत्तर मांग रही थीं।

''मैं भी अन्य लोगों के पीछे-पीछे सिर झुकाकर वहां से चला गया था।''

''क्यों ?''

''इस 'क्यों' ने मेरी आत्मा, मेरे मन और हृदय को वर्षों तक मथा है, राघव!'' विश्वामित्र अतीत के कुहरे में खो गए, ''मैंने जन्मतः क्षत्रिय होते हुए भी, स्वयं को ब्रह्मर्षि मनवाने का हठ ठाना था। बड़े लंबे और विकट संघर्ष के पश्चात् मैं वह प्रतिष्ठा पा सका था, पुत्र! वह प्रतिष्ठा मुझे अत्यधिक प्रिय थी। कदाचित् इसलिए मैं भूल गया कि सत्य क्या है, न्याय क्या है और मेरा कर्तव्य क्या है ? मुझे याद रहा कि मुझे कुछ भी ऐसा नहीं करना चाहिए, जिससे कोई मेरे ब्रह्मर्षित्व पर उंगली उठा सके। समस्त ब्रह्मर्षि इन्द्र को दोषी ठहराना अस्वीकार कर चुपचाप वहां से चले गए हैं, यदि मैंने अहल्या का समर्थन और इन्द्र का विरोध किया तो कोई यह न कह दे कि एक क्षत्रिय धर्म का नियामक नहीं हो सकता।''

''यह उचित था, गुरुदेव ?'' राम लक्ष्मण से भी अग्रसर दीख रहे थे, और लक्ष्मण प्रसन्नता से मुसकरा रहे थे, ''कहीं अनुकरण से भी न्याय हुआ है। यदि ऋषि भी अनुकरण ही करेगा तो न्याय और क्रांति की मौलिक कल्पना कौन करेगा ?''

अपने मार्ग पर आगे बढ़ते हुए विश्वामित्र के पग थम गए। उनके वृद्ध अधरों पर उल्लास था और आंखें अश्रुओं में डबडबा आयी थीं, ''राम! काश, किसी ने तब मुझे इस प्रकार प्रताड़ना दी होती। मैं अपनी आत्मा पर पाप का यह बोझ इतने वर्षों तक क्यों ढोता ?'' वे पुनः आगे बढ़ चले, ''वत्स! इतने दिनों के निरंतर पीड़ादायक चिन्तन के पश्चात् मैं भी कुछ ऐसे ही निष्कर्षों पर पहुंचा हूं। लोगों द्वारा एक विशेष पद अथवा रूप की मान्यता पाने के लिए जब हम अपने व्यवहार तथा आचरण का नियंत्रण करते हैं तो मौलिकता से पूर्णतः असंबद्ध होकर हम रूढ़ियों तथा प्रचलनों के दास होकर केवल शब्द बोलते हैं, केवल अनुकरण करते हैं। ऋषि, चिन्तक, जन-नायक तथा लेखक के लिए यह अत्यन्त घातक स्थिति है, राम! तब अपने चिन्तन, अपने न्याय, अपने धर्म, अपनी रचना के स्वामी वे स्वयं नहीं रह जाते; अन्य लोगों की इच्छा ही उनका नियंत्रण करती है। न्याय और क्रांति का स्वरूप, अत्यन्त जटिल समस्या है, पुत्र! मैंने पाया है कि जहां मौलिकता हमारे हाथ से छूटी कि हम न्याय और क्रांति, दोनों से दूर हो गए, तब हम कर्म नहीं कर रहे होते, केवल लकीर पीट रहे होते हैं...और...और...'' कुछ कहते-कहते विश्वामित्र फिर अपने भीतर डूब गए, 'क्या केवल यही बात थी, विश्वामित्र ? केवल यह ही ? केवल यह ही ? क्या जीवन में एक बार घट गई घटनाओं का प्रभाव इतना व्यापक और स्थायी होता है कि उसका प्रतिकार ही नहीं हो सकता ? क्या उसके पश्चात् व्यक्ति पूर्वाग्रह-रहित दृष्टि से नहीं देखा जा सकता ? या ऐसी घटनाओं के पश्चात् व्यक्ति अनिवार्य रूप से भीरु हो जाता है ?... विश्वामित्र ने उग्रा से प्रेम किया था ... विश्वामित्र मेनका के मोह में अपनी तपस्या से स्खलित हुए थे ... तो क्या किसी भी स्त्री के प्रति उनकी सहानुभूति को उसी प्रकाश में देखा

जाएगा? उन्हें क्यों लगा था कि अहल्या के प्रति उनकी सहानुभूति न्याय की मांग न मानकर, अहल्या के प्रति उनकी आसक्ति मानी जाएगी ?... वे कब इस ग्रंथि से मुक्त होंगे ? कब उनमें कर्म का साहस लौटेगा ? कब ? ... ओह, विश्वामित्र! ...'

"फिर क्या हुआ, ऋषिवर ?" लक्ष्मण ने उन्हें आत्मीयता से मुक्त किया।

"फिर ..."

चिन्तक, दार्शनिक, ब्रह्मज्ञानी, तपस्वी, ऋषि, मुनि, आचार्य, ब्रह्मचारी, मित्र, बंधु, अभ्यागत — एक-एक कर सभी चले गए। आहत, अपमानित, विषादग्रस्त गौतम, शत को गोद में लिये, अहल्या के साथ अकेले रह गए। उनके भीतर आक्रोश जागता, उत्साह उन्हें बल देता और वे इन्द्र तथा इस सम्पूर्ण ऋषि-समुदाय से प्रतिशोध लेने की बात सोचते और दूसरे ही क्षण उनकी आत्मा दीन हो जाती — उत्साहशून्य तथा ऊर्जाहीन; अपनी असहायता पर उनका मन रोने-रोने को हो उठता।

तभी बड़ी देर के स्तंभित मौन को तोड़कर शत हल्के-हल्के सिसका। गौतम और अहल्या दोनों का ध्यान बालक की ओर गया।

"भूख लगी है।" शत विधिवत् रोने लगा।

अहल्या ने अभ्यासवश शत को गोद में लेने के लिए भुजाएं आगे बढ़ा दीं किंतु दूसरे ही क्षण उसने भुजाएं वापस लौटा लीं और सिर झुका दिया।

गौतम का मन पत्नी और पुत्र, दोनों ही के प्रति करुणा से आप्लावित हो उठा। बच्चा ज्वरग्रस्त था, सुबह से भूखा था, और इस छोटी-सी आयु में अत्यन्त पीड़ादायक अनुभवों के अनसमझे झटके झेल चुका था; दूसरी ओर मां इतनी विक्षिप्त हो रही थी कि बच्चे के प्रति अपनी ममता को पहचान नहीं रही थी। ... अब सिवाय गौतम के इनकी देखभाल करने वाला और कौन था ? गौतम इन्हें दूसरों के सहारे नहीं छोड़ सकते ...

"चलो, अहल्या!" उन्होंने कसकर अहल्या की भुजा पकड़ी और उसे बलात् कुटिया की ओर बढ़ाया।

अहल्या उनके सहारे पर लदी-लदी-सी, घिसटती हुई कुटिया की ओर चल रही थी। उसकी समझ में नहीं आ रहा था कि उसकी ऊर्जा कहां गई; वह कैसे इतनी निष्प्राण हो गई है !

गौतम ने कुटिया में लाकर उसे बिस्तर पर बिठा दिया, उसी बिस्तर पर, जिस पर इन्द्र ने उसके साथ अत्याचार किया था। अहल्या निष्प्राण-सी चुपचाप बैठ गई। उसने आंखें उठाकर केवल इतना देखा कि गौतम शत को कुछ खिलाने-पिलाने का प्रबंध कर रहे थे।

उपकुलपति अमितलाभ का मन बल्लियों उछल गया। वे तो बहुत थोड़े-से की इच्छा

कर रहे थे, और यहां ऐसा अवसर आया था कि उनकी आकांक्षा से बहुत अधिक उन्हें सहज ही मिल सकता था।

गौतम चाहे कितने ही बड़े ऋषि-क्यों न हों, इस समय वे विकट परिस्थितियों में घिर गए थे। इन्द्र से सहज ही उनका वैर हो गया था, ऐसा वैर कि उन दोनों में किसी भी समय द्वन्द्व हो सकता था। कोई अन्य व्यक्ति इन दोनों में से एक का शत्रु बनकर दूसरे का मित्र बन सकता था। इन्द्र से वैर का तात्पर्य था — प्राय: समस्त देव एवं आर्य शक्तियों की अमित्रता। फिर ऋषि-समुदाय में भी गौतम का अब वह सम्मान नहीं रहा। इस घटना की सूचना पाते ही उन्होंने अहल्या को शाप दे दिया होता, या उसे त्याग दिया होता — तो ऋषियों में उनका आदर-मान और भी बढ़ जाता; किन्तु उन्होंने तो उसका पक्ष लेकर इन्द्र को दंडित करवाने का अभियान आरंभ कर दिया। इसका अर्थ यह हुआ कि वे अहल्या का त्याग नहीं करेंगे। ऐसी पत्नी के साथ रहने के कारण वे आश्रम के कुलपति नहीं रह पाएंगे। इस समय यदि प्रचार से इस आश्रम का सम्मान कम कर दिया जाए तो इसका अवमूल्यन हो जाएगा। मिथिला में प्रथम श्रेणी का अन्य कोई आश्रम न होने के कारण एक नये आश्रम की स्थापना की संभावना हो सकती है — और मिथिला में स्थापित होने वाले उस नये आश्रम का कुलपति सिवाय आचार्य अमितलाभ के और कौन हो सकता है ? नहीं तो गौतम के अधीन काम करते-करते अमितलाभ मर ही जाएगा। ऋषि गौतम का वय ही अभी क्या है ? कठिनाई से तीस-बत्तीस वर्ष! उनके अधीनस्थ उपकुलपति की इस आश्रम के स्वतंत्र कुलपति बनने से पूर्व ही मृत्यु हो जाएगी ...

भाग्य से अमितलाभ को यह अवसर मिला था।

अमितलाभ ने दबी दृष्टि से देखा, उपस्थित ऋषि-समुदाय शनै:-शनै: खिसकता जा रहा था। कोई अहल्या को भ्रष्ट मानता था, कोई इन्द्र का मित्र था, कोई इन्द्र से भयभीत था, कोई इन्द्र से कुछ पाने का इच्छुक था, कोई अनिर्णय में था।

आचार्य अमितलाभ ने अपने कुछ प्रिय ब्रह्मचारियों को अपने पीछे आने का संकेत किया और वाटिका के बीच में से होते हुए छोटे मार्ग से वे यज्ञशाला के सम्मुख पहुंच गए। उनके चारों ओर उनके कुछ सहयोगियों और साथ आए ब्रह्मचारियों ने घेरा डाल लिया था। वहां एक छोटी-सी भीड़ लग गई थी। गौतम की कुटिया से लौटनेवालों का वही मुख्य मार्ग था। उधर से जाते-जाते अनेक आश्रमवासी और अभ्यागत ठिठककर रुक गए। यही उपयुक्त अवसर था।

आचार्य अमितलाभ ने अपनी भुजा उठाकर उच्च स्वर में कहा, ''यह आश्रम पूर्णत: भ्रष्ट हो चुका है। जिस आश्रम के कुलपति की धर्मपत्नी का चरित्र पतित हो, वहां अध्ययन-अध्यापन, ज्ञानार्जन-तपस्या, कुछ भी नहीं हो सकता।''

तभी उनकी दृष्टि लोगों के रेले में ठेले जाते हुए, आते आचार्य ज्ञानप्रिय पर पड़ी। वह विचलित हो गए, यह ज्ञानप्रिय अवश्य ही उनका विरोध करेगा।

आचार्य ज्ञानप्रिय ने आश्रम के भ्रष्ट हो जाने के संबंध में ऊंचे स्वर में की जाने वाली घोषणा सुन ली थी। यह घोषणा सुनकर उन्हें बहुत आश्चर्य भी नहीं हुआ था। अमितलाभ से इस प्रकार के किसी कांड की आपेक्षा तो नित्य ही बनी रहती थी। अब तक उसने कुछ नहीं किया — यही आश्चर्य की बात थी। वे अमितलाभ को अच्छी तरह जानते थे। यह व्यक्ति अपने लाभ के लिए विकट महत्त्वाकांक्षी था। अपने विषय का उद्‌भट विद्वान होते हुए भी उसकी आत्मा ज्ञान-गरिमा से सर्वथा शून्य थी। उसका चरित्र ज्ञान-व्यवसायी का अधिक था, ऋषि-तत्त्व का उसमें सर्वथा अभाव था। ऐसा व्यक्ति क्या आश्रमों के उपयुक्त होता है! कैसे-कैसे वह आचार्य और फिर उपकुलपति के पद पर पहुंचा था, यह किसी से छिपा नहीं था। ...और अब वह कुलपति और उनकी धर्मपत्नी को लांछित कर, आश्रम के भ्रष्ट होने की घोषणा कर रहा था...

आचार्य ज्ञानप्रिय का आक्रोश उमड़ पड़ा, ''किसी पापी द्वारा एक निर्बल नारी के प्रति अत्याचार से आश्रम कैसे भ्रष्ट हो गया, आचार्य अमितलाभ ?''

अमितलाभ ऐसी सभी परिस्थितियों के लिए प्रस्तुत थे। यह न शिथिल होने का समय था, न चूकने का। मुसकराकर बोले, ''आचार्य ज्ञानप्रिय! ऋषि गौतम से मेरी कोई शत्रुता नहीं है। न इसमें मेरा कोई स्वार्थ है। मैं जो कुछ कह रहा हूं, ब्रह्मचारियों-संन्यासियों-तपस्वियों के लाभ तथा आश्रम के सम्मान के लिए कह रहा हूं। स्वयं देवराज ने कुलपति की पत्नी के विषय में कहा है कि उसने उनका काम-आह्वान किया था। कोई निर्णय तो लेना ही होगा। कुलपति की पत्नी के विरुद्ध आरोप है। कुलपति इस समय अपना मानसिक संतुलन खो बैठे हैं। तो निर्णय का उत्तरदायित्व किस पर है?'' अमितलाभ ने मौन होकर उपस्थित जन-समुदाय पर एक सिंह-दृष्टि डाली, किन्तु उनके विरुद्ध कोई कुछ नहीं बोला। अमितलाभ ने बात आगे बढ़ाई, ''इस आश्रम के उपकुलपति-स्वरूप प्रदत्त अधिकार के आधार पर मैं यह घोषणा कर रहा हूं कि यह आश्रम भ्रष्ट हो चुका है। मेरा विचार है कि हमें अन्यत्र एक नया आश्रम स्थापित करना चाहिए, और उसके लिए मिथिला-नरेश से मान्यता की याचना करनी चाहिए। क्या आप लोग मुझसे सहमत हैं ?''

कोई कुछ नहीं बोला। सब ओर के मौन का एक ही अर्थ था कि अमितलाभ से सहमत कोई हो-न हो, उपस्थित जन-समुदाय अमितलाभ का विरोध नहीं कर रहा था।

आचार्य ज्ञानप्रिय देख रहे थे कि अनर्थ हुआ चाहता है। अपने स्वार्थ के पीछे यह व्यक्ति समस्त मिथिला राज्य की ज्ञान-गरिमा को कलुषित करके छोड़ेगा।

वे स्वयं को रोक नहीं पाए, ''नये आश्रम को बिना उपयुक्त कुलपति के सम्राट् जनक से मान्यता नहीं मिल पाएगी। नया कुलपति कौन होगा ?''

अनेक ब्रह्मचारी एक साथ चिल्लाए, ''ऋषि गौतम! ऋषि गौतम!''

अमितलाभ के सिखाए हुए ब्रह्ममचारी उनका नाम पुकारने में पिछड़ गए थे।

अमितलाभ ने मुसकान का मुखौटा ओढ़ लिया, ''ऋषि गौतम से योग्य कुलपति हमारे मध्य दूसरा नहीं है। हम नये आश्रम की स्थापना कर उनसे प्रार्थना करेंगे कि वे अपनी भ्रष्ट पत्नी का त्याग कर वहां आ आश्रम की व्यवस्था संभालें। यदि वे न आए, तो फिर किसी अन्य विद्वान को यह पद सौंपा जा सकता है।''

ज्ञानप्रिय कुछ नहीं बोले। अमितलाभ ने गौतम के विषय में ऐसी कोई बात नहीं कही थी, जिसका विरोध किया जा सके। पर अहल्या ... इस समय अहल्या का समर्थन जोखिम का काम है। सामान्य जन अहल्या को दोषी मान बैठा है।...

सर्व-सम्मति से अमितलाभ का प्रस्ताव मान लिया गया। ज्ञानप्रिय चुपचाप अपनी कुटिया में लौट आए। पति-पत्नी दोनों ही इस घटना से दुःखी थे, किंतु दोनों ही समझ रहे थे कि वे लोग गौतम और अहल्या की अधिक सहायता नहीं कर सकते। इस समय दोनों को ही नये आश्रम में चले जाना चाहिए और वहां गौतम की प्रतिष्ठा बनाने का प्रयत्न करना चाहिए, अन्यथा अमितलाभ अनिष्ट कर डालेगा।

''किन्तु मैं शत को कैसे छोड़ूंगी, आर्यपुत्र ?'' सदानीरा सिसक उठी, ''ईश्वर ने मुझे कोई संतान नहीं दी — मैंने कभी उससे शिकायत नहीं की। मैं तो शत को पाकर ही संतुष्ट थी। प्रभु से वह भी नहीं देखा जाता। कैसा क्रूर है वह!''

''धैर्य रख, सदानीरे!'' ज्ञानप्रिय ने समझाया, ''भाग्य सदा वक्र नहीं रहता। तेरा शत भी तेरे पास आएगा।''

विश्वामित्र रुक गए, ''भूख तो नहीं लगी, सौमित्र ?''

लक्ष्मण ने भूख, धूप और थकान से मुरझाए हुए चेहरे को अपनी इच्छा-शक्ति से हंसाया, सूखे होंठों को जीभ से गीला किया और बोले, ''भूख! नहीं तो। एकदम नहीं। गुरुदेव! क्या शत सदानीरा को मिला ?''

राम मुसकराए, ''लक्ष्मण! तुम्हें तो भूख लगेगी नहीं, क्योंकि तुम मार्ग-भर कथा-भोजन करते आये हो। पर हमारा तो कुछ ध्यान करो। शेष लोगों को भूख लग आयी है।''

''तुम नहीं थके, सौमित्र!'' गुरु बोले, ''पर लगता है मेरा बूढ़ा शरीर थक गया है और विश्राम चाहता है। यदि तुम कथा की हठ न करो तो हम लोग थोड़ा-सा भोजन और विश्राम कर लें।''

लक्ष्मण को कथा का रुकना निश्चित लगा। बोले, ''लगता है भूख तो मुझे भी लग आयी है।'' वे तनिक-सा खिसियाकर मुसकराए, ''मेरी मां कहती हैं, मैं कथा के लालच में अपनी भूख को दबा जाता हूं।''

पुनः यात्रा आरंभ होने पर गुरु ने कथा आगे बढ़ाई।

...अहल्या ने अपने भीतर झांका ... सब कुछ मर चुका था, जीने की रंचमात्र

भी इच्छा शेष नहीं थी। उसे अपने-आप से घृणा हो रही थी ... इन्द्र जैसे दुष्ट, नीच, घृणित कीट ने इस शरीर का भोग किया था ... अहल्या का स्वाभिमान, परिष्कार, सौंदर्य-बोध, अपने चरित्र का बिंब — सब कुछ ही तो खंडित हो चुका था। उसे स्वयं ही अपने जीने की कोई सार्थकता नहीं लग रही थी, तो अन्य लोगों की दृष्टि में उसका क्या मूल्य था ... वह अब कभी भी कुलपति की धर्मपत्नी का, ऋषि-पत्नी का सम्मान नहीं पा सकेगी। अपने इस पतित शरीर के साथ वह कभी भी अग्निहोत्र पर अपने पति के निकट अधिकारपूर्वक नहीं बैठ सकेगी ... वह जहां कहीं जाएगी, प्रत्येक व्यक्ति उस पर अंगुली उठाएगा कि वह इन्द्र की भोग्या है। गौतम को देखते ही प्रत्येक व्यक्ति के मन में पहली बात यही उभरेगी कि अहल्या उन्हीं की पत्नी है, और अहल्या ... शत बड़ा होगा, वह यही सुनेगा कि वह अहल्या का बेटा है, और अहल्या ...

अहल्या को मर जाना चाहिए...

तभी गौतम ने कुछ फल लाकर उसके सम्मुख रख दिए, ''अहल्या! कुछ खा लो, प्रिये !''

पति के शब्द सुनते ही उसका हृदय हूक उठा। उसे लगा, उसके पेट के तल में जैसे बवंडर उठ रहे हैं — एक असह्य पीड़ा, जो बार-बार उसके व्यक्तित्व को मथ जाती है। उसका मन हुआ, वह सशब्द जोर-जोर से रो पड़े; पर रो नहीं सकी। एक सिसकी के साथ उसके कंठ में शब्द फंस गया, ''आर्यपुत्र!''

गौतम ने उसके सिर पर स्नेह-भरा हाथ रख दिया, ''दुःखी मत होओ, प्रिये!''

पति के स्नेह-भरे स्पर्श ने कंठ का अवरोध हटा दिया, वह गौतम के वक्ष से लगकर, पूरे समारोह के साथ फूट पड़ी। गौतम ने उसे अपनी बांहों में थाम लिया। वे कभी उसकी पीठ पर हाथ फेरते और कभी उसके सिर पर ... अहल्या रोती जा रही थी। रुदन के पहले ज्वार के बाद अहल्या के कंठ से कुछ शब्द भी फूटने लगे थे, ''मुझे मर जाना चाहिए, प्रिय! मुझे मर जाने दो ...''

''अहल्या!'' गौतम बोले, ''तुमने यथासंभव प्रतिरोध किया। जो कुछ हुआ, तुम्हारी इच्छा के विरुद्ध हुआ, बलात् हुआ। तुम्हारे साथ अत्याचार हुआ है, अहल्या! मरना पीड़ित को नहीं चाहिए, मरना तो अत्याचारी को चाहिए। इन्द्र को मर जाना चाहिए। किंतु वह निर्लज्ज स्वयं कभी नहीं मरेगा; और उसे मारने वाला सारी पृथ्वी पर मुझे कोई दिखाई नहीं पड़ता।''

अहल्या निरंतर रोती जा रही थी, ''मैं अब तुम्हारे योग्य नहीं रही, प्रिय! शत मुझ जैसी पतित स्त्री को मां कहकर कैसे पुकारेगा ? और मैं अब उसे पुत्र कैसे कहूंगी ?''

''शांत हो, अहल्या!'' गौतम समझाते रहे, ''तुम मेरी धर्मपत्नी और पूर्णतः मेरे योग्य पत्नी हो। तुम पतित नहीं हो, तुम्हें पतित कहने का साहस कोई नहीं कर सकता। तुम पूर्णतः शुद्ध, स्वच्छ और पवित्र हो।''

गौतम दिन-भर अहल्या को समझाते रहे। ज्वरग्रस्त शत को बहलाते रहे। समय-

समय पर अपने ज्ञान के अनुसार, कुटिया में उपलब्ध कोई औषध देते रहे। उस ज्वर में बालक शत भी जैसे बहुत गंभीर हो गया था और परिस्थितियों की विषमता समझ रहा था। वह रोगी बच्चे के समान, पिता को परेशान नहीं कर रहा था। जाने उसकी बुद्धि ने क्या देखा, और क्या समझा था ... अहल्या कभी लंबे-लंबे प्रलाप करती। ...गौतम जानते थे, इस समय अहल्या के लिए यही सब स्वाभाविक था और स्वस्थकर भी। क्रमशः समय के साथ ही वह सहज हो सकेगी...

संध्या थोड़ी ढली तो दिन-भर की रोती-कलपती अहल्या, निढाल होकर बिस्तर पर लेट गई। पहले तो वह आंखें बंद कर कुछ सोचती रही। ...इन्हीं प्रक्रियाओं के बीच अंततः वह सो गई।

गौतम को कुछ संतोष हुआ। शत को पिछले दिन का बचा हुआ दूध पिलाकर वे पहले ही सुला चुके थे। दोनों के सो जाने के पश्चात्, उनसे निवृत्त हुए-से गौतम का ध्यान अपनी ओर लौटा। उनके मन में पीड़ा थी, हताशा थी, अपमान था, पर साथ ही ढेर सारा आक्रोश और उत्साह भी था। किंतु उस आक्रोश और उत्साह से क्या हो सकेगा ? क्या कर सकते थे गौतम ?

वे सीरध्वज के राज्य, मिथिला के प्रमुखतम आश्रम के कुलपति थे। पूरे प्रदेश के, और कई बार उसके बाहर आकर, अपने-अपने विषयों के प्रकांड विद्वान् उनके सम्मुख अपना मस्तक झुकाते थे। जंबू द्वीप के इस क्षेत्र के वे प्रमुख ऋषि थे। स्वयं सम्राट् और उनके मंत्री गौतम के सम्मुख ऊंचे स्वर में बोलने का साहस नहीं करते थे। यह एक सर्वविदित तथ्य था कि वे किसी भी दिन जनकपुरी में राजगुरु के और संयुक्त राजपुरोहित पद पर नियुक्त हों, आर्यावर्त्त के अनन्य ऋषि वशिष्ठ से स्पर्धा करेंगे...

कितना सुरक्षित, सम्मानित और शक्तिशाली समझा था उन्होंने अपने आपको। किंतु भाग्य के एक ही धक्के ने उनकी आंखें खोलकर, सत्य को उनकी हथेली पर रख दिया था। उन्होंने तपस्या, चरित्र और ज्ञान की शक्ति को सर्वोपरि माना था; पर आज की दुर्घटना ने सिद्ध कर दिया था कि पद, धन और सत्ता की शक्ति ही सर्वोपरि थी। वास्तविक शक्ति यह नहीं थी, वास्तविक शक्ति तो...

तो क्या वे व्यक्तिगत धरातल पर इन्द्र से प्रतिशोध लें ? वे इन्द्र को द्वन्द्व-युद्ध के लिए आह्वान करें ? ...पर दूसरे ही क्षण उन्होंने अपना यह विचार स्थगित कर दिया। इन्द्र उनके आह्वान पर क्यों आएगा ? और यदि आ भी गया, तो गौतम अच्छी तरह जानते हैं कि उन्होंने आज तक अपने शरीर को प्रहार सहन करने के लिए साधा है; और इन्द्र ने सदा प्रहार करने का अभ्यास किया है। शारीरिक शक्ति में भी इन्द्र उन पर भारी पड़ सकता है। शस्त्र-विद्या में थोड़ा-सा अभ्यास गौतम ने किया है, किंतु वह इन्द्र के अभ्यास के सम्मुख कुछ भी नहीं है; और दिव्यास्त्र तो उनके पास एक भी नहीं है...

क्या करें गौतम ?

इन्द्र को शाप दें ?

शाप को कार्यान्वित कौन करेगा ? वे इन्द्र को यज्ञ में अपूजित होने का शाप दे सकते हैं, पर उस शाप का कौन प्रचार करेगा ? अहल्या को पत्नी की मान-मर्यादा देने के कारण, जन-सामान्य, ऋषियों-तपस्वियों, शासक-सम्राटों ने गौतम को ही ऋषि मानने से इनकार कर दिया तो ?

गौतम का अस्तित्व समूल झनझना उठा।

गौतम का क्या होगा ?

क्या ऋषि बने रहने के लिए उन्हें अहल्या का त्याग करना पड़ेगा ?

पर अहल्या निर्दोष है। पूर्णतः पवित्र है। वह उनकी पत्नी है, उनके पुत्र की मां है। वे उससे प्रेम करते हैं — उसका त्याग कैसे कर सकते हैं ?

किंतु यदि वे उसका त्याग नहीं करते तो उन्हें ऋषि के पद से भ्रष्ट कर दिया जाएगा। जो ऋषि-समुदाय अपनी आंखों से इन्द्र की दुष्टता देखकर भी अहल्या को निर्दोष घोषित नहीं कर सका; वह अहल्या को पत्नी-रूप में ग्रहण किए रहने पर उन्हें ऋषि की मान्यता कैसे देगा ? ...यदि वे ऋषि नहीं रहे, तो इन्द्र को शाप कैसे देंगे ? ...क्या वे इन्द्र को शाप देने का विचार छोड़ दें ? ...नहीं-ीं-ीं-ीं...'' उनकी आत्मा से भयंकर चीत्कार उठा। वे इन्द्र को इस प्रकार अदंडित नहीं छोड़ सकते। भरसक वे उसे दंड देंगे। ...उन्हें उसे दंडित करने के लिए ऋषि की मर्यादा पानी ही होगी।

प्रातः गौतम की आंखें खुलीं, तो उन्होंने देखा, अहल्या जगी हुई थी। शत के जग जाने के भय से वह बिस्तर से उठी नहीं थी, अन्यथा वह पूरी तरह सचेत थी। उसका व्यवहार सहज किंतु पहले की अपेक्षा कुछ अधिक कोमल था — जैसे उसका मस्तिष्क निरंतर सचेत रहकर उसे कोमल होने का आदेश दे रहा हो। गौतम कुछ चौंके। व्यवहार की यह कोमलता मन की किसी दृढ़ता की प्रतिक्रिया तो नहीं — किस बात के लिए मन को दृढ़ कर लिया है अहल्या ने ? कहीं ऐसा तो नहीं कि रात-भर सोच-सोचकर उसने अपने जीवन के साथ कोई खिलवाड़ करने का निर्णय किया हो...

गौतम ने अहल्या की आंखों में झांककर कुछ जानना चाहा, किंतु अभी पूर्णतः उजाला नहीं हुआ था। उस झुटपुटे में, अहल्या की आंखों में, वैसा कोई भाव उन्हें नहीं मिला। उसके हाव-भाव में भी वैसा कुछ नहीं था। पूछ भी नहीं सकते थे। पूछने का अर्थ था — कल के सारे प्रसंग को पुनः जीवित करना — यह उचित नहीं था। संभव है, अहल्या उस घटना से कुछ उबर पायी हो। उसे फिर से पीड़ित मनःस्थिति में लौटाने का दुष्कृत्य क्यों किया जाए ?

गौतम का अपना मन भी तो ठीक नहीं था। अभ्यासवश उनकी आंख ठीक समय पर खुल गयी थी, किंतु बिस्तर से बाहर वे भी नहीं निकले। क्या करेंगे इतनी सुबह उठकर ? क्या करेंगे नदी पर जाकर स्नान कर ? ...यदि घाट पर किसी ने उन्हें देख लिया तो प्रत्येक व्यक्ति उनकी ओर इंगित करेगा —'यह उसी अहल्या का पति गौतम

है...।' अब कौन यज्ञशाला में उनकी प्रतीक्षा कर रहा है! कौन-सा काम है, जो कुलपति के बिना रुका रहेगा! ...कोई आचार्य नहीं, कोई ब्रह्मचारी नहीं। उजाड़ आश्रम में प्रेत-सा अकेला गौतम यज्ञ करके क्या करेगा ? कौन ऋषि मानकर उन्हें सम्मान देगा ? अब यह आश्रम उजाड़ हो जाएगा। मनुष्य के अभाव में क्रमशः वन सघन होता जाएगा। जंगली पशु यहां विचरण करेंगे; और उनके मध्य, चांडालों अथवा प्रेतों के समान तीन प्राणी होंगे — गौतम, अहल्या और शतानन्द। क्या होगा स्नान से ? क्या होगा यज्ञ से? क्या होगा ध्यान-मनन से ? और क्या होगा ज्ञानार्जन से ? जो होना था, वह हो चुका है। इन्द्र जीत चुका है — वे पराजित हो चुके। संपूर्ण आर्यावर्त्त के सर्वश्रेष्ठ ऋषि बनने की महत्त्वाकांक्षा तो दूर, मिथिला प्रदेश में भी उनका महत्त्व किसी अभिशप्त प्रेत से अधिक नहीं है ... और वे देवराज इन्द्र को शाप देने की सोच रहे थे...

अहल्या ने थोड़ी देर प्रतीक्षा की; किंतु जब बाहर पूरी तरह उजाला हो गया और गौतम ने बिस्तर नहीं छोड़ा तो अहल्या को पूछना ही पड़ा, "आर्यपुत्र! आज स्नान के लिए विलंब नहीं हो गया ?"

"हूं!" गौतम ने करवट बदल ली।

"आर्यपुत्र!"

"हां!"

"समय व्यतीत हो रहा है।"

"अहल्या! अब मैं ऋषि नहीं रहा। साधारण गृहस्थ हो गया हूं।"

गौतम अपनी पीड़ा छिपा नहीं सके। वाक्य मुख से निकल ही गया। अहल्या के चेहरे पर अपने वाक्य की प्रतिक्रिया देखने का साहस तक नहीं कर सके। व्यस्तता में उठकर, कुटिया के बाहर निकल गए।

अहल्या को धक्का लगा। उसे अपनी पीड़ा भूल गई। गौतम के मन की पीड़ा का कुछ आभास होने लगा। ठीक ही तो कहते हैं गौतम। वे ऋषि कैसे रह सकते हैं? वे तो अब साधारण गृहस्थ ही रह सकते हैं — वह भी समाज से बहिष्कृत। वन्य पशु-से। क्या अहल्या को पत्नी का अधिकार देने के लिए गौतम को इतना बड़ा मूल्य चुकाना होगा ? ...अहल्या सिहर उठी। ज्ञान, यश और सम्मान के क्षेत्र में निरंतर बढ़ते हुए ऋषि गौतम को नियति के एक हल्के-से धक्के ने क्या से क्या बना दिया। अहल्या के साथ रहकर तो गौतम सचमुच एक अभिशप्त प्रेत-मात्र होकर रह जाएंगे ? ...और शत का क्या होगा ? ज्ञान-विज्ञान के क्षेत्र में बहिष्कृत, सभ्यता और संस्कृति से दूर, समाज और सम्मान से अपरिचित एक जड़ जंगली पशु। किसके कारण ? स्वयं अपनी मां के कारण ? ...क्या अहल्या अपने पति और पुत्र के लिए अब दुर्भाग्य की छाया मात्र रह गई है ? ... कल की दुर्घटना के पश्चात् भी उसे अपने आपसे घृणा हो गई थी ... किन्तु उसका यह रूप तो और भी घृणित है, और भी निन्दनीय!

अहल्या धीरे-से बिस्तर से बाहर निकली। शत शांत पड़ा सोता रहा। अहल्या ने

धीरे-से नि:शब्द, कुटिया का द्वार खोला और बाहर निकल आयी। इधर-उधर देखा, गौतम कहीं दिखाई नहीं पड़े। ...कहीं वे नदी की ओर तो नहीं चले गए ? अहल्या प्रतीक्षा करती रही; पर गौतम लौटते दिखाई नहीं पड़े।

हताश होकर वह गोशाला की ओर चल पड़ी। पता नहीं कहां गए हैं। संभव है, यहीं कहीं हों — लौट आएंगे। वैसे भी थोड़ी देर में शत जाग जाएगा। उठते ही दूध के लिए रोने लगेगा। फिर दूध की व्यवस्था का अवकाश भी नहीं मिलेगा। ...उसके जागने से पहले अहल्या को कम-से-कम, डूंडी गाय को दुह लेना चाहिए।

गोशाला में उसे प्रवेश करते देख डूंडी जोर से रंभाई। अहल्या के मन में ललक उठी, वह दौड़कर डूंडी के पास पहुंची और उसके माथे को सहलाने लगी। डूंडी जोर-जोर से रंभा रही थी और जीभ निकालकर, उस प्यार करने वाले हाथ को चाट लेना चाह रही थी। उसकी आंखों में स्नेह भरा उपालंभ था — 'कल किसी ने मेरी देख-भाल क्यों नहीं की ? कल मेरे पास कोई क्यों नहीं आया ?'

अहल्या डूंडी से लिपट गई, "मुझे क्षमा कर, डूंडी ! कल हम दोनों में से किसी को अपना भी होश नहीं था। मुझे क्षमा कर, डूंडी !"

अहल्या का मन हंस भी रहा था, रो भी रहा था। कल दिन-भर पड़ी वह अपनी पीड़ा में छटपटाती रही। गौतम उसे संभालते रहे। और इधर अभ्यागत, ऋषि-मुनि, आचार्य और ब्रह्मचारी तो दूर, साधारण कर्मकर भी चुपचाप आश्रम छोडकर चल दिए जैसे अहल्या के रूप में आश्रम में कोढ़ फूट आया हो। किसी ने पशुओं को दाना-पानी नहीं दिया, कोई उन्हें चराने के लिए नहीं ले गया ... और अहल्या का मन हंस रहा था — कोई तो है इस आश्रम में, जिस पर, जिसके स्नेह पर, कल की दुर्घटना का कोई प्रभाव नहीं पड़ा। कोई तो है...

दो वर्ष हो गए उस बात को। डूंडी पहली ही बार ब्याने की तैयारी कर रही थी। उन्हीं दिनों उसकी वन में किसी पशु से टक्कर हो गई थी। पता नहीं चला कि कौन-सा पशु था ? चरवाहे डूंडी को आश्रम में लाए तो वह बुरी तरह लहूलुहान थी और उसका एक सींग भी टूट गया था। कितनी पीड़ा थी उसकी आंखों में ? सींग टूट जाने के कारण ही अहल्या ने उसका नाम डूंडी रखा था। उसे डूंडी से अतिरिक्त स्नेह हो गया था; कितनी सेवा की थी उसने डूंडी की ? दिन में कई-कई बार औषध लगाई थी। पास बैठ-बैठकर उसे चारा खिलाया था। और जब तक डूंडी स्वस्थ हुई, तब तक अहल्या से असाधारण रूप से हिल गई थी।

डूंडी की पीड़ा में अहल्या ने उसे स्नेह दिया था, आज उसकी पीड़ा में डूंडी ने औषध लगाई थी। अहल्या का मन हुआ, वह डूंडी के गले लगकर जी भर रोये...

वह बड़ी देर तक डूंडी के साथ लगी खड़ी रही और उसका माथा और शरीर सहलाती रही; डूंडी उसी प्रकार प्यार से रंभाती रही और उसका हाथ चाटने का प्रयत्न करती रही।

सहसा उसे लगा, काफी विलंब हो गया है। वह शत को अकेला छोड़कर आयी थी। उसे अधिक देर नहीं करनी चाहिए।

उसने डूंडी को दाना डाला और भोजन लेकर दूध दुहा। एक-एक कर, उसने सारे पशुओं को खूंटे से खोला और बाहर हांक दिया।

लौटते हुए वह तेजी से अपनी कुटिया की ओर बढ़ रही थी। कदाचित् अब तक शत उठ गया होगा और स्वयं को अकेला पाकर रो रहा होगा। संभव है, गौतम भी अब तक लौट आये हों।

मार्ग में यज्ञशाला के पास से गुजरते हुए उसे लगा कि भीतर शायद किसी व्यक्ति की छाया थी। उसके पग रुक गये — कौन हो सकता है ? क्या अब भी आश्रम में उनके अतिरिक्त कोई व्यक्ति है ?

अहल्या के पग उत्सुकतावश यज्ञशाला के द्वार की ओर बढ़ गये। द्वार पर पहुंचकर वह रुक गयी —एक दीवार से कंधा टिकाकर गौतम एकटक यज्ञकुंड की ओर देख रहे थे।

उनकी उस दृष्टि को देखकर अहल्या की रीढ़ की हड्डी जैसे शीत से कांप उठी — उन आंखों का भयंकर शून्य, उजाड़ मरुभूमि ... किन शब्दों में सोचे अहल्या ? आत्मा के कंकाल के वर्णन के लिए भी शब्द होते हैं क्या ?

अहल्या दबे पांव लौट पड़ी।

उसे स्वयं ही पता नहीं चला कि वह किस प्रकार लड़खड़ाती और अपने शरीर को धकेलती हुई उसे अपनी कुटिया तक लायी ... कुटिया से कुछ दूर ही उसने शत के जोर-जोर से रोने का स्वर सुन लिया था। वह कुछ चेत गई और उसकी गति तेज हो गई।

शत अपने बिस्तर पर बैठा गला और मुंह फाड़कर रो रहा था। अहल्या ने उसे गोद में उठाकर प्यार किया, "मत रो, मेरे लाल!"

और अहल्या के आंसू शत की पीठ पर जा गिरे।

"तुम दोनों मुझे अकेला छोड़कर क्यों चले गये ?" शत रोता जा रहा था, "मुझे अकेले भय लगता है।"

"अब छोड़कर नहीं जाऊंगी, मेरे लाल!" अहल्या ने शत को भींच लिया, "अब चुप हो जा, शत! मैं तेरे लिए दूध लायी हूं।"

शत का ज्वर रात में उतर गया लगता था — उसे अपने शरीर से चिपकाए हुए, अहल्या ने अनुभव किया — कदाचित् गौतम की दी हुई औषध ने कार्य किया था। किंतु ज्वर उतर जाने के बाद की दुर्बलता उसमें थी, अभी दो-चार दिन वह चिड़चिड़ा भी रहेगा। मां-बाप से चिपका-चिपका भी रहेगा ... वैसे पांच वर्षों का शत पूर्णत: स्वस्थ होने की स्थिति में भी इतना बड़ा तो नहीं हो गया कि उसे कुटिया में अकेले छोड़कर, उसके माता-पिता विक्षिप्तों के समान इधर-उधर मारे-मारे फिरें, और बच्चा

रोए भी नहीं। यदि उन दोनों की मनः-स्थिति इसी प्रकार असंतुलित रही तो शत या तो रो-रोकर जान दे देगा, अथवा मानसिक विकृति से ग्रस्त हो जाएगा ...

''मेरे बच्चे!'' अहल्या ने शत को और भी जोर से भींच लिया।

दो-ढाई घंटों के बाद गौतम लौटे।

अहल्या तब तक काफी सहज हो चुकी थी और शत भी दूध पी, मां का दुलार पा, कुछ स्वस्थ हो, खेलने के लिए कुटिया से बाहर निकल गया था।

अहल्या ने ध्यान से गौतम को देखा — उनकी आंखों में अब वह शून्य नहीं था, जो उसने यज्ञशाला में देखा था। आकृति से पर्याप्त सहज लग रहे थे, किंतु शरीर थका हुआ था, जैसे क्षमता से अधिक श्रम करके आए हों।

''कहां चले गए थे ?'' अहल्या ने बड़े ही कोमल स्वर में पूछा कि कहीं गौतम के दुखते मन को यह प्रश्न, मात्र जिज्ञासा के स्थान पर, उसकी ओर से उन पर नियंत्रण का प्रयत्न न लगे।

गौतम बैठ गए। उन्होंने अपने उत्तरीय की बनी गठरी पीठ पर से उतारकर अहल्या के सम्मुख रख दी, ''कुछ फल लाने चला गया था। अब ब्रह्मचारी अथवा कर्मकार तो हैं नहीं, अतः यह काम भी मुझे ही करना पड़ेगा।'' बहुत नियंत्रण करने पर भी गौतम की आंखें भीग ही गईं, ''मैं कुलपति बनकर भूल ही गया था कि मैं एक साधारण वनवासी संन्यासी भी हूं। अध्ययन-अध्यापन और चिंतन-मनन में मैं व्यावहारिक जीवन से ऊंचा उठ जाने का प्रयत्न कर रहा था; और शारीरिक श्रम की महत्ता भूल गया था।''

''आर्यपुत्र!'' अहल्या ने उनके घुटने पर हाथ रखा।

एक सिसकारी के साथ गौतम ने अपनी टांग हटा ली।

और तब पहली बार अहल्या का ध्यान गौतम के घुटने की ओर गया। उनका घुटना छिला हुआ था।

''यह कैसे हुआ ? क्या अधिक चोट आयी ?'' अहल्या की विह्वलता बढ़ गई।

''नहीं, अहल्या!'' गौतम निर्विकार हो उठे, ''पेड़ से कूदते हुए गिर पड़ा। अब वृक्षों पर चढ़ने-उतरने का अभ्यास नहीं रहा, देवि!'' और सहसा वे ऐसी मुद्रा में अहल्या की ओर घूमे, जैसे आंसू पोंछकर हंसने का प्रयत्न कर रहे हों, ''तुम चिंता न करो। बस दो-एक दिन की बात है। फिर मैं पहले-जैसा अभ्यास कर लूंगा। एक रोज घाव खा जाने का अर्थ यह तो नहीं है कि रोज-रोज हाथ-पांव छिलते रहेंगे।''

गौतम सायास हंस रहे थे।

अहल्या का मन रो पड़ा। बहुत चाहने पर भी स्वयं को रोक नहीं पायी। उसने अपना सिर गौतम के कंधे पर टिका दिया, ''प्रिय! मुझे लगता है, मैं आपकी पत्नी नहीं हूं, शत की मां नहीं हूं — मैं एक भयंकर कृत्या हूं, जो आपके और शत के विकास

को खा रही हूं, आप दोनों के भविष्य का भक्षण कर रही हूं।''

''अहल्या!'' गौतम ने उसे अपने साथ चिपका लिया, ''ऐसा सोचने का कोई कारण नहीं है। तुम देवी हो। मैं तुम्हारी सहनशीलता और उदारता पर मुग्ध हूं। जितनी पीड़ा तुमने सही है, उसकी तो मैं कल्पना भी नहीं कर सकता। तुम्हारी इस अवस्था में चाहिए तो यह था कि मैं तुम्हें स्नेह और सांत्वना दूं, तुम्हारी देख-भाल करूं, तुम्हारी रक्षा करूं, तुम्हारे अपमान का प्रतिशोध लूं। किंतु, देखता हूं, प्रिय! यह सब नहीं हो रहा है। जो मानसिक स्थिति मेरी होती जा रही है, उसमें मैं तुम्हें पीड़ा दे रहा हूं और तुम मुझे सांत्वना। मैं विक्षिप्त-सा तुम दोनों को छोड़कर निकल गया और घंटों बौराया-बौराया इधर-उधर डोलता फिरा। तुम जाकर दूध दूहकर लायी हो, और मुझे एक बार भी ध्यान नहीं आया कि शत भूखा होगा। यह भी भूल गया कि शत कल ज्वरग्रस्त था, कल उसे औषध दी थी; यह तो देखूं कि औषध का प्रभाव क्या हुआ है ? ...मैं भूल गया कि तुम्हारे साथ अभी कल ही ऐसी भयंकर दुर्घटना घटी है, और ऐसे समय में तुम्हें मेरी आवश्यकता है। केवल मेरा ही प्यार तुम्हें बल, विश्वास और सांत्वना दे सकता है। मैं सब कुछ भूल गया और स्वयं अपने-आपको ही पीड़ित समझकर, वन में विक्षिप्त-सा भटकता रहा...''

''आर्यपुत्र!'' अहल्या ने प्रेम से आंदोलित होकर उन्हें झकझोरा, ''ऐसा क्यों सोचते हैं ? आप नहीं जानते कि आपने मुझे क्या दिया है। कोई और ऋषि ऐसी परिस्थितियों में न केवल अपनी पत्नी को त्याग देता, वरन् अपने मन की पूरी निष्ठा से उसे अपराधिनी मानता। आपने मुझे अपराधिनी नहीं माना, मेरे लिए यही बहुत है। अब यदि आप मुझे त्याग भी दें...''

''अहल्या!'' गौतम ने टोका।

''मुझे कहने दें, प्रिय!'' अहल्या स्नेह-आप्लावित स्वर में बोली, ''अब यदि आप मुझे त्याग भी दें तो भी मुझे आपके प्रेम में कोई संदेह नहीं होगा। बस, आपका मन मुझे अपराधिनी न माने। मेरे लिए यही पर्याप्त होगा, मेरे गौतम!''

''प्रिय! एक बार फिर तो कहो।'' गौतम पुलकित हो उठे।

''मेरे गौतम! मेरे गौतम!''

अहल्या ने अपना मस्तक गौतम की गोद में रख दिया।

गौतम स्नेह-भरे हाथ से अहल्या के केश सहलाते रहे। आज उनके मन पर कहीं यह बोझ नहीं था कि एक अत्यन्त ज्ञानी एंव श्रेष्ठ तपस्वी ऋषि होकर भी वे काम को जीत नहीं पाए हैं। आज अहल्या का सिर अपनी गोद में रखे, अपनी हथेलियों में उसका मुख संजोए, उसके स्निग्ध केशों को सहलाते हुए, उनके स्नायुओं में कहीं काम का तनाव नहीं था। यह तो स्नेह था, शुद्ध और अमिश्रित स्नेह, काम की उत्तेजना से शून्य — ऐसे प्रेम का अनुभव उन्हें पहले तो कभी नहीं हुआ।

अपने भाव को वे स्वयं तक सीमित न रख सके। बोले, ''अहल्या! मैं ऐसे भी

कितना सुखी हूं। तुम जैसी पत्नी पाकर मुझे क्या नहीं मिला। ...किंतु एक बात मैं सुबह से सोच रहा हूं, तुम जैसे शुद्ध हृदय से कुछ भी छिपाना पाप है...''

''क्या सोच रहे हैं, आर्यपुत्र ?'' अहल्या उठ बैठी।

''लेटी रहो, प्रिय!'' गौतम ने अहल्या को पुनः लिटा लिया, ''और आर्यपुत्र न कहो, गौतम कहो।''

अहल्या के चेहरे पर संकोच उभरा। वह मुसकराई। तिर्यक आंखों से गौतम को देखा और बोली, ''गौतम!''

उसने अपना मुख हथेलियों में छिपा लिया।

''सुबह से सोचता रहा हूं, प्रिय! तपस्वी सर्व-विजयी होता है — यह सोचकर ऋषि बनना चाहा था। सर्वथा असफल रहा होऊं, ऐसा भी नहीं है। लोभ, भूख, ममता और आंशिक रूप से काम पर भी विजय पायी; किंतु यश की भूख भी बहुत बड़ी भूख होती है, उस पर मैं विजय नहीं पा सका। मुझे लगता है, मैंने अपने जीवन की सारी तृष्णाएं, सारी कामनाएं, सारी महत्त्वाकांक्षाएं एक ही बिंदु पर केंद्रित कर दी थीं। मैं आर्यावर्त्त का सर्वश्रेष्ठ ऋषि बनना चाहता था — न मेरी यह भूख तृप्त हुई, न इस भूख को मैं जीत पाया। बस यही एक कामना मुझे चंचल बनाए हुए है; अन्यथा क्या कमी है मुझे! तुम जैसी पत्नी है, शत जैसा बेटा है, यह छोटी-सी कुटिया है और विस्तृत वन मेरे सामने पड़ा है।''

''मैं समझती हूं, आर्यपुत्र!'' अहल्या गंभीर थी, ''मैं अपकी निराशा समझती हूं। पर इस निराशा में भी आप अकेले नहीं हैं। मैं भी अपनी तरह की एक ही महत्त्वाकांक्षिणी हूं, प्रिय! मैंने चाहे स्वयं आर्यावर्त्त की सर्वश्रेष्ठ ऋषि बनने का स्वप्न न देखा हो; किंतु अपने पति को इस रूप में प्रतिष्ठित होते देखने की महत्त्वाकांक्षा मेरी भी है। और मेरी तो महत्त्वाकांक्षा भी दुहरी है। मैं अपने पुत्र को यह पद, अपने पिता से, उत्तराधिकार के रूप में पाते हुए देखना चाहती हूं। मैं दोनों के भविष्य की असफलता के दायित्व का बोझ ढो रही हूं। आर्यपुत्र! मुझ-सी पापिन भी कौन होगी !''

''अहल्या!''

''हां, गौतम!''

गुरु ने कथा रोककर अपने श्रोताओं की ओर देखा — गंभीरता ने राम के चेहरे की सहज उत्फुल्लता को ढक लिया था। वे कदाचित् अहल्या और गौतम की समस्याओं पर विचार कर रहे थे और अभी कोई समाधान नहीं पा सके थे। लक्ष्मण की आंखों की उत्सुकता अत्यन्त मुखर थी — कदाचित् वे समस्याओं से अधिक आगे की घटनाओं को जानने के लिए आतुर थे। ये ही दोनों भाव अन्य ब्रह्मचारियों की आकृतियों पर भी बिछे हुए थे। उनमें से बोलने का इच्छुक कोई नहीं था। विश्वामित्र ने कथा आगे बढ़ाई।

अभी पूरी तरह अंधकार नहीं हुआ था, किंतु शाम का धुंधलका घना हो गया था। गौतम को बाहर गए काफी समय हो चुका था; और अहल्या सोच ही रही थी कि उन्हें अब लौट जाना चाहिए था। रात के अंधकार में वन में अकेले घूमना बहुत सुरक्षित नहीं था। और अब तो आश्रम के निर्जन हो जाने के कारण वन्य पशुओं का साहस भी बढ़ता जा रहा था। पहले जो पशु आश्रम की सीमा तक आते भी डरते थे, वे अब आश्रम की सीमाओं का अतिक्रमण करने लगे थे। दिन के समय तो नहीं, किंतु रात के समय उनके आक्रमण का भय उत्पन्न हो गया था।

पिछले कई दिनों से गौतम और अहल्या, दोनों ही इस विषय को लेकर विशेष रूप से चिंतित रहे थे। अंत में, उन्होंने अपनी कुटिया को अधिक सुरक्षित बनाने का निर्णय लिया था। आज ही प्रात: उन्होंने यह कार्य आरंभ किया था और दिन-भर के कड़े परिश्रम के पश्चात् पति-पत्नी ने संध्या समय तक उसे किसी तरह पूरा कर लिया था। कुटिया के चारों ओर लकड़ी की एक मजबूत बाड़ बन गई थी, किसी वन्य पशु के कुटिया-क्षेत्र में प्रविष्ट होने का भय प्राय: नहीं रह गया था। वानर तथा मनुष्य की बात अलग थी। वानर हिंस्र नहीं थे और सीरध्वज के राज्य में मनुष्य के अपराधों की संख्या नगण्य थी। इसलिए कुटिया-क्षेत्र के भीतर जोखिम नहीं था। गौतम इस कार्य से निबटकर वन में चले गए थे, ताकि थोड़ा-बहुत ईंधन तंथा अगले दिन की आवश्यकतानुसार कुछ फल ले आएं।

दिन-भर शत माता-पिता को कार्य करता देखता रहा था। भरसक उनके काम में हाथ भी बंटाता रहा था। कोई छोटी लकड़ी उठाकर इधर-से-उधर रख दी, कोई कुल्हाड़ी घसीटकर पिता के हाथ में पकड़ा दी, रस्सी का कोई टुकड़ा मां के पास पहुंचा दिया — ऐसे अनेक काम करते हुए वह स्वयं को पर्याप्त महत्त्वपूर्ण समझता रहा था। लकड़ी के अनेक छोटे-छोटे टुकड़े उठाकर उसने अलग रख लिये थे, ताकि अगले दिन एक बाड़ वह स्वयं स्वतंत्र रूप से बना ले। मां को उसने पिता के ही समान ताकीद कर दी थी कि कल प्रात: यदि उसकी नींद न टूटे तो वे उसको जगा दें, ताकि उषा-काल में ही वह बाड़-निर्माण का काम आरंभ कर दे — ऐसा न हो कि वह सोया ही रह जाए और सूर्य सिर पर चढ़ आए। ऐसी स्थिति में संध्या तक उसका काम पूरा नहीं हो पाएगा ...

इस समय तक वह काफी थक गया था और सोना चाह रहा था; किंतु पिता के लौटने की प्रतीक्षा भी थी। प्रतीक्षा उसे सोने नहीं दे रही थी। थोड़ी-थोड़ी देर बाद आंखें खोलकर पूछने लगता, ''पिताजी आए, मां ?''

इन दिनों वह पिता से अधिक हिल गया था। वह पहले का शत नहीं रहा था कि दिन-भर यदि पिता से भेंट न हो तो उन्हें याद ही न करे। अब उसका मानव-लोक केवल दो मनुष्यों तक सीमित था। दोनों में से एक भी इधर-उधर हो जाता, तो वह उसकी रट लगा देता था।

गौतम को बुला लाने के लिए बाहर जाने की बात अहल्या पिछले कई क्षणों से सोच रही थी, किंतु उनींदे शत को न तो वह छोड़कर जा सकती थी और न उसे साथ ही ले जा सकती थी। और चिन्ता बढ़ती जा रही थी...

तभी कुटिया के बाहर किसी के पैरों की आहट हुई। अहल्या में मस्तिक की तनी हुई नसें सहसा ढीली हो गईं। गौतम आ गए थे। आज वह उनसे कह देगी कि संध्या समय इस प्रकार वे बाहर न जाया करें — उसे बड़ी चिन्ता होती है।

कुटिया का द्वार खुला और अहल्या ने शत को थपकता हुआ हाथ रोककर पीछे की ओर देखा — पर वहां गौतम नहीं थे। अहल्या की आंखें आश्चर्य और प्रसन्नता से फट गईं। नसें सहसा ढीली हो गईं, "तुम सखी, सदानीरा ?"

"हां, देवि! मैं।"

सदानीरा अहल्या के पास आ गई। उससे सटकर बैठ गई। उसने बिना कुछ कहे, हाथ बढ़ाकर, शत को अहल्या की गोद से उठाकर, अपने वक्ष से चिपका लिया।

शत ने आंखें खोलकर देखा, "नीरा मौसी!"

"हां, मेरे शतू!" सदानीरा ने उसके कपोल के साथ अपना कपोल चिपका, आंखें बंद कर, हल्के-हल्के सिर हिला-हिलाकर झूमना आरंभ कर दिया, वह अनेक दिनों की संचित प्यास बुझा रही थी।

अंत में अहल्या ने ही उसे टोका, "सदानीरा! इस समय कहां से आ रही हो, सखी ?"

सदानीरा की आंखें डबडबा आयीं, "जनकपुरी से आयी हूं, देवि। इतने दिनों से शतू को देखा नहीं था, प्राण आतुर हो रहे थे। अवसर मिलते ही भागी आयी हूं।"

तभी कुटिया का द्वार फिर खुला और गौतम भीतर आए।

"अह..."

वे अहल्या को पुकराते-पुकारते थम गए। उन्होंने दीपक के प्रकाश में अहल्या के पास बैठी एक अन्य नारी-आकृति को देख लिया था। वे उसे पहचानने का प्रयत्न करते हुए आगे बढ़े, "सदानीरा, तुम ?"

"प्रणाम, आर्य कुलपति!" सदानीरा ने शत को अहल्या की गोद में दे, घुटनों के बल बैठ, दोनों हाथ जोड़, उन पर अपना माथा टिका दिया।

"कुलपति!" गौतम उपहास की हंसी हंसे, "कौन कुलपति, सदानीरा ?" उनका स्वर पीड़ा से अछूता नहीं रहा, "स्वप्न हो गए वे दिन, जब गौतम भी आश्रम का कुलपति था।"

"इतने हताश न हों, कुलपति!" सदानीरा के स्वर में स्नेहभरा आग्रह था, "उस दुर्भाग्यपूर्ण घटना के पश्चात् कदाचित् आप आश्रम की सीमाओं से बाहर नहीं गए हैं। इसी से बाहर क्या-क्या घटा है, उससे आप अपरिचित हैं।"

"क्या घटा है, सदानीरा ?" अहल्या बहुत उत्सुक थी।

गौतम पर सदानीरा के कथन का विशेष प्रभाव नहीं पड़ा। वे उसी प्रकार उदास और अनमने बैठे रहे, ''कुछ भी घटे। अब गौतम का किसी से क्या संबंध ?''

''कुलपति, एक बार धैर्य से मेरी बात सुनें।'' सदानीरा बोली, ''मैं शत को गोद में ले एक बार प्यार करने को बहुत व्याकुल थी, पर इतनी-सी बात के लिए मुझे यहां कौन आने देता! स्वयं आचार्य ने मुझे विशेष कार्यवश भेजा है। आप मेरी बात सुनें।''

''आचार्य ज्ञानप्रिय ने ?'' गौतम चकित थे।

''तनिक ठहर, सखी!'' अहल्या ने कहा, ''शत सो गया है, उसे बिस्तर पर डाल दूं। मैं सब कुछ विस्तार से सुनना चाहती हूं।''

अहल्या ने सावधानीपूर्वक शत को गोद में से उठा कंधे से लगाया और धीरे से उठ खड़ी हुई। शत को बिस्तर पर लिटा, चादर ओढ़ा दी; और लौटकर सदानीरा के पास आ बैठी। ''अब कह, सखी! क्या हुआ ?''

''उस दुर्घटना के पश्चात् — सदानीरा ने बात आरंभ की, ''उपकुलपति आचार्य अमितलाभ ने घोषणा की कि यह आश्रम भ्रष्ट हो चुका है, अतः एक नये आश्रम की स्थापना होनी चाहिए। उनकी बात का विशेष विरोध नहीं हुआ। जनकपुर से कुछ हटकर नये आश्रम की स्थापना हो गई है। किंतु नये आश्रम के लिए सम्राट् सीरध्वज से मान्यता प्राप्त करने के सारे प्रयत्न असफल रहे हैं...''

''ठहर, सखी!'' अहल्या ने उसे टोक दिया, ''मैंने तो आज तक यही सुना था कि ऋषि लोग सम्राटों को मान्यता देते हैं, आश्रमों से राज्यों की प्रतिष्ठा बढ़ती है। पर आज मैं यह क्या सुन रही हूं कि एक आश्रम सम्राट् से मान्यता मांग रहा है।''

''तुम ठीक कहती हो, प्रिये!'' गौतम बोले, ''समर्थ ऋषि शासकों से कभी मान्यता और प्रतिष्ठा नहीं मांगते; किंतु जब आश्रम की स्थापना ज्ञान-प्रसार के लिए नहीं, अपने स्वार्थ के लिए हो तो पहले सम्राट् से मान्यता और फिर अनुदान मांगा जाता है। सम्राट् मान्यता देते हैं तो साथ ही धन देते हैं, भूमि देते हैं, गायें देते हैं, सुरक्षा देते हैं...''

''यही बात है, आर्य कुलपति!'' सदानीरा ने सहमति प्रकट की, ''अमितलाभ के चेले-चांटों ने अनेक बार घुमा-फिराकर सम्राट् के सम्मुख उनका नाम रखा; किंतु सम्राट् ने हर बार अस्वीकार कर दिया।''

''किसका नाम चाहते हैं सम्राट् ?'' अहल्या ने पूछा।

''देवि! सम्राट् अपने मुख से किसी का नाम नहीं लेते, पर अपने सम्मुख किए गए प्रत्येक नाम के प्रति अरुचि प्रकट कर देते हैं। आश्रम का प्रत्येक व्यक्ति जानता है कि सम्राट् केवल ऋषि गौतम को कुलपति के रूप में स्वीकार करेंगे। केवल एक ही व्यक्ति में उनकी अटूट निष्ठा है — आर्य कुलपति में।''

''यदि गौतम को ही कुलपति रहना है तो फिर इस बसे-बसाये आश्रम को भ्रष्ट घोषित करने का क्या अर्थ ? गौतम के जाने से क्या नया आश्रम भी भ्रष्ट नहीं हो

जाएगा ?'' गौतम के स्वर में आक्रोश छलछला आया था।

''आर्यपुत्र!'' अहल्या बोली, ''स्पष्टतः यह आश्रम केवल मेरे कारण भ्रष्ट हुआ है। आप आज भी पूजनीय हैं। कुलपति के रूप में स्वीकार्य हैं।'' अहल्या सदानीरा की ओर घूमी, ''सखी! तुम्हें आचार्य ने कुलपति को बुलाने के लिए भेजा है न ?''

''अहल्या!'' गौतम ने डांटा।

अहल्या ने स्नेहिल आंखों से गौतम को डपट दिया, ''कह, सदानीरा! इसीलिए आयी है न तू ?''

''हां, देवि!'' सदानीरा की आंखें भीग उठीं।

गौतम उठकर खड़े हो गए। अपने भीतर की किसी व्याकुलता को दबाने के लिए वे कुटिया में इधर से उधर टहलने लगे थे। उनके जबड़े भिंचे हुए थे, मुट्ठियां कसी हुई थीं, ''मैं अहल्या को छोड़कर नहीं जाऊंगा, नहीं जाऊंगा। मुझे नहीं चाहिए कुलपतित्व! ये लोग समझते हैं कि कुलपति बनने के लालच में मैं अपनी धर्मपत्नी को पतिता घोषित कर उसका त्याग कर दूंगा ? यह कभी नहीं होगा, सदानीरा! तुम जाओ। उन लोगों से कह दो, यहां वन में रहकर, अपनी तपस्या के बल पर, गौतम समस्त कुलपतियों के सामूहिक सम्मान से बड़ा गौरव प्राप्त करके दिखाएगा...''

''शान्त होओ, प्रिय!'' अहल्या ने अत्यन्त मधुर स्वर में कहा, ''और सखी सदानीरा को जाने के लिए कहकर उसका अपमान मत करो।''

गौतम हतप्रभ हो गए — सचमुच, सदानीरा को चली जाने के लिए उन्होंने कैसे कह दिया। घर आए अतिथि का अपमान !

''क्षमा करना, देवि! आवेश में कुछ अनुचित कह गया।''

अहल्या ने भोजन की व्यवस्था की और सबने साथ बैठकर खाया। रात को सदानीरा ने वहीं विश्राम किया। प्रातः मुंह-अंधेरे वह जाने को तैयार हो गई। सोये हुए शत का चुंबन ले उसने पूछा, ''तो आचार्य से क्या कह दूं, आर्य कुलपति ?''

''मुझे स्वीकार नहीं।''

अहल्या सदानीरा के साथ-साथ कुटिया से बाहर निकल आयी। काफी देर तक वह चुपचाप चलती रही। आश्रम की सीमा पर आकर रुकी और बोली, ''सखी! मैं तुम्हारी और आचार्य की कृतज्ञ हूं कि तुम लोगों ने हमारा इतना हित साधा। मैं तुम्हें वचन देती हूं, जैसे भी होगा, मैं कुलपति को भेजूंगी। यह हम सब के हित में है। उनके साथ शत भी आएगा। उन दोनों का ध्यान रखना, शत को तुम्हारे ही भरोसे भेज रही हूं। आज से वह तुम्हारा पुत्र हुआ, बहन!''

अहल्या ने अपना माथा सदानीरा के कंधे से टिका दिया। सदानीरा का कंधा भीगता रहा। उसका हाथ अजाने ही अहल्या की पीठ को थपक, उसे सांत्वना-आश्वासन देता रहा। मुख से वह कुछ भी न कह सकी।

विश्वामित्र की वाणी थम गई और दृष्टि सामने क्षितिज पर उभरती हुई विशाला नगरी की प्राचीर पर टिक गई। उनकी योजना रात को विशाला में ही टिकने की थी।

"कथा क्यों रुक गई, गुरुदेव ?" लक्ष्मण ने अचकचाकर पूछा, "न तो कोई ऐसा अंधकार ही हुआ है और न मुझे टिकने के लिए कोई नदी-तट ही दिखाई पड़ रहा है।"

"कथा केवल इन दो कारणों से ही रुकती है, लक्ष्मण ?" गंभीरता के आवरण के पीछे से राम मुसकराए।

"नहीं, कथा तो भैया राम की इच्छा से भी थम जाती है।" लक्ष्मण हंसे।

"इच्छा राम की नहीं, मेरी है, सौमित्र!" गुरु ने कहा, "सामने जिस नगरी की प्राचीर है, उसका नाम विशाला है। उसका राजा सुमति तुम्हारे ही समान मानव-वंशी है। हमें आज रात उसी के आश्रम में व्यतीत करनी है।"

"रात हम व्यतीत कर लेंगे, गुरुदेव! पर कथा रोक देने का प्रतिबंध तो नहीं है न। राजा सुमति यदि मानव-वंशी है तो उसे भी कथा अच्छी लगती होगी।"

गुरु हंस पड़े, "कथा के लिए इतनी उत्सुकता!"

"ऋषिवर!" लक्ष्मण को नयी युक्ति सूझ गई थी, "आज राजा सुमति के आश्रम में टिकना है, अर्थात् भाई पुनर्वसु की टोली को शिविर-व्यवस्था पर समय नहीं लगाना पड़ेगा। क्या ऐसा नहीं हो सकता कि हम उस समय का भी सदुपयोग करें ? गुरुदेव! आज आप भोजन के बाद कथा सुनाएंगे ?"

"काम पुनर्वसु का हल्का हुआ और भार गुरुदेव पर डाला जा रहा है।" राम मुसकराए, "तुम्हारा न्याय तो अद्‌भुत है, सौमित्र!"

"अच्छा! आज कथा भोजन के बाद भी चलेगी।" गुरु ने निर्णय दिया।

रात के भोजन के पश्चात् वे लोग बैठे तो लक्ष्मण ने अपनी मांग रख दी, "गुरुदेव! कथा। आपने वचन दिया था।"

"वचन न दिया होता, तो भी कथा मैं तुम्हें सुनाता ही।" गुरु सहास ही बोले, "कथा की होड़ हमारी यात्रा के विस्तार से है। एक निश्चित दूरी तय करने से ही यह कथा समाप्त हो जानी चाहिए।"

राम ने चौंककर गुरु को देखा।

गुरु मुसकराए, "कथा सुनो।"

दिन-भर गौतम और अहल्या अपने-अपने कामों में लगे रहे और शत इधर-उधर खेलता रहा। आश्रम-भंग के बाद, दैनिक आवश्यकताओं के घरेलू कार्यों का महत्त्व दोनों के लिए ही पहले से काफी बढ़ गया था। व्यस्तता तो पहले भी बहुत थी; आश्रम की व्यवस्था और निजी कार्यों के बाद, समय नहीं बचता था; किंतु कार्यों की प्रकृति और

थी।

कार्य उन्हें एक-दूसरे से विशेष दूर भी नहीं ले गए थे। कुटिया के आस-पास की संक्षिप्त सीमाओं में रहने पर भी उनमें अधिक बातचीत नहीं हुई — दोनों ही एक-दूसरे को बचा रहे थे। ऐसा न हो, बात अनायास ही निषिद्ध क्षेत्र में प्रविष्ट हो जाए। गौतम बात करना ही नहीं चाहते थे; और अहल्या उपयुक्त अवसर की प्रतीक्षा में थी।

संध्या के .भोजन के पश्चात् अहल्या ने शत को सुला दिया।

अब बीच में तीसरा व्यक्ति कोई नहीं था। इस समय, किसी भी व्याज से, न तो बाहर जाया जा सकता था, न एक-दूसरे को टाला जा सकता था। आमना-सामना अनिवार्य था।

"आर्यपुत्र! क्या सोचा आपने ?"

"किस विषय में ?"

"जनकपुर जाने के विषय में।"

गौतम अपनी व्यथा को और नहीं छिपा पाये। खुल पड़े, "प्रिये ! ऐसा अत्याचार करने के लिए तुम कैसे कह सकती हो ? मैं अपने स्वार्थ के लिए, यशस्वी होने के लिए अपनी निर्दोष कांता को लांछित कर दूं ? उसका त्याग कर दूं ? उसे दुर्बुद्धि, क्रूर समाज के प्रहारों के सम्मुख असहाय और अरक्षित छोड़ दूं ? इतना अत्याचार करवाना चाहती हो तुम ? तुमने कभी सोचा भी है कि मेरे जाने के पश्चात् तुम्हारी क्या स्थिति होगी ?"

अहल्या की आंखें गीली हो गईं, "मुझे गलत न समझो, गौतम! मैं अत्याचार करने के लिए नहीं कह रही। ...पर परिस्थितियां ही ऐसी आ गई हैं कि मुझे अपनी बलि देनी ही होगी। आपके और शत के बिना रहना मेरे लिए कितना कठिन होगा। शारीरिक असुरक्षा, असुविधा, मानसिक यातना, भावनात्मक क्लेश — और जाने क्या-क्या सहना पड़े। किंतु मैं अपने पति और पुत्र का भविष्य तो नष्ट नहीं कर सकती । मुझे इतनी स्वार्थिनी न बनाओ, प्रिय। और ... और..." अहल्या की आंखों में जल के साथ ज्वाला उतरी, "और गौतम! उस दुष्ट इन्द्र से प्रतिशोध लेने का एक यही मार्ग है..."

"अहल्या!"

"हां, आर्यपुत्र! यदि आप लोग मेरे मोह में यहीं पड़े रहे," अहल्या का स्वर किसी अन्य लोक से आता प्रतीत हो रहा था, "तो इन्द्र बेदाग बच जायेगा। पाप करके भी वह सम्मानित और पूज्य रहेगा। हम पीड़ित और अपमानित। उस दुष्ट को दंडित करने के लिए मुझे कितनी ही असह्य यातना झेलनी पड़े, मैं सहर्ष झेलूंगी। आप जनकपुर जाएं। कुलपति का पद स्वीकार करें और दुष्ट देवराज को शाप दें..."

"अहल्या!"

"हां, प्रिय! यही एक मार्ग है। शत का शिक्षण हो। वह मिथिला-नरेश का राज-पुरोहित बने। इसके लिए मैं यहां एकाकी तपस्या करूंगी और उस दिन की प्रतीक्षा

करूंगी, जिस दिन यह समाज मुझे पवित्र मानकर आपकी योग्य धर्मपत्नी की मान्यता देगा...''

गौतम ने अहल्या को अन्वेषक की दृष्टि से देखा — अहल्या अपनी पीड़ा की अग्नि में जलकर भस्म नहीं हुई थी, उसका तेज जाग उठा था। ऐसा तेज, उग्रता और दृढ़ता गौतम ने अहल्या में पहले नहीं देखी थी। कितनी महिमामयी है अहल्या! ...मन हुआ, आगे बढ़कर उसके चरणों पर अपना मस्तक रख दें अथवा उसके चमकते भाल को चूम लें।

पर गौतम दोनों में से कुछ भी न कर सके। उन्होंने आगे बढ़कर अपना सिर अहल्या की गोद में रख दिया। अहल्या के हाथ गौतम के बालों को सहलाने, बिगाड़ने और संवारने लगे।

''कहती तो ठीक हो, देवि!'' गौतम का स्वर शांत था, ''मैं कुलपतित्व तथा ऋषित्व का लोभ त्याग सकता हूं। यश और सम्मान को छोड़ सकता हूं। शत के सुंदर भविष्य की उपेक्षा भी कर सकता हूं। पर दुष्ट इन्द्र से प्रतिशोध की तृष्णा नहीं त्याग सकता। पिछले दिनों मैं लगातार सोचता रहा हूं, और अंततः इस निष्कर्ष पर पहुंचा हूं कि मैं अत्यन्त दीन और असहाय हूं। मैं इन्द्र के साथ समान धरातल पर नहीं लड़ सकता। ...पर आज पाता हूं कि तुम मुझे बल दे रही हो, मार्ग सुझा रही हो। तुम समर्थ हो, अहल्या! किंतु मैं अत्यन्त दुर्बल प्राणी हूं। मैं तुम्हारे बिना नहीं रह पाऊंगा। तुम्हारे बिना शत का पोषण नहीं कर पाऊंगा...''

''गौतम !'' अहल्या के स्वर में अद्भुत स्नेह था, ''दुर्बल न बनो, प्रिय! एक परीक्षा हम दे चुके हैं, अब एक परीक्षा और है। यदि हम साहसपूर्वक इस परीक्षा में पूरे उतर गए तो ही हम निष्कलंक हो पायेंगे। आर्यपुत्र! परीक्षा सम्मुख खड़ी हो तो हम पीछे नहीं हट सकते...''

सहसा गौतम उठ बैठे, ''पीछे हटने की बात नहीं है, प्रिय, हमें स्वयं को निष्कलंक सिद्ध करना है ... और इन्द्र को दंडित भी करना है। पर उसका मूल्य ?''

''मूल्य जो भी मांगा जाएगा, देना होगा, प्रियतम!'' अहल्या पूरी तरह दृढ़ थी।

''मुझे तुम्हारा अवधि-रहित वियोग सहना होगा ?''

''हां!''

''शत को अपनी मां के अभाव में प्रौढ़ होना होगा ?''

''हां!''

''तुम्हें इस वन में एकाकी, लांछित, असुरक्षित, तपस्यापूर्ण जीवन व्यतीत करना होगा ?''

''हां!''

''अहल्या!'' गौतम का स्वर उत्साह-शून्य हो गया, ''भरे-पूरे आश्रम में, सबकी उपस्थिति में तुम्हारे प्रति इतना अत्याचार हो गया। अब तुम अकेली कैसे सुरक्षित रह

पाओगी ? क्या फिर कोई इन्द्र नहीं आयेगा ?''

अहल्या का स्वर स्थिर था, ''तब हम असावधान थे। इन्द्र अतिथि था, किंतु अब वह स्थिति नहीं है। सीरध्वज के राज में ऐसी दुर्घटना की संभावना नहीं है। फिर भी, आप जनकपुर जाकर इस आश्रम की सुरक्षा की विशेष व्यवस्था करवा सकते हैं। मैं भरसक प्रयत्न करूंगी कि मैं जन-सामान्य के लिए अदृश्य बनी रहूं, सावधान रहूं, कुटिया के द्वार को मजबूत बनाऊं; और अंततः अपने पास कोई शस्त्र रखूं, ताकि यदि विपद आ ही जाए तो कम-से-कम आत्मघात तो कर ही सकूं।''

गौतम की आंखें पत्नी की बुद्धि पर चमक उठीं, ''तुमने तो सारी योजना बना रखी है, प्रिये!''

''हां, गौतम! मैंने सदानीरा को वचन दिया है कि मैं आपको जनकपुर अवश्य भेजूंगी।''

''अहल्या!''

''हां, प्रिय! मेरा वचन रखना होगा।''

गौतम मौन रहे।

''बोलिए, मुझे वचन दीजिए कि आप मेरी बात पूरी करेंगे।''

''मुझे विचार करने का अवसर दो, प्रिये!''

गौतम मौन हो गए। अहल्या भी कुछ न बोली। दोनों अपने-अपने भीतर डूब गए। गौतम ने वचन नहीं दिया था, पर अहल्या यह मानकर चल रही थी कि गौतम अगली ही सुबह जनकपुर जायेंगे। उसने प्रायः सारी तैयारी कर दी थी। शत के लिए भी आवश्यक वस्तुएं सहेज दी थीं।

अहल्या का व्यवहार अत्यन्त कोमल और स्नेहिल था, जैसे एक लंबी विदाई से पूर्व, सुखद व्यवहार की पूंजी एकत्रित कर लेना चाहती हो।

सारी व्यवस्था कर, वह गौतम के पास आयी। पहले उसने पालथी बांधे बैठे गौतम की गोद में अपना सिर रखा, प्यार की तीव्रता से भरे नयनों से अपने पति को देखा, फिर अपनी भुजाएं उठाकर उनके गले में डाल दीं, ''प्रातः चल पड़ेंगे न, प्रिय?''

''शत मां के बिना कैसे रहेगा ?''

''उसे सदानीरा रखेगी।''

गौतम फिर चुप हो गए।

''बोलो, प्रिय!''

''मुझे सोचने दो, अहल्या!''

''सोचो मत! मुझे वचन दो, आर्यपुत्र! आप इंद्र को दंडित करेंगे। ... करोगे न, गौतम !''

गौतम का तन-मन सब कुछ पिघल गया। उसने आज तक केवल अपनी ही

पीड़ा समझी थी, अपने ही अपमान को पहचाना था। अहल्या के मन की पीड़ा आज पूरी तीव्रता से उनके सम्मुख प्रकट हो रही थी ...

''इन्द्र को मैं अवश्य दंडित करूंगा, प्रिये!''

''गौतम!''

अहल्या पति के कंठ से झूल गयी।

प्रातः काफी जल्दी ही अहल्या ने गौतम को जगा दिया। गौतम को लगा, अहल्या कई घंटे पूर्व ही जाग गई थी, या फिर रात-भर सोयी ही नहीं थी। किन्तु अहल्या के मुख पर तनिक भी थकान नहीं थी। एक हल्का-सा आवेश अवश्य था।

गौतम उठकर असमंजस की स्थिति में बैठे रहे। क्या करें — वे समझ नहीं पा रहे थे।

''आर्यकुलपति द्वन्द्व में न पड़ें।'' अहल्या ने सुहाग की मुसकान के साथ कहा, ''निर्णय उनकी धर्मपत्नी का ही रहेगा।''

गौतम अपने शरीर को तैयार करते रहे, किंतु मन तैयार नहीं हो रहा था। अहल्या अपने निर्णय की कितनी पक्की है, यह वे देख रहे थे। शत को अहल्या ने पहले से ही तैयार कर दिया था।

''जाना ही होगा, अहल्या ?''

''हां, आर्यपुत्र!''

''हम कहां जा रहे हैं, मां ?'' शत ने पूछा।

''पिताजी तुम्हें नीरा मौसी से मिलाने के लिए ले जा रहे हैं, बेटा!''

''तुम नहीं चल रहीं, मां ?''

''पुत्र! वहां जाकर मुझे बुलवाने का प्रबन्ध करना।'' अहल्या का स्वर निमिष-भर के लिए कांपकर स्थिर हो गया, ''व्यवस्था होते ही मैं आ जाऊंगी।''

गौतम के मन में कहीं जल्दी मच गयी। उनका मन और नहीं देख पायेगा। और नहीं सह पायेगा। यदि वे और जरा-सी भी देर यहां रुके, तो फिर वे नहीं जा सकेंगे। उन्हें चल ही देना चाहिए।

''पुत्र शत! मां के चरण छुओ।''

शत मां के चरणों में झुक गया।

गौतम देख रहे थे, अहल्या ने दुर्बलता नहीं दिखायी। उसने अत्यन्त संयत भाव से शत के सिर पर हथेली रख आशीर्वाद दिया, ''यशस्वी ऋषि का पद पाओ, वत्स!''

किस धातु की बनी है अहल्या !

अहल्या ने आगे बढ़, गौतम के कंधे पर हाथ रख दिये, ''आर्यपुत्र! इन्द्र को दंडित करो।''

गौतम स्वयं को रोक नहीं पाए। उनका मोह छलछला आया। हाथ बढ़ाकर

अहल्या को लिपटा लिया।

जब तक गौतम और शत पगडंडी की मोड़ पर उसकी दृष्टि से ओझल नहीं हो गये, अहल्या खड़ी रही। फिर उसने अत्यन्त सहज गति से लौटते हुए, कुटिया के बाडे का फाटक बन्द किया। कुटिया के भीतर आकर द्वार की शृंखला चढ़ा ली। स्थिर दृष्टि से एक बार कुटिया की छत को देखा और अगले ही क्षण टूटकर गिरे हुए पेड़ के समान शैया पर औंधी जा गिरी। उसकी आंखों से आंसू मूसलाधार वर्षा के समान बह रहे थे और कंठ में हिचकियों का मेला लग आया था।

नये आश्रम के कुलपति के रूप में गौतम का अभिषेक हुआ।

गौतम का न तन स्थिर था, न मन। बड़ी कठिनाई से वे स्वयं को साधे हुए थे। प्रत्येक क्षण उन पर भारी होता जा रहा था। वे नहीं जानते थे कि वे कब तक स्वयं को संभाल पाएंगे और कब कातर हो, टूटकर बिखर जाएंगे। उनके मुख पर कुलपति का-सा सहज भाव नहीं था — जैसे वे कुलपति न हों, कुलपति का अभिनय कर रहे हों।

जनकपुर पहुंचने पर उनका सहज स्वागत हुआ था, मानो लोगों को यह पूर्वाभास हो कि वे आ रहे हैं। संभव है, आचार्य ज्ञानप्रिय ने पहले ही से भूमिका तैयार कर रखी हो। सम्राट् ने भी उन्हें कुलपति के रूप में तत्काल मान्यता दे दी थी; और उनके पद-ग्रहण के उत्सव की तैयारी का आदेश दिया था।

किसी ने उनसे अहल्या की चर्चा नहीं की थी। किसी ने नहीं पूछा था — वह कहां है ? कैसी है ? क्या वे उसे छोड़ आए हैं ? अहल्या की चर्चा मानो निषिद्ध थी। उसके अस्तित्व को सायास भुलाया जा रहा था।

अभिषेक की तैयारी सम्राट् सीरध्वज के आदेशानुसार हुई थी। उन्होंने इस विषय में स्पष्ट रूप से अपनी विशिष्ट रुचि और अनुकंपा दिखाई थी। शत को गोद में लेकर चूम लिया था और पूछा था, "मेरे भावी राजपुरोहित! कैसे हो ?" ऐसा कहने के लिए सम्राट् बाध्य नहीं थे — पर गौतम ने अनुभव किया, सम्राट् जान-बूझकर अपनी भावी नीति की घोषणा कर रहे हैं। वे शब्दों में कहे बिना ही स्पष्ट कर देना चाहते हैं कि गौतम के व्यक्तित्व में उनको पूर्ण निष्ठा है, वे गौतम की सहायता करेंगे। उनकी समस्त महत्त्वाकांक्षाएं पूरी करेंगे। उनके पुत्र को राजपुरोहित बनाएंगे। पर इन सबका मूल्य गौतम को देना होगा — अहल्या का त्याग!

क्या सीरध्वज अहल्या को दोषी मानते हैं ?

गौतम के पास इसका कोई उत्तर नहीं था। पर इतना वे निश्चित जानते थे कि उन्हें यह मूल्य देना ही होगा...

गौतम यज्ञशाला में बैठे। उनके साथ उपकुलपति के रूप में बैठाए गए आचार्य ज्ञानप्रिय। यह भी नयी बात थी कि आचार्य अमितलाभ को उपकुलपति बनाए जाने की भी

अनुमति सम्राट् ने नहीं दी थी। इस प्रथम यज्ञ में सम्राट् स्वयं उपस्थित थे।

विधिवत् कार्य आरंभ हुआ। मंत्रों के उच्चारण के साथ यज्ञ सम्पन्न हुआ। और इसी क्षण से गौतम ने विधि को बदल डाला। यज्ञ से उठकर उन्होंने सम्राट् को आशीर्वाद नहीं दिया, आश्रमवासियों के सुख की कामना नहीं की। उन्होंने मंत्र-अभिषिक्त जल अंजलि में लिया, सूर्य की ओर मुख किया और स्थिर, गंभीर तथा उच्च स्वर में बोले, "मैं आश्रम का कुलपति गौतम, इस पवित्र जल को हाथ में लेकर, आज देवराज इन्द्र को शाप देता हूं, अपनी दुश्चरित्रता के कारण, इन्द्र देवराज होते हुए भी आज से आर्यावर्त्त में सम्मान्य तथा पूज्य नहीं होगा। उसे किसी यज्ञ, पूजा, ज्ञान-सम्मेलन अथवा किसी भी शुभ-कार्य में आमंत्रित नहीं किया जाएगा। आज से देवोपासना में इन्द्र का कोई भाग नहीं होगा, उसकी पूजा नहीं होगी।"

गौतम ने जलांजलि पृथ्वी पर छोड़ दी।

सभा सन्न रह गई। यह ऋषि का शाप था। क्या यह मान्य होगा ?

सम्राट् अपने आसन से उठकर खड़े हो गए, "मैं, मिथिला-नरेश सीरध्वज घोषणा करता हूं कि जब तक कुलपति गौतम अपने पद की मर्यादा का पालन करेंगे, उनके शाप की रक्षा का दायित्व मुझ पर होगा।" और सम्राट् यज्ञशाला छोड़कर चले गए।

जो कुछ हुआ, वह गौतम के लिए भी आकस्मिक ही था। सम्राट् की कृपा का आश्वासन होते हुए भी, उन्हें यह विश्वास नहीं था कि वे उनके शाप की रक्षा का वचन देंगे। ... आज गौतम ने इन्द्र को दंडित किया था, यद्यपि उसके अपराध की तुलना में दंड बहुत कम था, किंतु उसे दंडित तो किया ही गया था — गौतम को प्रसन्न होना चाहिए था ... किंतु सम्राट् का प्रतिबंध ... क्या है कुलपति की मर्यादा ? अहल्या का त्याग! यदि वे अहल्या को पत्नी के रूप में अंगीकार करेंगे तो वे कुलपति की मर्यादा से पतित होंगे ... शायद यही। ... सम्राट् यही चाहते होंगे।... सम्राट् स्वयं तो बंधे ही थे, गौतम को भी बांध गए थे।

शिथिल मन से गौतम अपनी कुटिया की ओर चल पड़े। उनके पग उठ नहीं रहे थे। वे कुछ ही क्षणों में कई वर्ष बूढ़े हो गए थे।

कुटिया के द्वार पर शत खड़ा था।

"मां कब आएंगी, पिताजी ?"

गौतम बेटे को छाती से चिपटाकर रो पड़े। क्या बताते पुत्र को ?

विश्वामित्र मौन हो गए।

सबकी दृष्टि गुरु पर टिक कई, किंतु गुरु ने अपनी आंखें बंद कर ली थीं -- वे शायद आगे की कथा आज नहीं सुनाएंगे। ... पर लक्ष्मण ऐसी स्थिति को स्वीकार नहीं कर सकते थे। ऐसे स्थल पर कथा रोकने का क्या अर्थ, जहां श्रोता का कलेजा

उत्सुकता से फटा जा रहा हो। वैसे भी कथा आज समाप्त हो ही जानी चाहिए — काफी समय हो गया उसे खींचते हुए।

लक्ष्मण रुक नहीं सके, "गुरुदेव! कथा आगे नहीं बढ़ेगी ?"

विश्वामित्र ने आंखें खोल दीं। लक्ष्मण की ओर देखकर हल्का-सा मुसकाए, किंतु अपनी मुद्रा उन्होंने नहीं बदली। बोले, "कथा मैंने जहां रोकी है, वह पचीस वर्ष पुरानी बात है। किन्तु सौमित्र! कथा आज भी वहीं रुकी पड़ी है।"

"इसका क्या अर्थ हुआ, ऋषिवर ?" लक्ष्मण विचलित हो उठे।

"देवी अहल्या आज भी उसी आश्रम में एकाकी तपस्या कर रही हैं और प्रतीक्षा कर रही हैं कि समाज उन्हें पवित्र मानकर गौतम के पास जाने की अनुमति दे। गौतम प्रतीक्षा कर रहे हैं कि सामाजिक अनुमति पाकर देवी अहल्या उनके पास आएं; और बालक शत अब सीरध्वज का राजपुराहित शतानन्द बनकर भी अपनी मां के लिए सामाजिक स्वीकृति तथा पिता से मिलन की प्रतीक्षा कर रहा है।"

"प्रतीक्षा! अर्थात् कहानी के आगे बढ़ने की प्रतीक्षा।" लक्ष्मण बोले।

"हां!" गुरु ने सिर हिला दिया।

कथा के आगे बढ़ने की कोई संभावना न देख, लक्ष्मण की कथा-संबंधी उत्सुकता शांत हो गई। उनका ध्यान अहल्या के प्रति हुए अत्याचार की ओर चला गया।

"एक दुष्ट और अनेक कायर!" लक्ष्मण बोले।

लक्ष्मण को जोर की नींद आ चली थी, किंतु कथा के मोह में उन्होंने अपने संपूर्ण आत्मबल से उसे रोक रखा था। कथा के समाप्त होते ही नींद के विरुद्ध खड़ा किया गया प्रतिरोध समाप्त हो गया। निश्चिंत सो जाने में लक्ष्मण को दो क्षण भी नहीं लगे।

पर राम को नींद नहीं आयी। उन्होंने कुछ सुखद आश्चर्य से लक्ष्मण को देखा — कैसे मस्त हैं लक्ष्मण! राम जानते हैं कि लक्ष्मण अहल्या की पीड़ा से, उसके विरुद्ध हुए अत्याचार से कितने दुःखी हुए होंगे। यदि कहीं इन्द्र उनके सम्मुख पड़ जाता तो धनुष उठाकर उस पर बाण चला देते। पर वे ही लक्ष्मण इस समय निश्चिंत सो रहे हैं। यह वय ही ऐसा है, या यह लक्ष्मण के स्वभाव की मस्ती है ? ... राम का न वह वय है और न वह स्वभाव। कथा का एक-एक अक्षर उनके मन पर कीलित हो गया था। कैसे अहल्या के प्रति अत्याचार हुआ ... कोई उसकी सहायता को नहीं आया। न ऋषिगण इन्द्र को रोक सके, न कोई सम्राट् अहल्या की सहायता के लिए, उसका पक्ष लेकर, इन्द्र को दंड दे सका। न उसे देवताओं ने समाज-बहिष्कृत किया। ऋषि-दंपति ने अपने बल पर इन्द्र को दंडित किया। कितना हल्का था दंड — इन्द्र पूज्य नहीं रहा। ... इतने-से दंड से क्या होता है। पर इससे अधिक वे लोग कर भी क्या सकते थे। इतने भर के लिए ही उन्हें कितना मूल्य चुकाना पड़ा। पचीस वर्षों में एक बार छिपकर भी गौतम अहल्या से नहीं मिले — न शतानन्द ही वहां गए। जाते तो समाज जान जाता

कि गौतम ने अपनी पत्नी को सचमुच त्यागा नहीं है। गौतम का सम्मान कम हो जाता। उनके शाप का पालन समाज नहीं करता ... गौतम डरे हुए पचीस वर्षों से अपने आश्रम में बैठे हैं।...

... सीरध्वज ने क्यों साहस नहीं किया ? क्यों नहीं अहल्या को सामाजिक मर्यादा दी ? इसलिए कि उन्हें अहल्या से कोई सहानुभूति नहीं थी! या वे स्वयं भी सामाजिक बहिष्कार से भयभीत थे ? यदि राम तब उपस्थित होते, तो क्या करते ?

राम प्रश्न के आमने-सामने खड़े थे।

क्या करते ?

इसमें सोचना क्या है — दुष्ट की दुष्टता का प्रतिकार करने के लिए, शस्त्र का आश्रय लेते। इन्द्र को मृत्युदंड देते और अहल्या को निष्कलंक घोषित कर सामाजिक मर्यादा देते। पर ... पर ये घटनाएं पचीस वर्ष पूर्व घटित हुई हैं। राम के जन्म से पूर्व या उनके जन्म के आस-पास। उन्हीं दिनों युद्ध में सम्राट् दशरथ भी इन्द्र की सहायता करने गए होंगे...

पर ऋषि विश्वामित्र ने कहा है कि कथा वहीं रुकी पड़ी है। अर्थात् अहल्या आज भी आश्रम के भीतर बंदिनी है गौतम और शतानन्द आश्रम के बाहर ... अहल्या आज भी मुक्ति की प्रतीक्षा कर रही है...

राम को वे सारी युवतियां याद हो आयीं, जो ताड़का-शिविर से मुक्त कराई गई थीं। उन्हें लगा अहल्या भी उन्हीं बंदिनी युवतियों में से एक थी। यह दूसरी बात है कि वह राक्षसों द्वारा न बंदिनी हुई, न पीड़ित। पर क्या अंतर है राक्षसों और देवराज में ? शक्ति और सत्ता के मद में क्या सब लोग एक ही जैसे नहीं हो जाते ... चाहे राक्षस हों, चाहे देव ? अहल्या देवराज द्वारा सताई गई और मानव-समाज द्वारा अपने ही आश्रम में बंदिनाी बना दी गई।

राम की कल्पना में वनजा सजीव हो उठी। चलते हुए उसने पूछा था, ''मुझे किसके भरोसे छोड़कर जा रहे हैं, प्रभु ?'' और राम ने कहा था, ''मैं आऊंगा। जब भी मेरी आवश्यकता होगी, मैं आऊंगा।''

क्या भेद है वनजा और अहल्या में ? राम अहल्या को भी ऐसा ही वचन क्यों नहीं दे सकते ? क्या अहल्या उन्हें नहीं बुला रही ? क्या उसकी रुकी हुई कथा को राम आगे नहीं बढ़ा सकते ?...

राम एक निर्णय पर पहुंच रहे थे। उनका मानसिक तनाव कुछ कम हो रहा था। उन्हें नींद आ रही थी...

प्रात: ही विशाला के राजा सुमति विश्वामित्र की सेवा में उपस्थित हुए। उनके आने से पूर्व ही सामान बांधा जा चुका था, प्रस्थान की तैयारी हो चुकी थी।

''ऋषिवर! विशाला में एक दिन विश्राम करने की मेरी प्रार्थना पर आपने विचार

नहीं किया ?...

विश्वामित्र हंसे, "राजन्! विशाला में हमारा बहुत सत्कार हो चुका, और ठहरना संभव नहीं होगा। राम और लक्ष्मण ने महलों से आकर, बाहर वनों तथा उपवनों का जो प्राकृतिक वैभव देखा है, उसके कारण वे राजप्रासादों में रुकना नहीं चाहते । वे आगे जाने के पक्ष में हैं। वैसे भी राजन्! दशरथ से उन्हें मैं बहुत कम समय के लिए मांगकर लाया हूं। रुकना श्रेयस्कर नहीं है। हमें विदा दो। तुम्हारा कल्याण हो।"

विशाला से प्रातः चलकर, थोड़ी देर पूर्व ही उन्होंने मिथिला में प्रवेश किया था। किंतु मिथिला-प्रदेश में प्रवेश करते ही, गुरु फिर किसी असमंजस में पड़ गए थे। अब उनकी गति में वेग नहीं रह गया था। उनका लक्ष्य भी ध्रुव नहीं था। वे अनमने-से कुछ सोचते जा रहे थे। अंततः जब गुरु ने रुकने का आदेश दिया तो राम ने देखा — गुरु न तो जनकपुर के राजप्रासाद में रुके थे, न सीरध्वज की यज्ञ-भूमि में। वे लोग जनकपुर के बाहर किसी प्राचीन उपवन में रुक गए थे। किंतु गुरु का कदाचित् यहां वास करने का विचार नहीं था। उन्होंने पीछे आते हुए छकड़ों से सामान उतारने का कोई आदेश नहीं दिया था। वे खड़े-खड़े कुछ सोच रहे थे।

"यह उपवन कुछ असाधारण है, गुरुदेव!" एक लंबे मौन के पश्चात् राम बोले।

"हां, महाबाहु!" गुरु का स्वर गंभीर था, "यह साधारण उपवन नहीं है। यह एक प्राचीन आश्रम है।"

राम मुग्ध होकर उस आश्रम को देख रहे थे। ऐसा सुन्दर आश्रम कदाचित् उन्होंने इससे पहले नहीं देखा था। इस आश्रम पर प्रकृति की भरपूर कृपा थी। पेड़, पौधे, लताएं, कुंज, झाड़ियां, पुष्प, फल, पशु-पक्षी — सब इतने विपुल, इतनी मात्रा और इतनी अधिक संख्या में थे, जैसे प्रकृति का सौन्दर्य पुंजीभूत हो एक जगह पर आ गया हो। ऐसा नहीं लगता था कि मनुष्य ने उसको किंचित् संवारने के अतिरिक्त कभी उसका क्षय भी किया हो जैसे मानवीय हाथ यदि कभी इस आश्रम को लगे तो उसके निर्माण के लिए ही लगे। मानवीय बाधा के कारण उसमें कहीं कोई दोष दिखाई नहीं पड़ता था — मानो उस आश्रम का कभी उपयोग ही न हुआ हो, वहां कोई रहता ही न हो। कितना सन्नाटा है ? सब ओर शांति, स्तब्धता! कैसा तो एक रहस्य का-सा आभास होता है।

"भैया! यह आश्रम पिताजी द्वारा ब्याहकर लायी और किसी महल में ठहराकर भुला दी गई, किसी रानी जैसा अछूता नहीं लगता क्या ?" लक्ष्मण ने बहुत धीरे-से राम के कान में कहा।

किंतु राम अतिरिक्त रूप से गंभीर थे। उन्होंने लक्ष्मण की बात सुनी, आंखों ही आंखों में उसकी चपलता को सराहा और डांटा। अंत में विश्वामित्र की ओर मुड़े।

विश्वामित्र हल्के-हल्के मुसकरा रहे थे जैसे जानते हों कि राम अभी इसी मुद्रा में उनकी ओर मुड़ेंगे।

"राम! है न यह आश्रम अद्भुत और विचित्र!" गुरु का स्वर करुणायुक्त हो गया, "राघव! यह ऋषि गौतम का वही परित्यक्त आश्रम है, जहां इन्द्र द्वारा अहल्या पर अत्याचार हुआ था।"

लक्ष्मण की आंखों में क्रोध उमड़ा और मुख से अनजाने ही हुंकार फूटी, "इन्द्र! भ्रष्ट सत्ताधारी!"

राम की गंभीरता में करुणा घुल गई।

विश्वामित्र अपने प्रवाह में कह रहे थे, "आज भी अहल्या, सामाजिक रूप से परित्यक्त, मानवीय समाज से असंपृक्त, अपने इस आश्रम में सर्वथा एकाकी, जड़वत्, शिलावत् निवास कर रही है। वह सामाजिक मर्यादा पाने की प्रतीक्षा कर रही है।"

लक्ष्मण के रौद्र रूप पर हल्का-सा कौतूहल छा गया। अनजाने ही उनकी आंखों में जिज्ञासा झांक गई, "अर्थात् कथा यहां रुकी पड़ी है ?"

"कथा यहां रुकी नहीं पड़ी, लक्ष्मण!" राम किसी स्वप्नलोक में से बोल रहे थे, "वह आगे बढ़ाए जाने की प्रतीक्षा कर रही है।"

विश्वामित्र के मन का कोई तंतु भीग उठा; राम सचमुच उनकी इच्छित दिशा मैं सोच रहे हैं। राम निश्चय ही कर्म करेंगे, उचित कर्म!

राम के मन में बिखरे अनेक प्रश्न, भाव, सूत्र एक आकार ग्रहण कर रहे थे। उन सबका केंद्रीयकरण उन्हें कर्म की ओर प्रेरित कर रहा था। वे सोच रहे थे — गुरु विश्वामित्र उन लोगों को सीधे जनकपुर न ले जाकर यहां क्यों लाए हैं ? सिद्धाश्रम से चलते ही उन्होंने अहल्या की कथा क्यों आरम्भ कर दी थी ? क्यों पिछले तीन दिनों से वह अहल्या के विरुद्ध हुए अत्याचार को रेखांकित कर रहे हैं ? क्या चाहते हैं गुरु?

कर्म का समय आ गया था। राम निर्णय पर पहुंच गए थे।

"ऋषिवर! क्या मुझे देवी अहल्या के सम्मुख उपस्थित होने की अनुमति है ?"

ऋषिवर छलछला आयी आंखों से हंस पड़े, "राघव! तुम्हें भी अनुमति की आवश्यकता है ? आज तक अनुमति की ही प्रतीक्षा करते रहे — सीरध्वज, शतानन्द, गौतम ... तुम भी अनुमति मांगोगे, पुत्र! तो तुम उनसे भिन्न कैसे होओगे ? अनुमति की आवश्यकता उन्हें होती है, रघुनन्दन, जो दायित्व का बोझ या तो अपने कंधों पर उठा नहीं सकते, या उठाना नहीं चाहते। तुम अपने लिए स्वयं निर्णय लो।"

राम का आत्मविश्वास उनके होंठों पर मुसकराया, "आओ, सौमित्र!"

लक्ष्मण इस समय अपने मन को पहचान नहीं पा रहे थे। वे क्रुद्ध थे, क्षुब्ध थे, पीड़ित थे, दीन थे, आतुर थे ... क्या चाहते हैं वे ? भैया राम निश्चित रूप से अनिर्णय की स्थिति में नहीं थे। वे बिखरे हुए भी नहीं थे, वे पूरी तरह एकाग्र थे।

सम्मोहित-से लक्ष्मण चुपचाप राम के पीछे चल पड़े। राम के क्रिया-कलाप में कोई उत्तेजना नहीं थी। उनकी गति और मुद्रा सहज हो चुकी थी।

राम आश्रम के केंद्र की ओर बढ़ रहे थे। सामान्यतः कुलपति की कुटिया आश्रम

के केंद्र में ही हुआ करती है। एक स्थान पर रुककर उन्होंने चारों ओर देखा। एक कुटिया जो अपने आकार-प्रकार में भी विशिष्ट थी और जिसके चारों ओर विशेष रूप से एक सुदृढ़ बाड़ बनाई गई थी, उनके सामने थी। कदाचित् यही कुलपति की कुटिया होगी।

राम ने बाड़े का फाटक खोला और भीतर चले गए। कुटिया के द्वार पर क्षण-भर के लिए रुक, खटखटाने के लिए हाथ बढ़ाया तो द्वार अपने-आप ही खुल गया —वह भीतर से बन्द नहीं था। राम ने द्वार पूरी तरह खोल दिया, कुछ क्षणों तक प्रतीक्षा की और भीतर प्रवेश किया।

विश्वामित्र उनके पीछे-पीछे आकर, कुटिया के द्वार पर खड़े हो गए। वे इसी क्षण की प्रतीक्षा पिछले पचीस वर्षों से कर रहे थे ... आज राम और लक्ष्मण, स्वयं अपनी इच्छा से, अहल्या की कुटिया में प्रवेश कर, उसके सम्मुख जा खड़े हुए थे। राम अहल्या के सामाजिक बहिष्कार का अंत करने के लिए उद्यत थे; और एक बार राम द्वारा अहल्या को सम्मान मिल गया तो फिर कोई अन्य जन अहल्या के साथ दुर्व्यवहार नहीं कर सकेगा।

अस्पष्ट-सी आहट से अहल्या का ध्यान भंग हो गया। उसने अचकचाकर आंखें खोल दीं। सिर उठाकर देखा — आकृतियों को पहचानने में उसे थोड़ा समय लगा। वर्षों से उसने किसी मानव-आकृति को इतने समीप से नहीं देखा था। वह तो प्रायः भूल ही गई थी कि किसी और मानव का भी इस लोक में अस्तित्व है। ... धीरे-धीरे उसके मस्तिष्क में, उसके कल्पना-लोक में, उसके विचारों में आकृतियां लौट रही थीं — जीवित प्राणियों की ... मानवों की। ... उसने पहचानना आरंभ किया ... उसके सम्मुख एक नवयुवक और एक किशोर — दो सुन्दर राजसी पुरुष खड़े थे ... और उनके पीछे, कुटिया के द्वार पर खड़े थे ... कौन ? विश्वामित्र ...हां, वे ही थे। पिछले वर्षों में वे कितने बदल गए थे, किंतु उन्हें पहचानना कठिन नहीं था।...

अहल्या समझ नहीं पा रही थी कि क्या करे ? वर्षों का अंतराल बीत गया। कभी कोई उसकी कुटिया में नहीं आया, उसके आश्रम में नहीं आया। ... और आज ऐसा क्या हो गया कि स्वयं ऋषि विश्वामित्र इन दो राजपुरुषों के साथ उसकी कुटिया में आ गए हैं। क्या अब वह पतिता नहीं रही ? क्या अब वह मानव-समाज को स्वीकार्य है ? क्या अब वह अपने पति और पुत्र से मिल पाएगी ? उसके कारण लोग उन्हें अपमानित नहीं करेंगे ? ... ये ऐसे कौन पुरुष हैं, जिन्होंने इतने भयंकर सामाजिक विरोध की चिंता नहीं की है ...?

वर्षों से रुद्ध कंठ से वाणी फूटी। अहल्या स्वयं ही अपना स्वर पहचान नहीं पा रही थी। उसके अपने कानों को ही अपना स्वर अपरिचित लग रहा था। अपने एकांत-जीवन के आरंभिक दिनों में कभी-कभी परेशान होकर वह अपने-आप से बातें करने लगती थी — जोर-जोर से चिल्लाने लगती थी। पर, अब तो उस बात को भी बहुत

संमय बीत चुका है।

"ऋषि विश्वामित्र! इतने लंबे अंतराल के पश्चात् आपको अपनी कुटिया में आया देख मेरे मन में क्या हो रहा है — उन भावों को अभिव्यक्त नहीं कर सकती। ऋषिवर! आप अपने साथ किनको लाए हैं ? ये दो राजकुमार-से नवयुवक कौन हैं ?"

"देवि अहल्या! मैं इन्हें नहीं लाया। ये लोग मुझे लाए हैं। इनके बिना, मैं स्वयं भी यहां तक आने का साहस कभी नहीं कर पाया था।"

राम और लक्ष्मण अब तक चुपचाप अहल्या को देख रहे थे — एक अलौकिक कलाकृति-सी निर्मित, महिमामयी नारी। तपस्या से तपी हुई आकृति, यातना और साधना से प्राप्त की गई पवित्रता। हिम-से श्वेत केश, किंचित् लाली लिये हुए गोरा रंग, अथाह वेदना से भरी हुई पारदर्शी आंखें, ऊंची नाक —ऐसा अलौकिक भाव उन्होंने इससे पहले किसी मुख पर नहीं देखा था। किंतु अब वहां वह युवती नहीं थी, जिस पर इन्द्र की दूषित दृष्टि पड़ी थी। पचीस असाधारण वर्षों की काल-यात्रा उस आकृति पर अपनी अमिट छाप छोड़ गई थी...

राम आगे बढ़े। उन्होंने झुककर अहल्या के चरण छुए।

लक्ष्मण ने उनका अनुसरण किया।

"देवि! मैं कोशल्या और दशरथ का पुत्र राम आपको प्रणाम करता हूं। मेरे साथ मेरे छोटे भाई सौमित्र लक्ष्मण हैं।"

अहल्या के मन में ज्वार उठा। राम और लक्ष्मण साधारण मनुष्य नहीं हैं। आज तक किसी सम्राट् या राजकुमार को इतना साहस नहीं हुआ कि वह इस पतित नारी के द्वार पर आ सकता। स्वयं सीरध्वज यहां तक आने के लिए सहमत नहीं हुए। अद्भुत हैं राम और लक्ष्मण! और ऋषि विश्वामित्र कहते हैं कि ये दोनों राजकुमार ही उन्हें यहां लाए हैं। क्रांति-द्रष्टा ऋषि ने ऐसा क्या किया कि राम ने संपूर्ण आर्यावर्त्त के विरोध की ऐसी उपेक्षा कर डाली...

अहल्या स्वयं को भूल गई। अपने परिवेश को भूल गई। वर्षों से मन में जमी ग्लानि किसी अनबूझी प्रक्रिया से कृतज्ञता में परिणत हो गई। शरीर और मन की जड़ता जैसे शून्य में विलिन हो गई। एक विचित्र-सी प्रसन्नता से आंखें डबडबा आयीं और वाणी वाचाल हो गई, "तुमने मेरे चरण छुए हैं, राम और लक्ष्मण! तुम्हारा कल्याण हो। इच्छा होती है कि मैं तुम्हारे चरण छू लूं। ... मैं अपनी कृतज्ञता किस रूप में अभिव्यक्त करूं ? तुम लोग नर-श्रेष्ठ हो। युग-पुरुष हो। कदाचित् आज तक मैं तुम लोगों की ही प्रतीक्षा कर रही थी। मैं ही नहीं, आज संपूर्ण आर्यावर्त्त तुम्हारे-जैसे युगपुरुष की प्रतीक्षा कर रहा है। मैं अकेली जड़ नहीं हो गई थी, संपूर्ण आर्यावर्त्त जड़ हो चुका है। वे सब तुम्हारी प्रतीक्षा कर रहे हैं। वीर बंधुओ! तुम उनमें उसी प्रकार प्राण फूंको, जिस प्रकार तुमने मुझमें प्राण फूंके हैं। तुम सम्पूर्ण दलित वर्ग को सम्मान दो, प्रतिष्ठा दो। सामाजिक रूढ़ियों में बंधा यह समाज न्याय-अन्याय, नैतिकता-अनैतिकता आदि के विचार और

प्रश्नों के संदर्भ में पूर्णतः जड़-पत्थर हो चुका है। राम! तुम इन सबको प्राण दो। ... मेरी प्रतीक्षा आज पूरी हुई। मेरी साधना आज सफल हुई। तुमने आज स्वयं आकर मेरा उद्धार किया है, आज मैं निर्भय, ग्लानिशून्य मन से कहीं भी जा सकती हूं।... मेरा आत्मविश्वास लौट आया है। मैं निःसंकोच अपने पति के पास जा सकती हूं। मेरा मन किसी से आंखें नहीं चुराएगा। राम! तुमने मेरे दुविधाग्रस्त मन को विश्वास दिला दिया है कि मैं अपराधिनी नहीं हूं। वह अपराध-बोध मेरा भ्रम था..."

शिलाओं को पिघला देने वाली राम की मुसकान उनके अधरों पर आयी, "देवि! आप मुझे इतना महत्त्व न दें। मुझे ही अपनी ओर से कुछ कहने दें। मैं उन संपूर्ण लोगों की ओर से आपसे क्षमा-याचना करता हूं, जिन्होंने आपका अपराध किया है, और प्रतीज्ञा करता हूं कि जीवन में जब कभी इन्द्र से साक्षात्कार हुआ, उसे प्राण-दंड दूंगा। ... मेरा वय अधिक नहीं, ज्ञान भी इतना नहीं, जितना इन ऋषियों, तपस्वियों-मुनियों और साधकों का है। मेरे सम्मुख तो अपना मार्ग भी स्पष्ट नहीं है। परन्तु मैं अत्यन्त चकित और पीड़ित हूं। ये सत्य, उचित और न्याय को जानते हैं। किंतु ये निष्क्रिय और जड़ हुए पड़े हैं। किस भय से ? आपने कहा है, देवि! इन सबको युग-पुरुष की प्रतीक्षा है, जो इन्हें इस जड़ता से उबार नवजीवन दे सके; किंतु वह पुरुष मैं ही हूं — कैसे कहा जा सकता है। पर, हां! मैं प्रयत्न करूंगा कि इस जड़ता को यथाशक्ति तोड़ूं। देवि! मैं तो आज तक अपनी मां को ही बहुत पीड़ित मानता था, पर आपने तो उससे भी कहीं अधिक सहा है।"

"धन्य, राम!" विश्वामित्र का उल्लसित स्वर गूंजा, "पुत्र! तुम मेरी अपेक्षाओं से भी उच्च्व हो, परे हो। जाओ, देवि! तुम्हें कौशल्या के पुत्र राम का संरक्षण प्राप्त है। अब कोई भी जड़ चिंतक, ऋषि, मुनि, पुरोहित, ब्राह्मण, समाजनियंता तुम्हें सामाजिक और नैतिक दृष्टि से अपराधी नहीं ठहराएगा।"

अहल्या समझ नहीं पा रही थी कि वह क्या करे ? उसके हृदय में कितनी उथल-पुथल थी ? उस सबको वाणी देने के लिए उसके पास शब्द नहीं थे। उसके हाथ, आयु में स्वयं से बहुत छोटे, राम के सम्मुख जुड़ गए। उसकी आंखों से धारा-प्रवाह अश्रु बह रहे थे। उसने ऐसे आनन्द का अनुभव पहले कभी नहीं किया था। शब्दों में कुछ न कह सकी, तो उसने अपना माथा झुकाकर, अपने जुड़े हाथों पर टिका दिया।

अहल्या की कातरता देखकर नवयुवक राम अपने भीतर अत्यन्त परिपक्व और प्रौढ़ प्ररुष, वयोवृद्ध व्यक्ति का-सा अनुभव करने लगे। बोले, "कातरता छोड़ो, देवि! प्रफुल्ल और प्रसन्न होओ।"

अहल्या अपनी विह्वलता से उबरी। स्वयं को संतुलित किया और बोली, "मेरी भूल क्षमा करो। मैं अपने-आप में ही भूली रही। आप लोगों को बैठने तक को नहीं कहा। आसन ग्रहण करें। मैं कुछ फल-फूल ले आऊं ..." सहसा उसकी वाणी उत्साहशून्य हो गई, "...मेरे हाथ का भोज्य ग्रहण कर..."

"अहल्या!" विश्वामित्र ने स्नेह-सधे कठोर स्वर में डांटा।

राम अपनी सहज गंभीरता छोड़ अट्टहास कर उठे।

अहल्या अत्यन्त हल्के मन से कुटिया से बाहर निकल गई।

लक्ष्मण की आंखों के सम्मुख इतना कुछ तेजी से घट गया था। उनके मन में उथल-पुथल मच गई थी। अब तक वे कुछ बोले नहीं थे, अब बहुत कुछ कहना चाह रहे थे, किंतु किससे कहते! भैया राम और गुरु विश्वामित्र दोनों ही कहीं बहुत गहरे डूबे-डूबे लग रहे थे। अब तक वे देवी अहल्या के लिए पीड़ित और चिंतित हो सकते थे, पर अब क्या है...

"गुरुदेव!" सहसा राम बोले, "ब्रह्मचारी समुदाय क्या आश्रम के बाहर ही रुकेगा ?"

"ओह!" विश्वामित्र चौंके, "नहीं, राम! तुमने यह स्थान तीर्थ-सा पवित्र कर दिया है। उन लोगों को यहां अवश्य आना चाहिए। सौमित्र, तुम पुनर्वसु तथा अन्य ब्रह्मचारियों को बुला लाओ, वत्स!"

लक्ष्मण संकुचित-से उठकर खड़े हो गए। भागने की तैयारी कर, जैसे थमकर बोले, "मैं जा रहा हूं, गुरुदेव! पर मेरे आने से पहले कथा आगे न बढ़े।"

लक्ष्मण दौड़ते हुए कुटिया से निकल गए।

ब्रह्मचारियों को लिवाकर लक्ष्मण आए तो कुछ ही क्षणों में अहल्या भी लौट आयीं। अनेक ब्रह्मचारियों को देख उसने प्रसन्न विस्मय प्रकट किया। अपने आंचल में लाये हुए अनेक फल, उसने धोकर, पत्तों पर रख, अतिथियों को अर्पित कर दिए।

"मेरा शत अब कितना बड़ा हो गया है, ऋषिवर ?" अहल्या ने विश्वामित्र से पूछा, और उसकी आंखें राम के चेहरे पर मंडराने लगीं — "इतना बड़ा हो गया होगा शत! राम से भी कुछ बड़ा। क्या इतना ही सुन्दर ?"

"देवि! तुम्हारा पुत्र अब ऋषि शतानन्द है, जो सम्राट् सीरध्वज का राज-पुरोहित है।"

अहल्या की आंखें आनन्द में मुंद गईं — 'धन्य हो, गौतम! तुमने हम दोनों का स्वप्न पूरा किया।' ... क्षण-भर में ही सचेत होकर बोली, "और आर्यपुत्र कैसे हैं ?"

"गौतम तुम्हारी आतुर प्रतीक्षा कर रहे हैं, देवि!"

अब लक्ष्मण स्वयं को रोक नहीं पाए; जाने इन लोगों का वार्तालाप कब तक चलता रहे। बोले, "क्षमा करें, गुरुदेव! कथा पचीस वर्ष पूर्व ही रुक गई थी। आगे क्या हुआ ?"

गुरु करुणा को रोक मुसकरा पड़े, "आगे की कथा देवि अहल्या की एकांत साधना की करुण गाथा है। वे ही सुनाएं तो सुनाएं।"

अहल्या कुछ-कुछ आभास पा गई थी। बोली, ''बालक! तुम मेरी कथा पूछ रहे हो ?''

''हां, देवि! ऋषि गौतम के चले जाने तक की कथा हमें गुरुदे[illegible] आगे की बात सुनना चाहता हूं।''

''पुत्र! मेरी कथा क्या होगी ?'' अहल्या का स्वर गंभीर था, किंतु उदास नहीं, ''कितने ही समय तक मैं अपनी कुटिया से नहीं निकली। अपनी शैया पर पड़ी-पड़ी रोती रही। पर जब रो-रोकर मन की पीड़ा बहा चुकी और भूख-प्यास से पीड़ित हुई, तो मुझे उठना ही पड़ा। मेरे पास डूंडी और दो-चार गाएं थीं, फलों के कुछ वृक्ष थे, आश्रम में साग-सब्जी [illegible]। मुझे उन सबकी रक्षा करनी थी, ताकि वे मेरी रक्षा कर सकें। मैं इन्हीं कामों में लगी रही। खाली समय में बैठकर कभी पुरानी बातें और कभी अपने प्रिय जनों को याद कर लेती; और यदि मन मानता तो ब्रह्म का ध्यान भी करती। पुत्र! इन दिनों मैं आश्रम से बाहर कभी नहीं निकली।

''पर लक्ष्मण! दो-तीन सप्ताह पश्चात् एक दिन मैं कुछ अस्वस्थ हो गई। तेज ज्वर चढ़ आया और सिर पीड़ा से फटने लगा। जब तक सहन कर सकती थी किया, किंतु जब कष्ट असहनीय हो उठा तो मैंने आश्रम के बाहर के किसी ग्राम में, किसी वैद्य की सहायता लेने की सोची। पुत्र! बिना सोचे-समझे मैं ज्वर की अवस्था में चल पड़ी। मुझे दिशा का कोई ज्ञान नहीं था, दूरी का पता नहीं था। पर मैं चलती गई।

''पहले ग्राम में जो पहला घर मुझे दिखा, मैंने उसी के द्वार पर थाप दी। द्वार खुला। एक प्रौढ़ व्यक्ति बाहर निकला। उसने मुझे पहचानकर ऐसी चीख मारी, जैसे कोई प्रेत देख लिया हो। लोग चीखते-चिल्लाते घरों से निकल आए। मैं उनकी ओर बढ़ती तो वे भाग जाते। घर में घुस जाती तो वे अपने घर-द्वार छोड़कर निकल जाते। मुझसे दूर रहकर, मेरी छाया से भी बचते हुए, वे लोग चिल्ला रहे थे, शोर मचा रहे थे। दो-एक ढेले भी मेरे सिर पर लगे। ...''

''ढेले!'' लक्ष्मण बोले, ''कितने दुष्ट हैं लोग!''

''उन्हें क्या दोष दूं, लक्ष्मण!'' अहल्या बोली, ''पता नहीं वे कौन थे ? पर भोले और अनजान लोग थे। मुझे पतिता घोषित करने वाले तो कोई और थे — ऋषि-मुनि, आचार्य-विद्वान्, समाज-नियंता ... पर खैर, मैं आश्रम में लौट आयी। शैया पर पड़े-पड़े, दो दिनों में ज्वर अपने-आप ही उतर गया। तब से मैं अपने आश्रम से बाहर कभी नहीं गई। बाहर से आश्रम के भीतर भी कोई नहीं आया ... यह वस्त्र भी, वत्स!'' अहल्या ने उत्तरीय हाथ में पकड़कर दिखाया, ''स्वयं बोयी कपास के काता और बुना गया है। ... इस कथा में कोई मोड़ नहीं है, पुत्र! पचीस वर्षों में पहला मोड़ तुम लोगों ने यहां आकर दिया है। ...''

''आप तो मुझे बहुत भली लगती हैं, देवि!'' लक्ष्मण बोले, ''आपकी जगह मैं होता तो ऋषि गौतम और शतानन्द को कभी न जाने देता, यदि वे चले जाते तो उन्हें

कभी क्षमा न करता ...''

अहल्या हंसी, ''मैं भी ऐसा ही करती, लक्ष्मण! यदि उनके मन में मेरे प्रति तनिक भी विरोध होता। पर उनके मन में विरोध नहीं था, द्वेष नहीं था। उन्हें मैंने भेजा है और वे आज भी मेरी प्रतीक्षा कर रहे हैं ... इसीलिए तो मैं जाने को आतुर हूं।''

''तो उठो, देवि!'' विश्वामित्र बोले, ''हम तुम्हें ऋषि गौतम को सौंपते हुए ही जनकपुर जाएंगे।''

जनकपुर के बाहर, जल की सुविधा देखकर, एक आम्र-वाटिका में गुरु विश्वामित्र ने शिविर स्थापित करने की आज्ञा दे दी।

राम ने अपना धनुष एक पेड़ के तने के साथ टिकाया; कंधे से तूणीर उतार उसी के साथ रखा; और उसी पेड़ का सहारा लेकर बैठ गए। लक्ष्मण ने भाई के सुविधापूर्वक बैठ जाने भर की प्रतीक्षा की, और धीरे से आकर उनके पास घुटनों के बल बैठ गए।

राम लक्ष्मण की इस मुद्रा को जानते थे। उन्हें बैठना नहीं था। कोई बात कहकर तत्काल भाग जाने की उनकी यही मुद्रा थी।

''भैया! मैं जरा अपनी गिनती पक्की कर लूं। कई दिनों से अभ्यास छूट गया है।''

राम ने लक्ष्मण को ध्यान से देखा। लक्ष्मण शरारत से मुसकरा रहे थे। राम समझ गए, ''अमराई घूमना चाहते हो ?''

''नहीं। जरा पेड़ गिनूंगा। आम के प्रकारों का निरीक्षण भी करूंगा — वनस्पतिशास्त्र का मेरा ज्ञान भी कुछ पीछे छूट गया लगता है।''

''अधिक देर मत लगाना।''

लक्ष्मण चले गए; और राम अपने मन की गुत्थियों में खो गए।

गुरु ताड़का-वध की बात कहकर राम को लाए थे; किंतु अब तक राम अच्छी तरह जान गए थे कि बात केवल ताड़का-वध की नहीं थी। गुरु ने इस भू-खंड के भविष्य को बहुत दूर तक देखने का प्रयत्न किया था। वे भविष्य में किसी व्यापक संघर्ष की बात सोच रहे थे। उन्होंने अनेक बार ऐसे संकेत दिए थे। उन्होंने कई बार कहा था कि वे उस संघर्ष के सारे सूत्र जोड़ देना चाहते हैं। राम ने अब तक भली प्रकार देखा था कि गुरु कोई बात व्यर्थ नहीं कहते, कोई काम निरुद्देश्य नहीं करते, कहीं भी बिना किसी निश्चित लक्ष्य के नहीं जाते। ऋषि के मन में भविष्य के लिए एक निश्चित योजना थी। वे उसी योजना के अनुसार आगे बढ़ रहे थे। उन्होंने राम को सिद्धाश्रम से अयोध्या नहीं लौटने दिया — क्यों ? पहले गौतम के परित्यक्त आश्रम पर ले गए। अब यहां लाए हैं। यहां क्या है ? सुना है सीरध्वज कोई धार्मिक अनुष्ठान कर रहे हैं। उससे विश्वामित्र को क्या ? वे राम को यहां क्यों लाए हैं ?

इसमें भी गुरु का कोई निश्चित उद्देश्य होना चाहिए।

क्या है वह उद्देश्य ?...

पीछे आते हुए छकड़े आ पहुंचे थे। गाड़ीवान बैलों को रोककर नीचे उतर आए थे। सामान उतारा जा रहा था। पुनर्वसु अपने ब्रह्मचारी साथियों के साथ शिविर की व्यवस्था में लग गया था। गुरु उन्हें तरह-तरह के आदेश दे रहे थे।

अंत में गुरु ने कहा, "पुनर्वसु! जनकपुर में राजपुरोहित शतानन्द को सूचना दो कि हम लोग यहां पहुंच चुके हैं। और पुत्र! उन्हें यह बताना मल भूलना कि मेरे साथ दाशरथि राम और लक्ष्मण भी हैं।"

"जो आज्ञा, गुरुदेव!" पुनर्वसु चला गया।

राम ने गुरु का आदेश सुना। शतानन्द को अपने आने की सूचना देना साधारण बात थी। शतानन्द के माध्यम से ही यह सूचना सम्राट् सीरध्वज को भी मिल जाएगी। किंतु दाशरथि राम और लक्ष्मण के साथ होने की सूचना को इतना विशिष्ट महत्त्व देने का अर्थ ? क्या विश्वामित्र शतानन्द को यह स्मरण कराना चाहते हैं कि राम ने अहल्या को एक लंबी यातना से मुक्त किया है ? क्या गुरु शतानन्द को प्रभावित करना चाहते हैं ? पर क्यों?

राम को कोई उत्तर नहीं मिला।

वे उठ खड़े हुए। धनुष और तूणीर कंधे से लटकाए और गुरु के समीप आ पहुंचे, "गुरुदेव, जनकपुरी आने का प्रयोजन समझ नहीं पा रहा हूं।"

"कोई आपत्ति है, राम ?" गुरु मुसकरा रहे थे।

"आपत्ति नहीं, ऋषिवर! मात्र जिज्ञासा।"

गुरु जोर से हंसे, "लक्ष्मण यहां नहीं दीखते, इसलिए राम को ही जिज्ञासा करनी पड़ी।"

राम मौन रहे।

गुरु गंभीर हो गए, "राम! तुम्हें यहां लाने के एक-दूसरे से जुड़े हुए अनेक कारण हैं। मैं अंतिम लक्ष्य के लिए तुम्हारी जैसी तैयारी चाहता हूं, उसकी पूर्णता जनकपुर में ही होगी, वत्स! यदि यहां मेरी योजना सम्पन्न हो गई तो फिर मैं तुम्हें और कहीं नहीं ले जाऊंगा। तुम्हें स्वतंत्र रूप से कार्य करने के लिए अकेला छोड़कर अपने आश्रम लौट जाऊंगा।"

रुककर गुरु ने राम की ओर देखा। राम पूरी गंभीरता से उनकी बात सुन रहे थे। गुरु ने अपनी बात आगे बढ़ाई, "अब यह रहस्य की बात नहीं है कि सीरध्वज की पुत्री सीता भूमि-पुत्री है। यह अज्ञातकुलशीला कन्या सीरध्वज को अपने राज्य के किसी खेत में हल चलाते हुए प्राप्त हुई थी। तुम समझ सकते हो, राम! ऐसी कन्या, जो खेत में पड़ी हुई मिले, भूमि-पुत्री और अज्ञातकुलशीला ही हो सकती है। सीरध्वज राजा होने के साथ ऋषि भी माने जाते हैं, जो अनुचित नहीं है। सीरध्वज वस्तुतः तपस्वी हैं। कोई अन्य

नृप होता तो उस बच्ची को कभी अंगीकार न करता, किंतु सीरध्वज के मन में करुणा है, मानव के लिए प्यार है। इसलिए वे उस कन्या को त्याग नहीं सके। उन्होंने उसे पुत्रीवत् पाला। किंतु तब सीरध्वज ने यह नहीं सोचा था कि जब वह कन्या युवती होगी तो जाति-पांति, कुल-गोत्र और ऊंच-नीच की मान्यताओं में जकड़े इस समाज में उसके विवाह की समस्या कितनी जटिल होगी; और यह समस्या तब और भी जटिल हो जाएगी, जब सीता अद्भुत रूपवती युवती होगी। आज सीता चामत्कारिक रूपवती युवती है, जिसके सौंदर्य की चर्चा सम्राटों के प्रासादों के भी बाहर, आर्यावर्त्त के बहुत परे तक राक्षसों, देवताओ, गंधर्वों, किन्नरों, नागों आदि के राजमहलों में भी हो रही है। किन्तु पुत्र! सीरध्वज जनक के सामने एक बहुत बड़ी दुविधा है। आर्य सम्राटों और राजकुमारों में से कोई भी उपयुक्त पुरुष उस अज्ञातकुलशीला कन्या का पाणिग्रहण करने को प्रस्तुत नहीं है; और अपनी पोषिता पुत्री सीता को जनक आर्येतर जातियों में दे नहीं सकते, देना नहीं चाहते। उनमें पिता का हृदय और आर्य सम्राट् का अहं दोनों ही है। इसलिए जनक ने एक अद्भुत खेल रचा है, पुत्र! ... कहते हैं, किसी समय महादेव शिव ने युद्ध से निरस्त होकर अपना धनुष सीरध्वज के पूर्वजों को प्रदान किया था। राम! वह धनुष साधारण धनुष नहीं था। वह शिव का धनुष था, और शिव अनेक दिव्यास्त्रों के निर्माता हैं। 'धनुष' शब्द से तात्पर्य इतना ही है कि उस यंत्र से विभिन्न प्रकार के दिव्यास्त्र प्रक्षेपित किए जा सकते हैं। शिव का वह तथाकथित धनुष आज भी सीरध्वज के पास पड़ा है। किन्तु वह पड़ा ही है, उपयोग में नहीं आ रहा, क्योंकि उसके संचालन की विधि कोई नहीं जानता, स्वयं सीरध्वज जनक भी नहीं। उस धनुष — अजगव — को लेकर देवताओं, राक्षसों, मनुष्यों — सभी जातियों में अनेक चिन्ताएं, शंकाएं, संदेह तथा प्रश्न हैं। यह ठीक है कि आज उस धनुष के संचालन की विधि कोई नहीं जानता, किन्तु सदा ऐसा ही तो नहीं रहेगा। भविष्य में जब कभी कोई जाति यह विधि सीख लेगी, वह उसे हस्तगत करने का प्रयत्न करेगी; और यदि वह ऐसा करने में सफल हो गई तो वह जाति अन्य जातियों के लिए अजेय हो जाएगी।

"जनक ने उसी धनुष के लेकर सीता के विवाह की युक्ति सोची है। उसने यह प्रण किया है कि जो कोई उस धनुष की प्रत्यंचा चढ़ा देगा, अर्थात् उस यंत्र को संचालित कर देगा, सीता का विवाह उसी के साथ होगा। पुत्र! जनक ने यह सोच रखा है कि कोई भी देवता, राक्षस, नाग, गंधर्व, किन्नर उस धनुष का संचालन नहीं कर सकेगा। अतः सीरध्वज जनक यह कह सकेगा कि उसकी परीक्षा पर कोई पुरुष पूर्ण नहीं उतरा, अतः सीता अविवाहित रहेगी। तब वह आर्य राजकुलों में जामाता न पा सकने की अक्षमता के आरोप से बच जाएगा और सीता अज्ञातकुलशीलता के कारण अविवाहित रह जाने के आक्षेप से मुक्त रहेगी।"

"अद्भुत!" राम के मुख से अनायास ही निकल गया, "चकित हूं, एक असाधारण रूपवती राजकुमारी से विवाह के लिए कोई आर्य राजकुमार प्रस्तुत नहीं। यदि

वह अज्ञातकुलशीला है तो उसमें उस कन्या का क्या दोष ? हमारा समाज कैसा जड़ है, गुरुदेव! वनजा बिना अपने किसी दुष्कर्म के पीड़ित है, अहल्या बिना अपराध के दंडित है, सीता बिना दोष के अपमानित है। ऐसा क्यों है, गुरुदेव ?''

''इन्हीं के विरुद्ध लड़ने के लिए तुम्हें यहां लाया हूं, राम!'' गुरु के स्वर में संघर्ष की इच्छा और सफलता का उल्लास, दोनों थे, ''वैसे जनक का प्रण हमारे अत्यन्त अनुकूल है। यदि सीधे-सीधे जनक के सम्मुख यह प्रस्ताव रखा जाता कि दशरथ के राजकुमार राम के साथ सीता का विवाह कर दो तो कदाचित् जनक यह स्वीकार नहीं करता, क्योंकि आज तक अयोध्या और मिथिला के सम्राटों के संबंध कभी मैत्रीपूर्ण नहीं रहे। इस मैत्रीशून्य इतिहास के कारण अयोध्या के राजकुमार के साथ अपनी कन्या का विवाह करते हुए सीरध्वज स्वयं को हेठा अनुभव करेगा। इसलिए यदि तुम अजगव-संचालन कर इस प्रतिबंध पर पूर्ण उतरते हो तो निश्चित रूप से सीरध्वज इस विवाह में संकोच नहीं करेगा। पुत्र! इससे एक ओर जहां सीता जैसी गुणशीला, रूपवती युवती की जाति-विचार के पिशचों के हाथों हत्या नहीं होगी और उसका विवाह अपने योग्य वर के साथ होगा; दूसरी ओर अयोध्या और जनकपुरी की परंपरागत शत्रुता, वैमनस्य तथा एक-दूसरे के प्रति उदासीनता समाप्त हो जाएगी । और राम! दो प्रमुखतम सम्राटों को मिलाकर एक कर देने, उनकी सम्मिलित शक्ति को राक्षसों के विरुद्ध लड़ने के लिए तैयार कर देने का जो स्वप्न मैंने वर्षों से देखा है, वह भी पूर्ण हो जाएगा।...''

गुरु रुक गए, किंतु जब राम ने कोई उत्तर नहीं दिया तो गुरु पुनः बोले, ''मैं अभी तुमसे कोई वचन नहीं चाहता, राम! तुम इस विषय में सोच लो, विचार कर लो। अभी थोड़ी देर का समय हमारे पास है। जल्दी में कोई निर्णय लेना अच्छा नहीं होता, पुत्र!''

अयोध्या से चलने के बाद से गुरु की कही हुई अनेक बातें राम के मस्तिष्क में घुस रही थीं ... सिद्धाश्रम में पहुंचने से पहले विश्वामित्र ने उनसे न्याय का पक्ष ले, अत्याचार के विरुद्ध लड़ने का वचन लिया था। पर वचन लेने से पहले अनेक प्रकार की चेतावनियां उन्होंने दी थीं। वन जाना होगा ..... वन जाने से माता-पिता राकेंगे, भाई-बंधु रोकेंगे, पत्नी रोकेगी ... गुरु ने तब रघुकुल के राजाओं के पत्नी-प्रेम पर स्पष्ट व्यंग्य किए थे। तब भी गुरु के मन में राम के विवाह की बात थी क्या ? क्या वे पहले से ही निर्णय कर चुके हैं कि राम का विवाह कहां हो ? क्या जनक की पुत्री सीता वैसी ही कन्या है ?...

अहल्या की कथा के बीच में भी, गुरु जान-बूझकर, पत्नी के चुनाव की बात पर रुके थे ... उन्होंने पति अथवा पत्नी के जन-कल्याण के प्रति ऐकांतिक समर्पण से उत्पन्न होने वाली समस्याओं की चर्चा की थी। तब राम ने अनजाने ही कहा था — ''ऐसी समस्या वहां होती है, जहां जन-सेवा के प्रति समर्पण एक व्यक्ति का है, पूर्ण

परिवार का नहीं ... समर्पण व्यक्ति की इकाई के स्तर पर न होकर, परिवार की इकाई के स्तर पर हो ..." और गुरु ने कहा था, "तो राम! तुम अपने विवाह से पहले इस पक्ष पर भी विचार कर लेना।" ...क्या गुरु के मन में तब भी यही बात थी ? क्या राम के लिए सीता का चुनाव गुरु ने पहले से ही कर रखा है ?...

पर क्यों ? कैसी है सीता ?...

अज्ञातकुलशीला सीता ... उसके पास अपनी जाति, वर्ग, परिवार, कुल, परंपरा — कुछ नहीं है दंभ करने को। एक साधारण कन्या, सीता। वह कोई भी हो सकती है — सामान्य कृषक की संतान, सामान्य श्रमिक की संतान। किसी ऐसे निर्धन व्यक्ति की संतान, जो धनाभाव के कारण अपनी संतान को भूखा मरता नहीं देख सका, और उसे त्यागकर भी, उसका जीवन बनाए रखने के लिए, राजा के खेत में छोड़ गया ... या वह सत्ता को उसका दोष सीधे-सीधे नहीं बता सका तो इस रूप में अपना विरोध जता गया ... भूखे बच्चे की पालना का दायित्व किसका है ?... शासक का। तो फिर सम्राट् सीरध्वज ही पालें इस संतान को! ... कौन है वह पिता ? और कैसी होगी उसकी मजबूरी, जिसने उससे उसकी संतान का त्याग करवाया ? ... कैसा विषम वितरण है धन का — किसी के पास इतना कि रखने का स्थान न हो और किसी के बच्चे भूखे मरें। क्या सोचकर ऐसी व्यवस्था बनाई गई ? केवल निजी स्वार्थ, अन्याय, असमता की भावना से ही तो। उत्पादन के साधनों पर उत्पादक का अधिकार नहीं। श्रम कोई करता है और धन कहीं और संचित होता है ... बड़ा शालीन विरोध किया है उस व्यक्ति ने, जो सीता का पिता है। ... यह विरोध कठोर भी हो सकता है, हिंस्र भी ... भला कोई अपने बच्चे को भूखा मरते कैसे देख सकता है ? अन्याय कहां-कहां नहीं है ... गुरु इसीलिए आए हैं राम को, अन्याय का विरोध करने के लिए ...

या संभव है, वह पिता न हो — वह कोई असहाय मां हो, जिसने अपनी संतान राजा को समर्पित कर डाली ... मां! असहाय मां! मां की बाध्यता क्या होगी ? राम ने बचपन से अपनी दुःखिनी मां को देखा है, उसकी बाध्यताओं को देखा है, पर वैसी बाध्यताओं में कोई मां अपनी संतान को त्यागती नहीं ... वह बाध्यता कोई और ही रही होगी... क्या सीता की मां ने राजा को इस ढंग से बताया कि उसकी प्रजा में ऐसे जन भी हैं, जो संतान के जन्म के पश्चात् भी, उसे अपना नाम नहीं देना चाहते — उसका दायित्व नहीं उठाना चाहते। पिता के अभाव में, मां अपने बच्चे को अंगीकार करने का साहस नहीं कर सकी। पिता के अपराध का दंड संतान को मिला है। संतान का दोष?..."

सीता अद्भुत रूपवती है, ऐसा गुरु ने कहा है। सीता सम्राट् सीरध्वज के परिवार की परंपराओं में शिक्षित हुई है। उसे राजसी संस्कार मिले हैं। सम्राट् सीरध्वज की प्रिय पुत्री सीता किसके अपराध का दंड पा रही है ?... वनजा ने किसके अपराध का दंड पाया ?... अहल्या किसके दोष के कारण पचीस वर्ष तपती रही ?... और सीता ?...

सीता का उद्धार ...

सीता के योग्य वर मिलना चाहिए। ... सीता अयोध्या के महलों के लिए उपयुक्त पुत्रवधू हो सकती है — उसे सीरध्वज ने संस्कार दिए हैं। ... पर राम का अत्याचार के विरोध के प्रति ऐकांतिक समर्पण ?... क्या सीता राम के साथ अत्याचार के विरोध के लिए महलों की सुख-सुविधा छोड़ सकेगी ?...

और सहसा राम के मस्तिष्क में जैसे बिजली कौंधी — गुरु क्यों बार-बार ऐसे संकेत करते रहे ... ? गुरु क्यों उन्हें जनकपुर ले आए ? ... सीता राजसी संस्कारों से युक्त साधारण कन्या है। वह भिन्न है ... वह राजकुमारी होकर भी साधारण है और साधारण होकर भी राजकुमारी है ... राम अपने भविष्य को साफ-साफ देख रहे थे — महलों में राजकुमारी सीता उनके साथ है और वनों में साधारण कन्या सीता ...

...गुरु ने इस संबंध के माध्यम से अन्याय और अत्याचारों के विरुद्ध लड़ने वाली मिथिला और अवध की सम्मिलित शक्ति की चर्चा की है ... सीता से विवाह कर राम अकारण दंडित होती अबला सीता की रक्षा करेंगे, दो राज्यों के वैमनस्य को समाप्त करेंगे, अत्याचार के प्रतिरोध को दृढ़ करेंगे....

सीता के साथ विवाह ?

बड़ा जटिल प्रश्न है। अयोध्या से चलने के पूर्व, पिता भी राम के विवाह के विषय में ही चर्चा कर रहे थे। पिता किससे उनका विवाह कराना चाहते हैं ? और गुरु किससे ? राम के विवाह के लिए उपयुक्त पात्र चुनने का अधिकार किसको है — पिता को ? अथवा स्वयं राम को ?... राम का मन कहता है — यह अधिकार केवल राम को है, और किसी को भी नहीं। ... निर्णय राम को ही लेना होगा ... राम को ... राम गुरु विश्वामित्र की बात का पूर्ण विश्वास कर सकते हैं....

सहसा राम का चिंतन-प्रवाह रुक गया।

वे इस ढंग से क्यों सोच रहे हैं ? क्या सीता ने उनसे निवेदन किया है कि वह मुसीबत में फंसी हुई है, राम आकर उसका उद्धार करें ? क्या राम सीता पर दया कर, उसका उद्धार करने के लिए उससे विवाह करना चाहते हैं ? क्या राम सीता से विवाह कर, उस पर अहसान कर रहे हैं ? उसके प्रति करुणा का अनुभव कर अपना बलिदान कर रहे हैं ? ... ऐसा तो नहीं है। वे इस ढंग से क्यों सोच रहे हैं, जैसे सीता जड़-निष्प्राण वस्तु हो — जैसे उसकी अपनी कोई इच्छा, पसंद, चुनाव, भावना कुछ भी न हो। मानो वह इस प्रतीक्षा में बैठी हो कि राम आकर उसका उद्धार करें ... राम को यह क्या हो रहा है ... वे स्वयं को अतिमानव क्यों समझने लगे हैं ?... ठीक है कि सीता वीर्य-शुल्का है। जो पुरुष सम्राट् सीरध्वज की शर्त पूरी करेगा, वह सीता को प्राप्त करने का अधिकारी होगा; किंतु राम अपने योग्य, अपने चिंतन, आदर्शों और जीवन-लक्ष्य की सहभागिनी पत्नी चाहते हैं, या शर्त बंधी, सुंदरी नारी का शरीर जीतना चाहते हैं ? क्या सीता की  अनिच्छा होने पर भी राम उसे प्राप्त करना चाहेंगे ?...

नहीं! नहीं!

तो राम को दूसरे ढंग से भी सोचना होगा।

ऐसा नहीं है कि राम युवावस्था को प्राप्त हो गए हैं और उनको एक राजकन्या पत्नी के रूप में चाहिए। इसलिए जहां कहीं एक संदर मुखड़ा देखें, उससे विवाह कर लें। ... राम का जीवन एक लक्ष्य को समर्पित है। उनकी अपनी चिंतन-पद्धति है, उनका अपना दर्शन है। उन्हें विवाह के लिए ऐसी संगिनी का चुनाव करना होगा, जो उनके जीवन-लक्ष्य को स्वीकार कर सके ... उनकी आयु पचीस वर्षों की हो चुकी है। पिता कहीं-न-कहीं उनका विवाह करना ही चाहेंगे ... तो वे अपने उपयुक्त पत्नी का चुनाव क्यों नहीं कर लेते...

उपयुक्त पत्नी! सीता ?

पर सीता की इच्छा ? क्या वह जानती है कि राम विश्वामित्र के साथ यहां आए हैं ? किसी ने उसे बताया है कि विश्वामित्र उसे राम के लिए उपयुक्त पत्नी समझते हैं ? क्या उसने कभी यह सोचा है कि बहुत सारे चिंतन-मनन के बाद, राम इस निष्कर्ष पर पहुंचे हैं कि सीता — केवल सीता ही उनकी उपयुक्त जीवन-संगिनी हो सकती है?

कौन पूछे सीता से ? कौन कहेगा जाकर सीता से ? कौन सीता की इच्छा का पता लगाए ?

और शिव-धनुष ? शिव-धनुष के परिचालन की विधि ? राम ने अजगव कभी देखा तक नहीं। फिर वे यह कैसे सोच सकते हैं कि वे उसका परिचालन कर ही लेंगे ? राम! तुम बहुत कल्पनाजीवी हो गए हो। तुम बहुत सारी बातों को, परिस्थितियों को पूर्व-स्वीकृत मान लेते हो। तुम मान लेते हो कि सीता तुमसे विवाह करने के लिए व्याकुल है। तुम मान लेते हो कि शिव-धनुष ने तुम्हें वचन दे रखा है कि तुम चाहोगे तो वह तत्काल तुमसे परिचालित हो जाएगा ...

क्या हो गया राम तुम्हें ? थोड़ी-सी सफलताएं तुम्हारे मस्तिष्क को तो नहीं चढ़ गईं ? तुम स्वयं को अतिमानव क्यों मानने लगे हो ? या यह तुम्हारी मनोकामना का स्वेच्छित चिंतन है ?

प्रश्नों के बीच घिरे राम को लक्ष्मण ने टोका, ''भैया, ऋषि आपको बुला रहे हैं।''

राम ने चौंककर लक्ष्मण को देखा। लक्ष्मण वाटिका देखने गए थे, लौटकर अब उनके सम्मुख आए थे। इस बीच वे अवश्य ही गुरु के पास हो आए थे।

राम चल पड़े।

गुरु को अपनी ओर से निश्चित उत्तर वे दे सकते हैं, पर सीता की इच्छा और शिव-धनुष की शर्त...

''राम!'' गुरु ने कहा, ''पुनर्वसु ऋषि शतानन्द को सूचित कर आया है, पुत्र! उसने कहा है, आज संध्या समय शतानन्द और सम्राट् सीरध्वज दोनों ही यहां आएंगे। ... वत्स! यदि तुम अपना मन मेरे सम्मुख खोल सको ...।''

राम कुछ चकित-से गुरु की ओर देखते रहे। गुरु कितने सहज रूप से ऐसे प्रश्न पूछ लेते हैं, जैसे ये भी दैनिक-क्रम की बातें हों। या गुरु और राम के बीच कोई अंतराल न हो ... पर गुरु सहज होंगे तो ही राम भी सहज हो पाएंगे ... गुरु का पूछना उचित ही है, उनका सारा आगामी कार्यक्रम राम के उत्तर पर निर्भर करता है...

''गुरुदेव! मैं कर्म को प्रस्तुत हूं।'' राम बोले, 'किंतु महादेव शिव का धनुष मैंने देखा तक नहीं है। आप ही के कहने कें अनुसार वह साधारण धनुष न होकर एक अद्‌भुत यंत्र है, जिसके संचालन की कोई विशेष रीति है। संभव है, उस युक्ति का मुझे ज्ञान ही न हो; और इतना समय तो है नहीं कि महादेव को प्रसन्न कर उनसे यह युक्ति सीख आऊं।''

विश्वामित्र मुसकराए, ''यह जानते हुए भी कि सीता अज्ञातकुलशीला युवती है और सीरध्वज ने उसका पोषण मात्र किया है; यदि तुम उससे विवाह के लिए प्रस्तुत हो तो अजगव की चिंता तुम मुझ पर छोड़ दो।'' गुरु तनिक-सा रुककर, आंखों से राम को तोलते हुए बोले, ''जो व्यक्ति वनजा को सम्मान क़ा वचन दे सकता है, अहल्या को सामाजिक प्रतिष्ठा देने का साहस कर सकता है, वह सीता के साथ अवश्य ही न्याय करेगा — ऐसा मेरा विश्वास है। और तुम मुझ पर विश्वास करो, राम! तुम सीता को अपने योग्य पत्नी पाओगे।''

राम को लगा, गुरु भी चिंतन की वही भूल कर रहे हैं, जो थोड़ी देर पूर्व स्वयं राम कर रहे थे। क्या राम की ही इच्छा सर्वोपरि है ? सीता की कोई इच्छा नहीं ? सीता की सहमति की किसी को चिंता नहीं ?

राम कुछ संकुचित हुए, किंतु कहना तो था ही, ''ऋषिवर! आपका संपूर्ण बल इस विषय में मेरी इच्छा जानने पर है; पर जनककुमारी की भी अपनी कोई इच्छा होगी...'

विश्वामित्र विचलित नहीं हुए, ''तुम्हारा विचार बहुत ही उत्तम है, वत्स! किंतु जनककुमारी की इच्छा जानने का हमारे पास कोई साधन नहीं है। ऐसी स्थिति में अपनी पुत्री की इच्छा जानने का दायित्व सम्राट् सीरध्वज पर है। वैसे वीर्य-शुल्का घोषित होने के पश्चात् कन्या की इच्छा के विषय में क्या कहा जा सकता है!''

गुरु मौन हो गए। उनकी आंखें राम के चेहरे की ओर प्रश्नवाचक मुद्रा में उठ गईं, जैसे पूछ रही हों, ''क्या कहते हो ?''

''विवाह के लिए मैं प्रस्तुत हूं, गुरुदेव!'' अंततः राम बोले, ''किंतु ...''

''...किंतु बारात का क्या होगा!'' सारे वार्तालाप में लक्ष्मण पहली बार बोले और जोर से हंस पड़े।

राम भी मुसकराए, ''किंतु अजगव-परिचालन की युक्ति का क्या होगा ?''

''पुत्र! मैंने कहा न, इस युक्ति का बोझ तुम मुझ पर छोड़ दो। आओ, तुम्हें युक्ति सिखाऊं। न केवल मैं तुम्हें अजगव-परिचालन की युक्ति बताना चाहता हूं, साथ ही एक और निर्देश भी देना चाहता हूं। उस यंत्र में एक आत्म-विस्फोटक पदार्थ लगा हुआ है। मैं चाहूंगा, पुत्र! तुम उस विधि को भी सीख लो, जिसके द्वारा वह आत्म-विफोटक पदार्थ प्रेरित किया जा सकता है। उस पदार्थ को एक बार प्रेरित कर दिया जाए, तो वह अजगव को खंड-खंड कर देगा। इस कार्य से एक ओर तुम सीता से विवाह का प्रतिबंध पूर्ण कर, सीता का पाणिग्रहण करने में समर्थ होओगे और दूसरी ओर समस्त देव जातियों, आर्य सम्राटों और साधारण प्रजाजन को इस भय से मुक्त कर दोगे कि किसी समय यदि यह शिव-धनुष राक्षसों के हाथ में पड़ गया, तो वे इसकी सहायता से प्रजा का सर्वनाश कर डालेंगे।''

राम का द्वंद्व मिट गया। असामर्थ्य का बोध पिघलकर अनस्तित्व में विलीन हो गया। वे पहले के समान निर्द्वन्द्व, आत्मविश्वासी सहज राम हो गए। उनके मुख पर अलौकिक उल्लास छा गया। बोले, ''गुरुदेव! जीवन तो मुझे मेरे माता-पिता ने दिया है, किंतु उसे सार्थक करने का सारा श्रेय आपको है। इन समस्त कृत्यों का उपकरण बनाने के लिए यदि आपकी चयन-दृष्टि मुझ पर ही पड़ी है तो मैं प्रस्तुत हूं।''

चपल लक्ष्मण महिमा-मंडित राम को देखते ही रह गए। कुछ नहीं बोले।

विश्वामित्र की आंखों में वात्सल्य था और अधरों पर मंद हास। बोले, ''आओ, पुत्र! अब पहले युक्ति सीख लो।''

सीरध्वज को सूचना मिली। वे हतप्रभ रह गए।

विश्वामित्र का आना कोई नयी बात नहीं थी। यदा-कदा कौशिकी-तट से सिद्धाश्रम और सिद्धाश्रम से कौशिकी-तट की ओर आते-जाते, वे जनकपुर के बाहर वाटिका में रुक जाया करते थे। उनका संदेश पाकर, सीरध्वज उनके दर्शन के लिए उपस्थित हुआ करते थे।.... और इन दिनों तो सीरध्वज यज्ञ का अनुष्ठान कर रहे थे। अनेक ऋषि-मुनि इन दिनों जनकपुर के आस-पास ठहरे हुए थे। विश्वामित्र का इस अवसर पर आना सर्वथा अपेक्षित था।

...किंतु दशरथ के राजकुमारों का आना अपूर्व बात थी। सीरध्वज समझ नहीं पा रहे थे कि यह शुभ है अथवा अशुभ। वे इससे प्रसन्न हों या अप्रसन्न। ...जहां तक उन्हें अपने पूर्वजों को स्मरण था, आज तक अयोध्या-नरेशों के साथ उनका कभी कोई सम्पर्क नहीं रहा। किसी समय व्रात्य कहकर उन्हें पाश्चात्य आर्यों ने अपने समाज से बहिष्कृत किया था, और तब से यह वैमनस्य अथवा असम्पर्क निरंतर चला आ रहा था। दशरथ की ओर से कभी कोई ऐसा प्रयत्न नहीं हुआ, जिससे उन दोनों में कोई सम्पर्क स्थापित हो सकता। तो फिर सीरध्वज ही क्यों अपनी ओर से सक्रिय होते ? वे स्वयं

को किसी भी प्रकार पाश्चात्य आर्यों से हीन नहीं पाते। सीता के संबंध में जब उन्होंने अजगव-विषयक प्रण किया था, उसकी सूचना सभी दिशाओं में भिजवाई थी, किंतु अयोध्या तक उनका दूत कभी नहीं गया। ... और आज राम और लक्ष्मण, स्वयं चलकर जनकपुरी के बाहर, वाटिका में आ उपस्थित हुए हैं। ... सीरध्वज इसे क्या समझें ? क्या प्रकारांतर से दशरथ ने मैत्री का हाथ बढ़ाया है ? या यह दशरथ की कोइ अबूझनीय चाल है ? या राम और लक्ष्मण अपने पिता को सूचना दिए बिना ही विश्वामित्र के साथ यहां आ गए हैं ?...

...विश्वामित्र अद्‌भुत ऋषि हैं — उदारमना। अत्यन्त मौलिक ढंग से सोचने वाले। वे इस प्रकार के अनेक कार्य करते रहे हैं, जो अन्य लोगों के लिए अकल्पनीय थे। ...और सीरध्वज ने, इन लोगों के जनकपुर आने की सूचना के साथ, अपने चरों से एक सूचना और पायी है — विश्वामित्र के साथ राम और लक्ष्मण अहल्या के आश्रम पर भी गए थे।

...अहल्या का आश्रम, अर्थात् गौतम का प्राचीन आश्रम।

सीरध्वज के मन में पचीस वर्ष पूर्व घटित अनेक घटनाएं सजीव हो उठीं। ...वे वहां उपस्थित थे। उनका मन यह मानता भी था कि अहल्या का कहीं कोई दोष नहीं था ... पर इन्द्र जाते-जाते अहल्या को लांछित कर गया था और अनेक लोगों ने उसका विश्वास भी कर लिया था। आश्रम के उपकुलपति ने स्वयं आश्रम को भ्रष्ट घोषित कर दिया था। सीरध्वज क्या करते ? क्या वे धर्म-नेताओं का विरोध करते ? ... धर्म-नेताओं का विरोध सोच-समझकर ही किया जा सकता था। फिर अहल्या भी कोई साधारण स्त्री नहीं थी। वह कुलपति की पत्नी थी — ऋषि-पत्नी। उसका चरित्र संदेहातीत होना चाहिए था। उस दुर्घटना के पश्चात् उसके चरित्र के विषय में लोगों के मन में अनेक संदेह थे ...कम-से-कम वह संदेहातीत नहीं रह गया था ... तब क्या करते सीरध्वज ? वे द्वंद्व के जबड़ों में जा फंसे थे। उसी द्वंद्व में न इन्द्र का विरोध कर सके, न अहल्या को निर्दोष कह सके। गौतम को उन्होंने हठपूर्वक नये आश्रम का कुलपति बनाया था, शतानन्द को बड़े होने पर राज-पुरोहित नियुक्त किया था ...किंतु अहल्या के लिए वे कुछ नहीं कर सके ... द्वंद्व में फंसा आदमी काम करके भी नहीं करता ....

अब वह साहस राम ने किया था।

इतने वर्षों तक विश्वामित्र राम-जैसे एक पुरुष को खोजते रहे होंगे ....अहल्या निर्दोष घोषित हुई। सीरध्वज की ग्लानि भी हल्की हुई। बहुत भुलाने पर भी इतने वर्षों में वे उस घटना को भूल नहीं पाए। अहल्या की पीड़ा के लिए अंशत: वे स्वयं को भी अपराधी मानते रहे हैं। पचीस वर्षों तक ढोए गए अपराध-बोध से मुक्त होना कितना सुखद है!...

सहसा सीरध्वज का ध्यान शतानन्द की ओर चला गया।

राज-पुरोहित की क्या प्रतिक्रिया रही होगी ?... शतानन्द ने भी सुना होगा। ...जिस व्यक्ति ने सामाजिक दृष्टि से बहिष्कृत, अप्रतिष्ठित, अपमानित उनकी माता का उद्धार किया है, शतानन्द उस व्यक्ति के विषय में क्या सोचते होंगे ?...

सीरध्वज, यदि राम और लक्ष्मण के जनकपुर में आने को शुभ मानकर, उनकी ओर मैत्री का हाथ बढ़ाएं भी — यदि वे मान लें कि दशरथ ने इसी बहाने, प्रकारांतर से उनके साथ मैत्री स्थापित करने का प्रयास किया है — तो उनका मंत्रिमंडल, राजनीति के नाम पर उनका विरोध करेगा या समर्थन ? और राजनीति में सबसे अधिक हस्तक्षेप करने वाला ब्राह्मण-समाज क्या कहेगा ? परम्पराओं को लेकर यह वर्ग बहुत हठी है। राज-पुरोहित क्या कहेंगे ?... राज-पुरोहित शतानन्द! पर शतानन्द राम का विराध कैसे कर सकेंगे ?... नहीं कर सकेंगे — राम ने उनका ऐसा हित किया है, जिससे वे कभी उऋण नहीं हो सकते।

सीरध्वज मुसकरा पड़े — तुम महान् हो, विश्वामित्र! राम को पहले अहल्या के आश्रम में ले गए। राज-पुरोहित का हित कर पुरोहित वर्ग को तुमने वहीं जीत लिया। अब तुम राजनैतिक विराध मिटाने आए हो। अद्भुत है तुम्हारी योजना, विश्वामित्र!

... और कैसे हैं ये दोनों राजकुमार ? प्राप्त सूचनाओं के अनुसार उनका वय भी अधिक नहीं है। एक नवयुवक है, दूसरा किशोर। और अभी से इतने चामत्कारिक कर्म हैं इनके। क्या यह विश्वामित्र का प्रभाव है ? ... पर विश्वामित्र तो प्रेरणा मात्र हैं — कर्म तो राम और लक्ष्मण के ही हैं।

...जो भी हो। सीरध्वज को विश्वामित्र से मिलने जाना होगा; वहां जाकर राम और लक्ष्मण की ओर से उदासीन नहीं रहा जा सकता।

सम्राट् और राज-पुरोहित आम्र-वाटिका की ओर चले।

रथ में बैठे हुए सीरध्वज ने बार-बार राज-पुरोहित की ओर देखा। कई बार मन हुआ कि उनसे पूछें कि इस सारे प्रसंग और विशेषकर राम के विषय में उनका क्या विचार है ? पर शतानन्द असाधारण रूप से चुप थे। वे अपने विचारों में इस प्रकार उलझे हुए थे कि उनसे उबरकर, सामान्य शिष्टाचार का निर्वाह भी उनके लिए कठिन हो रहा था।

पूछताछ सीरध्वज को उचित नहीं लगी।

शतानन्द मानो किसी और लोक में श्वास ले रहे थे। उन्होंने विश्वामित्र को कई बार देखा था। अपने शैशव से ही देखते चले आ रहे थे; किंतु राम और लक्ष्मण को देखे बिना ही उनके धूमिल चित्र उनके मन में बन गए थे। फिर भी उन्हें देखने की एक उत्सुकता थी — कैसे हैं राम और लक्ष्मण ? विशेष रूप से राम..

राम के कारण ही आज शतानन्द का अपमान धुल गया है। अब उनकी मां को

कोई पतित नहीं कहेगा। राम ने ही उन्हें प्रतिष्ठा दी है, सामाजिक मान्यता और सम्मान दिया है। उनकी मां, जो वर्षों से अपने आश्रम में बंदिनी थीं शिलावत्, आज इन्हीं राम के कारण अपने पति के आश्रम में चली गई हैं। राम के ऋण से कैसे उऋण होंगे शतानन्द ? ...राम, सम्राट् सीरध्वज के प्रायः अमित्र दशरथ के पुत्र हैं। किंतु इस असंपर्क — उदासीनता को, ठीक-ठीक शत्रुता तो नहीं माना जा सकता। ...फिर दशरथ के पुत्र होकर भी राम ने शतानन्द के लिए जो कार्य किया है, वह परम हितैषी होते हुए भी स्वयं सीरध्वज अथवा उनका कोई मित्र नरेश नहीं कर सका। राम के कार्य का श्रेय तो राम को ही देना पड़ेगा...

...आज रह-रहकर शतानन्द को अपना बचपन याद आता है। आरंभिक बचपन की हल्की-हल्की स्मृतियां हैं उन्हें...

नये आश्रम के कुलपति बनकर पिताजी ने इन्द्र को शाप दिया था; और उसके पश्चात् वे उस शाप की रक्षा में दत्तचित्त हो गए थे। उनसे कोई ऐसा कार्य न हो जाए कि उन पर कोई अंगुली उठा सके। कुछ ऐसा न हो कि उनके महत्त्व को कम कर, कोई उनके शाप की अवहेलना करने का साहस कर सके। ...शाप देने के बाद, अपनी कुटिया में आकर, पिताजी शतानन्द को वक्ष से चिपकाकर कितना रोए थे। उसके पश्चात् भी कितने ही दिनों तक शतानन्द ने अपने पिता को बाहर दृढ़ चट्टान के समान कार्य करते और कुटिया के भीतर घुटते, तड़पते और रोते देखा था ...क्रमशः पिताजी अपने आपको ग्रंथों, वार्ताओं, ज्ञान-सम्मेलनों, चिंतन-मनन, समाधि इत्यादि में डुबोते चले गए, जैसे अपने मन की यातना से बचने के लिए कोई आश्रय ढूंढ़ रहे हों...

शतानन्द राम के प्रति गहरी कृतज्ञता का अनुभव कर रहे थे। वे नहीं जानते कि सीरध्वज के मन में क्या था; किंतु इस अवसर पर सीरध्वज और दशरथ में मैत्री स्थापित हो सके तो एक अभूतपूर्व कार्य होगा — एक नये युग का सूत्रपात। और शतानन्द को इस युगपुरुष राम को बार-बार देखने का अवसर मिलेगा।

आम्रवाटिका में प्रवेश करते ही पुनर्वसु ने उन्हें सूचना दी कि गुरु उन्हें मिलने के लिए प्रस्तुत बैठे हैं।

वह उनकी अगवानी करता हुआ, विश्वामित्र तक ले गया। दोनों ने झुककर गुरु विश्वामित्र का अभिवादन किया, किंतु गुरु स्पष्ट देख रहे थे कि शतानन्द तथा सीरध्वज दोनों का ही ध्यान राम में अटका हुआ था।

सीरध्वज ने देखा — असाधारण रूप था दोनों भाइयों का — सुन्दर, तेजस्वी, पुष्ट और वीर। उनके शरीर सामान्य राजकुमारों के समान कोमल, भद्दे आकार वाले तथा चर्बी से लदे हुए नहीं थे। उन्होंने विलास में नहीं, परिश्रम तथा शस्त्राभ्यास में आकार ग्रहण किया था। राम का वर्ण सांवला था, बड़ी-बड़ी स्वच्छ, ईमानदार, निर्भीक आंखें, चौड़ा माथा, तीखी नाक, मोहक हंसी से आवेष्टित होंठ, दृढ़ संकल्प वाली

ठुड्डी। ऐसे ही तो एक पुरुष की खोज थी सीरध्वज को अपनी वीर्य-शुल्का पुत्री सीता के लिए। ...पर क्या सीता से विवाह का प्रस्ताव राम मान जाएंगे ? ...और फिर अब तो, बीच में, शिव-धनुष-संचालन का प्रतिबंध भी था। ...

"क्या ये ही सम्राट् दशरथ के राजकुमार राम और लक्ष्मण हैं ?" सीरध्वज विश्वामित्र की ओर उन्मुख हुए।

"हां, राजन्! यह ही दाशरथि राम और लक्ष्मण हैं।"

"इनके आने से पूर्व ही इनके यश की सुगंध जनकपुर पहुंच चुकी है, ऋषिवर!" सीरध्वज अत्यन्त नम्र स्वर में बोले, "यदि अपने मन की बात कहूं तो आपके जनकपुर आने से तो मैं धन्य हुआ ही हूं; विशेष रूप से राम और लक्ष्मण का जनकपुर में स्वागत करते हुए मैं अपूर्व आनन्द का अनुभव कर रहा हूं। ऋषिवर! इन राजकुमारों के जनकपुर-आगमन को मैं शुभ मानूं ?"

विश्वामित्र ने अपनी मर्यादा की सीमा को लांघकर, उन्मुक्त अट्टहास किया, "आशंकाओं से पीड़ित और व्यथित न रहो, सीरध्वज! राम नये युग का पुरुष है। पूर्वाग्रहों से मुक्त होओ। राम का आगमन सदा शुभ होता है। क्यों, शतानन्द ?"

शतानन्द के चेहरे पर कृतज्ञता, उल्लास और करुणा के भाव पुंजीभूत हो गए। बोले, "ब्रह्मर्षि! मैं क्या कहूं, मेरी समझ में नहीं आता। मैं तो चमत्कृत हूं। ऐसा अद्‌भुत कर्म और ऐसा अद्‌भुत पुरुष मैंने पहले कभी नहीं देखा। फिर इनका वय देखकर और भी विस्मित हो जाता हूं — कुमार वय और ऐसा चमत्कार!"

"राज-पुरोहित!" लक्ष्मण बोले, "ऐसे अनेक चमत्कार और होंगे। भैया राम सचमुच अद्‌भुत हैं। मेरी मां कहती हैं...."

"लक्ष्मण! अपना प्रचार-विभाग बंद करो।" राम ने स्नेह-भरे स्वर में डांटा।

गुरु हंसे, "सौमित्र ठीक कहते हैं। राम सचमुच अद्‌भुत पुरुष हैं।"

शतानन्द विस्मय से राम की ओर देखते रहे; और फिर जैसे अपने आपसे ही बोले, "सोचता हूं, मां को अपने सम्मुख देखकर पिताजी को कैसा लगा होगा ?..."

"ऋषि गौतम खड़े-खड़े देवी अहल्या को देखते रहे।" लक्ष्मण ने बताया, "उनकी आंखें डबडबा आयीं। थोड़े-से किंकर्तव्यविमूढ़ हो गए थे शायद। फिर भैया राम से बोले, 'राम! आज सचमुच ही राजनीतिक सत्ता पर ऋषिसत्ता की विजय हुई है। एक ऋषि ने इन्द्र को शाप देकर भी अपनी पत्नी को निष्कलंक वापस प्राप्त किया है। राघव! यदि तुम्हारा जन्म कुछ पहले हुआ होता तो ऋषियों को इतना तपना नहीं पड़ता।"

"राम की प्रशंसा का एक-एक शब्द लक्ष्मण को स्मरण रहता है।" गुरु मुसकराए, "और प्रशंसा का अवसर वे किसी और को देना नहीं चाहते।"

"लक्ष्मण अपना जीवन सार्थक कर रहे हैं।" शतानन्द के मुख से उच्छ्‌वास निकल गया।

"अच्छा, ऋषिवर! अब अनुमति दें।" सीरध्वज बोले, "कल प्रातः राज-प्रासाद में इन दोनों राजकुमारों तथा ब्रह्मचारियों के साथ दर्शन देने की कृपा करें।"

"अवश्य, सम्राट्!" विश्वामित्र ने उत्तर दिया, "किंतु मैं एक विशिष्ट कार्य से जनकपुर में उपस्थित हुआ हूं।"

सीरध्वज सचेत हो गए। वे तो कब से इस वाक्य की प्रतीक्षा में थे। विश्वामित्र राम और लक्ष्मण को अकारण ही जनकपुर नहीं लाए हैं...

"आदेश दें, ऋषिवर!"

"राजन् ! राम तुम्हारे पास धरोहर-स्वरूप रखे हुए शिव-धनुष के दर्शन करना चाहते हैं।"

"उनकी इच्छा पूरी होगी।"

सीरध्वज और शतानन्द उठ खड़े हुए।

लौटते हुए संयमी सीरध्वज भी मन-ही-मन प्रसन्नता और अप्रसन्नता, उत्फुल्लता और विपन्नता के द्वंद्व में ग्रस्त हो गए थे। बुद्धि कहां-कहां की कुलांचें भर रही थी। कितने ही सूत्र वे अपनी कल्पना से जोड़ चुके थे, किंतु निश्चित बात तो भविष्य ही कह सकेगा।

उनके मन में जो बात कौतूहल के रूप में जन्मी थी, वह सच भी हो सकती है। विश्वामित्र एक निश्चित योजना के अधीन राम को जनकपुर लाए हैं। उनकी इच्छा है कि राम और सीता का विवाह हो जाए, मिथिला और अयोध्या में मैत्री हो जाए ... तभी तो उन्होंने शिव-धनुष की बात उठायी है। क्या वे नहीं जानते कि शिव-धनुष का क्या महत्त्व है? अवश्य जानते हैं। क्या वे नहीं जानते कि सीता वीर्य-शुल्का घोषित हो चुकी है ? ...उनको जानना ही चाहिए। शिव-धनुष संबंधी सूचना के माध्यम से क्या विश्वामित्र ने अपनी और राम की इच्छा प्रकट की है... ?

पर सीरध्वज की इच्छा क्या है ?... सीरध्वज की इच्छा ... मन कहीं पीड़ा से भर आया — अब सीरध्वज की क्या इच्छा! जब उनकी इच्छा थी, तब स्वीकार योग्य कोई साधारण-सा भी कुमार नहीं आया। और आज जब सीरध्वज ने अपनी इच्छा शिव-धनुष के अधीन कर दी है, तो स्वयं राम चलकर जनकपुर आ गए हैं। ...ओह सीरध्वज! तेरा भाग्य! अब यदि राम शिव-धनुष संचालित न कर सके, तो इच्छा के होते हुए भी, सीरध्वज क्या कर सकेंगे! अपना ही सही, पर प्रण तोड़ने की शक्ति उनमें नहीं है।

"सीता! मेरी पुत्री ..."

जब कभी सीता के विषय में सोचने के लिए सीरध्वज ने अपने मन को उन्मुक्त छोड़ा है, उनके समाने बार-बार एक छोटा-सा खेत उभरा है। उस खेत की मिट्टी पर एक नवजात बच्ची पड़ी जोर-जोर से रो रही है। दो-एक दिनों की वह बच्ची न तो किसी कपड़े में लिपटी हुई है, न उसके गले अथवा कलाइयों में कोई सूत्र है। किसकी

है यह बच्ची ? इसे कौन छोड़ गया है यहां ?

कोई सूचना नहीं। जानने का कोई स्त्रोत भी नहीं। इस समय बच्ची धरती की गोद में पड़ी है, उसी की पुत्री है। और कोई नहीं है उसका।

राजाज्ञा से बच्ची उठा ली जाती है। राजा को खेत में हल जोतने की प्रथा पूरी करनी है — बच्ची को खेत में पड़ी रहने नहीं दिया जा सकता।

किन्तु राजादेश से बच्ची के उठा लिये जाने मात्र से कार्य पूरा नहीं हो सकता। बच्ची के पालन-पोषण की कोई-न-कोई व्यवस्था करनी होगी। किसका दायित्व है यह? माता-पिता का। किन्तु यदि माता-पिता संतान को इस प्रकार खुले खेत में छोड़ जाएं तो ? ... पर क्यों छोड़ गए माता-पिता ? उन्हें अपनी संतान से प्यार नहीं! वह कौन-सी मजबूरी थी ? कोई भी मजबूरी रही हो —ऐसी मजबूरी के लिए उत्तरदायी कौन है ? देश का राजा! हां, देश का राजा। जिस देश में माता-पिता अपनी किसी मजबूरी के कारण अपने नवजात शिशु को खेत में छोड़ जाने को बाध्य हों, उस देश का राजा अवश्य ही प्रजापालन के अपने कर्तव्य से स्खलित हुआ है। उसे अपने दायित्व का बोध नहीं रहा — अच्छा किया इस बच्ची के माता-पिता ने, बच्ची को यहां छोड़ गए। राजा को अपने दायित्व का बोध तो हो। अब राजा अपना दायित्व पूरा करे —वह इस बच्ची का पालन-पोषण करे।

बच्ची, राजाश्रय में पलने के लिए, राजप्रासाद में आ गई।

पर सीरध्वज सम्राट् ही नहीं, एक व्यक्ति भी था। उस व्यक्ति के वक्ष में पिता का हृदय था। संतान के अभाव में पिता का हृदय भूखा था। सीता राजाश्रय में पलने वाली भूमि-पुत्री थी। राजा भूमि-पति होता है — भूमि-पुत्री का पिता सीरध्वज ही हो सकता था। सीरध्वज बच्ची को देखता। बच्ची उसे बार-बार आकर्षित करती । बार-बार सीरध्वज के मन की ममता उबल-उबलकर उसे बाध्य करती। ... एक दिन सीरध्वज ने बच्ची को हृदय से लगा लिया, "मेरी बच्ची!"

सीता सुनयना की गोद में डाल दी गई।

सीता सम्राट् सीरध्वज जनक की राजकुमारी थी। वह राजसी संस्कारों में पल रही थी। किन्तु साथ ही वह व्यक्ति सीरध्वज की पुत्री भी थी। पिता-पुत्री एक-दूसरे को अच्छी तरह समझते थे। ... सीता युवावस्था की ओर बढ़ रही थी। सीरध्वज उसके योग्य वर के लिए, आर्य राज परिवारों में दृष्टि दौड़ा रहे थे — किन्तु सब जगह सीता के कुल को लेकर, उसके जन्म के संबंध में संदेह थे, आशंकाएं थीं, लांछन थे। ... सीता असाधारण रूपवती थी, उसके रूप की सब ओर चर्चा थी। अनेक पुरुष उसे पालने के लिए इच्छुक थे; किन्तु न तो वे पिता सीरध्वज को स्वीकार्य थे, न सम्राट् जनक को। उनमें किसी से संबंध जोड़ने पर कहीं सम्राट् का अहं आहत होता था, कहीं पिता का मन पीड़ित होता था। किसी आकांक्षी की आयु अनुकूल नहीं थी, किसी की पहले से ही सौ-पचास रानियां थीं और वह उनमें एक संख्या की वृद्धि करना चाहता था। कहीं

रूप नहीं, कहीं गुण नहीं।

सीरध्वज परेशान थे।

और तभी अनेक नरेशों का मिथिला पर सामूहिक आक्रमण हुआ। आक्रमण का लक्ष्य थी —सीता। 'सीता हमें दो!' सीरध्वज ऐसा समझौता नहीं कर सकते थे। राज्य की रक्षा के लिए वे पुत्री का बलिदान नहीं कर सकते थे। युद्ध...! युद्ध...! मिथिला की शक्ति सीमित थी। दार्शनिक और सन्यासी सीरध्वज ने मिथिला को सैनिक शक्ति की दृष्टि से कभी भी बहुत दृढ़ नहीं किया। तब उन्हें पहली बार सैनिक शक्ति की अनिवार्यता का पता लगा था। वे इतने नरेशों की सम्मिलित वाहिनी से युद्ध नहीं कर सकते थे। क्रमशः उनकी शक्ति का क्षय हो रहा था ... किन्तु सीरध्वज अपनी पुत्री सीता को किसी भी मूल्य पर इन दुष्टों के हाथ नहीं सौंप सकते थे।

...सीरध्वज को तब बार-बार गौतम का पुराना आश्रम याद आया था। सारे समाज का विरोध होने पर भी गौतम ने, अपनी पत्नी की सम्मान-रक्षा के लिए, सब कुछ दांव पर लगा दिया था। अंत में उन्होंने इन्द्र को दंडित किया था ... सीरध्वज ने तब गौतम की पीड़ा की तीव्रता को जाना था ... और तब याद आया था इन्द्र ...गौतम का समर्थन कर सीरध्वज ने इंद्र का विरोध किया था, अप्रत्यक्ष ही सही। किन्तु उस युद्ध में विजयी होने के लिए उन्हें इन्द्र से सहायता की याचना ही करनी पड़ी। ...हल्के-से विरोध के होते हुए भी मिथिला का पराजित हो जाना इन्द्र के हित में नहीं था। सैनिक सहायता आयी और मिथिला की रक्षा हुई।

सीरध्वज ने एक बार मिथिला की रक्षा कर ली थी; किन्तु सीता के अविवाहित रहने पर ऐसी स्थिति बार-बार आ सकती थी। सीरध्वज हर बार न तो युद्ध कर सकते थे, न हर बार उन्हें इन्द्र की सहायता ही मिल सकती थी। इन परिस्थितियों की पुनरावृत्ति से बचने के लिए सीरध्वज ने शिव-धनुष का सहारा लिया था — सीता वीर्य-शुल्का घोषित की गई। जो शिव-धनुष को संचालित करेगा, सीता का विवाह उसी के साथ होगा ...

और अब आए हो तुम, राम!

सीरध्वज क्या करें ? शिव-धनुष के प्रतिबंध को बीच में लाकर, वे अपनी पुत्री को राम जैसे योग्य वर से वंचित तो नहीं कर रहे ? सीता की क्या इच्छा है ? उन्हें सीता से भी बात कर लेनी चाहिए...

सीता के सामने यह प्रश्न जीवन में पहली बार नहीं आया था। पिता सीरध्वज ने उसे अत्यन्त लाड़ली पुत्री के रूप में पाला था। पिता के प्रति असाधारण आदर-सम्मान, जनकपुर के राजप्रासादों का शील-शिष्टाचार, पिता का सम्राटत्व ... कुछ भी पिता-पुत्री के बीच कभी दीवार बनकर नहीं आया था। वयस्कता की ओर बढ़ते ही, सीरध्वज ने

पुत्री की बुद्धि को समर्थ बुद्धि का पूरा महत्त्व देना आरम्भ कर दिया था। सम-धरातल पर, परस्पर विचार-विमर्श होता था। सीता-संबंधी किसी भी मामले में, सम्राट् ने पूर्णत: स्वयं निर्णय कभी नहीं लिया। सीता के विवाह के विषय में ही वे स्वयं निर्णय कैसे ले लेते!

सीता सोचती हैं तो उन्हें लगता है कि अपने शैशव में उन्होंने माता-पिता को संतान-संबंधी जितनी तृप्ति दी है, बड़े होते ही उतनी ही चिंता और क्लेश दिया है।

पहला चरण वह था, जब माता अपने भीतर गुम हुई कुछ सोचती रहती थीं, और पिता अपनी लाड़ली पुत्री के लिए आर्य राजमहलों में कोई योग्य वर ढुंढ़वा रहे थे। ...सीता को वे दृश्य नहीं भूलते, जब सम्राट् के गुप्तचर विभिन्न राजधानियों से लौटते थे। सम्राट् उत्सुकता और आशा भरी आंखों से गुप्तचरों को, धावकों को, अनुचरों को देखते थे ... किन्तु आगंतुक चर मुंह लटकाकर चुपचाप खड़े रह जाते थे ... प्रत्येक राजधानी में सीता के सौन्दर्य के साथ-साथ उसकी जन्म-कथा की चर्चा थी। उसके जन्म और कुलशील को लेकर प्रश्न, संदेह और लांछन थे ... कोई नहीं मानता था कि वह सीरध्वज की पुत्री होने के कारण, मिथिला-नरेशों के प्रसिद्ध कुल की राजकुमारी है ... विभिन्न राजपरिवारों ने सम्राट् द्वारा सीता के दहेज में अपना संपूर्ण वैभव दे देने का अधिकार तो स्वीकार किया था, अपना कुल-गोत्र देने का नहीं।

तभी सीता ने पिता को एक नयी चिंता से पीड़ित होते पाया। उन्हें लगता था कि जब तक वे जीवित हैं, तब तक सीता उनकी पुत्री है, राजकुमारी है, राजकुल की सम्मानित सदस्या है। पर कल जब वे नहीं रहेंगे, तब सीता को उनकी दुहिता का सम्मान कौन दिलाएगा ? उस समय यदि कहीं से यह बात उठी कि सीता अज्ञातकुलशीला युवती है, और उसका राज-कुल से कोई रक्त-संबंध नहीं है, तो उसकी, उसके अधिकारों की रक्षा कौन करेगा ?

सीता का मन पिता के लिए तड़प-तड़प उठता था, पर कुल-गोत्र की अवधारणाओं से जकड़े समाज से वह पिता की रक्षा कैसे करतीं ? एक ओर सीरध्वज को उनकी वर्तमान आयु क्षीण कर रही थी, दूसरी ओर सीता के भविष्य की चिंता... और माता सुनयना कभी अपने पति को देखतीं, कभी अपनी पुत्री को...

फिर एक-एक कर सीता का हाथ मांगने वाले आए। वे सीता का हाथ नहीं मांग रहे थे, वे सम्राट् पर कृपा कर रहे थे, सम्राट् को एक बड़ी चिन्ता से मुक्त कर रहे थे...

वे थे कैसे--कैसे...

एक की आयु सम्राट् जनक से दो वर्ष अधिक थी। आंखों से कम सूझता था। दांतों के नाम पर मुख में दो ही दांत शेष थे, जो हाथी के बाहरी दांतों के समान दिखाने के काम में आते थे। चेहरे की झुर्रियां सागर की अनन्त लहरों के समान थीं। बस, पैर नहीं चलते थे, शरीर के शेष अंग निरंतर चलते रहते थे...

एक के अंत:पुर में अब तक केवल ढाई सौ महारानियां थीं। मदिरा कुछ इस प्रकार पीते थे, जैसे अगस्त्य ने सागर पी डाला था। आसन पर तो कभी-कभार ही विराजते थे, अधिकांशत: फर्श पर औंधे पड़े दिखाई देते थे...

एक की केवल एक ही आंख नहीं थी।

एक शरीर से कुछ अधिक पुष्ट थे। ईश्वर की लीला कि हाथी को मनुष्य का आकर दे दिया...

पिता इन सबको देखते, उनकी बातें सुनते और वितृष्णा से मुख फिरा लेते। पीड़ा को भीतर-ही-भीतर कहीं पी जाते और बिस्तर पर लेटे पहर-के-पहर राजप्रासाद की छत को घूरा करते। माता सुनयना, छाया-सी उनके पीछे लगी, चुपचाप कातर-सी उन्हें देखा करतीं।

सीता को वह दिन नहीं भूलता, जब अपनी पीड़ा से असंतुलित होकर पिता ने कहा था, ''सीते! मैं जातियों की श्रेष्ठता-हीनता में विश्वास नहीं करता। सब-के-सब आर्य सच्चरित्र ही हों, यह आवश्यक नहीं है। वरन् अधिकांश आर्य शासक पतित हो चुके हैं, पुत्री! मैं तेरा विवाह किसी भी आर्येतर जाति के योग्य वर से कर देता, किन्तु बीच में कहीं राजनीति आ जाती है और कहीं मेरा निजी अहं। यदि तेरा विवाह किसी अन्य जाति के युवक से कर दूं तो लोगों के व्यंग्य, ताने, उपालंभ, बोलियां-ठोलियां—'सम्राट् को तो देखो, पालिता पुत्री को आर्येतर युवक के हाथ सौंप दिया, अपनी पुत्री होती तो कोई पीड़ा होती'.... या फिर— 'सम्राट् का महत्त्व तो देखो, जामाता के रूप में एक आर्य युवक तक न मिला।' और वत्से! तुझे कहेंगे, 'हीन कुल की थी तो आर्य युवक कहां से मिलता!' बेटी! मैं उन्हें, तुझे हीन कुल की कहकर पुकारने का अवसर नहीं दूंगा। और दुहिते! मेरे पश्चात् मेरा यह राज्य भी मेरे जामाता का होगा। मिथिला यदि किसी आर्येतर शासक को मिल गई तो आर्य राजाओं का शक्ति-संतुलन बिगड़ जाएगा...''

उसके पश्चात् वह भयंकर युद्ध, जो केवल सीता के लिए लड़ा गया। इधर अकेले पिता सीरध्वज, उधर उनके विरुद्ध अनेक आर्य, असुर, नाग राजाओं की सेनाएं। पिता के पास दिव्यास्त्रों का ऐकांतिक अभाव। मिथिला के युवकों में युद्ध के प्रति अनुत्साह!

रात-रातभर पिता महलों की दीवारों से बातें करते रहते थे। अपनी पालिता पुत्री के लिए कोई पिता इतना कष्ट नहीं सह सकता। कोई भी ऐसे विकट अवसर पर, अपनी पुत्री का संबंध कर, राजनीतिक समझौता कर लेता। ... पर सीरध्वज नहीं टले। वे अपनी पुत्री के सम्मान की रक्षा के लिए कष्ट सहेंगे, चाहे कितना ही हो, कितना ही...

युद्ध के पश्चात् पिता के मन में अजगव-परिचालन का प्रतिबंध लगा, पुत्री को वीर्य-शुल्का घोषित करने की बात आयी। सीता को क्या आपत्ति हो सकती थी। किसी

भी प्रकार पिता के मन का बोझ कम होता ... उन्होंने अपनी स्वीकृति दे दी...

पिता ने तब भी समझाया था, "भली प्रकार सोच लो, सीते! यह न हो कि बाद में पछताना पड़ा। वीर्य-शुल्का घोषित होने में बहुत सारे जोखिम हैं। इसके पश्चात् निर्णय न मेरे हाथ में रहेगा, न तुम्हारे। जो पुरुष प्रतिबंध पर पूरा उतरेगा, उसका तुम्हें वरण करना होगा। उसकी आयु, गुण, रूप, बुद्धि, पद, जाति, कुल, गोत्र — कुछ भी नहीं देखना होगा ... और बेटी! कोई योग्य वर मिला भी, तुम्हारी इच्छा हुई भी, किन्तु वह प्रतिबंध पर पूर्ण नहीं उतरा, तो उसका वरण नहीं कर पाओगी ... सोच लो, सीते! यह भी संभव है कि वीर्य-शुल्का कन्या आजन्म कुमारी ही रह जाए..."

सीता ने सोचा था, भरसक सोचा था; पर कोई विकल्प ही नहीं था।

और तब अनेक पुरुष अपने बल का परीक्षण करने आए थे।

जब भी कोई परीक्षार्थी आता, सीता के प्राण सूली पर टंग जाते — "हे शंकर! क्या यह व्यक्ति अजगव-संचालन कर लेगा ? क्या इसका वरण करना होगा ? नहीं-नहीं, शंभो! मुझ पर दया करो। इसको इतनी सामर्थ्य न दो। न दो। मैं इसका वरण नहीं कर सकती..."

ऐसे किसी भी नये पुरुष के आते ही, सीता के मन में दुष्कल्पनाओं का बवंडर मच जाता —'क्या इस पुरुष के साथ मेरा विवाह होगा ? क्या होगा मेरा भविष्य ? मैंने अपने जीवन को इस रूप में तो कभी नहीं चाहा।'... उसका मन इतना तनता कि टूटने-टूटने को हो जाता ... वह व्यक्ति परीक्षा में असफल हो जाता तो सीता की जान-में-जान आती ... आज तक अजगव ने ही उसकी रक्षा की है...

सीता का ध्यान राम की ओर चला गया। ... वे क्या सोचती जा रही हैं ? वे उस विषय में क्यों नहीं सोचतीं, जो प्रश्न बनकर इस समय उनके सम्मुख आया है। अतीत को उलटने-पलटने से क्या होगा...

राम के विषय में कितना कुछ सुना है सीता ने! लगता है इन दिनों मिथिला का पवन सायं-सायं नहीं करता, राम-राम कहता है ... राम ने सिद्धाश्रम में राक्षसों से युद्ध कर उनका नाश किया, राम ने विश्वामित्र के यज्ञ की रक्षा की, राम ने आर्य सेनापति के पुत्र द्वारा पीड़ित निषादों की रक्षा की, राम ने आर्य सेनापति और उसके पुत्र को दंडित किया, राम ने राक्षस-शिविर से अपहृता युवतियों का उद्धार किया, राम ने इन्द्र द्वारा पीड़ित अहल्या को निष्कलंक घोषित कर उनका आतिथ्य ग्रहण किया, राम ने अहल्या को गौतम के आश्रम में पहुंचा दिया, राम ने...

क्या-क्या किया राम ने...

राम वीर हैं, उदार हैं, अन्याय के शत्रु हैं, दलितों के रक्षक हैं, स्वार्थशून्य हैं, युग-पुरुष हैं, युवक हैं, बलिष्ठ हैं, निर्भीक हैं, सुन्दर हैं...

राम आर्य हैं, सम्राट् दशरथ के ज्येष्ठ पुत्र हैं, शिक्षित हैं, बुद्धिमान हैं, शिष्ट, शालीन और संस्कृत हैं....

राम जातिवाद में विश्वास नहीं करते, राम एक वर्ग द्वारा दूसरे वर्ग के शोषण का विरोध करते हैं, राम पशु-सरीखे भोग का निषेध करते हैं, राम त्याग, बलिदान, सच्चाई और न्याय के पक्षधर हैं...

राम ने वनजा को सम्मान दिया, राम ने अहल्या को प्रतिष्ठा दी, राम सीता...

क्या सीता भी वनजा और अहल्या के समान पीड़ित हैं ? 'हैं ! हैं !!' उनका मन चीख-चीखकर कहता है —'वे भी अहल्या के समान इस प्रतीक्षा में बैठी हैं कि राम आकर उनकी अज्ञातकुलशीलता का कलंक धोयें, पिता सीरध्वज की आन की रक्षा करें...'

सीता राम के वरण के लिए तैयार हैं ?

सीता का मन कहता है, राम से विवाह का अर्थ केवल लांछन से मुक्ति ही नहीं है। राम को पति-रूप में पाकर सीता के जीवन को एक दिशा मिलेगी, अन्याय के विरुद्ध चिर-संघर्षरत एक साथी मिलेगा, सीता का जन्म चरितार्थ होगा ... सीता किसी राजभवन में पलंग पर बैठकर, दास-दासियों से सेवा करवा, दिन-रात पान चबाना अपने जीवन का लक्ष्य नहीं मानतीं ... सीता संतान उत्पन्न करने के यंत्र के रूप में किसी राज-परिवार में उपयोगी सिद्ध होना नहीं चाहतीं ...सीता के जन्म का भी एक उद्देश्य है, नहीं तो वे अज्ञातकुलशीलता का कलंक लेकर संसार में क्यों आतीं ? नहीं तो उन्हें पिता सीरध्वज के उदार मानवतावादी संस्कार क्यों प्राप्त होते ?

सीते! सीते!! तेरे लिए एक ही उपयुक्त जीवन-संगी है — राम!

सीता लजा गयीं। क्या सोच रही हैं वे...

पिता आज राम से मिलकर आये थे तो कह रहे थे, "यदि मुझसे पूछती हो, सीते! तो मैं कहूंगा, संसार में आदर्श जोड़ी एक ही हो सकती है —राम और सीता की।"

'अच्छा! अच्छा!' सीता ने अपने मन को डांटा, 'कल प्रातः आ तो रहे हैं। मैं भी देखूंगी तेरे राम को, कौन-से लाल जड़े हैं उनमें!'

प्रातः, उषा-काल में ही, सीरध्वज का राजप्रासाद, राम का स्वागत करने के लिए, अपना प्रसाधन करने बैठ गया।

अभ्यागतों को बैठाए जाने का प्रबंध किसी कक्ष में नहीं हुआ था। प्रासाद के सबसे बड़े प्रांगण में उनके स्वागत की व्यवस्था हो रही थी। इसी प्रांगण में अनेक बार प्रार्थियों को अजगव-संचालन की परीक्षा का अवसर दिया गया था। इसी से यह प्रांगण अजगव-प्रांगण कहलाने लगा था। किसी कक्ष में, परीक्षार्थ अजगव प्रस्तुत करना तो संभव नहीं था, अन्य किसी प्रांगण में भी उतना स्थान नहीं था। अभ्यागतों को यहां बैठाने की व्यवस्था के पीछे, विश्वामित्र द्वारा अजगव-चर्चा और सीरध्वज की धारणा कि राम अजगव-संचालन का प्रयत्न अवश्य करेंगे — दोनों ही बातें थीं।

सीता ने राम के स्वागत का समारोह देखा तो मुसकरा दीं। पिता कितने आतुर थे राम के लिए। उन्होंने अपनी इच्छा तथा राम-संबंधी अपनी धारणा में कोई अस्पष्टता या द्वंद्व नहीं रखा था। निर्द्वन्द्व स्पष्ट ढंग से अपने मन की बात प्रकट कर दी थी। किंतु सीता की इच्छा जाने बिना वे कोई निर्णय करना नहीं चाहते थे ... सीता को कहीं यह भी लगा था कि पिता को, अजगव-संबंधी अपने प्रण को लेकर, एक हल्का-सा पश्चात्ताप भी है। ...यदि कहीं उन्होंने वह प्रण न किया होता तो कदाचित् कल संध्या समय ही वे राम को, अथवा अनके अभिभावक के रूप में ऋषि विश्वामित्र को वचन दे आते ... पर पिता के प्रति पूर्ण श्रद्धा और सम्मान होते हुए भी, पिता की बुद्धि और उनके निर्णयों पर पूर्ण विश्वास होते हुए भी, राम को देखे बिना सीता कोई निर्णय नहीं लेना चाहती...

अपने कक्ष के झरोखे से सीता ने नीचे प्रांगण में ब्रह्मचारियों की टोली को आते देखा। सीता सतर्क होकर बैठ गईं। ये लोग विश्वामित्र तथा राम-लक्ष्मण के आगमन की पूर्व-सूचना के रूप में आए होंगे। कुछ ही क्षणों में राम भी यहां पहुंच जाएंगे।

तभी द्वार पर आहट हुई।

सीता ने मुड़कर देखा, माता सुनयना कक्ष के भीतर आ चुकी थीं। उनके साथ कोई दासी नहीं थी। यह असाधारण बात थी। किंतु कल से इस प्रासाद में अनेक असाधारण बातें हो रही हैं। छायावत् चुपचाप अपने पति का अनुसरण करने वाली माता सुनयना कुछ अधिक सक्रिय हो उठी हैं। पति के चेहरे पर आशा देखकर उनका मन भी उल्लसित हो उठा है।

''पुत्री! सम्राट् चाहते हैं कि ऋषि विश्वामित्र के स्वागत के लिए तुम भी उपस्थित रहो।''

''अच्छा, मां!''

सीता मां के साथ चल पड़ीं।

पिता ऐसा क्यों चाहते हैं —सीता समझती हैं। कल संध्या से ही पिता इस विषय में सीता का निर्णय जानने के लिए अत्यन्त उत्सुक हैं। ... और सीता, बिना राम को देखे, निर्णय बताना नहीं चाहतीं ... तो पिता चाहेंगे ही कि सीता गुरु के स्वागत के लिए उपस्थित रहें...

विश्वामित्र ने प्रांगण में प्रवेश किया।

प्रणाम और आशीर्वाद के शिष्टाचार के बीच सीता ने राम को देखा — ऊंचा शरीर, चौड़े कंधे, शरीर पर कहीं अनावश्यक चर्बी नहीं, व्यायाम और कठिन प्रशिक्षण में तपा हुआ, दृढ़ पेशियों का सुगठित शरीर, सांवला रंग, सहज, ऋजु, भोले चेहरे पर बड़ी-बड़ी गहरी-गंभीर आंखें, तीखी नाक और होंठों की मुसकान ... सीता रुक गई। इस मुसकान के आगे कुछ नहीं सोचा जाता, कुछ भी नहीं।

गुरु बैठ गए। उनके दाएं-बाएं राम और लक्ष्मण बैठे। ब्रह्मचारियों की टोली पीछे

बैठ गई।

विश्वामित्र ने कुशल-क्षेम संबंधी औपचारिक प्रश्न पूछकर राम की ओर देखा — राम के चेहरे पर उल्लसित गंभीरता थी, जैसे कुछ पाकर उसके उल्लास के साथ, अपने दायित्व-बोध से गंभीर हो गए हों। जैस मन मचल-मचलकर कुछ मांग रहा हो और मस्तिष्क पुचकार रहा हो, 'तनिक रुक जा। कुछ सोच ले। जल्दी न मचा।'

विश्वामित्र की दृष्टि लक्ष्मण पर जा टिकी। लक्ष्मण की किशोर आकृति गंभीरता से मुक्त थी, उनके मुख पर उल्लास-ही-उल्लास था। अपनी तल्लीनता में उनके होंठ कुछ इस भंगिमा में खुल-से गए थे, जैसे उनमें से स्वर फूटेगा — "भाभी !"

विश्वामित्र आश्वस्त होकर मुसकराए। किन्तु सीता को देख लेना भी आवश्यक था — सीता का सहज उल्लास, किंचित् लज्जा की लालिमा, नेत्रों का बार-बार कुछ देखने को उठना और झुक जाना, होंठों का कुछ कहने को उद्यत होना और मौन रह जाना ...

विश्वामित्र को अपने निर्णय की पुष्टि-ही-पुष्टि मिली। उनका मन कर्म के लिए व्याकुल हो उठा। बोले, "राजन्! तुमने प्रण किया है कि जो पुरुष शिव-धनुष को परिचालित करेगा, उसके साथ तुम अपनी वीर्य-शुल्का पुत्री का विवाह करोगे। ... मैं चाहता हूं कि यह अवसर राम को भी दिया जाए।"

सीरध्वज की आंखें सीता की ओर घूम गईं। पिता-पुत्री की दृष्टि मिली। सीता ने अपनी स्वीकृति दी और आंखें लजाकर झुक गईं। ... सीरध्वज आशा और निराशा के द्वंद्व में जा फंसे। वे नहीं जानते थे कि परिणाम क्या होगा। ... एक ओर आनन्द था कि सीता का राम के साथ विवाह संभव है और दूसरी ओर एक आशंका — यदि राम अजगव-संचालन न कर सके तो इस आशा के खंडित होने पर कितनी पीड़ा होगी सीरध्वज को। ... अपनी उस पुत्री का ध्यान भी उन्हें हो आया, जो आज तक एक उत्सुकता से टंगी हुई, भीषण मानसिक यातना का अनुभव कर रही है। वह नहीं जानती कि उसका विवाह कब होगा, किसके साथ होगा। हर बार कोई नया पुरुष आता है। शिव-धनुष प्रस्तुत किया जाता है। सीता को हर बार पीड़ा की अग्नि-परीक्षा में से गुजरना पड़ता है। हर बार ... पर इस बार स्थिति एकदम भिन्न है। आज तक ऐसी किसी भी परीक्षा में, परीक्षार्थी के लिए सीता के मन ने स्वीकृति नहीं दी थी। किन्तु आज सीता का मन उसके चेहरे पर आ बैठा है, उसकी आंखें बोल रही हैं। ... इससे पूर्व आने वाले परीक्षार्थी पुरुषों की असफलता के लिए सीता ने प्रार्थना की थी; और आज वही सीता राम की सफलता के लिए ईश्वर से प्रार्थना करती-सी प्रतीत हो रही है...

सीरध्वज ने एक बड़े-से प्रश्नचिह्न में फंसी, मुक्त होने के लिए फड़फड़ाती आशा के साथ, मुड़कर अपने पीछे खड़े अनुचरों को देखा, "शिव-धनुष प्रस्तुत किया जाए !"

शिव-धनुष लाए जाने का अंतराल बड़ा कठिन समय था। सीरध्वज, शतानन्द, सीता, सुनयना, विश्वामित्र, राम, लक्ष्मण – सभी अपनी-अपनी उलझनों में खोये थे। लक्ष्मण का चंचल किशोर मन भी जैसे समय की गंभीरता से त्रस्त हो उठा था। अगले कुछ क्षणों में कुछ बहुत महत्त्वपूर्ण घटित होने वाला था, जो भविष्य में होने वाली अनेक घटनाओं का स्वरूप निर्धारित करेगा। अगले कुछ क्षणों में व्यक्तियों का ही नहीं, इस देश के भविष्य का इतिहास लिखा जाएगा।

कोई बात चल नहीं पा रही थी। किसी बात का सूत्र कहीं से उठाया जाता, अगले ही क्षण अनजाने ही वह कुछ इस प्रकार सूक्ष्म होकर विलीन हो जाता कि प्रत्येक व्यक्ति की पकड़ से बाहर हो जाता। ऐसी मन:स्थिति में बातचीत संभव नहीं थी। प्रतीक्षा में बातचीत नहीं होती, केवल प्रतीक्षा होती है। और सायास की गई बातचीत, उस प्रतीक्षा को रेखांकित कर देती है।...

अनुचर आ पहुंचे। शिव-धनुष एक विराट् शकट पर रखा हुआ, विचित्र यंत्र था। सैकड़ों मनुष्य धक्का देकर उस शकट को यहां तक लाए थे। कदाचित् बार-बार वह इसी प्रकार लाया जाता था। शकट को धकेलकर लाने वाले लोग बुरी तरह हांफ रहे थे। उनके शरीर स्वेद-धाराओं से पूरी तरह भीगे हुए थे।

राम को लगा, इस शकट को पशुओं द्वारा खींचा जाना चाहिए था। पर कदाचित् शिव-धनुष होने के कारण इस यंत्र का इतना अधिक सम्मान था कि उसे मनुष्य ही खींचा करते थे ... अंध-श्रद्धा और अंधविश्वास के सम्मुख बुद्धि बेचारी निष्क्रिय हो रही थी।

राम ने खड़े होकर उत्सुक दृष्टि से उस यंत्र को देखा – यह शिव-धनुष था, अजगव। अने देवताओं, राक्षसों, किन्नरों, नागों और मनुष्यों ने इसे संचालित करने का प्रयत्न किया था। किन्तु आज तक कोई भी सफल नहीं हो सका था। ... उनका ध्यान उसे खींचकर यहां तक लाने वाले मनुष्यों के दल की ओर चला गया। कितनी बुरी तरह थक गए थे बेचारे ! जिस धनुष को यहां तक लाना इतने मनुष्यों के लिए असाध्य कार्य हो रहा था, उस धनुष से शिव ने किसी समय युद्ध किया था। वे कैसे इसे उठाए-उठाए चलते होंगे ? निश्चय ही उनके पास इसे चलाने के लिए कोई शक्ति रही होगी, कोई ऊर्जा, कोई ईंधन ... ऐसे यंत्र मनुष्य की शारीरिक शक्ति से नहीं चलते। किंतु सीरध्वज इस ईंधन के रहस्य से परिचित नहीं हैं। कोई भी परिचित नहीं है।... तभी तो मनुष्य अब इस शकट को चलाता नहीं – इसे पशुवत् खींचता है।

राम की उत्सुक दृष्टि, उस यंत्र में, उन सारे उपकरणों को खोज रही थी, जिनका ज्ञान उन्हें गुरु ने दिया था, किन्तु इतनी दूर से उन उपकरणों का संधान कदाचित् संभव नहीं था।... राम विकट उत्कंठा से गुरु की आज्ञा की प्रतीक्षा कर रहे थे।

लक्ष्मण जिज्ञासा और श्रद्धा से धनुष को देख रहे थे। ऐसा कोई धनुष, ऐसा ही क्यों,

किसी भी प्रकार का कोई यांत्रिक धनुष, न तो उन्होंने अयोध्या के राजशस्त्रागार में देखा था, न प्रशिक्षण की अवधि में अपने गुरु के आश्रम में। अजगव के विषय में सारी सूचनाएं गुरु विश्वामित्र ने उनकी उपस्थिति में ही भैया राम को दी थीं; फिर भी लक्ष्मण ने यह कल्पना नहीं की थी कि यह धनुष ऐसा अद्‌भुत होगा। ... लक्ष्मण के मन में यह विश्वास जमता जा रहा था कि आर्यावर्त्त के समस्त सम्राट् और उनके ये महान् ज्ञानी गुरु लोग, अस्त्र-निर्माण विद्या में निश्चित रूप से बहुत पिछड़े हुए थे। ... ऐसी असाधारण, चामत्कारिक कला ! लक्ष्मण का मन बरबस इस ओर खिंचता चला जा रहा था। ... भैया राम जब अयोध्या के शासक होंगे, लक्ष्मण अवश्य ही उनसे अनुरोध करेंगे, कि अयोध्या में इस काम का विकास किया जाए। आर्यावर्त्त की रक्षा के लिए यह अनिवार्य है ...

विश्वामित्र ने आज्ञा देने में अधिक विलंब नहीं किया, "उठो, वत्स राम! महादेव शिव तुम्हारी सहायता करें।"

स्थिर, सहज मंथर गति से चलते हुए, आत्मविश्वास से भरे राम शकट तक पहुंचे। उन्होंने धनुष का पर्यवेक्षण किया। तनिक-सी सावधानी से देखने पर, उस यंत्र की विभिन्न कलें ठीक उसी प्रकार दिखाई पड़ीं, जिस प्रकार गुरु ने बताया था। ... राम को अपनी सफलता का विश्वास हो आया। उद्विग्नता निलंबित हो गई। सहज उल्लास से उन्होंने सीता की ओर देखा ... सीता आतुरता, जिज्ञासा, मानसिक तनाव, आशा-निराशा के द्वन्द्व की कठिन घड़ी में से गुजरने की यातना सह रही थीं।

राम के मन में विभिन्न विचारों की तरंगें उठने लगीं — 'क्या वे शिव-धनुष का परिचालन करने के लिए इसलिए प्रस्तुत हो गए हैं कि वे सीता से विवाह करना चाहते हैं ?... सीता के प्रति उनके आकर्षण का कारण क्या है ? सीता की रूप-संपदा ?... क्या वे काम के प्रभाव के अधीन यह विकट कार्य करने को उद्यत हुए हैं ? राम का मन विद्रोह कर उठा ... ऐसी बात कैसे सोची जा सकती है! ... पर यदि ऐसा नहीं है,तो उन्हें समस्या के दूसरे पक्ष पर भी विचार कर लेना चाहिए। धनुष-परिचालन के साथ, सीता के पाणि ग्रहण का संकल्प अनुबद्ध है। राम यदि धनुष-परिचालन अपने शौर्य प्रर्दशन के लिए कर रहे हैं तो सीता के पाणि-ग्रहण का क्या होगा ... पर अब वे यह सब क्यों सोच रहे हैं ? वे सीता से विवाह की सहमति दे चुके हैं। उनका मन बार-बार सीता की आकांक्षा कर रहा है। ... पर क्या उसके लिए पिता की अनुमति आवश्यक नहीं है ? ... नहीं है। अयोध्या से चलते समय पिता ने कहा था, 'गुरु विश्वामित्र की आज्ञा का पालन करना।' और गुरु की इच्छा है कि राम सीता से विवाह करें ... और राम की इच्छा ? ... राम पहले ही सोच-विचार कर चुके हैं। वचन दे चुके हैं। ... पर केवल वचन के लिए ही ? उनकी अपनी कामना कुछ नहीं है ? हां, कामना तो है। कामना के पीछे तर्क भी है ? तर्क! क्यों नहीं ... गुरु विश्वामित्र की बात का

विश्वास राम कर सकते हैं कि सीता उनकी उपयुक्त सहगामिनी पत्नी होगी। ... सीरध्वज के कुल के प्रशिक्षण की शैली पर वे विश्वास कर सकते हैं ... बात कुछ उलझती-सी लग रही थी। विवाह और धनुष-परिचालन ... धनुष-परिचालन और विवाह ... दोनों एक-दूसरे से जुड़े थे ... राम किसके लिए, कौन-सा कार्य कर रहे थे ...

... विवाह की बात एक ओर है। वे जिस समय विश्वामित्र के साथ आए थे, विवाह करने के लिए नहीं आए थे। न्याय का पक्ष ग्रहण कर वे अन्याय के विरुद्ध लड़ने आए थे। आज यदि इस अवसर का उपयोग कर, शिव-धनुष-परिचालन कर, और अंततः उसे भंग कर, वे अपनी वीरता, दक्षता, सक्षमता का प्रणाम देते हैं, और एक वीर के रूप में प्रतिष्ठित होते हैं, तो अन्याय का विरोध करने के लिए उसका लाभ होगा। ... फिर सीता जैसी उपयुक्त संगिनी उन्हें मिलेगी। ... सीता अपनी अज्ञातकुलशीलता के लिए अपमानित होने से बचेगी, सीरध्वज को किसी-न-किसी व्याज से कलंकित नहीं किया जा सकेगा ... सब कुछ ही शुभ होगा ...

...गुरु की आशंका उनके मन में घिर आयी ... शिव-धनुष यदि कहीं राक्षसों के हाथ में पड़ गया; और उन्होंने उसकी परिचालन-विधि सीख ली तो समस्त आर्य-सम्राट् उनके द्वारा अत्यन्त पीड़ित होंगे .... राम को सबका उद्धार करना होगा ... सबका — देश का, समाज का, सीरध्वज का, सीता का ... और ... और ... राम के मन का ... यही राम का धर्म है, यही समय का सत्य है ... खंड-सत्य सत्य नहीं होता ... सामूहिक-सत्य ही सत्य हो सकता है ... राम का एकमात्र धर्म अजगव-परिचालन है ... इस समय द्वन्द्व क्यों है ? निर्णय तो वे ले ही चुके हैं। यह कर्म के पहले की माया है, माया ... राम की समस्त ऊर्जा उनकी भुजाओं में संचित होने लगी ...

राम अपने चिंतन से उबरे और कर्म की ओर उन्मुख हुए।

असाधारण आत्मविश्वास के साथ, अत्यन्त जानकार की भांति, उन्होंने गुरु के निर्देशानुसार, उस यंत्र की कल पर हाथ रखा ...

कल का निर्माण कुछ इस ढंग से हुआ था कि कहीं कोई जोड़ दिखाई नहीं पड़ता था। वह हिलाए-डुलाए जा सकने वाली, यंत्र की कल के बदले उस विशाल यंत्र का एक अंग ही लगती थी, जिसे हिलाने का प्रयत्न व्यर्थ था। इसका निर्माण करने वाला व्यक्ति निश्चित रूप से अद्‌भुत शिल्पी था; और उसके पास धातुओं को गलाने और ढालने का कार्य करने की जैसी विकसित विधि थी, वैसी आर्यवर्त्त में अन्यत्र कहीं नहीं थी। तभी तो संपूर्ण आर्यावर्त्त के लिए यह यंत्र आश्चर्य की वस्तु था। उसके स्वरूप की उपयुक्त कल्पना न होने के कारण, आर्य भाषाओं में कोई उपयुक्त संज्ञा भी नहीं थी। उसे 'धनुष' कहकर पुकारा जाता था, जैसे वह भी बांस और डोरी का साधारण धनुष हो। ... अवश्य ही महादेव शिव दिव्यास्त्रों के अद्‌भुत निर्माता थे ... कभी राम को भी अस्त्रों की सहायता के लिए शिव के पास जाना होगा ...

राम ने मुट्ठी में पकड़ी कल को अपनी ओर खींचा। उनके बल का उस पर कोई

प्रभाव नहीं हुआ, जड़ वस्तु अपने स्थान से नहीं हिली। ... राम ने प्रयत्न कर अपने शरीर की समस्त शक्ति का अपनी बांहों में आह्वान किया। कल को पूरी शक्ति से अपनी ओर खींचा। कल अब भी अपने स्थान पर स्थिर थी ... कुछ भी नहीं ... कोई प्रभाव नहीं ... कोई परिवर्तन नहीं। जैसे सब कुछ जड़ हो, स्थिर, अपरिवर्तनीय ... किंतु राम हताश नहीं हो सकते ... गुरु के शब्द उनके मस्तिष्क में गूंज रहे थे — 'बल और कौशल, दोनों का प्रयोग ... बल और कौशल, दोनों ...'

राम ने गुरु-निर्देशित दूसरे उपकरण को पैरों से दबाया ... शरीर की शक्ति दो भागों में बंट रही थी। कमर से नीचे का शरीर पैरों के नीचे के उपकरण को दबा रहा था और कमर के ऊपर का शरीर हाथ में पकड़ी कल को अपनी ओर खींच रहा था। ... अपूर्व शक्ति का संतुलित प्रयोग ... बल, कौशल, ज्ञान और संतुलन ...

राम के शरीर की पेशियां कठोर होती जा रही थीं। शरीर सधता जा रहा था। सारा रक्त जैसे चेहरे पर संचित होता जा रहा था और ...

लक्ष्मण नेत्रों में विकटता और करुणा साथ-साथ भरे देख रहे थे ... भैया राम अकल्पनीय शारीरिक पीड़ा की स्थिति में से गुजर रहे थे, मानो दो विकट शक्तियां उनके शरीर को, हाथों और पैरों से पकड़कर, दो विरोधी दिशाओं में खींच रही थीं। उनका शरीर जैसे नाभि के पास से टूटने-टूटने को हो रहा था...

लक्ष्मण का मन तड़प उठा — भैया की सहायता कैसे करें ? कैसे असहाय हो गए हैं लक्ष्मण ? वे देख रहे हैं कि भैया एक विकट परीक्षा में से गुजर रहे हैं, किन्तु वे कुछ नहीं कर सकते। इसे तो भैया को अकेले ही सहना था, एकदम अकेले ...

लक्ष्मण अपनी असहायता से क्षुब्ध हो उठे थे।

सीता को लगा, राम लोहे के एक पर्वत से जूझ रहे थे; उसे तोड़ डालने के लिए कटिबद्ध थे, दृढ़ प्रतिज्ञ ... जैसे वह लोहे का पर्वत, उनके और सीता के बीच की प्राचीर हो, जिसके टूट जाने से वे दोनों आमने-सामने होंगे, एक-दूसरे के पास, एक दूसरे के साथ। पर लोहे का पर्वत भी क्या कभी मानव-शरीर की शक्ति से टूटा है ? ... सीता के मन में पचासों चीत्कार बवंडर मचाने लगे — 'राम! मेरे राम! यह सब मेरे लिए है, मेरे लिए। मेरे सम्मान के लिए, मेरे प्यार के लिए — यह अकल्पनीय परिश्रम, यह दुसह्य यातना ... राम! मेरे राम!'

राम के पैरों के नीचे की कल धंसी और तत्क्षण ही हाथ की कल अपने स्थान से डोली ... राम के शरीर के बल के साथ-साथ उनकी आत्मा का बल भी, उनके हाथों-पैरों में समा गया ... प्रयत्न ... और ... और ...

उपस्थित जन-समुदाय ने अभूतपूर्व आश्चर्य से देखा ... उनकी आंखों के सम्मुख, सर्वथा असंभव हो रहा था; अपूर्व घटित हो रहा था। उस विराट् यंत्र का एक

खंड अकस्मात् ही ऊपर उठता जा रहा था, जैसे कोई लोहे का हाथी भंयकर मुद्रा में अपनी सूंड़ उठाकर, प्रहारक भंगिमा ग्रहण कर रहा हो। ... शिव-धनुष अब जड़ नहीं था, वह सक्रिय हो उठा था, मानो राम के इंगित के अनुसार उसकी प्रत्यंचा चढ़ती जा रही थी ...

राम को गुरु ने बताया था कि यह अजगव की भुजा थी। इसी के द्वारा धारण कर अनेक दिव्यास्त्र शत्रु की ओर प्रक्षेपित किये जाते थे; यही भुजा शत्रुओं का काल थी।

...भुजा क्रमशः ऊपर उठ रही थी ... इससे पूर्व कि उस यंत्र में कोई अन्य परिवर्तन होता, अथवा वह फिर से पूर्ववत् जड़ हो जाता; राम अपने हाथों में पकड़ी कल के सहारे प्रायः झूल-से-गए, और अपने दोनों पैरों की सम्मिलित शक्ति से उन्होंने एक विकट प्रहार किया। साथ ही वे कूदे और यंत्र से कई पग दूर जाकर खड़े हो गए।

यंत्र का आत्म-विस्फोटक तत्त्व प्रेरित हो चुका था। निमिष मात्र का भी समय नहीं लगा। किसी बंद पात्र के भीतर गूंजने वाले विस्फोट का-सा भयंकर शब्द हुआ और अजगव के दो खंड हो गए।

कठिन परिश्रम के कारण तेज-तेज चलती सांस को नियंत्रित करते हुए राम पुनः अजगव के निकट आ गए। उन्होंने देखा — ऊपर से अजगव के चाहे दो खंड हुए थे, किंतु उस यंत्र के भीतर के अनेक तंतु ध्वस्त हो चुके थे, जिनका पुनः जुड़ना सर्वथा असंभव था। अब कभी भी अजगव द्वारा दिव्यास्त्र धारण नहीं किए जा सकेंगे, अब अजगव कभी भी शत्रुओं का नाश नहीं कर सकेगा। राम ने उसे सदा के लिए शांत कर दिया था।

उपस्थित जन-समुदाय आश्चर्य के कशाघात से अनायास ही अपने स्थान से उठकर खड़ा हो गया था। स्वयं ऋषि विश्वामित्र, पूर्वाभास होते हुए भी, कार्य की पूर्णता से पुलकित हो असहज हो उठे थे। लक्ष्मण अपने मन को आंदोलित करते हुए, विभिन्न आवेगों को, अलग-अलग कर पहचान भी नहीं पा रहे थे।

विस्फोट शब्द से चौंकने की स्थिति से गुजरकर, सीता ने एक बार दृष्टि भर, राम के रूप को निहारा, पास रखी जयमाला को उठाया और विह्वल हो अपनी आंखें मूंद लीं। ... अब और क्या शेष था देखने को ? वे पूर्णकाम हो उठी थीं। राम अब उनके थे, वे राम की थीं। लोहे का पर्वत टूट गया था। उनके राम ने अद्‌भुत पराक्रम किया था, उन्हें प्राप्त करने के लिए। ऐसा पुरुष संसार-भर में अन्य कोई नहीं था। राम अद्वितीय हैं, अपूर्व, अद्‌भुत, निरुपम ... सीता ने पास बैठी माता सुनयना की गोद में चेहरा छिपा दिया ... अपनी डबडबाई आंखों का भेद वे किसी को नहीं बताना चाहती थीं।

सीरध्वज, शतानन्द और मंत्री-समाज सुखद आश्चर्य से जड़ हो गया। उपस्थित लोगों में से कितनों ही ने, इससे पहले भी अनेक बार, ऐसा दृश्य देखने की आकांक्षा की थी — किंतु वह कभी संभव नहीं हो पाया था। उनके मन की तह में लगी निराशा की काई सदा घनी होती गई थी। ... आज राम ने शिव-धनुष को न केवल संचालित किया था, वरन् उसके दो खंड कर डाले थे। क्या होता अब अजगव का ? उसका उद्देश्य पूरा हो चुका था। ... अच्छा किया, राम ने उसे तोड़ डाला। ... पर इस समय अब क्या हो ? राम का अभिनन्दन किस प्रकार हो ?

सीरध्वज का मन एक सत्य से एकाकार हो उठा था। केवल एक सत्य! मन पूरी तरह अभिभूत था। मन के भीतर, बाहर, धरती पर, वायु पर, आकाश पर — सब ओर, सब स्थानों पर, सब तत्त्वों पर वही सत्य लिखा हुआ दिखाई पड़ रहा था — सीमा के लिए राम एकमात्र उपयुक्त वर हैं। वे ही सीरध्वज के जामाता हो सकते हैं। उन्होंने सीरध्वज का प्रण पूर्ण किया है।

सीरध्वज प्रेम के आवेश से आंदोलित, अपनी राज-मर्यादा को भुलाकर, प्रायः भागते हुए आगे बढ़े और उन्होंने राम को अपनी भुजाओं में भर कंठ से लगा लिया। जनकपुर से बाहर तक आकर, बारात से विदा ले, सीरध्वज जब लौट गए तो दशरथ जैसे आपे में आए। उन्होंने पहली बार बारात की ओर ध्यान दिया — सबसे आगे गुरु वशिष्ठ का रथ चल रहा था। उनके पीछे एक अन्य रथ में, अपनी अनेक सखियों के साथ सीता थीं। राम तथा लक्ष्मण अश्वारूढ़ हो, उसी रथ के साथ-साथ चल रहे थे। भरत तथा शत्रुघ्न उनके पीछे-पीछे ही थे। उनके पश्चात् कैकेयी के भाई युद्धाजित का रथ चल रहा था। फिर अनेक तपस्वी ब्राह्मणों के रथ थे। और सबसे अंत में अश्वारोहियों की टुकड़ियां।

यह सब कुछ कितना आकस्मिक था — दशरथ सोच रहे थे। कौन जानता था कि घटनाएं इस प्रकार घटित होंगी। विश्वामित्र आकर बलपूर्वक राम तथा लक्ष्मण का हरण कर ले गए थे। उन्हें भेजने की दशरथ की रंच-मात्र भी इच्छा नहीं थी। किन्तु उस समय गुरु वशिष्ठ ने भी, उनके विरुद्ध, विश्वामित्र का ही पक्ष ग्रहण किया था। दशरथ निरुपाय हो गए थे। कितना कोसा था उन्होंने मन-ही-मन दोनों ऋषियों को। उन्हें यही लगता रहा था कि इन दोनों ऋषियों ने मिलकर दशरथ के विरुद्ध कोई षड्यन्त्र रचा था, नहीं तो राम जैसे नवयुवक को भयंकर राक्षसों से लड़ाने के लिए ले जाने का क्या अर्थ था ? फिर किशोर लक्ष्मण भी साथ ही चल दिए थे। ... वचन तो दोनों ने दिए थे — वशिष्ठ ने भी और विश्वामित्र ने भी; किंतु वचनों से क्या होता है। यदि उनके पुत्रों के साथ कोई अघटनीय घटना घट ही जाती तो ऋषि क्या उन्हें लौटा जाते ?

और संयोग की बात! एक ओर विश्वामित्र राम और लक्ष्मण को लेकर गए, दूसरी ओर चार दिनों के भीतर-ही-भीतर युद्धाजित आ पहुंचे, "भरत को ननिहाल भेज

दो। कैकयराज उसे बहुत याद कर रहे हैं।'' भरत के प्रेम में शत्रुघ्न भी साथ जाने को तैयार हो गए। ... क्या सोचते दशरथ, सिवाय इसके कि सब लोग मिलकर उनके विरुद्ध षड्यंत्र रच रहे हैं, या नियति ही उनकी शत्रु हो गई थी। दो पुत्रों को उनकी इच्छा के विरुद्ध वशिष्ठ ने विश्वामित्र के साथ भेज दिया और अन्य दो को कैकेयी युद्धाजित के साथ भेजने को तैयार बैठी थी। उनके पुत्र उनकी आंखों से दूर क्यों किए जा रहे थे — चारों के चारों। वृद्धावस्था में दशरथ ने संतान का दर्द जाना था, और अब जब जान ही लिया था तो उनके बिना वे नहीं रह सकते थे। नहीं तो जब वे स्वयं युवक थे, बालक राम के प्रति कहां थी उनके मन में ममता ?...

कितने प्रयत्न से दशरथ ने युद्धाजित को रोका था, 'राम और लक्ष्मण को लौट आने दो। भरत और शत्रुघ्न उनसे मिलकर चले जाएंगे।' ... कितनी पीड़ा थी दशरथ के मन में! राम-लक्ष्मण को गए दिन-पर-दिन बीतते जा रहे थे, उनके विषय में कहीं से कोई सूचना नहीं मिल रही थी।

सूचना मिली जनक के दूतों से। वे लोग राम और लक्ष्मण के जाने के ठीक दसवें दिन कोसल के दरबार में उपस्थित हुए थे। उनसे पिछले दिनों में घटी घटनाओं को सुनकर कितने विस्मित हुए थे दशरथ। कितनी सीमित, संकुचित और संकीर्ण दृष्टि से दशरथ ने विश्वामित्र को देखा था। अपने पुत्र-स्नेह की माया में राम की शक्ति को कितना कम आंका था। उन्होंने विश्वामित्र को अपना और अपने पुत्रों का शत्रु समझा था, और विश्वामित्र ने उनके पुत्र से कैसे-कैसे अद्‌भुत कार्य करवा डाले थे! ...

सीरध्वज की पुत्री सीता से राम के विवाह की बात दशरथ के मन में कभी आयी ही नहीं थी। इस संभावना के विषय में उन्होंने कभी सोचा ही नहीं था। उनके मनोजगत् में सीरध्वज का कहीं कोई अस्तित्व ही नहीं था। विश्वामित्र ने एक प्रकार से सीरध्वज से उनका परिचय करवाया था — और परिचय भी कैसा! ... सीता की अज्ञातकुलशीलता एक बार अवश्य मन में खटकी थी, किन्तु सीता वीर्य-शुल्का थी। राम ने उसे अपने शौर्य से जीता था। कोई क्षत्रिय पिता ऐसे विवाह में बाधा नहीं डाल सकता। और सबसे अधिक आश्चर्य की बात यह थी कि गुरु वशिष्ठ ने भी इसमें कोई आपत्ति नहीं की थी। ...

समाचार पाकर, जनकपुर जाने के लिए दशरथ इतने अधीर हो गए थे कि किसी सगे-संबंधी की प्रतीक्षा भी उन्हें असह्य थी। गुरु, कुछ तपस्वी ब्राह्मणों, भरत, शत्रुघ्न, संयोग से अयोध्या में उपस्थित युद्धाजित तथा अश्वारोहियों की कुछ टुकड़ियों को लेकर, दशरथ शीघ्रातिशीघ्र चल पड़े थे। तनिक भी विलंब कल्पनातीत था।

जनकपुर में जो विश्वामित्र उन्हें मिले, वे उस विश्वामित्र से बहुत भिन्न लगे थे, जो उनसे उनके राम और लक्ष्मण को राक्षसों से लड़ाने के लिए मांगकर ले गए थे। दशरथ निर्णय नहीं कर पाए कि विश्वामित्र — सर्वप्रधान शुभाकांक्षी-से, सगे बंधु सरीखे, गुरु वशिष्ठ से भी कहीं बढ़कर! ... और सीरध्वज जनक, जिनका अब तक

उनके लिए कोई अस्तित्व ही नहीं था, सहोदर भ्राता-से मिले। दशरथ सोचते ही रह गए कि वे उनसे पहले ही क्यों नहीं मिले ?...

उन्हें बताया गया कि ऋषि विश्वामित्र अपने कौशिकी-तट के आश्रम में लौट जाने के लिए बहुत अधीर थे, किन्तु वे राम-सीता के विवाह से पूर्व नहीं जाना चाहते थे। उनकी त्वरा में दशरथ को भी जल्दी करनी पड़ी; और उनके जनकपुरी पहुंचने के पश्चात् जितनी जल्दी संभव हुआ, राम और सीता का विवाह कर दिया गया।

उस क्षण के बाद से ही दशरथ की कसी मुट्ठी में से बंधुजन रेत-कणों के समान खिसकते गए थे। बहुत आग्रह करने पर भी, विश्वामित्र बारात की विदाई तक नहीं रुके। जाने कैसी जल्दी थी उनको! बार-बार यही कहते थे, ''मेरा कार्य पूरा हो गया। अब और रुकना अपना क्षय करना है।''

विश्वामित्र के पश्चात्, अब उन्हें नगर के बाहर तक पहुंचा, स्वयं सीरध्वज जनकपुर लौट गए थे .... और दशरथ, खोये-खोये-से बारात के साथ चले जा रहे थे। बार-बार वे अपने ही ऊपर खीझ उठते थे — दो-चार दिनों में ही उन्होंने इतना नेह-छोह क्यों बढ़ाया, क्यों ...?

सहसा एक जोर की ध्वनि हुई। ऐसी ध्वनि तो बड़े-बड़े रथों की भी नहीं होती थी। और फिर यह ध्वनि पृथ्वी से न उठकर, आकाश से आती हुई लगती थी। वायु की गति अकरारण ही बढ़ गई, जैसे जोर की आंधी चली हो। मार्ग के दोनों ओर के वृक्षों के पत्ते झड़ गए। उन पर बैठे पक्षी अनायास ही उस बवंडर के साथ उड़कर पीड़ा में चीखने लगे।

यात्रा थम गई। सभी अपने-अपने स्थान पर ठहर गए। सब अचेतन ही प्रतीक्षा कर रहे थे, कोई उन्हें बताए कि यह ध्वनि किस प्रकार की है।

दशरथ ने वशिष्ठ की ओर देखा। किन्तु उनके पास भी कोई उत्तर नहीं था। वे अपनी आंखों में उलझन लिये हुए, किंकर्तव्यविमूढ़-से, आकाश की ओर देख रहे थे।

दशरथ का स्नेहातुर, उदास मन, गुरु की किंकर्तव्यविमूढ़ता देखकर घबरा गया — संभव है कि यह राक्षसों का कोई नवीन दुष्कृत्य हो। संभव है, वे लोग अब अपने सहायकों को लेकर प्रतिशोध के लिए लौटे हों। सीता-वरण भी, राक्षसों ही नहीं, समस्त शक्तिशाली नृपों से शत्रुता का कारण हो सकता है। अजगव-ध्वंस जैसा शौर्य-कृत किसी भी पुरुष की शक्ति के लिए चुनौती है। राम ने राक्षस-राक्षसेतर नृपों को नीचा दिखाया है। हो सकता है वे नीचतापूर्वक यहां राम को घेर उसकी हत्या के विचार से आ रहे हों। ...

दशरथ की भीरु दृष्टि राम पर टिक गई। क्या पचीस वर्षों के इसी नवयुवक राम ने ताड़का और सुबाहु को मारा है ? मारीच को पराजित किया है और शिव-धनुष तोड़ दिया है ? राम शत्रुओं की सामूहिक सेना का सामना भी कर सकता है क्या ? ...

दशरथ को अपने ऊपर खीझ भी हुई — आखिर वे इतने कातर क्यों हो जाते हैं ? ऐसा क्यों है कि वे सदा आशंकित ही रहते हैं ? वे सदा ऐसे ही तो नहीं थे। यह उनकी वृद्धावस्था का परिणाम है या पुत्र-प्रेम का ?

लक्ष्मण ने अपना धनुष कसकर, मुट्ठी में पकड़ लिया था। उनके मुख पर ऐसे अवसरों पर सदा ही प्रकट हो जाने वाली उग्रता उभर आयी थी। उनकी आकृति में भय का लेशमात्र भी नहीं था।

राम अत्यन्त नि:शंक हो आकाश की ओर देख रहे थे। दशरथ को कुछ स्पर्धा हुई — राम कैसे इतना नि:शंक रह लेता है ?

आकाश पर एक बड़ा-सा यान प्रकट हुआ। यह देव-यानों के समान नि:शब्द नहीं था, उसके प्रकट होते ही जैसे कानों के पर्दे फटने लगे थे। वह विकट ध्वनि कर रहा था और एक विराट दैत्य के समान, धुएं के भयंकर मेघ उगल रहा था। उसके धुएं ने प्राय: अंधकार-सा उत्पन्न कर दिया था।

दशरथ पहचान गए — यह परशुराम का यान था।

यान पृथ्वी पर उतरा और अत्यन्त क्रुद्ध जमदग्नि-पुत्र कूदकर उसमें से बाहर आए। उन्होंने पर्यवेक्षण की दृष्टि चारों ओर डाली, जैसे कुछ कहने से पहले अपने सम्मुख खड़े उस जन-समुदाय को तौल रहे हों, अथवा यह समझ न पा रहे हों कि उन्हें किसे संबोधित करना है।

बोलने का निर्णय कर, उन्होंने परशु पर अपनी पकड़ और भी कस ली। मुख पर आक्रोश प्रकट हुआ। बोले, "दशरथ!"

परशुराम को पहचानते ही दशरथ को आशंकाओं के अनेक शूल पीड़ित करने लगे थे। इस क्रुद्ध संबोधन को सुनते ही वे भय से पीले पड़ गए।

अवश-सी स्थिति में आगे बढ़कर दशरथ ने सिर झुकाकर प्रणाम किया; और पुत्रों को भी संकेत किया। चारों भाई अश्वों से उतर आए और परशुराम के सम्मुख झुक गए।

"मैने क्या सुना है, दशरथ ?"

लक्ष्मण को परशुराम के आने की मुद्रा और सम्राट् को पुकारने की भंगिमा एकदम अच्छी नहीं लगी थी। वे कहना चाह रहे थे, "आपने जो कुछ सुना वह आप जानते होंगे। हम क्या ज्योतिषी हैं, जो आपको बताएं कि आपने क्या सुना!" किन्तु बोले नहीं — पिता, गुरु और सबसे बढ़कर भैया राम की उपस्थिति का संकोच कर गए।

"क्या सुना है, भृगुश्रेष्ठ ?" दशरथ सहजता से बोल भी न पा रहे थे।

"तुम्हारे पुत्र राम ने 'अजगव' का ध्वंस कर दिया है।"

परशुराम का आक्रोश निरंतर बढ़ता जा रहा था।

दशरथ हाथ जोड़े, स्वीकृति में चुपचाप खड़े रहे।

लक्ष्मण स्वयं को रोक नहीं पाए। वक्रतापूर्वक बोले, ''यदि आपने यह सुन ही लिया है, ऋषिवर! और हमसे सूचना की पुष्टि करवाना ही चाहते हैं, तो इसमें चीखने की क्या बात है। हम लोग बहरे नहीं हैं, व्यर्थ अपने कंठ को कष्ट न दें।''

परशुराम ने पहली बार अपनी क्रुद्ध दृष्टि दशरथ पर से हटाई। वे लक्ष्मण की ओर मुड़े, ''तुम कौन हो ?''

''भगु-कुलकेतु!'' लक्ष्मण मुसकराए, ''मैं सम्राट् दशरथ का पुत्र हूं — लक्ष्मण! अब आप यह तो नहीं पूछेंगे कि दशरथ कौन ? वैसे लोगों को न पहचानने का प्रचलन ही हो गया है। लोग दूसरों को न पहचानकर अपना बड़प्पन सिद्ध करते हैं। आप ऐसा तो नहीं करेंगे न, श्रीमान्!''

परशुराम के लिए लक्ष्मण का व्यवहार अत्यन्त अप्रत्याशित तथा अपमानजनक था। उनकी आंखें क्रोध से उबल आयीं, ''क्या बकता है, लड़के ?''

दशरथ, लक्ष्मण के व्यवहार से और भी व्याकुल हो उठे। यह लड़का व्यर्थ ही मृत्यु को ललकार रहा है। यह सदा से ऐसा ही रहा है — उग्र, तीखा, कटु तथा जिद्दी। अब दशरथ में साहस नहीं है कि इन दोनों के बीच में पड़ें। किससे कहें दशरथ! गुरु वशिष्ठ तटस्थ भाव से दूर खड़े थे, राम बहुत मंद-मंद मुसकरा रहे थे।

तब तक लक्ष्मण फिर से बोल उठे, ''मैं परिवेश का विश्लेषण कर रहा हूं, श्रीमन्! आपको यह बकवास लगती है। आप मुझे यह कहने के लिए क्षमा करेंगे कि आप काफी पिछड़े हुए हैं। आप न तो आधुनिक हैं, न वर्तमान परिस्थितियों से परिचित ही लगते हैं। आजकल किसी को आंखें दिखाकर अपना रौब नहीं मनवाया जा सकता। आंखें ही तो हैं, उनसे देखिए — कोई रौब दिखाने का अनुमति पत्र तो हैं नहीं। ठीक है न ?''

क्रोध के मारे परशुराम के मुंह से झाग आ गई। शब्द-प्रवाह जैसे अवरुद्ध हो गया। उन्होंने अपना परशु साधा। प्रहार करने के लिए भुजा ऊपर उठी और तब मुख से शब्द फूटे, ''दशरथ! तेरा यह पुत्र जीवित नहीं बचेगा।''

''आपको कैसे मालूम है, नहीं बचेगा। आप भविष्यवक्ता हैं क्या ?''

लक्ष्मण कदाचित् कुछ और भी कहते, किन्तु तब तक राम सहज भाव से आगे बढ़ आए। उन्होंने लक्ष्मण को संकेत से पीछे हटाया और पूर्ण निर्भीकता से परशुराम की प्रहार के लिए उठी भुजा पकड़कर नीचे कर दी, ''भृगुश्रेष्ठ! यह क्रोध किसलिए ?''

राम के आत्मविश्वास से परशुराम हतप्रभ हो गए। वे आश्चर्य से फटी आंखों से, अपने सम्मुख खड़े उस नवयुवक को देख रहे थे, जिसने उनकी भुजा को वैसे वर्जित किया था, जैसे कोई वयस्क किसी लड़ते हुए बच्चे की करता है।

परशुराम अनजाने ही आक्रामक से प्रतिरक्षात्मक धरातल पर उतर आए, ''राम! तुम देख रहे हो, तुम्हारा छोटा भाई कितनी अशिष्टता से बात कर रहा है!''

''आपका ढंग शिष्ट था क्या ?'' राम ने पूछा।

"राम को न पहचानने का नाटक आपने नहीं किया, ऋषिवर ?"

परशुराम चौंके। लक्ष्मण ने फिर उन्हें चिढ़ाया था। उनकी हतप्रभता उनके आक्रोश में डूब गई। तड़पकर बोले, "राम! तुम और तुम्हारा यह छोटा भाई — तुम दुष्ट, अन्यायी क्षत्रिय! तुम यह नहीं जानते कि मैंने कितनी बार इस पृथ्वी को क्षत्रियों से शून्य कर इसका पाप काटा है।"

"हम सब कुछ जानते हैं, भृगुश्रेष्ठ!" राम चुनौती भरे स्वर में बोले, "हमने अद्वितीय विद्वान् गुरुओं से शिक्षा पायी है। हम जानते हैं कि सहस्रार्जुन जैसे जनविरोधी दुष्ट को मारकर आपने अन्याय का दमन किया था और न्याय के पक्ष में महान् क्रांति की थी। अपने युग के दुष्ट, अनाचारी और अत्याचारी क्षत्रिय राजाओं के विरुद्ध विद्रोह कर, आपने जन-सामान्य को धर्मयुद्ध का नया मार्ग दिखाया था। आप-जैसे पुराने क्रांतिकारियों का हम सम्मान करते हैं, पर इसका यह अर्थ कदापि नहीं है कि आप अकारण ही लोगों का अपमान करते फिरें। और एक बात हम नहीं समझ पाते, भृगुश्रेष्ठ!" राम का स्वर कुछ और ऊंचा और गंभीर हो गया, "क्रांतिकारिता और रूढ़िवादिता भी साथ-साथ चल पाती हैं क्या ? आप कितने रूढ़िवादी हो गए हैं — आपने कभी सोचा है ? यदि एक समय एक क्षत्रिय राज जन-विरोधी सैनिक लुटेरा था तो क्या मान लिया जाए कि प्रत्येक राजनीतिक नेतृत्व जन-विरोधी पशुबल ही होगा — या यदि एक समय 'अन्याय' क्षत्रिय राजा के रूप में प्रकट हुआ तो क्या वह सदा उसी रूप में प्रकट होता रहेगा ? आपने यह कैसे मान लिया कि उन अत्याचारी क्षत्रियों को मारकर आपका कार्य सदा के लिए सम्पन्न हो गया ? आपने सतत प्रयत्नशीलता का मूल्य पहचाना ही नहीं। क्या आपका क्रांतिकारी मन यह नहीं जानता कि समय के साथ, अन्य वस्तुओं के समान, अत्याचार का रूप भी बदल जाता है ? आपने उसके केवल एक रूप को पहचाना है। इसीलिए अपने समय के क्षत्रियों की हत्या कर आप अपना परशु लिये-दिये महेन्द्रगिरि पर जा बैठे। आपने यह नहीं देखा कि आज जन-विरोधी राजनीति, पशुबल तथा धन की शक्तियों ने संयुक्त मोरचा बनाया है और वह राक्षस-शक्ति के रूप में अभिव्यक्ति पा रहा है। कितना अत्याचार कर रहे हैं राक्षस! बुद्धिजीवी ऋषियों की हत्याएं हो रही हैं, ताकि जन-सामान्य को उचित नेतृत्व न मिल सके, प्रजा का धन लूटकर उन्होंने सोने की लंका बना ली है, नारियों का अपहरण हो रहा है, और नारी-पुरुष के सहज संबंध को पाशविक शक्तियों से संचालित करने का प्रयत्न किया जा रहा है। यह सब आपको नहीं दिखता ? आपकी दृष्टि मंद पड़ गई है। आपका मस्तिष्क सो गया है। आप वर्तमान के दायित्व को त्याग, प्राचीन कृत्य का यश ओढ़े हुए, उचित-अनुचित, न्याय-अन्याय का विचार छोड़, लोगों को डराने-धमकाने को रह गए हैं। और फिर भी आप चाहते हैं कि लोग आपका सम्मान करें! ... लक्ष्मण ने आपकी अशिष्टता के उत्तर में कुछ कहा तो आप क्रुद्ध हो, उसकी हत्या करने को प्रस्तुत हो गए।"

''क्या तात्पर्य है तुम्हारा ?'' परशुराम का आवेश पूर्णतः समाप्त नहीं हुआ था, ''तुम नये युग के छोकरे अपने बड़े-बूढ़ों का सम्मान भी नहीं कर सकते। एक नया करतब कर लिया तो समय-सिद्ध पुराने स्तंभों को उखाड़ फेंकोगे ? क्या लक्ष्मण को मेरा सम्मान नहीं करना चाहिए था ?''

राम अपने उसी गंभीर स्वर में बोले, ''अवश्य करना चाहिए था। वह सम्मान करता, यदि आप स्नेहपूर्वक उसे अपनाते। भृगुपति! समय-सिद्ध होने का अर्थ यह कदापि नहीं है कि आप वर्तमान के लिए सर्वथा अनुपयोगी हो जाएं। आपने नये युग के छोकरों से सम्मान मांगा है — वह सम्मान आपको पूरी तरह मिलता, यदि आप अपनी आंखें खोलकर देखते कि जिन नये संदर्भों में आप सर्वथा निरर्थक हो रहे हैं, उन्हीं संदर्भों में इस नये युग के छोकरों ने अन्याय और अत्याचार के परिवर्तित रूप को पहचाना है। उसके लिए क्या आपने उनके सिर पर हाथ रखा ? वह आपने नहीं किया। हां, कार्य करने वालों के मार्ग में आप स्तंभ-स्वरूप ही आए। सिद्धाश्रम को राक्षसों से मुक्त करने, अहल्या को सामाजिक प्रतिष्ठा दिलवाने और सम्राट् सीरध्वज को विभिन्न प्रकार की ग्लानियों से उबारने का अभिनन्दन, आप हमारे सम्मुख हमारे पिता के प्रति अपशब्द कहकर, करना चाहते हैं ? समय-सिद्ध क्रांतिदर्शी महर्षि! आपको ये अन्याय क्यों दिखाई नहीं पड़े ?''

इस बार परशुराम को क्रोध नहीं आया। वे अत्यन्त ध्यान से राम को देख रहे थे। और फिर, जैसे वे स्वगत ही बोले, ''तुम शायद ठीक कह रहे हो। मेरी क्रांति-दृष्टि पुरानी पड़ चुकी है, रूढ़ हो गई है। क्रांति तो निरन्तर चलने वाली एक प्रक्रिया है। नित नये संदर्भों को पहचानने वाली। संसार को आगे, और आगे, और आगे ले जाने वाली। तुम्हारा कहना उचित ही है, न्याय का शत्रु सदा एक ही रूप में नहीं आता। मुझे अत्याचार को उसके नये रूप में भी पहचानना चाहिए था। तुम्हारा निष्कर्ष ही सही है, राम! मैं शायद पुराना पड़ गया हूं। पिछड़ गया हूं। प्रत्येक युग की अपनी एक दृष्टि होती है। हमारी दृष्टि चाहे न बदले, युग तो बदल ही जाता है। और सम्मान केवल युग-दृष्टि का ही होता है...''

राम का स्वर नम्र हो गया, ''क्षमा करें, भृगुपति! मुझे यह सब अनचाहे ही कहना पड़ा। कृपया अब बताएं, आपके क्रोध का कारण क्या है ? मेरा क्षत्रिय होना? मेरे द्वारा धनुष का टूटना ? उस धनुष का शिव-धनुष होना ? कौन-सी बात आपकी रुचि के अनुकूल नहीं थी ?''

परशुराम अपनी दृष्टि में शून्य भरे, राम को देखते रहे। उनका तेज फीका पड़ चुका था। असमंजस में पड़े व्यक्ति के समान बोले, ''अब मैं स्वयं ही समझ नहीं पा रहा हूं कि कारण क्या था। तुम्हारी ही बात ठीक है। कदाचित् मैं जड़ हो चुका हूं। तुमने क्षत्रिय होकर मेरे गुरु शंकर का धनुष तोड़ दिया। चाहे वह धनुष अब काम में नहीं आता था, मात्र शोभा की वस्तु था, इससे मेरा अहं आहत हुआ था। तुमने अच्छा किया,

राम! तुमने अब मेरे दंभ को भी तोड़ दिया है। मैं अब स्वयं को ठीक-ठीक पहचान रहा हूं। मैं आखिर क्या हूं। मैं अपने युग की अवधि का अतिक्रमण कर आया, अनावश्यक पदार्थ हूं। मैं भी तो अब पुराने जीर्ण शिव-धनुष के समान, पुराने युग की स्मृति, शोभा की एक वस्तु मात्र हूं। मैंने अत्याचार के विरोध का बीड़ा उठाया था, पर अब मैं असमर्थ हो चुका हूं। शत्रु का रूप बदल चुका है। अत्याचार की आकृति अब वह नहीं रही। मैं उसे पहचान भी नहीं पा रहा था; और तुमने उसे मिटाना भी आरंभ कर दिया। तुमने अच्छा किया, पुत्र! युगान्तर की घोषणा कर दी। नयी क्रांति तुम करोगे, पुत्र! तुम समर्थ हो।'

राम ने परशुराम के सम्मुख हाथ जोड़कर, माथा झुका दिया।

परशुराम फिर बोले, "पुत्र! सब कुछ समझते हुए भी मेरा जड़ मन तुम्हारी परीक्षा लिये बिना नहीं मानेगा। बोलो, प्रस्तुत हो ?"

"आज्ञा दें, ऋषिवर!"

"राम! यह वैष्णवी धनुष है।" परशुराम ने कंधे से अपना धनुष उतारा, "यदि तुमने शंकर-चाप भंग किया है, तो पुत्र! वैष्णवी-धनुष के संचालन में भी तुम्हें परेशानी नहीं होनी चाहिए।"

दशरथ सन्न रह गये। इस बूढ़े ऋषि ने राम के मार्ग में फिर एक बाधा अड़ा दी।

राम ने हाथ बढ़ाकर धनुष पकड़ लिया। दृष्टि डालते ही वे समझ गए कि वह अजगव का ही लघु संस्करण था। उसकी संरचना में रत्ती भर भी अन्तर नहीं था। वैष्णवी धनुष विराट भी नहीं था और किसी हल्की धातु का बना हुआ था — इसका निर्माण कदाचित् एक हृष्ट-पुष्ट मनुष्य द्वारा, अपने कंधे पर उठाकर, एक स्थान से दूसरे स्थान पर ले जाने के लिए ही हुआ था।

राम मुसकराए। उन्होंने धनुष को पृथ्वी पर टिकाया। पैर के अंगूठे से नीचे की कल दबाई और ऊपर की कल को अपनी ओर खींचा — अधिक बल लगाने की आवश्यकता ही नहीं पड़ी। वैष्णवी धनुष का प्रहारक खंड, अजगव के ही समान, उठना आरंभ हो गया...

"ऋषिवर! कहें तो इसका भी विस्फोट ..."

परशुराम ने और प्रतिक्षा नहीं की। बोले, "नहीं! मैं आश्वस्त हुआ, पुत्र! तुम समर्थ हो और अन्याय के दलन की दीक्षा ग्रहण कर चुके हो। भगवान तुम्हारा कल्याण करें!"

परशुराम खोये हुए-से अपने यान की ओर चले गये। क्षण-भर में गगनभेदी कोलाहल करता हुआ, यान आकाश में विलीन हो गया।

दशरथ ने देखा — राम अपने अश्व पर बैठ चुके थे।

बारात फिर से अयोध्या की ओर चल पड़ी।

# अवसर

1

सम्राट की वृद्ध आंखों में सर्प का-सा फूत्कार था।

"हुं।"

बस एक 'हुं'। उससे अधिक दशरथ कुछ नहीं कह सके।

ऐसा क्रोध उन्हें कभी-कभी ही आता था। किंतु, आज! क्रोध कोई सीमा ही नहीं मान रहा था। आंखें जल रही थीं, नथुने फड़क रहे थे; और उस सन्नाटे में जैसे तेज सांसों की सांय-सांय भी सुनाई पड़ रही थी।

नायक भानुमित्र, दोनों हाथ बांधे, सिर झुकाए स्तब्ध खड़ा था। सम्राट् की अप्रसन्नता की आशंका उसे थी। वह बहुत समय तक सम्राट के निकट रहा था और उनके स्वभाव को जानता था। किंतु उनका ऐसा प्रकोप उसने कभी नहीं देखा था। सम्राट् का यह रूप अपूर्व था। ... वैसे वह यह भी समझ नहीं पा रहा था कि सम्राट् की इस असाधारण स्थिति का कारण क्या था। उसे विलंब अवश्य हुआ था, किंतु उससे ऐसी कोई हानि नहीं हुई थी कि सम्राट् इस प्रकार भभक उठें। वह अयोध्या के उत्तर में स्थित सम्राट् की निजी अश्वशाला में से कुछ श्वेत अश्व लेने गया था, जिनकी आवश्यकता अगले सप्ताह होने वाले पशु-मेले के अवसर पर थी। यदि अश्व प्रातः राजप्रासाद में पहुंच जाते तो उससे कुछ विशेष नहीं हो जाता; और संध्या समय तक रुक जाने से कोई हानि नहीं हो गयी..., किंतु सम्राट् ....

वह अपने अपराध की गंभीरता का निर्णय नहीं कर पा रहा था। सम्राट् के कुपित रूप ने उसके मस्तिष्क को जड़ कर दिया था। सम्राट् के मुख से किसी भी क्षण उसके लिए कोई कठोर दंड उच्चरित हो सकता था ... उसका इतना साहस भी नहीं हो पा रहा था कि वह भूमि पर दंडवत् लेटकर सम्राट् से क्षमा-याचना करे ...

सहसा सम्राट् जैसे आपे में आए। उन्होंने स्थिर दृष्टि से उसे देखा और बोले, "जाओ। विश्राम करो।"

भानुमित्र की जान में जान आयी। उसने अधिक-से-अधिक झुककर नम्रतापूर्वक प्रणाम किया और बाहर चला गया।

भानुमित्र के जाते ही, दशरथ का क्रोध फिर अनियंत्रित हो उठा ... मस्तिष्क तपने लगा ... आभास तो उन्हें पहले भी था, किंतु इस सीमा तक ...

क्या अर्थ है इसका ?

दशरथ ने अश्व मंगवाए थे। अश्व रात में ही अयोध्या के नगर-द्वार के बाहर, विश्रामालय में पहुंच गए थे; किंतु प्रातः उन्हें अयोध्या में घुसने नहीं दिया गया। नगर-द्वार प्रत्येक आगंतुक के लिए बंद था — क्योंकि महारानी कैकेयी के भाई, केकय के युवराज युद्धाजित, अपने भांजे राजकुमार भरत और शत्रुघ्न को लेकर अयोध्या से केकय की राजधानी राजगृह जाने वाले थे। नगर-द्वार बंद, पथ बंद, हाट बंद — जब तक युद्धाजित नगर-द्वार पार न कर लें, तब तक किसी का कोई काम नहीं हो सकता ...

किसी का भी नहीं।

दशरथ का काम भी नहीं।

तब तक, सम्राट् के आदेश से घोड़े लेकर आने वाला नायक भी बाहर ही रुका रहेगा।

सम्राट् का काम रुका रहेगा, क्योंकि युद्धाजित उस पथ से होकर, नगर-द्वार से बाहर जाने वाला था। अपनी ही राजधानी में सम्राट् की यह अवमानना!

किसने किया यह साहस ? नगर-रक्षक सैनिक टुकड़ियों ने — कैसे कर सके वे यह साहस ? इसलिए कि वे भरत के अधीनस्थ सैनिक हैं। वे सैनिक जानते हैं कि भरत, राजकुमार होते हुए भी, सम्राट् से अधिक महत्त्वपूर्ण है क्योंकि वह कैकेयी का पुत्र है। युद्धाजित सम्राट् से अधिक महत्त्वपूर्ण है, क्योंकि वह कैकेयी का भाई है...

कैकेयी!

कैसा बांधा है कैकेयी ने दशरथ को!

सम्राट् की आंखें कहीं अतीत में देख रही थीं...

कोसल की सेनाएं राजगृह में जा घुसी थीं। राजप्रासादों को घेर लिया गया था; और केकय के राज-परिवार का प्रत्येक सदस्य बांधकर दशरथ के सम्मुख लाया गया था। केकय का राज-परिवार दुर्बल था, इसलिए दशरथ ने उन्हें बांधकर अपने सम्मुख मंगवाया था — पर कैकेयी को देखते ही दशरथ दुर्बल पड़ गए थे; और तब कैकेयी ने उन्हें बांध लिया था। दशरथ कैकेयी की प्रसन्नता पाने के लिए कुछ भी देने को तैयार थे, कुछ भी कर गुजरने को — और तब दशरथ को केकय-नरेश ने बांधा था: 'कैकेयी का पुत्र ही कोसल का युवराज होगा।' दशरथ बंधे थे, प्रसन्नतापूर्वक। पर तब दशरथ ने इस पक्ष पर विचार नहीं किया था।

केकय-नरेश अपनी पराजय को कभी न भूले होंगे। युद्धाजित को अपनी किशोरावस्था की एक-एक बात याद होगी। उसने उन बातों को सायास याद रखा होगा। अपने मन में दशरथ के विरुद्ध विष को जीवित रखने, उसे पोषित और विकसित करने का प्रत्येक प्रयत्न किया होगा। उसने वर्षों स्वयं को उसी ताप में तपाया होगा, ताकि अवसर आते ही वह दशरथ को अपमानित करे।

आज अयोध्या में कैकेयी महारानी है। भरत युवराज न सही, युवराज-प्राय है।

सेना की अनेक महत्त्वपूर्ण टुकड़ियां उसके अधीन हैं। कैकेयी का संबंधी पुष्कल सचिव है। केकय का राजदूत अयोध्या में विशेष आदर-सम्मान तथा स्थिति का स्वामी है। उसके पास सम्राट् की अनुमति से अंगरक्षकों की विशाल सेना है — कितनी शक्तिशालिनी है कैकेयी! उसकी प्रत्यक्ष अथवा अप्रत्यक्ष छाया मात्र पाने वाला सैनिक भी दशरथ के नायक को रात-भर अयोध्या के बाहर रोके रख सकता है।

ऐसा नहीं है कि दशरथ ने आज पहली बार कैकेयी की शक्ति का अनुभव किया हो — उसका आभास उन्हें विवाह के पश्चात् अयोध्या लौटते ही मिलने लगा था। और वह शक्ति क्रमशः बढ़ी ही है, कम नहीं हुई। अनेक बार दशरथ को अपने सम्मुख ही नहीं, दूसरों के सम्मुख भी अपमानित होना पड़ा है ... किंतु उन्होंने आज तक कैकेयी की शक्ति को अपनी पत्नी की शक्ति मानने का भ्रम पाला है — पर आज वे देख रहे हैं, कैकेयी की शक्ति युद्धाजित की बहन की शक्ति है। भरत की शक्ति दशरथ के पुत्र की नहीं, युद्धाजित के भांजे की शक्ति है — और युद्धाजित को अयोध्या में इतना शक्तिशाली नहीं होना चाहिए ...

युद्धाजित से उनका संबंध, कैकेयी से संबंध होने से पहले का है। वह संबंध राजनीतिक संबंध है — विजयी की लौह-शृंखलाओं और पराजित की कलाइयों का संबंध। बंधे हुए हाथों और झुके हुए सिर वाले अपमानित किशोर युद्धाजित को दशरथ कैसे भूल गए ? वे कैसे भूल गए कि नये संबंधों के बन जाने से पुराने संबंध मिट नहीं जाते! कैकेयी से दाम्पत्य का नया संबंध हो जाने से, युद्धाजित से पुराना संबंध कैसे समाप्त हो सकता है! दशरथ भूल भी जाएं, पर युद्धाजित कैसे भूलेगा ?...

दशरथ को पहले देखना चाहिए था कि अयोध्या में उनकी आंखों के सम्मुख, सत्ता हथियाने का कैसा खेल खेला जा रहा है। वे कैकेयी के सौंदर्य और यौवन-संपदा की ओर लोलुप दृष्टि से ताकते रहे। लोलुप दृष्टि अपना विवेक खो बैठती है। वे कैसे देखते कि कैकेयी को प्राप्त करने की प्रक्रिया में उनके हाथों में से क्या खिसकता जा रहा है...

और अभी तो दशरथ सम्राट् हैं — चाहे कटे हुए हाथों वाले। पर कैकेयी के पिता को दिए गए वचन के अनुसार यदि उन्होंने आधिकारिक रूप से सत्ता भरत को सौंप दी, तो ? भरत की शक्ति का अर्थ है, युद्धाजित की शक्ति। जब शक्ति दशरथ के हाथ में थी और युद्धाजित बांधकर उनके सामने लाया गया था तो दशरथ ने उसके कंठ पर खड्ग रखकर उससे अभद्र व्यवहार किया था। यदि उनकी इच्छा हुई होती तो वे खड्ग दबाकर युद्धाजित के कंठ में छिद्र भी कर सकते थे। यदि भरत के हाथों में सत्ता आने पर युद्धाजित भी उतना ही शक्तिशाली ...

दशरथ का कंठ सूख गया। कंठ में स्थान-स्थान पर खड्ग की नोकें उग आयी थीं। कंठ की नलियां जैसे जल रही थीं; और रक्त झरने-सा फूटकर बाहर आने को था।

दशरथ के हाथ-पैर ठंडे हो गये। वर्ण पीला पड़ गया। उन्होंने माथे पर हाथ फेरा

— माथा ठंडा और पसीने से गीला था। उन्हें लगा कि वे एक भयंकर स्वप्न देख रहे हैं — वे पहाड़ की एक ऊंची चोटी से नीचे फेंक दिए गए हैं। वे बड़ी तीव्र गति से सहस्त्रों हाथ गहरे खड्ग में गिरते जा रहे हैं। वे देख रहे हैं कि नीचे गिरते ही उनकी एक-एक हड्डी चूर हो जाएगी। पर वे कुछ नहीं कर सकते। उनका शरीर जड़ हो चुका है। वे हाथ-पैर हिलाना चाहते हैं, पर हिला नहीं पाते। वे चीखना चाहते हैं, किंतु उनके कंठ से ध्वनि नहीं निकली। सारा शरीर जड़ हो गया है, बस आंखें खुली हैं और देख रही हैं। मस्तिष्क सक्रिय है और अनुभव कर रहा है ...

बड़ी देर तक दशरथ उसी स्तंभित. दशा में बैठे रहे; और सहसा वे सजग हुए — निश्चित रूप से वे घबराए हुए ही नहीं, डरे हुए भी थे। मन बार-बार कह रहा था, 'कुछ कर, दशरथ! यही अवसर है, नहीं तो बहुत देर हो जाएगी।' पर उनका मन उस छोटे बालक के समान था, जो हाथ में पूरी ईंट लिये हिंस्त्र भेड़िए के सम्मुख खड़ा सोच रहा था — ईंट न मारूं तो यह मुझे खाने में कितनी देर लगाएगा और मारूं तो यह मर जाएगा या कुपित होकर मुझे और भी जल्दी खा जाएगा ? भेड़िए की आंखों में क्रोध था, उनकी लाल-लाल हिंस्त्र तथा लोलुप जीभ मुंह से बाहर लटक रही थी, बड़े-बड़े तीखे श्वेत दांतों की चमक बढ़ती जा रही थी ...

भेड़िया मुझे खाएगा अवश्य, मैं ईंट मारूं या न मारूं...

दशरथ की चिंता बढ़ती जा रही थी....

ईंट मारूं ?...

न मारूं ?...

सम्राट् को राजसभा में आने में विलंब हुआ था।

विलंब से आना सम्राट् का नियम नहीं था। अपवादस्वरूप ही ऐसा होता था। जब कभी ऐसा होता था, सम्राट् जल्दी-जल्दी लंबे-लंबे डग उठाते हुए सभा में आते थे और सिंहासन पर बैठते ही बड़ी शालीनता से खेद प्रकट करते थे। उनका सारा व्यवहार अतिरिक्त रूप से विनीत और नम्र होता था। विलंब से आने के कारण सभासदों को हुई असुविधा की क्षतिपूर्ति का प्रयत्न अंत तक चलता रहता था।

आज वैसा कुछ भी नहीं हुआ। सम्राट् विलंब से आए थे; पर न कोई जल्दी थी, न कोई संकोच। वे स्थिर डगों से, दृढ़ चाल चलते हुए आए और जब सिंहासन पर बैठकर उन्होंने आंखें उठाईं तो सबने देखा, उनकी आंखें थकी, किंतु सतर्क थीं — संभवत: अपनी किसी चिंता के कारण सम्राट् रात-भर सो नहीं पाए थे।

"किन्हीं कारणों से सम्राट् को विलंब हुआ ..." महामंत्री ने सम्राट को चिंतित देखकर, बड़े नम्र ढंग से अपनी बात आरंभ की। अपेक्षा थी कि सम्राट् कहेंगे, 'हां, महामंत्री! चिंतित था, रात-भर सो नहीं पाया ...'

किंतु सम्राट् ने महामंत्री की ओर दृष्टि उठाई तो उनके चेहरे का आवरण बहुत

कठोर था। उतने ही कठोर स्वर में उन्होंने कहा, ''सम्राट् मैं हूं। राज-परिषद् का समय मेरी इच्छा से निश्चित होता है।''

महामंत्री ने आश्चर्य से सम्राट् को देखा; और फिर उनकी दृष्टि गुरु वसिष्ठ पर जम गई — जैसे कह रहे हों, दशरथ की राज-सभा की तो यह परिपाटी नहीं है ... किंतु गुरु ने कोई उत्तर नहीं दिया। वे भी ऐसी ही दृष्टि से सम्राट् को देख रहे थे, जैसे कुछ समझ न पा रहे हों...

राज-सभा में एक अटपटा मौन छाया रहा।

किंचित् प्रतीक्षा के पश्चात् महामंत्री ने स्वयं को संतुलित कर, पुनः साहस किया, ''सम्राट् की अनुमति हो तो आवश्यक सूचनाएं निवेदित की जाएं।''

''आरंभ कीजिए।'' सम्राट् के शब्द सहज थे, किंतु उनका स्वर अब भी सहज नहीं हो पाया था।

महामंत्री के संकेत पर, पहले चर ने सूचना दी, ''सम्राट्! मैं राज-सार्थों के संग यात्रा करने वाला दूत सिद्धार्थ हूं। मैं राजकुमार भरत तथा शत्रुघ्न का समाचार लेकर आया हूं। राजकुमार अपरताल तथा प्रलंब गिरियों के मध्य बहने वाली नदी के तट से होते हुए, हस्तिनापुर में गंगा को पार कर, सकुशल आगे बढ़ गए हैं।''

सम्राट् ने पूरी तन्मयता से समाचार सुना। उनके मन में उल्लास का एक स्वर फूटा, 'भरत अयोध्या से दूर हो गया।' उनकी आकृति की कठोर रेखाएं शिथिल हो गईं। आंखों में संतोष झांकने लगा और होंठों के कोनों में हल्की-सी मुसकान उभरी।

सभा धैर्यपूर्वक सम्राट् के उत्तर की प्रतीक्षा करती रही, किंतु सम्राट् पूर्ण आत्म-संतोष के साथ, अपने अधरों की मुसकान पीते रहे।

अंत में फिर महामंत्री ही बोले, ''दूत ! तुम्हारा समाचार शुभ है। सम्राट् राजकुमार का कुशल समाचार जानकर संतुष्ट हैं। तुम जाओ। विश्राम करो।''

दूत प्रणाम कर चला गया।

तब महामंत्री से संकेत पाकर न्याय-समिति के सचिव आर्य पुष्कल उठकर खड़े हुए, ''सम्राट् को स्मरण होगा, कुछ दिन पूर्व सम्राट् के अंगरक्षक दल के सैनिक विजय की केकय राजदूत के रथ के घोड़ों से टकरा, उनके खुरों के नीचे आकर, कुचले जाने के कारण मृत्यु हो गयी थी। सम्राट् ने इस घटना की जांच न्याय-समिति को सौंपी थी। न्याय-समिति ने उस दुर्घटना की सम्यक् खोज की है। अपनी खोज के पश्चात् समिति इस निष्कर्ष पर पहुंची है कि वह दुर्घटना मात्र आकस्मिक थी। उसमें केकय राजदूत की न इच्छा थी, न असावधानी। अतः समिति केकय राजदूत को निर्दोष पाकर अभियोग-मुक्त घोषित करती है। सम्राट् से प्रार्थना है कि वे इस निर्णय को अपनी मान्यता प्रदान करें।''

दशरथ का मस्तिष्क नामों पर अटक गया। जिस सैनिक की हत्या हुई, वह दशरथ के अंगरक्षक दल का था। जिसने हत्या की, वह केकय का राजदूत है, अर्थात्

युद्धाजित का राजदूत। अपराधी पर अभियोग लगाने वाले सैनिक भरत के अधीन हैं। जांच करने वाला पुष्कल है — कैकेयी का संबंधी। तो केकय राजदूत निर्दोष क्यों नहीं होगा ...!

दशरथ के होंठों के कोनों पर फिर मुसकान उभरी; किंतु यह संतुष्टि की मुसकान नहीं थी। बोले वे अब भी कुछ नहीं।

सम्राट् को मौन देख, महामंत्री ही बोले, ''न्याय-समिति की जांच से सम्राट् संतुष्ट हैं और समिति के निर्णय को मान्यता देते हैं ...''

सहसा महामंत्री की बात काटकर दशरथ बोले, ''किंतु न्याय-समिति ने मृतक के परिवार की क्षतिपूर्ति का कोई सुझाव नहीं रखा। यह अनुचित है। सैनिक विजय के परिवार को, क्षतिपूर्ति के रूप में, उसके वेतन का दुगुना भत्ता प्रति मास दिया जाए।''

महामंत्री ने आश्चर्य से सम्राट् को देखा।

आर्य पुष्कल ने भी उसी मुद्रा में सम्राट् को देखा, किंतु वे महामंत्री के समान मौन नहीं रहे, ''न्याय-समिति के सचिव के रूप में मेरा यह कर्तव्य है कि मैं सम्राट् को स्मरण दिलाऊं कि ऐसी स्थितियों में व्यक्ति के वेतन का आधा भत्ता देने का विधान है।''

''किंतु न्याय-समिति के सचिव को कौन स्मरण दिलाएगा,'' सम्राट् का स्वर अतिरिक्त रूप से तिक्त था, ''कि विधान में सम्राट् के अपने कुछ विशेषाधिकार भी हैं। सम्राट् को भत्ते की राशि को घटा-बढ़ा सकने का पूर्ण अधिकार है।''

आर्य पुष्कल के मन में अनेक आपत्तियां थीं — सम्राट् को विशेषाधिकार तो हैं, किंतु वे विशेष परिस्थितियों के लिए हैं। इस घटना में ऐसी कोई विशेष बात नहीं है।

किंतु सम्राट् की भंगिमा ऐसी नहीं थी कि आर्य पुष्कल या कोई अन्य पार्षद कुछ कहने को प्रोत्साहित होता। सम्राट् अप्रसन्न हैं, यह साफ-साफ दीख रहा था, किंतु क्यों? किससे ? क्या वे स्वयं पुष्कल से अप्रसन्न हैं ?...

आर्य पुष्कल ने अपनी बात कंठ में ही रोक ली।

सभा में फिर मौन छा गया। सम्राट् के इस प्रकार खीझने के अधिक अवसर नहीं आते थे; और जब आते थे, उनका टल जाना ही उचित था। किसी का साहस नहीं था कि सम्राट् की ओर देखे। सबकी दृष्टि भूमि पर गड़ी हुई थी।

ऐसी स्थिति में परिषद् को राजगुरु तथा अन्य ऋषि ही उबार सकते थे। उन पर सम्राट् का अनुशासन अनिवार्यतः लागू नहीं होता था। किंतु सामान्यतः सम्राट् द्वारा याचना होने पर ही गुरु तथा अन्य ऋषि अपना अभिमत देते थे, अथवा बहुत असाधारण स्थिति होने पर ही वे लोग सैद्धांतिक हस्तक्षेप करते थे — किंतु आज की बात तो सामान्य-सी वैधानिक बात थी।

सबको मौन देख, सम्राट् ने इस विषय को यहीं समाप्त मान लिया।

वे सभा में आने के पश्चात् पहली बार स्वयं सक्रिय हुए, ''नगर-रक्षा के लिए

कौन-सी सेना नियुक्त है, महाबलाधिकृत ?''

''साम्राज्य की तीसरी स्थायी सेना, सम्राट्!''

''कितने समय से यह दायित्व इस सेना के जिम्मे है ?''

''उन्हें यह कार्य संभाले केवल छह मास हुए हैं, सम्राट्!''

''उसका महानायक कौन है ?''

''स्वयं राजकुमार भरत!'' महाबलाधिकृत ने सूचना दी, ''किंतु अयोध्या से उनकी अनुपस्थिति में सेना उपनायक महारथी उग्रदूत की आज्ञा के अधीन है।''

दशरथ ने कुछ क्षणों तक चिंतन का नाटक किया; और फिर अपना पूर्व-निश्चित निर्णय सुना दिया, ''महाबलाधिकृत! साम्राज्य की तीसरी स्थायी सेना के उपनायक को आदेश दें कि वे अपनी सेना को लेकर उत्तरी सीमांत पर स्थित स्कंधावर में चले जाएं। वहां उनकी आवश्यकता पड़ सकती है। यह प्रयाण कल प्रातः ही हो जाना चाहिए।''

''जो आज्ञा, सम्राट्!''

''और अयोध्या की रक्षा का दायित्व मेरे अंगरक्षक दल के महानायक चित्रसेन को सौंप दिया जाए।'' सम्राट् का स्वर पहले से भी ऊंचा हो गया था।

महाबलाधिकृत 'जो आज्ञा' न कह सके। तीसरी स्थायी सेना का स्थानांतरण यद्यपि अनियमित था; क्योंकि नियमतः एक सेना को एक स्थान पर साधारण परिस्थितियों में प्रायः तीन वर्षों तक रखा जाता है — फिर भी संभव है कि सम्राट् के मन में कोई असाधारण बात हो, संभव है उनके उस आदेश के पीछे कोई तर्क हो। यद्यपि ऐसे आदेशों के कारण महाबलाधिकृत से गुप्त नहीं रखे जाने चाहिए; और ऐसे आदेशों का पालन महाबलाधिकृत से उसकी सहमति लिये बिना नहीं होना चाहिए; फिर भी सम्राट् कभी-कभी विशेषाधिकार का उपयोग कर लेते हैं। अंततः ऐसे निर्णय लाभदायक ही होते हैं। किंतु नगर-रक्षा का दायित्व सम्राट् के निजी अंगरक्षकों को सौंप देना .... क्या हो गया है सम्राट् की बुद्धि को ?

''क्षमा हो, सम्राट्!'' महाबलाधिकृत बहुत साहस कर बोले, ''नगर-रक्षा का दायित्व सम्राट् के अंगरक्षक दल को सौंप देना अपूर्व निर्णय है। अंगरक्षकों की संख्या इतनी अधिक नहीं है कि वे सम्राट् की निजी रक्षा, राज-सभा, राज कार्यालयों तथा राजप्रासादों की रक्षा के साथ-साथ नगर-रक्षा का दायित्व भी संभाल सकें। सम्राट् विचार करें, यह आदेश अव्यावहारिक है। यह तब तक व्यावहारिक नहीं हो सकता, जब तक कि अंगरक्षकों की संख्या एक पूरी सेना तक न पहुंचा दी जाए।''

सम्राट् ने अधैर्यपूर्वक महाबलाधिकृत की बात सुनी; और पुनः बड़े कटु स्वर में उत्तर दिया, ''महाबलाधिकृत को कदाचित् ज्ञात हो कि सम्राट् ने अपनी आयु इस सिंहासन तथा राज-सभा में ही व्यतीत नहीं की है। मैंने सेनाएं, स्कंधारवर तथा सेना-व्यवस्थाएं ही नहीं देखीं — बड़े-बड़े युद्ध-अभियानों में एकाधिक सेनाओं का सफल नेतृत्व भी किया है। महाबलाधिकृत मुझे यह सीख न दें कि कौन-सी सेना किस कर्तव्य

के लिए उपयुक्त है।''

विचित्र स्थिति थी — व्यवस्था का सर्वोच्च अधिकारी, व्यवस्था-संबंधी तर्क सुनने को प्रस्तुत नहीं था। अनुभवों की बात कहकर उन्होंने महाबलाधिकृत का मुख बंद करने का प्रयत्न किया था। सम्राट् का व्यवहार देख, महाबलाधिकृत हतप्रभ हो चुके थे। महामंत्री आरंभ से ही निरस्त-से थे। गुरु ने भी अपूर्व चुप्पी धारण कर रखी थी।

अंत में आर्य पुष्कल ही उठे, ''सम्राट् यदि अनुमति दें तो मैं उनके विचारार्थ विधान की परंपरा का उल्लेख करना चाहूंगा, जिसके अनुसार नगर-रक्षा का कार्य अंग-रक्षकों के कर्तव्य से पृथक् ...''

और सहसा जैसे विस्फोट हो गया।

सम्राट् अमर्यादित रूप से कुपित हो गए। उनका चेहरा तमतमा गया था। नथुनों के साथ अधर भी फड़क रहे थे। उनका स्वर धीमा होता तो सर्प का फूत्कार लिये होता, ऊंचा होता तो फटने-फटने को होता....

''प्रत्येक सभासद को स्पष्ट रूप से ज्ञात हो कि अभी दशरथ ही सम्राट् है और इस सिंहासन पर विराजमान ही नहीं है, सत्ता संपूर्णतः उसके अधिकार में है। मैं सम्राट् की सत्ता की अवहेलना अथवा उसके अवमूल्यन की रंचमात्र अनुमति नहीं दूंगा। सम्राट् के आदेशों पर विचार-विमर्श अथवा वाद-विवाद नहीं होगा। मैं यह निर्भ्रान्त चेतावनी दे रहा हूं कि सम्राट् का विरोध करने वाले न केवल पदच्युत होंगे, वरन् दंडित भी होंगे। सम्राट् का विरोध राज-द्रोह माना जाएगा, जिसका परिणाम भयानक होगा।''

परिषद् जड़ हो गयी। सम्राट् के निर्णय तो तर्कशून्य थे ही, उनका व्यवहार भी पर्याप्त चकित करने वाला था। सम्राट् अपने इस वय में, अपनी नम्रता ही नहीं, शिथिलता के मध्य इतना कठोर तथा परपंरा-विरोधी व्यवहार करें — अकल्पनीय बात थी।

सभा से उठकर आ जाने के पश्चात् भी दशरथ का मन क्षणभर को शांत नहीं हुआ। उनके मन में आज राज-परिषद् में हुई एक-एक बात, कई-कई बार पुनरावृत्ति कर चुकी थी। एक-एक पार्षद उनकी कल्पना की आंखों के सामने था। एक-एक व्यक्ति की कही हुई एक-एक बात जैसे उनकी स्मृति पर खोद दी गयी थी ... और अंत में उनके विचार दो व्यक्तियों पर आ अटके थे — महाबलाधिकृत तथा न्याय-समिति-सचिव पुष्कल! ...

क्या महाबलाधिकृत मेरा विरोधी है ?

यदि है, तो क्यों ?

किंतु महाबलाधिकृत ने कभी राजनीति में विशेष रुचि नहीं ली। किसी का पक्ष अथवा विपक्ष उसने नहीं साधा। वह सैनिक परम्परा में पला हुआ, अधिकारी के सम्मुख

सिर झुका देने वाला, शस्त्र-व्यवसायी है। उसका न कैकेयी से विशेष संबंध है, न भरत से, न केकय राजदूत से, न युद्धाजित से। उसने जो कुछ कहा, वह केवल सैनिक-कार्य-पद्धति की दृष्टि से कहा होगा। उस व्यक्ति को इतना बता देना ही पर्याप्त होगा कि वह अपने काम से काम रखे। राज-परिषद् के षड्यंत्रों अथवा पक्ष-विपक्ष में न पड़े। ... न्याय-अन्याय का विचार, उचित-अनुचित का विवाद, कर्तव्य-अकर्तव्य का विश्लेषण बड़ी अच्छी बात है — यदि वह सम्राट् को अप्रसन्न करने का प्रयत्न नहीं करेगा तो सम्राट् उससे अप्रसन्न नहीं होंगे...

दशरथ का मन कहता था, महाबलाधिकृत अपने लाभ की बात समझ जायेगा।

किंतु पुष्कल!

वह बात-बात पर विधान की बात करता है। वह न्याय-समिति का सचिव है। ... ठीक है, सारे विधानों तथा न्याय-समितियों के सिर पर स्वयं सम्राट् होते हैं किंतु पुष्कल यदि प्रचार करे, तो जन-सामान्य की दृष्टि में, वह सम्राट् को अन्यायी अथवा अवैधानिक कार्य करने वाला व्यक्ति ठहराएगा। प्रजा की दृष्टि में सम्राट् का सम्मान घटेगा, जो पहले ही बहुत अधिक नहीं था। यह प्रचार विरोधी शक्तियों के लिए लाभदायक होगा। ... पर पुष्कल ऐसा क्यों करेगा ?

कदाचित् वह ऐसा न भी करे। किंतु वह कैकेयी का संबंधी है और कृपा-पात्र भी। उसे, या कैकेयी को, यह आभास मिलते ही कि सम्राट् ने उनका पक्ष दुर्बल करने के लिए कुछ भी किया है — भयंकर कोलाहल होगा।

तो क्या पुष्कल को अपदस्थ कर बंदी कर लिया जाए ?

ऐसा करने के लिए पुष्कल पर अभियोग लगाना आवश्यक है; और अभियोग, न यह हो सकता है कि पुष्कल वैधानिक चर्चा करता है, न यह हो सकता है कि वह कैकेयी का संबंधी है। और फिर, कैकेयी को सूचना मिलते ही वह ऐसा विरोध खड़ा कर सकती है, जिसका सामना न दशरथ कर सकते हैं, न दशरथ की सेना।

इस उलझी हुई राजनीतिक गुत्थी को तो कोई राजनीतिक चाल ही सुलझा सकती है ...

राजनीतिक चाल!

गयी रात तक दशरथ विभिन्न योजनाएं बनाते-बिगाड़ते रहे ... तत्काल कुछ करना उचित नहीं होगा। दो-चार दिन रुक जाना चाहिए, अन्यथा संदेह की संभावना है।

जब तक ध्यान इस ओर नहीं गया था, बात और थी; किंतु अब सम्राट् को प्रत्येक घटना में या तो षड्यंत्र की गंध आती है, या अपना अपमान होता दिखाई पड़ता है। प्रत्येक महत्त्वपूर्ण व्यक्ति के वक्तव्य में सत्ता हस्तगत करने का दुष्प्रयास दिखाई पड़ता है या सम्राट् का अवमूल्यन। चिंता पीछा ही नहीं छोड़ती — तनाव किसी समय भी कम नहीं होता।

उन्हें लगता है, तनाव निरंतर बढ़ रहा है। किसी-किसी समय लगता है कि सारे शरीर का रक्त मस्तक की ओर दौड़ रहा है। शरीर रक्त-शून्य हो जाता है और मस्तिष्क फटने लगता है। और जब इस तनाव का ज्वार कुछ नीचे आता है तो मन हताश हो जाता है। चारों ओर अवसाद घिर आता है — टूटते हुए नशे जैसा। कुछ भी अच्छा नहीं लगता। हर चीज़ से मन उखड़ जाता है।

... इस उचाट अवस्था में कभी-कभी मन में आता है कि सब-कुछ छोड़-छाड़ कर कहीं दूर भाग जाएं — जहां न चिंता हो, न परेशानी, न तनाव, न क्षोभ। इस वृद्धावस्था में शायद संघर्ष की शक्ति उनमें नहीं रह गयी। संघर्ष उनमें उत्साह और ललक नहीं जगाता — खीज और द्वेष, कटुता और हताशा उत्पन्न करता है ... किंतु तभी इस विरक्ति की तीव्र प्रतिक्रिया जागती है। दशरथ स्वयं अपने-आपको संदेह की दृष्टि से देखने लगते हैं — क्या उनके मन में भी कोई षड्यंत्रकारी घुस गया है ? आखिर इस प्रकार के भावों का क्या अर्थ ? ये दशरथ के भाव नहीं हैं। विरक्ति दशरथ के लिए नहीं है। भोग लेने पर, विषय और अधिकार के प्रति वैराग्य स्वीकर करना, दशरथ की प्रकृति नहीं है। उन्हें तृप्ति नहीं होती। यही कर सके होते तो कैकेयी से विवाह की क्या आवश्यकता थी! न कैकेयी से विवाह हुआ होता, न यह स्थिति आती। अनेक स्त्रियों के होते हुए वे कैकेयी को नहीं छोड़ सके, तो एकमात्र सिंहासन कैसे छोड़ दें ? ... दशरथ अपने हाथ का अधिकार नहीं छोड़ेंगे — हाथ ढीले हो गये, अधिकार खिसकता दिखाई दिया; तो वे उसे दांतों से पकड़ेंगे। दांत झड़ गये तो मसूड़ों से पकड़ेंगे ... जब तक बन पड़ेगा, वे अधिकार का भोग करेंगे, उसकी रक्षा करेंगे ...

अधिकार-भोग करना है तो विरोधियों को मार्ग से हटाना होगा — यही राजनीति है। उसमें नीति क्या और अनीति क्या ? सिद्धांत क्या और आदर्श क्या ?

राजनीति के सारे सिद्धान्तों, आदर्शों तथा नैतिकता का एकमात्र सूत्र है — विरोध-उन्मूलन। विरोधी का उन्मूलन भी ...

दशरथ का मन हुआ, जोर से खिलखिलाकर हंस पड़ें — ऐसी हंसी, जिसकी क्रूरता लोगों के कलेजे दहला दे। उनके विरोधियों को मालूम हो कि सत्ता का विरोध क्या अर्थ रखता है और उसका कितना बड़ा मूल्य चुकाना पड़ता है।

आर्य पुष्कल को लिये हुए, उनका रथ स्थिर गति से, उनके भवन की ओर चला जा रहा था।

उनका मन खिन्न था। पिछले कुछ दिनों से राज-सभा से निकलते हुए उनका मन रोज ऐसा ही खिन्न होता था। सम्राट् प्रतिदिन नियमित रूप से अभद्र व्यवहार कर रहे थे! क्या हो गया है सम्राट् को ? रोज कोई-न-कोई आकस्मिक निश्चय करते हैं। एक-से-एक विचित्र निश्चय और तदनुकूल आदेश। अब तो जैसे परंपरा ही चल पड़ी है। और प्राय: निर्णय एकमत से होते हैं। सभा में कोई इसका विरोध नहीं करता। किसी

प्रस्ताव पर विचार-विमर्श अथवा वाद-विवाद नहीं होता। बस, प्रस्ताव स्वीकार भर कर लिये जाते हैं। पिछले कुछ दिनों से उनका स्वभाव कितना चिड़चिडा हो गया है। बात-बात पर अप्रसन्न हो जाते हैं, जैसे खीझने का कोई बहाना खोज रहे हों। राज-काज में मनमानी कितनी बढ़ गयी है। छोटी-छोटी बातों पर आशंकित हो उठते हैं।

क्या करे कोई ? किसी में न तो इतना साहस है कि सम्राट् के सम्मुख बोले, न किसी को अधिकार। गुरु कह सकते हैं, किंतु गुरु ने जैसे राजनीति से वैराग्य ले लिया है। वे कुछ कहते ही नहीं ...

राजकुमारों में राम पिता को समझा सकते हैं, किंतु वे अयोध्या से बाहर गये हुए हैं। भरत और शत्रुघ्न भी अपनी ननिहाल चले गये हैं। वैसे भी वे अभी छोटे हैं। सम्राट् का न तो विरोध कर सकते हैं, न उन्हें समझा सकते हैं। लक्ष्मण अवश्य अयोध्या में वर्तमान हैं; किंतु एक तो वे छोटे हैं, दूसरे भयंकर उग्र। उन्हें कुछ कहना व्यर्थ है। कहना ही हो तो राम के माध्यम से कहलाना चाहिए। उन्हें या तो राम की सच्चाई का विश्वास है, या अपनी मां सुमित्रा की ...

हां, महारानी कैकेयी से बात की जा सकती है। वे मेरी बात सुन भी लेंगी; और सम्राट् का अनुशासन भी वे कर सकती हैं। .... उनसे अवश्य बात की जानी चाहिए ... वहीं से यह सूचना भी मिल जाएगी कि राम कब अयोध्या लौट रहे हैं। राम लौट आएं और वे महारानी कैकेयी के साथ मिलकर प्रयत्न करें तो सम्राट् को अवश्य ही समझाया जा सकता है।

यही ठीक रहेगा ...

मन कुछ हल्का हुआ, नहीं तो वे अपनी खिन्नता से ही पागल हुए जा रहे थे ...

वे बहिर्मुखी हुए। उनका रथ अपने भवन के निकटतम चौराहे पर पहुंच रहा था। ... सहसा उनका ध्यान विपरीत दिशा से आते हुए एक अन्य रथ की ओर चला गया। रथ असाधारण तीव्र गति से भागा चला आ रहा था। नगर के मुख्य पथों पर रथों को इस गति से नहीं दौड़ाना चाहिए — वे सोच रहे थे — दुर्घटनाएं ऐसे ही तो होती ...

पर वह तो उन्हीं के रथ पर चढ़ा चला आ रहा था ... सहसा इतने अकस्मात् रूप से, इतने निकट आकर वह रुका कि भ्रम हुआ, जैसे दोनों रथ परस्पर भिड़ गये हों।

... ऐसी ही एक दुर्घटना में पिछले दिनों सम्राट् के अंग-रक्षक दल का एक सैनिक मारा गया था — आर्य पुष्कल सोच रहे थे — ये दोनों रथ टकरा गये होते तो आज अधिक व्यक्तियों के प्राण गये होते। ... उनके सारथी ने बड़ी सावधानी से काम लिया था। तीव्र चालक अच्छा सारथी नहीं होता, अच्छा सारथी तो अच्छा नियंत्रक होता है।

दूसरे रथ के रुकते ही, उसमें से कूदकर, चार हृष्ट-पुष्ट युवक नीचे उतरे। उनके वस्त्र साधारण नागरिकों के-से थे — जो इतने बहुमूल्य रथ में यात्रा करने के उपयुक्त

नहीं थे। वस्त्रों को देखकर, उनके व्यवसाय अथवा स्थिति के विषय में कुछ कहना कठिन था। उनकी आकृतियों पर होती-होती रह गयी दुर्घटना का कोई प्रभाव नहीं था। वे तो जैसे किसी कर्म के लिए उद्यत थे...

वे सीधे उनके रथ की ओर बढ़ आए। उन्होंने बिना एक भी शब्द कहे, आर्य पुष्कल के दोनों अंग-रक्षकों तथा सारथी को रथ से नीचे घसीट लिया।

आर्य पुष्कल की आंखें फट गयीं — यह क्या हो रहा है ?

अंग-रक्षक असावधानी में पकड़े गये थे। फिर भी वे शस्त्र-व्यवसायी थे। उन्होंने अपने शस्त्र निकाल लिये थे। युवक भी निःशस्त्र नहीं थे। उन्होंने कदाचित् अपने वस्त्रों में शस्त्र छिपा रखे थे। और कुछ निमिषों में ही स्पष्ट हो गया कि उनका शस्त्र-कौशल असाधारण था।

दिन-दहाड़े, नगर के मुख्य पथ पर इस प्रकार शस्त्र-प्रहार हो रहा था, जैसे युद्ध हो रहा हो।

आर्य पुष्कल ने आगे बढ़कर कुछ कहना चाहा; किंतु घटना जिस गति से घटी थी, उसमें कहने-सुनने का कोई अवकाश नहीं था। वे कुछ कहते और कोई कुछ सुनता — उससे पहले ही, युवकों ने अंग-रक्षकों को हताहत कर, भूमि पर डाल दिया था। सारथी को अंग-रक्षकों के साथ ही नीचे पथ पर घसीटा गया था, जो अब भी भूमि पर पड़ा, पथराई हुईं आंखों से सब कुछ देख रहा था।

अगले ही क्षण उन्होंने आर्य पुष्कल के मुख पर हाथ रख, भुजाओं से पकड़कर, सधे हाथों से ऊपर उठा लिया, जैसे यह उनका नित्य का काम हो। बड़ी दक्षता और स्फूर्ति से उन्होंने आर्य पुष्कल को ले जाकर, अपने रथ में पटक दिया। उनके पटके जाते ही रथ बिना किसी आदेश की प्रतीक्षा किए स्वतः चल पड़ा; जैसे एक-एक कृत्य पूर्व-नियोजित हो।

चलते हुए रथ में उनके हाथ-पैर अच्छी तरह बांध दिये गये। न उनसे कुछ पूछा गया, न कुछ बताया गया। युवकों ने परस्पर भी कोई बात नहीं की थी। उनके हाथ कार्यरत थे, मुख बंद — जैसे गूंगे हों।

आर्य पुष्कल के मुख पर कसकर पट्टी बांध दी गयी। जाने उन्हें क्या सुंघाया गया ... क्रमशः उनकी चेतना लुप्त हो गयी, और वे अंधकार में खो गये।

राज-परिषद् की कार्यवाही दूत की सूचना से आरंभ हुई।

"सम्राट्! मैं राज-सार्थों के साथ यात्रा करने वाला दूत विजय हूं। मैं राजकुमार भरत तथा शत्रुघ्न का समाचार लेकर आया हूं। राजकुमार पांचाल देश से होते हुए, कुरुजांगल प्रदेश को पीछे छोड़ते हुए सकुशल, पुण्य सलिला इक्षुमति के उस पार उतर गये हैं।"

प्रत्येक सभासद ने देखा, उद्विग्न सम्राट् को इस समाचार से कुछ प्रसन्नता हुई।

भरत अयोध्या से दूर होता जा रहा है — दशरथ सोच रहे थे — दूत के अयोध्या लौटने तक के समय में वह और भी दूर हो गया होगा। किंतु अयोध्या में बैठे भरतों का क्या हो ?...

महामंत्री ने बिना औपचारिक भूमिका के अपनी बात आरंभ की, "क्षमा करें, सम्राट्! परिषद की अन्य कार्यवाहियों को स्थगित कर, बीच में एक आवश्यक सूचना देने को बाध्य हूं।"

'अवश्य पुष्कल का समाचार होगा।' सम्राट् ने आश्वस्त मन से सोचा।

"राज-परिषद के प्रमुख पार्षद तथा न्याय-समिति के सचिव आर्य पुष्कल का कल सांय, दिन-दहाड़े, नगर के प्रमुख चतुष्पथ से दस्युओं द्वारा अपहरण हो गया है। यह घटना अपने-आप में ही अयोध्या की शांति तथा सुरक्षा-व्यवस्था के नाम पर कलंक है। इतने प्रमुख नागरिक के साथ ऐसा अघटनीय घट जाए, ऐसी स्थिति में कोई भी सामान्य नागरिक स्वयं को सुरक्षित कैसे मानेगा ? किंतु, आर्य पुष्कल के पुत्र, चिरंजीव विपुल का वक्तव्य इससे भी भयंकर, लज्जाजनक, त्रासद एवं आतंकपूर्ण है। राज-व्यवस्था ..."

"महामंत्री!" सम्राट् ने बीच में ही टोक दिया, "जिस राज-व्यवस्था की आप धारा-प्रवाह निन्दा कर रहे हैं, उसके आप महामंत्री हैं।"

"सम्राट् ठीक कहते हैं।" महामंत्री उसी आवेग में बोले, 'किंतु यह दुर्घटना अंग-रक्षक दल को नगर-रक्षा का भार सौंप देने की व्यवस्था से संबंधित है, जिसके लिए मैं उत्तरदायी नहीं हूं।"

"अर्थात् मैं उत्तरदायी हूं!" दशरथ पुनः बोले। इस बार उनका स्वर शांत नहीं था। उसमें आवेश की स्पष्ट झलक थी, "तब तो महामंत्री को और भी सोच-समझकर मुख से शब्द निकालने चाहिए। व्यवस्था का अपमान सम्राट् का अपमान है; और सम्राट् का अपमान ..."

सम्राट् अपने ही आवेश में मौन हो गये। शेष बात उनका तमतमाता चेहरा कह रहा था।

"मुझे अपनी ओर से कुछ नहीं कहना है, सम्राट्!" महामंत्री के स्वर में न वह प्रवाह था, न तेज, "आप चिरंजीव विपुल का वक्तव्य सुन लें।"

सम्राट् मौन रहे।

विपुल ने झुककर सम्राट् को प्रणाम किया। उसे देखते ही लगता था कि वह रातभर सोया नहीं है। संभवतः किसी समय थोड़ा-बहुत रोया भी था। उसकी वेशभूषा राजसभा में उपस्थित होने के लिए उपयुक्त नहीं थी — कदाचित् उसे इसका भी अवसर नहीं मिला था।

"सम्राट्! कल संध्या समय हमारा सारथी जब आहत तथा अचेत अंग-रक्षकों को रथ में डालकर भवन में पहुंचा तो हमें सूचना मिली कि पिताजी का अपहरण हो

गया है। हमारे लिए यह सूचना जितनी अप्रत्याशित थी, उतनी ही घातक भी। मैंने अपने अंग-रक्षकों और निजी सैनिकों को तत्काल चारों ओर दौड़ाया; और स्वयं निकटतम सैनिक चौकी की ओर बढ़ा। ... मार्ग में मैंने देखा कि यह समाचार सारे नगर में फैल चुका था। जगह-जगह विभिन्न प्रकार की चर्चाएं हो रही थीं ... अयोध्या जैसे नगर के लिए यह अकल्पनीय घटना थी। राज्य में इतने प्रभावशाली व्यक्ति का इस प्रकार दिन-दहाड़े राजपथ से हरण हो जाए और नगर-रक्षक कुछ न कर सकें। ... अविश्वसनीय! नगर में त्रास फैल गया था। हाट बंद हो गये थे। व्यापार ठप्प हो गया था। लोग स्वेच्छा से अपने घरों में बंद हो गये थे। ... सत्ता की शिथिलता का इससे बड़ा और क्या प्रमाण हो सकता है, सम्राट्!''

''युवक!'' दशरथ के स्वर में चेतावनी थी।

''क्षमा हो, सम्राट्! दुःखी व्यक्ति के मुंह से कोई अनुपयुक्त बात निकल जाए तो क्षमा करें।'' विपुल ने अपनी बात आगे बढ़ाई, ''नगर में इतना कुछ हुआ था और सैनिक चौकी को सूचना तक नहीं थी। पहले तो उन्होंने आर्य पुष्कल को ही पहचानने से इनकार कर दिया। जब पहचानने को बाध्य हुए तो उनके अपहरण की बात को यह कहकर उड़ा दिया कि वे अपने मनोरंजन के लिए कहीं चले गये होंगे। मैंने अपने सारथी तथा आहत अंग-रक्षकों से प्रमाण दिलाए तो उत्तर मिला के वे मदिरा पीकर आपस में लड़ पड़े होंगे ... इत्यादि। यह सोचकर कि ये सैनिक इस प्रकार के परिवाद के लिए उपयुक्त पात्र नहीं हैं, मैं उच्चाधिकारियों से भी मिला। किंतु मुझे अत्यन्त दुःख से सम्राट् के सम्मुख निवेदन करना पड़ रहा है कि उन अधिकारियों ने मेरे साथ ही नहीं, मेरा पक्ष लेने वाले प्रत्येक नागरिक के साथ दुर्व्यवहार किया; हम सबका अपमान किया। ... मैं रातभर इस संबंध में विभिन्न अधिकारियों के पास भाग-दौड़ करता रहा हूं, किंतु उन्होंने न इस विषय में कोई सूचना दी और न उन्हें खोज निकालने का कोई प्रयत्न किया।'' विपुल ने एक क्षण रुककर सम्राट् को देखा और पुनः बोला, ''किंतु सम्राट्! मैंने अपने निजी सूत्रों से पता लगाया है कि वे दस्यु न तो अयोध्या के बाहर से आए थे, न अयोध्या के बाहर गए हैं। वे सशस्त्र थे और उनका युद्ध-कौशल अच्छे प्रशिक्षित सैनिकों का-सा था। ... सम्राट्, मुझे यह कहने की अनुमति दें कि वे दस्यु स्वयं सम्राट् के अंग-रक्षक दल के सैनिक थे, जिन्होंने सैनिक वेश उतारकर ...''

''सावधान!'' सम्राट् ने उसे आगे बढ़ने नहीं दिया, ''किसी भी घटना की आड़ लेकर, इस प्रकार का अनर्गल प्रलाप करने की अनुमति नहीं दी जा सकती।''

''अन्नदाता!'' महामंत्री ने सम्राट् की बात पूरी होते ही कहा, ''चिरंजीव विपुल को अपनी बात पूरी करने के पश्चात् प्रमाण प्रस्तुत करने को कहा जाए। यदि वे अपनी बात प्रमाणित नहीं कर सकें, तो निराधार आरोप लगाने के अपराध में वे दंडित किए जाए...''

''नहीं!''सम्राट् का अधैर्य मुखर हो उठा। वे फिर आवेश की स्थिति में आ गए

थे, ''इस प्रकार के दूषित प्रचार के लिए राजसभा का प्रयोग नहीं हो सकता। मैं इस विषय में विचार-विमर्श की अनुमति नहीं दे सकता।''

किंतु सम्राट् की इच्छा के अनुकूल, विपुल मौन नहीं रहा, ''यदि मेरे पिता ने कोई अपराध किया था तो सम्राट् उन पर खुला अभियोग लगाकर उन्हें बंदी कर सकते थे ...''

''इसे बंदी किया जाए।'' सम्राट् ने संतुलित आवेश में कहा।

दो प्रतिहारियों ने आगे बढ़कर विपुल को भुजाओं से पकड़ लिया। वह अपने-आप ही मौन हो गया।

दशरथ उसे घूरते रहे। किंतु जब कुछ नहीं बोला तो सम्राट् ने एक-एक शब्द पर बल देते हुए स्थिर स्वर में कहा, ''इस प्रकार के उत्तरदायित्वशून्य आचरण को मैं साम्राज्य के लिए हानिकारक मानता हूं। अतः आदेश देता हूं कि इस तथाकथित घटना की आड़ लेकर, साम्राज्य तथा सम्राट् के व्यक्तित्व के विरुद्ध प्रचार अपराध माना जाएगा। इस प्रकार का घातक प्रचार करने वाला व्यक्ति दंडनीय होगा...''

सहसा विपुल छिटककर प्रतिहारियों के हाथों से निकल गया और चीत्कार के स्वर में बोला, ''पहले ही किसी को दशरथ के शासन में आस्था नहीं थी। अब और भी नहीं रहेगी। ...''

''इसे मौन करो !'' सम्राट् ने उच्च स्वर में कहा।

प्रतिहारी विपुल की ओर बढ़े।

विपुल प्रतिहारियों से बचता, इधर-उधर भागता रहा; और साथ ही चीखता रहा, ''अब किसी को अपनी सुरक्षा के लिए राज्य के सैनिकों पर विश्वास नहीं रहा। लोग अपनी रक्षा स्वयं करेंगे। निजी अंगरक्षकों तथा निजी सैनिकों के युद्ध अयोध्या के हाट-बाजारों में होंगे। अयोध्या के मुख्य पथ रक्तपात के ...''

प्रतिहारियों ने उसे पकड़कर, उसका मुख पट्टी से बांध दिया था; अब केवल उसकी आंखें खुली थीं।

प्रतिहारी सम्राट् के आदेश की प्रतीक्षा कर रहे थे।

''इसे भू-गर्भ कारागार में डाल दो!'' सम्राट् ने आज्ञा दी, ''और आज से किसी राजकीय बंदी के विषय में अधिकारियों से पूछताछ नहीं की जा सकेगी। साम्राज्य की सुरक्षा के लिए, आवश्यक होने पर किसी भी व्यक्ति को बिना अभियोग बताए भी बंदी किया जा सकेगा।''

सम्राट् उठकर खड़े हो गए।

सभा विसर्जित हो गयी।

दशरथ की चिंता तनिक भी कम नहीं हुई थी।

उन्होंने क्या करना चाहा था और क्या हुआ। अपने अंग-रक्षकों को नगर-रक्षा

का दायित्व सौंपा था कि नगर में भरत की शक्ति कम हो जाए। भरत की शक्ति कम कर पाए या नहीं, कह नहीं सकते; हां, पुष्कल के द्वारा वैधानिक संकट अवश्य उठा दिया गया; साथ ही खतरा उत्पन्न हो गया कि यदि कैकेयी को आभास मिल गया कि दशरथ क्या करने का प्रयत्न कर रहे हैं तो उसकी ओर से जवाबी आघात हो सकता है; और संभव है कि वह आघात इतना भारी हो कि दशरथ उसे संभाल न पाएं। उससे बचने के लिए पुष्कल का अपहरण करवाया तो बवंडर मच गया ...

क्या हो गया है उन्हें ?

क्या सचमुच दशरथ इतने बूढ़े हो चुके हैं कि अब राजनीतिक गतिविधि उनकी क्षमता से बाहर है। उनकी प्रत्येक चाल उलटी पड़ रही है। उन्होंने सत्ता को पूर्णत: हस्तगत करना चाहा था — किंतु लगता है, उनकी रही-सही सत्ता को भी खतरा उत्पन्न हो गया है।

इस प्रकार का बल-प्रयोग, दमन, लोगों के अधिकारों को सीमित करना — कब तक उनकी सहायता कर पाएगा। हर बात की सीमा होती है ...

इतना रोकने पर भी पुष्कल का बेटा क्या कह गया राजसभा में ... किसी को दशरथ के शासन में आस्था नहीं है। अब कोई अपनी सुरक्षा के लिए राजकीय सैनिकों पर निर्भर नहीं रहेगा। सभी धनवान और शक्तिशाली लोग निजी सैनिक और अंग-रक्षक रखेंगे। स्थान-स्थान पर निजी सेनाओं में युद्ध होंगे, रक्तपात होगा...

कैसा होगा अयोध्या का शासन ?

और सबसे बड़ी निजी सेना आज किसके पास है ?

केकय के राजदूत के पास।

अब तक निजी सेनाएं अपने स्वामियों के अंग-रक्षकों का काम करने की औपचारिकता निभाती रही हैं। उनके पास किसी भी प्रकार के राजकीय अधिकार नहीं हैं; किंतु यदि निजी सेनाओं के युद्ध आरंभ हुए तो फिर राजकीय अधिकारों की आवश्यकता किसको रहेगी। विशेष संबंधों को मान्यता देते हुए, केकय के राजदूत को सबसे बड़ी निजी सेना रखने की अनुमति दी गयी थी। वह सेना कैकेयी की निजी सेना हो जाएगी — तो कैकेयी की शक्ति कम होगी या बढ़ जाएगी ?

किस झमेले में फंस गए सम्राट्!

संभव है, उस लड़के विपुल ने निरर्थक प्रलाप ही किया हो, उसकी बात के पीछे कोई ठोस आधार न हो; किंतु संभावनाओं की ओर से आंखें नहीं मूंदी जा सकतीं।

अब तो एक ही रास्ता है कि साम्राज्य में निजी सेनाओं का निषेध कर दिया जाए ... किंतु यह कैसे संभव है ? कोसल के प्रत्येक सामंत के पास अपनी निजी सेना है, जो युद्ध के अवसर पर साम्राज्य की ओर से लड़ती है। प्रत्येक महत्त्वपूर्ण व्यक्ति के पास अपने अंग-रक्षक हैं। प्रत्येक राज्य के राजदूत के पास अपनी निजी सेना है ... उन सब पर प्रतिरोध लगाया जाएगा तो सामंतों की सेना का व्यय साम्राज्य पर आ पड़ेगा।

... अन्य निजी अंग-रक्षकों तथा सैनिकों की आजीविका का क्या होगा ?... क्या साम्राज्य इतने कर्मचारियों का बोझ उठा सकेगा ? ... और अंत में विभिन्न राज्यों के राजदूतों की सुरक्षा का प्रबंध अयोध्या की सेना को करना पड़ेगा। फिर वे स्वतंत्र राज्य हैं, दशरथ का शासन उन पर नहीं है। दशरथ उन राज्यों की पूछताछ, प्रश्न-जिज्ञासा पर प्रतिबंध नहीं लगा सकते ...

उन्हें क्या उत्तर देंगे सम्राट ?

कोई उत्तर उनके पास हो या न हो, किंतु केकय के राजदूत के पास इतनी बड़ी निजी सेना दशरथ किसी स्थिति में नहीं रहने दे सकते ...

कल ही उन्हें राजसभा में घोषणा करनी पड़ेगी कि अयोध्या में स्थित प्रत्येक राजदूत को अपने अंग-रक्षकों तथा निजी सेनाओं को कोसल के सेनापति के आज्ञाधीन मानना होगा। ... और कल ही उन्हें केकय के राजदूत की निजी सेना को निःशस्त्र कर अयोध्या की सेना के अधीन असैनिक पदों पर भेज देना होगा।

इतना तो उन्हें करना ही होगा — चाहे कोई प्रसन्न हो या अप्रसन्न।

यह वे कर देंगे। किंतु उसके पश्चात् ?

अब स्थिति यह नहीं थी कि वे सोचें कि भेड़िए को ईंट मारें या न मारें। आधी ईंट वे मार चुके थे, और शेष आधी उन्हें मारनी ही होगीं; उसके पश्चात् भेड़िया चाहे झपट ही पड़े ... अब कैकेयी से यह छिपा भी नहीं रह सकता कि उन्होंने आघात कर दिया है। कैकेयी प्रत्याघात भी अवश्य करेगी ...

बात अब केवल कैकेयी की नहीं है। देश के भीतर का विरोध और बाहरी आक्रमणों की संभावनाएं ... वह बवंडर उठेगा कि सत्ता दशरथ के हाथों में नहीं रह पाएगी। यदि बाहर से कोई न भी आया और विभिन्न दबावों में पिसकर, उन्हें अपने वचनानुसार सत्ता भरत को सौंपनी पड़ी, तो पिछले दिनों के इन सारे प्रयत्नों, संघर्षों, आघातों का क्या होगा। भरत कुल अठारह वर्षों का तरुण है। वह स्वतंत्र रूप से राज नहीं कर सकता। राज युद्धाजित ही करेगा। दशरथ का भरत-विरोध खुलकर सामने आ चुका है। ... ऐसी स्थिति में भरत के हाथ में सत्ता गयी तो दशरथ का स्थान कहां होगा — भू-गर्भ कारागार में ? गुप्त यंत्रणालय में ? युद्धाजित के चरणों में ? अथवा खड्ग की नोक पर ? ...

कैकेयी की ओर से किसी प्रकार की दया, सहानुभूति अथवा कोमलता की अपेक्षा वे नहीं कर सकते। कैकेयी के साथ वे काफी लंबे समय तक रहे हैं। वे उसकी धातु पहचानते हैं। होने पर आए तो वह कठोर भी हो सकती है और क्रूर भी। कैकेयी की मां ने हठ के पीछे अपने पति के प्राणों तक की चिंता नहीं की थी, जबकि वह पति से प्रेम भी करती थी। दशरथ जानते हैं, कैकेयी को उनसे रंचमात्र भी प्रेम नहीं है — फिर वह दया क्यों करेंगी ? ....

तो ?

दशरथ स्वयं को कैकेयी की दया पर छोड़ दें ?...

नहीं।

तो ?

दशरथ का ध्यान राम की ओर चला गया — शंबर-युद्ध के पश्चात् भी, दशरथ को राम ने ही सहारा दिया था। तब भी दशरथ ने सोचा था —कितनी बड़ा बेटा है उनका और कितना समर्थ। और अब तो राम अपनी सेवा, अपने शौर्य और अपने चरित्र की उदात्तता के कारण सारे आर्यावर्त्त में श्रद्धेय हो चुका है। दशरथ का ध्यान इस ओर पहले क्यों नहीं गया ? उन्होंने सदा ही राम और राम की मां की उपेक्षा की है। कभी समय से उन्हें उनका देय नहीं दिया।

यदि राम को युवराज घोषित कर सत्ता उसे सौंप दी जाए तो किसे आपत्ति होगी? राम सम्राट् की ज्येष्ठ रानी का पुत्र है। भाइयों में सबसे बड़ा है। योग्य, शक्तिशाली और वीर है; सबसे बढ़कर लोकप्रिय है। प्रजा मन से उसका स्वागत करेगी। कोई यह नहीं कहेगा कि दशरथ ने घबराकर राज छोड़ दिया, कोई नहीं कह सकेगा कि दशरथ कैकेयी अथवा युद्धाजित से पराजित हुए। प्रत्येक व्यक्ति स्वीकार करेगा कि दशरथ ने उचित समय पर उपयुक्त पात्र को सत्ता सौंप दी ... राम के हाथ में सत्ता पूरी तरह सुरक्षित रहेगी — युद्धाजित अपनी तथा अपने मित्रों की संपूर्ण बर्बर सेनाएं लेकर भी अयोध्या पर चढ़ दौड़े, तो राम तनिक भी विचलित नहीं होगा।

घबराहट और जल्दी में उठाए गए इन सारे बवंडरों को राम झेल लेगा। राम साम्राज्य को संभाल लेगा; और राम से दशरथ को कोई भय नहीं है। ... दशरथ की आंखें चमक उठीं। ... दशरथ को यह पहले क्यों नहीं सूझा ? ... चारों भाइयों में से, दशरथ यदि किसी को अपनी रक्षा का दायित्व सौंपकर निश्चिंत हो सकते हैं तो वह केवल राम हैं। अपनी तीनों पटरानियों में से दशरथ किसी की निरीहता अथवा प्रेम पर विश्वास कर सकते हैं तो वह केवल कौसल्या है ...'

दशरथ को तत्काल राम का युवराजाभिषेक कर देना चाहिए।

... और यह भी कैसा सुखद संयोग है कि राम कल वापस अयोध्या लौट रहा है। कल ही राज-परिषद् में राम के अभिषेक का निर्णय हो जाना चाहिए; और यथाशीघ्र अभिषेक भी। किसी को तनिक-सी भी सूचना मिल गयी तो विघ्न उठ खड़े होंगे। कैकेयी अपने समर्थकों की सहायता से इस अभिषेक को रोकने का प्रयत्न करेगी। संभव है, राम की हत्या का प्रयत्न हो। संभव है स्वयं सम्राट् के प्राण लेने का षड्यंत्र हो — राज्याधिकार के लिए क्या नहीं होता!

दशरथ का शरीर एक बार फिर ठंडे पसीने से नहा गया। मृत्यु जैसे उनके सामने खड़ी उनकी आंखों में देख रही थी — बस, हाथ बढ़ाने की बात है। यदि उन्होंने राम की बांह पकड़ ली, तो राम अपने खड्ग की नोक मृत्यु के वक्ष में हूल देगा...

किंतु, केकय नरेश को दिया गया दशरथ का वचन ?

रघुवंश में जन्म लेकर कोई अपना वचन नहीं तोड़ता। तो क्या वंश की प्रसिद्धि बनाए रखने के लिए दशरथ अपने कंठ में मृत्यु का फंदा डाल लें ?

जीवन बड़ा है या वचन ?

वचन की रक्षा कर मर जाना अच्छा है, या जीवन की रक्षा के लिए वचन को तोड़ देना?

दशरथ के मन में कहीं कोई संदेह नहीं था कि उनके मन में जीवन की अदम्य लालसा थी। वे जीना चाहते थे। न सही सत्ता, किंतु जीवन की रक्षा तो हो ...

वचन की रक्षा धर्म है...

पर ज्येष्ठ पुत्र को उसका देय देना भी तो धर्म है ...

पहले धर्म के पालन से उन्हें मिलेगी मृत्यु।

और दूसरे धर्म के साथ जुड़ा है उनका सुखद और सुरक्षित जीवन। उनकी रक्षा कोई कर सकता है तो केवल राम! राम उनकी रक्षा करने को तत्पर न हुआ तो फिर मृत्यु...

दशरथ ने अपने मन को पहचाना। भरत के नाना को दिए गए वचन की पूर्ति की कोई इच्छा उसमें नहीं थी। वहां तो जीवन की सुख-कल्पना थी। और जीवन का अर्थ था राम।

किंतु क्या राम अपना युवराजाभिषेक स्वीकार कर लेगा ?

राम जानता है कि दशरथ भरत को युवराज बनाने के लिए वचनबद्ध हैं। फिर वह क्यों चाहेगा कि पिता अपना वचन तोड़कर अपयश लें .... दशरथ भली प्रकार जानते हैं कि राम को राज्य का रंचमात्र भी मोह नहीं है। उसने आज तक केवल कर्म किया है — उसका फल नहीं चाहा। उसने दायित्व निभाए हैं, अधिकार कभी नहीं मांगे।

उसे समझाना होगा कि उसका अभिषेक उसके पिता के प्राणों की रक्षा के लिए कितना आवश्यक है। उसे तत्काल अभिषेक करवाना होगा — युद्धाजित की तैयारी से पूर्व, भरत के लौटने तथा कैकेयी को गंध मिलने से पहले ...

कल राम अयोध्या लौट आएगा। संध्या समय तक राज-परिषद् में उसके युवराजभिषेक की घोषणा होनी चाहिए; और परसों सूर्योदय के साथ-साथ उसका युवराजाभिषेक ...

अवश्य।

अनिवार्य रूप से। अन्यथा अब दशरथ बच नहीं सकते ...

## 2

तीन सप्ताहों के प्रवास के पश्चात् राम प्रातः ही लौटे थे। सीता से कुशल-क्षेम पूछी। स्नान भर करने का अवकाश पाया कि लक्ष्मण, सुयज्ञ, चित्ररथ, त्रिजट, कुछ अन्य मित्र

और सहयोगी मिलने आ गये। क्षणों में ही उनकी अनुपस्थिति में हुई सारी घटनाएं खुलकर उनके सम्मुख आ गयीं। फिर राम के पास रुकने का तनिक भी अवकाश नहीं था। खाने के नाम पर जल्दी-जल्दी कुछ निगला और चल पड़े।

सीता के लिए यह बहुत अनपेक्षित नहीं था। जब भी राम अयोध्या से कुछ दिनों की अनुपस्थिति के पश्चात लौटते थे तो पीछे इतना कुछ घट चुका होता था कि राम प्रहर भर का विश्राम भी नहीं पाते थे। ... आज भी यही हुआ था।

जाते-जाते कह गए, "काम अधिक है। प्रयत्न करूंगा, दोपहर को समय से लौट आऊं। पर यदि विलंब हो जाए तो चिंता मत करना। समय से भोजन कर लेना।"

ऐसी बातें सीता सुन भर लेती हैं। जानती हैं, इसमें न कुछ नया है, न गलत। चार वर्षों के दाम्पत्य जीवन के पश्चात्, अब ऐसा कुछ नया हो भी क्या सकता है। कर्म के तेज बहाव वाले इस जीवन में, प्रेम के पुलक प्रसंगों का समय, कदाचित् व्यतीत हो गया है। अपवादस्वरूप, कभी कोई क्षण प्रेम-पुलक से भर जाए तो भर जाए; नहीं तो कामकाजी, व्यावहारिक जीवन में प्रेम की ऊहात्मक उक्तियां परिहास बनकर रह जाती हैं। अब जीवन मात्र कर्म हो गया है। करने को इतना कुछ हो तो सामाजिक दायित्व के प्रति सजग पति-पत्नी अपने जीवन को पुलकित प्रेम की कहानी नहीं बना सकते।

फिर भी, राम को भोजन कराए बिना, स्वयं खा लेने की बात सीता आज तक स्वीकार नहीं कर सकीं। वे जानती हैं, राम पर राज्य की ओर से सौंपे गये दायित्व तो हैं ही; उनके अपने भीतर की आग भी उन्हें निष्क्रिय बैठने नहीं देती। जब घर से बाहर जाते हैं, कहीं-न-कहीं शासन की कोई अनीति, शिथिलता, कर्तव्य-हीनता अथवा उपेक्षा देखकर पिघल जाते हैं, या जल उठते हैं। ... सम्राट् दिन-प्रतिदिन वृद्ध और शिथिल होते जा रहे हैं। शासन के सूत्र उनके हाथों से फिसलते जा रहे हैं। बहुत सतर्क रहने पर भी उनसे कोई-न-कोई प्रमाद होता ही रहता है। राम की अनुपस्थिति में, पिछले दिनों यहां क्या कुछ नहीं हुआ। वैसे भी कहीं-न-कहीं से किसी राजपुरुष के अमर्यादित अथवा अनीतिपूर्ण व्यवहार की सूचना राम को मिलती ही रहती है; और फिर राम शांत नहीं बैठ सकते। दृढ़ आत्म-नियंत्रण के कारण उनमें आवेश का ज्वार नहीं उठता; किंतु हल्की-हल्की आंच उन्हें तपाती ही रहती है।

व्यस्त राम को विलंब हो जाता है और वे भोजन के समय घर नहीं पहुंच पाते, तो स्वयं भी भूखी रहकर सीता उन्हें शक्ति नहीं पहुंचातीं। वे जानती हैं, वे स्वयं को अनावश्यक पीड़ा दे रही हैं। सीता के लिए यह संस्कार की बात नहीं है। अपनी बौद्धिकता के बल पर व्यर्थ के संस्कारों को तोड़ने में वे पूर्णतः सक्षम हैं। किंतु, जब पति बाहर से आता है और उसे मालूम होता है कि पत्नी उसके लिए भूखी बैठी है, तो उस कामकाजी जीवन में भी, दोनों के बीच कुछ कोमल क्षण जाग उठते हैं। संबंधों की इस कोमलता ने इस कर्तव्यपूर्ण जीवन में भी हरीतिमा बना रखी है। सीता उस हरीतिमा को कैसे छोड़ दें ?

वे कितना चाहती हैं कि सामाजिक तथा प्रशासनिक कामों में राम का हाथ बंटाएं; पर अभी तक राम की व्यक्तिगत देखभाल के साथ स्त्रियों तथा बच्चों के कल्याण संबंधी कुछ हल्के कामों के अतिरिक्त वे कुछ नहीं कर पायी हैं। इस परिवार का ही नहीं, सारे समाज का ढांचा ही कुछ ऐसा है कि नारी कहीं शोभा की वस्तु है, कहीं भोग की। कहीं वह अत्यन्त शोषित है, कहीं परजीवी। अमरबेल होकर रह गई है नारी; जो अपने पति के माध्यम से समाज का रस खींचती है। समाज से उसका सीधा कोई संबंध ही नहीं है। घर की व्यवस्था में तो फिर भी उसका स्थान है, सामाजिक उत्पादन में वह एकदम निष्प्रयोजन वस्तु है। निर्धन किसान की पत्नी उसके साथ खेत पर जाकर उसका हाथ बंटाती है, श्रमिक की पत्नी पति के साथ या स्वतंत्र रूप से श्रम करती है; किंतु धनी वर्ग की स्त्रियां मात्र जोंकें हैं। चूसने के लिए उन्हें रक्त चाहिए। उनकी सामाजिक उपयोगिता पूरी तरह शून्य है और उनकी आवश्यकताएं आसमान को छू रही हैं। उन्हें भड़कीले वस्त्र चाहिए, चमकीले आभूषण चाहिए; प्रसाधन के लिए चंदन-कस्तूरी के छकड़े भी उनके लिए अपर्याप्त हैं; चर्बी चढ़ाने के लिए दुनिया भर का गरिष्ठ और स्वादिष्ट भोजन चाहिए...

इन निकम्मी, मोटी बुद्धि वाली, निरर्थक वस्तुओं को देखकर सीता का खून जल उठता था। उनसे घड़ी-आधा घड़ी बात कर सीता का दम घुटने लगता था। रानियां, मंत्राणियां, सामंत-पत्नियां, आचार्य-पत्नियां — सब ही पुराने पड़े व्यर्थ के कबाड़-सी वस्तुएं थीं, जिनकी कोई सामाजिक उपयोगिता नहीं थी।

पर सीता स्वयं भी सक्रिय होकर अभी तक कोई बहुत महत्त्वपूर्ण काम नहीं कर पायी थीं। इस प्राय-निष्क्रियता में सदा आशंकित रहती थीं कि कहीं वे भी सार्थक परिश्रम के अभाव में उसी चमकीले कबाड़ का अंग न बन जाएं। पिछल चार वर्षों में कितनी बार पति-पत्नी में इस विषय पर कहा-सुनी हुई थी। साधारण बातचीत हुई थी, तर्क हुए थे, तनातनी और झगड़े भी हुए थे। पर अंत में दोनों ने यही पाया था कि यह रूढ़-व्यवस्था नारी-शून्य पुरुष समाज से काम कराने की इतनी अभ्यस्त हो चुकी थी कि नारी को अपने मध्य पाते ही, जैसे उसे पीसने लगती थी। यह व्यवस्था नारी को पुरुष की बराबरी का स्थान देने के लिए किंचित् भी इच्छुक नहीं थी। नारी को पुरुष की बराबरी का स्थान दिलाने के लिए लंबा और जोरदार संघर्ष अपेक्षित था।

सीता के छोटे-मोटे स्फुट प्रयत्न, रूढ़-व्यवस्था के विरुद्ध, लोहे की दीवार पर हाथ के नाखूनों से लगाई गई खरोंचें मात्र थे — जो दिखाई भी नहीं पड़ रहे थे। ... वस्तुतः वे प्रतीक्षा कर रही थीं, और तैयारी भी। उनका शरीर घर और बाहर की नियमित, नित्य व्यवस्थाओं में लगा रहा था; किंतु मन भविष्य की कल्पनाएं करता रहता था — आने वाले समय के लिए योजनाएं बनाता रहता था। कहीं ऐसा न हो कि जब अवसर आए तो सीता को करने के लिए कोई काम ही न सूझे ...

व्यक्तिगत जीवन अपनी जगह है। उसका सुख सबको आकांक्ष्य है। किंतु,

सामाजिक लक्ष्य-रहित जीवन भी कोई जीवन है ? सीता जब राम को जन-सामान्य की सुविधाओं की व्यवस्था में अपने प्राणों को खपाते देखती थीं, तो उनके मन में तृप्ति और स्पर्धा की भावनाएं एक साथ ही अंकुरित हो उठती थीं। धन्य हैं राम, जो बिना कोई राजनीतिक अधिकार पाए भी अपने कर्तव्य में लगे हुए थे; यदि कहीं ऐसे ही ये चारों भाई होते। और स्पर्धा होती थी सीता को राम से — क्यों नहीं वे भी उन्हीं के समान अपना जीवन कर्म में खपा पातीं ?

इस स्पर्धा में सीता का एक ही सहयोगी है — देवर लक्ष्मण। कितनी तड़प है लक्ष्मण में स्वस्थ, साहसी, सामाजिक, कार्य के लिए। अनीति देखकर लक्ष्मण रुक नहीं सकते। और फिर अपने भैया राम का एक संकेत उनके लिए पर्याप्त है। अब तो वे सतरह वर्षों के हो गये हैं। चार वर्ष पूर्व जब वे राम के साथ सिद्धाश्रम गए थे, तब मात्र एक किशोर ही तो थे। किंतु किसी कर्म में, किसी जोखिम में, लक्ष्मण पीछे नहीं रहे।

भरत और शत्रुघ्न भी सात्विक प्रवृत्ति के हैं, अन्याय देखकर विरोध उनके मन में भी जागता है, किंतु उनमें राम और लक्ष्मण जैसी आग और तड़प नहीं है। वे दोनों ही आत्मकेन्द्रित हैं। समाज की गतिविधियों और प्रवृत्तियों से उनका कोई विशेष संपर्क नहीं है। यही कारण है कि न्याय के प्रति पूर्णतः समर्पित होने पर भी उन्हें अपने पड़ोस में होता हुआ अन्याय दिखाई नहीं पड़ता। उनकी अपनी दीवार की छाया में अमानवीय अत्याचार पनपता रहता है, और उन्हें वह तब तक दिखाई नहीं पड़ता, जब तक कोई अन्य व्यक्ति उसकी ओर इंगित न कर दे। उन दोनों का समस्त बल स्वयं चरित्रवान बनने पर है, परिवेश की गंदगी दूर करने की ओर उनका ध्यान नहीं है। ऐसे लोग अनीति के समर्थक तो नहीं होते, किंतु अनीति को उनसे कोई विशेष भय भी नहीं होता।

कदाचित् यही कारण था कि भरत और शत्रुघ्न का संबंध अयोध्या और अयोध्या के आस-पास होने वाली सामाजिक और राजनीतिक हलचलों से कम, भरत के ननिहाल से ही अधिक था। एक ही माता के पुत्र होने पर भी लक्ष्मण और शत्रुघ्न कितने भिन्न थे। सुमित्रा का सारा प्रशिक्षण, शत्रुघ्न को भरत के प्रभाव से मुक्त कर, लक्ष्मण जैसा नहीं बना सका था ...

परिचारिकाओं की हलचल से सीता को राम के आने का आभास मिला।

राम ने कक्ष में प्रवेश किया। उनके चेहरे पर एक हल्की-सी मुसकान थी; किंतु मुसकान की उस परत के नीचे छिपी क्लांति सीता की दृष्टि से ओझल नहीं रह सकी।

''प्रवास की थकान कम थी कि फिर स्वयं को इतना थका डाला।''

राम की आंखों ने सीता की निरीक्षण-शक्ति की प्रशंसा की, ''तुमसे कुछ भी छिपाना कठिन है, सीते!''

''अभी तक भूखे हैं। कहीं भोजन भी नहीं किया होगा।''

राम मुसकराए भर, कुछ बोले नहीं।

सीता ने परिचारिका को भोजन लाने का संकेत किया, ''देखती हूं, सारे कार्यों

के लिए, अयोध्या में केवल एक ही व्यक्ति सुलभ है।''

राम झेंपते-से मुसकराए, ''ऐसा नहीं है, प्रिये! भेजने को तो मैं अन्य लोगों को भी भेज सकता हूं; किन्तु अपने अनुभव से क्रमशः जान गया हूं कि सामान्य राजपुरुष जब शासकीय कार्य के लिए जाता है तो प्रजा अथवा शासन का भला कम करता है, अपना भला ही अधिक करता है।''

''कोई विशेष-बात ?''

''बहुत नहीं। पर कुछ-न-कुछ तो होता ही रहता है। आज तो स्वयं सम्राट् के उठाए हुए ही अनेक बवंडर थे। ... वैसे भी प्रजा के हित का ध्यान रख स्वयं राम का ही जाना उचित है।'' राम मुसकराए, ''आशा है, मेरी प्रिया न तो आपत्ति करेगी, न बाधा देगी।''

परिचारिकाएं भोजन ले आयीं।

''न आपत्ति, न बाधा।'' सीता बोलीं, ''किन्तु आपको दिनभर के कार्य के पश्चात् भूखा तथा क्लांत घर लौटते देखकर मुझे कष्ट अवश्य होता है। यदि आपके कार्यस्थल पर भोजन तथा थोड़े आराम की व्यवस्था हो पाती, तो अपने पति को सत्कार्य करते देख मुझे असीम तृप्ति होती।''

''व्यवस्था तो हो सकती है; पर भोजन के लिए राम लौटकर सीता के पास ही आना चाहता है।'' राम के चेहरे पर कौतुक का भाव था, ''और सीता के साहचर्य के बिना विश्राम है कहां!''

''तो मुझे पृथक् कार्य देने के स्थान पर अपने ही साथ रखा कीजिए। मैं भी थक-हारकर संध्या समय भूखी लौटूं, तो सार्थकता का सुख पाऊं। मुझे तो हल्के और संक्षिप्त कार्य देकर बहला दिया जाता है, जैसे मैं किसी योग्य ही नहीं। कार्य केवल राम के लिए हैं, या बच जाएं तो देवर लक्ष्मण के लिए।''

राम गंभीर हो गए, ''ठीक कहती हो, सीते! तुम्हें अपने योग्य कार्य अवश्य मिलना चाहिए, अन्यथा तुम्हारी समस्त ऊर्जा निष्क्रिय रहकर सड़ जाएगी। पर कठिनाई यह है कि इस समाज ने मान लिया है कि स्त्री घर से बाहर तभी कोई कार्य करेगी, जब पुरुष मृत, पंगु अथवा अनुपस्थित होगा। प्रयत्न में हूं कि शीघ्रातिशीघ्र तुम्हें तुम्हारा उचित स्थान दे सकूं। ...''

सहसा राम चुप हो गए। उनकी दृष्टि सीता के चेहरे पर ठहरकर कुछ ढूंढ़ रही थी। उन्हें लग रहा था, सीता अब पहले जैसी स्वस्थ-संतुलित नहीं रह गई थीं। वे कुछ असहज थीं।

''क्या बात है, सीते ?''

''समाज में मेरा जो स्थान और उपयोगिता है, वह समझाने पिछले अनेक दिनों से कुल-वृद्धाएं मेरे पास आ रही हैं।''

राम को समझने में देर नहीं लगी।

''उन बेचारियों पर दया ही करनी चाहिए, सीते! उनका मानसिक क्षितिज इससे अधिक व्यापक नहीं है ...''

''किंतु ...''

''किंतु क्या ?''

'अब माता कौसल्या ने भी इंगित किया है, वे गोद में पौत्र खेलाने को उत्सुक हैं।''

राम सीता को देखते रह गए। वे सीता की पीड़ा समझ रहे थे। यह बात आज पहली बार नहीं उठी थी। चार वर्षों के दाम्पत्य जीवन में ऐसे प्रसंग अनेक बार आए थे। माता कौसल्या की पोते के प्रति उत्सुकता भी वे समझते थे — जिस समाज में मनुष्य पुत्र-पौत्र के जन्म से ही सौभाग्यशाली माना जाता है, जहां व्यक्ति अपने कर्मों से अधिक महत्त्व अपनी कुल-परंपरा को आगे बढ़ाने को देता है; वहां यदि माता कौसल्या पौत्र-मुख देखने को व्याकुल हों, तो आश्चर्य की बात क्या है। आश्चर्य तो यह था कि अभी तक पिता की ओर से उन्हें ऐसा कोई संकेत नहीं मिला था और न ही उनके दूसरे विवाह की बात उठाई गयी थी।

कदाचित् ये सारी कुल-वृद्धाएं, इतने अंतराल के पश्चात् भी, संतान न होने का दोष सीता की क्षमता को देती होंगी। जिनके विचार-संसार में विवाह के एक वर्ष के भीतर संतान उत्पन्न न करना बंध्या होने का प्रमाण-पात्र हो, वे सीता को चार वर्षों के पश्चात् भी कुछ न कहेंगी — इतनी अपेक्षा उनसे नहीं की जानी चाहिए। आक्षेप तो होंगे ही — सीता पर हों, या राम पर हों। उनसे बचना संभव नहीं है। ... किंतु यदि राम आक्षेपों से बचने के लिए ही कर्म करने लगें, तो वे एक काम भी अपनी इच्छा से, स्वतंत्र रूप से नहीं कर पाएंगे। आक्षेपों से बचने के प्रयत्न में वे समाज की सबसे पिछड़ी हुई मानसिकता के दास हो जाएंगे। ... नहीं! राम को अपने चिंतन के अनुसार, अपनी इच्छा से चलना होगा। किसी के कुछ कहने के कारण आवेश अथवा प्रतिक्रिया में राम कोई निर्णय नहीं लेंगे ...

संतान के जन्म से पहले, उसके स्वागत के लिए माता-पिता की परिस्थितियां अनुकूल होनी चाहिए। वे भौतिक सुविधाओं, शारीरिक तत्परता तथा अनुकूल मानसिकता के साथ प्रस्तुत हों तो ही संतान के साथ न्याय हो सकता है। संतान को जन्म देने के पश्चात् माता-पिता को लगे कि उनके पास संतान के लिए समय नहीं है, उनके पास अपनी अन्य गंभीर चिंताएं या महत्त्वपूर्ण लक्ष्य हैं, बच्चे उन्हें अपने मार्ग की बाधा लगने लगें और वे उन पर झल्लाते रहें तो यह संतान के साथ न्याय नहीं होगा। उन्हें पूर्णत: दासियों को सौंपकर संतान के मन में ग्रंथियां पैदा करने और उचित व्यवहार न कर पाने पर दासियों के प्रति मन में कटुता पालने से क्या लाभ? धन के बल पर दास-दासियां, शिक्षक-आचार्य उपलब्ध करा देने भर से, संतान के प्रति माता-पिता का दायित्व पूरा नहीं हो जाता। संतान को माता-पिता की भौतिक सुविधाओं के साथ, उनका

समय, उनका शरीर, उनका मन, उनकी आत्मा — प्रत्येक वस्तु की आवश्यकता होती है ...

राम की मानसिकता अभी संतान के लिए अनुकूल नहीं है। अयोध्या की स्थिति स्थिर नहीं है। इन दिनों सम्राट् की कार्य-नीति सदा अप्रत्याशितता की ओर प्रवृच रहती है। प्रतिदिन कुछ-न-कुछ नया घटित होता रहता है, जिससे कोई-न-कोई बवंडर उठता ही रहता है। जंबुद्वीप का राजनीतिक भूगोल रोज नई राज्य-सीमाएं बना-बिगाड़ रहा है। समर्थ जन मानवीय आदर्शों से पतित हो रहे हैं। अनेक पिछड़ी जातियां भूखी, नंगी, रुग्ण, असहाय और अवश पड़ी, यातनाएं सह रही हैं। बहुत प्रयत्न करने पर भी, ऋषि उन तक अपना ज्ञान, जागरूकता और संस्कार नहीं पहुंचा पा रहे हैं, और राक्षसों के हाथों प्रतिदिन वन्य-पशुओं के समान मारे जा रहे हैं। ...

राम ने विवाह किया है, यद्यपि विश्वामित्र ने उन्हें रघुवंशियों के पत्नी-मोह के अतिरेक के विषय में स्पष्ट चेतावनी दी थी। ... पर पत्नी सदा मार्ग की बाधा ही नहीं होती। वह सह-यात्री है — मार्ग की सहायिका भी हो सकती है। सोच-समझकर ही सह-यात्री चुना जाए तो सहायक होता है, बिना सोचे-समझे चुना जाए तो स्थायी सिर-दर्द। ... सीता से उन्हें विघ्न की कोई आशंका नहीं है ...

तो क्या संतान सदा विघ्न-स्वरूप ही होती है ?

राम का मन कहता है, संतान मार्ग की बाधा नहीं है, किंतु माता-पिता की पूर्व-व्यस्तता तथा अन्य-लक्ष्य-सिद्धता अवश्य संतान के मार्ग की बाधा हो जाती है। ... सिद्धाश्रम से मिथिला जाते हुए, मार्ग में पूछा गया ऋषि विश्वामित्र का प्रश्न बहुधा उनके सम्मुख आ खड़ा होता है, 'ऐसा क्यों है, राम! कि अपना घर फूंके बिना व्यक्ति परामार्थ की राह पर चल ही नहीं सकता ?'

स्वार्थपरक सामाजिक व्यवस्था की इस द्वंद्वात्मकता को राम ने सदा मन में रखा है। इसमें परिवार तथा समाज का स्वार्थ प्रायः विरोधी है, एक के लिए दूसरे का त्याग करना पड़ता है। राम नहीं चाहते कि उनके द्वारा बृहत् सामाजिक दायित्व के पालन के कारण, उनके सगे होने का दंड उनकी संतान को मिले। वे नहीं चाहते कि उनकी संतान बड़ी होकर यह कहे कि दुर्भाग्य यह है कि उनका पिता सामाजिक जीवन में ईमानदारी से मग्न है, या यह कि अपने जननायक पिता की ओर से सदा उन्हें उपेक्षा ही मिली है, या यह कि उनके पिता के पास सब के लिए समय है; केवल अपनी पत्नी और बच्चों के लिए नहीं है ...।

इसका क्या अर्थ — क्या राम समझते हैं कि जब जीवन में अन्य कोई कार्य नहीं रहेगा, जब वे सब ओर से अवकाश प्राप्त कर लेंगे, तो ही संतान की बात सोचेंगे? क्या ऐसा समय भी आएगा ? जीवन में कुछ-न-कुछ तो लगा ही रहता है। जब जीवन में इतना कुछ — परस्पर समान और विरोधी साथ-साथ चलता रहता है तो संतान भी उसी वैविध्यपूर्ण जीवन का एक अंश बनकर क्यों नही चल सकती!... नहीं, राम जीवन

के महत्त्वपूर्ण कामों से अवकाश प्राप्त कर, वृद्धावस्था में संतान को जन्म देने की बात नहीं सोचते। संतान के जन्म का भी उचित समय होता है, ताकि व्यक्ति ठीक समय से उनका पालन-पोषण कर उन्हें उनके अपने पैरों पर खड़ा कर दे। ... हां, राम कुछ अधिक मानसिक अनुकूलता तथा परिस्थितियों की स्थिरता की प्रतीक्षा कर रहे हैं। विवाह के पश्चात् पांच-सात वर्ष संतान न हो तो कोई आसमान नहीं गिर पड़ेगा। यदि वे विवाह ही रुककर करते तो ? कई लोग पैंतीस-चालीस वर्ष के वय में विवाह करते हैं। वे तो अभी कुल उनतीस वर्ष के हैं। वे संतान के लिए दो-चार वर्ष और प्रतीक्षा कर सकते हैं ...

और फिर, संतान को इतना अधिक महत्त्व देने का भी क्या अर्थ कि जीवन के प्रत्येक धर्म से संतान अधिक महत्त्वपूर्ण हो जाए। मनुष्य का जीवन स्वयं कर्म करने के लिए है अथवा वंश-परंपरा को आगे बढ़ाने का माध्यम मात्र ? राम का जीवन कर्म के लिए है। ... बच्चे उन्हें भी अच्छे लगते हैं — वात्सल्य उनके मन में भी है, किंतु अपने उत्तराधिकारी की प्राप्ति ही उनके जीवन का एकमात्र लक्ष्य नहीं है। उन्होंने अपने लिए कोई संपत्ति अर्जित नहीं की है, जिसके लिए उन्हें उत्तराधिकारी की निपट आवश्यकता हो। संपत्ति व्यक्ति की नहीं, समाज की होती है। साम्राज्य स्थापित करने की उनकी कोई आकांक्षा नहीं है। अयोध्या का राज्य उन्हें ही मिलेगा — यह भी निश्चित नहीं है। अधिक संभावना यही है कि राज्य उन्हें नहीं मिलेगा। पिंडदान इत्यादि के लिए पुत्र की कामना उन्हें नहीं है। स्वर्ग किसने देखा है; और पुनर्जन्म का ही क्या प्रमाण है। यदि स्वर्ग है, और वह व्यक्ति को मिलता भी है, तो वह उन्हें अपने कर्मों से मिलेगा .... इनके लिए उन्हें संतान की आवश्यकता नहीं है।

संतान यदि उन्हें चाहिए, तो केवल अपनी वात्सल्य की तृप्ति के लिए। वे प्रतीक्षा कर सकते हैं।

किंतु सीता ... सीता की क्या इच्छा है ? कहीं वे अपने विचार सीता की इच्छा के विरुद्ध तो उन पर आरोपित नहीं कर रहे ....

''हाथ धो लें, आर्यपुत्र!''

सीता संभल चुकी थीं। वे शांत और सुव्यवस्थित लग रही थीं।

''प्रिय! कदाचित् तुम्हें मानसिक क्लेश पहुंचे, किंतु ...'' राम का स्वर गंभीर था, ''समस्या का समाधान उसके साक्षात्कार में होता है ...''

''आप निश्चिंत रहें।'' सीता मुसकराईं, ''अब मैं दुर्बलता नहीं दिखाऊंगी।''

''ऐसा तो नहीं, सीते! कि मेरी चिंतन-पद्धति के कारण तुम्हें अपना अप्राकृतिक दमन करना पड़ रहा हो ? कुल-वृद्धाओं को छोड़ो। किंतु तुम्हारी इच्छा...''

''आपको आज तक मेरी इच्छा का ही पता नहीं है क्या ?'' सीता स्थिर ही नहीं, दृढ़ थीं, ''ठीक है, मुझे अभी अयोध्या में अपने मनोनुकूल कार्य नहीं मिला है, किंतु

मैं इतनी भी खाली नहीं हूं कि शिशु-पालन के बिना दिन न कटता हो।''

''तुम्हारे जीवन में संतान का कोई महत्त्व नहीं है ?'' राम मुसकरा रहे थे।

''है। पर इतना नहीं कि अपने जीवन का सारा ताना-बाना उसी को केन्द्र में रखकर बुनूं। संतान की ऐसी भी क्या जल्दी कि फिर उसके पालन के लिए किसी सम्राट् सीरध्वज का खेत ढूंढ़ना पड़े। ... मैं अभी प्रतीक्षा कर सकती हूं।''

राम मौन हो गए। बात विचारों तक ही नहीं रही थी, अचानक ही सीता की छिपी वेदना बोल उठी थी। राम भीगे उठे ... किंतु उन्हें भावुकता से बचना होगा। उन्होंने स्वयं को संभाला ...

''प्रतीक्षा चाहे कितने ही लंबी हो ?''

''हां!''

''फिर तो कुल-वृद्धाओं के आक्षेप-उपालंभ भी सुनने ही पड़ेंगे।''

''सुन नहीं रही क्या ?''

राम मुसकरा पड़े।

परिचारिका ने बाधा दी, ''आर्य की अनुमति हो तो राजगुरु को सूचित करूं कि आप उनसे मिलने को प्रस्तुत हैं। वे आपके भोजन कर लेने की प्रतीक्षा कर रहे हैं।''

सीता सावधान हो गयीं।

राम के गंभीर स्वर में प्रताड़ना का भाव था, ''गुरुदेव प्रतीक्षा क्यों कर रहे हैं, सुमुखि ? उन्हें प्रतीक्षा कराने का अधिकार किसी को नहीं है।''

''क्षमा करें, कुमार!'' सुमुखी ने सिर झुका दिया, ''यह उनकी अपनी इच्छा थी।''

राम ने द्वार तक जाकर अगवानी की। गुरु को आसन पर बैठा उन्होंने हाथ जोड़ दिए, ''क्षमा करें, गुरुदेव! कह नहीं सकता किसके प्रमाद के कारण आपको प्रतीक्षा करनी पड़ी।''

गुरु मुसकराए, ''उद्विग्न न हो, राम! जो कुछ हुआ मेरी इच्छा से हुआ है।''

''पर क्यों ?'' राम सहज नहीं हो पा रहे थे।

''राम!'' वसिष्ठ पूर्णतः शांत थे, ''अयोध्या में कौन नहीं जानता कि राम जनकार्य में कितना व्यस्त है। पुत्र! मैं अयोध्या से बाहर नहीं हूं। यह जानकर कि तुम प्रातः के गए अब लौटे हो, और इस समय दोपहर का भोजन कर रहे हो, जब अन्य लोग संध्या के भोजन की तैयारी कर रहे हैं — बाधा देकर मैं पाप का भागी क्यों बनता? ... पर इस विषय को अधिक न खींचो। मैं शुभ और महत्त्वपूर्ण सूचना लाया हूं।''

''कैसी सूचना है, गुरुवर ?'' सीता ने पूछा।

''पुत्री! आज राज-परिषद् ने एकमत से निर्णय किया है कि कल प्रातः राम का

युवराजाभिषेक किया जाएगा ...।''

सीता का स्वर हर्षातिरेक से जैसे भर्रा उठा, ''कल प्रातः ?''

''हां, पुत्री!'' गुरु बोले, ''समाचार अत्यन्त गोपनीय है। अभी तक राजमहल में यह सूचना प्रसारित नहीं की गयी। प्रयत्न यही है कि यथासंभव कम-से-कम लोगों को ही मालूम हो। समाचार तुम्हारे महल से बाहर न जाए तो अच्छा है। तुम लोग प्रस्तुत रहो। पुत्र! अभी जाकर सम्राट् से सभा-भवन में भेंट करो। मैं प्रबंध करने जा रहा हूं। रात्रि से पूर्व, फिर लौटूंगा। कुछ कर्मकांड का विधान करना होगा ...''

गुरु उठ खड़े हुए।

''एक और आकस्मिक घटना'' — राम जैसे भाव-शून्य हो गए थे। उन्होंने यांत्रिक ढंग से गुरु को प्रणाम कर, उन्हें विदा किया।

सीता ने अपने उल्लास से बाहर निकल, राम को देखा — राम न प्रसन्न थे, न उदास। वे गंभीर थे — चिंतन में मग्न, प्रश्नों से जूझते हुए, भीतर की उथल-पुथल में लीन।

''क्या हुआ, राम ?''

''कुछ विशेष तो नहीं।''

''आप प्रसन्न नहीं हैं ?''

''प्रसन्नता स्पष्टता से आती है। मैं अपने मन में स्पष्ट नहीं हूं।''

''क्यों ?''

''एक ओर विपरीत कर्तव्यों ने द्वंद्वों के ज्वार उठा दिए हैं, और दूसरी ओर मुझे यह युवराजाभिषेक अत्यन्त असहज लग रहा है।''

''रघुकुल में ज्येष्ठ पुत्र का युवराजाभिषेक असहज होता है क्या ?'' सीता बोलीं।

''नहीं।'' राम का स्वर मन की गुत्थियों से भारी था, ''किंतु गुरु का अकस्मात् आकर ऐसा महत्त्वपूर्ण निर्णय गोपनीयता से सुनाना और कल प्रातः अभिषेक हो जाना। इतना ही नहीं, आज राज-परिषद् का निर्णय करना और कल प्रातः अभिषेक हो जाना। इस भगदड़ का कारण ? ऐसे समारोह महीनों की तैयारी के पश्चात् होते हैं। सारे राज्य में घोषणाएं होती हैं। समस्त मित्र राजाओं, संबंधियों, ऋषियों, आचार्यों, सामंतों, श्रेष्ठियों आदि को निमंत्रित किया जाता है। पर कोसल के युवराज का अभिषेक गुप्त रीति से होगा — सबकी दृष्टि से बचाकर ? रात-रात में, कल प्रातः तक कितने लोगों को निमंत्रण जा सकेगा ? कितने लोग अयोध्या पहुंच सकेंगे ? सोचो तो, अन्य संबंधी तो दूर — सम्राट् सीरध्वज तक को निमंत्रण नहीं भेजा गया। स्वयं भरत-शत्रुघ्न भी अयोध्या में उपस्थित नहीं।''

''आप ठीक कह रहे हैं।'' सीता भी गंभीर हो उठीं, ''आप सम्राट् को मिल लें। संभव है, वे कोई उपयुक्त उत्तर दे पाएं।''

"मां को सूचना दे दो। मैं पिताजी से मिलकर आता हूं।"

रथ चला तो राम ने अपने हृदय को टटोला।

गुरु के आने के बाद से उनका मन विभिन्न प्रश्नों और गुत्थियों में उलझा हुआ था — पर बात उन गुत्थियों तक ही सीमित नहीं थी। वह तो आकस्मिक प्रतिक्रिया मात्र थी — झटके में छलक आए, पानी के घूंट-सी। सोचने को तो और भी बहुत कुछ था।

उन्हें राज्य दिया जा रहा था। क्षत्रिय, शासन-दंड ग्रहण कर, प्रजा का पालन नहीं करेगा तो और कौन करेगा। यह उनका कर्तव्य था। राज्य का अधिकार भोग के लिए नहीं, कर्तव्य-पालन के लिए ही था। राज्यभार छोड़ना कर्तव्य से मुंह मोड़ना था। आज यह दायित्व उनके कंधों पर डाला जा रहा है, तो राम उसका तिरस्कार नहीं कर सकते।

किंतु राम जानते हैं कि सम्राट् के विवाहों का अपना इतिहास है। कैकेयी के विवाह की शर्त थी कि उसका पुत्र ही कोसल का युवराज होगा। आरंभ में कैकेयी अपनी बात पर बहुत दृढ़ रही थी, किंतु शनैः-शनैः वह रघुकुल की मानव-वंशी परंपराओं के अनुकूल होती गयी थी और अपना विरोध भूलती गयी थी। राम के प्रति उसका विरोध समाप्त हो गया था; केकय-नरेश द्वारा सम्राट् से लिया गया वचन भी वह भूल गयी थी। क्रमशः, राम के सामने कैकेयी का चरित्र उद्घाटित हुआ था। अद्भुत थी कैकेयी! उसके हृदय में विष तथा अमृत के सरोवर एक साथ विद्यमान थे। प्रश्न केवल यह था कि किस संदर्भ में, उसके हृदय का कौन-सा सरोवर उद्वेलित होता है। सदय होती तो वह पूर्ण अमृत होती। तब कल्पना भी नहीं की जा सकती थी कि रुष्ट होने पर कैकेयी तनिक-सी कठोर भी हो सकेगी। किंतु जब उसके मन का विष-सरोवर उद्वेलित होता तो वह इतनी क्रूर हो जाती थी कि उसमें कोमलता का एक कण ढूंढ़ना भी असंभव हो जाता।

केकय-नरेश ने सम्राट् से वचन लिया था कि उसका नाती कोसल का युवराज होगा। कैकेयी का पुत्र भरत था, राम नहीं। यह अन्य बात थी कि कैकेयी ने सायास उस वचन को भुला दिया था। आरंभिक कटुता के बीत जाने पर, कैकेयी ने एक बार जो राम को पुत्र का स्नेह दिया तो वह भरत और राम में भेद करना भूल गयी। उसने कई बार अपने मुख से राम को अयोध्या का भावी युवराज कहकर पुकारा था।

किंतु सम्राट् द्वारा बरती जा रही यह गोपनीयता राम के मन में संदेह उत्पन्न कर रही थी। भरत अयोध्या में नहीं है। उसकी अनुपस्थिति में, इस त्वरित ढंग से राम का युवराजाभिषेक क्या अर्थ रखता है ...? सम्राट् ने फिर अपनी घबराहट में बिना समझे-बूझे कोई विकट कृत्य तो नहीं कर डाला ? ...

राम ने राज-सभा में, सम्राट् के निजी कक्ष में जाकर पिता के चरणों में प्रणाम किया।

सम्राट् ने गद्‌गद स्वर में आशीर्वाद दिया, "शत्रुओं पर विजय पाओ, पुत्र!"

सम्राट् अत्यन्त चिंतित दीख पड़ते थे — अस्त-व्यस्त और परेशान; कदाचित् थोड़े-से भयभीत भी। सम्राट् के निजी सेवकों को छोड़, अन्य कोई भी व्यक्ति वहां उपस्थित नहीं था। सभा विसर्जित हो चुकी थी। सारे मंत्री और सामंत जा चुके थे। अकेले सम्राट् चिंता में डूबे, खोए-खोए-से बैठे थे। राम को सम्राट् की आकृति पर उस चिंतित प्रहरी के-से भाव दिखे, जो अपने संरक्षण में रखी गयी किसी वस्तु की सुरक्षा के लिए बहुत चिंतित हो और चाहता हो कि कुछ अन्यथा हो जाने से पहले, किसी प्रकार वह उस वस्तु की उचित व्यवस्था कर दे ...

"सम्राट् चिंतित हैं।" राम ने बहुत कोमल स्वर में बात आरंभ की।

"सम्राट् नहीं, एक पिता चिन्तित है, पुत्र!" दशरथ बोले, "आज मैंने राजपरिषद् में तुम्हारे युवराजाभिषेक का प्रस्ताव रखा था। सभा ने एकमत से उसका समर्थन किया है। मैं चाहता हूं कि यह अभिषेक कल प्रातः ही हो जाए। कार्य जितना शीघ्र हो जाए, उतना ही अच्छा।"

राम ने अपनी दृष्टि पिता की आंखों पर टांग दी, "पिताजी! इस अपूर्व शीघ्रता का कारण ? जिस ढंग से मेरा अभिषेक हो रहा है, उसमें कुछ अनुचित होने की गंध है, जैसे धक्के में न हुआ तो फिर यह रह ही जाएगा।"

"मैं जानता था, इसीलिए तुम्हें बुलवाया था।" दशरथ का स्वर कातर था, "प्रश्न मत करो, राम! इस समय कुछ मत सोचो, कुछ मत पूछो। जो कह रहा हूं, करो। पुत्र! मनुष्य की बुद्धि बहुत चंचल होती है, और परिस्थितियां बलवान। इससे पहले कि मेरी चित्त-वृत्ति बदल जाए, अथवा मैं परिस्थितियों के सम्मुख अवश हो जाऊं; और यह अवसर हाथ से निकल जाए, तुम अपना युवराजाभिषेक करवा लो।"

"पिताजी!"

"शंका मत करो, राम! मैं इस समय उत्तेजना और चिंता से विक्षिप्त हो रहा हूं। दिन-रात दुःस्वप्नों से घिरा हुआ हूं। अवकाश नहीं है। गुरु जैसे कहें, सीता-सहित वैसा ही व्रत-पालन करो। जाओ।"

सम्राट् की इस मनःस्थिति में उनके सम्मुख रुकना या उनसे प्रश्न करना संभव नहीं था।

राम लौट पड़े।

पिता को आशंका थी कि राम का युवराजाभिषक कदाचित् न हो पाए, उन्हें विघ्न दिखाई पड़ रहे थे। क्यों आशंका थी पिता को ? उन्हें कौन-सी बाधाएं दिखाई पड़ रही थीं ? दुःस्वप्न! पिता ने कुछ दुःस्वप्नों की चर्चा की थी — कौन से दुःस्वप्न उन्हें सता रहे थे ? निश्चित रूप से पिछले तीन सप्ताहों में सम्राट् ने जो कुछ किया था, वह उन दुःस्वप्नों का ही परिणाम था।

पिता के दुःस्वप्न और राम के द्वंद्व! पिता के सम्मुख प्रश्न यह था कि राम का युवराजाभिषेक हो पाएगा या नहीं... कहीं अभिषेक का यह अवसर छिन न जाए। किंतु

राम के सम्मुख प्रश्न था — वे अभिषेक स्वीकार करें या नहीं ? विश्वामित्र की मूर्ति प्रश्नचिह्न बनकर बार-बार उनके सम्मुख आ खड़ी होती थी: ''नहीं आओगे, राम ? तुम रघुवंशी होकर अपना वचन भंग करोगे ? क्या है, राम, तुम्हारे जीवन का लक्ष्य ? सोचो! तुम्हारा जीवन सुख-भोग के लिए नहीं है। उसके लिए अन्य लोग हैं। तुम भिन्न हो। तुम सार्थक हो, राम! ... राम! तुम शासन-भार नहीं लोगे, तो भरत उसे स्वीकार कर लेगा, लक्ष्मण कर लेगा। ... पर तुम वन नहीं गए, तो कोई नहीं जाएगा — न भरत, न लक्ष्मण, न शत्रुघ्न।''

पिता एक बात कहते हैं, विश्वामित्र दूसरी। इसी ऊहापोह के मध्य किसी समय स्वयं राम के अपने मन का भय बोलने लगा — सिंहासन स्वीकार कर लिया, एक बार सम्राट् बनकर बैठ गया तो मेरी मानवीय दुर्बलताएं नहीं जाग उठेंगी क्या ? सुविधापूर्ण विलासी जीवन में लिप्त हो, बहानों की आड़ में स्वयं को प्रवंचित नहीं करूंगा ? मोह-त्याग बड़ा कठिन होता है। जब तक मोह का रोग न जगे, तभी तक ठीक ... यदि मोह-त्याग में मैं सफल हो गया तो राज्य के विभिन्न उत्तरदायित्वों से मुक्त कर, कौन मुझे उन गहन वनों में जाने देगा! ... न्याय और समता को, मानवता और उच्च चिंतन को, ज्ञान और विद्या को एक रक्षक की प्रतीक्षा है, और उस रक्षक का दायित्व संभालने का वचन राम ने विश्वामित्र को दिया था। सम्राट् बन, अयोध्या में बैठकर, सेना की सहायता से यह कार्य नहीं हो सकता। वेतनभोगी सेनाओं की सहायता से मानव-जाति का भाग्य नहीं बदला जा सकता। वह तो जन-उद्बोधन से ही संभव होगा। ... अभिषेक हो जाने से वन जाने का अवसर कभी नहीं आएगा।

यह कैसे संभव होगा ?

पिता की इच्छा और ऋषि को दिया गया राम का वचन ...

अयोध्या के सिंहासन का दायित्व और वन के रक्षक का कर्तव्य ...

दो कर्तव्य और दो दिशाएं ...

राम की दुविधा का कोई अंत नहीं।

राम को देखते ही, सीता उठकर उनकी ओर आयीं।

''मिल आए ?''

''हां, प्रिये!''

''किसलिए बुलाया था ?''

''यह आदेश देने के लिए कि कल अभिषेक करवा लूं।'' राम का स्वर उत्साहशून्य था।

''आपने उनके सामने प्रश्न रखे ?''

''वे कुछ भी सुनने की मनःस्थिति में नहीं थे।''

राम की दृष्टि सीता के चेहरे पर टिक गयी। सीता की वाणी और आकृति से

शंकाओं का सारा कुहरा उड़ गया था। उनका चेहरा आवृत वाष्प को पोंछ दिये जाने के पश्चात् अधिक निखर आने वाले दर्पण के समान चमक रहा था। इस उल्लास के सामने क्या कोई संदेह टिक सकता था! क्या राम उनके सामने अपने मन का द्वंद्व रख सकते थे! अपने दुःस्वप्नों में डूबे सम्राट् प्रश्न सुनने की मनःस्थिति में नहीं थे, तो क्या पति के युवराजाभिषेक के उल्लास में मग्न सीता राम के द्वंद्व या विश्वामित्र के आह्वान को सुनने की मनःस्थिति में थीं ? ऐसी बात सुनते ही उनका उल्लास बिखर नहीं जाएगा? राम इतने क्रूर कैसे हो ...

सीता से नहीं कह सकते, तो राम अपने मन का द्वंद्व किससे कहें ?

सीता का ध्यान न राम की भाव-शून्य आकृति की ओर था, न उनके मस्तिष्क में विपरीत दिशाओं में बहने वाले परस्पर टकराते हुए झंझावातों की ओर। वे अपने उल्लास की लहर में बहती हुई बोलीं, "मैंने मां को समाचार दिया। प्रसन्नता के मारे उनकी जो स्थिति हुई, उसके विषय में आपको क्या बताऊं। पहले तो खड़ी-खड़ी देखती रहीं। फिर बढ़कर मुझे वक्ष से लगा लिया। भींच-भींचकर प्यार करती रहीं; और अंत में मेरे कंधे पर सिर रखकर रो पड़ीं। बोलीं, 'सारा जीवन मैंने इसी अवसर की प्रतीक्षा की है, बहू! जानती थी, सम्राट् की ज्येष्ठ पत्नी होने के नाते मैं साम्राज्ञी हूं, मेरा पुत्र सम्राट् का ज्येष्ठ पुत्र है। राम योग्य, वीर, कर्तव्य-परायण तथा लोकप्रिय है। फिर भी आज तक स्वयं मुझे कभी यह विश्वास नहीं हुआ कि किसी दिन मेरा राम सचमुच युवराज बनेगा। यदि मैं बताऊं कि इस राज-प्रासाद में किस-किस प्रकार मेरा अपमान और उपेक्षा हुई है, तो कोई मेरा विश्वास नहीं करेगा। ... किंतु आज मैं कितनी प्रसन्न हूं। मेरा राम युवराज होगा। मेरे सारे दुःख दूर हो जाएंगे। मेरी बहू इस कुल में वैसी उपेक्षित नहीं रहेगी, जैसी मैं रही। मेरे पोते वैसे निरादृत नहीं होंगे, जैसा अपने शैशव में मेरा राम हुआ ...।' मैं कैसे बताऊं, राम! कि कितनी प्रसन्न थीं मां। उन्होंने तुरन्त माता सुमित्रा और देवर को समाचार भिजवाया। वे सब लोग अत्यंत प्रसन्न थे। मां भगवान से निरन्तर प्रार्थना कर रही हैं कि वे उनके पुत्र का युवराजाभिषेक निर्विघ्न करवा दें, ताकि इस राज-प्रासाद में युद्धाजित का आतंक समाप्त हो। मां रात-भर निराहार साधना करेंगी। उन्होंने मुझसे भी प्रातः तक उपवास करने को कहा है। उनके मन में अब भी अनेक आशंकाएं हैं।"

सीता अपनी बात कह चुकीं। राम तब भी कुछ नहीं बोले।

"क्या बात है, आप अतिरिक्त रूप से मौन हैं ?"

"मुझे लगता है, सीते!" राम मंद स्वर में बोले, "इस कुटुंब में अनेक संदेह, शंकाएं, आशंकाएं, विरोध, द्वन्द्व, ईर्ष्याएं, स्वार्थ, द्वेष और जाने क्या-क्या विषैले जीव-जंतुओं के समान मौन सो रहे थे। आज मेरे युवराजाभिषेक की चर्चा से वे सारे जीव-जंतु जाग उठे हैं। वे परस्पर लड़ेंगे। इस राज-प्रासाद में बहुत कुछ विषैला हो जाएगा। इधर मां के मन में आशंकाएं हैं, उधर पिताजी के मन में। और मैं कैसे कह दूं, सीते!

कि मेरे मन में कोई आशंका नहीं है।''

''आप ...''

''हां, प्रिये! आशंकाएं ही नहीं, द्वन्द्व भी ...''

द्वार पर परिचारिका प्रकट हुई, ''पूज्य सुमंत्र राजकुमार के दर्शनार्थ उपस्थित हैं।''

राम चौंके। सुमंत्र! सुमंत्र के आने का अर्थ है — सम्राट् का असाधारण बुलावा। पर राम अभी तो सम्राट् से मिलकर आए हैं।

सीता का चेहरा भी कांतिहीन हो उठा। सुमंत्र क्यों आए ? क्या कहलवाया है सम्राट् ने ...?

''तात सुमंत्र!''

''हां, राम!'' सुमंत्र ने अभिवादन किया, ''सम्राट् ने मुझे आदेश दिया है कि मैं आपको यथाशीघ्र उनके समीप ले चलूं। मैं रथ लेकर आया हूं।''

राम ने एक अर्थपूर्ण दृष्टि सीता पर डाली।

सीता स्तंभित खड़ी थीं।

सम्राट् ने राम को अपने महल में बुलाया था।

सुमंत्र द्वारा पर ही रुक गए, और राम ने भीतर जाकर पिता को प्रणाम किया। इस बार दशरथ उन्हें उतने हारे हुए नहीं लगे। थोड़ी देर पूर्व, सभा-भवन में देखे गए, और अब उनके सम्मुख बैठे सम्राट् में पर्याप्त अंतर था किंतु पूरी तरह स्वस्थ वे अब भी नहीं लग रहे थे।

दशरथ ने राम को अपने समीप रखे हुए मंच पर बैठने का संकेत किया।

''तुम्हें आश्चर्य होगा, राम! कि मैंने तुम्हें इतनी जल्दी क्यों पुनः बुला लिया। आश्चर्य की बात तो है, किंतु इस समय मैं आपे में नहीं हूं। मैं कितना भी प्रयत्न करूं, अपने मन की उथल-पुथल तुम्हें नहीं दिखा सकता। अपने जीवन में, दुर्बलताओं के हाथों बंधकर, मैंने अनेक अन्यायपूर्ण कार्य किए हैं। पर अब मैं नहीं चाहता कि किसी भी दबाव में, तुम्हारे स्थान पर किसी और को युवराज पद दूं। कल तुम्हारा युवराजाभिषेक होना आवश्यक है। मैंने थोड़ी देर पूर्व तुम्हें प्रश्न पूछने से मना किया था। प्रश्न अब भी मत पूछना, पुत्र! पर मेरी बात मानो। गुरु वसिष्ठ तथा अपनी माता के कहे अनुसार, आज रात धार्मिक आचरण तो करो ही; किंतु राम ! साथ ही आज रात अपनी रक्षा के प्रति असावधान मत रहना। मैं चाहता हूं तुम्हारे सुहृद, तुम्हारे शुभाकांक्षी, तुम्हारे प्रिय लोग, आज रात जागकर तुम्हारी रक्षा करें, या तुम्हें घेरकर सोएं।''

राम ने विस्मय से पिता को देखा।

''आप इतने कातर क्यों हैं, पिताजी!'' वे स्थिर वाणी में बोले, ''यदि आप किसी निश्चित संकट के विषय में जानते हैं, तो स्पष्ट बताएं। काल्पनिक आशंकाओं से

पीड़ित न हों। इसे आत्मश्लाघा न मानें, आपका राम किसी भी भयंकर से भंयकर शत्रु के विरुद्ध अपनी रक्षा करने में समर्थ है।''

''तुम्हारी क्षमता में मुझे तनिक भी संदेह नहीं। किंतु, पिता का मन असावधान नहीं रहना चाहता, राम! तुम्हारी रक्षा का पूर्ण प्रबंध होना चाहिए। यदि तुम्हें आपत्ति न हो तो मैं अपने अंग-रक्षकों की एक टुकड़ी भेज दूं। मेरी अपनी सुरक्षा के लिए, तुम्हारा सुरक्षित रहना बहुत आवश्यक है। सारी अयोध्या में, सिवाय तुम्हारे मुझे कोई ऐसा व्यक्ति दिखाई नहीं पड़ता, जो मेरी कुशल चाहता हो। ...''

''पिताजी, मुझे क्षमा करें।'' राम रुक नहीं सके, ''आपकी ये आशंकाएं मेरी समझ में नहीं आ रहीं और यह त्वरा भी मेरे लिए कौतुक की वस्तु है। आपका ध्यान कदाचित् इस ओर नहीं गया कि भरत और शत्रुघ्न भी नगर में नहीं हैं। क्या इस अवसर पर उनका अयोध्या में होना आवश्यक नहीं है ?''

''नहीं।'' दशरथ खीझकर बोले, ''भरत के अयोध्या में आने से पूर्व ही तुम्हारा युवराजाभिषेक हो जाना चाहिए।''

''किंतु क्यों, पिताजी ?''

''शुभ कामों में अनेक विघ्न उपस्थित हो जाया करते हैं, पुत्र! उनका शीघ्र हो जाना अच्छा है। विलंब उनके लिए घातक होता है।''

राम के मन का संदेह बलवान हो उठा — निश्चय ही सम्राट् को भरत अथवा कैकेयी की ओर से ही आशंका है, किंतु वे खुलकर कुछ कहना नहीं चाहते। संभव है कि पिता की आशंकाओं का कोई ठोस आधार हो, अथवा यह भी संभव है कि ये वृद्ध पिता के भीत मन की दुष्कल्पनाएं मात्र हों।

पिता किस आवेग से यह बात कह रहे हैं! निश्चय ही उन्होंने कैकेयी से इस विषय में विचार-विमर्श नहीं किया होगा। संभव है कि चर्चा तक न की हो, और उन्हें पूर्ण अंधकार में ही रखा हो। रनिवास में किसी को भी यह समाचार ज्ञात नहीं था। स्वयं माता कौसल्या को सीता ने जाकर बताया था; और उन्होंने आगे माता सुमित्रा और लक्ष्मण को सूचना भिजवाई थी। जब यह समाचार उन लोगों तक से गुप्त रखा गया है, तो कैकेयी को अवश्य ही इस संदर्भ में कोई खबर न होगी ...

दशरथ की उत्कट इच्छा को राम अपने अनुमान से समझने का प्रयत्न कर रहे थे। आरंभिक जीवन में माता कौसल्या स्वयं तथा राम के प्रति की गयी उपेक्षा तथा अनादर की शायद प्रतिक्रिया जागी थी सम्राट् में। पहले जिस विकटता से वे उनके विरुद्ध बहे थे, अब उसी विकटता से उनके अनुकूल हो रहे थे ... ऐसी मनः-स्थिति में पिता से राम कुछ नहीं कह सकते थे।

किंतु क्या बात इतनी-सी ही थी ? क्या पिता स्वयं अपने प्राणों के लिए भयभीत नहीं हैं ? क्या उन्होंने यह नहीं कहा कि सिवाय राम के, सारी आयेध्या में कोई उनकी कुशल नहीं चाहता ? वे राम को सत्ता सौंपना चाहते हैं, राम की सुरक्षा चाहते हैं —

इसलिए कि राम उनकी रक्षा कर सकें। क्या पिता इस सीमा तक डरे हुए हैं कि वे भरत तथा कैकेयी की ओर से अपने प्राणों के लिए भी आशंकित हैं ... क्या है यह ? — सम्राट् की दुश्चिंताएं ? स्वार्थ ? न्याय की भावना ? अथवा राम के प्रति स्नेह ?...

और भरत के नाना को दिया गया सम्राट् का वचन ? क्या पिता उस वचन को भी भूल गए हैं, या वे सायास उसकी उपेक्षा कर रहे हैं ?

रघुकूल में जन्म लेकर, दशरथ अपना वचन तोड़ना चाहते हैं ?

क्यों ?

राम को राज्य का अधिकार देने के लिए ?

तो राम कह दें कि वे पिता से सहमत नहीं। जिस अभिषेक के लिए पिता इतने आतुर हैं कि न उन्हें धर्म सूझता है, न न्याय — न औचित्य, न मर्यादा। वह अभिषेक राम को तनिक भी उत्सुक नहीं कर पाता। वे अभिषेक को अभी टालना चाहते हैं। वे थोड़े समय के लिए — किसी अन्य कर्तव्य की पूर्ति तक के लिए — इस कर्तव्य को टालना चाहते हैं ...

पिता स्वीकार नहीं करेंगे।

राम क्या करें ?...

"जाओ, पुत्र! अब विलंब मत करो।" दशरथ ने आदेश दिया, "मेरी बात मानने में तनिक भी प्रमाद मत करना। धार्मिक अनुष्ठानों के बीच भी अपनी सुरक्षा का ध्यान रखना। इस विषय में मैं लक्ष्मण को भी सावधान करना चाहता था, किंतु भय है कि कहीं वह अतिरिक्त रूप से उग्र तथा मुखर न हो उठे। उससे सारी गोपनीयता भंग हो जाएगी!"

अपने द्वंद्वों में उलझे, किंकर्तव्यविमूढ़-से राम, अपने महल में लौट आए। वे स्वयं ही अपने-आपको पहचान नहीं रहे थे। यह राम का रूप नहीं था। राम के सम्मुख उनका मार्ग स्पष्ट हुआ करता है, लक्ष्य निश्चित होता है — दो टूक। पर आज राम के सम्मुख कुछ भी स्पष्ट नहीं था — कोई उनके मन की अवस्था नहीं समझ रहा था, कोई नहीं।

महल में उत्सव का-सा दृश्य था। सारी गोपनीयता के रहते हुए भी महल के प्रत्येक कर्मचारी को ज्ञात हो चुका था कि प्रातः राम का युवराजाभिषेक होगा। सीता के उल्लास ने गोपनीयता की चिंता नहीं की थी। वैसे भी जब प्रबंध आरंभ होता है तो गोपनीयता कहां रह पाती है!

महल की सीमाओं के भीतर, न केवल प्रत्येक व्यक्ति के वस्त्र बदल गए थे, वरन् सबकी आकृतियां भी, समारोह के उल्लास से दमक उठी थीं। और उन सब के मध्य सीता मन-ही-मन अलौकिक आनंद की बूंद-बूंद पीती हुई, तृप्ति से दीप्त, आयोजन करती घूम रही थीं। पुरोहित लोग आकर बैठे हुए थे और राजगुरु की प्रतीक्षा थी।

अनमने-से राम अपने कक्ष में अकेले जा बैठे। क्या करें वे इन परिस्थितियों में? — पिता ने बल देकर कहा था कि परिस्थितियां अत्यन्त बलवान होती हैं। क्या राम भी स्वीकार कर लें कि मनुष्य परिस्थितियों के सम्मुख विवश हो जाता है ? किंतु, तब राम और दशरथ में अंतर क्या होगा ? वृद्ध दशरथ का हारा हुआ मन और युवक राम का असाधारण आत्मविश्वास ...

क्या करें राम ?

पिता की आकांक्षा इतनी उत्कट है, जैसे उनके प्राण उसी में अटके हों। मां का वह मुखर हर्षनाद। उन्होंने अनेक वर्षों तक — वरन् आजीवन, इसी अवसर की प्रतीक्षा की है। सीता का आत्मसीमित, मर्यादित उल्लास। और माता सुमित्रा, लक्ष्मण, गुरु वसिष्ठ, तात सुमंत्र — सब लोग कितने प्रसन्न हैं। सुयज्ञ, चित्ररथ तथा त्रिजट को भी कदाचित् अब तक ज्ञात हो गया हो। नहीं हुआ, तो कल हो जाएगा। कल प्रजाजन को भी पता चलेगा — कैसा उत्सव मनाएंगे वे सब! सम्राट् के शासन में अब लोगों की आस्था नहीं है। फिर राम कैसे अपने दायित्व को छोड़कर भाग जाएं। पलायन राम की प्रकृति नहीं है ...

किंतु विश्वामित्र ? उनको दिया गया वचन ? वन में उनकी प्रतीक्षा करते हुए ऋषिगण, वानर-ऋक्ष,गरुड़-गिद्ध, कोल-भील, शबर-किरात, नाग और निषाद ...। उनके प्रति भी तो दायित्व है राम का। उनका दायित्व केवल अयोध्या तक सीमित नहीं हो सकता। राजनीतिक सीमाएं मानवीय भावों, संवेदनाओं, दायित्वों और अधिकारों को संकीर्ण चौखटों में बंद नहीं कर सकतीं। राम अयोध्या के हैं — अयोध्या का उन पर भरपूर अधिकार है; किंतु अधिकार उनका भी है, जो अयोध्या में नहीं हैं।

अनिर्णय राम की प्रकृति नहीं है किंतु आज ? राम की संघर्ष-शक्ति मात्र इतनी ही है क्या ?

नहीं! राम को निर्णय लेना होगा। राम के जीवन में निर्णय परिस्थितियां नहीं लेतीं। राम लेते हैं। उन्हें कोई-न-कोई मार्ग निकालना ही होगा...

"सौमित्र आए थे।" सीता ने बताया।

"हूं।"

"वे बहुत प्रसन्न थे। इतने कि कदाचित् कोई अपने अभिषेक से भी न हो।" सीता ने कटाक्ष से राम को देखा, "कल प्रातः फिर आने को कह गए हैं।"

"लक्ष्मण अवश्य ही बहुत प्रसन्न होंगे ...।" राम ने जैसे अपने आपसे कहा।

बड़े तटस्थ भाव से राम ने धार्मिक अनुष्ठान पूरे किए; और काफी रात गए सोने के लिए बिस्तर पर आए। प्रातः जल्दी उठना है — वे जानते थे — उन्हें जल्दी सो जाना चाहिए था; पर यह मानसिक तनाव ...

राम अपने पलंग पर लेटे छत की ओर देख रहे थे। साथ के पलंग पर लेटी हुई सीता, अभी थोड़ी देर पहले तक, उनसे बातें कर रही थी; किंतु दिन-भर की थकान

के कारण, बातों के बीच में ही, अचानक सो गयी थीं। कितनी प्रसन्न थीं सीता — निश्चिंत भी। निश्चिंत होने के कारण ही वे सो पायी थीं। सोयीं भी कैसे, जैसे थका हुआ बच्चा भोजन करते-करते बीच में ढुलक जाए — आधा कौर हाथ में और आधा मुख में। सीता भी ऐसे ही सो गयीं — आधी बात मुख में और आधी मन में लिये-लिये। ... पर राम को अब भी नींद नहीं आ रही थी। दिन-भर के कामों से न केवल शरीर बुरी तरह थका हुआ था, चिंताओं से मस्तिष्क भी फटा जा रहा था। आंखों के पपोटे भारी थे और थकान के मारे जल रहे थे — पर नींद नहीं आ रही थी।

क्या करें राम ?

युवराज पद ठुकरा दें!

कर्तव्य की उपेक्षा कैसे करें ?

वन न जाएं!

पर वह भी कर्तव्य है। उसकी उपेक्षा कैसे करें ?

तो क्या करें ?

क्या?

दोनों कर्तव्यों में से एक को चुनना होगा। ... दोनों में से अधिक महत्त्वपूर्ण क्या है ?... निश्चित रूप से वन जाना! तो उसे ही चुनना होगा। अयोध्या का शासन यदि सम्राट् नहीं संभाल सकते तो राज-परिषद् की देख-रेख में भरत संभाल सकते हैं। भरत से सम्राट् को खतरा हो तो लक्ष्मण संभाल सकते हैं ... वन केवल राम ही जा सकते हैं।

भरत! भरत से पिता आशंकित हैं और माता भी। क्या राम भी ? नहीं! राम निश्चित रूप से कुछ नहीं कह सकते।

तो वन जाना ही तय रहा ?

हां! राम की ओर से तय है। किंतु पिता, माता, सीता तथा अन्य लोगों की इच्छा? उनकी प्रसन्नता ? राम के अभिषेक न कराने से उनका दुःख ? उनकी हताशा ?...

राम के मन में बैठे विश्वामित्र जोर से ठहाका मार हंस पड़े, "इस-उस की इच्छा और प्रसन्नता की चिंता करते रहे, तो निभा चुके तुम दायित्व! प्रत्येक उदात्त कार्य से, निकट के प्रियजन, सगे-संबंधी सदा ही हतांश हुए हैं। तुम्हारा क्या विचार है, जब दधीचि ने अपनी अस्थियां दान की थीं तो उसके माता-पिता, पत्नी-बच्चे प्रसन्न हुए होंगे ...! बहाने मत ढूंढ़ो, राम! स्वयं को प्रवंचित मत करो ..."

और सहसा जैसे राम जल उठे। एक ताप उन्हें तपाता रहा, जैसे आग कच्चे घड़े को तपाती है। क्रमशः ताप क्षीण हुआ, तो राम ने पाया कि वे तप चुके हैं, पक्के हो चुके हैं... वे निर्णय कर चुके हैं।"

साथ ही एक स्वर मन में गूंज रहा था — "कोई नहीं मानेगा, राम ! न पिता, न माता, न सीता, न लक्ष्मण — कोई नहीं।"

किंतु इस स्वर की उपेक्षा तो करनी ही थी।

बड़ी कठिनाई से रात के अंतिम प्रहर में राम को नींद आयी। पर सोते हुए भी दायित्व के तनाव का बोझ मन पर रहा। वे अधिक देर सो नहीं पाए। प्रभात के चिह्न प्रकट होते ही उनकी नींद उचट गयी। नींद न भी उचटती, तो उन्हें चारणों द्वारा जगा दिया जाता। आज युवराजाभिषेक का दिन था, और प्रातः से ही समस्त कार्यक्रम निश्चित थे। उन्हें शीघ्र ही पिता के निकट उपस्थित होना था।

स्नान कर, राम जाने के लिए प्रस्तुत हुए ही थे कि उन्हें सुमंत्र के आने का समाचार दिया गया। राम चकित हुए — क्या हो गया है पिताजी को! क्यों बार-बार सुमंत्र को भेज देते हैं! राम को अभी तनिक भी विलंब नहीं हुआ था। वे निश्चित समय से पूर्व ही पिता के पास जाने के लिए प्रस्तुत थे, ताकि उनसे अपनी बात कह सकें। फिर भी सुमंत्र आ गए। कोई साधारण परिचारक या सारथी आया होता तो बात और थी। ... सम्राट् के निजी सारथी, अनेक विशेषाधिकारों से सम्पन्न। सारथी के साथ-साथ उनके मंत्री, सखा तथा निजी सेवक! समस्त राजनिलयों में कहीं भी बिना रोक-टोक के आने-जाने की सुविधा से सम्पन्न। उन्हीं सुमंत्र को पिता ने फिर भेजा है ... कोई महत्त्वपूर्ण बात है, या सामान्य बुलावा ही। संभव है, नियत कार्यक्रम में कोई नयी कड़ी जुड़ी हो ... पिता बिना उनकी बात सुने ही काम आगे बढ़ाते जा रहे हैं। प्रबंध जितना आगे बढ़ जाएगा, राम की कठिनाई भी उतनी ही बढ़ जाएगी ... किंतु सम्राट् की व्यग्रता!

"तात्! मैं आ ही रहा था।"

राम ने देखा, आज के सुमंत्र पिछली संध्या आने वाले सुमंत्र से बहुत भिन्न थे। उनकी आकृति पर उत्सव और समारोह का उल्लास नहीं था। उत्साहशून्य चेहरा अतिरिक्त रूप से गंभीर लग रहा था। उस पर चिंता की रेखाएं भी सहज स्पष्ट थीं। उनकी आंखों में आज ममता और प्रेम नहीं था; उनमें सहज निर्मलता भी नहीं थी। वे आंखें शुष्क, नीरस मरुभमि के समान उजाड़ थीं; जीवनहीन — जैसे उनका जीवन-स्रोत ही सूख गया हो। ... रात की सुख-निद्रा के पश्चात् उन्हें ऊर्जा और स्फूर्ति से भरे-पूरे लगना चाहिए था, किंतु वे प्रातः के निर्वाणोन्मुख दीपक के समान थके-थके लग रहे थे।

"समारोह के दायित्व से दबे आप रात-भर सो नहीं सके ?" राम का स्वर कोमल तथा मधुर था।

सुमंत्र ने कोई उत्तर नहीं दिया, अपनी अन्यमनस्कता में जैसे उन्होंने कुछ सुना ही नहीं। वे अपनी फटी-फटी आंखों से प्रत्येक वस्तु के आर-पार देखते रहे। उनकी आकृति भावशून्य यांत्रिकता लिये हुए थी।

एक अटपटे मौन के पश्चात, सुमंत्र बोले, "राम! आपका कल्याण हो। शीघ्र

सम्राट् के पास चलिए। सम्राट् कैकेयी के महल में उनके पास हैं।'' उनका कंठ अवरुद्ध होने की सीमा तक भर्राया हुआ था।

राम का आश्चर्य बढ़ गया — इतनी सुबह सम्राट् माता कैकेयी के महल में कैसे पहुंच गए! पिछली शाम तक सम्राट् इस विषय में अत्यन्त गोपनीयता बरत रहे थे। सम्राट् की आशंकाओं का इंगित कैकेयी की ओर ही था। यह संभव नहीं है कि सम्राट् वहां मंत्रणा के लिए गए होंगे। ... यदि सम्राट् ने गोपनीयता का व्यवहार न किया होता, तो बात और थी। वैसी स्थिति में कैकेयी, इस अभिषेक में, माता कौसल्या से भी अधिक सक्रिय होती।

... पर सुमंत्र इतने पीड़ित क्यों हैं ?

''बात क्या है, तात सुमंत्र ?''

''कुमार स्वयं चलकर देख लें।'' सुमंत्र ने अपने होंठ चांप लिये थे।

राम का मन सहसा एक अन्य दिशा में सोचने लगा।

सम्राट् ने समाचार गुप्त रखा था, किंतु वह गुप्त नहीं रहा होगा। किसी प्रकार कैकेयी को सूचना मिल गयी होगी। कैकेयी सम्राट् के व्यवहार से क्षुब्ध हो गयी होगी। सम्राट क्षमा मांगने रानी के पास पहुंचे होंगे; और अब कैकेयी के चरणों पर सिर रखे पड़े होंगे। ...यह नयी बात नहीं थी ... कैकेयी पर सम्राट् मुग्ध चाहे कितने ही क्यों न रहे हों, किंतु उस पर विश्वास उन्होंने कभी नहीं किया। अविश्वास के कारण न कैकेयी के प्रति सहज हो सके, न कैकेयी के अप्रतिम तेज के सामने अपना अविश्वास प्रकट कर सके। क्रमशः उनके मन में कैकेयी का भय बैठ गया था, और उसके सम्मुख उनका आत्मविश्वास अत्यन्त क्षीण हो गया था। कैकेयी की अप्रसन्नता के भय से, उससे पूछे बिना काम कर डालना और फिर कैकेयी के हाथों अपमानित होने के भय से उस काम को छिपाते फिरना सम्राट् की प्रकृति हो गयी थी। उसके पश्चात् दीन-कातर सम्राट् और बिफरी हुई सिंहनी-सी कैकेयी का नाटक लंबे समय तक चलता था। ... ऐसे नाटक राम ने इस घर में अनेक बार देखे थे। ... कहीं ऐसा तो नहीं कि कैकेयी ने इस युवराजाभिषेक का विरोध किया हो; और अब सम्राट् स्वयं को अक्षम पाकर सब-कुछ कैकेयी के मुख से ही कहलवाना चाहते हों ? ... किंतु कैकेयी का राम के प्रति स्नेह ... कैकेयी उनके युवराजाभिषेक का विरोध कैसे करेगी ?...

कक्ष में प्रवेश करते ही राम ने जो कुछ देखा, वह अनेक संभावनाओं पर विचार कर, उनका साक्षात्कार करने के लिए तैयार होकर आए हुए राम के लिए भी सर्वथा अप्रत्याशित था। आज तक उन्होंने माता तथा पिता को राजसी वेश में अत्यन्त गरिमापूर्ण ढंग से राजसिंहासन, मंच अथवा पर्यंक पर बैठे हुए देखा था। पर आज वृद्ध सम्राट् अत्यन्त अव्यवस्थित अवस्था में आस्तरणहीन फर्श पर पड़े थे। उनकी मुद्रा पीड़ित तथा करुण थी। सारे शरीर में कोई स्पंदन नहीं था। श्वास चलने का भी कोई प्रमाण नहीं था

... नहीं, वे संज्ञाशून्य नहीं थे; किंतु चैतन्य भी उन्हें नहीं कहा जा सकता। वे स्थिर, शव के समान पड़े थे।

माता कैकेयी कुछ हटकर खड़ी थीं — सीधी दंडवत्। चेहरे पर उग्रता, कठोरता एवं हिंसा के भाव थे, जिनके कारण वे संतुलित नहीं लग रही थीं। वेशभूषा भी सामान्य नहीं थी। प्रसाधन से सर्वथा शून्य। रात को सोने के लिए पहने गए कुचले हुए वस्त्रों में ही वे उपस्थित थीं। यह शोभा-प्रिय कैकेयी की प्रवृत्ति के अनुकूल नहीं था। शरीर पर एक भी आभूषण नहीं था। सारे आभूषण फर्श पर जहां-तहां बिखरे पड़े थे, जैसे भयंकर आवेश में उन्हें उतार-उतारकर पटका गया हो। केश बुरी तरह बिखरे हुए थे, जैसे किसी ने रात-भर उन्हें नोचा-खींचा हो।

दोनों की ही स्थिति राम को स्तंभित कर देने वाली थी।

राम ने स्वयं को संभाला। उन्होंने दोनों को प्रणाम किया; किंतु आशीर्वचन किसी के मुख से नहीं निकला।

क्या हुआ ? राम सोच रहे थे, कोई भी बोलता नहीं। वैसे पिछले दिनों जो कुछ घटा था, वह सारा कुछ इतना आकस्मिक और नाटकीय था कि अब कोई भी घटना विचित्र नहीं लगती थी।

"पिताजी! मैं उपस्थित हूं। आदेश दें।"

दशरथ ने क्षण-भर के लिए आंखें खोलीं, राम को भरपूर दृष्टि से देखा। फिर जैसे राम को देख नहीं पाए। आंखें चुरा लीं। करवट बदली और आंखें मूंद लीं।

क्षण-भर खुली उन आंखों में राम ने अथाह वेदना को मूर्तिमान देखा था। उनमें क्रोध, आवेश, क्षोभ कुछ भी तो नहीं था। उनमें राम के लिए उपेक्षा, प्रताड़ना या उपालंभ — कोई भाव नहीं था। उनमें तो पीड़ा का समुद्र हाहाकार कर रहा था — जैसे कोई भीतर-ही-भीतर निरंतर कचोट रहा हो। उनमें ग्लानि थी, हताशा थी। उग्रता तो थी ही नहीं।

राम ने कैकेयी की ओर देखा — कैकेयी अतिरिक्त रूप से सख्त नजर आ रही थी। उसके चेहरे पर दशरथ की आंखों की पीड़ा का एक कण भी नहीं था। सायास उद्दंडता अवश्य थी। कृत्रिम और सायास लाया गया तनाव था।

"माता!"

कैकेयी के लिए मौन बने रहना अधिक सरल था। बोलने के लिए उसे भी प्रयास करना पड़ा। शब्द अनाहूत नहीं आए। वह कठोर स्वर में बोली, "राम! तुम्हारे पिता तुमसे बहुत प्रेम करने लगे हैं।"

"प्रेम तो मुझसे आप भी करती हैं।" राम बोले, "किंतु यह स्थिति..."

कैकेयी का तनाव कुछ कम हुआ। बोली तो उसका स्वर पहले की अपेक्षा कुछ कोमल और सहज था, "सम्राट् ने एक वचन मेरे पिता को दिया था, उसकी चर्चा मैं नहीं कर रही। किंतु मेरे उपकार के बदले, शंबर-युद्ध के पश्चात, उन्होंने दो वर मुझे

दिए थे। आज मैं वे वरदान मांग रही हूं और ये सूर्यवंशी सहर्ष वरदान देने के स्थान पर, रात-भर इसी प्रकार भूमि पर पड़े दीर्घ निःश्वास छोड़ते रहे हैं। इन्होंने अपने इस रूप से मुझ पर दबाव डालने का प्रयत्न किया है, और अब भी कर रहे हैं कि मैं अपने मांगे हुए वरदान फिरा लूं।''

कैकेयी के शब्दों ने सम्राट् के हृदय पर कशा का-सा आघात किया। वे तड़पे, ''कैकेयी ...''

''क्यों ?'' कैकेयी के आक्रोश में ज्वार आ गया। उसे बोलने के लिए प्रयास नहीं करना पड़ा। आवेश की अग्नि में बांध जल गया और अवरुद्ध धारा वह निकली, ''राम! मैं जानती हूं कि मैं बहुत कठोर हो रही हूं। सब लोग मुझे बुरा कहेंगे; पर मेरे मन में तनिक भी पाप-बोध नहीं है। मेरे मन में तनिक भी मैल और दुराव नहीं है। अपने पिता की ओर देख तुम्हें लग रहा होगा कि मैं बड़ी दुष्टा हूं, जो अपने पति को इतना कष्ट दे रही हूं। पर सच यह नहीं है, पुत्र! तुम्हें मैंने पीड़ा भी दी है और अपने मन की ममता भी। बोलो, तुम मेरा निष्पक्ष न्याय करोगे ?''

राम मुसकराए, ''पुत्र न्यायकर्ता की स्थिति में न भी हो तो मां के मन की व्यथा तो सुन ही सकता है।''

''मैं आज वह सब कहूंगी, राम! जो चाहकर भी आज तक कह नहीं सकी।'' कैकेयी बोली, ''मैं देवी होने का स्वांग नहीं कर रही। तुम्हारे प्रति विशेष प्रेम और पक्षपात भी नहीं जता रही ...''

''कहो, मां!''

''मैं वह धरती हूं, राम! जिसकी छाती करुणा से फटती है तो शीतल जल उमड़ता है; घृणा से फटती है तो लावा उगलती है। दोनों मिल जाते हैं तो भूचाल आ जाता है! आज मेरी स्थिति भूडोल की है, राम!'' आवेश से कैकेयी का चेहरा लाल हो गया, ''मैं इस घर में अपने अनुराग का अनुसरण करती हुई नहीं आयी थी। मैं पराजित राजा की ओर से विजयी सम्राट् को संधि के लिए दी गयी एक भेंट थी। सम्राट् और मेरे वय का भेद आज भी स्पष्ट है। मैं इस पुरुष को पति मान पत्नी की मर्यादा निभाती आयी हूं, पर मेरे हृदय से इनके लिए स्नेह का उत्स कभी नहीं फूटा। ये मेरी मांग का सिंदूर तो हुए, अनुराग का सिंदूर कभी नहीं हो पाए। ... मैं इस घर में प्रतिहिंसा की आग में जलती, सम्राट् से संबंधित प्रत्येक वस्तु से घृणा करती हुई आयी थी। तुम जैसे निर्दोष, निष्कलुष और प्यारे बच्चे को अपने महल में घुस आने के अपराध में मैंने अपनी दासी से पिटवाया था ...''

''मुझे याद है, मां!''

''वह मैंने तुम्हें नहीं पिटवाया था, मेरी प्रतिहिंसा ने सम्राट् के पुत्र को पिटवाकर, सम्राट् को पीड़ित कर, प्रतिशोध लेना चाहा था। तब मैं तुमसे घृणा करती थी, तुम्हारी मां से घृणा करती थी, बहन सुमित्रा से घृणा करती थी। मैं रघुवंशियों से, मानव-वंश

की परंपराओं से... प्रत्येक वस्तु से घृणा करती थी। जहां तक संभव हुआ, मैंने बड़ा उद्दंड, उच्छृंखल और अमर्यादित व्यवहार किया ... केवल इसलिए कि इन सबके माध्यम से मैं सम्राट् को पीड़ा पहुंचा सकूं। पर क्रमशः मैंने पहचाना कि मैं तुम्हें या बहन कौसल्या को पीड़ा पहुंचाकर, सम्राट् को पीड़ा नहीं पहुंचा रही हूं — उससे तो मैं सम्राट् को सुख दे रही हूं। तुम लोगों से उनका संबंध भावात्मक नहीं, अभावात्मक था। तुम लोग तो स्वयं मेरे समान पीड़ित थे, अपमानित थे। और फिर तुम्हारे और बहन कौसल्या के गुण मेरे सामने प्रकट हुए। मुझे तुम लोगों से सहानुभूति हुई, जो क्रमशः प्रेम में बदल गयी। क्या मैं झूठ कह रही हूं, राम ?''

''नहीं, मां!'' राम ने स्वीकार किया, ''तुमने मुझे भरत का-सा प्यार दिया है।''

''मैंने क्रमशः मानव-वंशी परंपराओं का विरोध भी छोड़ दिया। मैंने पहचाना कि अपनी प्रतिहिंसा में मैंने न्याय-अन्याय का विचार छोड़ दिया है। मैं स्वयं राक्षसी बन रही हूं। मैं किसी अन्य को नहीं, स्वयं अपनी आत्मा को पीड़ा दे रही हूं। शनैः-शनैः मैंने स्वयं को सहज किया। अपना विरोध छोड़ने के प्रयत्न में; पिता द्वारा लिया गया वचन भुला दिया, शंबर-युद्ध के पश्चात् मिले अपने वरदानों का उपयोग नहीं किया; और अयोध्या की प्रजा के समान चाहा कि राम ही युवराज हों। तुम ही इस योग्य थे, पुत्र! तुम ही इस योग्य हो। किंतु मुझे अपनी सद्भावना का पुरस्कार क्या मिला ?''

राम मौन रहे। वे भरी आंखों से कैकेयी को देखते रहे।

''इस राज-प्रासाद में मुझ पर कभी विश्वास नहीं किया गया। मुझे सदा चुड़ैल समझा गया। मेरे भाई को आतंक माना गया। मेरे मायके की परंपराओं को हीन और घृणित कहा गया। मैं सदा यहां अपरिचित होकर रही ... एक बाह्य वस्तु जिसका यहां के हवा-पानी से कोई मेल नहीं था। मैं बहन कौसल्या या सुमित्रा या अन्य किसी को उसके लिए दोष नहीं देती। उनसे मेरा संबंध ही ऐसा था ... वे मुझ पर विश्वास नहीं कर सकती थीं। मुझे और किसी से शिकायत नहीं। शिकायत है अपने इस पति से, जो बलपूर्वक मुझसे विवाह कर मुझे यहां लाया। जिसने अयोग्य होते हुए भी मुझसे सद्भावना चाही और प्राप्त की; किंतु स्वयं मेरे प्रति घोर दुर्बलता का अनुभव करते हुए भी मुझ पर कभी विश्वास नहीं किया। मैं उसके लिए आकर्षण किंतु भय की वस्तु रही। उसने मुझे अपने सिंहासन पर तो स्थान दिया, किंतु हृदय में नहीं। ... मैं उस सारे समय के लिए क्या कहूं, राम ! जब-जब सुना कि मेरे पति ने कोई कर्म किया है, कोई निर्णय किया है; किंतु भयभीत होकर मुझसे छिपाया है। झूठ बोला है। उस झूठ को छिपाने के लिए फिर-फिर झूठ बोला है। अपने ऐसे व्यवहार से उसने अपना आत्म-विश्वास खोया है, स्वयं अपने आपको और मझे बार-बार अपमानित किया है। राम! तुम पुत्र हो मेरे। तुम्हें कैसे बताऊं कि हमारी रातें प्यार-मनुहार में कटने के स्थान पर झगड़ों और लानत-मलामत में बीत जाती थीं। बार-बार संकल्प करने के बाद भी झगड़े होते रहे। कलह-क्लेश शांत ही नहीं हुए। पति-पत्नी के इन झगड़ों के दुष्प्रभाव से बचाने

के लिए, उसे एक शांत और स्नेहिल वातावरण देने के लिए, मैं भरत को बार-बार उसके ननिहाल भेजती रही..."

कैकेयी का स्वर रुंध गया। उसकी आंखों में जल और अग्नि एक साथ प्रकट हुईं, "और अंत में मैंने क्या पाया, राम! ... कल रात ढले कुब्जा तुम्हारे युवराजाभिषेक का समाचार लायी। मैंने बहुमूल्य मोतियों की माला कुब्जा को पुरस्कार में दे डाली। किंतु उस मूर्खा, कुटिला दासी ने वह मेरे मुंह पर दे मारी। किस आधार पर किया उसने यह दुस्साहस ?"

कैकेयी क्षण-भर रुकी और पुनः बह निकली, "तुम्हारे पिता के मेरे प्रति अविश्वास के आधार पर। उसने मुझे बताया कि यह गोपनीय निर्णय था। सम्राट् को आशंका थी कि कुछ लोग अभिषेक में विघ्न डालेंगे, राम को नष्ट करने के लिए रातों-रात उस पर आक्रमण करेंगे। किससे था भय ? मुझसे! मेरे पुत्र से! मेरे भाई से! इसीलिए मुझे बताया नहीं। भरत को ननिहाल भेज दिया। भरत की अधीनस्थ टुकड़ियों को उत्तरी सीमांत की ओर स्थानांतरित कर दिया। पुष्कल का अपहरण करवा उसे बंदी कर लिया। केकय के राजदूत की निजी सेना का निःशस्त्रीकरण हुआ ..." कैकेयी का स्वर और ऊंचा हो गया और आंखें आक्रोश से जल उठीं, "थुड़ी है मेरी सद्भावना पर! मेरे चरित्र के उदात्त-स्वरूप पर! यहां कोई मुझे देवी के रूप में नहीं देखना चाहता। सब मुझे चुड़ैल समझते हैं ... मेरे क्रूर रूप को ही सत्य मानते हैं। तो वही हो, राम! वही हो..."

कैकेयी जैसे अपने से ही अवश होकर फफक-फफककर रो पड़ी।

राम ने आगे बढ़कर कैकेयी के कंधे पर हाथ रखा, "मत रोओ, मां! मुझे तुम्हारी एक-एक बात का विश्वास है। मैं तुम्हारे दोनों रूपों को जानता हूं। कोई और तुम्हें जितना भी गलत समझे, मैं गलत नहीं समझूंगा। किसलिए बुलाया था — मुझे निःसंकोच आदेश दो।"

सम्राट् ने एक बार आंखें खोलकर राम को देखा। कितनी आशंकाएं थीं उन आंखों में जैसे राम को चेतावनी दे रही हों: "सावधान, राम! इस मायाविनी के जाल में मत फंस जाना।" पर आंखें खुली नहीं रह सकीं, तुरन्त मुंद गयीं।

"मंथरा साधारण, संकुचित, अनुदार, मूर्ख तथा नीच चरित्र की दासी है।" कैकेयी पुनः बोली, "उसकी बात किसी विवेकशील व्यक्ति को नहीं माननी चाहिए। किंतु फिर भी मैं उसकी बात मानूंगी। उसकी सलाह पर चलूंगी। उसे अपनी हिताकांक्षिणी मानूंगी। जब सम्राट् के मन में है तो मैं क्यों न मंथरा की यह बात स्वीकार कर लूं कि राम को भरत से भय है, और शासन प्राप्त कर वह अपने भय के कारण को समाप्त करना चाहेगा। मैं क्यों न यह मान लूं कि अपनी आरंभिक प्रतिहिंसा में मैंने जो बार-बार बहन कौसल्या का अपमान किया है, पुत्र के अधिकार प्राप्त कर लेने पर वे अवश्य ही प्रतिशोध लेना चाहेंगी। नहीं तो उनका उद्गार 'आज मैं कैकेयी के भय से मुक्त हुई'

न होता। यदि वे सचमुच मुझे सुनाना न चाहतीं तो उनकी दासियां यह वाक्य मंथरा तक न पहुंचातीं। ... सम्राट् के अविश्वास ने मेरे चरित्र के दुष्ट तत्त्वों को उकसा दिया है, मेरी प्रतिहिंसा और घृणा को जगा दिया है। मैं सम्राट् को इसका दंड दूंगी —ऐसी आग लगाऊंगी कि आग बुझ भी जाए तो उसकी लहर समाप्त न हो। सम्राट् को जलाऊंगी — चाहे उस अग्नि में स्वयं जल जाना पड़े। चाहे तुम अपने शरीर और मन पर टीसते हुए फफोले वहन करो। पर मेरी प्रतिहिंसा शांत नहीं होगी। मैं उसे शांत होने नहीं दूंगी।''

कैकेयी मौन हो गयी।

राम को लगा, वह अपनी आत्मा से लड़ते-लड़ते थक-टूट गयी है। पर उसका संघर्ष जारी है। वह सम्राट् के विरुद्ध ही नहीं, अपने विरुद्ध भी लड़ रही है ...

पर यह सब क्या है ?

क्या चाहती है कैकेयी ?

कैसी आग लगाना चाहती है ?

बात पूरी तरह स्पष्ट नहीं थी, किंतु कैकेयी के वचनों के पीछे निहित प्रक्रिया का कुछ-कुछ आभास राम को मिल रहा था। पति-पत्नी के इन विग्रहपूर्ण क्षणों में राम को क्यों बुलाया गया था ? पिता राम से आंखें क्यों चुरा रहे थे ? कैकेयी राम को ही क्यों उपालंभ दे रही थी ? क्या उन वरदानों का संबंध राम से है ?

''मुझे क्या आदेश है ?'' राम ने पूछा।

''पिता के वरदान पूरे करो।'' कैकेयी का स्वर फिर कठोर हो गया था।

''मेरी क्षमता में हुआ तो अवश्य पूरा करूंगा।''

कैकेयी का स्वर फिर से कोमल और करुण हो उठा, ''मैं जानती थी कि तुम विरोध नहीं करोगे। इसे मेरी कुटिलता मत समझना, पुत्र! किंतु मुझे कहने दो, मैंने किसी को पहचाना हो या न पहचाना हो, तुम्हें पहचानने में मैंने तनिक भी भूल नहीं की है।''

राम के अधरों पर मुसकान ही उभरी।

''राम! मैंने दो वर मांगे हैं।'' क्षण भर कैकेयी अपने भीतर की पीड़ा से जूझती रही, और फिर कठोरता का कवच ओढ़कर बोली, ''पहला, तुम्हारे युवराजाभिषेक के लिए प्रस्तुत की गयी सामग्री से ही भरत का युवराजाभिषेक हो; और दूसरा, तपस्वी वेश में तुम आज ही चौदह वर्षों के लिए वनवास के लिए प्रस्थान करो।''

राम को अपने भीतर एक झटका-सा लगा। क्या यह दुःख था ? नहीं! शायद यह पूरी तरह दुःख नहीं था — था भी, नहीं भी। यह आकस्मिकता का धक्का था। पर यह आकस्मिकता कितनी अनुकूल थी...

राम को समझते देर नहीं लगी कि पिता वरदानों का तिरस्कार भी नहीं कर सकते और उन्हें स्वीकार भी नहीं कर सकते। यह उनका सत्य-प्रेम था, पुत्र-प्रेम था या मात्र कैकेयी का भय ? सत्य-प्रेम तथा पुत्र-प्रेम में द्वन्द्व था या मात्र अपनी सुरक्षा का अंतिम हताश प्रयत्न ? वे दुविधा में अस्त-व्यस्त, असंतुलित, विक्षुब्ध-सी अवस्था में पड़े हुए

कष्ट भोग रहे थे, और कैकेयी अपने स्थान पर पर्वत-सरीखी दृढ़ खड़ी थी।

सम्राट् ने अपनी आत्मा के संपूर्ण बल को संचित कर, अपनी आंखें खोलीं। कुछ बोलने के प्रयत्न में वे थोड़ी देर बुदबुदाते रहे; और फिर कातर वाणी में बोले, ''मुझे मृत्यु के मुख में मत धकेल, कैकेयी! राम चला गया तो मैं जीवित नहीं बचूंगा। ... मैं हित करने की उत्कट इच्छा में, असंतुलित होकर अनहित कर बैठा। तू भी अपना संतुलन खो बैठी है। भरत का इष्ट करते-करते तू उसका अनिष्ट करेगी...''

सम्राट् की वाणी में न तो आत्मबल था, न सत्य का तेज। वे कैकेयी से याचना कर रहे थे; उसे अपराधिनी ठहराने का साहस उनमें नहीं था। वे कैकेयी से आंखें नहीं मिला रहे थे; कैकेयी के कृत्य को 'अत्याचार' नहीं कह पा रहे थे। उनकी अपनी अपराध-भावना, कैकेयी के क्रूर सत्य से पराजित हो चुकी थी। कैकेयी द्वारा लगाए गए आक्षेपों को वे मौन मान्यता दे रहे थे ... उन्होंने अपने प्रमाद में कैकेयी के वय, उसके महत्त्वाकांक्षी, ऊर्जस्वल, जिजीविषापूर्ण जीवन के साथ अन्याय किया था ... अपने कर्म का कलुष उनके तेज को पूर्णतः मलिन कर गया था ...

राम के सामने स्थिति पूर्णतः साफ थी। सोचने-विचारने का न अधिक अवसर था, न आवश्यकता।

प्रत्यक्ष जगत् विलीन हो गया था। उनके आस-पास कुछ भी रह गया था— शून्य, केवल शून्य ... और सामने बहुत दूर एक प्रकाश था, कदाचित् कोई अग्नि जल रही थी। उस अग्नि में प्रकाश था, आंच थी, जलन थी, पीड़ा थी ... उसके अनेक मुख थे। वे मुख निरन्तर बदल रहे थे — एक मुख विश्वामित्र का था, एक अगस्त्य का था, अत्रि का था, वाल्मीकि का था, भरद्वाज का था, शरभंग का था, सुतीक्ष्ण का था ... और सारे मुखों से निरन्तर एक ही ध्वनि प्रस्फुटित हो रही थी — ''आओ! आओ! राम, आओ!''

राम उन चेहरों की आंखों में जैसे बंध गये, उनकी भुजाओं में घिर गये, उस वाणी से सम्मोहित हो गए। राम का हृदय, प्रत्येक आह्वान का उत्तर दे रहा था — ''मैं आ रहा हूं ... आ रहा हूं...।''

राम प्रत्यक्ष जगत् में लौटे। उनके भीतर अनेक प्रश्न उठ खड़े हुए थे। यह वरदान है या शाप ? अब तक राम की चिंता थी कि अभिषेक को टालकर वन कैसे जाएं ? कैकेयी ने उनके लिए अवसर उपस्थित कर दिया था।

पर यह संभव कैसे हुआ ? कैकेयी राक्षसी है या देवी ? ... क्या समझें राम ? क्या सचमुच कैकेयी की वर्षों से संचित पीड़ा आज घृणा और प्रतिहिंसा बनकर फूट पड़ी है ? वह अपनी प्रतिहिंसा के हाथों अवश पिशाची हो गयी है ? या यह केवल नाटक है — केवल एक आड़। और सच यह है कि कैकेयी का बर्बर केकय रक्त अपने अवांछित, अनाकांक्षित पति, अपनी सपत्नी, अपने सौतेले पुत्र — सबके प्रति शत्रुता का निर्वाह कर रहा है ? क्या कैकेयी, मात्र भरत को राज्य दिलवाने के लिए

रघुकुल की परंपराओं को खंडित कर, उसकी मर्यादाओं को नष्ट कर, अपने पति को असहनीय यातना, अकल्पनीय पीड़ा दे रही है ?... क्या सम्राट् की आशंकाएं सत्य हुईं?...

क्या यह कैकेयी की योजना है कि राम वन चले जाएं तथा उनकी अनुपस्थिति में असुरक्षित-असहाय दशरथ निराशा और हताशा में प्राण त्याग दें ? क्या कैकेयी तैयार है कि स्वार्थ अथवा प्रतिहिंसा के हाथों अपने सौभाग्य को अग्निसात हो जाने दे ? या वह मात्र विवेकहीन विक्षिप्त कर्म कर रही है — भविष्य की बात सोचने के लिए उसके पास बुद्धि ही शेष नहीं है ?...

राम निर्णय नहीं कर पाए — कैकेयी का कौन-सा रूप वास्तविक है! ... पर इस समय तो कैकेयी वही चाह रही है, जो राम के मन का अभीष्ट है। उनका मन अज्ञात ही उसके प्रति आभार से आप्लावित हो उठा। ... उनकी दुश्चिंता मिट गयी। वे तैयार थे कि मुक्त मन से पिता से आग्रह करें कि पिता अपने वचन का पालन करें। राम चौदह वर्षों तक तपस्वी वेश में वनवास करेंगे...

पर चौदह वर्षों का वनवास क्यों ? वर्ष-दो वर्षों का क्यों नहीं ? क्या कैकेयी समझती है कि चौदह वर्षों का समय इतना लंबा है कि इस बीच सम्राट् का देहावसान हो जाएगा और भरत अयोध्या में अच्छी तरह अपने पैर जम लेगा तथा अयोध्या के लोग राम को भूल जाएंगे ... हां, इतना समय पर्याप्त था...

कैकेयी की मुद्रा कुछ और कोमल हुई, "पुत्र! तुम्हारे प्रेम के कारण सम्राट् कभी अपने मुख से तुम्हें वन जाने के लिए नहीं कहेंगे। दूसरी ओर अपने सत्य के मुखौटे के कारण वे वरदानों का तिरस्कार भी नहीं करेंगे। अब निर्णय तुम्हारे ऊपर है।"

राम क्या कहते! महत्त्वपूर्ण यह नहीं था कि वे पिता के वचन की पूर्ति के लिए वन जा रहे हैं, या कैकेयी की इच्छापूर्ति के लिए। बात केवल इतनी थी कि उनके पास यही एक अवसर था ... यदि वे चूक गए तो फिर यह अवसर कभी नहीं आयेगा। पिता में यदि रंचमात्र भी आत्मबल जाग उठा और उन्होंने कह दिया कि वे कैकेयी को वरदान नहीं देंगे, राम वन नहीं जाएं — तो फिर राम की चिंता पुनर्जीवित होकर पिशाची-सी उनके मार्ग में आ खड़ी होगी।

राम निष्कंप स्वर में बोले, "मां! मैं आज ही वन की ओर प्रस्थान करूंगा।"

कैकेयी के चेहरे पर हर्ष और आंखों में पीड़ा उभरी, "दंडक वन!"

राम पुनः चौंके। विश्वामित्र भी यही चाहते थे। वहीं से राम अपना अभियान आरंभ कर सकते हैं। कैकेयी अपने स्वार्थ के लिए उन्हें वन भेज रही है या ऋषि-कार्य के लिए ? दंडकारण्य भयंकर राक्षसी सेनाओं, हिंस्र पशुओं तथा अनेक अत्याचारियों से भरा पड़ा है। वहीं ऋषि-आश्रमों को सर्वाधिक कठिनाइयों का सामना करना पड़ रहा है। क्या कैकेयी इसलिए उन्हें वहां भेज रही है कि वे जाकर ऋषियों की रक्षा करें; या इसलिए भेज रही है कि राम राक्षसों तथा हिंस्र पशुओं द्वारा मारे जाएं, वे कभी लौटकर

न आएं और अयोध्या में भरत का राज्य चिरस्थायी हो ?... दंडक क्षेत्र में ही शंबर से युद्ध करते हुए दशरथ की रक्षा कैकेयी ने की थी। वह राम को वहीं भेज रही है — शंबर के वंशजों के हाथों राम की हत्या करवाने अथवा राम के हाथों शंबर के वशंजों का नाश करवाने?

किंतु इन प्रश्नों का उत्तर कैकेयी ही दे सकती थी; और कैकेयी से ये बातें पूछी नहीं जा सकती थीं। ... राम को उत्तर पाए बिना ही जाना होगा। ...

अंततः राम बोले, ''माता! वल्कलों का प्रबन्ध कर दें। मैं बंधु-बांधवों से विदा लेकर आता हूं।''

राम चले गए।

कैकेयी के मुख पर विजयिनी मुसकान उभरी, किंतु उसकी आंखों में गहरी व्यथा के चिह्न थे।

''सर्वनाश।''

दशरथ संज्ञा-शून्य हो गए।

## 3

कैकेयी के महल से निकलते हुए राम के मन में एक सहज उल्लास था।

उन्हें रथ पर चढ़ते हुए सुमंत्र ने देखा। राम तनिक भी दुखी नहीं लग रहे थे। सुमंत्र अवाक् रह गए।

''इतनी-सी बात से आप इतने चिंतित थे, सुमंत्र काका!''

''तुम इसे इतनी-सी बात कहते हो, राम! ...'' सुमंत्र आगे कुछ कह न सके। चुपचाप घोड़ों को हांक दिया।

और राम को लगा, वे भी उल्लसित नहीं रह गए हैं। उल्लास के साथ ही मन में कुछ आशंकाएं घर करती जा रही हैं; कुछ चिंताएं जन्म ले रही हैं और अनेक प्रश्न, वर्षा के पश्चात् धरती फोड़कर उग आये कुमुरमुत्तों के समान सिर उठाए खड़े हैं।

... पिता ने उनके अभिषेक का निश्चय किया था, तो साथ-साथ उनके मन में आशंकाओं ने भी जन्म लिया था — कहीं राम के अभिषक का अवसर हाथ से न निकल जाए। आज वही स्थिति राम के मन की थी — कैकेयी ने उन्हें कर्म का अवसर दिया, किंतु कहीं यह हाथ से निकल न जाए। सबको उनके वन-गमन की सूचना मिलेगी। प्रत्येक व्यक्ति की अपनी प्रतिक्रिया होगी — सब अपने-अपने ढंग से काम करेंगे। ... क्या सीता उन्हें वन जाने देंगी? शायद उन्हें न रोकें, किंतु साथ जाने का हठ अवश्य करेंगी। लक्ष्मण राम के निर्वासन की बात सुनकर क्या करने को तैयार नहीं हो जाएंगे; और फिर राम के बिना तो अयोध्या में वे भी नहीं रहेंगे। मां सिर पटक-पटककर

प्राण देने को तैयार हो जाएंगी। पिता कदाचित् पलंग से ही नहीं हिलेंगे। माता सुमित्रा तर्क करेंगी और बिना सहमत हुए या सहमत किए उन्हें नहीं छोड़ेंगी। सुयज्ञ, चित्ररथ, त्रिजट, अन्य मित्र, बंधु-बांधव...

उन सबका स्नेह राम के लिए भय का रूप धारण करता जा रहा था। राम क्षणभर के लिए भी ढीले पड़े तो वे बलात् अयोध्या के सिंहासन से बांध दिए जाएंगे। फिर वन जाने का अवसर शायद कभी न आए। इस धक्के में ही राम अयोध्या से निकल जाएं, ... कोई नहीं मानेगा कि पिता की सत्य-प्रतिज्ञा की रक्षा के लिए, कैकेयी के आदेश पर उनका वन जाना उचित है। ... राम अपनी बात किसी को समझा नहीं पाएंगे, किसी को मना नहीं पाएंगे।

तो ?

बहुत होगा तो सीता साथ जाना चाहेंगी। यदि वे बहुत दृढ़ हुईं तो ले जाने में राम को आपत्ति भी नहीं होनी चाहिए। आखिर इतने दिनों से अनेक ताने-उपालंभ, बोलियां-ठोलियां — वे किस दिन के लिए सुन रही हैं। यदि साथ न गयीं तो कर्म का अवसर उन्हें फिर कब मिलेगा ? यदि जाना ही चाहें तो चलें, किंतु राम अपनी ओर से प्रोत्साहित नहीं करेंगे।

लक्ष्मण भी साथ जाना चाहेंगे ...या शायद वन-गमन के समर्थक होते हुए भी, इस प्रकार निर्वासित होकर जाना उन्हें अच्छा न लगे। शायद वे कैकेयी का विरोध करना चाहें, आवश्यकता होने पर सम्राट् के विरुद्ध विद्रोह करना चाहें। न उनमें व्यक्तिगत शौर्य की कमी है, न सैनिक-असैनिक संगठनों की सहायता की... आवश्यकता होने पर उन्हें साम्राज्य की सेना का भी समर्थन मिल जाएगा ... किंतु लक्ष्मण को समझाना होगा, इस प्रकार के किसी भी कृत्य से वन जाने का अवसर छिन जाएगा ...।

माता सुमित्रा तर्क करना चाहेंगी — राज्य के अधिकार के विषय में, क्षत्रिय के कर्तव्य के विषय में, वरदानों की वास्तविकता के विषय में, कैकेयी के अधिकार के विषय में, वन-गमन के औचित्य के विषय में ... उन्हें कैसे समझाया जाएगा कि इस समय राज्य-प्राप्ति के लिए संघर्ष से बड़ा धर्म अयोध्या-त्याग है।...

और माता कौसल्या! उन्हें तो किसी भी प्रकार नहीं समझाया जा सकता। वात्सल्य भी कभी यह मानेगा कि संतान-त्याग धर्म है — प्रतीक्षा क्या कभी सहमत होगी कि लक्ष्य पास आ जाए तो आंखें मूंद, दूसरी ओर मुड़ जाना चाहिए ? उनकी पीड़ा राम देख नहीं पाएंगे ...

...राम किसी को इतना समय नहीं देंगे कि कोई अपने ढंग से सोचकर कर्म करे और उन्हें रोक ले ... अयोध्या की स्तब्धावस्था में राम निकल गए तो निकल गए; विलंब हुआ तो नगर-द्वार बंद हो जाएंगे ...

कौसल्या के महल के सम्मुख राम ने सुमंत्र को रोक दिया। रथ से उतरकर बोले,

"आप लौट जाएं, आगे मैं स्वयं चला जाऊंगा।"

"मैं प्रतीक्षा करूंगा, राम!"

"नहीं, काका!" राम मुसकराए, "मेरी चिंता न करें। सम्राट् को आपकी आवश्यकता मुझसे कहीं अधिक है।"

राम ने कक्ष में प्रवेश किया।

माता कौसल्या के सम्मुख वेदी में अग्नि प्रज्वलित थी। उनके आस-पास अनेक आवश्यक वस्तुएं बिखरी पड़ी थीं — दही, अक्षत, घी, मोदक, हविष्य, धान का लावा, सफेद पुष्पों की माला, खीर, खिचड़ी, समिधा तथा जल से भरे हुए कलश। उन्होंने श्वेत रेशमी साड़ी पहनी हुई थी। वे व्रत के अनुष्ठान में दत्तचित्त इष्टदेव का तर्पण कर रही थीं।

राम के मन में कसक उठी — कितने उत्साह से मां उनके अभिषेक की तैयारियां कर रही थीं। राम उन्हें कैसे सूचना देंगे ? कह दें — मां! तुम्हारा यह संपूर्ण उल्लास अयथार्थ है। तुम्हारे पुत्र का न केवल अभिषेक ही नहीं होगा, अब वह चौदह वर्षों तक तुम्हारे निकट भी नहीं रह पायेगा। ...क्या अवस्था होगी मां के मन की ? वे यह धक्का झेल पाएंगी ? ... राम का मन उदास हो गया।

तत्काल उन्होंने स्वयं को संभाला। यदि इतनी-सी बात से विचलित हो गए, तो वे कभी भी अपना कर्तव्य पूरा नहीं कर पाएंगे। कोमल मन अथवा कोमल हाथ कर्तव्य-पूर्ति में कभी सहायक नहीं होते। उन्हें दृढ़ रहना होगा। तनिक-सी दुर्बलता से अवसर हाथ से निकल जाएगा। अभी तो सीता को भी सूचना देनी है। लक्ष्मण भी जानेंगे। सारे बंधु-बांधव, मित्र-गण, नगर-निवासी सुनेंगे ... राम को समझाएंगे, रोकेंगे, बाधा देंगे, साथ जाने का हठ करेंगे; पर राम को उन सबके निषेधों, उदास चेहरों तथा अश्रुओं के सागर में से तैरकर पार जाना होगा। मोह तथा कर्तव्य का निर्वाह साथ-साथ नहीं हो सकता। मोह को तोड़ना होगा — कठोर हुए बिना कभी कोई कर्तव्य पर पूरा नहीं उतरा।

कौसल्या अपने इष्टदेव से संबोधित थीं। उन्होंने राम का आना लक्ष्य नहीं किया। सहायता के लिए, पास बैठी सुमित्रा ने चेताया, "बहन! राम आए हैं।"

प्रकट ललक के साथ कौसल्या राम की ओर उन्मुख हुईं। उनकी आकृति पर उल्लास की असाधारण दीप्ति थी; आंखों में कामनापूर्ति की तृप्ति थी। किन्तु राम के मुख पर उल्लास का कोई चिह्न नहीं था। वे अत्यंत गंभीर, स्थिर तथा आत्मनियंत्रित लग रहे थे।

"क्या बात है, राम ?"

राम स्थिर दृष्टि से शून्य में देखते रहे; "मां! पिता प्रदत्त दो पूर्वतन वरदानों के आधार पर माता कैकेयी ने भरत को अयोध्या का राज्य और मुझे चौदह वर्षों के लिए दंडकारण्य का वास दिया है।"

कौसल्या ने अचकचा, पलकें झपक-झपककर, राम को देखा। नहीं, यह परिहास नहीं हो सकता। राम ऐसा परिहास नहीं कर सकता। वह सत्य कह रहा है...

कौसल्या स्तंभित खड़ी रह गयीं। उनकी सांस जहां की तहां थम गयी। प्राण-शक्ति जैसे किसी ने खींच ली। वर्ण सफेद हो गया; और माथे पर स्वेद कण उभर आये। *अपनी जीभ से होंठों को गीला करने में* भी उन्हें एक युग लग गया।

"राम!"...

"मैं जा रहा हूं, मां! विदा दो।"

राम ने झुककर कौसल्या के चरण छुए।

"तुम वन जाने का निश्चय त्याग नहीं सकते, पुत्र ?" कौसल्या कातर हो उठीं।

"असंभव!" राम का स्वर दृढ़ था।

कौसल्या ने भौंचक दृष्टि से राम को देखा। उनके चेहरे की दृढ़ता से, कौसल्या के मन की आशा का आधार जैसे अर्राकर गिर पड़ा; और साथ ही उनका शरीर भी झटके से भूमि पर चला आया।

सुमित्रा और राम ने लपककर, कौसल्या को संभाला और पलंग पर लिटा दिया।

कौसल्या ने धीरे से आंखें खोलकर राम को देखा और अपनी दृष्टि सुमित्रा पर टिका दी, "इसे रोक, सुमित्रा! कैकेयी तो बहाना है। यह स्वयं ही वन जाने को तुला बैठा है।"

कौसल्या की शक्ति जैसे समाप्त हो गयी; वे निढाल हो चुप हो गयीं।

सुमित्रा चुप न रह पायीं। बोली, "इस प्रकार के आदेशों को सवीकार करना क्या धर्म है, राम ? तुम अपना अधिकार ही नहीं छोड़ रहे, कैकेयी के अत्याचार का समर्थन भी कर रहे हो। अपने बल को पहचानो, पुत्र! तुम्हारे एक संकेत पर कोसल की प्रजा कामुक सम्राट् को मार्ग से हटा, तुम्हारा अभिषेक कर देगी। ... और प्रजा को भी रहने दो। अकेला लक्ष्मण इन दुष्टों को दंड देने में पूरी तरह समर्थ है।"

राम मुसकराए, "मां! धर्म क्या है, कहना बड़ा कठिन है। वह कब संघर्ष में है और कब त्याग में — इसकी परख आवश्यक है। पूर्ण सत्य हमारे सम्मुख प्रत्यक्ष नहीं होता। उस अज्ञात सत्य, उन अनदेखी परिस्थितियों के प्रति हमारा क्या दायित्व है — यह भी हम नहीं जानते। भाई-बांधवों की हत्याएं कर, रक्त के सरोवर में तैर, एक पिशाच के समान राजसिंहासन तक पहुंचना, मेरे जीवन का लक्ष्य नहीं है। इस समय वन जाना ही मेरा कर्तव्य है। मां! मैं न सम्राट् के बल से भयभीत हूं, न भरत के, अपने और लक्ष्मण के बल से भी अनभिज्ञ नहीं हूं। किंतु, अभी बल-प्रदर्शन का समय नहीं आया। मां! अभी मुझे जाने दो..."

"ठहरो, राम!" सुमित्रा का स्वर कुछ त्वरित था, "इतनी जल्दी न भागो। बताओ, सम्राट् ने एक बार भी अपने मुख से तुम्हें वन जाने को कहा है ?"

"नहीं।"

''फिर यह सम्राट् का आदेश कैसे है ?''

''आदेश की बात मैं नहीं कहता।'' राम मुसकराए, ''अपने कर्तव्य की बात कहता हूं। उसी के पालन के लिए जा रहा हूं।''

''पिता ने नहीं कहा, तो भी ?''

''डूबता हुआ आदमी न कहे, तो भी उसे बचाना कर्तव्य है।''

सुमित्रा कुछ ढीली पड़ीं। इस बार उनकी वाणी में पहले-जैसा आग्रह नहीं था, ''तुम्हारे अभिषेक का निर्णय राज-परिषद् ने एकमत से किया था। यदि सम्राट् ने परिषद् के निर्णय की इस प्रकार अवहेलना की तो परिषद् उनका विरोध करेगी। राज्य में विप्लव हो जाएगा। संभव है, सम्राट् और कैकेयी की हत्या कर दी जाए। तुम वन जाकर सम्राट् का अहित ही करोगे।''

राम मुसकराए, ''सम्राट् मुझे वन भेजें तो राज्य में विप्लव और रक्तपात होगा; न भेजें तो कैकेयी हठ और दुराग्रह कर अपने प्राण दे देगी। सम्राट् का अपवाद फैलेगा, वे लांछित होंगे। उनका यश, कीर्ति – सब-कुछ भस्मीभूत हो जाएगा। रुष्ट प्रजा और कीर्ति-मलिन सम्राट् एक साथ नहीं रह पाएंगे। ... समाधान एक ही है, मां! कि राम स्वयं वन चला जाए।''

''पर राम! ...''

''अब तर्क न करो, मां!'' राम अपनी मोहिनी मुसकान अधरों पर ले आए, ''नहीं तो तुम्हारा राम हार जाएगा।''

राम ने झुककर सुमित्रा और कौसल्या के चरण छुए; और सहज, मन्द गति से बाहर चले गए।

कौसल्या की दृष्टि चुपचाप राम का अनुसरण करती रही।

सुमित्रा ने अपनी भीगी आंखें पोंछ लीं, ''तुम्हारी दुष्टता का भी अंत नहीं, राम!''

सीता प्रतीक्षा कर रही थीं। ... प्रातः ही राम को बुलाने सुमंत्र आ गये थे। उन्होंने कहा था कि पिता से मिलकर वे शीघ्र लौट आएंगे। अब तक आए नहीं राम! ... सुमंत्र काफी चिंतित लग रहे थे। जाने चिंता किस बात की थी। संभव है, सुमंत्र की अपनी कोई निजी चिंता हो। संभव है, बहुत अधिक कार्य से वे परेशान हो उठे हों। संभव है, राम के विषय में ही चिंतित हों। ...

राम के विषय में चिंता ? रघुकुल के शक्तिशाली सम्राट् के ज्येष्ठ पुत्र के विषय में चिंता ? प्रजा उनसे प्रेम करती है, मंत्री उनके शील पर मुग्ध हैं, राज-परिषद् ने एकमत से उनके अभिषेक का निर्णय किया है। उस राम के विषय में किसी को चिंता हो सकती है ? और राम के व्यक्तिगत शौर्य से सीता भली प्रकार परिचित हैं ...

सीता मन-ही-मन पुलकित हो उठीं। राम के विषय में क्या चिंता ?

पर वे अभी तक लौटे क्यों नहीं ? वे कहीं और तो नहीं चले गए ? ...

संभव है, किसी काम से या वैसे ही मिलने के लिए माता कौसल्या के पास गये हों। कौसल्या-जैसी पति-प्रताड़िता स्त्री को राम-जैसा पुत्र ही जिला ले गया। एक पक्ष यदि पूर्णतः स्नेह-शून्य था तो दूसरे पक्ष ने उसकी भरपूर क्षतिपूर्ति की। ... पुत्र और माता का यह प्रेम, सीता के मन को सदा ही तरल कर देता था।

राम आए। उनकी मुद्रा गंभीर थी। सीता चकित हुईं — क्यों इतने गंभीर हैं ? कदाचित् राज्य-कार्य संबंधी कोई चिंता हो। ... सहसा सीता के मन में आनन्द की धारा फूट निकली। उन्होंने वक्र होंठों से मुसकराते हुए, नयनों की कोरों से राम को देखा — कहीं परिहास के लिए अभिनय तो नहीं कर रहे ? स्वभाव से अत्यंत गंभीर होते हुए भी, कभी-कभी हल्के क्षणों में राम अपने ऐसे ही कौतुक-भरे अभिनय से सीता को परेशान कर देते हैं; और जब सीता बहुत चिंतित हो उठती हैं, तो खिलखिलाकर हंस पड़ते हैं। ... आज फिर वैसी ही मुद्रा बनाए हैं। ...

"यह किस नाटक की भूमिका है, आर्यपुत्र! नटी का क्या रूप होगा ?"

पहली बार राम की गंभीरता उदासी में परिवर्तित हुई। प्रातः पिता के सम्मुख जाने के समय से अब तक में पहली बार उन्होंने स्वयं को ढीला छोड़ा। पिता की बात और थी — वे चिंतित थे, वृद्ध थे और कैकेयी के मोह में बंधे थे। माता कौसल्या, सुमित्रा और कैकेयी की बात भिन्न थी; उन सबके अपने मोह और अपनी सीमाएं थीं। ... पर सीता के सम्मुख वे अपनी चिंताएं, द्वंद्व और आशंकाएं प्रकट कर सकते हैं। अपनी पत्नी के सम्मुख मन नहीं खोल सके, तो फिर कहीं भी नहीं खोल सकेंगे ...

"अभिषेक नहीं होगा। चौदह वर्षों के दंडक-वास का आदेश हुआ है।" राम बोले, "नहीं जानता, प्रसन्न होनें की बात है अथवा उदास होने की। जाना तो था ही पर निर्वासन ..."

सीता ने राम को निहारा। नहीं ... यह परिहास नहीं है। उनकी मुद्रा, उनकी वाणी, उनके हाव-भाव बता रहे हैं, यह नाटक नहीं है — अभिनय नहीं है। यह यथार्थ है। तभी तो प्रातः सुमंत्र इतने उदास थे ...

सीता की मुद्रा के साथ-साथ उनकी वाणी भी गंभीर हो गयी, "आप इस आदेश का पालन करेंगे ?"

"और कोई विकल्प नहीं।"

सीता ने अपना संपूर्ण अस्तित्व, अपनी आंखों में भरकर, राम को पूरी तन्मयता के साथ देखा। एक गहन चिंतन, उस चिंतन से उबरकर निर्णय तक पहुंचने की स्थितियां उन्होंने चामत्कारिक शीघ्रता से पार कीं और बोलीं, "विकल्प नहीं है तो आदेश को हंसकर सिर-माथे पर लेना होगा। क्या-क्या तैयारी कर लूं ?"

राम मुग्ध हो उठे। मुग्धावस्था में परेशानी खो गयी। सीता वास्तविक संगिनी थीं — शब्द के सही अर्थों में। उन्होंने यह नहीं पूछा कि वनवास का आदेश किसने दिया,

क्यों दिया, उस आज्ञा को स्वीकार करने की बाध्यता क्या है ... सीता ने इस निर्णय से उन्हें टालना नहीं चाहा, समझाने का प्रयत्न नहीं, हठ नहीं ...। एक क्षण के लिए भी शंका नहीं, द्वंद्व नहीं, संकोच नहीं ... जिसकी संगिनी ऐसी हो, उसे किसी और का सहारा क्या करना है ? ...

"तुम तैयारी क्यों करोगी, सीते ? मैं वन जा रहा हूं, तुम्हें किसी ने राजप्रासाद छोड़ने को नहीं कहा।"

सीता मुसकराई, "मुझे अलग से कहने की आवश्यकता नहीं है। आदेशों से पति-पत्नी के संबंध बदल नहीं जाते।" सहसा उनका स्वर विस्मय से भर उठा, "कहीं आप अकेले जाने की बात तो नहीं सोच रहे ?"

राम का विषाद धुल गया। सीता के निष्कंप व्यवहार ने उनका आत्मविश्वास पूरी तरह लौटा दिया था। मां के रोने ने उन्हें विह्वल कर दिया था, सीता के व्यवहार से वे फिर स्थिर हो गये थे। लीलापूर्वक हंसकर बोले, "नहीं। सारा कुटुंब साथ चलेगा। ... आदेश मुझे मिला है तो मैं ही जाऊंगा।"

राम ने प्रात: से अंत तक की घटनाएं विस्तार से सीता को सुनाईं।

सीता ध्यान से सुनती रहीं; किंतु सुन लेने के पश्चात् भी उनका निर्णय नहीं बदला, "मैं कैसे मान लूं कि पति-पत्नी में भी आदेश केवल एक व्यक्ति को दिया जा सकता है। किसी कारण से कभी मुझे भी ऐसा ही कोई आदेश मिले तो क्या आप मुझे अकेली को वन भेजकर स्वयं राजप्रासाद में रह जाएंगे ?"

"तुम्हारी बात भिन्न है। तुम स्त्री हो। ..."

सीता ने राम की बात बीच में काट दी, "हमारा समाज यह भेद करता है, पर आप स्त्री-पुरुष के अधिकारों की समानता के समर्थक हैं, राम! आप कैसे कह सकते हैं कि आपका मेरे प्रति जो कर्तव्य है, वही मेरा आपके प्रति नहीं है ?"

"ठीक है। तुम्हारी इच्छा के विरुद्ध तुम्हें आयेध्या में छोड़कर नहीं जाऊंगा; पर कुछ बातें विचारणीय हैं। मां को बड़ी दु:खी मन:स्थिति में छोड़कर जा रहा हूं। पति-पत्नी एकरूप हैं। इसलिए एक ही समय में दो कार्य करने के लिए विभक्त हो जाते हैं। मेरी अनुपस्थिति में, मेरे स्थान पर, मेरी मां की देख-भाल करो।"

"बहुत बढ़िया।" सीता के अधरों पर एक तीखी मुसकान थी, "विवाह के पश्चात् के इन चारों वर्षों में, कुल-वृद्धाओं और सारी प्रजा द्वारा लगाए गये बंध्या होने के आरोप को इसलिए झेलती रही हूं कि आप कर्तव्य की पुकार पर वन जाएं तो मैं सोलहों श्रृंगार किए, मणि-माणिक्य के आभूषण पहने, सेवक-सेविकाओं तथा परिजनों से घिरी, माता कौसल्या की सेवा का नाटक करने के लिए, पीछे रह जाऊं। आप दिन-दिनभर बाहर जनता के कार्यों में व्यस्त रहें और पीछे मैं अकेली यह सोच-सोचकर तृप्त होती रही कि मेरे पति आत्मकेंद्रित, स्वार्थी मनुष्य नहीं हैं। उनमें पर-दु:ख-कातरता है। मैं अपने भीतर दमित ऊर्जा को सड़ते देखती रही और आपसे कहती रही कि मुझे

अधिक कार्य मिले, जिससे मेरा अस्तित्व भी सार्थक हो सके। आपने सदा यही कहा कि अभी अवसर नहीं आया। ... और आज, जब अवसर आया है कि मैं आपके साथ दंडक वन जाऊं; पीड़ित तथा त्रस्त जन-सामान्य के सीधे संपर्क में आऊं; उनके लिए कुछ कर अपने अस्तित्व को उपयोगी बनाऊं, तो आपकी मातृभक्ति, सास की सेवा के झूठे बहाने की आड़ में मुझे सड़ने-गलने के लिए यहां छोड़ जाना चाहती है। इससे तो कहीं अच्छा होता, मैं माता कौसल्या की बात मान, उनकी गोद में पौत्र डाल, उनके मन को संतोष देती।''

''सीते!'' राम ने अनुराग भरी दृष्टि से सीता को निहारा, ''मुझे गलत मत समझो। अयोध्या में नागरिक सुविधाओं और सुरक्षा के वातावरण के मध्य रहकर जन-कल्याण का कार्य करना और बात है; राक्षसों, दस्युओं, हिंस्र पशुओं से भरे उस बीहड़ वन में समय बिताना और बात। क्या तुम्हारे लिए वनवास सुविधाजनक होगा ?''

सीता के चेहरे का तेज उभरा। सुहाग भरी वाणी में तमककर बोलीं, ''सुविधाओं और सुरक्षाओं की बात मुझसे मत कीजिए। सुविधा की बात सोचनेवाला व्यक्ति कभी स्वार्थ से उबर सका है ? आज तक यही समझा है आपने मुझे ? राजप्रासाद का लालच मुझे न दें। जहां आप जाएंगे, मैं भी जाऊंगी।''

''मेरी बात नहीं मनोगी ?''

''यह बात नहीं मानूंगी।''

''लोग क्या कहेंगे।''

''उन्हें बुद्धि होगी तो कहेंगे कि सीता पति से प्रेम करती है।''

''नहीं, प्रिये!'' राम फिर गंभीर हो गये, ''मैं तुम्हारी क्षमताओं को जानता हूं, इसीलिए चाहता हूं कि तुम यहीं रहो। तुम यहां रहोगी तो मुझे वन में मां की चिन्ता नहीं सताएगी और ...'' राम ने रुककर सीता को देखा, ''प्रेम अथवा आदर्शों की भावुकता में यथार्थ को अनदेखा मत करो। वन में राजप्रासाद नहीं होते, सेना नहीं होती, प्रहरी नहीं होते। पेट की अंतड़ियां भूख से बिलबिलाकर टूट रही हों तो खाने को अन्न नहीं मिलता; सर्दी-गर्मी में उपयुक्त कपड़े नहीं मिलते।''

सीता का स्वर अत्यन्त विक्षोभपूर्ण हो उठा, ''तो आप यही समझते हैं कि सुख-सुविधापूर्ण जीवन के लिए मैं आपके साथ हूं! क्या आपने यही मानकर मुझसे विवाह किया था कि मैं भौतिक सुविधाओं के लिए ही बनी हूं। राम! मैं आपकी संगिनी हूं। मैं आपके संग चलूंगी।''

राम ने शांत भाव से तर्क रखा, ''चलना चाहो तो अवश्य चलो। पर सोचो, लोग क्या कहेंगे — मैंने तुमसे विवाह कर, वन में ले जाकर तुम्हें पीड़ित किया। सम्राट् सीरध्वज की पुत्री को चौदह वर्षों तक वन में भटकाया। क्या मैंने पति का कर्तव्य निभाया ?''

अपना क्षोभ छोड़ सीता मुसकरा पड़ीं, ''इतने स्वार्थी न बनो, राम! तनिक मेरी

ओर से भी सोचो — मैं पीछे राजमहल में रह गयी तो लोग मुझे क्या कहेंगे — वन की असुविधाओं के भय से मैंने पति का साथ छोड़ दिया — राम जैसे पति का। क्या मैंने पत्नी का कर्तव्य निभाया ?''

सहसा सीता का मुख कातर हो उठा, वाणी रुंध गयी, ''आपसे कुछ भी छिपा नहीं है। सम्राट् सीरध्वज ने मेरा पालन-पोषण अपनी आत्मजा के समान किया; किंतु संसार जानता है कि मैं अज्ञातकुलशीला, पृथ्वीपुत्री, सामान्य, अति साधारण स्त्री हूं। ... यदि आज मैं आपके साथ नहीं जाती तो संसार एक स्वर से कहेगा — पृथ्वीपुत्री, साधारण नारी सीता राजसी सुविधाओं के लोभ में अपना धर्म भूल गयी। भूखी थी, सुविधाएं देख लोलुप हो उठी। ... मुझे कलंकिनी न बनाएं, राम!''

राम ने देखा, सीता इस समय केवल नारी थी, जो अपने पुरुष से उचित व्यवहार मांग रही थी।

''सीते! मैं तुम्हें कलंकित करना नहीं चाहता। मैं तुम्हें अपने योग्य, समर्थ एवं सक्षम पत्नी के रूप में देखता हूं। अपनी चिन्ताएं कम करने के लिए ही चाहता हूं कि तुम पीछे सुरक्षित रहो, ताकि मैं निश्चिंत होकर अपना काम कर सकूं। तुम साथ हुईं और मैं तुम्हारी देख-भाल में लगा रहा तो अरक्षितों की रक्षा कैसे करूंगा; और अपने कर्तव्य में लगा रहा तो तुम्हारी रक्षा कौन करेगा ?''

सीता खिलखिलाकर हंस पड़ीं। खिलखिलाहट के झटके से आंखों में टंगे आंसू गिर पड़े। हंसी से आधे पुंछे, अपने गीले नेत्र राम की आंखों में डाल, लीलापूर्वक बोलीं, ''व्यर्थ वीरता का नाटक न करो, राम। जो अपनी पत्नी की रक्षा नहीं कर सकता, वह ऋषियों की रक्षा का लक्ष्य लेकर वन क्या करने जा रहा है।''

राम गंभीर हो गये।

तर्क ठीक था। उन्हें सोचना होगा, चुनौती को पहचानना होगा और उसका सामना करना होगा। कहीं वे अपनी क्षमता से बड़ा दायित्व उठाने का दंभ तो नहीं कर रहे ? ... फिर सीता पर्याप्त दृढ़ थीं। वे सचमुच साथ जाने पर तुली हुई थीं। इससे बड़ा सौभाग्य और क्या होगा कि पति-पत्नी का लक्ष्य एक हो; और वे लोग अपनी सम्मिलित शक्ति से जीवन को लक्ष्य की ओर ले चलें। व्यक्तिगत प्रतिबद्धता से पारिवारिक प्रतिबद्धता और अधिक सक्षम होती है। ...

''तो ठीक है, सीते! तुम भी चलो। माताओं से अनुमति ले लो। अपना धन-धान्य, आभूषण-सम्पत्ति — सब सुपात्रों को दान कर दो। धन-सम्पत्ति वन साथ नहीं जाएगी।''

परिचारिकाओं की सूचना से पूर्व ही, लक्ष्मण झंझावात के रूप में कक्ष में घुस आए।

राम ने देखा — लक्ष्मण के शरीर की एक-एक शिरा टूटने की सीमा तक तनी हुई थी। उनकी आंखों में भयंकर लपटें जल रही थीं, मानो वे नेत्र न हों, उल्काएं हों।

नथुने क्षण-क्षणभर में फड़क रहे थे। चेहरे का गौर वर्ण क्रोध से झुलसकर ताम्र वर्ण हो गया था।

"आ गए, उग्रदेव ?" सीता बहुत धीरे से मुसकराईं।

लक्ष्मण ने अपनी धुन में सीता की बात नहीं सुनी। वे राम से कुछ दूरी पर उनकी ओर देखते चुप खड़े हो गए, जैसे क्रोध के मारे समझ न पा रहे हों कि क्या कहें।

"समाचार मिल गया ?" राम शांत भाव से बोले।

लक्ष्मण कुछ और तप उठे, "समाचार मिल गया। और अपनी ओर से भी आपको एक समाचार ही देने आया हूं — लक्ष्मण के कंधों पर टंगे धनुष-बाण और कमर में बंधा खड्ग न तो बच्चों के खिलौने हैं, न शोभा की वस्तुएं। मैं अपने शस्त्रास्त्र लेकर जा रहा हूं। दुष्टा कैकेयी के मंत्र में बंधे नाग सरीखे, बूढ़े विषयी सम्राट् को बंदी कर, पिटारे में बंद कर ले आऊंगा, और यदि उन्होंने विरोध किया, तो नाग का फन कुचलना भी मुझे आता है। विष के मद में लहराना भूल जाएंगे। ... भरत के पक्ष में जो भी लड़ने आएगा, उसका वध कर दूंगा।"

लक्ष्मण के क्रोध से पूर्णतः अप्रभावित राम शांत खड़े रहे। पति-पत्नी में समझौते की एक मुसकान का आदान-प्रदान हुआ।

"आवेश का शमन करो, लक्ष्मण। अभी उसकी आवश्यकता नहीं। जैसा तुमने अभी कहा है, वैसा तुम कुछ भी नहीं करोगे — यह मेरा आदेश है।"

"भैया!" लक्ष्मण तड़प उठे, "ऐसा आदेश न दें। अन्याय का प्रतिरोध न करना अधर्म है।"

"भैया! मुझे बालक समझकर, मेरी बात को हंसी में न टालें।" लक्ष्मण अनुरोध के स्वर में बोले, "आप यह न समझें कि यदि आप पिता की आज्ञा का पालन नहीं करेंगे, तो मर्यादा-भंग के कारण आपकी लोकप्रियता कम हो जायेगी। ... मेरी मां कहती हैं कि राम का पक्ष न्याय का पक्ष है। सारी प्रजा यही मानती है। अन्यायपूर्ण आज्ञा की अवज्ञा को धर्म माना जाता है। मर्यादा कभी रूढ़ नहीं होती। देश-काल के अनुसार उसका रूप बदल जाता है। आप मेरी बात मानें, भैया! ... इस आज्ञा का उल्लंघन करें।"

"तुम ठीक कहते हो, देवर!" सीता बोलीं, "मैं भी तब से इन्हें यहीं समझा रही हूं; किंतु पत्नी के कहे में चलने की परम्परा वाले इस रघुवंश में जन्म लेकर भी तुम्हारे भैया मेरी बात नहीं मान रहे हैं।"

"देवि! यह वंश केवल पत्नी के कहे में चलने की परम्परा वाला ही नहीं, एकाधिक विवाह कर, ज्येष्ठ पत्नी का तिरस्कार करने वाला भी है। मैंने उस परंपरा का भी पालन नहीं किया है।" राम मुसकराकर मुड़े, "लक्ष्मण! तुम अपने आवेश में अनेक बातें भूल रहे हो। मैंने ऋषि विश्वामित्र को एक वचन दिया था। तुम चाहते हो कि आज जब मुझे अपना वचन पूरा करने का अवसर मिल रहा है, मैं अन्य सामान्य

राजकुमारों के समान सिंहासन के लिए झगड़ा करूं; अपने बंधु-बांधवों, परिजनों की हत्याएं करूं। ... लक्ष्मण! यह वनवास नहीं, मेरे जीवन का अभ्युदय है; संकीर्ण राजनीति से उबर, व्यापक मानवीय कर्तव्य निभाने का अद्वितीय अवसर है। ..."

लक्ष्मण का क्षोभ विलीन हो गया था। संकुचित-से होकर बोले, "मैं भूल गया था, भैया! ... हमें वन जाना चाहिए ..."

राम का ध्यान लक्ष्मण की बात से हटकर, उनकी भंगिमा पर आकर टिक गया। वे 'आपको वन जाना चाहिए' न कहकर, 'हमें वन जाना चाहिए' कह रहे थे।

"हो गये न तुम भी तैयार!" सीता कौतुकपूर्वक बोलीं, "यह भी छूत की बीमारी है।"

"ठहरो, भाभी!" लक्ष्मण पुनर्विचार करते हुए बोले, "भैया! यह भी तो हो सकता है कि आप अयोध्या का शासन अपने हाथ में लें — कम-से-कम दुष्टा कैकेयी के हाथ में तो उसे न ही छोड़ें। फिर अपनी सेना सहित दंडक के राक्षसों और उनके संरक्षक रावण से जा टकराएं।"

"एक मार्ग यह भी है।" राम ने स्वीकार किया, "किंतु यदि यह मार्ग व्यावहारिक होता तो कदाचित दंडक वन को इतनी लंबी प्रतीक्षा न करनी पड़ती। कोई भी सम्राट् यह कार्य कर चुका होता। लक्ष्मण! सैनिक अभियानों से जन-सामान्य की असुविधाएं दूर नहीं होतीं। सेना विजय दिला सकती है, क्रांति नहीं ला सकती। प्रत्येक समस्या का समाधान सेना नहीं है। जन-क्रांति जन-जागृति से होती है और उसकी आकांक्षा जनता के भीतर से उत्पन्न होती है। ऊपर से थोपी हुई सैनिक क्रांतियां सदा निष्फल होती हैं। ... ऋषि विश्वामित्र ने बताया था सेनाओं के जाने की सुविधाएं भी उन वनों में नहीं हैं। हम उन वनों से परिचित भी नहीं हैं। सेना को ले जाने के लिए जो प्रबंध वहां होना चाहिए, वह भी कदाचित् हमारे लिए व्यावहारिक नहीं है। इतनी बड़ी सेना, उसके वाहनों और शस्त्रास्त्रों को ले जाना, भोजन-पानी का प्रबंध करना, उसके ठहराए जाने की व्यवस्था करना —इतने में तो वन-के-वन उजड़ जाएंगे; और जिनकी रक्षा के लिए सेना जाएगी, वे ही लोग सेना के विरुद्ध हो जाएंगे। वैसे भी अपने राज्य से इतनी दूर इतने बड़े सैनिक अभियान में विजय प्राप्त करना असंभव-सा है। गुरु विश्वामित्र ने कहा था, मुझे अकेले जाना होगा। राजसी वेश में जाऊंगा, तो जन-साधारण दूर से प्रणाम कर लौट जाएंगे। जन-साधारण अपनी असुविधाओं को वाणी नहीं देता — विशेषकर शासक वर्ग के सामने। वह डरता है कि उसके असुविधा-वर्णन को शासन अपनी निंदा, विरोध अथवा त्रुटि-दर्शन न मान ले। यह कार्य केवल निःस्वार्थ, साहसी बुद्धिजीवी कर सकते हैं: वे द्रष्टा, ऋषि-मुनि, जो राज्याश्रय को तुच्छ मान, वनों में अपने आश्रम बनाकर वास कर रहे हैं। वे लोग राज्याश्रय को महत्त्व नहीं देते, अतः वे राज्य से अपनी रक्षा की याचना करने भी नहीं आएंगे। गुरु ने स्पष्ट कहा था, मुझे तापस वेश में उन ऋषियों के निकट जाकर, उनसे समान धरातल पर मिलना होगा और उनकी याचना के

बिना ही उनकी रक्षा करनी हागी। यदि किसी समय मेरा व्यक्तिगत बल तथा दिव्यास्त्रों का ज्ञान उनकी रक्षा में असमर्थ हुआ तो सेना की आवश्यकता पड़ेगी। किंतु लक्ष्मण! वह सेना अयोध्या की वेतन-भोगी सेना नहीं होगी।''

''कौन-सी सेना होगी ?'' लक्ष्मण हैरान थे।

''कोई बाहरी सेना आकर किसी के लिए कोई युद्ध जीत दे तो निश्चित रूप से वह कार्य नहीं हो सकता, जो जन-सामान्य में जागृति लाकर; उन्हीं को प्रबुद्ध बनाकर, उसी पीड़ित, जाग्रत जनता के बीच में से तैयार की गयी सेना से हो सकता है। लक्ष्मण! मैं नहीं जानता कि मुझे सेना की आवश्यकता कहां पड़ेगी, कब पड़ेगी, कौन-सी सेना मेरी सहायता के लिए प्रस्तुत होगी। किंतु जिस कार्य के लिए राम दंडक जा रहा है, वह यही है कि प्रत्येक जन-साधारण अपनी रक्षा के लिए प्रबुद्ध हो, सचेत हो, स्वाश्रित हो। उसमें प्राण फूंकना मेरा कार्य है — उन्हें मार्ग दिखाना, उनका नेतृत्व करना। जब जनता जाग उठती है तो बड़े-से-बड़ा अत्याचारी भी उसके सम्मुख टिक नही सकता। इसलिए मैं तापस वेश में एकाकी ही वन जाऊंगा।''

''यह सब ठीक है, भैया!'' लक्ष्मण के मन में अब भी अड़चनें थीं, ''फिर भी अयोध्या का राज्य कैकेयी के हाथों में छोड़ इस प्रकार निष्कासित होकर जाना तो शोभा नहीं देता। सत्ता पर अधिकार कर, उसे किसी उचित व्यक्ति को सौंपकर भी तो वन जाया जा सकता है।''

''राज्य जन-कल्याण के लिए होना चाहिए,'' राम बोले, ''प्रजा के दमन और हत्या के लिए नहीं। अतः राज-सिंहासन से अनावश्यक चिपकना मेरे लिए आसक्ति से अधिक कुछ नहीं; और आसक्ति सदा अन्याय की जननी होती है। ... और लक्ष्मण!'' राम मुसकराए, ''एक बार स्पष्ट हो गया कि बाध्य होकर नहीं, मैं स्वेच्छा से वन जा रहा हूं तो मेरे प्रियजन मुझे कभी वन जाने नहीं देंगे। माता कौसल्या सिर पटककर प्राण दे देंगी, किंतु मुझे जाने नहीं देंगी। भ्रम बना रहने दो ...''

लक्ष्मण के विरोध और प्रश्न मिट गए; विघ्न और जिज्ञासाएं पिघल गयीं। मन में एक उत्साह और उल्लास छा गया। आंखों में चमक आ गयी, ''कितना आनन्द रहेगा, भैया! सिद्धाश्रम-यात्रा की स्मृति आज तक मेरे मन में कभी-कभी टीस उठती है। ...''

लक्ष्मण अपने भीतर स्मृतियों में खो गए।

राम लक्ष्मण के मन की बात समझते रहे और मुसकराते रहे। फिर बाधा देते हुए बोले, ''किंतु लक्ष्मण! वनवास का आदेश केवल मुझे हुआ है।''

''ठीक है।'' लक्ष्मण ने कौतुक भरी आंखों से भाई को देखा, ''युवराजाभिषेक करवाते हुए 'केवल मुझे' वाली भाषा बोलते तो कोई बात भी थी। वनवास के लिए 'केवल मैं' कुछ शोभा नहीं देता। गुरु विश्वामित्र ने भी केवल आपको ही मांगा था, सम्राट् ने भी केवल आपको ही भेजा था — किंतु यह अकिंचन फिर भी साथ गया था।''

राम हंस पड़े, ''तो तुम साथ जाओगे ही ?''

''कोई विकल्प नहीं।'' लक्ष्मण भी हंस पड़े, ''मेरी मां कहती हैं, भैया राम का साथ कभी मत छोड़ो।''

राम गंभीर हो गए, ''तुम्हें साथ ले जाने में मुझे कोई आपत्ति नहीं है, सौमित्र! साथ रहोगे तो सुविधा भी रहेगी और संगति भी। किन्तु ...''

''क्या भैया ?''

''जिन परिस्थितियों में मैं अयोध्या छोड़ रहा हूं, वे असाधारण हैं। यहां द्वेष और प्रतिहिंसा का विष फैला हुआ है। यदि तुम भी मेरे साथ चले जाओगे, तो पीछे माता कौसल्या और माता सुमित्रा के भरण-पोषण और उनकी सुरक्षा का दायित्व किस पर होगा ? यदि पीछे अयोध्या में रहकर तुम उनकी देख-भाल करो तो मैं निश्चिंत होकर दंडक जा सकूंगा।''

''नहीं, भैया!'' लक्ष्मण ने निषेध की मुद्रा में सिर हिला दिया, ''इसकी आवश्यकता नहीं पड़ेगी। एक तो सम्राट् अभी विद्यमान हैं, फिर यदि पीछे भरत हैं तो शत्रुघ्न भी हैं। माताओं का अनिष्ट नहीं हो पाएगा। अपने भरण-पोषण के लिए उनके पास पर्याप्त धन है। आप चाहें तो जाने से पहले कुछ और व्यवस्था भी की जा सकती है। रक्षा के लिए उनके पास विश्वसनीय सैनिक और सेवक हैं। और फिर चाहे माता कौसल्या न हों, पर माता सुमित्रा दोनों की रक्षा में पूर्णतः समर्थ हैं। मेरी मा कहती हैं, वह क्षत्राणी ही क्या, जो अपनी रक्षा न कर सके।''

राम अपनी गंभीरता छोड़ नहीं पाए, ''दूसरा चिंतनीय विषय यह है, लक्ष्मण! कि चौदह वर्षों पश्चात् जब तुम वन से लौटोगे, तब तक तुम्हारा विवाह-योग्य वय व्यतीत हो चुका होगा ...''

लक्ष्मण ठहाका मारकर हंस पड़े, ''जिस वय में पूज्य पिताजी ने कैकेयी से विवाह किया था, क्या मेरा वय उससे भी अधिक हो जाएगा ?''

राम भी स्वयं को रोक नहीं पाए। खिलखिलाकर हंस पड़े।

''तो फिर सेना की चिंता क्यों करते हो, देवर!'' सीता ने हंसी में सम्मिलित होते हुए कहा, ''तुम और तुम्हारी पत्नियों की सेना क्या नहीं कर पाएगी ?''

लक्ष्मण विदा लेने चले गए और सीता विभिन्न व्यवस्थाओं में लग गयीं। राम पुनः अनमने हो गए। एक प्रश्न तेज आरी के समान उनके मस्तिष्क के तंतुओं को आहत कर रहा था।

... आखिर राज्य-प्राप्ति का प्रयत्न कोई क्यों करता है ? शासनाधिकार किसलिए होता है ? राजनीतिक शक्ति की आवश्यकता ही क्यों पड़ती है ? राम को राज्य का मोह नहीं है। उन्हें धन-धान्य, संपत्ति-विलास, ऐश्वर्य — किसी वस्तु का मोह नहीं है। वे तो स्वयं ही अवसर की प्रतीक्षा में थे कि किसी प्रकार इस जंजाल से निकलकर वनों

में जा सकें, जहां मानवता का वास्तविक संघर्ष चल रहा है। यदि उन्हें राजसी जीवन के किसी एक पक्ष से भी मोह होता तो वनों में जाकर वे ऋषियों की रक्षा का संकल्प क्यों करते ?

पर कैकेयी ने भरत के लिए राज्य क्यों चाहा है ?

कैकेयी ने शायद यह सोचा है कि राज्य राम को मिल गया तो भरत के पास धन नहीं रहेगा। उसे भोग-विलास की सामग्री उपलब्ध नहीं हो पाएगी ... सेवक-सेविकाएं नहीं रहेंगी, सुख के साधन नहीं रहेंगे। ... पर राम को यह सब नहीं चाहिए, इसलिए भरत के राजा बनने पर राम का कुछ नहीं छिनेगा। राम तो स्वेच्छा से धन की माया को छोड़ रहे हैं ...

किंतु शासनाधिकार धन-प्राप्ति के लिए होता है। धनार्जन की एक व्यवस्था बना दी जाती है, और शासन उस व्यवस्था की रक्षा करता है। तो शासनाधिकार, मूलतः किसी विशिष्ट आर्थिक ढांचे की सुरक्षा के लिए होता है। एक विशेष प्रकार की आर्थिक व्यवस्था, एक विशिष्ट शासन-तंत्र की अपेक्षा करती है। राजनीतिक व्यवस्था के बदलते ही आर्थिक व्यवस्था और उस आर्थिक व्यवस्था पर आधृत सामाजिक व्यवस्था भी बदल जाती है...

कैकेयी ने राज्याधिकार कदाचित् भरत के भोग के लिए चाहा है। यदि यही यथार्थ है तो भरत भोगी राजा होकर रहेगा। कर्तव्यपारायण शासक वह कदापि नहीं बनेगा। और यदि वह अपना दायित्व नहीं समझेगा तो वह जनता का रक्षक न होकर उसका शोषक होगा।

राम वन क्यों जा रहे हैं ? विश्वामित्र तथा अन्य ऋषि, पूंजी तथा हिंसा पर आश्रित, राज-शक्तियों का नाश क्यों चाहते हैं ? — राम के मन में बहुत सारे प्रश्न उभर रहे थे — बहुत सारे विचार —ऊहापोह ...

विश्वामित्र क्या चाहते थे ? यही तो कि वे अपने आश्रम को ज्ञान के आदान-प्रदान का केन्द्र बना सकें। सिद्धाश्रम के अड़ोस-पड़ोस में बसने वाले लोगों — आर्य, नाग, शबर, किरात, भील — यहां तक कि संभव हो तो राक्षसों को भी सुसंस्कृत कर सकें। सबको मानव-समता के आधार पर सम्मानपूर्वक आजीविका अर्जित करने और अपने व्यक्तित्व के पूर्ण विकास का अवसर दे सकें। पर वे सफल क्यों नहीं हो सके? कौन रोक रहा था उन्हें ? यदि बहुलाश्व के स्थान पर, वहां कोई न्यायी शासन-प्रतिनिधि होता, तो विश्वामित्र क्या इतने अशक्त होते ? क्या गहन की वैसी अमानुषिक हत्या होती ? क्या गहन के परिवार की स्त्रियों के साथ ऐसा अत्याचार हो पाता ? ... यह सब-कुछ केवल इसलिए हुआ क्योंकि विश्वामित्र के पास राजनीतिक शक्ति नहीं थी।

अगस्त्य, सुतीक्ष्ण, शरभंग, भरद्वाज, वाल्मीकि — सभी ऋषि अपनी संपूर्ण तपस्या, बुद्धि, ज्ञान, शक्ति एवं आस्था के साथ मानवता के विकास में दत्तचित्त हैं

—किंतु जन-जातियों के जागरण से, उनके सक्षम और स्वावलंबी हो जाने से, राक्षसों द्वारा उनके शोषण की संभावना समाप्त हो जाएगी। ऐसी स्थिति में राक्षसों की राजनीतिक शक्ति ऋषि-कार्यों का समर्थन कैसे कर सकती है ? राक्षस अपने संपूर्ण शासन-तंत्र को इन ऋषियों के विरोध में लगाए हुए हैं। ...

सहस्रार्जुन आर्य सम्राट् था — महान भार्गव ऋषियों का शिष्य। किंतु अपनी शक्ति के मद में वह राक्षस हो गया था — रावण का मित्र। स्वयं भार्गव परशुराम, महिष्मती में उपस्थित होते हुए भी, तब तक कुछ नहीं कर सके, जब तक राजनीतिक शक्ति हैहयराज के हाथ में थी। अंततः उन्हें उस अन्यायी राजनीतिक शक्ति को मिटाना ही पड़ा। एक कीर्तवीर्य सहस्रार्जुन ही क्यों, उन्होंने अनेक क्षत्रिय राजपरिवारों का समूल नाश किया। जब राज्य अन्याय तथा अत्याचार का प्रतीक बन जाए तो उसका मिटना अवश्यंभावी हो जाता है।

... कोई संदेह नहीं कि बड़े यत्न से विकसित की गयी प्रगतिशील, न्यायपूर्ण, मानवीय संस्कृति तथा सामाजिक व्यवस्था को भी प्रतिकूल, प्रतिक्रियावादी, प्रतिगामी राजशक्ति अत्यंत थोड़े से ही समय में समाप्त कर सकती है। अतः मानव समता के सिद्धांत पर आश्रित, न्यायपूर्ण समाज के विकास के लिए पहली शर्त है राजनीतिक शक्ति को हस्तगत करना ...

और राम क्या कर रहे हैं ? हाथ में आयी कोसल की राजशक्ति, भरत के हाथ में देकर, उसके मार्ग से हटकर, चौदह वर्षों के लिए बहुत दूर चले जा रहे हैं। वे रावण की राक्षसी सत्ता के नाश के लिए वन जा रहे हैं — और यदि उनकी अनुपस्थिति में कैकेयी तथा भरत ने मिलकर, कोसल में ही राक्षसी राज्य स्थापित कर दिया तो ? कौन कह सकता है कि प्रतिहिंसा में उद्भ्रांत कैकेयी के हाथ में आकर शासन, न्याय की परम्परा से हट नहीं जाएगा ? राम भरत को जानते हैं। भरत पर उन्हें पूरा विश्वास है —वह अन्यायी नहीं होगा। किंतु जानते तो वे कैकेयी को भी थे। आज से पूर्व कौन कह सकता था कि कैकेयी इतनी क्रूर हो सकेगी। किसी अन्य घटना के कारण, भरत में भी अपनी मां के समान प्रतिहिंसा और घृणा का विस्फोट नहीं होगा — कौन कह सकता है। बिना उचित परीक्षण के, भरत के विषय में कुछ कहना संभव नही है। यदि कैकेयी ने भरत के विलास और भोग के लिए राज्य चाहा है, और भरत ने उसका सचमुच वैसा ही उपयोग किया, तो अयोध्या और लंका में कोई भेद रह पाएगा क्या ? लंका तो फिर आर्यावर्त्त से बाहर, दूर समुद्र के पास बसी हुई है — अयोध्या आर्यावर्त्त के मध्य में है। अयोध्या में कैकेयी अथवा भरत द्वारा स्थापित राक्षसी राज्य अधिक घातक हो सकता है।

सहसा राम चौंक उठे —कैकेयी की बात और है। उसमें तीव्र स्नेह और घृणा का विरल सम्मिश्रण है। उदात्त भावनाओं के जागने पर वह अत्यन्त उदार; और क्रूर क्षणों में हिंस्र तथा अधम हो सकती है। पर क्या उन्हें भरत पर भी विश्वास नहीं है ?

क्या उनकी व्यक्ति की परख इतनी कच्ची है ?

कुछ भी हो, भरत की पहचान आवश्यक थी। भरत पर उन्होंने कभी संदेह नहीं किया था। उनके चरित्र, उनकी निःस्वार्थता, उनकी कर्तव्य-परायणता, उनकी मानवीयता — किसी भी संदर्भ में राम को तनिक भी संदेह नहीं था। पर फिर भी कैकेयी के व्यवहार ने राम को चेता दिया था। अब उन्हें प्रत्येक पग पर सावधान रहना होगा। किसी को भी उसके बाहरी रूपाकार, व्यवहार तथा वार्तालाप के आधार पर स्वीकार नहीं करना होगा। सबका परीक्षण ... और सावधानी ... यदि भरत परीक्षण में खरे उतरे तो उनके राज्य में कोसल की जनता का अहित नहीं होगा। ऐसी व्यवस्था में राम निःशंक दंडक जा सकेंगे ... पर उस परीक्षा से पहले, उन्हें अयोध्या में अपनी अनुपस्थिति के समय तक के लिए, अनेक प्रबंध करने होंगे ... माता कौसल्या तथा सुमित्रा की रक्षा का प्रबंध। अपने सेवकों, मित्रों, समर्थकों, शुभाकांक्षियों की रक्षा तथा भरण-पोषण का प्रबंध। ... और राजनीति को सुमार्ग पर चलाए रखने का प्रबंध ... सूचनाएं प्राप्त करने का प्रबंध ... यह सारी व्यवस्था किए बिना राम अयोध्या नहीं छोड़ सकते ...

थोड़ी देर में लक्ष्मण लौट आएंगे। तब वन-प्रस्थान की तैयारी आरम्भ हो जाएगी। राम को उससे पूर्व ही व्यवस्था कर लेनी चाहिए ... व्यवस्था ... किस प्रकार की व्यवस्था ? ... पिता वृद्ध हैं — अशक्त। गुरु वसिष्ठ वृद्ध भी हैं, अशक्त भी और मर्यादावादी राजभक्त भी। ... लक्ष्मण उनके साथ ही वन जा रहे हैं। भरत के विषय में अभी कुछ कहा नहीं जा सकता। शत्रुघ्न भरत के प्रभाव में है। ... तो फिर कौन ? माता सुमित्रा ? वे अकेली सक्षम नहीं होंगी। उनकी सहायता के लिए कौन ? ... राम की आंखों के सम्मुख अनेक संज्ञाएं ... अनेक आकृतियां उभरने लगीं ... गुरुपुत्र सुयज्ञ ... माता कौसल्या के शुभाकांक्षी यजुर्वेदीय तैत्तिरीय शाखा के आचार्य ... सूत और सचिव चित्ररथ ... कठशाखा और कलाप शाखा के दंडधारी ब्रह्मचारी ... माता कौसल्या के प्रिय मेखलाधारी ब्रह्मचारी ... गर्ग गोत्रीय ब्राह्मण त्रिजट ... लक्ष्मण के विभिन्न युवा-संगठन — समस्त कर्मचारी ... किसी एक को नहीं, इन सबको सामूहिक रूप से दायित्व सौंपकर, कदाचित् राम निश्िंचत होकर जा सकें ...

"सीते!"

"जी।"

"किसी को माता सुमित्रा के महल में भेजो और लक्ष्मण को कहलवाओ कि लौटते हुए, गुरु वसिष्ठ के आश्रम में रखे हुए, महात्मा जनक द्वारा हमें दिए गए दिव्य धनुष, दिव्य कवच, तूणीर, सुवर्ण भूषित खंग, ऋषि विश्वामित्र द्वारा प्रदत्त दिव्यास्त्र तथा अन्य शस्त्रास्त्र अपने साथ लेते आएं। साथ ही सुयज्ञ, चित्ररथ तथा त्रिजट को संदेश भिजवा दें कि मैं उनसे शीघ्रातिशीघ्र मिलना चाहता हूं।" राम रुके, "और तुम भी माताओं से मिल आओ। मैं पुनः उनके सामने पड़ना नहीं चाहता।"

"जी, अच्छा!"

लक्ष्मण लौटे तो न केवल वे स्वयं साधारण अस्त्र-शस्त्रों तथा दिव्यास्त्रों से लदे हुए थे, वरन् उनके साथ आने वाले सुयज्ञ और समिधा, चित्ररथ तथा अन्य मित्र भी बहुत सारे अस्त्र-शस्त्र संभाले हुए थे। लगता था, लक्ष्मण अपने साथ एक संपूर्ण शस्त्रागार ही उठा लाए हैं।

राम ने सहास अपने मित्रों का स्वागत किया और उन्हें आसन दिया।

शस्त्रास्त्र एक ओर रखकर वे बैठ गए। आगंतुकों में से किसी के भी चेहरे पर न हास था, न उल्लास। सबके मन भारी थे।

"आपने सुना, भैया!" लक्ष्मण बोले।

"क्या ?"

"अभी-अभी कुछ राजाज्ञाओं की घोषणा की गई है।" लक्ष्मण ने बताया, "उनके अनुसार सम्राट् के अंग-रक्षक दल का अधिकार-क्षेत्र सम्राट् के राजप्रासाद तक ही सीमित रहेगा; नगर का दयित्व पुनः साम्राज्य की तीसरी स्थायी सेना का होगा। उन्हें वापस बुलाने के लिए चर दौड़ा दिए गए हैं। तब तक नगर-रक्षा का दायित्व कैकेयी के अंग-रक्षक करेंगे। निजी सेनाओं पर से नियंत्रण हटा लिये गए हैं तथा न्याय-समिति-सचिव पुष्कल को मुक्त कर पुनः अपने पद पर आसीन किया गया है।"

"अर्थात् सम्राट् के सभी आदेश उलट दिए गए हैं।" राम मुसकराए, "इसमें आश्चर्य की क्या बात है, सौमित्र! यह तो देर-सबेर सुनना ही था।"

"किंतु हम क्या सुन रहे हैं, राम!" सुयज्ञ बाले।

"तुमने ठीक सुना है, मित्र!" राम मुसकराए।

"पर, राम! ..."

"सुनो, बंधु!" राम ने सुयज्ञ की बात काट दी, "मेरी अशिष्टता क्षमा करना, किंतु समय ही ऐसा है। यह निश्चित हो चुका है कि हम लोग वन जा रहे हैं। इस संदर्भ में मुझे समझाना, बाधा देना या साथ चलने का आग्रह व्यर्थ है। तुम लोग अयोध्या की ओर से निश्चिंत होकर जाने में मेरी सहायता करो। मैं जा रहा हूं, किंतु माता कौसल्या, माता सुमित्रा, अयोध्या की प्रजा तथा अयोध्या का राज्य पीछे छोड़े जा रहा हूं। इन सब का दायित्व तुम लोगों पर है। ऐसा न हो कि लौटूं तो पाऊं कि अयोध्या नगरी भी दंडकारण्य बन चुकी है। ...'

"स्पष्ट कहो, राम!" सुयज्ञ बोले, "हमसे क्या अपेक्षित है ?"

"तुम्हें देखना है, मित्र! कोई अवश सम्राट्, दोनों माताओं तथा अयोध्या की प्रजा के साथ दुर्व्यवहार न करे। सबका भरण-पोषण न्यायोचित ढंग से हो। अयोध्या में मानवीय समता के आधार पर न्यायपूर्ण राज्य हो। यहां स्वर्ण, हिंसा तथा मदिरा का प्रभुत्व न हो। वर्ग-भेद, साम्प्रदायिकता तथा अन्य मानवीय विभाजनों को प्रोत्साहन न मिले, जिससे मानव द्वारा मानव का शोषण बढ़े। प्रजा तथा राज्य की उचित रक्षा हो।

विलास का तांडव यहां न हो। ऐसा करने के लिए, मित्र सुयज्ञ ! अपने सहायक, सहयोगी बुद्धिजीवी वर्ग के प्रभाव का सदुपयोग करोगे। मित्र चित्ररथ! तुम मंत्रियों, अमात्यों, राज्य-परिषद् के सदस्यों तथा राजपुरुषों पर दृष्टि रखोगे। आवश्यक होने पर उन्हें सतर्क करोगे और उन्हें उचित मार्ग का इंगित करोगे। और मित्रो!'' वे अन्य आगंतुकों की ओर मुड़े, ''सामान्य प्रजा का सुख-दुःख देखने, उससे संपर्क बनाए रखने, उसकी रक्षा करने और उसकी बात मुझ तक पहुंचाने का कार्य मैं आप युवा संगठनों के अध्यक्षों, यजुर्वेदीय तैत्तिरीय शाखा के आचार्य, कठशाखा तथा कलाप शाखा के दंडधारी ब्रह्मचारियों तथा माता कौसल्या के प्रिय मेखलाधारी ब्रह्ममचारियों पर छोड़ रहा हूं। आप लोग जन-सामान्य से मिलते-जुलते हैं, संपर्क बनाए रखते हैं — आपके लिए यह कार्य कठिन नहीं होगा।''

''राघव ! हम सहर्ष इस दायित्व को स्वीकार करते हैं।'' चित्ररथ बोले, ''यह आपका ही नहीं, हमारा अपना काम है। आप चिंता न करें। आपकी सावधानी सर्वथा उचित है। पर यदि कोई अनिष्टकारी स्थिति आ जाए, और हमारे संभाले न संभले तो उसकी सूचना आपको कैसे दी जाए ?''

राम मुसकराए, ''आप सावधान रहेंगे तो ऐसी स्थिति नहीं आएगी। आ गयी तो लक्ष्मण को अयोध्या लौटना होगा। वैसे ... सरयू पार करते ही अयोध्या से बाहर त्रिजट का आश्रम है। उसे भी मैंने बुलाया है। वह किसी भी क्षण आ सकता है। आप उस तक सूचना पहुंचा दें। वह उस सूचना को अगले पड़ाव तक पहुंचा देगा। इस प्रकार एक-एक पड़ाव चलती हुई वह सूचना मुझ तक पहुंच जाएगी।''

सुयज्ञ और चित्ररथ ने सिर हिला दिए। उनका मन कुछ हल्का हो गया था। राम उनसे दूर अवश्य जा रहे थे, किंतु उनसे असंपृक्त हो जाने की आशंका नहीं थी।

राम पुनः बोले, ''सुयज्ञ! व्यवस्था का थोड़ा कार्य शेष है। अपने कर्मचारियों के व्यय के लिए मैंने पर्याप्त धन सौंप दिया है। फिर भी चाहता हूं कि मेरी अनुपस्थिति में मेरे कर्मचारियों, मित्रों, संबंधियों, अयोध्या के आश्रमों तथा जन-कल्याण में लगी संस्थाओं को आर्थिक संकट न झेलना पड़े; इसलिए शेष धन तुम मेरी ओर से ग्रहण करो; उसकी रक्षा करो और अवसर देखकर उचित व्यय करो। और मित्र! जानकी अपनी सखी आर्या समिधा को उपहार-स्वरूप कुछ हार, सुवर्ण सूत्र, करधनी, अंगद तथा केयूर देना चाहती हैं। आर्या समिधा उन्हें स्वीकार करें। अपना हाथी, शत्रुंजय, मैं तुम्हें अपनी स्मृति-स्वरूप दिए जाता हूं।''

राम ने थमकर एक दृष्टि सारे मित्रों पर डाली; और कुछ भारी स्वर में बोले, ''अच्छा मित्रो! विदा। यहां की व्यवस्था कर, अपने-अपने घर चले जाना। केवल चित्ररथ तथा सुयज्ञ हमारे शस्त्रास्त्रों के साथ त्रिजट के आश्रम में पहुंच जाएं। त्रिजट अब तक आ नहीं सका। उससे अब उसके आश्रम में ही मिलूंगा।''

उन्होंने मुड़कर सीता और लक्ष्मण की ओर देखा, ''चलो! पिता से विदा लें।''

सम्राट् से विदा लेने के लिए जाते हुए राम, सीता तथा लक्ष्मण राजमार्गों से पैदल निकले। उनके मित्रों, सुहृदों तथा कर्मचारियों का झुंड उनके पीछे था।

समाचार फैल चुका था। मार्गों पर अपार भीड़ एकत्रित थी। प्रत्येक भवन के द्वार तथा गवाक्ष खुले थे। गरजते समुद्र के समान विराट् जन-समुदाय एकत्रित था। प्रत्येक गली से निकल-निकलकर भीड़ उस जन-समुदाय में मिलती जा रही थी। कुछ लोग मौन थे, कुछ धीरे-धीरे बातें कर रहे थे, कुछ चीख-चिल्ला रहे थे। सब ओर एक प्रकार का क्षोभ, एक आवेश, एक क्रोध और विरोध विद्यमान था। किंतु कोई नहीं जानता था कि उसे क्या करना चाहिए, वह क्या करना चाहता है ...

राम ने सतर्क दृष्टि से लक्ष्मण को देखा, "सौमित्र! इस जन-समुदाय को देख रहे हो। यह आवेश में है; स्वयं को अक्षम पाकर, असंतुष्ट और पीड़ित भी है। यह जन-समुदाय अति प्रज्वलनशील और विस्फोटक है। देखना, कहीं अपने व्यवहार अथवा वाणी से इसे उकसा मत देना, नहीं तो विप्लव हो जाएगा। सारी व्यवस्था समाप्त हो जाएगी। माता कैकेयी अपनी प्रतिहिंसा में भूल गयीं कि शासक को बनाने और पदच्युत करने में, प्रजा की इच्छा बहुत महत्त्वपूर्ण तत्त्व है। प्रजा की इच्छा के विरुद्ध वे भरत को तो क्या, मुझे भी अयोध्या का सम्राट् नहीं बना सकतीं। यह घरेलू झगड़ा भी राजनीतिक आयाम मिलते ही विप्लव में बदल जाएगा।"

"इच्छा तो होती है कि धनुष लेकर इस समुदाय के आगे-आगे चलूं और कैकेयी के महल पर पहुंचकर, बस, एक बार ललकार दूं।" लक्ष्मण बोले, 'किंतु वन जाने के लिए शांत रहना ही उचित है।"

वे लोग बढ़ते रहे। उनके साथ-साथ भीड़ भी बढ़ती गयी। कैकेयी के महल तक पहुंचते-पहुंचते, असंख्य लोग राम के पीछे चल रहे थे।

महल में प्रवेश करने से पूर्व, राम भीड़ की ओर मुड़े और ऊंची आवाज में बोले, "मित्रो! मैं आपके प्रेम और स्नेह का अभिनन्दन करता हूं। आप अशांत न हों। माता कैकेयी ने मुझे वन भेजना चाहा है, और पिता ऐसी आज्ञा देना नहीं चाहते। समाधान यहीं है कि वन जाने का दायित्व मैं अपने ऊपर ले लूं। मैं वही कर रहा हूं। सीता और लक्ष्मण मेरे साथ जा रहे हैं। अयोध्या का दायित्व मैं आप पर छोड़ रहा हूं। राजा कोई भी हो, किंतु अयोध्या आपकी है। राज्य शासक का नहीं, जनता का होता है। आप सजग रहें, सचेत रहें। अपनी अयोध्या की रक्षा करें और देखें कि अयोध्या का कोई भी शासक अनीति के मार्ग पर चल, दंभ अथवा विलास में पड़, जन-विरोधी शासन न करे।"

राम ने हाथ जोड़, मस्तक झुका, प्रजा का अभिवादन किया; और महल के प्रवेशद्वार की ओर मुड़ गए। अपनी पीठ के पीछे, प्रजा के सहस्रों कंठों से वे अपनी जय-जयकार सुन रहे थे।

सुमंत्र के माध्यम से सूचना भिजवा जिस समय राम, और लक्ष्मण के साथ भीतर प्रविष्ट हुए, कैकेयी के कक्ष में प्रातःकाल जैसा एकांत नहीं था। वहां माता कौसल्या, माता सुमित्रा तथा सम्राट् की अन्य रानियां उपस्थित थीं। वसिष्ठ भी विराजमान थे। राज-परिषद् के मुख्य सदस्य मंत्री, अमात्य तथा सेनापति भी वर्तमान थे। सम्राट् पहले के समान पृथ्वी पर नहीं पड़े थे, उन्हें पलंग पर लेटा दिया गया था। ऐसा लगता था, जैसे राजपरिवार और राजदरबार के सभी मुख्य व्यक्ति सम्राट् को घेरकर किसी महत्त्वपूर्ण घटना की प्रतीक्षा कर रहे थे।

राम, सीता तथा लक्ष्मण ने आंखें मूंदे, निःस्पंद पड़े दशरथ को प्रणाम किया।

राम ने मंद स्वर में कहा, ''पिताजी!''

दशरथ कुछ कहने का साहस बटोरें, उससे पूर्व ही अनेक नारी-कंठों से सस्वर रुदन और चीत्कार फूट पड़ा।

राम ने देखा —वे सब सम्राट् की सुन्दरी, यवती पत्नियां थीं, जिनके साथ सम्राट् ने कभी आकर्षित होकर अपनी इच्छा से, कभी किसी के प्रस्ताव पर, अथवा किसी की भेंट स्वकार  करने के लिए, विवाह किए थे। राम ने सम्राट् के ऐसे अनेक विवाह अपने शैशव से देखे थे — जिनमें एक स्त्री के साथ विवाह कर, उसे दो-तीन दिन अपने महल में रख, राजसी अंतःपुर में धकेल दिया जाता था। अंतःपुर में जाकर न वे किसी की पुत्रियां थीं, न बहनें, न पत्नियां — वे अंतःपुर की स्त्रियां होती थीं। उनके भरण-पोषण का भार राजकोष पर होता था। और किसी का उनके प्रति कोई दायित्व नहीं था।

राम ने जैसे-जैसे होश संभाला था, उनकी करुणा अपनी इन तथाकथित माताओं के प्रति बढ़ती चली गयी थी। उन स्त्रियों की स्थिति अत्यंत विचित्र थी — न वे बंदिनी थीं, न स्वतंत्र। वे सौभाग्यवती विवाहिताएं थीं, किंतु पति-विहीना। वे रानियां थीं, किंतु राजपरिवार की सदस्या के रूप में उनमें से किसी को कोई अधिकार प्राप्त नहीं थे। अंतःपुर में कोई काम नहीं था, अंतःपुर से निकल भागना उनके वश का नहीं था। लंगड़ी बिल्ली के समान वे घर के भीतर ही शिकार करती रहती थीं। परस्पर एक-दूसरी की सहायक होने के स्थान पर, एक-दूसरे के विरुद्ध षड्यंत्र रचकर, परिवेश को विषैला करती रहती थीं ...

ताड़का वन में से अनेक अपहृता बंदिनी युवतियों को मुक्त कराकर, राम इन रानियों के प्रति विशेष रूप से सदय हो गए थे। उन्होंने उनके विषय में कई बार सोचा था — एक पुरुष के लिए इतनी स्त्रियों को पत्नी का मान-सम्मान, प्यार और अधिकार देना सर्वथा असंभव तथा अप्राकृतिक था। जिस प्रकार अन्यायपूर्वक अपनी आवश्यकता से अधिक धन एकत्रित कर, सांप बन, उस पर बैठकर, अपना या दूसरों का केवल अहित किया जा सकता है, वैसे ही इतनी पत्नियों को एकत्रित कर न केवल सम्राट् ने मानवीय अन्याय किया था, वरन् अपना और उनका अहित भी किया था। यदि कहीं ये स्त्रियां अपहृत कर बलात् लायी गयी होतीं, उन्हें बलपूर्वक अवरोध में रखा गया होता,

तो राम उन्हें कब से मुक्त करा चुके होते। किंतु कठिनाई यह थी कि वे सम्राट् की विवाहिताएं थीं। वे मुक्त होना नहीं चाहती थीं, पत्नी का अधिकार पाना चाहती थीं — जो असंभव था। उनका बंधन न तो अंतःपुर की दीवारों का था, न सम्राट् के पतित्व का। उन्हें उनके अपने संस्कारों ने बंदी कर रखा था। शैशव से उनके मन में बैठा दिया गया था कि नारी का सबसे बड़ा सौभाग्य उसका सुहाग है। पति उसका परमेश्वर है; चाहे पति के नाम पर उन्हें अयोग्य से अयोग्य अमानव के साथ बांध दिया जाए। आज यदि सम्राट् इन स्त्रियों को मुक्त भी कर दें, उन्हें अपनी पत्नियां मानने से इनकार भी कर दें — तो ये स्त्रियां उसे अपना सौभाग्य नहीं मानेंगी, वे प्रसन्न नहीं होंगी। वे परित्यक्ता की पीड़ा झेलेंगी और परित्यक्ता की पीड़ा कभी-कभी विधवा की पीड़ा से भी घातक होती है। ... राम इन स्त्रियों के संस्कार नहीं बदल सके; किंतु अगली पीढ़ी को वे इन गलत संस्कारों का विरोध करना अवश्य सिखाएंगे, उनके भीतर विद्रोह जगाएंगे।

राम ने सम्राट् की पत्नियों को करुणा-भरी दृष्टि से देखा और बोले, "देवियो! मुझे जाना ही होगा। अपना ध्यान रखना और न्याय के प्रति सजग रहना।"

सम्राट् ने हल्के-से अपनी आंखें खोलीं और डबडबा आयीं उन आंखों से राम को देखा, "पुत्र राम! मुझमें शक्ति थी तो विवेक नहीं था। अब समझ आयी है तो कर्म-शक्ति नहीं है। जिनसे प्रेम करना चाहिए था, उन्हें सदा दुत्कारता रहा; और जो दुत्कारने योग्य थे, उन्हें गले से लगाता रहा। ..." सहसा दशरथ ने फिर आंखें बंद कर लीं, जैसे राम की ओर देखना उनके लिए पीड़ादायक हो, "मंत्री सिद्धार्थ से कहो कि वे मेरा समस्त धन-कोष, अन्न-भंडार, अयोध्या के कुशल वास्तुकार तथा मेरी चतुरंगिणी सेना लेकर राम के साथ जाएं। राम को समस्त मनोवांछित भोगों से संपन्न कर, अयोध्या से भेजा जाए ..."

"नहीं!" कैकेयी के चीत्कार ने सम्राट् की वाणी को मूक कर दिया, "परंपरागत उत्तराधिकार में मिले हुए राज्य को इस प्रकार लुटाने का अधिकार किसी को नहीं है — स्वयं सम्राट् को भी नहीं। वे अपना राज्य केवल अपने युवराज को ही दे सकते हैं। मैं स्वयं को इस प्रकार प्रवंचित होने नहीं दूंगी।"

"धिक्कार!" सब कुछ चुपचाप सुनने वाले सुमंत्र सहसा अपना नियंत्रण खो बैठे। उनके मुख का वर्ण क्रोध से विकृत हो उठा। आंखों से जैसे चिनगारियां फूट रही थीं।

"सूत!" कैकेयी का स्वर स्पष्ट तथा दृढ़ था, "जितना चाहो, धिक्कारो। किंतु मनचाहा वर मांगने का अधिकार मुझे है। सम्राट् या तो मुझे वर दें, या न दें। वर देकर, अनदिया करने का अधिकार उन्हें मैं नहीं दूंगी। यदि वे मुझे वर देते हैं तो राम अभी यहीं वल्कल धारण कर वन जाएंगे। ..."

कैकेयी ने अपने भंडारी को संकेत दिया, और वह अगले ही क्षण अनेक

वल्कल वस्त्र लेकर उपस्थित हो गया।

राम ने किसी की ओर ध्यान नहीं दिया। वे स्थिर पगों से आगे बढ़े और उन्होंने भंडारी के हाथों से वल्कल ले, अपने नाप के वस्त्र छांट, धारण कर लिये।

लक्ष्मण ने साथ-साथ वल्कल छांटते हुए कहा, "मुझे नहीं मालूम था कि इस महल में वल्कलों का लघु-उद्योग चल रहा है। इतने बल्कालों में तो सारी अयोध्या वन भेजी जा सकती है।"

कैकेयी उन्हें देखती भर रही, कुछ बोली नहीं।

लक्ष्मण के हटते ही सीता आगे बढ़ीं। उन्होंने पहला ही वस्त्र उठाया था कि अब तक के मौन साक्षी गुरु वसिष्ठ पहली बार बोले, "ठहरो, बेटी ! वनवास राम को मिला है। रघुकुल की पुत्रवधू को वल्कल धारण कर वन-वन भटकने की अनुमति मैं नहीं दूंगा।" गुरु सम्राट् से संबोधित हुए, "सम्राट! राम वन जाएं। उनकी उत्तराधिकारिणी स्वरूप, उनकी अनुपस्थिति में, सीता अयोध्या का शासन संभाले।"

सीता ने तमककर अपना चेहरा ऊपर उठाया और जैसे अटपटाकर बोलीं, "गुरुजनों के विरोध के लिए मुझे क्षमा किया जाए। उत्तराधिकार के नियमों का ज्ञान मुझे नहीं है। जहां राम रहेंगें, मैं भी वहीं रहूंगी। पत्नीत्व का अधिकार मुझे मिले, यही मेरी प्रार्थना है।"

सीता ने गुरु की ओर मुड़, दोनों हाथ जोड़े, उन पर अपना मस्तक टिका दिया।

राम ने अपनी दाहिनी हथेली ऊंची कर, मौन का संकेत किया और ऊंचे स्वर में बोले, "विवाद और प्रस्तावों का अवकाश नहीं है। यह निश्चित है कि मैं वन जा रहा हूं। मेरे साथ सीता और लक्ष्णम भी जा रहे हैं। आप सब हमें अनुमति, आशीर्वाद और विदा दें।"

राम ने पुनः दशरथ को प्रणाम किया, "पिताजी! मेरी मां आपकी आश्रिता हैं।"

सबको विदा की मुद्रा में हाथ जोड़ राम द्वार की ओर चल पड़े। सीता तथा लक्ष्मण उनके साथ थे। उनके मित्र तथा कर्मचारी, उनके शस्त्रास्त्र लिये, उनके पीछे-पीछे चल रहे थे।

कौसल्या अपने स्थान पर निष्प्राण-सी बैठी, राम को जाते देखती रहीं। उनकी आंखें क्रमशः आंसुओं से धुंधला गयी थीं।

सहसा सुमित्रा तेज-तेज चलती हुई आयीं और राम के सम्मुख, द्वार की चौखट में खड़ी हो गयीं, "क्षण भर रुको, राम। पुत्र, तुम निश्चित होकर दंडक जाओ और सकुशल लौटो। एक आश्वासन मुझसे लेते जाओ, वत्स! सुमित्रा के रहते बहन कौसल्या का बाल भी बांका न होगा — यह इस क्षत्राणी का वचन है।"

राम, सीता और लक्ष्मण सुमित्रा के सम्मुख झुक गये।

सुमित्रा के मुख पर तेज, उत्साह तथा चुनौती के भाव थे।

कैकेयी के महल से निकलकर राम, सीता और लक्ष्मण राज-मार्गों से होते हुए नगरद्वार की ओर बढ़े। उनके पीछे उनके मित्र, बंधु-बांधव, कर्मचारी, विभिन्न वर्गों के युवा नागरिक, अनेक संप्रदायों के युवा संन्यासी और ब्रह्मचारी चल रहे थे। जो भीड़, मार्गों पर छोड़, वे महल के भीतर गये थे — वह अब भी वहीं विद्यमान थी। भवनों के गवाक्ष अब भी खुले थे; और कुल-वधुएं उनमें से झुकी पड़ रही थीं। उनके पहुंचने से पहले लोग स्तब्ध रहते थे; उनके निकट पहुंचने पर उनकी आंखों में करुणा उभर आती थी; और उनके आगे बढ़ जाने पर उनकी जय-ध्वनि होने लगती थी।

राम कहीं मुसकराकर एकत्रित भीड़ को देख लेते, कहीं हाथ उठाकर उनकी शांति की कामना करते, कहीं वृद्ध जनों के दीख पड़ने पर हाथ जोड़कर अभिवादन कर देते।

"भैया! मुझे सिद्धाश्रम से विदाई याद आ रही है।" लक्ष्मण ने मुसकराने के प्रयत्न के बीच, भारी गले से कहा।

"हां। कुछ वैसा ही है।" राम बोले, "किंतु सौमित्र! वहां लोगों के मन में हमारे प्रति करुणा नहीं थी।"

"मुझे भी जनकपुर से अपनी विदाई याद आने लगी तो दोनों भाइयों को बुरा लगेगा।" सीता ने बंकिम दृष्टि से बारी-बारी दोनों को देखा।

राम आश्वस्त हुए — वनवास के कारण सीता हताश नहीं थीं।

"पता होता कि भाभी इतनी ईर्ष्यालु हैं, तो भैया को पहले जनकपुर जाने के लिए तैयार कर लेता। ये उपालंभ तो न सुनने पड़ते। सिद्धाश्रम का काम तो लौटते हुए भी हो सकता था। स्वयं भी साथ होतीं तो सिद्धाश्रम की स्मृति बुरी न लगती।" लक्ष्मण मुसकराए।

"इसी बुद्धि के कारण तो तुम्हें अभी तक पत्नी नहीं मिली, देवर!" सीता ने चिढ़ाया, "तुम्हारे भैया पहले सिद्धाश्रम गये तो ताड़का और सुबाहु को मारा, मारीच को भगाया, बहुलाश्व और उसके पुत्र को दंड दिया, वनजा का उद्धार किया, अहल्या को प्रतिष्ठा दी और तब जनकपुर पधारे। उनके आने से पहले उनका यश पहुंचा। सबने उन्हें सम्मान दिया। सीधे चले आये होते तो कोई पहचानता भी नहीं। अजगव के दर्शन भी न होते, वहीं पड़े रहते अमराई में मुनियों के साथ।"

"वह अवसर तो मैं चूक गया, भाभी। बच्चा था न। अब बताओ पत्नी प्राप्त करने के लिए क्या करूं ?"

"बच्चे तो तुम अब भी हो, देवर!" सीता मुसकराईं, "पर हां, वनवास की अवधि में ही तुम युवक हो जाओगे। इससे पूर्व ही, वीरता के दो-चार काम कर, अपनी प्रतिष्ठा बना लेना। कोई-न-कोई वानरी या [illegible] मिल ही जाएगी। सुना है, उनमें से

कुछ असाधारण सुन्दरियां होती हैं।''

''मैं अकेला उत्तर की ओर चला जाऊं, भाभी! कम-से-कम मानवी तो मिलेगी — सुन्दर न भी हुई तो क्या।''

''न देवर! अकेले कहीं मत जाना। उत्तर की ओर तो एकदम नहीं। उस ओर माता कैकेयी के सजातीय बसते हैं।''

''भैया! आप सुन रहे हैं।'' लक्ष्मण ने न्याय की मांग की, ''भाभी ने मेरे लिए कोई विकल्प ही नहीं छोड़ा।''

राम ने अपनी चिंता झटक, एक क्षण के लिए मुसकराकर, उन दोनों को देखा, ''मैं नहीं सुन रहा। ... तुम दोनों मेरी बात सुनो। सामने सरयू के तट पर त्रिजट का आश्रम है। चित्ररथ तथा सुयज्ञ अपने रथों तथा कर्मचारियों के साथ वहां पहुंच चुके होंगे। वहीं हमें आगे की योजना बनानी है। तब सौमित्र यह निर्णय ले सकेंगे कि उन्हें किस दिशा में जाना है।''

''भैया सब-कुछ सुन रहे थे।'' लक्ष्मण की आंखें तिरछी हो गयीं, उनमें शिकायत भी थी और प्यार भी।

सीता हंस पड़ी।

उनके स्वागत के लिए, त्रिजट अपने आश्रम के द्वार पर सुयज्ञ तथा चित्ररथ के साथ खड़ा था।

''स्वागत, राम!''

राम ने आश्रम में प्रवेश किया। कंधे से उतारकर अपना धनुष, आसन के साथ, भूमि पर रखा और बैठ गये। यह सबके लिए बैठ जाने का संकेत था।

''सुनो, त्रिजट!'' राम ने बात आरंभ की, ''हमारे पास अधिक समय नहीं है आज संध्या तक हमें तमसा तट तक पहुंचना है। अतः जल्दी चलना होगा। साथ आए इन सब बंधुओं के भोजन का प्रबंध शीघ्र कर दो, ताकि विलंब न हो।''

त्रिजट ने व्यवस्था कर रखी थी। संकेत पाते ही उसके शिष्य ब्रह्मचारियों ने भोजन परोसना आरंभ कर दिया।

उधर भोजन चलता रहा और इधर सुयज्ञ, चित्ररथ तथा त्रिजट आकर राम, सीता तथा लक्ष्मण के निकट बैठ गये।

''हम समस्त शस्त्रास्त्र, अपने रथों में रखकर, अपने साथ ले आये हैं।'' सुयज्ञ ने कहा, ''मेरा विचार है कि यहां से हम सब चलें। रात को तमसा के तट पर ठहरें। प्रातः सब मित्रों और ब्रह्मचारियों को विदा कर, हम आपके साथ चलें और आपको शृंगवेरपुर में निषादराज गुह तक पहुंचाकर ही लौटें, अन्यथा शस्त्रास्त्रों के साथ कठिनाई होगी।''

''आगे के लिए क्या प्रबंध होगा, राम ?'' त्रिजट ने पूछा।

''वहां से गुह के व्यक्ति हमें भरद्वाज आश्रम तक पहुंचा आएंगे। ''राम ने कुछ सोचते हुए कहा, ''आगे कठिनाई नहीं होगी। मेरा विचार है सुयज्ञ की योजना उत्तम है।''

''युवा-संगठनों के लिए क्या आदेश है ?'' चित्ररथ ने भोजन करते हुए युवकों की ओर संकेत किया।

''क्यों, लक्ष्मण!'' राम बोले, ''तुम्हारी युवा सेना अयोध्या में उधम तो नहीं मचाएगी ?''

''यह तो भरत के व्यवहार पर निर्भर है।'' लक्ष्मण ने उत्तर दिया, ''न्यायसंगत शासन को ये सहयोग देंगे; और यदि भरत ने कैकेयी की प्रतिहिंसात्मक नीति अपनाई तो ये अयोध्या को जलाकर क्षार कर देंगे।''

''तो ठीक है, मंत्रीप्रवर!'' राम ने कहा, ''लौटकर अधिकांश ब्रह्मचारी त्रिजट के आश्रम पर ही रहेंगे। ये लोग अपनी विद्या, साधना तथा ज्ञान का अभ्यास करेंगे; पर त्रिजट! लौकिक शस्त्रास्त्रों का अभ्यास भी इन्हें अवश्य कराना। लक्ष्मण के सारे युवा-संगठनों के नागरिक सदस्य अयोध्या में निवास करेंगे। वे प्रतीक्षा करेंगे। यदि सब कुछ सुख-शांति से न्यायपूर्वक चलता रहा — यदि राजनीतिक शक्ति का उपयोग जनता के विरुद्ध नहीं किया गया तो ये आवश्यकतानुसार या तो तटस्थ रहेंगे, अथवा भरत का समर्थन करेंगे। किंतु यदि भरत की राजनीति ने स्वयं को जन-विरोधी सिद्ध किया, अथवा प्रतिहिंसा की नीति अपनाई, तो अयोध्या के भीतर उसके विरोध का दायित्व इन्हीं संगठनों पर होगा। यदि भरत ने सैनिक अभियान किया तो त्रिजट-आश्रम के ब्रह्मचारियों को अप्रत्यक्ष, छिपा युद्ध करना होगा, ताकि अत्याचारी सेना की गति रोकी जा सके। किंतु सम्मुख युद्ध की आवश्यकता पड़ी तो वह श्रृंगवेरपुर की निषाद सेना करेगी। मैं सारी गतिविधि का निरीक्षण चित्रकूट से करूंगा और स्थिति पूरी तरह स्पष्ट हो जाने पर ही आगे बढ़ूंगा।''

''एक बात कहने की अनुमति मैं भी चाहूंगी।'' सीता बोलीं।

''बोलो, प्रिये!''

''आशंकाओं ने अयोध्या में पर्याप्त अनर्थ कर डाला है — आशंकाएं, चाहे सम्राट् की रही हों अथवा माता कैकेयी की। कहीं ऐसा न हो कि भरत बेचारा भी, भरत-विरोधी आशंकाओं के कारण ही पीड़ित हो। राम-समर्थक सभी व्यक्तियों और संगठनों को भरत की ओर से प्रतिहिंसा की आशंका है। ऐसा न हो कि अपनी इन आशंकाओं के कारण भरत को गलत समझकर, उनका विरोध आरंभ कर दिया जाए। ... एक बात और भी है। आपके समर्थक संगठित और सशस्त्र हैं। कहीं अपनी शस्त्र-शक्ति के प्रमाद में ये लोग भरत के शासन की उपेक्षा कर, उसमें प्रतिहिंसा न जगा दें।''

''नहीं, भाभी!'' लक्ष्मण बोले, ''हमारे समस्त संगठन सहिष्णु और सहनशील है।''

"जैसे तुम हो, देवर!" सीता मुसकराईं।

"उग्रता में भैया-जैसे और सहिष्णुता में मुझ-जैसे। ..."

लक्ष्मण की बात, भागते आते हुए एक ब्रह्मचारी ने काट दी। वह काफी तेजी से भागता हुआ आया था और हांफ रहा था।

"आर्य कुलपति!" उसने त्रिजट को संबोधित किया, "अयोध्या की दिशा से एक राजसी रथ बड़ी तेजी से इस ओर बढ़ता हुआ देखा गया है। वह अत्यल्प समय में यहां आ पहुंचेगा।"

लक्ष्मण ने अपना धनुष पकड़ा और उठकर खड़े हो गये।

"ठहरो, धैर्यशील देवर!" सीता ने हाथ से संकेत किया।

"थम जाओ, लक्ष्मण!" राम हंसे, "मुझे अनिष्ट की तनिक भी आशंका नहीं है। अभी अयोध्या का शासन सम्राट् के हाथ में है। और फिर एकाकी रथी हमारा क्या कर सकता है। संभव है, कोई महत्त्वपूर्ण समाचार हो।"

उसी क्षण, दो अन्य ब्रह्मचारी, समाचार देने के लिए उपस्थित हुए, "आर्य कुलपति! अयोध्या से आर्य सुमंत्र सम्राट् के संदेश के साथ आए हैं।"

"उन्हें सादर लिवा लाओ।" त्रिजट ने कहा।

शेष लोग मौन रहे। क्या है सम्राट् का संदेश ? ऐसी कौन-सी बात है, जो सम्राट् अयोध्या में नहीं कह सके; और उसके लिए पीछे से सुमंत्र को भेजा गया है। क्या सम्राट् की ओर से कोई गुप्त संदेश है। ...

सुमंत्र आए। राम ने उन्हें प्रणाम किया। चारों ओर स्तब्ध मौन देखकर वे समझ गए कि सब उनकी ही प्रतीक्षा में थे। वे उच्च स्वर में बोले, "आर्य! आपके चले आने के पश्चात् राजमहल में वाद-विवाद तो अनेक हुए हैं, किंतु स्थिति में कोई परिवर्तन नहीं आया है। ...सम्राट् के आदेश से मैं एक श्रेष्ठ रथ लेकर आपकी सेवा में आया हूं। उनकी इच्छा है कि रथ में आप लोगों को घुमा-फिराकर, वन्य जीवन का परिचय करा दूं। आप लोग यह देख लें कि जानकी किसी भी प्रकार वन्य-जीवन की कठिनाइयां नहीं सह पाएंगी। अत: आप अयोध्या लौट चलें।"

"तात सुमंत्र!" राम के अधरों पर मोहक मुसकान थी, "रथ की हमें बड़ी आवश्यकता है। हमें रात से पूर्व तमसा-तट और कल अवश्य ही शृंगवेरपुर तक पहुंचना है। शृंगवेरपुर तक आप हमें पहुंचा दें। वन्य-जीवन दिखाकर लौटाने की बात आप न सोचें। लौटना असंभव है।"

"लौटना असंभव है।" सुमंत्र का स्वर हतप्रभ था।

"पूर्णत:!"

"जानकी भी नहीं लौटेंगी ?"

"नहीं!" सीता राम से भी अधिक दृढ़ थीं।

सुमंत्र स्तंभित-से उनको देखते रहे, जैसे समझ न पा रहे हों कि क्या कहें। फिर कुछ संभलकर बोले, ''सम्राट् की आशंका पूर्ण हुई। वे जानते थे कि तुम नहीं लौटोगे। पर पिता का मन ...।'' उनकी मुद्रा बदली, जैसे युद्ध में कोई योद्धा पैंतरा बदलता हो, ''राम ! सम्राट् ने अपनी पुत्र-वधू के लिए कुछ वस्त्राभूषण भिजवाए हैं। ये राजकोष से नहीं, सम्राट् के निज़ी कोष से भिजवाए गए हैं। इन पर कैकेयी का कोई अधिकार नहीं है। सम्राट् के साथ-साथ राजगुरु ने भी इन्हें ग्रहण करने का अनुरोध किया है।''

सीता ने आंखों में संकोच भरे, क्षण भर राम को देखा, जैसे सोच रही हों कि उत्तर राम देंगे या वे स्वयं दें। किंतु जब राम कुछ नहीं बोले तो वे स्वयं सुमंत्र से संबोधित हुईं, ''तात सुमंत्र! यह सम्राट् का अनुग्रह है। किंतु मैं अपने वस्त्राभूषण अयोध्या में त्याग आयी हूं। अब और आभूषण लेकर क्या करूंगी ? तापसी द्वारा वस्त्राभूषण ग्रहण किये जाने में क्या औचित्य है ?''

सुमंत्र का मुखमंडल मुरझाकर एकदम दीन हो गया, जैसे हरी फसल पर ओले पड़ गये हों। उनकी आंखें डबडबा आयीं। वाणी रुंध गयी। कांपते कंठ से बोले, ''वैदेही! वृद्ध ससुर की भावनाओं पर निष्ठुर आघात मत करो। पुत्रि! अपनी संतान से एक अद्‌भुत मोह होता है; किंतु यह वृद्ध तुम्हें बताना चाहता है कि पुत्र-वधू के प्रति श्वसुर की भावना पिता की भावना से भी सूक्ष्म और कोमल होती है। जो कुछ वह अपनी पत्नी और संतान के लिए नहीं कर सकता, समर्थ होने पर अपनी पुत्र-वधू तथा पौत्र-पौत्रियों के लिए करना चाहता है। सम्राट् की भावना का अनादर न करो, सीते!''

सुमंत्र की अवस्था देख सीता स्तब्ध रह गयीं, जैसे वह सुमंत्र न हों, स्वयं दशरथ हों।

अपने विवाह के पश्चात् सीता ने सुमंत्र को बहुधा राजमहलों में देखा था, किंतु यह कभी नहीं सोचा था कि वे इस परिवार से भावात्मक धरातल पर भी इस सीमा तक जुड़े हुए हैं — विशेषकर सम्राट् से। तभी तो सम्राट् ने उन्हें अपने निजी सारथी से मंत्री तक के दायित्व सौंप रखे थे। सीता ने सम्राट् के इस रूप को कभी नहीं देखा था। सुमंत्र इतने पीड़ित थे तो स्वयं सम्राट् कितने पीड़ित होंगे ...

''आर्य!'' सीता ने मधुर स्वर में कहा, ''आप स्वयं को मेरी स्थिति में रखकर सोचें। अपना धन-धान्य दान कर, यदि श्वसुर की भेंट स्वीकार करूंगी तो क्या यह त्याग का नाटक मात्र न होगा ?''

''तात्!'' राम बोले, ''मेरी ओर से भी सोचिए। अयोध्या से स्वयं खाली हाथ निकल आऊं और सीता के माध्यम से धन-संपत्ति साथ ले चलूं, क्या यह तपस्वी जीवन जीना होगा ?''

''मैं तर्क नहीं कर सकता।'' सुमंत्र कातर स्वर में बोले, ''मेरा तर्क तो मात्र भावना का है।''

''राम!'' सुयज्ञ बोले, ''विवाद अनावश्यक है। देवी इस भेंट को अंगीकार करें।

सम्राट् ने कुछ सोच-समझकर ही ये वस्त्राभूषण भेजे हैं। आप शस्त्रास्त्र ले रहे हैं, सीता को वस्त्राभूषण ले जाने दें। ये भी एक प्रकार के शस्त्रास्त्र ही हैं। समय आने पर आप सब की रक्षा करेंगे। धन भी अपने-आप में एक बल है — उनकी क्षमता बहुत बड़ी है।''

''ग्रहण करें, देवी वैदेही!'' मंत्री चित्ररथ ने कहा।

''ग्रहण करें, भाभी!'' लक्ष्मण ने भी उसी स्वर में कहा; और फिर स्वर दबाकर धीरे से बोले, ''अपनी देवरानी को आप आभूषण तो पहनाएंगी ही ... राक्षसी हुई तो क्या, वानरी हुई तो क्या और मानवी हुई तो क्या ?''

सीता मुसकराकर चुप रह गयीं।

सुमंत्र के संकेत पर, ब्रह्मचारियों ने वस्त्राभूषणों का पिटारा, सीता के सम्मुख रख दिया। सीता ने उसमें से दो-एक आभूषण धारण कर लिये ... यह ग्रहण की स्वीकृति थी।

सुमंत्र प्रसन्न हो उठे, ''मैं धन्य हुआ, देवी जानकी!''

भोजन समाप्त होते ही चलने की व्यवस्था की गयी। राम, सीता, लक्ष्मण तथा कुछ ब्रह्मचारी, सुमंत्र के रथ में आरूढ़ हुए। सुयज्ञ अपने अनेक ब्रह्मचारी शिष्यों के साथ अपने रथ में थे। चित्ररथ कुछ युवाओं के साथ अपने रथ में बैठे। शेष लोग त्रिजट-आश्रम के छकड़ों पर सवार हुए। सार्थ चल पड़ा।

सुमंत्र के घोड़े शक्तिशाली और वेगवान थे। चित्ररथ तथा सुयज्ञ के रथों के घोड़े भी अच्छे थे। किंतु आश्रम के छकड़ों के घोड़े उस गति से नहीं चल सकते थे। अत: सब लोगों को धीमी गति से चलना पड़ रहा था।

रथ और छकड़े बढ़ते चले गए। सूर्य ढलने लगा था। धूप में भी वह प्रखरता नहीं रही थी। सब लोग सहसा ही चुप हो गए थे — कुछ अतीत की स्मृतियों में खोए थे, कुछ को भविष्य की चिंता थी; वर्तमान में तो केवल चलना ही था।

''क्या सोच रहे हो, सौमित्र ?'' राम ने पूछा।

''सोच रहे हैं, कुछ जल्दी चल पड़े वन के लिए।'' उत्तर सीता ने दिया, ''कम-से-कम विवाह करके चलते तो सम्राट् छोटी पुत्र-वधू के लिए भी एक पोटली आभूषण तो भेजते ही।''

''सुनो, लक्ष्मण!'' राम मुसकराए, ''यदि कटाक्षों की गति यही रही तो चौदह वर्षों में तुम परेशान हो जाओगे।''

''भाभी अपनी उदासी छिपाने के लिए चुहल कर रही हैं। यह वाक्चातुर्य तो केवल आवरण है। उदासी दूर हो जाएगी तो मुझे परेशान करना भी छोड़ देंगी।'' लक्ष्मण ने असाधारण सहिष्णुता का परिचय दिया।

''चलो। उदास तुम होगे, देवर! जिसे अपने निपट बचपन में ही मां से दूर जाना

पड़ रहा है। मैं तो अपने पति के साथ वन-विहार के लिए जा रही हूं।''

सीता मुसकरायीं, पर अपनी गंभीरता छिपा नहीं पायीं। पता नहीं, लक्ष्मण ने परिहास किया था, या सचमुच वे सीता के व्यवहार का विश्लेषण इसी प्रकार कर रहे थे। पर सीता सचमुच उदास हो गयी थीं। किस बात की उदासी थी ? राज्य से, राजमहलों से, सुख-ऐश्वर्य से — उन्हें मोह नहीं था। राम साथ ही थे। तो क्या केवल माता कौसल्या के लिए ? कितनी निर्भर थीं माता उन पर! वैसी कातर स्त्री सीता ने और कोई नहीं देखी। ममता, वात्सल्य, प्यार। कौसल्या वास्तविक मां हैं — वे स्त्री नहीं हैं, मात्र भावना हैं। उनकी याद जब-जब आएगी, सीता उदास हो जाएंगी ... और माता सुमित्रा की याद भी सीता को आएगी। वे उनको याद करके भी उदास हो जाया करेंगी, पर उनके लिए नहीं, अपने लिए। माता सुमित्रा के पास जाते ही कोई भी व्यक्ति आत्म-विश्वास से भर जाता है। वे कवच के समान किसी को भी घेर लेती हैं — निर्भय कर देती हैं। आते-आते भी उन्होंने कहा था, ''...एक आश्वासन मुझसे भी लेते जाओ, वत्स। सुमित्रा के रहते बहन कौसल्या का बाल भी बांका न होगा — यह इस क्षत्राणी का वचन है।'' ... याद तो सीता को अपनी माता सुनयना की भी आती रहती है। पर ममता व्यक्ति के कर्तव्य में तो बाधक नहीं होनी चाहिए। कर्तव्य और प्रगति के लिए, व्यक्ति और समाज को कई बार निर्मोही होना पड़ता है। ...

सुमंत्र ने रथ रोक दिया।

वे लोग तमसा के तट पर पहुंच गए थे।

पीछे आने वाले दोनों रथ भी रुक गये थे। धीरे-धीरे शेष छकड़े भी आ पहुंचे।

राम, सीता तथा लक्ष्मण रथ से उतर आए।

''तात सुमंत्र!'' राम ने घोड़ों को थपकी देते हुए कहा, ''इन्हें खोलकर दाना-पानी दे दें; और आप भी विश्राम करें।''

सुयज्ञ, चित्ररथ और त्रिजट भी वाहनों से उतर, उनके पास आ गए।

''मित्रो!'' राम बोले, ''सबके ठहरने की उचित व्यवस्था कर दो। वन में फल काफी संख्या और मात्रा में उपलब्ध हैं। उन्हीं का भोजन होगा। ... और एक बात ... सबको कार्यक्रम स्पष्ट समझा दो। कल प्रातः हम बहुत जल्दी चल पड़ेंगे। हमारे साथ केवल आर्य सुमंत्र, सुयज्ञ तथा चित्ररथ जाएंगे। शेष लोग आगे जाने का हठ न करें, अन्यथा व्यवस्था भंग होगी।''

अनेक लोग विभिन्न प्रकार की व्यवस्थाओं में लग गए, किंतु सीता और राम का सारा कार्य स्वयं लक्ष्मण ने किया। उन्होंने एक ऊंची-सी जगह देखकर, पत्ते बिछा, राम और सीता के लिए दो शैयाएं तैयार कर दीं। तमसा से पानी लाकर उन शैयाओं के निकट रख दिया।

फलाहार के पश्चात् जब राम और सीता अपने लिए बनायी गयी शैयाओं पर आ

गए तो अपने धनुष की टेक लगा लक्ष्मण उनसे कुछ हटकर पहरे पर खड़े हो गए।

राम ने सब-कुछ चुपचाप देखा। अयोध्या से बाहर आज वह उनकी पहली रात थी। वनवास की सारी अवधि के रहन-सहन का प्रायः यही रूप होगा। बहुत होगा तो लक्ष्मण कोई कुटिया बना देंगे। वे लोग उस कुटिया में इसी प्रकार पत्र-शैयाओं पर सोएंगे। वृक्षों से तोड़कर लाए गए फल, वन द्वारा दिए गए कंद-मूल, नदी का जल और अहेर द्वारा प्राप्त आहार — इन्हीं पर चौदह वर्ष कटेंगे। ... वैसे लक्ष्मण द्वारा बनायी गयी कुटिया काफी अच्छी और सुखद होती है। अयोध्या के बाहर के वनों में, अहेर के लिए जाने पर, अनेक बार लक्ष्मण द्वारा बनायी गयी कुटियाओं में राम रहे हैं। सैनिक अभियानों में भी इस प्रकार की अस्थायी व्यवस्था लक्ष्मण ने की है। वे लक्ष्मण की इस कला के प्रशंसक रहे हैं।

... सिद्धाश्रम की यात्रा में भी गुरु ने कई बार उन्हें पेड़ों के नीचे ठहराया था, किंतु भेद केवल इतना है कि इस बार वे अयोध्या के निर्वासित राजकुमार हैं; और निर्वासन की अवधि बड़ी लम्बी है।

... लक्ष्मण पहरे पर खड़े हैं। ये ऐसे ही सन्नद्ध रहेंगे। कदाचित् लक्ष्मण को यह वनवास कष्टप्रद न लगे। लगे भी तो वे ऐसा दिखाएंगे नहीं। जीवन के कष्ट लक्ष्मण को दीन नहीं कर पाते — वे उन्हें चुनौती-से लगते हैं; और चुनौतियां लक्ष्मण की जिजीविषा में वृद्धि ही कर सकती हैं — उसका क्षय नहीं। ... किंतु, सीता! सीता ने कहा था कि वे साधारण कन्या हैं, और सम्राट् सीरध्वज ने उन्हें साधारण जीवन के लिए भी प्रशिक्षित किया है। ... पर क्या इतना लंबा वनवास सीता झेल पाएंगी ? अभी तो वे यात्रा में हैं, इसलिए नवीनता के आकर्षण में कदाचित् वन्य कष्टों का अनुभव न करें। किंतु जब वे एक स्थान पर ठहर जाएंगे; जीवन नियमित और उबाऊ हो जाएगा — तब सुविधाओं का अभाव अधिक खलेगा। तब कोई व्यवस्था करनी होगी ...

क्रमशः कोलाहल शांत हो गया। प्रत्येक व्यक्ति कहीं-न कहीं स्थिर हो गया था। कुछ ही समय में प्रायः लोग सो गये थे।

लक्ष्मण को सोना नहीं था, न ही वे उनींदे थे। विभिन्न प्रकार के विचार उनके मस्तिष्क में उथल-पुथल मचा रहे थे। मन सिद्धाश्रम की यात्रा से इस यात्रा की तुलना कर रहा था। उस यात्रा का उद्देश्य क्या था, और इस यात्रा का उद्देश्य क्या है ? यह वनवास सुखद है अथवा दुःखद ? इसके लिए कौन उत्तरदायी है — दशरथ ? कैकेयी? या स्वयं राम ? इसके लिए किसी को दोष दिया जाए या न दिया जाए ? यदि दिया जाए तो किसको कितना दोष दिया जाए ? अयोध्या में पीछे क्या होगा ? भरत की प्रवृत्ति क्या होगी ? कैकेयी का प्रभाव किसकी कितनी क्षति करेगा ? ...

सुमंत्र आकर लक्ष्मण के पास बैठ गए, "मुझे नींद नहीं आ रही, सौमित्र!"

"आइए, तात!" लक्ष्मण बोले, "जब तक नींद न आए, मेरे पास बैठिए।"

"तुम सोओगे नहीं, लक्ष्मण ?"

''मैं पहरे पर हूं, आर्य।''

''किंतु वनवास तो चौदह वर्षों का है।'' सुमंत्र ने कहा।

लक्ष्मण हंस पड़े, ''शृंगवेरपुर अथवा ऋषि आश्रमों में पहरे की आवश्यकता नहीं होगी। फिर, वन में जहां कहीं भैया राम अपना आश्रम बनाएंगे, वहां सुरक्षा की समुचित व्यवस्था होगी। चौदह वर्षों तक कोई व्यक्ति दिन-रात नहीं जाग सकता, आर्य। और आखिर तो लक्ष्मण भी एक व्यक्ति मात्र ही है।''

''यही तो मैं भी सोच रहा था, राजकुमार!'' सुमंत्र बोले, ''ऐसी सेवा संभव नहीं है। पर अयोध्यावासी तो अब शायद सुख की नींद कभी नहीं सोएंगे।''

सुमंत्र सहसा उदास हो गए।

''क्यों, आर्य ?''

''लक्ष्मण! व्यक्ति को अशुभ नहीं बोलना चाहिए। राजा के विषय में और भी नहीं। उस व्यक्ति के विषय में तो एकदम नहीं, जो तुम्हारा कुटुंबी हो। ... पर फिर भी मैं अपनी चिंता तुम्हारे सामने प्रकट कर रहा हूं।''

''क्या बात है, आर्य सुमंत्र ?'' लक्ष्मण के स्वर में हल्की-सी चिंता थी।

''तुम्हारे आने के पश्चात् अयोध्या में स्थिति अधिक नहीं बदली। सम्राट् उसी प्रकार आंखें बंद किए आधे सोए, आधे जागे-से पड़े हैं। हां, इतना परिवर्तन अवश्य हुआ है कि वे कैकेयी के महल से हटककर साम्राज्ञी कौसल्या के महल में चले गए हैं। सम्राट् पश्चात्ताप और आत्मग्लानि से अत्यधिक पीड़ित हैं। वे भयभीत भी हैं। सोए-सोए चीत्कार करने लगते हैं। ऐसा लगता है, मानो अपने शत्रुओं को देख रहे हैं। और फिर अपनी रक्षा के लिए राम को पुकारने लगते हैं ... मुझे लगता है, यह स्थिति उनके प्राण ले लेगी ...''

लक्ष्मण ने उपेक्षा से अपना मुंह दूसरी ओर फिरा लिया।

''तुम उनसे बहुत रुष्ट हो।'' सुमंत्र बोले ''किंतु मैं सम्राट् का बाल-सखा हूं, पुत्र! मेरी ममता लंबे साहचर्य से जन्मी है। मैंने सम्राट् का वह रूप देखा है, जब उनकी दर्प-दीप्त आंखें आकाश से नीचे नहीं देखती थीं। चेहरे पर तेज दिपता था। उनकी ठोकरों से पहाड़ हिल जाते थे ...''

''आपने उनका वह रूप नहीं देखा, आर्य सुमंत्र!'' लक्ष्मण की वाणी वक्र हो उठी, ''जब सुन्दरी युवती देखते ही उनके मुंह में पानी भर आता था। विभिन्न सामान्य-जन की कन्याओं, सामंतों की पुत्रियों और राजाओं की राजकुमारियों को वे अपने सैनिक बल की धमकी अथवा वास्तविक बल से प्राप्त करते थे। अपनी साम्राज्ञी को उन्होंने जूते की नोक पर रखा और राम-जैसे पुत्र की विकट उपेक्षा की। आपने उनका वह रूप नहीं देखा, जब वे क्रमशः वृद्ध हो रहे थे, काया और बुद्धि क्षीण हो रही थी, आंखों की ज्योति मंद हो रही थी, पेशियां गलकर चर्बी बन रही थीं और तब भी सम्राट् वर-यात्राएं कर रहे थे। दर्प से दमकती कैकेयी के पीछे अनाथ वृद्ध के समान डोलते फिरना

क्या तनिक भी सम्मानजनक था ..."

"मैंने यह सब भी देखा है, सौमित्र! किंतु भेद मात्र इतना है कि मैं सम्राट् को प्रेमी की दृष्टि से देखता हूं। उनकी दुर्बलताओं को पहचानकर, उनके दोषों के प्रति करुणायुक्त हो उठा हूं; और तुम उनके पुत्र होकर भी, उन्हें एक छिद्रान्वेषी आलोचक की दृष्टि से देखते हो, राजकुमार! जो सारे गुणों को एक अवगुण पर वार देता है। सम्राट् अपने दोष नहीं जानते, ऐसी बात नहीं है। अब जिस पश्चात्ताप से वे पीड़ित हैं, उसकी ओर तुम्हारा ध्यान नहीं गया। अनेक बार उन्होंने मुझसे कहा है कि समय रहते उन्होंने क्यों नहीं समझा कि उनकी पत्नियों में से केवल साम्राज्ञी कौसल्या उनसे प्रेम करती हैं। अन्य पत्नियां उनसे घृणा करती हैं, भय खाती हैं; अथवा उनसे कुछ प्राप्त करना चाहती हैं। रानी सुमित्रा को कल दिन-भर में उन्होंने कितना सराहा है। उन्होंने कहा, रानी सुमित्रा के मन में अथाह प्यार है, ममता है; पर वह ममता केवल पीड़ितों के लिए है। पीड़क लोगों के लिए उनके पास केवल घृणा है। और यह उनका ही प्यार और बल था, जो साम्राज्ञी को जिला ले गया — अन्यथा अयोध्या में ऐसा कौन था, जो युवती कौसल्या और बालक राम की रक्षा करता। ... सम्राट् ने स्वीकार किया है कि साम्राज्ञी के प्रति अपने पिता अज के मुखर स्नेह के कारण, वे साम्राज्ञी से उदासीन हो गए थे। साम्राज्ञी के विरोधहीन आत्म-समर्पण ने, उनके त्याग और बलिदान ने सम्राट् की दृष्टि में उनका महत्त्व समाप्त कर दिया था। सम्राट् का व्यक्तित्व उस समय मुखर, वाक्चतुर, लीलामयी युवती की आकांक्षा करता था। वैसी युवती अंत में उन्हें कैकेयी के रूप में मिली, जिसने उन्हें इस स्थिति तक पहुंचा दिया। ..."

लक्ष्मण के मन की वितृष्णा उनके चेहरे पर प्रकट हो गयी, "आप जो भी कहें, आर्य सुमंत्र! मैं वैसा व्यक्ति नहीं हूं, जो तनिक से पश्चात्ताप के कारण किसी के सारे पूर्व अपराध क्षमा कर दे। मुझे आपके सम्राट् से कोई सहानुभूति नहीं है। मुझे यह कहने में कोई संकोच नहीं है कि यदि भैया राम अनुमति दे देते, तो सम्राट् को या तो बंदी कर लेता या उनका वध कर देता। कैकेयी से मैं रुष्ट हूं; इसलिए नहीं कि उसने सम्राट् को पीड़ित किया है, उसके लिए तो मैं कैकेयी के सम्मुख नतमस्तक हूं। कैकेयी के प्रति मेरा क्रोध भैया राम के निर्वासन के कारण है ..." लक्ष्मण रुक गए, "आप जाकर सोने का प्रयत्न करें, आर्य। कल प्रातः हमें जल्दी चलना है। मैं नहीं चाहता कि आप सम्राट् का पक्ष प्रस्तुत करें और उनके प्रति मेरे मन में छिपी घृणा प्रकट हो।"

सुमंत्र उठकर खड़े हो गए। उन्होंने कुछ कहा नहीं।

तीनों रथ बड़ी क्षिप्र गति से निरंतर बढ़ते जा रहे थे।

दोपहर ढल गयी थी। संध्या होने की थी। रात से पहले उन्हें श्रृंगवेरपुर के साथ लगकर बहती गंगातट पर पहुंचना था।

पिछली रात सुमंत्र काफी देर से सोए थे, और लक्ष्मण सोए ही नहीं थे। पर फिर

भी प्रातः सारी व्यवस्था समय से हो गयी थी। पीछे छूटने वाले लोगों से विदा लेना सरल नहीं था। युवा संगठनों के सदस्यों और ब्रह्मचारियों का हठ बड़ा ही प्रबल था, किंतु वे सब अनुशासन में बंधे हुए थे। जितनी जल्दी संभव हुआ, सब से विदा लेकर राम, सीता और लक्ष्मण सुयज्ञ, चित्ररथ और सुमंत्र के साथ चल पड़े थे। तमसा तट पर छूटे हुए लोगों के त्रिजट-आश्रम अथवा अयोध्या तक लौटने की व्यवस्था त्रिजट के अधीन थी, अतः वे भी साथ नहीं आए थे।

दोपहर के भोजन के समय, थोड़ा-सा रुकने के समय को छोड़कर, वे लोग निरंतर चलते रहे थे। अयोध्या राज्य की सीमा पार कर, अयोध्या के सामंतों की भूमि को भी वे पीछे छोड़ आए थे। मार्ग में वेद-श्रृति, गोमती तथा स्यंदिका नदियां पड़ी थीं, किंतु सेतुओं की उचित व्यवस्था होने के कारण, उन्हें पार करने में असुविधा नहीं हुई थी।

दोपहर के भोजन के उपरांत चलने के समय से ही धूप कुछ कम हो गयी थी। हवा ठंडी थी और रथ वेग से चल रहा था। लक्ष्मण रात-भर के जगे थे, इस समय रथ में बैठे-बैठे ही ऊंघ गए।

मार्ग-भर सीता दूर तक फैले खेतों, उनमें काम करते कृषक स्त्री-पुरुषों को देखती आयी थीं। कभी-कभी वे किसी जनपद के बीच से, किसी ग्राम के पड़ोस से भी निकले थे। नगरों के निकट का मार्ग उन्होंने जान-बूझकर नहीं लिया था। सीता मार्ग में आए वन-प्रांतरों को भी देखती रही थीं। सोचती रही थीं — अब तक उन्होंने महलों का सुव्यवस्थित जीवन ही देखा था, जहां सब-कुछ उपलब्ध था और कोई असुविधा नहीं थी। वहां किसी को कोई भौतिक परेशानी नहीं थी। वहां भी दुःख थे, किंतु उनका स्वरूप और ही था ... अब वे जहां से गुजर रही थीं, यह संसार कोई और ही था। ...वे जनकपुर के राजमहल में पली हैं; रानी सुनयना और सम्राट् सीरध्वज उनके माता-पिता हैं, किंतु कौन कह सकता है, उनके जनक-जननी कौन हैं। उनके जनक जीवित हों तो किस वय के होंगे; जननी कैसी होंगी। वृद्ध हो चुके होंगे बेचारे। निर्धन भी अवश्य ही होंगे — नहीं तो अपनी पुत्री को इस प्रकार खुले खेत में क्यों फेंक जाते ? कैसे अर्जित करते होंगे वे अपनी आजीविका ? इस वृद्धावस्था में कहीं किसी खेत में कुदाल चला रहे होंगे। पसीना बह रहा होगा। हांफ रहे होंगे। कभी-कभी हाथ कांप भी जाता होगा, माथा घूम जाता होगा ... कहीं किसी राजा-सामंत के भूदास हुए तो माथा घूमने पर सैनिक कोड़े से मारते होंगे ...

सीता आगे सोच नहीं पायीं। उनके शरीर में झुरझुरी-सी आ गयी। क्यों खोजती हैं वे अपनी जननी को, जनक को। धरती पर अपना पसीना गिराने वाले, भट्टियों में अपने शरीरों को तपाने वाले — सभी तो उनके जननी-जनक जैसे हैं। वे उन्हीं से प्यार करें। उनके लिए कुछ करें। क्यों नहीं राज्य की ओर से सबके उचित भरण-पोषण, सम्मानपूर्ण आजीविका का प्रबंध होता ? क्यों राज्य केवल राजा का है ? क्यों वह सारी

प्रजा की संपत्ति नहीं है ? इस विषय में मानव से प्यार करने वाले सभी लोगों को कुछ सोचना होगा ... ये भेद मिटाने होंगे — धनी-निर्धन के, शोषक और शोषित के, आर्य तथा आर्येतर के ... शृंगवेरपुर का राजा गुह भी तो आर्य नहीं है। वह निषाद है। राम उसे अपना परम मित्र मानते हैं। कितना विश्वास है उन्हें उस पर। राम ने सीता को बताया था — बहुत पहले कभी राम किसी राज्य-कार्य से इधर आए थे तो निषादराज गुह से उनका परिचय हुआ था। गुह उन्हें एक ईमानदार तथा सच्चा आदमी लगा था। इसीलिए जब आर्य सामंतों ने अपने राज्य-विस्तार के उपक्रम में शृंगवेरपुर को भस्मीभूत करना चाहा तो राम ने उनका दृढ़ विरोध किया था। राम के कारण ही इन सारे आर्य सामंतों के जनपदों के बीच यह निषाद राज्य बचा हुआ था। राम की इच्छा के अनुसार ही गुह ने अपनी सैनिक शक्ति कुछ बढ़ा ली थी किंतु, राम ने बड़े खेद से, सीता से कहा था कि अच्छे योद्धा होने पर भी, अच्छे शस्त्रों के अभाव में, निषाद किसी व्यवस्थित आर्य सेना से लड़ नहीं पाएंगे। ... फिर राम सिद्धाश्रम गए थे। वहां उन्होंने निषादों पर अत्याचार करने और उसका समर्थन करने वाले पिता-पुत्र को दंडित किया था। तभी से गुह राम का अभिन्न मित्र हो गया था। वह उनके लिए प्राण भी दे सकता था ...

क्रमशः रथों की गति धीमी होने लगी थी। सामने गंगा का गंभीर प्रवाह अपना वेग दिखा रहा था। आस-पास ही कहीं शृंगवेरपुर होगा ... सीता ने सोचा — आज रात उन्हें यहीं विश्राम करना है।

तीनों रथ रुक गए। सब लोग रथों से उतर आए। राम ने क्षण-भर इधर-उधर दृष्टि दौड़ाई और अपने निरीक्षण का निर्णय सुना दिया, "हम इस इंगुदी वृक्ष के आस-पास विश्राम करेंगे। तात सुमंत्र! रथों और घोड़ों की व्यवस्था आप संभाल लें।"

राम ने अपना धनुष और तूणीर वृक्ष के तने से टिका दिए। वे खाली हाथ लौटकर रथों के पास आए, "बंधुओ! हम अपना शस्त्रागार उतार लें। रथ आगे नहीं जाएंगे।"

"राजकुमार! ..." सुमंत्र कुछ कहने को हुए।

"आर्य!" राम का स्वर दृढ़ था, "इसमें विवाद, असहमति अथवा पुनर्विचार का कोई अवकाश नहीं है। यह निश्चित है कि अब न रथ आगे जाएंगे; न आप, सुयज्ञ अथवा चित्ररथ में से कोई आगे जाएगा। यहां से अगले पड़ाव तक सहायता का दायित्व गुह का होगा।"

सुमंत्र उदास हो गए। कितने हठी हैं राम! अपने कर्तव्य के सामने किसी की कोमल भावनाएं उनके लिए कोई मूल्य नहीं रखतीं। और कर्तव्य भी कैसा ? पिता ने अपने मुख से एक बार भी वनवास का आदेश नहीं दिया ... किंतु सुमंत्र का मन कहीं आश्वस्त भी था —राम दृढ़निश्चयी हैं, राम आत्मविश्वासी हैं।

सुमंत्र घोड़ों को खोलकर उनकी देख-भाल में लग गए। राम, सीता, लक्ष्मण,

सुयज्ञ और चित्ररथ विभिन्न धनुष, विविध प्रकार के बाणों से भरे तूणीर, खड्ग तथा अनेक दिव्यास्त्र रथों में से उठा-उठाकर इंगुदी वृक्ष के तने के साथ टिकाने लगे।

सीता को कार्य करते देख, एक-आध बार सुयज्ञ तथा चित्ररथ ने कहा भी, ''आप ऐसा कठिन कार्य न करें, आर्या! हम लोग अभी किए देते हैं।''

किंतु राम ने उन्हें तत्काल टोक दिया, ''सीता को भी अपने ही समान स्वतंत्र तथा समर्थ व्यक्ति समझकर कार्य करने दो; और वैसे भी वनवास की अवधि में सहायता करने के लिए तुम लोग साथ नहीं रहोगे।''

इधर रथों से शस्त्रागार उतारा गया और उधर अपने कुछ सैनिकों के साथ आते हुए गुह दिखाई दिए।

राम अपना सहज गांभीर्य त्याग चंचलतापूर्वक भागे। दौड़कर उन्होंने गुह को गले से लगा लिया, ''कितने दिनों के पश्चात् मिले हो, मित्र!''

गुह की आंखों में आंसू आ गए, ''यही तो मैं भी कहता हूं, राम! इतने दिनों के पश्चात मिले हो और वह भी इस प्रकार। महल में न आकर, इंगुदी वृक्ष के नीचे टिक गए।''

उन्होंने बड़ी करुण दृष्टि से राम, सीता और लक्ष्मण को देखा।

किंतु, उनके आंसू और करुणा अधिक देर नहीं टिकी। अगले ही क्षण आंसू सूख गए। चेहरा तमतमा उठा। वाणी में ओज भर आया, ''राम! मेरे गुप्तचरों ने तुम लोगों के यहां पहुंचने और तुम्हारे वनवास की सूचनाएं प्रायः साथ-ही-साथ दी हैं। यह उनकी शिथिलता का प्रमाण अवश्य है; पर उससे क्या। आते-आते मैं अपनी सेना को युद्ध के लिए प्रस्तुत होने का आदेश देकर आया हूं। मेरी सेना अयोध्या की सेना के बराबर नहीं है — न संख्या में, न युद्ध-कौशल में, न शस्त्रास्त्रों में। पर उससे क्या ? मेरे वीर साम्राज्य की उस वेतनभोगी सेना को पल-भर में नष्ट कर देने का हौसला रखते हैं। तुम हमारे साथ हो, राम! तो हम किसी से भी टकरा जाएंगे ... आज रात विश्राम करो। कल प्रातः ही अभियान होगा ...।''

''गुह भैया!'' लक्ष्मण हंसे, ''पहले मुझसे गले मिलोगे, या पहले अयोध्या पर सैनिक अभियान करोगे ?''

गुह कुछ संकुचित हुए, ''सौमित्र! तुम्हें फिर कटाक्ष करने का अवसर मिल गया। अपने आवेश में मैं कभी-कभी अपना संतुलन खो बैठता हूं।''

गुह और लक्ष्मण गले मिले। राम शांत भाव से उन्हें देखते रहे। उनके अलग होते ही बोले, ''पहले मेरे साथ एक ही लक्ष्मण थे, अब तो तुम दोनों हो। तनिक सीता का प्रणाम भी स्वीकार कर लो तो सैनिक अभियान की योजना बनाते हैं।''

सीता ने हाथ जोड़ दिए, ''जेठ के सम्मुख तो अनुज-वधू वैसे ही संकुचित हो जाती है; और फिर जब जेठ सैनिक अभियान करते हुए आएं तो प्रणाम करने में विलंब हो जाना स्वाभाविक ही है। आशा है, जेठ जी क्षमा करेंगे।''

आशीर्वचन की मुद्रा में हाथ उठा गुह क्षण–भर भौंचक्के–से खड़े रह गए; और फिर जोर से खिलखिलाकर हंस पड़े, "अच्छा तमाशा बनाया तुम लोगों ने मेरे आवेश का। इतने शांत जनों के बीच तो एक आविष्ट व्यक्ति, मूखर्ता से आविष्ट लगने लगता है।"

गुह देर तक हंसते रहे। फिर सहज होकर अपने सैनिकों की ओर मुड़े, "शस्त्र शिथिल कर, शांत होकर बैठ जाओ, वीरो! ये लोग युद्ध की मुद्रा में नहीं हैं। ..." वे घूमे, "पर राम! निर्वासन से तुम रुष्ट नहीं हो क्या ? अयोध्या के राज्य पर तुम्हारा पूर्ण अधिकार है; वरन् पिछले कई वर्षों से अयोध्या का शासन तुम्हीं चला रहे हो। ..."

"आओ, पहले इन लोगों से तुम्हारी पहचान कराऊं।" राम बोले, "ये सुयज्ञ हैं; गुरु वसिष्ठ के ज्येष्ठ पुत्र और मेरे मित्र। ये हैं सम्राट् के मंत्री चित्ररथ, मेरे सुहृद। ये लोग हमें पहुंचान आए हैं। मेरी अनुपस्थिति में तुम्हें अयोध्या में इन्हीं से संपर्क बनाए रखना है।"

परस्पर अभिवादन के पश्चात्, गुह फिर पहले विषय पर लौट आए, "तुम रुष्ट क्यों नहीं हो, राम ? देख रहा हूं, ऐसी भयंकर घटना के पश्चात् भी लक्ष्मण तक शांत हैं।"

राम का तेज, उल्का के समान प्रकट हुआ, "यह न समझो, गुह! कि मैं इतना असमर्थ हूं, या अयोध्या में मुझे इतना भी जन–समर्थन प्राप्त नहीं है कि कोई मुझसे मेरा अधिकार छीनकर, मेरी इच्छा के विरुद्ध मुझे निर्वासित कर देता। मैं अपनी इच्छा से न चला आया होता तो कोई इसे संभव नहीं कर पाता। ... और अपनी इच्छा से अधिकार त्यागने में आक्रोश कैसा ? आरंभ में लक्ष्मण भी तुम्हारे ही समान क्रुद्ध हुए थे, किंतु बात समझकर शांत हो गए और साथ चले आए।" राम हंस पड़े, "इसका अर्थ यह नहीं है कि तुम भी बात समझकर मेरे साथ चल पड़ो।"

गुह हतप्रभ रह गए। राम का वह तेज और यह हंसी। कितने आश्वस्त हैं राम! ... चिंतन की मुद्रा में गुह बोले, "मैं तुम्हारे साथ चलने की बात नहीं सोच रहा। मैं तुम्हारा राजतिलक श्रृंगवेरपुर में करूंगा। तुम चौदह वर्षों तक यहीं राज्य करो, राम!"

"राज्य ही करना होता तो अयोध्या क्या बुरी थी।" राम पुनः मुसकराए, "श्रृंगवेरपुर में तुम ही राज्य करोगे, किंतु एक काम मेरा भी करना होगा।"

"क्या ?" गुह तन्मय हो गये।

"संभावना बहुत कम है।" राम मुसकराए, "दुहरा रहा हूं, संभावना बहुत कम है; किंतु यदि हमारा अनिष्ट करने के लिए, भरत ने इस ओर सैनिक अभियान किया, तो तुम बाधा दोगे; और चित्रकूट में हमें इसकी सूचना भिजवाओगे।"

"अवश्य।"

राम का विश्वास और उनकी ओर से सौंपा गया उत्तरदायित्व पाकर, गुह महत्त्वपूर्ण हो उठे।

वार्तालाप में तनिक शिथिलता पाते ही सीता बोलीं, ''यदि अनुचित न हो तो पूछूं, जेठानी जी के दर्शन नहीं होंगे क्या ?''

गुह एक बार फिर से संकुचित हो उठे, ''क्षमा करना, वैदेही! मैं सैनिकों को साथ लेकर चला आया था, पत्नी को भूल ही गया। अब सब लोग मेरे साथ चलो। मेरे महल पर पधारो ...'' और राम को मुसकराते देख, कुछ भांपते हुए बोले, ''कदाचित् वनवास की अवधि में राम किसी भी नगर में नहीं जाएंगे, चाहे वह श्रृंगवेरपुर ही क्यों न हो; किंतु तुम और लक्ष्मण ...''

''नहीं, जेठ जी!'' सीता मुसकराईं, ''पति को वन में छोड़कर पत्नी का राजमहल में जाना उचित नहीं होगा। जेठानी जी आशीर्वाद देने यहां तक आ सकतीं तो हमारा सौभाग्य होता।''

राम बोले, ''गुह! औपचारिकता छोड़ो ... हम तुम्हारे महल में नहीं जा सकते। हमें स्वादिष्ट भोजन भी नहीं चाहिए। वैसे तुम्हारे राज्य में आये हैं, वन्यभोज से जैसा सत्कार कर सकते हो, यहीं कर दो। और यदि प्रात: विदा के समय भाभी के दर्शन हो सकें तो यथेष्ट होगा।''

''जैसी तुम्हारी इच्छा।''

गुह उठ गए। अपने सैनिकों के साथ वे प्रबंध के लिए चले गए। शेष लोग राम के निकट आ बैठे। अब तक सुमंत्र भी घोड़ों की व्यवस्था से मुक्त हो चुके थे।

इंगुरी वृक्ष के निकट लक्ष्मण द्वारा बनाई गयी पत्र-शैयाओं पर राम और सीता चले गए, तो सुयज्ञ और चित्ररथ भी अपनी-अपनी शैयाओं पर लेट गए। किंतु पिछली रात प्राय: जागते रहने पर भी, लक्ष्मण सोने के लिए तैयार नहीं थे। वे अपना धनुष और तूणीर लेकर, कुछ दूर सन्नद्ध प्रहरी के समान बैठ गये। सुमंत्र भी उन्हीं के पास जा बैठे।

''लक्ष्मण! तुम सो जाओ, भाई।'' गुह बोले, ''मैं अपने सैनिकों के साथ, स्वयं जागकर पहरा दूंगा। तनिक भी चिंता मत करो।''

लक्ष्मण हंस पड़े, ''भैया गुह! मेरे सो जाने पर तुम भी सो गये तो ? तुम भैया और भाभी के प्रहरी बन बैठे रहो, मैं तुम्हारा प्रहरी बन जागूंगा।''

''तुम्हें मुझ पर विश्वास नहीं ?'' गुह को आश्चर्य हुआ।

''तुम्हें मुझ पर हो तो तुम सो रहो।'' लक्ष्मण हंसे, ''विश्वास की बात छोड़ो। तुमसे कुछ बातें करने के मोह में रात भर जागूंगा। आओ, बैठो।''

''तुम अपनी दुष्टता नहीं छोड़ोगे।'' गुह के मन में ममता उमड़ आयी, ''तुम धन्य हो, लक्ष्मण। यदि तुम किसी प्रकार राम को इस बात के लिए तैयार कर लो कि वे मुझे अपने साथ ले चलें तो मैं अपना राज्य तुम्हें दे दूंगा।''

''भैया के साहचर्य के लिए तो कोई भी अपना राज्य मुझे दे देगा। यह भावना सम्राट् दशरथ की भी थी; किंतु लक्ष्मण अपना राज्य किसी को नहीं देना चाहता।''

''कौन-सा राज्य ?'' गुह ने पूछा।

''भैया राम का साहचर्य।''

''सौमित्र!'' सुमंत्र बोले, ''तुम अभी तक सम्राट् से रुष्ट हो। तुम उन्हें 'पिता' न कहकर, 'सम्राट्' कहते हो।''

''तात सुमंत्र! यह विषय न ही छेड़ें तो अच्छा है।'' लक्ष्मण की आंखों में क्षण भर में ही ज्वाला धधक आयी, ''सम्राट् के विषय में मैंने आपको अपना निश्चित मत कल ही बता दिया था।''

रात के अंतिम प्रहर में जाकर निषादराज गुह प्रातः अपनी रानी के साथ लौटे। रानी ने राम और लक्ष्मण के अभिवादन का उत्तर देकर, सीता को आलिंगन में कस लिया।

सीता की निषाद रानी से यह पहली भेंट थी, कितु स्नेह का आधार पहले से ही स्थापित हो चुका था। निषाद रानी ऊंचे कद तथा इकहरे बदन की, ऊर्जा से भरी हुई सुंदर युवती थीं। रंग सांवला था। गौर-वर्णी आर्य कन्याओं के सौंदर्य की अभ्यस्त आंखों को वह रंग क्षण भर के लिए खटकता था, किंतु वर्ण के पूर्वाग्रह को भेदने और नष्ट करने में उसका सौंदर्य अधिक समय नहीं लेता था। आर्य सौंदर्य-संस्कारों में पला सीता का मन दो क्षणों में ही निषाद रानी के आकर्षक सौंदर्य की प्रतिष्ठा को मान गया। और फिर, उस मुख-मंडल पर झलकता हुआ स्नेह उसे ममतापूर्ण बना रहा था। यौवन तथा वात्सल्य के अद्‌भुत आकर्षण ने उसके रूप को अलौकिक आयाम दिया था।

''तुमने विकट जोखिम का काम किया है, सीते!'' निषाद रानी ने अपना बाहुपाश ढीला कर, बांहों की दूरी पर रख, सीता को प्रेम से निहारते हुए कहा।

सीता मुसकराईं, ''राम जैसे वीर पति की पत्नी ही यदि ऐसा जोखिम न उठाएगी, तो दूसरा कौन उठाएगा।''

''ठीक कहती हो, सखी!'' निषाद रानी बोलीं, ''युवराज के असाधारण शौर्य में किसी को भी संदेह नहीं। पर ...'' वे तनिक संभ्रम से बोलीं, ''यह मत समझना, सीते! कि मैं अपना ज्ञान बघार रही हूं। बात केवल इतनी-सी है कि हम इस प्रदेश में रहते हैं; और हमारी नौकाएं और जल-पोत दूर-दूर तक यात्रा करते हैं, इसलिए इधर के वनों की जानकारी हमें है। ये वन ऐसे नहीं हैं, बहन! जहां कोई पुरुष भी सुरक्षित हो, फिर नारी की बात ही क्या।''

सीता ने मुग्ध दृष्टि से उस सांवले सौंदर्यपुंज के स्नेह को देखा और बोलीं, ''ठीक कहती हो, दीदी! पर जब राम उस जोखिम के बीच जा रहे हैं, तो मैं अपने प्राणों का क्या मोह करूं। उन्हें रोक लो, न मैं जाऊंगी, न लक्ष्मण जाएंगे।''

निषाद रानी हंस पड़ीं, ''चतुर हो, बहन। जानती हो, युवराज को रोकने की शक्ति किसी में नहीं है। ... पर मैं एक असमंजस में हूं। तुमसे क्या कहूं कि वे पुरुष हैं। जोखिम का सामना कर सकते हैं। उन्हें जाने दो। साथ जाकर उनका जोखिम न

बढ़ाओ। या कहूं — कि पुरुष तथा नारी की समता सिद्ध करने के लिए, इस पितृसत्तात्मक समाज की नारी-विरोधिनी नीति का विरोध करने के लिए, अवश्य साथ जाओ।''

सीता भी गंभीर हो गयीं, ''इस समय तो केवल यही कहो कि नारी-पुरुष की स्पर्धा भूलकर, मैं अपने प्रिय के प्रेम में बंधी उनके संग जाऊं।''

रानी की आंखें डबडबा आयीं, ''तुम धन्य हो, वैदेही! इतना प्रेम यदि सभी कहीं होता। सुखी और प्रेम करने वाले दंपति को देखकर मुझे कितना सुख होता है, तुम्हें क्या बताऊं। तुम्हारे जेठ प्राणपण से प्रयत्न कर रहे हैं कि निषाद दंपति सम-धरातल पर, समानता की भावना से प्रेम के आधार पर जिएं ...''

''वैदेही!'' राम ने पुकारा, ''जाने का समय हो गया, प्रिये!''

वे लोग घाट पर आये। जल-पोत सरीखी एक बड़ी-सी नौका चलने के लिए तैयार खड़ी थी। उनके साथ आये, सारे शस्त्रास्त्र सुव्यवस्थित ढंग से नाव में लगा दिये गए थे। अनेक नाविक तथा सशस्त्र दंडधर नौका से सन्नद्ध बैठे थे; और घाट पर निषाद सैनिकों की टुकड़ियां उन्हें विदा देने के लिए प्रस्तुत थीं।

''अच्छा! अब विदा दो, मित्र!''

राम ने आलिंगन के लिए गुह की ओर हाथ बढ़ा दिए।

''हम साथ चल रहे हैं, भाई!'' गुह बोले, ''आओ, प्रिये!''

निषाद रानी नाव में बैठने के लिए आगे बढ़ीं।

''भाभी! क्या कर रही हैं आप!'' राम बोले; और वे गुह की ओर घूमे, ''अपनी सत्ता का प्रयोग मुझ पर मत करो। तुम और भाभी हमारे साथ नहीं जाओगे। तुम्हारे नाविक भी हमें भरद्वाज आश्रम तक ही पहुंचाएंगे; और इन सशस्त्र दंडधरों को नाव से उतर जाने का आदेश दो।''

''राम! यह सब मैं अपने प्रेम के कारण ...''

गुह की बात राम ने बीच में ही काट दी, ''तुम्हारी भावना मैं समझता हूं। नहीं तो क्या तुम समझते हो कि हमारी रक्षा कुछ दंडधर करेंगे। दंडधरों को नौका से उतरने का आदेश दो।''

''राम!''

''जो कह रहा हूं, वही करो, भाई मेरे।'' राम स्नेह-भरी वाणी में बोले, ''तुम्हें जो काम सौंपा है, उसे स्मरण रखो। अपनी सीमाओं, दुर्ग और सेना का ध्यान रखो। प्रजा को शस्त्र-शिक्षा देकर सैनिक कर्म के लिए सन्नद्ध रखो।''

''जैसी तुम्हारी इच्छा, राम!''

गुह ने दंडधर-नायक को नौका खाली करने की आज्ञा दे दी।

''सौमित्र!'' राम बोले, ''सबसे विदा लो और सीता को नाव में बैठाकर तुम भी नाव में बैठो।''

''अच्छा, भैया।''

राम देख रहे थे — लक्ष्मण, गुह, निषाद रानी, सुमंत्र, सुयज्ञ तथा चित्ररथ से विदा ले रहे थे। उनका कहा, दूरी के कारण, राम सुन नहीं पा रहे थे, किंतु उनके चेहरे के भावों से स्पष्ट था कि वे परिहास की मुद्रा में थे और सब पर ही कोई-न-कोई कटाक्ष कर रहे थे।

निषाद रानी से विदा लेती हुई सीता भावुक हो उठी थीं। उनका सहज विनोदी मन इस समय करुणा से भरा हुआ था। निषाद रानी का आलिंगन प्रगाढ़ तथा ममतापूर्ण था। उनकी आंखों में अश्रु झलमला आये थे। सुमंत्र को सीता ने अपने श्वसुर के-से सम्मान के साथ प्रणाम किया था। सुमंत्र की आंखों से धाराप्रवाह अश्रु बह रहे थे। राम को लग रहा था — सुमंत्र अभी वृद्ध सम्राट् के ही समान संज्ञाशून्य होकर गिर पड़ेंगे। सीता ने बहुत अच्छा किया कि वे आगे बढ़ गयीं। सुमंत्र को संभलने का अवसर मिल गया। सुयज्ञ तथा चित्ररथ को सीता ने तटस्थ सम्मान के साथ प्रणाम किया। और गुह को प्रणाम करते हुए, वे फिर विनोदमयी हो गयी थीं। उन्होंने गुह पर फिर कोई कटाक्ष किया था और भोले जेठ गुह, अनुज-वधू के परिहास और जेठ की मर्यादा में बंधे, कसमसाए-से मुसकराकर रह गए।

लक्ष्मण के हाथ का अवलंब लेकर सीता नाव में बैठ गयीं।

''अच्छा मित्र! विदा।'' राम ने हाथ जोड़ दिए। निषाद रानी के पास आकर वे रुके, ''भाभी! अपना ध्यान रखना और निषादराज पर अंकुश। गुह बहुत जल्दी आवेश में आ जाते हैं।''

निषाद रानी के मुखमंडल पर वक्र मुसकान उठी, ''वे स्त्री का अंकुश मानेंगे क्या ? देवर ! तुम्हारे ही बड़े भाई हैं।''

''न वे स्त्री का अंकुश मानें, न आप पुरुष का बंधन मानें; किंतु बुद्धि, विवेक, संतुलन और प्रेम की मर्यादा तो सब ही मानेंगे। अपने इन्हीं गुणों का उपयोग करना। आपकी प्रजा भाग्यवान है कि उन्हें आप जैसी रानी मिलीं।''

निषाद रानी हंस पड़ीं, ''देखती हूं, लक्ष्मण ने तुमसे केवल सीखा ही नहीं, तुम्हें कुछ सिखाया भी है। तुम भी चापलूसी करना सीख गए, देवर!''

राम हंसते हुए आगे बढ़ गये। सुमंत्र के सम्मुख जाकर वे गंभीर हो गए, ''सुमंत्र काका! मेरी मां का ध्यान रखना।''

वे रुके नहीं। उन्हें भय था, सुमंत्र कहीं फिर से भावुक न हो उठें। सुयज्ञ तथा चित्ररथ को बारी-बारी गले लगाकर बोले, ''सजग और सावधान रहना।''

नौकारूढ़ होकर, हाथ के संकेत से राम ने नाविकों को चलने का आदेश दिया। बिना एक भी शब्द उच्चरित किए नाविक चल पड़े। हाथों के संकेत से ही विदा दी और स्वीकार की गयी।

क्रमशः नाव किनारे से दूर, गहने पानी की ओर बढ़ रही थी। तट पर खड़े हुए

सुमंत्र, सुयज्ञ, चित्ररथ, गुह, निषाद रानी और सैनिक शनैः-शनैः दूर होते जा रहे थे। उनकी मुद्राओं से स्पष्ट था कि वे तब तक वहीं खड़े रहेंगे, जब तक उनकी नाव दिखाई देती रहेगी।

राम, सीता और लक्ष्मण की आंखें भी किनारे पर ही लगी रहीं। केवल नाविकों ने ही अपना ध्यान तत्काल किनारे से हटाकर जल-धारा पर केन्द्रित कर लिया था।

किनारा आंखों से ओझल हो जाने पर, राम ने अपनी दृष्टि सीता और लक्ष्मण की ओर फेरी। वे दोनों ही इस समय अन्तर्मुखी हुए कुछ सोच रहे थे। ... अब वे लोग न केवल अपने राज-प्रासादों, अयोध्या नगर तथा अपने राज्य की सीमा से बाहर निकल आये थे, वरन् अपने परिचित राज्यों से भी परे हो गये थे। निषादराज गुह के राज्य की सीमा वह अंतिम प्रदेश था, जिसमें वे स्वयं को सहज सुरक्षित समझ सकते थे। उस सीमा को भी वे तेजी से पीछे छोड़ते जा रहे थे। आज रात का पड़ाव गंगातट पर किसी अपरिचित प्रदेश में होगा। किसी भी आवश्यक वस्तु की समुचित व्यवस्था नहीं होगी। आज ही नहीं, आज से भविष्य के चौदह वर्षों तक यही स्थिति रहेगी। वे लोग न केवल असुरक्षित होंगे वरन् सब प्रकार से असुविधा, जोखिम, आशंकाओं तथा तनाव-भरा जीवन जिएंगे। ... राम सोचते जा रहे थे ... क्या उनके लिए उचित था कि वे अपने प्रेम में बंधे लक्ष्मण और सीता को ऐसा कठिन जीवन जीने के लिए अपने साथ ले आते ? प्रेम अव्यावहारिक होता है, व्यावहारिक कठिनाइयों की ओर से उसकी आंखें बंद होती हैं। सीता और लक्ष्मण ने तो नहीं सोचा, पर राम को तो सोचना चाहिए था। राम उनसे बड़े हैं, अधिक अनुभवी हैं और उनका प्रेम, भावुक न होकर, विवेक से संतुलित होने के कारण, कर्तव्यांकर्तव्य का निर्णय भी कर सकता है। सीता उनकी पत्नी हैं, लक्ष्मण छोटे भाई हैं। उनके प्रति भी तो राम का कुछ कर्तव्य है। क्या वह कर्तव्य यही था कि वे उन्हें असुविधा और जोखिम के सर्वग्रासी मुख में धकेल दें ?... पर कर्तव्य इन दोनों के ही प्रति नहीं है : कर्तव्य तो माता कौसल्या, सुमित्रा और पिता के प्रति भी है, जिन्हें वे अयोध्या में छोड़ आये हैं ...

"राम!" सीता कह रही थीं, "ये नाविक हमें कहां तक पहुंचाएंगे ?"

राम अपने चिंतन से उबरे। वे दूसरों के विषय में सोचते-सोचते स्वयं को भूल गये थे। श्रृंगवेरपुर के घाट पर विदा देने के लिए वे नाव में जिस स्थान पर खड़े हुए थे, वहीं खड़े रह गए थे।

वे आकर सीता के पास बैठ गए, "गंगा-यमुना के संगम पर स्थित भरद्वाज आश्रम तक।"

"कितना समय लगेगा ?"

"यदि गुह का अनुमान ठीक हुआ तो कल दोपहर तक हम भरद्वाज मुनि के दर्शन कर पाएंगे।"

सीता मौन ही रहीं।

"भाभी को निषादराज का अनुमान जंचा नहीं।" लक्ष्मण वक्र मुसकान के साथ बोले, "वे अभी गणना कर आपको बताएंगी, भैया! कि इतना समय नहीं लगना चाहिए। या कदाचित् वे कोई छोटा मार्ग ही खोज निकालें।"

सीता भी मुसकरायीं, "सौमित्र ठीक कह रहे हैं। अपनी गणना के अनुसार मुझे यह सब ठीक नहीं लग रहा है। ये नाविक रात्रि तक इसी प्रकार चप्पू चलाते रहें और देवर लक्ष्मण दिन-भर बातें भी बनाएं और रात-भर जागकर पहरा भी दें — यह संभव नहीं है।"

"ठीक कहती हो, सीते!" राम बोले, "मुझे भी लक्ष्मण की वाक्-चातुरी कुछ ऊंघती-सी लग रही है। अच्छा हो कि लक्ष्मण, नाव के भीतरी भाग में जाकर, अपनी नींद पूरी कर लें।"

राम उठकर नाविकों के मुखिया के पास चले गये, "सुनो मित्र! नाव काफी गति पकड़ चुकी है। हमें कोई ऐसी विशेष जल्दी नहीं है। यात्रा लंबी है। बारी-बारी कुछ नाविकों को विश्राम के लिए भेज दो। कदाचित् रात को भी हमें बारी-बारी जागना पड़े।"

"जैसी आपकी इच्छा।"

नाविकों का मुखिया अपनी व्यवस्था में लग गया।

लक्ष्मण आराम करने चले गये।। राम ने सीता की ओर देखा — वे अनमनी-सी क्षितिज को घूरती हुई, मौन बैठी थीं। उन्हें अकेली छोड़ दिया जाए तो यही उनकी सहज मुद्रा थी। सीता में गंभीरता और चपलता का विचित्र मिश्रण था। लक्ष्मण साथ होते तो उनके व्यंग्यों की स्पर्धा में सीता का वाग्वैदग्ध्य चिर-जागरूक रहता था। वे पास न होते तो पति-पत्नी में भी हास-परिहास हो जाता था; पर अकेली होते ही सीता अपनी उस चिर गंभीरता तथा मौन चिंतनधारा में डूब जातीं।

"क्या सोच रही हो, सीते ?"

सीता चौंकीं, "ऐसे ही, तनिक माता कौसल्या के विषय में सोच रही थी। क्या आपको ऐसा नहीं लगता कि हमने उन्हें अयोध्या में अकेली छोड़कर उचित नहीं किया?"

"क्यों ? ऐसी क्या बात है ?" राम हल्के ढंग से मुसकराए, "वे अपने राजप्रासाद में, सुविधापूर्ण जीवन के बीच, अपने पति के संरक्षण में हैं।"

"हैं तो। किंतु मैंने सम्राट् को रानी कैकेयी के सम्मुख जितना अक्षम देखा है, उससे एकदम नहीं लगता कि कोई किसी के भी संरक्षण में है। मुझे अयोध्या का प्रत्येक व्यक्ति केवल रानी कैकेयी की दया पर पड़ा लगता है। मैं न अधिक भीरू हूं, न आशंकित; किंतु फिर भी मैं माता कौसल्या की सुरक्षा की ओर से संतुष्ट नहीं हो पा

रही।''

''कोई विशेष बात है, प्रिये ?'' राम गंभीर हो गए।

''आने से पूर्व मैं उनसे विदा लेने गयी थी।'' सीता बोलीं, ''मुझे देखते ही वे रो पड़ीं; और रोते-रोते उन्होंने कहा कि आप उनके पास से इस प्रकार भाग आए थे, जैसे डरते हों कि वे आपको पकड़कर बैठा लेंगी और आपका कोई काम अधूरा रह जाएगा...''

''स्थिति तो यही थी, सीते!''

''मैंने कहा, 'मां! उन्हें कई प्रकार की व्यवस्था करने की जल्दी थी, इसलिए चले गये।' वे बोलीं, 'जल्दी किसे नहीं होती, बेटी! पर कोई देखे, मैंने कितनी लंबी प्रतीक्षा की है। मैंने अपना दुःख कभी अपने बेटे के सामने भी प्रकट नहीं किया, क्योंकि वही मेरे लिए सबसे बड़ा आश्वासन था। मेरा सारा जीवन पति की प्रताड़ना और सपत्नियों की उपेक्षा की कथा रहा है। मैं एक सामान्य सामन्त की पुत्री — इस रघुकुल में कभी वह महत्त्व न पा सकी, जो एक साम्राज्ञी को मिलना चाहिए। मेरे जीवन में सुख का पहला क्षण तब आया था, जब मेरा राम मेरी गोद में आया। मैंने तिल-तिल कर उसे पाला कि बड़ा होकर, ज्येष्ठ पुत्र होने के नाते वह युवराज बनेगा, फिर सम्राट् बनेगा — मेरे दुःख के दिन कट जाएंगे। सुख की घड़ियां आयेंगी ... वर्षों के संजोए मेरे स्वप्न को आकार मिलने को हुआ; जब मैंने कहा कि मैं कैकेयी के भय से मुक्त हो गयी, तो इस कैकेयी ने फिर दंश मार दिया। वह रोज प्रहार करती थी, रोज शस्त्र चलाती; और मैं अपने महाप्रहार की प्रतीक्षा में चुपचाप दम साधे पड़ी थी। मैं नहीं जानती थी, बेटी! कि वह मेरे अंतिम प्रहार को निष्फल करने के लिए झूठे-सच्चे वरदानों की काल्पनिक कहानियां लिये, पहले से ही तैयार बैठी है!' ... माता ने मुझे अपनी भुजाओं में बांध लिया, 'बेटी! राम को समझाओ। वह एक बार कह दे कि वह पिता की प्रतिज्ञाओं के लिए उत्तरदायी नहीं है। उसका अभिषेक हो या न हो, किंतु वह अयोध्या से नहीं जाएगा। सीते! राम अयोध्या में नहीं रहा तो मेरी रक्षा कौन करेगा ? मेरा पालन कौन करेगा!'...''

राम विह्वल हो उठे। मां ने अपनी ओर से पुत्र को कभी अपनी पीड़ा का तनिक भी आभास नहीं दिया था। पहली बार उन्होंने अपनी व्यथा खोलकर सम्मुख रखी थी। ... सच कहती हैं मां! इन प्रासादों में राम ने भरत के ननिहाल की चर्चा पचासों बार सुनी थी। कैकेयी के मायके, केकय-नरेश, युद्धाजित — सबके विषय में बातें होती थीं; पर राम ने अपनी अथवा लक्ष्मण के ननिहाल की चर्चा कभी नहीं सुनी। कभी माता कौसल्या अथवा माता सुमित्रा के मायके से यहां कोई नहीं आया — जैसे इन महलों में उनकी चर्चा, उनका प्रवेश — सब कुछ वर्जित हो!

पर किस अनुपयुक्त घड़ी में मां ने अपनी पीड़ा को वाणी दी थी।... राम की अपनी पीड़ा गहराती जा रही थी — काश ! मां ने ये बातें पहले कही होतीं। काश !

विश्वामित्र अयोध्या में न आये होते, और राम ने उनको वचन न दिया होता।... पर अब क्या हो सकता था। राम संसार में घटते अत्याचार की झलक पा चुके थे, उसके विरुद्ध लड़ने का वचन दे चुके थे। उन असंख्य लोगों की पीड़ा के सामने एक व्यक्ति की निजी पीड़ा क्या अर्थ रखती है। ठीक कहा था विश्वामित्र ने — एक वृहत् सामाजिक दायित्व का निर्वाह करने के लिए अपने संकीर्ण पारिवारिक स्वार्थों की बलि देनी ही होगी। एक व्यक्ति के सुख के लिए — चाहे वह व्यक्ति स्वयं माता कौसल्या ही हों — समस्त ऋषियों, दलित जनजातियों, ज्ञान-विकासरत लोगों तथा न्याय-प्रतीक्षित जनों की उपेक्षा नहीं की जा सकती। राम को अपने सामाजिक, मानवीय दायित्वों को पहले देखना होगा, उसे वरीयता देनी होगी।... सच कहा था ऋषि ने... अपना घर फूंके बिना कोई सामाजिक दायित्व पूरा नहीं हो सकता... मां को सहना होगा, पत्नी होने के नाते सीता को सहना होगा, भाई होने के नाते लक्ष्मण को सहना होगा, अन्य बंधु-बांधवों को भी सहना होगा।... मां ! तुम बहुत देर से बोलीं।... और अच्छा ही है, मां ! कि तुम देर से बोलीं।

... पर दंडक वन में, पीड़ित ऋषियों और दलित जातियों की रक्षा के लिए जाते हुए राम, क्या अपनी मां को अन्य प्रकार के राक्षसों से पीड़ित होने के लिए असहाय छोड़ जाएंगे ? यदि कहीं कैकेयी, भरत और युद्धाजित के विषय में पिता की आशंकाएं सच हुईं ? कैकेयी ने प्रतिहिंसा में जलते हुए, मंथरा का दूसरा तर्क भी स्वीकार किया, और राम को वन भेजकर माता कौसल्या के उन्मूलन की बात सोची तो ? यदि कहीं सचमुच ही भरत के राज्य पाते ही, युद्धाजित अपना आतंक दिखाने के लिए अयोध्या आ पहुंचा तो अपनी बहन की सपत्नियों के प्रति उसका व्यवहार... ?

''आप माता की रक्षा के प्रबंध से संतुष्ट हैं ?'' सीता पूछ रही थीं।

राम का स्वर उदास था, ''... अपनी ओर से, मैंने आने से पूर्व उनकी सुरक्षा का पूरा प्रबंध किया है — तुम जानती ही हो। माता सुमित्रा का वचन भी मेरे लिए बहुत बड़ा संबल है। परन्तु मैं स्वयं भी, तुम्हारे ही समान, किसी भी अवस्था में संतुष्ट नहीं हो पा रहा हूं। न मैं मां को साथ ला सकता था, न मैं उनके पास अयोध्या में रह सकता था। एक ही स्थिति में संतुष्ट हो सकता हूं, यदि सौमित्र अयोध्या लौट जाएं...''

''पर सौमित्र लौटेंगे क्या ?''

''किसी भी स्थिति में नहीं।''

''आप उनसे कहकर देखें...'' सीता बोलीं, ''उन्हें अयोध्या लौट जाने का आदेश दें।''

राम मुसकराए, ''यदि आज्ञा देकर ही बाध्य करना होता तो मैं अयोध्या में ही लक्ष्मण को — और तुम्हें भी — वहीं रुकने की आज्ञा देता।''

सीता आशंका भरी मुसकान होंठों पर ले आयीं, ''मुझे अपने ही बंधन में मत बांधो, प्रिये ! मैं ऐसी आज्ञा स्वीकार करने में असमर्थ हूं।''

''चिंतित मत होओ।'' राम गंभीर थे, ''मैं जानता हूं, ऐसी आज्ञा मानने में सौमित्र भी असमर्थ हैं।''

भरद्वाज आश्रम तक वे लोग सहज ही चले आये। नौका-यात्रा सुविधाजनक और क्षिप्र थी। गुह के नाविक न केवल नौका-परिचालन में दक्ष थे, वरन् मार्ग के भूगोल, नदी की प्रकृति तथा अन्य प्रकार की विभिन्न कठिनाइयों से भली-भांति परिचित थे। गुह ने उन्हीं नाविकों को भेजा था, जो इस मार्ग पर अनेक बार आ-जा चुके थे; और अधिकांशतः सैनिक सेवाओं से संबद्ध रहे थे। कदाचित् उसके मन में हिंस्र जल-जंतुओं तथा शत्रुओं के आक्रमण का भय था।

घाट पर नौका को रोककर, उन नाविकों ने शस्त्रास्त्रों को आश्रम तक पहुंचाने में राम, सीता और लक्ष्मण की पूरी सहायता की। अंत में उनके नियंत्रक ने राम से कहा, ''यदि आर्य की इच्छा जल-मार्ग से आगे यात्रा करने की हो, कुछ काल के पश्चात् आर्य वापस लौटना चाहें अथवा आर्य के पास हमारी किसी भी प्रकार की उपयोगिता हो तो हम आर्य के निकट ठहरकर ही प्रतीक्षा करें — ऐसी निषादराज की आज्ञा है।''

लक्ष्मण धीरे से फुसफुसाए, ''भाभी ! निषादराज ने इन्हें चौदह वर्ष प्रतीक्षा करने का आदेश क्यों नहीं दिया ?''

''तुम्हारे भैया साथ हैं न, इसलिए।'' सीता बोलीं, ''तुम अकेले होते तो गुह भैया इन्हें चौदह वर्षों की प्रतीक्षा की ही आज्ञा देते।''

''नहीं, नियंत्रक !'' राम ने गंभीर स्वर में कहा, ''हम तुम्हारे और निषादराज गुह के आभारी हैं। तुम्हारी सहायता से हम यहां तक बड़े आराम से पहुंच गए हैं। तुम साथ रहोगे तो हमें और भी सुविधा होगी; किंतु हम सुविधामय जीवन को छोड़कर वनवास के लिए जा रहे हैं। और फिर तुम्हारे जैसे दक्ष सेना-नाविकों के लिए निषादराज के पास अनेक कार्य होंगे। ऋषि भरद्वाज के आश्रम का आतिथ्य ग्रहण कर, तुम यथाशीघ्र लौट जाओ।''

अतिथियों के लिए सब प्रकार की व्यवस्था का निर्देश देकर, भरद्वाज आकर उनके पास बैठ गए।

''राम ! मैं ऐसे स्थान पर बैठा हूं, जहां आर्यावर्त्त के विभिन्न भागों के सब प्रकार के लोगों का आवागमन लगा रहता है। मेरे पास अधिकांशतः ऋषि-मुनि तथा तापसगण ही आते हैं; राजपुरुषों तथा व्यापारियों के आतिथ्य का अवसर भी कभी-कभी मिलता है। किंतु तुम जैसे युवराज का अपनी पत्नी और भाई के साथ शुभागमन आज पहली बार ही हुआ है। क्या ऐसा संभव है, राम ! कि तुम लोग यहीं मेरे आश्रम में, या मेरे आश्रम के निकट ही, अपने वनवास की अवधि व्यतीत कर सको ?''

राम बहुत मीठे ढंग से मुसकराए, ''यदि ऐसा संभव होता तो उसे हम अपना

सौभाग्य समझते, ऋषिवर ! किंतु यह स्थान, संगम के तट पर होने के कारण, अयोध्या से इतना निकट है कि वहां से यहां और यहां से वहां, व्यक्ति तथा समाचार इतनी शीघ्रता और सुविधा से पहुंच सकते हैं कि यह वनवास न होकर वनवास का नाटक मात्र रह जाएगा। अयोध्या से निरंतर ऐसा संपर्क बनाए रखना न हमारे लिए श्रेयस्कर है, न अयोध्या के लिए।''

''ठीक कहते हो, राम !'' ऋषि चिंतन में अर्ध-लीन हो गये, ''तो फिर कहां आश्रम बनाने का निश्चय किया है ?''

''माता कैकेयी की आज्ञा दंडकारण्य में जाने की है। अंततः हमें वहां जाना है, किंतु मार्ग में रुक रुककर ऋषि-मुनियों तथा जन-साधारण के जीवन से परिचय प्राप्त करते हुए, उनकी कठिनाइयों को देखते हुए, उनके साथ समय व्यतीत करते तथा उनकी सहायता करते हुए हम आगे बढ़ना चाहेंगे। पहले पड़ाव के लिए आपके निर्देश की अपेक्षा है। वैसे मैं चाहता हूं कि ऋषि वाल्मीकि के दर्शन कर, हम चित्रकूट के आस-पास मंदाकिनी-तट पर, तपस्वियों के साथ कुछ समय बिताएं।''

''तुमने बहुत ठीक सोचा है, वत्स !'' ऋषि कुछ उदास भी थे और प्रसन्न भी, ''तुम्हारी दोनों ही बातें अच्छी हैं। चित्रकूट बहुत सुंदर स्थान है। वहां की प्राकृतिक शोभा अद्‌भुत है। मंदाकिनी का जल स्वच्छ, निर्मल तथा स्वास्थ्यकर है। आस-पास कोई नगर अथवा जनपद न होने के कारण बहुत जन-रव नहीं है; अनेक तपस्वियों के आश्रमों के कारण जन-शून्यता भी नहीं है। किंतु वत्स...'' ऋषि मौन हो गये।

''किंतु क्या, ऋषिवर !'' लक्ष्मण ने पहली बार अपना मौन तोड़ा।

सीता मुसकराईं — लक्ष्मण की उत्सुकता जाग उठी थी।

''वह स्थान अब बहुत सुरक्षित नहीं समझा जाता।'' भरद्वाज बोले, ''राक्षसों की दृष्टि उस क्षेत्र पर बहुत दिनों से लगी हुई थी। अब क्रमशः उनका आतंक बढ़ता जा रहा है। यदा-कदा होने वाले उनके आक्रमण अब नियमित घटनाओं में परिवर्तित होते जा रहे हैं। उस क्षेत्र में बसने वाले आर्य तथा आर्येतर जातियों के टोले-पुरवे शनैः-शनैः उजड़ते जा रहे हैं। राक्षस नहीं चाहते कि सामान्य जन, परिश्रम कर, ईमानदारी से अपनी आजीविका कमाएं तथा शांतिपूर्ण जीवन व्यतीत करें। वे नहीं चाहते कि तपस्वियों तथा बुद्धिजीवियों का ज्ञान और बल, साधारण जनता को मिले, ताकि उनका जीवन सरल हो सके। वे ज्ञान-विज्ञान को जन-साधारण से दूर रखना चाहते हैं। वे नहीं चाहते कि विभिन्न जातियां परस्पर एक-दूसरे के निकट आएं और परस्पर अपने ज्ञान का लाभ बांटें। चित्रकूट में अब अधिकांशतः भीरु तपस्वी बचे हैं, जो राक्षसों के किसी अत्याचार का विरोध नहीं करते; वहां निर्धन तथा उपायहीन वनवासी बचे हैं, जिनके पास अन्य स्थानों पर जीविका कमाने का कोई संबल नहीं है, या वे सुविधाजीवी लोलुप जन बचे हैं, जो राक्षसों के सहायक होकर स्वयं राक्षस हो गये हैं।''

''प्रायः यही स्थिति सिद्धाश्रम-प्रदेश की भी थी।'' लक्ष्मण धीरे से बोले।

"दुष्ट संचित धन, हिंस्र पशु-बल तथा भ्रष्ट राजनीतिक सत्ता की पुंजीभूत कृति, इस राक्षसी प्रवृत्ति को यदि न रोका गया तो वह आश्रमों को क्या, समस्त आर्यावर्त्त और देवभूमि को भी ग्रस लेगी। पहले तो सुमाली के भाई-बांधव ही राक्षस थे, अब अनेक यक्ष, गंधर्व, किरात तथा आर्य भी राक्षस होते जा रहे हैं। स्वर्ण को अपना सर्वस्व मानने वाला, मनुष्य के पशुत्व को उकसाने वाला रावण, प्रत्येक दुष्टता को प्रश्रय दे रहा है। वह समस्त मानवीय मूल्यों का ध्वंस कर रहा है।... तांत्रिक अंधविश्वासों तथा अभिचार कृत्यों से वह ज्ञान एवं सत्य का गला घोंट रहा है। मानवता के भविष्य के स्वरूप की अवज्ञा कर, वह किसी भी प्रकार अधिकाधिक भोग-विलास में लगा हुआ है...।"

"इसका प्रतिरोध कैसे होगा, ऋषिवर ?" सीता बोलीं, "क्या इन दो धनुर्धारी वीरों के द्वारा ?"

"नहीं, पुत्रि ! ऋषि हंसे, "प्रतिरोध करेगी जागरूक तथा चैतन्य, भ्रष्ट व्यवस्था के दोष समझने वाली, अपने श्रम से आजीविका अर्जित करने वाली जनता। ये दो धनुर्धर तो उसके संकल्प के प्रतीक मात्र हैं। यदि कोई यह समझता है कि दो व्यक्ति विश्व की प्रवृत्तियों को रोक सकते हैं तो यह भ्रम है। वे प्रभावित कर सकते हैं, जनमत तैयार कर सकते हैं, मार्ग दिखा सकते हैं, नेतृत्व कर सकते हैं। वैसे राक्षसत्व प्रकृति का अनघड़ और आदिम रूप है; प्रत्येक युग उसका अपने ढंग से विरोध करता है। ये धनुर्धर उसका विरोध करने वाले न तो पहले व्यक्ति हैं, न अंतिम होंगे। यह संघर्ष तो चिरंतन है; कभी तीव्र होता है, कभी मंद। कहीं केन्द्रित होता है, कहीं विकेन्द्रित। आज भी प्रयाग से अधिक यह चित्रकूट में है, चित्रकूट से अधिक जनस्थान में और जनस्थान से अधिक किष्किंधा में और उससे भी अधिक लंका में।..."

राम कुछ विस्मित हुए, "ऋषिश्रेष्ठ ! जनस्थान के विषय में मुझे गुरु विश्वामित्र ने बताया था; किंतु किष्किंधा और लंका के विषय में मुझे ज्ञात नहीं था। वहां कौन रावण का विरोध कर रहा है ?"

"व्यक्ति रावण से अधिक महत्त्वपूर्ण प्रवृत्ति रावण है।" ऋषि बोले, "विरोध उस दुष्ट प्रवृत्ति और भ्रष्ट व्यवस्था का है, जिसका अधिनायकत्व रावण कर रहा है। जनस्थान में अगस्त्य और पुत्री लोपामुद्रा उससे जूझ रहे हैं, सशस्त्र जन-बल तैयार कर। किष्किंधा में वाली का छोटा भाई सुग्रीव, उसके सहयोगी हनुमान और जामवंत; यहां तक कि वाली का तरुण पुत्र अंगद भी, रावण के निरंतर वर्धमान प्रभाव से प्रतिदिन उलझ रहे हैं। किंतु उनकी समस्या और भी विकट है। उनका अधिपति वाली स्वयं राक्षस नहीं है। वह एक प्रकार का पूजापाठी और कर्मकांडी व्यक्ति है, जो उसे धार्मिकता का आवरण प्रदान करता है; किंतु उसमें कुछ दुर्बलताएं हैं। वह स्त्री-लोलुप और कामी है। फिर रावण का मित्र होने के कारण न केवल वह अधिकाधिक सुविधाजीवी होता जा रहा है तथा प्रजा की उपेक्षा कर रहा है; वरन् रावण के बढ़ते हुए प्रभाव का विरोध भी नहीं कर रहा। सुग्रीव और उसके साथी, विकासमान दुष्टता को

देख रहे हैं, और भीतर-ही-भीतर ऐंठ रहे हैं। और अंत में, स्वयं रावण के अपने घर में विभीषण और उसके मुट्ठी भर साथी हैं। विभीषण रावण का भाई होते हुए भी, उसकी किसी नीति से सहमत नहीं है; किंतु रावण के सम्मुख वह पूर्णत: अशक्त है। राघव ! आज राक्षसी शक्तियां संगठित हैं और मानवीय शक्तियां बिखरी हुई हैं। विजय संगठन की होती है। अत: राक्षसी तंत्र का ध्वंस करने का श्रेय भी उसी व्यक्ति को मिलेगा, जो राक्षस-विरोधी शक्तियों का संगठन करने में सफल होगा...''

सहसा भरद्वाज अत्यन्त भावुक हो उठे, ''और मेरी विडंबना यह है, राम ! कि मैं शरीर से यहां बैठा हूं और आत्मा मेरी लोपामुद्रा और अगस्त्य में बसती है। उन्होंने राक्षस-विरोधी इस संघर्ष को, चिंतन के धरातल से, कर्म के धरातल पर उतार दिया है। संघर्ष केवल सिद्धांत के धरातल पर होता है तो प्रवृत्ति का विरोध कर हम व्यक्ति के साथ समझौता कर जी लेते हैं; किंतु संघर्ष के कर्म-धरातल पर उतरने के पश्चात् कोई समझौता नहीं होता, समन्वय नहीं होता, सह-अस्तित्व नहीं होता।''

भरद्वाज मौन ही नहीं हुए, किसी और लोक में लीन हो गये। कोई और व्यक्ति भी नहीं बोला। चारों ओर निस्तब्धता छा गयी। सीता ने दृष्टि उठाकर राम को देखा — वे भरद्वाज से कम लीन नहीं थे। इतने लीन वे कभी-कभी ही होते थे; और तभी होते थे, जब उनके मन में कुछ बहुत महत्त्वपूर्ण घटित हो रहा होता था, और उनका निश्चय करने का क्षण होता था; जब कोई विचार कर्म में परिणत हो रहा होता था... और लक्ष्मण ! लक्ष्मण के मन में जो कुछ था, वह सब उनके मुख-मंडल पर प्रतिबिंबित था। वे उग्र से उग्रतर होते जा रहे थे...

''भैया ! हम यहां से कब चलेंगे ?'' सहसा लक्ष्मण ने पूछा।

अपनी अन्तर्मुखी दृष्टि से, क्षण भर राम ने प्रश्नवाचक मुद्रा में लक्ष्मण को देखा और दूसरे ही क्षण वे खिलखिलाकर हंस पड़े, ''ऋषि-श्रेष्ठ ! आपकी बातों ने लक्ष्मण के उग्रदेव को जगा दिया है। उन्हें न्याय-अन्याय, मानवता और राक्षसत्व की संघर्ष-भूमि में पहुंचने की जल्दी मच गयी है। वे अब इस आश्रम में अधिक रुक नहीं पाएंगे।''

भरद्वाज मुसकराए, ''मैं तो कब से कामना कर रहा हूं कि जन-जन में यह उग्रदेव जागे। यदि मेरी बातों ने लक्ष्मण के उग्रदेव को जगाया है तो मैं धन्य हुआ, राम ! पर, पुत्र सौमित्र ! अब संध्या का समय है। इस समय यात्रा उचित नहीं। आज रात मेरे ही आश्रम में आतिथ्य ग्रहण करो। कल प्रात: प्रस्थान करना। मेरे शिष्य अगले पड़ाव तक तुम्हारे साथ जाएंगे — और तुम्हारे शस्त्रास्त्रों के परिवहन में तुम्हारी सहायता करेंगे।''

'' यही उचित होगा।'' राम बोले, ''क्यों, वैदेही ?''

''देवर की क्या इच्छा है ?'' सीता ने लक्ष्मण की ओर देखा।

''जो ऋषिश्रेष्ठ का आदेश हो।'' लक्ष्मण अपने आक्रोश को दबा रहे थे।

भरद्वाज-शिष्यों के साथ यमुना पार कर चित्रकूट की ओर बढ़ते ही, राम के सम्मुख प्रकृति का भेद स्पष्ट हो गया। यह भूमि प्रयाग की भूमि के समान उपजाऊ नहीं थी। कहीं-कहीं बड़े पेड़ भी थे, किंतु अधिकांश धरती छोटी-छोटी झाड़ियों तथा लंबी-सूखी पीली घास से ढकी हुई थी। नंगी धरती में से सफेद पत्थर की शिलाएं निकली हुई दिखाई देती थीं। निश्चित रूप से इनमें चूना बहुत अधिक मात्रा में विद्यमान था। कदाचित् इसी अनुपजाऊ, पथरीली भूमि के कारण न तो प्रयाग की ओर से आबादी इस ओर बढ़ी थी, न ही चित्रकूट के आश्रमों ने ही इस ओर बढ़ने की प्रवृत्ति दिखाई थी।

पथरीली भूमि के पार हो जाने पर धरती मनोहर हो गयी थी; और मिट्टी की ऊंची-नीची पहाड़ियां मिलने लगी थीं। स्थान-स्थान पर ताल-तलैया और छोटी-छोटी जल-धाराएं भी दिखाई पड़ रही थीं, जिनके किनारे-किनारे पर्याप्त हरियाली थी। किंतु यह मैदानी क्षेत्र नहीं था — अतः आवागमन की सुविधा नहीं थी। कदाचित् इसी कारण से जनसंख्या विरल ही थी।

पयस्विनी नदी पार करते ही वाल्मीकि आश्रम की सीमा आरंभ हो गयी थी। आश्रम के चिह्न प्रकट होते ही, राम ने अपने पग रोक लिये। उनके पीछे आते हुए लक्ष्मण, सीता तथा भरद्वाज-शिष्य भी रुक गये। राम ने अपने हाथों के खड्ग, कंधों के धनुष तथा पीठ पर दोनों ओर बंधे हुए भारी-भरकम तूणीर उतारकर पृथ्वी पर रख दिये। यह संकेत था कि यहां अधिक देर तक रुकना पड़ सकता है। सबने अपने कंधों, बाहुओं तथा अपने हाथों के शस्त्र भूमि पर रख दिए।

आश्रम की मर्यादा के अनुसार सशस्त्र वे भीतर जा नहीं सकते थे; और शस्त्रों को इस एकांत वन में असुरक्षित छोड़कर, स्वयं आश्रम के भीतर चले जाना उचित नहीं था।

राम ने लक्ष्मण की ओर देखा।

"मैं ऋषि के दर्शन कर अनुमति ले आऊं ?"

"यही करना होगा।" राम मुसकराए।

लक्ष्मण शस्त्रहीन हो आश्रम के मुख्यद्वार की ओर बढ़ने ही वाले थे कि चार अपरिचित ब्रह्मचारियों ने उनके सम्मुख आ, हाथ जोड़, सम्मानपूर्वक प्रणाम किया।

राम ने देखा — वेश सबका एक ही था; किंतु वर्ण और आकृति का भेद स्पष्ट कह रहा था कि वे ब्रह्मचारी विभिन्न जातियों से संबद्ध थे। दो गौण वर्ण के थे। दो पीताभ-वर्णी थे। उनके शरीर पर भूरे रंग के पतले लंबे लोम थे। निश्चित रूप से इस प्रदेश से कुछ अन्य आर्येतर जातियों की आबादी भी आरंभ हो गयी थी। वाल्मीकि आश्रम में जाति-मिश्रण है तो अन्य आश्रमों में भी यही स्थिति होगी।

"आर्य ! कुलपति ऋषि वाल्मीकि की ओर से हम आपका स्वागत करते हैं। वे आपकी प्रतीक्षा कर रहे हैं।"

सीता चकित रह गयीं, "ऋषि को हमारे आगमन की सूचना कैसे मिली ?"

"देवि ! यह तो ऋषि ही बता सकेंगे।"

राम ने अपने तूणीर पीठ पर बांधे, धनुष कंधों पर टांगे, खड्ग हाथ में ले लिये...

ब्रह्मचारी सहायतार्थ आगे बढ़े, किंतु राम ने उन्हें रोक दिया, "मित्र ! अभी तुम्हारी सहायता की आवश्यकता नहीं।" वे मुसकराए, "आवश्यकता होने पर तुम्हें कष्ट करना होगा।"

ब्रह्मचारियों ने उनकी अगवानी की। उनके पीछे-पीछे सब लोग ऋषि की कुटिया के द्वार पर आए। राम एक बार फिर जैसे असमंजस में पड़ गए, इतने सारे शस्त्रों का वे क्या करें ?

तभी कुटिया के भीतर से ऋषि का स्वर सुनाई पड़ा, "वत्स ! भीतर आ जाओ। इन शस्त्रों को भी साथ ले आओ।"

राम ने कुटिया में प्रवेश किया। उनके पीछे सीता तथा लक्ष्मण आए और अंत में भरद्वाज-शिष्यों ने प्रवेश किया।

"अपना सामान उस कोने में रख दो, राम !"

सारे शस्त्र कुटिया के कोने में व्यवस्थापूर्वक रख दिए गये। ऋषि ने आंखें भरकर शस्त्रास्त्रों को देखा और मुड़कर पूछा, "कैसे हो, पुत्र ?"

"आपकी कृपा है, ऋषिवर !"

राम ऋषि के सम्मुख पालथी मारकर बैठ गये। उनकी बायीं ओर सीता बैठीं, दायीं ओर लक्ष्मण। दूसरी पंक्ति में भरद्वाज-शिष्य बैठ गये।

आश्रम के ब्रह्मचारी बड़े आश्चर्य से उन शस्त्रास्त्रों को देख रहे थे; जैसे या तो पहले कभी उन्होंने इतने सारे शस्त्र न देखे हों, अथवा राम की इस सशस्त्र यात्रा का प्रयोजन उनकी समझ में न आया हो।

राम ने बात आरंभ की, "आपको हमारे आने की सूचना कैसे मिली, पूज्य ? हम सब चकित हैं कि आप अपने परिवेश में घटित घटनाओं के प्रति कितने सजग हैं; और उनका पूर्ण ज्ञान आपको कैसे रहता है। मेरी धारणा थी कि शायद आप परिवेश से असंपृक्त, उदासीन, अपनी समाधि में लीन रहते होंगे।"

वाल्मीकि हंसे, "प्रसन्न हूं राम, कि तुमने इसे मेरी आध्यात्मिक शक्ति का चमत्कार नहीं मान लिया; नहीं तो आज अनेक बाजीगर भगवान बने बैठे हैं।... पुत्र ! हमारा परिवेश पूर्णतः सुरक्षित नहीं है। अतः हम निःशंक नहीं हो सकते ! हमें अपने आस-पास घटित होने वाली घटनाओं की खोज-खबर रखनी पड़ती है। प्रायः भरद्वाज के आश्रम से हमारा संपर्क बना रहता है। हमें प्रभावित करने वाली प्रत्येक घटना की सूचना हमें मिलती रहती है। इसी प्रकार दूसरी दिशा में, चित्रकूट के आश्रमों से भी हमारा संपर्क रहता है।"

तभी उनकी दृष्टि अपने एक शिष्य पर पड़ी। वह आंखें फाड़े तथा प्रायः अपना मुख खोले, कुटिया के कोने में पड़े, शस्त्र-भंडार को देख रहा था।

ऋषि हंस पड़े, "क्यों, वत्स मुखर ! चकित क्यों हो ?"

मुखर को अपनी स्थिति का भान हुआ। झेंपकर बोला, ''गुरुवर ! चकित हूं, कि आपने अपने आश्रम में शस्त्रों का निर्माण, शिक्षण, आत्म-रक्षा के साधनों की ओर एकदम ध्यान नहीं दिया; और राम अपने साथ पूर्ण शस्त्रागार लेकर यात्रा कर रहे हैं।''

राम हंसे, ''हम क्षत्रिय हैं, मित्र ! हमें आत्मरक्षा के लिए ही नहीं, न्याय और सत्य के पक्ष में, अन्य शोषितों के लिए भी शस्त्रों का प्रयोग करना पड़ता है। निःशस्त्र यात्रा हमारे लिए प्रयोजनहीन हो जाती है।''

लक्ष्मण अब मौन नहीं रह सके। बोले, ''ऋषिवर ! एक प्रश्न पूछना चाहता हूं। अन्यथा न मानें तो अपनी जिज्ञासा प्रकट करूं।''

''बोलो, वत्स !'' ऋषि की मुद्रा उल्लसित शांत थी, ''कोई भला आदमी किसी जिज्ञासा को अन्यथा नहीं मानता।''

''आपने अभी अपने परिवेश को असुरक्षित बताया है, फिर भी आपने अपनी रक्षा का कोई प्रबंध क्यों नहीं किया ?''

वाल्मीकि के चेहरे का हास प्रायः लुप्त हो गया। वे गंभीर हो उठे।

''तुमने बहुत महत्त्वपूर्ण प्रश्न पूछा है, पुत्र ! मैं स्वयं इस विषय में एक लंबे समय तक सोचता रहा हूं। सौमित्र ! हम तपस्वियों ने अन्याय-विरोध और न्याय-रक्षा का व्रत लिया है। हम दलित, दमित, पीड़ित प्रजा को जाग्रत करने, उसे उसके अधिकारों के प्रति सचेत कराने, उसे पशुता के धरातल से उठाकर मनुष्यता के धरातल पर लाने का कर्म करते हैं। उसके लिए हम तपस्या और साधना करते हैं; संयम और तप का अनुष्ठान करते हैं। इस लक्ष्य तक पहुंचने के लिए अनेक मार्ग हैं, पुत्र ! एक मार्ग वह है, जो तुम लोगों ने चुना है — शस्त्रों से अन्यायी का दमन। और एक मार्ग वह है, जो मैंने चुना है — कला की साधना। काव्य और संगीत की साधना; ताकि शब्द की शक्ति से लोगों के मन में अन्याय का विरोध जगाया जा सके। न्याय का पक्ष समझाया जा सके। यदि प्रत्येक व्यक्ति तुम्हारे समान अन्याय का सशस्त्र विरोध करेगा और कोई भी व्यक्ति मेरे समान शब्द-शक्ति से न्याय और अन्याय का भेद, उचित और अनुचित का अंतर नहीं बताएगा, तो 'अन्याय का विरोध' धीरे-धीरे शस्त्र-शक्ति के कारण केवल 'विरोध' में बदल जाएगा। इसीलिए यह आवश्यक है, पुत्र ! कि हम जन-सामान्य को उसके अधिकारों के प्रति सचेत बनाएं, उसे उसके शत्रु, शोषक-वर्ग की पहचान कराएं, उसे मानवता के उच्चादर्शों का ज्ञान दें, और साथ-ही-साथ उनमें अन्याय के विरोध की भावना जाग्रत करें, ताकि जब कभी वे विरोध करें, वह मात्र विरोध न होकर, अन्याय और शोषण का विरोध हो। वे यह जानें कि कहां उन्हें शक्ति, शस्त्र और हिंसा का प्रयोग करना है, कहां उनका प्रयोग अनुचित है। हमें उन्हें समझाना पड़ेगा, पुत्र ! कि दस्यु और सैनिक में क्या भेद है। निःस्वार्थ होकर जन-कल्याण के लिए शस्त्र का प्रयोग करने वाला वीर सैनिक है; अन्यथा वह दस्यु है।... इसीलिए मैंने कला के माध्यम का आश्रय लिया है।''

राम ने देखा — मुखर बड़ी तन्मयता से गुरु की बात सुन रहा था, किंतु उसकी भंगिमा कह रही थी कि वह उस बात से सहमत नहीं है। अपने संकोच को बड़ी चेष्टा से भंग कर वह बोला, "गुरुवर ! एक शंका मुझे भी है।"

"बोलो, वत्स !" ऋषि मुसकराए, "एक साहसी प्रश्न, अनेक दमित, संकुचित जिज्ञासाओं को उठाकर, उनके पैरों पर खड़ा कर देता है। लक्ष्मण के प्रश्न ने तुम्हारे साथ यही किया है। मैं जानता हूं, तुम्हारी इस विषय में पर्याप्त रुचि है; और जब कभी ऐसा विवाद उठ खड़ा होता है, तुम्हारे मन में भी उथल-पुथल मच जाती है। पूछो !"

मुखर ने अपनी तन्मयता को समेटा; अपनी शक्तियों में सामंजस्य स्थापित किया और बोला, "गुरुवर ! मुझे ऐसा लगता है कि हम कला की साधना तो करते हैं, उसके माध्यम से जन-सामान्य तक पहुंचते भी हैं, उनमें न्याय के पक्ष और अन्याय के विरोध का प्रचार भी करते हैं; किंतु जब कभी आत्मरक्षा की आवश्यकता पड़ती है, तब हम अपने शस्त्रधारी शत्रुओं का विरोध नहीं कर पाते और अपनी कला के साथ नष्ट हो जाते हैं। क्या यह उचित नहीं कि हम अपनी कला के साथ-साथ शस्त्र भी धारण करें ?"

सीता को लगा, मुखर के चेहरे का आवेश असाधारण था। बोलीं, "ऋषिवर ! इस ब्रह्मचारी का प्रश्न मात्र सैद्धांतिक विवाद नहीं है। वह संवेदनात्मक और भावनात्मक धरातल पर भी इन प्रश्नों में उलझा हुआ है। यह उसके मस्तिष्क का ही विवाद नहीं, उसके हृदय की उलझन भी है।"

ऋषि उल्लसित हो उठे, "तुमने ठीक पहचाना, पुत्रि ! मुखर के चिंतन की पृष्ठभूमि में उसके जीवन की घटनाएं हैं। यह बालक सुदूर दक्षिण से मेरे पास आया है। इसके पिता बहुत अच्छे कवि तथा संगीतज्ञ थे। खर के राक्षस सैनिकों ने इनके कुटुंब को नष्ट कर डाला।"

"सुदूर दक्षिण से यहां तक के बीच अनेक आश्रम पड़ते होंगे, मुखर उन सबको छोड़कर इतनी दूर क्यों चला आया ?" लक्ष्मण ने ऋषि की बात के बीच में ही पूछा।

"संगीतकार पिता का प्रभाव। वह कला की साधना से शून्य किसी आश्रम में नहीं टिक सका। किंतु कुटुंबियों के वध को भी मुखर भुला नहीं पाता। यह प्रतिक्षण शस्त्र के आकर्षण का अनुभव करता है। तुम्हारे शस्त्रों से भी यह अभिभूत हो उठा है; और शस्त्र-विद्या तथा शस्त्र-प्रशिक्षण की बात सोच रहा है।"

"किंतु यह बालक कहीं बहुत गलत भी नहीं सोचता, गुरुवर !" सीता बोलीं, "क्या ऐसा नहीं हो सकता कि कला का साधक शस्त्र की साधना भी करे ! आपके इस आश्रम में काव्य और संगीत के साथ थोड़ा-सा समय शस्त्र-विद्या को क्यों नहीं दिया जा सकता !"

"मैं तुम्हारी बात का विरोध नहीं करता, पुत्रि !" वाल्मीकि बोले, "किंतु यदि ऐसा हो सकता, तो कदाचित् हम प्रत्येक कलाकार को पूर्ण मानव बना सकते। जो सच्चे कलाकार न्याय-अन्याय, कर्तव्य-अकर्तव्य तथा अपने सामाजिक दायित्व को

समझ सकें और उन्हें कार्यान्वित कर सकें — ऐसे कलाकार दुर्लभ ही नहीं, अलभ्य भी हैं, वैदेही ! कला की साधना बड़ी ईर्ष्यालु है। वह कलाकार को अन्य किसी भी दिशा में ताकने का अवकाश नहीं देती। कलाकार क्रमश: अपनी साधना में इतना डूबता चला जाता है कि वह अन्य प्रत्येक क्षेत्र की उपेक्षा कर देता है। संभवत: मेरे भीतर का कलाकार भी मेरे व्यक्तित्व को पूर्ण नहीं बनने देता, वह स्वयं अपने-आपको ही पूर्ण बनाना चाहता है। न मैं शस्त्र-विद्या का अभ्यास कर पाया, न अपने शिष्यों को करा पाया। परन्तु मैं इसका विरोधी नहीं हूं। संभव होने पर इस आश्रम में शस्त्राभ्यास भी कराया जाएगा।''

राम की दृष्टि मुखर के चेहरे पर जमी हुई थी। मुखर ने अपने कुलपति का स्पष्टीकरण सुना, किंतु उसके चेहरे पर अंकित विरोध अभी मिटा नहीं था।

राम बोले, तो उनका स्वर अत्यंत स्नेहिल था, ''मुझे लगता है, बंधु ! कि तुम्हारे कुटुंब के साथ हुए अत्याचार ने तुम्हारे मन पर अमिट छाप छोड़ी है। वह छाप तुम्हारे मन में निरंतर घृणा उपजाती है; और वह घृणा तुम्हें शांत नहीं होने देती।''

मन की बात को प्रकट होते देख मुखर झेंपा, ''आपने ठीक समझा, आर्य ! लज्जित हूं, मेरे मन में घृणा का भाव आज भी जमा हुआ है। बहुत चाहने पर भी मैं अपने मन में सात्विक भावों को प्रतिष्ठित नहीं कर सका।''

सीता मुसकराईं, ''तुम ऐसा क्यों समझते हो, मुखर ! कि यह घृणा सात्विक नहीं है।''

''देवि ! हम घृणा को सात्विक कैसे कह सकते हैं ?''

आश्रम की शांति की कुछ उपेक्षा करता-सा लक्ष्मण का किंचित् उच्च स्वर गूंजा, ''अन्याय के विरुद्ध मन में जो घृणा उपजे, वह काव्यशास्त्र में चाहे सात्विक भाव न हो, ब्रह्मचारी ! किंतु ऐसी घृणा पूज्य है, पवित्र है, अलौकिक है। उसे तो कण-कण संचित करना चाहिए। यदि संसार में ऐसी घृणा न रहे तो अत्याचार से कौन लड़ेगा ? इस घृणा के कारण तुम अपने-आपको विशिष्ट जन मान सकते हो। लज्जित होना मात्र अज्ञान है।''

''आर्य लक्ष्मण !'' मुखर अपने कोमल स्वर में बोला, ''आज हमारे परिवेश में रोज ही कोई-न-कोई अत्याचार होता है, प्रतिदिन मानवता की हत्या होती है। यह सारा ऋषि समुदाय, ब्रह्मचारी समाज, आचार्य और मुनि — सब देखते और सुनते हैं। वे लोग अत्याचार के समर्थक नहीं हैं; किंतु उनमें से किसी के भी मन में वैसी तीव्र घृणा नहीं है, जैसी मेरे मन में है। यही मुझे सोचने को बाध्य करता है कि कहीं ऐसा तो नहीं कि मेरी प्रकृति ही अधम है; और शेष लोगों की सात्विक प्रकृति के कारण उनके मन में घृणा न उपजती हो।''

लक्ष्मण उत्तर में कुछ कहने को उत्सुक थे, किंतु राम ने बात का सूत्र पहले पकड़ा, ''बंधुवर मुखर ! अन्य ऋषि, मुनि, ब्रह्मचारी, आचार्य इत्यादि क्या सोचते हैं,

मैं नहीं जानता। पर, मेरा विचार है कि परिवेश में होने वाले अत्याचारों को केवल सुनकर, उनकी सूचना प्राप्त कर, सामान्य व्यक्ति के मन में असहमति ही जन्म सकती है, उसके विरुद्ध तीव्र, ज्वलंत, उग्र विरोध उत्पन्न नहीं होता। हम सूचनात्मक धरातल पर ही उससे जुड़ते हैं, भावनात्मक धरातल पर उससे हमारा कोई संबंध नहीं होता। इसलिए तुम इस प्रकार सोचो कि दुर्भाग्य या सौभाग्य से वह अत्याचार तुम्हारे अपने सगे बंधु-बांधवों के साथ हुआ। तुम निजी रूप से उस अत्याचार से पीड़ित हुए। इस प्रक्रिया ने तुम्हारे मन को इतना निर्मल तथा संवेदनशील बना दिया है कि तुम्हारे मन में भावनात्मक धरातल पर उस अत्याचार के विरुद्ध घृणा जन्म लेती है। शेष लोगों को ऐसा अवसर नहीं मिला। वस्तुतः कोई समुदाय निजी रूप से पीड़ित होकर अन्याय के विरुद्ध कम उठता है; व्यक्ति ही उसका अनुभव अधिक करता है। समुदाय व्यक्तियों का अनुसरण करता है। संभव है, इस व्यक्तिगत निजी लिप्ति के कारण ही तुम अत्याचार के विरुद्ध अपने आस-पास के समुदाय का नेतृत्व कर सको।''

''साधु, राम !'' वाल्मीकि बोले, ''तुम मुखर की आत्मग्लानि को दूर कर सकोगे। मैंने भी इसे तथाशक्ति समझाया था। पर, कदाचित् मैंने इस रूप में सोचा ही नहीं। यह भी प्रकृति का एक द्वंद्व ही है, पुत्र ! अत्याचार से पीड़ित व्यक्ति सबसे अधिक दुःखी भी होता है, पर वही दुःख उसे अत्याचार के विरुद्ध लड़ने की शक्ति भी देता है। अतः अत्याचार का नाश करने के लिए, उसका ग्रास बनना भी आवश्यक है। जो जितना अधिक पीड़ित और शोषित होगा, उसके मन में अत्याचार और शोषण के विरुद्ध उतनी ही उग्र ज्वलंत अग्नि धधक उठेगी; और वह न्याय का भी उतना ही बड़ा समर्थक होगा। इसे प्रकृति का द्वंद्व न कहूं तो क्या कहूं — जो व्यक्ति जितना बड़ा अत्याचारी और शोषक है, वह जन-सामान्य में न्याय के लिए उतनी ही उद्दाम आग जला देता है।''

ऋषि मौन हो गए। कुटिया में स्तब्धता छा गयी। सब अपने-अपने मन की किन्हीं तहों में खोए थे। बोल कोई भी नहीं रहा था।

संध्या के भोजन के लिए राम, सीता, लक्ष्मण तथा उनके साथी भरद्वाज-शिष्यों को, कुटिया से बाहर आना पड़ा। ऋतु अनुकूल होने के कारण भोजन की व्यवस्था खुले में की गयी थी। सारे शिष्य पंक्तिबद्ध बैठे थे। विभिन्न जातियों के ब्रह्मचारियों, आचार्यों तथा कुलपति में कहीं कोई भेद नहीं था। भोजन सामग्री के रूप में ब्रह्मचारियों ने वन्य-फल तथा कंद-मूल परोस दिए थे।

''ऋषिवर !'' राम ने कुलपति को संबोधित किया, ''आपके शिष्य अधिकांशतः कला की एकांत साधना में लगे रहते हैं, वे जीविका-उपार्जन के लिए अन्य कोई कार्य करने का तो समय नहीं पाते होंगे ?''

''तुम्हारा अनुमान ठीक है, राम !'' वाल्मीकि बोले, ''यह हमारी एक बड़ी कठिनाई है।''

''आप किसी राज्य से अनुदान की इच्छा नहीं रखते ?''

''राज्य का अनुदान !'' वाल्मीकि गहरी चिंता में पड़ गए, ''अनेक बार सोचा है, राम ! पर राज्याश्रय कलाकार की कला का काल है, पुत्र। राज्य के अनुदान का आरंभ में कदाचित् कोई विशेष लक्ष्य नहीं होता। वह कला को संरक्षण देता है, किंतु जब उसके संरक्षण में पलकर कला शक्ति अर्जित कर लेती है, तो संरक्षक राज्य उस शक्ति का उपयोग अपने पक्ष में करना चाहता है, जो कला के लिए काम्य नहीं है। राज्याश्रय में पलकर, किसी राज्य का अनुदान लेकर, कलाकार को उस आश्रय तथा अनुदानदाता का ध्यान कला से भी अधिक रखना पड़ता है।... पुत्र ! अन्याय वहीं होता है, जहां सत्ता और धन होता है। कला का मूल धर्म अन्याय का विरोध है। कला जब सत्ता और धन के आश्रय में चली जाती है, तो अपने मूल धर्म से च्युत हो जाती है।''

''अर्थ यह है कि,'' राम मुसकराए, ''जिसके आश्रम में कला पनप सकती है, वह उसी का विरोध करती है। राज्य कला को आश्रय देता है, तो वह उसके साथ ही अपने काल का भी आह्वान करता है।''

''हां, पुत्र !'' वाल्मीकि बोले, ''कलाकार विद्रोही होता है, और शासन विद्रोह नहीं चाहता। कलाकार और शासन सहमत हों तो कलाकार को ईमानदार न समझो। शासन द्वारा पूजे जाने वाले कलाकारों में वास्तविक कलाकार विरले ही होते हैं, अधिकांश भांड मात्र होते हैं। इसीलिए मैंने अपने आश्रमवासियों तथा कला को किसी राज्य से जोड़ने, किसी शासन अथवा सत्ता से ग्रंथित करने का प्रयत्न नहीं किया। मैंने सदा चाहा है कि कला अपने बल पर विकसित हो, अपने पैरों पर खड़ी हो, यथासंभव आर्थिक रूप में भी स्वावलंबी हो। यदि ऐसा न हो सके, तो किसी राज्य से अनुदान लेने के स्थान पर वह जनता में अपनी जड़ें फैलाए। जन-सामान्य से अपने लिए प्राण-शक्ति अर्जित करे।''

''इसमें कोई कठिनाई नहीं है क्या ?'' सीता ने पूछा।

''पहले तो दिखाई नहीं पड़ी थी, किंतु अब उस ओर से क्रमशः चिंताएं ही घेरती जा रही हैं।''

''कैसी चिंताएं ?'' लक्ष्मण उत्सुक जिज्ञासा से उनकी ओर देख रहे थे।

वाल्मीकि थोड़ी देर मौन रहे, फिर बोले, ''पुत्र ! अभी उनका अग्रिम आभास पा रहा हूं। जन-सामान्य में अपनी जड़ें फैलाने का परिणाम यह है कि हमें उनसे आर्थिक सहायता की आवश्यकता होती है। जब कलाकार, जनता की मांग के बिना, उसके सम्मुख अपनी कला का प्रदर्शन करता है और उस प्रदर्शन का पारिश्रमिक चाहता है, तो जन-सामान्य उसे कलाकार न मानकर भिखारी मान बैठता है; और भीख के रूप में कला का मूल्य नहीं दिया जा सकता। धीरे-धीरे कलाकार निर्धन होता जाता है और उस निर्धनता और आर्थिक पराश्रितता के कारण, जनता उसकी कला का मूल्य और भी कम आंकती है। कलाकार का सामाजिक स्तर गिरता जाता है। जो समाज धन से व्यक्ति

का मूल्य आंकता है, उसमें कलाकार निर्धन ही नहीं, अंत्यज, अस्पृश्य और शूद्र मान लिया जाता है। कला से आजीविका कमाने वाली, अनेक पूरी की पूरी जातियां इसी प्रकार हीन घोषित कर दी गई हैं।... यह चिंता मेरी आत्मा को घुन के समान खा रही है, राम ! कि कहीं ऐसा तो नहीं कि मैं समाज के श्रेष्ठ युवकों को, कला का शस्त्र देकर, अपने से बलवान, अपने से अच्छा मनुष्य बनाने के स्थान पर, उन्हें सामाजिक दृष्टि से भिखारी अथवा अंत्यज बना रहा हूं। ऐसा तो नहीं है कि मुझसे काव्य और संगीत की शिक्षा पाकर, मेरे ये शिष्य समाज के लिए अधिक उपयोगी नागरिक बनने के स्थान पर, गली-गली काव्य और संगीत का रस लुटाते हुए, हथेली फैलाकर गृहस्थों से भिक्षा मांगते फिरेंगे; और उनकी दृष्टि में कलाकार के स्थान पर घृणित जीव होकर रह जाएंगे। जब इनके लिए उस भविष्य की कल्पना करता हूं, तो मुझे कला से, सामाजिक व्यवस्था से, और कहीं अपने-आपसे भी वितृष्णा होने लगती है।''

''क्या ऐसी कोई शासन-पद्धति नहीं, ऐसा कोई राज्य नहीं, कला जिसका समर्थन करे; और उस समर्थन के कारण राज्याश्रय उसके लिए भय का कारण न रहे ?''

''कला सदा वामा होती है, राम !'' वाल्मीकि हंसे, ''गंतव्य प्राप्त होते ही गंतव्य नहीं रहता — वह आगे खिसक जाता है। कला अद्भुत महत्त्वाकांक्षिणी है। ऐसी कोई व्यवस्था नहीं, जिसमें कलाकार कोई त्रुटि न देख पाए।''

''तो इसका समाधान क्या हो, आर्य ?'' लक्ष्मण अधीर हो उठे।

''समाधान ही तो अभी मैं खोज नहीं पाया, पुत्र ! कला और राज्य के इस द्वंद्व में फंसा कलाकार कभी अपना धर्म नहीं निभा पाता, कभी अपने सम्मान की रक्षा नहीं कर पाता। मैं नहीं जानता कि अधिक घृण्य कौन है — वह कलाकार, जो राज्याश्रय पा, आर्थिक दृष्टि से अपने सम्मान की रक्षा कर, कला के साथ धोखा और बेईमानी करता है; अथवा कला के प्रति ईमानदारी का व्यवहार करने वाला, राज्याश्रय को ठुकराने वाला कलाकार, जो आर्थिक दृष्टि से पराश्रित होकर अपने परिवार को भूखा मारता है; और स्वयं अपनी तथा अपनी संतान की दृष्टि में घृणा और उपहास का पात्र बन जाता है।''

''इस द्वंद्व का अन्त कब होगा, ऋषिवर ?'' सीता ने पूछा।

''कला को आजीविका का साधन न बनाया जाए तो यह द्वंद्व है ही नहीं; और आजीविका का साधन बनी रही, तो कदाचित् यह द्वंद्व कभी समाप्त नहीं होगा। कलाकार वही धन्य है, जो कला से कुछ मांगता नहीं — न धन, न यश; वरन् उसके लिए स्वयं को खपा देता है।''

ऋषि अत्यंत उदास थे।

## 5

प्रातः भरद्वाज-शिष्य अपने आश्रम लौट गए।

एक-एक धनुष, तूणीर तथा खड्ग साथ ले, शेष शस्त्रों की सुरक्षा का समुचित प्रबंध कर राम, लक्ष्मण और सीता अपने आश्रम के लिए स्थान चुनने निकले। स्वयं वाल्मीकि अपने कुछ शिष्यों को ले, उनके साथ-साथ मंदाकिनी के किनारे-किनारे घूमे। मंदाकिनी की गति अपने नाम के अनुरूप इतनी मंथर थी कि कहना कठिन था कि उसमें प्रवाह था भी या नहीं। पानी की गहराई भी अधिक नहीं थी। बिना घाट के भी, किसी भी स्थान पर जल भरने अथवा स्नान करने में कोई जोखिम नहीं था। मंदाकिनी के दोनों ओर ऊंचे कगार थे, किंतु पर्वत की चोटियों की ऊंचाई अधिक नहीं थी। पर्वत पथरीला भी नहीं था। ऊंचे-नीचे मिट्टी के ढूह जैसे अनेक टीले थे। आस-पास घने वन थे।

राम ने मंदाकिनी, पयस्विनी और गायित्री के संगम से थोड़ा इधर, कगार से हटकर, एक दीर्घ वृत्ताकार टीले को आश्रम के लिए पसन्द किया। स्थान चुन लिये जाने पर कुटिया-निर्माण का वास्तविक कार्य आरम्भ होना था, जिसका दायित्व लक्ष्मण पर था।

वाल्मीकि कुछ शिष्यों को पीछे छोड़, स्वयं लौट गए। उन्हीं शिष्यों के नेतृत्व में राम, लक्ष्मण और सीता वन के भीतर गए। और तब लक्ष्मण ने नियंत्रण संभाल लिया। उन्होंने अपनी आवश्यकता बताई और लकड़ी के लिए स्वयं देख-भाल कर वृक्ष चुने।

कटाई आरम्भ हुई।

सीता के हाथ में एक कुल्हाड़ी देकर, राम ने भी एक कुल्हाड़ी उठा ली। वाल्मीकि-शिष्यों के चेहरों पर हतप्रभता, विरोध और संकोच प्रकट हुए।

राम हंस पड़े; ''मित्रो ! वनवासी का जीवन बिताना है तो वनवासी के ही समान काम भी करना पड़ेगा।''

''किंतु आर्य ! देवी वैदेही।''

''वे भी वनवासिनी हैं।... वैसे भी परिश्रम शरीर और मन को स्वस्थ और संतुलित रखता है।''

लक्ष्मण इस बीच कुछ नहीं बोले। वे जानते थे, राम एक नवीन जीवन पद्धति की ओर बढ़ रहे थे। उन्हें रोकना व्यर्थ था — रोकने की आवश्यकता भी क्या थी।... वैसे भी लक्ष्मण के मन में अनेक प्रश्न तथा उनके समाधान के लिए अनेक योजनाएं उथल-पुथल मचा रही थीं। आश्रम कैसा होगा ?... एक कुटिया भैया और भाभी के लिए। एक कुटिया स्वयं लक्ष्मण के लिए। दोनों कुटीरों के बीच एक शस्त्रागार। शस्त्रागार के दो द्वार, जो दोनों कुटीरों में खुलते हों। एक कुटिया अग्निशाला के रूप में। एक कुटिया रसोई के लिए। एक कुटिया अकस्मात् जाने वाले किसी अतिथि के लिए। बीच में एक

खुला क्षेत्र; जहां वे इच्छुक वनवासियों को शस्त्राभ्यास करा सकें। थोड़ी-थोड़ी भूमि प्रत्येक कुटिया के पास शाक-भाजी तथा फूलों की क्यारियों के लिए...

आश्रम के चारों ओर बाड़ की भी आवश्यकता थी — जंगली पशुओं और शत्रुओं से सावधान रहने के लिए। फिर, उनके पास शस्त्र थे, जिनके कारण वे सुरक्षित थे; किंतु शस्त्रों के कारण ही उनके लिए जोखिम भी बढ़ गया था। शस्त्रों को छीनने अथवा उन्हें नष्ट करने के लिए भी उन पर आक्रमण हो सकता था।

इस सारी योजना को कार्यान्वित करने के लिए बहुत सारी लकड़ी चाहिए थी। उतनी लकड़ी एक ही दिन में नहीं काटी जा सकती थी, और फिर केवल लकड़ी ही नहीं काटनी थी। संध्या तक दो कुटीर अवश्य तैयार हो जाने चाहिए थे। शेष काम, वे धीरे-धीरे लकड़ी काटकर, करते रहेंगे।

पेड़ों पर ठकाठक कुल्हाड़ियां चल रही थीं।

सीता थककर, दम लेने के लिए, एक ओर बैठ पसीना सुखा रही थीं। ब्रह्मचारियों का विश्वास था कि योद्धा होने पर भी राम श्रमिक नहीं थे। अतः थोड़ी देर में वे भी थक जाएंगे। किंतु राम के चेहरे पर अथवा कुल्हाड़ी के आघात की प्रबलता में थकावट का कोई लक्षण नहीं था। शस्त्र-परिचालन के अभ्यास में किया गया श्रम, सहज ही उन्हें कुल्हाड़ी चलाने का बल भी दे रहा था। साधारणतः कोमल-सा लगने वाला राम का शरीर, श्रम की प्रगति के साथ-साथ फूलता जा रहा था। उनकी पेशियां दृढ़तापूर्वक अपना आकार प्रकट कर रही थीं तथा क्रमशः उनके प्रहार सधे हुए और सहज होते जा रहे थे।

लक्ष्मण का मन अपनी निर्माण योजनाओं में तथा आंखें, कटकर आयी सामने पड़ी लकड़ी पर थीं। वे अपनी आवश्यकतानुसार उन्हें चीर-फाड़ रहे थे, अलग-अलग नाप और गणना के अनुसार, उसका वर्गीकरण कर रहे थे।

सहसा लक्ष्मण का ध्यान अनजाने ही चरते हुए निकट आ गए हरिणों के झुंड की ओर चला गया। वे वन्य-मृग थे। किसी आश्रम के साथ उनका संबंध नहीं लगता था, नहीं तो इस घने वन में वे नहीं आते। उनके आगे-आगे एक आकर्षक काला हरिण था... लक्ष्मण को ध्यान आया, दोपहर के भोजन का प्रबन्ध भी अभी करना था।... उनके अभ्यस्त हाथों ने धनुष पर बाण चढ़ाया और छोड़ दिया।

झुंड के भागने तथा काले हरिण के गिरने के कोलाहल से शेष लोगों का ध्यान उस ओर गया। लक्ष्मण को उस ओर बढ़ते देख ब्रह्मचारी भी हरिण के पास चले गए।

"साधु देवर !" सीता बोलीं, "तुम साथ आए हो, इसकी उपयोगिता तो आज मालूम हो रही है। आवास का प्रबन्ध करते-करते तुमने भोजन का प्रबन्ध भी कर दिया।"

''भाभी !'' लक्ष्मण हंसे, ''भोजन के संदर्भ में अपनी सीमा यहीं तक है। अब आगे का काम आप संभाल लें। दो व्यक्ति सहायतार्थ साथ ले लें और जब तक हम लोग लकड़ियों का काम निबटाते हैं, तब तक आप इसे भून लें।''

''अपने भैया का ध्यान रखना,'' सीता मुसकराईं, ''कहीं मुझ पर यह आरोप न लगे कि मैं जान-बूझकर, लकड़ी काटने का कठिन काम छोड़, हरिण भूनने का सरल काम लेकर बैठ गयी हूं।''

''अरे, नहीं, भाभी !'' लक्ष्मण बोले, '' और कौन इतना अच्छा भोजन पकाएगा। कृपया आप वही काम संभालें। आज के अभियान का नायक मैं हूं। कार्य-विभाजन मैं ही करूंगा।''

''नायक !'' मुखर अपनी पंक्ति से आगे बढ़ आया, ''देवी वैदेही की सहायता के लिए मैं स्वयं को प्रस्तुत करता हूं। इस काम का कुछ अनुभव मुझे भी है।''

''ठीक है, मुखर !'' लक्ष्मण बोले, ''अपने किसी मित्र को साथ ले लो।''

सीता के निर्देशानुसार मुखर, चेतन के साथ मिलकर हरिण को वहां से हटा, सुविधाजनक स्थान पर उठा ले गया। वहां उन्होंने उसका चर्म उतारा, उसके खंड किए, और लकड़ियों को व्यवस्थित कर, आग जलाई।

सीता बताती गयीं और मुखर तथा चेतन उन मांस-खंडों के विभिन्न कोणों और पक्षों को आग पर रखते और उलटते-पलटते गए। आवश्यकतानुसार कभी-कभी सीता स्वयं भी उन खंडों का निरीक्षण कर, कोण परिवर्तित कर देतीं।

''देवी वैदेही !'' सहसा बीच में मुखर बोला, ''सौमित्र ने जिस प्रकार इतनी दूर से एक ही बाण से इतने बड़े हरिण को मार गिराया, क्या वैसे ही वे राक्षसों को भी मार सकते हैं ?''

सीता ने मुसकराकर मुखर को देखा। वह लक्ष्मण की बाण-विद्या से बहुत चमत्कृत लग रहा था।

''सौमित्र इससे भी अधिक दूर से एक नहीं, अनेक उत्पाती राक्षसों को मार सकते हैं।'' सीता बोलीं।

''कितना अच्छा होता, यदि मेरे पिता ने भी यह विद्या सीखी होती।'' मुखर अपने अतीत में डूब गया, ''तब मेरे सारे कुटुम्ब की राक्षसों के हाथों इस प्रकार निरीह हत्या न होती।'' उसने रुककर क्षण-भर सीता को देखा, ''देवी वैदेही...''

''तुम मुझे दीदी कहो, मुखर !'' सीता के स्वर में ममता थी।

''दीदी !'' मुखर की आंखें चमक उठीं, ''मेरे पिता कहा करते थे कि उनकी लेखनी किसी शस्त्र से कम नहीं। गुरुदेव वाल्मीकि भी प्रायः यही कहते हैं। मुझे लगता है कि इसमें कहीं कोई भूल है। लेखनी किसी को प्रेरित कर शस्त्र उठवा सकती है,

यह ठीक है। केन्द्र में रह, लेखनी शस्त्रों द्वारा संरक्षित रह सकती है, यह भी ठीक है; किंतु लेखनी अपने-आप में शस्त्रों की स्थानापन्न नहीं हो सकती..."

अपनी बात का प्रभाव जानने के लिए, मुखर रुककर सीता की ओर देखने लगा।

"मुझे ऐसा लगता है, मुखर !" सीता बोलीं, "तुम अधिकांशतः लेखनी वालों के संसार में रहे हो, मैं शस्त्र वालों के संसार में। मैं अपने अनुभव से नहीं, केवल कल्पना के आधार पर, उनके परस्पर सम्बन्ध पर विचार कर सकती हूं।"

"मैंने सुना है, दीदी..." चेतन कहते-कहते रुक गया। कदाचित् वह समझ नहीं पा रहा था कि इस सम्बोधन की अनुमति उसे भी है अथवा नहीं।

"हां ! कहो-कहो।" सीता ने उसे प्रोत्साहित किया।

"मैंने सुना है, दीदी ! राम, लक्ष्मण से भी बहुत अच्छे, अधिक शक्तिशाली तथा कुशल धनुर्धर हैं; और उन्होंने बहुत पहले अनेक राक्षसों का वध भी किया था।"

"तुमने ठीक सुना है, चेतन !" सीता मुसकराईं, "राम के न्याय, शक्ति और कौशल को शब्दों में बांधना कठिन है।"

"क्या राम अपनी यह विद्या दूसरों को भी सिखाएंगे ?" चेतन का स्वर बहुत भीरु था।

"क्यों नहीं ! यदि सुपात्र मिला तो अवश्य सिखाएंगे।"

चेतन आग में भुनते हुए मांस-खंड को परखने लगा। मुखर की आंखें क्षितिज पर टिक गयीं। वह कुछ भी देख नहीं रहा था। वह सोच रहा था। उसके चिंतन के साथ-साथ, आंखों का शून्य भाव, क्षीण ज्योति में बदलता जा रहा था।

भोजन के पश्चात्, काटी गई लकड़ियों को लेकर, वे लोग नये आश्रम के लिए चुने गए स्थान पर आ गए। अब शक्ति और श्रम के स्थान पर कौशल की आवश्यकता थी। प्रत्येक व्यक्ति निरंतर काम करता दिखाई पड़ रहा था, किंतु लक्ष्मण सबसे अधिक व्यस्त थे। निर्माण-कार्य बड़ी शीघ्रता से हो रहा था। सूर्य से जैसे होड़ लगी हुई थी। अंतत. लक्ष्मण सफल हुए। जिस समय तीन कुटीर बन तैयार हुए, सूर्यास्त में अभी समय था।

एक बार फिर से वाल्मीकि आश्रम की ओर यात्रा आरंभ हुई। अत्यंत सावधानी से सारा शस्त्रागार, नये आश्रम में स्थानांतरित किया गया; और राम, सीता तथा लक्ष्मण ने अपने आश्रम में प्रवेश किया। बड़े कुटीर में राम तथा सीता का स्थान था, छोटा कुटीर लक्ष्मण के लिए था; और उन दोनों को मिलाने वाला मध्य कुटीर शस्त्रागार था। मध्य कुटीर में बाहर की ओर खुलने वाला न तो कोई द्वार था, न गवाक्ष। उसमें से एक-एक लघु द्वार राम-सीता तथा लक्ष्मण वाले कुटीरों में खुलता था।

व्यवस्था पूर्ण होने पर, वाल्मीकि-शिष्य अपने आश्रम की ओर लौट गए। उन्हें

सूर्यास्त से पूर्व अपने आश्रम में पहुंचना था। उस दल के पीछे-पीछे, सबसे धीमी गति से चलने वाला व्यक्ति मुखर था।

रात को लक्ष्मण सोने के लिए अपनी कुटिया में चले गये तो राम ने सीता की ओर परीक्षक दृष्टि से देखा; क्या प्रतिक्रिया है सीता की, आज तक की घटनाओं के विषय में ?

अयोध्या से बाहर, न यह पहला दिन था, न पहली रात। किंतु अब तक वे लोग चलते रहे थे। प्रत्येक दिन पिछले दिन से भिन्न था और प्रत्येक रात पिछली रात से। कोई असुविधा अधिक नहीं खटकती थी, क्योंकि अगला दिन उसी प्रकार कटने वाला नहीं था। आज से उनके जीवन में एक विराम आया था और एक सीमा तक स्थायित्व भी। वनवास की सारी अवधि उन्हें चित्रकूट में व्यतीत नहीं करनी थी; किंतु संभव है कि उन्हें यहां वर्ष-भर नहीं तो कुछ मास लग जाएं। जाने कब अयोध्या के दूत भरत को बुलाने जाएं। कैकेयी को भरत के युवराजाभिषेक की जल्दी है, इसलिए दूतों को भेजने में अधिक समय नहीं लगेगा। केकय राजधानी बहुत निकट नहीं है। दूतों को पहुंचने में कुछ समय लगेगा। फिर भरत के नाना उसे विदा करने में भी समय लगाएंगे ही। भरत लौटेंगे, उनका अभिषेक होगा, वे सत्ता हाथ में लेंगे, तब कहीं जाकर उनकी नीति स्पष्ट होगी। तब तक राम को चित्रकूट में रुकना होगा...

वनवास की अवधि में लक्ष्मण किसी प्रकार की असुविधा का अनुभव नहीं करेंगे — राम जानते थे — उन्हें केवल राम का संग मिल जाए तो वे मग्न हो जाते हैं; और यहां तो सामने एक लक्ष्य भी था। यह सारा चित्रकूट प्रदेश उनके सम्मुख था। यहां के लोगों से परिचय प्राप्त करना था। उनकी जीवन-पद्धति को समझना था, उनकी कठिनाइयों और समस्याओं को जानना था। विभिन्न आश्रमों की व्यवस्था और उनके शिक्षण-स्तर को परखना था। फिर प्रकृति एक चुनौती के समान उनके सामने खड़ी थी। पर्वत, नदी, वन, हिंस्र पशु; और जैसा कि भरद्वाज-आश्रम से ही सुनाई पड़ना आरंभ हो गया था कि इस क्षेत्र में राक्षसी अन्याय भी बढ़ता जा रहा था। लक्ष्मण इन सब में उलझे रहेंगे। उन्हें अयोध्या की याद नहीं आएगी, माता की याद भी नहीं आएगी। जानने-सुनने को कुछ नया हो, करने को कुछ अपूर्व हो, सामने एक चुनौती हो, तो लक्ष्मण स्वयं को भी भूले रहते हैं...

पर सीता ! चार वर्षों के दाम्पत्य जीवन में राम ने सीता को अच्छी प्रकार जाना-समझा था। किंतु, लोक-चिंतन कहता है कि स्त्री कोमल होती है, उसका मन कठिनाइयों से भागता है तथा वैभव और सुविधा की ओर झुकता है। सीता के आज तक के व्यवहार ने इस चिंतन का समर्थन नहीं किया था। वे सदा लोक-कल्याण की प्रवृत्ति की ओर झुकी थीं, किंतु आज से पहले तो राम उनके साथ इस प्रकार का कठिन वन्य-

जीवन व्यतीत करने के लिए बाहर भी नहीं निकले थे। संभव है, इस कठिन जीवन में सीता को असुविधा हो...

"देवि सीते !" राम का स्वर बहुत मृदु था।

सीता ने चौंककर पति की ओर देखा, "क्या बात है, राम ! आप मुझे 'प्रिये' नहीं कह रहे। इतने अतिरिक्त कोमल और शिष्ट क्यों हो रहे हैं ? कहीं फिर से मुझे अयोध्या लौट जाने का प्रलोभनयुक्त उपदेश देने का विचार तो नहीं है ?"

राम की आधी चिंता दूर हो गयी। वे कुछ हल्के हुए और कुछ सहज भी।

"नहीं, प्रिये ! अयोध्या लौटने को नहीं कहूंगा, किंतु यह पूछने की इच्छा अवश्य है कि इस वन्य-जीवन में कोई असुविधा तो नहीं ? वन में आने का कोई पश्चात्ताप, कोई उत्तर-विचार, कोई पुनर्विचार... ?"

"झगड़े की इच्छा तो नहीं ?" सीता सुहाग भरी मुसकान अधरों पर ले आयीं।

"नहीं !" राम मुसकराए, "पर अपनी पत्नी की उचित देखभाल मेरा कर्तव्य है। इसलिए उसकी सुविधा-असुविधा को तो जानना होगा। जो राम सीता से विवाह कर उसे अपने घर लाया था, वह अयोध्या का संभावित युवराज था, वनवासी नहीं। मेरे मन में एक अपराध-भावना है, प्रिये ! कि मैं तुम्हें और लक्ष्मण को तुम लोगों के प्रेम का दंड दे रहा हूं।"

सीता पुनः मुसकराईं, "प्रेम तो अपने-आप में एक दंड है। प्रेम किया है, तो उसका दंड भी स्वीकार करना ही होगा। वह कोई नयी बात तो नहीं। किंतु एक असुविधा मुझे है।..."

"क्या ?" राम ने उत्सुकता से पूछा, "वही तो मैं भी जानना चाह रहा हूं।"

सीता गंभीर हो गयीं, "यदि चौदह वर्षों तक मेरे पति मुझसे इसी प्रकार औपचारिक व्यवहार करते रहे; और एक भले आतिथेय के समान पग-पग पर मेरी असुविधाओं के विषय में पूछते रहे, तो मुझे भय है कि मैं अपने-आपको भी परायी लगने लगूंगी..."

राम जोर से हंस पड़े।

"मैं आपके साथ इसलिए आयी थी कि हमारे बीच राजप्रासाद और राज-परिवार की सारी औपचारिकताएं समाप्त हो जाएंगी। मैं अपने पति के लिए सघन जनसंख्या वाले प्रदेश की इकाई न होकर, उनके इतनी निकट होऊंगी कि वे अनेक कामों के लिए मुझ पर निर्भर होंगे। हम दोनों सहज रूप में दो साथियों के समान कार्य करेंगे। मैं उन्मुक्त प्रकृति के बीच अपने प्रिय के साथ, जीवन के नये आयाम देखूंगी, और आत्म-निर्भर इकाई के रूप में, समाज के लिए कुछ उपयोगी हो सकूंगी।..."

राम आगे बढ़ आए। उन्होंने सीता के कंधों पर हाथ रख दिए, "यही होगा, प्रिये ! यही होगा। जाने क्यों मैं कभी-कभी विभिन्न संभावनाओं पर विचार करते-करते

कोई ऐसी बात सोचने लगता हूं, जिसमें स्वयं मुझे भी अपनी पत्नी की उदात्तता समझने में कठिनाई होने लगती है,'' उन्होंने सीता को अपनी बांहों में भर लिया, ''मुझे लगता है, सीते ! व्यक्ति कितना ही दृढ़, निश्चित तथा आत्मविश्वासी क्यों न हो, यदि वह मनुष्य है तो उसके जीवन में कभी-न-कभी तो दुर्बल क्षण आते ही हैं — जब वह आशंकित होता है, असंभव संभावनाओं की कल्पना करता है तथा स्वयं अपने संबंधों पर संदेह करता है।''

''प्रिये ! ऐसे ही क्षणों में बल देने के लिए, सीता तुम्हारे साथ आयी है।'' सीता ने अपना सिर राम के वक्ष पर टिका दिया।

''तो ऐसा ही हो, प्रिये ! कल से तुम्हारा नया जीवन आरंभ हो। कल प्रातः से तुम वनवासिनी वैदेही बन जाओ; एक स्वतंत्र, आत्मनिर्भर व्यक्ति; राम के साधारण जीवन की संगिनी और सहगामिनी।''

सीता ने मस्तक उठाकर, दुलार से राम की ओर देखा।

राम मुग्ध हो उठे।

सवेरे राम ने लक्ष्मण को जगाया, ''उठो, सौमित्र ! सावधान हो जाओ। मैं और सीता मंदाकिनी पर जा रहे हैं।''

वे दोनों कुटिया से निकल आए। बाहर निकल सीता ने उस चमत्कारपूर्ण उषा को मन भरकर देखा। उनकी गति चपल तथा उत्फुल्ल थी। वे कभी राम के साथ चल रही थीं और कभी राम से दो डग आगे। टीले की ढाल पर दौड़ने में वैसे भी कोई परिश्रम नहीं था।

''सुबह की सैर के लिए ऐसे तो हम अकेले पहले कभी नहीं निकले। सामान्य जन होना भी कितना सुविधाजनक है।'' सीता बोलीं, ''ऋतु कितनी मोहक है।''

''प्रसन्न हो ?''

''बहुत !''

''तो मंदाकिनी से पूछ लो, ऋतु कितनी मोहक है।'' राम बोले, ''यहां घाट नहीं है। संभलकर आना। कहीं-कहीं नदी अप्रत्याशित रूप से गहरी भी हो सकती है।''

सीता ने राम के पीछे-पीछे जल में प्रवेश किया।

''यहां और कोई नहीं आएगा ?''

''आना निषिद्ध तो नहीं।'' राम बोले, ''यह अयोध्या का राजघाट नहीं है, जिस पर आज्ञा द्वारा प्रतिबंध लगाया जा सके। पर किसी के आने की संभावना कम ही है। आस-पास आबादी प्रायः नहीं है। जहां आश्रम अथवा ग्राम होंगे — मंदाकिनी उनके पास से ही बहती होगी। उनकी आवश्यकता वहीं पूरी होती होगी, वे यहां नहीं आएंगे।''

''अयोध्या में सरयू हमारी होते हुए भी हमारी नहीं थी। मंदाकिनी हमारी न होते

हुए भी हमारी है। राजनीतिक अधिकार से प्राकृतिक अधिकार कितना अधिक सहज है।''

''अधिकार तो सारा धरती का है।'' राम बोले, ''स्वयं को धरती की संतान बना लेने पर सारे अधिकार प्राप्त हो जाते हैं।''

सीता की उत्फुल्लता क्रमशः विकसित होती गयी। वे मुक्त रूप से जल में बढ़ती गयीं। मंदाकिनी के सहज प्रवाह में तैरना कितना अच्छा लग रहा था — न कोई बंधन, न नियंत्रण, न प्रतिरोध। जी चाहता था, धारा के साथ तैरती-तैरती दूर तक निकल जाएं।

वे तेजी से तैरती हुई, राम के पास से निकल गयीं, ''राम ! मुझे पकड़ो।''

राम ने सीता को देखा — पिंजरे के छूटे पक्षी ने, खुला आकाश मिलते ही पंख खोल, उड़ानें भरनी आरंभ कर दी थीं। उसकी सारी आशंकाएं सर्वथा निर्मूल थीं। सीता का ऐसा उल्लास तो उन्होंने पहले कभी नहीं देखा था।

उन्होंने अपनी गति बढ़ाई। अगले ही क्षण वे सीता के समीप थे, ''पकड़ूं ?''

सीता ने ढेर सारा पानी उनकी ओर उछाल दिया और खिलखिलाकर आगे बढ़ गए, ''अरे, युवराज की मर्यादा को क्या हो गया ! साधारण जन के समान अपनी पत्नी के पीछे भाग रहे हैं !''

''अपनी पत्नी के पीछे भागने वाला साधारण जन होता है, और दूसरों की पत्नियों के पीछे भागने वाला विशिष्ट जन ?'' राम हंसे।

''परम्परा तो यही है।'' सीता खिलखिलाईं, ''वैसे भी समर्थ जन कब अपनी पत्नियों के पीछे भागे हैं ?''

''पत्नी के पीछे भागना तो पुरुष-मात्र की नियति है, देवी ! विशेषकर रघुवंश में। और तुम तो मेरी प्रिया भी हो।''

राम ने आगे बढ़कर मार्ग छेक लिया, ''लौट चलें ? सौमित्र प्रतीक्षा कर रहे होंगे।''

''चलो। पर संध्या समय फिर आएंगे। तैरना बहुत अच्छा लग रहा है।''

''अवश्य।''

किनारे पर आ उन्होंने सूखे वस्त्र पहने।

अपने आश्रम की दिशा के कगार की ओर मुड़ने से पहले सीता ने एक दृष्टि मंदाकिनी के जल पर डाली। दूसरे तट पर, पानी से लगकर खड़ा वह कुबड़ा अर्जुन वृक्ष कितना अच्छा लग रहा था। उसकी डालें प्रवाह के ऊपर तक झुक गयी थीं, और पत्ते पानी को छू रहे थे। तैरते हुए सीता उसके पास से निकली थीं, तभी उन्हें इस वृक्ष ने आकर्षित किया था।... और उनकी अपनी ओर के तट पर टिटिहरियों का वह जोड़ा... किंतु कुछ दूर पर यह क्या था ?... कोई मानव आकृति थी। हां, स्पष्ट हो

गया। घड़ा भरती हुई कोई भील-कन्या थी।

"आप चलें ! मैं अभी आती हूं।"

राम अकेले अपने आश्रम की ओर बढ़े। सीता कदाचित् उस भील किशोरी से परिचय करना चाहती थीं। वे लोग आश्रम के इतने निकट थे कि सीता को अकेली छोड़ने में किसी संकट की संभावना नहीं थी।

सीता को अपनी ओर आते देख, भील किशोरी रुक गयी। उनके निकट आने पर कुछ ठिठकी; फिर जैसे साहस कर हल्के से बोली, "देवि ! आपको पहले तो कभी नहीं देखा।"

सीता मुसकराईं, "मैं देवी नहीं, दीदी हूं। समझीं ? तुम्हारा क्या नाम है ?"

"मैं सुमेधा हूं।" किशोरी की प्रगल्भता कुछ सकुचा गयी।

"सुन्दर नाम है। किसने रखा है तुम्हारा नाम ?"

'ऋषि वाल्मीकि ने।" सुमेधा बोली, "बाबा कहते हैं, पहले ऋषि का आश्रम हमारे गांव के बहुत निकट था, तब हम उनके आश्रम में बहुत आया-जाया करते थे। वे मुझसे बहुत स्नेह करते थे।"

"ऋषि ने अपना आश्रम क्यों हटा लिया ?" सीता ने पूछा।

"राक्षस लोग रोज झगड़ा करते थे। ऋषि की साधना में विघ्न पड़ता था। ऋषि उत्तर की ओर हट गये।"

सीता के लिए यह नयी सूचना थी। चकित होकर बोलीं, "और तुम्हारा गांव ?"

"गांव में गड़बड़ होती रहती है।" सहसा सुमेधा कुछ भयभीत और व्याकुल हो उठी, "दीदी ! मुझे पानी ले जाना है। फिर बताऊंगी।"

वह चल पड़ी, किन्तु कुछ ही क्षणों के बाद लौटी, "आप कहां रहती हैं ?"

"वह ऊपर टीले वाला आश्रम हमारा है।" सीता ने इंगित किया, "कब आओगी ?"

"दोपहर को।" सुमेधा घड़ा उठाए, भागती चली गयी।

सीता उसके आकस्मिक भय और व्याकुलता को समझने का प्रयत्न करती हुई लौट आयीं।

प्रात:कालीन कार्यों से निवृत्त हो लक्ष्मण ने कुल्हाड़ी संभाली और पिछले दिन लायी गयी लकड़ियों में व्यस्त हो गए।

"नायक ! मेरा कर्तव्य भी बता दें।" सीता बोलीं।

"भाभी ! आज आपका और भैया का इस निर्माण में कोई काम नहीं है। मेरी ओर से आप मुक्त हैं।"

"तो मैं क्या करूं ?" सीता ने जैसे अपने-आपसे प्रश्न किया।

"तुम्हारी शस्त्र-शिक्षा आरंभ होगी।" राम बोले, "जाओ, शस्त्रागार में से एक धनुष, एक तूणीर और दो खड्ग ले आओ।"

राम ने धनुष तथा खड्ग का चुनाव सीता पर छोड़ दिया था। सीता शस्त्रागार के भीतर गयीं तो उनके मन में अनेक प्रश्न उठ खड़े हुए — क्या राम यह मानकर चल रहे हैं कि सीता को शस्त्रास्त्रों के प्रकारों तथा वर्गों का आरंभिक ज्ञान है ? अथवा वे ऐसे आरंभिक ज्ञान को इस प्रशिक्षण के लिए आवश्यक नहीं समझते ?

उन्होंने एक धनुष उठाया, किन्तु उठाते ही लगा कि धनुष भारी था; चलाने के लिए बहुत देर तक उसे हाथों में उठाए रखना सीता के लिए संभव नहीं होगा। यदि वे उसे उठाए भी रहेंगी तो अधिकांश बल और ध्यान धनुष को उठाये रखने में ही लगा रहेगा; लक्ष्य-संधान के लिए न तो बल बचेगा, न बुद्धि। इस प्रकार के भारी धनुष से लक्ष्य-संधान सीखना तो एक विदेशी भाषा में ज्ञान प्राप्त करना है — सारी बुद्धि भाषा को सीखने में ही लग जाएगी, विषय तक पहुंचने का तो अवकाश ही नहीं होगा।

एक अपेक्षाकृत हल्का धनुष सीता ने अपने लिए पसंद किया और एक हल्का-सा खड्ग। राम के लिए उन्होंने एक भारी खड्ग उठाया; किंतु दूसरे ही क्षण उसे वापस रख दिया। प्रशिक्षण बराबर भार के शस्त्रों से हो, तो अच्छा है।

बाहर आकर, उन्होंने अपने मन में गूंजते प्रश्न राम के सम्मुख रख दिए।

राम मुसकराए, "शस्त्रों का चुनाव प्रशिक्षण के लिए अत्यन्त महत्त्वपूर्ण है, सीते ! मैंने उनका चुनाव तुम पर छोड़कर देखना चाहा था कि कहीं तुम गलत शस्त्रों का चुनाव तो नहीं करतीं। शस्त्र अपने-आप में बहुत महत्त्वपूर्ण होता है, किन्तु उससे भी महत्त्वपूर्ण शस्त्र का चुनाव होता है। शस्त्र का चुनाव दो दृष्टियों से होना चाहिए — प्रथम, शस्त्र-परिचालन की दक्षता तथा द्वितीय, शत्रु के शस्त्र का आकार-प्रकार। वैदेही! ऐसे शस्त्रों से युद्ध करने का कोई लाभ नहीं, जो अपने-आप में श्रेष्ठ तो हों, किंतु हम उनका परिचालन दक्षता एवं सुविधा से न कर सकें। इसका बहुत अच्छा उदाहरण जनकपुर में रखा हुआ शिव-धनुष था। अपने-आप में वह शस्त्र अत्यन्त श्रेष्ठ तथा सक्षम था; किंतु यदि सम्राट् सीरध्वज उससे युद्ध करने जाते तो कोई लाभ न होता। उतना बड़ा धनुष होते हुए भी, वे निःशस्त्र सरीखे ही रहते। ठीक है ?"

सीता ने सहमति में सिर हिला दिया।

"दूसरी बात शत्रु की प्रहारक शक्ति की है।" राम ने अपनी बात आगे बढ़ाई, "यदि शत्रु के पास धनुष है तो हमारा खड्ग बहुत काम नहीं आएगा। हमें अपने शस्त्र के चुनाव में सावधान रहना चाहिए कि हम उसके प्रहार को रोक भी सकें और अपनी प्रहारक शक्ति उससे अधिक भी सिद्ध कर सकें।... अब तुम अभ्यास आरम्भ करो।"

सीता बाण चलातीं और राम उसमें हुई त्रुटियां समझाकर, दूसरा बाण चलाने को कहते। कभी-कभी धनुष वे अपने हाथ में ले लेते और स्वयं बाण चलाकर बताते।

धनुष-बाण के पश्चात् खड्ग की बारी आयी। सीता ने खड्ग पकड़ना, उसे सम्भालना, बाहु-संचालन तथा प्रहार की विभिन्न मुद्राओं का अभ्यास किया।

दोपहर को शस्त्र-शिक्षा का कार्य स्थगित हुआ तो लक्ष्मण ने भी अपना हाथ रोक लिया। उनकी अतिथिशाला का निर्माण पूरा हो चुका था।

भोजन के पश्चात् राम अपना आश्रम छोड़, टीले से नीचे उतर आए। वे मंदाकिनी के तट के साथ-साथ आगे बढ़ते गये। उनका लक्ष्य यहां के भूगोल को समझना तथा आस-पास के लोगों का परिचय प्राप्त करना था किंतु अपने आश्रम से बहुत दूर वे नहीं जाना चाहते थे। यद्यपि आश्रम में लक्ष्मण उपस्थित थे; और उनके रहते किसी प्रकार की आशंका नहीं थी — फिर भी परिवेश से भली प्रकार परिचित हुए बिना वे अधिक दूर नहीं जाना चाहते थे।

लगता था, मंदाकिनी के इस तट पर, दूर तक कोई ग्राम या आश्रम नहीं था। किंतु दूसरे तट पर कुछ हलचल थी, जैसे कुछ लोग उधर रहते हों। उनकी वेशभूषा तपस्वियों जैसी थी। संभवत: उधर कोई आश्रम था।

राम ने अपने शस्त्र कसे; धनुष और तूणीर को अच्छी प्रकार पीठ पर बांधा; और जल में उतर गए। पानी गहरा नहीं था और प्रवाह भी तेज नहीं था — यह उन्होंने प्रात: नहाते हुए ही देख लिया था। जिस स्थान से वे नदी पार कर रहे थे, वहां जल और भी उथला था। बहुत थोड़ा-सा तैरकर, और अधिकांश पैदल चलकर, उन्होंने नदी पार की। किंतु, दूसरे तट पर पहुंचकर वे कुछ ठगे-से खड़े रह गए। वहां मनुष्य के आवास का कोई चिह्न नहीं था। नदी के तट पर न कोई नाव थी, न घाट जैसा कोई आभास। तट से कुछ हटकर बहुत ऊंचा कगार था, जिस पर घने वृक्ष थे। ऊपर तक जाने के लिए कोई पगडंडी भी नहीं थी, जिससे कोई संकेत मिलता।

किंतु उन्हें धोखा नहीं हो सकता — राम ने सोचा — उन्होंने अपने तट से इस स्थान पर तपस्वियों जैसी कुछ आकृतियां हिलती-डुलती देखी थीं। वे कुछ देर तक खड़े सोचते रहे। और तब उन्होंने ऊपर कगार तक जाने का निश्चय किया।

पगडंडी के अभाव में कगार पर चढ़ना सरल नहीं था, किंतु पानी के द्वारा बनाए गए कटावों की सहायता से वे ऊपर चढ़ते गए। कगार पर पहुंचकर उन्होंने स्वयं को घने वन के सम्मुख पाया।

आश्रम के समीप के वृक्ष कुछ कटे-छंटे होते है, किंतु यहां लगता था, कभी किसी ने कोई टहनी भी नहीं छुई।... पर राम की दृष्टि को धोखा नहीं हुआ था। उन्होंने निश्चित रूप से इस ओर मानव-आकृतियां देखी थीं तो क्या वे लोग इतनी सावधानी से रहते हैं कि किसी बाहरी व्यक्ति को उनके यहां रहने का आभास भी न मिले ? वन के प्राकृतिक स्वरूप की सायास रक्षा की जा रही थी ?...

राम ने वृक्षों के बीच से होकर वन में प्रवेश किया।

घने वृक्षों की पंक्तियों के पीछे भूमि ढालू हो गयी थी, और आश्रम के चिह्न प्रकट हो गये थे। निश्चित रूप से आश्रम के कुलपति अत्यन्त सावधान व्यक्ति थे। उन्होंने अपने आश्रम के लिए वन में यह स्थान ढूंढा था, जहां प्रकृति छिपने में उनकी सहायता कर रही थी।

आश्रम में प्रवेश करने से पूर्व, राम के सम्मुख, फिर उनके शस्त्रों की समस्या आ खड़ी हुई। उन्हें बाहर ही खड़े रहकर प्रतीक्षा करनी होगी।... किंतु उन्हें प्रतीक्षा नहीं करनी पड़ी। कदाचित् उन्हें आश्रम की ओर आते देख लिया गया था। निश्चित रूप से आरश्रमवासी अपनी सुरक्षा के विषय में काफी सावधान थे।

एक ब्रह्मचारी ने आशंकित मुख-मुद्रा से उनका स्वागत किया, "पधारें, आर्य ! आप इस प्रदेश में नये आए लगते हैं। आपको यहां पहले कभी नहीं देखा गया।"

राम ने उस आशंकित स्वागत को तनिक विस्मय से देखा और अपनी कठिनाई उसके सामने रखी, "भद्र ! मैं राम, शस्त्रधारी क्षत्रिय हूं। अपरिचित प्रदेश के कारण अपने शस्त्र त्याग नहीं सकता। फिर भी कुलपति के दर्शन करना चाहता हूं।"

"आपका स्वागत है, आर्य !" ब्रह्मचारी ने मार्ग दिखाया, "कुलपति आपकी प्रतीक्षा कर रहे हैं।"

राम को एक वृद्ध तपस्वी के सम्मुख उपस्थित किया गया।

"भद्र राम ! कालकाचार्य के आश्रम में तुम्हारा स्वागत है !" तपस्वी ने राम के अभिवादन का उत्तर देकर कहा, "मेरी सूचनाओं के अनुसार तुम अयोध्या के निर्वासित राजकुमार हो और अपने वनवास का समय व्यतीत करने यहां आये हो। ये सूचनाएं मुझे कल मिली थीं, जब तुम अपने आश्रम के लिए स्थान का चुनाव कर रहे थे। किंतु वत्स ! यह स्थान तुम्हारे लिए निरापद नहीं है।"

कुलपति की सावधानी और सचेतता से राम प्रभावित हुए। बोले, "आर्य कुलपति ! निरापद नहीं है, इसीलिए शस्त्र साथ लेकर चलता हूं। और शस्त्रधारी क्षत्रिय किसी भी स्थान को अपने लिए निरापद नहीं मानता।... वैसे आपकी इस धारणा का कारण जान सकता हूं ?"

"यह प्रदेश राक्षसों के आधिपत्य में है, ऐसा तो नहीं कहूंगा।" कालकाचार्य बोले, "किंतु राक्षस-प्रभावित अवश्य है। ऋषि-आश्रमों के अतिरिक्त भीलों के असंख्य ग्राम भी हैं, किंतु इच्छा राक्षसों की ही चलती है। यहां दिन-प्रतिदिन राक्षस-तंत्र प्रबल होता जा रहा है। तुम्हारे शस्त्र देखकर राक्षस भड़केंगे, राम ! क्योंकि वे प्रत्येक शस्त्रधारी को अपना शत्रु मानते हैं। तुमसे मिलने-जुलने वाले प्रत्येक व्यक्ति पर उनकी वक्र दृष्टि पड़ेगी, वत्स ! तुम्हारी युवती पत्नी किसी भी प्रकार सुरक्षित नहीं है।"

राम अपनी आंखों से कालकाचार्य को तोलते रहे — एक भीरु बुद्धिजीवी उनके

सामने बैठा था।

''आर्य शस्त्र को विपत्ति का कारण समझते हैं ?''

''हां, पुत्र ! शस्त्र तुम्हारी रक्षा कम करेगा, जोखिमों को आमन्त्रित अधिक करेगा। इसीलिए मैं अपने आश्रम में शस्त्र-प्रशिक्षण की अनुमति नहीं देता।''

''एक व्यक्तिगत प्रश्न पूछना चाहता हूं।'' राम ने कालकाचार्य की आंखों में देखा, ''अन्यथा तो न मानेंगे ?''

कालकाचार्य की आंखों में क्षण-भर के लिए परेशानी झलकी; उन्होंने स्वयं को नियन्त्रित किया, ''पूछो।''

''यह स्थान निरापद नहीं है तो आर्य कहीं अन्यत्र क्यों नही चले जातें ? तपस्वी का जीवन छोड़ नागरिक क्यों नहीं बन जाते ?''

कालकाचार्य की आंखें उदास हो गयीं, ''पुत्र ! अनेक कार्य ऐसे होते हैं, जिनका दो-टूक कारण नहीं बताया जा सकता। अब तुमसे क्या कहूं — स्वभाव से तपस्वी हूं, कुछ और हो ही नहीं सकता। तपस्वी नगरों में नहीं बसते; और राम ! जन्मभूमि छोड़ अन्यत्र किसी अपरिचित स्थान में बसने का उद्यम भी जुटा नहीं पाता।'' वे सायास मुसकराए, ''कायर नहीं हूं, भीरु हूं, और अतिरिक्त रूप से सावधान भी।''

राम के जाने के पश्चात् लक्ष्मण फिर से अपने निर्माण-कार्य में जुट गये। गृहस्थी का कोई छोटा-मोटा कार्य भी सीता के पास नहीं था। सोच ही रही थीं कि वे प्रातः प्राप्त की गयी शस्त्र-विद्या का अभ्यास करें या लक्ष्मण के न चाहने पर भी उनके निर्माण-कार्य में सहायता करें।...

तभी सुमेधा आश्रम की ओर आती दिखायी पड़ी। सीता को सहज सुमेधा का अकस्मात् ही व्याकुल होकर भाग जाना याद आ गया...

''सवेरे तुम इतनी जल्दी भाग क्यों गयीं, सुमेधे ?'' पास आने पर सीता ने पूछा, ''मुझे लगा कि तुम कुछ भयभीत भी थीं।''

''ओह, दीदी !'' सुमेधा बोली, ''मुझे स्वामी के लिए जल ले जाना था न। देर हो जाती तो वह मार-मारकर मेरी हड्डियां तोड़ देता।''

''तुम्हारा पति ?''

''नहीं, दीदी !'' सुमेधा कुछ संकुचित हुई, ''स्वामी ! मेरा स्वामी, मेरे पिता का स्वामी, इस वन का स्वामी...''

सीता चकित थीं, ''क्या कह रही हो, सुमेधे ? एक मनुष्य दूसरे मनुष्य का स्वामी कैसे हो सकता है ! कुछ स्थानों पर स्त्रियां अपने पति को 'गृह-स्वामी' के स्थान पर 'स्वामी' कहती हैं, किंतु वह सम्बोधन मात्र है। स्नेह और प्रेम जताने की विधि है। प्रत्येक मनुष्य स्वतन्त्र व्यक्ति के रूप में जन्म लेता है और स्वतन्त्र रूप से जीवन-यापन

करता है। उसका कोई स्वामी कैसे हो सकता है ! क्या तुम्हारे यहां अभी तक दास-प्रथा प्रचलित है ?''

''हां !'' सुमेधा अत्यंत सरल भाव से बोली, ''ऐसी ही बातें ऋषि वाल्मीकि ने भी हमारे गांव के कुछ लड़कों को सिखायी थीं। लड़कों ने उन बातों को सच मान लिया था और स्वामी से झगड़ पड़े थे। स्वामी ने उन सबको बांधकर कोठरी में डाल दिया था; और यातना दे-देकर एक-एक को मार डाला। बाद में उसने ऋषि के आश्रम के कुछ लोगों के हाथ-पैर भी तोड़ दिए थे। अब हमारे ग्राम में इन बातों पर कोई विश्वास नहीं करता। भला सब लोग समान कैसे हो सकते हैं — राक्षस राक्षस हैं और भील भील।''

''तो तुम्हारा स्वामी राक्षस है ?'' सीता ने कुछ भांपते हुए पूछा।

''हां, दीदी ! पहले किरात था; पर जब से धनवान हुआ है, राक्षस हो गया है। और अब दिन-प्रतिदिन उसका धन भी बढ़ रहा है और बल भी।''

''पर वह इस वन का स्वामी कैसे हो गया ? क्या वन उसने उगाया है, या यह धरती उसने बनाई है ? धरती उस पर रहने वालों की सामूहिक संपत्ति है। वन, नदियां, पर्वत तथा खानें — संपूर्ण समाज की संपत्ति होती हैं। शासक जनता की ओर से उनका प्रबन्ध करता है।''

सुमेधा जोर से हंस पड़ी, ''तुम्हारी बात कोई नहीं मानेगा, दीदी ! कोई भी नहीं। किसको अपनी जान प्यारी नहीं है। किसे अपनी हड्डियां तुड़वानी हैं।''

''अच्छा ! तुम लोग इसके दास क्यों हो ?'' सीता ने बातों की दिशा मोड़ी।

''मेरे पिता को किसी अपराध के लिए स्वामी ने आर्थिक दंड दिया था। पिता के पास धन नहीं था। स्वामी ने ही पिता को ऋण दिया। पिता वह ऋण चुका नहीं पाये हैं। इसलिए वे स्वामी के दास हुए, उनकी पत्नी होने के कारण मेरी मां और पुत्री होने के कारण मैं उनकी दासी हुई। दासों की संतान भी तो दास ही होती है।''

सुमेधा अपना ज्ञान प्रदर्शित कर प्रसन्न थी।

''तुम और तुम्हारे माता-पिता — तीनों क्या काम करते हो ?''

''जो स्वामी कहें।'' सुमेधा ने बताया, ''पानी लाना। जमीन खोदना। पेड़ काटना। खाना पकाना। बर्तन मांजना। स्वामी और उसके परिवार की सेवा करना। जो भी स्वामी कहें।''

''तुम्हारा विवाह होगा ?''

सुमेधा फिर संकुचित हो गयी, ''यह तो स्वामी की इच्छा पर है। वे चाहें मेरा विवाह कर दें। वे चाहें मुझे किसी को दे दें। वे चाहें मेरा भोग करें। वे चाहें मुझे खा जाएं...''

सीता हतप्रभ-सी बैठी सुमेधा को देखती रहीं। यह लड़की कितनी सहजता से

यह सब कह रही है। न केवल कह रही है, सब-कुछ स्वीकार भी कर रही है। और उसे कहीं यह बोध नहीं है कि यह गलत है, यह अन्याय है, इसका विरोध होना चाहिए... और यह लड़की यहां के जन-सामान्य की प्रतीक है।... सीता समझ नहीं पा रही थीं कि सुमेधा को कैसे समझाएं। उससे तर्क करें, उसे बल दें, उपदेश दें, धिक्कारें...

''अच्छा ! मैं चलूं, दीदी!'' सुमेधा उठ खड़ी हुई।

''सुनो, सुमेधा !'' उसके उठ खड़े होने से सीता चौंक उठीं, ''मेरा एक काम करना, बहन। मेरे पास कोई घड़ा नहीं है। पत्तों के दोनों में पानी लाने में काफी असुविधा रहती है। मुझे एक घड़ा कहीं से ला दोगी ? तुम्हारे ग्राम में कोई कुंभकार है क्या ?''

''हां, दीदी ! मैं कुंभकार को ही तुम्हारे पास भेज दूंगी। अपनी इच्छा के अनुसार घड़ा बनवा लेना।... अच्छा, दीदी !''

सुमेधा बिना उत्तर की प्रतीक्षा किए, चपलतापूर्वक भाग गयी।

संध्या से पूर्व राम लौट आये। लक्ष्मण ने तब तक अतिथिशाला भी बनाकर पूरी कर दी थी।

''भारी परिश्रम किया है, सौमित्र, तुमने !'' राम बोले, ''तनिक भी विश्राम नहीं किया क्या ?''

''काम करना अच्छा लग रहा है।'' लक्ष्मण बोले, ''विश्राम तो थकान के बाद होता है। थकान तो मुझे अभी हुई ही नहीं।''

''तुमने क्या किया, प्रिये ?''

सीता क्षण-भर कुछ सोचती मौन बैठी रहीं, फिर धीरे से बोलीं, ''मैंने कुछ किया या नहीं, कह नहीं सकती; पर वह लड़की अनायास ही मेरा ज्ञान बढ़ा गयी है...''

सुमेधा के साथ हुई अपनी बातचीत सीता ने पूरे विस्तार से दुहरा दी।

राम गंभीर हो गए। लक्ष्मण के चेहरे पर आक्रोश था।

''इस प्रदेश की स्थिति का कुछ-कुछ आभास मुझे था,'' राम चिंतनमय स्वर में बोले, ''किंतु स्थिति इतनी दुखद तथा अत्याचारपूर्ण है, ऐसा मैंने नहीं सोचा था। आज मैं भी कुछ आश्रमों के निवासियों से मिलकर आया हूं। मार्ग में मिले अनेक पथिकों से भी बातचीत की है; अब सुमेधा की बात भी सुनी है।... यह प्रदेश सभ्यता के आदिम युग में जी रहा है। समस्त प्रदेश वनों से भरा पड़ा है। व्यवस्थित राज्य की स्थापना नहीं हुई है; किंतु स्थान-स्थान पर क्षीण जनसंख्या वाले अनेक आश्रम, ग्राम, पुरबे, टोले बस गए हैं। जो कुछ मुझे ज्ञात हुआ है, उसके अनुसार प्रायः प्रत्येक जाति के लोग यहां बसे हुए हैं और बसते जा रहे हैं। आर्यों की अनेक उपजातियों के लोग, शबर, किरात, नाग, निषाद, कोल, भील, यक्ष, किन्नर, वानर तथा ऋक्ष जातियों के लोग हैं। किंतु इन्हीं सब

के बीच एक नयी जाति पनप रही है — वह जाति रक्त तथा आकार-प्रकार की भिन्नता के अनुसार नहीं है; वह एक चिंतन-प्रवृत्ति है। वह प्रवृत्ति-जाति राक्षसों की है। प्रत्येक जाति के अनेक लोग जैसे-जैसे अन्य लोगों की संपत्ति हड़पकर धनाढ्य बनते जाते हैं — राक्षस-प्रवृत्ति में दीक्षित होते जाते हैं। उन्हें राक्षस-सम्राट् रावण का अभय प्राप्त है। आवश्यकता होने पर उन्हें उससे धन, बल, सेना, सहायक — सब कुछ मिल जाता है। किंतु सामान्यतः रावण ने इधर सैनिक उत्पात नहीं किये हैं। इसी धरती में उसकी सहायता के लिए इतने राक्षस उपजते जा रहे हैं कि उसे लंका से राक्षस लाने की आवश्यकता नहीं है।

''ये राक्षस इस संपूर्ण वन-प्रदेश पर अपना आधिपत्य जमाना चाहते हैं। वे अन्य लोगों के यहां आकर बसने के विरोधी नहीं हैं; क्योंकि यदि ऐसा होता तो रावण की राक्षस-सेना इस समस्त प्रदेश को घेर लेती और अन्य लोगों का प्रवेश निषिद्ध कर देती। ऐसी स्थिति में ये वन-उपवन, नदियां-पर्वत उनके किसी काम न आते। उन्हें वनों को काटने, भूमि जोतने, खानों से धातुएं निकालने, नदियों से मछलियां पकड़ने, नौकाएं चलाने, अपने घरेलू कामों तथा व्यक्तिगत सेवाओं के लिए दास चाहिए। भोग के लिए स्त्रियां चाहिए, नर-मांस के लिए पुरुष चाहिए। इन्हीं सब कारणों से वे चाहते हैं कि इस प्रदेश में पहले से बसे हुए लोगों की जनसंख्या बढ़े तथा बाहर से आकर भी विभिन्न जातियों के लोग बसें। किंतु वे नहीं चाहते कि यहां की प्रजा बुद्धिवादी, स्वतंत्र चिंतक, आत्मनिर्भर, अधिकारों के प्रति सजग-सचेत तथा आत्म-रक्षा में समर्थ एवं शक्तिशाली हो। वे चाहते हैं, यहां की प्रजा बाड़े में पला उनका पशुधन हो, जिसका कोई अधिकार न हो, जिसकी कोई अपेक्षा और चिंतन न हो। जिसे वे जिस काम में चाहें, जोत दें और जब चाहें उसे मारकर खा जाएं। अपनी रक्षा में समर्थ शरीर तथा स्वतन्त्र रूप से सोचने वाला मस्तिष्क, उन्हें अपने लिए खतरा लगता है, अतः उसे वे अपना शत्रु मानते हैं। बुद्धिवादी ऋषि उनके सबसे बड़े शत्रु हैं, क्योंकि वे लोग न केवल स्वयं शक्तिशाली हैं, वरन् चिंतनशीलता का रोग संक्रामक रूप से फैलाते हैं। उनके संपर्क में आने वाले अन्य लोग भी सोचने लगते हैं, जानने लगते हैं, संगठन में विश्वास करने लगते हैं; जाति, सम्प्रदाय तथा व्यवसाय के नाम पर, परस्पर लड़ने-मरने को स्वीकार न कर, समता के आधार पर मानवीय अधिकारों के लिए संघर्ष करने लगते हैं...''

''राम ! क्या राक्षस सचमुच नर-मांस खाते हैं ?'' सीता किंकर्तव्यविमूढ़-सी लग रही थीं, ''या यह प्रतीकात्मक अभिव्यक्ति मात्र है।''

''प्रतीकात्मक अभिव्यक्ति तो यह है ही।'' राम बोले, ''जिन परिस्थितियों में ये सामान्य-जन को जीने के लिए बाध्य करते हैं, उसे उनका रक्त पीना और हड्डियां चबाना ही कहा जा सकता है, किंतु यह मात्र प्रतीकात्मक अभिव्यक्ति ही नहीं है। हेतिकुल जिस आदिम अवस्था से उठा था, वह अन्तिम रूप से अपने व्यक्तिगत सुख

की ही चिंता करता है। सुख की अति सदा ही बीभत्सता की ओर बढ़ती है। ये नव-राक्षस भी क्रमशः उसी ओर बढ़ रहे हैं। इन्होंने नर-मांस खाने की परंपरा को आभिजात्य के धरातल पर प्रतिष्ठित किया है। मदिरा तथा काम-संबंधों की नग्नता को भी ये गौरवान्वित करते जा रहे हैं — ताकि क्रमशः मानवीय संबंध समाप्त हो जाएं और मनुष्य पूर्ण पशु हो जाए...।''

सहसा राम ने देखा — लक्ष्मण का ध्यान उनकी बातों से हटकर आश्रम की ओर आने वाले मार्ग की चढ़ाई पर चढ़ती, एक मानव-आकृति पर लगा हुआ था। लक्ष्मण की बायीं हथेली धनुष पर कस गयी थी और उनका दायां हाथ तूणीर को टटोल रहा था।

''धैर्य रखो, सौमित्र !'' राम ने धीरे से कहा, ''अभी इतना अन्धकार नहीं हुआ कि हम प्रत्येक आगंतुक को आशंका की दृष्टि से देखें।''

उन तीनों की दृष्टि क्रमशः निकट आती हुई उस आकृति पर लगी हुई थी। पहचान की सीमा में आते ही, तीनों ने उसे प्रायः साथ-साथ पहचाना — वह वाल्मीकि आश्रम का मुखर था।

''मुखर ! इस समय यहां !'' सीता चकित थीं।

''कदाचित् ऋषि ने कोई संदेश भेजा है।'' लक्ष्मण बोले।

मुखर के निकट आने पर, राम ने सहज भाव से हंसकर कहा, ''स्वागत, मित्र मुखर ! आओ, बैठो। तुम अच्छे समय पर आये। भोजन तो हमारे साथ ही करोगे न ? अब आश्रम लौटने का तो समय नहीं रहा।''

हाथ जोड़कर मुखर ने सबका अभिवादन किया और अत्यन्त थकी हुई मुद्रा में उनके निकट बैठ गया।

उसने बारी-बारी तीनों के भावों को देखा और संकुचित, मद्धम स्वर में बोला, ''आर्य ! यदि आपको असुविधा न हो तो मैं आज रात आपके आश्रम में ही रुकना चाहूंगा। मेरी धृष्टता क्षमा करें — किंतु मुझे विस्तार से कुछ निवेदन करना है।''

''निःसंकोच रुको, मित्र !'' लक्ष्मण उल्लास के साथ बोले, ''आखिर मैंने जो दिन-भर के परिश्रम से अतिथिशाला बनाई है, उसका कुछ उपयोग तो हो।''

राम ने मुसकराकर लक्ष्मण का अनुमोदन कर दिया।

सीता उठ खड़ी हुईं, ''मैं भोजन की कुछ व्यवस्था करूं। मुखर बहुत दूर से चलकर आया है। थका हुआ है; भूखा भी अवश्य होगा।''

''आपका अनुमान एकदम सत्य है, दीदी।'' मुखर पहली बार मुसकराया।

भोजन के पश्चात् वे चारों फिर एक जगह आ बैठे।

''भद्र राम !'' मुखर बोला, ''मैं नही जानता कि अपनी बात कहां से आरम्भ

करूं, इसलिए सारी बात कहूंगा।''

''निश्चिंत होकर कहो।'' राम बोले, ''तनिक भी संकोच मत करो।''

''चित्रकूट प्रदेश में जनसंख्या विरल है।'' मुखर ने कहना आरम्भ किया, ''किंतु इससे दक्षिण, जन-स्थान में, जहां एक ओर घने वन हैं, वहां अनेक स्थानों पर घनी जनसंख्या पायी जाती है। उससे और आगे बढ़ने पर किष्किंधा में वानरों का प्रसिद्ध राज्य है, जिसका सम्राट् महाबली वाली है। मैं उसी वानर-जाति का एक सदस्य हूं। मैं ठीक-ठीक नहीं जानता कि हम अपने-आपको 'वानर' क्यों कहते हैं। कुछ तो हमारे शरीर का वर्ण अपेक्षाकृत पीला है और कुछ उस पर पतले लम्बे रोम हैं। फिर हमारा जातीय प्रतीक भी 'वानर' ही है। हमारी अनेक पड़ोसी जातियां स्वयं को इसी प्रकार अन्य पशुओं के नामों से संबोधित करती हैं।

''तो उसी वानर जाति का मैं एक सदस्य हूं। वाली महाबली है; किंतु न तो उसके राज्य की निश्चित सीमा है, न नियमित सेना है। वह अपने व्यक्तिगत शौर्य पर जीने वाला प्राचीन काल के यूथ पति जैसा राजा है। एक प्रकार से अपनी बात का धनी भी है। यदि उसने रावण को अपना मित्र कह दिया तो कह दिया — रावण उसका मित्र है; चाहे रावण के अनेक सहयोगी राक्षस वानरों को जहां-तहां पीड़ित करते रहें। उन साधारण राक्षसों से वाली नहीं लड़ेगा। असाधारण है रावण; किंतु वह उसका मित्र है — अतः युद्ध का प्रश्न ही नहीं है। परिणामस्वरूप अपने ही घर में वानर जहां-तहां पीड़ित होते रहते हैं और उनका मांस लंका के हाट-बाजार में खुलेआम बिकता है।

''सुदूर दक्षिण-पश्चिम में, समुद्र-तट पर हमारा गांव है। उस गांव में हमारा घर था। घर में माता-पिता थे, बहन-भाई थे, भाभियां थीं, भतीजियां-भतीजे थे। पड़ोस के गांव में बहन का विवाह हुआ था। बहनोई खाते-पीते व्यक्ति थे। भांजियां-भांजे प्रसन्न थे। कितना सम्मान था मेरे पिता का। वे कवि और संगीतकार थे, पर साथ ही कृषक भी थे। उन्होंने कला को अपनी आजीविका का साधन नहीं बनाया था। खेती से इतना अन्न मिल जाता था कि सारे कुटुंब का पालन सुविधा से हो सके। कला की साधना के कारण सारा समय खेती-किसानी को नहीं दिया जा सकता था। ऐसा होता तो कदाचित् और अधिक अन्न उत्पन्न होता। उसे बेचकर, व्यापार के नाम पर, अन्नहीनों की बाध्यता का शोषण कर, अधिक लाभ कमाया जाता। धन संचित किया जाता और फिर संचित धन की दुःशक्ति से कुछ अन्य लोगों का श्रम और श्रम के माध्यम से स्वयं उन लोगों को खरीदा जाता। किंतु मेरे पिता ने इस ओर कभी ध्यान ही नहीं दिया। अपनी आवश्यकता भर मिल जाने से वे संतुष्ट थे और शेष समय में अपनी कला की साधना करते थे। कला के माध्यम से अपने गांव और आस-पास के ग्राम के लोगों का मनोरंजन करते थे; किंतु उनकी कला मनोरंजन के साथ लोगों को यह भी बताती थी कि उनके परिवेश में क्या ठीक है, क्या गलत; क्या न्याय है, क्या अन्याय; क्या

अधिकार है, क्या अत्याचार। उनकी कला का यह पक्ष गांव के धनकुबेर राक्षसों को अच्छा नहीं लगा। उन्होंने अपने अनेक संगठनों की सहायता से हमारे घर पर आक्रमण किया। मैं वहां नहीं था। कह नहीं सकता कि हमारे कुटुंबियों में से किसका मांस वहीं भूनकर खाया गया, किसका ग्राम में बिका और किसका लंका के हाट में। अब संसार में मेरा कोई नहीं है।

''मैं वहां से भागा तो संगीत और काव्य के आकर्षण में ऋषि वाल्मीकि के आश्रम में आया। किंतु, जैसा आपने उस दिन देखा, मुझे शस्त्रों का आकर्षण भी खींचता है। अब मैं अपने कुलपति की अनुमति से आपके पास आया हूं। यदि आप मुझे शस्त्र-शिक्षा देना स्वीकार करें तो उतनी अवधि तक मैं आपके आश्रम में, आपके शिष्य के रूप में रहने का इच्छुक हूं...।''

मुखर ने अपनी बात समाप्त कर, राम की ओर देखा।

राम गंभीर थे, ''मित्र ! ऋषि ने तुम्हारे जीवन की घटनाओं का संकेत भर दिया था। विस्तार से सुनकर, तुम्हारे प्रति मेरा स्नेह और भी बढ़ा है। मुझे लगता है कि तुम्हें शस्त्र-शिक्षा प्राप्त करने का पूर्ण अधिकार है। यदि तुम दो वचन मुझे दो तो मैं तुम्हें सहर्ष शस्त्र-शिक्षा दूंगा।''

''कैसे वचन, आर्य ?''

''तुम्हारा शस्त्र-कौशल प्रत्येक दलित को सहज-सुलभ होगा और तुम्हारा शस्त्र केवल न्याय के पक्ष में उठेगा।''

''मैं वचन देता हूं, राम !'' मुखर ने अपने दोनों हाथ जोड़ दिये।

''तो मैं तुम्हें कनिष्ठ मित्र के रूप में स्वीकार करता हूं।''

''आज अतिथिशाला में ही ठहर जाओ, मित्र ! कल तुम्हारे लिए अलग कुटीर का निर्माण करेंगे।''

लक्ष्मण की प्रसन्नता उनके चेहरे से फूटी पड़ रही थी।

सवेरे राम और सीता नहाकर मंदाकिनी से लौट रहे थे। मार्ग में सुमेधा मिली। वह रुकी नहीं। चलते-चलते ही कह गयी, ''दीदी ! कुंभकार को कह दिया है, वह आज आएगा।''

राम ने कल सीता से सुमेधा के विषय में सुना था। उन्होंने ध्यान से उसे देखा — उसके मुखमंडल पर कोई विषाद, दुःख, परिताप अथवा चिंता नहीं थी, जो कि इस भयंकर दमन के कारण स्थायी रूप से होनी चाहिए थी। कदाचित् उस दमन को उसने अपनी जीवन-विधि के रूप में अंगीकार कर लिया था, उसे अपनी नियति मान लिया था।... नियति... राम को लगा, इस शब्द का साक्षात्कार होते ही, उनके मन में एक भयंकर झंझावात उठ खड़ा होता है।... किसने फैलाया है यह विष सारे समाज में? जिस

व्यक्ति ने पहली बार इस अवधारणा की कल्पना की थी, उसने भी कभी इसकी घातकता की तीव्रता का ठीक-ठीक अनुमान न लगाया होगा। जिस व्यक्ति, जाति या समाज में यह विष एक बार घर कर लेता है, उसका संपूर्ण उद्यम समाप्त हो जाता है। उसका विद्रोह, उसका तेज, उसकी प्रतिक्रिया-शक्ति पूर्णतः नष्ट हो जाती है। यह मृत्यु है — जीवन्तता का अंत।... शोषण का कितना बड़ा माध्यम है भाग्य की यह अवधारणा ! इसके रहते किसी के मन में व्यवस्था के विरुद्ध असंतोष जन्म नहीं लेगा, उसके विरुद्ध आक्रोश नहीं उठेगा। व्यक्ति व्यवस्था के विरोध और उसके परिवर्तन तथा सुधार की बात सोच ही नहीं सकता... भौतिक विष तो घातक होता ही है, किंतु मानसिक विष, चिंतन का विष, उससे कहीं अधिक घातक होता है...

लक्ष्मण और मुखर को वन से लौटने में अधिक देर लगी। लौटते हुए वे अपने साथ कुछ फल और लकड़ियां भी लाए थे। लक्ष्मण वन में जाते थे तो उनका ध्यान लकड़ियों की ओर अधिक रहता था। आज उन्हें मुखर के लिए कुटिया भी बनानी थी। उसके पश्चात् आश्रम के चारों ओर बाड़ा भी बनाना था। एक फाटक बनाना था। ईंधन के लिए भी लकड़ियां चाहिए थीं। लकड़ियों की आवश्यकता तो आने वाले अनेक दिनों तक बनी रहेगी।

लक्ष्मण कुटीर-निर्माण के कार्य में लग गए; तब राम ने सीता और मुखर को शस्त्राभ्यास कराना आरंभ किया। मुखर को शस्त्रों के विषय में कुछ भी ज्ञात नहीं था, अतः उसे आरंभिक ज्ञान भी दिया जाना था। सीता को बाण-संधान संबंधी कुछ बातें बताकर, उनका अभ्यास करने के लिए कह, राम ने मुखर को शस्त्रों के विषय में सूचनाएं देनी आरम्भ कीं — उसे सैद्धांतिक पक्ष बताकर ही व्यावहारिक ज्ञान कराया जा सकता था।

सौमित्र सहसा अपना काम छोड़कर एक अन्य स्थान पर चले गये, जहां से टीले की चढ़ाई अच्छी तरह दिखायी देती थी।

राम ने लक्ष्मण को देखा — निश्चित रूप से कोई व्यक्ति टीले की चढ़ाई चढ़कर उनके आश्रम की ओर आ रहा था। पर, अभी शस्त्राभ्यास रोकने का कोई कारण नहीं था। उन्होंने सीता और मुखर को उनके अभ्यास में लगाए रखा, ताकि न उनका ध्यान लक्ष्मण की ओर जाए और न वे लक्ष्मण के समान अपना काम छोड़कर, उस पगडंडी को ताकने लगें।

थोड़ी देर में एक व्यक्ति ऊपर आया। वह वय से नवयुवक था। उसकी कमर में मृगछाल नहीं थीं, उसने एक लंगोटी बांध रखी थी। निश्चित रूप से वह वनवासी न होकर ग्रामवासी था। उसका संवलाया-सा गेहुंआ रंग था। पहले तो वह लक्ष्मण से बातें करता रहा, फिर उसका ध्यान शस्त्राभ्यास करते हुए मुखर तथा सीता और निर्देश देते

हुए राम की ओर चला गया। वह आश्चर्य-विस्फारित नयनों से उनको देखता क्षण-भर भौंचक खड़ा रहकर, लक्ष्मण के साथ उनकी ओर बढ़ा।

शस्त्राभ्यास थम गया।

"भाभी ! यह कुंभकार है। इसे सुमेधा ने भेजा है।" लक्ष्मण ने उसका परिचय दिया।

राम ने देखा — कुंभकार की आंखों में जीवन की चमक थी। मुख की रेखाएं उसके कुछ समझदार होने की ओर संकेत करती थीं। यह व्यक्ति सुमेधा के गांव का था, किंतु सुमेधा के समान अपने जीवन से संतुष्ट नहीं था। उसके मुखमंडल पर कुछ सम्मान, कुछ भय, कुछ जिज्ञासा के मिश्रित भाव थे।

"आप लोग कौन हैं ?" वह पहला वाक्य बोला।

सुमेधा ने केवल अपनी बात कही थी — सीता सोच रही थीं — उन लोगों के विषय में उसने कुछ भी नहीं पूछा था। उसकी आंखें अपने परिवेश की ओर से बंद थीं, मस्तिष्क सोया हुआ था। यह व्यक्ति वैसा नहीं था। वह जागरूक था। उसने अपने विषय में कुछ बताने से पूर्व उनके विषय में जिज्ञासा की थी।

"मैं राम हूं। ये मेरे छोटे भाई हैं — लक्ष्मण। ये मेरी पत्नी हैं — सीता। और यह है मेरा मित्र मुखर; हमारे आश्रम में शस्त्राभ्यास कर रहा है।"

"आप लोग यहां क्या कर रहे हैं ?" कुंभकार कुछ हकलाता-सा बोला।

लक्ष्मण के चेहरे पर आवेश झलका; किंतु राम ने उन्हें संकेत से शांत करते हुए कहा, "हम लोग अपने पिता के आदेश से वन में आए हैं। यहां वैसे ही वास कर रहे हैं, जैसे साधारण वनवासी निवास करते हैं, जैसे तुम निवास कर रहे हो।"

इस बार कुंभकार के चेहरे पर भावावेश आया, "जैसे मैं निवास कर रहा हूं।... एक दिन कुंभ-निर्माण छोड़कर, एक मूर्ति का निर्माण करने लगा था, तो तुंभरण ने मार-मारकर मेरी खाल उधेड़ दी थी। उस दिन उसे कुछ बर्तनों की आवश्यकता नहीं होती, तो वह अवश्य ही मुझे मारकर खा जाता। और आप लोग तो शस्त्रों का अभ्यास कर रहे हैं — यहां तक कि यह महिला भी।"

"शस्त्राभ्यास में तुम्हें क्या आपत्ति है ?" राम ने पूछा।

"मुझे कोई आपत्ति नहीं है। आपत्ति है तुंभरण को।" कुंभकार जल्दी-जल्दी बोला, "उसका कहना है कि मेरा दादा कुंभकार था, बाप कुंभकार था, इसलिए मुझे भी कुंभकार ही बनना पड़ेगा। मैंने कुछ और बनने का तनिक भी प्रयत्न किया तो वह मुझे आंवे में पकाकर मार डालेगा। यहां तक कि वह मुझे बर्तन छोड़, मिट्टी के खिलौने भी नहीं बनाने देगा। और जहां तक शस्त्रों की बात है, उन्हें रखने का अधिकार केवल राक्षसों का है।"

"क्यों ? राक्षसों को ऐसा विशिष्ट अधिकार क्यों है, जो अन्य लोगों को नहीं

है ?'' लक्ष्मण ने पूछा।

''इसलिए कि उनका धर्म है शस्त्र रखना, शस्त्र-परिचालन सीखना, शस्त्रों का प्रयोग करना। मेरा धर्म है उनके घर के लिए बर्तनों का निर्माण करना। मुझे अपना धर्म नहीं छोड़ना चाहिए; और यदि मैंने छोड़ा, तो वह मुझे उसका दंड देगा।''

''इसका निर्णय कौन कर सकता है कि तुंभरण का धर्म दिन में छत्तीस बार जमीन पर नाक रगड़ना नहीं है ?'' लक्ष्मण ने पूछा।

कुंभकार ने अपनी जीभ दांतों के बीच दबा ली और भयभीत दृष्टि से चारों ओर देखा।

लक्ष्मण जोर से हंस पड़े, ''किससे डर रहे हो, मित्र ?''

''तुंभरण से।'' कुंभकार अब भी सहमा हुआ था।

''किसी तुंभरण का साहस नहीं है कि वह राम के आश्रम की ओर आंख उठाकर देखे। तुम निर्भय रहो।''

कुंभकार का भय कुछ हल्का पड़ा, किंतु वह पूर्णतः दूर नहीं हुआ था, ''तुम्हारे पास दो-तीन धनुष हैं। तुंभरण के पास कई धनुष और खड्ग हैं। उसके परिवार के प्रत्येक पुरुष के पास शस्त्र हैं।''

राम मुसकराए, ''केवल शस्त्र होने से कुछ नहीं होता, मेरे नवयुवक मित्र ! उसके परिचालक के कौशल पर बहुत कुछ निर्भर करता है। युद्ध में अकेले सौमित्र सैकड़ों तुंभरणों पर भारी पड़ेंगे। पर, तुम्हें यदि शस्त्रों की संख्या से ही आश्वासन मिलता हो तो... सौमित्र ! इसे अपना शस्त्रागार दिखा दो।''

कुंभकार शस्त्रागार देखकर लौटा तो एकदम अभिभूत लग रहा था। उसकी चपलता विलीन हो चुकी थी। उसने अत्यन्त गंभीर दृष्टि से राम को देखा।

''आर्य ! आपने इतने शस्त्र क्यों जमा कर रखे हैं ?''

''आत्म-रक्षा और न्याय-रक्षा के लिए।'' राम बोले, ''प्रत्येक व्यक्ति को आत्म-रक्षा का अधिकार है और न्याय की रक्षा उसका धर्म है।''

''मेरा भी ?'' कुंभकार ने अविश्वासपूर्ण स्वर में पूछा।

''हां, तुम्हारा भी।''

''तो बर्तन बनाना मेरा धर्म नहीं है ?''

''तुम्हारी इच्छा के विरुद्ध नहीं है।''

''मैं वह कार्य छोड़ दूं ?''

''छोड़ दो।''

''तुंभरण के बर्तन कौन बनाएगा ?''

''जिसकी इच्छा होगी, वह बनाएगा। इसकी चिंता तुम्हारा काम नहीं है।''

"और यदि तुंभरण ने मेरी हत्या का प्रयत्न किया तो मेरी रक्षा कौन करेगा ?" कुंभकार बोला।

"तुम स्वयं करोगे।" राम मुसकराए।

"मुझे शस्त्र कौन देगा ?"

"अपने लिए तुम स्वयं शस्त्र बनाओगे ।"

"शस्त्र-परिचालन की शिक्षा कौन देगा ?"

"मैं दूंगा।" राम के स्वर में दृढ़ संकल्प था।

"मुझे भी, मेरे साथियों को भी ?"

"सबको।"

"सुमेधा के पिता झिंगुर को भी ?"

"हां, सबको।"

सहसा कुंभकार चुप हो गया। उसके भीतर कुछ घटित हो रहा था। वह बदल रहा था। पहले से दृढ़ और गंभीर हो रहा था।

अंत में वह धीरे से बोला, "मैं प्रयत्न करूंगा, आर्य ! कि मैं सुमेधा और झिंगुर को यहां ले आऊं। न मैं वह रहना चाहता हूं, जो मैं हूं; न झिंगुर वह बना रहना चाहता है, जो वह है। पर झिंगुर साहस नहीं कर सकता, मैं कर सकता हूं। मैं उन्हें यहां ले आऊंगा।" उसकी आंखों में अश्रु छलक आए, "आर्य ! अपनी बात से पीछे मत हटना। मैं अपने प्राणों पर खेलने जा रहा हूं।"

राम ने अपना हाथ अभय मुद्रा में उठा दिया, "निश्चिंत रहो, नवयुवक मित्र ! यह राम का वचन है।"

कुंभकार ने हाथ जोड़ दिए। वह जाने के लिए मुड़ा।

"मेरा कुंभ, नवयुवक !" सीता ने उसे टोक दिया।

"आपके लिए मैं अपनी इच्छा से कुंभ बनाऊंगा, देवि ! यहीं, इसी आश्रम में। निश्चिंत रहें।"

वह तेजी से ढलान की ओर चल पड़ा।

वे चारों उसे देखते रहे। वह पेड़ों की ओट में छिप गया तो राम मुड़े, "देखा ! एक कालकाचार्य हैं कि शस्त्र देखकर सहम गए; और एक यह कुंभकार है कि अपने बंधन तोड़ने के लिए मचल उठा।"

"यह क्या मात्र वृत्ति का भेद है ?" सीता ने पूछा।

"कुछ वय का, कुछ वृत्ति का।" राम बोले, "कुछ सहे गए अत्याचारों की तीव्रता, कुछ मुक्त होने की इच्छा — अनेक बातें हैं, सीते !"

"किंतु, सिद्धाश्रम में तो हमारे शस्त्र देखकर कोई भयभीत नहीं हुआ था,"

लक्ष्मण जैसे वाचिका चिंतन कर रहे थे, ''वहां का तो बच्चा-बच्चा उठ खड़ा हुआ था। ग्रामीण तथा आश्रमवासी एक साथ संघर्ष करने के लिए जुट आए थे।''

''वहां की स्थिति भिन्न थी।'' राम बोले, ''ऋषि विश्वामित्र के कारण वहां तेजस्विता का इतना दमन नहीं हुआ था। फिर ताड़का के वध ने जन-सामान्य का आत्मविश्वास जाग्रत कर दिया था।''

राम के आश्रम के, व्यावहारिक दृष्टि से दो दल बन गए। प्रात: राम और सीता मंदाकिनी में नहाने चले गए। उनके लौटने पर लक्ष्मण और मुखर गए। बाद के समय में लक्ष्मण आश्रम के निर्माण-कार्य में लगे रहे और राम, सीता तथा मुखर को शस्त्राभ्यास कराते रहे। दोपहर के पश्चात् सौमित्र और मुखर निर्माण तथा आश्रम की रक्षा के लिए पीछे रुक गए और राम तथा सीता पड़ोस के आश्रम-निवासियों से परिचित होने के लिए चले गए।

पिछले कुछ दिनों से राम को अपना कार्यक्षेत्र विस्तृत करने की आवश्यकता का अनुभव हो रहा था। उन्हें लग रहा था, आश्रम में बैठकर शस्त्र-शिक्षा देने से ही उनका दायित्व पूरा नहीं हो सकेगा। सिद्धाश्रम-क्षेत्र के ग्रामवासियों के ही समान, इस क्षेत्र के ग्रामवासी तो राक्षसों से आतंकित थे ही, साधारण आश्रमवासियों में भी तेज नहीं था। कालकाचार्य राम के शस्त्रागार के इस प्रदेश में आ जाने से भयभीत थे। उन्हें राक्षसों की अप्रसन्नता की आशंका थी। कुछ अन्य कुलपतियों की भी यही स्थिति थी। ऐसी स्थिति में राम की शस्त्र-शिक्षा क्या करती ! कोई उनके पास आए ही नहीं तो वे क्या करेंगे। शस्त्र-शिक्षा तो भौतिक स्वतंत्रता की रक्षा के लिए है, किंतु उसके पूर्व लोगों के मन को मुक्त करना होगा। उसके लिए उनके आश्रमों में, ग्रामों में, यहां तक कि उनके घरों में भी जाना होगा। उन्हें बताना होगा कि उनका जीवन कैसा हो... जीवन में उनके क्या-क्या अधिकार हों... जन-साधारण को समझाने के लिए लक्ष्मण उपयुक्त पात्र नहीं हैं -- उनमें तेज के साथ आक्रोश तथा अधैर्य है। वे तर्क कम करते हैं, व्यंग्य और प्रहार अधिक करते हैं।... नहीं ! जन-साधारण तक तो राम को ही जाना होगा। उनके हृदय तथा मस्तिष्क को मुक्त करने के पश्चात् वे उन्हें लक्ष्मण को सौंप सकते हैं। लक्ष्मण उन्हें शस्त्र-शिक्षा देंगे, शस्त्र-निर्माण का कार्य सिखाएंगे, संगठन और युद्ध का व्यावहारिक ज्ञान देंगे...

वृद्ध कुलपति कालकाचार्य ने पहली भेंट में इंगित मात्र किया था, दूसरी भेंट में स्पष्ट कहा था, ''राम ! तुम कितने ही वीर क्यों न हो, तुम्हारे पास कितने ही शस्त्र क्यों न हों, तुम्हारा आचरण कितन्ना ही शुद्ध और न्यायपूर्ण क्यों न हो, तुम एक भयंकर जोखिम में घिर गए हो, तुम अपनी युवती पत्नी के साथ एक ऐसे स्थान पर आ गए हो, जहां किसी के प्राण सुरक्षित नहीं हैं, किसी का सम्मान अक्षत नहीं है। मेरी बात मानो,

राम ! तुम लौट जाओ; और जब तक यहां रहो, अत्यंत सावधान रहो; प्राणपण से अपनी और अपनी पत्नी की रक्षा करो..."

कालकाचार्य ने जो ठीक समझा, कहा।... किंतु वनवास की बात अनेक ऋषियों से हुई थी — विश्वामित्र, भरद्वाज, वाल्मीकि... किसी ने भी तो उन्हें लौट जाने के लिए नहीं कहा। ये वृद्ध कुलपति ही क्यों ऐसा कह रहे हैं...? क्या उन समर्थ ऋषियों को इस जोखिम का ज्ञान नहीं था, या ये कुलपति उन्हें व्यर्थ ही डरा रहे हैं ?... बात कदाचित् ऐसी नहीं थी। यह कदाचित् अपने-अपने सामर्थ्य और दृष्टि की बात थी। विश्वामित्र, भरद्वाज तथा वाल्मीकि समर्थ ऋषि हैं। वे जोखिम उठाने, शत्रु से भिड़ने और सत्य का मूल्य चुकाने का अर्थ जानते हैं; और यह वृद्ध कुलपति कालकाचार्य मध्यम कोटि के बुद्धिजीवी मात्र हैं। उनमें इतनी सामर्थ्य नहीं कि झूठ और अन्याय से टकराएं... इस क्षेत्र में तेज को जगाना होगा, जन-सामान्य को समझाना होगा... यह काम राम को ही करना होगा। कालकाचार्य जैसे लोगों को बताना होगा कि घबराकर अथवा भयभीत होकर भाग जाने से काम नहीं चलेगा... आप अत्याचार के सम्मुख से पलायन कर अपनी जान नहीं बचा सकते। वह आपको ढूंढेगा, घेरेगा और अंत में कुचल डालेगा। अत्याचार से छिपा नहीं जा सकता, उसका तो सामना ही किया जा सकता है...

अंधकार होने से पहले, राम और सीता आश्रम में लौट आए। आश्रम में फल और अहेर पर्याप्त था। भोजन की व्यवस्था में कोई परेशानी नहीं थी। भोजन पकाने का काम कोई भी कर लेता था, अथवा सब मिलकर कुछ-न-कुछ कर देते थे; किंतु नियंत्रण तथा निर्देशन का सर्वाधिकार सीता का था।

बीच में आग जलाकर, वे लोग उसके चारों ओर भोजन के लिए बैठे। किंतु भोजन आरम्भ करने की स्थिति ही नहीं आयी। उससे पूर्व ही आश्रम के बाड़े के फाटक पर किसी के हाथों की थाप सुनाई दी। कोई ऊंचे स्वर में आश्रमवासियों को पुकारकर फाटक खोलने के लिए कह रहा था।

"कोई अतिथि होगा।" सीता बोलीं।

"फिर भी सावधानी आवश्यक है।" मुखर ने कहा।

"तुम दोनों की बात ठीक है।" राम धीरे से बोले, "अतिथि ही होगा, नहीं तो इस प्रकार पुकारकर फाटक खोलने के लिए नहीं कहता; पर देश-काल को देखते हुए सावधानी भी आवश्यक है। सौमित्र और मुखर, तुम लोग उल्काएं ले आओ और देखो। मैं और सीता शस्त्रागार के पास हैं।"

मुखर और सौमित्र ने वैसा ही किया। उल्काओं के साथ वे अपने शस्त्र ले जाना न भूले।

किंतु उन्हें लौटने में अधिक देर नहीं लगी। वे लौटे तो उनके साथ सुमेधा, कुंभकार तथा एक और अपरिचित वृद्ध थे। राम और सीता ने उठकर उनका स्वागत

किया। कुंभकार अपनी बात का पक्का निकला था।

''भद्र राम ! मैं आ गया हूं, अपनी जान पर खेलकर।'' कुंभकार बोला, ''अपने साथ सुमेधा तथा उसके पिता झिंगुर को भी ले आया हूं। इन्हें साथ लाने के लिए पर्याप्त परिश्रम करना पड़ा है। ये दोनों ही ऐसा साहस करने के पक्ष में नहीं थे। इनका विचार था कि तुंभरण के अधीन रहकर फिर भी कुछ दिन जीवित रहने की संभावना थी, किंतु वहां से भागकर हमने अपने जीवन के समस्त द्वार बंद कर दिए हैं। ये अपने को मृतप्राय ही मान रहे हैं। अब आप चाहें तो हमारी रक्षा कर हमें जीवन-दान दें, अथवा हमें तुंभरण को लौटाकर मृत्यु के हाथों सौंप दें।''

राम ने लपलपाती अग्नि के प्रकाश में उनके चेहरों को देखा — कुंभकार ठीक कह रहा था। कुंभकार के मुख मंडल पर जोखिम तथा दुस्साहस की उत्तेजना थी, किंतु झिंगुर और सुमेधा के चेहरे मृत्यु की ठंडी राख के समान बुझे हुए थे।

राम ने झिंगुर के कंधे पर हाथ रखा, ''तुम्हें मुझ पर विश्वास नहीं है, बाबा ?''

झिंगुर ने उनकी ओर देखा, पर उसकी दृष्टि अधिक देर टिकी न रह सकी। उसने अपना मुख फेर लिया था। वह अंधकार में देख रहा था, ''मैं आपके प्रति अविश्वास की बात कैसे कहूं, पर मुझे तुंभरण की शक्ति और दुष्टता —दोनों पर पूरा विश्वास है। उसके हाथों से कोई भी नहीं बचा...''

''तो फिर तुम आ क्यों गए ?''

'सुमेधा आ रही थी — मैं क्या करता। मुझे उससे अधिक प्रिय और कुछ नहीं है। तुंभरण के हाथों मेरी अन्य कोई संतान नहीं बची। एक यही शेष है, इसे नहीं छोड़ सकता।''

''और तुम क्यों चली आयीं, सुमेधा ?'' राम ने पूछा।

सुमेधा कुंभकार की ओर देख रही थी, ''मैं कुंभकार से प्रेम करती हूं। यह आ रहा था, इसलिए मैं भी आ गयी।''

''तुम्हारी मां नहीं आयी, सुमेधा ?'' सीता ने पूछा।

''वह किसी भी प्रकार तैयार नहीं हुई, इसलिए उसे छोड़कर आना पड़ा।''

''अच्छा सुनो, बंधुओ !'' राम का स्वर कुछ ऊंचा हो गया, ''निस्संदेह तुम लोगों ने जोखिम का काम किया है, किंतु इस आश्रम के भीतर प्रवेश करने के पश्चात् तुम्हारा जोखिम समाप्त हो चुका है। तुम्हारी रक्षा का दायित्व मुझ पर है, सौमित्र पर है — सक्षम होने पर सीता और मुखर पर भी होगा। रात-भर विश्राम करो। कल से तुम्हारी शस्त्र-शिक्षा आरम्भ होगी, ताकि आश्रम के बाहर भी, हमारे निकट न रहने पर भी तुम अपनी तथा अपने साथियों की रक्षा कर सको।''

''तुम्हारा नाम क्या है, मित्र ?'' लक्ष्मण ने पूछा, ''नाम न जानने के कारण, तुम्हें संबोधित करने में काफी परेशानी हो रही है।''

''कुंभकार।''

''यह क्या नाम हुआ ?''

''अन्य किसी शब्द से आज तक मुझे किसी ने संबोधित नहीं किया।''

''तो आज से तुम्हारा नाम 'उद्घोष' होगा, मित्र।'' राम बोले, ''तुमने इस संपूर्ण क्षेत्र में, आज से स्वतंत्रता का उद्घोष किया है।''

कुंभकार मुसकरा पड़ा।

''आओ, अब भोजन करें।'' सीता ने सुमेधा का हाथ पकड़ अपने पास बैठाया, ''तुम यहां बैठो, सखि।''

सुमेधा और उद्घोष बैठ गए, किंतु झिंगुर नहीं बैठा।

सब प्रश्नवाचक दृष्टि उसकी ओर उठ गयी।

झिंगुर के चेहरे पर कुछ इतने मिश्रित भाव थे कि समझना कठिन था कि वह क्या सोच रहा था — वह प्रसन्न भी था और पीड़ित भी, उसके चेहरे पर श्रद्धा भी थी और अविश्वास भी, मार्ग उसके सामने था और उस पर पग भी नहीं उठ रहे थे।

''प्रभु !''

''मैं प्रभु नहीं हूं।'' राम मुसकराए, ''मैं एक साधारण आदमी हूं। तुम मुझे राम कहो, बाबा।''

''भद्र राम !'' झिंगुर और भी संकुचित हो गया, ''इन बच्चों का अपराध क्षमा करना, ये लोग भोजन की इच्छा से आपके साथ बैठ गए हैं। कड़ी भूख ने इनकी बुद्धि असंतुलित कर दी है।''

कोई नहीं समझा कि झिंगुर क्या कहना चाह रहा है। क्षण-भर सब-कुछ अनबूझा ही रहा। पर, तब झिंगुर फिर बोला, ''हम जाति के भील हैं, भद्र ! और स्थिति से तुंभरण के दास। हम आपके साथ बैठकर...''

राम खिलखिलाकर हंस पड़े, ''भोजन परोसें, सीते !''

वे झिंगुर से संबोधित हुए, ''बाबा ! इसे भूल जाओ कि तुम्हें क्या बताया गया है कि तुम क्या हो ? याद केवल यह रखो कि तुम एक मनुष्य हो, वैसे ही जैसे अन्य मनुष्य हैं। बड़े-छोटे, ऊंच-नीच, दास-स्वामी, जाति-पांति के संबंध मनुष्य-निर्मित हैं; और उनका निर्माण उन्होंने किया है, जिन्हें उनसे कोई लाभ है। मैं मनुष्यों में मानवीय संबंध के अतिरिक्त दूसरा कोई संबंध नहीं मानता।... और इस समय तो तुम राम के आश्रम के सदस्य हो। तुम्हारी जाति, वर्ण, गोत्र, स्थिति — सब कुछ वही है, जो राम की है। बैठो और शांत मन से भोजन करो।''

राम ने झिंगुर को हाथ पकड़कर, अपने पास बैठा लिया।

झिंगुर बैठ गया, किंतु सबने ही लक्ष्य किया कि वह सहज भाव से खा नहीं पा रहा है। जो कुछ उसने खाया भी, वह उसकी भूख की दृष्टि से बहुत कम था।

भोजन के पश्चात् उद्घोष ने अपनी बात कही, ''राम ! कल सवेरे ही तुंभरण को मालूम हो जाएगा कि हम लोग गांव से भाग गए हैं। उसे यह पता लगाते देर नहीं लगेगी कि हम यहां आए हैं। और यह पता लगते ही वह अपने बंधु-बांधवों को लेकर सशस्त्र आक्रमण करेगा। हमें गांव से भागने और आपको हमें आश्रय देने का दंड देना चाहेगा...''

''तुम आश्वस्त रहो, मित्र !'' लक्ष्मण ने उसकी बात पूरी नहीं होने दी, ''यह तो समय आने पर देखा जाएगा कि कौन किसको दंड देता है। जब तक तुम्हें तुंभरण के आक्रमण का भय हो, अथवा जब तक तुम द्वन्द्व-युद्ध की दृष्टि से पूर्णतः समर्थ न हो जाओ, तब तक मेरी कुटिया में रहो; उसके पश्चात् ही तुम्हारे लिए अलग कुटीर बनाएंगे।''

''मैं भयभीत नहीं हूं, सौमित्र ! किंतु अपनी असमर्थता को जानता अवश्य हूं...''

''जब तक तुम असमर्थ हो, उद्घोष ! तब तक हमारी सामर्थ्य पर भरोसा रखो।'' राम मुसकराए, ''सौमित्र ! सुमेधा और झिंगुर के लिए अतिथिशाला में प्रबंध कर दो। उद्घोष तुम्हारे अथवा मुखर के कुटीर में टिक जाएगा। कल इन सबके लिए कुटीर-निर्माण तथा शस्त्र-शिक्षा।''

प्रातः राम और सीता उठकर अपनी कुटिया से बाहर आए, तो उद्घोष उनके सामने खड़ा था। वह सहज नहीं था, उसका संवलाया हुआ गेहुआं रंग इस समय एकदम पीला पड़ गया था।

राम विस्मित हुए, ''तुम यहां कब से खड़ हो, उद्घोष ? जल्दी उठ गए या तुम्हें रात को नींद ही नहीं आयी ?''

उद्घोष ने कोई उत्तर नहीं दिया। वह केवल फटी-फटी आंखों से उन्हें देखता रहा।

''क्या बात है ?'' राम मुसकराए, ''रात कहीं तुंभरण से भेंट तो नहीं हो गयी ?''

''नहीं, आर्य !'' वह खोये-से स्वर में बोला, ''तुंभरण से भेंट तो नहीं हुई; किंतु लगता है कि यहां रात को तुंभरण या उसके साथी आए अवश्य थे।... सुमेधा तथा झिंगुर अतिथिशाला में नहीं हैं।''

''क्या ?'' सीता के मुख से विस्मय-भरा चीत्कार निकला।

''उद्घोष ! तुम सौमित्र को बुलाओ।''

राम, सीता को साथ लिये हुए, अतिथिशाला की ओर बढ़ गए।

लक्ष्मण, मुखर तथा उद्घोष के भी आने में अधिक देर नहीं लगी; किंतु तब तक राम कुटिया का अच्छी प्रकार निरीक्षण कर चुके थे। अतिथिशाला पर आक्रमण, उसे

तोड़ने, उस पर किसी प्रकार के बल-प्रयोग का वहां चिह्न नहीं था।... रात में किसी ने भी किसी प्रकार का कोलाहल नहीं सुना था। मुखर की कुटिया अतिथिशाला से बहुत दूर भी नहीं थी। वह यह मानने के लिए रत्ती भर भी तैयार नहीं था कि बाहर से कोई आया हो; सुमेधा और झिंगुर को बलात् ले गया हो; और मुखर ने एक भी शब्द न सुना हो।

''यह संभव ही नहीं है।'' वह अत्यन्त रोष से बोला, ''मुखर के कान ऐसे नहीं हैं। रात को आश्रम का एक पत्ता भी खड़केगा तो मुखर के कान झनझना उठेंगे।''

''तो इसका एक ही अर्थ है कि सुमेधा और झिंगुर अपनी इच्छा से रात को आश्रम से निकल भागे हैं।'' उद्घोष का स्वर पहले से भी अधिक दीन हो गया।

''पर क्यों ?'' सीता जैसे अपने-आप से पूछ रही थीं।

''क्योंकि सुमेधा मुझसे प्रेम नहीं करती। उसे अपनी मां अधिक प्यारी है, वह कायर बाप झिंगुर प्यारा है। मैं उसे प्यारा नहीं...''

लक्ष्मण आगे बढ़कर उसे संभाल न लेते, तो उद्घोष अवश्य ही चक्कर खाकर गिर पड़ता। वह लक्ष्मण का सहारा लेकर पेड़ की छाया में बैठ गया। शेष लोग भी उसके आस-पास बैठ गए।

राम सोच रहे थे — यदि सुमेधा और झिंगुर को बलात् ले जाया गया होता तो उसकी चिंता तुरन्त की जानी चाहिए थी; किंतु परीक्षण से जिस निष्कर्ष पर वे लोग पहुंच रहे थे, कदाचित् वही ठीक था। वे पिता-पुत्री अपनी इच्छा से आश्रम छोड़कर, रात के अंधकार में अपने गांव लौट गए थे। उनकी चिंता का कोई लाभ नहीं। इस समय तो उद्घोष की चिंता की जानी चाहिए थी। कदाचित् उसने अपने जीवन का दाव सुमेधा पर लगाया था, और सुमेधा उसे छोड़ गयी थी। उसकी मानसिक स्थिति ठीक नहीं थी। यदि इस समय उसे संभाला न गया तो कुछ अघटनीय भी घट सकता है।

राम ने स्नेहपूर्वक उद्घोष के कंधे पर हाथ रखा और अत्यन्त कोमल वाणी में बोले, ''तुम ऐसा क्यों मानते हो, मित्र ! कि सुमेधा तुमसे प्रेम नहीं करती। उसका अपने माता-पिता से प्रेम तुम्हारे प्रेम के मार्ग में तो नहीं आता। संभव है कि वह पीछे छूट गयी अपनी माता के प्रेम में लौट गयी हो।''

उद्घोष का वह शरीर, जो क्षण-भर पहले तक सर्वथा प्राणहीन लग रहा था, भयंकर आक्रोश में तप उठा, ''नहीं, यह बात नहीं है। अब तक मैं समझता नहीं था, पर आज इस सुमेधा को अच्छी तरह समझ गया हूं।... मेरे प्रेम से उसे क्या मिलता ? गांव छोड़ना पड़ता। इस या उस आश्रम में रहना पड़ता। प्राणों का जोखिम बना रहता। संभव है, पीछे गांव में राक्षस उसकी मां की हत्या कर देते। मैं हूं क्या ? एक कुंभकार। मैं उसे क्या दे सकता था। एक निर्धन व्यक्ति का प्रेम दे ही क्या सकता है...''

''उद्घोष !'' सीता ने टोका।

''कहने दो, सीते!'' राम ने कहा।

उद्घोष बोलता गया, ''सुमेधा ने ठीक किया, वह लौट गयी। अब उसकी मां और झिंगुर को कोई कुछ नहीं कहेगा। उसे भी कोई कुछ नहीं कहेगा। राक्षसों की सार्वजनिक भोग्या होकर रहेगी और उनकी जूठन खाएगी। मेरा पता बताकर मेरी हत्या करवाने में उनकी सहायता करेगी, तो संभव है, जब वे लोग मेरा वध कर, मुझे खाने लगें तो मेरे शरीर की एक-आध जूठी हड्डी उसकी तरफ भी फेंक दें...'' वह थकावट से हांफता हुआ, भाव-शून्य आंखों से बारी-बारी सबकी ओर देखता रहा, और फिर अपने भीतर डूब गया, ''और मैं क्या-क्या स्वप्न देखता था। मैं सोचता था, मैं तुंभरण राक्षस का दास नहीं रहूंगा। मैं किसी सुन्दर स्थान में एक छोटी-सी कुटिया बनाकर रहूंगा। सुमेधा मेरी पत्नी होगी। हमारे छोटे-छोटे सुन्दर बच्चे होंगे। हम दोनों मिलकर परिश्रम करेंगे और अपनी गृहस्थी चलाएंगे। अवकाश के समय मैं अपने घर के लिए बर्तन बनाऊंगा, उस पर सुन्दर-सुन्दर स्त्री-पुरुष, पशु-पक्षी अंकित करूंगा। अपने बच्चों के लिए छोटे-छोटे खिलौने बनाऊंगा। कुछ अन्य मूर्तियां बनाऊंगा। मैं मूर्तिकार बनूंगा...'' उसने फिर बारी-बारी एक-एक व्यक्ति के चेहरे को देखा और अंत में उसकी आंखें राम के मुख मंडल पर टिक गयीं। वह बोला तो उसका स्वर अत्यन्त हताश था, ''मैंने जीवन से बहुत अधिक तो कुछ नहीं चाहा। क्या ईश्वर की इस सृष्टि में मेरा इतना छोटा-सा स्वप्न भी पूरा नहीं हो सकता, राम ?''

राम ने उसे स्नेहभरी आंखों से देखा और फिर उनकी आंखों और अधरों से मोहक मुसकान झरने लगी, ''सुनो, उद्घोष ! इस सृष्टि में मनुष्य का बड़े-से-बड़े स्वप्न पूरा होता; किंतु मनुष्य की बनाई हुई इस व्यवस्था में नदी के किनारे पड़ी हुई मछली के लिए एक बूंद पानी भी नहीं है। तुंभरण तथा उसके जैसे सत्ताशाली राक्षसों की बनाई हुई इस दुष्ट व्यवस्था में तुम एक दास कुंभकार पैदा हुए हो और दास कुंभकार ही मरोगे। इसमें सुमेधा ही नहीं, सुमेधा जैसी सारी किशोरियां धन और सत्ता संपन्न राक्षसों की भोग्याएं ही बन सकेंगी।... पर स्वप्न देखना प्रत्येक मनुष्य का अधिकार है। स्वप्न देखने वाला मनुष्य ही जीवन्त मनुष्य होता है। यदि तुम्हारे गांव में स्वप्न देखने वाला उद्घोष जन्म न लेता तो प्रत्येक कलाकार कुंभकार का जीवन बिताने को बाध्य होता। किंतु अब ऐसा नहीं होगा। तुमने स्वप्न देखा है, तुम उसे पूर्ण करने के लिए संघर्ष करो और अपने साथ संपूर्ण ग्राम को मुक्त करो। प्रत्येक उद्घोष और सुमेधा को मुक्त करो, प्रत्येक झिंगुर और उसकी पत्नी को मुक्त करो...''

''पर झिंगुर तो मुक्त होना नहीं चाहता।'' उद्घोष बोला।

''ऐसा मत कहो।'' राम फिर बोले, ''झिंगुर हो या सुमेधा, अथवा सुमेधा की मां, मुक्त सब होना चाहते हैं; किंतु पहले उनको बताया तो जाए कि वे स्वतंत्र हो सकते हैं। उनका तन ही नहीं, मन भी बंदी है। पहले उनके मन को मुक्त करो। उनको साहस

दो, उनको आश्वासन दो। उनका मन मुक्त होगा तो वह स्वप्न देखेगा; मन स्वप्न देखेगा तो तन मुक्त होगा..."

"और सुमेधा के विषय में भी वह सब मत सोचो, जो तुमने अभी कहा है।" सहसा बीच में सीता बोलीं "वह तुम्हीं से प्रेम करती है, तभी तो तुम्हारे साथ चली आयी। यदि उसका पिता अभी साहस नहीं जुटा पा रहा, उसकी मां का मन जोखिम नहीं उठा पा रहा और वह उन दोनों से प्रेम करती है तो उसके लिए उसे अपराधिनी नहीं ठहराया जा सकता।"

"आप सच कहती हैं, देवि !" उद्घोष के चेहरे का रंग लौट रहा था, "क्या सचमुच सुमेधा मुझसे प्रेम करती है ? क्या आप शपथपूर्वक यह बात कह सकती हैं ?"

"यद्यपि सुमेधा ने मुझसे इस बात की कभी चर्चा नहीं की," सीता बोलीं, "किंतु उसके हाव-भाव देखकर मैं शपथपूर्वक कह सकती हूं कि वह तुमसे ही प्रेम करती है, उद्घोष ! उसे प्राप्त करने का प्रयत्न करो।"

"उद्यम करो, उद्घोष !" लक्ष्मण बोले, "तुम्हारी प्रिया उस राक्षस के पास बंदिनी है। यह मत समझो कि वह अपनी इच्छा से लौट गयी है। लौटाया है उसे तुंभरण के आतंक ने। तुम उस आतंक को नष्ट करके ही उसे पा सकोगे। पराक्रम करो। थक-हारकर मत बैठो। संसार उद्यमी और पराक्रमी मनुष्य का है।"

उद्घोष उठकर खड़ा हो गया, "कदाचित् आप लोग ही ठीक कहते हैं। मैं ही भ्रमित था। मैं सुमेधा को ही नहीं, सम्पूर्ण ग्राम को तुंभरण के आतंक से मुक्त करूंगा।"

"साधु, उद्घोष ! साधु !" राम बोले, "आज से तुम्हारी भी शस्त्र-शिक्षा आरंभ होगी।"

सीता और मुखर कुछ-कुछ शस्त्राभ्यास कर चुके थे। वे धनुष संभाल लेते थे, बाण चला लेते थे; और बाण लक्ष्य से बहुत अधिक भटकता भी नहीं था। वे खड्ग को हाथ में संभाल लेते थे, शत्रु पर प्रहार कर लेते थे और एक-आध वार झेल लेते थे। अब उद्घोष उनकी टोली में सम्मिलित हुआ था; वह शस्त्र-संसार से एकदम अपरिचित था। उसने धनुष-बाण और खड्ग को कभी हाथ में लेकर देखा तक नहीं था। पहले-पहल तो वह खड्ग को हाथ में लेकर उसकी धार तथा धनुष की लचक को ही देखता रहा। उसकी पकड़ में दबाव तथा भुजाओं में धनुष की प्रत्यंचा खींचने की वह शक्ति भी नहीं थी, जो सीता और मुखर ने अभ्यास से अर्जित कर ली थी। वैसे भी उद्घोष सामान्यत: अधिक कोमल और भावुक ही था; किंतु उसमें सीखने की उत्कट इच्छा थी और वह परिश्रम के लिए तैयार था।

एक सप्ताह तक उद्घोष निरंतर शस्त्राभ्यास में जुटा रहा। राम से निर्देश पाकर वह विधि सीखता और उसके पश्चात् अभ्यास में जुट जाता। कभी-कभी आवश्यकता होने पर वह सीता अथवा मुखर से भी सहायता लेता। आश्रम में लक्ष्मण के लिए कोई निर्माण-कार्य न होता; और वे कहीं बाहर न गये होते तो वह उनकी भी सहायता लेता। आश्रम के शेष लोग कोई भी अन्य कार्य कर रहे होते तो भी उद्घोष केवल शस्त्राभ्यास ही करता।

सप्ताह भर के अभ्यास से उसकी पेशियां में कुछ कठोरता आ गयी। उसके बाण लक्ष्य तक पहुंचने लगे और उसे लक्ष्य-भेद की आशा बंधने लगी।

संध्या समय वाल्मीकि आश्रम से चेतन आया। वह बहुधा मुखर से मिलने आया करता था। सदा के समान, वह राम के समीप आ, अभिवादन कर खड़ा हो गया। किंतु उसके पश्चात् न उसने आश्रम का समाचार पूछा, न मुखर से मिलने की उत्सुकता दिखाई।

राम ने ध्यान से देखा — चेतन गंभीर ही नहीं, उदास भी था। उसका चेहरा बता रहा था कि वह अपना दुःख छिपाने का नहीं, उसे विज्ञापित करने का प्रयत्न कर रहा था।

"क्या बात है, चेतन ?" राम मुसकराए, "ठीक तो हो ? यह चेहरा कैसे लटका रखा है ?"

चेतन ने सिर उठाकर एक बार राम को देखा और फिर से सिर झुका लिया।

"क्या बात है, मित्र ?" लक्ष्मण का स्वर आशंकित उत्कंठा से पूर्ण था।

"ऋषि ने बार-बार मुखर से मिलने आने की अनुमति देने में कोई आपत्ति की है ?" सीता ने वातावरण को हल्का करना चाहा।

"नहीं, देवि !" चेतन बुदबुदाते-से स्वर में बोला, "ऋषि ने मुझे एक दुःखद सूचना देने के लिए भेजा है।"

"क्या हुआ ?" राम का स्वर गंभीर किंतु स्थिर था, "क्या किसी सैनिक अभियान की सूचना है ?"

"नहीं, आर्य ! ऋषि भरद्वाज के आश्रम से संदेश आया है कि अयोध्या में सम्राट् दशरथ का देहांत हो गया है..."

सबकी दृष्टि चेतन पर टिक गयी। बोला कोई नहीं।

राम ने क्षण-भर के लिए आंखें मूंदीं, जैसे अपने मन में झांका हो; और वैसे ही निष्कंप स्वर में पूछा, "और ?"

"गुरु वसिष्ठ ने द्रुतगामी दूत राजगृह भेजे हैं; ताकि वे भरत और शत्रुघ्न को शीघ्रतिशीघ्र अयोध्या लौटा लाएं।"

एक संक्षिप्त-से मौन के पश्चात् राम बोले, "चेतन ! रात को यहीं विश्राम करो।

प्रातः अपने आश्रम लौटना।'' और वे सीता की ओर मुड़े, ''प्रिये ! मैं आज भोजन नहीं करूंगा। कुटिया में जा रहा हूं। बहुत आवश्यक काम होने पर मुझे बुलाया जा सकता है। ध्यान रखना, मेरे कारण अन्य लोग भूखे न रहें।...''

राम कुटिया के फर्श पर सुखासन में बैठ गए। थोड़ा-सा समय मन को स्थिर करने में लगा। फिर अपने शैशव से देखे पिता के अनेक रूप उनकी आंखों के सम्मुख तिर गये। पिता की उपेक्षा, पिता का प्यार; उनकी कामुकता, उनकी वीरता... और अन्त में राम के युवराजाभिषेक के लिए उनकी आतुरता। उनका कहना कि उनकी अपनी सुरक्षा के लिए राम का अभिषेक बहुत आवश्यक था।... और अब पिता नहीं रहे.. क्या सचमुच उनका भय उनके लिए प्राण-घातक सिद्ध हुआ ? दशरथ ऐसे व्यक्ति नहीं थे, जो किसी के वियोग में प्राण दे दें... ऐसा प्रेम करने की क्षमता ही उनमें नहीं थी। उन्होंने कभी प्रेम किया तो मात्र अपने-आपसे — अपने सुख से, अपनी इच्छाओं से, अपनी सत्ता और सुविधा से। कभी-कभी उन्होंने अपने पुत्रों के लिए भी विह्वलता दिखाई है ! राम सिद्धाश्रम गये थे तो पिता विचलित हुए थे; अपने लिए या राम के लिए ? किंतु इस बार... क्या सचमुच पिता उनसे प्रेम करने लगे थे... ?

हो सकता है कि प्रेम भी रहा हो। किंतु जीवन के आधार का ही खिसक जाना... उसके कारण और ही होंगे। सत्ता का हाथ में न होना। कैकेयी का क्रूर रूप... भरत का राज्य... ?

अब राम को माता कौसल्या और माता सुमित्रा की सुरक्षा और कुशलता की चिंता करनी होगी।... उन्हें भरत की प्रत्येक गतिविधि की सूचना मिलती रहनी चाहिए। प्रातः चेतन के हाथ ऋषि वाल्मीकि के लिए संदेश भेजना होगा — वे त्रिजट तक संदेश भिजवा दें कि भरत की प्रत्येक महत्त्वपूर्ण गतिविधि की सूचना तत्काल भेजी जाए।... एक दुर्घटना हो गयी, किंतु दूसरी दुर्घटना नहीं होनी चाहिए...

उद्घोष बहुत प्रसन्न था। सीता और मुखर के साथ शस्त्राभ्यास करने के पश्चात् उसने अलग से अतिरिक्त अभ्यास नहीं किया। वह मिट्टी खोदने में लग गया। थोड़े ही समय में उसने ढेर सारी मिट्टी खोद डाली। फिर मिट्टी में पानी डाल, उसे पैरों से रौंदा, हाथों से गूंधा।... वह कुंभ का निर्माण कर रहा था। आज वह फिर से कुंभकार बन गया था।

संध्या तक उसने अनेक प्रकार के चित्रों से चित्रित कई घड़े तैयार कर दिये थे।... किंतु घड़े बनाकर संध्या समय जब अपने काम से उठा तो सृजन का सुख उसकी आकृति पर नहीं था। वह आज फिर बहुत उदास था, हताश — पहले ही दिन के समान।

अपने सामर्थ्य को जानकर उसमें आत्मविश्वास जागा था, किंतु साथ ही सारे अभाव भी एक साथ ही मुखरित हो उठे थे। आज वह स्वतंत्र था — कितने दिनों के

पश्चात् पहली बार आज उसने अपनी इच्छा से कुंभ बनाए थे, वह भी अपने सौंदर्य-बोध के अनुकूल। उसने इच्छा भर उन पर चित्र अंकित किए थे। आश्रम में उसके पास एक स्वतंत्र कुटिया थी जो उसकी अपनी थी; जिसके भीतर उसका अपना राज था। कोई नहीं पूछता था कि उसने अपनी कुटिया में क्या रखा था, क्यों रखा था और कहां रखा था ? कुटिया के बाहर, आश्रम में उसकी इच्छा का भी उतना ही महत्त्व था, जितना किसी और की इच्छा का। आश्रम के कुलपति, स्वयं राम के सम्मुख भी, वह अपने मन की बात खुलकर कह सकता था। उसकी बात सुनी जाती थी, उस पर पूरी तरह से विचार-विमर्श किया जाता था। वह सबके साथ काम करता था, शस्त्राभ्यास करता था और सबके साथ भोजन करता था। कहीं भेद-भाव नहीं था, कहीं ऊंच-नीच नहीं थी, कहीं भय और आतंक नहीं था...

किंतु ऐसे जीवन में भी सुमेधा उसके पास नहीं थी। वह आज भी वहीं गांव में, अपने माता-पिता के साथ तुंभरण की इच्छा की बंदिनी थी। वह आज भी दासता की पीड़ा और यातना भुगत रही थी। किसी भी दिन वह किसी राक्षस की आंखों में चढ़ गयी तो उसके हत्थे चढ़ने से नहीं बचेगी। किसी भी दिन वह उससे छिन सकती है, किसी भी दिन...

क्या ऐसा नहीं हो सकता कि राम उनके गांव पर आक्रमण करें ? आश्रम में वे केवल पांच व्यक्ति थे, सीता समेत। क्या वे तुंभरण तथा उसके राक्षस साथियों को जीत सकते हैं ? संख्या को देखते हुए तो ऐसा नहीं लगता; किंतु राम और लक्ष्मण का अजेय आत्मविश्वास इसका प्रमाण है। यदि ऐसा न होता तो तुंभरण कब का आश्रम पर आक्रमण कर, सबके टुकड़े-टुकड़े कर चुका होता। जो तुंभरण उसका कुंभ को चित्रित करना सहन नहीं कर सकता था, वह उसका ग्राम छोड़, आश्रम में स्वतंत्र रूप से रहना कैसे सहन कर रहा है ? क्या उसे अभी तक कुंभकार का गांव से चले जाना मालूम ही नहीं हुआ ? कैसे मालूम नहीं हुआ होगा ? क्या इतने दिनों तक किसी भी राक्षस को बर्तन बनवाने की आवश्यकता ही नहीं पड़ी ? नहीं, ऐसा संभव नहीं है। तुंभरण को उसके विषय में अवश्य ही ज्ञात होगा, किंतु या तो वह आक्रमण के लिए अवसर की प्रतीक्षा कर रहा है, या फिर वह राम और लक्ष्मण से डरकर चुप बैठ गया है।

... क्या उसे सुमेधा तथा झिंगुर के गांव से जाने और फिर लौट आने के विषय में भी कुछ ज्ञात नहीं हुआ ? कदाचित् नहीं ही हुआ होगा, नहीं तो गांव में रहते हुए भी उनका वध न होता, यह असंभव था। जब से सुमेधा और झिंगुर आश्रम से भागकर गये थे, उनसे भेंट नहीं हुई थी; किंतु राम और सीता ने मंदाकिनी आते-जाते दो-एक बार सुमेधा को देखा था। वह उसी समय जल लेने आती है। किंतु अब वह पहले से बहुत अधिक सावधान हो गयी है। बात करने के लिए रुकती नहीं है — आते-जाते कोई बात हो जाए तो हो जाए। तब से कभी आश्रम में भी नहीं आयी। उद्घोष से तो

नहीं ही मिली — अच्छा ही है। वह भी इस स्थिति में उससे मिलना नहीं चाहता। भेंट होने पर पता नहीं वह क्या कर बैठे...

संध्या ढलने पर मुखर ने समाचार दिया कि उसने आश्रम के चारों ओर कई राक्षस घूमते तथा परस्पर कुछ संकेत इत्यादि करते देखे हैं। वे राक्षस ही थे, वनवासी नहीं। ग्रामवासी भी वे नहीं हो सकते थे, क्योंकि इधर किसी साधारण ग्रामवासी के पास न तो वैसे भड़कीले राजसी वस्त्र थे; न कोई ग्रामवासी सोने के गहने पहनता था और न किसी के पास शस्त्र ही थे। उतना मोटा और उतना भड़कीला, निश्चित रूप से राक्षस ही हो सकता था।...

सूचना सबके सामने थी। इस बात में अधिक मतभेद नहीं था कि वे लोग आश्रम पर आक्रमण की तैयारी कर रहे हैं। किंतु किस समय ? यदि खुला आक्रमण करना होता तो दिन के समय करते, किंतु उनके हाव-भाव बता रहे थे कि वे आक्रमण रात में ही करेंगे।

''आधी विजय हमारी हो चुकी।'' राम प्रसन्न मुद्रा में बोले, ''हम संख्या में केवल पांच हैं। उनकी संख्या बहुत अधिक है, फिर भी वे छिपकर आक्रमण करना चाहते हैं, इसका अर्थ स्पष्ट है कि वे हमसे भयभीत हैं। भयभीत व्यक्ति आधा तो पहले ही हार चुका होता है।''

''फिर भी, भद्र राम ! हमें सावधान रहना चाहिए।'' उद्घोष बोला, ''आप तुंभरण को नहीं जानते। वह बहुत नीच और दुष्ट है।''

लक्ष्मण विशेष रूप से प्रसन्न मुद्रा में थे, ''जितना भी नीच और दुष्ट है, उसे आने दो। मुझसे तो उद्घोष का कष्ट देखा नहीं जाता। आज तुंभरण आ जाए तो तुम्हारा विरह तो समाप्त होगा। क्यों बंधु ! यदि तुंभरण का वध हो जाए तो सुमेधा से तुम्हारा विवाह होने में कोई बाधा तो नहीं रह जाएगी न ?''

सीता हंस पड़ीं, ''लक्ष्मण तो समझते हैं कि तुंभरण का वध सुमेधा के स्वयंवर की शर्त है। ऐसा नहीं है, देवर ! और यदि ऐसा हो तो तुम्हें और अधिक सावधान रहना चाहिए। कहीं तुमने तुंभरण का वध कर दिया तो सुमेधा का विवाह उद्घोष के साथ कैसे होगा ?''

उद्घोष लजाकर मौन हो गया। सुमेधा की बात बीच में आ जाने से, युद्ध की बात कहीं पीछे रह गयी थी।

किंतु राम संभावित आक्रमण के विषय में गंभीरता से सोच रहे थे। उन्होंने सिर उठाकर सबको देखा, ''वैसे तुंभरण का आक्रमण बहुत गंभीर आक्रमण नहीं होगा। उसके पक्ष के किसी योद्धा के युद्ध-कौशल की ख्याति इस सारे क्षेत्र में मैंने नहीं सुनी। होगा वह खिलवाड़ ही। फिर भी थोड़ी-सी सावधानी आवश्यक है। अपनी इतनी कम

संख्या के कारण, आश्रम की पूरी सीमा पर पहरे की व्यवस्था हम नहीं कर सकते, इसलिए दो-दो की टोली में, इस ऊंचे वृक्ष पर चढ़कर रात-भर प्रहरी का काम करना होगा। आशंका होते ही शेष लोगों को जगा देना होगा।... और आज प्रत्येक व्यक्ति बाणों का पूरा तूणीर निकट रखकर सोए। कवच भी धारण कर लेने चाहिए। गोह के चमड़े के दस्ताने भी पास ही रखें।... उल्काओं की व्यवस्था तो है न, लक्ष्मण ?''

''ढेर है पूरा।''

''तो ठीक है।''

रात के भोजन के पश्चात् पहरा आरंभ हुआ। पहली टोली लक्ष्मण और उद्घोष की थी। वे दोनों वृक्ष पर काफी ऊंचा सुविधाजनक स्थान देखकर टिक गये। राम के निर्देशानुसार उन्होंने उल्काएं तथा तूणीर अपने पास रख लिये। कवच उन्होंने पहले से ही धारण कर रखे थे।

लक्ष्मण का विचार था कि यदि राक्षसों ने रात को आक्रमण करने की योजना बनाई है तो वह आक्रमण दूसरे प्रहर में होना चाहिए, जब आश्रमवासियों के सो जाने की संभावना है। उस समय पहरे पर स्वयं राम और सीता होंगे।... किंतु उन्हें वृक्ष पर टिके आधा पहर भी नहीं बीता था कि आश्रम की सीमाओं पर कुछ हलचल दिखायी देने लगी। लक्ष्मण सचेत हो गये। उद्घोष भी पूर्णतः सजग हो उठा।... लक्ष्मण अच्छी तरह जानते थे कि अभी न तो राम और सीता सोए होंगे; न ही मुखर ने सोने की तैयारी की होगी। इस समय का आक्रमण प्रायः दिन के आक्रमण के ही समान था। भेद केवल इतना था कि राक्षस रात्रि के अंधकार में छिपकर आगे बढ़ रहे थे और वन की विस्तृत जानकारी का लाभ उठा रहे थे। उनकी संख्या का भी लक्ष्मण को कोई आभास नहीं मिल रहा था।... कदाचित् राक्षस इस युद्ध के लिए रात-भर जागने का कष्ट उठाने को भी तैयार नहीं थे। ये लोग रात्रि के पहले प्रहर में विजय प्राप्त कर, घर जाकर आराम से सो जाना चाहते थे... लक्ष्मण मुसकरा पड़े — कितने सुविधाजीवी हैं। युद्ध के लिए भी कष्ट नहीं उठाना चाहते।

राक्षसों की हलचल निरंतर बढ़ती जा रही थी।

लक्ष्मण ने उद्घोष को इंगित किया। उद्घोष ने मुखर के कुटीर में निश्चित लक्ष्य पर बिना फल का एक बाण मारा। यह राक्षसों के आने का संकेत था।

ऊपर वृक्ष पर बैठे हुए ही लक्ष्मण और उद्घोष ने देखा कि मुखर की कुटिया का द्वार खुला और उसने राम की कुटिया के द्वार पर थाप दी। मुखर अपनी कुटिया में लौट गया और धनुष-बाण लेकर अपनी कुटिया के गवाक्ष पर सन्नद्ध बैठ गया। दूसरी ओर ठीक उसी प्रकार सीता धनुष-बाण लेकर अपनी कुटिया के गवाक्ष पर बैठ गयीं। वे दोनों इस ओर से होने वाले आक्रमण से अपनी तथा शस्त्रागार की रक्षा के लिए तैयार

बैठे थे। राम अपना भारी धनुष उठाए हुए, कुटीरों तथा शस्त्रागार की दूसरी ओर से रक्षा के लिए कुटीरों के पीछे चले गये।

लक्ष्मण पेड़ से उतरे और अपने धनुष तथा तूणीर के साथ फाटक के निकट के एक वृक्ष पर चढ़ गये। उद्घोष पहले वृक्ष पर ही टिका रहा।

वे लोग व्यूह-बद्ध हो चुके थे और किसी भी प्रकार के आक्रमण का उत्तर देने के लिए प्रस्तुत थे।

सहसा राक्षसों ने अनेक उल्काएं जला लीं। उन्हीं उल्काओं के प्रकाश में लक्ष्मण ने देखा कि राक्षसों की संख्या बहुत अधिक नहीं थी। अधिक-से-अधिक वे एक सौ रहे होंगे। चेहरों से वे बहुत निश्चिंत लग रहे थे, जैसे युद्ध करने न आए हों, वन-भोज के लिए पधारे हों। उन्होंने निश्चित रूप से आश्रमवासियों की शक्ति को बहुत कम आंका था।

एक उल्काधारी राक्षस ने आगे बढ़कर जब आश्रम के फाटक को आग लगा दी, तब लक्ष्मण के सम्मुख उनकी योजना स्पष्ट हुई। वे लोग युद्ध से अधिक अग्निकांड करने आए थे।

फाटक को आग लगाकर वे भीतर चले आए और बड़ी निश्चिंतता से आश्रम के मध्य में बने कुटीरों की ओर बढ़ने लगे। जिस समय वे लक्ष्मण के वृक्ष के नीचे से होकर जा रहे थे, लक्ष्मण ने उनके शस्त्रों को अच्छी प्रकार देखा। उनमें से अधिकांश के पास खड्ग थे। चार-पांच के पास शूल थे; धनुर्धारी तीन-चार ही थे। लक्ष्मण मन-ही-मन उनकी युद्ध-बुद्धि पर मुसकराए।

जब अंतिम राक्षस भी लक्ष्मण के वृक्ष से होकर आगे बढ़ गया तो पीछे से लक्ष्मण ने साधकर बाण मारा... बाण अंतिम राक्षस की पीठ में लगा — वह चीखकर भूमि पर गिरा।

चीख सुनकर सारे राक्षस पलटे। उन्होंने उल्काएं उठा-उठाकर प्रहार करने वाले को खोजना आरंभ किया। वे समझ गए थे कि आश्रम में कोई जाग रहा था और उन लोगों का आना अब गुप्त नहीं था। उन्होंने भी स्वयं को छिपाने का प्रयत्न छोड़ दिया था। उनका चीत्कार सुनकर आश्रम के वृक्षों पर सोए पक्षी तक उड़ गये थे।

राक्षस धनुर्धारी आगे आए। उन्होंने धनुष को उठाकर शत्रु को देखना आरंभ किया; किंतु उसी क्षण बहुत कम अंतराल में उद्घोष, मुखर तथा सीता के धनुषों ने बाण छोड़ दिये।

लक्ष्मण की ओर पलट जाने के कारण, इस बार फिर बाण राक्षसों की पीठों पर पड़े थे। वे दोनों ओर की मार से एकदम अव्यवस्थित हो उठे और क्षण-भर में ही अपने शस्त्र उठाए चीखते हुए आश्रम के फाटक की ओर भाग गये।

बहुत थोड़े-से समय में ही वे लोग आश्रम की सीमा से बाहर हो गये; उनके पीछे

एक राक्षस चिल्ला-चिल्लाकर उन्हें पुकारता खड़ा रहा। शायद उसका विचार था कि वे लोग उसके पुकारने से लौट आएंगे; किंतु जब उसके साथी पूरी तरह आश्रम की सीमा के बाहर हो गये और उनके लौटने की कोई संभावना शेष नहीं रह गयी तो वह भी चौकन्ना होकर आगे बढ़ा।

तभी सौमित्र वृक्ष से उतरकर धनुष साधे हुए उसके सम्मुख आ खड़े हुए।

''शस्त्र फेंको।'' उन्होंने आदेश दिया।

राक्षस का चेहरा भय से पीला पड़ गया। खड्‌ग उसके हाथ से छूटकर भूमि पर गिर पड़ा, ''मेरी तुमसे कोई शत्रुता नहीं है...।'' वह घिघिया रहा था।

''रात के अंधकार में तुम इतने सशस्त्र साथियों के साथ आश्रम में आग लगाने और मार-काट करने आए। अभी तुम्हारी मुझसे शत्रुता ही नहीं है।'' लक्ष्मण कड़ककर बोले, ''लौटो।''

राक्षस प्राणहीन ढंग से मुड़ा।

उद्‌घोष भी अपने वृक्ष से नीचे उतर आया और सौमित्र के साथ-साथ चलने लगा; किंतु राक्षस उसे पहचानने की स्थिति में नहीं था। भय के कारण उसकी आंखों के सम्मुख पूरी तरह अंधकार छा चुका था। वह किसी को भी नहीं देख रहा था...

''यही तुंभरण है।'' उद्‌घोष ने धीरे से लक्ष्मण को बताया।

लक्ष्मण ने देखा — उद्‌घोष की मुट्ठियां भिंची हुई थीं। उसके चेहरे पर घृणा और प्रतिहिंसा थी।

''ओह !'' लक्ष्मण मुसकराए, ''बस इतना ही था इसका साहस और बल। उद्‌घोष ! अपने को संयत करो, भाई। हम युद्ध-बंदी पर प्रहार नहीं कर सकते।''

तुंभरण राम के कुटीर के सम्मुख पहुंचा। सीता और मुखर अपने कुटीरों से निकल आए। राम भी दूसरी ओर से आ गए। उन्होंने देखा, उनके सम्मुख भड़कीले वस्त्र पहने, बहुत सारे मूल्यवान आभूषण धारण किए, असाधारण रूप से स्थूलकाय, गौर वर्ण का एक व्यक्ति मुंह लटकाए खड़ा था। वह भय से कांप रहा था।

तुंभरण ने एक बार भी दृष्टि उठाकर नहीं देखा कि उसके सम्मुख कितने व्यक्ति थे और उनमें कौन-कौन था।

राम ने लक्ष्मण से उसका परिचय पाकर उसे नाम से ही संबोधित किया, ''तुंभरण ! रात के इस समय इतने सशस्त्र साथियों के साथ हमारे आश्रम का फाटक जलाकर भीतर घुसने का क्या अर्थ है ?''

''मेरी तुमसे कोई शत्रुता नहीं है...'' तुंभरण फिर पहले के ही समान घिघियाया, ''मैं तो... मैं तो... मुझे क्षमा कर दो।''

''तुम यहां क्या करने आए थे ?'' राम का स्वर कठोर हो गया।

''मैं तुम लोगों को... तुमसे मेरी...'' तुंभरण बुरी तरह हकला रहा था, ''मैं तो

अपने दास कुंभकार को खोजने आया था। वह मेरे घर से भाग आया है।''

राम ने उद्घोष को संकेत किया। उद्घोष जाकर तुंभरण के सम्मुख खड़ा हो गया।

''इसे पहचानते हो ?''

तुंभरण ने अपनी डरी हुई आंखें उद्घोष पर टिकाईं। अस्वीकार में सिर हिलाते हुए, सहसा उनकी आंखों में पहचान उतर आयी, ''यही है।''

''यह मेरे आश्रम का विद्यार्थी है, उद्घोष !'' राम बोले, ''यह तुम्हारा दास कैसे है ?''

तुंभरण ने विकल आंखों से राम को देखा, ''इसके पिता को मैंने अपने बल से जीता था, इसलिए वह मेरा दास हुआ। यह उसका पुत्र है, इसलिए मेरा दास है।''

''तुम्हें आज इसने युद्ध में जीता है।'' राम बोले, ''आज से तुम उद्घोष के दास हो जाओगे ?''

''नहीं !'' तुंभरण भय से चीखा, ''नहीं ! नहीं !''

''तुंभरण !'' राम का स्वर दृढ़ था, ''दास-प्रथा अमानवीय है — चाहे वह व्यक्ति की हो, समाज की हो या राष्ट्र की। हम उसे स्वीकार नहीं करते। तुम बलात् किसी को अपने अधीन नहीं रख सकते। उद्घोष स्वतंत्र मनुष्य है।... वैसे तुम्हें अपने बल का गुमान हो तो तुम उद्घोष से द्वन्द्व-युद्ध कर सकते हो। हो तैयार ?''

उद्घोष अपना खड्ग संभाले आगे बढ़ा। उसके जीवन में इतने उत्साह और उल्लास का क्षण पहले कभी नहीं आया था। किंतु तुंभरण का चेहरा और भी रक्तहीन हो उठा, ''नहीं।''

राम हंस पड़े, ''तुम तभी तक शूर हो, जब तक दूसरा पक्ष तुमसे दुर्बल है। दूसरे पक्ष के समर्थ होते ही तुम कायर के समान भाग जाओगे।... बंदी के प्राण लेना हमारी नैतिकता के विरुद्ध है। इसलिए मैं तुम्हें एक छोटा-सा दंड देकर मुक्त करता हूं। किंतु फिर कभी तुम आश्रम के आस-पास देखे गये तो तुम्हें मृत्यु दंड दिया जाएगा।''

राम लक्ष्मण की ओर मुड़े, ''इसके हाथ पीठ-पीछे बांध दो। इसकी पीठ और छाती पर लिखकर लगा दो कि यह कायर अंधकार में अचेत, दुर्बल लोगों की हत्याएं करता है और समर्थ प्रतिपक्षी को देखकर भय से कांप उठता है। यह भी लिख दो कि इसे उद्घोष की द्वन्द्व-युद्ध की चुनौती स्वीकार करने का साहस नहीं हुआ है।... और उद्घोष ! तुम इसे पशु के समान हांककर आश्रम की सीमा से बाहर खदेड़ आओ।''

तुंभरण को खदेड़कर, उद्घोष वापस लौटा तो अकेला नहीं था। उसके साथ वाल्मीकि आश्रम के चार ब्रह्मचारी थे, जिनका नेता चेतन था।

''चेतन, तुम !'' मुखर सबसे पहले बोला, ''आधी रात को!''

"आवश्यक समाचार है।" चेतन बोला, "किंतु यहां क्या हो रहा है ? आप लोग जाग ही नहीं रहे, पर्याप्त सक्रिय और स्फूर्त लग रहे हैं। फाटक भी जला पड़ा है।"

"यहां एक मजेदार घटना घटी है।" राम बोले, "वह कहानी तुम्हें सवेरे सुनाएंगे। तुम समाचार कहो। ऐसा क्या है कि ऋषि ने तुम्हें आधी रात को भेज दिया ?"

"भद्र ! अयोध्या का समाचार है।"

"क्या ?"

"भरत लौट आये हैं। उन्होंने अपने अभिषेक का विरोध किया है और आपको मनाकर वापस अयोध्या ले जाने के संकल्प की घोषणा की है। किंतु..."

"किंतु क्या ?" लक्ष्मण बोले।

"उन्होंने सेना को प्रस्तुत होने का आदेश दिया है। वे चतुरंगिणी सेना के साथ आपको मनाने आयेंगे !" चेतन के मुख पर एक वक्र मुसकान थी।

"धोखा !" लक्ष्मण बोले, "मनाने के नाम पर सैनिक अभियान।"

"अभी चलकर सब लोग सो रहो।" राम बोले, "शेष बातें कल होंगी।"

राम अपनी कुटिया में चले आये, पीछे-पीछे सीता आयीं।

"क्या सोच रहे हैं आप ?" सीता उत्कंठित हो राम की ओर देख रही थीं।

"निश्चित रूप से कुछ नहीं कह सकता।" राम स्थिर वाणी में बोले, "सौमित्र की आशंका भी ठीक हो सकती है; और भरत की घोषणा भी सत्य हो सकती है !" सहसा वे मुसकराए, "तुम परेशान मत हो, सीते ! आशंका की कोई बात नहीं है। जो आशंका सौमित्र के मन में है, वह सुयज्ञ, चित्ररथ, त्रिजट तथा गुह के मन में भी होगी। भरत की सेना आयेगी तो मेरे मित्र भी अपने सैनिक-असैनिक योद्धा साथ लेकर आएंगे। फिर यदि भरत यह समझता है कि वह चित्रकूट में युद्ध करेगा तो मानना पड़ेगा कि वह सैनिक अभियानों में कच्चा है। यहां का भूगोल सैनिक अभियानों के उपयुक्त नहीं है। वह हार जायेगा... वैसे ऐसी आशंका होने पर हमें उसके पहुंचने से पूर्व ही उसकी मन:स्थिति की सूचना मिल जाएगी।"

"आप पूर्णत: आश्वस्त हैं ?"

"पूर्णत:।"

प्रात: एक असामान्य-से कोलाहल से राम की नींद टूटी। उषा की सुनहली आभा अभी नहीं फूटी थी। अभी तो आकाश पर अन्धकार की घनी परत में कोई दरक भी नहीं पड़ी थी; पक्षियों का संगीतमय कोलाहल भी आरंभ नहीं हुआ था।

पर राम की नींद टूट गयी थी। दूर कहीं हल्का-सा कोलाहल सुनाई पड़ रहा था, जो क्रमश: आश्रम की ओर बढ़ रहा था।

राम उठकर बैठ गये। सीता को जगाया और कुटिया से बाहर निकल आये।

अगले ही क्षण वे पांचों कवच धारण कर, कमर में खड्ग बांधे, हाथों में धनुष-बाण लिये, अपने शस्त्रागार और कुटीरों को घेरे सन्नद्ध खड़े थे। चेतन तथा उसके साथी अतिथिशाला के भीतर ही रहे।

आश्रम के जले हुए फाटक में से पहले कोलाहल भीतर आया और उसके बाद एक भीड़।

राम ने अपना धनुष वाला हाथ झुका दिया। यह संकेत सबके लिए था — युद्ध नहीं होगा। सबके हाथ शिथिल पड़ गए। आने वाली भीड़ थी, सेना नहीं। वे लोग व्यूह-बद्ध नहीं थे। उस सारी भीड़ में शस्त्र भी दो-चार लोगों के पास ही थे; धनुष-बाण तो किसी एक के पास भी नहीं था। यह भीड़ लड़ने नहीं आ रही थी। उसमें आक्रमण की उग्रता नहीं थी। उनकी भंगिमा पर्याप्त भिन्न थी।

भीड़ के निकट आने पर सबने आश्चर्य से देखा — भीड़ की अग्रिम पंक्ति में, मार्ग-निर्देशन करते-से झिंगुर और सुमेधा थे।

"सुमेधा !" उद्घोष जैसे अपने-आपसे बोला।

भीड़ थम गयी। कोलाहल रुक गया।

सुमेधा आकर उद्घोष के साथ खड़ी हो गयी। वह उसके कवच पर हाथ फिराकर स्पर्श से जान लेना चाहती थी कि वह क्या है...

"झिंगुर ! तुम कैसे आये ?" राम मुसकराए, "तुम तो रात के अन्धकार में छिपकर भाग गये थे।"

"इसलिए तो रात के अन्धकार में छिपकर वापस भी लौटे हैं।" लक्ष्मण बोले, "सुबह तो हो लेने देते, आर्य झिंगुर ! या अपने नाम का प्रभाव छोड़ नहीं पाओगे ?"

झिंगुर हंसा। आज वह सारे संकोचों-ग्रंथियों से मुक्त लग रहा था। आज वह सिमटा हुआ न होकर उन्मुक्त था, "भद्र राम ! मुझे क्षमा करें। तब मैं तुंभरण का आतंक अपने मन से निकाल नहीं पाया था। तब मैं आपका सामर्थ्य भी नहीं जानता था, अतः आप पर विश्वास नहीं कर सका। किंतु..."

"किंतु क्या, बाबा ?" सीता ने पूछा।

"किन्तु कल प्रातः से ही राक्षस आपके आश्रम पर आक्रमण करने की तैयारी कर रहे थे — ग्राम का प्रत्येक निवासी इस बात को जानता था। प्रत्येक दास-ग्रामवासी की सहानुभूति आपके साथ थी; किन्तु हममें से कोई आप तक सूचना पहुंचाने का साहस नहीं कर सका।" झिंगुर क्षण-भर के लिए रुका, "रात को जब आश्रम पर आक्रमण हुआ तो कुछ ग्रामवासी छिपकर राक्षसों के पीछे-पीछे आये। उन्होंने यहां हुई राक्षसों की दुर्गति देखी। उन्होंने देखा कि जो राक्षस ग्रामवासियों के सम्मुख सर्वशक्तिमान थे, जिनके सम्मुख कोई सिर नहीं उठा सकता था, वे मात्र पांच शस्त्रधारियों के सम्मुख नहीं टिके। बिना युद्ध किए भाग गए। और फिर तुंभरण को भी उन्होंने देखा; जो हममें

से ही एक, इस कोमल युवक कुंभकार से द्वंद्व-युद्ध का साहस नहीं कर सका।... गांव में ये सारी सूचनाएं पहुंचीं और हममें से अनेक के मन में संचित तुंभरण और राक्षसों का आतंक नष्ट हो गया और..."

"और तुम लोगों को प्रात: भ्रमण की सूझी !" लक्ष्मण मुसकराए।

"वह तो सूझी ही।" झिंगुर हंस रहा था। उसने अपने साथ खड़े युवक को, उसकी भुजा से पकड़कर आगे किया, "यह है धातुकर्मी। इसने अपनी लोहे की एक छड़ से तुंभरण पर प्रहार किया। उसकी खड्ग को अपनी छड़ पर सहा और तुंभरण को यम के घर पहुंचा दिया। फिर क्या था, सारे गांव में विप्लव हो गया।"

"साधु, मित्र !" राम बोले, "क्यों सौमित्र ! यह तो तेजस्वी पुरुष है !"

"अवश्य !" लक्ष्मण की आंखों में प्रशंसा का भाव था, "इसे अब धातुकर्मी से शस्त्रकार बन जाना चाहिए।"

"तुम ठीक कह रहे हो।"

"किन्तु अन्य राक्षस कहां गये ?" सीता ने पूछा।

"वे लोग भी तो कुत्ते के समान दुम दबाए हुए गांव में आये थे।" धातुकर्मी बोला, "गांव का विप्लव देखकर, उसी प्रकार दुम दबाए हुए वन की ओर भाग गये।"

"वे लोग अपने मित्र राक्षसों के पास सहायता के लिए गये होंगे," उद्घोष बोला, "वे अवश्य लौटकर गांव में आएंगे और फिर पहले से भी अधिक अत्याचार करेंगे।"

"इसीलिए तो हम सब आपके पास आये हैं।" झिंगुर उत्साह के साथ बोला, "अब हमारे मन में से राक्षसों का भय समाप्त हो गया है। वे लौटेंगे तो हम प्रतिरोध करेंगे। उसके लिए आवश्यक है कि आप हमें शस्त्र और शस्त्र-शिक्षा दें। हम उनसे युद्ध कर उन्हें भगा देंगे अथवा मार डालेंगे।"

"आपका प्रस्ताव श्लाघ्य है, आर्य झिंगुर !" राम बोले, "और यही राक्षस-समस्या का समाधान भी है। आप लोगों को सशस्त्र होना भी चाहिए। इस नयी-नयी स्वतन्त्रता की रक्षा के लिए, आप लोगों को सैनिक शिक्षा अवश्य प्राप्त करनी चाहिए। इन सारे कामों के लिए हम पूरी तरह से आपकी सहायता करेंगे। किन्तु उसके साथ एक अन्य मोर्चे पर भी आप लोगों को लड़ना होगा। आपको अपने गांव में मानव-समता पर आधृत, समान अधिकारों वाला समाज बनाना होगा, जिसमें उत्पादन के साधनों पर सबका समान अधिकार हो। नये समाज की नयी नैतिकता स्थापित करनी होगी, अन्यथा आपके अपने ग्रामवासियों में से ही गलत व्यवस्था के कारण अनेक राक्षस जन्म लेंगे; जो आज आपके मित्र हैं वे कल आपके स्वामी बन जाएंगे। अत: आपका प्रशिक्षण लंबा है..."

"तो ?" भीड़ के चेहरों पर अनेक आशंकाएं थीं।

''तो आप सबका इस आश्रम में रहना व्यावहारिक नहीं है। अब जब आप अपने गांव के स्वामी स्वयं हैं, इस आश्रम में नया ग्राम बनाने की आवश्यकता नहीं है। हमारे पास जितने शस्त्र हैं, वे आप सबके लिए पर्याप्त भी नहीं हैं। अतः आपको अपने शस्त्रों का निर्माण भी स्वयं ही करना होगा।... आप लोग अपने गांव लौट जाएं। उद्घोष आपके साथ जाएंगे और शस्त्र-निर्माण की व्यवस्था करेंगे। लक्ष्मण के कहे अनुसार आपके मित्र धातुकर्मी अब शस्त्रकार बनें। वे तथा उनके सहयोगी आपकी धातुओं को शस्त्रों में ढाल देंगे। प्रशिक्षण, सहायता, निरीक्षण तथा निर्देशन के लिए सौमित्र प्रतिदिन आपके गांव जाएंगे। स्त्रियों के प्रशिक्षण के लिए आवश्यकतानुसार सीता भी जाएंगी। मुखर भी आवश्यकता पड़ने पर जाएंगे; इसके पश्चात् भी आवश्यकता हो तो यह आश्रम आपका है — मैं आपकी सहायता के लिए प्रस्तुत हूं।''

राम मौन हो गये। कुछ क्षणों के लिए भीड़ पर, चमगादड़ के समान अनिश्चय आ टंगा; किन्तु धीरे-धीरे वायुमंडल की धूल के समान वह भूमि पर बैठ गया।

''ठीक है।'' उद्घोष ने कहा, ''मैं जाऊंगा।''

''कोई असुविधा तो नहीं, बंधुओ ?'' राम ने पूछा।

''नहीं। आप ठीक कह रहे हैं।'' झिंगुर बोला, ''हमारा अपने घरों में अपने परिवारों के साथ रहना अधिक सुविधाजनक है। अब देखिए न, सुमेधा की मां इस बार फिर मेरे साथ नहीं आयी।''

''चलो, मित्रो !'' धातुकर्मी बोला, ''चलो गांव की ओर।''

उन लोगों ने हाथ जोड़कर नमस्कार किया और लौट चले।

''जा रही हो, सुमेधा ?'' सीता बोलीं।

''हां, दीदी !'' सुमेधा मुसकराई, ''अब तो उद्घोष भी गांव लौट रहा है। तुम कब आओगी हमारे गांव, दीदी ?''

''तेरे विवाह पर।''

''धत् !'' सुमेधा ठिठककर खड़ी हो गयी, पर फिर गतिमान हो उठी, ''अब तो मैं प्रतिदिन आऊंगी, दीदी ! प्रतिदिन !''

वह भीड़ के पीछे भाग गयी।

संध्या समय भोजन करने बैठे तो सबने ध्यान दिया कि मुखर अतिरिक्त रूप से चुप था। वह जैसे अपने भीतर किसी उधेड़ बुन में लगा हुआ था।

''क्या बात है, मुखर ?'' सीता ने उसे टोका, ''आज भोजन में ध्यान नहीं है। सुमेधा और उद्घोष के विवाह से तुम्हें अपनी कोई सुमेधा तो याद नहीं आ गयी ?''

''नहीं, दीदी !'' छलनी में छने प्रकाश के समान, गंभीरता में से मुखर की मुसकान उभरी, ''मेरी कोई सुमेधा नहीं है। हां, मुझे अपना कुटुम्ब याद आ गया।''

राम मुखर के चेहरे की रेखाओं को पढ़ने का प्रयत्न कर रहे थे, "कुटुंब याद आ जाए तो कोई बुरा नहीं, मुखर ! किन्तु तुम्हारी याद पीड़ायुक्त है। इसलिए उसके कारण की चिंता हमें भी होती है।"

मुखर तनिक खुलकर मुसकराया, "चिन्ता की कोई बात नहीं, आर्य ! तुंभरण की मृत्यु और उद्घोष के ग्राम-वधुओं की मुक्ति से मुझमें कुछ अतिरिक्त उत्साह जागा है। मुझे लगता है कि मैं भी अपने गांव लौटकर उसे मुक्त कराऊं और अपने कुटुंब का प्रतिशोध लूं।"

लक्ष्मण खुलकर हंसे, "बहुत अच्छे, मुखर ! उद्घोष का ग्राम ही मुक्त नहीं हुआ, तुम्हारा मन भी मुक्त हो गया।"

राम गंभीर ही रहे, "यह तो प्रसन्नता का विषय है, मुखर ! किन्तु तुम्हें जाने की अनुमति देने से पूर्व, हमें अनेक बातों पर सोच-विचार कर लेना चाहिए।"

"किन बातों पर, राम !"

"धातुकर्मी के प्रहार से तुंभरण की मृत्यु हो गयी तो ग्रामवासी उत्साहित हो उठे और राक्षस भयभीत होकर भाग गये। किन्तु यदि उस प्रहार से तुंभरण बच जाता और उसके खड्ग के प्रहार से धातुकर्मी मारा जाता तो क्या स्थिति होती ?"

"राक्षस और अधिक क्रूर हो उठते।" मुखर सिहर उठा, "ग्रामवासियों का तेज पूर्णतः नष्ट हो जाता। इस क्षेत्र में फिर कोई राक्षसों के विरोध का साहस न करता।"

"इन परिणामों की कभी उपेक्षा मत करना, मुखर !" राम सहज हो गए, "तुम एकाकी जाकर खर और दूषण के सैनिकों से टकरा जाओगे तो तुम्हारी निश्चित मृत्यु है; और उसका प्रभाव राक्षसों के आत्मबल को बढ़ाने में सहायक होगा। ऐसा कोई काम मत करना, मेरे मित्र ! ऐसा बलिदान पाप है, जिससे अत्याचारियों का आत्मबल बढ़े। उससे तो कहीं अच्छा है कि तुम ऋषियों के समान, राक्षसों के प्रतिरोध में, जन-सामान्य में आक्रोश जगाने के लिए सार्वजनिक ढंग से आत्मदाह कर लो।"

"नहीं, राम ! मैं केवल बलिदान नहीं चाहता; मैं तो प्रतिशोध चाहता हूं।" मुखर बोला, "मेरे मरने का क्या लाभ, यदि राक्षसों की तनिक-सी हानि भी न हो।"

"तो मित्र ! अपने-आपको तैयार करो। सारे पीड़ितों को तैयार करो।" राम ने सहास कहा, "अकेला बलिदान कुछ नहीं करेगा। शुभ कर्मों के लिए जागरण, संगठन और बलिदान — तीनों की आवश्यकता होती है। नहीं तो, मैं भी कब से जा रावण से टकराया होता और छोटे-मोटे तुंभरणों की स्वतः समाप्ति हो जाती। किन्तु अभी संगठन नहीं है, अतः रावण से टकराना मूर्खता होगी।... यह मत समझना कि मैं इक्के-दुक्के बलिदानों का महत्त्व नहीं मानता। उनका महत्त्व अपने स्थान पर है। उद्घोष के ग्राम की घटना के समान विस्फोट का भी अपना महत्त्व है। ऐसे विस्फोट असफल भी हो जाएं तो खाद का काम तो करते ही हैं। किंतु उन विस्फोटों के पीछे पूर्व-योजना नहीं होती

— वह तो प्राकृतिक प्रक्रिया है। तुम्हारा प्रयास उससे भिन्न होगा।''

मुखर की आकृति पर सहमति का भाव था, ''ठीक कहते हैं, आर्य !''

भोजन के पश्चात् सब लोग अपने-अपने कार्यों में लग गए। किन्तु राम के मन में मुखर से हुई बातचीत अनेक नये प्रश्न जगा गयी थी।

पहले भी उनके मन ने सिद्धाश्रम और कालकाचार्य के आश्रम की तुलना की थी। आज फिर कालकाचार्य का बिंब बार-बार उनके मन में उभर रहा था। वे मुखर और उद्घोष से अजाने ही उनकी तुलना कर रहे थे। राम को अपने आश्रम में आया देखकर, हर बार कालकाचार्य द्वन्द्व में ग्रस्त हो जाते थे। उनमें उत्साह कम और संकोच अधिक होता था। जैसे वे राम को उस आग के समान मानते थे, जो दूर रहकर प्रकाश तो देती है, किन्तु निकट जाने पर ताप भी देती है। उनकी सावधानी ध्यान देने योग्य थी। खुलकर न तो कभी उन्होंने राम का स्वागत किया था, न उन्हें अपने आश्रम पर निमंत्रित किया था। राम को सदा लगा कि वे ऐसे भीरु सज्जन हैं, जो यह तो जानते हैं कि शोषक कौन है, वे यह चाहते भी हैं कि कोई उस शोषक का अंत कर दे; किंतु यह नहीं चाहते कि उनका अपना नाम कहीं बीच में आए। वे उस वर्ग के प्रतिनिधि थे, जो अपनी समस्त सद्भावनाओं और न्याय-बुद्धि के बावजूद दुष्ट का ताड़न करने के लिए साहस नहीं जुटा पाता है; जो संघर्ष में से स्वयं को बचाए रखना चाहता है; जो अपना दामन बचाकर क्रांति की आकांक्षा करता है।... पर वह शत्रु नहीं है। उस वर्ग से भी निरंतर संपर्क बनाए रखना होगा; उसके आत्मबल को जगाने का प्रयत्न करते रहना होगा। शायद उनका आत्मबल जागे, न भी जागे...

और फिर मुखर के समान राम को भी अपने कुटुंब का ध्यान हो आया।... अभी तक अयोध्या से भरत के प्रस्थान का समाचार नहीं मिला था। वहां क्या घटित हो रहा था — या कुछ भी घटित नहीं हो रहा था ? संभवतः वहां ऐसा कुछ भी नहीं हुआ था, जिसकी सूचना उस दिन तक तुरंत पहुंचाई जाती, नहीं तो कोई-न-कोई उन तक अवश्य पहुंचता।... किन्तु जब तक निश्चित समाचार मिल नहीं जाता, तब तक राम आगे नहीं बढ़ सकते। उन्हें यहीं रुकना होगा।...

रात गए, बड़ी देर तक, राम भविष्य के विषय में सोचते रहे।

## 6

कुटिया के द्वार पर एक पेड़ की छाया में, सीता छोटा-मोटा घरेलू काम लिये बैठी थीं। उनके पास ही बैठी सुमेधा तकली पर सूत कात रही थी। बीच-बीच में बातें भी हो जाती थीं और फिर दोनों का ध्यान अपने-अपने काम की ओर चला जाता था।

दोपहर तक का अपना काम समाप्त कर, सुमेधा हाथों को उलझाए रखने का

कोई काम लेकर प्रायः सीता के पास आ बैठती और वन-ग्राम के अनेक समाचार दे जाती। उद्घोष बहुत व्यस्त था — कभी शस्त्र-निर्माण, कभी प्रशिक्षण, कभी अभ्यास, कभी खेतों में काम, कभी गांव के कार्यालय में, कभी मूर्ति-निर्माण, कभी कुंभ... सुमेधा भी अपने ढंग से व्यस्त थी; किन्तु अपनी सारी व्यस्तता में भी सीता के पास जाने का समय वह निकाल ही लेती, सिवाय उन दिनों के, जिन दिनों सीता को उनके ग्राम जाना होता था।

इधर लक्ष्मण भी काफी व्यस्त हो उठे थे। वन में ईंधन, कंद-मूल, फल अथवा अहेर का लाना तो नित्य-कर्म था ही; कुटीरों को दृढ़ करने, बाड़े की मरम्मत तथा अन्य कामों के लिए लकड़ी की अतिरिक्त आवश्यकता भी रहती थी।... अनेक कार्यों से वन के विभिन्न आश्रमों तथा अनेक ग्रामों में भी जाना पड़ता था। समवयस्क युवकों से उनका संपर्क स्थापित हो गया था। उनके प्रभाव-क्षेत्र में आश्रमों के ब्रह्मचारी भी थे और ग्रामवासी युवक भी। लक्ष्मण उनके नेता बन उन्हें शस्त्रों का अभ्यास कराया करते थे। दोपहर के भोजन के पश्चात् प्रायः लक्ष्मण इसी शिक्षण के लिए चले जाया करते थे।

राम ने सीता को शस्त्राभ्यास करा दिया था — मुखर को सक्षम बना दिया था; और अब सुमेधा भी दोपहर को सीता के पास आ जाती थी। उसने उद्घोष से थोड़ा-बहुत शस्त्र-परिचालन भी सीख लिया था। राम भी अपने परिवेश पर दृष्टिपात करने के लिए चले जाया करते थे।

किन्तु अपने आश्रम से अधिक दूर वे नहीं जाते थे। सीता एक सीमा तक ही अपनी सहायता कर सकती थीं, आवश्यकता होने पर सहायता के लिए मुखर भी वहां था; किन्तु शस्त्रागार अपनी रक्षा में स्वयं सक्षम नहीं था। राम अथवा लक्ष्मण में से एक का आश्रम के समीप ही कहीं बने रहना आवश्यक था।

... आज भी सुमेधा को, सीता के पास आया देख, वे थोड़ी देर के लिए, कालकाचार्य से मिलने चले गये थे।

... सहसा सीता ने आश्रम के बाड़े के फाटक के खुलने का शब्द सुना। उन्होंने विस्मय से गर्दन घुमाकर उस ओर देखा — इतनी जल्दी तो न राम के आने की आशा थी, न लक्ष्मण की।

आगुंतक कोई अन्य ही था — सीता के लिए पूर्णतः अपरिचित ! आरंभिक दिनों में, इस प्रकार किसी अपरिचित को समीप आते देखकर, सीता बुरी तरह चौंक उठती थीं। किन्तु अब कुछ-कुछ अभ्यास हो गया था। इस वन में भी खोज-खोजकर, दूर और पास के लोग, राम को मिलने के लिए आते थे। राम थे ही ऐसे — किसी भी व्यक्ति के लिए सहज-सुलभ, खुले और ईमानदार। कोई भी व्यक्ति आकर, उनसे अपनी समस्याएं कह, परामर्श और यदि आवश्यक हो तो सहायता प्राप्त कर सकता था।

कदाचित् आगुंतक भी कोई ऐसा ही व्यक्ति रहा होगा।

आगुंतक स्थिर पगों से अब सीता और सुमेधा की ओर बढ़ रहा था। सीता ने देखा — वह कोई स्थानीय व्यक्ति नहीं लगता था। वह ऊंचा, लंबा और स्वस्थ युवक था। वय चालीस-बयालीस के आस-पास होगा। रंग उसका गोरा था, सिर पर लंबे-लंबे पीत केश थे। आंखें कुछ नीली थीं और उसने राजसी वेशभूषा धारण कर रखी थी। सीता के ज्ञान के अनुसार, इस पुरुष को उत्तर कुरु के उस पार का वासी होना चाहिए। इतनी दूर से यह राजपुरुष यहां क्या करने आया है ?

वह सीता तथा सुमेधा से उचित दूरी बनाए, शिष्ट भाव से खड़ा हो गया, "क्या आर्य राम का आश्रम यही है ?"

उसका स्वर सुनकर सीता चौंक उठीं। कैसा कर्कश स्वर था इस पुरुष का — एकदम वनैले कौवे का-सा। और आंखें भी तो वैसे ही थीं — छोटी-छोटी, तीखी और गोल। कौआ, एकदम कौआ। सीता ने सोचा — मनुष्य के शरीर में कौवे की आत्मा। उसके शब्द पर्याप्त शिष्ट थे, किन्तु उसके चेहरे का भाव वैसा नहीं था...

सुमेधा उसे देखकर अपने-आप में सिमट गयी।

सीता ने अपने आत्मबल का आह्वान कर, निर्भीक स्वर में कहा, "आर्य ठीक स्थान पर आये हैं; किन्तु राम इस समय आश्रम में उपस्थित नहीं हैं।"

"आर्य लक्ष्मण ?"

"वे भी कहीं गये हुए हैं।" सीता बोलीं, "आप अतिथिशाला में ठहरें, वे लोग शीघ्र ही आ जाएंगे।"

आगुंतक के चेहरे की रही-सही शिष्टता भी धुल गयी। उसके मन के भाव निरावृत्त होकर उसके चेहरे पर प्रकट हुए।

"राम से मुझे कोई काम नहीं है। मैं तो तुम्हारे लिए ही आया हूं, सुंदरी !"

सुमेधा आशंका से पीली पड़ गयी।

सीता ने साहस नहीं छोड़ा, "कौन है तू, अभद्र ? तू नहीं जानता, राम और सौमित्र को तनिक-सी सूचना भी मिल गयी तो तेरा मुंड, रुंड से पृथक् हो, धरती पर लोट जाएगा।"

पर आगुंतक जैसे कुछ भी नहीं सुन रहा था।

"सुमेधा !" सीता धीरे से बोलीं, "खड्ग ला। मैं इस दुष्ट को देखती हूं।",

सुमेधा शस्त्रागार के भीतर घुस गयी।

आगुंतक ने उसे देखा। कुछ सोचकर मुसकराया, "तुम्हारी सखी समझदार है, सीते ! वह जानती है, वह कब और कहां अवांछित है।"

वह सधे पगों से आगे बढ़ रहा था।

"तुम्हारी बुद्धि की बलिहारी। किन्तु तुम रुक जाओ।" सीता ने आदेश दिया, "नहीं तो तुम्हारी समझ में अच्छी तरह आ जाएगा कि तुम कब और कहां अवांछित हो।"

"शुभ लक्षणे !" आगुंतक के चेहरे पर बीभत्स मुसकान उभरी, "अपने विषय में मैं अच्छी तरह जानता हूं; तुम्हें ही अपना मूल्य ज्ञात नहीं। तुम्हें क्या मालूम, मैंने संसार में कहां-कहां तुम्हारे रूप की चर्चा सुनी है और मैं कितनी दूर से तुम्हें पाने के लिए आया हूं।..."

"मौन हो, दुष्ट !" सीता के भरपूर हाथ का चांटा आगुंतक के मुख पर पड़ा।

क्षण-भर के लिए आगुंतक हतप्रभ रह गया, वह इस प्रकार के प्रहार के लिए तैयार नहीं था। किन्तु दूसरे ही क्षण वह सीता पर झपट पड़ा। उसने सीता को अपनी भुजाओं में बांध लिया था। उसकी जकड़ में निरुपाय सीता, छूटने के लिए तड़प रही थीं...

तभी सुमेधा ने पीछे से आगुंतक की पीठ में खड्ग अड़ा दिया।

सीता उसकी पकड़ में से निकल गयीं। वह पीछे की ओर पलटा।

तब तक सीता सुमेधा से दूसरा खड्ग ले चुकी थीं; और वे प्रहार के लिए सन्नद्ध थीं।

आगुंतक ने भी अपना लंबा खड्ग कोष से निकाल लिया।

"सीता ! समर्पण कर दो, अन्यथा प्राणों से जाओगी।" वह अत्यन्त क्रूर दिखाई पड़ रहा था।

"दुष्ट ! तू भी देख, किसके प्राण पृथ्वी को भारी हो रहे हैं।" सीता बोलीं, "सुमेधा ! मुखर को बुला ला।"

तभी लौटकर राम बाड़े के फाटक पर पहुंचे। वे कालकाचार्य से हुई बातचीत पर विचार करते हुए आत्मलीन-से चले आ रहे थे। अभ्यस्त हाथ बाड़े का फाटक खोलने के लिए आगे बढ़े तो ध्यान आया कि फाटक तो खुला है। दृष्टि उठाकर देखा तो चौंक उठे — सुमेधा भागी हुई, कदाचित् मुखर की कुटिया की ओर जा रही थी। सीता खड्ग लिये हुए द्वन्द्व-युद्ध के लिए तत्पर थीं और एक राजसी पुरुष लंबा खड्ग लिये, सीता पर प्रहार करने जा रहा था।

राम की शिराओं का रक्त एकदम उफन पड़ा — कौन है यह दुस्साहसी राजपुरुष ! वह उनकी पत्नी पर प्रहार करने जा रहा था। सीता कितनी ही साहसी और सक्षम क्यों न हों, कदाचित् एक दक्ष और अभ्यस्त योद्धा का सामना अभी नहीं कर सकतीं। राम को तनिक भी विलंब हो गया होता तो यहां कोई दुर्घटना घट गयी होती... तुंभरण के वध के बाद से राम जैसे आशंका-रहित हो गये थे, किंतु यह स्थान उतना सुरक्षित नहीं था।

राम अपना खड्ग नग्न कर झपटे और कूदकर सीता और उस पुरुष के मध्य आ खड़े हुए। सीता और आगुंतक दोनों ही चौंक पड़े।

सीता का सारा भय और समस्त आशंकाएं क्षणांश में विलुप्त हो गयीं। उनके राम आ गये थे और राम संसार के किसी भी योद्धा को द्वंद्व की चुनौती दे सकते थे।

वे सहज और शांत हो गयीं।

सीता ने देखा, राम का क्षोभ भी समाप्त हो चुका था। आत्मविश्वासी राम निश्चिंत मुद्रा में खड्‌ग लिये खड़े थे, जैसे उनके सामने खड्‌गधारी योद्धा न हो, कोई चूहा खड़ा हो... चूहा नहीं, कौआ ! साधारण कौआ, जिसे हुश्काकर, डराकर भगा दिया जाए।

आगुंतक राम को देखकर भी संकुचित नहीं हुआ था। अपने दुष्कृत्य के लिए वह रंचमात्र भी लज्जित नहीं था। उसने अपनी ओर से राम पर जोरदार आक्रमण किया। पर राम उससे जैसे खड्‌ग-युद्ध नहीं कर रहे थे, खेल कर रहे थे। उन्होंने खड्‌ग को लाठी के समान जोर से चलाया। आगुंतक का खड्‌ग, उसके हाथ से निकल, हवा में उड़ता हुआ दूर जा गिरा।

"यह तो एकदम ही कौआ निकला। किसी को असावधान पाकर झपट पड़ने में ही उसका बल था।" सीता मुसकरा पड़ीं।

आगुंतक राम का सामर्थ्य पहचान भय से पीला पड़ गया। वह उलटकर भागा...

राम ने खड्‌ग से प्रहार नहीं किया। लपककर उसके मार्ग में टांग अड़ा दी। आगुंतक धड़ाम से पृथ्वी पर आ गिरा।

राम ने आगे बढ़कर उसके कंठ पर अपना पैरा जमा दिया।

"सीते ! आओ, इसकी वीरता देखो।" उन्होंने पुकारा।

तब तक मुखर भी हाथ में धनुष-बाण लिये सुमेधा के साथ भागता हुआ आ पहुंचा। राम को आगुंतक के कंठ पर पग धरे देख, वे दोनों ही सहज हो गये और तेजी से चलते हुए पास आकर ठहर गये।

सीता राम के पास पहुंच गयी थीं।

राम अपना पग क्रमशः दबा रहे थे।

आगुंतक के चेहरे पर भय के स्थान पर अब क्षोभ था। उसकी आंखें पीड़ा और अपमान से लाल हो रही थीं, "तुम जानते नहीं हो, राम ! तभी यह दुस्साहस कर रहे हो। मैं तुम्हें दंड दिलवाऊंगा।"

"अच्छा ! इस क्षेत्र में चोर भी दंड दिलवाने की धमकी देते हैं।" राम मुसकराए, "तुम्हें लज्जा तो तनिक भी नहीं आयी, दुष्ट ! कोई विशेष चीज़ लगते हो। किससे दंड दिलवाओगे ?"

"ब्रह्मा से।" आगुंतक के चेहरे पर दुश्चरित्र समृद्धि खुल खेली थी।

राम मुसकराए, "ब्रह्मा का भय दिखा रहे हो, भद्र पुरुष ! क्या ब्रह्मा तुम जैसे दुष्टों की रक्षा करते फिरते हैं ? फिर तो मुझे लगता है कि किसी दिन मुझे स्वयं ब्रह्मा से भी निबटना पड़ेगा।"

उन्होंने अपना पैर कुछ और दबाया।

"जानते हो।" आगुंतक पीड़ा और क्रोध के मिश्रित स्वर में बोला, "तुम जो मेरा अपमान कर रहे हो, उसके लिए तुम्हें कभी क्षमा नहीं किया जाएगा। तुम्हें कदाचित्

मालूम नहीं कि मैं इंद्र का पुत्र जयंत हूं।"

"इंद्र का पुत्र !" राम की स्मृति के सारे तंतु एक साथ ही झनझना उठे, "तुम बाप-बेटा एक ही काम करते फिरते हो, दुष्टो ! मेरे मन से अहल्या पर हुए अत्याचार की छाया अभी मिटी नहीं, और तुम आ गये। दुष्ट सत्ताधारी के संपन्न विलासी पुत्र ! मैंने इंद्र को सम्मुख पाकर उसकी हत्या का प्रण किया था — वह तो मेरे सामने नहीं आया। आज तुम आये हो। बोलो, तुम्हें क्या दंड दिया जाए ?"

राम का खड्ग जयंत के वक्ष पर जा लगा।

जयंत को पसीना आ गया। उसका स्वर कांप गया, पर वह अपना संपूर्ण साहस बटोरकर, निर्भयता का अभिनय करता हुआ बोला, "तुम ब्रह्मा से नहीं डरते ? तुम इंद्र से नहीं डरते ?"

"मैं किसी दुष्ट अथवा दुष्टता के संरक्षक से नहीं डरता।" राम बोले, "मैं ऐसे लोगों से घृणा करता हूं। बड़े-बड़े नाम लेकर मुझे मत डराओ। सत्ताधारियों और उनके पुत्रों के अत्याचारों की कथा सुनकर मेरे मन में घृणा की आग धधकने लगती है। मैं दुष्टता का समूल नाश करने को वचनबद्ध हूं — चाहे वे दुष्ट कितने ही सबल, सत्ता-संपन्न अथवा धनवान हों।"

राम के पांव का दबाव बढ़ता जा रहा था और खड्ग की नोक जयंत को बुरी तरह चुभने लगी थी। उसका निर्भयता का अभिनय चल नहीं पाया। उसके चेहरे का साहस राम की अडिगता का ताप पाकर हिम के समान गल गया।

उसके चेहरे पर दीनता आ गयी। स्वर घिघियाने लगा, "मुझे क्षमा करो, राम ! मैं तुम्हारे चरण छूकर, तुमसे जीवन की भीख मांगता हूं।"

उसने दोनों हाथों से राम का पांव पकड़ लिया। आंखों से अश्रु बहने लगे और होंठ रोने के लिए फैल गये।

राम ने अपना पग उसके कंठ से हटा लिया, "इतने ही वीर थे तुम, इंद्र-पुत्र जयंत ! सीता पर प्रहार करते हुए कदाचित् तुम्हें अपना कोमल कंठ याद नहीं रहा...।"

"मुझे क्षमा करो, राम !" जयंत ने भूमि से उठकर राम के चरणों पर अपना मस्तक रख दिया, "मैं तुम्हारी शरण में आया हूं। मुझे प्राणों की भीख दो। मुझे अभयदान दो।"

"थोड़ी देर पहले तो तू देवी सीता की शरण में आया था, दुष्ट !" सुमेधा ने घृणा से पृथ्वी पर थूक दिया।

राम मुसकराए, "मुझे मेरे आदर्शों में बांधने की कुटिलता मत करो, पापी पिता के पापी पुत्र ! क्षत्रिय शरण में आये व्यक्ति की रक्षा अवश्य करता है, किंतु मैं तुम-जैसे नीच की शरण-याचना को एक षड्यन्त्र मानता हूं। अभय नहीं दूंगा, चाहे प्राणदान न दूं। दंड तुम्हें अवश्य मिलेगा। मैं तुम्हारे प्राण नहीं लूंगा, पर अंग-भंग अवश्य करूंगा।"

''अंग-भंग !'' जयंत की घिग्घी बंध गयी।

''हां ! अंग-भंग !'' राम बोले, ''सीता पर दृष्टि डालने के कारण तुम्हारी एक आंख फोड़ दूं अथवा प्रहार करने के कारण एक हाथ काट डालूं ?''

''मुझे क्षमा करो, राम !'' जयंत रोता हुआ राम के चरणों से लिपट गया, ''मैं पिताजी से कहकर तुम जो चाहोगे, दिलवा दूंगा — राज, धन...''

''विलम्ब मत करो।'' राम बोले, ''मेरी बात का उत्तर दो। विलंब तुम्हारे लिए हितकर नहीं होगा। लक्ष्मण आ गये तो मेरे निषेध पर भी वे तुम्हारी हत्या कर डालेंगे।...''

''लक्ष्मण !'' जयंत क्षण-भर के लिए जड़ हो गया, पर फिर जैसे जागकर रोता हुआ बोला, ''मेरा हाथ मत काटो। मेरा हाथ मत...''

''तो ले।'' राम ने अपने तूणीर में से तीखे फलक का एक बाण निकाला।

जयंत ने मुख ऊपर उठाकर राम की ओर देखा ही था कि चीख मारकर पृथ्वी पर उलट गया। वह जान ही नहीं पाया कि राम ने किस कौशल से बाण के फलक से उसकी बायीं आंख बींध दी थी।

''चले जाओ !'' राम ने आदेश दिया।

जयंत सरपट भागता हुआ आश्रम की सीमा से निकल गया।

राम ने मुड़कर सीता को देखा। सीता के कंधे से बहता हुआ रक्त, उनके वक्ष पर आ गया था।

''सीते ! यह क्या है, प्रिये ?''

सीता ने लापरवाही से कंधा झटक दिया, ''कौआ चोंच मार गया।''

राम के मन में जयंत का कर्कश स्वर तथा छोटी, गोल, तीखी आंखें कौंध गयीं। वे हंस पड़े, ''ठीक कहती हो, प्रिये !'' वे मुड़े, ''सुमेधा ! सीता के घाव का उपचार कर दो, देवि ! और मुखर ! तुम जाओ, मित्र ! अब कोई आशंका नहीं।''

फाटक को बंद करने की ध्वनि सुनकर राम मुड़े। लक्ष्मण कंधे पर धनुष टांगे, मस्त-से कुछ गुनगुनाते चले आ रहे थे। उनके साथ चेतन तथा वाल्मीकि-आश्रम के दो ब्रह्मचारी और थे।

''यहां कुछ हुआ है, भैया ?'' उन्होंने सब लोगों पर जिज्ञासापूर्ण दृष्टि डाली।

''कुछ विशेष नहीं। एक धृष्ट कौआ आया था, हुश्काकर भगा दिया।'' राम मुसकराए, ''और तुम सुनाओ, चेतन ! क्या समाचार लाए ?''

चेतन मुसकराया, ''आर्य ! यह न मान लें कि मैं केवल समाचार ही लाता हूं, कभी-कभी वैसे भी आपसे मिलने की इच्छा होती है।''

''किंतु आज मैं समाचार लेकर ही आया हूं।'' लक्ष्मण बोले।

''जी !''

"क्या समाचार है ?" राम ने पूछा।

"भरत अयोध्या से चल चुके हैं। संदेशवाहक के चलने तक वे श्रृंगवेरपुर तक पहुंच चुके थे और निषादराज गुह के अतिथि थे। उनके साथ अयोध्या की सेना के साथ-साथ, मंत्रि-मंडल, राजगुरु तथा अपनी तीनों माताएं भी आ रही हैं। अगले दिन उनके साथ गुह भी अपनी सेना प्रस्थान करने वाले थे।"

"समाचार तो बुरा नहीं।" राम बोले, "यदि माताएं, मंत्रि-मंडल, राजगुरु तथा गुह भी साथ हैं, तो भरत का प्रयोजन सैनिक अभियान नहीं हो सकता।"

"पर भैया, यह न भूलें कि भरत कैकेयी का पुत्र है।" लक्ष्मण का स्वर तीखा था।

राम मुसकराए, "यह बात भी मेरे ध्यान में है।"

"किंतु राम !" चेतन बोला, "ऋषि भरद्वाज और कुलपति वाल्मीकि दूसरी आशंका से पीड़ित हैं।"

"वह क्या ?" सीता ने पूछा।

"यदि भरत सचमुच मनाने आ रहे हों और राम भाई की बात मानकर लौट गये..."

राम हंस पड़े, "ऋषि से कह देना, आशंका-मुक्त हो जाएं।"

सीता अपनी कुटिया से निकलकर, टीले ढाल की ओर आयीं।

पूरी ढाल हरी-भरी हो गयी थी। पिछले कई महीनों के कठिन परिश्रम से यह भूमि खेतों में बदली जा सकी थी। खेत भी कैसे, जैसे समतल भूमि को उठाकर खड़ा कर दिया गया हो। सीता ने अपने हाथों से इस ढाल को खोदा-गोड़ा था, मंदाकिनी से पानी ला-लाकर उसे सींचा था। पहले तो पानी कहीं ठहरता ही नहीं था, मंदाकिनी की धारा में पुनः मिलने के लिए, किसी विरही के समान भागता चला जाता था। सीता ने बड़े धैर्य और परिश्रम से क्यारियां बनायीं थीं और पानी को रोकने का प्रबन्ध किया था। समय मिलने पर राम और लक्ष्मण भी उनकी सहायंता कर दिया करते थे। मुखर तथा सुमेध। भी यथासंभव सहयोग किया करते थे, किंतु मूल रूप से यह सीता का ही दायित्व था।

सीता ने अपने परिश्रम के फले फल को बड़ी तृप्ति से देखा; किंतु एक आश्चर्य भी था उनके मन में। जाने चित्रकूट की मिट्टी में कोई ऐसी बात थी या मंदाकिनी के जल में ही कोई ऐसी विशेषता थी — फलने को तो सब कुछ फलता था किंतु जिस वैभव के साथ बैंगन फलता था, न कोई अन्य सब्जी फलती थी, न फल, न फूल।

"क्या बात है, सीते ?" राम आकर उनके साथ खड़े हो गये, "अपना बैंगन-पारावार देख रही हो।"

सीता मुसकराईं, "यहां तो स्थिति यह है कि आम के वृक्ष पर भी बैंगन ही

फलेंगे।''

''फिर खेती पर अधिक परिश्रम क्या करना।'' राम मुसकराए, ''आओ, तनिक नाव खेने का अभ्यास हो जाए।''

राम नीचे उतरते चले गये, जाकर मंदाकिनी के तट पर रुके। खूंटे से बंधी नाव उन्होंने खोल ली और सीता की प्रतीक्षा करने लगे।

सीता का शस्त्राभ्यास काफी आगे बढ़ गया था। राम नये-नये शस्त्रों के साथ अन्य प्रकार के शारीरिक व्यायाम भी जोड़ते जा रहे थे। तैरने और नाव चलाने का साधारण ज्ञान सीता को पहले से ही था; किंतु राम अब उन्हें अकेले बड़ी नौका खेने, उसकी गति बढ़ाने, किसी भागती हुई नाव का पीछा करने इत्यादि का अभ्यास करा रहे थे।

सीता नाव में बैठीं तो राम ने चप्पू उन्हें थमा दिए, ''चलाओ।''

सीता ने चप्पू थाम लिये। नाव चल पड़ी।

''आप नौका-प्रशिक्षण पर इतना बल देते हैं।'' सीता बोलीं, ''पर्वतारोहण इत्यादि का भी तो अभ्यास करना चाहिए। पिछले सप्ताह जब वर्षा में भीगंते, चट्टानों पर फिसलते हम चित्रकूट की विभिन्न चोटियों पर घूमते फिरे थे, तो कितना आनन्द आया था।''

''नौका-प्रशिक्षण आनन्द के लिए नहीं है, देवि [illegible] कराए, ''शत्रु से बचने के लिए, किसी अत्यन्त बीहड़ स्थिति में निकल भागने के लिए, तुम्हारे पास एक ही मार्ग है — मंदाकिनी। तुम्हें इससे पूरी तरह परिचित होना चाहिए।''

''आपको लगता है कि हम अब भी यहां सुरक्षित नहीं हैं ?'' सीता ने राम को आश्चर्य से देखा, ''हमें यहां आए दस मास हो चुके हैं। मुझे तो आस-पास शांति लगती है। कभी-कभार जयंत जैसा कोई दुष्ट आ जाए...''

''भली कही जयंत की,'' राम मुसकराए, ''उसके परिवार की तो पीढ़ियों से यही परम्परा है। पर मैं देख रहा हूं कि यहां नित नये रावण, इंद्र और जयंत पैदा हो रहे हैं। मैंने सुना है कि जयंत कई दिनों से इस क्षेत्र में घूम रहा था और विभिन्न आश्रमों और ग्रामों में दुष्टता दिखाने का प्रयत्न कर चुका था।''

''हां ! आज सुमेधा भी कुछ ऐसे ही समाचार लायी थी।''

''पर मैं कुछ और सोच रहा हूं, सीते !'' राम गंभीर हो गये, ''भरत ससैन्य आ रहा है। कह नहीं सकता, ऊंट किस करवट बैठेगा। संभावना कम दीखती है, पर यदि भरत के मन में खोट हुआ तो हमें उसका तो सामना करना ही होगा; यहां के दमित राक्षस भी हमारे विरुद्ध खड़े होंगे। इस समय मेरा समस्त ध्यान उस ओर लगा हुआ है — जाने क्या हो। भरत क्या करे और उनकी प्रतिक्रिया यहां क्या हो...''

''आप ठीक कहते हैं, राम !'' सीता दूर क्षितिज को देख रही थीं, ''हमें प्रत्येक स्थिति के लिए तैयार रहना चाहिए।''

## 7

संध्या का झुटपुटा क्रमशः गहराता जा रहा था। सारा वन-प्रांत शांत होता जा रहा था। आश्रमों से बाहर गये हुए लोग आश्रमों में लौटते आ रहे थे। थोड़ी देर में पूर्ण अधिकार होते ही वन में पूर्ण शांति भी हो जाएगी। आश्रमों के बाड़ों के फाटक बंद हो जाएंगे और लोग अपनी कुटिया में दीपक के निकट अथवा कुटियों के द्वार पर अग्नि के पास बैठे होंगे।

ब्रह्मचारी अश्विनी तेजी से पग बढ़ाता हुआ, अपने आश्रम की ओर चला जा रहा था। आज वन में विलंब हो गया था। कहीं ऐसा न हो कि वह वन-प्रांतर में ही हो और पहले ही बाड़े का फाटक बंद हो जाए। एक बार फाटक बंद हो जाए तो उसे खुलवाने में पर्याप्त कठिनाई हो जाती है। भीतर वाले लोग जब तक कोई ऐसा प्रमाण प्राप्त नहीं कर लेते कि आगुंतक आश्रमवासी ही है, अथवा उसके बहाने कोई और तो भीतर नहीं घुस आएगा, अथवा आस-पास कोई राक्षस या हिंस्र पशु तो नहीं है — तब तक फाटक नहीं खोलते। और इस सारी प्रक्रिया में इतना विलंब और कोलाहल होता है कि प्रत्येक आश्रमवासी को यह मालूम हो जाता है कि अमुक व्यक्ति विलंब से आया है तथा उसके कारण सबको असुविधा हुई है।

जल्दी-जल्दी चलने के कारण अश्विनी की सांस फूल गयी थी और शरीर पसीने से भीग गया था। संतोष यही था कि अधिक देर नहीं हुई। वह समय से आश्रम में आ पहुंचा था, अभी फाटक बंद नहीं हुआ था।

आश्रम की सीमा में प्रवेश करते ही, उसकी गति धीमी पड़ गयी। तब उसे अनुभव हुआ कि वह बहुत दूर से असाधारण तेजी से चलता हुआ आया है और उसने अपने शरीर को बहुत अधिक थका डाला है। आसन्न संकट के कारण उसका ध्यान अब तक इस ओर नहीं था, उसके मानसिक तनाव ने उसे शारीरिक कष्ट के प्रति सजग होने ही नहीं दिया था। किंतु अब उसके शरीर में अधिक कार्य-क्षमता नहीं थी। न तो वह तेजी से चल सकता था और न सिर पर रखा लकड़ियों का बोझ ही अधिक ढो सकता था। पर अब वह आश्रम में प्रवेश कर चुका था; किसी-न-किसी प्रकार कुटिया तक भी पहुंच ही जाएगा।

वह घिसटता हुआ अपनी कुटिया तक आया। भिड़ा हुआ द्वार खोला और सिर का बोझ धरती पर पटककर सुस्ताने बैठ गया।

कुटिया के भीतर पूरी तरह अंधेरा था; किंतु थकावट के कारण दीपक जलाने का उद्यम वह कर नहीं पा रहा था। तेज-तेज सांस लेता वह चुपचाप बैठा रहा। थोड़ा सुस्ता लेगा तो फिर उठकर दीपक जलाएगा...

क्रमशः सांस स्थिर हुई; आंखें भी अंधकार में देखने की अभ्यस्त होती गयीं। उसने उठकर कुटिया के कोने में रखा दीपक जलाया और घूमा...

दीपक के प्रकाश में, दूसरे कोने में खड़े एक विराट शरीर पर उसकी आंखें जड़ होकर जम गयीं। सारे शरीर का रक्त उसके मस्तिष्क की ओर दौड़ रहा था और हाथ-पांव ठंडे पड़ते जा रहे थे। उसे लगा, वह चक्कर खाकर गिर पड़ेगा। दीवार का सहारा लेकर, वह भूमि पर बैठ गया।

उस विराट आकार के राक्षस के हाथ में एक भयंकर परशु था और वह हंस रहा था।

राक्षस धीरे से पास चला आया, ''यदि तुमने चिल्लाने का प्रयत्न किया तो याद रखना, यह परशु बहुत धारदार है। मैंने बहुत दिनों से नर-मांस भी नहीं खाया।''

अश्विन फटी-फटी आंखों से चुपचाप उस राक्षस को देखता रहा।

''यह धनुष यहां कैसे आया ?'' राक्षस ने कुटिया की छत में टंगा हुआ धनुष उतार लिया।

अश्विन ने कोई उत्तर नहीं दिया।

''बोलता क्यों नहीं ?'' राक्षस ने तीखी आवाज में डांटा और दाएं पैर की एक भरपूर ठोकर, बैठे हुए अश्विन के बगल में मारी।

अश्विन कराहता हुआ, पृथ्वी पर उलट गया।

''बोल !''

अश्विन ने अपने होंठों को जीभ से गीला किया और बोला, ''मैंने बनाया है।''

''किसने सिखाया ?''

''लक्ष्मण ने।''

''क्यों बनाया ?''

''आत्म-रक्षा के लिए।''

''आत्म-रक्षा !'' राक्षस की आंखें लाल हो गयीं, ''किससे करेगा अपनी रक्षा ? हमसे ? हमारा विरोध करेगा ? हमसे युद्ध करेगा ?''

अश्विन कुछ नहीं बोला।

राक्षस ने एक करारा चांटा उसके गाल पर लगाया, ''बोल ! किससे करेगा आत्म-रक्षा ?''

अश्विन के मुख से रक्त बहने लगा। उसे बोलना पड़ा, ''वन्य पशुओं से !''

राक्षस हंसा, ''तेरे पास लौह-फल वाले बाण भी हैं ?''

''नहीं।''

''लक्ष्मण ने दिए नहीं ?''

''अभी मैं लक्ष्य-भेद में सक्षम नहीं हूं। मेरा प्रशिक्षण पूरा नहीं हुआ।''

''कितने लोग सीख रहे हैं ?'' राक्षस ने पूछा।

''बीस।''

''किस हाथ से बाण पकड़ते हो ?'' राक्षस हंस रहा था।

"दाएं हाथ से।"

राक्षस आगे बढ़ा। उसने अपना परशु उठाया और जोरदार प्रहार किया। परशु सचमुच धारदार था। अश्विन की दाहिनी भुजा शरीर से कटकर पृथक् जा गिरी।

अश्विन एक कराह के साथ पृथ्वी पर लोट गया। उसके कंधे से निरंतर रक्त बहता जा रहा था।

राक्षस ने छत से धनुष उतारा और अश्विन की कटी हुई बांह उठायी, "तुम्हारा धनुष ले जा रहा हूं आत्म-रक्षा के लिए; और बांह ले जा रहा हूं अपने भोजन के लिए।"

अश्विन कुछ नहीं बोला। वह संज्ञाशून्य हो चुका था।

संकल्प मुनि प्रातः स्नान के लिए कुटिया से बाहर निकले। किवाड़ भिड़ाए और मुड़े।

उषा होने में अभी थोड़ा विलंब था; किंतु मंदाकिनी तक जाने में उन्हें कुछ समय लगेगा। फिर, हवन के समय तक उन्हें लौटना भी था। उन्होंने तेजी से पग बढ़ाए।

उनका तेजी से उठा हुआ पग किसी चीज़ में अटका और अपने ही जोर में आगे बढ़ता हुआ उनका शरीर पृथ्वी पर आ रहा। असावधानी में इस प्रकार गिर पड़ने से माथा एक पत्थर से जा टकराया और रक्त बहने लगा। हथेलियों में कंकड़ियां और कांटे एक साथ चुभे थे। घुटने भी छिल गये थे। नाक की नोक पर भी पर्याप्त जलन थी।

किसी प्रकार अपने शरीर को संभालकर उठे और गिरने का कारण खोजने के लिए दृष्टि घुमाई — सामने दो राक्षस एक मोटी-सी रस्सी को लपेट रहे थे।...

पहले भी कई बार मुनि के साथ ऐसी दुर्घटनाएं हो चुकी थीं। यह राक्षसों का खेल था, उनकी इच्छा थी, उनकी आवश्यकता थी अथवा उनका रोग था। धन, शारीरिक बल एवं संगठन और प्रायः सैनिक संरक्षण ने उन्हें इतना उच्छृंखल और मदांध बना दिया था कि उनसे किसी प्रकार के शिष्ट अथवा संस्कृत व्यवहार की अपेक्षा ही नहीं की जा सकती थी। वे निरीह लोगों को अकारण भी परेशान कर सकते थे और सकारण भी। उनसे कुछ पूछना व्यर्थ था। अपनी पीड़ा और अपमान को पी जाना ही मुनि के लिए एकमात्र उपाय था।

"क्यों, आज हवन-शवन नहीं करोगे ?" एक राक्षस ने पूछा।

मुनि ने उसे क्रोध से देखा और फिर स्वयं को सहज बनाते हुए बोले, "नहाने जा रहा हूं। आकर करूंगा।"

"नहीं ! पहले हवन करो।" दूसरा राक्षस बोला, "नहाना तो बाद में भी हो सकता है।"

"नहीं ! ऐसा संभव नहीं है।" मुनि ने उत्तर दिया।

"संभव तो हम बना देंगे।"

दूसरा राक्षस आगे बढ़ आया। उसने मुनि को जोर से धक्का दिया। मुनि पृथ्वी

पर लोट गये। उसने मुनि की दाहिनी टांग पकड़ी और घसीटता हुआ कुटिया में ले आया। हवन कुंड के पास मुनि को पटककर बोला, "चल, आग जला।"

मुनि की नंगी पीठ भूमि पर रगड़ खाती, कंकड़-पत्थरों पर घिसटती आयी थी। वह लहूलुहान हो गयी थी और बुरी तरह जल रही थी।

"रक्त-स्नात मुनि हवन नहीं करता।" मुनि बोले।

"करता है, बे !" राक्षस ने मुनि की गर्दन में पंजा फंसाकर ठेला, "करता है या मैं करूं तेरा हवन !"

मुनि समझ गए कि निस्तार नहीं है। अपनी शारीरिक और मानसिक पीड़ा से लड़ते, वे उठे और उन्होंने अग्नि प्रज्वलित की।

एक राक्षस ने स्रुक्र और स्रुवा उठाकर अग्नि में झोंक दिया।

"क्या कर रहे हो ?" मुनि ने क्रोध से उनकी ओर देखा।

"हवन !" वे दोनों हंस पड़े।

मुनि आंखों से अग्नि-वर्षा करते, हवन-कुंड के पास बैठे रहे।

"अब बता।" एक राक्षस, मुनि के पास आ, अपने जूते से उनके शरीर को कोंचता हुआ, बोला, "तू आश्रम में क्यों नहीं रहता ? यहां कुटिया क्यों बनाई ?"

"यह कुटिया मेरे दादा ने बनाई थी, मैं तब से यहीं रहता हूं।" मुनि पीड़ित स्वर में बोले।

"तू गधा है, मुनि नहीं।" दूसरा राक्षस हंसा, "तुझसे पूछा जा रहा है, यहां क्यों रहता है, किसी आश्रम में क्यों नहीं जा मरता ?"

"पर आज क्यों पूछा जा रहा है ?" मुनि हठ पर उतर आए थे।

"बकवास मत कर !" राक्षस ने मुनि के पेट पर ठोकर मारी, "जो पूछते हैं, बता। तुझे यहां राम ने भेजा है ?"

"राम तो यहां अब आए हैं।" संकल्प मुनि ने उत्तर दिया, "मेरे तो बाप-दादा भी यहीं जन्मे थे।"

"राम से तेरा कोई संबंध नहीं है ?"

"है क्यों नहीं ?"

"क्या संबंध है ?"

"वे हमारे मित्र हैं। वे सज्जन हैं, न्यायी हैं, वीर हैं..."

"तू राम को इस क्षेत्र की सूचनाएं नहीं देता ? हमारे विरुद्ध भड़काता नहीं है ? हमसे हमारे अधिकार नहीं छीनना चाहता ?"

मुनि की पीड़ा उनकी आत्मा का दमन नहीं कर सकी। वे तेजोमय स्वर में बोले, "यह वन-प्रांत है। यहां किसी का राज्य नहीं है। तुम्हारा कौन-सा अधिकार है यहां — निरीह प्राणियों के दमन का, उनके शोषण का, उनके रक्तपान का, पराई स्त्रियों से बलात्कार का ?..."

"बकवास मत कर !" एक राक्षस ने खड्ग उठाया, "बोटी-बोटी काट थाली में सजाकर ले जाऊंगा। तुम जैसे प्राणी हैं किसलिए ? आज हमारा आहार उठकर हमसे विवाद करता है। और तेरी स्त्री तो हम इसलिए उठाकर ले गये थे कि तू कहीं से कोई और कोमलांगी, षोडशी मुनि-कन्या ब्याहकर लाए और हम उसे भी उठा ले जाएं। पर तू ऐसा गधा निकला कि षोडशी छोड़, कोई खूसट भी नहीं लाया।"

"नीच ! कुछ तो लज्जा कर।" मुनि मौन नहीं रहे, "हम भी मनुष्य हैं, चैतन्य प्राणी। हमें भी जीने का, सम्मानपूर्वक जीने का पूरा अधिकार है। संसार में सब मनुष्य समान हैं..."

"व्यर्थ है।" एक राक्षस हंसा, "यह अब हमें प्राणियों की समता का सिद्धांत पढ़ाएगा। इससे विवाद करने से अच्छा है कि इसकी वे दोनों टांगें काट ली जाएं, जो इसने हमारी इच्छा के विरुद्ध बढ़ाई हैं।"

मुनि भय से मूक हो गए। यहां तर्क का कोई काम नहीं था; और शारीरिक शक्ति उनमें थी नहीं...

एक राक्षस ने उनके कंधे पकड़, उन्हें भूमि पर लेटा दिया। दूसरे ने उनकी टांगें सीधी कीं और उन पर बैठ गया। उसने अपना परशु उठाकर, सधे हाथ का वार किया, जैसे कोई वृक्ष की शाखा पर बैठ उसे काटता है।

मुनि ने एक भयंकर चीत्कार किया और बेहोश हो गए।

"मर गया ?" एक राक्षस ने पूछा।

"नहीं। संज्ञाशून्य हुआ होगा।" दूसरा बोला।

"ये सब इतनी जल्दी मर जाते हैं कि दूसरी बार इनके शरीर का मांस हमें नहीं मिलता।" पहला बोला।

"चिंता मत करो।" दूसरा बोला, "अभी बहुत है।"

कालकाचार्य के आश्रम के ब्रह्मचारी दैनिक आवश्यकताओं के लिए वन में लकड़ियां काट रहे थे।

"इन दिनों वन का रूप कुछ बदल गया है।" जय ने कुल्हाड़ी का प्रहार करते हुए कहा, "पहले तो वन ऐसा नहीं था।"

"हां!" आनन्द ने उत्तर दिया, "अयोध्या की सेना के आ जाने से भीड़-भाड़ इतनी हो गयी है कि क्या कहें। फिर, राम के आश्रम के पास तो रोक-टोक बहुत अधिक है। इधर न जाओ, उधर जाओ। यह सैनिकों के लिए आरक्षित है, यह सेनापतियों के लिए। इधर राजमाताएं गयी हैं, उधर राजगुरु गए हैं। इन लोगों ने तो वन को भी राजकीय सैनिक अनुशासन में बांध दिया है।"

"भई, मैं तो और बात सोचता हूं।" त्रिलोचन बोला, "यह इतनी बड़ी सेना कुछ दिन और यदि इसी वन में पड़ी रही, तो हमारे लिए फल प्राप्त करना भी कठिन हो

जाएगा।''

''कुल्हाड़ी चलाओ, भैया !'' आनन्द बोला, ''सेना अधिक दिन यहां नहीं रहेगी। मैंने सुना है कि भरत आज लौट रहे हैं।... वैसे पहले ही विलंब हो चुका है। मार्ग में कहीं लौटती हुई सेना में घिर गए, या किसी राजमाता-राजपिता की सवारी आ-जा रही हुई तो रास्ते रुक जाएंगे।...''

''ठीक कहते हो, मित्र ! जल्दी-जल्दी काम कर लेना चाहिए।''

जय ने कुल्हाड़ी उठाई तो वह उठी-की-उठी रह गयी। उसे नीचे लाना जय को याद ही नहीं रहा। उसके मित्रों ने उसकी विचित्र अवस्था को देखा तो उनकी दृष्टि भी उसी ओर घूम गयी, जिधर वह देख रहा था।

वे सब-के-सब स्तब्ध खड़े रह गए। वृक्षों के बीच, जहां कहीं भी थोड़ा-सा स्थान था, वहीं न जाने कब कोई-न-कोई राक्षस आकर खड़ा हो गया था। राक्षसों ने उन्हें वृत्ताकार घेर लिया था और उन लोगों का अवरोध पर्याप्त दृढ़ लग रहा था। राक्षसों के हाथ में शस्त्र थे और वे सब-के-सब प्रहार-मुद्रा में दिखाई पड़ रहे थे।

सहसा ब्रह्मचारियों में से किसी ने चीख मारी और वह भागा। कोई नहीं समझ पाया कि कौन चीखा और कौन भागा। सब जैसे एक साथ ही भागे। पता नहीं चला कि पहले झटके में ब्रह्मचारी राक्षसों के घेरे को तोड़कर भागे या राक्षसों ने उन्हें घेरा तोड़ने दिया। दूसरी बार भी कुछ बचे हुए ब्रह्मचारी घेरे में से निकल गए, किंतु तीसरी बार राक्षसों ने वह अवसर नहीं आने दिया। उन्होंने अपने खड्ग सीधे कर लिये थे, अब भागने का प्रयत्न सीधे-सीधे उनके खड्ग की धार पर दौड़ने की बात थी।

''कुल्हाड़ियां फेंक दो !'' एक राक्षस ने आदेश दिया।

जय ने कुल्हाड़ी भूमि पर फेंक दी और दृष्टि उठाकर देखा — उसके साथ-साथ उसके अपने ही मित्र आनन्द, त्रिलोचन, कुवलय और शशांक भी राक्षसों के घेरे में बंदी हो गए थे। उनमें से अकेले भागने का प्रयत्न किसी ने नहीं किया था और साथ मिलकर भागने की योजना वे बना नहीं पाए थे। अपनी कुल्हाड़ियां वे फेंक चुके थे और भयभीत दृष्टि से राक्षसों को देख रहे थे।

राक्षसों से भिड़ंत की बात जय ने कई बार सुनी थी, किंतु अधिकांशतः वे अकेले-दुकेले व्यक्ति को पकड़ते थे, वह भी अंधेरे-सवेरे। इस प्रकार दिन-दहाड़े इतने अधिक आश्रमवासियों पर आक्रमण की बात उसने पहले नहीं सुनी थी। हां, सैनिक अभियानों की बात और थी; किंतु चित्रकूट-क्षेत्र में सैनिक अभियानों की बात भी कम ही सुनी जाती थी। आज क्या विशेष बात हुई थी कि उन लोगों ने इस प्रकार का दुस्साहस किया था। आश्रम के आधे से अधिक ब्रह्मचारी एक ही स्थान पर लकड़ियां काट रहे थे। यदि ब्रह्मचारियों ने साहस से काम लिया होता और भागने के बदले अपनी कुल्हाड़ियों से राक्षसों का सामना किया होता तो कदाचित् यह स्थिति न आती। किंतु अधिकांश ब्रह्मचारी भाग निकलने में सफल हो गए थे — वे अपने उद्यम से निकल

भागे थे या राक्षसों ने उन्हें जान-बूझकर निकल भागने दिया था ? राक्षसों ने इन्हीं पांच मित्रों को पकड़ना चाहा था या संयोग से वे ही नहीं भागे थे...? जय के मन में कुछ भी स्पष्ट नहीं था।... उसने अन्य लोगों की ओर देखा। उसके सभी मित्रों के चेहरों पर भय तथा प्रश्नों की भीड़ लग रही थी।

क्रमशः राक्षसों का अवरोध संकीर्ण होने लगा। पांचों मित्र एक-दूसरे से सट गए। राक्षसों ने उन्हें पकड़, उनके हाथ पीठ पर बांध दिए और घुटनों, घूंसों तथा धक्कों की ठोकरों से उन्हें आगे बढ़ाने लगे।

मार्ग अनजाना नहीं था। प्रत्येक ब्रह्मचारी जानता था कि यह मार्ग राक्षसों की बस्ती में जाता है और इसीलिए कोई ब्रह्मचारी पहले कभी इस मार्ग पर नहीं चला था। आज उस मार्ग पर चलना ही नहीं था, लगता था उनकी बस्ती में भी जाना पड़ेगा।... पर उन्हें बस्ती में ले जाने का प्रयोजन ? यदि उनकी हत्या करने की इच्छा होती तो अब तक वे उनका वध कर चुके होते। बंदी कर ले जाने का क्या अर्थ ? क्या वे लोग दास बनाए जाएंगे ?... या यातना देकर धीरे-धीरे मारे जाएंगे ?...

राक्षस-बस्ती में पहुंचते-पहुंचते उनके नाक-मुंह बुरी तरह छिल चुके थे।

बस्ती के एक मैदान में राक्षसों की भीड़ एकत्रित थी और राक्षस-प्रमुख एक उच्च आसन पर बैठा था — जैसे कोई उत्सव होने वाला हो। ऐसा नहीं लगता था कि किसी आकस्मिक मुठभेड़ में सहसा ही राक्षसों ने उन्हें पकड़ लिया हो। निश्चित रूप से यह सब योजनाबद्ध रूप से हुआ था, अन्यथा सारी राक्षस-बस्ती इस प्रकार उनकी प्रतीक्षा न कर रही होती।

किंतु यह सब क्या था ?

राक्षसों ने प्रत्येक ब्रह्मचारी को अलग-अलग वृक्ष के साथ बांध दिया। एक-एक के सामने आग जलाकर उसमें गर्म करने के लिए लौह-शलाकाएं रख दी गयीं।

सारे ब्रह्मचारी एकटक उस यातना-सामग्री की ओर देख रहे थे और उनका वर्ण भय से पीला पड़ता जा रहा था।

राक्षस-प्रमुख ने आदेश दिया— दो कशाधारी आकर जय की दोनों ओर खड़े हो गए।

लगता था तैयारी पूरी हो चुकी है, अब नाटक आरंभ होगा। प्रत्येक व्यक्ति की दृष्टि राक्षस-प्रमुख पर लगी हुई थी। राक्षस-प्रमुख भीतर-ही-भीतर किसी आवेश में खौलता हुआ, थोड़ी-थोड़ी देर में बंदियों की ओर देख लेता था। सहसा उसने अपने आसन पर बैठे ही चिल्लाकर पूछा, "अयोध्या के भरत की सेना को यहां किसने बुलाया है ? वह सेना किस अभियान के लिए आयी है ?"

जय को लगा, वह मुसकरा पड़ेगा। इस जोखिम की घड़ी में भी जैसे उसका सारा मानसिक तनाव समाप्त हो गया था। क्या समझ रहे हैं राक्षस ? क्या सोचते हैं वे ? क्या तपस्वियों ने भरत की सेना को राक्षसों से लड़ने के लिए बुलाया है ?... भरत की

सेना से भयभीत होकर कैसे बौखला गए हैं ये !

जय ने अपना मन तथा स्वर संतुलित किया, "भरत राम को अयोध्या लौटा ले जाने के लिए आए हैं।"

राक्षस-प्रमुख अविश्वास से हंसा, "सुनो तपस्वी ! यह कथा मैंने भी सुनी है। किंतु मैं इतना मूर्ख नहीं हूं कि इन झूठी प्रचार-कथाओं पर विश्वास कर लूं। भरत स्वयं राज्य क्यों नहीं करता ? और यदि वह दे ही रहा है तो राम क्यों राज्य को स्वीकार नहीं करता ? फिर राम को मनाने के लिए इतनी बड़ी सेना लाने की क्या आवश्यकता थी ?"

"मैं नहीं जानता।" जय आत्मविश्वास सहेजकर बोला, "हमारे आश्रम का राम के आश्रम या अयोध्या के राज्य से कोई संबंध नहीं है। हम तपस्वी हैं, अयोध्या की राजनीति से हमारा क्या संबंध !"

"चुप रहो !" राक्षस-प्रमुख चीखा, "तुम सारे तपस्वी एक हो। प्रत्येक आश्रम का दूसरा आश्रम से संबंध है। तुम लोगों ने राम को राक्षसों का विरोध करने के लिए यहां बुलाया है। और ज़ब राम असमर्थ दीखा तो भरत को उनकी सेना सहित बुला लिया है।" वह रुका, "मेरे पास अधिक समय नहीं है। मुझे यह सूचना मिलनी चाहिए कि भरत को बुलाने के लिए कौन उत्तरदायी है और भरत की योजना क्या है ?"

"हमें मालूम नहीं..."

राक्षस-प्रमुख ने उसे वाक्य पूरा करने नहीं दिया — "मैंने सुन लिया। पर मुझे अपने प्रश्नों का उत्तर चाहिए।"

"हमें कुछ भी ज्ञात नहीं।" जय ढीली आवाज में बोला।

"नहीं ?"

"नहीं।"

"तुम, ब्रह्मचारी ?" राक्षस-प्रमुख आनन्द से संबोधित हुआ।

"मुझे भी ज्ञात नहीं ।" आनन्द दीन होकर बोला, "हममें से किसी को भी ज्ञात नहीं।"

राक्षस-प्रमुख ने अविश्वास से मुख फेर लिया, "तुम ?"

"नहीं।"

"तुम ?"

"नहीं।"

"तुम ?"

"नहीं।"

"इन्हें गिन-गिनकर सौ कोड़े लगाओ।" राक्षस-प्रमुख ने अपने कशाधारियों को आदेश दिया, "तब तक लौह शलाकाएं भी तप जाएंगी। यदि वे लोग संतोषजनक उत्तर न दें तो इन्हें तप्त शलाकाओं से दागो। ध्यान रहे, ये मरने न पाएं। ये धरोहर हैं। इनके

शरीरों को अच्छी तरह चिह्नित कर इन्हें इनके आश्रम के निकट फेंक आओ। ये स्वयं अपने कुलपति को बताएंगे कि यदि उन्होंने बाहर से कोई सैनिक सहायता मंगवाकर हमारा विरोध करने का प्रयत्न किया तो हमारी ओर से लड़ने के लिए लंकाधिपति रावण की सेना आएगी; और इनमें से एक-एक की यही अवस्था कर दी जाएगी।...''

कालकाचार्य चिंतित मुद्रा में सिर झुकाए बैठे थे। आश्रम के सारे तपस्वी तथा आचार्य उनके सामने बैठे उनके बोलने की प्रतीक्षा कर रहे थे। प्रत्येक चेहरे पर चिंता थी। केवल जय, आनन्द, त्रिलोचन, कुवलय और शशांक — शेष ब्रह्मचारियों से हटकर, कुलपति के कुछ निकट, प्रमुखता से बैठे हुए थे। उनकी भंगिमा चिंता की नहीं, यातना और अपमानित क्रोध की थी.. उत्तरियों के नीचे, उनके शरीर विभिन्न प्रकार की औषधियों और पट्टियों से लिपटे हुए थे। इस प्रकार बैठने में भी वे कम कष्ट का अनुभव नहीं कर रहे थे, गुरु का दीर्घ मौन उन्हें और भी पीड़ित कर रहा था।

अंत में कालकाचार्य ने सिर उठाया, ''तपस्विगण ! यह न समझें कि इस दुर्घटना से मेरा मन दुःखी नहीं है। मेरे शरीर पर राक्षसों ने कशाघात नहीं किया, मेरी त्वचा को उनकी तप्त शलाकाओं ने दग्ध नहीं किया, किंतु उस कुलपति के मन के घावों की कल्पना करें, जिसके एक नहीं, पांच-पांच ब्रह्मचारियों ने इतनी पीड़ा पायी हो। उनके शरीर पर पड़ा प्रत्येक कोड़ा मेरे हृदय पर पड़ा है। प्रत्येक शलाका ने मेरी आत्मा को दग्ध किया है।... किंतु आक्रोश के असंतुलित क्षणों में कोई उग्र कर्म करने के बदले, हमें थोड़ा आत्म-विश्लेषण करना चाहिए...''

''आर्य कुलपति ! कैसा विश्लेषण ?''

जय को अपना ही स्वर काफी उच्छृंखल लगा। आज तक उसने कुलपति के सम्मुख कभी ऊंचे स्वर में भी बात नहीं की थी और आज वह प्रतिवाद करना चाह रहा था। उसके मन में कुलपति के प्रति सारी श्रद्धा समाप्त हो गयी थी। उसे लग रहा था, यदि कुलपति इसी ढंग से सोचते और बोलते रहे तो वह अमर्यादित हो उठेगा — उसे कुलपति का विरोध करना पड़ेगा — संभवतः उनका आश्रम छोड़ना पड़े। वह कालकाचार्य को अब अपना गुरु नहीं मान सकता...

''आत्म-विश्लेषण आवश्यक है, तपस्विगण।'' कालकाचार्य ने दुर्बल-से स्वर में कहा, ''वर्तमान परिस्थितियों और उसके कारणों को जानने और समझने की भी आवश्यकता है और अंत में उसका समाधान ढूंढने की भी।''

''आपका क्या समाधान है ?'' इस बार शशांक बोला। उसका भी स्वर जय के स्वर से कम उच्छृंखल नहीं था।

''ठहरो, वत्स ! मेरी बात सुनो।'' कालकाचार्य अपने उसी दुर्बल स्वर में बोले, ''राम के इस प्रदेश में आने से पहले भी हम यहां रहते थे और ये राक्षस बस्तियां और शिविर भी यहीं थे। ऐसा नहीं था कि तब राक्षस हमें परेशान नहीं करते थे। किंतु जब

से राम यहां आए हैं, स्थिति काफी बदल गयी है। राम और लक्ष्मण क्षत्रिय योद्धा हैं। उनके पास भयंकर अस्त्र-शस्त्र हैं। उन शस्त्रों को उन्होंने स्वयं तक ही सीमित नहीं रखा है। उनका प्रयत्न यही रहा है कि जहां तक संभव हो, लोग स्थान-स्थान पर राक्षसी अत्याचारों का विरोध करें। उस विरोध का माध्यम शस्त्र हैं। उन्होंने प्रत्येक इच्छुक व्यक्ति को शस्त्रों के निर्माण और परिचालन की शिक्षा दी है। उससे अनेक स्थानों पर राक्षसों का सफल विरोध हुआ है और अनेक ग्रामों में से राक्षसों का आधिपत्य समाप्त हो गया है। इससे राक्षस राम से ही नहीं, समस्त आश्रमों से नाराज हो उठे हैं। राम के आश्रम का वे कुछ बिगाड़ नहीं सकते — अपना क्रोध शेष आश्रमों पर उतारते हैं।''

कालकाचार्य ने रुककर तपस्वियों पर दृष्टि डाली। उन्हें लगा कि जय तथा उसके घायल साथियों की आंखों में उत्सुकता का भाव नहीं था। निश्चित रूप से वे अपने कुलपति के दृष्टिकोण से सहमत नहीं थे।

कुलपति ने अपनी बात आगे बढ़ाई,''राम ने पहले दिन से हमसे संपर्क स्थापित कर रखा है। राम ने सदा चाहा है कि मैं भी अपने आश्रम में शस्त्राभ्यास कराऊं। हमारा आश्रम उनके आश्रम से निकटतम है। वे हमारी पूरी सहायता के लिए प्रस्तुत थे। किंतु मैं पहले दिन से यह जानता था कि शस्त्र रखने का अर्थ है, राक्षसों से वैर पालना। राम हमारी सहायता तो कर सकते हैं, पर हमारी रक्षा नहीं कर सकते।''

''आपने कब चाहा कि वे आपकी रक्षा करें, आर्य कुलपति ?'' त्रिलोचन बीच में ही चिल्लाकर बोला।

''धैर्य न छोड़ो, वत्स त्रिलोचन !'' कालकाचार्य का स्वर और भी दुर्बल हो गया, ''मुझे अपनी बात कहने दो, फिर मैं तुम्हारी बात भी सुनूंगा।'' और वे अपनी बात आगे बढ़ा ले गए, ''मैंने कभी नहीं चाहा कि राम हमारी रक्षा करें। मैंने यहां विद्याभ्यास के लिए आश्रम स्थापित किया था, युद्ध-शिविर नहीं बनाया था। राम क्षत्रिय हैं। मेरी प्रवृत्ति क्षत्रिय-प्रवृत्ति नहीं है। मैं नहीं चाहता कि शस्त्र-निर्माण और शस्त्राभ्यास से मैं राक्षसों के क्रोध और विरोध को आमंत्रित करूं।... और मैं देख रहा हूं कि मैं भूल नहीं कर रहा था। जिस-जिस आश्रम में राम के शस्त्र-दर्शन का प्रवेश हुआ, वहीं-वहीं राक्षसों के क्रोध की उल्का गिरी।... और अब भरत की सेना आयी है। उसके लिए भी राक्षस हमें ही दोषी मानते हैं। यदि हम राम के निकट न होते तो राक्षस हमारे ही आश्रम के ब्रह्मचारियों को पकड़कर न ले जाते। मुझे लगता है, राम एक प्रचंड अग्नि है — अग्नि पवित्र ही सही — किंतु उसका नैकट्य ताप भी देता है।... अभी तो भरत की सेना और राक्षसों में कहीं भिड़ंत नहीं हुई। यदि हो गई तो राक्षस अयोध्या की प्रशिक्षित सेना का तो विरोध कर नहीं पाएंगे, उनका कुंठित क्रोध फिर हम पर ही प्रहार करेगा। इसलिए मेरा विचार है कि यह स्थान अब सुरक्षित नहीं रहा। हमें यहां से हटकर, राम से दूर चले जाना चाहिए...''

''आर्य कुलपति !'' जय उठकर खड़ा हो गया। उसका चेहरा तमतमाया हुआ

था और स्वर क्रोध से कांप रहा था, ''आपने दूसरों का मत सुना ही नहीं और अपना निर्णय दे दिया। यह आश्रम की रीति के अनुकूल नहीं है।''

कालकाचार्य में आश्रम के कुलपति का तेज नहीं जागा। वे सहम गए। उन्हें जय का तमतमाया चेहरा जैसे डरा गया था।

''यह निर्णय नहीं है मेरा, प्रस्ताव है, वत्स ! मेरी निजी राय ! तुम लोग अपने विचार व्यक्त करने में पूर्णतः स्वतंत्र हो।''

''तो फिर मेरा प्रस्ताव सुनें, आर्य कुलपति !'' जय ने आज एक बार भी कालकाचार्य को 'गुरुवर' कहकर संबोधित नहीं किया था; जैसे वह उनके गुरुत्व को भूलकर, केवल उनके आधिकारिक पद को ही देख पा रहा था, ''शशांक, त्रिलोचन, आनन्द, कुवलय तथा मेरा — हम पांचों का मत है कि हम लड़ें या न लड़ें, राक्षस हमसे लड़ेंगे। हम निःशस्त्र हों तो भी मरेंगे, सशस्त्र हों तो भी मरेंगे। विकल्प हमारे हाथ में नहीं है। इसलिए यदि मरना ही है तो सशस्त्र होकर मरें — कदाचित् तब मरना अनिवार्य न रहे। इसलिए हम तत्काल राम के आश्रम पर चलें। उनसे मिलकर सारी स्थिति स्पष्ट करें। उनसे शस्त्र तथा युद्ध-विद्या की सहायता तथा सहयोग मांगें और आत्म-रक्षा में समर्थ होकर, न केवल गौरव और स्वाभिमान के साथ जीवित रहें, वरन् राक्षसों से अपने अपमान का बदला भी लें। इसके लिए यदि आवश्यक हो तो राम, लक्ष्मण, सीता तथा उनके अन्य आश्रमवासियों को अपने साथ रहने के लिए आमंत्रित करें या हम अपना आश्रम उनके आश्रम में विलीन कर दें; और यदि किन्हीं कारणों से यह संभव न हो तो दोनों आश्रमों की भौतिक दूरी तो समाप्त कर ही दें।''

''हम इस प्रस्ताव का पूर्ण समर्थन करते हैं।'' जय के घायल मित्र पूरे जोर से चिल्लाए।

''नहीं।'' कालकाचार्य का स्वर भय तथा आवेश से कंपित होने के कारण चीत्कार बन गया, ''मतभेद तथा व्यक्तिगत विचार-स्वातंत्र्य का समर्थक होने पर भी मैं इस प्रकार के आत्मघाती प्रस्तावों पर विचार करने की अनुमति नहीं दे सकता। मेरे मस्तिष्क में यह बात पूर्णतः स्पष्ट है कि हम युद्ध-व्यवसायी नहीं हैं और राम की मूल-वृत्ति क्षात्र-वृत्ति है। वे जहां रहेंगे, वहां आस-पास शस्त्र-व्यापार चलता ही रहेगा। कल की जिस घटना से तुम लोग इतने उत्तेजित और क्षुब्ध हो उठे हो; मुझे लगता है, वह तो भविष्य का आभास-मात्र है। तुम लोग स्वयं सोचो, कल जब अयोध्या की इतनी बड़ी और शक्तिशाली सेना की छावनी यहां से उखड़ ही रही थी, अर्थात् सेना अभी यहां विद्यमान थी, तब भी राक्षस इतना दुस्साहस कर गये। भविष्य में, जब कोई सेना आस-पास नहीं होगी, तब राक्षसों का साहस और कितना बढ़ जाएगा। भविष्य की उन भयंकर दुर्घटनाओं से अपना बचाव करने के लिए ही मैंने यह निश्चय किया है, तपस्विगण ! कि हम यहां से हटकर अश्व मुनि के आश्रम के निकट जा बसेंगे। राम राक्षसों की निरंतर उत्तेजना का कारण है। हम उसके निकट रहकर, सदा-सदा के लिए

राक्षसों के क्रोध के पात्र नहीं बनना चाहते।...'' और सहसा कुलपति का स्वर ऊंचा हो गया, ''इस विषय में वाद-विवाद की अनुमति मैं नहीं दूंगा। यह मेरा अंतिम निश्चय है और आश्रमवासियों के लिए आज्ञा है। इस आज्ञा की अवहेलना का दंड आश्रम से स्थायी निष्कासन होगा।''

''तो हम स्वयं को इसी क्षण से आश्रम से निष्कासित समझते हैं।'' आनन्द इस सारे वार्तालाप में पहली बार बोला था। उसका चेहरा दृढ़ और सहज था। स्पष्ट था कि उसने यह बात आवेश में नहीं कही थी — यह उसका सुचिंतित मत था।

जय, कुवलय, शशांक और त्रिलोचन भी उनके निर्णय के समर्थन में उठकर, उसके पीछे खड़े हो गए थे।

कालकाचार्य का आवेश लुप्त हो गया। उन्हें जैसे अपने आवेश का यह परिणाम ज्ञात नहीं.था, अथवा वे घटनाओं को यह मोड़ नहीं देना चाहते थे। वे आश्चर्यजनक ढंग से बदले हुए, कोमल और स्नेहयुक्त स्वर में बोले, ''मैं यह कभी नहीं चाहूंगा, वत्स ! कि मेरा कोई शिष्य किसी मतभेद के कारण मेरा आश्रम छोड़कर चला जाए। यह वैसा ही है जैसे कोई पुत्र पिता का घर छोड़ दे।... और तुम पांचों ही मुझे बहुत प्रिय हो। मैं किसी भी रूप में तुमसे विलग होना नहीं चाहूंगा। मेरी बात समझने का प्रयत्न करो, वत्स ! मैं अग्नि को स्वयं से दूर रखने का प्रयत्न कर रहा हूं, ताकि उसका प्रकाश तो हमें मिले, किंतु उसका ताप हमें दग्ध न करे। और तुम चाहते हो कि मैं अग्नि को अपनी कुटिया में ले आऊं, ताकि मेरा आश्रम जलकर भस्म हो जाए।''

कालकाचार्य की कोमलता ने आवेश पर ठंडे छींटे डाल दिये थे। किसी ओर से कोई प्रत्युत्तर नहीं आया, जैसे सब कुछ शांत हो चुका हो।

पर तभी कुवलय उठकर अपने ठहरे हुए मंद स्वर में बोला, ''आर्य कुलपति ! आपका और हमारा दृष्टिकोण पर्याप्त भिन्न है, यह स्पष्ट हो चुका है। किंतु मतभेद का अर्थ अनिवार्यत: विरोध नहीं होता। आप हमें आश्रम से निष्कासित नहीं करना चाहते और न ही यह हमारी इच्छा है कि हम आपसे दंडित होकर अथवा आपसे झगड़कर आश्रम से पृथक् हों। इसलिए गुरुवर ! एक निवेदन है। आप चाहें तो आश्रम को अश्व मुनि के आश्रम की ओर ले जाने की तैयारी करें; किंतु साथ ही हमें यह अनुमति दें कि हम भद्र राम से मिलकर इस विषय में उनका मत जानने का प्रयत्न करें। यदि वे सहमत हो गये तो हम पांचों आपकी अनुमति से उनके आश्रम की सदस्यता स्वीकार करना चाहेंगे।... और यदि हमें ग्रहण करने को वे तैयार नहीं हुए तो हम पूर्ववत् आपके शिष्य हैं — अत: आश्रम के अनुशासन में बंधे आपके साथ जाएंगे।''

कालकाचार्य का स्नायतिक तनाव ढीला पड़ा। कुवलय ठीक कह रहा था — वे राम के पास जाना चाहें तो जाएं; इसमें क्या संकट है। वे न राक्षसों का विरोध चाहते हैं, न राम का और न अपने शिष्यों का।

''ठीक है, वत्स ! तुमने बिलकुल ठीक कहा। तुम लोग आज ही राम से मिलने

चले जाओ। भरत की सेना लौट चुकी है अतः राम से मिलने में कोई बाधा भी नहीं है। कल प्रातः मुझे अपने और राम के निश्चय की सूचना दो। हमारा प्रस्थान कल मध्याह्न तक रुका रहेगा।''

अपनी कुटिया के बाहर अपराह्न की धूप में राम और सीता कुछ अलसाए-से बैठे थे। दोनों ही पिछले दो-तीन दिनों में घटी घटनाओं में ऊब-डूब रहे थे। बात प्रायः कोई भी नहीं कर रहा था।

''भैया ! कुलपति कालकाचार्य के आश्रम के ब्रह्मचारी आए हैं।''

राम ने सिर उठाकर देखा। आगे-आगे जय था। इसे राम ने कई बार कालकाचार्य के आश्रम में देखा था। आते-जाते कभी-कभार कुछ बातें भी हुई थीं। जय ने कई बार धनुष-बाण तथा अन्य शस्त्रों में रुचि भी दिखाई थी। अन्य ब्रह्मचारियों के चेहरे भी कुछ परिचित-से थे, किंतु राम उन्हें ठीक-ठीक पहचानते नहीं थे।

''आओ ! बैठो, मित्र !'' राम ने मुखर द्वारा लाए गए आसनों की ओर संकेत किया।

''आर्य ! ये भील-कला के आसन आपके यहां कैसे ?'' कुवलय ने कुछ आश्चर्य से पूछा।

''ये आसन मैंने और सुमेधा ने मिलकर बनाए हैं।'' सीता बोलीं, ''सुमेधा भील-कन्या ही है। मैंने उसी से यह विद्या पायी है। तुम्हें भील-कला वाले आसन पर बैठने में कोई आपत्ति तो नहीं, ब्रह्मचारी !'' वैदेही मुसकराईं, ''इधर जाति-विभाजन पर बल कुछ अधिक ही है।''

''नहीं, देवि !'' कुवलय झेंप गया, ''मैंने तो केवल जिज्ञासावश पूछ लिया। आश्रमों में इस प्रकार के आसन सामान्य बात नहीं है।''

''बैठो, मित्र !'' राम पुनः बोले, ''मेरी भी जिज्ञासा है — तुम पांचों ही घायल प्रतीत होते हो। औषध और पट्टियां अभी गीली ही हैं। यह क्या है, मित्र ! मृगया अथवा राक्षसों से मुठभेड़ ?''

''हम इसी संदर्भ में आपसे मिलने आए हैं, राम !'' जय बोला, ''आने में कुछ विलंब अवश्य हुआ। कल अयोध्या की सेना लौट रही थी अतः आप तक पहुंचने के लिए मार्ग मिलना कठिन था और आज अपने कुलपति से विचार-विमर्श में विलंब हो गया।''

''ठीक कहते हो, ब्रह्मचारी।'' राम गंभीर हो गए, ''कदाचित् इसी कारण पिछले तीन दिनों से मैं सारे चित्रकूट से कटकर अपने आश्रम में सीमित हो गया था। इस बीच इस आश्रम में बहुत कुछ घटित हुआ है, मित्र !''

''यहां ही नहीं, आर्य ! इस सारे प्रदेश में बहुत कुछ घटित हुआ है।'' शशांक का स्वर कुछ तीखा था, ''कहीं किसी का सिर कटा, कहीं किसी का पांव। कहीं आग

लगी और कहीं हम जैसों को घेरकर बंदी किया गया और राक्षस बस्तियों में ले जाकर कशा के आघातों से आहत और तप्त शलाकाओं से दग्ध किया गया...''

''क्या लाभ अयोध्या की इतनी बड़ी सेना का !'' राम जैसे अपने-आपसे कह रहे थे, ''जिसने जन-सामान्य को सुरक्षा देने के स्थान पर असुरक्षित कर दिया।''

''किसने बंदी किया ?'' लक्ष्मण की उग्रता प्रकट होने लगी थी।

''राक्षसों ने।''

''क्यों ?'' मुखर ने पूछा।

''वही बताने के लिए हम उपस्थित हुए हैं।'' जय बोला।

''कहो, मित्र ! मैं सुन रहा हूं।'' राम उनके चेहरे ही ओर देख रहे थे।

कालकाचार्य ने जाने वाले तपस्वियों, छकड़ों पर लदे सामान, छकड़ों में जुते बैलों को हांकनेवाले गाड़ीवानों इत्यादि पर अंतिम बार निरीक्षण करती दृष्टि डाली। वे व्यवस्था से संतुष्ट थे। आकृति पर आश्वस्ति के चिह्न एकदम स्पष्ट थे और साथ ही किसी विकट विपत्ति से मुक्त हो जाने का आह्लाद भी था।

उन्होंने मुड़कर इन सारी तैयारियों से अलग, एक ओर हटकर खड़े हुए राम की ओर देखा — राम, सीता तथा लक्ष्मण साथ-साथ खड़े थे और उनके पीछे जय तथा उसके चारों मित्र खड़े थे। कुलपति का चेहरा कुछ विकृत हुआ जैसे मुख का स्वाद कड़वा गया हो। किंतु उन्होंने तत्काल स्वयं को संभाल लिया। वे सायास मुसकराए और सहज होने का भरसक प्रयत्न करते हुए चलकर उन लोगों के समीप आए।

''वत्स राम ! अब हमें विदा दो।'' कुलपति अत्यन्त औपचारिक स्वर में बोले, ''बड़ी इच्छा थी कि हम यहां साथ-साथ रहते अथवा तुम हमारे साथ अश्व मुनि के आश्रम में चलते। किन्तु तात ! शायद यह संभव नहीं है। पर जाते-जाते भी मैं तुम्हें एक परामर्श दूंगा। यद्यपि तुम वीर और साहसी हो, युद्ध-विद्या में कुशल हो — फिर भी यह स्थान ऐसा नहीं है, जहां तुम अपनी युवती पत्नी के साथ सुरक्षित रह सको। वत्स ! तुम भी इन लोगों को लेकर किसी सुरक्षित स्थान पर चले जाओ।'' उन्होंने रुककर राम के पीछे खड़े तपस्वियों को देखा, ''और मेरे इन ब्रह्मचारियों की रक्षा करना। भगवान तुम्हारा भला करें।''

राम ने शान्त भाव से कुलपति की बात सुनी और हल्के-से मुसकरा दिए। लक्ष्मण ने एक बार उद्दंड आंखों से कुलपति को ताका और वितृष्णा से मुख मोड़ लिया।

राम और सीता ने झुककर कुलपति के चरण छुए और अन्य लोगों को मार्ग देने के लिए एक ओर हट गए।

लक्ष्मण ने अब तक स्वयं को संभाल लिया था। पूर्ण गंभीरता का अभिनय करते हुए बोले, ''ऋषिवर ! हमें भी आपके साथ चलकर अश्व मुनि के आश्रम में रहने की

बड़ी इच्छा थी पर हम जा नहीं पाएंगे, हमारी असमर्थता को क्षमा करें। हम नहीं चाहते कि हम आपके साथ-साथ लगे फिरें और आप अपने छकड़ों से अपना सामान भी न उतार पाएं।''

इससे पूर्व कि राम आगे बढ़कर लक्ष्मण से कुछ कहते, कालकाचार्य उन्मुक्त कंठ से हंस पड़े। राम ने कुछ विस्मय से देखा — कुलपति का कंठ ही नहीं, मन भी उन्मुक्त था। लक्ष्मण ने अपने इस वाक्य से न केवल अपने मन की कह दी थी, वरन् कुलपति के मन की ग्लानि भी धो डाली थी।

''बहुत अच्छी बात कही तुमने, वत्स सौमित्र !'' हंसी के पश्चात् कुलपति अत्यन्त निर्मल हो आए थे। उनकी आकृति की औपचारिकता भी विलीन हो गयी थी, और वे सहज हो गए थे, ''तुमने न कहा होता तो कदाचित् मैं भी सच न बोल पाता। पुत्र ! मेरा विश्वास करो। तुम लोगों का सहवास हम सब तपस्वियों के लिए आनन्ददायक है। यह हमारी हार्दिक इच्छा है, पुत्र ! कि तुम हमारे साथ रहो। किन्तु लक्ष्मण ! सारे मनुष्यों की प्रकृति एक समान नहीं होती। हम लोग स्वयं अपने-आप में न्यायपूर्ण आचरण करने वाले हैं। हम बिना किसी जीव को कष्ट दिए, मानवता के सुख के लिए ज्ञान, विज्ञान, कला तथा संस्कृति के विकास के लिए प्रयत्नशील हैं। अतः मन से हम न्याय के समर्थक और अन्याय के विरोधी हैं। इस दृष्टि से हम तुम्हारे सहयोगी हैं। किन्तु पुत्र ! अपने जन्मजात स्वभाव, राजसिक वृत्ति के अभाव तथा संयम के लम्बे प्रशिक्षण के कारण हम लोग तुम्हारे समान संघर्षशील नहीं हैं। अतः अन्याय के विरोध के लिए सक्रिय अवसर उपस्थित होते ही हम लोग प्रायः उस स्थान से हट जाते हैं। हम अपनी सीमाएं पहचानते हैं। ऐसा नहीं है, पुत्र ! कि मैं नहीं चाहता कि मैं भी तुम्हारे ही समान शस्त्र धारण कर राक्षसों का हनन करूं। किंतु मैं अपनी तथा इन तपस्वियों की भीरु प्रकृति का क्या करूं ? हमें अपना विरोधी न समझो। तुम्हारे साथ न रह सकने का अर्थ कदापि यह नहीं है कि हम राक्षसों के मित्र हैं। हम तुम्हारे अक्षम तथा भीरु मित्र हैं, जो संघर्ष करने का साहस नहीं बटोर पा रहे। सौमित्र ! हमारे प्रति मन में क्रोध न रख, करुणा और दया का भाव धारण करो।''

कुलपति मौन हो गए। उनका स्वच्छ मन उनकी पारदर्शी आंखों में से झांक रहा था। कोई भी देख सकता था कि उनके संपूर्ण व्यक्तित्व में कहीं कोई दुराव तो नहीं था। उन्होंने वाणी के माध्यम से अपना मन सहज ही सबके सम्मुख रख दिया था।

लक्ष्मण कुछ संकुचित हुए — शायद उन्हें निश्छल और निर्मल वृद्ध से ऐसी कटु बातें नहीं कहनी चाहिए थीं।

''आर्य कुलपति !'' राम ने आगे बढ़कर बात संभाल ली, ''लक्ष्मण की बात का बुरा न मानें। हम दोनों एक-दूसरे का पक्ष समझते हैं। ऋषिवर ! हम क्षत्रियों का शस्त्र धारण करना तभी सार्थक होगा, जब आप जैसे निष्पाप तपस्वी खुलकर हमें अपना स्नेह दे सकेंगे और हम न्याय के नाम पर आपको अभय दे सकेंगे। कुलपति सहज मन

से अपनी यात्रा पर जाएं। इस अलगाव से किसी के मन में वैमनस्य न रहेगा।''

कुलपति ने धीरे-धीरे अपनी भींगी आंखें ऊपर उठाईं और राम के चेहरे पर टिका दीं, ''राम ! मेरे इन ब्रह्मचारियों का ध्यान रखना। ये पांचों तपस्वी हैं। आशा है, ये मेरे पाप की क्षति-पूर्ति करेंगे।''

कुलपति ने उन लोगों की ओर देखे बिना मुख मोड़ लिया और धीरे-धीरे चलते हुए अपने छकड़े पर जा बैठे। बैठते ही उन्होंने गाड़ीवानों को संकेत किया, ''चलो।''

राम स्पष्ट देख रहे थे, कुलपति का मन उनके कर्म का विरोध कर रहा था। वे उदास थे। विवेक कितना भी प्रेरित करे — अपनी प्रकृति के विपरीत कार्य करना कठिन होता है। मन की भीरुता, तन की कोमलता और संघर्ष के प्रति अतत्परता व्यक्ति को क्या बना देती है। ऐसा क्या खो गया है इन लोगों में, जो सत् पक्ष को जानते हुए भी उसका समर्थन नहीं कर पाते, उसके पक्ष में खड़े नहीं हो पाते। किस बात से डरते हैं — कष्ट से ? पर कष्ट तो ये उठा ही रहे हैं। अपमान से ? इस प्रकार, अपनी इच्छा के विरुद्ध, किसी के भय से, अपना स्थान छोड़कर, कहीं और भटकने के लिए चल पड़ना क्या अपमानजनक नहीं है ! यह सैनिक दृष्टि से योजनाबद्ध प्रत्यावर्तन नहीं है कि इसे रण-नीति या रण-कौशल मान लिया जाए। यह तो रण ही नहीं है। जब कभी संघर्ष का अवसर प्रस्तुत होगा — ये लोग इसी प्रकार पीछे हट जाएंगे। इन्हें कहीं भी 'सत्य' नहीं मिलेगा, कहीं 'न्याय' नहीं मिलेगा, कहीं अधिकार नहीं मिलेगा। 'सत्य' और 'न्याय' के संघर्ष से भागना स्वयं 'सत्य' और 'न्याय' से दूर भागना है।

राम की दृष्टि बहिर्मुखी हुई — जय तथा उसके साथी कुछ उदास लग रहे थे। लक्ष्मण की मुद्रा अभी भी कुछ उग्र थी। सीता सहज हो चुकी थीं।

''आओ, चलें।'' राम ने अपना धनुष उठा लिया, ''उद्घोष तथा उसके साथी हमारी प्रतीक्षा कर रहे होंगे। आश्रम पहुंचकर उन्हें शस्त्रागार की रक्षा के दायित्व से मुक्त करना है।''

अपने-अपने विचारों में खोए सब लोग आश्रम की ओर बढ़े। कोई किसी से बात नहीं कर रहा था। केवल यांत्रिक रूप से, आगे-पीछे चलते जा रहे थे।

आत्मलीन राम के मन में पिछले तीन दिनों की घटनाओं की स्मृतियां थीं— कितना आकस्मिक था सब कुछ। किसने घटनाओं के इस रूप की कल्पना की कितना आकस्मिक था सब-कुछ। किसने घटनाओं के इस रूप की कल्पना की होगी। अयोध्या में घटित घटनाओं के विषय में राम उत्सुक थे। मन में अनेक आशंकाएं थीं। जैसे-जैसे भरत के निकट आने के समाचार मिलते जा रहे थे, जिज्ञासाओं की भीड़ भी बढ़ती गयी थी।... तीन दिन पहले वन्य पशुओं में सहसा भगदड़ मच गयी। चित्रकूट पर चारों ओर से धूल-ही-धूल उड़ने लगी। निकट के विभिन्न आश्रमों से सूचनाएं मिलीं कि भरत की सेना आ पहुंची है।... लक्ष्मण ने कवच कस लिया और अपने दिव्यास्त्रों से सज्जित हो गए। उन्होंने आश्रम के पिछले मार्ग से मुखर को उद्घोष के ग्राम की ओर दौड़ा दिया

कि वह विभिन्न ग्रामों तथा आश्रमों में से सशस्त्र युवकों को एकत्रित कर शीघ्रातिशीघ्र पहुंचे।

... सशस्त्र युवक-संगठनों ने तनिक भी विलंब नहीं किया। उद्घोष ने इतने युवक एकत्रित कर दिए थे कि वे आश्रम की अच्छी तरह व्यूह-बंदी कर सकते थे।... किंतु युद्ध की आवश्यकता नहीं पड़ी। भरत की सेना आश्रम से दूर ही रुक गयी थी। निकट आते ही भरत राम के चरणों पर गिर पड़े थे।...

राम अपनी कुटिया के द्वार पर आकर रुक गये ।

"आश्रम के नये सदस्यों के रहने की क्या व्यवस्था होगी, सौमित्र ?"

"हम तुरन्त निर्माण-कार्य आरम्भ कर देते हैं, भैया !" लक्ष्मण बोले, "किंतु आज की रात उद्घोष की कुटिया तथा अतिथिशाला से ही काम चलाना होगा।"

"'हम' से क्या तात्पर्य है, लक्ष्मण ?" राम मुसकराए, "कहीं तुम इन लोगों को तो निर्माण-कार्य में नहीं लगाना चाहते ? वे आहत हैं। उन्हें अभी शारीरिक श्रम नहीं करना चाहिए।"

"नहीं, आर्य !" जय बोला, "हम इतने अक्षम नहीं हैं कि आर्य सौमित्र की कोई सहायता न कर सकें। राक्षसों ने हमारी हड्डियां न तोड़ने की कृपा अवश्य दिखाई है।"

"नहीं ! कुटीर-निर्माण-कार्य मैं और मुखर कर लेंगे।" लक्ष्मण मुसकराए, "इन्हें केवल मनोरंजनार्थ हमारा हाथ बंटाना होगा।"

"अच्छा ! जाओ।"

लक्ष्मण इत्यादि को भेज, राम सीता के साथ कुटिया के भीतर आए। सीता बिना कुछ कहे भोजन की व्यवस्था में लग गयीं और राम की चिंतन-प्रक्रिया फिर चल पड़ी — भरत ने आते ही अपना अभिप्राय कहा। वे राम, लक्ष्मण तथा सीता को अयोध्या लौटा ले जाना चाहते थे। वे नहीं चाहते थे कि अयोध्या के राजपरिवार की, परस्पर अविश्वास की परम्परा और आगे बढ़े; और भरत के राज्य को युद्धाजित के आतंक का विस्तार माना जाए। वे नहीं चाहते थे कि अयोध्या में फिर कोई दुःस्वप्नों और आशंकाओं से पीड़ित होकर वैसे प्राण त्यागे जैसे सम्राट् दशरथ ने त्यागे थे...

भरत अयोध्या और मिथिला के राजपरिवार, मंत्रि-परिषद्, पुरोहित वर्ग, प्रमुख प्रजाजन, सेनापति, सैनिक परिषद् तथा सेना की अनेक टुकड़ियां लेकर उन्हें लिवाने आये थे। वे तत्काल राम का राज्याभिषेक करना चाहते थे।... किंतु एक बात के लिए भरत एकदम सजग नहीं थे। भरत के साथ-साथ भरद्वाज, वाल्मीकि तथा अनेक ऋषि भी आए थे। जो ऋषि आ नहीं पाए थे — राम जानते थे — उनके चर आश्रम के चारों ओर मंडरा रहे थे। वे भयभीत थे, कहीं राम भरत की बात न मान लें।... जब संपूर्ण राजवंश एक स्वर में कह रहा था कि राम अयोध्या लौट चलें — एक भी ऋषि इस इच्छा का समर्थन नहीं कर रहा था।

अंत में भरत को निराश लौट जाना पड़ा। अयोध्या से लायी गयी राजसी-

खड़ाऊंओं को वे राम के चरणों से छुआ भर सके, उन्हें पहना नहीं सके।...

... किंतु इन तीन दिनों में जब वे अपने पारिवारिक मनोमालिन्य को दूर कर रहे थे, इस वन में कितना कुछ कलुषित और भयंकर घट गया था। यदि राम राजकीय मर्यादाओं में घिरकर जन-सामान्य से दूर न हो गए होते तो कदाचित् राक्षस वह सब नहीं कर सकते, जो उन्होंने किया।... भविष्य में राम को ध्यान रखना होगा कि वे किसी भी कारण से जन-सामान्य के लिए अनुपलब्ध न हो जाएं, नहीं तो उन-जैसे जन-नेता और उन विलासी शासकों में क्या भेद रह जाएगा, जो अपनी सुख-सुविधाओं के बंदी होकर जनता की असुविधाओं को अनदेखा कर जाते हैं...

राम ने कुटिया से बाहर आकर देखा — लक्ष्मण, मुखर तथा पांचों ब्रह्मचारियों के साथ लकड़ियों के गट्ठरों के साथ वन से लौट रहे थे। लक्ष्मण और मुखर के कंधों पर अधिक बोझ था, किंतु बह्मचारियों ने भी कुछ-न-कुछ उठा ही रखा था। राम उन्हें टीले का चढ़ाव चढ़ते हुए साफ-साफ देख रहे थे। वे सातों उल्लास में भरे, प्रसन्नतापूर्वक बातें करते हुए ऊपर आ रहे थे। उनमें से किसी को भी ऐसा नहीं लग रहा था कि अभी थोड़ी देर पूर्व ही उनके आश्रम के कुलपति अपनी शिष्य-मंडली और अन्य तपस्वियों के साथ राक्षसों से भयभीत हो, यह स्थान छोड़कर चले गए हैं और पीछे छूटे वे लोग जो राक्षसों के जबड़ों के बीच बैठे हैं।

तभी लक्ष्मण ने कुछ कहा और शेष सब लोग उन्मुक्त अट्टहास कर उठे।

भोजन के पश्चात् वे लोग कुटिया के बाहर तनिक खुले स्थान में जा बैठे।

"ये अश्व मुनि कौन हैं," राम ने बात आरंभ की, "जिनके पास कुलपति अपने ऋषिकुल को लेकर गए हैं ?"

जय कुछ आगे खिसक आया, "आर्य, मेरी स्पष्टवादिता को क्षमा करें। अभी थोड़े-से ही समय में मैंने आर्य लक्ष्मण की संगति में सीखा है कि तेजस्वी पुरुष न तो स्पष्ट कहने में संकोच करता है और न स्पष्ट बात का बुरा मानता है।"

"बोलो, जय ! संकोच न करो।" राम मुसकराए।

जय हल्के-से आवेश में बोला, "आर्य ! अश्व मुनि भी अन्य अनेक भगोड़े ऋषियों के समान इस क्षेत्र के 'सावधान' ऋषि हैं। उनकी विशेषता यह है कि उन्होंने शिष्य-पालन के साथ-साथ अश्व-पालन को भी बहुत महत्त्व दे रखा है। उनके पास कुछ अच्छे प्रशिक्षित अश्व हैं। उनके कारण अश्व मुनि के शिष्य आश्रम की सीमा के कुछ आगे बढ़कर वन-प्रदेश में होने वाली घटनाओं की देखभाल करते रहते हैं। जब कभी उन्हें कोई राक्षस आश्रम की ओर बढ़ता दिखाई देता है, वे लोग तत्काल उसकी सूचना ऋषि को देते हैं। समस्त आश्रमवासी इधर-उधर छिप जाते हैं और समय तथा अवसर के अनुकूल आश्रम से दूर चले जाते हैं। इस प्रकार वे लोग अपने प्राण बचा लेने का प्रबन्ध कर लेते हैं।... वैसे भी कुलपति कालकाचार्य ने आप लोगों से अलग

होकर अपने ढंग से राक्षसों को जताया है कि वे आपके मित्र नहीं हैं, अतः आपके कारण वे उन्हें परेशान न करें।..."

"तुम लोग कुलपति के साथ ही क्यों नहीं चले गए, जय ?" सीता ने मुसकराकर पूछा, "क्या तुम्हें अपनी सुरक्षा प्रिय नहीं ?"

"देवि ! सुरक्षा किसे प्रिय नहीं।" शशांक ने कहा, "किंतु राक्षसों के हाथों इतनी यातना सहकर हम बहुत पीड़ित और अपमानित हैं। परस्पर बहुत सारा विचार-विमर्श कर हम पांचों इस निष्कर्ष पर पहुंचे हैं कि दूसरों की दया पर निर्भर, अपमानित जीवन जीने से अपने सामर्थ्य के बल पर जिया गया तेजस्वी जीवन कहीं श्रेष्ठ है। हमने पाया है कि न्याय के संघर्ष से दूर भागना, उसे टालना न्याय को टालना है। अतः व्यक्ति को उसकी उपेक्षा करने के स्थान पर उसे उकसाना चाहिए, उसकी ओर बढ़ना चाहिए — तभी वह न्याय के निकट पहुंच उसे पा सकेगा।"

"बंधुओ ! मैं तो कब से यही कह रहा हूं।" लक्ष्मण मुसकराए, "पर मेरी कोई सुनता ही नहीं।"

"मैं सुन रहा हूं।" राम ने सस्नेह लक्ष्मण को देखा, "और इसलिए यहां बैठा हूं कि विचार-विमर्श कर आगे का कार्यक्रम तय कर लें।... हम लोग प्रायः इस विषय में एकमत हैं कि राक्षसों के अन्याय, असमानता तथा शोषणपूर्ण चिंतन-दर्शन और जीवन-विधि से हमारा समझौता नहीं हो सकता। उनसे हमारा संघर्ष अनिवार्य है।"

"एकदम !"

"यदि संघर्ष अनिवार्य हो तो उसे और उग्र करना चाहिए, ताकि हम न्याय की ओर तीव्रता से बढ़ सकें।"

"हमारा भी यही विचार है।" आनन्द बोला, "हमारा वश चले तो हम आज ही राक्षस-बस्तियों पर आक्रमण कर दें।"

"किंतु सामूहिक और व्यक्तिगत संघर्ष में भेद होता है, आनन्द !" सीता बोलीं, "क्या सर्वत्र व्याप्त इस राक्षसी अत्याचार से संघर्ष कर न्याय प्राप्त करने का एकमात्र यही ढंग है कि हम एक-के-बाद-एक राक्षसों की बस्तियों, शिविरों, ग्रामों तथा नगरों पर आक्रमण करते जाएं।"

"नहीं !" राम बोले, "बहुत उग्र और प्रचंड होने का अभी समय नहीं आया है। संघर्ष की ओर हमें सुसंयोजित ढंग से योजनाबद्ध रूप में बढ़ना है। हमें अपनी वाणी और कर्म का रूप ऐसा रखना होगा जिससे राक्षसों के विरुद्ध हमारा संघर्ष दबे नहीं, भड़के। यह व्यक्तिगत संघर्ष नहीं है। न्याय का संघर्ष, एक व्यक्ति का संघर्ष नहीं होता। हमें समस्त पीड़ित और दलित लोगों को अपने साथ लेकर चलना होगा। जितने भी लोग मानव की समता के आधार पर एक ऐसे न्यायपूर्ण मानव-समाज के निर्माण के इच्छुक हैं, जिसमें प्रत्येक व्यक्ति के विकास के लिए पूर्ण स्वतंत्रता और सुविधाएं उपलब्ध हों — ऐसे समस्त लोगों को संगठित करना होगा। जहां कहीं थोड़ा-सा भी तेज

है, प्रकाश है, संघर्ष है, प्रतिरोध है — उसे जगाए रखना होगा और अपने साथ लिये चलना होगा...''

''अर्थात् ?'' जय ने पूछा।

''अर्थात्,'' राम ने समझाने के ढंग से कहा, ''चाहे हम खोज-खोजकर न मारें किंतु यदि कोई राक्षस किसी को पीड़ित करता है तो हमें पीछे नहीं हटना होगा। हमें अपना मोर्चा संभालना होगा। युद्ध करना होगा। हमारे इस प्रकार के संघर्षशील प्रयत्नों से अन्य लोगों का तेज भी जाग्रत होगा। और ऐसे जितने भी ऋषि अथवा ऋषिकुल यहां हैं, जो इस प्रकार के संघर्ष में विश्वास करते हैं — उन सबसे संपर्क स्थापित कर उन्हें बल देना होगा और स्वयं उनसे शक्ति प्राप्त करनी होगी।...''

''आप ठीक कहते हैं, आर्य !'' मुखर बोला।

''संघर्ष का आरम्भ उस व्यक्ति से होना चाहिए, मित्रो ! जो अत्याचार का सीधा सामना कर रहा है। जिन लोगों ने उस अत्याचार के विषय में सुना मात्र है, उससे प्रत्यक्ष संपृक्त होने का अवसर नहीं पाया; उनके मन में दाह नहीं है — अतः प्रकाश भी नहीं है। वे लोग ऐसे संघर्ष को मानसिक सहानुभूति दे सकते हैं, उसमें सक्रिय योग नहीं दे सकते।''

''तो भैया ! संघर्ष का आरम्भ अश्व मुनि के आश्रम में नहीं, जनस्थान में ही हो सकता है।''

''तो जनस्थान की ओर बढ़ो।'' सीता मुसकराईं।

''देवि ! आप...'' शशांक ने आश्चर्य से सीता को देखा।

''ये शक्ति-रूपा नारी हैं, मित्रो !'' राम मुसकराए, ''तुम लोग अभी सीता को नहीं पहचानते।''

''तो हम सबका जनस्थान जाना निश्चित रहा।'' जय के स्वर में उल्लास था।

''नहीं, जय !'' राम गंभीर स्वर में बोले, ''जनस्थान में न्याय का युद्ध वहीं के निवासी लड़ेंगे। तुम चित्रकूट में ही रहोगे।''

''तो यह सारा वार्तालाप...''

''मेरी बात सुनो।'' राम बोले, ''हमें, अर्थात् मुझे, सीता तथा लक्ष्मण को अंततः दंडक वन में ही जाना है — ऐसा अयोध्या से चलते समय ही निश्चित था। मुखर का अपना घर दक्षिण की ओर है, अतः वह भी हमारे साथ जाना चाहेगा। हम लोग यहां इसलिए रुके हुए थे कि हमें अपनी अनुपस्थिति में घटित अयोध्या के समाचार मिल सकें। भरत की नीति स्पष्ट हो सके और हम आगे की योजना तय कर सकें यह कार्य अब पूर्ण हो चुका है, अतः हमारा चित्रकूट छोड़ दक्षिण की ओर जाना निश्चित है...''

''किंतु आर्य !...'' कुवलय ने कुछ कहना चाहा।

''धैर्य रखो, कुवलय !'' राम मुसकराए, ''तुम लोगों को मझधार में छोड़कर नहीं जाऊंगा।... हमारा जाना निश्चित अवश्य है; किंतु जाने से पूर्व हमें कुछ प्रबंध करना

है। राक्षसी आतंक इस क्षेत्र में अभी पर्याप्त मात्रा में है। पर इतना नहीं कि मैं यहां से हिल न सकूं। उद्घोष के रूप में यहां एक ऐसा व्यक्ति है, जो आजन्म अन्याय के विरुद्ध संघर्ष करेगा। संयोग से उसके पास अच्छे साथी हैं। वे लोग जागरूक संगठित तथा बलिदानी हैं। अन्य अनेक ग्रामों में भी जन-क्रान्ति की प्रक्रिया आरम्भ हो चुकी है। अनेक आश्रमों में भी यह चिंतन जड़ पकड़ चुका है कि अत्याचार को समाप्त कर मानव को सुखी बनाना ब्रह्म को पाने से अधिक महत्त्वपूर्ण है। अतः जाने से पूर्व इन सब लोगों में संयोजन का कार्य करने के लिए मैं अपना आश्रम किसी उपयुक्त उत्तराधिकारी को सौंपना चाहता था। तुम लोगों से उत्तम उत्तराधिकारी और कौन होगा। मेरा विचार है, हम लोग तुम्हारी शस्त्र-परिचालन तथा निर्माण-शिक्षा पूरी होने तक यहां रुकें और फिर यह आश्रम तुम्हें सौंपकर आगे बढ़ जाएं।''

''आर्य ! क्या यह दायित्व हमारे कंधों के लिए भारी नहीं पड़ेगा ?'' त्रिलोचन घबराया-सा लग रहा था।

''नहीं !'' राम ने उसकी आंखों में देखा, ''तुमने स्वयं अत्याचार सहा है। फिर तुम्हें तपस्वी जीवन का अभ्यास है, जो उद्घोष और उसके साथियों को नहीं है। अतः जागरूक श्रमिक तथा बुद्धिजीवी जनता में भाईचारा बनाए रखने के लिए तुम लोग यहां रहोगे और उद्घोष से प्रत्येक क्षेत्र में सहयोग करोगे। किंतु सावधान, मित्रो ! बुद्धिजीवी होने के अहंकार में जन-सामान्य से दूर मत हो जाना, अन्यथा तुम शोषकों के हाथ के खिलौने बन, जन-सामान्य के शत्रु हो, क्रांति की प्रक्रिया की सबसे बड़ी बाधा बन जाओगे।''

''आर्य ! हमें सहयोग दें।'' कुवलय ने सिर को तनिक झुकाया, ''हम आपकी आशाओं पर खरे उतरने का पूरा प्रयत्न करेंगे।''

''मैं आश्वस्त हूं, साथियो !'' राम की सम्मोहनमयी मुसकान उनके अधरों पर आ विराजी, ''कल से तुम्हारा प्रशिक्षण आरम्भ होगा।''

# संघर्ष की ओर

## प्रथम खंड

1

"ऋषि को आपकी बहुत प्रतीक्षा थी, भद्र !"

राम की कल्पना में प्रातः देखा दृश्य पुनः साकार हो उठा। कुलपति की कुटिया के सम्मुख चबूतरे पर धू-धू जलती हुई चिता। ऊंची-से-ऊंची जलती हुई लपटों के बीच खड़े ऋषि शरभंग। नयन मूंदे, हाथ जोड़े — इस प्रकार शांत मुद्रा में खड़े थे, मानो जल में खड़े सूर्य का ध्यान कर रहे हों। शरीर अग्नि से ऐसे एकाकार हो गया था, जैसे आग की लपटें उन्हें बाहर से न घेरे हों — उनके शरीर से निकलकर, बाहर पड़ी लकड़ियों को जला रही हों।

राम की मंडली के आने से चिता को चारों ओर से घेरकर खड़े जन-समुदाय में थोड़ी हलचल हुई थी... ऋषि का ध्यान जैसे भंग हो गया था। उनकी आंखें निमिष-भर के लिए खुलीं। उन्होंने राम को पहचाना, मानो चलने के लिए पग उठाया, कुछ कहने को होंठ फैले... किंतु तभी अचेत होकर गिर पड़े। न आंखें खुली रह सकीं, न होंठ से स्वर निकला और न पग ही आगे बढ़ सका।

राम का अपना ही मन अपने देखे पर संदेह कर रहा था। सूखे काठ के समान धू-धू जलता हुआ, मनुष्य का शरीर क्या किसी को देख और पहचान सकता है; किसी को कुछ कहने का संकल्प कर सकता है ?... राम ने उसे अपना भ्रम माना था; किंतु अब सामने बैठे मुनि ज्ञानश्रेष्ठ कह रहे हैं कि ऋषि को राम की प्रतीक्षा थी।

हतप्रभ-से राम चिता से कुछ दूर खड़े रह गए थे। ऋषि का अचेत, या कदाचित् मृत शरीर सूखे ईंधन के समान जल रहा था।... ऋषि को बचाया नहीं जा सकता था। चिता में से जीवित अथवा मृत शरीर को खींच लेने का अब कोई लाभ नहीं था।

राम की आंखों में अश्रु आ गए थे। मनुष्य इतना भी असहाय हो उठता है कि अपने जीवित, अनुभूतिप्रवण शरीर को निर्जीव पदार्थ के समान अग्नि में झोंक दे। मन का ताप इतना तीव्र और असह्य हो उठता है कि जलता हुआ तन भी उसकी तुलना में शीतल लगने लगे।... और कोई राम-सा भी अक्षम हो सकता है कि सामने चिता में शरभंग जल रहे हों और राम का हाथ उन तक न पहुंच पाए।

उन्होंने डबडबाई आंखों से अपने आस-पास देखा था — सीता, लक्ष्मण, मुखर तथा उनके साथ आए अत्रि ऋषि के शिष्य — शस्त्रागार से लदे हुए उनके आस-पास आ खड़े हुए थे। सबकी दृष्टि चिता में जलते हुए ऋषि के शव पर थी। चेहरों पर अवसाद, निराशा तथा वितृष्णा के भाव घिर आए थे। आश्रमवासियों की स्थिति उन लोगों से तनिक भी भिन्न नहीं थी।

"ऋषि ने प्रतीक्षा क्यों नहीं की ?"

ज्ञानश्रेष्ठ चुपचाप राम को देखते रहे, जैसे कुछ सोच रहे हों। फिर धीमे स्वर में बोले, "ठीक-ठीक बता पाना कठिन है। हां, कुछ-कुछ अनुमान किया जा सकता है।"

"कोई विशेष घटना घटी थी क्या ?" ज्ञानश्रेष्ठ को मौन हुए विलंब हो गया तो राम ने पूछा।

ज्ञानश्रेष्ठ ने धीरे-धीरे अपनी बोझिल आंखें ऊपर उठायीं और राम के चेहरे पर टिका दीं, "यहां तो नित्य ही कुछ-न-कुछ ऐसा घटता रहता है कि व्यक्ति आत्मदाह कर बैठे। यह तो कुलपति का ही साहस था कि आज तक टिक रहे। शरीर का दाह तो उन्होंने आज किया, मन जाने कितनी बार दग्ध हुआ होगा।"

"फिर भी कुछ आभास तो आपको होगा।" लक्ष्मण अपने स्थान से कुछ आगे बढ़ आए।

"मेरा ऐसा अनुमान है कि इसका सम्बन्ध खान-श्रमिकों की बस्ती से अवश्य है।" ज्ञानश्रेष्ठ ने सहसा अपनी आत्म-तल्लीनता को त्याग दिया, "ऋषि के पास पिछले दिनों कुछ खान-श्रमिक आए थे। ऋषि ने उनकी बातें सर्वथा एकांत में सुनी थीं। किंतु उसके पश्चात् वे कई बार उनकी बस्तियों में गए थे। वे लोग भी बहुधा उनके पास आने लगे थे। लगता था, श्रमिक ऋषि पर बहुत विश्वास करने लगे थे। उनसे सारी बातें एकान्त में ही होती थीं, और उनके जाने के पश्चात् ऋषि बहुधा बहुत चिंतित हो जाया करते थे। उन्हें नींद नहीं आती थी और वे अपनी कुटिया के सामने के चबूतरे पर बैठकर आधी-आधी रात तक आकाश को घूरा करते थे। या फिर उत्तेजना की स्थिति में उसी चबूतरे की परिक्रमा किया करते थे।... और भद्र राम ! उसी अवधि में उन्होंने आपको बहुत याद किया।"

"किस संदर्भ में ?" राम अनुमान लगाने का प्रयत्न कर रहे थे।

"उन दिनों आपकी योजनाओं में उनकी रुचि बहुत बढ़ गयी थी।" ज्ञानश्रेष्ठ बोले, "आप कहां हैं ? क्या कर रहे हैं ? आप लोगों को संगठित कैसे करते हैं ? उन्हें शस्त्रों की शिक्षा कैसे देते हैं ? आप साहसी लोगों को कैसे जुटा लेते हैं ? आपका शस्त्र-बल और शस्त्र-कौशल किस कोटि का है ?... इत्यादि। मुझे स्वयं बड़ा आश्चर्य है कि वे अपनी तपस्या अथवा आध्यात्मिक ज्ञान की चर्चा न कर, शस्त्रों तथा युद्ध की बातों में क्यों रुचि लेने लगे थे।"

राम चुपचाप ज्ञानश्रेष्ठ की ओर देखते रहे।

''तीन दिन पहले सहसा यहां स्वयं देवराज इन्द्र पधारे...''

राम, लक्ष्मण, सीता और मुखर की दृष्टियां परस्पर टकरायीं।

ज्ञानश्रेष्ठ ने अपनी बात आगे बढ़ायी, ''ऋषि इतने प्रसन्न हुए, जैसे उन्हें मोक्ष ही मिल गया हो। आश्रम में किसी अतिथि के आगमन पर ऐसा उत्साह-प्रदर्शन असाधारण था। इस आश्रम में वैसा स्वागत तथा सम्मान आज तक किसी अतिथि का नहीं हुआ। देवराज ने भी ऋषि से एकांत में बात करने की इच्छा प्रकट की। रात के भोजन के पश्चात् ऋषि बड़ी प्रसन्न मुद्रा में देवराज के साथ अपने कुटीर में गए।... हमें कुटीर के निकट जाने की अनुमति नहीं थी। इसलिए हमसें से कोई भी नहीं जानता कि उनमें परस्पर क्या वार्तालाप हुआ। किंतु इतना स्पष्ट है कि वार्तालाप सुखद नहीं था। प्रातः बहुत तड़के ही देवराज बहुत जल्दी में प्रस्थान कर गए और ऋषि असाधारण मौन साधे रहे।... उन्हें गंभीर कहूं, चिंतित कहूं, उदास कहूं या विक्षिप्त कहूं... समझ नहीं पा रहा हूं। वे तो ऐसे हो रहे थे, जैसे जीवन का आधार ही टूट गया हो। वे चिंतन करते रहे, अपने कुटीर में, अथवा उसके सामने इधर-से-उधर टहलते रहे। कभी हममें से किसी से बात कर लेते, कभी स्वयं ही वाचिका चिंतन करने लगते।... इस सारी अवधि में मैं उनके पर्याप्त निकट रहा। मैंने उन्हें अनेक बार विविध प्रकार की बातें कहते सुना है। वे जैसे निरन्तर लड़ रहे थे। कभी स्वयं अपने-आप से लड़ते प्रतीत होते, कभी अपने अनुपस्थित शत्रुओं से। मेरा अनुमान है कि कभी-कभी वे स्वयं देवराज से झगड़ रहे होते थे।... उस दिन और अगली रात ऋषि इसी प्रकार सोचते रहे, बोलते रहे और विक्षिप्तावास्था की ओर बढ़ते रहे। उन्हें सत्य पर, न्याय पर, समता पर, मानवता पर संदेह होने लगा था... यहां तक कि उनका स्वयं अपने ऊपर से विश्वास उठ गया था। अपनी इसी विक्षिप्तावस्था में, रात्रि के अंतिम प्रहर तक उन्होंने आत्मदाह का निश्चय कर डाला। उनका विचार था कि उनके इस शरीर से अब कोई सार्थक कार्य नहीं होगा। उन्होंने गलत व्यक्तियों से आशा लगा, अपने शिष्यों के मन में गलत व्यक्तियों के प्रति भरोसा जगाया है — इसका दंड भी उन्हें मिलना ही चाहिए; और अंततः इस क्षेत्र में होने वाले अत्याचार और अन्याय के प्रति जन-सामान्य को जागरूक बनाने के लिए उनको आत्मदाह करना ही होगा।''

''मुनिवर !'' स्थिर दृष्टि से ज्ञानश्रेष्ठ को देखते हुए, गंभीर स्वर में राम बोले, ''अपनी विक्षिप्तावस्था में ऋषि कैसा वाचिक चिंतन करते रहे, इसका कुछ आभास दे सकेंगे ?''

ज्ञानश्रेष्ठ अपना मुख कुछ ऊपर उठाए, भावहीन खुली आंखों से शून्य में देखते कुछ सोचते रहे।

''शब्द न भी बता सकें।'' राम पुनः बोले, ''उनका भाव...''

''कुछ आभास तो दे ही सकूंगा।'' ज्ञानश्रेष्ठ स्मरण करने की-सी मुद्रा में बोले, ''वे कह रहे थे — न्याय का क्या होगा... धनवान और सत्तावान तो पहले ही रक्तपान

कर रहा है, बुद्धिजीवी भी उन्हीं के षड्यन्त्र में सम्मिलित हो जाएगा तो फिर दुर्बल और असहाय मानवता का क्या होगा ? ये कर्मकर, ये श्रमिक, ये दास — ये इसी प्रकार मरते-खपते रहेंगे, पशुओं के समान जीवन काटेंगे ? मानव की श्रेणी में ये कभी नहीं आएंगे ?... कभी नहीं ! शायद कभी नहीं। कोई नहीं चाहता, ये मनुष्यों का जीवन जीएं। रावण बुद्धिजीवियों को खा जाता है, इंद्र उन्हें खरीद लेता है... तो कौन आएगा उनकी सहायता को ? कोई भी नहीं ?... राम ! क्या राम ? पर यदि राम भी नहीं आया तो? वह भी तो राजकुमार है...''

सबकी आंखें राम पर टिक गयीं।

राम का चेहरा अत्यन्त गंभीर था और आंखों का दृढ़ संकल्प देखने वाले को हिला देने की क्षमता रखता था।

ज्ञानश्रेष्ठ ने राम को देखा तो उनकी दृष्टि टिकी न रह सकी। घबराकर उन्होंने अपनी आंखें हटा लीं और भूमि को देखते हुए बोले, ''कभी ऋषि कहते, '... यही संसार का सर्वश्रेष्ठ आदर्श है। श्रमिक बहुमूल्य संपत्ति हैं, अतः उनको लूट लो। तुम महान् रक्षक हो। श्रमिकों की रक्षा करते हो। बिल्ली-चूहे का खेल है, खिलाड़ी भी तुम अच्छे हो।... मनुष्य मनुष्य है, श्रीमान्। वह उपकरण नहीं है। तुमने अपना हित पहचान लिया है, तुम बुद्धिमान हो। मैं तो मूर्ख हूं, न्याय की बात सोचता हूं, सुविधाओं की बात नहीं करता।... तुम्हारी परिभाषा ठीक है, भाई। बुद्धि वह जो स्वार्थ साधे। स्वार्थ अर्थात् धन। धनार्जन के लिए धूर्तता चाहिए। जागृत विवेक मनुष्य का अपना शत्रु होता है। ठीक है, ठीक है।...'' ज्ञानश्रेष्ठ ने रुककर फिर एक बार राम को देखा और बोले, ''एक बार तो उन्हें मैंने बड़े आवेश में कहते सुना, '... रुको। रुको। अब भाग क्यों रहे हो! स्वयं को बहुत समर्थ मानते हो तो राम के आने तक रुको...।''

राम ने चौंककर ज्ञानश्रेष्ठ को देखा।

ज्ञानश्रेष्ठ भी राम को ही देख रहे थे, ''वे ऐसा क्यों कह रहे थे, राम ?''

राम ने तत्काल उत्तर नहीं दिया। वे मौन रहे, जैसे स्वयं को संतुलित कर रहे हों।

''यह चुनौती इन्द्र के लिए रही होगी।'' लक्ष्मण बोले।

सहसा राम की कल्पना में पुनः वही बिंब जागा। सूखे काठ-सा जलता शरीर, आंखों में उतरी वह निमिष-भर की पहचान, उठता हुआ पग और खुलते हुए होंठ।

राम की आंखें डबडबा आयीं।

आश्रम के ब्रह्मचारी व्यवस्था कर लौट गए थे। राम के साथ आए अत्रि-आश्रम के ब्रह्मचारी, अपने लिए निश्चित कुटीरों में चले गए थे। मध्य के बड़े कुटीर में राम और सीता ठहरे थे; उनके दाएं-बाएं के कुटीरों में लक्ष्मण और मुखर थे। अपने शस्त्रागार को उन्होंने इन्हीं तीनों कुटीरों में रखा था।

... लेटे-लेटे काफी समय हो गया था, किंतु राम को नींद नहीं आ रही थी।

पिछले कई दिनों से यात्रा-रत रहने से शरीर कुछ थक-सा गया था। मार्ग की घटनाओं में उलझा मन भी थका हुआ था; किंतु आज दिन-भर में जो कुछ घटित हुआ था, उसने मन को झकझोरकर थकाया भी था और जगाया भी था।

सीता लंबे समय तक करवटें बदल-बदलकर अब सो गयी थीं। जब तक जगी थीं, काफी विचलित रही थीं। लक्ष्मण और मुखर भी अपने स्थान पर पर्याप्त उद्वेलित रहे होंगे — राम जानते थे।... एक ओर यातना तथा पीड़ा और दूसरी ओर उत्पीड़न एवं क्रूर अत्याचार का सर्वव्यापी साम्राज्य उनके सामने था। वे लोग अन्याय, अत्याचार, शोषण और उत्पीड़न के इतने विविध और भयंकर रूप देख चुके थे कि वह एक स्वयंसिद्ध तथ्य के रूप में उनके सामने था, जिसमें उनके लिए नया कुछ नहीं था; किंतु फिर भी प्रत्येक नयी घटना से आत्मा जैसे हिल उठती थी और एक भयंकरतर अत्याचार का रूप उनके सामने साकार हो उठता था। इस नृशंस अमानवीयता की कहीं कोई सीमा नहीं।

सिद्धाश्रम। ताड़कावन। गौतम का आश्रम। जनकपुर। चित्रकूट और अब दंडक वन। चित्रकूट से चलते हुए, कैसे मन में आया था कि जय और उसके साथियों के साथ वहीं रह जाएं। वहां उद्घोष था — उसके ग्रामवासी थे। वे लोग कहां चाहते थे कि राम उन्हें छोड़कर जाएं। मुखर और सुमेधा की देखा-देखी सारा गांव ही सीता को 'दीदी' कहने लग गया था। सीता बन भी तो गयी थीं उनकी दीदी। सबकी आवश्यकताएं और ढेर सारे लोगों के असंख्य मतभेद। कैसा स्नेह था सीता को उनसे ! कैसा अधिकार और कैसा अनुशासन !

अनुशासन तो सौमित्र का था। एक आह्वान पर, ग्राम के ग्राम, सैनिक अनुशासन में बंधे हुए स्कंधावार बन जाते थे। खेतों में काम करते स्त्री-पुरुष, तत्काल अपना काम छोड़, अपने निश्चित स्थान पर पहुंच जाते थे। बालक पाठशालाओं से निकल आते थे, गृहिणियां घर का काम छोड़ उपस्थित हो जाती थीं...

इन सारे आयोजनों के साथ मुखर की संगीतशाला और उद्घोष की मूर्तिशाला भी खूब मजे में चल रही थी। बच्चों के साथ वयस्क भी अपनी इच्छा की शाला में जाकर पढ़ते-लिखते तथा अन्य कलाएं सीखते थे। उनके शरीरों के साथ, उनकी आत्माएं भी मुक्त हो गई थीं। वे अपने वर्तमान और भविष्य के विषय में स्वयं सोचते थे। कोई तुंभरण उन्हें वह बनाने से नहीं रोक सकता था, जो वे बनाना चाहते थे। वे स्वयं उत्पादन करते थे, स्वयं उसका उपभोग करते थे, स्वयं अपनी रक्षा करते थे।

ऐसा लगने लगा था कि जीवन व्यवस्थित, स्थिर तथा सुन्दर हो गया है। चित्रकूट छोड़ना कितना कठिन हो गया था।... किंतु चित्रकूट छोड़ते ही संसार बदल गया। अत्रि ऋषि के आश्रम पर, ऋषि-दंपति से भेंट हुई। उन लोगों ने अपना जीवन एक ही लक्ष्य को समर्पित कर रखा है। उनके यहां खुला वार्तालाप हुआ। वाद-विवाद भी हुआ — परिसंवाद ही कहना चाहिए। किंतु सारी बातचीत में, परिवेश में व्याप्त अनेक प्रकार के अत्याचारों की कोई चर्चा नहीं हुई। उन्होंने अपना ध्यान समाज में नारी-पुरुष-सम्बन्धों

पर ही केन्द्रित कर रखा है। वृद्धा ऋषि अनसूया के शब्दों ने राम के मन में बड़ी देर तक हलचल् मचाए रखी थी, "... राम ! स्त्री प्रत्येक समाज में पीड़ित है। दासों की स्त्रियां भी पीड़ित हैं और राजाओं की भी। क्या तुम कह सकते हो कि सम्राट् की पत्नी होकर भी तुम्हारी माता पीड़ित नहीं रही ? स्त्रियां आर्यों के घरों में भी पीड़ित हैं और राक्षसों के घरों में भी। मैंने यह भी देखा है कि मानव-मात्र का उद्धार करने का दम भरने वाला क्रांत-द्रष्टा ऋषि स्वयं अपनी पत्नी का उद्धार नहीं कर पाता, नहीं करता — नहीं करना चाहता। उसे संसार-भर के पीड़ित जीव दिखाई पड़ते हैं, किंतु अपनी शोषित पत्नी की ओर उसकी आंखें देखतीं ही नहीं। मैं तो कहती हूं, राम ! कि जब तक नारी-पुरुष समभाव से जीने के अभ्यस्त नहीं होंगे, जब तक यह भेद ही अप्रासंगिक नहीं हो जाएगा, तब तक मानवता का उद्धार नहीं होगा।"

अत्रि-आश्रम का वातावरण अन्य आश्रमों से पर्याप्त भिन्न था, कदाचित् स्वयं ऋषि अनसूया के कारण। इसीलिए वहां उनका सत्कार आश्रम के अतिथि के समान कम, गृहस्थ के अतिथि के समान ही अधिक हुआ था।

अत्रि-आश्रम के आगे का वन-भाग अधिक गहन था। वन्य-पशु संख्या में अधिक, आकार में बड़े और प्रकृति से अधिक हिंस्र थे। और उन सबसे अधिक हिंस्र था — विराध। विकट रूप था विराध का। वह अपना भयंकर शूल लेकर, उनके सामने आ खड़ा हुआ था। निश्चित रूप से वह अन्य बहुत-से राक्षसों के समान न तो कायर था और न एकांत में किसी व्यक्ति को असहाय पाकर, घात लगाकर आघात करने वाला। या कदाचित् तपस्वी वेश देखते ही वह व्यक्ति को भीरु मान लेता होगा। मुखर, लक्ष्मण, सीता और स्वयं राम — चारों ही शस्त्रधारी थे। साथ में आए अत्रि-आश्रम के ब्रह्मचारियों ने शस्त्र अवश्य उठा रखे थे, किंतु थे वे निहत्थे ही। शस्त्र उनके लिए प्रहारक शक्ति न होकर बोझ मात्र थे।

ऐसे में विराध भयंकर रूप लिये, आकर उनके सम्मुख खड़ा ही नहीं हुआ, डपटकर बोला भी था, "तपस्वियो ! किसकी स्त्री को बहलाकर लिये जा रहे हो ?" वेश के तपस्वी और स्वभाव से लंपट ! ठहरो, धूर्तो ! तुम्हें दंड दिए बिना नहीं मानूंगा।"

ब्रह्मचारी भय से पीले पड़ गए थे। वे अत्रि के शिष्य थे, उन्होंने कभी संघर्ष नहीं किया था। मुखर और सीता सावधान हो उठे थे। लक्ष्मण का आक्रोशपूर्ण प्रचंड रूप आघात करने के लिए तैयार था। किंतु राम कौतुकपूर्णस्वर में बोले थे, "हम तो स्त्री-अपहर्ता कपटी तपस्वी हैं, किंतु तुम कौन हो ! धर्म के अंग-रक्षक ?"

लक्ष्मण भी हंस पड़े थे, "यह दुश्चरित्रता के कोटपाल हैं !"

विराध ने आंखें तरेरते हुए उन्हें डपटा था, "मैं 'जव' और 'शतह्रदा' का पुत्र हूं — 'विराध'। मैं राक्षस हूं। यहां मेरा राज्य है। प्रत्येक सुन्दरी मेरी भार्या है।"

उसने सबके देखते-ही-देखते किसी अद्‌भुत कौशल से झपटकर सीता को उठा

लिया और पलटकर भाग चला।

निमिष मात्र में सब-कुछ हो गया। सब जड़वत् खड़े ही रह गए। राम ने पहली बार जाना कि सीता का वियोग उनके लिए क्या अर्थ रखता है। लगा, जैसे किसी ने उनके वक्ष को फाड़, हृदय को ही निकाल लिया है और उनका शरीर पृथ्वी में धंसता जा रहा है।

लक्ष्मण धनुष ताने खड़े थे और मुखर को आदेश दे रहे थे, ''सावधान ! भाभी पर आघात मत कर बैठना।''

राम ने देखा — सीता के हाथ से शस्त्र गिर गया था। स्वयं से बहुत अधिक शक्तिशाली पुरुष की भुजाओं में जकड़ी वे असहाय-सी हाथ-पैर मार रही थीं और अत्यन्त कातर दृष्टि से राम को देख रही थीं।

सीता की दृष्टि ने राम के डूबते हुए मन में आग धधका दी — अब क्या शेष था राम के पास, जिसकी वे चिंता कर रहे थे। हृदय किसके लिए डूब रहा था ? मन क्यों घबरा रहा था ?... कैकेयी का मनोरथ पूर्ण हुआ।... अयोध्या से निर्वासन हुआ। पत्नी का हरण हुआ। फिर प्राणों का क्या करना है ? चिंता, दुःख और घबराहट किसके लिए ? उठ, राम ! लड़ ! शत्रु का वध कर या प्राण दे दे...

राम का अस्तित्व धधकती ज्वाला में बदल गया। मन जैसे भाव-शून्य हो गया। आंखों के सामने शत्रु था, कानों में सीता की कातर पुकार के साथ-साथ विराध का क्रूर अट्टहास। हाथ में खड्ग और पैरो में गति। धनुष से छूटे बाण के समान राम, विराध से जा टकराए। अपने भारी शरीर के कारण विराध तेजी से भाग नहीं सकता था, फिर सीता का बोझ और प्रतिरोध भी उसकी गति बाधित कर रहा था।

लक्ष्मण ने भी स्थिति को देखते हुए धनुष छोड़, खड्ग निकाल लिया था। मुखर विभिन्न शस्त्र थामे तत्पर खड़ा था कि कब आवश्यकता पड़े और वह राम तथा लक्ष्मण को उपयुक्त शस्त्र पकड़ाये; या आवश्यकता पड़ने पर स्वयं प्रहार करे... किंतु यह युद्ध भी विचित्र प्रकार का था। विराध शस्त्र नहीं चला रहा था। उसने अपने दोनों हाथों से सीता को पकड़ रखा था, और जिधर से आघात होता, उसी ओर सीता को सम्मुख कर देता था। सीता के शरीर से वह कवच का काम ले रहा था। राम और लक्ष्मण के प्रहार, आघात से पहले ही निष्फल होते जा रहे थे। मुखर हतप्रभ खड़ा। राम और लक्ष्मण ही आक्रमण नहीं कर पा रहे थे तो वह क्या करता।... अत्रि के शिष्यों की तो सांस भी कठिनाई से चलती दिखाई पड़ती थी।

राम ने लक्ष्मण की ओर देखा। कदाचित् वे भी इस कठिन स्थिति से निकलने के लिए राम की ओर से कोई संकेत चाह रहे थे। निर्णय तत्काल होना चाहिए था। विलंब होने पर विराध को भागने का अवसर मिल सकता था। कहीं से उसके लिए सहायता आ सकती थी। वह प्रत्याघात कर सकता था। विलंब घातक हो सकता था।...

''मल्लयुद्ध !'' राम ने लक्ष्मण से कहा और अपना खड्ग मुखर की ओर बढ़ा

दिया।

अगले ही क्षण, राम ने विराध की स्थूल भुजा अपनी अंगुलियों की शक्तिशाली जकड़ में ले ली। ।... विराध की पकड़ ढीली पड़ते ही सीता छूटीं और धरती पर पांव पड़ते ही, उन्होंने अपना खड्ग संभाल लिया।

राम और लक्ष्मण विराध से कुछ इस प्रकार उलझे हुए थे कि कहना कठिन था कि शस्त्र-प्रहार से आहत कौन होगा।... मल्लयुद्ध में कभी राम और लक्ष्मण विराध पर भारी पड़ते थे और कभी विराध उन दोनों पर भारी पड़ने लगता था। कभी लगता था, राम-लक्ष्मण उसे गिरा देंगे और कभी लगता था कि वह उन दोनों को घसीटता हुआ, गहन वन में ले जाएगा।... सहसा लक्ष्मण अपना पैंतरा पा गए। उन्होंने विराध की बायीं भुजा मरोड़ दी। विराध का बल क्षीण होने लगा। उसके पशु जैसे चेहरे पर भी पीड़ा के लक्षण उभरने लगे। स्पष्टतः लक्ष्मण ने उसकी कुछ हड्डियां चटखा दी थीं।... राम के लिए इतना समय पर्याप्त था। उन्होंने विराध को भूमि पर पछाड़ दिया और उसके कंठ पर पैर रखकर खड़े हो गए। राम के पैर के दबाव के नीचे उसकी असहायता प्रत्यक्ष थी। जिस ढंग से वह धराशायी हुआ था, उसी से स्पष्ट था कि उसके आधे प्राण निकल चुके थे। वह अधिक देर तक जीवित नहीं रह सकता था। यह राम का ऐसा दांव था, जिसमें पड़कर बड़े से बड़ा बलशाली पुरुष भी उससे निकल नहीं सकता था।

विराध पूर्णतः अक्षम हो गया और उसकी ओर से विरोध की कोई संभावना शेष नहीं बची तो सबके चेहरों पर आश्वस्ति का भाव उभर आया। लक्ष्मण का आत्मविश्वास लौटा, सीता की गरिमा; मुखर में उसकी सहजता लौटी और ब्रह्मचारियों को तो उनके प्राण ही वापस मिले।

द्वन्द्व की असुरक्षित घड़ियों में राम का ध्यान उस ओर नहीं गया था, किंतु कुछ सहज होते ही उनके मन में अनेक प्रश्न जागने लगे थे।

"तुम कौन हो ?" उन्होंने अपने स्थिर, आत्मविश्वस्त स्वर में पूछा।

"मैं विराध हूं। गंधर्व !" उसका स्वर दीन था।

"थोड़ी देर पहले तो तुम राक्षस थे।" लक्ष्मण हंसे, "मार पड़ी तो गंधर्व हो गए। थोड़ी-सी पिटाई और हो गई तो कदाचित् देवता हो जाओगे।"

"नहीं !" विराध के स्वर में शारीरिक पीड़ा का भाव था, "गंधर्व हूं, गंधर्व ही रहूंगा।"

"पहले स्वयं को राक्षस क्यों कहा था ?" राम ने पूछा।

विराध की आंखों में एक क्षण के लिए सोच उतरी और पुनः कंठ पर पड़ते हुए दबाव से वह पीड़ित हो उठा।

राम ने अपने पैर का दबाव कम कर दिया।

"शरीर से मैं अत्यन्त बलशाली था।" विराध बोला, "इस क्षेत्र में कोई वैधानिक सुशासन नहीं है। जीविका के बने-बनाए उपयुक्त साधन नहीं हैं। कुछ बिखरे हुए

आश्रम हैं और स्थान-स्थान पर स्थापित राक्षसों के छोटे-बड़े सैनिक स्कंधावार। वे प्रत्येक उचित व्यवस्था को नष्ट करते रहते हैं। मेरे लिए दो में से एक ही मार्ग था — या तो किसी आश्रम में जा रहता। स्वयं को ज्ञान-विज्ञान में दीक्षित करता और आस-पास के क्षेत्र में राक्षसों के विरुद्ध जन-सामान्य का स्वायत्त शासन स्थापित करने के लिए संघर्ष करता। पर उससे मुझे क्या मिलता ? भूख, पीड़ा, चिंता और अंत में मृत्यु !''

''दूसरा मार्ग क्या था ?'' लक्ष्मण ने टोका।

''दूसरा मार्ग मैंने अपनाया।'' विराध धीरे-से बोला, ''अपनी देह के सुख के लिए लूट-पाट, हत्या-बलात्कार। इसमें वैभव था, विलास था, सुख था...''

''रावण से तुम्हारा कोई संबंध है ?'' राम ने जानना चाहा, ''उसने कभी तुम्हारी सहायता की ?''

''रावण से मेरा कोई सीधा संबंध नहीं है।'' विराध ने उत्तर दिया, ''उसके सहायकों ने वैसे ही ऐसा वातावरण बना रखा है कि पग-पग पर राक्षसों और राक्षस-नीति का जन्म और पालन-पोषण हो रहा है। न्याय का शासन न हो तो प्रत्येक समर्थ मनुष्य अपने-आप राक्षस बनता चला जाता है और असमर्थ जनता उसका भक्ष्य पदार्थ।... उन्होंने राक्षस बनने में मेरी सहायता की और मैंने राक्षस बनकर उनकी।''

विराध का कंठ सूखने लगा। उसकी आंखों के सम्मुख अंधकार छाने लगा था। वह चुप हो गया।

वे लोग वहां अधिक नहीं रुके थे। विराध के प्राण निकलने पर, उसके शव को ठिकाने लगा, वे आगे बढ़ आए। मार्ग में मिले कुछ ग्रामवासियों से उन्हें शरभंग-आश्रम का मार्ग मालूम हुआ था।

राम का मन उदास हो गया। तुंभरण और विराध जैसे अनेक लोग मारे जाएं, पर क्या उससे अन्याय का नाश हो जाएगा ? वे मारे गए, क्योंकि वे संगठित नहीं थे; किंतु उनका क्या होगा, जो रावण के समान संगठित हैं; जिनके पास धन, सत्ता, बल और सेनाएं हैं। रावण की अनीति की वर्षा होती रही तो कुकुरमुत्तों के समान राक्षस-समूहों का जन्म होता रहेगा। रावण द्वारा उत्पन्न किए गए शोषण के कीचड़ में विराध जैसे राक्षस कीड़ों के समान जन्मते रहेंगे।...

रावण ही क्यों, और भी अनेक हैं... राम की आंखों के सम्मुख प्रातः देखा दृश्य फिर सजीव हो उठा — जलता हुआ जीवित मांस, टूटते हुए स्नायु, वाष्प बनता हुआ रक्त... क्या यह केवल रावण के कारण ही था ? रावण का दबाव तो ऋषि कब से सह रहे होंगे। उनका आत्मविश्वास इंद्र से वार्तालाप के पश्चात् टूटा था।... क्या कह रहे थे शरभंग... रावण बुद्धिजीवियों को खा जाता है और इंद्र उनका क्रय कर लेता है... इंद्र क्या शरभंग का क्रय करने आए थे ? किस बात के लिए ? क्या चाहते थे इंद्र?

ऋषि को राम की प्रतीक्षा थी। उन्हें राम पर विश्वास रहा होगा — तभी तो अपनी

कल्पना में वे इंद्र को, राम के आने तक रुकने की चुनौती देते रहे... सत्य का पक्षधर, किन्तु कोमल मन रहा होगा ऋषि का। तभी तो वे राम की प्रतीक्षा में थे; पर राम के आने से पहले ही टूट गए... यह सारा ऋषि समुदाय, बुद्धिजीवी वर्ग कितना कोमल हो गया है... या भीरु ! कायर भी कहा जा सकता है।... इतना कुछ सहा इस आश्रम ने, इतना कुछ घटा... कुलपति आत्मदाह कर मर गए... किंतु उनका उत्तराधिकारी ज्ञानश्रेष्ठ आज भी रंच मात्र साहस नहीं कर पा रहा था। संध्या समय, अपनी बातचीत समाप्त कर उसने राम से उनका भावी कार्यक्रम पूछा था। और राम के यह कहने पर कि वे वन में किसी उपयुक्त स्थान पर निवास करना चाहते हैं, वह भयभीत दृष्टि से राम के शस्त्रों को देखता रहा और भीरु कोमल स्वर में कहता रहा कि कुलपति के देहांत के पश्चात् तो आश्रम की व्यवस्था बहुत सुचारु नहीं रही। राम कुछ आगे जाकर सुतीक्ष्ण मुनि के आश्रम में रहें। वह स्थान बहुत सुविधाजनक है।

राम को मात्र विस्मय हुआ था। सीता और मुखर मुनि का आशय समझकर मुसकराए थे; किंतु लक्ष्मण ने दांत पीस लिये थे... ज्ञानश्रेष्ठ को आशंका थी कि किसी सशस्त्र व्यक्ति के आश्रम में रहने से राक्षसों को उनकी निरीहता में विश्वास नहीं रहेगा... अर्थात् वे इस विश्वास के साथ राक्षसों की नाक के नीचे रहना चाहते हैं कि वे जब चाहेंगे, उन्हें खा सकेंगे, इसलिए इनकी रक्षा करेंगे।... जागरूक बुद्धिजीवियों की यह दशा, कि विरोध तो दूर, विरोध का आभास भी नहीं देना चाहेंगे... राम समझ नहीं पा रहे थे कि इन पर दया की जाए या रोष ... !

प्रातः राम प्रस्थान की तैयारी में थे कि तरुण वय का एक वनवासी उनसे मिलने के लिए आया।

"आप मुझे नहीं पहचानते, भद्र राम !" वह अभिवादन के पश्चात् बोला, "किंतु मैं आपको पहचानता हूं। कह नहीं सकता कि ठीक-ठीक पहचानता हूं या नहीं।"

वनवासी ने राम के साथ-साथ उनके साथियों की उत्सुकता भी जगा दी थी।

"आप कौन हैं, आर्य ?"

"कोई ऐसा व्यक्ति नहीं हूं, भद्र ! जिसे आप नाम सुनते ही पहचान जाएं।" वनवासी मुसकराया, "वैसे व्यक्ति बुरा नहीं हूं। धर्मभृत्य के नाम से जाना जाता हूं। मुनि सुतीक्ष्ण के आश्रम के कुछ और आगे मेरा भी छोटा-सा स्थान है। ज्ञात हुआ है कि आप ठहरने के लिए किसी स्थान की खोज में हैं। मेरी बड़ी इच्छा है कि आप लोग मेरे साथ चलें और संभव हो तो मेरे आश्रम में रहें अथवा उसके निकट अपनी इच्छानुसार आश्रम स्थापित करें।"

राम ने मुसकराकर सीता और लक्ष्मण की ओर देखा, "मुनि धर्मभृत्य !"

"आप मुझे धर्मभृत्य ही कहें, आर्य !" तरुण बोला, "मैं उसी को अपना

सौभाग्य मानूंगा।''

''यही सही, धर्मभृत्य !'' राम बोले, ''कदाचित् तुमने यह नहीं देखा कि हमारे साथ हमारा शस्त्र-भंडार भी है। यह ऐसा अवांछित अतिथि है, जिसके लिए स्थान तनिक कठिनाई से ही मिलता है।''

धर्मभृत्य इतनी जोर से हंसा कि संकोच और औपचारिकता विलीन हो गए।

''तो आप जान गए, राम !'' धर्मभृत्य ने अपनी हंसी के पश्चात् कहा, ''यह तथ्य मेरी अपेक्षा से भी जल्दी प्रकट हो गया। वैसे मेरा अपना विचार है कि आपका शस्त्रागार इतना अवांछित भी नहीं है। ऋषि-समुदाय की इच्छा है कि'' वह फिर हंसा, ''इसका लाभ तो उसे मिले, किन्तु हानि न उठानी पड़े। शायद आपको सूचना न हो कि ऋषि शरभंग के आत्मदाह का समाचार सुनकर दूर-दूर से तपस्वी और ग्रामवासी तो इस आश्रम में आए ही हैं, साथ-ही-साथ अनेक लोग यह देखने भी आए हैं कि जिस राम का यश उनके आगे-आगे चल रहा है, वे राम कैसे हैं। वे लोग आपके साथ हैं, यह मैं अभी नहीं कहूंगा। उनमें कई प्रकार के लोग हैं। कुछ तो आपका एक भी साहस भरा कार्य देखते ही आपके साथ हो जाएंगे। शेष सारा ऋषि-समुदाय आपसे रक्षा पाने की इच्छा तो करता है, किंतु आपका पक्ष लेकर वह अपने प्राणों पर खेलकर, आपकी ओर से राक्षसों के विरुद्ध युद्ध करेगा, ऐसा नहीं कहा जा सकता। राक्षसी आतंक के कारण, बुद्धिजीवी बड़ा गणितज्ञ हो गया है। वह देखेगा, परखेगा, तोलेगा कि बल किस ओर अधिक है। जैसे ही आपकी विजय का निश्चित प्रमाण उसे मिलेगा, वह स्वयं को आपका आत्मीय घोषित कर देगा।''

''भद्र ! आप स्वयं को किस वर्ग में रखते हैं ?'' लक्ष्मण मुसकरा रहे थे।

''सीधे प्रश्न का सीधा उत्तर है, सौमित्र !'' धर्मभृत्य सहज भाव से बोला, ''स्वयं वीर नहीं हूं, किंतु वीरों की पूजा करता हूं। स्वभाव से योद्धा नहीं, कवि हूं। वनवासी हूं, किंतु आध्यात्मिक साधना को अपना नहीं पाया हूं। आपको अपने आश्रम पर ले चलना चाहता हूं, आपके शस्त्रास्त्रों के साथ। अब आप बताएं, स्वयं को किस वर्ग में रखूं ?''

राम गंभीर हो गए, ''तुम्हारा विश्लेषण मुझे उचित लगता है, धर्मभृत्य ! आतंक गहरा हो जाए तो साहस जगाने में समय लगता है; किंतु जन-सामान्य के साहस में तुम्हें आस्था तो है न ?''

''आस्था न होती तो मैं भी आत्मदाह कर लेता !'' धर्मभृत्य बोला, ''आर्य, कृपया अपना निश्चय बता दें। बहुत सारे लोग यात्रा आरंभ करने की प्रतीक्षा में हैं।''

''हम लोग सुतीक्ष्ण मुनि के दर्शनों के लिए जाना चाहते हैं।'' राम स्थिर स्वर में बोले, ''उनसे यह पूछने की इच्छा है कि हमारे ठहरने के लिए कौन-सा स्थान उन्हें उपयुक्त लगता है।''

''यदि अभद्रता न मानें तो मैं अपने मन की बात कहूं।''

''निस्संकोच कहो।''

''तो आर्य ! आप सुतीक्ष्ण मुनि के दर्शन अवश्य करें, किन्तु उनके आश्रम में भी आपके लिए स्थान नहीं है। हां, आप अन्यत्र रहकर, राक्षसों को समाप्त कर दें। उनका आतंक मिटा दें। वैसी स्थिति में उन्हें आपको अपने आश्रम में ठहराकर अबाध आनन्द होगा।''

''यह आपका पूर्वाग्रह तो नहीं, आर्य ?'' सीता पहली बार बोलीं।

''देवी स्वयं देख लेंगी।'' धर्मभृत्य बोला, ''जाना मुझे भी उधर ही है। साथ चलने की अनुमति चाहूंगा।''

''क्यों, बंधुओ ?'' राम ने अपने साथियों की ओर देखा।

वे सहमत थे।

''हमें कोई आपत्ति नहीं, धर्मभृत्य !'' राम मुसकराकर बोले, ''किंतु जो लोग हमारे साथ चलते हैं, वे हमारे शस्त्रागार के परिवहन में भी सहयोग करते हैं।''

धर्मभृत्य जोर से हंसा, ''मुझे भी कोई आपत्ति नहीं है।''

आश्रम से विदा हो वे वन में आए तो धर्मभृत्य के कुछ और साथी भी आ मिले। शस्त्रागार के परिवहन में कोई कठिनाई नहीं हुई।... वन में कुछ आगे निकल आने पर उन्होंने देखा कि वे अकेले नहीं थे। उनके पीछे-पीछे ग्रामीणों और वनवासियों की अनेक टोलियां थोड़ी-थोड़ी दूरी पर चल रही थीं। किंतु वह दूरी भी अधिक दूर तक बनी नहीं रही। क्रमशः वे लोग निकट आते गए। उन टोलियों की अपनी दूरी भी कम होती रही और वे लोग राम की टोली से भी दूरी कम करते गए।

''मेरा विचार है, थोड़ी देर में वे लोग हमारे साथ आ मिलेंगे।'' लक्ष्मण धीरे-से बोले।

''यह जन-सामान्य है, जिसके घुमड़ते हुए साहस को ऊपर से दमित कर रखा गया है।'' धर्मभृत्य बोला, ''आप ऊपर का वह दमन हटा दीजिए, देखिए, इनका साहस उफनकर बाहर आ जाएगा।''

''ठीक कहते हो।'' राम बोले, ''अकेला व्यक्ति साहस नहीं कर सकता, समूह कर सकता है। किंतु कुछ बातें मेरी अपेक्षा के अत्यन्त प्रतिकूल हुई हैं।''

''क्या ?'' सबकी दृष्टि राम की ओर उठ गयी।

''ऋषि शरभंग का आत्मदाह लोगों में विद्रोह नहीं जगा सका है। मुझे लगता है, उससे सारे आश्रम में निराशा ही फैली है। संभव है कि अनेक वनवासियों ने मन-ही-मन यह भी मान लिया हो कि उनका अंत भी इसी प्रकार होने जा रहा है — जबकि इस प्रकार का एक सार्वजनिक आत्मदाह लाखों लोगों के मन को धधका देने में समर्थ होना चाहिए।''

''आप ठीक कह रहे हैं।'' धर्मभृत्य ने उत्तर दिया, ''इसके दो कारण मेरी समझ

में आते हैं।''

''क्या ?''

''राक्षसों का आतंक और दमन इतना गहरा तथा दूरगामी है कि जन-सामान्य यह मान बैठा है कि वह कभी भी समाप्त नहीं हो सकता। उसके विरोध का अर्थ आत्महत्या है। इसलिए प्रत्येक व्यक्ति अपने मन को ठोक-पीटकर मनवा लेता है कि अपमानित जीवन सम्मानपूर्ण आत्महत्या से अधिक श्रेयस्कर है।''

''और दूसरा कारण ?'' मुखर ने पूछा।

''वह बताने को उत्सुक तो बहुत हूं, किंतु भय है कि आप लोग उससे शायद सहमत न हो पाएं।''

''आप पहले से ऐसा क्यों मान बैठे हैं ?'' सीता बोलीं।

''मेरा पिछला अनुभव ही कुछ ऐसा है, देवी!'' धर्मभृत्य बोला, ''इधर मैं कुछ असंयमी-सा वाग्मी प्रसिद्ध हूं। ऋषि-परम्परा के अधिकांश लोग मुझसे सहमत नहीं हो पाते।''

''तुम वाग्मी छोड़, वाचाल भी हो, तो भी अपनी बात निर्द्वन्द्व होकर कहो।'' राम बोले, ''हम तुमसे असहमत नहीं होंगे। असहमति की स्थिति में या तो तुम्हें सहमत कर लेंगे, या स्वयं सहमत हो जाएंगे।''

धर्मभृत्य की प्रसन्नता उसके चेहरे पर लक्षित हुई, ''पूज्य जन के विरुद्ध बोलने का अपराध क्षमा करेंगे, किन्तु मेरा दृढ़ विश्वास है कि हमारे अनेक महान् ऋषि स्वयं ही जन-सामान्य का दमन किए हुए हैं। जनता के साहस के विकसित हो, फूटकर कर्म-रूप में परिणत होने में अनेक ऋषि स्वयं बाधा-स्वरूप बैठे हैं।''

''यह कैसे संभव है ?'' सीता ने आश्चर्य से पूछा।

''देखिए, आप असहमत हो गयीं न !''

''यह असहमति नहीं, जिज्ञासा है, मुनि धर्मभृत्य !'' लक्ष्मण मुसकराए, ''सहमति-असहमति तो थोड़े विलंब से प्रकट होगी। अभी तो वार्तालाप चलेगा।''

''ठीक है। ठीक है। मैं ही जल्दी कर गया।'' धर्मभृत्य हंसा, ''यदि ज्ञानश्रेष्ठ तथा आश्रम के अन्य अधिकारी मुनि, दूर और पास से उमड़ आए इस जन-समुदाय के सम्मुख यह स्पष्ट कर देते कि ऋषि के आत्मदाह का वास्तविक कारण क्या था तथा आत्मदाह के लिए उत्तरदायी व्यक्ति के विरुद्ध खुले अभियान का आह्वान करते तो इस क्षण इस आश्रम से स्वयं आत्मदाह करने को प्रस्तुत सैकड़ों व्यक्तियों की छोटी किन्तु अजेय सेना निकलती। किन्तु उन मुनियों ने ऋषि के आत्मदाह पर मुंह लटका दिये। उन्होंने अपने परिवेश में हताशा भर दी। वे भयभीत हो उठे कि कहीं आश्रम संगठित तथा आतंकवादी शक्तियों के विरोध का केन्द्र न बन जाए; क्योंकि उस स्थिति में उन शक्तियों का कोप उस आश्रम पर गिरेगा और वह आश्रम, जो उनकी संपत्ति है, नष्ट हो जाएगा।''

"आर्य धर्मभृत्य !" मुखर बोला, "मुझे लगता है कि आप उनके प्रति अधिक कठोर हो रहे हैं। उन बेचारों को तो स्वयं ही ऋषि के आत्मदाह का कारण मालूम नहीं है।"

"मैं तुमसे सहमत नहीं हूं, मुखर !" धर्मभृत्य बोला, "दिन-रात ऋषि के इतने निकट रहने वालों को ऋषि के मन की पीड़ा का ज्ञान न हो, यह मैं संभव नहीं मानता..."

"मुझे लगता है कि धर्मभृत्य ठीक कह रहे हैं।" लक्ष्मण ने बात काटी, "मुनि ज्ञानश्रेष्ठ ने ऋषि के वाचिक चिंतन की अनेक बातें हमें बताईं। संभव है, बहुत कुछ वे छिपा भी गए हों।"

"एक बात और है।" धर्मभृत्य कुछ आवेश में बोला, "अपनी तपस्या से, वे अपने अभावों को भुलाकर, अथवा अपनी किन्हीं उपलब्धियों से — किसी भी कारण से हुए हों, किंतु अनेक लोग अत्यंत शांतिप्रिय हो गए हैं। वे चाहे उसे अपनी आध्यात्मिक सिद्धि मानें, किंतु मेरा विचार है कि वे लोग उस जड़ मानसिक स्थिति तक पहुंच गए हैं, जहां तनिक-सी हलचल उनके लिए अशांति का कारण बन जाती है। वे लोग किसी भी मूल्य पर शांति बनाये रखना चाहते हैं। अत: वे प्रत्येक संघर्ष के विरुद्ध हैं, चाहे वह संघर्ष न्याय के लिए ही क्यों न हो। इसी से वे प्रत्येक असंतोष को टालते रहते हैं। संघर्ष की इच्छा का दम घोंटने के लिए निराशा बहुत अच्छा उपकरण है। वे लोग स्वयं भी निराश रहते हैं और दूसरों को भी निराश हो जाने के लिए प्रेरित करते रहते हैं।"

"आर्य धर्मभृत्य ! आप तो अपने-आप में अध्यात्म-विरोधी एक पूर्ण आंदोलन हैं।" सीता हंसीं।

"देवी ने ठीक कहा।" धर्मभृत्य गंभीर हो गया, "मेरा दृढ़ विश्वास है कि भूखे मनुष्य से अध्यात्म की बात करना अपराध भी है और पाप भी।... मैं जिन लोगों के निकट रहता हूं, उनकी आत्माएं ही नहीं, शरीर भी भूखे हैं। वे लोग आध्यात्मिक ज्ञान के अभाव में पुनर्जन्म नहीं लेते, भूख तथा रोग से इस जन्म को भी खो देते हैं। वे लोग ब्रह्म को प्राप्त करने के लिए अपना शरीर-रूपी वस्त्र नहीं त्यागते; वे वस्त्रों के अभाव में प्रकृति के शीत-घाम से पीड़ित होकर शरीर त्याग देते हैं...।"

"हमें उनके निकट ले चलो, धर्मभृत्य !" राम का स्वर बहुत मधुर था।

"आर्य ! मेरी भी यही इच्छा है।"

अपनी बातों में लीन होने के कारण किसी का ध्यान, थोड़ी-थोड़ी दूरी पर चलने वाली तपस्वियों तथा ग्रामीणों की विभिन्न टोलियों की ओर नहीं गया था। अब सहसा ही वार्तालाप का तार टूटा तो उन्होंने देखा, उन सारी टोलियों ने मिलकर एक समुदाय का रूप ले लिया था और वह समुदाय उनके इतने निकट होकर चल रहा था, मानो उनके

साथ ही हो।

''आर्य धर्मभृत्य केवल एक ऋषि की प्रशंसा करते हैं, भद्र राम !'' उस भीड़ में से एक ग्रामीण आगे आ गया था।

राम मुसकराए, ''किसकी, भाई ?''

''ऋषिश्रेष्ठ अगस्त्य की।'' ग्रामीण के चेहरे पर श्रद्धा का भाव प्रकट हुआ, ''ये उनकी जीवन-कथा लिख रहे हैं और बीच-बीच में हमें सुनाते भी हैं।''

''तुम तो बहुत काम के आदमी हो, भाई।'' लक्ष्मण ने ग्रामीण के कंधे पर आत्मीय ढंग से हाथ रखा, ''क्या नाम है तुम्हारा ?''

''भीखन।'' ग्रामीण कदाचित् अपनी वाचालता पर संकुचित हो गया।

''लेखक की बड़ी समस्या है, भाई भीखन।'' लक्ष्मण ने धर्मभृत्य की ओर कटाक्ष से देखा, ''शालीनता का मारा अपनी कृति की चर्चा भी नहीं कर सकता और चर्चा किए बिना रह भी नहीं सकता। परिणामतः एक-न-एक भीखन को साथ लेकर चलना पड़ता है।''

धर्मभृत्य ने जोर का अट्टहास किया। भीखन कुछ न समझकर, जिज्ञासा से उसकी ओर देखता ही रह गया।

''लक्ष्मण ने लेखक की व्यथा तो ठीक कही,'' राम मुसकराए, ''फिर भी मैं तुम्हारी रचना सुनना चाहूंगा, धर्मभृत्य ! ऋषि भरद्वाज ने बड़ी चिंता से अपनी पुत्री लोपामुद्रा और जामाता अगस्त्य की चर्चा की थी।''

''यह मेरा सौभाग्य होगा, आर्य।'' धर्मभृत्य प्रसन्न-मुख बोला, ''किंतु इस समय कथा सुनाने के स्थान पर, आपको एक दृश्य दिखाना चाहता हूं।''

धर्मभृत्य पगडंडी छोड़, वृक्षों के एक झुंड के पीछे चला गया। कुछ लोग उसके साथ और कुछ पीछे-पीछे चले। वृक्षों की ओट समाप्त होते ही सामने का दृश्य देखकर, राम स्तब्ध खड़े रह गए। उनके सम्मुख नर-कंकालों का एक ढेर लगा था।

''यह क्या ?'' अनेक कंठों से एक साथ प्रश्न फूटा।

''यह उन ऋषियों-मुनियों तथा सामान्य जन के कंकाल हैं, जो राक्षसों के हाथों मारे गए।'' धर्मभृत्य का पीड़ा से भरा स्वर गूंजा, ''नर-कंकालों का यह ढेर आपको इस क्षेत्र में व्याप्त चरम आतंक की कथा सुनाएगा। इससे प्रकट होगा कि मुनि ज्ञानश्रेष्ठ क्यों नहीं बताता कि ऋषि शरभंग के आत्मदाह का कारण क्या है। यह वह ढेर है, जो इस क्षेत्र के समस्त बुद्धिजीवियों को स्मरण कराता रहता है कि उन्हें अपने आततायियों के विरुद्ध अपनी जिह्वा पर एक शब्द भी नहीं लाना है...।''

सीता ने अपनी आंखें हल्के-से बंद कर लीं और माथे को अपनी अंगुलियों से धीरे-धीरे दबाती हुई बोलीं, ''हम शेष चर्चा इस ढेर से कुछ दूर जाकर न कर लें।''

''ठीक है।'' राम बोले, ''हम चलते-चलते भी चर्चा कर सकते हैं।''

वे लोग चले तो धर्मभृत्य ने एक-एक के चेहरे को ध्यान से देखा। सीता ने

अस्थियों के उस ढेर को देखकर थोड़ी दुर्बलता दिखाई थी; किन्तु इस समय वे पर्याप्त संभल गई लग रही थीं। चेहरे पर आवेश भी था और आंखों में करुणा भी। लक्ष्मण बहुत क्षुब्ध लग रहे थे। उनकी मुट्ठी उनके धनुष पर पूरी तरह कसी हुई थी। मुखर एक क्षण के लिए बहुत उद्वेलित लगता था और दूसरे ही क्षण वह लक्ष्मण का मुख निहारकर उल्लसित हो उठता था। राम की आंखों में अथाह गहराई थी। उन आंखों के भाव शायद शब्दों में प्रकट नहीं हो सकते थे — करुणा, क्रोध, ओज, तेज, पीड़ा, जिज्ञासा, वितृष्णा...जाने क्या-क्या था उन आंखों में। साथ चलने वाली भीड़ के चेहरे पर भी धर्मभृत्य को कुछ-कुछ क्षोभ ही दिखाई पड़ा — हां, कुछ लोग बहुत भयभीत भी लग रहे थे।

"इसका क्या अर्थ है ?" राम जिज्ञासापूर्ण आंखों से धर्मभृत्य को देख रहे थे।

"आर्य ! ठीक-ठीक कहना बहुत कठिन है।" धर्मभृत्य ने अपनी बात आरंभ की, "कुछ लोगों का कहना है कि राक्षस लोग हत्याएं कर मांस-रहित अथवा मांस-सहित हड्डियां यहां डाल जाते हैं। एक मत यह है कि मांस का भक्षण कर, अपना आत्मबल बढ़ाने तथा लोगों को आतंकित करने के लिए राक्षस ये अस्थियां डाल जाते हैं। एक अन्य मत है कि राक्षस शवों अथवा कंकालों को यहां छिपा जाते हैं। इधर कुछ आश्रमवासियों का कहना है कि ये अस्थियां ऋषि यहां एकत्रित करते रहते हैं, ताकि उन्हें देखकर जन-सामान्य के मन में राक्षसों के विरुद्ध आक्रोश बढ़े। किन्तु मैं मानता हूं कि इनमें से कोई भी मत सत्य नहीं है।"

"सत्य क्या है ?" लक्ष्मण के स्वर में क्रुद्ध नाग की-सी फुंकार थी।

"राक्षसों को अस्थियां छिपाने की आवश्यकता नहीं है। वे किसी से भयभीत नहीं हैं।" धर्मभृत्य बोला, "उन्हें एकत्रित कर अपना आत्मबल बढ़ाने की भी आवश्यकता उन्हें नहीं है, उनका आत्मबल वैसे ही बहुत बढ़ा हुआ है। ऋषियों-मुनियों में इतना साहस ही नहीं है कि वे उन शवों अथवा अस्थियों को एकत्रित कर, जन-सामान्य में आक्रोश भड़काते। ऐसा करना होता तो यह ढेर, मार्ग से हटकर, पेड़ों की ओट में न होकर, किसी आश्रम के मुख्य द्वार अथवा उसके केन्द्र में सभा-स्थान पर होता।"

"सत्य क्या है ?" लक्ष्मण पुनः फुंकारे।

धर्मभृत्य ने लक्ष्मण को निहारा, "जब किसी को अपना शत्रु मानकर, राक्षस उसका वध करते हैं, तो उसके सगे-संबंधी भी भयाक्रांत होकर उस व्यक्ति को अपना आत्मीय स्वीकार कर, उसका अंतिम संस्कार करने का साहस नहीं जुटा पाते। वे चोरी-छिपे उस शव को अथवा उसकी अस्थियों को यहां फेंक जाते हैं ताकि उस मृत व्यक्ति का पृथक् अस्तित्व भी समाप्त हो जाए — यहां तक कि स्वयं राक्षस भी स्मरण न कर सकें कि उन्होंने किसकी हत्या की थी और उसके संबंधी कौन लोग थे।"

"ओह !" राम के मुख से जैसे अनायास निकला, "अविश्वसनीय।"

"यह संभव नहीं है।" सीता झपटकर बोलीं, "किसी के अपने सगे-संबंधी कैसे

इतने क्रूर हो सकते हैं ?''

धर्मभृत्य के चेहरे पर एक तिक्त मुसकान उभरी, ''इस क्षेत्र में रहीं, तो देवी अनेक असंभव बातों को संभव होते देखेंगी।'' सहसा उसका स्वर आवेशमय हो उठा, ''राक्षसी तंत्र और कहते किसको हैं, देवी ? राक्षसों का सबसे बड़ा योगदान यही है कि उन्होंने ऐसा वातावरण पैदा कर दिया है कि समस्त मानवीय संबंध समाप्त हो रहे हैं। सबसे ऊपर आ गया है क्रूर अनगढ़ भौतिक स्वार्थ। स्थिति यह है कि यदि यह पता लग जाए कि किसी एक व्यक्ति पर राक्षसों की अथवा किसी अन्य प्रकार के सत्ताधारियों की कुदृष्टि है, तो उसके संबंधी उस आपात्काल में उसका पक्ष लेकर उसे सहारा देने के स्थान पर न केवल उससे मिलना-जुलना बंद कर देते हैं, वरन् स्वयं जा-जाकर राक्षसों को विश्वास दिलाते हैं कि उस व्यक्ति से उनका कोई संबंध नहीं है।... आप लोग मुझे क्षमा करेंगे, किंतु सच्चाई यही है कि अनेक ऋषियों के पूज्य — देव जाति के सत्ताधारियों ने भी इसमें राक्षसों की सहायता की है। मुझे तो लगता है कि दुर्बल जन-सामान्य के शोषण के लिए वे लोग परस्पर कोई समझौता कर चुके हैं।''

''यह कैसे संभव है ?'' बहुत देर से चुप मुखर, सहसा तड़पकर बोला।

''रुष्ट मत होओ, मेरे मित्र !'' धर्मभृत्य हंसा, ''यदि ऐसा न होता, तो देवराज इंद्र से मिलने के पश्चात् शरभंग को आत्मदाह की आवश्यकता न पड़ती।''

धर्मभृत्य ने अपनी बात कहकर विशेष रूप से राम की ओर देखा। राम बहुत देर से कुछ नहीं बोले थे। वस्तुत: किसी के बोलने के लिए था भी क्या — तब से तो स्वयं धर्मभृत्य ही बोल रहा था। किन्तु राम इस सारे वार्तालाप से उदासीन नहीं लग रहे थे। वे सब कुछ सुन रहे थे और मन-ही-मन कुछ बुन रहे थे।

धर्मभृत्य को उधर देखते पाकर, अन्य लोगों ने भी राम की ओर देखा।

''क्या सोच रहे हैं, प्रिय ?'' सीता ने जैसे सहचिंतन का निमंत्रण दिया।

राम का चिंतन-क्रम टूटा। वे हल्के-से मुसकराये, '' ...सोच रहा था, समर्थ संगठनों ने बलात् शस्त्र-समर्थित हिंसा से जन-सामान्य का क्रूर दमन कर रखा है; और जब जन-सामान्य दमन-यंत्र की प्रकृति समझकर स्वयं शस्त्र लेकर उठ खड़ा होगा, तो ये ही समर्थ संगठन उस पर आरोप लगाएंगे कि जन-सामान्य हिंसा कर रहा है...''

''वही तो। वही तो।'' धर्मभृत्य के कंठ में जैसे कुछ फंस गया। आंखें डबडबा आयीं और चेहरे पर असाधारण उल्लास बिखर गया। शब्दों में कुछ कहना उसके लिए असंभव हो गया।

राम ने उसे देखा और हंसे, ''मार्ग-निर्देशक मुनि धर्मभृत्य ! अब सुतीक्ष्ण मुनि का आश्रम कितनी दूर है ?''

धर्मभृत्य ने स्वयं को संभाला। अपनी रोमांचपूर्ण स्थिति से उबरकर बोला, ''बस हम आ ही पहुंचे हैं, राम ! सामने के वृक्ष को देखिए। आपको आस-पास ही कहीं आश्रम-जीवन का आभास मिलने लगेगा।''

''आप हमारे ग्राम में नहीं चलेंगे, आर्य राम ?'' सहसा भीखन ने पूछा।

राम ने भीखन को देखा। वह आशा और निराशा के बीच टंगा दिखायी दे रहा था। उन्होंने दृष्टि फेरी — भीखन के आस-पास वैसे ही अनेक चेहरे, एक ही भाव लिये घिर आये थे। राम उनकी भावना से आकंठ भीग उठे। ज्ञानश्रेष्ठ उन्हें आश्रम में ठहरने नहीं देना चाहते थे, इसलिए उन्होंने कहा कि ऋषि के आत्मदाह के पश्चात् आश्रम की व्यवस्था बिखर गयी है। और ये ग्रामीण किस स्निग्ध भावना से उन्हें अपने साथ ले जाने का आग्रह कर रहे हैं। वे भी जानते हैं कि राम के पास शस्त्र हैं, और वे राक्षसों के क्रोध को आमंत्रित कर सकते हैं...

''ग्रामों में मैं नहीं जाता, भीखन !'' राम का स्वर स्नेह से आप्लावित था, ''किंतु तुम्हारे निकट आकर अवश्य रहूंगा। हो सकता है, शीघ्र ही आऊं।''

''भीखन !'' धर्मभृत्य ने कहा, ''तुम लोग अपने-अपने ग्राम में चलो। सारे ग्राम को बताओ कि राम आ रहे हैं। उन्हें कह दो कि अब राक्षसों से भयभीत होने की आवश्यकता नहीं रही।'' धर्मभृत्य ने कुछ सोचकर साथ जोड़ा, ''राक्षस चाहे किसी भी जाति के हों — मैं चाहता हूं कि ऐसा वातावरण तैयार हो जाए कि भद्र राम को यह कहने को बाध्य न होना पड़े कि जब उन्होंने आह्वान किया तो न्याय के पक्ष में कोई उठकर खड़ा नहीं हुआ।'' धर्मभृत्य ने निमिष-भर के विराम के पश्चात् पुनः कहा, ''वैसे मुझे पूर्ण आशा है कि राम हमारी अपेक्षा से भी शीघ्र ही हमारे पास आ जाएंगे।''

ग्रामीण-समुदाय को विदा कर, लक्ष्मण को भेज, सुतीक्ष्ण मुनि से शस्त्रों के साथ आश्रम में प्रवेश की अनुमति पा, राम आश्रम के केन्द्र की ओर बढ़े। धर्मभृत्य तथा उसके मित्रों के साथ-साथ, मुनि-निकाय अब भी राम के साथ था। उनसे राम की अभी विशेष बातचीत नहीं थी और उनका राम के साथ, किसी ऋषि के आश्रम में रुक जाना कुछ असाधारण भी नहीं था। किंतु फिर भी, राम समझ रहे थे कि मुनि-निकाय की क्या इच्छा है। सामान्य वनवासी मुनियों तथा आश्रमाधिकारी ऋषियों में चिंतन के सामरस्य का अभाव अभी तक राम को सहज नहीं लग रहा था। ये ऋषि जन-भावना की उपेक्षा क्यों करते जा रहे थे ? या सामान्य मुनि-समुदाय ऋषियों के अनुकूल क्यों नहीं चल पा रहा था ...?

सुतीक्ष्ण मुनि सहज भाव से सुखासन में बैठे, राम की प्रतीक्षा कर रहे थे। राम ने अत्यन्त सशंक भाव-युक्त परीक्षक दृष्टि से मुनि को देखा — उन्हें राम का अपने साथियों सहित, सशस्त्र आश्रम में आना अन्यथा तो नहीं लगा ? किंतु मुनि की भंगिमा में ऐसा कोई आभास नहीं था। संभवतः धर्मभृत्य ही अपने पूर्वाग्रह के कारण, उस प्रकार सोच रहा हो।

''स्वागत, राम !'' प्रणाम के उत्तर में मुनि बोले, ''बैठो, भद्र ! सब लोग बैठो। ओह ! देवी वैदेही भी शस्त्र धारण करती हैं।''

''मुनिवर ! राम की पत्नी शस्त्र धारण नहीं करेगी तो वन में राम के साथ निवास कैसे करेगी ?''

''ठीक कहती हो, पुत्री !'' मुनि बोले, ''राम के साथ निवास करने वाले व्यक्ति को तो शस्त्र धारण करना ही पड़ेगा।''

लक्ष्मण ने झटके से सिर उठाकर मुनि को देखा। फिर जैसे अपनी जिह्वा को कुछ कह उठने से रोकने के लिए वे अन्य लोगों की ओर देखने लगे। मुखर झीना-सा मुसकरा रहा था, धर्मभृत्य की आंखों में तिक्तता उभर आयी थी तथा अनेक आगंतुक मुनि वितृष्णा से इधर-उधर देख रहे थे।

''मुनिवर !'' राम बोले, ''इस क्षेत्र में क्या राक्षसी उपद्रव नहीं हैं ? क्या आपको शस्त्रों की आवश्यकता नहीं पड़ती ?''

''उपद्रव होते होंगे,'' सुतीक्ष्ण उदासीनता से बोले, ''किन्तु उन्हें बहुत महत्त्व देना अनावश्यक है। हम जैसे वनवासी अपने आध्यात्मिक चिंतन में लीन रहते हैं। अनासक्त संन्यासी को इन सांसारिक झगड़ों से क्या लेना। हम तो जल में कमल के समान रहते हैं। जल बहता रहता है, कमल अपने स्थान पर स्थित रहता है।''

राम ने साभिप्राय दृष्टि से मुनि को देखा, ''हमें एक लंबा समय इसी वन में काटना है, मुनिवर ! कृपया परामर्श दें, हम अपने निवास के लिए कहां कुटिया बनाएं?''

सुतीक्ष्ण ने सीधे राम की आंखों में देखा — क्या कहना चाहते हैं राम ? किन्तु राम उन्हें पूरी गंभीरता से मार्ग-निर्देशन की प्रार्थना करते-से लगे।

''वैसे तो मेरा अपना आश्रम ही बहुत सुविधाजनक स्थान है।'' मुनि ने उत्तर दिया, ''जलवायु अच्छी है। फलों के वृक्ष पर्याप्त हैं। पेय जल की सुविधा है। ऋषि समुदाय का आवागमन लगा रहता है। तुम चाहो तो यहीं रह सकते हो...'' राम ने मुनि के स्वर का कंप स्पष्ट अनुभव किया, ''हां, कभी-कभी कुछ बलशाली उपद्रवी पशु अवश्य इधर आ जाते हैं। उन्हें इस आश्रम के निवासियों से कोई भय नहीं है। वे आश्रमवासियों की साधना में कुछ विघ्न उपस्थित कर, संतुष्ट हो लौट जाते हैं।''

राम का मस्तिष्क अत्यन्त तीव्र गति से मुनि के एक-एक शब्द का विश्लेषण कर उनका अभिप्राय समझ रहा था — स्थान सुविधाजनक था, इसलिए राम चाहें तो यहां टिक सकते हैं। किंतु मुनि क्या चाहते हैं ?... अर्थात् मुनि की ओर से निमंत्रण नहीं है।... कुछ शक्तिशाली पशु आश्रम में आते हैं। उन्हें आश्रमवासियों से भय नहीं है; क्योंकि न आश्रमवासी उनका विरोध करते हैं, न उनमें उसकी क्षमता है। वे पशु विघ्न उपस्थित करते हैं — मुनि उन्हें कुछ नहीं कहते, इसलिए स्वयं ही संतुष्ट होकर लौट जाते हैं...। कौन हैं वे पशु ? राम यहां रहेंगे तो क्या राम भी उनका विघ्न सह लेंगे ? उन पशुओं को राम से भी कोई भय नहीं होगा ?...

राम ने अपनी शांत मुद्रा में मुनि की ओर देखा, ''स्थान तो मुझे भी बहुत पसंद

है, मुनिवर ! किंतु शस्त्रधारी क्षत्रिय हूं। आखेट का व्यसन है। यहां रहा तो बलशाली पशुओं का उपद्रव सह नहीं सकूंगा। आखेट कर बैठा तो आपके आश्रम की शांति भंग होगी। इसलिए हम लोगों का यहां टिकना उचित नहीं है। हम कल प्रातः यहां से चले जाएंगे।''

''जैसी तुम्हारी इच्छा, राम !'' सुतीक्ष्ण की आंखों में निश्चिंत विशदता आ गयी थी, '' तुम लोग रात-भर सुख से आश्रम में विश्राम करो।... इस समय मेरा ध्यान का समय हो गया है।''

राम अपने साथियों के साथ अतिथिशाला में आ गए।

''अब क्या विचार है, राम ?'' सबसे पहले धर्मभृत्य बोला।

''अब विचार के लिए क्या रह गया है।'' उत्तर लक्ष्मण ने दिया, ''कोमल और मधुर-भाषी मुनि इससे अधिक स्पष्ट और क्या कह सकते थे कि यदि हमें यहां रहना है तो इस प्रकार रहना होगा कि पशुओं को हमसे भय न रहे। पशुओं द्वारा किया गया उपद्रव हमें भी सहन करना होगा।''

''अर्थ यह कि अपने शस्त्रों को पास की नदी में प्रवाहित कर आएं !'' मुखर का आवेश फूटा, ''और जब राक्षस किसी निरीह व्यक्ति की अथवा स्वयं हमारी हत्या करने आएं तो हमारा भी ध्यान करने का समय हो जाना चाहिए।''

''कालकाचार्य ने भी तो यही कहा था कि वैसे तो वे पूर्णतः हमारे साथ हैं,'' सीता बोलीं, ''किंतु हम जहां होंगे, वहां संघर्ष की संभावना होगी। अतः वे संघर्ष से दूर रहने के लिए हमसे भी दूर रहना चाहते हैं।''

राम मुसकराए, ''क्षुब्ध होने का कोई काम नहीं है, बंधुओ ! हम अपने तेज के बिना रह नहीं सकते; और तेज के साथ वे हमें रखेंगे नहीं। तो हम वहीं चलें, जहां लोग हमारा स्वागत कर रहे हैं।''

''अर्थात् ?'' धर्मभृत्य उत्सुक जिज्ञासा से पूछ रहा था।

''उस मुनि निकाय के पास, जो हमें अपने निकट रखना चाहता है। उसके पास, जो अत्याचार सहन कर नहीं पा रहे और उसका प्रतिरोध करने के लिए, संकट झेलने को प्रस्तुत हैं। भीरु तपस्वियों के भीतर साहस जगाने में अभी समय लगेगा।''

मुनियों के कंठ से उल्लास का स्वर फूटा, ''राम ठीक कह रहे हैं।''

## 2

धर्मभृत्य के साथ आये हुए दो दिन बीत गए थे। लक्ष्मण के निर्देशन में धर्मभृत्य के ही आश्रम में सबके लिए कुटीरों का निर्माण हो गया था। आस-पास का सारा क्षेत्र वे लोग घूम-फिरकर देख चुके थे; और देखकर विकट रूप से पीड़ित हुए थे। एक ही प्रश्न

बार-बार प्रत्येक व्यक्ति के मन में और फिर उनके परस्पर-संवादों में गूंजता था — जहां इस प्रकार का असहनीय अत्याचार हो रहा हो; मनुष्य पशु से भी हीन दशा में जीने को बाध्य हो, वहां के ऋषि-मुनि, चिंतक-विचारक तथा बुद्धिजीवी अपनी साधनाओं में लगे हुए, आध्यात्मिक शांति की बात कैसे कर सकते हैं...

''मेरा तो मन इन बुद्धिजीवियों के प्रति वितृष्णा से भर उठा है।'' लक्ष्मण ने अपना आक्रोश प्रकट किया।

''क्यों ! ऋषि विश्वामित्र को कैसे भूल गए ?'' राम मुसकराए।

''एक ऋषि विश्वामित्र हो गए तो क्या हुआ...''

''एक क्यों !'' धर्मभृत्य ने लक्ष्मण की बात काट दी, ''यहां ऋषि अगस्त्य हैं, उनकी पत्नी लोपामुद्रा हैं...''

''ओह, मुनि धर्मभृत्य ! आपकी वह अगस्त्य-कथा ?'' मुखर बोला।

''हां! ठीक याद दिलाया।'' सीता ने बात पकड़ी, ''आप अपनी रचना तो सुनाएं। अभी कार्य ने गति नहीं पकड़ी, फिर जाने समय मिले, न मिले।''

धर्मभृत्य संकोचपूर्वक मुसकराया, ''सुनाऊंगा तो लक्ष्मण कहेंगे कि लेखक अपनी कृति सुनाए बिना नहीं रह सकता।''

''नहीं, मैं कुछ नहीं कहूंगा।'' लक्ष्मण ने स्पष्टीकरण प्रस्तुत किया, ''मैं तो स्वयं ही कहता, किंतु तब भैया कहते कि कहानियां सुनने की मेरी शैशवकालीन आदत अभी छूटी नहीं है।''

''कौन क्या कहेगा — यह सोचकर कर्म करोगे तो कर चुके अपने मन की।'' राम मुसकराए, ''चलो, सारा भार मैं अपने ऊपर लेता हूं। धर्मभृत्य ! मैं चाहता हूं कि तुम अपनी रचना सुनाओ। अब जिसे जो कहना हो, कह ले।''

''मैं अभी आया।'' धर्मभृत्य अपने स्थान से उठा और क्षण-भर में ही अपनी कुटिया से ग्रंथिबद्ध, लिखित ताड़पत्र ले आया, ''रचना बहुत लंबी है। थोड़ी-थोड़ी सुनाने पर कई दिन लग सकते हैं। बाद में कोई यह न कहे कि उसे बांधकर, मैंने बलात् कथा सुनाई है।''

''नहीं, कोई कुछ नहीं कहेगा। तुम सुनाओ।'' राम बोले।

धर्मभृत्य ने खंखारकर कंठ साफ किया और पढ़ने लगा।

अगस्त्य ने ग्राम में प्रवेश किया।

ग्राम के लोग समय से पहले ही जग गए लगते थे। आवागमन भी पर्याप्त दिखायी पड़ रहा था और स्फूर्ति भी; जैसे किसी अभियान की तैयारी हो। अगस्त्य आगे बढ़ते रहे। मार्ग में मिलने वाला प्रत्येक व्यक्ति सम्मान से ऋषि का अभिवादन करता और अपने कार्य के लिए आगे बढ़ जाता।

अगस्त्य की चिंता बढ़ती जा रही थी।

प्रातः जब नियत समय पर, प्रवीर आश्रम में उपस्थित नहीं हुआ, अगस्त्य का मन तब भी खटका था। प्रवीर जैसा व्यक्ति अगस्त्य को दिए गए अपने वचन का पालन न करे, तो कोई-न-कोई असाधारण कारण ही होना चाहिए।

पिछले कई वर्षों से खेतों में काम अधिक होते ही ग्राम के बालक आश्रम में आना बंद कर देते थे। उनके लिए खेतों का कार्य अधिक महत्त्वपूर्ण हो उठता था। ऐसे में कौन आश्रम तक आने-जाने तथा वहां बैठकर शिक्षा ग्रहण करने का समय निकालता। अगस्त्य भी मानते थे कि खेतों का कार्य अत्यन्त महत्त्वपूर्ण था। कृषि-सम्बन्धी धातु के उपकरणों की आवश्यकता भी इन्हीं दिनों बढ़ जाती थी — हल, कुदाल, दरांती, घन और कभी-कभी कुछ शस्त्र भी भट्ठियों में ढाले जाते थे।... ऐसे में अगस्त्य यह अपेक्षा कैसे कर सकते थे कि वे लोग अपना कृषि-सम्बन्धी काम छोड़कर, आश्रम में शिक्षा ग्रहण करने आएंगे। किंतु वे यह भी नहीं चाहते थे कि ग्रामवासी यह मान लें कि शिक्षा जीवन का आवश्यक अंग न होकर, अवकाश के क्षणों का मानसिक विलास है। एक बार यदि ऐसी धारणा बन गयी तो इन ग्रामीणों को शिक्षा के प्रति ही अरुचि हो जाएगी।

इसलिए अगस्त्य ने ग्राम में ही पाठशाला चलाने का प्रस्ताव रखा था। उनकी योजना थी कि जहां-जहां कार्य चल रहा हो, उसी के निकट कहीं शिक्षा की व्यवस्था कर दी जाए; ताकि न तो शिक्षा में व्यतिक्रम हो और न शिक्षा और कृषि-कर्म में विरोध पनपे !... यह निश्चित था कि इस प्रकार की योजनाओं को कार्यान्वित करने के लिए, अगस्त्य को अपने आश्रम से पर्याप्त समय के लिए दूर रहना होगा। उस सारे समय के लिए आश्रम का दायित्व उन्होंने लोपामुद्रा पर छोड़ देने का निश्चय किया था।

उसी पाठशाला के सम्बन्ध में निश्चित व्यवस्था करने के लिए ही आश्रम में विचार-विमर्श की योजना बनायी गई थी।... कहां अगस्त्य ने सोचा था कि प्रवीर ही नहीं, अन्य ग्राम-प्रमुख भी अत्यन्त उत्साह से उस कार्य में सहयोग देंगे और कहां नियत समय बीत जाने पर भी, उनमें से एक भी व्यक्ति नहीं आया।... थोड़ी देर तक अगस्त्य, प्रतीक्षित आगंतुकों की विलम्ब से आने की प्रकृति के लिए मन में रोष पालते रहे। जब समय अधिक बीत गया तो उनके मन में अन्य संभावनाएं भी उगने लगीं — सम्भव है, गांव में कोई गम्भीर रूप से अस्वस्थ हो गया हो, या किसी का देहांत हो गया हो। किंतु ऐसा होता तो किसी एक गांव के प्रतिनिधि न आते, अन्य लोगों को तो आना चाहिए था।... अन्त में वे सोचने लगे थे कि कहीं यह पाठशाला के प्रति अरुचि तो नहीं है या स्वयं उनके प्रति अवज्ञा ? सम्भव है कि इधर ग्रामवासियों में शिक्षा के लिए उतना उत्साह न हो, जितना अगस्त्य देखना चाहते हैं। सम्भव है, यह उनके अपने मन का उत्साह हो, जो उन्होंने ग्रामवासियों पर आरोपित कर रखा है। ग्रामवासी अब तक उनका विरोध न कर सके हों और उन्होंने ऋषि को टालने के लिए ही यह पद्धति खोज निकाली हो।

किंतु यह विचार भी अधिक देर तक उनके मन में टिका नहीं । ऐसा होता तो कल संध्या तक अनेक ग्राम-प्रमुख इस योजना के सम्बन्ध में इतनी उत्साहपूर्ण चर्चा न कर रहे होते। और अपनी उपेक्षा की बात अगस्त्य कैसे सोच सकते हैं। योजनों तक एक भी ग्राम ऐसा नहीं है, जहां अगस्त्य का आगमन सौभाग्य का प्रतीक न माना जाता हो।

सहसा अगस्त्य की दृष्टि सामने से आते हुए प्रवीर पर पड़ी। प्रवीर अश्वारूढ़ था और सहज कृषक के वेश में नहीं था। उसने कटि में खड्ग बांध रखा था और कंधे पर धनुष टंगा था। वह किसी सैनिक अभियान के लिए तैयार हुआ लगता था।

ऋषि को देखते ही प्रवीर घोड़े से उतर गया। उसने झुककर उन्हें प्रणाम किया, "मैं आप ही की ओर जा रहा था।" वह बोला, "आइए, चौपाल में चलें। वहां अन्य लोग भी बैठे हैं।"

वह मुड़ा। अगस्त्य भी उसके पीछे-पीछे चले।

चौपाल में अनेक लोग थे। अगस्त्य ने एक ही दृष्टि में देख लिया कि निकट के प्राय: सभी ग्रामों के प्रमुख वहां उपस्थित थे।

अगस्त्य के बैठते ही सब लोग बैठ गए। अगस्त्य ने प्रश्नवाचक दृष्टि से प्रवीर की ओर देखा।

"ऋषिवर !" प्रवीर पहले से ही तैयार था, "सबसे पहले तो हम अपने प्रमाद के लिए आपसे क्षमा चाहते हैं कि न हम नियत समय पर आपके निकट उपस्थित हो सके और न हम कोई उचित संवाद आप तक भेज सके।"

"मैं कारण जानने को उत्सुक हूं, प्रवीर !" गुरु शांत भाव से बोले।

प्रवीर ने ऋषि को देखा तो उसकी दृष्टि में आवेश झलका। उसका स्वर भी उग्र था, "आप सदा इन वानर-ऋक्षों का पक्ष लेते हैं। आप इन्हें शांतिप्रिय समझते हैं। किंतु अवसर मिलते ही वे घात करने से नहीं चूकते। कल रात उन्होंने फिर हम पर आक्रमण किया है। वे हमारे खेत उजाड़ गए हैं, पशु हांककर ले गए हैं और चार व्यक्तियों की हत्या कर गए हैं।"

ओह... अगस्त्य गंभीर हो उठे... तो ये लोग वानरों से युद्ध की तैयारी में हैं।

"सूचना मिलते ही हमें अनेक कार्य करने पड़े।" प्रवीर बोला, "अपनी रक्षा का प्रबन्ध। शवों के दाह-संस्कार की तैयारी। मृत लोगों के परिवारों तथा घायलों को संभालना। वानरों का पीछा करने के लिए दल को भेजना। अन्य ग्रामों को सूचना देना..."

"मुझे सूचना क्यों नहीं दी गयी ?" अगस्त्य का स्वर कठोर था, "तुम लोगों ने मुझे युद्ध के लिए अयोग्य माना है या शत्रु-पक्ष का समर्थक ?"

"नहीं ! यह बात नहीं है, गुरुवर !" प्रवीर पुन: बोला, "हम ऐसा दुस्साहस कैसे कर सकते हैं ? हमने शस्त्र भी आपसे ही पाया है और शस्त्र-ज्ञान भी। हम आपके रण-कौशल से भी भली-भांति परिचित हैं; किंतु वानरों, ऋक्षों तथा अन्य आर्येतर

जातियों के प्रति आपका प्रेम किसी से छिपा नहीं है। कुछ लोगों का विचार था कि वानरों के विरोध की योजना में आप हमारा पक्ष नहीं लेंगे।''

अगस्त्य फिर से शांत दीखने लगे थे, ''तुम्हारे पास क्या प्रमाण है कि यह आक्रमण वानरों ने ही किया है ? तुमने उनका कोई आदमी पकड़ा है ?''

''नहीं।'' प्रवीर बोला, ''किंतु इन चोटियों के पार उन्हीं लोगों के ग्राम हैं। दूसरा कोई कैसे आ सकता है ?'' सहसा उसका स्वर एक विशेष प्रकार के आवेश से भर गया, ''इस बार आप हमें अनुमति दें, ऋषिवर ! हम उन्हें ऐसा पाठ पढ़ाएंगे...''

''क्या करने की सोची है तुम लोगों ने ?'' अगस्त्य मुसकरा रहे थे।

''इस बार हम अकेले नहीं जाएंगे।'' प्रवीर का क्रुद्ध स्वर गूंजा, ''समस्त आर्य ग्रामों में युद्ध का संदेश भेज दिया गया है। हम एक बड़ी सेना लेकर विंध्याचल के पार जाएंगे। उनके ग्रामों में आग लगा देंगे। एक-एक व्यक्ति की हत्या कर देंगे। भविष्य में वे इस ओर देखने का साहस भी नहीं कर पाएंगे। लौटकर विंध्याचल की प्रत्येक चोटी पर अपनी सैनिक चौकी बैठाएंगे। फिर विंध्याचल उनके लिए इतना ऊंचा हो जाएगा कि वे कभी उसे पार नहीं कर पाएंगे।... और विंध्याचल के इस ओर एक भी वानर को जीवित नहीं छोड़ेंगे।''

अगस्त्य ने बड़े धैर्य से सब कुछ सुना और फिर उसी धैर्य के साथ बोले, ''रात के आक्रमण के पश्चात् तुम लोगों ने अनेक आर्य-ग्रामों में सूचना भेजी है, और भविष्य की यह योजना भी अनेक आर्य ग्रामों के प्रमुखों ने मिलकर बनायी होगी ?''

''जी !'' प्रवीर बोला।

''और तुम लोगों ने न मुझे पिछली घटनाओं की सूचना भेजी, न भविष्य की योजनाओं के विषय में मेरे विचार जानने की आवश्यकता समझी। इसका अर्थ क्या है, प्रवीर ?''

अगस्त्य ने प्रत्येक उपस्थित व्यक्ति पर दृष्टि डाली, जैसे प्रत्येक व्यक्ति से उत्तर मांग रहे हों; किंतु उनमें से किसी ने भी उत्तर देने की तत्परता नहीं दिखायी।

इस बार अगस्त्य बोले तो उनका स्वर कुछ तीखा था, ''क्या मैं समझ लूं कि तुम लोग मुझे अपने समाज का अंग नहीं मानते, या मैं यह मान लूं कि तुमको मेरी बौद्धिक क्षमता पर विश्वास नहीं है ?'' अगस्त्य कुछ रुके और बोले, ''यदि इन दोनों में से एक भी बात हो, तो तुम लोगों को स्पष्ट रूप से कहने में संकोच नहीं करना चाहिए। मैं तुमको बाध्य नहीं कर सकता कि तुम लोग प्रत्येक निर्णय से पूर्व मुझसे विचार-विनिमय करो ही। किंतु मैं तुम लोगों का शस्त्र-गुरु हूं। मुझे पूर्ण अधिकार है कि तुम्हारी शस्त्र-प्रयोग-योजनाओं में मैं हस्तक्षेप करूं।'' सहसा गुरु प्रवीर की ओर मुड़े, ''मैं तुमसे पूछता हूं, प्रवीर ! तुमने शस्त्र-प्रशिक्षण से पूर्व जो शपथ ली थी और प्रशिक्षण समाप्त करने पर जो वचन मुझे दिया था — क्या तुम उन्हें पूरा कर रहे हो ?''

''गुरुदेव ! हम आत्मा-रक्षा के लिए शस्त्र धारण कर रहे हैं।'' प्रवीर साहस कर

बोला।

"नहीं !" गुरु का गर्जन उन्हें हिला गया, "तुम लोग निरीह, निहत्थे, निःशस्त्र, अर्द्ध-सभ्य वानरों की निर्मम हत्या के लिए शस्त्र-सज्जित हो रहे हो। तुम्हारे पास कोई प्रमाण नहीं है कि आक्रमण करने वाले वानर ही थे।... और तुम लोग न तो शोध का प्रयत्न कर रहे हो, न तर्क और अनुमान का संबल ले रहे हो। तुम्हें भय था कि मैं तुम्हारे कार्य में बाधा दूंगा, इसलिए तुमने सारी योजना मुझसे गुप्त रखी..." अगस्त्य का स्वर कुछ धीमा हुआ, "मुझे यह जानकर प्रसन्नता हुई कि तुमने मुझे वानर-ऋक्षों का मित्र माना है — मेरी कामना है कि वे लोग भी मुझे अपना उतना ही मित्र मानें।" वे रुककर मुसकराए, "थोड़ी देर के लिए अपने शस्त्र ढीले कर, मुझसे संक्षिप्त-सा तर्क-युद्ध कर लो। मुझे बताओ कि रात के आक्रमणकारियों के विषय में तुम लोगों ने कोई खोज की है ?"

"कैसी खोज ?" नवग्राम के प्रमुख माणिक्य ने पूछा।

"वे लोग पैदल आए थे अथवा उनके पास कोई वाहन था ?"

"वे अश्वारूढ़ थे।" प्रवीर बोला, "उनके पास एक रथ भी था। वे पैदल आए होते तो हम उन्हें कहीं-न-कहीं पकड़ लेते।"

"तुम लोगों ने आज तक किसी वानर-ग्राम में कोई अश्व देखा है ? किष्किंधा के वानर-सम्राट् ऋक्षराज के पास भी कोई अश्व नहीं है। फिर ये अश्वारूढ़ वानर आक्रमणकारी कहां से आ गए ?" अगस्त्य रुक गए।

समस्त ग्राम-प्रमुख मौन रहे।

"बोलो !"

"सम्भव है, उन्होंने अश्व प्राप्त कर लिये हों और हमें उसकी सूचना न हो।" बहुश्रुत ने भूमि को घूरते हुए धीमे स्वर में कहा।

"कुतर्क मत करो।" अगस्त्य शांत स्वर में बोले, "यहां ऐसा कोई प्रदेश नहीं है, जहां बाहर के यात्रियों का प्रवेश वर्जित हो। साथ ही ऐसा कोई स्थान नहीं है, जहां अमिश्रित रूप से केवल एक ही जाति का निवास हो। सम्पूर्ण क्षेत्र की जातियों के पास ऐसा कोई साधन नहीं है, जिससे वहां की घटनाओं के समाचार गुप्त रखे जा सकें। ऐसे में यदि वानरों ने किसी अन्य देश अथवा जाति से अश्व प्राप्त किए हों, अश्वारोहण का अभ्यास किया हो, अश्वारूढ़ होकर शस्त्र-परिचालन का प्रशिक्षण लिया हो — तो तुम्हारा विचार है कि इन समाचारों की हमें गंध भी न मिलती ? इतनी ही जटिल और परिष्कृत राज्य-व्यवस्था हो गयी है इस प्रदेश की आदिम जातियों की ?"

अगस्त्य उत्तर की प्रतीक्षा करते रहे, किंतु कोई कुछ नहीं बोला, तो वे स्वयं ही बोले, "तुम लोग कहते हो कि रात्रि के अंधकार में, तुम लोगों को सूचना मिलने से पूर्व ही वे खेत भी उजड़ गए, पशुओं को हांक भी ले गए और चार व्यक्तियों की हत्या भी कर गए। सूचना मिलने पर तुम लोगों ने पीछा किया तो तुम्हें गंध तक नहीं मिली।"

अगस्त्य का स्वर और भी गंभीर हो गया, ''इन तथ्यों का विश्लेषण करोगे तो स्वयं ही समझ जाओगे कि इतने कम समय में इतना विनाश कर हवा हो जाने का अर्थ है — अच्छी संचार व्यवस्था, अच्छे शस्त्र और तीव्रगामी वाहन। और वानरों के पास क्या है? उनके पास न संचार-व्यवस्था है, न शस्त्र हैं, न वाहन।''

''तो आपका क्या विचार है ?'' प्रवीर ने पूछा, ''आक्रमणकारी कौन हैं ?''

''कुछ आभास मुझे है। कुछ अनुमान कर रहा हूं।'' अगस्त्य बोले, ''निश्चित रूप से अभी आक्रमणकारियों के विषय में कुछ नहीं कह सकता किंतु तुम लोगों से अवश्य कुछ कहना चाहता हूं।''

''आज्ञा कीजिए।'' प्रवीर उनके सम्मुख नतमस्तक हो गया।

''तुम लोगों ने मेरी जो उपेक्षा और अवज्ञा की है, उसे मैं क्षमा करता हूं।'' अगस्त्य बोले, ''किंतु भविष्य में इसकी पुनरावृत्ति न हो।''

सबके मस्तक झुक गए।

''तुम लोग आत्मरक्षा के लिए सन्नद्ध रहो। चौकन्ने रहकर अपने मनुष्यों, पशुओं और खेती की रक्षा करो। किंतु आक्रमण की योजना स्थगित रखो।... मैं विंध्याचल के पार जा रहा हूं। जब तक लौटकर न आऊं, आक्रमण की बात मन में मत लाना। विरोध को मत बढ़ाओ। विंध्याचल को ऊंचा मत करो।'' अगस्त्य ने अपनी दृष्टि प्रवीर पर डाली। उनकी आंखों में अग्नि धधक रही थी, ''सेनापति ! यह मेरा आदेश है।''

''पालन होगा।'' प्रवीर ने हाथ जोड़कर, मस्तक उन पर टिका दिया।

''वैसे तो मुझे विश्वास है कि तुम लोग अपने वचन की रक्षा करोगे।'' अगस्त्य क्रोधशून्य किंतु दृढ़ स्वर में बोले, ''किंतु दुर्बल क्षणों में कहीं पालन न कर सको और विंध्य के पार वानरों पर आक्रमण करने की बात सोचो, तो मेरी एक बात याद रखना।''

सबने गुरु की ओर उत्सुक दृष्टि से देखा।

''यदि सेना लेकर विंध्य के पार आओगे तो वानरों की निरीह हत्या नहीं कर पाओगे। तुम्हें उनकी सशस्त्र सेना तैयार मिलेगी, और उनके सेनापति के स्थान पर अगस्त्य खड़ा होगा।''

अगस्त्य अपनी बात की प्रतिक्रिया देखने के लिए भी नहीं रुके। वे मुड़े और चौपाल से बाहर निकल गए। बाहर निकलते ही सारे ग्राम-प्रमुख भी जैसे उनके मस्तिष्क से निकल गए। मस्तिष्क में एक ही प्रश्न था — विंध्य के पार जाने का निश्चय उन्होंने अकस्मात् ही कर डाला था या यह विचार मस्तिष्क में पहले से कहीं दबा पड़ा था ?... अगस्त्य पहली बार विंध्य के पार नहीं जा रहे थे। विंध्य के दक्षिण में भी उतना ही घूमे थे, जितना विंध्य के उत्तर में। विंध्य के दक्षिण के ग्रामों में भी लोग उनसे उतने ही हिले-मिले थे, जितने कि उत्तर में।... पिछले अनेक वर्षों से उन्होंने विंध्य प्रदेश नहीं छोड़ा था। विंध्याचल के उत्तर में अधिकांश ग्राम आर्यों के थे। कुछ ग्राम आर्येतर जातियों

के भी थे, किन्तु उनकी संख्या बहुत कम थी। विंध्य की चोटियों के दक्षिण में अनेक आर्येतर जातियां रहती थीं। उनके बीच भी कुछ आर्य ऋषि-मुनि और कृषक बस गए थे। किंतु जाने कहां से यहां परस्पर अविश्वास का भाव भी आकर बस गया था। आर्यों तथा आर्येतर जातियों में तनाव बढ़ने लगा था। उत्तर के आर्येतर लोग दक्षिण की ओर हटते जा रहे थे; और आर्य विंध्य के उत्तर की ओर आ रहे थे। उनमें विरोध निरंतर बढ़ता जा रहा था। अगस्त्य को लगता था, उनके संपूर्ण प्रयत्नों के पश्चात् भी आर्यों तथा आर्येतरों के बीच विरोध का यह विंध्याचल ऊंचा उठता जा रहा था। यदि यह क्रम इसी प्रकार चलता गया, तो एक दिन विंध्याचल आकाश को छूने लगेगा। ये जातियां एक-दूसरे के रक्त की प्यासी हो जाएंगी। न कोई उत्तर से दक्षिण जा सकेगा और न कोई दक्षिण से उत्तर की ओर जा सकेगा।

ऐसा क्यों है ?... अगस्त्य सोचते जा रहे थे... वे आर्य तथा आर्येतर ग्रामों में खूब घूमे थे। उन्हें सभी स्थानों पर निश्छल प्रेम ही मिला था। उन्होंने पाया था कि आर्य हो या वानर, ऋक्ष हो या गरुड़ या गिद्ध — प्रत्येक जाति का व्यक्ति मूलतः कृषक या कर्मकर श्रमिक था। वह कड़े परिश्रम के पश्चात् अपना और अपने परिवार का पेट भरता था। वह प्रेम और मेल-मिलाप के साथ रहना चाहता था। लड़ाई-झगड़े से उसे कोई लाभ नहीं था। लड़ाई में उसके खेत नष्ट हो जाते थे, उसकी कुटिया जल जाती थी। वह घायल होता था, उसके बच्चों का हरण होता था। उसके लिए यह सब बहुत पीड़ादायक था। पर, फिर भी इन लोगों में कभी परस्पर विश्वास नहीं जन्मा। ये लोग अपने आप में शांतिप्रिय होते हुए भी एक-दूसरे को संदेह की दृष्टि से देखते थे।

इसी संदेह के कारण छोटे-मोटे झगड़े होते रहते थे। कभी-कभी रक्तपात भी हो जाता था। दोनों ही पक्ष स्वयं को निर्दोष मानकर, दूसरे को अत्याचारी बताते थे।... और अगस्त्य ने जब-जब खोज की, उसके मन ने दोनों में से किसी का भी अत्याचारी स्वीकार नहीं किया। दोनों पक्षों में एक-दूसरे के प्रति सद्भावना भी थी, दोनों शांतिप्रिय भी थे, दोनों बिना एक-दूसरे का शोषण किए अपने श्रम के आधार पर जीवित रहना चाहते थे... किंतु फिर भी न दोनों के झगड़े मिट पाते थे, न संदेह। और प्रमाणों के अभाव में अगस्त्य अपने अनुमानों के आधार पर ही धारणाएं बनाते-बिगाड़ते रहे थे।... आज यदि वे समय से न पहुंच गए होते, तो अनर्थ ही हो गया था। यदि प्रवीर सचमुच ही सम्मिलित आर्य सेना लेकर विन्ध्याचल के पार उतर जाता तो निश्चित रूप से वानरों का अपार संहार होता। क्षति आर्यों की भी होती, किंतु वानरों की अपेक्षा बहुत कम । आर्यों का शस्त्र-कौशल, शस्त्र, वाहन — सब कुछ ही वानरों से श्रेष्ठ है। वानर अभी आदिम धरातल पर जी रहे हैं, कहीं-कहीं वे अर्द्ध-सभ्यावस्था तक पहुंचे हैं। ऐसे में अगस्त्य की आर्यों को दी हुई विद्या यदि वानरों का नाश करती, तो क्या अगस्त्य अपने आपको क्षमा कर पाते ?... शायद नहीं। उन्होंने निर्बल-त्राण तथा आततायी के विरोध के लिए ही शस्त्र का सहारा लिया है। अब यदि आर्यों और वानरों का यह झगड़ा नहीं

मिटेगा तो वह अघटनीय घटकर रहेगा, जिसे अगस्त्य इतने दिनों से बचाते आ रहे हैं। विरोध के विन्ध्याचल को नीचे लाना ही होगा।... किंतु कैसे ?... उन्होंने प्रवीर से कहा था कि वे विंध्याचल के पार जा रहे हैं, जब तक लौटकर न आएं, युद्ध की तैयारियां स्थगित रखी जाएं... किंतु विंध्याचल के पार जाने से ही क्या यह समस्या सुलझ जाएगी? विंध्याचल के पार तो वे पहले भी कई बार जा चुके हैं।

सबने आश्चर्य से धर्मभृत्य को देखा।

"रुक क्यों गए, मुनिवर ?" लक्ष्मण ने पूछा।

"सोचा, पूछ लूं — आप लोग ऊब तो नहीं रहे ?" धर्मभृत्य मुसकराया।

"अरे, नहीं, भई !" राम हंसे, "तुम कैसे लेखक हो, सामने श्रोता बैठे हैं, और तुम पूछ रहे हो कि वे ऊब तो नहीं रहे। पढ़ो।"

अगस्त्य और लोपामुद्रा, विन्ध्य की चोटियां बहुत पीछे छोड़ आए थे।

उन्हें निरंतर चलते हुए दो पहर बीत गए थे। अब थोड़ी-थोड़ी दूर पर वानरों, ऋक्षों, गरुड़ों और गिद्धों के ग्राम, टोले और पुरवे दिखाई पड़ने लगे थे। अगस्त्य को लग रहा था कि आज विंध्य के दक्षिण में भी लोग मस्ती और असावधानीपूर्वक अपने विविध कार्यों में डूबे हुए नहीं थे। लोग सशंक और सचेत थे। आने-जाने वालों को उनकी दृष्टि टोकती थी। संभव है कि अपरिचित व्यक्तियों से कुछ पूछताछ करते हों; किंतु अगस्त्य तथा लोपामुद्रा को पहचानने वाला कोई-न-कोई व्यक्ति प्रत्येक गांव में मिल ही जाता था। उस क्षेत्र के लिए अगस्त्य अन-पहचाने व्यक्ति नहीं थे। चलते-चलते कभी-कभार 'गुरु', 'ऋषि' या 'अगस्त्य' जैसा कोई शब्द उनके कानों से आ टकराता था। लगता था, उनके थोड़ा-सा आगे-पीछे या साथ-साथ उनका परिचय भी यात्रा कर रहा था।

वे लोग जिस समय शतालु की कुटिया के सम्मुख पहुंचे, सांझ का झुटपुटा धरती पर उतर आया था। शतालु भी अभी-अभी ही बाहर से लौटा लग रहा था। वह कुटिया के द्वार पर बैठा हुआ सुस्ता रहा था।

अगस्त्य और लोपामुद्रा को देखते ही वह उठ खड़ा हुआ, "ऋषि !..." उसके मुख से निकला।

"शतालु !" लोपामुद्रा बोलीं, "हम आज रात के लिए तुम्हारे अतिथि होंगे। व्यवस्था हो सकेगी ?"

"मेरा सौभाग्य।" शतालु के हाथ जुड़ गए और आंखें डबडबा आयीं, "प्रभा ! देख, कौन आया है।"

कुटिया से दस-बारह वर्ष की एक कन्या बाहर आयी। क्षण-भर के लिए, वह कुछ अनपेक्षित देख लेने की-सी स्तब्धता में खड़ी रही। फिर आगे बढ़ उसने हाथ जोड़ प्रणाम किया।

"कैसी हो, बिटिया ?" लोपामुद्रा के मुख पर स्नेह फैल गया।

"अब एकदम ठीक हूं, ऋषि मां !" प्रभा बोली, "अब कोई कष्ट नहीं है। पिछले कई मास से मुझे पीड़ा का आभास भी नहीं हुआ।"

"जा। मां को सूचित कर, ऋषि मां आयी हैं। गुरुदेव भी साथ हैं।" शतालु बोला, "कब तक उन्हें खड़ा रखेगी। आसन ठीक कर।"

प्रभा कुटिया के भीतर भाग गई।

सब कुछ निमिष-भर में हो गया। शतालु की पत्नी साझा द्वार पर प्रकट हुई और उन्हें सम्मानपूर्वक कुटिया में ले गई।

सब बैठ गए तो साझा आत्म-चिंतन-सा करती हुई बोली, "मैं तो इस लड़की के जीवन से निराश हो गई थी, ऋषि मां ! क्या कहूं, कैसे तड़पती थी यह। जब पीड़ा उठती थी, पानी से निकाल बालू पर फेंक दी गई मछली के समान भूमि से उठ-उठकर गिरती थी। देखा नहीं जाता था। मन में कई बार आया कि यदि ऐसे ही तड़प-तड़पकर मरना बदा है इसके भाग्य में, तो क्यों न मैं ही कहीं से एक चुटकी विष लाकर इसे खिला दूं। इस पीड़ा से तो बच जाएगी।"

"मुझे याद है, जब यह अपने पिता के साथ हमारे आश्रम पर आयी थी।" लोपामुद्रा की मुसकान अत्यन्त मनोरम थी, "शतालु ने भी यही कहा था, 'ऋषि मां ! या तो इसे ठीक कर दो, या फिर विष देकर इसे इस पीड़ा से मुक्त कर दो।' पर इसे कोई बड़ा रोग नहीं था, साझा !"

"जो भी हो, ऋषि मां !" शतालु बोला, "हम तो इसका जीवन आपका दिया मानते हैं। अपने परिचय का कोई वैद्य, ओझा, सयाना हमने नहीं छोड़ा था। एक ओर यह अपनी पीड़ा से तड़पती थी और दूसरी ओर ओझा लोग भूत को पीटने के नाम पर इसकी चमड़ी उधेड़ रहे थे। क्या कष्ट नहीं पाया इस बच्ची ने !" शतालु का स्वर भारी हो गया।

"तुमने देख लिया न कि इस पर कोई भूत-प्रेत नहीं था।" लोपामुद्रा ने ममता भरी दृष्टि से प्रभा को देखा, "तुम लोग अपने अज्ञान में ही बेचारी बच्ची को कष्ट देते रहे। अब तुम अपने आस-पास किसी को भूत-प्रेत को झाड़ने की दुष्टता मत करने देना।"

"अब तो बप्पा की स्थिति यह है, "प्रभा हंसकर बोली, "कि कोई भूत का नाम ले तो उन पर भूत सवार हो जाता है।"

सहसा शतालु का ध्यान अगस्त्य की ओर गया, "गुरुदेव ! आप एकदम मौन हैं। क्या बात है ?"

अगस्त्य हल्के-से मुसकराए, "मुझे तुमसे बहुत अधिक बातें करनी हैं, इसीलिए मौन हूं !"

"कोई गंभीर बात है क्या, गुरुदेव ?"

"बहुत गंभीर।" अगस्त्य बोले, "रक्तपात की बात है।"

"आप रक्तपात की बात करने की सोच रहे हैं और यहां कल रात बहुत सारा रक्तपात हुआ है।" शतालु का स्वर भी गंभीर हो गया।

"क्या हुआ ?" लोपामुद्रा ने पूछा, "कोई झगड़ा हुआ है क्या ?"

"झगड़ा !" शतालु बोला, "कल रात हमारे अनेक ग्रामों पर आर्यों का आक्रमण हुआ है। उन्होंने हमारे खेतों में आग लगाई है। झोंपड़ियां नष्ट की हैं। कई लोगों के प्राण लिये हैं..."

अगस्त्य और लोपामुद्रा की दृष्टि मिली।

"लोग बहुत भड़के हुए हैं।" शतालु कह रहा था, "आप पर हमें इतना विश्वास न होता, तो शायद आपका इस क्षेत्र में चलना असंभव हो जाता।"

"इतना विरोध ?"

"प्रातः ही अनेक ग्रामों में समाचार भिजवा दिया गया है। कितने ही ग्रामों के मुखिया लोग एकत्रित होकर युद्ध की योजनाएं बना रहे हैं। यूथपति भी आए हुए हैं। संभवतः कोई बड़ा युद्ध होगा।"

"क्या वानरों ने किसी आक्रमणकारी को पकड़ा है ? क्या किसी ने देखा है कि आक्रमणकारियों में से कोई आर्य था ?" अगस्त्य ने पूछा।

"नहीं। जहां तक मैं जानता हूं, कोई आक्रमणकारी नहीं पकड़ा गया। किन्तु हम सब यही मानते हैं कि आक्रमण आर्यों ने ही किया होगा। विंध्य के उत्तर में उन्हीं लोगों के ग्राम हैं। उनके पास शस्त्र भी हैं।" शतालु बोला।

"शतालु ! मेरी बात का विश्वास करोगे ?"

"मैं आपकी किसी भी बात का विश्वास करूंगा, गुरुदेव !"

"आक्रमणकारी आर्य नहीं थे।" अगस्त्य बोले, "कल रात ही आर्यों पर भी आक्रमण हुआ है। उनका अनुमान है कि उन पर आक्रमण करने वाले वानर ही होंगे।"

शतालु आश्चर्य से अगस्त्य को देखता ही रह गया।

"है न विचित्र बात ?" अगस्त्य मुसकराए।

"तो आक्रमणकारी कौन हैं ?" साझा ने पूछा।

"अभी कुछ नहीं कह सकता।" अगस्त्य बोले, "प्रातः शतालु को अपने साथ ले जाऊंगा। खोज करूंगा। आशा है कि कल संध्या तक बता सकूंगा कि आक्रमणकारी कौन हैं।"

"बिना पूछे आगे पढ़ता जाऊं न ?" धर्मभृत्य ने फिर पूछा।

"पढ़ो, भाई !" लक्ष्मण कुछ खीझकर बोले।

"अच्छा-अच्छा।" धर्मभृत्य हंसकर पुनः पढ़ने लगा।

अगले दिन अगस्त्य प्रायः ही शतालु को लेकर निकल गए। वे अनेक लोगों से मिले और अनेक स्थानों पर गए। कुछ प्रश्न किए और कुछ स्वयं जांचा-परखा। संध्या के समय, जब शतालु प्रातः थक चुका था, उसे साथ लेकर अगस्त्य बड़े आश्वस्त भाव से यूथपति से मिलने के लिए चले।

यूथपति ने उन्हें तत्काल बुलवा लिया। अभिवादन किया और बोला, "मैंने आपके विषय में कल दिन-भर में बहुत कुछ सुना है। वानरों का आप पर अद्भुत विश्वास देखकर चमत्कृत हुआ हूं। मैं जानता हूं कि आपने अनेक बार वानरों और आर्यों के झगड़े निबटाए हैं। किन्तु लगता है कि अब हमें आपकी बात पर विश्वास करना छोड़ देना होगा। आपकी बात आर्य नहीं मानते। वे हमसे शत्रुता का व्यवहार कर रहे हैं।"

"यूथपति ने क्या सोचा है ?" अगस्त्य मुसकराए।

यूथपति गंभीर हो गया, "हमारे पास शस्त्र नहीं हैं, फिर भी हम युद्ध करेंगे — हाथों से, पत्थरों से और लाठियों से। हम अपना रक्त बहाकर भी आर्यों का नाश करेंगे। विंध्य की गुफाओं में अपने वीरों को बसाएंगे। कोई आर्य विंध्य की इस ओर आएगा तो उसका वध किया जायेगा। विंध्य को पार करना आर्यों के लिए असंभव हो जाएगा..."

"यूथपति मेरी बात सुनेंगे ?" अगस्त्य अब भी पूर्णतः शांत थे।

"क्यों नहीं।"

"जिस रात वानरों पर आक्रमण हुआ है, उसी रात आर्यों पर भी आक्रमण हुआ है। उनके भी जन और धन की हानि हुई है। उनका विचार है कि यह आक्रमण वानरों ने किया है। वे तुम्हारा नाश करने की तैयारी कर रहे हैं। वे भी विंध्याचल को आकाश तक उठा हुआ ऊंचा पर्वत बनाना चाहते हैं।... इसका अर्थ समझते हो ?" ऋषि तनिक रुककर बोले, "यह आक्रमण उन्होंने नहीं किया।"

"तो आक्रमण किसने किया है ?" यूथपति ने अविश्वास के स्वर में पूछा।

"वह भी बताऊंगा। किन्तु उससे पूर्व थोड़ा तर्क-वितर्क करना चाहूंगा।" अगस्त्य बोले, "तुम लोगों ने किसी आक्रमणकारी को पकड़ा नहीं है। कुछ लोगों ने यह अवश्य देखा है कि उनके पास शस्त्र थे और वे अश्वों पर आरूढ़ थे। उनके पास एक कवच-रक्षित रथ भी था — यह सूचना तुम्हें है ?"

"जी।"

"यदि मेरा विश्वास कर सको तो यह सूचना तुम्हें मैं देता हूं कि विंध्य के उत्तर के आर्यों के पास कोई कवच-रक्षित रथ नहीं है। यहां तक कि आर्यों के किसी सम्राट के पास भी ऐसा रथ नहीं है।"

"इसका क्या अर्थ हुआ ?"

"आक्रमणकारी आर्य नहीं थे।" अगस्त्य बोले, "दूसरी बात और भी महत्त्वपूर्ण

है। यदि तुम उनके अश्वों के खुरों के चिह्नों को खोज सको और ध्यान से देखा तो बात और भी स्पष्ट हो जाएगी।''

''क्या ?''

''मैं शतालु के साथ गया था। हमने दसियों स्थानों पर आते और जाते अश्वों के खुरों के चिह्नों को खोज निकाला है और उनका परीक्षण किया है। उनको सुरक्षित रखने का प्रबंध भी हम कर आए हैं। यूथपति चाहें तो चलकर स्वयं देख सकते हैं।''

''क्या सिद्ध होता है खुरों के चिह्नों से ?'' यूथपति ने पूछा।

''अश्वों के आने और लौटने की दिशाएं।'' अगस्त्य बोले, ''न वे विंध्य के उत्तर से आए हैं, न विंध्य के उत्तर की ओर लौटे हैं। खुरों के चिह्न स्पष्ट बताते हैं कि अश्वारोही दक्षिण-पश्चिम से आए हैं और उसी ओर लौटे हैं।''

''तो ?''

''आक्रमण करने वाले राक्षस थे।'' अगस्त्य का स्वर आवेशमय हो उठा, ''राक्षस न खेती करते हैं, न मजदूरी। वे लूट और हत्या का व्यवसाय करते हैं। वे तुम्हें भी मारते हैं और आर्यों को भी। तुम दोनों एक-दूसरे पर संदेह करते हो और परस्पर झगड़ते हो। उस रात राक्षसों ने विंध्य पार कर, आर्यों पर आक्रमण किया था। लौटते हुए, वे तुम्हारे ग्रामों में भी आग लगाकर लूटपाट मचाते गए। हत्याएं करते गए। इस समय राक्षस अपने ग्रामों और शिविरों में मस्त सोए होंगे। इधर तुम आर्यों से लड़ने की तैयारी कर रहे हो और आर्य तुमसे...''

यूथपति और उनके पार्षद मौन रहे। कोई कुछ नहीं बोला। ऐसी बात तो पहले किसी ने सोची ही नहीं थी।

अगस्त्य फिर बोले, ''तुमने कहा है कि आर्य मेरा कहना नहीं मानते। भविष्य में यह वाक्य फिर कोई नहीं कह सकेगा।'' अगस्त्य का स्वर अतिरिक्त रूप से गंभीर था, ''मैंने इस समस्या को सुलझाने का दृढ़ संकल्प किया है और यह कार्य मैं पूर्ण करके रहूंगा — मैं आर्यों से कह आया हूं कि जब तक मैं वापस न लौटूं, वे झगड़ा न बढ़ाएं। उनकी ओर से चिंता का कोई कारण नहीं है।... अब तुम्हारे सम्मुख एक प्रस्ताव रख रहा हूं।''

''कहिए।''

''मैं तुम्हारे पास आर्यों की एक धरोहर रखवा देता हूं। वह धरोहर एक आर्य ऋषि होगा। जिस दिन तुम अपनी आंखों से आर्यों को वानरों पर आक्रमण करते देख लो, उस दिन उस ऋषि की हत्या कर देना। फिर जो तुम्हारे मन में आए, करना। आर्यों का नाश करना, विंध्य को आकाश बराबर ऊंचा कर अलंघ्य कर देना।''

''कौन आर्य ऋषि हमारे बीच रहेगा ?'' यूथपति के स्वर में फिर अविश्वास उभरा।

''मैं रहूंगा। मेरी पत्नी लोपामुद्रा रहेगी।'' अगस्त्य बोले, ''हम कभी लौटकर

विंध्य के उस पार नहीं जाएंगे। हम तुम्हारे साथ रहेंगे। तुम्हारी संतान को शिक्षा देंगे। तुम्हें शस्त्र बनाना सिखाएंगे। शस्त्र-परिचालन सिखाएंगे। तुम्हारी सहायता से राक्षसों से युद्ध कर उनसे तुम्हारी रक्षा करेंगे।''

''क्या यह सत्य होगा, गुरुदेव ?'' शतालु की आंखों में पानी भर आया, ''मुझे विश्वास नहीं होता।''

''यह अगस्त्य की वाणी है, शतालु। असत्य नहीं होगी। अपने ग्रामों के बीच, मुझे आश्रम के लिए स्थान दो और मेरी वाणी को सत्य होता देखो।''

''ऐसा ही हो।'' यूथपति के स्वर में उल्लास था।

## 3

''क्षण-भर थम जाओ, लेखक बंधु !''

सबने आश्चर्य से मुखर की ओर देखा, वह कथा क्यों रोक रहा है ?

मुखर कुछ सुनने की मुद्रा बनाए चुपचाप बैठा रहा, जैसे दूर से आता कोई मंद स्वर उसने सुना हो, जो अब थम गया हो, और वह उसके पुनः उठने की प्रतीक्षा कर रहा हो।

सहसा उस निस्तब्धता को चीरते हुए एक स्वर सबने सुना। मुखर ने स्वर की दिशा में अंगुली उठा भर दी।

रात के सन्नाटे में वह स्वर भयावना लगता था। सबके कान उसी ओर लग गए। स्वर एक नहीं था, दो थे। पहले वे स्वर धीमे भी थे और अनियमित भी। पहला स्वर पुरुष का था, दूसरा स्त्री का। धीरे-धीरे दोनों स्वर ऊंचा बोलने से, विधिवत् झगड़े में परिणत हो गए थे। दोनों में से दब कोई भी नहीं रहा था और आवेश की मात्रा निरन्तर बढ़ती जा रही थी। सहसा तीसरी ध्वनि उभरी, जैसे किसी ने किसी को थप्पड़ मार दिया हो। क्षण-भर के लिए दोनों स्वर बंद हो गए, किंतु अगले ही क्षण कई बच्चों के रुद्ध कंठ से सहसा फूट आया रोने का सम्मिलित स्वर सारे परिवेश में व्याप्त हो गया। तब पुरुष का जोर से डांटने का लड़खड़ाता-सा स्वर गूंजा। बच्चे हठात् चुप हो गए, किंतु तभी रुदन और चीत्कार का नारी स्वर आया, ''मार ले, दुष्ट ! तोड़ दे मेरी हड्डियां ! घोंट दे मेरा गला ! बच्चे तो वैसे ही भूखे मर रहे हैं। सब समाप्त हो जाएंगे, तू बैठकर मदिरा पीना !''

''पति के विरुद्ध बोलती है ! नीच ! कुकुर-जायी !'' वैसा ही लड़खड़ाता पुरुष स्वर आया, ''आज मैं भी तुझे चुप कराकर ही रहूंगा। या तू नहीं, या मैं नहीं !''

राम और नहीं सुन सके। वे उठ खड़े हुए। सीता ने उनकी ओर प्रश्न-भरी दृष्टि से देखा।

''मुखर और सौमित्र ! तुम लोग यहीं ठहरो।'' राम बोले, ''सीते ! मेरे साथ

आओ।''

वे कुटिया से बाहर निकल गए।

राम के पग तीव्र गति से बढ़ रहे थे। उनके कान पार्श्व-संगीत के समान नियमित और निरंतर चलते हुए झगड़े तथा मारपीट के स्वरों को सुन रहे थे और मस्तिष्क विभिन्न प्रकार की स्थितियों के विषय में सोच रहा था।

वे स्त्री और पुरुष पति-पत्नी ही हो सकते हैं। किसी अन्य की पत्नी से न तो कोई इस प्रकार झगड़ सकता है और न ही उस पर हाथ उठा सकता है। स्त्री की बातों में कुछ ऐसे संकेत भी थे... पति-पत्नी के झगड़े में राम कैसे हस्तक्षेप कर सकते हैं ?... किंतु वे निष्क्रिय बैठे, स्त्री को पिटते हुए भी कैसे देख सकते हैं ?

राम और सीता आश्रम के फाटक से निकलकर, बस्ती की ओर चल पड़े। राम ने अनुभव किया कि बस्ती, और विशेषकर वह कुटिया, आश्रम के भीतर, उनकी अपनी कुटिया से बहुत निकट है। आश्रम के बाड़े के कारण फाटक से निकलने के लिए, कुटिया की विपरीत दिशा में चलकर, उन्हें वापस लौटना पड़ रहा था।

स्वरों से निर्देशित होते हुए, वे लोग बस्ती के बीचोंबीच आ गए थे। दिन के प्रकाश में देखे हुए बस्ती के मार्ग उनकी सहायता कर रहे थे। कुटिया के पास पहुंचने में उन्हें अधिक देर नहीं लगी।

जिस झोंपड़ी के सामने वे खड़े थे, वह आश्रम के कुटीरों से पर्याप्त भिन्न थी। न तो वह खुली जगह में बना हुआ हवादार आवास था और न ही वन के वृक्षों से काटी गयी लकड़ी के बल पर, कलात्मक ढंग से बनायी हुई कुटिया। ऊंची-नीची शिलाओं में प्रकृति द्वारा बनायी गयी खोहों के सहारे उनके आगे ही फूस-पत्तों तथा छोटी-बड़ी आकार-रहित लकड़ियों के आधार पर खड़ा कर दिया गया एक ढांचा, जो न देखने में सुंदर था और न रहने के लिए सुविधाजनक।

जिस समय राम और सीता के पग झोंपड़ी के द्वार पर रुके, भीतर उसी प्रकार धुआंधार लड़ाई चल रही थी। लगता था, इस बीच कई बार पुरुष का हाथ चल चुका था। स्त्री अनेक बार मार खाकर अपना धैर्य खो चुकी थी और अब अपनी सहायता के लिए पड़ोसियों को पुकार रही थी। किंतु आस-पास की किसी भी झोंपड़ी के जीवन पर इस चीत्कार का कोई प्रभाव नहीं पड़ रहा था। सारे काम दैनिक क्रम के ही समान चल रहे थे। सहायता के लिए लगायी गयी स्त्री की गुहार जैसे उनके कानों तक पहुंच ही नहीं रही थी।

राम के आगे बढ़कर, ऊंचे स्वर में पुकारा, ''ऐ भाई ! झगड़ा बंद कर, तनिक बाहर आओ।''

झगड़े का क्रम टूटा। भीतर स्तब्धता छा गयी, जैसे पति-पत्नी दोनों के लिए ही इस प्रकार की पुकार अप्रत्याशित हो। फिर ऐसा लगा, जैसे स्त्री ने बाहर निकलने का प्रयत्न किया हो; किंतु पुरुष की ऊंची लड़खड़ाती-सी आवाज ने उसे डांट दिया, ''बैठी

रह यहां, कुलटा ! देखता हूं तेरा कौन-सा भर्तार आ गया है !''

एक पुरुष झोंपड़ी के द्वार से बाहर आया।

राम और सीता ने देखा — वह बस्ती के अन्य खान-श्रमिकों से तनिक भी भिन्न नहीं था। सांवले रंग को खान की गंदगी ने और भी काला कर दिया था। मिट्टी और पसीने ने मिलकर, उसकी नंगी चौड़ी छाती और भुजाओं की मछलियों पर अनेक स्थानों पर गारा-सा लगा दिया था। वस्त्र के नाम पर उसने एक मैला-पुराना वस्त्र कटि पर लपेट रखा था। उसकी आंखें, मुद्रा. चाल तथा स्वर — सब ही बता रहे थे कि वह मदिरा पीकर धुत्त था।

''क्या है ?'' वह अपनी ऐंठती-सी जीभ से बोला, ''अपने बाप का घर समझकर चले आए पुकारने...''

सीता के नयनों से जैसे ज्वाला फूटी। राम के शरीर का सारा रक्त उनके मस्तिष्क की ओर दौड़ा। जी में आया, ऐसा चांटा लगाएं कि उसका सारा मद उतर जाए। किंतु राम का विवेक जानता था कि चांटा इस समस्या का समाधान नहीं है। यथासंभव शांत स्वर में बोले, ''घर तो मैंने तुम्हारा ही समझा है, भाई ! पर तुम अपने घर में जो कुछ कर रहे हो, वह न तो अपने घर में करने का कृत्य है, न उससे तुम्हारा घर घर ही रह जाएगा।''

उस व्यक्ति ने पहली बार सिर उठाकर राम को देखा और वैसी ही ऐंठी हुई जीभ से बोला, ''क्या घर-घर लगा रखी है ? यहां साला कहां कोई घर है !'' उसकी आंखें सीता की ओर घूमीं। वह एकटक उन्हें देखता रहा। फिर दुष्टतापूर्वक मुसकराया, ''समझा। तुम चाहते हो कि मैं अपनी घरवाली को न पीटूं। इस स्त्री को साथ लाए हो कि इसे पीटूं। चलो, तुम्हारी ही माने लेता हूं...''

वह सीता की ओर बढ़ा। किंतु राम ने उसे सीता तक पहुंचने नहीं दिया। बीच में ही उन्होंने अपने दाएं पंजे में उसकी गर्दन जकड़ ली और बड़े सधे हुए स्वर में बोले, ''यदि कहीं तुम मदिरा के प्रभाव में न होते, तो यह वाक्य तुम्हें बहुत मंहगा पड़ता।''

उस व्यक्ति के बलिष्ठ शरीर ने राम का पंजा झटक देना चाहा, किंतु तनिक-से प्रयत्न से ही उसके सोए हुए मस्तिष्क को भी ज्ञात हो गया कि यह कदाचित् उसके लिए संभव नहीं था। उसका शरीर तो मुक्त नहीं हुआ, किंतु जिह्वा मुक्त हो गयी, ''यही वाक्य क्या, यहां तो सब-कुछ महंगा पड़ रहा है। सस्ता क्या है — मेरा रक्त। वह चाहिए, तो वह भी ले लो। या इसी बहाने मेरी पत्नी का अपहरण करने आए हो ? अब वह पहले जैसी सुंदरी तो नहीं रही, पर बुरी अब भी नहीं है। ले जाओ, उसे भी ले जाओ। जहां इतनी स्त्रियां ले गए, वहां इसे भी ले जाओ।''

राम ने अपनी अंगुलियां ढीली छोड़ दीं।

''क्या बक रहे हो ! अपनी पत्नी के लिए कोई इस प्रकार के शब्दों का प्रयोग करता है ?''

इस बीच उस व्यक्ति की पत्नी भी भीतर से आकर झोंपड़ी के द्वार पर खड़ी हो गई थी। उसने भी एक मैली-कुचैली धोती से अपने शरीर को किसी प्रकार लपेट रखा था और तीन छोटे-छोटे सहमे-से बच्चे उसकी उसी मैली धोती से चिपके हुए, कुछ विचित्र भाव से उस व्यक्ति को देख रहे थे, जो उनके पिता का प्रताड़क बन, उनकी रक्षा कर रहा था... आस-पास की झोंपड़ियों से भी अनेक लोग निकल आये थे और बड़े अनासक्त भाव से खड़े उन लोगों को देख रहे थे।

उस व्यक्ति का नशा कुछ कम हो गया लगता था, किंतु पूर्णतः मुक्त वह अब भी नहीं हो पाया था। उसका विवेक जैसे बार-बार मदिरा से संघर्ष कर रहा था और बार-बार पराजित हो रहा था।

''तुम कौन हो ?'' वह समझौता-सा करता हुआ बोला, ''और मेरे द्वार पर क्या करने आये हो ?''

''एक वनवासी हूं।'' राम मुसकराये, ''तुम्हारे द्वार पर तुमसे झगड़ा करने नहीं आया था।''

''तो फिर क्या करने आये थे ?'' वह खिंचे-से स्वर में बोला।

''केवल इतना कहने आया था कि तुम्हारी पत्नी जहां आत्मरक्षा में समर्थ न हो, वहां उसकी रक्षा तुम्हारा धर्म है; और तुम उलटे उसे पीट रहे हो।''

''वह मेरी पत्नी है न !'' वह बोला, ''तो उसके साथ कब क्या व्यवहार करना है, यह निर्णय मैं करूंगा। मेरे घरेलू मामलों में हस्तक्षेप करने वाले तुम कौन हो !'' उसका स्वर सहसा ऊंचा हो गया, ''तुम हमारी खान के स्वामी हो या उनके संबंधी कोई अग्निवंशी हो कि हमें अपना पशुधन मानकर अपनी टांग अड़ाने यहां आये हो; या तुम किसी और जाति के राक्षस हो और मेरी पत्नी पर दृष्टि लगाये बैठे हो !''

राम का स्वर और भी शांत और स्निग्ध हो उठा, ''मुझे गलत मत समझो, मित्र! मैं इनमें से कुछ भी नहीं हूं। तुम पर मेरा कोई अधिकार है तो केवल मानवीय अधिकार है। एक मित्र के नाते मैं तो तुम्हें यह समझाने आया था कि दुर्बल पर अत्याचार मत करो और सबल का अत्याचार मत सहो।''

उसके चेहरे पर विद्रूप की हंसी फैल गयी, ''ओह ! तुम मांडकर्णि हो।''

''नहीं ! मैं राम हूं। मांडकर्णि कौन है ?''

''नहीं। तुम स्वयं को नहीं जानते। तुम मांडकर्णि हो।'' उसकी आंखों में फिर से मदिरा लहरा उठी। उसके स्वर में आवेश नहीं, परिहास था, ''तुम मांडकर्णि हो। तुम अपना प्रासाद बनाने आये हो। तुम मुझसे मेरी पत्नी की रक्षा करने नहीं आये, तुम अपने लिए अप्सराएं प्राप्त करने आये हो।'' वह राम के निकट आ गया। उनकी नाक के पास अपनी तर्जनी नचाता हुआ बोला, ''मैं अपनी पत्नी को पीटूं या न पीटूं, पर इस बार मैं तुम्हें अपना बेटा नहीं दूंगा ! तुम मेरे बेटे की बलि देकर अपने लिए अप्सराएं प्राप्त नहीं कर सकते। तुम किसी भी वेश में आओ, मैं तुम्हें पहचान लूंगा। तुम सब राक्षस हो –

सारे खान-स्वामी, सारा अग्निवंश, सारे मांडकर्णि। तुम भी।'' और सहसा वह पूरे आवेश के साथ चीखा, ''जाओ! चले जाओ! और सावधान ! फिर कभी मेरे द्वार पर मत आना, नहीं तो सिवाय पश्चाताप के और कुछ हाथ नहीं लगेगा। अनिन्द्य बहुत पीड़ित और बहुत हीन होकर भी अभी जीवित है और पर्याप्त शक्तिशाली है...।''

वह अपनी झोंपड़ी की ओर मुड़ा और द्वार पर खड़ी अपनी पत्नी और बच्चों को धकियाता हुआ चुपचाप भीतर चला गया। बाहर एक असाधारण मौन छा गया। बस्ती वालों की भीड़ वहां अब भी थी, किंतु सब चुपचाप खड़े अनकही उत्सुकता से देख रहे थे कि अब क्या होगा।

सीता द्वार पर खड़ी उस स्त्री के निकट पहुंची। उसके कंधे पर अपना हाथ रख, धीमे किंतु आत्मीय स्वर में बोली, ''बहन ! हम तुम्हारी सहायता के लिए आये थे। तुम्हारे पति से झगड़ा करना हमारा मंतव्य नहीं था। पता नहीं उन्होंने हमें क्या समझा है। वे मेरे पति को मांडकर्णि कह रहे हैं।'' वे मुसकरायीं, ''मेरा नाम सीता है। मैं राम की पत्नी हूं। किसी प्रकार की आवश्यकता होने पर तुम मुनि धर्मभृत्य के आश्रम में हमसे मिल सकती हो।''

सीता ने मां से चिपके हुए भीत बच्चों के सिर पर प्यार-भरा हाथ फेरा और राम के पास लौट आयीं। स्त्री कुछ नहीं बोली। केवल फटी-फटी आंखों से सीता को देखती रही।

सीता समझ नहीं पायीं कि उस स्त्री ने उनकी बात कितनी सुनी और कितनी समझी।

राम आस-पास खड़े लोगों की ओर मुड़े, ''हम जाएं ? अब झगड़ा तो नहीं होगा?''

भीड़ में से कोई कुछ नहीं बोला।

''क्या बात है, आप लोग बोलते क्यों नहीं ?'' राम पुनः बोले, ''आपके सामने एक पुरुष एक स्त्री को पीट रहा था और आप में से किसी ने भी बीच-बचाव नहीं किया। अब मैं आपसे आश्वासन मांग रहा हूं — तब भी आप चुप हैं...''

भीड़ के लोग इधर-उधर छितराने लगे। बोला फिर भी कोई नहीं। थोड़ी देर में वहां कोई भी नहीं था, केवल वह स्त्री अपनी झोंपड़ी के द्वार पर अपने बच्चों को अपने शरीर से चिपकाये हुए, अब भी फटी-फटी आंखों से उनको देख रही थी।

सीता फिर उसके पास चली गयीं, ''हम जाएं, बहन ! अब कोई भय तो नहीं है?''

उत्तर में झोंपड़ी के भीतर से दहाड़ता हुआ स्वर आया, ''जाओ भी। नहीं मारूंगा। बहुत भय है, तो इसे भी साथ ले जाओ... !''

स्त्री की आंखों का भाव कुछ बदला। चेहरे की तनी हुई रेखाएं कुछ ढीली पड़ीं। उसने सिर हिलाकर सहमति दे दी।

राम और सीता लौटकर आए तो सब लोग उत्सुकतापूर्वक उनकी प्रतीक्षा कर रहे थे। राम ने उन्हें संक्षेप में घटना के विषय में बता दिया।

"वह मांडकर्णि कौन है ?" सीता ने पूछा, "उसने बार-बार राम को मांडकर्णि कहा है।"

"मांडकर्णि भी एक ऋषि है। इस क्षेत्र का महान ऋषि !" धर्मभृत्य हंसा, "अब आप बताएं, आपको अगस्त्य की कथा सुनाऊं या मांडकर्णि की ?"

"कथा तो हमें दोनों ही सुननी हैं।" राम बोले, "किंतु इस समय मांडकर्णि का झगड़ा उठ खड़ा हुआ है। यदि तुम्हारा लेखक बुरा न माने तो अपनी लिखित कथा से पहले यह अलिखित कथा सुना दो।

"चलिये, यही सही।" धर्मभृत्य ने अपनी पोथी बंद कर दी, "किंतु फिर अगस्त्य-कथा आज आगे नहीं चल सकेगी।... समय की दृष्टि से कह रहा हूं।"

"ठीक है।" राम सहमत हो गए।

धर्मभृत्य कुछ देर मौन रहा, जैसे सोच रहा हो कि बात कहां से आरम्भ करे। मन में कुछ रूपरेखा निश्चित कर उसने बात आरम्भ की, "यहां से थोड़ी-सी दूरी के पश्चात् ही खानों का क्षेत्र आरम्भ हो जाता है। वहां अनेक खानें हैं और उनके स्वामी अनेक जातियों के अनेक लोग हैं। मैं नहीं जानता कि उन्हें किसने उन खानों का स्वामी बनाया है, किंतु स्वामी बनकर वे धनाढ्य हो गये हैं। उन्हीं में से एक खान अग्निवंश के एक कुलवृद्ध अग्निमित्र की भी है। कुछ समय पूर्व मांडकर्णि उस खान में काम करने वाले श्रमिकों के मध्य शिक्षा-कार्य करने के लिए आये थे।... बात यहीं से आरम्भ होती है।"

धर्मभृत्य ने दृष्टि उठाकर अपने श्रोताओं को देखा।

"आरम्भ तो होती है, पर आगे भी चलती है या नहीं ?" लक्ष्मण ने पूछा।

"इतने वर्षों में सौमित्र की कथा संबंधी उत्सुकता तनिक भी कम नहीं हुई।" राम हंसे, "गुरु विश्वामित्र कथा स्थगित करते थे तो सौमित्र ऐसे ही खीझ उठते थे।"

"चलती कथा के रुकने से मेरा दम घुटने लगता है।" लक्ष्मण बोले, "और मुनि धर्मभृत्य श्रोताओं के धैर्य की परीक्षा खूब लेते हैं।"

"मैं नहीं चाहूंगा कि किसी का दम अधिक समय तक घुटे," धर्मभृत्य ने बात फिर आरम्भ की, "मांडकर्णि ने इन श्रमिकों के जीवन को प्रत्यक्ष तथा अत्यन्त निकट से देखा। श्रमिकों में वानर, ऋक्ष, निषाद, शबर तथा अनेक जातियों के लोग थे। पुरुष, स्त्रियां, बालक, वृद्ध — यहां तक कि रोगी भी अपनी आजीविका के लिए खानों में काम करने को बाध्य थे। वे दासों के समान काम करते थे और बंदियों के समान बस्ती में रखे जाते थे। मांडकर्णि उनकी अवस्था देखकर द्रवित हो उठे। उन्होंने अपना आश्रम त्याग, श्रमिकों की बस्ती में रहना आरम्भ कर दिया। उन्हें यह देखकर अत्यन्त पीड़ा हुई कि इस अत्याचार का विरोध तो श्रमिकों के मन में नहीं ही था, वे लोग अत्याचार

के प्रति सजग भी नहीं थे। मांडकर्णि ने उन्हें समझाया कि उनके साथ अत्याचार हो रहा है। उनसे उनकी क्षमता से अधिक काम लिया जा रहा है। काम करने के स्थान पर सुरक्षा का प्रबन्ध नहीं है। इसी कारण खान-दुर्घटनाओं की संख्या बहुत अधिक है। कम वय के बालकों, दुर्बल स्त्रियों, क्षीण वृद्धों तथा रोगियों से भी ऐसा कठिन काम लिया जाता है, जो उनके स्वास्थ्य और जीवन — दोनों के लिए घातक है। उन्होंने खान-कर्मकारों को यह भी बताया कि न केवल अधिक सुविधाजनक कार्य-परिस्थितियों, अधिक पारिश्रमिक, वरन् उनके द्वारा उत्पादित खनिज पदार्थ पर भी उनका अधिकार है — अग्निवंश से भी अधिक।

"आरंभ में तो किसी ने मांडकर्णि की बात पर विशेष ध्यान नहीं दिया, किन्तु एक दिन एक भयंकर दुर्घटना घटी। खान के स्वामियों के हाथ कोई नया बाजार आ गया। विक्रय की संभावनाएं बहुत अधिक बढ़ जाने के कारण उन्हें अधिक खनिज पदार्थ की आवश्यकता पड़ी। उन लोगों ने सैकड़ों कर्मकर खान में उतार दिए और दुगुनी गति से खुदाई आरम्भ करवा दी। मांडकर्णि ने चेतावनी दी कि खान बहुत अधिक गहरी खोदी जा चुकी है, अब यदि इसी प्रकार योजना-विहीन खुदाई चलती रही तो खान की दीवार धसक जायेगी और धरती भीतर धंस जायेगी। ऐसी स्थिति में खान के भीतर उतारा गया एक भी कर्मकर जीवित नहीं बचेगा।

"स्वामियों ने अपने स्वभावानुसार मांडकर्णि की बात नहीं सुनी। कर्मकरों को एक तो इतनी समझ नहीं थी कि वे मांडकर्णि की चेतावनी के सत्यासत्य का निर्णय कर सकते और दूसरे इतना साहस भी नहीं था कि वे स्वामियों का विरोध करते। वे लोग अपने काम पर चले गए। दुगुनी गति ने खुदाई होती रही और मांडकर्णि दुगुनी गति से चिल्लाता रहा।...

"सहसा मांडकर्णि की बात सत्य प्रमाणित हो गई। खुदाई के कारण क्रमशः क्षीण होती हुई दीवार गिर पड़ी। धरती हिली और मिट्टी के पहाड़ के पहाड़ खान में धंस गए।... बस्ती में सूचना पहुंची तो प्रत्येक व्यक्ति खान की ओर दौड़ पड़ा। कोई घर ऐसा नहीं था, जिसका कोई-न-कोई सदस्य उस समय खान में न रहा हो। सबने मिलकर खुदाई आरंभ की; किन्तु थोड़ी-सी ही खुदाई से स्पष्ट हो गया कि कितनी ही तेजी से खुदाई क्यों न हो, उस मिट्टी को हटाने में कई सप्ताह लग जाएंगे। संभव है, मास लग जाएं। और तब तक मिट्टी में दबा हुआ एक भी व्यक्ति जीवित नहीं बचेगा।... खुदाई का प्रयत्न क्रमशः छोड़ दिया गया; और खान में उतरे हुए सैकड़ों कर्मकर जीवित समाधि पा गये। उनमें से एक भी जीवित बचकर नहीं लौटा...

"इस घटना के शोक से जब शेष कर्मकर उबरे, तो उन्हें न केवल मांडकर्णि याद आये, वरन् वे उन्हें सबसे अधिक विश्वसनीय और निकट के मित्र लगे। उस दिन से मांडकर्णि उस खान के कर्मकरों का कुलपति हो गया। उसकी इच्छा उनके लिए विधान हो गई। वे अपने प्राण देकर भी मांडकर्णि की आज्ञा की रक्षा के लिए तत्पर थे।

"इस स्थिति की सूचना अग्निमित्र को मिली तो उसका आसन डोल गया। उसने कर्मकरों को डराया-धमकाया और अंत में निराश होकर फुसलाया भी। किन्तु कर्मकरों ने उसकी एक नहीं मानी। उसका विरोध क्रमशः दृढ़ होता जा रहा था। अंत में अग्निमित्र अपने कुलपति देव अग्नि के पास पहुंचा। अग्नि स्वयं चलकर मांडकर्णि के पास आए। वे उसे अपने साथ दूर-दूर के देशों के भ्रमण पर ले गये। उसका सत्कार भी खूब किया। अंत में पंचासर में उन्होंने मांडकर्णि के लिए एक सुन्दर भवन का निर्माण करवाया। उसे पांच सुन्दरी अप्सराएं तथा पुष्कल धन भेंट में दिया। तब से आज तक मांडकर्णि विलास में डूबा है। कर्मकरों और उनके विरूद्ध होने वाले अत्याचारों की बात तक उसे स्मरण नहीं..."

"बिका हुआ बुद्धिजीवी !" लक्ष्मण के जबड़े भिंच गये।

"यह तो उचित नहीं हुआ।" सीता धीरे से बोलीं, "कैसा अधर्मी है यह मांडकर्णि ! अपने साथियों के साथ कोई इस प्रकार का विश्वासघात करता है।"

"यह अत्यन्त दुर्भाग्यपूर्ण तथ्य है, देवि वैदेही !" धर्मभृत्य बोला, "किन्तु यथार्थ यही है। कुछ इसी प्रकार की घटनाएं और भी हुई हैं। अनेक लोग कर्मकरों से कोई सहानुभूति न होने पर भी, केवल अपने स्वार्थवश, उनका पक्ष लेकर व्यवस्था का विरोध करते हैं। व्यवस्था उनके सम्मुख कोई-न-कोई छोटा या बड़ा टुकड़ा डाल देती है। वे लपककर अपना टुकड़ा उठा, श्रमिकों को उग्र दमन का सामना करने के लिए असहाय छोड़, भाग जाते हैं। पुरस्कार पाने के लोभ में विरोध करने वाले अनेक जन पैदा हो गये हैं; विरोध करने का मूल्य चुकाकर भी न्याय के लिए संघर्ष करने वाले लोग विरल ही हैं।"

"मांडकर्णि का क्या हुआ, मुनिवर ?" लक्ष्मण ने धर्मभृत्य को उसकी बात के मध्य में टोका।

"मांडकर्णि की कथा तो इतनी ही है।" धर्मभृत्य बोला, "कभी उधर जाओ तो पंचासर के मध्य बने भवन में से आती नूपुर-ध्वनि सुन लेना।... आगे की कथा तो उन कर्मकरों की यातना की कथा है। मार्ग-निर्देशन देने वाला कोई रहा नहीं। स्वयं वे समर्थ नहीं थे। अग्निमित्र को अवसर मिला, उसने अपने विरोध का पूरा प्रतिशोध लिया। कार्य के घंटे बढ़ा दिये। पारिश्रमिक कम कर दिया। हिंसा की घटनाएं तो अनेक बार हुईं। संघर्ष में अग्रणी अनेक कर्मकरों की स्त्रियों के साथ अत्याचार किया गया और कुछ की संतानों को राक्षसों के हाथ बेच दिया गया..."

"राक्षसों के साथ सहयोग !" राम ने आश्चर्य से पूछा।

धर्मभृत्य विद्रूप-मिश्रित मुसकान चेहरे पर ले आया, "राक्षस क्या होता है, भद्र राम ! यहां अनेक खानें हैं। उनके स्वामी विभिन्न जातियों के हैं। राक्षस भी हैं, देव भी, यक्ष भी हैं और आर्य भी — पर वे सब धनाढ्य हैं। उनमें कहीं कोई अंतर है क्या ? धन और स्वर्ण ने उनकी आंखों पर जो चर्बी चढ़ाई है, उससे वे मनुष्य की यातना देख

नहीं पाते। उनकी संवेदनशीलता समाप्त हो गई है। वे सब राक्षस हो गये हैं। खानों के स्वामी ही क्यों, सारे भूपति, वणिक-व्यापारी, सामंत, नित्य-प्रति युद्ध की विभीषिका छेड़ने वाले सेना-व्यवसायी, अर्थ-लोलुप धर्माधीश — सब-के-सब राक्षस हो गये हैं। वे शक्तिशाली हैं, संगठित हैं, उन्हें महाशक्तियों का सरंक्षण प्राप्त है। वैसे देव और राक्षस महाशक्तियां एक-दूसरे की विरोधी हैं, किन्तु निःसहाय जनता के शोषण के लिए, अपना स्वार्थ साधने के लिए, वे परस्पर सहयोग भी करती हैं...।''

''फिर क्या हुआ, मुनिवर ?'' लक्ष्मण ने पुनः पूछा।

''इन सारी घटनाओं की सूचना कुलपति ऋषि शरभंग को भी हुई। स्वयं को सर्वथा असहाय पाकर, कुछ कर्मकर उनके पास भी गये। वे अत्यन्त क्षुब्ध हो उठे। मांडकर्णि पर तो उन्होंने धिक्कार भेजा ही, वे देव अग्नि पर भी कुपित हुए। उन्होंने शपथ ली कि वे अग्निमित्र की खान के ही नहीं, समस्त खान-कर्मकरों को संगठित करेंगे। उनका नेतृत्व वे स्वयं अपने हाथ में लेंगे और तब तक संघर्ष चलायेंगे, जब तक खानों पर स्वयं कर्मकरों का ही स्वामित्व स्थापित न हो जाए।''

लक्ष्मण और मुखर की मुद्राएं उत्साहित हो उठीं।

''ऋषि ने कर्मकरों की बस्तियों में जाना आरम्भ किया। उन्होंने श्रमिकों को अपनी ओर आकृष्ट किया, उनके विश्वासपात्र बने और आंदोलन के लिए कुछ समितियां भी बनाईं।'' धर्मभृत्य तनिक रुककर बोला, '' और भद्र राम ! इसके पश्चात् उन्होंने आत्मदाह कर लिया।''

''फिर वही समस्या।'' राम जैसे अपने-आप से बोले, ''ऋषि शरभंग ने आत्मदाह क्यों किया ?''

सहसा मुखर की उबासी ने राम का ध्यान आकृष्ट किया।

''देर हो गई, मुखर ?'' राम मुसकराए, ''अच्छा, अब सो जाओ।''

अगले दिन धर्मभृत्य के आश्रम के प्रथम अतिथि अनिन्द्य तथा उसकी पत्नी थे। धर्मभृत्य, लक्ष्मण तथा मुखर — तीनों ही बाहर गये हुए थे। आश्रम में कुछ ब्रह्मचारी तथा राम और सीता थे। वे लोग राम और सीता से मिलने आये थे। राम ने देखा, यद्यपि वे नहा-धोकर स्वच्छ वस्त्र पहनकर आये थे, फिर भी उनकी निर्धनता छिप नहीं रही थी। हां, अनिन्द्य सजग और सचेत था तथा उसकी पत्नी इस समय भयभीत नहीं थी। वे दोनों ही रूप-रंग की दृष्टि से कल की अपेक्षा कहीं अधिक आकर्षक लग रहे थे।

प्रणाम कर अनिन्द्य बोला, ''मैं आर्य से क्षमा मांगने आया हूं। कल मैंने आपके साथ अपमानजनक व्यवहार किया।'' वह सीता की ओर मुड़ा, ''आर्या ! मुझे याद भी नहीं है कि मैंने आपको क्या-क्या कहा, किन्तु सुधा...'' उसने अपनी पत्नी की ओर इंगित किया, ''कहती है कि मैंने आपके प्रति अभद्र और अशिष्ट व्यवहार किया था। कृपया आप दोनों ही मुझे क्षमा करें।''

"हमें तो तुमने कुछ अपमानजनक शब्द ही कहे थे," सीता बोलीं, "पर अपनी पत्नी को तुमने इतना पीटा था कि उसकी गुहार हमें यहां अपनी कुटिया में बैठे द्रवित कर गई थी। तुमने उससे क्षमा मांग ली ?"

अनिन्द्य ने खिसियाकर सिर झुका लिया।

"क्यों बहन ! तुमने क्षमा कर दिया ?"

"देवि !..."

"देवी नहीं, दीदी कहो।" सीता ने साधिकार कहा।

"दीदी !" सुधा बोली, "ये मुझसे कितनी बार क्षमा मांगेंगे और कितनी बार मैं क्षमा करूंगी।"

"क्यों, यह बहुधा ऐसा ही व्यवहार करता है ? क्यों अनिन्द्य ?" राम ने पूछा।

"आर्य ! अब आपसे क्या कहूं।" अनिन्द्य लज्जित भी था और उदास भी, "अपना तो जीवन ही ऐसे बीत जायेगा। कुछ अभद्र व्यवहार सहकर, कुछ दूसरों के साथ अभद्र बनकर।"

"क्यों, तुम भले आदमी के समान अपनी पत्नी और बच्चों के साथ सुख से नहीं रह सकते ? मदिरा में धुत्त होकर बच्चों को पीटना बहुत आवश्यक है ?"

अनिन्द्य ने आंखें उठाकर राम को देखा — उन आंखों में आक्रोश था, जैसे कोई कठोर बात कहने वाला हो; किन्तु जब बोला तो उसका स्वर पीड़ा से भीगा हुआ था, "इच्छा तो मेरी भी होती है, राम ! कि भला आदमी बन जाऊं। पर न कोई भला बनने देता है, न आदमी। पहले पता होता कि ऐसा होगा तो गृहस्थ होने के स्थान पर वनवासी हो गया होता।"

राम चुपचाप उसे देखते रहे, कुछ बोले नहीं।

"जो काम मैं करता हूं, और जितना काम करना पड़ता है, उसके पश्चात् मन और शरीर इतने थक जाते हैं कि किसी मनोरंजन की, सुख के कुछ क्षणों की, प्यार-भरे कुछ बोलों की तीव्र इच्छा होने लगती है। किन्तु घर लौटते ही किसी-न-किसी वस्तु का अभाव प्रेत के समान रक्त चूसने लगता है। हमारी आकांक्षाएं बहुत ऊंची नहीं हैं। किन्तु अपने तथा अपने परिवार के लिए भोजन और वस्त्र भी तो नहीं जुटा पाता अपने पारिश्रमिक में से। बस्ती के बनिए का उधार चुकाकर शेष बची राशि को देखता हूं तो लगता है कि वह इतनी कम है कि उससे परिवार की कोई आवश्यकता पूरी नहीं होगी। घर लौटकर वही पुराना झगड़ा उठ खड़ा होगा। सोच-सोचकर जब सिर की नसें टूटने लगती हैं तो बची हुई राशि की मदिरा पी जाता हूं।... किसी भले आदमी को कहिए कि इतने कम पारिश्रमिक में इतना काम करे और फिर भला आदमी बनकर दिखाए।"

"मुझे क्षमा करना, मित्र !" राम का स्वर अत्यन्त स्निग्ध था, "मैं तुम्हारी अवस्था नहीं जानता था। तुम सत्य कह रहे हो...।" उन्होंने प्रश्नभरी दृष्टि से देखा, "तुम्हारी खान के स्वामी तुम लोगों की अवस्था नहीं जानते क्या ?"

''उन्होंने ही तो यह अवस्था बना रखी है, जानेंगे कैसे नहीं ?''

''तुम लोग अपनी स्थिति सुधारने के लिए उनसे नहीं कहते ?'' सीता बोलीं।

''देवी !...''

''देवी नहीं, दीदी।'' सीता ने टोका।

''मुझे देवी ही कहने दें।'' अनिन्द्य कुछ कटु होकर बोला, ''मैं बड़ा भावुक व्यक्ति हूं। ऊपरी सम्बन्ध बनाना नहीं जानता। सम्बन्धों को सच मान लेता हूं तो उनके टूटने पर बड़ी पीड़ा होती है।... अभी आपको जानता नहीं, दीदी कैसे मान लूं ?''

''तुम तो अत्यन्त आहत प्रतीत होते हो, अनिन्द्य !''

''ऐसा आहत न होता, राम ! तो मदिरा पीकर अपनी पत्नी और बच्चों का रक्त पीने जैसा कर्म कैसे करता।'' उसने स्नेहभरी दृष्टि अपनी पत्नी पर डाली, ''यह तो सुधा ही है, जो ऐसे में भी मुझे संभाले हुए है; नहीं तो कब का कुछ कर चुका होता।''

''तुम अपनी स्थिति सुधारने के विषय में कुछ कह रहे थे ?'' राम ने चेताया।

''हां !'' अनिन्द्य बोला, ''मांडकर्णि ने आकर हमें बताया था कि हमारे भी कुछ अधिकार हैं। हमारा पारिश्रमिक बढ़ना चाहिए। हमारे लिए साफ-सुथरे आवास बनने चाहिए। हमें कम मूल्य पर खाद्यान्न मिलना चाहिए। प्रत्येक बस्ती में एक चिकित्सालय और एक पाठशाला होनी चाहिए। हमने मांडकर्णि को अपना त्राता माना। हमने उसकी पूजा की। मैंने अपना ज्येष्ठ पुत्र मांडकर्णि के साथ कर दिया, ताकि वह उसकी सेवा करे।... और जब हमने अपने अधिकार मांगे तो मांडकर्णि को पंचासर में भव्य भवन मिला, अप्सराएं मिलीं, धन मिला। और हमें... मुझे आज तक पता नहीं चला कि मेरा पुत्र कहां है — देवभूमि में किस की सेवा कर रहा है, या किसी राक्षस का दास है, अथवा कोई उसे मारकर खा गया है...।''

''ओह !'' राम के स्वर में हलका कंप था, ''तभी कल तुम कह रहे थे कि मैं मांडकर्णि हूं, तुम मुझे अपना पुत्र नहीं दोगे।''

''जी ! संभव है कहा हो। मुझे अब उसका चेत नहीं है।'' वह बोला, ''क्या बताऊं आपको... इन लोगों ने जीवित मनुष्य जलाये हैं। स्त्रियों का अपहरण किया है।... सारे संघर्ष का परिणाम यह हुआ है कि बस्ती में मदिरा की दुकानें बढ़ गयी हैं। बनिया अधिक धनी हो गया है, श्रमिक के शरीर का मांस और भी सूख गया है। मन का साहस समाप्त हो गया है, इच्छाएं मर गयी हैं। वह समझ गया है कि स्वामी धनी है, और धनी शक्तिशाली है — उसके पास सेना और साधन हैं। उसके मित्र देवभूमि में भी हैं और लंका में भी।... हमारा कोई नहीं है। निर्धन का भी कभी कोई मित्र हुआ है ?''

''क्यों ? ऋषि अगस्त्य...''

''हां ! उनके विषय में सुना है।'' वह बोला, ''किन्तु उनसे अभी हमारा संपर्क नहीं हुआ है।... मांडकर्णि का मैं सबसे उग्र अनुयायी था। उनके विश्वासघात के पश्चात् मैं कुछ साथियों के साथ ऋषि शरभंग के पास भी गया था। वे बहुत आशावान् थे।

उन्होंने कुछ संघर्ष-समितियां भी बनाई थीं। किन्तु ऐसे समय में देव तथा राक्षस खान-स्वामी अपने मतभेद भूल गए। उन्होंने समितियों के सदस्यों पर संयुक्त हिंसक आक्रमण किए। उनके पास धन है, शस्त्र हैं। वे कुछ भी कर सकते हैं। उन्होंने ऋषि शरभंग पर भी आक्रमण किया। ऋषि बहुत पीड़ित हुए। सुना है, उन्होंने देवराज इन्द्र के पास भी सूचना भिजवाई थी। पर देवराज के पास तो अग्निवेश ने भी सूचना भिजवाई होगी। ऋषि ने सोचा था कि देवराज उनकी धन और शस्त्रों से सहायता करेंगे; पर मैं जानता हूं, देवराज ने उन्हें डांटा होगा, और ऋषि का मन टूट गया होगा। ऋषि थे, आत्मदाह कर लिया। हम तो वह भी नहीं कर सकते...।''

राम चौंके, ''तुम्हारा विचार है कि देवराज से निराश होकर ऋषि ने आत्मदाह किया था ?''

''मैं तो यही समझता हूं ।'' अनिन्द्य पूर्ण आत्मविश्वास के साथ बोला, ''इन्द्र ने पहले ऋषि को पंचासर जैसे भवन तथा अप्सराओं का लोभ दिया होगा। ऋषि मान जाते तो आज वे भी किसी प्रासाद में बैठे मदिरा पी रहे होते और नूपुरों की झंकार सुन रहे होते। नहीं माने, तो इंद्र ने धमकाया होगा। ऋषि में कुछ स्वाभिमान था, इसलिए यह सोचकर आत्मदाह कर लिया होगा कि हमें क्या मुख दिखाएंगे...।''

राम की स्मृति में ज्ञानश्रेष्ठ द्वारा बताए गए ऋषि के शब्द गूंजने लगे — 'रावण बुद्धिजीवियों को खा जाता है, इंद्र उन्हें खरीद लेता है...'

राम और अनिन्द्य दोनों ही चुप थे, जैसे मन-ही-मन कुछ सोच रहे हों।

''बच्चे किसके पास छोड़कर आयी हो, सुधा ?'' सहसा सीता ने मौन तोड़ा।

''घर पर ही हैं।'' सुधा धीरे से बोली, ''किसके पास छोड़ती।''

''अकेले ?''

''अकेले क्यों ? बड़ा, छोटा दोनों के साथ है। सबसे बड़ा अब रहा नहीं।'' उसकी आंखें डबडबा आयीं।

''अच्छा, आर्य !'' अनिन्द्य सहसा उठ खड़ा हुआ, ''मैं तो केवल आपसे क्षमा मांगने आया था। इतनी बातें करने का विचार नहीं था।''

''कोई जल्दी है क्या ?'' राम ने पूछा, ''तुमसे बहुत कुछ नया मालूम हुआ है। रुकते तो और बातें होतीं।''

''मैं फिर आ जाऊंगा।'' अनिन्द्य पहली बार मुसकराया, ''अभी तो मुझे काम पर जाना है। यह न हो स्वामियों को मेरा काम छुड़वाने का एक बहाना मिल जाए।''

''ऐसी बात है तो जाओ।'' राम भी मुसकराए, ''फिर आना।''

''तुम भी आना, सुधा !'' सीता बोलीं, ''बच्चों को भी लाना।''

''अच्छा, दीदी !''

अनिन्द्य और सुधा चले गए तो राम और सीता, दोनों अपनी-अपनी सोच में चुपचाप बैठे

रहे।

एक दुर्बल आदमी को दीन-हीन, थका-हारा देखना भी कष्टदायक होता है — राम सोच रहे थे — किंतु एक समर्थ पुरुष अपने भीतर से टूटकर हताश हो जाए, उसकी पीड़ा और गहरी होती है। एक भयभीत खरहे को देखना करुणाजनक होता है, किंतु एक सिंह की आंखों में भय को जमा हुआ देखना अधिक सकरुण है। अनिन्द्य की आंखें उन्हें भीत सिंह की आंखें ही लगी थीं। वे अनिन्द्य की अदम्य जिजीविषा को स्पष्ट देख रहे थे, तनिक-सी आशा देखते ही वह संघर्ष के लिए उठ खड़ा होगा। किंतु इस समय तो उसकी आत्मा जैसे तड़प-तड़पकर मृत्यु की ओर बढ़ने का स्पष्ट अभिनय कर रही है।...

सीता की आंखों के सामने से सुधा का चित्र नहीं हटता था — स्थान-स्थान से फटी हुई एक गंदी धोती में लिपटी हुई स्त्री, जिसके शरीर से भय से काले-पीले पड़े हुए तीन नंग-धड़ंग बच्चे चिपके हुए थे। क्या होगा इन बच्चों का और उनके माता-पिता का ? एक ओर बच्चे राज-प्रासादों और सामंतों की हवेलियों में पलते हैं, और दूसरी ओर ये बच्चे... यदि खेत में पड़ी, रोती हुई एक बच्ची को राजा जनक ने उठाकर अपनी सन्तान के समान न पाला होता तो कदाचित् सीता की स्थिति आज सुधा से भी गई-बीती होती। तब वे भी या तो किसी धनी की कामुकता की पीड़ा झेल रही होतीं या किसी श्रमिक की झुग्गी में इसी प्रकार अपने नंग-धड़ंग बच्चों को अपने शरीर से चिपकाए, चिंता और भय की दृष्टि से शून्य को घूर रही होतीं...

सीता के शरीर में सिहरन दौड़ गई।

दूर से लक्ष्मण, मुखर तथा धर्मभृत्य की बातचीत का स्वर आया। वे लोग नहा-धोकर लौट रहे थे और बातचीत की ध्वनि से बहुत प्रसन्न लग रहे थे।

"क्या बात है, भैया ?" निकट आते ही लक्ष्मण बोले, "आप दोनों प्रणय-मान का अभिनय क्यों कर रहे हैं ?"

"प्रामाणिक अनुभूति न हो तो शास्त्र-ज्ञान इसी प्रकार मानसिक विलास बनकर कुंठित होता रहता है, देवर !" सीता अपने सहज भाव में लौट आयी थीं, "काव्यशास्त्र को कुंठित करने के लिए अनेक निठल्ले बैठे हैं। तुम अपना काम किए चलो।"

"चलो ! भाभी का तेज तो जागा।" लक्ष्मण हंसे, "नहीं तो सुबह-सुबह विषाद की मूर्ति बनी बैठी थीं। कभी-कभी मैं यह भी सोचता हूं, भाभी..."

"क्या सोचते हो ?"

"छोड़िए ! आप बुरा मान जाएंगी।"

"हां ! यही कहोगे अब। कोई ढंग की बात सूझ नहीं रही होगी न !"

"नहीं। बात तो बड़े ढंग की है।" लक्ष्मण बोले, "सोचता हूं, चुनौती के रूप में मैं सामने न होता तो आपका प्रत्युत्पन्नमतित्व भी कुंठित ही रहता।"

''दूसरों के गुणों का श्रेय भी स्वयं ले लेना कोई तुमसे सीखे।'' सीता बोलीं।

''आप कुछ चिंतित लग रहे हैं, भद्र राम !'' धर्मभृत्य ने परिहास-शृंखला में विघ्न उपस्थित किया।

''देवर-भाभी का मति-शोधक व्यायाम समाप्त हो, तो मैं भी अपनी चिंता कहूं।'' राम मुसकराए, ''अनिन्द्य और सुधा कल की घटना के लिए क्षमा मांगने आए थे।''

''तो इसमें चिंतित होने की क्या बात है ?'' धर्मभृत्य भी मुसकराया, ''किसी की क्षमा-याचना तो चिंतनीय नहीं है।''

''नहीं ! चिंतनीय उनकी दशा है।'' राम बोले, ''उनका कष्ट देखा नहीं जाता।''

''तो क्या करना चाहते हैं ?'' धर्मभृत्य की रुचि जग गयी।

''सबसे पहले तो उनमें मानव-चेतना जगानी होगी। वे मनुष्य होकर भी पशुओं के समान जी रहे हैं।''

''आप जानते हैं कि ऐसी किसी भी बात से वे आपको मांडकर्णि के तुल्य मानकर आपसे दूर भागेंगे।'' धर्मभृत्य बोला।

''मेरा विचार है कि उनको साफ-सुथरे घर बनाने की प्रेरणा देनी चाहिए।'' मुखर बोला, ''ऐसी गंदी झुग्गियां देखकर मुझे बहुत कष्ट होता है।''

''उनका तो सारा रहन-सहन ही वैसा है।'' सीता बोलीं, ''बच्चे तो नंग-धड़ंग हैं ही, स्त्रियों के पास भी वस्त्र नहीं हैं। उनका भोजन मैंने देखा नहीं, पर उसकी स्थिति भी अच्छी नहीं होगी।''

''आरंभ तो कहीं से भी हो सकता है।'' धर्मभृत्य बोला, ''बड़ों की चेतना, बच्चों की शिक्षा, घर, वस्त्र, अन्न, सफाई, रोगों का निदान — बात एक ही है। जब कभी इन अधिकारों की मांग की गयी, स्वामियों से उन्हें दमन और अत्याचार ही मिला। मुझे लगता है, बस्तीवाले आपकी बात सुनेंगे ही नहीं।''

''वे संघर्ष के लिए तैयार नहीं होंगे ?'' राम ने पूछा।

''नहीं।''

''तो हम उन्हें उस मार्ग से ले चलें, जिसमें संघर्ष नहीं है।''

''जैसे ?''

''मुखर की बात मान लेते हैं। हम कल से उनके लिए रहने का स्वच्छ स्थान बनाने का कार्य आरंभ कर देंगे। यदि हम वन से लकड़ियां काटकर उनके लिए आश्रमों में बनाई जाने वाली कुटिया के समान कुटीर बना दें तो उन्हें क्या आपत्ति हो सकती है ?'' राम ने पूछा।

''कुटीर-निर्माण ?'' लक्ष्मण की रुचि गहरी हो गयी, ''पूरी बस्ती के लिए कुटीर बनाने के लिए अनेक लोगों की आवश्यकता होगी।''

''क्यों ? धर्मभृत्य के ब्रह्मचारी यह कार्य नहीं करेंगे क्या ?''

''ब्रह्मचारियों को क्या आपत्ति होगी।'' धर्मभृत्य बोला, ''पर अभी तक आश्रमों की ओर से ऐसा कार्य करने की बात कभी सोची नहीं गयी।''

''यह एक दोष रहा है तुम्हारे आश्रमवासियों में !'' लक्ष्मण बोले, ''बुरा मत मानना, मुनि धर्मभृत्य ! किंतु मुझे लगता है कि ऋषियों-मुनियों के सारे कार्यक्रम, उनका सारा चिंतन अपने आश्रमों तक ही सीमित है। बुद्धिजीवियों का आंदोलन जन-सामान्य को साथ लेकर न चले तो वह आंदोलन किसके लिए है ? तुम लोग अपने पृथक् सम्प्रदाय बनाते जा रहे हो।''

''सौमित्र तो एकदम ही रुष्ट हो गए।'' धर्मभृत्य हंसा, ''चलिए, कल से यही कार्य किया जाए। किंतु किसी प्रकार के विरोध की कोई संभावना तो नहीं है ?''

''कैसा विरोध ?'' सीता ने आश्चर्य से पूछा, ''कुछ लोगों को रहने के लिए अच्छा स्थान मिल जाए, इसमें किसी को क्या आपत्ति हो सकती है ?''

''नहीं, यह बात नहीं है।'' धर्मभृत्य कुछ संकुचित होकर बोला, ''यहां रहकर मन:स्थिति ही कुछ ऐसी हो गयी है कि प्रत्येक शुभ काम में कोई-न-कोई विघ्न होगा, ऐसी आशंका बनी रहती है।''

''अब आशंकाएं छोड़ो।'' राम हंसे, ''बस्ती में सूचना भिजवा दो कि कल हम उनके लिए कुटीर बनाने का कार्य करेंगे। यथासंभव वे भी हमारी सहायता करें।''

''अभी भिजवा देता हूं।''

''किंतु,'' राम पुन: बोले, ''शस्त्रागार की रक्षा के लिए आश्रम में कौन रहेगा?''

सब एक-दूसरे की ओर देखने लगे, स्पष्ट था कि अपनी इच्छा से पीछे कोई नहीं रहेगा।

''मेरा विचार है कि आप और देवी वैदेही ही आश्रम में रहें।'' अन्त में धर्मभृत्य बोला, ''शस्त्रागार की रक्षा भी हो जाएगी और भोजन भी...।''

''तुम लोगों ने मुझे ही सबसे निकम्मा समझ रखा है ?'' राम मुसकराए।

''आपको इतना बड़ा काम सौंप रहे हैं।'' धर्मभृत्य ने जीभ दांतों में दबा ली, ''और आप स्वयं को निकम्मा कह रहे हैं।''

''चलो, यही सही।'' राम हंसे, ''सीते ! तुम्हें स्वीकार है ?''

सीता ने स्वीकृति में सिर हिला दिया, ''मुनिवर ! जाते हुए अपनी 'अगस्त्य-कथा' देते जाइएगा। हम बैठे हुए उसे पढ़ेंगे।''

''वह कथा तो मुझे भी सुननी है।'' लक्ष्मण बोले।

''तो तुम आश्रम में रुककर कथा पढ़ लो, हम वन चले जाएंगे।'' राम बोले।

''नहीं-नहीं ! ठीक है। मैं बाद में पढ़ लूंगा।'' लक्ष्मण ने अपना विचार बदल दिया।

प्रातः लक्ष्मण, मुखर, धर्मभृत्य तथा आश्रम के अनेक ब्रह्मचारी लकड़ियां काटने के लिए वन की ओर चले गये। राम और सीता ने पीछे रह गये ब्रह्मचारियों के साथ मिलकर आश्रम की सफाई की। पशुओं को दाना-पानी दिया। पौधों की सिंचाई की। तब शस्त्र-परिचालन के अभ्यास की बारी आयी। राम और सीता ने ब्रह्मचारियों को भी शस्त्रों संबंधी कुछ सैद्धांतिक बातें बताईं। काठ के खड्ग से कुछ अभ्यास कराया और उन्हें स्वतंत्र रूप से अभ्यास करने के लिए मुक्त कर दिया।

सीता धर्मभृत्य की 'अगस्त्य-कथा' उठा लायीं और एक वृक्ष की छाया में बैठकर पढ़ने लगीं।

मुर्तू बहुत दिनों के पश्चात् अपने गांव लौटा था।

जब गांव से गया था तो बहुत छोटा था — इतना छोटा कि यदि आज वह किसी को न बताये कि वह भास्वर का पुत्र मुर्तू है, तो कोई भी उसे पहचान नहीं पाएगा। शायद किसी को उसके वापस गांव लौटने की आशा भी शेष नहीं रह गयी होगी। संभव है कि उसके गांववालों ने, यहां तक कि उसके अपने माता-पिता ने भी स्वीकार कर लिया हो कि वह अब जीवित नहीं है।

वह गया भी तो कुछ इसी ढंग से था। यद्यपि तब वह छोटा था और उस बात को अब पंद्रह वर्ष हो चुके हैं; किन्तु वह दिन उसके मन पर कुछ इतना स्पष्ट रूप से अंकित है कि आज भी उसे एक-एक बात याद है।

वह वन में अपने मित्रों के साथ पशु चरा रहा था। तभी उनके ग्राम पर आक्रमण हुआ था। आक्रमण होना कोई नयी बात नहीं थी। यह तो होता ही रहता था। कई बार बाहर से उनके गांव पर आक्रमण होता था और कई बार उसके अपने गांववाले प्रतिशोध के लिए दूसरों पर आक्रमण करने जाते थे। आक्रमण की अवधि में योद्धाओं को केवल शत्रुओं का ही पता रहता था। गांव के अन्य लोग उस समय कहां हैं, इसकी चेतना किसी को नहीं होती थी।

उस दिन गांव में क्या हुआ, मुर्तू नहीं जानता। वन में तीन-चार योद्धा घुस आये थे। उनके पास खड्ग के अतिरिक्त भी कई प्रकार के शस्त्र थे, जिनके विषय में तब तक मुर्तू कुछ नहीं जानता था। योद्धा हृष्ट-पुष्ट थे। उनके वर्ण मिले-जुले थे — गोरे, पीले और काले। किंतु वे अपने आकार-प्रकार से एक समान थे। उनमें से प्रत्येक मुर्तू के देखे हुए ग्रामीणों से अधिक लम्बा-चौड़ा था।

आक्रमणकारी मुर्तू और उसके मित्रों को घेरकर धकिया ले गये। बच्चे भय से पीले पड़े, चुपचाप आक्रमणकारियों के संकेतों पर चलते रहे। किंतु आक्रमणकारी उन्हें गांव की ओर न ले जाकर, समुद्र की ओर लिये जा रहे थे। समुद्र और उनके गांव के

मध्य पड़ने वाले खेत और दो गांव पार कर, वे लोग उन्हें समुद्र-तट पर ले आये।

मुर्तू समझ नहीं पा रहा था कि आक्रमणकारी उन्हें समुद्र-तट पर क्यों लाये हैं। वह पहले कई बार अपने ग्रामवसियों के साथ समुद्र-तट पर आया था, किन्तु वे लोग यहां केवल पूजा के लिए आया करते थे — पूजा चाहे समुद्र की हो, समुद्र में से उगते या डूबते सूर्य अथवा चन्द्रमा की हो, या किसी अन्य देवी-देवता की। किंतु यह न तो सूर्योदय का समय था, न सूर्यास्त का। और यदि आक्रमणकारी सागर अथवा सूर्य की पूजा ही करना चाहते हैं तो वन से घेरकर इन बच्चों को यहां लाने की क्या आवश्यकता थी ?

समुद्र-तट पर पहुंचकर वे लोग रुक गये। न आक्रमणकारी आपस में बातें कर रहे थे और भय के मारे न कोई बच्चा ही बोल रहा था। आक्रमणकारी उत्सुकतापूर्वक व्यग्र दृष्टि से समुद्र की ओर देख रहे थे; और बच्चे कभी एक-दूसरे को तथा कभी उन क्रूर आक्रमणकारियों का चेहरा देख लेते थे।

तभी समुद्र में से एक बड़ी नौका जैसी वस्तु उनकी ओर आती दिखाई दी। आक्रमणकारियों के चेहरे प्रसन्न हो गये। मुर्तू चकित रह गया। वह वस्तु सचमुच ही एक बहुत बड़ी नौका निकली, जिसमें अनेक लोग बैठे हुए थे और अपने हाथों में पकड़ी लकड़ियों से पानी को हटा रहे थे। वह नौका चल रही थी।

उसने अपने बाबा से कई बार समुद्र और नौकाओं के संबंध में अनेक बातें सुनी थीं।

उसके गांववाले ही नहीं, उसका सारा यूथ ही समुद्र की पूजा करता था और उसे सर्वशक्तिमान् देवता मानता था। समुद्र को प्रसन्न रखना उन लोगों के लिए बहुत आवश्यक था। समुद्र के क्रुद्ध होते ही उसकी लहरें अपनी मर्यादा छोड़ आगे बढ़ने लगतीं और उनके यूथ का कोई-न-कोई गांव डूबने लगता। समुद्र को प्रसन्न रखने के विचार से, उनके यूथ के लोगों ने, समुद्र की सीमा का अतिक्रमण कभी नहीं किया था। उनमें से कोई भी व्यक्ति कभी घुटने भर पानी से आगे नहीं गया था।

किंतु मुर्तू के बाबा ने उसे बताया था कि उनके बचपन में गांव के एक व्यक्ति ने समुद्र की सीमा का अतिक्रमण किया था। उसका नाम नीलाद्रि था। था तो वह उन्हीं के यूथ का सदस्य, किंतु गांव में टिकने की अपेक्षा उसे भ्रमण अधिक प्रिय था। गांव छोड़कर कहीं निकलता तो वर्ष-दो वर्ष से कम में नहीं लौटता था। एक बार ऐसे ही भ्रमण से लौटकर नीलाद्रि ने बताया था कि पृथ्वी-तल पर ही नहीं, समुद्र के जल में भी यात्रा संभव है। वह स्वयं भी ऐसी यात्रा करके लौटा था। उसने बताया था कि जिस वस्तु में बैठकर यात्रा करते हैं, वह लड़की से बनाई जाती है और उसे नौका कहते हैं। वह समुद्र के वक्ष पर चलती है और समुद्र की लहरें उसका कुछ नहीं बिगाड़ सकतीं।

गांव के अधिकांश लोगों ने उसे पागल ही समझा था। क्या पता उसने कोई स्वप्न देखा हो और उसे सच मान बैठा हो। पागल तो वह था ही — नहीं तो अपना घर-बार

छोड़कर दुनिया भर की धूल फांकता, इधर-उधर क्यों भटकता फिरता। पागल न होता तो टिककर गांव में रहता। अपने यूथ की किसी सुंदरी से विवाह करता, अपने भाग के खेत लेकर खेती करता और अपनी संतान का पालन-पोषण करता।

नीलाद्रि को इस प्रकार स्वयं को पागल समझा जाना अच्छा नहीं लगा था। उसने अपनी बात प्रमाणित कर दिखाने के लिए, पूरे एक मास का समय लगाकर, एक पेड़ के तने को खोखला कर, वह वस्तु बनाई, जिसे नौका कहता था। उसके साथ ही उसने कुछ वैसी लकड़ियां भी बनाईं, जिनसे नौका चलानी थी। नौका को उठवाकर, धूमधाम से वह समुद्र-तट पर ले गया। सारा यूथ उस स्थान पर एकत्रित हुआ। सबके सम्मुख नीलाद्रि ने समुद्र की पूजा कर, अपनी नौका जल में उतार दी और स्वयं उसमें बैठ गया। उसने अपनी लकड़ियों से नौका को आगे भी बढ़ाया। पर तभी एक जोर की लहर आयी और नौका को एक भरपूर टक्कर लगी, जैसे किसी विराट् शक्ति ने उसे एक करारा चांटा लगाया हो। नीलाद्रि की नौका उलट गयी और वह समुद्र के जल में जा पड़ा।

यूथ के लोग बहुत प्रसन्न हुए। वें जानते थे कि यही होना था। समुद्र जैसे शक्तिशाली देवता का अपमान कोई कैसे कर सकता था। यह कैसे संभव था कि नीलाद्रि जैसा एक साधारण वानर समुद्र के वक्ष पर अपनी नौका चलाए और समुद्र कुछ न कहे।

थोड़ी ही देर में दूसरी लहर आयी और उसने नीलाद्रि और उसकी नौका को उठाकर किनारे पर पटक दिया। तट पर खड़ा पूरा यूथ और भी प्रसन्न हुआ कि एक तो समुद्र देवता ने उनकी श्रद्धा को प्रमाणित कर दिया था और दूसरे अपने अपमान से कुपित हो नीलाद्रि के प्राण ले लेने के स्थान पर उसे क्षमा कर, तट पर पटक दिया था। यदि ऐसा न हुआ होता तो नीलाद्रि के लिए दंड प्रस्तावित करने का कार्य यूथ के पुरोहित को करना पड़ता; जाने पुरोहित क्या दंड प्रस्तावित करता।

नीलाद्रि ने फिर समुद्र में जाने का प्रयत्न किया था; किंतु पूरे यूथ में से एक भी व्यक्ति उससे सहमत नहीं हुआ। उन्होंने बलात् उसे रोक लिया और उसकी नौका नष्ट कर दी। कहीं ऐसा न हो कि वह छिपकर समुद्र का अपमान करने का प्रयत्न करे और उसके दंड-स्वरूप समुद्र अपनी मर्यादा छोड़ उनके ग्रामों में घुस आये और उन्हें नष्ट कर दे।

इस घटना से नीलाद्रि बहुत दुःखी हुआ। कितने ही दिन वह अपने घर में अकेला पड़ा रहा और फिर ग्राम छोड़कर कहीं चला गया। वह कभी लौटकर नहीं आया। गांववालों का विश्वास है कि उसने फिर किसी अन्य स्थान पर समुद्र का अपमान करने का प्रयत्न किया होगा और समुद्र ने उसके प्राण ले लिये होंगे।...

किंतु आज मुर्तू देख रहा था कि नीलाद्रि ने जो कुछ कहा था, वह सच था। ये आक्रमणकारी नौका में ही आये थे। समुद्र की लहरें नौका से टकरा रही थीं, किंतु वे उसका कुछ बिगाड़ नहीं पा रही थीं। उसमें बैठे मनुष्य न तो सागर से भयभीत थे, न

उसके कारण अरक्षित... उसे लगा, इस नौका में बैठे मनुष्य जैसे समुद्र से भी अधिक शक्तिशाली थे, जबकि समुद्र देवता था और नाव में बैठे लोग मनुष्य। यह नौका एक वृक्ष के तने को खोखला कर बनायी गयी नहीं लगती थी। वह एक वृक्ष से बहुत बड़ी थी। उसमें पहले से अनेक लोग बैठे हुए थे। उनकी वेशभूषा और आकृति-प्रकृति आक्रमणकारियों के ही समान थी; और अब हांककर लाये गये बच्चों को उसमें बैठाया जा रहा था।

नौका में बैठते ही एक बार मुर्तू का भयभीत मन अनिष्ट की आशंका से एकदम जड़ हो गया। उसने अपना पैर पीछे हटा लिया। किंतु तभी साथ आये आक्रमणकारियों में से एक ने उसे जोर की ठोकर लगायी और क्रुद्ध स्वर में कुछ कहा। मुर्तू बिना सोचे-समझे ही आगे बढ़कर नौका में बैठ गया।

उसने दृष्टि उठाकर देखा — सभी बालक निर्जीव पदार्थों के समान जड़ बने बैठे थे। भय के मारे उनके चेहरे घबरा गये थे और उनकी जकड़ में आंखें भी भाव-शून्य हो गयी थीं।

मुर्तू के अपने मन में भी अथाह भय था; उसे पता ही नहीं था कि अन्य बच्चों के मन में क्या है; किंतु उसके मन में दो प्रकार के भय आपस में टकरा रहे थे — समुद्र क्रुद्ध होगा तो उठाकर उन्हें तट पर फेंक आयेगा, या तो बहुत संभव है उन्हें मार ही डाले; किंतु ये आक्रमणकारी न तो उसे तट पर फेंक आयेंगे, न उसे मार डालेंगे; वे जीवित रखेंगे और वैसे ही ठोकर जमायेंगे, जैसे एक आक्रमणकारी ने अभी जमायी थी। या सम्भव है, किसी अन्य प्रकार से पीड़ित करें... और फिर समुद्र देवता है, वह मन की बात जानता है। वह जानता है कि मुर्तू अपनी इच्छा से उसका अपमान नहीं कर रहा है। सम्भव है, वह उसे क्षमा भी कर दें; किंतु ये आक्रमणकारी उसे क्षमा नहीं करेंगे।... कदाचित् आक्रमणकारियों का भय ही बड़ा भय था...

सब लोग बैठ गए तो नौका चल पड़ी।

मुर्तू सोच रहा था — उसका मित्रों सहित अपहरण हुआ था। अपहरणकर्ता यथासंभव राक्षस ही थे। वानरों के युद्ध अधिकांशतः आपसी युद्ध होते थे। उनमें न तो छिपकर आक्रमण होते थे, न अपहरण। कुछ युद्ध आर्यों के साथ भी होते थे। उनमें हत्याएं तो होती थीं, किन्तु अपहरण उनमें भी नहीं होते थे। अपहरण केवल राक्षसों द्वारा ही होते थे। यह युद्ध-नीति भी उन्हीं की थी। मुर्तू ने यह भी सुना था कि अपहृत लोगों का या तो वध होता था, या उन्हें बेच दिया जाता था, या फिर उनसे इतना कठोर काम लिया जाता था कि जीवन मृत्यु से भी अधिक पीड़ादायक हो जाता था।...

किन्तु अपहरण के पश्चात् पीड़ा और मृत्यु के इस त्रास के भी ऊपर उसके मन में नौका और समुद्र को लेकर अनेक जिज्ञासाएं उथल-पुथल मचा रही थीं। वह किसी से भी पूछने के लिए उत्कंठित था कि क्या सचमुच यह नौका समुद्र द्वारा न तोड़ी जाएगी, रेत पर न फेंकी जाएगी ? क्या सचमुच यह समुद्र का वक्ष चीरती रहेगी और

समुद्र उसका कुछ भी नहीं बिगाड़ पाएगा ? क्या ये अपहरणकर्ता राक्षस सदा इसी प्रकार समुद्री यात्राएं करते रहते हैं और समुद्र उन्हें कुछ नहीं कहता ? क्या सचमुच मनुष्य देवताओं से बड़ा हो गया है ?...

उसे लगा, वह और भी बहुत सारी बातें जानना चाहता है... यह नौका कैसे बनती है ? किस पेड़ की लकड़ी से बनती है ? क्या नीलाद्रि की नौका इसलिए डूबी थी कि उसने ठीक पेड़ की लकड़ी नहीं चुनी थी ? इस नौका को कैसे चलाते हैं ?...

वह अपने साथियों, अपने अपहरण और आसन्न विपत्तियों को भूला, अपनी उधेड़बुन में उलझा बैठा था। उसने नहीं देखा कि उसके अपहरणकर्ता कहां बैठे हैं और क्या कर रहे हैं। नौका किधर जा रही है, और समुद्र की लहरें उसके साथ कैसा व्यवहार कर रही हैं ? वह अपनी नौका-यात्रा से ही इतना अभिभूत हो चुका था कि उसके लिए और किसी वस्तु का अस्तित्व ही नहीं रह गया था।...

नौका रुकी तो उसका ध्यान टूटा। उसने आंखें उठाकर देखा तो आंखें फटी-की-फटी रह गयीं। उनकी नौका, एक अन्य बहुत बड़ी नौका — उसे बाद में मालूम हुआ कि उसे जलपोत कहते हैं — के साथ लगी खड़ी थी। जलपोत इतना बड़ा था कि जैसे समुद्र का कोई द्वीप ही हो। और भी अनेक बड़ी-बड़ी नौकाएं जलपोत के साथ लगी खड़ी थीं। उनमें से भी मुर्तू की ही नौका के समान अनेक स्त्रियां, पुरुष और बच्चे उतारे जा रहे थे। उन लोगों के प्रति सैनिकों के व्यवहार से ही लगता था कि वे लोग भी बंदी हैं। पुरुषों के हाथ पीठ के पीछे बंधे हुए थे और उनके पैरों में इस प्रकार रस्सियां बांधी गयी थीं कि वे लोग धीरे-धीरे चल तो सकें, किन्तु भाग न सकें।

सारी भीड़ को जलपोत के मध्य एकत्रित किया जाता रहा। अन्तिम नौका भी खाली हो गई तो सारी नौकाओं को रस्सियों से खींचकर जलपोत पर चढ़ा लिया गया और जलपोत चल पड़ा।

जलपोत का चलना मुर्तू के लिए और भी बड़ा आश्चर्य था। नौका चलती थी तो समझ में आता था कि नाविक लोग अपने हाथ की लकड़ियों से पानी को धकेलकर नौका को चला रहे थे; किन्तु जलपोत कैसे चल रहा था ! थोड़ी-थोड़ी देर में किसी अपरिचित भाषा में किसी का आदेश-भरा स्वर गूंजता था और लोगों में हलचल मच जाती थी। कुछ लोग इधर-उधर भागते दिखाई पड़ते थे, कुछ लोग जलपोत के भीतर कहीं घुस जाते थे, कुछ स्तम्भों पर चढ़कर ऊपर के वस्त्रों को ठीक करने लगते थे।

मुर्तू के बाल-मन के लिए यह सब कुछ अद्‌भुत था। उसके सम्मुख एक नया संसार खुल गया था और वह स्वयं ही अपनी स्थिति को देख-देखकर चकित था। उसे स्वयं नहीं मालूम था कि आज तक जिस समुद्र को देवता मानकर उसने अपने दैनिक जीवन से बहुत दूर कर रखा था, उसमें उसकी इतनी रूचि थी। उस समुद्र में चलने वाली इन छोटी-बड़ी नौकाओं के प्रति उसके मन में उठी उत्सुकता और जिज्ञासाओं ने, उसके अपनी मृत्यु के भय को भी आच्छादित कर लिया था। उसके मन में अब उन

आक्रमणकारियों के प्रति भी कोई वैर भावना नहीं थी, जो उसे अपहृत कर लाये थे।... उन्होंने उसका अपहरण न किया होता तो वह यह सब कैसे देखता ? वह अपने गांव की सीमा में बंधा घर, खेत, समुद्र-तट तथा वन में भटकता हुआ ही मर जाता।...

जलपोत की गति कुछ नियमित हुई तो सैनिकों का ध्यान बंदियों की ओर गया। पहले वे एक-एक कर रोती-चिल्लाती स्त्रियों को वहां से घसीटकर ले गये। जलपोत इतना बड़ा था, और मुर्तू अपने स्थान से हिल भी नहीं सकता था। पता नहीं, वे उन्हें कहां ले जा रहे थे और उनका क्या करना चाहते थे। उनमें से जब किसी एक को शेष से अलग किया जाता था तो वह बुरी तरह चिल्लाने लगती थी। मुर्तू का मन भी उसके साथ रोने को हो आता था, किन्तु सैनिक रोती हुई स्त्रियों को देखकर मुसकराते थे। अपरिचित भाषा में हंस-हंसकर कुछ कहते थे। कभी स्त्रियों के वस्त्र खींचते, कभी बांह पकड़कर घसीटते और कभी-कभी किसी को गोद में उठाकर ले जाते। स्त्रियों का रोना-चिल्लाना उनके विनोद का साधन था।

अंतिम स्त्री के जाते ही सैनिकों का मनोरंजन समाप्त हो गया। उनकी मुद्राएं बदल गयीं। चेहरे कस गये और वे अधिक सचेत-सजग दिखायी पड़ने लगे। उनके हाथों में कशा तथा भाले आ गये। लगा, जैसे वे किसी युद्ध की तैयार कर रहे हों। ''आगे पढ़ूं?'' सहसा रुककर सीता ने पूछा।

''क्यों, थक गयीं क्या ?'' राम बोले।

''नहीं। थकने की क्या बात है।'' और सीता ने पुनः पढ़ना आरम्भ कर दिया।

मुर्तू को गांव के भीतर आते ही लगा — यहां सब कुछ ऐसा ही था, जैसा वह छोड़कर गया था। वह तो भूल ही गया कि उसका गांव, गांव तथा यूथ के लोग ऐसे थे। मुर्तू को धक्का-सा लगा। उसके जलपोत की नौका ने उसे जहां उतारा था, वहां से गांव तक आने के लिए उसे कोई उचित सवारी नहीं मिली थी। राज-मार्ग तो दूर, यहां ढंग का कोई पथ अथवा वीथि तक नहीं मिली थी। धूल-धक्कड़ से भरी हुई संकरी पगडंडियां ही आवागमन का एकमात्र साधन थीं।

अपने घर तक आते-आते मार्ग में जितने भी लोग उसे दिखे थे, उनमें से किसी ने भी उसे नहीं पहचाना था। हां, सबने उसे कुछ आश्चर्य से देखा था कि वह कौन व्यक्ति है। मुर्तू स्वयं भी समझ रहा था कि उसकी वेशभूषा और चाल-ढाल किसी भी स्थानीय व्यक्ति से भिन्न थी। किंतु मार्ग में किसी ने उसे टोका नहीं था। वह चुपचाप, अपने कंधे पर सामान रखे हुए, अपने घर तक चला आया था।

समुद्र-तट से, जहां उसके जलपोत की नौका ने उसे उतारा था, कंधे पर सामान रखकर चलते ही, उसके मन में खीझ जन्मने लगी थी। क्या अब यह मुर्तू के उपयुक्त है कि वह अपने कंधे पर, अपना सामान रखकर, गंदी पगडंडियों पर पैदल चले। कहां वह रावण के साम्राज्य के बड़े-से-बड़े जलपोत का नियंत्रक और अभियंता और कहां

एक साधारण देहाती या वनवासी के समान अपना सामान कंधे पर रखे, धूल-धक्कड़ में अंटा, चलता चला आ रहा है। वह कितना भी धन व्यय करने को उद्यत हो, किन्तु उसे जीवन की साधारण सुविधाएं भी नहीं मिलेंगी। राक्षसों के साम्राज्य में किसी छोटे-से-छोटे स्थान पर भी व्यक्ति सुविधाएं ही नहीं, जीवन का आनन्द भी खरीद सकता है। और यहां... उसकी जाति इतनी पिछड़ी हुई है, तभी तो अन्य जातियां उन्हें वानर कहती हैं।...

अपने घर के सामने आकर वह रुक गया। उसके मन में कहीं तनिक-सी भी इच्छा नहीं थी कि इस कुरूप, गंदी और असुविधाजनक कुटिया को वह अपना घर कहे। अधिक-से-अधिक इसे वह अपने निर्धन माता-पिता की कुटिया मान सकता था।

उसने द्वार खटखटाया।

भास्वर ने द्वार खोला। क्षण-भर अचकचाकर, आसाधारण रूप में संभ्रांत लगने वाले, अपरिचित व्यक्ति को देखा और फिर न पहचानकर, प्रश्नवाचक दृष्टि से उसकी ओर ताका।

''नहीं पहचाना, बाबा ?'' मुर्तू बोला, ''मैं हूं आपका मुर्तू।''

अपरिचित युवक में से भास्वर ने अपने बेटे को पहचाना, ''मुर्तू !'' उसके स्वर में तनिक संदेह था, ''तू अब तक कहां था रे ?'' और सहसा आगे बढ़कर उसने मुर्तू को अपनी बांहों में जकड़ लिया, ''मेरा बेटा !''

मुर्तू के आह्लाद को धक्का लगा। उसका गले मिलने का अभ्यास कब से छूट चुका था। बहुत दिनों से वह लोगों द्वारा झुक-झुककर किये गये नमस्कारों को स्वीकार करने और स्वयं अपने अधिकारियों के सम्मुख प्रणाम की मुद्रा में झुक जाने का अभ्यस्त रह गया था। अपने शरीर को इस प्रकार छुए जाना उसे अभद्रता-सी लगी। किंतु अपने बूढ़े पिता को क्या कहता। वे लोग अभी तक उस प्रकार मिलने की प्रथा निभाये जा रहे थे।

''आओ, मेरे पुनर्जीवित हुए पुत्र !'' भास्वर ने मार्ग दिया, ''हम तो तुम्हें सदा के लिए खो गया मान चुके थे।''

मुर्तू ने पिता के पीछे-पीछे कुटिया में प्रवेश किया।

''बैठो, बेटा !'' भास्वर ने कहा।

मुर्तू चकित दृष्टि से इधर-उधर देखता रहा — कहां बैठे ? उसे बैठने की कोई उचित व्यवस्था दिखायी नहीं पड़ रही थी। न पीढ़ा, न मंच, न आसन, न पर्यंक...

भास्वर ने चटाई खोलकर बिछायी, ''आओ, पुत्र !''

मुर्तू के थके पांव आराम के लोभ में यंत्रवत् आगे बढ़े; किंतु उसके मन ने जैसे अपना कशा फटकारा, ''कहां चला आया तू, मूर्ख ? यह क्या रहने का स्थान है ? यहां जी पायेगा तू ?''

किंतु तभी उसका विवेक जाग उठा — 'यह मेरा घर है, मेरे माता-पिता का घर।

यह मेरा गांव है। यही मेरा यूथ है। मेरा जन्म यहीं हुआ था।'

विवेक का स्वर भीरु था — कोमल और दबा हुआ, जैसे वह अपने विरोधी स्वर से आंखें न मिला पा रहा हो। और मन का स्वर क्रुद्ध था, फुफकारता हुआ — उद्दंड और संघर्ष के लिए प्रस्तुत। 'किसी का जन्म मल के ढेर में हो तो क्या उसे उसी से चिपके रहना चाहिए ? इन मूर्ख वानरों को तो संसार का कुछ पता ही नहीं है। शाखा-मृगों के समान अपने-अपने वृक्ष से चिपके हैं। तूने तो दुनिया देखी है। तू यहां क्या करने आया है ?'

''अब तक तुम कहां थे, पुत्र ? कभी अपना समाचार भी नहीं दिया ?'' भास्वर ने स्नेह-भरी आंखों से उसे देखा।

मुर्तू सोच रहा था — क्या बताए ? क्या न बताए ? इतनी लम्बी कहानी थी, कहां से आरम्भ करे ?... और सब से बड़ी बात तो यह थी कि जो कुछ उसने सोचा था, वैसा कुछ भी नहीं हुआ था। पिता को देखकर उसका मन बह नहीं निकला। उसके मन में एक बार भी नहीं आया कि वह पिता की छाती से लग जाए, या उनके चरणों पर लोट जाए। कोई भावात्मक तार मिल नहीं पा रहा था। उसका विवेक बार-बार प्रयत्न कर रहा था और उसका मन बार-बार पछाड़ खाकर भी पीछे नहीं हट रहा था; वरन् जैसे-जैसे घर और गांव की स्थिति स्पष्ट होती जा रही थी, मन का धिक्कार उग्र होता जा रहा था।

तभी द्वार पर एक परछाईं दिखाई पड़ी और उसके पैरों से जुड़ी एक वृद्ध देहाती स्त्री सिर पर पानी का घड़ा उठाए भीतर आयी। उसने रुककर भर-दृष्टि मुर्तू को देखा, जैसे पहचाननें का प्रयत्न कर रही हो; पर उसकी आंखों में पहचान नहीं जन्मी।

''यह तुम्हारी मां है, पुत्र !'' भास्वर ने कहा।

मुर्तू ने अपनी मां को देखा — वह एक-वस्त्रा स्त्री उसकी मां थी, जो लंका के किसी साधारण गृहस्थ की दासी से भी गंदी धोती पहने हुए थी। उसके शरीर पर दूसरा वस्त्र नहीं था, आभूषण तो क्या होता। तेल सने, सिर से चिपके और कसी कंघी किए हुए बाल। किसी भी प्रकार की स्निग्धता से हीन, रूखी त्वचा, खुरदरे बेडौल हाथ और बिवाइयां फटे हुए साधारण-से अधिक बड़े पांव...

''तूने पहचाना नहीं, मुर्तू की मां !'' क्षण-भर बाद भास्वर पुनः बोला, ''यह तुम्हारा मुर्तू है।''

मां के हाथ से घड़ा गिरते-गिरते बचा। उसने किसी प्रकार घड़ा यथास्थान रखा और दौड़कर आ, मुर्तू के सामने घुटनों के बल बैठ गयी। उसने मुर्तू का मुख मंडल अपने दोनों हाथों में ले लिया, ''वही है, वही। एकदम वही।''

मां के होंठ मुर्तू के माथे से जा जुड़े।

किन्तु मुर्तू साफ-साफ देख रहा था कि उसके भीतर का कुछ नहीं पिघला था। मां के हाथों का स्पर्श उसे गिलगिला-सा लगा था और उसका चुंबन घिनौना... उसके

भीतर बार-बार प्रश्न उठ रहा था — आखिर वह यहां क्या करने आया है ? यहां रहना है तो इन्हीं लोगों के बीच, इन्हीं परिस्थितियों में रहना होगा... रह पाएगा वह ?

''तुम कहां थे, बेटा ? कभी कोई समाचार भी नहीं भिजवाया।'' मां ने भी वही प्रश्न किया।

इस प्रश्न का उत्तर तो मुर्तू को देना ही होगा, चाहे जितने भी संक्षिप्त रूप में दे।

''मुझे राक्षस सैनिक उठाकर ले गए थे।'' मुर्तू बोला, ''अब तक उन्हीं के राज्य में विभिन्न नगरों में रहा।''

''उन्होंने तुम्हें जीवित कैसे छोड़ दिया ?'' भास्वर ने पूछा, ''हमने सुना है कि वे लोग अपने शत्रुओं को मार तो डालते ही हैं, कभी-कभी उन्हें खा भी जाते हैं।''

''आपने दोनों बातें ठीक सुनी हैं।'' मुर्तू ने बात को टालते हुए कहा, ''किंतु मैं उनके काम का व्यक्ति हो गया था, इसलिए उन्होंने मुझे जीवित छोड़ दिया।''

''मेरा लाल !'' मां ने आगे बढ़कर फिर से उसे चूम लिया, ''इतने सुंदर बच्चे को कोई मार ही कैसे सकता था। और काम तो तुम सबका ही कर दिया करते थे, बेटा। जब तुम यहां थे तो गांव के किसी भी व्यक्ति के लिए वन से फल तोड़कर ला दिया करते थे।...''

मुर्तू के भीतर खीझ का विस्फोट हुआ — कैसी है उसकी मां ? उस मां को कभी वह समझा सकेगा कि अब लोगों के लिए वन से फल-फूल लाने तक की ही उसकी सार्थकता नहीं है...

''तुमने कभी समाचार भी नहीं भिजवाया।'' भास्वर का स्वर भर्राया हुआ था, ''हम तो स्वयं को समझा चुके थे कि तुम हम से सदा के लिए बिछुड़ गए।''

''पहले तो मैं उनका दास था, इसलिए सूचना नहीं भेज सका। जब मुक्त हुआ तो पता चला कि सूचना भिजवाने की इधर कोई व्यवस्था ही नहीं है।'' मुर्तू का स्वर खीझ के कारण कुछ ऊंचा हो गया, ''और वहां से कोई व्यक्ति इधर आता-जाता भी नहीं है। मैं ही जाने कैसे आ गया...''

''कोई बात नहीं, बेटा।'' मां बोली, ''अब तो तू आ ही गया है, हमें सारे समाचार मिल गए।''

''हां, और क्या ?'' भास्वर ने समर्थन किया, ''वे दिन तो किसी-न-किसी प्रकार कट ही गए हैं।'' और वह मुड़ा, ''मुर्तू की मां ! पड़ोस के किसी बच्चे को कहकर ग्राम में मुर्तू के आने की सूचना भिजवा दे।''

एक हथेली भूमि पर टेक, दूसरी घुटने पर रखकर मां उठी और कुटिया से बाहर चली गयी।

थोड़ी ही देर में गांव के विभिन्न स्त्री, पुरुष और बच्चे मुर्तू से मिलने के लिए आने लगे; जैसे वे सब घर में एकदम खाली ही बैठे थे, समाचार मिलते ही उठकर भागे चले आए। मुर्तू को लगा, उसकी स्थिति गांव में नये आये किसी अद्भुत जंतु की-सी

थी, जिसे प्रत्येक व्यक्ति कौतुक की दृष्टि से देख रहा था। कोई उसकी धोती को देख रहा था, कोई उसकी चादर को, कोई उसके अलंकारों को और कोई केश-सज्जा को। उनके लिए वह मात्र मुर्तू था, गांव का एक खोया हुआ लड़का, जो अनेक वर्षों के पश्चात् घर लौटा था; और वह दूर-दूर के अनेक देश अपनी आंखों से देखकर आया था तथा वहां के अद्भुत वस्त्र और अलंकार लाया था। उनके लिए यह तनिक भी महत्त्वपूर्ण नहीं था कि मुर्तू क्या है, उसकी क्षमता क्या है, उसकी शिक्षा क्या है, उसका पद क्या है ?...

पहला झुंड कुटिया छोड़कर गया तो अन्य झुंड आ गया। इसमें लड़कियां ही लड़कियां थीं।

मां ने धीरे से मुर्तू के कान में कहा, ''जो लड़की पसंद आए, बता देना। कल ही विवाह की बात पक्की कर दूंगी।''

मुर्तू संकुचित हो उठा। क्या इसलिए इन लड़कियों को मां बुला लायी है ? क्या ये लड़कियां भी इसीलिए उसे देखने के लिए आयी हैं ?... पहले झुंड ने उसे कौतुक की दृष्टि से देखा था, यह झुंड उसे तृष्णा की दृष्टि से देख रहा था। लडकियां वय से किशोरियां तथा तरुणियां थीं। नयन-नक्श अच्छे थे, किन्तु पहनने-ओढ़ने की समझ जैसे किसी को थी ही नहीं। सब-की-सब एकवस्त्रा थीं — उसकी मां के समान। सीधी-सादी एक सफेद धोती में किसी प्रकार शरीर को लपेट रखा था। बालों में ढेर सारा तेल डाल, सिर से चिपकाकर, चपटी कंघी कर, उन्हें खींचकर बांध रखा था — किसी ने वेणी के रूप में, किसी ने जूड़े के रूप में। न कोई सौन्दर्य-बोध, न शरीर के आकर्षण का पता, न प्रसाधन की सजगता...

''लंका की लड़कियां क्या बहुत सुन्दर होती हैं ?'' एक तरुणी ने बड़ा प्रयास कर अत्यन्त सलज्ज भाव से पूछा।

मुर्तू को लगा, उसकी आंखों की भाषा पढ़ी गयी है, जैसे वह तरुणी उससे पूछ रही थी कि उसने किस बल-बूते पर सोच लिया कि न उनमें सौन्दर्य-बोध है...

''नहीं। कुछ विशेष नहीं।'' मुर्तू धीरे से बोला, ''हां, उनमें से अधिकांश गौरवर्णी होती हैं।''

''किंतु गौर वर्ण सौन्दर्य का पर्याय तो नहीं है।'' उस तरुणी ने अपांग से मुर्तू को देखा।

''मेरा अभिप्राय भी वह नहीं था।''

फिर किसी ने कुछ नहीं पूछा। वे चुपचाप चली गयीं — जैसे उसे देख गयी हों और स्वयं को दिखा गयी हों... किंतु वह छोटा-सा प्रश्न बड़ी देर तक उसके मन में उमड़ता-घुमड़ता रहा... लंका की किशोरियां, तरुणियां, नवयुवतियां, युवतियां, प्रौढ़ाएं और वृद्धाएं... वे चाहे जैसी भी हों, पर क्या वे इस प्रकार रहेंगी — एकवस्त्रा, सफेद

धोती, चिकने-चिपटे-कसे बालों की वेणी...

मुर्तू के सम्मुख लंका के हाटों-पण्यों की वे दुकानें घूम गयीं — देश-विदेश के, रंग-बिरंगे वस्त्रों के ढेर। उनके आकार-प्रकार, बेल-बूटे, कढ़ाई-बुनाई का वैविध्य। एक-एक तरुणी सैकड़ों वस्त्र उलट-पलटकर देखती और तब कहीं एक-आध उसको लुभाता। वस्त्रों की शोभा के लिए होने वाले काम... रजत तथा स्वर्ण की तारों से बनी फूल-पत्तियां... पूरा हाट ही खुला था। और प्रसाधन ? सहस्त्रों प्रकार के सुगंधित द्रव और चूर्ण। काजल और मस्सी। केशों में लगाने वाले तेल। केशों का प्रसाधन। त्वचा की देखभाल। नखों का रंगना, अंगों की चित्रकारी। शरीर का आकार सुधारने और अंगों को सुडौल बनाने वाले विभिन्न प्रकार के व्यायाम... एक-एक कर बहुत सारे चित्र उसकी खुली आंखों के सम्मुख घूमते रहे...

संध्या समय भोजन करने बैठे तो भास्वर ने स्नेह-आप्लावित स्वर में धीरे से कहा, ''पुत्र! तुम थके होगे। आज भोजन के पश्चात् आराम करना। कल तुम्हें गुरु अगस्त्य के पास भी ले चलूंगा और ग्राम-प्रमुख के पास भी। तुम्हारे भाग की भूमि मिल जाए तो तुम खेती आरम्भ करो। पहली उपज होते ही तुम्हारा विवाह हो जाएगा...''

मुर्तू कुछ कहने को ही था कि मां ने भोजन परोस दिया। पिता और पुत्र — दोनों के सामने पत्तल रख, उसने मिट्टी की हांड़ियों में से भात और उबली हुई मछली परस दी। पत्तल के एक किनारे पर थोड़ा-सा नमक भी रख दिया।

जहां तक उसे अपने शैशव की स्मृति थी — इससे अच्छा भोजन उसे कभी नहीं मिला था। अधिकांशत: वे लोग किसी शाक-भाजी को भात में मिला — फीका अथवा नमक उपलब्ध होने पर, नमक के साथ खाया करते थे। भात, मछली और अपनी इच्छानुसार नमक तो कभी किसी समारोह के दिन ही मिल पाता था।

... किन्तु आज यह सब देख मुर्तू को उबकायी आ रही थी। उसे लग रहा था — यह सब तो वह नहीं ही खा पाएगा, जो कुछ उसके पेट में है वह भी बाहर आ जाएगा।... अब ऐसा भोजन वह नहीं खा सकता, न ऐसे ढंग से खा सकता है।... लंका में उनके दास-दासियां भी मंच पर बैठकर, धातु के बर्तनों में भोजन करते हैं...

यदि वह कह दे कि यह भोजन उसके लिए अखाद्य है तो उसके माता-पिता को कैसा लगेगा ? निश्चित रूप से उनका मन टूट जाएगा। संभव है, उन्होंने अपनी क्षमता से बढ़कर व्यय कर, यह भोजन उपलब्ध कराया हो... वह इतने दिनों के बाद, इतनी दूर से, अपने माता-पिता को क्या यह कहने के लिए आया है कि वह उनके घर में उनके साथ रह नहीं सकता, उनका भोजन खा नहीं सकता, उनके समान जी नहीं सकता...

मुर्तू अनमना-सा मुंह चलाता रहा। किसी प्रकार उसने कुछ कौर चबाए और उठ गया...

"क्या हुआ, बेटा ?" उसे उठते देख मां अचकचा गयी।

"कुछ नहीं। थका हुआ हूं। खाने का मन नहीं हो रहा।"

मुर्तू ने कुटिया के बाहर चारपाई डाली और लेट गया। माता-पिता दोनों ने ही उसे थका जानकर कुछ नहीं कहा।

मुर्तू लेटा तो उसका मन सरपट भाग चला...

वह यहां क्या करने आया है ? जहां जीवन के सुख और सुविधाएं तो दूर, मनुष्य की आवश्यकताएं भी पूरी न हों — पूरी होने की कौन कहे, उनके प्रति चेतना भी न हो, वहां लोग कैसे जीते हैं ? मुर्तू अपने पशुओं को भी इस ढंग से रखना स्वीकार नहीं करेगा...

और यदि यह सब वह सह भी जाए, मान ले कि इन भौतिक स्थितियों को सुधारा भी जा सकता है। वह यहां रहेगा और इन्हें सुधार लेगा। अपने यूथ और गांव को न सही, अपने घर को तो सुधार ही लेगा। किंतु इन लोगों का क्या करेगा ? गांव के लोगों को छोड़ो, उसके अपने माता-पिता तक ने नहीं पूछा कि इतने दिन वह वहां क्या करता रहा है, और यहां अब क्या करना चाहता है ? उनका संसार अत्यन्त सीमित है — धरती और स्त्री तक। कल ग्राम-प्रमुख से मिलकर वे उसे धरती दिलवाएंगे और पहली उपज के पश्चात् गांव की कोई लड़की उसकी पत्नी हो जाएगी। वह अपनी एक पृथक् कुटिया बना लेगा और इस मिट्टी पर नंगी लोटने के लिए संतानें उत्पन्न करेगा...

मुर्तू को जोर की झुरझुरी आयी, जैसे किसी ने उसकी चारपाई पकड़कर हिला डाली हो। ऐसा जीवन उसके लिए अकल्पनीय था। ऐसा जीवन वह नहीं जी सकता...

बड़े-बड़े जलपोतों को बनाने और चलाने वाले व्यक्ति के लिए खेत की मिट्टी किस काम की ? वह इस मिट्टी का क्या करेगा ? अपने बच्चों को खेलने के लिए जलपोतों के नमूने बनाएगा ?... ये खेत उसके किसी काम के नहीं हैं, और वह इस गांव के लिए किसी काम का नहीं है। वानरों के पास रत्नों का क्या मूल्य ? वह कितना ही बहुमूल्य रत्न क्यों न हो — वानर उसका मूल्य कौड़ी-भर न आंकेंगे।... और उनकी सोना उगलने वाली धरती के लिए वह स्वयं वानर हो गया है। उस मिट्टी का उसके लिए कोई मूल्य नहीं है। उसे तो समुद्र की आवश्यकता है, जिसके लिए वह जलपोत बनाए और उन्हें समुद्र के वक्ष पर चलाए...

उसे लौट जाना चाहिए।

उसे लगा, लौटने की बात से उसके माता-पिता की तो जो अवस्था होगी, वह होगी ही, उसके अपने भीतर भी कोई दीवार गिर पड़ती है। क्या यह अच्छा नहीं था कि वह घर न लौटता और अपने माता-पिता को यही समझकर जीने देता कि वह तो अपने बचपन में ही राक्षसों द्वारा मार डाला गया था।... इतने वर्षों के बाद वह लौटकर आया है, उनके मन में अपने जीवित होने की आशा ही अंकुरित नहीं की, उन्हें अपने जीवित होने का विश्वास दिलाया है। और अब, जब वे इस विश्वास पर अपने जीवन

को आश्रित कर चुके हैं, अपने वंश को पल्लवित-पुष्पित करने के लिए उसके विवाह के स्वप्न देख रहे हैं; उन्हें अपनी वृद्धावस्था में अपने पास एक समर्थ पुत्र ही नहीं, पौत्र भी दिखाई पड़ने लगे हैं — वह उन्हें छोड़कर चला जाए ? उनके नवांकुरित जीवन को कुचल जाए ?...

वह इतना कठोर हो सकेगा क्या ?

नहीं तो क्या वह अपनी आत्मा को कुचल दे ?... आज तक जीवन में उसने जो कुछ भी देखा-सुना, सीखा और अर्जित किया, उस सबकी हत्या कर, इन लोगों के बीच — इन्हीं का-सा, पशुओं-सरीखा जीवन व्यतीत करे ?

क्या अधिक महत्त्वपूर्ण है — क्षमताओं तथा संभावनाओं से भरा उसका अपना जीवन अथवा उसके वृद्ध और नासमझ माता-पिता की अर्थहीन इच्छाएं ?... किसका किस पर बलिदान करे ?...

और यह कौन है — गुरु अगस्त्य ? पिताजी ने कहा है कि वे कल उससे भी मिलाने ले जाएंगे। कोई-न-कोई ठग इस या उस ग्राम में पड़ा ही रहता है, और इन भोले देहातियों का शोषण करता रहता है। कल मुर्तू उसे भी देखेगा कि वह कौन है और पिताजी उसे उसके पास क्यों ले जाना चाहते हैं ?...

रात को मुर्तू बड़ी देर में सोया। किंतु प्रायः उठते ही कल वाली खीझ पुनः लौट आयी। एक-एक क्षण में, बात-बात पर उसे किसी-न-किसी प्रकार की बाधा का अनुभव हो रहा था... पता नहीं ये लोग किस प्रकार मनुष्य कहलाते हैं। न हाथ-मुंह धोने की व्यवस्था, न स्नान करने की। पशुओं के समान खुले में स्नान... मुर्तू का इस गांव में रुकने का निर्णय पल-पल में डोल रहा था...

भास्वर बड़े समारोह से चलने को तैयार हुआ था। वह भास्वर, जिसका वर्षों से कोई पुत्र नहीं था, आज अपने युवा पुत्र के साथ गांव में निकलेगा। वह उसे ग्राम-प्रमुख से मिलाएगा और गुरु अगस्त्य के पास भी ले जाएगा। भास्वर से अधिक भाग्यशाली और कौन होगा !

मां ने भी उसी समारोह से अल्पाहार तैयार किया था। रात का बासी भात, जो पानी में डुबोकर रखा गया था, पानी निकाल नमक मिला, हरी मिर्च के साथ पिता-पुत्र के सम्मुख परोस दिया था। साथ ही उसने पड़ोसियों द्वारा भिजवाए गए कुछ फल भी रख दिए थे।

भात खाने का मुर्तू का मन नहीं हुआ। उसने बचपन में खाये गए फलों की स्मृति ताजा करने के लिए दो-तीन फल खा लिये और उठ गया। मां कहती ही रह गयी कि अपने शैशव में मुर्तू को बासी पानी-भात बहुत अच्छा लगता था...

ग्राम-प्रमुख उनसे बड़ी तत्परता से मिला। उसे यह जानकर बड़ी प्रसन्नता हुई कि मुर्तू

आज तक जीवित है और अपने गांव में लौट आया। उसने शीघ्र ही उसके खेतों के लिए भूमि देने का वचन देकर, बात समाप्त कर दी। वह मुर्तू के विषय में जानने से अधिक अपने गांव की प्रगति के विषय में बताने में उत्सुक था। उसने बड़े उल्लास के साथ बताया कि गुरु अगस्त्य के इस ओर चले आने से, उन्हें कितनी बातों की सुविधा हो गयी है। अब आर्यों की बस्तियों के साथ उनके युद्ध सर्वथा बन्द हैं और व्यर्थ का रक्तपात एकदम नहीं होता। राक्षसों से अवश्य उनकी दो-चार छोटी-मोटी मुठभेड़ें हुई हैं, किन्तु उनमें भी वानरों की अधिक क्षति नहीं हुई है। गुरु अगस्त्य के आश्रम में आर्य-आर्येतर अनेक अन्य यूथों के साथ, इस यूथ के युवकों को भी सैनिक प्रशिक्षण दिया जाता है। अब सागर-तट तथा अपने यूथ के सीमांतों पर सैनिक-प्रहरी रहते हैं। तनिक-सी भी हलचल हो, तो अगस्त्य-आश्रम में सूचना पहुंच जाती है। सूचना पाते ही गुरु तत्काल आवश्यक कार्यवाही करते हैं। वैसे भी आश्रम के प्रशिक्षकों ने खेती करने के ढंग सुधार दिए हैं, पशु-पालन अब अधिक श्रेष्ठ ढंग से होता है, मछलियां अधिक संख्या में पकड़ी जाती हैं; और सबसे बड़ी बात यह है कि उन लोगों को समुद्र के जल से नमक बनाना आ गया है। अब न तो उन्हें दूसरे यूथों से नमक खरीदना पड़ता है और न उसकी कमी है...

ग्राम-प्रमुख धारा-प्रवाह बोलता रहा और मुर्तू सोचता रहा कि उसे भी गुरु अगस्त्य से मिल लेना चाहिए। कौन है यह व्यक्ति ? क्या चाहता है ? उसे याद पड़ता है कि सागर-तट के ग्रामों पर छापा मारने वाली नौकाओं के नाविकों के बीच कभी-कभी अगस्त्य का नाम सुना है। सचमुच यह व्यक्ति महत्त्वपूर्ण है या इन देहातियों को मूर्ख बनाकर अपना उल्लू सीधा कर रहा है ?

जो भी हो, ग्राम-प्रमुख से बातचीत कर, चींटी की गति से ही सही, किन्तु सभ्यता थोड़ी रेंगती दिखाई पड़ी है। पिछले दिन से छायी उसकी निराशा कुछ कम हुई। यहां उतनी जड़ता नहीं है, जितनी वह समझे बैठा था। यदि गति है तो उसे तीव्रतर भी किया जा सकता है। उसे यहां से भागने की इतनी जल्दी नहीं करनी चाहिए...

सीता रुक गयीं, "अब भोजन का प्रबन्ध कर लें ?"

"हां। पहले वही करना चाहिए।" राम उठ बैठे, "कहीं यह न हो कि वे लोग आ जाएं और भोजन तैयार ही न हो।"

## 5

सीता ने आग जलायी। ब्रह्मचारी अन्न और शाक-भाजी ले आए। उन्हें धो-धोकर आग पर चढ़ा दिया गया। राम इस सारे समय में चुपचाप उन्हें देखते रहे।

"क्या बात है, प्रिय ?"

''कुछ नहीं।'' राम ने जैसे अपना अनमनापन झाड़कर अलग किया, ''गुरु अगस्त्य के विषय में सोच रहा था। इस सारे क्षेत्र में मुझे किसी भी आश्रम में शस्त्र-शिक्षा का आभास तक नहीं मिला है, किन्तु धर्मभृत्य ने उनके आश्रम में शस्त्र-प्रशिक्षण की बात कही है। मुझे उनकी योजना अच्छी लगी — चेतना, आर्थिक उन्नति तथा आत्म-रक्षा। यदि वे तीन मंत्र जन-सामान्य तक पहुंच जाएं तो फिर उनका शोषण असंभव हो जाएगा।''

''मुझे तो लग रहा है कि मुर्तू भी ग्राम में रह जाएगा और अपने यूथ के लोगों की उन्नति में महत्त्वपूर्ण सहायक होगा।'' सीता चूल्हे की आग उकसाते हुए बोलीं।

''मेरा विचार है, ऐसा नहीं होगा।'' राम का स्वर उदास था, ''वह लंका का वैभव देख आया है, वह उसके बिना नहीं रह सकेगा। मुझे उसके चरित्र में त्याग की प्रवृत्ति भी दिखायी नहीं पड़ती... वह लौट जाएगा।''

''कौन लौट जाएगा ?'' बाहर से आते हुए लक्ष्मण ने पूछा, ''मैं तो भोजन किये बिना नहीं लौटूंगा।''

राम और सीता ने पलटकर देखा, वन गया हुआ आश्रम का दल लौट आया था; किंतु उनके साथ कुछ अपरिचित लोग भी थे, जिनके सिरों पर लकड़ियों के बड़े-बड़े गट्ठर थे, जो उनकी क्षमता के लिए बहुत भारी थे।

''यह क्या, सौमित्र ?'' राम चकित थे।

''अभी बताता हूं।'' लक्ष्मण बोले, और उन अपरिचितों की ओर मुड़े, ''लकड़ियां उतार दो। उन्हें ठीक से संवारकर रख दो और इधर धूप में खड़े हो जाओ।''

राम उन्हें देख रहे थे — वे लोग न तो खान-श्रमिक लगते थे, न साधारण ग्रामवासी या वनवासी। वे संपन्न नागरिक थे। ऐसे लोग इन वनों में कहां से आ गए ? बहुमूल्य वस्त्रों तथा स्वर्ण आभूषणों से सुसज्जित वे हृष्ट-पुष्ट व्यक्ति चेहरे के भावों से पिटे हुए लग रहे थे।

''ये कौन हैं, सौमित्र ?''

लक्ष्मण ने उन लोगों पर दृष्टि डाली — वे उनके आदेश के अनुसार धूप में खड़े पसीना पोंछ रहे थे।

''ये उस खान के स्वामी हैं, जिसके श्रमिक इस बस्ती में रहते हैं।'' लक्ष्मण बोले, ''हमने वन में लकड़ियां काटनी आरम्भ कीं तो इनमें से एक हमसे आ टकराया। उसने हमें अपना काम बन्द करने का आदेश दिया। कारण पूछा, तो बोला कि वह वन का रक्षक है। हमने उसकी बात नहीं मानी तो वह जाकर वन के स्वामी और अन्य रक्षकों का बुला लाया। उन्हें अपने खड्गों का बहुत भरोसा था। थोड़ा-सा युद्ध भी हुआ, किंतु अकेला मुखर ही इन पर भारी पड़ रहा था। मुझे अधिक कष्ट नहीं करना पड़ा। उन्हें बन्दी किया। उनसे काम करवाया और यहां ले आए।... इनके साथ कुछ और बन्दी भी हैं।''

''कौन ?'' राम अपनी सोच में से चौके।

''धर्मभृत्य और उनके ब्रह्मचारी।'' लक्ष्मण हंसे, ''हमारा चमत्कार देखकर वे हमारे आजीवन बन्दी हो गए हैं।''

राम ने दृष्टि उठाकर देखा, धर्मभृत्य मुसकरा रहा था।

''सौमित्र ! इन्हें ले तो आए।'' सीता बोलीं, ''तनिक मेरी ओर से भी सोचा होता: अब इनके लिए भोजन कहां से लाऊं ?''

''अरे भाभी ! ये इतने मुटल्ले हैं कि दस-बीस दिन भोजन न ही करें तो अच्छा है। कुछ चर्बी तो छंटेगी।''

''नहीं ! उन्हें भोजन देना होगा।'' राम बोले, ''उन्हें यहां बुलाओ।''

लक्ष्मण ने उन्हें संकेत किया। वे समीप आए तो लक्ष्मण बोले, ''ये हमारे कुलपति हैं — राम ! यहां इनका आदेश चलता है। ये चाहेंगे तो तुम्हें मृत्युदंड मिलेगा।''

बन्दियों ने सामूहिक रूप में घुटनों के बल पृथ्वी पर बैठ, माथा टेक दिया।

''तुम्हारा नेता कौन है ?'' राम ने पूछा।

''मैं हूं।'' एक स्थूलकाय युवक आगे आया, ''मैं आर्य अग्निमित्र का भतीजा उग्राग्नि हूं। उनकी ओर से खान के स्वामित्व की देखभाल करता हूं।''

वह भय से पीला पड़ रहा था। उसे डराया जाता तो संभवतः अचेत होकर भूमि पर गिर पड़ता।

''तुम लोगों ने सौमित्र को वन में से लकड़ियां काटने से क्यों रोका ?'' राम ने उसे तीव्र दृष्टि से देखा।

''आर्य कुलपति...''

''मुझे राम कहो।''

''भद्र राम ! वन में जो कोई चाहे लकड़ी काट ले, हमें क्या आपत्ति है।'' उग्राग्नि कांपते-से स्वर में बोला, ''किंतु आप स्वयं सोचिये, ये खान-श्रमिकों के लिए कुटीर बनाना चाहते हैं। एक बार वे स्वच्छ घरों में रहने के अभ्यस्त हो गए तो क्या वे स्वच्छ वस्त्र और स्वच्छ भोजन नहीं चाहेंगे ? उनकी आदतें बिगाड़ने का लाभ ?''

''स्वच्छ ढंग से रहना बिगड़ी आदतों का प्रमाण है ?'' राम मुसकराये।

''उनके लिए तो है ही।'' वह बोला।

''तुम्हारे लिए क्यों नहीं ?''

''मेरी बात और है। मैं खान का स्वामी हूं।''

''तुम खान के स्वामी कैसे हो ?'' राम का स्वर कुछ कठोर हुआ, ''क्या तुमने खान बनायी है ?''

''यह मुझे मालूम नहीं। मैं तो यही जानता हूं कि खान आर्य अग्निमित्र की है। उन्होंने मुझसे कहा था कि मैं स्वामी के समान उसकी देखभाल करूं।''

"तो वन की देखभाल करने क्यों चले गए ?" राम बोले।

"आर्य ! आप सब कुछ जानते हुए भी मुझसे पूछ रहे हैं।" उग्राग्नि का स्वर चाटुकारितापूर्ण हो उठा, "एक बार उनकी स्वच्छ ढंग से रहने की उच्चाकांक्षा जाग उठी तो वे पशुओं के समान खान में कार्य नहीं कर सकेंगे।"

राम का तेज जागा, "दुष्ट राक्षस ! तुम अपने स्वार्थ के लिए अनेक मनुष्यों को पशु बनाये रखना चाहते हो। तुम्हें तो उससे भी कठोर दंड मिलना चाहिए, जो लक्ष्मण ने कहा है।"

उग्राग्नि राम के पैरों में गिर पड़ा। उसके हाथ जुड़ गए। मुख से शब्द नहीं निकला।

राम मुसकराये, "अपने प्राणों का इतना मोह है, अन्य मनुष्यों के प्राणों की कोई चिंता नहीं है।"

"आर्य जो कहेंगे वही होगा।" वह कांपते हुए स्वर में बोला, "मैं स्वयं वन से लकड़ी कटवाकर बस्ती में भिजवा दूंगा। आप उनके लिए अपनी इच्छानुसार कुटीर बनवा दें।"

"प्रिय ! भोजन !" सीता ने संकेत किया।

"अच्छा !" राम मुड़े, "अपने साथियों को बुला लो। हमारे साथ भोजन करो और मेरी बात सुनो।"

"नहीं, आर्य ! ठीक है। हम अपने ग्राम में ही भोजन करेंगे।" वह गिड़गिड़ाया।

"नहीं। बुलाओ उन्हें। युद्ध-बन्दियों को भोजन दिया जाएगा।"

भोजन के लिए सब लोग वृत्ताकार बैठ गए; किंतु स्पष्ट दीख रहा था कि उग्राग्नि तथा उसके साथियों को न खाने की इच्छा हो रही थी, न वे खा पाने की स्थिति में थे। उसकी आंखें राम के चेहरे पर टंगी हुई थीं, वे कब क्या कहते हैं...

"सुनो, उग्राग्नि !" राम ने अपनी बात आरम्भ की, "तुम कहते हो, हम खान-श्रमिकों के लिए कुटीर बनवा दें, तुम्हें कोई आपत्ति नहीं है; पर मेरा विचार है कि अब वह स्थिति नहीं रही। मांडकर्णि ने तुमसे कहा था, श्रमिकों का पारिश्रमिक बढ़ाओ और उन्हें उनके अधिकार दो। तुमने श्रमिकों को तनिक भी सुविधा नहीं दी और मांडकर्णि को पंचासर में भवन बनवा दिया। ऋषि शरभंग ने वही बात कही तो तुमने इंद्र के माध्यम से उन्हें इतना पीड़ित किया कि वे आत्मदाह कर बैठे। इसलिए अब मैं केवल वही बात नहीं कहूंगा।..."

उग्राग्नि के साथ-ही-साथ अन्य लोगों ने भी राम की ओर देखा – क्या कहेंगे वे ?

"हम यह मानते हैं कि खान तुम्हारी नहीं है, वह किसी की भी नहीं है। यदि कहोगे कि वह अग्निमित्र ने किसी से खरीदी थी तो हम कहेंगे कि जब खान का कोई स्वामी ही नहीं है, तो कोई उसको बेच कैसे सकता है ?..."

"यही तो...।" धर्मभृत्य ने कुछ कहना चाहा।

राम मुसकराए, "और खरीदनेवाले के पास जो संचित धन है, वह भी उसका स्वार्जित नहीं है। इसलिए खान तुम्हारी नहीं है। श्रमिकों को अधिक पारिश्रमिक अथवा कोई भी सुविधा देने वाले तुम कोई नहीं हो। इन थोड़े से छोटे-मोटे सुधारों से श्रमिकों की अवस्था में कोई विशेष परिवर्तन नहीं हो सकता। अत: न्यायाधृत मूलभूत परिवर्तन की आवश्यकता है। हम वही करेंगे। खान उन सबकी है, जो उसमें अपना पसीना बहा, खनिज-पदार्थ उत्पन्न करते हैं... क्यों बन्धुओ ! सहमत हो ?"

"पूर्णत:।"

उग्राग्नि के साथियों के सिवाय, सभी लोग सहमत थे।

"अब से खान का स्वामित्व सारे श्रमिकों का है। तुम लोग भी चाहो तो खान में उचित परिश्रम कर, उसके स्वामित्व के भागी हो सकते हो। अब से खान से उत्पादित धन सारे श्रमिकों का होगा और उसका वितरण सबकी सामूहिक इच्छा से होगा।"

पहले तो लगा कि उग्राग्नि अचेत होने वाला है; किंतु तुरन्त ही वह उत्तेजित हो उठा, "उनसे खान चलेगी भी ! वे उसे नष्ट कर देंगे।"

"तुमसे चली क्या ?" लक्ष्मण उच्च स्वर में बोले, "मनुष्यों को पशु बना रखने को खान चलाना कहते हैं !"

उग्राग्नि की संज्ञा लौटने में समय लगा। होंठों पर जीभ फेरकर, भीत स्वर में बोला, "मुझे कोई आपत्ति नहीं है, आर्य ! किंतु यह सुनकर देव अग्नि तथा देवराज इंद्र आपसे प्रसन्न नहीं होंगे।"

"दीर्घकाल से हमारी कामना है कि वे अप्रसन्न होकर, हमें दंडित करने आएं, किंतु वे गणित के पक्के हैं। अपनी दूरी हमसे निरंतर बनाए रखते हैं। प्रत्येक स्थान से हमारे पहुंचने के पहले ही चल देते हैं।" लक्ष्मण मुसकराए।

"आप चाहे इसे परिहास में टाल दें, किंतु मैं आपको पूरी गंभीरता से चेतावनी दे रहा हूं।", उग्राग्नि का स्वर भीत आवेश से कांप रहा था, "राक्षस सेनाएं इसके लिए आपको कभी क्षमा नहीं करेंगी।"

"राक्षस सेनाएं ?" राम चकित हुए, "उनका इस खान से क्या प्रयोजन ?"

"हम सारा खनिज राक्षस व्यापारियों के हाथ ही बेचते हैं। खान छिन जाने से उनकी ही तो हानि है।" उग्राग्नि मानो सम्मोहनावस्था में बोल रहा था, "एक यही खान तो हमारी है, शेष खानों के स्वामी तो राक्षस ही हैं। यदि एक खान की व्यवस्था इस प्रकार टूटेगी तो शेष खानों के स्वामी क्या अपनी खानों के लिए भयभीत नहीं होंगे ? आप देखिएगा, सूचना मिलते ही वे आप पर आक्रमण करेंगे।"

"उसकी चिंता तुम न करो।" लक्ष्मण बोले, "तुम लोग अब भोजन करो। देखो, अपने श्रम से अर्जित भोजन कितना स्वादिष्ट होता है। वन से लकड़ियां ढोकर यहां तक लाने में तुमने कम परिश्रम नहीं किया है... !"

"हम खा चुके हैं।" उग्राग्नि बोला, "हमें जाने की अनुमति मिले।"

"तुमने और तुम्हारे साथियों ने अभी एक कौर भी नहीं खाया है।" राम बोले, "पर यदि तुम जाना चाहो तो जा सकते हो।"

दोपहर के भोजन के पश्चात् थोड़ा-सा विश्राम कर, लकड़ियां काटने वाला दल पुनः वन की ओर चला गया। राम और सीता ने बहुत चाहा कि इस बार मुखर और लक्ष्मण शस्त्रागार की सुरक्षा के लिए आश्रम में रह जाएं और उनके स्थान पर वे लोग वन जाएं; किंतु उसके लिए न लक्ष्मण सहमत हुए, न मुखर। कुटीर-निर्माण और उसके लिए आवश्यक लकड़ियों का ज्ञान राम से अधिक लक्ष्मण को था। अब तक वे ही यह कार्य करते भी आए थे। राम इस विषय में हठ नहीं करते थे।

आश्रम में पड़े शस्त्रागार को असैनिक ब्रह्मचारियों के भरोसे छोड़कर जाना एकदम उचित नहीं था। यह क्षेत्र वैसे ही राक्षसी कृत्यों के लिए कुख्यात था; और अभी-अभी वे लोग उग्राग्नि तथा उसके साथियों को पकड़कर लाये भी थे। पता नहीं, घटनाएं आगे कौन-सी करवट लें।... अंततः सुबह वाला दल पुनः लकड़ियां काटने वन में चला गया और राम और सीता पुनः कुछ ब्रह्मचारियों के साथ आश्रम में रह गए।

राम अनेक संभावित दिशाओं में सोच रहे थे — उग्राग्नि क्या करेगा ? क्या वह उनके कहे अनुसार स्वीकार कर लेगा कि खान पर सब श्रमिकों का समान अधिकार है ? यदि खान पर श्रमिकों का स्वामित्व मान लिया गया तो कार्य अत्यन्त सरल हो जाएगा। अन्य खानों के श्रमिक भी इसी प्रकार की मांग अपने स्वामियों के सम्मुख रखेंगे और उन पर दबाव डालेंगे... किंतु राम का तर्क कहता है कि उग्राग्नि इसे कदापि स्वीकार नहीं करेगा।... आदर्श तो बहुत अच्छा है कि प्रत्येक व्यक्ति अपने अधिकार में आयी संपत्ति से अपना आधिपत्य हटा ले; किंतु जिनके हाथ में संपत्ति है, जिन्हें संपत्ति के अबाध भोग का सुख मिल चुका है, जो उसके कारण सुविधाओं के साथ-साथ सीमारहित सत्ता के स्वामी बन बैठे हैं, वे क्यों उसका त्याग करेंगे ? संपत्तिं के त्याग के पश्चात् परिश्रम करना पड़ता है — शरीर को कष्ट देना पड़ता है, विलास छोड़ना पड़ता है... संपत्ति का त्याग करने के लिए उदार आत्मा तथा अनासक्त विवेक की आवश्यकता होती है। वह इन खान-स्वामियों में नहीं है। यदि उदारता अथवा त्याग का एक कण भी उनमें होता तो वे लोग श्रमिकों का ऐसा शोषण न करते...

यदि वे अपना अधिकार छोड़ना नहीं चाहेंगे तो अधिकार छिन जाने के भंय से अधिक क्रूर हो उठेंगे। स्वयं राम के अपने पिता — सत्ता छिन जाने की एक हल्की-सी आशंका से कितने कठोर हो उठे थे।... उग्राग्नि धमकी दे गया है कि अन्य खानों के स्वामी मिलकर इस परिवर्तन का विरोध करेंगे। विरोध का स्वरूप क्या होगा ? यदि एक-एक खान में दस-बीस सशस्त्र प्रहरी होंगे तो सारी खानों के प्रहरी सामूहिक आक्रमण करने पर भी राम तथा उनके साथियों के सामने घड़ी भर भी टिक नहीं

पाएंगे।...

किंतु अगले ही क्षण राम का ध्यान बस्ती की ओर चला गया।... यदि खान-स्वामियों ने बस्ती के लोगों से प्रतिशोध लेना चाहा, अथवा आश्रम के ब्रह्मचारियों से... निश्चित रूप से उन लोगों की सुरक्षा का प्रबंध करना होगा...

"सीते !"

सीता ने उनकी ओर देखा। बोलीं कुछ नहीं।

"यात्रा की थकान मिट गयी या अभी और विश्राम चाहिए ?"

सीता हंस पड़ीं, "चिंता न करें। मैं स्वयं ही कल से कुटीर-निर्माण के काम में अपना पूरा दायित्व निभाने की बात सोच रही हूं। संभवतः कुछ लोग हमारे काम में बाधा देंगे। अनेक बार स्त्रियां ऐसे कामों में अड़ जाती हैं। उन्हें समझाना भी पड़ेगा।"

"अच्छा, तुम यह सोच रही हो। मैं स्त्रियों के सैनिक-प्रशिक्षण की बात सोच रहा था।" राम बोले, "मुझे आशंका है कि कहीं खान-स्वामियों की ओर से आक्रमण का आयोजन न हो।"

"ओह !" सीता हंसीं, "हाथ में धनुष और पीठ पर तूणीर हो तो सिवाय आक्रमण और प्रत्याक्रमण के और क्या सूझेगा ? मेरी बात मानिये, कुछ दिनों तक शस्त्रों और युद्ध को भूल जाइये। जीवन में और भी बहुत कुछ है।"

"सामान्य अवस्था में तो इसे अपनी प्रिया का प्रेम-निमंत्रण मान लेता।" राम मुसकराये, "किंतु मुझे वे नर-कंकाल नहीं भूलते, जो धर्मभृत्य ने दिखाये थे। उन कंकालों को देखकर धनुष मेरे हाथ से चिपक गया है। उनकी रक्षा तो नहीं हो सकी, किंतु बस्ती में रहने वाले इन जीवित कंकालों की रक्षा प्रत्येक स्थिति में करनी ही है। आज दोपहर की घटना के पश्चात् वे लोग मुझे बहुत सुरक्षित नहीं लगते।" राम तनिक रुककर बोले, "और विराध को तुम कैसे भूल गयीं, प्रिये ?"

"अर्थात् धनुष नहीं छोड़ा जा सकता ?"

"अभी नहीं !"

"ठीक है। फिर सीता भी कल से धनुष ही धारण करेगी।" सीता बोलीं, "किंतु विराध जैसे लोगों के साथ युद्ध में जहां बात शारीरिक शक्ति पर आ टिकी है, वहां सीता का शस्त्र-कौशल क्या करेगा ?"

"यह बात अवश्य गंभीर है।" राम बोले, "मेरे मन में भी यह समस्या आयी है। वैसे तो शस्त्र-कौशल ही इसमें है कि व्यक्ति अपने विरोधी की शक्ति को स्वयं पर भारी न पड़ने दे; किन्तु युद्ध में कई बार शरीर-शक्ति अत्यन्त महत्त्वपूर्ण हो उठती है। तुम्हें इस दृष्टि से भी थोड़ा-सा व्यायाम करना होगा, सीते !"

संध्या समय लक्ष्मण की टोली लौटी तो बातों और चिंतन की दिशा बदल गयी। वे लोग श्रम करके आए थे और भूखे थे। सीता के निर्देशन में एक दल भोजन का प्रबंध करने

में जुट गया। दूसरा दल वन से लायी हुई लकड़ियों को उनके रूपाकार के अनुसार अलग-अलग ढेरों में सरियाने लगा।

काम समाप्त कर वे लोग एक स्थान पर एकत्रित हो बैठे। धर्मभृत्य को बड़ी चिंता थी कि यदि राक्षसों को यह सूचना मिल गयी कि लकड़ियां किस प्रयोजन से आयी हैं तो संभवत: वे उन्हें नष्ट करने का प्रयत्न करेंगे।

धर्मभृत्य अपनी चिंता व्यक्त कर रहा था कि राम को अनिन्द्य के आने की सूचना दी गयी।

अनिन्द्य की मुद्रा देखकर राम कुछ चौंके। वह आज प्रात: आया था तो कैसा सहज लग रहा था, और इस समय...

"क्या बात है, अनिन्द्य ?"

"भद्र राम ! कल शाम की अभद्रता के लिए, आज प्रात: आपसे क्षमा-याचना करके गया हूं, और अब पुन: कुछ अशिष्ट बातें कहने के लिए उपस्थित हुआ हूं।"

सबने आश्चर्य से उसे देखा।

"अनिन्द्य !..." धर्मभृत्य ने कुछ कहना चाहा।

किंतु राम ने उसे रोक दिया, "बोलो, अनिन्द्य !" राम हंसे, "लक्ष्मण और मुखर ! तुम लोग अपने धनुष अलग रख दो; और सीते ! तुम भी भृकुटियों को विश्राम दो।"

"आर्य !" अनिन्द्य बोला, "आप लोग क्यों नहीं चाहते कि हम कुछ दिन शांति से जिएं ?"

"स्पष्ट कहो, अनिन्द्य ! क्या बात है ?" राम मुसकराये।

"हम कष्ट में हैं — इसमें कोई संदेह नहीं।" अनिन्द्य बोला, "किंतु आप लोग हमारे कष्टों को कम तो नहीं करते। पहले मांडकर्णि आए, उन्होंने हमें आशाएं दिलायीं और फिर वे प्रासाद में जा बैठे और हमारे प्राणों पर आ बनी। हमारी स्त्रियों का अपमान हुआ और हमारे बच्चे हमसे छिन गए..." लगता था क्रोध के मारे अनिन्द्य रो देगा, "फिर शरभंग आए। अब आप आए हैं। आप लोग बार-बार हमारे स्वामियों को हमारे विरुद्ध भड़का देते हैं — उससे हमें क्या मिलेगा ?"

लक्ष्मण कुछ उत्सुक हो, अनिन्द्य के निकट खिसक आए, जैसे उनकी रुचि की बात अब आयी हो, "बीच में बोलना बुरा लगे तो क्षमा करना, मित्र ! पिछली बातों को जाने दो। यह बताओ कि तुम्हारे स्वामियों ने आज क्या कहा है ?"

अनिन्द्य रुद्ध क्रोध आंखों में लिये लक्ष्मण को घूरता रहा, "हमारे स्वामियों ने निश्चय किया है कि रात को खान में आग लगा दी जाए। खान के साथ जितने श्रमिक नष्ट हो सकें, उन्हें नष्ट कर दिया जाए। जो बच जाएं, उनसे दूसरे किसी ढंग से निबटा जाए।"

"यह सूचना कितनी विश्वसनीय है ?" राम ने अनिन्द्य को देखा।

''आप विश्वसनीयता का प्रमाण ढूंढ़ते रहेंगे और हम सब नष्ट हो जाएंगे...''

''धैर्य रखो, अनिन्द्य ! और मुझ पर थोड़ा विश्वास भी।''

अनिन्द्य के शरीर में जैसे सिहरन दौड़ गयी — कितना क्रोध था राम के स्वर में और कितना स्नेह। अनिन्द्य चकित दृष्टि से राम को देखता रहा — इस व्यक्ति की निर्भीक, ईमानदार, आत्मविश्वस्त तथा दृढ़ संकल्पात्मक मुद्रा सम्मुख आए किसी भी व्यक्ति को सम्मोहित कर सकती थी। अनिन्द्य के क्षोभ, भय तथा आशंकाओं के ज्वार का आवेग कुछ कम हुआ। उसे लगा, राम का आत्मविश्वास उसमें भी संचरण कर गया है।

''सूचना को विश्वसनीय ही समझिये। बस्ती के लोग बहुत डरे हुए हैं।''

''सुरक्षा का प्रबन्ध तो वैसे भी करना ही होगा।'' लक्ष्मण बोले, ''अनिन्द्य ! तुम्हारी बस्ती में कितने लोग लड़ सकते हैं ?''

''कोई नहीं ! कोई नहीं !'' अनिन्द्य फिर से अपना संतुलन खो बैठा, ''हमारी बस्ती में से कोई नहीं लड़ेगा, किसको अपनी जान प्यारी नहीं है ?''

''तब तुम अपनी बस्ती के लोगों को नहीं जानते।'' राम शांतिपूर्वक मुसकराये, ''तुम्हारी बस्ती का एक-एक व्यक्ति लड़ेगा। उन्हें युद्ध-नीति, संगठन, नेतृत्व, कार्यक्रम तथा शस्त्र मिलें, तो एक-एक व्यक्ति लड़ेगा।''

अनिन्द्य अविश्वास की मुद्रा में राम को देखता रहा।

राम पुनः मुसकराये, ''विश्वास नहीं होता ?''

''नहीं !'' अनिन्द्य ने अस्वीकार में सिर हिला दिया।

''सामान्यतः मनुष्य लड़ना नहीं चाहता, क्योंकि वह मूलतः मनुष्य है — हिंस्र पशु नहीं। जब तक उसे युद्ध से बचने का मार्ग दिखायी पड़ता है, तब तक वह उससे बचता है; किंतु जब यह स्पष्ट हो जाता है कि घर के भीतर छिपा रहकर वह भूख से मर जाएगा और बाहर निकलकर शत्रु के शस्त्र से — मरना उसे है ही, मार्ग वह स्वयं चुन ले; तो वह लड़कर मरने का गौरवपूर्ण ढंग चुनता है।'' राम ने रुककर अनिन्द्य को देखा, ''नहीं लड़ोगे तो जीवन नहीं है, मृत्यु ही मृत्यु है — अपमानजनक तथा पीड़ादायक मृत्यु ! लड़ोगे तो मृत्यु गौरवपूर्ण होगी और जीवन सुखदायक। आज चुनाव की घड़ी आ गयी है।''

अनिन्द्य चुपचाप राम को देखता रहा।

''जाओ ! बस्तीवालों से पूछो, वे क्या कहते हैं।'' राम बोले, ''तब तक हम रक्षा का आयोजन करते हैं।''

अनिन्द्य चुपचाप उठा और चला गया।

''मुखर !'' राम बोले, ''युद्ध-आयोजन के व्यावहारिक प्रशिक्षण का क्षण है। युद्ध-पद्धति निर्धारित करो।''

''क्या युद्ध अनिवार्य है ?'' धर्मभृत्य का स्वर बहुत मंद था।

लक्ष्मण ने ठहाका लगाया, ''क्या हो गया, मुनिवर !''

''कुछ नहीं !'' धर्मभृत्य भी हंसा, ''मुनि की कोमल वृत्ति जाग उठी है। रक्तपात सम्मुख देखकर मन घबरा गया है।''

''विवेक से जिस वस्तु को अनिवार्य मानते हो, धर्मभृत्य !'' राम दृढ़ स्वर में बोले, ''उसे संवेदना और व्यवहार के धरातल पर भी स्वीकार करो। जाओ, आश्रम के मुनियों और ब्रह्मचारियों को एकत्रित करो।''

धर्मभृत्य के उठ जाने पर राम ने पुनः मुखर को देखा।

''आर्य ! तीन स्थानों की रक्षा अनिवार्य है।'' मुखर धीरे से बोला, ''खान, बस्ती और आश्रम।''

''मैं मुखर से सहमत हूं।'' लक्ष्मण बोले।

''मैं भी !'' सीता ने भी अपनी सहमति दे दी।

''ठीक है।'' राम बोले, ''आगे बढ़ो।''

''आप और दीदी आश्रम में रहें...''

''मैं आश्रम में नहीं रहूंगी।'' सीता बोलीं, ''हर बार...''

''ठहरो, सीते !'' राम बोले, ''अभी मुखर अपनी योजना प्रस्तुत कर रहा है। यह अंतिम निर्णय नहीं है। तुम्हें भी अपनी बात कहने का पूरा अवसर दिया जाएगा।''

''आप और दीदी आश्रम में रहें।'' मुखर बोला, ''सौमित्र बस्ती में रहें और मैं खान पर जाऊं। आश्रम के ब्रह्मचारी तथा बस्ती के श्रमिक हमारी सहायता करें।''

''योजना बुरी नहीं है।'' राम बोले, ''किंतु दो बातों की ओर तुम्हारा ध्यान दिलाऊंगा। पहली तो यह कि शत्रु को कभी दुर्बल नहीं समझना चाहिए। दूसरे, योजना तुम बना रहे हो, इसलिए अधिकतम जोखिम तुम ही उठाओ — यह कर्तव्यनिष्ठा तो हो सकती है, अच्छी युद्ध-नीति नहीं।''

''तो ?''

''बोलो, सौमित्र !''

''यदि संभव हो तो बस्तीवालों को हम आज रात के लिए आश्रम में ले आएं। ऐसी स्थिति में आप और भाभी आश्रम में रहें और मैं तथा मुखर खान पर जाएं।''

''यदि बस्ती के लोग आश्रम में न आएं तो ?'' सीता ने पूछा।

''तो आप बस्ती में रहें। मुखर आपकी सहायता करे। भैया आश्रम में रहें और मैं खान पर जाऊं।''

''मैं चाहता हूं कि इन योजनाओं को मिला दिया जाए।'' राम बोले, ''हम धर्मभृत्य तथा आश्रमवासियों और अनिन्द्य तथा श्रमिकों को भी जोड़ लें। मेरी इच्छा है कि बस्ती की स्त्रियां और बच्चे आश्रम में आ जाएं। तब आश्रम तथा खान को श्रमिकों और ब्रह्मचारियों की सहायता से इस प्रकार घेरा जाए कि धर्मभृत्य और उसके ब्रह्मचारी आश्रम के निकट रहें और अनिन्द्य तथा श्रमिक खान के निकट। मैं और सीता आश्रम

में रहेंगे और बस्ती के लोगों, आश्रम तथा शस्त्रागार की रक्षा करेंगे। लक्ष्मण और मुखर खान पर जाएं। तुम लोग खान तथा श्रमिकों की रक्षा करो। मुखर किसी भी अवस्था में खान नहीं छोड़ेगा और सीता किसी भी अवस्था में आश्रम नहीं छोड़ेगी। यदि खान पर आवश्यकता पड़ी, तो सहायता के लिए मैं पहुंचूंगा तथा आश्रम में आवश्यकता हुई तो लक्ष्मण इधर आएंगे।''

राम ने बारी-बारी सबको देखा — सब ही संतुष्ट थे।

''तो कार्य आरंभ करो।'' राम बोले, ''मुखर, तुम धर्मभृत्य के पास जाओ और सौमित्र ! तुम अनिन्द्य के पास।''

थोड़ी ही देर में सारी स्थिति बदल गयी थी। अनिन्द्य की आशंका भ्रमित प्रमाणित हुई थी। बस्ती के लोगों ने युद्ध की चुनौती को सहास स्वीकार किया था और बिना तनिक भी बाधा के वे दो भागों में बंट गए थे। पुरुष खान की ओर चले गए थे और स्त्रियां तथा बच्चे आश्रम के भीतर आ गए थे। ब्रह्मचारियों ने आश्रम छोड़कर बाहर वन में इस प्रकार अर्द्ध-वृत्ताकार घेरा डाला था कि बस्ती तथा आश्रम घेरे के भीतर आ गए थे और खान के अर्द्ध-वृत्ताकार घेरा डाला था कि बस्ती तथा आश्रम घेरे के भीतर आ गए थे और खान के अर्द्ध-वृत्ताकार घेरे के साथ दोनों दिशाओं में उनका संपर्क बना हुआ था।

दिन-भर वन में काटी गयी लकड़ियों में से, बहुत भारी खंडों को छोड़कर, शेष शस्त्रों के रूप में लोगों के हाथों में चली गयी थीं। कुछ बलिष्ठ श्रमिकों को, राम ने शस्त्रागार में से शूल देने का आदेश दिया था। खड्ग तथा धनुष-बाण का अभ्यास न होने के कारण वे शस्त्र किसी को नहीं दिए गए।

सब लोग अपने-अपने स्थान पर पहुंचकर सन्नद्ध हो गए तो सीता ने धनुष कंधे पर टांगा और सुधा तथा उसकी सखियों की सहायता से भोजन परोसने का कार्य हाथ में लिया। जितना भोजन पहले से बनाया गया था, वह पर्याप्त नहीं था, अतः वह बच्चों और वृद्धों को परोस दिया गया। दूसरी बार का भोजन भी युद्ध की-सी तत्परता से पकाया गया।

अनेक टुकड़ियां बन गयीं और विभिन्न प्रकार के कार्य उन्होंने संभाल लिये। भोजन पकाने वाली टुकड़ी, खान तक भोजन पहुंचाने वाली टुकड़ी, वन में ब्रह्मचारियों तक भोजन ले जाने वाली टुकड़ी, वन में परिभ्रमण करने वाली टुकड़ी तथा संदेश लाने और ले जाने वाली टुकड़ी...

प्रत्येक व्यक्ति अपने-अपने कर्तव्य में लगा, अपने स्थान पर सन्नद्ध था। उसे वहीं आवश्यक वस्तुएं उपलब्ध हो रही थीं, सूचनाएं मिल रही थीं। आदेश मिल रहे थे। सारा उपस्थित समुदाय एक यंत्र में बदल गया था, प्रत्येक व्यक्ति उस विराट् यंत्र का एक अंग मात्र था।

प्रायः आधी रात के समय खान की ओर से सूचना मिली कि बीस-पचीस आदमी

वन से निकलकर खान की ओर बढ़ते देखे गए हैं। किंतु खान की रक्षा के लिए इतने सजग प्रहरियों को देखकर जाने वे कहां विलीन हो गए। खान तक कोई भी नहीं पहुंचा। लक्ष्मण तथा मुखर बार-बार आश्रम में राम के पास सूचनाएं भिजवाते रहे कि अभी कोई नहीं आया।

क्रमशः राम ने बच्चों और स्त्रियों को विश्राम करने का आदेश दिया। फिर प्रहरियों को भी छोटे-छोटे गुटों में एकत्रित हो बारी-बारी सोने और जागने का आदेश दिया गया... खान और आश्रम के इस घेरे में युद्ध-शिविर की-सी गतिविधियां चलती रहीं, किंतु कोई आक्रमणकारी नहीं आया और वन के पक्षियों ने चीख-चीखकर भोर हो जाने की घोषणा कर दी।

सूर्य का प्रकाश फैलने के साथ-ही-साथ रक्षा-व्यवस्था भी शिथिल कर दी गयी, किंतु उचित दूरी रखकर स्थान-स्थान पर चौकियां बैठा दी गयीं; ताकि कोई भी नयी गतिविधि होते ही तुरंत आश्रम में सूचना पहुंचायी जा सके। सामान्यतः लोग बड़े उत्फुल्ल दिखाई पड़ रहे थे किंतु राम को भविष्य की व्यवस्था की चिंता थी और लक्ष्मण को शत्रु के निकल जाने की निराशा।

दोपहर तक सामान्य दिनचर्या के कार्य चलते रहे; और एक अबूझ-सी प्रतीक्षा मन में बनी रही। अपराह्न तक प्रतीक्षा करने के पश्चात् राम को भविष्य के कार्यक्रम के लिए सोच-विचार तथा विचार-विनिमय आवश्यक लगा। कुछ अनावश्यक स्थानों पर खड़े प्रहरियों को छोड़कर, बस्ती और आश्रम के सभी सदस्य, आश्रम के मध्य एकत्रित हुए।

राम कुछ कहें, उससे पूर्व ही अनिन्द्य उठ खड़ा हुआ, ''भद्र राम ! मुझे कुछ कहने की अनुमति मिले।''

राम मुसकराए, ''कहो।''

''हमने खान-स्वामी से कुछ सुविधायें मांगी थीं, किंतु वह तो खान ही छोड़कर भाग गया।'' अनिन्द्य जोर से हंसा, ''अब यह स्वामी-हीनता की स्थिति बड़ी विचित्र है। बस्ती के सारे श्रमिकों ने इस विषय में सोच-विचार किया है। हम लोगों ने निश्चय किया है कि हम इस खान का स्वामी राम को स्वीकार करें और उनसे प्रार्थना करें कि वे हमारी रक्षा करें।''

उपस्थित समुदाय ने अपनी हार्दिक प्रसन्नता प्रकट की। बड़ी देर तक तालियां और हर्ष-सूचक कंठ-स्वर गूंजते रहे।

''अब आप लोग मेरी बात सुनें।'' राम गंभीर स्वर में बोले, ''आप लोगों ने स्थिति को जितना सरल समझा है, वह उतनी सरल नहीं है। आपने खान के स्वामी से कहा था कि हम मित्र बनकर साथ रहें; किंतु उग्राग्नि आपको शत्रु समझकर भाग गया। मुझे पूरा विश्वास है कि रात के समय यदि आप लोग इतने सजग न हुए होते तो वे

लोग अवश्य ही खान को हानि पहुंचाते और आपसे भी शत्रु का-सा व्यवहार करते। इसका अर्थ यह हुआ कि वह मन में शत्रुता पाले हुए हैं और कभी भी न आपका मित्र बनेगा, न आपको भूलेगा। आप देखेंगे कि कुछ दिनों के पश्चात् वह अपने सहायकों को लेकर आयेगा। वह नहीं आया तो अन्य खानों के स्वामी आप पर आक्रमण करेंगे और इस आश्रम को ही नहीं, जहां-जहां ऋषि-मुनि-बुद्धिजीवी बसते हैं, उन्हें नष्ट करने का प्रयत्न करेंगे। वे लोग संगठित हैं। संभव है कि रावण की राक्षसी सेना से भी उन्हें सहायता मिले। राक्षसराज कभी नहीं चाहेगा कि सामान्य-जन इतना समर्थ हो कि मनुष्य के समान सम्मान और सुविधा से जी सके...।''

''तो हम क्या करें ?'' अनिन्द्य का पड़ोसी भूलर उठ खड़ा हुआ।

''वही बता रहा हूं।'' राम बोले, ''संयोग से आपका क्षेत्र मुक्त हो गया है। मुक्त करना अथवा मुक्त होना कठिन नहीं है, किंतु मुक्ति की रक्षा अत्यन्त कठिन है। उसके लिए आपको सजग रहना होगा। इसका अर्थ है कि आज ही से मुक्त-क्षेत्र के प्रत्येक स्त्री-पुरुष बच्चे के लिए शस्त्र तथा शस्त्र-परिचालन की शिक्षा। मुक्त-क्षेत्र का प्रत्येक व्यक्ति स्वयं को सैनिक माने — वनवासी भी और श्रमिक भी। उन्हें सैनिक बनाने का दायित्व लक्ष्मण अपने ऊपर लें।''

लक्ष्मण ने मुसकराकर स्वीकृति दी।

''दूसरी बात ध्यान देने की यह है,'' राम पुनः बोले, ''कि आस-पास राक्षस अथवा राक्षसेतर धनाढ्य-सत्ताधारी-सेनापति इस मुक्त-क्षेत्र को सहन नहीं कर पायेंगे। ऐसा संभव नहीं है कि राक्षसों का आतंक और आपका मुक्त-क्षेत्र दोनों सह-अस्तित्व की स्थिति में रह सकें। इन दोनों में लम्बा संघर्ष होगा, जब तक कि दोनों में से एक समाप्त न हो जाए। आपने आज से एक ऐसा संघर्ष आरंभ किया है, जिसमें या तो विजय है अथवा मृत्यु ! मध्यम मार्ग आपके लिए नहीं है।''

''हमें ऐसी मुक्ति का क्या लाभ, जिसमें लड़ना-ही-लड़ना पड़े ?'' भूलर पुनः उठ खड़ा हुआ।

''मुक्त केवल वही है, जो संघर्ष के लिए प्रस्तुत है।'' राम बोले, ''यह प्रकृति का नियम है। यदि आप संघर्ष से पीछे हटेंगे, तो मुक्ति भी आपके हाथ से निकल जायेगी।'' राम कुछ क्षण रुककर पुनः बोले, ''मुक्ति को बनाए रखने के लिए सतत जागरूक चेतना की आवश्यकता होती है, अतः आप सबके लिए शिक्षा की व्यवस्था भी आज से ही आरंभ करनी होगी। शिक्षा के लिए आश्रम भी हैं तथा मुनि भी। किंतु इस परंपरागत शिक्षा को कुछ गतिशील बनाना होगा। मैं चाहूंगा कि धर्मभृत्य और सीता मिलकर इस काम को अपने हाथ में लें। और अंतिम, किंतु सबसे आवश्यक वस्तु है आर्थिक पक्ष। सारा झगड़ा खान को लेकर आरंभ हुआ है। खान का अर्थ है खनिज-पदार्थ अर्थात् धन ! इस धन का वितरण कैसे हो... ?''

''राम खान के स्वामी हों।'' अनिन्द्य खड़ा हो, गला फाड़कर चिल्लाया, ''राम

खान के स्वामी हों।''

''नहीं !'' राम का ओजस्वी स्वर वायुमंडल में गूंज गया, ''किसी भी एक व्यक्ति को खान का स्वामी बनाओगे तो वह धन का बल पाकर, सत्ता को हथिया लेगा। अपने लिए सुख और सुविधाएं जुटायेगा और तुम्हें वंचित करेगा। अंततः वह भी मनुष्य नहीं, पशु समझेगा। वह भी राक्षस हो जायेगा और तुम्हारा रक्त पियेगा, हड्डियां चबा जाएगा...'' राम का स्वर सहसा कोमल हो गया, ''और राम अयोध्या का राज्य इसलिए छोड़कर नहीं आया कि दंडक वन में एक खान का स्वामी बनकर बैठ जाए।''

राम चुप हो गए। और कोई भी नहीं बोला।

राम पुनः बोले, ''खान तुम्हारी है। तुम खान के स्वामी हो। उसका प्रबंध तुम करो, उससे उत्पादन तुम करो, उसका भोग तुम करो।''

''कैसे ? कैसे ?'' कई लोग चिल्ला उठे।

''यह तुम्हें मुखर सिखाएगा।'' राम मुसकराये, ''आज से मुक्त होकर नये समाज का निर्माण करो।''

## 6

भूलर आश्रम में बैठा, अपनी टोली के साथ अक्षर-ज्ञान प्राप्त कर रहा था। धर्मभृत्य का शिष्य ब्रह्मचारी शुभबुद्धि उन्हें बार-बार अक्षरों की बनावट समझा रहा था। जब चौथी बार भी भूलर का अक्षर ठीक नहीं बना और शुभबुद्धि ने उसे सुधारने के लिए कहा तो वह उठ खड़ा हुआ, ''मुझे क्या करना है तुम्हारे अक्षरों को सीखकर। मुझे कुदाल चलानी है खान में — उसमें मुझे क्या लाभ होगा तुम्हारे अक्षरों से।'' फिर जैसे कुछ सोचकर उसने अपना अंतिम निर्णय सुना दिया, ''मैं तो अपने बच्चे को भी पढ़ने से रोक दूंगा। या तो वह मेरे समान अक्षर सीख नहीं पाएगा, या फिर सीख गया तो खान में काम करने नहीं जाएगा। तुम्हारे समान ब्रह्मचारी बनकर किसी आश्रम में बैठ जाएगा। मुझे यह एकदम पसन्द नहीं है।''

भूलर चल पड़ा।

शुभबुद्धि ने देखा, शेष लोगों का मन भी चंचल हो रहा था, कदाचित् वे लोग भी अक्षरों की बनावट से उलझते-उलझते थक चुके थे और भागने का बहाना सोच रहे थे।

शुभबुद्धि ने आगे बढ़कर भूलर का मार्ग रोक लिया, ''कहां जा रहे हो ?''

''घर जा रहा हूं। मुझे पढ़ना नहीं है।''

''क्यों ? तुम्हें पढ़ना चाहिए। पढ़ोगे नहीं तो ज्ञान कहां से पाओगे ?''

''नहीं चाहिए मुझे तुम्हारा ज्ञान !'' भूलर बोला, ''मुझे जाने दो। मैं नहीं चाहता तो तुम मुझे बलात् पढ़ाओगे क्या ?''

''तुम्हें ज्ञान चाहिए।'' शुभबुद्धि ने उसे समझाया।

''क्यों ?''

''क्योंकि राम चाहते हैं।'' शुभबुद्धि को और कोई उत्तर नहीं सूझा।

भूलर हंसा, ''पहले हम काम करते थे, क्योंकि उग्राग्नि चाहता था। अब काम करें, क्योंकि राम चाहते हैं। हम मुक्त कैसे हुए ? हमारे जीवन में क्या अन्तर आया? पहले एक था, अब दूसरा है। हमारे सिर पर तो कोई-न-कोई आरूढ़ ही है।''

भूलर चल दिया।

शुभबुद्धि ने हतप्रभ-सी असहाय दृष्टि से उसे देखा। कुछ नहीं सूझा तो वह भागता हुआ, कुछ दूरी पर वृक्षों की छाया में स्त्रियों को शस्त्रों के विषय में बताती हुई सीता के पास जा पहुंचा।

''दीदी ! भूलर और उसके साथी पढ़ना नहीं चाहते। वे जा रहे हैं।'' वह हांफता हुआ जल्दी-जल्दी बोला।

सीता ने देखा, भूलर सचमुच जा रहा था और अन्य लोग भी जाने के लिए उठ खड़े हुए थे।

''सुधा ! तुम इन्हें अभ्यास कराओ।'' सीता बोलीं, ''मैं अभी आती हूं।''

सीता ने मार्ग में ही भूलर को रोक लिया, ''क्या बात है भूलर ! कहां जा रहे हो ?''

भूलर हंसा, ''एक खान-श्रमिक पढ़-लिखकर क्या करेगा ? घर जा रहा हूं।''

''अब पढ़ाई नहीं होगी। आओ, मेरे साथ।'' सीता बोलीं, ''सबके साथ मिलकर थोड़ी देर दीदी से कुछ बातचीत करने में तो कोई आपत्ति नहीं है न !''

अपनी इच्छा के विरुद्ध बलात् पढ़ाए जाने की भावना के कारण मन में आया रोष भूलर को पिघलता हुआ लगा।

''दीदी से बातचीत करने में क्या आपत्ति है !''

वे लोग टोली के शेष लोगों के पास आ गए। अन्य लोग भी जाने का विचार छोड़कर बैठ गए — बातचीत में किसी को भी क्या आपत्ति हो सकती थी।

''शिक्षा बंद !'' सीता बैठती हुई बोलीं, ''कुछ आपसी शिकायतें करेंगे, जैसे शुभबुद्धि की शिकायत है कि भूलर अक्षर सीखना नहीं चाहता।''

''ठीक बात है, दीदी !'' भूलर निर्द्वन्द्व स्वर में बोला, ''मैं सीखना नहीं चाहता। मुझे कौन-से शास्त्र पढ़ने हैं। मेरा कुदाल ही ठीक है। अक्षर शुभबुद्धि को सीखने दो।''

''ठीक कहते हो, भूलर !'' सीता मुसकरायीं, ''तुम्हें अक्षर सीखकर क्या करना है। तुम कुदाल चलाते रहो, खान में से खनिज निकालते रहो और किसी ऐसे व्यक्ति को देते रहो, जो शिक्षित हो। मान लो वह व्यक्ति ब्रह्मचारी शुभबुद्धि ही है। शुभबुद्धि सोचता-समझता रहेगा, अपना संगठन बनाता रहेगा, तुम जैसे लोगों से काम करवाता रहेगा। अंततः वह तुमसे एकदम भिन्न कोटि का जीव हो जाएगा और मानने लगेगा कि

वह तुम जैसे लोगों से कहीं श्रेष्ठ है। परिणामतः स्वयं को वह मनुष्य मानेगा और तुम्हें पशु। तुम्हारा सुख-दुःख उसे स्पर्श भी नहीं करेगा। वह मानेगा कि उसकी सुविधा के लिए मरना-खपना तुम्हारा धर्म है। इस प्रकार वह राक्षस हो जाएगा। दूसरी ओर तुम अक्षर-ज्ञान से शून्य, लिखने-पढ़ने से कटे हुए, विचार, चिंतन और चेतना से रिक्त होकर, उसके संगठन के नीचे पिसते हुए यह सोचते रहोगे कि तुम पशु हो और तुम किसी मानवीय अधिकार के योग्य नहीं हो। शुभबुद्धि यदि तुम्हें रोटी का टुकड़ा डाल दे तो वह उसकी कृपा है, नहीं तो भूखे रहकर उसके लिए काम करना तुम्हारा धर्म है...।''

''यह तो आपने बात का बतंगड़ बना दिया, दीदी !'' भूलर हंसा, ''अक्षर-ज्ञान न होने से कहीं आदमी पशु बन जाता है।''

''अक्षर-ज्ञान चेतना का आरंभ है,'' सीता बोलीं, ''और चेतना न हो तो मनुष्य सरलता से दमित होता चला जाता है।''

''ओह ! यह बात है।'' भूलर कुछ सोचता हुआ बोला, ''तो शुभबुद्धि ने यह क्यों नहीं बताया। वह कहता रहा कि हमें अक्षर-ज्ञान होना चाहिए, क्योंकि राम ऐसा चाहते हैं।''

सीता हंसीं, ''ऐसा कहा शुभबुद्धि ने ! वह जानता है कि ज्ञान हमारी रक्षा करता है; किंतु किस प्रकार करता है, यह वह समझा नहीं पाया होगा।''

सहसा भूलर के मन में एक और जिज्ञासा उठी, ''एक बात और बताओ, दीदी!''

''बोलो।''

''हम खान में भी काम करेंगे और यहां पढ़ेंगे भी। ब्रह्मचारीगण अपने काम के साथ क्या करेंगे ?''

''बताओ, शुभबुद्धि !'' सीता हंसीं, ''उत्पादक श्रम के रूप में तुम्हें क्या काम मिला है ?''

''कुछ लोग खान में काम करेंगे, कुछ खेत में, दीदी !'' वह प्रसन्नतापूर्वक बोला।

''मैं समझ गया।'' भूलर ने उल्लसित स्वर में कहा, ''राम चाहते हैं कि श्रमिक और ऋषि-मुनि में कोई भेद न रहे; और राक्षस तो कोई बन ही न पाए।''

''ठीक समझे !'' सीता बोलीं, ''अब मैं जाऊं ?''

''जाइए, दीदी ! हम मन लगाकर पढ़ेंगे।''

लक्ष्मण पिछले कई घंटों से धातु-कर्मियों के साथ लगे, उन्हें नये ढंग का काम सिखा रहे थे। भट्ठियां तो उनके पास पहले भी थीं, किंतु उन भट्ठियों से लक्ष्मण का काम नहीं चल रहा था। उन्होंने भट्ठियों को कुछ बड़ा भी करवाया था और उसके आकार-प्रकार

में अपनी आवश्यकतानुसार कुछ परिवर्तन भी करवाए थे। भट्ठी बन जाने के पश्चात् उसमें कच्चा लोहा पिघलाया गया था और उसके पश्चात् उन्हें विशेष सांचों में ढालकर शस्त्र बनाए जा रहे थे। धातुकर्मी अपने काम में पर्याप्त दक्ष थे, केवल उनकी पद्धति में थोड़े-से सुधार की आवश्यकता थी — वह लक्ष्मण ने कर दी थी।

"क्यों, शतरूप ! अब आगे का काम अपने-आप कर लोगे ?" लक्ष्मण ने पूछा। शतरूप आश्वासन देते हुए मुसकराया भर।

लक्ष्मण, शतरूप के कुटीर से बाहर निकल आए। उन्होंने आकाश की ओर देखा — सूर्य काफी चढ़ आया था। उन्हें बस्ती में पहुंचना था। आज कुटीर-निर्माण का कार्य अवश्य होना चाहिए था, अन्यथा बस्ती के लोगों को एक ओर तो गंदी झुग्गियों में रहना पड़ता और दूसरी ओर रात को सुरक्षा के लिए पुन: आश्रम में शरण लेनी पड़ती। अनावश्यक असुविधा।

वे झपटते हुए बस्ती में पहुंचे।

कुटीर-निर्माण-कार्य पूरी गति से चल रहा था, किंतु लक्ष्मण को देखकर आश्चर्य हुआ कि इस समय वहां एक भी पुरुष उपस्थित नहीं था। पूरा-का-पूरा काम बस्ती की स्त्रियां कर रही थीं। वे बड़े सहज भाव से प्रसन्न मन अपना काम करती जा रही थीं। अर्द्ध-गोलाकार क्षेत्र में बनने वाले कुटीरों की एक पंक्ति बनती जा रही थी।

लक्ष्मण एक कोने में चुपचाप बैठे मुखर के पास जाकर रुक गए।

"यह क्या हो रहा है ?"

"कुटीर-निर्माण !" वह मुसकराया।

"वह तो ठीक है।" लक्ष्मण भी मुसकराए, "किंतु सारे पुरुष कहां भाग गए ?"

"खान में काम करने का समय हो गया था।" मुखर बोला, "वे लोग अपने काम पर चले गए हैं।... पर सौमित्र ! ये स्त्रियां बहुत प्रशिक्षित मालूम होती हैं। मुझे न तो ये काम करने दे रही हैं, न ही कुछ बताना पड़ रहा है। ये अपने-आप ही काम करती जा रही हैं।"

"तो तुम यहां बैठे क्या कर रहे हो ?" लक्ष्मण मुसकराए।

"रक्षा। और आपकी प्रतीक्षा। यदि अनुमति हो तो जाऊं ?"

"नहीं-नहीं !" लक्ष्मण बोले, "अभी यह स्थान इतना सुरक्षित नहीं है। तुम यहीं ठहरो।"

लक्ष्मण पास जाकर बनते हुए कुटीरों का निरीक्षण करते रहे। कुटीर उनके बताए हुए ढंग पर, चट्टानों के भीतर-भीतर अर्द्ध-वृत्ताकार रूप में बन रहे थे। वे साफ-सुथरे, हवादार तथा आकर्षक लग रहे थे। इसी गति से काम चलता रहे तो संध्या तक प्रत्येक परिवार के लिए, एक-एक अच्छा कुटीर तैयार हो जाने की संभावना थी।

"नेतृ कौन है ?" लक्ष्मण ने काम करती हुई एक लड़की से पूछा।

"सुधा !"

"अनिन्द्य की पत्नी ?"

"हां !" लड़की ने सिर हिला दिया।

"इस समय कहां है ?"

लड़की ने एक प्राकृतिक गुफा की ओर संकेत कर दिया, "भोजन की तैयारी कर रही है।"

लक्ष्मण सुधा को खोजते हुए गुफा तक पहुंचे। सुधा दो-तीन महिलाओं की सहायता से भोजन तैयार करवाने में लगी हुई थी। वे सब संभ्रम-से उठ खड़ी हुईं।

"कैसा चल रहा है ?"

"आप देखें।" सुधा संकोचपूर्वक बोली, "कोई त्रुटि हो तो बता दें। हम सुधार कर लेंगी।"

"नहीं। कोई त्रुटि नहीं है।" लक्ष्मण मुसकराए, "मैं तो यह पूछने आया था कि यदि तुम लोग स्वयं इतने अच्छे कुटीर बना सकती थीं तो अब तक उन गंदी झुग्गियों में क्यों रह रही थीं ?"

"स्थान और सामग्री, सौमित्र !" सुधा का स्वर कुछ खुला, "उग्राग्नि न हमें पर्याप्त स्थान घेरने देता था और न वन से लकड़ियां काटने देता था। ऐसी स्थिति में हम सिवाय गुफाओं के और कोई स्थान ही नहीं खोज पाते थे।"

"ठीक है।" लक्ष्मण हंसे, "घर तो अच्छे बन रहे हैं, किंतु बस्ती के पुरुषों का भोजन खान पर कैसे पहुंचेगा ? यह भोजन तो मुझे बहुत थोड़ा-सा लग रहा है।"

"उनको भोजन सीता दीदी आश्रम से भेजेंगी।" सुधा ने बताया, "यह उन्हीं की व्यवस्था है कि जब तक हम लोग दिन-भर कुटीर-निर्माण का कार्य करेंगी, पुरुषों के भोजन का दायित्व हम पर नहीं होगा। कुटीर बन जाएंगे तो हम अपने-अपने घर में चूल्हा जलाएंगी।"

"अच्छा ! मैं चल रहा हूं, तुम लोग अपना काम करो।" लक्ष्मण चलने लगे, "मेरा विचार है, तुम लोगों को अपने काम के लिए किसी सहायता की आवश्यकता नहीं है।"

"आर्य सौमित्र !" पीछे से सुधा ने पुकारा, "आप चाहें तो आर्य मुखर को भी ले जाएं। वे बेचारे बैठे-बैठे ऊब रहे हैं।"

"और तुम्हारी रक्षा ?"

"दिन के समय हम अपनी रक्षा कर लेंगी।" सुधा हंसी, "हमारे पास ढेर सारी लकड़ियां हैं — कुछ कुल्हाड़ियां, हंसिया और गंड़ासे भी हैं।"

"तुम लोग काफी समर्थ हो गयी हो।" लक्ष्मण मुसकराए, "अच्छा, मैं मुखर को भी ले जा रहा हूं। पर तुम लोग कुटीरों के साथ-साथ संध्या तक दो-तीन मचान भी बना लेना, ताकि कम प्रहरियों से काम चल सके।"

लक्ष्मण और मुखर आश्रम में लौट आए। मुखर अपनी कुटिया में चला गया, उसे अनेक व्यवस्थाएं देखनी थीं; और लक्ष्मण आश्रम के केन्द्र से कुछ हटकर बनी हुई बाल-बाड़ी की ओर बढ़ गए।

''सौमित्र आ गए ! सौमित्र आ गए !'' बच्चों में शोर मच गया और वे लोग अपनी-अपनी जगह पर उठ खड़े हुए।

''बैठो-बैठो !'' लक्ष्मण ने उनके सिर पर हाथ फेरा, ''बताओ कि तुम लोगों ने अब तक कितना काम किया है ?''

बच्चे बड़े दायित्वपूर्ण भाव से अपने-अपने स्थान पर लौट गए।

पांच-छह वर्ष की आयु से लेकर बारह-तेरह वर्ष तक के बच्चे वहां थे — लड़के भी और लड़कियां भी। उनकी अलग-अलग टोलियां बनायी गयी थीं। टोली का एक नेता था। प्रत्येक नेता लक्ष्मण के पास आकर अपनी टोली के काम का विवरण दे रहा था। उन्हें लकड़ी के खड्ग तथा सरकंडों के बाण बनाने का काम सौंपा गया था। लक्ष्मण उनके द्वारा बनायी गयी वस्तुओं का निरीक्षण कर रहे थे। वे उनकी अपेक्षा के अनुकूल ही थीं। नव-प्रशिक्षित सैनिकों के अभ्यास के लिए वे बाण और खड्ग, दोनों ही ठीक काम कर सकते थे।

निरीक्षण हो चुका तो लक्ष्मण ने पूछा, ''आज तुम लोगों ने और क्या-क्या किया?''

''प्रातः खेल और व्यायाम !'' दस वर्षीय धीर बोला, ''फिर ब्रह्मचारी भैया ने अक्षर सिखाए और गिनती भी। और फिर हमने युद्ध-प्रशिक्षण सामग्री तैयार की।''

लक्ष्मण ने प्रशंसा के भाव से उसे देखा — धीर पर्याप्त गंभीर और दायित्वपूर्ण वयस्क के समान बात कर रहा था। महत्त्व का भाव, प्रायः बच्चों के चेहरों पर दिखाई पड़ रहा था।

''भोजन हो गया ?''

''हां !''

''निरीक्षक कौन थे ?''

कई बच्चे अपने स्थानों से खिसककर आगे आ गए। वे सब दस-बारह वर्ष की आयु के बच्चे थे।

''छोटे बच्चों को ठीक से, उनके पास बैठकर खिला दिया था न ?''

''अच्छी प्रकार !'' नौ वर्षीय मिता ने आश्वस्त कंठ से कहा, ''सीता दीदी ने अच्छा काम करने के लिए हमारे विषय में विशेष रूप से प्रशस्ति वचन कहे हैं।''

''सच ! तब तो तुम लोग योग्य बच्चे हो।'' लक्ष्मण हंसे, ''अब यह बताओ कि किस-किस को माता-पिता की याद आयी और किस-किस को यह काम अच्छा नहीं लगा ?''

''कोई भी नहीं रोया।'' धीर ने बताया।

"और काम ?"

"काम सबको खेल के समान प्रिय लगा।" मिता बोली।

"अच्छा, एक प्रश्न का उत्तर दो।" लक्ष्मण क्षण-भर रुककर बोले, "तुम सब इधर-उधर व्यर्थ घूमने वाले, आपस में मारपीट करने वाले, माता-पिता को तंग करने वाले बच्चे हो..."

"नहीं !" लक्ष्मण का प्रश्न पूरा होने से पहले ही प्रायः बच्चे समवेत स्वर में बोले, "हम समाज के उपयोगी अंग हैं। हम समाज का व्यर्थ बोझ नहीं, सार्थक अंग हैं।"

"छोटे बच्चों की रक्षा कौन करेगा ?"

"बड़े बच्चे !"

"जो दुर्बल और असहाय को सताएगा, वह क्या कहलाएगा ?"

"राक्षस !"

"क्या तुम राक्षस बनना चाहते हो ?"

"नहीं ! हम राक्षसों का नाश करना चाहते हैं।"

लक्ष्मण मुसकराए, "तुम लोग सचमुच योग्य बच्चे हो। तुम्हारे विषय में विशेष रूप से प्रशस्ति-वचन कहे ही जाने चाहिए।" वे रुके, "मैं जा रहा हूं। तुम लोग अब क्या करोगे ?"

"बड़े बच्चे, छोटे बच्चों को सुलाकर, स्वयं अपना पाठ याद करेंगे।"

"अच्छा, अब कल मिलेंगे।"

वन के जिस भाग से कुटीरों के लिए लकड़ियां कटी थीं, वहीं राम अपनी टोली के साथ वन की सफाई कर रहे थे। उनकी टोली में बीस पुरुष थे — दस श्रमिक और दस ब्रह्मचारी। ये बीस व्यक्ति कठोर कर्मक्षमता के आधार पर चुने गए थे। यह टोली इस क्षेत्र की जन-वाहिनी का मेरुदंड बनने जा रही थी।

वे लोग प्रातः से ही राम के साथ थे। राम ने उन्हें बताया था कि वैसे तो समस्त श्रमिकों तथा आश्रमवासियों को सैनिक-प्रशिक्षण प्राप्त करना था, किंतु उन्हें मुख्य रूप से श्रमिक अथवा ब्रह्मचारी ही रहना था। उन्हें अपने स्थान पर रहकर, अपना काम करते हुए अपनी, अपने समाज की तथा सामाजिक संपत्ति की रक्षा करनी थी। किंतु राम की इस टोली को मुख्यतः सैनिक-कर्म करना था तथा आवश्यकतानुसार अन्य स्थानों पर जाकर वहां जन-सामान्य की रक्षा करनी थी। अपने खाली समय में उन्हें सामाजिक उत्पादन के क्षेत्र में अपना योगदान करना था।

संयोग से वन के इस भाग से लकड़ी काटने के कारण वन छीज गया था। वैसे भी यह स्थान बस्ती, आश्रम तथा खान — प्रायः तीनों के ही समीप था। राम ने अपनी टोली के सामाजिक उत्पादन-श्रम के लिए इसी स्थान को पसंद किया था। उन लोगों

ने अपनी सुविधा के अनुसार कुछ बड़े-बड़े वृक्ष छोड़कर, शेष पेड़-पौधों को काट दिया था। उनकी जड़ें खोद डाली थीं और झाड़-झंखाड़ साफ कर दिए थे। सारा क्षेत्र साफ कर, वे एक पेड़ के नीचे आ बैठे थे और राम उन्हें समझा रहे थे, ''इस क्षेत्र में हमें दो काम करने हैं — सैनिक व्यायाम के लिए स्थान तथा उपकरण बनाना और शेष भूमि को खेतों में बदल देना। वे खेत हमारी टोली, अर्थात् जन-सेवा के खेत होंगे। हमें प्रयत्न करना होगा कि हम अपने खेतों में अपनी आवश्यकता के लिए पर्याप्त अन्न उत्पन्न करें, ताकि हमारी आवश्यकताओं का बोझ हमारे साथियों पर न पड़े।''

''एक प्रश्न !'' ब्रह्मचारी कृतसंकल्प ने अपनी जिज्ञासा प्रकट की।

''पूछो।''

''यदि हम समाज की सुरक्षा के लिए सैनिक-कर्म करेंगे, तो हमारी आवश्यकताओं का बोझ हमारे समाज पर पड़े तो क्या बुराई है ? हम अपना रक्त समाज के लिए बहाएंगे तो क्या यह समाज का दायित्व नहीं है कि वह हमारी आवश्यकताओं की पूर्ति करे ! यदि हम स्वयं अपने लिए अन्न उत्पन्न करेंगे तो हम समाज का कृषक-अंग हो गए। उसके बाद यदि हम सैनिक कर्म करते हैं, तो हम दुगुना काम करते हैं। क्या आपको नहीं लगता कि समाज द्वारा यह हमारा शोषण होगा ?''

राम मुसकराए, ''तुम्हारा प्रश्न बहुत ही उपयुक्त है, कृतसंकल्प ! ऐसी कोई ग्रंथि रह जाएगी तो काम में तुम्हारा मन नहीं लगेगा।'' राम रुककर बोले, ''इस प्रश्न का उत्तर कौन देगा ?''

कोई भी उत्तर देने को प्रस्तुत नहीं हुआ।

''इसका अर्थ यह हुआ कि शेष लोग भी कृतसंकल्प से सहमत हो सकते हैं।'' राम बोले, ''कृतसंकल्प ने अपने विचार आपके सामने रखे हैं। अब मैं अपने विचार रख रहा हूं। मेरा और कृतसंकल्प का कोई विरोध नहीं है; किन्तु इस मतभेद में से जो विचार हमें ठीक लगे, उसे ही अंगीकार करना है।''

''ठीक है।''

''एक समाज होता है,'' राम बोले, ''जो स्वार्थ-बुद्धि से चलता है, दूसरा समाज है जो परिवार-बुद्धि से चलता है। स्वार्थ-बुद्धि से चलने वाला समाज राक्षसी समाज है। उसमें प्रत्येक व्यक्ति यह सोचता है कि किस काम से उसे कौन-सा निजी लाभ होगा। जिस काम में उसे निजी लाभ होगा, उसे वह अवश्य करेगा, चाहे लोगों की उससे कितनी ही हानि क्यों न हो और जिस काम में उसको कोई लाभ न हो, किंतु अन्य सहस्रों लोगों का लाभ होता हो — उस काम को वह कभी नहीं करेगा। दूसरी ओर वह समाज है, जो परिवार-बुद्धि से चलता है। आप अपने परिवार का उदाहरण लें। दोषपूर्ण अपवादों को छोड़ दें तो परिवार में सामान्यत: एक-दूसरे के प्रति सद्भावपूर्ण व्यवहार होता है। माता-पिता आजीविका उपार्जित करते हैं, या केवल पिता धनार्जन करता है, किंतु सबसे अधिक व्यय बच्चों पर किया जाता है। यदि एक व्यक्ति रुग्ण

हो जाए, तो हम उसके भाग का कार्य भी कर देते हैं। पिता समर्थ है, अतः वह बाहर का काम कर आजीविका अर्जित करता है; घर में जो कठिन कार्य है — जिसे पत्नी और बच्चे नहीं कर सकते, वह भी करता है और यथा-आवश्यकता अपने परिवार की रक्षा भी करता है। कारण ? वह समर्थ है और स्वयं को परिवार से भिन्न नहीं मानता। यदि किसी दुर्घटनावश पति पंगु हो जाए तो पत्नी बाहर का काम कर धनार्जन भी करती है, पति की सेवा भी करती है, बच्चों को भी देखती है और घर का खाना-पकाना भी करती है। यदि किसी परिवार के सदस्यों का परस्पर व्यवहार स्वार्थ-बुद्धि से परिचालित हो तो क्या वह परिवार सुचारु रूप से चल पाएगा ? क्यों, कृतसंकल्प ?''

''नहीं, आर्य !'' कृतसंकल्प का स्वर कुछ संकुचित था, ''वह परिवार नहीं चल पाएगा; किंतु परिवार और समाज में पर्याप्त भेद है, राम !''

''भेद तो है। पर इतना ही कि एक छोटा है, दूसरा बड़ा है।'' राम बोले, ''यदि स्वार्थ-बुद्धि से सोचोगे तो पहली बात तुम्हारे मन में आएगी कि तुम इस क्षेत्र के रक्षक हो, समर्थ हो, शक्तिशाली हो। इसलिए तुम कोई अन्य काम नहीं करोगे। परिणामतः समाज पर बोझ ही नहीं रहोगे, उसका शोषण भी करोगे। अपने शस्त्र-बल से वही कार्य करोगे, जो उग्राग्नि और उसके साथी कर रहे थे, अथवा अन्य खानों के स्वामी कर रहे हैं। दूसरी ओर परिवार-बुद्धि से सोचोगे तो मानोगे कि यह समाज तुम्हारा परिवार है, तुम इसके रक्षक हो, पिता हो। पिता रक्षण के साथ पोषण भी करता है, अर्जन भी करता है। श्रम स्वयं करता है और उसका लाभ परिवार को देता है। उसका स्वार्थ इतना ही है कि वह अपने परिवार से प्रेम करता है; और जिससे हम प्रेम करते हैं, उसे सुखी देखना चाहते हैं। यदि समाज को तुम अपने परिवार के रूप में देखोगे, तो तुम्हारा स्वार्थ भी समाज को प्रसन्न रखने मात्र में ही सिद्ध हो जाएगा।''

''हम तो समाज को परिवार समझकर उसके लिए काम करें और अन्य लोग अपने ही परिवार का लाभ देखें तो हम उदार होकर भी मूर्ख ही बनेंगे न ! किसी को उसके दोष के लिए दंड मिले — यह तो समझ में आता है; किंतु अपने गुणों के लिए हम दंडित हों, यह समझ में नहीं आया।''

''मैं तुमसे पूर्णतः सहमत हूं।'' राम पुनः मुसकराए, ''इस प्रकार की स्थिति कभी-कभी परिवार में भी उपस्थित हो सकती है। ऐसे में हम क्या करते हैं ? उस व्यक्ति को समझाते हैं और सारे प्रयत्नों के बाद भी वह न समझे तो उसका बहिष्कार करते हैं। यही स्थिति समाज में भी हो सकती है।'' राम जैसे सांस लेने के लिए रुके, ''और सच तो यह है कि जिस प्रकार का समाज हम बनाना चाहते हैं, वह एक व्यक्ति का काम नहीं है। जब तक परिवार-बुद्धि से समाज को चलाने वाला एक वर्ग एकमत से उठकर खड़ा नहीं होगा, तब तक ऐसे समाज का निर्माण संभव नहीं है।''

''एक प्रश्न मेरा भी है।'' श्रमिक अभेद बोला, ''वह इस विवाद से अलग है।''

''यदि चल रहे विवाद के विषय में सबकी संतुष्टि हो गयी हो और किसी को

कुछ पूछना न हो तो नया प्रश्न करो।''

अभेद ने प्रतीक्षा की, किंतु किसी ने कोई प्रश्न नहीं किया।

''तो मैं पूछूं ?''

''पूछो।''

''यदि हमारे अपने खेत होंगे, हम उनमें अन्न का उत्पादन करेंगे, तो हममें और साधारण कृषक में कोई भेद होगा क्या ?'' वह बोला, ''क्योंकि आवश्यकतानुसार तो सामान्य कृषक भी युद्ध में भाग लेगा ही।''

''मैंने कहा कि ये खेत तुम्हारे होंगे।'' राम बोले, ''शायद मैंने स्पष्ट नहीं किया कि तुम्हारे से मेरा तात्पर्य यह था कि ये खेत किसी व्यक्ति — राम, कृतसंकल्प अथवा अभेद के नहीं होंगे। वे जन-वाहिनी के होंगे। आज तुम्हारी टुकड़ी यहां है, तो तुम उन खेतों की देखभाल करोगे। मान लो तुम्हें राक्षसों के विरोध के संदर्भ में कहीं और जाना पड़े तो तुम वहां के खेतों की देखभाल करोगे और यहां कोई और टुकड़ी इन खेतों में कार्य करेगी। ये सामूहिक खेत हैं।''

''मैं समझा।'' कृतसंकल्प के चेहरे पर समझ का प्रकाश आया, ''इस प्रकार आप हमारे समाज को उन करों और शुल्कों से बचा रहे हैं, जो सेनाओं के रख-रखाव के लिए समाज को वहन करने पड़ते हैं।''

''एकदम ठीक !'' राम बोले, ''जन-वाहिनी, किसी सम्राट् की सेना न होकर, समाज की अपनी सेना है। वह समाज की सहायक न होकर, उस पर बोझ क्यों हो ?'' राम ने रुककर क्षण-भर सबको देखा और बोले, ''अब मेरे एक प्रश्न का उत्तर दो, बंधुओ ! तुम लोग राक्षसों से डरते तो नहीं हो ?''

''पहले कुछ भय था।'' अभेद सबसे पहले बोला, ''किंतु आपके संपर्क में आने के बाद से कोई भय नहीं रहा।''

''कोई राक्षसों से भयभीत है ?'' राम ने पुनः पूछा।

सब मौन रहे।

''अर्थात् कोई भी भयभीत नहीं है।'' राम ने कहा, ''फिर भी कुछ बातें आपसे कहना चाहूंगा। पहली बात तो यह है कि राक्षस न्याय के लिए नहीं, दूसरों के शोषण और दमन के लिए लड़ते हैं, इसलिए युद्ध के समय उनमें नैतिक बल बहुत कम होता हैं। वे विलासी हैं, आपके समान परिश्रमी नहीं; इसलिए वे कठिन परिस्थितियों में नहीं लड़ सकते। किंतु उनके पास सुविधाएं और शस्त्र-बल है। क्रमशः शस्त्र-बल आप भी प्राप्त करें — ऐसा मेरा प्रयत्न है। किंतु जब तक ऐसा नहीं होता, तब तक आपको कुछ बातों का ध्यान रखना है। शस्त्र नहीं लड़ता, मनुष्य लड़ता है; फिर भी आपको शस्त्र-शक्ति में स्वयं से श्रेष्ठ शत्रु से सीधे नहीं लड़ना चाहिए। प्रयत्न यही करें कि आप किसी प्रकार शत्रु के शस्त्र छीनने में सफल हो जाएं। शत्रु का शस्त्रागार आपका सर्वश्रेष्ठ शस्त्रदाता है। किंतु यदि शत्रु के पास दिव्यास्त्र हों और उनको छीनने का कोई मार्ग न

हो तो उससे न लड़ें। जब तक आप स्वयं समर्थ न हों, तब तक दिव्यास्त्रों का युद्ध मुझ पर छोड़ दें।''

''यदि हमें साधारण शस्त्रधारी राक्षसों से ही भिड़ना पड़े तो हम तनिक भी भयभीत् नहीं होंगे।'' अनिन्द्य आवेशपूर्वक बोला।

''तो यही हो। तुम इस सम्पूर्ण क्षेत्र में राक्षसों का आतंक समाप्त करो।'' राम मुसकराए, ''आओ, अब थोड़ा शस्त्राभ्यास करें।''

संध्या समय मुखर ने अपनी संगीतशाला का उद्घाटन किया। उसे अपने कवि-पिता के रचे अनेक गीत कंठस्थ तो थे ही, आज जैसे वे उबल-उबलकर बाहर आ रहे थे। सुबह से वह अत्यन्त व्यस्त रहा था। कार्य ने कुछ ऐसी गति पकड़ ली थी, जैसे नदी किसी ऊंची चट्टान से नीचे गिरने पर पकड़ लेती है। तनिक भी अवकाश नहीं मिला था और वह मन-ही-मन कई बार दुहरा चुका था, 'सिर खुजाने का भी अवकाश नहीं मिला।' किंतु साथ ही उसके मन में एक तृप्ति ने जन्म लिया था, कर्म की तृप्ति ने। वह एक विशाल चक्र का महत्त्वपूर्ण अंग था — यह चक्र जहां-जहां चलेगा, लोगों को राक्षसी आतंक से मुक्त करेगा।... निष्क्रिय रहकर उसे सदा ऊब हुई है। आज मन कैसा भरा-भरा था — आश्वस्त और तृप्त ! जैसे उसका अस्तित्व अपनी सार्थकता जान गया हो...

कदाचित् इसी भावना से प्रेरित होकर उसे अपने पिता के रचे गीत याद आ रहे थे। गीत उसके मस्तिष्क में मचलते थे और फिर हृदय की पीड़ा में डूबकर कंठ से फूट पड़ते थे। वह जानता था, उनमें शास्त्रीयता नहीं थी, ऊंचे ज्ञान अथवा असाधारणता का उनमें कोई आभास नहीं था — उनमें पीड़ा थी और ओज था। एक सरल मन की पीड़ा और एक सच्चे व्यक्ति का ओज। उसके पिता का प्रिय गीत था —

'तुम न्याय की बात मत करो। तुम नहीं जानते कि न्याय क्या है।... तुमने अपनी सुविधा के लिए, दूसरों को वंचित करने के उद्देश्य से कुछ नियम बनाकर प्रचारित कर दिए हैं... अब उनकी अनुकूलता न्याय हो गई है और प्रतिकूलता विद्रोह !... तुम न्याय की बात करने के अधिकारी नहीं हो।... लाखों लोगों के मन की अनासक्त कामना न्याय या विवेकहीन होकर स्वार्थवश गढ़े गए नियमों से जुड़े रहने की जड़ राक्षसी भावना ?... तुम न्याय की बात मत करो। तुम नहीं जानते कि न्याय क्या है...'

अपने जीवन के पिछले संदर्भों से जुड़ा, मुखर का मन बार-बार भर आता था और उसके कंठ में संगीत घुल जाता था। आस-पास के अनेक लोग संगीतशाला में एकत्रित हो गए थे और तन्मय होकर मुखर के गीतों को सुन रहे थे...

मुखर के पश्चात् अनेक ब्रह्मचारियों ने भी गीत सुनाए और श्रमिकों ने भी। अन्त में सबने मिलकर मुखर का गीत गाया — 'तुम न्याय की बात मत करो। तुम नहीं जानते कि न्याय क्या है...'

सभा के बाद कुछ विचार-विमर्श भी हुआ। कुछ लोग स्वयं संगीत सीखना चाहते

थे; और कुछ उत्सुक थे कि उनके बच्चे संगीत सीखें। बस्ती में गाने वाले अधिक थे, किन्तु अभी तक कभी किसी ने सोचा नहीं था कि एक संगीतशाला भी बनाई जा सकती है, जहां बैठकर लोग संगीत का आनन्द ले सकते हैं, सीख सकते हैं और सिखा सकते हैं... किंतु मुखर अभी बहुत व्यस्त था। वह प्रतिदिन समय नहीं दे सकता था। वैसे भी वह शस्त्र-प्रशिक्षण के साथ-साथ संगीत-प्रशिक्षण का काम करना चाहता था। शस्त्र को छोड़, संगीत को अधिक समय देना उसके मनोकूल नहीं था। फिर भी उसने आश्वासन दिया कि शिक्षा-समिति के सामने वह संगीत-प्रशिक्षण की बात अवश्य रखेगा और प्रयत्न करेगा कि कोई-न-कोई व्यवस्था अवश्य हो जाए...

रात के भोजन के पश्चात्, सब लोग विचार-विमर्श के लिए बैठे तो मुखर ने संगीत-शिक्षा की बात चलायी।

धर्मभृत्य ने कुछ असहायता से मुखर की ओर देखा और बोला, "संगीत से किसी को कोई विरोध नहीं हो सकता, किंतु पहली बात तो यह है कि हमारे पास संगीत सिखाने वाला कोई व्यक्ति नहीं है। आप पर पहले ही इतने दायित्व हैं। यदि आप संगीत सिखाने लग जाएंगे, तो या तो आप अपने अन्य दायित्व पूर्णतः निभा नहीं पाएंगे या फिर संगीत-शिक्षा ही शिथिल रह जाएगी। आप बाहर से कोई व्यक्ति बुलाना चाहें तो वाल्मीकि आश्रम से इधर शायद ही आपको कोई अच्छा शिक्षक मिले। इधर तो सदा ही राक्षसों का ऊधम चलता रहा है, इसलिए संगीत की ओर किसी ने ध्यान नहीं दिया है।... और फिर," धर्मभृत्य ने एक विचित्र दृष्टि से मुखर की ओर देखा, "जिस वातावरण में हम जी रहे हैं, क्या अच्छा नहीं है कि जब तक हम राक्षसों से पूर्णतः निबट नहीं लेते, संगीत जैसी वस्तुओं में अपना समय और ऊर्जा नष्ट करने की बात न सोचें।"

"संगीत..."

"ठहरो, मुखर !" सीता बोलीं, "हम एक बार भली प्रकार यही विचार क्यों न कर लें कि हमें बच्चों को किस-किस विषय की शिक्षा देनी है...।"

"वह तो ठीक है, दीदी !" मुखर स्वयं को रोक नहीं पाया, "यह कहना कि संगीत में समय और ऊर्जा नष्ट होती है...।"

आवेश के कारण मुखर पूरी बात भी नहीं कह पाया।

"कुछ मैं भी कह सकता हूं ?" लक्ष्मण ने पूछा।

"नहीं !" राम बोले, "यह शिक्षा-समिति का विषय है। बीच में मत बोलो। मैं भी तो चुप ही हूं।"

लक्ष्मण हंसकर चुप रह गए।

"मैं तुम्हारी बात समझती हूं, मुखर !" सीता बोलीं, "संगीत में समय और ऊर्जा नष्ट नहीं होते। और वस्तुतः बात मात्र संगीत की ही नहीं, उस प्रकार की समस्त

विद्याओं तथा उपविद्याओं की है। मान यह लिया जाता है कि ऐसी सौन्दर्य-प्रधान विद्याएं खाली समय का मानसिक विलास हैं — जबकि ऐसा है नहीं। दूसरी ओर मुनि धर्मभृत्य का कदाचित् यह विचार है कि हम असामान्य स्थिति में जी रहे हैं, इसलिए थोड़े समय के लिए युद्ध तथा युद्ध-प्रशिक्षण के सिवाय सब कुछ अप्रासंगिक हो जाता है...।''

''यही ! एकदम यही !'' धर्मभृत्य बोला, ''मैं यही कहना चाह रहा था।''

''बात यह है, मुनिवर !'' सीता मुसकरायीं, ''कि यदि राक्षसों से आपका मुक्ति-युद्ध दो दिनों में समाप्त होने वाला हो, फिर तो कोई बात नहीं, आप युद्ध के सिवाय शेष सारी गतिविधियों को स्थगित कर दीजिए।... पर जहां तक मैं समझती हूं, यह मुक्ति-युद्ध इतना अल्पकालीन नहीं है। आज आपने एक मुक्त-क्षेत्र स्थापित किया है, कल राक्षस-सेनाओं का आक्रमण होगा और यह नष्ट हो जाएगा। आप पुनः स्थापना करेंगे और वे पुनः नष्ट करेंगे। यह तब तक चलेगा, जब तक आप लंका की राक्षसी शक्ति को ही नष्ट न कर दें। इसलिए लोगों को एक ऐसा वातावरण देना होगा, जिसमें वे लम्बे समय तक जी सकें। आपको अल्पकालिक आपात् स्थिति के स्थान पर, दीर्घकालीन युद्ध के बीच जीने वाली एक जीवन-पद्धति का विकास करना होगा...''

''मेरा संगीत से कोई विरोध नहीं है, दीदी !'' धर्मभृत्य संकुचित स्वर में बोला, ''जो कह गया, अपने अज्ञान में कह गया। मेरा अल्प वय देख मुझे क्षमा करें तथा 'मुनिवर' संबोधित कर, सौमित्र के समान मेरा परिहास न करें।''

''मेरा प्रसंग आ गया है।'' लक्ष्मण बोले, ''भाभी ! अब तो मेरा बोलना अप्रासंगिक नहीं होगा ?''

''वस्तुतः तुम्हारा चुप रहना अप्रासंगिक होता है...।'' राम मुसकराए।

''दो-दो आरोप !'' लक्ष्मण ने विरोध का अभिनय किया, ''मुझे कोई भी ठीक-ठीक नहीं समझता। मेरे मैत्रीपूर्ण संबोधन को मित्र धर्मभृत्य ने परिहास समझा और मेरी वाक्विदग्धता को भैया ने मेरा प्रलाप... ओह ! लक्ष्मण ! हत्भाग !'' लक्ष्मण सीता की ओर मुड़े, ''भाभी ! यह कविता हुई कि नहीं !''

''तुम्हारे स्तर की तो हो गयी !'' सीता मुसकराकर पुनः अपने विषय पर लौट आयीं, ''भाई धर्मभृत्य ! मैंने भी तुम्हारा परिहास नहीं किया था। वस्तुतः बात इतनी-सी है कि जैसे लम्बे गंभीर विवेचन से ऊब पैदा होती है और बीच में लक्ष्मण की तथाकथित वाक्विदग्धता से मस्तिष्क को स्फूर्ति का अनुभव होता है...।''

''भाभी !...''

सीता ने संकेत से ही लक्ष्मण को रोका और अपनी बात कहती गयीं, ''ठीक वैसे ही युद्धाच्छादित लम्बी जीवन-पद्धति में संगीत तथा अन्य सौन्दर्य-प्रधान विद्याएं जीवन को सरस बनाती हैं। हां, एक बात का ध्यान रखना पड़ता है कि उन विद्याओं का समुचित प्रयोग हो। वे हमारी दृष्टि अपने लक्ष्य से हटाएं नहीं, वरन् हमें उस ओर प्रेरित करती रहें।''

"यही तो..." मुखर के चेहरे पर तृप्ति का तेज था।

"मैं फिर कहूं, मुझे कोई आपत्ति नहीं है। जैसा सब लोग मिलकर निर्णय करें, मैं उनके साथ हूं।" धर्मभृत्य बोला, "वस्तुतः मैं अपनी सीमा स्वीकार कर लेता हूं। आश्रम में ऋषि-पद्धति की शिक्षा पायी है — वह भी बहुत योग्य जनों से नहीं। इतना मौलिक व्यक्तित्व मेरा है नहीं कि उस पद्धति में परिवर्तन की बात सोचूं। मैं तो शिक्षा के नाम पर अध्यात्म, व्याकरण तथा काव्यशास्त्र के विषय ही जानता हूं। राक्षसों के दमन और आतंक के कारण एक शस्त्र-शिक्षा की आवश्यकता अवश्य अनुभव करता रहा हूं। वह अब प्रायः पूरी हो गयी है। मेरा आश्रम, आश्रम के स्थान पर युद्ध-शिविर हो गया है। मैं उसके आगे कुछ भी सोच नहीं पाता हूं।"

"देवी वैदेही ! क्षमा करें, मैं अनधिकृत हस्तक्षेप कर रहा हूं।" राम बोले, "धर्मभृत्य की सचाई और सत्य को स्वीकार करने की अद्भुत क्षमता की प्रशंसा करने का मन हुआ है। मेरी प्रशंसा उस तक पहुंचा दें।"

धर्मभृत्य ने संभ्रम से सिर झुका लिया।

"धर्मभृत्य में अनेक गुण हैं, राम ! वे धीरे-धीरे आपके सम्मुख प्रकट होंगे।" सीता मुसकरायीं, "देखो, धर्मभृत्य ! परम्परागत आश्रम-शिक्षा से इस क्षेत्र का भला नहीं होगा; अन्यथा कोई कारण नहीं था कि इतने आश्रमों के होते हुए भी, इतने ऋषियों-मुनियों की उपस्थिति में भी यह क्षेत्र जाग न पाता और इतना पिछड़ा रहता।"

"मैं दीदी से पूर्णतः सहमत हूं।" मुखर बोला।

"सहमत तो मैं भी हूं, किंतु मैं कारणों का विश्लेषण नहीं कर पाता।" धर्मभृत्य धीरे से बोला।

"कारण मैं बताती हूं।" सीता बोलीं, "आश्रमों में आंदोलन बुद्धिजीवियों में ही सीमित रहे, क्योंकि उन्होंने न जन-सामान्य की आवश्यकताओं को समझा और न अपने जीवन को उनके जीवन से मिलाने का प्रयत्न किया। यही कारण है कि न वे राक्षसों के आतंक से स्वयं को मुक्त कर पाए और न जन-साधारण की जीवन-पद्धति और जीवन-स्तर में कोई सुधार कर पाए। तुम ध्यान देकर देखो, जहां-जहां ऋषियों ने स्वयं को जन-सामान्य के जीवन से जोड़ा, वहां-वहां अल्पकाल में ही चमत्कार होते दीख पड़े...।"

"कहां ?" धर्मभृत्य ने पूछा।

"तुम्हारी लिखी कथा के अगस्त्य के कर्म-क्षेत्र में।"

"मैंने कथा लिखी, किंतु स्वयं ही उस पर विचार नहीं किया," धर्मभृत्य कुछ सोचता हुआ बोला, "मैंने कहा न कि मैं देखता हूं और अनुभव भी करता हूं किंतु कारणों का ठीक-ठीक विश्लेषण नहीं कर पाता।"

"कोई बात नहीं। देख लेते हो तो विश्लेषण भी कर लोगे," सीता बोलीं, "दूसरा उदाहरण तुम्हारे सामने है — राम तथा लक्ष्मण द्वारा तुम्हारे आश्रम तथा बस्ती में

परिवर्तन। तुमने देखा — यहां भी श्रमिकों और बुद्धिजीवियों को पहले एक किया गया...''

''आज भाभी की विश्लेषण-बुद्धि विशेष रूप से तेजोद्दीप्त है।'' लक्ष्मण बोले बिना नहीं रह सके।

''ऐसा नहीं है, देवर ! व्यक्ति अनावश्यक बोलने से बचे और अपनी ऊर्जा संचित करे तो सार्थक बोलने पर बुद्धि तेजोद्दीप्त हो ही जाती है।'' सीता बोलीं, ''अब यदि देवर बीच में न बोलें तो हम शिक्षा की बात कर लें।''

''अवश्य।'' लक्ष्मण बोले, ''बीच में बोलना न पड़े, इसलिए अभी ही पूछ लूं कि अगस्त्य-कथा आगे कब सुनने को मिलेगी ? पिछला अंश सुने तो बहुत समय बीत गया।''

''हां, भई ! वह कथा तो मुझे भी सुननी है।'' राम बोले।

''यदि सब लोग सहमत हों तो शिक्षा संबंधी बातचीत के पश्चात् मैं अगस्त्य-कथा सुनाऊंगा।'' धर्मभृत्य ने कहा।

''यह ठीक रहेगा।'' सीता बोलीं, ''ऋषि अगस्त्य की ही बात लो। तुमने स्वयं अपनी कथा में स्वीकार किया है, धर्मभृत्य ! कि ऋषि ने शस्त्र-शिक्षा के साथ-साथ वानर-यूथों को कृषि में सुधार करना, मछली पकड़ने के अच्छे ढंग तथा नमक बनाना इत्यादि सिखाया।''

''हां, दीदी !''

''यह तो परम्परागत आश्रम-शिक्षा नहीं है न !'' सीता अपनी बात पर आयीं, ''ऋषि थोड़े ही समय में वानर-यूथों का विश्वास जीत पाए और उनकी स्थिति को सुधार पाए, क्योंकि उन्होंने उन्हें परम्परागत आश्रम-शिक्षा देकर विद्वान और ऋषि बनाने के स्थान पर वह शिक्षा दी, जो उनकी आर्थिक समस्याएं सुलझाकर उनका आर्थिक स्तर ऊंचा उठा सके।''

''ठीक है।''

''और यह स्वीकार करोगे, धर्मभृत्य ! अर्थोत्पादन के साधन प्रत्येक स्थान पर भिन्न होते हैं। ऋषि ने वानर-यूथों को मछलियां पकड़ने के ढंग सिखाए, क्योंकि वे यूथ सागर-तट पर रह रहे थे; किंतु तम्हारा क्षेत्र सागर-तट पर नहीं है। अतः हमें देखना होगा कि यहां क्या हो सकता है।''

''यहां खनिज-पदार्थों का उत्पादन होता है।'' मुखर बोला।

''एकदम ठीक !'' सीता बोलीं, ''यहां के बालकों को पहली शिक्षा खनिज उत्पादन, उसकी सफाई, ढलाई तथा उन खनिजों पर आधृत अन्य उद्योगों के विषय में दी जानी चाहिए। उन उद्योगों की शिक्षा का यहां के बच्चों को क्या लाभ होगा, जिनके लिए साधन यहां न होकर, अयोध्या अथवा जनकपुर में होते हैं।''

''आप ठीक कहती हैं, किंतु इससे ये बच्चे कभी भी विद्वान् नहीं हो सकेंगे।''

बहुत देर से चुपचाप सुनता हुआ शुभबुद्धि अब स्वयं को रोक नहीं पाया, "यदि बच्चे बड़े होकर, ऋषि न बन, धातुकर्मी बनेंगे तो शिक्षा का क्या लाभ ?"

"ऋषि को किसी एक चिंतन-क्षेत्र में सीमित करना भूल है, शुभबुद्धि !" सीता बोलीं, "ऋषि ज्ञान-विज्ञान की प्रत्येक शाखा में प्रादुर्भूत होते हैं। और यदि हम 'ऋषि' की तुम्हारी परम्परावादी जड़ व्याख्या मान भी लें, तो मैं कहना चाहूंगी कि स्वयं भूखे मरने वाले ऋषि से कई लोगों का पेट पालने वाला धातुकर्मी कहीं अधिक पूज्य है। शिक्षा का कोई एक सार्वभौम, सार्वकालिक रूप नहीं हो सकता। प्रत्येक देश-काल में हमें उसे अपनी आवश्यकताओं के अनुरूप ढालना पड़ता है।" सीता रुकीं, "अब जैसे हमने खनिज के उत्पादन, शोधन तथा उससे अन्य वस्तुओं के निर्माण पर आधृत एक नवीन शिक्षा-प्रणाली का विकास किया, तो इस निर्धन तथा पिछड़े हुए क्षेत्र को उसके माध्यम से आत्मनिर्भर बनने में सहायता तो मिलेगी; किंतु उसमें कुछ समय लगेगा। अत: कुछ अल्पकालिक तथा शीघ्र परिणाम दिखाने वाले मार्ग भी खोजने होंगे। कुछ स्थानीय उद्योगों को प्रोत्साहित करना होगा जैसे मिट्टी के बर्तनों का उत्पादन, घास के आसन, काठ की वस्तुएं, वस्त्रोत्पादन के लिए करघा इत्यादि। ऐसी ही अनेक छोटी-बड़ी वस्तुएं हैं, जिन्हें स्त्रियां तथा पुरुष अपने अवकाश के समय तथा बालक-बालिकाएं खेल-खेल में ही बना सकते हैं। दूसरी ओर साथ-ही-साथ कृषि की भी उचित शिक्षा दी जा सकती है।"

"पर दीदी ! संगीत ?" मुखर बोला।

"यहीं संगीत भी आएगा।" सीता अपने प्रवाह में बोलती गयीं, "विकास के इस दीर्घ तथा कठिन समय में जीवन कठोर परिश्रम की स्थिति में से निकलेगा। शरीर और मन थकेंगे और संभव है कि कठोर जीवन से भागकर विलास के पतनशील मार्ग की ओर मुड़ना चाहें। अत: आवश्यक होगा कि मस्तिष्क का उचित नियंत्रण रहे; वह नियंत्रण रस, प्रेरणा तथा ऊर्जा देता रहे। मस्तिष्क को तत्पर रखने के लिए साहित्य, संगीत, सामाजिक अध्ययन तथा मानव-संस्कृति का अध्ययन इत्यादि महत्त्वपूर्ण उपकरण हैं। साहित्य होगा तो व्याकरण और काव्यशास्त्र की भी आवश्यकता होगी, धर्मभृत्य !" सीता ने सहसा अपनी बात समाप्त की।

"आप शिक्षा को वहां समाप्त कर रही हैं, हम जहां से आरंभ करते हैं।" धर्मभृत्य भी हंसा।

"आदि और अंत नहीं। ये साथ-साथ चलें ! क्यों, दीदी ?" मुखर ने कहा।

"ठीक ! एकदम साथ-साथ।"

'तो हम शिक्षा की सारी व्यवस्था आश्रम में न कर, उसे विकेन्द्रित कर दें।" धर्मभृत्य बोला, "थोड़ी-सी आश्रम में, थोड़ी धातुकर्मी की भट्ठी पर, थोड़ी खान की मिट्टी में, थोड़ी कुम्हार के चाक के पास, थोड़ी बुनकर के करघे...। कल से इस योजना पर कार्य आरम्भ कर दें।"

"मैं तुमसे पूर्णत: सहमत हूं, मित्र !" लक्ष्मण बोले, "पर मेरा विचार है कि शिक्षा पर बहुत विचार हो चुका, अब अगस्त्य-कथा ले आओ।"

धर्मभृत्य ने मुखर और सीता की ओर देखा — दोनों ने मुसकराकर सहमति दे दी।

धर्मभृत्य अपनी कुटिया में गया और अपना ग्रंथ उठा लाया।

"पढ़ूं ?"

"पढ़ो।"

धर्मभृत्य ने कंठ साफ कर पढ़ना आरम्भ किया।

## 7

"आओ, भास्वर ! स्वागत, मुर्तू !" अगस्त्य मुसकरा रहे थे।

मुर्तू ने चौंककर अगस्त्य को देखा, "आपको मेरा नाम कहां से ज्ञात हुआ ?"

"क्या वह कोई गोपनीय वस्तु है ?" ऋषि अब भी मुसकरा रहे थे।

"नहीं। पर..." मुर्तू समझ नहीं पर रहा था कि क्या कहे, "...आपका इस क्षेत्र के जन-जीवन से इतना अधिक संपर्क है कि किसी एक गांव के किसी एक साधारण व्यक्ति का खोया हुआ बेटा लौट आए तो उसकी सूचना आपको हो जाए।"

गुरु की मुसकान कुछ और गहरी हुई, "वैसे तो किसी के खोये हुए बेटे का घर लौट आना भी मानव-जीवन की बहुत बड़ी घटना है; किंतु इस समाचार को हमारे आश्रम ने दूसरे ही प्रकार से देखा है। समाचार यह नहीं है कि भास्वर का बेटा मुर्तू घर लौट आया है...।"

"तो क्या समाचार है... ?" मुर्तू अचकचाया-सा गुरु को देख रहा था।

"समाचार है..." गुरु की मुसकान स्निग्ध थी, "कि राक्षसों का एक जलपोत समुद्र में चुपचाप ठहर गया। उसमें से एक नाव जल में उतारी गयी और वह नाव एक व्यक्ति को समुद्र-तट पर उतारकर चुपके से लौट गयी। वह व्यक्ति जो तट पर उतारा गया, भास्वर का बेटा मुर्तू तो है ही, रावण के अनेक विशाल जलपोतों का निर्माता तथा नियंत्रक रहा है; और जल-परिवहन के साधनों का अधिकारी विद्वान है...।"

"क्या ?" मुर्तू का मुख आश्चर्य से खुल गया, "आप यह कैसे जानते हैं ? ये तथ्य मेरे माता-पिता तक नहीं जानते। उन्होंने कभी यह जानने की चिंता ही नहीं की।..."

"उन्हें इन बातों की भी चिंता करनी चाहिए, यह मैं उन्हें सिखा रहा हूं।"

"पर आपको ये सूचनाएं कैसी मिलीं ?"

"मेरे अपने साधन हैं, पुत्र ! समय आने पर तुम्हें ज्ञात हो जाएगा।" गुरु मुसकराए, "बताओ, तुम्हारा कार्यक्रम क्या है ? मेरा तात्पर्य है कि रावण के साम्राज्य

का वैभव देखने के पश्चात् तुम इस वानर-यूथ के सदस्य बनकर यहां रहना चाहोगे ? रह सकोगे ? या लौट जाओगे ?''

मुर्तू ने आश्चर्य से गुरु को देखा, एक साधारण-सा प्रौढ़ व्यक्ति उसके सामने बैठा था, जो अपनी वेशभूषा से, गांव के किसी भी साधारण जन से भिन्न नहीं लगता था, सिवाय इसके कि तपस्वी होने के कारण उसके सिर पर केशों का जटाजूट था। किंतु कितना भिन्न है वह। वह जानता है कि मुर्तू गांव में आया है। वह जानता है कि मुर्तू का महत्त्व क्या है। वह जानता है कि मुर्तू की कठिनाई क्या है और मुर्तू के मन में कैसा द्वन्द्व चल रहा है... दूसरी ओर उसका अपना पिता है, जो अपने पुत्र के विषय में भी रंचमात्र कुछ नहीं जानता...

''बाधा तो मुझे यहां है ही, ऋषिवर !'' मुर्तू का स्वर अनायास ही सम्मानपूर्ण हो गया, ''मुझे यहां रुकने में तो कोई लाभ नहीं दिखता।''

''लाभ किस दृष्टि से, पुत्र ?'' ऋषि ने पूछा, ''तुम्हारी आर्थिक समृद्धि की दृष्टि से, तुम्हारे माता-पिता के सुख की दृष्टि से अथवा तुम्हारे जनपद और यूथ की प्रगति की दृष्टि से ?''

मुर्तू क्षण-भर के लिए मौन रहा, फिर बोला, ''मैंने इस ढंग से सोचा ही नहीं है। मैंने केवल अपने लाभ की बात कही है; और लाभ से मेरा अभिप्राय है सुख, जो भौतिक समृद्धि से ही मिल सकता है।''

''तुमने बहुत ठीक सोचा है, पुत्र !'' ऋषि बोला, ''रावण के साम्राज्य के किसी भी जलपत्तन में तुम्हें अपने ज्ञान और कौशल को बेचने पर पुष्कल धन प्राप्त होगा। संभव है कि तुम्हारे हाथ में कुछ प्रस्ताव भी हों और तुम उन्हीं को ध्यान में रखकर सुख-सुविधा को नाप रहे हो।''

''आप ठीक कह रहे हैं।'' मुर्तू ने सहज ही स्वीकार कर लिया, ''वस्तुतः मेरे पास अनेक जलपत्तनाधिकारियों के ही प्रस्ताव नहीं हैं, साम्राज्य की जल-सेना ने भी मुझसे जलपोतों के निर्माण के लिए अनुरोध किया है। मैं उनमें से किसी एक प्रस्ताव को भी मान लूं तो मुझ अकेले के पास इतना धन हो जाएगा, जितना इस सारे जनपद के पास नहीं है।''

''तुम्हारे सुख के लिए यही उचित भी है।'' अगस्त्य कुछ वक्र होकर बोले, ''मेरा परामर्श है कि तुम वापस लौट जाओ। रावण की जल-सेना के लिए नये, दृढ़, शक्तिशाली तथा अधिक प्रहारक जलपोतों का निर्माण करो। उसकी सेना उन जलपोतों को लेकर आएगी और इस सारे समुद्र-तट पर आक्रमण करेगी। यहां से स्त्रियों, पुरुषों तथा बच्चों का उसी प्रकार अपहरण करेगी, जिस प्रकार उन्होंने एक दिन तुम्हारा अपहरण किया था। यहां की उपज वह लूटकर ले जाएगी। यहां के घर, खेत और उद्यान नष्ट करेगी। यहां किसी को नौका तक का पता नहीं है, युद्ध-पोतों का क्या कहना। कोई उनको रोक नहीं पाएगा और वे सकुशल लौट जाएंगे।...''

"ऋषिवर !..." मुर्तू ने कुछ कहना चाहा।

"पूरी बात सुन लो, पुत्र !" अगस्त्य शांत स्वर में बोले, "उन अपहृत लोगों में तुम्हारे वृद्ध माता-पिता भी हो सकते हैं। तुम्हारी मां युवती नहीं है, अत: वह किसी की भोग्या नहीं हो सकती। तुम्हारा पिता किसी के यहां श्रमिक नहीं हो सकता। उन्हें या तो वे लोग खरीदेंगे, जो उनकी हत्या कर उनका मांस बेचेंगे, या वे भूखे-प्यासे मरने को छोड़ दिए जाएंगे। उनके पास अन्न के लिए धन नहीं होगा। अत: वे किसी मार्ग पर घिसटते-घिसटते संज्ञाशून्य होकर गिर पड़ेंगे और मर जाएंगे। उनके शवों को भी कोई उठाकर ले जाएगा और पशु-मांस में मिलाकर उनका मांस बेच देगा। तुम्हारा दास उसे खरीदकर लाएगा और पकाकर तुम्हें खिलाएगा..."

"गुरुदेव ! बस करें।" मुर्तू जैसे आविष्ट हो उठा, "बस करें।"

अगस्त्य चुप हो गए। अन्य लोग भी चुप थे। आश्रम में एक उत्तेजक मौन छा गया। भास्वर चुपचाप अपनी दृष्टि एक चेहरे से दूसरे चेहरे तक घुमा रहा था, जैसे उसकी समझ में कुछ न आ रहा हो।

मुर्तू ने आंखें उठाकर स्थिर दृष्टि से गुरु को देखा, जैसे चुनौती दे रहा हो, "मैं जानता हूं कि आपकी बात अतिशयोक्तिपूर्ण है; फिर भी मैं मान लेता हूं कि मेरे लौट जाने से ऐसा ही होगा। इसलिए मैं नहीं जाऊंगा। मैं यहीं रहूंगा और जो काम यूथपति, ग्राम-प्रमुख या आप कहेंगे, वही करूंगा। आप बताइए, अपने काम का जितना पारिश्रमिक मुझे लंका में मिलता है, उससे अधिक न सही, उतना भी मुझे मेरा जनपद देगा ? पारिश्रमिक तो छोड़िए, काम करने की वे सुविधाएं भी देगा ?..."

गुरु अप्रतिहत ढंग से मुसकराते रहे, "नहीं देगा। न उतना पारिश्रमिक, न उतनी सुविधाएं। यदि तुम्हारी जन्मभूमि और तुम्हारा यूथ उतना पारिश्रमिक तथा सुविधाएं दे सकते, तो तुम्हें कुछ भी सोचने की आवश्यकता ही कहां थी। तब तुम ही क्या, रावण के निजी पोत-निर्माता भी बिना बुलाये यहां आते और हमसे काम मांगते। तब तुम ही यहां आते तो क्या बड़ा काम करते ?"

"तो आप क्या चाहते हैं," मुर्तू ने कुछ आक्रोश के साथ कहा, "मैं जन्मभूमि के प्रेम को ही ओढ़ूं-बिछाऊं। ऐसा मूर्ख व्यापारी बनूं कि जहां माल का मोल न मिले, अपना माल वहीं फेंक जाऊं ? क्या मुझे अपने विकास का अधिकार नहीं है ? मैं अपने क्षेत्र का अधिक ज्ञान प्राप्त करने का प्रयत्न न करूं ? वहां न जाऊं, जहां मेरे तुल्य और अधिक ज्ञान रखने वाले लोग हैं ? अपने सीमित ज्ञान का अपमान करवाता इस संकीर्ण स्थान में पड़ा सड़ता रहूं ?..."

"तुम आवेश में हो, पुत्र !" अगस्त्य अपनी सहज मुद्रा में बोले, "और आवेश में संतुलित तर्क-वितर्क नहीं हो सकता। वैसे भी तुमने अनेक प्रश्न एक साथ कर डाले हैं।" वे क्षण-भर रुककर मुसकराए, "मैं न तो ज्ञानार्जन का विरोधी हूं, न ज्ञान के विकास का। ज्ञानार्जन के लिए तुम्हें ब्रह्मांड के किसी कोने में जाना पड़े, जाओ; किंतु

पुत्र ! एक बात मुझसे समझ लो।''

''कहिए !'' स्वयं को संयत करने के लिए, मुर्तू को अब भी प्रयत्न करना पड़ रहा था।

''ज्ञान के क्षेत्र में दो प्रकार के लोग होते हैं।'' ऋषि बोले, ''एक वे, जो ज्ञान की किसी एक शाखा में अधिकाधिक सूचनाएं और दक्षता प्राप्त कर लेते हैं, किंतु उसके साथ अपने मानवीय व्यक्तित्व का विकास नहीं कर पाते। दूसरे वे, जो ज्ञान की किसी शाखा में सैद्धान्तिक तथा व्यावहारिक दक्षता तो प्राप्त करते ही हैं, साथ-ही-साथ अपने मानवीय व्यक्तित्व का पोषण भी करते हैं। पहला वर्ग विद्वानों का है, दूसरा वर्ग ज्ञानियों का। विद्वान् लीक पर चलता है और अपनी विद्या में वृद्धि करता है, किंतु न तो इतर विद्याओं से अपना सम्बन्ध संतुलित कर पाता है और न मानव के रूप में अपना कर्तव्य निश्चित कर पाता है; जबकि ज्ञानी अपनी विद्या को आजीविका का साधन मात्र न मान, उसे ज्ञान में परिणत करता है। अन्य विद्याओं के साथ अपनी विद्या के सम्बन्ध का सन्तुलन स्थापित कर, रूढ़ि से हटकर मौलिक ढंग से सोचता है। वह संवेदनशील होता है, अतः मानवता के प्रति अपने कर्तव्य का निश्चय करता है। वह विद्या का व्यापारी नहीं, मानवता का सहायक और उद्धारक है। उसका चिंतन व्यक्तिगत स्वार्थ का चिंतन नहीं, मानवता के स्वार्थ का चिंतन है। वह किसी भी मूल्य पर अपनी विद्या को ऐसे व्यक्ति, देश या राज्य के हाथ में नहीं बेचेगा, जिससे मानवता का अहित होता हो। उसका अपना स्वार्थ ही जन-कल्याण में है... तुम पहले अपने वर्ग का निर्णय करो, पुत्र ! तभी तुम अपने कर्तव्य का निश्चय भी कर सकोगे।''

अगस्त्य की बात बहुत स्पष्ट होकर मुर्तू के सामने उभरी थी। क्या कहे वह कि उसकी विद्या रावण के हाथों बिककर, समस्त पिछड़ी जन-जातियों के शोषण के काम आने के लिए ही है; या अपनी विद्या और प्रशिक्षण का बहुत कम मूल्य पाकर, स्वयं को समस्त सुख-सुविधाओं से वंचित करके भी, वह अपने इस पिछड़े जनपद के थोड़े से विकास के लिए अपने-आपको समर्पित करने को प्रस्तुत है। पहले को उसकी बुद्धि स्वीकार नहीं करती और दूसरे को उसकी महत्त्वाकांक्षा नहीं मानती।

''आपका कथन सत्य है, ऋषिश्रेष्ठ !'' कुछ समय लेकर, मुर्तू भीरु स्वर में बोला, ''किंतु इस ग्राम में रहना ? आप मुझे क्षमा करें, किन्तु मैं अपने ही सम्बन्धियों के विषय में कहने को बाध्य हूं कि कितने गंदे, फूहड़ और अपरिष्कृत लोग हैं ये। सभ्य संसार के सम्मुख इन्हें अपना कहने में भी लज्जा का अनुभव होता है।''

''तुम ठीक कहते हो, पुत्र ! ये लोग गंदे, फूहड़ और अपरिष्कृत हैं।'' ऋषि उच्च स्वर में हंसे, ''एक बात बताओ, तुम्हारे पास कितनी धोतियां हैं ?''

''ठीक-ठीक संख्या नहीं बता सकता।'' मुर्तू कुछ संकुचित हुआ, ''किंतु पर्याप्त हैं।''

''एक धोती स्वयं रख लो, शेष मुझे दे जाओ,'' गुरु बोले, ''और फिर प्रतिदिन

खेतों में काम करो, वन में से लकड़ियां और फल लाओ या समुद्र में से मछलियां पकड़ो। तुम्हारी धोती कितने दिनों तक स्वच्छ बनी रह सकती है ?''

''कदाचित् उसका स्वच्छ बने रहना सम्भव नहीं है।'' मुर्तू और भी संकुचित हुआ।

''यही स्थिति इस जनपद के वासियों की है।'' अगस्त्य के मुख-मण्डल पर करुणा थी, ''उनके पास सुविधाएं नहीं हैं कि स्वच्छ रह सकें। पीढ़ियों से यही स्थिति है। ऐसे में यदि उन्हें इस गन्दे परिवेश में जीने का अभ्यास हो जाए तो तुम उन्हें दोषी मानोगे ?''

''शायद नहीं।'' मुर्तू बहुत धीमे स्वर में बोला।

''तुम अपने विषय में सोचो, ''अगस्त्य कह रहे थे, ''अपने शैशव में जब तुम यहां रहते थे, क्या तुम्हें कभी लगा है कि तुम्हारे वस्त्र गन्दे हैं, या तुम्हारा आचरण बहुत शिष्ट नहीं है ? नहीं लगता होगा, क्योंकि इन बातों की चेतना तब होती है, जब तुम्हारे पास समय हो, साधन हों और सामने कोई उदाहरण हो। राक्षसों के सम्पन्न राज्य में, उनके रहन-सहन को देखकर तुम्हारी भी वैसे ही रहने की इच्छा हुई होगी; किंतु जब तक तुम्हारे पास साधन नहीं जुटे, क्या तुम उनके समान रह सके ?

''नहीं !''

''रह नहीं सकते।''

''किंतु राक्षसों ने भी तो साधन जुटाए ही हैं।'' मुर्तू बोला, ''हम क्यों नहीं जुटा सकते ?''

''मैं यह तो नहीं कहता कि वानर अच्छे जीवन-स्तर के साधन जुटा नहीं सकते,'' अगस्त्य बोले, ''किंतु राक्षसों के विषय में इतना ही कहना चाहता हूं कि उनके उस अतिशय समृद्ध और विलासी जीवन-स्तर का मूल्य अनेक जातियों और देशों को चुकाना पड़ता है। सैकड़ों वानरों के तन से वस्त्र छिनते हैं, तब कहीं एक राक्षस का स्वर्णिम उत्तरीय बनता है। तुम्हारे सैकड़ों बच्चों को निराहार रहना पड़ता है, तभी राक्षसों के बच्चों को पकवान उपलब्ध होते हैं। प्रत्येक ग्राम का मुर्तू अपहृत होता है, तभी राक्षसों के समुद्री बेड़े चलते हैं...''

मुर्तू ने कुछ नहीं कहा। वह कुछ सोच रहा था, जैसे मन में बात अभी स्पष्ट न हुई हो। गुरु भी चुप ही रहे, जैसे मुर्तू को अपनी सुविधानुसार सोचने और पूछने का अवकाश दे रहे हों; और भास्वर ने तो आरम्भ से ही असाधारण मौन धारण कर रखा था।

अन्त में मुर्तू ही बोला, ''मैं आपसे तनिक भी असहमत नहीं हो पा रहा हूं; किंतु आपकी बातचीत से लगता है, जैसे राक्षस बहुत क्रूर और दुष्ट होंगे। आप मेरा विश्वास करें — मैं उन लोगों के साथ रहकर आया हूं। वे लोग तनिक भी कठोर नहीं लगते, बल्कि कभी-कभी तो वे अत्यन्त करुणामय और दयालु लगते हैं।''

गुरु हंसे, ''सच कहते हो, पुत्र ! अपनी मान्यताओं के अनुसार तो वे लोग तनिक भी कठोर नहीं हैं। सिंह को कहां लगता है कि वह अन्य दुर्बल जंतुओं के प्रति कठोर है। वह तो उनको खा जाना अपना अधिकार मानता है।... वैसे भी उस साम्राज्य के साधारण नागरिक को क्या मालूम है कि उनके सैनिक अपनी सीमाओं के बाहर, दूसरे देशों में, अन्य जातियों के साथ क्या व्यवहार करते हैं। साम्राज्यों की शिष्टता के विषय में उनकी अधीनस्थ शोषित जातियों से पूछना चाहिए।''

''आप शायद ठीक कह रहे हैं।'' मुर्तू स्वयं अपने-आप से बोला, ''लंका में रहते हुए, मुझे अपने गांव और अपने यूथ की स्थिति का क्या पता लगता...''

''इसलिए तुम्हारा अपने गांव में रहना दो कारणों से बहुत आवश्यक है, पुत्र !'' गुरु बोले, ''तुम यहां रहोगे तो देखोगे कि इन लोगों की पीड़ा और अभाव के मूल में कितना इनका अपना अज्ञान है और कितना उन्नत जातियों का शोषण है। दूसरे, तुम्हें देखकर इनमें चेतना फैलेगी। वे तुमसे सीखेंगे और आगे बढ़ने का प्रयत्न करेंगे।''

मुर्तू के मन का द्वन्द्व भयंकर हो उठा था। समुद्र के ज्वार के समान वह ऊंचे से ऊंचा उठता जा रहा था। किंतु मुर्तू का मन जानता था कि अगस्त्य के सम्मुख बैठकर अगस्त्य-चिन्तन के विपरीत निश्चय करना सम्भव ही नहीं था।

लौटते हुए मुर्तू ने पाया कि अनायास ही वह अगस्त्य के विषय में सोच रहा था। वह उनकी कही हुई बातों को उन्हीं पर घटा रहा था। उसकी बुद्धि और चिन्तन। मुर्तू इस प्रकार किसी से कम ही प्रभावति हुआ था।... उन्हें इस सारे प्रदेश में घटने वाली प्रत्येक छोटी-बड़ी घटना की सूचना है। इतने विस्तृत सागर-तट पर एक अकेले व्यक्ति का उतरना भी उनकी दृष्टि से छिपा नहीं रहा।... कैसे जाना होगा उन्होंने कि वह कौन है, कहां से आया है और क्या है ? उससे तो किसी ने पूछा तक नहीं — उसने स्वयं किसी को बताया भी नहीं। गुरु को यह सूचना उन नाविकों से ही मिल सकती है, जो उसे तट पर उतारकर लौट गए थे। तो क्या समुद्र के जल के भीतर उनसे सम्पर्क स्थापित किया गया होगा ? कैसे ? गुरु ने कहा था, उनके अपने साधन हैं। क्या उनके पास अपनी नौकाएं और जल-सैनिक हैं ? क्या यह सम्भव है ?... मुर्तू को पता लगाना होगा।

उतनी क्षमताओं वाले इस गुरु अगस्त्य ने प्रयत्न किया होता तो किसी साम्राज्य के महामन्त्री हुए होते। मुर्तू तो जलपोत-निर्माता होकर ही अपनी निर्धन और पीड़ित जाति को भूल गया। जीवन का लक्ष्य सुख, सुविधा और समृद्धि में ढूंढ़ने लग गया। आया भी तो सुविधाएं न देखकर वापस लौट जाने की बात सोचने लग गया।... सच ही कितना मादक है राक्षसी परिवेश। मैं भी राक्षस होते-होते बच गया...

अगस्त्य ! कैसे जीत लिया होगा उन्होंने अपनी भौतिक महत्त्वाकांक्षाओं को ? वनवासी का जीवन ! इतने अभावग्रस्त क्षेत्र में! अनथक प्रयत्न किया है आर्यों और

आर्येतर जातियों में भ्रातृभाव स्थापित करने और फिर उसे बनाये रखने में; और अब इस क्षेत्र में आर्थिक उन्नति के प्रयत्न में लगे हैं। यदि वह भी सहयोग दे ? पोत-निर्माण का कार्य आरम्भ करे ? अनेक लोगों को आजीविका मिलेगी। सैनिक और असैनिक कार्यों के लिए जलपोत बाहर जाएंगे। उसके यूथ के लोग और इस जनपद के अन्य निवासियों को अपनी उपज व्यापार के लिए बाहर भेजने का अवसर मिलेगा...

किंतु मुर्तू आगे नहीं सोच सका। उनके जलपोतों का खुले समुद्र में इस प्रकार व्यापार करते फिरना, रावण के सैनिक और व्यापारिक बेड़े सहन कर लेंगे क्या ? कभी नहीं। वह उनके साथ रहा है। उसकी स्मृति में कितनी ही ऐसी घटनाएं सुरक्षित हैं, जब राक्षस जलसेना ने अन्य राज्यों के व्यापारिक बेड़े इसलिए लूट लिये, जला डाले अथवा डुबो दिए कि उनके कारण लंका के व्यापारियों को चुनौती का सामना करना पड़ रहा था।... वे कभी यह सहन नहीं करेंगे कि वानर भी व्यापार करें और उनके व्यापार को तनिक भी हेठा होना पड़े...

ऐसी स्थिति में व्यापारिक बेड़ों की सुरक्षा के लिए सैनिक बेड़ा भी चाहिए... मुर्तू जैसे स्वयं पर ही हंसा... क्या सोच रहा है वह ! जिन लोगों ने आज तक समुद्र में एक नौका चलाकर नहीं देखी, वह उनके व्यापारिक और सैनिक बेड़ों की बात सोच रहा है।... ठीक कहते हैं गुरु अगस्त्य। वानर चाहें भी तो क्या राक्षस उन्हें उन्नति करने देंगे? उसने कभी सोचा भी नहीं था कि पिछड़ी, निर्धन और अविकसित जातियों की परतंत्रता का यह भी एक रूप है। लंका के नागरिकों को सचमुच कैसे मालूम हो सकता है कि सारे संसार का धन उनके कोषों की ओर बहता रहे, इसका मूल्य संसार में किस-किस को कहां-कहां चुकाना पड़ रहा है। निर्बल भी कभी स्वतंत्र हुआ है ? व्यक्ति हो या जाति...

पर गुरु अगस्त्य ! उनको देखकर तो नहीं लगता कि उनका उत्साह कभी दमित हो सकता है — किसी भी शक्तिशाली व्यक्ति के द्वारा या राष्ट्र के द्वारा। तभी तो वे अविकसित जातियों के विकास के लिए निकले हैं...

घर लौटकर मुर्तू ने अपने पिता के सम्मुख सारी स्थिति स्पष्ट कर रखने का प्रयत्न किया। खेती का उसे तनिक भी ज्ञान नहीं था — न मिट्टी का, न बीज का, न पशु का, न उपज का। यदि वह खेती करे भी तो एक घटिया किसान सिद्ध होगा, जबकि नौकाओं और पोतों के निर्माण में वह एक दक्ष अभियंता है। यदि वह नौका-निर्माण से अपना कार्य आरम्भ करे और क्रमश: पोत-निर्माण तक पहुंचना अपना लक्ष्य मानकर चले तो यह एक लाभकारी काम होगा, जो इस सारे जनपद में और कोई नहीं कर सकता। नौकाओं को पाकर समुद्र भी उनके लिए उतना ही उपयोगी हो जाएगा, जितनी कि धरती है। अनेक लोगों के लिए आजीविका के नये मार्ग खुल जाएंगे और जनपद का जीवन-स्तर अवश्य सुधरेगा।

भास्वर चकित होकर अपने पुत्र की बातें किसी अन्य लोक की बातों के समान

सुनता रहा। वह इसी तथ्य से अभिभूत था कि गुरु अगस्त्य के साथ मुर्तू ने कुछ ऐसी बातें की थीं, जो उसकी समझ में नहीं आयी थीं। जनपद भर का कोई भी युवक गुरु से इस प्रकार का वार्तालाप नहीं कर सकता था। यहां वानरों के साथ-साथ अन्य जातियों की भी बस्तियां थीं। भास्वर ने अनेक बार देखा था, वे सब भी गुरु के सम्मुख किस पूज्य भाव से नतमस्तक होते थे। किंतु जलपोत-निर्माण की बात तो आज तक किसी ने नहीं कही थी। उसका पुत्र क्या कुछ ऐसा कर सकता है, जो यहां आज तक किसी ने नहीं किया ?... यहां का प्रत्येक युवक होश संभालते ही अपने लिए धरती मांगता है; और मुर्तू को धरती नहीं चाहिए। मुर्तू को चाहिए समुद्र, जो यहां किसी को नहीं चाहिए।... किंतु मुर्तू अपनी नौकाएं समुद्र पर चलाना चाहता है। समुद्र पर — देवता पर। समुद्र रुष्ट हो गया तो ? किन्तु मुर्तू कहता है कि समुद्र पर राक्षसों के अनेक बेड़े चलते हैं। देवता उनसे रुष्ट नहीं होता ?... फिर भी यह ऐसा प्रसंग था, जिसके लिए ग्राम-प्रमुख से ही नहीं, यूथपति और समुद्र देवता के पुजारी से भी अनुमति लेनी पड़ेगी...

मुर्तू ने रात-भर नौका-निर्माण के विषय में इतना सोचा कि प्रातः उसके लिए कार्य आरम्भ करना अनिवार्य हो गया। उसकी इच्छा थी कि भोर होते ही वह लकड़ियां कटवानी आरंभ कर दे और कुछ तीव्रगामी नौकाओं का निर्माण कर डाले। सप्ताह-भर के भीतर दो-एक बड़ी और क्षिप्र गति वाली नौकाएं समुद्र में डाल दे ताकि उसके गांव और यूथवालों को उसकी उपयोगिता का ज्ञान हो...

किंतु भास्वर इसके लिए तैयार नहीं था कि बिना ग्राम-प्रमुख तथा यूथपति की अनुमति लिये, मुर्तू चुपचाप अपना काम आरम्भ कर दे। यह अकेले व्यक्ति का तो काम था नहीं। लकड़ियां काटने से लेकर, नौका को समुद्र के जल में उतारने तक गांववालों की सहायता की आवश्यकता पड़ेगी। यदि मुर्तू ग्राम-प्रमुख और यूथपति से अनुमति नहीं लेगा तो उसकी सहायता को कौन आएगा ? फिर मुर्तू तो नौकाएं और पोत बनाएगा मात्र। उनको चलाने और उनके उपयोग का काम तो सारे यूथ को ही अपने हाथों में लेना पड़ेगा। यदि मुर्तू ने यूथ के सहयोग के बिना एक-आध नौका बना भी ली तो वह उस नौका का क्या करेगा ?

मुर्तू को भी पिता से सहमत होना पड़ा। इस सामाजिक-राजनीतिक व्यवस्था में उसका अकेले इस प्रकार का कार्य आरम्भ करना हितकर नहीं था। विशेषकर ऐसा कार्य, जिसे शून्य से आरम्भ करना था, जिसकी उपयोगिता का अभी यहां किसी को ज्ञान नहीं था।

वे लोग ग्राम-प्रमुख के पास पहुंचे। ग्राम-प्रमुख, मुर्तू को देखकर, कल के समान प्रसन्न नहीं हुआ।

"तुम्हें भूमि मिल जाएगी।" वह अभिवादन का उत्तर देता हुआ बोला, "किंतु

खेती-योग्य भूमि एक दिन में तैयार नहीं हो सकती।''

''मैं भूमि के लिए नहीं आया।'' मुर्तू बोला।

''तो ?''

''मैं आपसे यह कहने आया हूं कि मुझे भूमि नहीं चाहिए।'' मुर्तू ने उत्तर दिया, ''मुझे आपसे एक दूसरी ही बात कहनी है।''

''भूमि नहीं चाहिए। दूसरी ही बात कहनी है।'' ग्राम-प्रमुख के चेहरे से अप्रसन्नता की रेखाएं कम हो गयीं, ''आओ, बैठो।''

भास्वर और मुर्तू बैठ गए।

''देखिए, ग्राम-प्रमुख महोदय !'' मुर्तू ने बात आरम्भ की, ''खेती बहुत अच्छा काम है, और आवश्यक भी। किंतु केवल खेती से न तो जीवन की आवश्यकताएं पूरी हो सकती हैं और न उसमें आनन्द आ सकता है।''

''ठीक कहते हो।'' ग्राम-प्रमुख एकदम सहमत हो गया, '' तभी तो गुरु अगस्त्य के कहने पर हमने करघे पर कपड़ा बुनना और समुद्र के जल से नमक बनाना आरम्भ किया है।''

''यह आपने बहुत अच्छा किया है।'' मुर्तू ने बात आगे बढ़ाई, ''अब मान लीजिए कि हमारा यूथ बहुत अधिक नमक बनाने लगता है। वह नमक यूथ की आवश्यकता से अधिक होता है। क्रमशः वह नमक आपके पास एकत्रित होता जाता है। तब हमें सोचना पड़ेगा कि उस नमक का हम क्या करें ?''

''इसमें सोचने की क्या बात है।'' ग्राम-प्रमुख तुरन्त बोला, ''हम नमक बनाना बन्द कर देंगे।''

''हां। आप यह भी कर सकते हैं, किंतु उससे नमक बनाने का कार्य करने वाले श्रमिक बेकार हो जाएंगे।'' मुर्तू बोला, ''आप यह भी कर सकते हैं कि उस अतिरिक्त नमक को अपने यूथ से बाहर बेचकर, उसके स्थान पर उनसे वे वस्तुएं प्राप्त करें जो हमारे यूथ के पास नहीं हैं।''

''हां, यह भी हो सकता है।'' ग्राम-प्रमुख ने उत्तर दिया, ''पर इसमें झंझट बहुत है।''

वह मुर्तू की बात से तनिक भी उत्साहित नहीं दीख रहा था।

''एक और बात है।'' मुर्तू ने बात दूसरे सूत्र से आरम्भ की।

''क्या ?''

''यद्यपि अब मछलियां पहले से बहुत अधिक पकड़ी जाती हैं, फिर भी अपने यूथ के उपयोग के लिए पर्याप्त नहीं हैं। हमें कुछ ऐसा काम करना चाहिए कि मछलियां और अधिक मात्रा और संख्या में पकड़ी जाएं, ताकि सब लोगों को अपनी आवश्यकतानुसार मछलियां सस्ते दामों में मिल सकें।''

''हां, यह बात ठीक है।'' ग्राम-प्रमुख इस बात से प्रभावित दिखाई पड़ रहा था,

''गांव के लोग मछली कम होने की शिकायत करते रहते हैं।''

''यह काम आप मुझे सौंप दीजिए।'' मुर्तू बोला, ''मैं खेती नहीं करूंगा, यही काम करूंगा।''

''अवश्य, अवश्य।'' ग्राम-प्रमुख अब स्पष्ट ही प्रसन्न हो उठा था।

''मैं प्रयत्न करूंगा कि जो जाल हम समुद्र-तट पर लगाते हैं, उसे कुछ आगे ले जाकर, समुद्र के कुछ गहरे पानी में लगाया जाए। वहां हमारे जाल में अधिक मछलियां फंसेंगी।'' मुर्तू ने अपनी योजना बतायी।

''ठीक है ! ठीक है !'' ग्राम-प्रमुख हंस रहा था, ''अच्छा विचार है। तुम यही काम करो।''

''समुद्र के भीतर जाकर जाल लगाने के लिए मैं नौकाएं बनाऊंगा।''

''नौकाएं क्या ?'' ग्राम-प्रमुख ने पूछा।

''लकड़ी का ऐसा वाहन, जो समुद्र में डूबे बिना, जल के ऊपर तैर सके।'' मुर्तू ने बताया।

''तुम उसे समुद्र में चलाओगे ?''

''हां।''

''उससे देवता का अपमान नहीं होगा ?'' ग्राम-प्रमुख कुछ रुष्ट होता-सा प्रतीत हुआ, ''तुम ऐसी बात सोच भी कैसे सकते हो ?''

''क्यों, आप समुद्र से नमक नहीं लेते ? उसके लिए उसका पानी नहीं सुखाते?'' मुर्तू बोला, ''उससे देवता का अपमान नहीं होता ?''

''समुद्र हमारा देवता है।'' ग्राम-प्रमुख गंभीर मुद्रा में बोला, ''वह अपनी इच्छा से हमें नमक देता है, मछलियां देता है।''

''पर उसके लिए आप समुद्र के भीतर जाते हैं।''

''हां। जहां तक हम बिना डूबे समुद्र में जा सकते हैं, वहां तक जाने का अधिकार हमें देवता ने दिया है। उसमें उसका अपमान नहीं होता।''

''इस अधिकार के विषय में आपको किसने बताया है ?'' मुर्तू बोला, ''मेरे बचपन में तो समुद्र के जल को अपने पैरों से छूना ही देवता का अपमान था।''

''इस अधिकार की बात हमें गुरु अगस्त्य ने बतायी है। उनका कहना है कि जहां तक जाने से देवता रुष्ट होकर हमें नष्ट नहीं करता, वहां तक जाने का अधिकार स्वयं देवता भी स्वीकार करता है।'' ग्राम-प्रमुख का मत इस विषय में अत्यन्त स्पष्ट था।

''यानी बिना डूबे मैं और आगे तक जाने लगूं, तो इसका अर्थ यह हुआ कि मुझे और आगे तक जाने का अधिकार है। यदि मेरी नौका न डूबे तो मुझे नौका चलाने का भी अधिकार है ?'' मुर्तू ने पूछा।

''हां-हां ! क्यों नहीं...'' ग्राम-प्रमुख कहते-कहते रुक गया, ''भाई ! ये बातें

मेरे बस की नहीं हैं। समुद्र न तो हमारे ग्राम का है और न वह केवल हमारा देवता है। इस विषय में तो तुम यूथपति अथवा गुरु अगस्त्य से बात कर लो।''

''गुरु अगस्त्य ने तो मुझे अनुमति दे दी है।'' मुर्तू ने बताया।

''तो यूथपति भी मना नहीं करेंगे। पर तुम उनसे पूछ लो। मैं इस विषय में स्वयं कोई अनुमति नहीं दे सकता।''

ग्राम-प्रमुख ने अपनी ओर से बात समाप्त कर दी थी। अब उससे अधिक तर्क करने का कोई लाभ नहीं था। यदि उसे काम करना ही था तो यूथपति के पास जाना ही होगा। वह उठ खड़ा हुआ।

पर मुर्तू का मन खट्टा हो गया था। ये कैसे लोग हैं और कैसा इनका प्रशासन है — अपना ही भला-बुरा नहीं समझते। जिस जाति की राजनीतिक सत्ता ऐसे मूढ़ लोगों के हाथों में हो, वह अपनी प्रगति की क्या आशा कर सकती है ? ये अपनी जड़ता के कारण इस जनपद को कभी आगे नहीं बढ़ने देंगे और विकसित जातियां इनका शोषण करती ही रहेंगी।

भास्वर ने बेटे को उदास देखा तो उसका मन भी हिल गया। वह समझ नहीं पा रहा था कि वह पुत्र को क्या कहकर सांत्वना दे। उसका तर्क किसी ठिकाने नहीं पहुंच रहा था। यदि मुर्तू कहता ही है तो आखिर ग्राम-प्रमुख उसे अनुमति क्यों नहीं दे देता ? और यदि ग्राम-प्रमुख नहीं मानता, तो मुर्तू ही उसकी बात मान ले। वह ऐसा काम ही क्यों करना चाहता है, जिससे देवता के रुष्ट होने की संभावना है। देवता के रुष्ट होते ही ग्रामवासी, ग्राम-प्रमुख और यूथपति — सब ही रुष्ट हो जाएंगे। तब मुर्तू के लिए ही नहीं, भास्वर के लिए भी यहां रहना असंभव हो जाएगा।

किंतु मुर्तू कहता है कि यहां से अपहृत होने के बाद, वह आज तक नौकाओं और जलपोतों में ही यात्राएं करता रहा है। उससे देवता कभी रुष्ट नहीं हुए, नहीं तो मुर्तू अब तक जीवित कैसे रहता !... भास्वर का मन होता था कि वह उसकी बात मान ले और ग्राम-प्रमुख को अपनी ओर से भी कुछ कहे... पर कहने का क्या लाभ ? जब अनुमति देने का अधिकार यूथपति को ही है तो उन्हीं से बात की जाए।

''तुम उदास मत हाओ, पुत्र !'' अंत में भास्वर बोला, ''मुझे आशा है कि यूथपति तुम्हें अवश्य ही अनुमति दे देंगे। यदि वे अनुमति न भी दें, तो हम गुरु अगस्त्य के पास जा सकते हैं। उनमें लोगों को समझाने की अद्‌भुत क्षमता है। कई बार उनके समझाने पर यूथपति भी अपनी हठ से टल जाते हैं। और बेटा!...'' वह रुकते-रुकते बोला, ''यदि वे लोग अनुमति न ही दें तो इसे अपने कल्याण की दृष्टि से ठीक ही मानो। देवता रुष्ट हो गए तो सचमुच अनर्थ हो जाएगा।''

मुर्तू ने पिता को देखा। वृद्ध के चेहरे पर पुत्र का स्नेह और देवता का भय — दोनों ही वर्तमान थे।

उसने पिता की बात का कोई उत्तर नहीं दिया। वह सोच रहा था कि एक बार यूथपति से मिल ही लिया जाए।

यूथपति से मिलना, ग्राम-प्रमुख से मिलने के समान सरल नहीं था। उसका शासन एक गांव तक ही सीमित नहीं था। उस पर प्रशासनिक के साथ-साथ सैनिक दायित्व भी थे। और मुर्तू ने देखा कि उसके पास ग्राम-प्रमुख से कहीं अधिक विलास-सामग्री भी थी। उन सबके लिए भी उसे समय की आवश्यकता थी।

मुर्तू मन-ही-मन स्वयं को अपमानित-सा पा रहा था। लंका में शायद उसे स्वयं सम्राट से मिलने में इतनी बाधाएं न झेलनी पड़तीं, जितनी यहां यूथपति से मिलने के लिए उसके मार्ग में आ रही थीं। उसे लगा, उसका उत्साह कम होता जा रहा है। जहां कोई उसका महत्त्व ही नहीं समझता, वहां वह काम किसके लिए करे ?... पर दूसरे ही क्षण उसने स्वयं को समझायां — ऐसे तो कोई भी बात नहीं बनेगी। लोग उसका मूल्य नहीं समझते तथा स्वयं को अधिक महत्त्वपूर्ण मानते हैं; और वह अपने अहंकार को दबाकर स्वयं को यह नहीं समझा पाता कि वह अपनी मातृभूमि के हित के लिए कुछ करना चाहता है। यदि वह अपनी जाति पर कृपा करना चाहता है तो यहां किसी को उसकी आवश्यकता नहीं है; कोई उससे याचना करने नहीं गया था। उसे स्वयं को ही समझाकर चलना पड़ेगा...

उसने संकल्प किया कि वह यूथपति से मिलकर ही जाएगा, मार्ग में चाहे कितनी ही बाधाएं क्यों न हों। यदि वह बुद्धि-मेधा की दृष्टि से विशिष्ट है, तो उसे व्यवहार में प्रमाणित भी करना होगा। यदि वह इस अर्द्ध-सभ्य प्रशासन के छोटे-मोटे सैनिकों और नायकों से पार न पा सका तो उसकी विशिष्टता ही कैसी ?

थोड़े से ही प्रयत्न से बात स्पष्ट हो गयी कि अनुमति का मूल्य क्या है। मुर्तू ने एक रजत-मुद्रा नायक की मुट्ठी में थमा दी। नायक ने एक बार उस मुद्रा को देखा और भौंचक-सा मुंह खोले मुर्तू को देखता रह गया। उसने अब तक जैसे मुर्तू का इतना मूल्य नहीं आंका था। अब उसका महत्त्व समझते ही वह सचेष्ट हो उठा और तत्काल उसने मुर्तू के लिए यूथपति से मिलने की अनुमति प्राप्त कर ली।

मुर्तू एक सैनिक के साथ, यूथपति से मिलने के लिए चला तो मन में ग्लानि का भाव लिये हुए था।... वह अपने स्वार्थ के लिए कुछ नहीं चाहता। वह कोई व्यापार कर अपने लिए वैभव एकत्रित करने नहीं आया है। वह तो अपने यूथ और इस जनपद की उन्नति के लिए शुभ कार्य करना चाहता है।... उसके लिए उसे उत्कोच देना पड़ा है।... उत्कोच ! उसने यह ठीक किया ? क्या यह अनुचित नहीं था ? उसने अनेक शासनों के विभिन्न कार्यालयों में अनेक धन-लोलुप व्यापारियों को अपना स्वार्थ सिद्ध करने के लिए उत्कोच देते देख, उनके प्रति घृणा का अनुभव किया है।... और आज उसने स्वयं वही किया।... उसने स्वार्थ-सिद्धि के लिए ऐसा नहीं किया, किंतु उच्च लक्ष्य के लिए

कैसा निकृष्ट माध्यम ! मुर्तू के मन की ग्लानि धुल नहीं पा रही थी।...

यूथपति हृष्ट-पुष्ट और स्वस्थ व्यक्ति था। उसके रख-रखाव को देखकर मुर्तू को लगा कि इस निर्धन यूथ के पति के लिए इतना वैभव अननुपातिक था।... अगस्त्य ने राक्षसों के विषय में जो कुछ कहा था, क्या वह इस यूथपति पर भी लागू नहीं होता? उसके वैभव का मोल चुकाने के लिए साधारण वानरों को नंगे-भूखे नहीं रहना पड़ता? क्या अगस्त्य की दृष्टि इस ओर नहीं गयी; या वे यूथपति से कह नहीं सके कि यदि उसके लिए यह प्रासाद न बनता तो यूथ के आधे लोगों के लिए पक्के मकान बन जाते...

यूथपति ने उसे देखा, "क्या काम है ?"

मुर्तू ने उसे उस प्रकार समझाने का प्रयत्न नहीं किया, जैसे उसने ग्राम-प्रमुख को समझाया था। उसने स्पष्ट कहा, "मैं समुद्र में चलने के लिए नौकाओं के निर्माण की अनुमति चाहता हूं।"

"अनुमति !" यूथपति अपने होंठों में बुदबुदाया। फिर उसने पास खड़े सैनिक की ओर देखा और आदेश दिया, "पुरोहित को बुलाओ।"

सैनिक चला गया। यूथपति कुछ इस भाव से बैठा रहा, जैसे मुर्तू का कोई अस्तित्व ही न हो और वह अपने कक्ष में अकेला हो।

पुरोहित शीघ्र ही आ गया। कदाचित् वह कहीं पास ही उपलब्ध था।

"यह व्यक्ति किसी बात की अनुमति चाहता है।" यूथपति ने उसे बताया। पुरोहित ने मुर्तू की ओर देखा, "तुम कौन हो ? मैंने तुम्हें पहले कभी नहीं देखा।"

मुर्तू सचेत हुआ। यह व्यक्ति यूथपति के समान मूर्ख नहीं था। उसने अपना परिचय दिया और अंत में नौका-निर्माण की अनुमति की बात कही।

अपनी बात के अंत तक आते-आते मुर्तू ने देखा कि पुरोहित पहले जैसा सहज नहीं रह गया था। वह उसे कुछ क्षुब्ध भी लगा और भयभीत भी।

मुर्तू की बात समाप्त होते ही, पुरोहित स्पष्ट और दृढ़ स्वर में बोला, "तुम राक्षसों के राज्य में से राक्षसी विद्याएं सीखकर आए हो। अपने राज्य में उन विद्याओं का प्रयोग करने की अनुमति देकर, अपने देवता को रुष्ट कर अपनी प्रजा का नाश हम नहीं करवाएंगे। तुम्हें इसकी अनुमति नहीं दी जा सकती।"

"देवता रुष्ट नहीं होंगे..."

पुरोहित ने मुर्तू को अपनी बात पूरी भी नहीं करने दी, "देवता किस बात से रुष्ट होते हैं, किससे नहीं, इसको तुमसे बहुत अधिक मैं जानता हूं। मैं समुद्र देवता का पुजारी और पुरोहित हूं। उनकी इच्छा मेरे मन में उदित होती है और मेरी जिह्वा से प्रकट होती है।... तुम्हें अनुमति नहीं दी जा सकती।"

पुरोहित ने यूथपति की ओर देखा और यूथपति ने तत्काल अपना समर्थन प्रकट

किया, ''पुरोहित ठीक कह रहे हैं।''

मुर्तू लौट पड़ा। वह अत्यन्त पीड़ित था। उसकी संपूर्ण आस्था जैसे हिल उठी थी।

## 8

धर्मभृत्य ने पढ़ना बंद कर, आगंतुक की ओर देखा, ''क्या बात है, भीखन ?''

सबका ध्यान भीखन की ओर चला गया — उसकी सांस धातुकर्मी की धौंकनी के समान चल रही थी और वह स्वेद से नहाया हुआ था।

''मुझे लगता है कि यह मुर्तू को समझाने के लिए इतनी दूर से भागता आया है। क्यों भीखन भैया !'' लक्ष्मण ने मुसकराकर उसे देखा, किंतु वे छिपा नहीं पाये कि कथा के प्रवाह में भीखन का इस प्रकार बाधा-स्वरूप उपस्थित होना उन्हें एकदम अच्छा नहीं लगा था।

''मुर्तू कौन है ?'' भीखन नें आश्चर्य से पूछा।

''पहले तुम बताओ कि इस समय हांफते हुए कैसे आए ?'' राम बोले, ''क्या दौड़ते हुए आए हो ?''

''हां, भद्र राम !'' भीखन बैठ गया, ''थोड़ा दम लेकर बताता हूं। बहुत महत्त्वपूर्ण सूचना लेकर आया हूं।''

महत्त्वपूर्ण सूचना की चर्चा से सबने भीखन की ओर देखा; और भीखन एकदम चुप होकर बैठ गया।

शरभंग के आश्रम से सुतीक्ष्ण के आश्रम तक और उसके पश्चात् अपने गांव की सीमा तक भीखन उनके साथ आया था। राम सोच रहे थे — इसी भीखन ने बताया था कि धर्मभृत्य लेखक भी है और उसने अगस्त्य-कथा लिखी है। अवश्य ही भीखन धर्मभृत्य के निकट संपर्क में रहा है, यद्यपि उसका गांव यहां से बहुत निकट नहीं है...

भीखन का श्वास कुछ स्थिर हुआ तो उसने दो-तीन लंबी सांसें लीं — बैठने की भंगिमा बदली और बोला, ''यदि थोड़ा जल मिल जाता।''

एक ब्रह्मचारी द्वारा लाया गया जल पीकर उसकी मुद्रा कुछ सहज हुई तो बोला, ''भद्र राम ! बात यह है कि हमारा जो भू-स्वामी है न भूधर, उसके भवन में शस्त्र चमक रहे हैं। उसके घर में काम करने वाला एक अनुचर मेरा मित्र है। उसी ने मुझे यह सूचना दी है कि भूधर के अनेक मित्र मिलकर सैनिक एकत्रित कर रहे हैं। कदाचित् उनके पास जनस्थान से राक्षस सैनिकों की कोई टुकड़ी भी आ पहुंची है। उन्होंने मुनि धर्मभृत्य के मित्र मुनि आनन्दसागर के आश्रम पर आक्रमण कर उन्हें बंदी कर लिया है और अब वे आपके आश्रम पर आक्रमण करने की योजना बना रहे हैं।''

''आनन्दसागर के आश्रम पर आक्रमण क्यों हुआ ?''

''वे मुनि धर्मभृत्य के मित्र हैं।''

"किंतु भूधर की धर्मभृत्य से क्या शत्रुता !" लक्ष्मण बोले।

"शत्रुता क्यों नहीं है।" भीखन बोला, "धर्मभृत्य राम को बुलाकर लाए हैं, उन्होंने राम को अपने आश्रम में ठहराया है। राम ने उग्राग्नि को खदेड़कर खान के श्रमिकों को मुक्त कर दिया है...। जो श्रमिक सिर उठाकर कभी आकाश नहीं देखता था, वह अब खान का स्वामी हो गया है..."

"किंतु उग्राग्नि तो राक्षस नहीं था, उसके खदेड़े जाने से भूधर को क्या कष्ट है ?" शुभबुद्धि समझ नहीं पा रहा था।

"वैसे तो खान-श्रमिक भी आर्य नहीं हैं।" भीखन बोला।

राम मुसकराए, "भीखन ने बात स्पष्ट कर दी है। जाति कोई अर्थ नहीं रखती, मूल बात व्यवस्था की है। उग्राग्नि की व्यवस्था राक्षसी व्यवस्था थी, जिसमें एक व्यक्ति अनेक मनुष्यों के श्रम की आय को झपटकर उन्हें भूखा मारना चाहता है तथा स्वयं अपने लिए उस आय से विलास की सामग्री एकत्रित करना चाहता है। यदि कोई उसका विरोध करे तो वह हिंसा पर उतर आता है। शस्त्र-शक्ति द्वारा दमन से वह अपने शोषण का क्रम चलाए रखना चाहता है। हमने उग्राग्नि की व्यवस्था नष्ट कर दी है — उससे अन्य शोषकों को अपनी व्यवस्था के लिए संकट दिखाई पड़ने लगा है।" राम हंस पड़े, "है न अद्भुत बात। अग्निवंश के अत्याचार को बनाए रखने के लिए जनस्थान में राक्षसी सेना आयी है।"

"पर वैसे देव जातियों और राक्षसों में घोर शत्रुता है।" सीता ने कटु स्वर में टिप्पणी की।

'वह शुत्रता अपने स्थान पर है, किन्तु न इन्द्र चाहेगा और न रावण कि इस क्षेत्र की ये जन-जातियां समर्थ होकर अपने पैरों पर खड़ी हो जाएं।" राम शांत स्वर में बोले, "ऐसा आभास मुझे चित्रकूट से ही होता चला आ रहा है; अन्यथा इन्द्र और उसके पुत्र की स्थान-स्थान पर उपस्थिति के प्रमाण होते हुए भी, सामान्य-जन राक्षसों के कारण इतना असुरक्षित और पीड़ित क्यों होता ?" वे भीखन की ओर मुड़े, "भीखन ! उनकी योजना क्या है ?"

"योजना का तो मुझे पता नहीं, आर्य ! केवल इतनी ही सूचना मिली है कि वे उस आश्रम को अपने सैनिक शिविर में बदल चुके हैं और इस आश्रम को नष्ट कर देना चाहते हैं। उन्हें शायद कुछ और भूस्वामियों की सेनाओं की प्रतीक्षा है। उनके आते ही वे आक्रमण करेंगे।"

"तो क्रम आरम्भ हो गया है।" राम वाचिक चिन्तन-सा करते हुए बोले, "अत्याचारी सेनाएं अपना पंजा फैलाने को उद्यत हो रही हैं; अब जन-सेना के रूप में आश्रम-वाहिनियों और ग्राम-वाहिनियों का भी निर्माण होना ही चाहिए।" सहसा वे लक्ष्मण की ओर मुड़े, "अपनी सीमा के मचान बन गए हैं ?"

"वे संध्या समय ही तैयार हो चुके थे।" लक्ष्मण बोले, "मुखर ने सीमा-संचार

की व्यवस्था भी कर दी थी।''

''तो मुखर ! सीमा-संचार वालों को सावधानी-सन्देश भेज दो; और यह अवश्य कहला देना कि उन्हें बिना आदेश पाए, राक्षस-सेना का विरोध नहीं करना है। केवल हमें सूचना देनी है।''

मुखर उठकर चला गया।

''कृतसंकल्प !'' राम बोले, ''मुख्य वाहिनी के सदस्यों को उनके शस्त्रों सहित आश्रम के मध्य में एकत्रित होने का सन्देश दो। सौमित्र ! तुम बस्ती में मोर्चा बांधो। सीते! तुम आश्रम की सुरक्षा तथा शस्त्रागार की व्यवस्था संभालो। धर्मभृत्य ! आवश्यकता के अनुसार आपूर्ति का काम तुम करो।''

राम उठ खड़े हुए।

तत्काल सारी व्यवस्था की गयी। आश्रम और बस्ती का सारा क्षेत्र युद्ध-शिविर में परिवर्तित हो गया।

सारी रात प्रतीक्षा होती रही। चेतावनियां, सूचनाएं और आदेश लेकर लोग इधर-उधर भागते रहे। किन्तु उजाला फूटने तक राक्षसों के आने का कहीं दूर-दूर तक पता नहीं था। उग्राग्नि की धमकी के पश्चात् यह दूसरी रात थी, जो प्रतीक्षा में जागकर बिताई गयी. किन्तु आक्रमणकारी नहीं आए।

उजाला फूटते ही पुनः नयी सूचनाएं आने-जाने लगीं। रात के प्रहरी बदल दिये गए। मचान पर बैठ चौकसी करने का काम, अधिकांशतः रात को नींद लेने वाली स्त्रियों और किशोरों को सौंपा गया। रात को जगे हुए लोग अल्पकालिक विश्राम के लिए चले गए।

राम ने अपनी वाहिनी को मध्याह्न तक के विश्राम के लिए भेज दिया।

थोड़े से अन्तराल के पश्चात्, स्नान इत्यादि कर लक्ष्मण, मुखर, सीता, धर्मभृत्य, कृतसंकल्प, अनिन्द्य तथा भीखन इत्यादि लोग आश्रम में एकत्रित हुए तो उन्होंने देखा कि राम अभी तक उसी प्रकार चिन्तन की मुद्रा में बैठे थे। कदाचित् उनके मन में कुछ योजनाएं आकार ले रही थीं।

''क्या सोच रहे हैं, प्रिय ?''

चौंककर राम नें उन लोगों को देखा। दो-चार बार पलकें झपककर मुसकराये, ''आ गए तुम लोग। बैठो, कुछ बातें करनी हैं।''

उनके बैठने पर राम बोले, ''भीखन, तुम्हारा क्या विचार है, क्या सचमुच आनन्दसागर के आश्रम में राक्षस सैनिक शस्त्रों सहित एकत्रित हैं ?''

''यह बात उतनी ही सच है, जितना मेरा यहां उपस्थित होना। यदि मैं इतना निश्चित न होता तो इतनी दूर आकर आप सबको रात-भर जागने का कष्ट न देता।''

''तो उन्होंने आक्रमण क्यों नहीं किया ?''

"आर्य ! ठीक-ठीक कारण तो वे लोग स्वयं ही बता सकते हैं।" भीखन गंभीर स्वर में बोला, "किंतु मेरा ऐसा अनुमान है कि जिन सैनिकों की वे प्रतीक्षा कर रहे थे, वे शायद अभी पहुंचे नहीं; अन्यथा आक्रमण एकदम निश्चित था।"

"इसका अर्थ यह हुआ कि उनका आक्रमण-काल किसी अन्य सैनिक सहायता पर निर्भर होने के कारण अनिश्चित है। किंतु हम यहां बैठे प्रतीक्षा नहीं कर सकते। उनको अधिक समय देने से आनन्दसागर तथा उनके सहयोगियों के प्राणों का संकट बढ़ता जाएगा।" राम बोले, "अच्छा भीखन ! यह बताओ कि यदि आनन्दसागर के आश्रम पर ठहरी हुई सेना पर आक्रमण हो, तो तुम्हारे ग्रामवासियों की क्या प्रतिक्रिया होगी ? क्या ग्रामवासी भूधर की रक्षा के लिए आएंगे ?"

भीखन जोर से हंसा, "ग्रामवासी सरल अवश्य होते हैं, राम ! किन्तु इतने मूर्ख नहीं होते कि अपना पक्ष ही न पहचानें। वर्ष-भर के श्रम से उपजाया हुआ अन्न जो कर के नाम पर छीन लेता है; जिसने प्रत्येक घर की कोई-न-कोई बहू-बेटी छीनकर बेच दी है, गांववाले उसका पक्ष लेकर क्यों लड़ेंगे ?"

"प्रत्येक घर की बहू-बेटी बेच दी है ?" सीता चकित थीं।

"हां, देवि !"

"कैसे ?"

"सीते ! थोड़ी देर धैर्य करो।" राम बोले, "बताओ, भीखन ! यदि ग्रामवासी भीखन की ओर से लड़ेंगे तो क्या वे तटस्थ रहेंगे ?"

"नहीं, राम !" भीखन बोला, "सच्ची बात तो यह है कि ग्रामवासी अपनी ओर से तैयार हैं कि अवसर मिलते ही वे भूधर से प्रतिशोध लें। देखा जाय तो ग्रामवासियों के पास इतना जनबल तथा मनोबल है कि वे भूधर और उसके सैनिकों से निबट लें; किन्तु भूधर के विरुद्ध स्वर उठाते ही अन्य स्थानों से राक्षस सैनिकों की टोलियां जमा हो जाती हैं। तब ग्रामवासियों की पीड़ा और भी बढ़ जाती है।"

"बड़ी सरल बात है।" राम बोले, "राक्षस संगठित हैं और सामान्य-जन संगठित नहीं हैं। उनकी सहायता के लिए उनके पक्षधर और सेनाएं आती हैं; सामान्य-जन के न पक्षधर आते हैं और न सेनाएं। संघर्ष में संगठन सदा जीतता है।" राम ने रुककर एक बार सबको देखा, "अब स्थिति यह है कि वे लोग हम पर आक्रमण करने की तैयारी में हैं। हमारे सामने एक विकल्प तो यह है कि हम सतर्क रहकर प्रतीक्षा करें। रातों को जागें और दिन में प्रतीक्षा का तनाव झेलें। शत्रु को पूरा अवसर दें कि वह आनन्दसागर तथा उनके साथियों की अपनी इच्छानुसार हत्या कर लें और अपनी सुविधा से अपनी निश्चित कार्य-पद्धति के अनुसार, इच्छित सैन्य शक्ति लेकर, हमसे लड़ें और यदि हमें असावधानी के क्षण में घेर सकें तो अपनी कामनानुसार हमारा नाश कर लौट जाएं...।"

"और दूसरा विकल्प ?" लक्ष्मण मुसकरा रहे थे।

"दूसरा विकल्प यह है कि यदि तुम लोग यहां की रक्षा संभालो, मुझे और मेरी

जन-वाहिनी को मुक्त करो और भीखन ग्रामवासियों द्वारा हमारी सहायता का वचन दें तो हम अपनी सुविधा से उन पर आक्रमण करें और उन्हें अपनी रणनीति के अनुरूप लड़ने को बाध्य करें।... मैं चाहता हूं कि एक तो हम आनन्दसागर तथा उनके साथियों को जीवित मुक्त करने का प्रयत्न करें और इससे पूर्व कि भूधर को कहीं से सहायता मिले, हम उनको नष्ट कर दें।''

''आप राक्षसों की सेना पर आक्रमण करेंगे !'' शुभबुद्धि का स्वर चिंतित था, ''क्या यह उचित होगा ? आत्म-रक्षा की बात और है।''

''किंतु आनन्दसागर की रक्षा भी तो आत्म-रक्षा ही है।'' धर्मभृत्य बोला।

मुखर हंसा, ''अपने बिल में मृत्यु की प्रतीक्षा में दुबके रहना आत्म-रक्षा और शत्रु के घर को ध्वस्त कर निश्िंचत हो जाना अनावश्यक हिंसा ?''

''ठहरो, मुखर !'' राम बोले, ''देखो, शुभबुद्धि ! यह युद्ध है। प्रतिरक्षात्मक युद्ध केवल अपनी मृत्यु के साथ समाप्त होता है, जबकि आक्रामक युद्ध शत्रु की मृत्यु के साथ भी समाप्त हो सकता है। इस क्षेत्र का अब तक का संघर्ष आत्म-रक्षात्मक ही रहा है; यहां तक कि आनन्दसागर आश्रम पर आक्रमण होने की स्थिति में धर्मभृत्य के आश्रम से सहायता तक नहीं गयी है। यह आत्म-रक्षा के संकुचित अर्थ की चरम सीमा है — जिस पर प्रहार हो, वही सहन करे। परिणामतः राक्षसों का स्थान सदा सुरक्षित रहा है; और वे कभी पराजित नहीं हुए। हमें अपने दृष्टिकोण की इस भूल को समझना होगा। वैसे भी सुविधाओं का युद्ध रक्षात्मक हो सकता है, न्याय का युद्ध रक्षात्मक कैसे होगा?''

''आप क्या सोच रहे हैं, भैया ?'' लक्ष्मण बोले, ''हमें यहां छोड़कर, स्वयं अकेले जाना चाहते हैं ?''

''नहीं। मैं युद्ध के मोर्चे का विस्तार करना चाह रहा हूं।'' राम बोले, ''युद्ध यहां से वहां तक होगा। तुम अपनी टुकड़ियों के साथ यहां रहो, मैं अपनी जन-वाहिनी के साथ वहां जाऊंगा। वैसे भी इस मुक्त-क्षेत्र का विस्तार न हुआ तो हम घेरकर समाप्त कर दिए जाएंगे।''

''कब जाना चाहते हैं ?'' सीता ने प्रश्न किया।

''भीखन ! तुम्हें ग्रामवासियों को तैयार करने में कितना समय लगेगा ?''

''अभी चल दूं तो मध्याह्न तक सब-कुछ तैयार होगा।''

''तो तुम कुछ खा-पीकर चल पड़ो।'' राम बोले, ''मैं मध्याह्न के पश्चात् चलूंगा। संध्या-समय हमें गांव की सीमा पर मिल जाना।''

''ठीक है।'' भीखन ने कुछ दबे स्वर में कहा, ''पर पक्की बात है न ?''

''पुष्टि की आवश्यकता नहीं है।'' राम हंसे, ''सीते ! भीखन के भोजन का प्रबंध कर दो।''

सीता ने भोजन परोसते हुए कहा, ''भीखन भैया ! मेरा प्रश्न बीच में ही रह गया था। भूधर कैसे ग्राम की बहू-बेटियां छीनकर बेच देता था ?''

''ओह ! वह !'' भीखन खाते हुए बोला, ''ऐसा है, देवी वैदेही ! ग्रामीण बहुत निर्धन हैं। जी-तोड़ परिश्रम करते हैं। उपज भी अच्छी होती है; किंतु कुछ कर के नाम पर, कुछ शुल्क के नाम पर तथा कुछ तंत्र-मंत्र और भगवान के नाम पर — भूधर तथा उसके सहयोगी हमसे इतना छीन लेते हैं कि हमारे पास दो समय का भोजन भी कठिनाई से बचता है। ऐसे में जब विवाह इत्यादि का अवसर आता है तो वर को कन्या के पिता को देने के लिए धन की आवश्यकता होती है। तब ऋण के लिए भूधर के पास जाना पड़ता है। वह हितू के रूप में धन की सहायता करता है और विवाह करवा देता है...''

''ठहरो !'' सीता बोलीं, ''तुमने कहा, कन्या के पिता को देने के लिए वर को धन की आवश्यकता है ?''

''हां, देवि !''

''ओह ! किंतु किसलिए ?''

''कन्या का मूल्य चुकाने के लिए !''

''भीखन भैया ! हमारे यहां तो कन्या का पिता कन्या की ओर से वर को दहेज देता है।''

''हमारी रीति इसके विपरीत है, देवि ! कन्या का मूल्य चुकाये बिना विवाह नहीं हो सकता।''

''अच्छा ! तो फिर ?''

''विवाह के पश्चात् ऋण चुकाने के समय तक खेत भूधर के हो जाते हैं। अपना पेट पालने के लिए हम अपने ही खेतों में भूधर के दासों के समान कार्य करते हैं। उससे दो समय का भोजन मिल जाता है...''

''अर्थात् अपने खेतों में स्वयं ही परिश्रम कर, अन्न उपजा, दो समय का भोजन अपने लिए रख, शेष भूधर को दे देते हो ?''

''इतना ही नहीं, देवि ! ऋण फिर भी हम पर चढ़ा रहता है।''

''खाते चलो, भीखन !'' सीता बोलीं, ''फिर ?''

''फिर क्या ! थोड़े ही समय में निर्धनता तथा परिश्रम की मार से पति-पत्नी झगड़ने लगते हैं। भूधर ऋण चुकाने के लिए अलग तंग करता है। जल्दी ही ऐसी स्थिति आ जाती है कि आदमी जीवन से ऊब जाता है।'' भीखन बोलता गया, ''तब भूधर के चेले-चाटे सुझाते हैं कि 'ऋण से मुक्ति चाहते हो, तो अपनी पत्नी भूधर के हाथ बेच दो। जब पैसे होंगे, छुड़ा लेना। तुम भी तो उसका मूल्य चुकाकर ही उसे लाये हो।' आपको क्या बताऊं, देवि ! लोग इतने दुखी हो चुके होते हैं कि उनकी बात मान जाते हैं। भूधर अनेक स्त्रियों का इसी प्रकार क्रय कर कहीं दूर जाकर बेच आता है। पता नहीं वह उनसे वेश्यावृत्ति कराता है या...''

''तुम लोग यह सब देखते-जानते-समझते हो, भीखन भैया ! और फिर भी सहे जाते हो ?'' सीता के नयनों में ज्वाला जल उठी, ''यह तो अच्छा ही हुआ कि राम तुम्हारे ग्राम में जाने की योजना बनाए बैठे हैं, नहीं तो धनुष-बाण लेकर मुझे जाना पड़ता।''

''देवी वैदेही ! हम सब बहुत दुखी हैं, किंतु शरभंग तथा सुतीक्ष्ण जैसे दिग्गज ऋषियों की असमर्थता देखकर भयभीत हुए बैठे हैं। प्रश्न यह है कि बिल्ली के गले में घंटी कौन बांधे ?...'' भीखन हंसा, ''किंतु शायद अब परिस्थितियां बदल गयी हैं। इस आश्रम तथा साथ-ही-साथ खान और बस्ती की मुक्ति ने लोगों में साहस भर दिया है। ग्रामीण जन तो प्रस्तुत ही हैं, गांव से कुछ कोस आगे मुनि धर्मभृत्य के ही मित्र मुनि सुखप्रिय का आश्रम है। वे भी राम को अपने आश्रम में आमंत्रित करने की इच्छा प्रकट कर चुके हैं।... मैंने अकारण ही भद्र राम को आश्वासन नहीं दिया है, देवि !''

''ऐसी स्थिति में तुम्हारा सफल होना अनिवार्य है।'' सीता तेजस्वी स्वर में बोलीं, ''समझते हो न, असफलता का परिणाम क्या होगा ?''

''भली प्रकार समझते हैं, देवि !''

भीखन ग्राम की सीमा से इधर ही वन में राम को मिल गया।

''सब ठीक है, भीखन !''

''आर्य ! सारा ग्राम आपकी प्रतीक्षा कर रहा है; और भूधर अपने राक्षस सैनिकों की।''

''पहले कौन पहुंचा ?''

''आप !''

''तो विजय भी हमारी ही होगी।'' राम मुसकराये, ''भीखन ! तुम्हें भय तो नहीं लग रहा है ? मेरे साथ केवल बीस व्यक्ति हैं।''

भीखन भी मुसकराया, ''इतना ही भीत प्रकृति का होता तो ऋषि सुतीक्ष्ण के आश्रम में तपस्या कर रहा होता, राम को बुलाने धर्मभृत्य के आश्रम में न जाता।''

''स्वस्ति, भीखन ! तुम वीर हो।'' राम बोले, ''अब ग्राम में आओ। जिसको जो प्रहारक वस्तु मिले, लेकर प्रस्तुत रहो। आश्रम पर आक्रमण का संकेत मिलते ही भूधर के भवन पर जा टूटो। प्रयत्न यह हो कि उनके अधिक-से-अधिक शस्त्र छीन सको। भूधर के भवन में अधिक सैनिक तो नहीं हैं ?''

''नहीं, आर्य ! दो-चार साधारण प्रहरी हैं।''

''तो ठीक है। जाओ।''

भीखन वृक्षों के पीछे अदृश्य हो गया तो राम भी आश्रम की ओर मुड़े। राम के पीछे उनके बीस जन-सैनिक निःशब्द चल रहे थे। सैनिकों के पास खड्ग थे; और राम

सावधानी से अपना धनुष पकड़े, किसी भी आकस्मिक आक्रमण के लिए तैयार थे।

वे लोग निर्विघ्न आश्रम के निकटतर होते गए; किंतु एक दूरी से ही आश्रम में होने वाले कोलाहल का आभास उन्हें मिलने लगा था। राम को समझते देर नहीं लगी कि राक्षस अपनी विजय का आनन्दोत्सव मना रहे थे। राम के होंठ एक अस्पष्ट-सी मुसकान की मुद्रा में शिथिल हो गए — शत्रु चतुर तो नहीं ही था, सावधान भी नहीं था। आततायी जन-शत्रु अपने विलास के कारण ही अधिकांशत: असावधानी में मारा जाता है।

राक्षसों को राम के आने का पता तब चला, जब वे आश्रम के केन्द्र में एकत्रित सभा के सामने जा खड़े हुए। एक राक्षस का नशे में लड़खड़ाता स्वर आया, "आ गयी! आ गयी ! तुम्हारी प्रतीक्षित सेना आ गयी, भूधर ! चलो, अब धर्मभृत्य के आश्रम को लूटें। वहां अनेक श्रमिक सुंदरियों के साथ, राम की अत्यन्त सुंदरी पत्नी सीता भी हाथ लगेगी..."

वे लोग मदिरा पीकर धुत्त थे। उन्हें अपना-पराया कुछ नहीं सूझ रहा था। वैसे वे सब सशस्त्र थे। कुछ के पास शूल थे, कुछ के पास करवाल तथा तीन-चार धनुर्धारी भी थे।

"अरे ! यह तो वे लोग नहीं लगते।" एक राक्षस आंखों पर अपनी हथेली की छाया कर उन्हें पहचानने का प्रयत्न कर रहा था, "नहीं तो यह तपस्वी..."

"मैं राम हूं।" राम ने मुक्त कंठ से घोषणा की, "तुम्हें धर्मभृत्य के आश्रम तक नहीं जाना पड़ेगा।"

"राम !" उनमें से एक चिल्लाया, "मारो ! मारो ! राक्षसद्रोही आ गया। वानरों का साथी, कंगला राजकुमार..."

"सावधान !" राम ने अपने साथियों को संकेत किया; और इससे पूर्व कि राक्षस उन पर झपटते, राम के धनुष से बाण छूटने लगे और दो क्षणों में ही चारों धनुर्धारी राक्षस अपने धनुषों के साथ भूमि पर आ रहे। उनके कंठों से निकले पीड़ा-प्लावित चीत्कार हवा में दूर तक तैरते चले गए।

... गांव की दिशा से भी भीड़ का आक्रामक उद्घोष आरम्भ हो गया।

राम समझ गए कि भूधर के भवन पर आक्रमण आरम्भ हो गया है। भीखन अपनी बात का धनी निकला था।

आक्रमणों की आकस्मिकता तथा समसामयिकता से राक्षसों के कान खड़े हो गए। उनके चेहरों का निश्चिंत उल्लास विलीन हो गया। युद्ध के लिए असमंजस का भाव उनकी मुद्राओं पर स्पष्ट अंकित था। किंतु फिर भी अभ्यस्त सैनिकों के समान उनके शस्त्र उठे और वे लोग आगे बढ़े।

किंतु राम के लिए राक्षसों की हतप्रभता से अधिक आश्चर्यजनक आश्रम-वाहिनी

का उत्साह था। ये वे लोग थे, जिन्होंने कभी युद्धों में भाग नहीं लिया था और सदा ही राक्षसों से आतंकित रहे थे।... इस अनिन्द्य ने कहा था कि खान-श्रमिक कभी नहीं लड़ेंगे, किसी अवस्था में नहीं — अपने अधिकार के लिए भी नहीं... और वही अनिन्द्य अपना खड्ग उठाकर राक्षसों पर इस प्रकार झपट रहा था, जैसे उसके सम्मुख जो जीव खड़ा है, उसके हाथ में मानो शस्त्र ही न हो...

राक्षसों के अपने ही शस्त्र उनके लिए भारी हो गए थे, उठाये उठते नहीं थे; और उठते थे तो उनकी इच्छा के अनुसार चलते नहीं थे... केवल एक पक्ष कुछ स्फूर्ति दिखा रहा था और उनका दबाव राम की वाहिनी पर बढ़ रहा था — कदाचित् वे जनस्थान की सेना की नियमित टुकड़ी के सदस्य थे।

राम ने धनुष की डोरी खींची। एक के पश्चात् एक बाण छूटते गए और सैनिक टुकड़ी के अधिकांश योद्धा धराशायी हो गए। राक्षस धनुर्धारी पहले ही मारे जा चुके थे। उनके पास ऐसा कोई शस्त्र शेष नहीं था, जो राम के बाणों से उनकी रक्षा करता...

सहसा भूधर ने अपना शूल भूमि पर डाल दिया और घुटनों के बल बैठ उसने अपने हाथ जोड़ दिए।

''हमारे प्राण मत लो।'' उसने रुदन रोकने का प्रयत्न करते हुए कांपते-से स्वर में कहा।

''अपने साथियों को शस्त्र त्यागने का आदेश दो।'' राम बोले।

भूधर के आदेश के बिना ही राक्षसों ने अपने शस्त्र त्याग दिए।

''अनिन्द्य !'' राम ने कहा, ''इनके शस्त्र अपने अधिकार में ले लो।'' और वे राक्षसों की ओर मुड़े, ''तुम सब एक-दूसरे से सटकर बैठ जाओ और मेरे प्रश्नों का उत्तर दो।''

राक्षसों ने तत्काल आज्ञा का पालन किया।

''मुनि आनन्दसागर और उनके ब्रह्मचारी कहां हैं ?''

''हमने उनमें से केवल कुछ की हत्या की है, शेष को बांधकर कुटीर में डाल दिया है।'' भूधर बोला, ''आप चाहें तो उन्हें मुक्त कर लें। हम विरोध नहीं करेंगे। हमें अपने ग्राम जाने दीजिये।''

''उन्हें मुक्त करो, भूधर !'' राम ने कहा और भूधर की ओर मुड़े, ''तुमने उनमें से कुछ की हत्या क्यों की ?''

''वे लोग हमारा विरोध कर रहे थे।''

''तुम भी तो शस्त्र लेकर हमारा विरोध कर रहे थे,'' राम की वाणी शांत तथा स्थिर थी, ''हम भी तुममें से कुछ की हत्या कर दें ?''

''नहीं।'' राक्षसों में सिहरन दौड़ गयी। उनमें से अनेक के रंग पीले पड़ गए।

''क्यों ?''

राक्षसों की ओर से कोई उत्तर नहीं आया।

राम मुसकराये, ''तुमने आश्रम पर आक्रमण क्यों किया ?''

''आश्रम वाले ग्रामीणों को मेरे विरुद्ध भड़काते थे।'' भूधर बोला।

''क्या कहते थे ?''

''वे उन्हें सिखाते थे कि सब मनुष्य समान हैं। अब आप ही बताइये कि भू-स्वामी और भू-दास समान कैसे हो सकते हैं ! कितनी मूर्खता की बात है न !'' भूधर के चेहरे पर एक चाटुकर मुसकान फैल गयी, ''आप ही बतायें कि आप अयोध्या के राजकुमार राम और आपका यह सैनिक क्या समान हैं ?''

राम मुसकराये, ''तुम्हें कैसे लगा कि हम समान नहीं हैं ? वह भी मनुष्य है और मैं भी मनुष्य हूं।''

''तो फिर आप अपना धनुष-बाण उसे पकड़ा दीजिए।'' भूधर धृष्टता से मुसकराया, ''और उसे कहिए कि वह आदेश दे और आप उसका पालन कीजिए।''

राम का स्वर कुछ और गहरा हो गया, ''यदि तुम्हारे स्थान पर मैं खड़ा होता और मेरे स्थान पर तुम, तो निश्चित है कि इतनी बात कहने पर तुम मेरी हत्या कर देते...।''

''स्वामी !'' भूधर का माथा भूमि से जा लगा।

''डरो मत।'' राम बोले, ''इस बात के लिए मैं तुम्हारा वध नहीं करूंगा।... मैं तुम्हारे प्रश्न का उत्तर दूंगा। तुमने कहा है कि यदि सब मनुष्य समान हैं तो मैं धनुष-बाण अनिन्द्य को देकर उसकी आज्ञा का पालन क्यों नहीं करता। तुम शायद यह नहीं जानते कि मैं अनिन्द्य जैसे लाखों ईमानदार श्रमजीवियों तथा आनन्दसागर जैसे अनासक्त बुद्धिजीवियों की आज्ञा का पालन करने के लिए ही यहां आया हूं। तुम्हारे ग्राम के भू-दास भीखन के मैत्रीपूर्ण आदेश पर यहां उपस्थित हुआ हूं।... और आया भी इसीलिए हूं कि प्रत्येक अनिन्द्य और भीखन के हाथ में अपना धनुष-बाण पकड़ा दूं। तुम मेरा विश्वास नहीं करोगे, किंतु सत्य यही है कि उनके हाथों में धनुष पकड़ाये बिना यहां से नहीं जाऊंगा। और भूधर... !'' राम तनिक रुककर बोले, ''तुम्हारी समझ में शायद न आए, किन्तु यह प्राकृतिक सत्य है कि प्रत्येक मनुष्य समान है। जो इसका विरोध करता है, वह प्रकृति के सत्य का विरोध करता है। प्रकृति के यंत्र में प्रत्येक छोटा-बड़ा उपकरण अलग-अलग कार्य करता है; किंतु उन सबका महत्त्व समान होता है। यदि मैं तुम्हारे ग्राम में रहूंगा तो अपने लिए उतनी ही भूमि लूंगा, जितनी भीखन अथवा अनिन्द्य को दूंगा। तुम्हारे समान सारी भूमि स्वयं हड़पकर, उस पर उनसे श्रम करवा, उस अन्न को बेच अपने लिए विलास-सामग्री एकत्रित नहीं करूंगा।'' राम रुके, ''मैंने तुम्हारे प्रश्न का उत्तर दे दिया है। अब तुम मेरे प्रश्न का उत्तर दो। तुम श्रमिकों अथवा बुद्धिजीवियों की हत्याएं क्यों करते रहे हो ?''

''यह काम इतना सरल था कि कभी कुछ सोचा ही नहीं।'' भूधर अनायास ही कह गया, ''वे इतने निर्धन और असुरक्षित थे कि उन्हें नष्ट करने की इच्छा होने लगती

थी।''

''तुमने कभी नहीं सोचा कि तुमसे इसका प्रतिशोध भी लिया जा सकता है ?''

''कौन लेगा प्रतिशोध !'' भूधर चकित था, ''आज तक तो कोई उनकी रक्षा के लिए भी नहीं आया। और हमें तनिक भी आशंका होती थी तो हम जनस्थान तक...''

भूधर की बात पूरी नहीं हुई। अनेक कुटीरों से निकल-निकलकर ब्रह्मचारी उनकी ओर आ रहे थे — कदाचित् वे लोग अब तक एक-दूसरे को मुक्त करने में भूधर की सहायता कर रहे थे।

''आप बड़े समय से आए, राम !'' मुनि आनन्दसागर ने निकट आकर कहा, ''अन्यथा ये राक्षस हम सबकी हत्या कर देते।''

''इसका श्रेय भीखन को है !'' राम बोले, ''न वह आता, न हमें पता लगता।''

''भीखन पर धर्मभृत्य का प्रभाव हमें बचा गया।'' मुनि अपने पीले पड़े चेहरे पर सूखे होंठों से मुसकराये, ''नहीं तो आज तक यहां इस प्रकार कौन बचा है।''

''आप तनिक विश्राम करें, मुनिवर !'' राम तनिक रुके, ''... आप 'मुनिवर' सम्बोधन का बुरा तो नहीं मानेंगे; धर्मभृत्य इस सम्बोधन को परिहास मान लेता है।''

''नहीं !'' आनन्दसागर बोले, ''किंतु आप मुझे नाम से ही पुकारें। वह मुझे अधिक भायेगा।''

''अच्छा ! आप विश्राम करें। तब तक हम इनकी कुछ व्यवस्था कर लें।'' राम अनिन्द्य की ओर मुड़े, ''जिन रस्सियों से ब्रह्मचारियों को बांधा गया था, उन्हीं से इन राक्षसों के हाथ-पैर बांध दो। तब तक भीखन तथा उसके साथी भी आ पहुंचेंगे।'' राम ने अपना स्वर ऊंचा कर, राक्षसों को सुनाते हुए कहा, ''एक-एक कर इन्हें बुलाओ और उनके हाथ-पैर बांधकर भूमि पर डाल दो। जो विघ्न डाले, प्रतिरोध करे, उसका वध कर दो।''

राम की धमकी का अनुकूल प्रभाव पड़ा। राक्षसों ने चुपचाप निर्विरोध अपने हाथ-पैर बंधवा लिये। यह कार्य पूरा होते-होते, भीखन भी अपनी टोली के साथ आ पहुंचा था। लगता था, जैसे सारा गांव ही उठकर चला आया हो — स्त्रियां, पुरुष, बच्चे, बूढ़े... और उस भीड़ के आगे-आगे चार व्यक्ति चल रहे थे। उनके हाथ पीछे की ओर बंधे थे और वे हांककर लाये जा रहे थे। उनके शरीर पर रक्त के स्पष्ट चिह्न थे। लगता था, उन्हें पीटा तो गया है, किंतु घातक प्रहार कोई नहीं किया गया था। वे लोग सुविधापूर्वक अपने पैरों पर चलकर आ रहे थे। कदाचित् ग्राम में युद्ध की स्थिति ही नहीं आयी...

ग्रामवासियों के आते ही स्थिति बदल गयी। उन्होंने भूधर के घर से पकड़े गए प्रहरियों को भी बंदी राक्षसों के पास ला पटका तथा बिना किसी योजना के ही राक्षसों से छीने गए शस्त्र उठाकर स्वयं को शस्त्र-सुसज्जित कर लिया। उनकी मुद्राएं प्रहारक

थीं, और उन्होंने बंदी राक्षसों को चारों ओर से घेर रखा था।

निमिष-भर में ही राक्षसों को अपनी स्थिति का ज्ञान हो गया और उनके पीले पड़ते हुए चेहरे उनके मनोबल को व्यक्त करने लगे।

सहसा भीखन आगे बढ़ आया, ''राम ! ग्रामवासियों की इच्छा है कि इन राक्षसों को आप हमें सौंप दें। हम इनका न्याय करेंगे।''

''भीखन ! ये युद्ध-बंदी हैं।'' राम बोले।

''किंतु इनका न्याय तो होना ही चाहिए।'' भीखन बोला, ''इन्होंने जब चाहा, हमारे साथ मनमाना अत्याचार किया, क्योंकि हम युद्ध-बंदी नहीं, साधारण बन्दी थे। यह कौन-सा न्याय हुआ कि निःशस्त्र व्यक्ति को पकड़कर उसे राक्षसी यातना दो और सशस्त्र व्यक्ति को पकड़ो तो उसे युद्ध-बंदी मानकर कुछ न कहो। आप क्या इन्हें मुक्त करने की बात सोच रहे हैं ?''

''नहीं ! मैं अपनी ओर से कुछ विशेष नहीं सोच रहा।'' राम बोले, ''न्याय तुम ही लोग करोगे। मैं केवल इतना ही कहना चाहता हूं कि बिना किसी आरोप को सिद्ध किये, बिना कोई भेद किये सबका वध करना उचित नहीं होगा। इस समय ये बंदी हैं। तुम्हें कोई जल्दी नहीं है। एक-एक ग्रामवासी तथा आश्रमवासी अपना अभियोग प्रस्तुत करे तथा उसी के अनुरूप एक-एक व्यक्ति को दण्ड दिया जाए — यदि अनिवार्य समझा जाए तो मृत्यु-दंड भी।''

''राम !'' सहसा भूधर चीत्कार कर उठा, ''हमने युद्ध में शस्त्र त्यागे हैं। हमने आपके सम्मुख समर्पण किया है — हम आपकी शरण में आए हैं।... हम कुलीन राक्षस हैं, हमें इन गंवारों की दया पर न छोड़ें।''

''अधिक रक्तपात न ही हो तो अच्छा है।'' ब्रह्मचारी समुद्रदत्त कोमल-से स्वर में बोला, ''यदि ये अपनी भूल स्वीकार करते हैं तो इन्हें क्षमा कर दिया जाना...''

''नहीं-नहीं !'' अनेक दिशाओं से जैसे प्रेत जाग उठे, ''इन्हें क्षमा नहीं किया जा सकता।''

और सहसा एक वृद्ध आगे बढ़ा। उसके हाथ में राक्षसों से छीना हुआ एक शूल था।... और इससे पहले कि कोई कुछ कहता, उसने अपने शरीर का सारा बल लगाकर शूल भूधर के वक्ष में उतार दिया...

''यह लो क्षमा ! जिस दिन तुमने मुझे बांधकर, मेरी आंखों के सम्मुख मेरी संतान की हत्या की थी, उस दिन क्षमा कहां थी... !''

सब ओर सन्नाटा छा गया।

वृद्ध धीरे-धीरे चलकर आया और राम के सम्मुख खड़ा हो गया, ''मेरा अभियोग है कि इसने मेरे निरपराध और निरीह दो-दो पुत्रों की हत्या की है और मुझ पर आरोप है कि मैंने इस अपराधी की केवल एक बार हत्या की है। मेरा न्याय कहता है कि मैं उसकी अभी एक बार और हत्या कर सकता हूं। तुम्हारा न्याय क्या है —

बोलो, राम़ ! तुम्हारा मन मुझे अपराधी माने तो मैं दंड के लिए प्रस्तुत हूं।''

''नहीं, बाबा ! तुम अपराधी नहीं हो।'' राम शांत स्वर में बोले, ''किन्तु तुमने कुछ त्वरा से काम लिया, कदाचित् अपने आवेश के कारण। यदि अपना आरोप लगाकर न्याय जन-न्यायालय पर छोड़ देते, तो भी तुम देखते कि तुम्हारे पुत्रों की हत्या के अपराध में यह मृत्यु-दंड से कम में नहीं छूटता। अच्छा...'' राम ने अपना स्वर ऊंचा किया, ''मेरा प्रस्ताव है कि भीखन तथा आनन्दसागर मिलकर कुछ लोगों की समिति बनाएं और इन युद्ध-बन्दियों के लिए कारागार की उचित व्यवस्था करें। फिर एक-एक व्यक्ति पर जन-न्यायालयों में अभियोग चलाकर उनका उचित न्याय करें। आप लोग यदि सहमत हों तो अपना समर्थन प्रकट करें।''

उपस्थित लोगों ने समर्थन में उल्लसित कोलाहल किया।

''ठीक है।'' राम पुनः बोले, ''दूसरा निर्णय यह करना है कि अब जब आपके पास शस्त्र भी हैं और आप मुक्त भी हैं; आपकी रक्षा के लिए हम यहां ठहरें या अपने आश्रम में लौट जाएं।''

भीड़ चुप रही। कोई कुछ नहीं बोला।

''आत्म-रक्षा तो हम कर लेंगे।'' थोड़ी देर के पश्चात् भीखन बोला, ''किन्तु आप यहां ठहरें तो...''

''यदि तुम लोग अपनी रक्षा कर लोगे तो आज मैं लौटना चाहूंगा।'' राम मुसकराए, ''मैं फिर आऊंगा। और इस बार जब आऊंगा, तुम्हें अपने आश्रम और ग्राम से इस जन-वाहिनी के लिए बीस सैनिक देने होंगे।''

''देंगे। देंगे।'' भीड़ ने हर्ष के साथ कहा।

''तो अब हमें चलना चाहिए। अनुमति दीजिए।'' राम अपना धनुष पकड़कर उठ खड़े हुए।

लौटते हुए राम की जन-वाहिनी के सारे सैनिक बहुत प्रसन्न थे। आज उन्होंने जीवन में पहला युद्ध किया था और उसमें वे विजयी रहे थे। युद्ध भी राक्षसों से, जो न केवल स्वयं सशस्त्र थे, वरन् जिनके साथ नियमित राक्षसी सेना की टुकड़ी भी थी। उन लोगों ने पहली बार अपनी वीरता का आत्म-साक्षात्कार किया था।... उनके वार्तालाप में बार-बार मांडकर्णि का नाम आ रहा था। वे लोग अनेक बार मांडकर्णि और राम की तुलना कर रहे थे। जब मांडकर्णि ने अपना संगठन और संघर्ष आरम्भ किया था, तब भी उन्होंने आनन्द और उल्लास का अनुभव किया था; किंतु शीघ्र ही उन्हें मालूम हो गया था कि वह उल्लास केवल काल्पनिक ही था — भौतिक रूप में अपने जीवन पर उन्हें उस संघर्ष का कोई प्रभाव दिखाई नहीं पड़ा था, जबकि राम के संघर्ष की ओर बढ़ते ही उन्हें अपने जीवन की परिवर्तित स्थिति दिखायी पड़ने लगी थी। खान-स्वामियों के साथ कोई छोटा-मोटा समझौता होते ही मांडकर्णि कहा करते थे कि श्रमिकों की एक

महान् विजय हुई है; किंतु उन विजयों की महानता कभी श्रमिकों की समझ में ही नहीं आयी। किन्तु राम की एक विजय... लगता है कि विश्व-विजय की ओर एक पग बढ़ गया है...

अनमने-से राम अपने साथियों की बातें सुनते रहे... उनकी बातों की गति और तल्लीनता बढ़ती जा रही थी। वे राम की उपस्थिति को सर्वथा भूले हुए, अपने भूत की स्मृति के साथ-साथ भविष्य की कल्पनाएं करते जा रहे थे... और राम भी क्रमशः बाहरी वातावरण से स्वयं को पृथक् कर, आत्मलीन होते गए... आज उन्हें भी अनिन्द्य, भूलर या कृतसंकल्प के समान अपने भूत, वर्तमान तथा भविष्य की विभिन्न परतों में अनायास तैरने की इच्छा हो रही थी – जैसे सागर की लहरों पर झूलता हुआ काठ का कोई टुकड़ा तैरता है...

... अपने शैशव में राम ने राजमहल के संपन्न वातावरण में मानवीय भावों की उपेक्षा और प्रताड़ना देखी थी। वह भी एक यातना थी और उस यातना ने राम के भीतर मानवीय भावना का विकास किया था। तब राम ने कभी नहीं सोचा था कि मानव-जीवन में किसी और कारण से भी कोई कष्ट हो सकता है।... तभी से राम ने कुछ स्वप्न देखे थे, मन में कुछ आदर्श पाले थे – पारिवारिक और सामाजिक सम्बन्धों के। पति और पत्नी का सम्बन्ध ! पिता और पुत्र का सम्बन्ध !... उन्होंने सोचा था कि समर्थ होते ही वे इन्हें सुधारने का काम करेंगे। अपने जीवन में वे एक-पत्नीव्रत निभाएंगे, ताकि ऐसी समस्याएं ही न उठें।... और होश संभालते-संभालते उन्हें अयोध्या के राजतंत्र में अनेक दोष दिखायी पड़ने लगे थे – कहीं अव्यवस्था, कहीं अज्ञान, कहीं असावधानी, कहीं स्वार्थ और कहीं-कहीं अत्याचार भी। राम ने अपनी क्षमता-भर उसके विरुद्ध संघर्ष आरम्भ किया था। लक्ष्मण उनके साथ थे; माता सुमित्रा उनका बल थीं... किंतु शासन उनका नहीं, चक्रवर्ती का था। राम चिंतन ही करते रहे कि उस व्यवस्था में सुधार की आवश्यकता है। शासन का कार्य कुछ ईमानदार लोगों को देना चाहिए, पुरानी परम्पराओं और रूढ़ियों को तोड़ना चाहिए...

और तब गुरु विश्वामित्र आए थे। राम और लक्ष्मण ने पहली बार अपनी खुली आंखों से एक नया संसार देखा था। उन्होंने अन्याय और अत्याचार का नया रूप देखा था – कैसे शासक स्वयं ही अपने अधिकारों का दुरुपयोग कर, अपनी प्रजा का रक्त पीने लगता है। अपनी शक्ति का प्रयोग, प्रजा की रक्षा के लिए न कर, अपने लिए विलास के साधन जुटाने के लिए करता है – और साथ ही, तब पहली बार उन्होंने राक्षसों को देखा था, राक्षसी अत्याचार देखा था... तब तक राम ने केवल अपनी मानवीय और न्याय-भावना से काम किया था। आज यदि कोई उनसे पूछे कि जिस प्रकार की व्यवस्था वे इन ग्रामों, बस्तियों, खानों तथा आश्रमों के लिए करना चाहते हैं – वैसी राजनीतिक व्यवस्था की बात उन्होंने अयोध्या के लिए क्यों नहीं सोची ?... भूलर ने उनसे पूछा था कि यदि सारे मनुष्य समान हैं तो वे अपना धनुष

अनिन्द्य के हाथों में क्यों नहीं देते ? क्या सचमुच ही वे स्वयं को विशिष्ट जन नहीं मानते रहे ?

राम के नयन अनायास ही मुंद गए। उनका मन गुरु विश्वामित्र के लिए श्रद्धा से भर आया — मैं क्या जानता था, गुरुदेव ! क्या-क्या है आपके मन में। आपने वन से परिचय न कराया होता, वन जाने का वचन न लिया होता — तो राम कैसे जान पाता कि वास्तविक अन्याय क्या होता है। अयोध्या में बैठा राम शायद सोच भी न पाता कि मानव की समता क्या होती है और सामान्य-जन को कैसे शासन की आवश्यकता है। ऋषि ने वन न भेजा होता, तो राम कैसे जानते कि सामान्य-जन को सुखी बनाने के लिए एक नयी सामाजिक और राजनीतिक व्यवस्था की आवश्यकता है। अयोध्या में रहकर वे कैसे जान पाते कि ये समस्त भू-स्वामी, खान-स्वामी, सामंत तथा अन्य प्रकार के धन, सत्ता तथा कहीं-कहीं विद्या के स्वामी, क्रमशः राक्षस हो चुके हैं। वे कैसे जान पाते कि कोई व्यवस्था जब अपने विकास के अन्तिम चरण पर पहुंचकर सड़ने लगती है तो उसके गुणों का नहीं, दुर्गुणों का ही विकास करती जाती है; और उसका विष निरन्तर वर्धमान होता चलता है... अयोध्या में रहते हुए उनके मन में भावना मात्र थी — विचार नहीं थे, योजनाएं नहीं थीं... ये तो उन्हें वन में से मिले हैं — इस वनवासियों से, ग्रामीणों से, आश्रमों से... राम ने कितना कुछ नया सीखा है। यदि उन्हें अयोध्या से निकलने में विलम्ब हो जाता — यदि अयोध्या के परम्परागत राजतंत्र में लम्बे समय तक निरंतर सांस लेने के कारण उनके मस्तिष्क के तंतु पककर अपरिवर्तनशील हो जाते, तो राम कदाचित् इस नयी मानवता का साक्षात्कार ही न कर पाते और यदि कर पाते तो उसे अंगीकार न कर पाते...

सहसा राम का मन सशंक हो उठा — जिस नये समाज का निर्माण वे करना चाहते हैं, उस समाज को साम्राज्यों की संगठित सेनाएं जीवित रहने देंगी क्या ? यदि सारे दंडक वन में मानवीय समता पर आधृत सामाजिक तथा राजनीतिक जन--व्यवस्था स्थापित हो जाए, तो रावण उसे कितने दिन चलने देगा ? उसकी सेना का सामना करने के लिए यह व्यवस्था समर्थ हो पाएगी क्या ? या उस साम्राज्य की शक्ति को ध्वस्त कर उन्हें भी नयी व्यवस्था की ओर प्रेरित करना होगा ?... राम का मन कहता है कि रावण के साम्राज्य को ध्वस्त किए बिना प्रत्येक समाज अपनी इच्छा और आवश्यकता के अनुसार विकसित होने का स्वप्न नहीं देख सकता... साम्राज्य केवल अपना स्वार्थ देखता है, मानव की प्रसन्नता तथा गरिमा से उसका कोई प्रयोजन नहीं है...

## 9

प्रातः के शस्त्राभ्यास के पश्चात् मुखर, आश्रम के कुछ ब्रह्मचारियों के साथ खान में काम करने के लिए जा चुका था। सीता भी उन स्त्रियों की शिक्षा तथा शस्त्राभ्यास के

लिए बस्ती में चली गयी थीं, जो अपने छोटे बच्चों अथवा किसी अन्य बाध्यता के कारण आश्रम में नहीं आ सकती थीं। लक्ष्मण उन श्रमिकों को शस्त्राभ्यास करवा रहे थे, जिन्हें आज खान से छुट्टी थी। किन्तु उनके व्यवहार की उतावली स्पष्ट कर रही थी। कि उनके मन में अपना अगला कार्यक्रम इतना प्रबल हो उठा था कि वे इस शस्त्राभ्यास को शीघ्र पूर्ण करना चाह रहे थे...

राम धीरे-धीरे चलते हुए लक्ष्मण के पास आए, ''सौमित्र ! अभ्यास अभी कुछ समय तक चलेगा क्या ?''

''अधिक नहीं।'' लक्ष्मण अपनी उतावली से जूझते हुए बोले, ''अन्न-भंडारी ने सूचना दी है कि अन्न का भंडार कम हो रहा है। मुझे निकट के कुछ ग्रामों में जाना है। खनिज के विनिमय में कुछ अन्न का प्रबन्ध करना होगा।''

''ओह !'' राम कुछ सोचते हुए बोले, ''मेरी खेती-श्रम-पाली का समय हो गया है। यहां शस्त्रागार के पहरे का प्रबन्ध भी देखना होगा।''

''आप जाइए !'' लक्ष्मण बोले, ''मैं मुखर अथवा भाभी के आ जाने के पश्चात् ही जाऊंगा।''

राम की जन-सेना प्रातः ही अपना शस्त्राभ्यास कर चुकी थी। अब उनके सैनिक अच्छी प्रकार खड्ग चला लेते थे, शूल का प्रहार भली-भांति कर लेते थे और धनुर्विद्या का अभ्यास आरम्भ कर चुके थे। किन्तु इस समय बीस सैनिक चार टुकड़ियों में बंटकर अलग-अलग कार्यों के लिए जा रहे थे। राम अपनी टुकड़ी के साथ खेतों पर जा रहे थे, अनिन्द्य अपनी टुकड़ी को धातुकर्मी की भट्ठी पर ले गया था, भूलर को इस समय कुंभकार के चाक पर होना चाहिए था और कृत-संकल्प को बुनकर के करघे के पास।

कुछ काम तो सुचारु ढंग से चल रहे थे — राम सोच रहे थे — बस्ती में साफ-सुथरे सुंदर कुटीर बन जाने से यद्यपि उन्हें कोई प्रासाद नहीं मिले थे, किंतु खुले हवादार घर अवश्य मिल गए थे। करघे के प्रशिक्षण और आर्थिक स्थिति के थोड़े से सुधार से, लोगों के वस्त्रों की स्थिति पहले से पर्याप्त सुधर गयी थी। छोटे बच्चे नग्न घूमने के स्थान पर छोटी-छोटी धोतियों में दिखायी पड़ते थे। कुंभकार के बर्तनों का रूप भी बदल गया था और प्रायः घरों में सुंदर बर्तनों का प्रचलन हो गया था।... किंतु अन्न !... राम के चिंतन में विघ्न उपस्थित हुआ— अन्न की समस्या का पूर्ण समाधान नहीं हो पाया था। लक्ष्मण बता रहे थे कि अन्न का भंडार कम हो रहा था। उसका एक कारण तो निकट के कुछ पुरवों-टोलों तथा आश्रमों में सहायतार्थ अन्न भिजवाने की बाध्यता भी हो सकती है — किंतु साथ ही अन्न के उत्पादक की पद्धति भी उसके लिए उत्तरदायी थी। सिंचाई के उचित साधनों का भी अभाव था तथा अभी तक कृषि-कर्म मानव-श्रम पर ही टिका हुआ था। उसमें पशुओं की सहायता अभी नहीं ली गयी थी। केवल कुदाल से मनुष्य भूमि को कितना उपजाऊ बनाएगा और उसके लिए कितना श्रम

करेगा ?... हल तो उन्होंने धातुकर्मी से कहकर तैयार करवा लिया है, किंतु बैल ? बस्ती में न गाय है, न बैल। इन खान-श्रमिकों को जीवन के दबाव ने कभी यह भी नहीं सोचने दिया कि यदि उन्हें नहीं तो उनके बच्चों को गाय के दूध की आवश्यकता है। जिन्हें दो समय का भोजन कठिनाई से मिलता था — वे दूध की बात कहां से सोचते? किंतु अब दूध के विषय में सोचना होगा। आश्रम में पशु-पालन का कार्य भी आरम्भ करना होगा। और पशुओं का प्रबन्ध ?... कदाचित् पशुओं को दूर से मंगवाना पड़ेगा — भारद्वाज के आश्रम से... या...

राम और उनके साथी अपने खेतों में पहुंचकर अपने काम में लग गए।... अभी थोड़े से क्षेत्र की खुदाई शेष थी। फिर ढेले तोड़ने थे। पत्थर निकालने थे। कहीं-कहीं तो भूमि कुछ अधिक ही पथरीली थी।... क्यारियां बनानी थीं... फिर सैनिकों को कृषि-कर्म के लिए पूरा समय भी नहीं मिल पाता था...

... काम के बीच में से सहसा दृष्टि उठाकर राम ने देखा, कोई व्यक्ति उनकी ओर आ रहा था। राम ने कुदाल रोक लिया। सीधे खड़े होकर ध्यान से देखा — दूर से तो वह भीखन ही लग रहा था; किंतु कैसा बदला हुआ-सा था। कुछ निकट आने पर पुष्टि हो गयी — वह भीखन ही था। उसके चेहरे के भाव इतने बदले हुए थे कि उसे पहचानना भी कठिन हो रहा था।

''क्या बात है, भीखन ?''

भीखन चुपचाप मार खायी हुई-सी दृष्टि से राम की ओर देखता रहा। लगता था, जैसे अभी रो देगा।

''क्या हुआ ? तुम इतने दुखी क्यों हो, भाई ?''

राम ने कुदाल वहीं भूमि पर छोड़ दिया। भीखन को उसकी बांह से पकड़ा और खेत के किनारे पेड़ की छाया में ले आए। जब दोनों छाया में बैठ गए तो राम ने पुनः भीखन की ओर देखा।

''आपको याद होगा, राम !'' भीखन बड़े मरियल स्वर में बोला, ''जब पिछली बार मैं आपको लेने आया था और आप हमारे गांव गए थे, तब मैंने कहा था कि राक्षस अपनी किसी सहायक सेना की प्रतीक्षा में हैं।''

''याद है।'' राम बोले।

''वह सेना कल रात हमारे गांव में पहुंची थी...'' भीखन मरियल स्वर में बोला।

''क्या ?'' राम चौंक पड़े।

''हां, राम ! रात को उन्होंने आक्रमण... नहीं, उसे आक्रमण नहीं कहना चाहिए, वे लोग चोरी से छिपकर आए और सारे युद्ध-बन्दियों को छुड़ाकर ले गए। और...''

''और क्या ?''

''आपको वह वृद्ध भी याद होगा, जिसने भूधर की हत्या की थी। वे लोग उसे अपने साथ ले गए हैं। निश्चय ही वे उसे बहुत यातनापूर्ण मृत्यु-दंड देंगे...।''

राम गहरी चिंता में पड़ गए... इसका अर्थ यह है कि उन्होंने कुछ उतावली दिखायी थी। न तो आनन्दसागर के आश्रम और न ही भीखन के ग्राम में ऐसा संगठन बन पाया था कि वे लोग अपनी रक्षा में समर्थ हो पाते — किंतु राम उन्हें छोड़कर चले आए...

"और कोई क्षति तो नहीं हुई ?"

"रात के दो प्रहरी गंभीर रूप से घायल हुए हैं।" भीखन बोला, "मुझे खेद है, राम !..."

"किस बात का ?"

"मैंने कह तो दिया कि हम अपनी रक्षा कर लेंगे, किंतु कर नहीं पाए।"

"ओह !" राम अपनी गंभीरता के बीच मुसकराए, "उसके लिए तुम्हें कोई दोषी नहीं ठहराएगा। हममें से दोषी कोई नहीं है। किंतु असावधानी हुई है और वह मुझसे हुई है।"

"नहीं, राम!"

"हां। असावधानी मेरी है।" राम बोले, "तुम्हारे आश्वासन के बाद भी, राक्षसों के आक्रमण की संभावना और तुम्हारी आत्म-रक्षा की क्षमता पर मुझे विचार करना चाहिए था।... तुमने मुझे सूचना दी थी कि वे लोग राक्षसों की किसी सैनिक टुकड़ी की प्रतीक्षा कर रहे हैं। तुम्हारे आश्रम से लौटने की उतावली में उस टुकड़ी को मैंने सर्वथा भुला दिया। यह तो बहुत अच्छा हुआ कि वे केवल अपने साथियों को चुपके से छुड़ाकर ले गए, उन्होंने ग्राम पर आक्रमण नहीं किया; नहीं तो जाने मैं कितनी हत्याओं का दोषी होता... किंतु वह वृद्ध..." राम का स्वर भीग गया, "उसने अपने पुत्रों की निरीह हत्या का प्रतिशोध चाहा था, किंतु..."

थोड़ी देर तक मन-ही-मन कुछ सोचते हुए राम शून्य को घूरते रहे और फिर बोले, "आश्रम और ग्राम की क्या स्थिति है ? वहां अब किसका अधिकार है ?"

"वहां पूर्ण हताशा का वातावरण है।" भीखन बोला, "राक्षस वहां रुके ही नहीं इसलिए उनका नियंत्रण तो नहीं है; किन्तु ग्रामवासियों ने भी पुनः अपना नियंत्रण स्थापित करने का कोई प्रयत्न नहीं किया है।"

"तुम ऐसा करो, भीखन !" राम के स्वर की सहजता कुछ लौटी, "मुखर को अपने साथ ले जाओ और अपने ग्राम तथा आश्रम में सामान्य गतिविधियों को चलाओ। मुखर संचार की व्यवस्था करेगा। तुम्हारा ग्राम, आनन्दसागर आश्रम, अनिंद्य की बस्ती, खान का क्षेत्र तथा धर्मभृत्य का आश्रम — इन सबके बीच संचार-व्यवस्था इतनी त्वरित और सघन होनी चाहिए कि एक स्थान पर पत्ता भी हिले, तो शेष स्थानों पर तत्काल सूचना हो जाए। संचार-व्यवस्था के अभाव में सारे क्षेत्र को संगठित करना बहुत कठिन होगा।" राम रुककर पुनः बोले, "यहां कुछ अत्यन्त महत्त्वपूर्ण कार्य हैं। उन्हें यथाशीघ्र निबटाकर मैं, सीता और लक्ष्मण के साथ आनन्दसागर के आश्रम में पहुंच

जाऊंगा। कुछ समय तक हम सब वहीं रहेंगे और इस क्षेत्र के निर्माण का प्रयत्न करेंगे।''

भीखन भी कुछ आश्वस्त हुआ, ''आपके आते ही ग्रामवासियों का आत्मविश्वास भी लौट आएगा। जल्दी आएंगे न ?''

''यथाशीघ्र !'' राम बोले, ''तुम चलकर आश्रम में विश्राम करो। मुखर भी आ चुका होगा। उससे भी बात कर लो। मैं खेत का काम करके लौटता हूं।''

चिंतनग्रस्त भीखन बिना कुछ कहे आश्रम की ओर चल पड़ा। राम लौटकर अपने खेत में आए और उन्होंने पुनः कुदाल उठा लिया।

दोपहर को राम के आश्रम में लौटने तक, भीखन के ग्राम की चर्चा वहां पर्याप्त मात्रा में हो चुकी थी। परिणामतः मुखर को भीखन के साथ भेजने की योजना पर अधिक वाद-विवाद नहीं हुआ। दोपहर के भोजन के पश्चात् सब लोग अपने-अपने काम पर चले गए तो राम ने मुखर को भीखन के साथ भेजने की व्यवस्था की। उसे योजना और अपनी आवश्यकताएं समझाईं; कुछ ब्रह्मचारी और आवश्यकता की वस्तुएं साथ कीं। मुखर के विदा होते-होते प्रायः संध्या हो चुकी थी...

अकेले होते ही राम के चिंतन और आत्मविश्लेषण की प्रक्रिया चल पड़ी।... उन्होंने आनन्दसागर आश्रम से लौटने में इतनी जल्दी क्यों की ? वहां रुककर उसकी रक्षा का समुचित प्रबंध क्यों नहीं किया ? यह क्यों नहीं सोचा कि एक उत्साहित भीड़ तथा एक प्रशिक्षित सेना में पर्याप्त अंतर होता है। भीड़ न तो सावधान हो सकती है, न समर्थ !... राम क्यों नहीं रुके ?... क्या वे यह सोचकर गए थे कि उनका कार्य एक बाहरी सहायक का-सा है... जितना करने को उनसे कहा गया, उतना उन्होंने कर दिया... उसके पश्चात् उनका कोई दायित्व नहीं रह जाता, या परिणाम में उनकी कोई रुचि नहीं है।... किंतु बाहरी सहायक का क्या अर्थ ? इस संघर्ष से पृथक् उनका अपना क्या है ? वे इस संघर्ष से एकाकार नहीं हैं क्या ?

तो फिर क्यों चले आए वे ? क्या उन्होंने शत्रु को बहुत नगण्य मान लिया था? शत्रु की शक्ति की उपेक्षा राम ने कभी नहीं की। वे बहुत स्पष्ट रूप से जानते हैं कि युद्ध में शत्रु की शक्ति को कम आंकने की प्रवृत्ति अपनी पराजय का मार्ग प्रशस्त करने का सरल और सीधा रास्ता है...

क्या उन्हें आश्रम में लौट आने की जल्दी थी ? किंतु क्यों ? क्या अंधकार हो जाने के पश्चात् उन्हें वन-मार्ग की यात्रा संकटपूर्ण लगती है ? नहीं ! यदि वे वन तथा वन-मार्ग के संकटों से इतना ही भयभीत थे, तो उन्हें वन में आने की आवश्यकता ही क्या थी ? इन चुनौतियों से जूझने ही तो वे वन में आए थे। और अंधकार से क्या डरना? चारों ओर फैले इस राक्षसी आतंक, अन्याय और अत्याचार के अंधकार के विरुद्ध ही तो उनका अभियान है। ऐसे में सामान्य प्राकृतिक अंधकार से घबराकर, वे

एक आश्रम और ग्राम को राक्षसों को ग्रास बनने के लिए असुरक्षित छोड़ जाएंगे ?

आश्रम में रखे शस्त्रागार की सुरक्षा की चिंता उन्हें अवश्य रहती है, जिसके कारण वे अधिक देर तक बाहर नहीं रहते। किंतु उस दिन आश्रम में न केवल लक्ष्मण, सीता, मुखर तथा अन्य लोग थे — वरन् आश्रम और बस्ती के सब लोग सजग तथा सन्नद्ध थे। फिर शस्त्रागार की सुरक्षा की कौन-सी चिंता थी ?... क्या सीता की सुरक्षा की चिंता थी ?... हां, यह संभव है। यदि वे रात-भर आनन्दसागर आश्रम में रुक जाते, तो कदाचित् अब तक के वनवासी जीवन में सीता से अलग रहने की वह पहली रात होती।...

राम का मस्तिष्क कुछ देर के लिए शून्य हो गया — विचारों का प्रवाह ही बाधित नहीं हुआ, विचार समाप्त ही हो गए। किंतु शून्य की स्थिति अधिक देर तक नहीं चली। शून्य का वाष्प जैसे ठंडा होकर तरल में परिवर्तित हो गया और प्रवाह फिर से बह निकला।

... बात सीता की सुरक्षा की थी, या सीता से अलग रहने की ? सीता स्वयं भी समर्थ हैं, उनकी रक्षा के लिए लक्ष्मण वहां थे, मुखर था — आश्रम तथा बस्ती के सारे लोग थे। यदि पीछे राक्षसों का आक्रमण होता तो सीता की सुरक्षा का ही सबसे अधिक ध्यान रखा जाता। तो फिर ? क्या राम स्वयं ही कुछ घंटों के लिए सीता से दूर नहीं रह सकते ? अयोध्या में तो अनेक बार सीता को छोड़ छोटी-छोटी यात्राओं पर चले जाते थे; किंतु वनवास के इन कुछ वर्षों में निरंतर साथ रहने और कभी भी अलग न रहने के कारण क्या वे अपने मन से इतने बंध गए हैं कि सीता के वियोग की संभावना के जन्मते ही वे अचेतन रूप से ही भाग खड़े होते हैं...

सहसा राम की कल्पना में विरोध आ खड़ा हुआ। उसने सीता को अपने हाथों में पकड़, उठाकर अपने कंधे पर डाल लिया... कैसे हो गए थे राम तब ? शरीर की सारी ऊर्जा जैसे किसी ने खींच ली थी। हृदय डूबने लगा था। आंखों में अश्रु आ गए थे।... कैसे हार बैठे थे सीता के वियोग की संभावना मात्र से !... और यदि कहीं सचमुच ही सीता का हरण हो गया ? यह कुछ ऐसा असंभव तो नहीं... राम के शरीर की प्रत्येक शिरा झनझना उठी... नहीं ! सीता का हरण हो गया तो राम का जीवित रहना कठिन हो जाएगा... क्या है यह ? काम ? अथवा संगति का बंधन — साहचर्य का प्रेम ? राम कुछ भी निर्णय नहीं कर पाते... नहीं, यह मात्र काम नहीं है। काम तो एक सामान्य, आकारहीन भावना है; विशिष्ट में केन्द्रित होकर वही प्रेम हो जाता है। प्रेम में काम भी समाहित है... राम इसे अस्वीकार नहीं करते।... उन्हें मान लेना चाहिए कि सीता का प्रेम उनकी दुर्बलता बन गया है। उसी दुर्बलता के कारण उनसे प्रमाद हो गया था।...

तो ?

भविष्य में उन्हें शत्रुओं से सीता की रक्षा के लिए अधिक सावधान रहना होगा;

और ऐसे प्रमाद से अपनी रक्षा के लिए भी। राम न तो सीता के प्रति असावधान रह सकते हैं, न इस प्रेम के कारण प्रमाद का पाप कर सकते हैं... उन्हें अपनी इस प्रवृत्ति से अतिरिक्त रूप में सावधान रहना पड़ेगा, और जो कुछ हुआ है, उसका प्रायश्चित भी करना होगा...

सहसा राम का एकांत-चिंतन भंग हो गया। उन्हें कई लोगों के एक साथ, अपनी कुटिया की ओर आने का-सा आभास हुआ। आनेवालों की बातचीत का स्वर भी सम्मिलित और ऊंचा था। अधिकांश स्वर नारी-कंठ के ही थे।...

वे अपनी कुटिया के बाहर निकल आए।

बस्ती की अनेक स्त्रियां उधर ही आ रही थीं। राम पर दृष्टि पड़ते ही उनका कोलाहल एक सम्मानजनक, अनुशासनबद्ध मौन में बदल गया।

निकट आ, रुककर उन्होंने अभिवादन किया। सुधा उस भीड़ में से कुछ आगे बढ़ आयी और बोली, ''भद्र राम ! हमारी कुछ समस्याएं हैं। उनके विषय में हम आपसे कुछ विचार-विमर्श करना चाहती हैं।''

राम मुसकराए, ''बात कुछ गंभीर मालूम होती है।''

''हमारे लिए तो गंभीर ही है।'' राम की ठहरी हुई मुस्कान ने सुधा की उत्तेजना का हरण कर लिया था। उसका स्वर ही शांत हो गया, ''इस समय आपके पास थोड़ा समय होगा ?''

''क्यों नहीं। अकेला बैठा काल्पनिक रुई धुन रहा था।'' राम बोले, ''कुटिया से अपने लिए एक-एक आसन उठा लीजिए और यहां बैठ जाइए।''

महिलाओं ने एक-एक आसन उठाया और अर्द्ध-वृत्ताकार पंक्तियों में बैठ गयीं। राम का ध्यान उधर जाए बिना नहीं रह सका। पिछले एक वर्ष के अध्ययन, सैनिक प्रशिक्षण, अर्थिक स्वतंत्रता तथा परिवेश में हुए विभिन्न परिवर्तनों के कारण इन महिलाओं में कितना अंतर आ गया था। जब पहली बार मारपीट और रोने-धोने के स्वरों को सुनकर राम और सीता अनिंद्य के घर गए थे तो यही सुधा कितनी भिन्न थी। तब तक वह गंदी धोती में लिपटी एक-वस्त्रा सुधा, चेहरे पर निरुत्साह तथा हताशा लिये हुए, अपनी आंखों में मृत्यु की छाया पाल रही थी। यही स्थिति अन्य महिलाओं की भी थी। किंतु आज वे ही महिलाएं सादे किंतु स्वच्छ वस्त्रों में, चेहरों पर जीवन की सार्थकता का भाव लिये, आंखों में भविष्य के प्रति एक आस्था का पोषण करती, कितनी जीवंत लग रही थीं... अपनी समस्याओं को समझाने की चेतना उनमें आ गयी थी, पूर्ण आत्मविश्वास के साथ वे उनका विश्लेषण करती हैं, वाद-विवाद करती हैं; और आज अपनी कोई समस्या लेकर स्वयं उनके पास आयी हैं।... कितने अनुशासनबद्ध ढंग से अपना-अपना आसन उठा पंक्ति में बैठी हैं। कोई व्यर्थ की बात नहीं, कोई कोलाहल नहीं — कितने दायित्वपूर्ण ढंग से चुपचाप बैठी हैं।... इन्हीं मनुष्यों को उन

राक्षसों ने कीचड़ में बिलबिलाते कीड़े बना रखा था...

"हां, भई ! बोलो, क्या बात है ?"

"भद्र राम !" सुधा बोली, "हम लोग इस विश्वास के साथ आपके पास आयी हैं कि आप हमारी समस्याओं को 'केवल स्त्रियों की समस्या' कहकर नहीं टालेंगे और न ही उसे चर्चा के लिए महिला-मंडल में लौटाने की बात कहेंगे। हमने परस्पर बहुत तर्क-वितर्क कर लिया है। सीता दीदी से भी अनेक बार चर्चा हुई है। अभी दीदी काम से लौटेंगी तो वे स्वयं भी आपको बताएंगी।"

"बात क्या है ?" राम पुनः मुसकराए।

"सीधी बात तो यह है," सुधा बोली, "कि आप हमें बताएं कि आपके समाज में स्त्री और पुरुष बराबर हैं या नहीं ?"

राम गंभीर हो गए, "यह प्रश्न क्यों उठा ?"

"यह प्रश्न एक बार नहीं उठा, प्रतिदिन उठता है और बार-बार उठता है।" सुधा पुनः बोली, "इस समय इसका तुरन्त कारण मंती है।" वह एक स्त्री की ओर संबोधित हुई, "आगे आओ, मंती !"

मंती उठकर आगे आयी। उसके चेहरे पर कुछ असाधारण था... कदाचित् वह बहुत रोयी थी।

"बैठो, बहन !" राम बोले, "मुझे पूरी बात बताओ।"

मंती बैठ गयी। उसने क्षण-भर अपनी सूजी हुई लाल आंखों से राम को देखा और बोली, "सामान्य बात तो यह है, आर्य ! कि मेरा पति खान में काम करता है, आश्रम की शाला में पढ़ता है, सैनिक-प्रशिक्षण प्राप्त करता है और शायद कभी-कभी खेतों में भी काम करता है। मैं भी शाला में पढ़ती हूं, सैनिक-प्रशिक्षण प्राप्त करती हूं, खेतों में काम करती हूं और घर का खाना-बनाना, सफाई-धुलाई इत्यादि करती हूं। अब आप बताएं कि ऐसा कौन-सा काम है, जिसके कारण वह स्वयं को श्रेष्ठ समझता है, और घर लौटते हुए मदिरा पीकर आता है और मुझे आज्ञा पर आज्ञा देता है। यदि किसी बात से अप्रसन्न हो जाता है तो अपनी इच्छानुसार थप्पड़ों, घूंसों या छड़ी से मुझे पीटता है और शारीरिक शक्ति में कम होने के कारण मेरा सैनिक-प्रशिक्षण भी मेरे काम नहीं आता...।"

"ठहरो, मंती !" राम ने उसे बीच में ही टोक दिया, "मुझे दो बातें निश्चित तथा स्पष्ट रूप से बताओ — क्या वह मदिरा पीकर आता है ? और क्या वह प्रायः पीटता है ?"

"हां, भद्र !" मंती ने उत्तर दिया, "मदिरा भी पीता है और पीटता भी है। इसीलिए तो मैं कहती हूं कि पुरुष तो राक्षसों से मुक्त हो गए हैं, किंतु हमारी स्थिति तो अब भी वही है !"

"उसे मदिरा कहां से मिलती है ?" राम के स्वर में किंचित् आवेश था।

''वह एक अलग बात है, राम !'' सुधा बीच में बोली, ''उसकी सूचना भी आज की बातचीत की सूची में है। उसके विषय में आपको विस्तार से बताएंगी, पहले आप इस विषय में निर्णय दें। बताएं, पुरुष ऐसा कौन-सा सार्थक काम करते हैं, जो स्त्रियां नहीं करतीं ?''

''इस विषय में निर्णय की क्या बात है, सुधा ?'' राम शांत स्वर में बोले, ''क्या एक स्त्री और एक पुरुष की दिनचर्या यह सिद्ध नहीं कर देती कि दोनों समान रूप से समाज के लिए उपयोगी और सार्थक कार्य करते हैं। इसलिए समाज में दोनों का महत्त्व, सम्मान, अधिकार, दायित्व — सब कुछ समान है। यदि मंती का पति यह मानता है कि खान का काम अधिक महत्त्वपूर्ण है और इस कारण वह स्वयं अधिक महत्त्वपूर्ण है तो कल से वह घर का काम संभाले, मंती बाहर का कोई कार्य कर लेगी।...''

''यही तो...'' सुधा की बात बीच में ही रुक गयी। उसकी दृष्टि कुटिया की ओर बढ़ती हुई सीता पर पड़ गयी थी, ''दीदी आ गयीं।''

सीता पास आयीं तो उनके थके हुए चेहरे पर हल्की-सी मुसकान आ गयी, ''तो स्त्री-चर्चा राम तक पहुंचा दी गयी ?''

''धर्मभृत्य नहीं आया ?'' राम ने पूछा।

''आ ही रहा है।'' सीता बोलीं, ''नयी शाला की व्यवस्था सम्बन्धी कुछ कार्य शेष था। वह थोड़ी देर के लिए रुक गया है।''

''बहुत थक न गयी हो तो आओ, तुम भी चर्चा में भाग लो।'' राम बोले।

''आओ, दीदी !''

''आयी।''

कुटिया में से सीता अपने लिए आसन ले आयीं और राम के साथ बैठ गयीं।

''मैं यह कह रहा था,'' राम ने अपनी बात का सूत्र फिर उठाया, ''कि यह समस्या मात्र महिलाओं की नहीं, पूर्ण समाज की समस्या है।''

''मैंने भी यही कहा था,'' सीता बोलीं, ''स्त्री और पुरुष परस्पर-विरोधी तो हैं नहीं कि स्त्रियां पुरुषों के विरुद्ध कोई आंदोलन खड़ा करें। अच्छा होता कि पुरुषों को भी बीच में बैठाकर सारी बातचीत होती।''

''वह भी हो जाएगा, दीदी।'' सुधा बोली, ''हम लोग पहले भद्र राम का विचार जान लेना चाहती थीं।''

''मेरा मत अत्यंत स्पष्ट है।'' राम बोले, ''मैं उन समस्त भेदों का विरोधी हूं, जो एक मानव को दूसरे के शोषण का अधिकार देते हैं। स्त्रियों और पुरुषों के लिए घर और बाहर के कार्य का यह विभाजन भी सर्वथा कृत्रिम है। नये समाज के निर्माण के साथ इसे भी बदलना चाहिए — स्त्री-पुरुष दोनों मिलकर घर का काम करें और दोनों ही बाहर का काम करें। हमने यहां यदि ये परिवर्तन नहीं किए हैं, तो उसका कारण केवल इतना ही है कि परम्परा से स्त्रियां जो काम करती रही हैं, उसे सुविधा से कर

लेती हैं, अतः उन्हें अन्य शिक्षाओं के लिए समय मिल जाता है। इसका अर्थ मंती के पति... क्या नाम है उसका, मंती ?''

मंती ने मुसकराकर राम की ओर देखा और सिर झुका लिया।

''वह अपने पति का नाम अपने मुख से उच्चरित नहीं करेगी।'' सुधा ने बताया।

''क्यों ? क्या वह तुम्हारा शत्रु है कि उसका नाम भी नहीं लोगी ?'' राम बोले।

''नहीं !'' मंती जल्दी से बोली, ''सम्मान के कारण।''

''तुम स्वयं ही उसे कारण और अवसर दे रही हो कि वह स्वयं को तुमसे श्रेष्ठ समझे।'' राम ने कहा, ''यह सम्मान नहीं, जड़ता है। सीता मुझे नाम से संबोधित करे तो इसका अर्थ हुआ कि वह मेरा सम्मान नहीं करती। मैं सीता का नाम लेता हूं तो उसका अर्थ यह कैसे हो गया कि मैं सीता का सम्मान नहीं करता। तुम अपने पति से कम नहीं हो, उसके बराबर हो। वह तुम्हारा नाम लेता है ?''

''हां !'' मंती ने सिर हिलाया।

''तो तुम भी उसका नाम ले सकती हो — लेना चाहिए। यह सुविधाजनक है। बोलो... !''

मंती ने राम की ओर देखा, मानो इस कठिन आदेश को लौटा लेने की प्रार्थना कर रही हो। फिर जैसे सारा आत्मबल बटोरकर बोली, ''आतुर !''

उसका मुख लज्जा और संकोच से आरक्त हो गया था।

''बाहर का काम करने का यह अर्थ नहीं है कि आतुर मंती से श्रेष्ठ है; और उसे मंती को पीड़ित करने का अधिकार है। अपनी पत्नी को पीटना भी वैसा ही अपराध है, जैसा किसी अन्य व्यक्ति को पीटना। मंती को चाहिए कि वह इस घटना को बस्ती की पंचायत के सम्मुख न्यायार्थ प्रस्तुत करे।''

''नहीं-नहीं !'' मंती बोली, ''उसकी आवश्यकता नहीं, आर्य ! वह बेचारा अपने अभ्यासवश ही ऐसा करता आ रहा है। अब मैं उसे समझा दूंगी। हां, यदि भविष्य में फिर कभी उसने मुझे मारा तो मैं आपको वचन देती हूं कि अवश्य ही उस प्रकरण को पंचायत के सम्मुख प्रस्तुत करूंगी।''

''यही सही !'' राम मुसकराए, ''किंतु यदि भविष्य में ऐसा हुआ और तुमने पंचायत में शिकायत नहीं की तो पंचायत स्वयं ही उस प्रकरण पर विचार करने को स्वतंत्र होगी।''

मंती ने सहमति में सिर हिला दिया।

इस बार सुधा उठी, ''तो हमें अनुमति दें...''

''अभी मदिरा वाला प्रसंग शेष है।'' राम ने बाधा दी, ''आतुर को मदिरा कहां से मिलती है ?''

''जहां से अन्य पुरुषों को मिलती है।'' सुधा ने सहज भाव से कहा, ''इसमें आतुर की ही क्या विशेष बात है।''

"शेष पुरुषों को कहां से मिलती है ?"

"यह तो आपको अनिन्द्य ही बता सकते हैं।" सुधा धीमे स्वर में बोली, "वे स्वयं ही साप्ताहिक गोष्ठी में इस विषय को लेकर आपके पास आने वाले हैं।"

"तो ठीक है। मैं उसी से बात कर लूंगा।"

बस्ती की महिलाएं चली गयीं। राम भी कुटिया के भीतर चले आए।

अभी तक न लक्ष्मण लौटे थे, न धर्मभृत्य ही आया था। मुखर भीखन के साथ उसके गांव जा चुका था। राम का मन फिर से जैसे अन्यमनस्क-सा इधर-उधर भटकने लग गया था।

सीता आकर उनके पास बैठ गयीं, "आज कुछ उदास हैं ?"

"हां !" राम ने सीता की ओर देखा, "कदाचित् ग्लानि का भाव उदासी बनकर मन पर छा गया है।"

"कैसी ग्लानि ?"

"भीखन के ग्राम की घटना को लेकर।"

"उसमें ग्लानि की क्या बात है ?"

"मैं उस रात लौट न आया होता तो कदाचित् भीखन के ग्राम में वह दुर्घटना न हुई होती।"

"किंतु आपको क्या पता था कि ऐसा होगा।"

राम उदास मन से मुसकराए, "मेरा मन रखने की बात न करो, सीते ! शत्रु को छोड़कर, असावधान हो जाना, क्या सेनापति की योग्यता का प्रमाण है ? और मेरे मन में तो बात योग्यता-अयोग्यता की भी नहीं है। यह तो प्रमाद ही हुआ — और वह भी किस कारण ? इसलिए कि मैं अपनी प्रिया से कुछ समय के लिए अलग नहीं रहना चाहता था ? तुम इसे प्रमाद नहीं कहोगी ?"

"मैं इसे ठीक-ठीक प्रमाद नहीं कहूंगी।" सीता ने अपांग से राम को देखा, "मैं इसे प्यार कहूंगी।"

"किंतु प्यार को जनहित के विपरीत नहीं जाना चाहिए," सीता के अपांग से अप्रभावित राम बोले, "एक बार चित्रकूट में भरत के आने पर, मैं अपने परिवार के प्यार में घिरकर वनवासियों से दूर हो गया था और राक्षसों ने उन्हें कष्ट दिए थे। अब अपनी प्रिया के प्यार में बंधकर उनसे दूर हो गया... !"

"प्रिय !" सीता भी गंभीर हो गयीं, "शृंगार को जीवन में अतिरिक्त महत्त्व न दो, किंतु उसको अपने जीवन से काटकर फेंका भी तो नहीं जा सकता। यदि राम भी अपनी भूलों पर पश्चाताप ही करते रहेंगे, तो भूलों से शिक्षा ग्रहण करने की प्रक्रिया किस पर लागू होगी..." सीता रुककर मुसकरायीं, "और राम से ऐसी भूलें नहीं होंगी तो सीता अपने प्रिय की प्रेम-भावना पर रीझेंगी कैसे ?"

सीता खिलखिलाकर हंस पड़ीं।

"ठीक कहती हो, प्रिये !" राम बोले, "राम को अपनी भूलों से शिक्षा ग्रहण करनी होगी — सुधार करना होगा, रणनीति में भी और प्रेमाभिव्यक्ति की इस दूषित पद्धति में भी।... सोचता हूं अब हमें शीघ्र ही आनन्दसागर आश्रम के लिए प्रस्थान करना चाहिए।"

"यहां का संगठन-कार्य पूर्ण हो गया ?"

"सर्वथा पूर्ण तो नहीं हुआ; किंतु अब वहां हमारी उपस्थिति अधिक आवश्यक है।" राम बोले, "वैसे संचार-व्यवस्था स्थापित कर लेने पर वहां अथवा यहां कहीं भी रहा जा सकता है..." सहसा राम रुके, "क्या बात है, अभी सौमित्र नहीं आए ?"

"संभवत: कहीं प्रेमाभिव्यक्ति की संचार-व्यवस्था स्थापित कर रहे हों।" सीता पुन: खिलखिलाकर हंस पड़ीं।

"ऐसी कोई सूचना मिली है क्या ?" राम गंभीर थे।

"नहीं-नहीं ! आप तो सच मान गए। मैंने तो परिहास में कहा था।"

"ओह !" राम बोले, "वस्तुत: मैं अपने विषय में सोचते-सोचते, सौमित्र के विषय में भी सोचता रहा हूं। वह पचीस वर्ष पूरे कर चुका है। हम अयोध्या में होते तो उसके विवाह की चर्चा वहां सर्वाधिक महत्त्वपूर्ण विषय होता।"

"तो आप लक्ष्मण से पूछ लें।" सीता भी गंभीर हो गयीं, "यदि उनकी दृष्टि किसी कन्या पर हो..."

कुटिया के बाहर से लक्ष्मण का स्वर आया, "भैया !"

"आ गए, सौमित्र !"

राम और सीता कुटिया से बाहर निकल आए।

लक्ष्मण वृक्ष के तने से पीठ लगाए, थके-से भूमि पर बैठे थे। उन्होंने न केवल हाथ की कुल्हाड़ी भूमि पर रख दी थी, वरन् कमर से खड्ग तथा कंधों से तूणीर भी उतारकर भूमि पर डाल दिए थे।

"आज बहुत काम किया।" सीता बोलीं, "जल लाऊं ?"

लक्ष्मण सचमुच बहुत थके हुए थे। अपने सहज रूप में मुसकराकर, स्वभावानुसार कोई कटाक्ष नहीं कर सके; केवल सिर हिलाकर सहमति दे दी।

जल पीकर उनमें कुछ स्फूर्ति आयी। वे सीधे होकर बैठ गए, "भैया ! यहां से आनन्दसागर आश्रम तथा भीखन के गांव तक ही नहीं, उसके भी बहुत आगे तक अनेक छोटे-छोटे ग्रामों और आश्रमों को घेरकर, हमने संचार-प्रबन्ध किया है..."

"पर तुम तो अन्न का प्रबन्ध करने के लिए जाने वाले थे।" सीता बोलीं।

"वह भी कर दिया है।" लक्ष्मण धीमे से बोले, "किंतु भीखन के आ जाने से स्थिति बदल गयी थी। शस्त्रागार की सुरक्षा का प्रबन्ध कर, मैं भी मुखर के साथ चला गया था। कुछ चौकियां स्थापित कर दी हैं और प्रशिक्षकों का एक दल काम पर लगा

दिया है। मेरा विचार है कि सप्ताह-भर में ऐसी स्थिति हो जाएगी कि इस क्षेत्र में किसी राक्षस के घुसते ही वन का पत्ता-पत्ता झनझना उठेगा।''

''इसकी बहुत आवश्यकता थी, लक्ष्मण !'' राम बोले, ''अब यह क्षेत्र पुनः राक्षसों की शोषण-भूमि नहीं बनने दिया जाएगा।''

प्रायः सभी लोग अपने-अपने कार्य से शीघ्र लौट आए थे। संध्या समय साप्ताहिक गोष्ठी थी, जिसमें पहले सप्ताह निश्चित किए गए कार्य की प्रगति पर विचार होना था; और आगे का कार्यक्रम निश्चित होना था।

आश्रम के केन्द्र में सभी प्रमुख लोग वृत्ताकार बैठे थे, बस्ती तथा आश्रम के अनेक लोग भी गोष्ठी में होने वाली चर्चा को सुनने आये थे। आवश्यकतानुसार विचार-विमर्श में भाग लेने की अनुमति सबको ही थी, इसलिए प्रायः ऐसी भीड़ हो जाया करती थी।

''भद्र राम !'' कार्यवाही आरंभ होते ही अनिन्द्य बोला, ''आज प्रातः से ही यह सूचना बहुत प्रचारित हुई है कि आप इस आश्रम को छोड़ अन्यत्र जाना चाहते हैं...''

''अनिन्द्य !'' राम ने मुसकराकर उसे टोक दिया, ''क्या यह उचित नहीं कि समाचारों की पुष्टि-अपुष्टि का कार्य अन्त के लिए छोड़ दिया जाए ?''

अनिन्द्य बिना कुछ कहे बैठ गया और विचार-विमर्श आरम्भ हो गया। राम बीच-बीच में दृष्टि उठाकर अनिन्द्य तथा अन्य लोगों को देख लेते थे। स्पष्ट था कि उन लोगों का मन चर्चा में नहीं लग रहा था। फिर भी सामान्य शिक्षा, सैनिक-शिक्षा, शस्त्र-निर्माण, कृषि, संचार, उद्योग इत्यादि की प्रगति के विषय में बातचीत होती रही।

चर्चा समाप्त हुई तो अनिन्द्य फिर कुछ पूछने को उद्यत हुआ; किंतु राम ने पुनः बाधा दी, ''यदि अनिन्द्य को मेरे आश्रम-निवास की अवधि के विषय में पूछना है तो उससे अधिक महत्त्वपूर्ण प्रश्न मुझे पूछना है।''

''आप पहले पूछ लीजिए।'' अनिन्द्य बोला।

''मुझे बताओ कि आतुर तथा अन्य लोगों को मदिरा कहां से मिलती है ?''

''यह प्रश्न मुझे भी पूछना है।'' धर्मभृत्य ने कहा।

''ओह ! हां।'' अनिन्द्य बोला, ''यह चर्चा तो मैं स्वयं भी करना चाहता था; किंतु आपके प्रस्थान का समाचार सुनकर सब कुछ भूल गया। बस्ती में इस समस्या पर पर्याप्त गंभीरता से सोचा जा रहा है। मदिरा का व्यापार करने वाला अब कोई बाहर का व्यक्ति नहीं है। वह हममें से ही एक है – उजास। वह घर पर मदिरा बनाकर, सांझ ढले अंधकार में छिपकर बेचता है।''

''तुम लोगों को मालूम है कि वह ऐसा करता है तो उसके विरुद्ध कार्यवाही क्यों नहीं की गयी ?'' लक्ष्मण ने अपना आक्रोश प्रकट किया।

''अनेक कारण हैं।'' अनिन्द्य कुछ संकुचित-से स्वर में बोला, ''पहली बात तो

यह है कि वह राक्षस नहीं है, हममें से ही एक है। दूसरी बात यह कि वह उसका व्यवसाय है। किसी का व्यवसाय बन्द कर हम उसके पेट पर लात नहीं मार सकते।''

इससे पहले कि अनिन्द्य अपनी बात आगे बढ़ाता या कोई और व्यक्ति कुछ कहता, दर्शकों की भीड़ में से मंती उठी और चर्चा करने वालों के बीच आ खड़ी हुई।

''भद्र राम ! मेरी अशिष्टता क्षमा करें, किंतु मुझे कुछ कहना है।''

''कहो, मंती !''

मंती ने एक सिंह-दृष्टि बस्ती के पुरुषों पर डाली और बोली, ''ये लोग उजास के पेट पर लात मारना नहीं चाहते, क्योंकि ये अपनी पत्नियों की पीठ पर लात मारना चाहते हैं। भद्र राम ! कल हम सारी स्त्रियां आपके पास इस शिकायत को लेकर आयी थीं। आपने कहा भी था कि मैं अपने पति की शिकायत पंचायत में करूं, किंतु मैं ही टाल गयी थी। पर वह कल रात भी पीकर आया था। मैंने उसे समझाना चाहा तो उसने मुझे पटककर लातों से मारा।... मेरा यह आरोप है कि यह इन सारे पुरुषों की मिली-भगत है। पहले चाहे ये किसी बाध्यता में पीते हों, किंतु अब इन्हें चस्का लग गया है। ये लोग अपनी तृष्णा-शान्ति के लिए उजास को यह व्यवसाय चलाने में सहयोग दे रहे हैं और इसीलिए यह बात अब तक आपसे छिपी हुई थी।...''

मंती चुप हो गयी, किंतु वह क्रोध तथा आवेश में हांफ रही थी।

''मैं इनसे सहमत हूं।'' लक्ष्मण सबसे पहले बोले, ''मेरा अनुमान है कि यही सत्य है; अन्यथा हमारी संचार-व्यवस्था ऐसी नहीं है कि बस्ती में होने वाली गतिविधियां हमसे छिपी रह सकें। आप स्वयं अनिन्द्य से पूछिए कि क्या हमारी व्यवस्था ऐसी नहीं है कि एक बालक के भी सहायतार्थ पुकारने पर वन का एक-एक पत्ता झनझनाने लगे?''

''ठीक है, सौमित्र ?'' राम ने शांति की मुद्रा में अपनी हथेली उठायी, ''मंती और तुम्हारी बात से सहमत होते हुए भी, हमें अनिन्द्य द्वारा दिए गए तर्कों पर विचार करना होगा।...'' राम रुककर बोले, ''जो लोग उजास के विरुद्ध कार्यवाही इसलिए नहीं कर पा रहे, क्योंकि वह राक्षस नहीं है, वे मुझे बताएं कि वे राक्षस किसको कहते हैं? क्या मनुष्य अपने कर्म से राक्षस नहीं बनता ? किसी अन्य ग्राम का व्यक्ति यहां आकर मदिरा बेचे, तुम्हारी दुर्बलता और अज्ञान का लाभ उठाकर तुम्हारा शोषण करे तो तुम उसे राक्षस कहोगे और वही काम तुम्हारी अपनी बस्ती का आदमी करे तो उसे अपना बन्धु कहोगे ?''

''नहीं।'' दर्शकों की भीड़ ने चीत्कार किया।

''उसे भी राक्षस मानोगे ?''

''हां।''

''ऐसी स्थिति में उजास को भी दंडित किया जाना चाहिए।'' राम पुनः बोले, ''दूसरी बात उसके व्यवसाय की है। व्यवसाय भी दो प्रकार के होते हैं —जब कोई

हमारी आवश्यकता तथा लाभ की वस्तुएं उपलब्ध करा, उससे अपनी आजीविका प्राप्त करे, तो यह विक्रेता और ग्राहक दोनों पक्षों के लिए हितकर व्यवसाय है। दूसरी ओर, जब कोई अपने स्वार्थ के लिए हमें हानिकारक वस्तुओं की ओर प्रवृत्त कर अपना लाभ कमाता है, तो वह व्यवसाय नहीं, रक्त-शोषण है। आप ध्यान दीजिए कि जो व्यवसाय जन-सामान्य के लिए जितना अहितकर होगा, उसमें व्यवसायी को उतना ही अधिक लाभ होगा। जो व्यक्ति अपने लाभ के लिए अपने समाज की क्षति करता है, वह राक्षस क्यों नहीं है ? आज वह अपने स्वार्थ के लिए आपको मदिरा पिलाकर आपके शारीरिक, पारिवारिक और सामाजिक स्वास्थ्य पर आघात कर रहा है; कल वह अपने इसी लोभ में राक्षसों को आपकी सुरक्षा-व्यवस्था के विषय में सूचनाएं देकर, आपको पुनः उनका दास बना देगा। जो अपने स्वार्थ के मोह में न्याय-अन्याय नहीं देखता, वह राक्षस नहीं तो क्या है — वह दंड का भागी है या नहीं ?''

''है।'' सबने अपना समर्थन व्यक्त किया।

सहसा भीड़ में से अपना मार्ग बनाता हुआ स्वयं उजास प्रकट हुआ। वह हाथ जोड़कर खड़ा हो गया, ''भद्र राम ! मैं मूर्ख आदमी हूं। यह सब कुछ नहीं सोचता, जो आपने कहा है। मैं तो केवल यह जानता हूं कि परिवार के पोषण के लिए मैं यह व्यवसाय करता हूं। मैं अपने समाज का शत्रु नहीं हूं। मैं किसी का बुरा नहीं चाहता, किंतु मेरे पास दूसरा कोई व्यवसाय नहीं है।''

''तुमने दूसरा व्यवसाय करने का प्रयत्न नहीं किया।'' राम तीखे स्वर में बोले, ''अन्यथा तुम्हें खान अथवा खेत में परिश्रम करने से कौन रोक सकता था।''

''खान अथवा खेत में श्रम करने का मुझे अभ्यास नहीं है।'' उजास बोला, ''मैं इतना कठिन परिश्रम नहीं कर सकता।''

''अभ्यस्त नहीं हो, इसका अर्थ यह हुआ कि तुम अपनी सुविधा के लिए सारी बस्ती में विष घोलोगे ?'' राम आक्रोशपूर्ण स्वर में बोले, ''अन्य लोगों द्वारा कठिन श्रम से उत्पादित द्रव की लूट को अपनी आजीविका बनाना सबसे सुविधाजनक है; किंतु हम उसे व्यवसाय नहीं मानते। मेरे मत से तुम निश्चित रूप से दंडनीय हो। फिर भी मैं उपस्थित समाज से निवेदन करूंगा कि तुम्हें सुधरने और श्रमार्जित आजीविका उपलब्ध करने का एक अवसर दिया जाए... और यदि तुम अब भी नहीं सुधरे तो समाज-द्रोह के अपराध में मृत्यु-दंड।''

''ठीक है ! ठीक है !'' चारों ओर से समर्थन की ध्वनियां आयीं।

''किंतु राम !'' इस बार आतुर बोला, ''जिन लोगों को मदिरा का चस्का हो, संध्या होते ही जिनकी अंतड़ियां चटखने लगती हैं, मन व्याकुल होकर पागलों के समान टक्करें मारने लगता है, वे क्या करें ?''

''वे अपनी पत्नी के हाथ में एक डंडा देकर उसके सम्मुख सिर झुकाकर बैठ जाएं।'' मंती उच्च स्वर में बोली, ''उनके मन को उनकी पत्नियां समझा देंगी।''

''मंती ने ठीक कहा।'' लक्ष्मण ने अपना उल्लास प्रकट किया।

''मैं भी मंती से सहमत हूं।'' सीता बोलीं, ''किंतु बहन ! अभी इन्हें इतना कठोर दंड न दो। जिस व्यक्ति को मदिरा के बिना व्याकुलता अनुभव हो, उसे दंड-श्रम के नियम के अन्तर्गत खेतों अथवा खान पर भेज दिया जाए। उससे भी यदि उसका मन संयत न हो तो मंती द्वारा बताया गया उपचार ही उपयुक्त है।''

''यही ठीक है।'' राम बोले, ''यदि उपस्थित समाज सहमत हो तो यही नियम लागू कर दिया जाए। इसके साथ मेरा प्रस्ताव है कि अपनी पत्नी को पीटने के अपराध में आतुर को एक सप्ताह तक बस्ती के ईंधन की आवश्यकता के लिए वन से लकड़ियां काटकर लाने का अतिरिक्त काम सौंपा जाए। परिश्रम ही बहके हुए मन की उचित औषधि है।''

''उचित है।'' लोगों ने सहमति प्रकट कर दी।

''तुम्हें तो कोई आपत्ति नहीं, अनिन्द्य ?''

''नहीं, आर्य ! मुझे क्या आपत्ति हो सकती है।'' अनिन्द्य शांत मन से बोला, ''मैंने तो केवल यह कहा था कि हमें मार्ग नहीं सूझ रहा। जो बात मेरे तथा मेरे साथियों के मन में स्पष्ट नहीं थी, वह इस जनमत ने स्पष्ट कर दी है... आर्य !'' वह रुका, ''मेरा विचार है कि आज की सभा के विचारार्थ सारी बातें समाप्त हो चुकी हैं। अब मैं अपना प्रश्न पूछूं ?''

''पूछो।''

''क्या आप यह आश्रम छोड़कर जा रहे हैं ?''

राम ने दृष्टि उठाकर देखा – लोग सुनने की उत्सुकता में कुछ-कुछ आगे खिसक आए थे।

''सत्य यह है, अनिन्द्य ! कि मैं इस आश्रम को छोड़ नहीं रहा, न मैं यहां से जा रहा हूं। मैं अपने कार्य-क्षेत्र का विस्तार करना चाहता हूं; और विस्तार-कार्य में व्यक्ति एक स्थान पर स्थिर नहीं रह सकता। मैं यहां स्थिर नहीं रहूंगा; वस्तुतः मैं किसी भी एक स्थान पर स्थिर रहने के लिए घर से नहीं चला था। अन्याय और अत्याचार के विरोध का लक्ष्य लेकर चला था। अन्याय भीखन के ग्राम में भी हो रहा है और आनन्दसागर आश्रम में भी। क्या तुम यह नहीं चाहोगे कि जैसी व्यवस्था यहां हो गयी है, वैसी वहां भी हो जाए। जिस प्रकार तुम लोग यहां स्वतन्त्र हो गए हो, उसी प्रकार भीखन के ग्राम के लोग और आनन्दसागर आश्रम के ब्रह्मचारी भी हों ?''

''क्यों नहीं चाहेंगे ? हम चाहेंगे कि सारे मानव-समाज में ऐसी ही व्यवस्था स्थापित हो जाए।''

''तो फिर उनकी सहायता करो। हम उनकी सहायता करने ही जा रहे हैं। हम तुमसे दूर नहीं होंगे, तुमसे पृथक् नहीं होंगे। सहायता के लिए तुम्हें ही पुकारेंगे। आवश्यकता होने पर तुम लोग ही वहां आकर राक्षसों से उनकी रक्षा करोगे।''

"पर हमारी रक्षा का क्या होगा ?" भूलर बोला।

"तुम समर्थ नहीं हो क्या ?" राम मुसकराए, "आज तुम्हारा प्रत्येक बालक सैनिक भी है और सशस्त्र भी। छोटे-मोटे आक्रमणों को तुम हंसते हुए टाल दोगे और यदि राक्षसों की कोई बड़ी सेना आयी तो चाहे यहां आए; चाहे वहां आए या किसी भी ग्राम अथवा आश्रम में आए — हम सबको मिलकर ही लड़ना होगा। उसी के लिए संगठन की आवश्यकता है और उसी के लिए संचार की व्यवस्था है।"

राम रुक गए। उन्होंने देखा, सब ही चुप थे। उनके चेहरों से स्पष्ट था कि चाहे वे सशब्द विरोध नहीं कर रहे थे; किंतु उनका मन सहमत नहीं हो पा रहा था।

"जाओ। अब अपने-अपने घर जाओ।" राम स्निग्ध स्वर में बोले, "हम एक सप्ताह यहां और ठहरेंगे; और यह एक सप्ताह बहुत कठिन और त्वरित कार्यों का होगा।"

## 10

रात के भोजन के पश्चात् वे लोग आश्रम के मध्य के खुले मैदान में बैठे ही थे कि लक्ष्मण ने धर्मभृत्य को सम्बोधित किया, "मुनिवर ! एक सप्ताह में हमें चल पड़ना है, अगस्त्य-कथा बीच में ही रह जाएगी। तनिक नियम से पढ़कर कथा तो पूरी सुना दो।"

"कथा तो अभी पूरी लिखी ही नहीं गयी।" धर्मभृत्य बोला, "पूरी सुना कैसे दूं ?"

"तो पूरी लिखते क्यों नहीं ?" लक्ष्मण बोले, "कठिनाई क्या है ?"

"लेखकीय कठिनाई है।" धर्मभृत्य गम्भीर स्वर में बोला, "मेरे ज्ञान की अपनी सीमाएं हैं। क्रम से लिखने में अनेक ऐसे प्रसंग आ जाते हैं, जहां मैं अपने ज्ञान की सीमा के कारण रुक जाता हूं। सोचता हूं कि पहले उस क्षेत्र का ज्ञान प्राप्त कर लूं, तब लिखूं। किंतु उन कामों के लिए समय ही नहीं मिल पाता, इसलिए कथा के बीच-बीच के खंड लिखे हैं।"

"कौन-सी सीमा है तुम्हारे ज्ञान की, धर्मभृत्य ?" राम ने पूछा।

"आपने ध्यान दिया होगा कि मुर्तू की कथा में मैंने यह तो बताया है कि उसका अपहरण हुआ और जब वह लौटा है तो जल-परिवहन का अधिकारी अभियंता है, किंतु यह नहीं बताया कि वह अभियंता बन कैसे गया ?"

"हां ! ठीक है।" राम ने सिर हिलाया।

"वस्तुतः हुआ यह कि जलपोत के चलने पर मुर्तू को पोत-नियन्त्रक की निजी सेवा के लिए नियुक्त किया गया। वृद्ध पोत-नियन्त्रक की मुर्तू ने बहुत सेवा की। उसी यात्रा में पोत-नियन्त्रक कुछ अस्वस्थ भी हो गया। मुर्तू ने अपनी अथक सेवा से उसका मन जीत लिया। परिणामतः वृद्ध को मुर्तू से स्नेह हो गया। लंका में पहुंचकर वृद्ध ने

मुर्तू को क्रय कर मरने से बचा लिया और स्थायी रूप से अपने साथ रख लिया। वृद्ध के साथ रहने के कारण मुर्तू जलपोतों के निर्माण के विषय में अनेक बातें सीख गया। वृद्ध को यह देखकर सुखद आश्चर्य हुआ कि मुर्तू में जलपोत-विद्या सीखने की विचित्र प्रतिभा थी। उसका अन्यथा अविकसित मस्तिष्क इस विद्या के लिए बहुत प्रखर निकला। वृद्ध ने अपने स्नेही सेवक के स्थान पर मुर्तू में अपना योग्य सहायक पाया। उसने और भी अधिक मन लगाकर मुर्तू को अपनी विद्या सिखायी। परिणामत: मुर्तू श्रेष्ठ कोटि का जलपोत-अभियंता बन गया। वृद्ध का अंतिम समय आया तो नि:संतान होने के कारण अपनी धन-संपत्ति भी मुर्तू को ही दे गया।'' धर्मभृत्य रुका, ''यह सारा प्रसंग मुझसे लिखा नहीं जा रहा।''

''तुमने सुना तो दिया।'' लक्ष्मण बोले, ''फिर ज्ञान की सीमा कहां है ?''

''यही तो लेखकीय चमत्कार है। अपना अज्ञान बता भी दिया और छिपा भी लिया।'' धर्मभृत्य हंसा, ''यदि इस प्रसंग को लिखूं तो मुझे जलपोतों के निर्माण तथा उनके परिचालन की विस्तृत जानकारी होनी चाहिए। तभी तो बता पाऊंगा कि मुर्तू ने वृद्ध जलपोत-नियंत्रक से क्या सीखा। किंतु मैंने कभी जलपोत देखा ही नहीं है।''

''ओह ! यह बात है !'' लक्ष्मण कुछ सोच में पड़ गये।

''मेरा विचार है कि तुमने भगवती लोपामुद्रा के विषय में भी बहुत कम चर्चा की है।'' सीता बोलीं, ''क्या यह भी तुम्हारे ज्ञान की सीमा है ?''

''आपने ठीक पकड़ा, दीदी ! यह भी मेरी अगति का क्षेत्र है।''

''चलो, मुनिवर !'' लक्ष्मण बोले, ''वह तो सुनाओ, जो तुमने लिख लिया है।''

''वह अभी सुना देता हूं।''

धर्मभृत्य अपनी कुटिया से पांडुलिपि ले आया।

''पढ़ूं ?'' उसने राम की ओर देखा।

''पढ़ो।''

मुर्तू बहुत दुखी मन से घर लौटा। आज तक वह केवल अपनी विद्या के विषय में सोचता-पढ़ता रहा था। अपनी आंखें उठाकर उसने किसी अन्य क्षेत्र की ओर देखा भी नहीं था। किंतु गुरु अगस्त्य के साथ हुए वार्तालाप ने उसकी आंखें कुछ खोली थीं। उन्होंने उसे विद्वान् और ज्ञानी का भेद बताया था। तभी उसके मन में आया था कि उन्नत राजनीति के बिना कोई समाज किसी भी अन्य क्षेत्र में आगे नहीं बढ़ सकता। उसने तभी यह भी अनुभव किया था कि उन्नत राजनीतिक शक्तियां पिछड़ी हुई जातियों को किसी भी क्षेत्र में आगे नहीं बढ़ने देंगी।... और मुर्तू को यह सोचकर विचित्र-सी अनुभूति हुई थी कि उसकी पोत-विद्या जैसी शुद्ध निर्माण-विद्या के पीछे भी राजनीति है। तभी उसने सोचा था कि पोत-निर्माता होने पर भी उसे राजनीति के विषय में कुछ सोचना-समझना चाहिए।... आज वह यूथपति से मिलकर आया था, उसने पुरोहित को देखा था, उससे

बातें की थीं और आज राजनीति, पिछड़ी हुई राजनीति का वास्तविक रूप स्पष्ट होकर उसके सामने आया था... जिस प्रस्ताव के लिए यूथपति ने उसका तिरस्कार किया था, उसी प्रस्ताव के लिए राक्षस-साम्राज्य के बड़े-बड़े अधिकारी लालायित थे — उरपुर हो या लंका... सभी स्थानों पर मुर्तू का स्वागत किया जाएगा। राक्षस अपनी उन्नत राजनीति के कारण, अपनी जल-सेना के माध्यम से, अन्य जातियों को लूट-लूटकर धनी हो रहे हैं और दूसरी ओर वानरों की मूर्ख राजनीति है कि अपने लाभ के प्रस्तावों का तिरस्कार कर, राक्षसों द्वारा सदा पीड़ित होते रहेंगे। क्या सारी वानर जाति की यही इच्छा है, जाति तो दूर रही, क्या उसके अपने सारे यूथ की यही इच्छा है ? नहीं ! सारा यूथ या जाति कभी नहीं चाहेगी कि वे लोग इस प्रकार पिछड़े रहकर पीड़ित होते रहें...

तो कौन चाहता है यह ?

यूथपति ?

या पुरोहित ?

मुर्तू को लगा कि यूथपति यह नहीं चाहता, क्योंकि वह परामर्श के लिए पुरोहित पर आश्रित है। वह मूर्ख है, नहीं जानता कि किस बात में उसकी, उसके यूथ की अथवा उसकी जाति की भलाई है। वह अपने अज्ञान के कारण अपनी जाति का अहित कर रहा है — किंतु पुरोहित ?

निश्चित रूप से पुरोहित अज्ञानी नहीं, धूर्त है। वह जानता है कि जलपोत चलाने से समुद्र के रुष्ट होने की कई संभावना नहीं है; किंतु समुद्र में यदि जलपोत चलने लगे, अथवा किसी अन्य रूप में समुद्र पर वानरों का अधिकार बढ़ जाए तो उसके देवता होने का भ्रम टूट जाएगा। समुद्र-पूजन की परंपरा समाप्त हो जाएगी और पूजा के माध्यम से होने वाली पुरोहित की आय समाप्त हो जाएगी...

मुर्तू का मन आक्रोश से जल उठा — एक नीच व्यक्ति, अपने क्षुद्र स्वार्थ के लिए, एक पूरी जाति की प्रगति को रोके बैठा है और कोई उसे कुछ नहीं कह सकता। स्वार्थ भी कैसा ? एक निर्धन जाति द्वारा चढ़ावे में चढ़ने वाले नगण्य-से धन का ?... मुर्तू के जी में आया, इस पुरोहित के रोम-रोम को तप्त लौह शलाका से दग्ध करे...

कहीं ऐसा तो नहीं कि स्वयं राक्षसों ने पुरोहित को उत्कोच दिया हो कि वह वानरों को समुद्र की ओर न बढ़ने दे... नहीं ! मुर्तू ने सोचा — यह उसकी अपनी कल्पना की खींच-तान है... किंतु राजनीति में कुछ भी असंभव नहीं। राजनीति से कटकर, किसी भी क्षेत्र का ज्ञान असमर्थ हो जाता है। किसी भी क्षेत्र में प्रगति के लिए पहले राजनीति को ठीक करना होगा... अगस्त्य ऋषि के चिंतन का कोण ही ठीक कोण है... मुर्तू को अगस्त्य के पास ही जाना होगा। उन्हीं को अपनी समस्या बतानी होगी और उन्हीं से समाधान पाना होगा।... कहां उसने आरम्भ में अगस्त्य को कोई धूर्त समझा था, जो उसके यूथ के भोले और अनजान लोगों को ठग रहा था और कहां आज वह अनुभव कर रहा है कि अगस्त्य उसके यूथ के सबसे बड़े हितैषी हैं — यूथपति से भी

अधिक, पुरोहित से भी अधिक।

अगले दिन मुर्तू अकेला अगस्त्य के आश्रम में पहुंचा।

"कहो, मुर्तू ! कैसे आए ?"

"ऋषिवर !" मुर्तू अत्यंत व्यथित स्वर में बोला, "पिछली बार मैं अपनी इच्छा से आपके पास नहीं आया था। पिताजी मुझे लाए थे और मेरे मन में आपके प्रति तनिक भी सम्मान नहीं था। किंतु आज मैं अपनी इच्छा से आया हूं और आपको अपना सबसे बड़ा मित्र मानकर आया हूं।"

"मुर्तू ! इस आश्रम में तब भी तुम्हारा स्वागत हुआ था, आज भी स्वागत है।" अगस्त्य मुसकरा रहे थे, "अपनी समस्या कहो। प्रयत्न करूंगा कि तुम्हारी सहायता कर सकूं।"

मुर्तू ने यूथपति तथा पुरोहित से अपनी भेंट की सारी कथा कह सुनायी।

"तो ?" ऋषि ने अपनी प्रश्नवाचक दृष्टि उस पर डाली।

"मैं इस बाधक राजनीति से कैसे लड़ सकता हूं ?" मुर्तू बोला, "मैं तो अपने यूथ के लिए कुछ कार्य करना चाहता हूं और आप देख रहे हैं कि मैं जिनके लाभ के लिए काम करना चाहता हूं — वे स्वयं ही मेरे मार्ग की बाधा बन रहे हैं। मैं विघ्न-पूर्ण परिस्थितियों में कार्य करने का अभ्यस्त नहीं हूं। ऐसे में मेरा मन यहां से भाग जाने को होता है। यदि मैं आपसे न मिला होता और आपने ऐसी तीखी बातें न कही होतीं, तो कदाचित् मैं अब तक न रुका रहता। मुझे ऐसा लग रहा है कि यहां की प्रत्येक वस्तु मुझे धकेलकर राक्षसों के राज्य में फेंक देना चाहती है — केवल आप मुझे थामे हुए हैं।"

ऋषि उसके चेहरे को पढ़ते रहे और मन-ही-मन कुछ सोचते रहे। फिर शांत स्वर में बोले, "मुझे तुमसे अधिक कुछ नहीं कहना है, पुत्र ! कहने-योग्य प्राय: सारी बातें मैंने पहली ही भेंट में कह दी थीं। आज केवल इतना ही कहना है कि अपने मन को स्थिर करो। तुम देख ही रहे हो कि इस पिछड़ी, स्वार्थी और लोलुप राजनीति के धुएं में प्रतिभा का दम घुटता है। यही कारण है कि यहां प्रतिभा विकसित नहीं होती। यह विचित्र संयोग है कि तुम्हारे शत्रुओं ने तुम्हारी प्रतिभा को विकसित कर दिया है। मैं यहां धुएं से लड़ रहा हूं, ताकि इस जाति की प्रतिभा विकसित हो और यह राक्षसी अंधकार से लड़ सके। यदि तुम अपने जीवन का गंतव्य अंधकार से युद्ध बना लो, तो यहां टिक सकते हो और यदि तुम स्वार्थजीवी हो तो यहां एक सप्ताह भी नहीं टिक पाओगे...।"

सहसा एक तरुणी ने कुटिया में प्रवेश किया। मुर्तू की दृष्टि उस पर टिकी। वह आर्य कन्या नहीं थी। वस्त्रों तथा आकृति से वह निश्चित रूप से वानर कन्या थी। किंतु वह सामान्य वानर-कन्या से कितनी भिन्न थी। उसके मुख-मंडल पर ऋषि-कन्या का-सा सात्विक तेज था।

"ओह ! हो गया न आरंभ... !" सहसा लक्ष्मण बोले।

"क्या ?" धर्मभृत्य ने आश्चर्य से उनकी ओर देखा।

"लेखकीय धंधा !" लक्ष्मण बोले, "वही प्रेम ! कितनी भी गंभीर स्थिति हो, जातियों का भविष्य निर्धारित हो रहा हो, मानवता का युद्ध चल रहा हो — किंतु बीच में सात्विक तेज वाली कन्या अवश्य आ जाएगी..."

"मैंने सायास नहीं किया है।" धर्मभृत्य स्पष्टीकरण देता हुआ-सा बोला, "वह प्रभा है। शतालु की पुत्री। आश्रम में ही रहती है।"

"किसी की भी पुत्री हो।" लक्ष्मण अपने उद्धत स्वर में बोले, "तुम लेखक लोग..."

"तो इसमें चिढ़ने की क्या बात है, सौमित्र !" सीता मुसकरायीं, "अब इन दिनों तुम क्या कम गंभीर कार्यों में लगे हो। मैं नहीं जानती कि तुम्हारे कार्यों से मानवता का भविष्य निर्मित होगा या नहीं — पर प्रयत्न तो तुम कर ही रहे हो। ऐसे में यदि कोई तरुणी — कोई वनवासिनी, कोई ऋषि-कन्या, कोई राजकुमारी, कोई स्वप्न-सुंदरी आ जाए, तो तुम्हें उसके मुख-मंडल पर सात्विक तेज दिखायी नहीं पड़ेगा ?"

"परिहास के लिए तो ठीक है, भाभी !" लक्ष्मण अपनी गंभीरता छोड़ने को तैयार नहीं थे, "किंतु इतने आश्रम हमने भी देखे हैं — कहीं आपको कोई स्वप्न-सुंदरी दिखायी पड़ी ? फिर इस मन:स्थिति में किसका ध्यान उस ओर जाता है..."

"सौमित्र ! तुम्हारी संघर्ष-वृत्ति कुछ अधिक ही उग्र हो गयी है।" राम बोले, "जीवन में कोमलता का विषय आते ही उसके विरुद्ध धर्मयुद्ध घोषित कर देते हो और कल तुम्हारी भाभी कह रही थीं कि तुम्हारा वय अब गृहस्थाश्रम में प्रवेश करने का हो गया है..."

"भाभी को अपने लिए कोई सहायिका चाहिए होगी।" लक्ष्मण बोले, "किंतु जब तक हम इस राक्षसी अंधकार के निरोध का कोई स्थायी प्रबंध नहीं कर लेते, तब तक मैं प्रेम, श्रृंगार या विवाह की बात सोच भी नहीं सकता।"

"चलो। अच्छा किया, इसी बहाने तुमने अपने मन की बात बता दी।" सीता मुसकरायीं, "नहीं तो मैं अनुमान ही लगाती रहती कि देवर के जीवन में कोई स्वप्न-सुंदरी आयी या नहीं।... अब कथा सुनने दोगे या नहीं ?"

"सुनाइए, मुनिवर ! सुनाइए।" लक्ष्मण पुन: सुनने की मुद्रा में बैठ गए, "चाहे स्वप्न-सुंदरी की ही कथा क्यों न हो।"

"यह प्रभा है।" ऋषि ने बताया, "शतालु की पुत्री। आश्रम में अपनी ऋषि मां के पास रहकर आयुर्वेद का अभ्यास कर रही है — विशेष रूप से शल्य-चिकित्सा का।" उन्होंने मुर्तू की ओर संकेत किया, "यह आयुष्मान् मुर्तू है — जल-परिवहन का पंडित। इसका अपना जीवन-पोत अनिर्णय के झंझावात में फंसा हुआ डगमगा रहा है।"

प्रभा ने उसे नमस्कार किया। मुर्तू ने उत्तर में हल्का-सा प्रति-नमस्कार किया, किंतु उसके मन में प्रभा का रूप, उसके प्रति अपने मन के प्रश्न और अपने परिचय में कहा गया गुरु का वाक्य — सब-कुछ उलझकर रह गया था। और मुर्तू जैसे उनसे पृथक् खड़ा उनका मल्लयुद्ध देख रहा था।... उसके मन में बार-बार लंका की सुंदरियों और प्रभा के रूप की तुलना हो रही थी। पहले दिन अपने पिता की कुटिया में जिन वानर-कन्याओं को देखा था, वे उसे फूहड़, देहाती और गंवार लगी थीं। प्रभा में पर्याप्त परिष्कर और सुरुचि के दर्शन हो रहे थे, यद्यपि उसकी वेशभूषा भी प्रायः वही थी। वह राक्षस-सुंदरियों से भी पर्याप्त भिन्न लग रही थी — उनमें तड़क-भड़क, शृंगार और आडंबर की उत्तेजना थी; किंतु प्रभा में शांति और सार्थकता की शीतलता थी...

मुर्तू ने सुना ही नहीं कि प्रभा ने क्या पूछा और गुरु ने क्या कहा। वह अन्य वानर-कन्याओं के साथ प्रभा की तुलना कर रहा था। यदि शिक्षा और सुसंस्कृत संगति से प्रभा में इतना परिष्कार आ सकता है, तो अन्य लोगों में सुधार क्यों नहीं हो सकता!... वह छोटी-मोटी विघ्न-बाधाओं से घबरा क्यों जाता है ? भागने की क्यों सोचता है ? वह भी गुरु अगस्त्य के समान यहां टिककर, इन बाधाओं से लड़कर उनका मुंह मोड़ देने की बात क्यों नहीं सोचता ? क्या दुर्बलता उसके अपने मन के भीतर नहीं है ? तभी तो गुरु ने कहा कि उसके जीवन का पोत अनिर्णय के झंझावात में फंसा डगमगा रहा है।... वह अपने मन को स्थिर क्यों नहीं करता ? क्यों सुविधा-स्वार्थजीवी बनना चाहता है — सेवा का मार्ग सुविधा और स्वार्थ के बीच में से होकर नहीं जाता।

उसने आंखें उठाकर गुरु की ओर देखा — वे स्थिर दृष्टि से उसकी ओर देख रहे थे।

"तुम कुछ सोच रहे थे, पुत्र !"

"आपके आश्रम में आते ही मन जमने लगता है, बाधाओं से लड़ने की इच्छा होने लगती है। अभी भी मन को स्थिर कर रहा था कि मुझे यहीं रहना है — किसी भी अवस्था में।"

"यदि मेरे आश्रम के बाहर, इस पिछड़े तथा अस्त-व्यस्त जीवन की बाधाओं में भी मन जमा रहे और यहीं बस जाने का निर्णय कर लो तो मुझे बताना। प्रभा के पिता शतालु से कहूंगा कि वह भास्वर से तुम लोगों के विवाह की बात निश्चित कर ले।"

मुर्तू अचकचाकर उठ खड़ा हुआ, "अच्छा, गुरुवर ! अब अनुमति दें।"

वह प्रणाम कर बाहर चला आया। ऋषि अंतर्यामी हैं, या वे मनुष्य की दृष्टि की भाषा को समझते हैं ? उसने प्रभा को एक बार उल्लास से देखा था और फिर अपने भीतर डूब गया था। ऋषि ने इतने में ही उसके विषय में अपनी धारणा बना ली। संभव है कि प्रभा के भी कुछ ऐसे ही भाव रहे हों —मुर्तू ने उसे तो देखा ही नहीं।

गुरु कहते हैं कि जब वह स्थिर हो जाए, तब प्रभा के विवाह की बात निश्चित

हो।... किंतु ऐसा क्यों संभव नहीं है कि उसे स्थिर करने के लिए प्रभा का उसके साथ विवाह कर दिया जाए ? उसका जीवन-पोत यदि डगमगा रहा है तो वह लंगर के समान उसके जीवन में क्यों नहीं आ सकती ?

सहसा मुर्तू का चिंतन रुका। उसे स्वयं अपने ऊपर आश्चर्य हो रहा था — क्या सचमुच एक झलक देखकर ही उसने प्रभा से विवाह का निर्णय कर लिया है ? उसने लंका, अशिमपुर और उरपुर में एक से बढ़कर एक सुंदरियां देखी हैं, किंतु उसका मन कभी ऐसा पराभूत तो नहीं हुआ। क्या है यह ? मरुभूमि में एक साधारण-सा फूल देखकर उसका मन मचल गया है; या अपनी जाति से किसी प्रकार का पुनः भावात्मक स्तर पर बंध जाने की इच्छा; या वह अपने जातिगत सौंदर्य-संस्कारों से इतना बंधा हुआ है कि किसी इतर जाति की सुन्दरी का रूप उसके मन को अभिभूत कर ही नहीं पाया? उसने अनेक सुंदरियों को सराहा था, उनकी कामना भी की थी — किंतु विवाह की बात सोची तक नहीं थी। यह उसके सौंदर्यगत संस्कार थे अथवा अगस्त्य-आश्रम का प्रभाव — कि वह पत्नी-रूप में वानर कन्या की ही कल्पना कर सका था — अनघड़ वानर-कन्या नहीं, सुरुचि-संपन्न तथा परिष्कृत वानर-कन्या !

घर लौटने तक मुर्तू की मनःस्थिति पर्याप्त मात्रा में बदल चुकी थी। मन स्थिर हो चुका था — उसे यहीं रहना था और अपना काम करना था। यदि कुछ मूर्ख और स्वार्थी लोग उसका महत्त्व नहीं समझते और उसे प्रोत्साहित नहीं करते, तो उसका दंड वह अपने यूथ अथवा अपनी जाति को नहीं दे सकता। पहली अवस्था में वह चाहता था कि उसका यूथ उसको सारी सुविधाएं दे, उसे महत्त्वपूर्ण व्यक्ति माने, उसकी अभ्यर्थना करे, तब ही वह अपने यूथ में रहेगा, किंतु उसने देख लिया था कि उसके यूथ का राजनीतिक नेतृत्व करने वाले लोगों में न तो इतनी समझ हैं और न इससे उनका कोई स्वार्थ सधता है कि वे उसकी अभ्यर्थना करें। यूथ की मनःस्थिति बदलने के लिए, पहले उसे अपनी मनःस्थिति बदलनी होगी।... वह बाहरी व्यक्ति के समान अपना स्वागत और सुविधाएं नहीं चाहेगा, घर के सदस्य के समान अपना अधिकार मानकर यहीं रहेगा और काम करेगा।... यूथ के राजनीतिक नेताओं को अपना दृष्टिकोण समझाने के लिए, उन्हें अपने काम की उपयोगिता समझानी होगी। वे समझना न चाहें तो संपूर्ण यूथ के सम्मुख अपनी उपयोगिता सिद्ध कर, जन-सामान्य के माध्यम से नेताओं पर दबाव डालना होगा।

योजना तैयार करने में मुर्तू ने बहुत समय लगाया। निश्चित रूप ये, जलपोत अथवा कोई बहुत बड़ी नौका बनाने की बात वह अभी नहीं सोच सकता। उसके लिए लंबा समय लगेगा, और अभी तो कोई सहयोगी भी नहीं मिलेगा। उसे कोई छोटी और हल्की वस्तु बनानी चाहिए, जो यूथ के असहयोग के रहते हुए भी, थोड़े-से समय में वह अकेला

ही बना ले और उससे निर्विवाद रूप में अपनी उपयोगिता सिद्ध कर सके... कोई तीव्रगामी नौका, हल्की और लाभदायक...

मुर्तू का मन नौका की विशेषताओं का चयन करता रहा, फिर उसने उसके आकार-प्रकार के विषय में सोचा। बैठने का स्थान, भार उठाने की क्षमता, चालक का स्थान, चप्पुओं का आकार, उनका नाप... और अन्त में मछलियां पकड़ने का जाल लगाने का स्थान और विधि... दो व्यक्ति भी चप्पू लेकर बैठ जाएं और आधी घड़ी समुद्र की सैर करें तो लौटने पर समुद्र देवता के प्रसाद फलस्वरूप जाल में ढेरों मछलियां फंसी होंगी। सारे यूथ के एक दिन के भोजन के लिए पर्याप्त।

मुर्तू मन में अपनी योजना लिये, नौका के लिए उपयुक्त लकड़ी की खोज में वन में भटकता रहा। उचित वृक्ष खोज लेने पर उसे काटने की समस्या सामने आयी। मुर्तू को वन के वृक्ष काटने का अब अभ्यास नहीं था। वह अभियंता था, लकड़हारा नहीं। यूथ के किसी अन्य व्यक्ति से सहायता की कोई आशा नहीं थी। न जाने कैसे उसके पड़ोसियों को भी पता लग गया था कि वह कोई ऐसा काम करने पर लगा हुआ है, जिसे यूथपति और पुरोहित की स्वीकृति प्राप्त नहीं है, इसलिए किसी भी ओर से सहायता की कोई संभावना नहीं थी। पिछले दो दिनों में, उसके घर में मिलने वाले लोग अन्य दिनों की अपेक्षा इतने कम आए थे कि लगता था कि उसके परिवार का सामाजिक बहिष्कार किया जा रहा है। संभवतः यह यूथपति की अप्रसन्नता प्रचारित हो जाने के कारण ही था।

अन्त में स्वयं बूढ़े भास्वर ने उसकी सहायता का निश्चय किया। वह वृद्ध हो गया था, किंतु उसका लकड़ियां काटने का अभ्यास अभी छूटा नहीं था। कुल्हाड़ी लेकर पिता और पुत्र दोनों ही वन में पहुंचे। मुर्तू ने वृक्ष दिखाया और भास्वर ने प्रहार के लिए कुल्हाड़ी उठायी। किंतु वह प्रहार कर नहीं पाया। विभिन्न वृक्षों के पीछे से कुछ दंडधर निकल आए। निश्चित रूप से वे यूथपति के सैनिक थे।

मुर्तू ने आश्चर्य से उन लोगों को देखा। इसका अर्थ यह हुआ कि उसकी चौकसी की जा रही थी। यूथपति को उसकी गतिविधियों की पूरी सूचना मिलती रही थी। वे लोग इसी प्रतीक्षा में रहे होंगे कि वह कार्य आरंभ करे तो वे लोग उसे रोकें।

वे निकट आए।

''तुम वृक्ष नहीं काट सकते। यह पुरोहित का आदेश है।''

मुर्तू को लगा, उसका इससे अधिक अपमान नहीं हो सकता ! एक फूहड़, मूर्ख तथा स्वार्थी पुरोहित के आदेश से, विश्व के सर्वश्रेष्ठ पोत-अभियंताओं में से एक — मुर्तू को लकड़ी काटने से रोका जा रहा है। उसकी इच्छा हुई कि अपने पिता के हाथ से कुल्हाड़ी लेकर वह सामने खड़े इस दंडधर का सिर धड़ से अलग कर दे।... किंतु कितनों के सिर धड़ से पृथक् करेगा वह ? सामने खड़ा व्यक्ति व्यक्ति नहीं है — वह राज-शक्ति का प्रतीक है, और राज-शक्ति इस एक व्यक्ति के मरने से समाप्त

नहीं होती...

"और यदि मैं काटूं तो ?"

"आदेश है कि तुम्हें बंदी कर, घसीटते हुए, पुरोहित के पास पहुंचा दें, किंतु ऋषि अगस्त्य का तुम्हें बंदी क़रने का निषेध है। अत: हठ करने पर तुम्हें ससम्मान पुरोहित के पास पहुंचाना होगा।"

मुर्तू का मन जैसे फट गया। वह किन के उत्थान तथा उज्ज्वल भविष्य के लिए कार्य करना चाहता है — इनके, जो उसके साथ अभद्रतम व्यवहार करना चाहते हैं !

"आइए, पिताजी ! चलें !" मुर्तू घर की ओर मुड़ा।

भास्वर भी चुपचाप उसके पीछे चला आया।

मुर्तू के मन में ऐसा झंझावात उठा था, जैसा उसने कभी स्वयं सागर में उठता नहीं देखा था... दंडधर की बात से स्पष्ट था कि पुरोहित ने उसे अपमानजनक ढंग से बंदी करने का आदेश दे रखा था, किंतु गुरु अगस्त्य को इसकी आशंका पहले से रही होगी। तभी तो उन्होंने उसे बंदी करने का निषेध कर दिया था... और गुरु कदाचित् इतने सामान्य थे कि उनकी अवज्ञा का साहस पुरोहित में भी नहीं था... किंतु गुरु कहां-कहां उसकी रक्षा करेंगे, कहां-कहां उसे अपमान की पीड़ा से बचाएंगे — लंका में दंडधर तो क्या, किसी सैनिक ने भी इस अशिष्ट ढंग से उससे बात की होती तो वह कभी जीवित न बचता... और यहां उसके सम्मान की रक्षा के लिए भी गुरु को सतर्क रहना पड़ता है...

मुर्तू ऐसे स्थान में नहीं रह सकता। किसी भी अवस्था में नहीं रह सकता। उसे कोई नहीं रोक सकता — न गुरु, न माता-पिता, न यूथ, न जाति और न प्रभा... हां! प्रभा भी नहीं। वह यहां अपमानित होने के लिए नहीं रुकेगा...

भास्वर को मुर्तू बहुत पीड़ित लगा। उसकी समझ में नहीं आया कि वह क्या कहकर पुत्र को समझाए। यह तो यहां के जीवन की सामान्य-सी बात थी। ऐसा तो होता ही रहता है। यूथपति या पुरोहित की आज्ञा कैसे टाली जा सकती है। एक गुरु ही हैं, जो सबको समझा लेते हैं।

"पुत्र ! कल ऋषि के पास चले जाना। वे अवश्य ही कोई मार्ग निकाल देंगे।" वह धीरे-से बोला।

मुर्तू ने उत्तर नहीं दिया। वह चुपचाप चलता रहा।... शायद पिताजी ठीक कह रहे हैं — गुरु कोई मार्ग निकाल ही लेंगे। किंतु गुरु के पास जाकर उसका यहां रहने का संकल्प फिर उभर आएगा। जाने उस आश्रम में क्या था कि वह जब-जब वहां जाता था, यहीं बस जाने का विचार प्रबल हो जाता था। इस बार भी यदि यही हुआ तो वह फिर रुक जाएगा।... वह रुक गया और फिर कहीं उसका ऐसा ही अपमान हुआ तो उसका वक्ष फट जाएगा... वह अपमान से पीड़ित हो मर जाने के लिए यहां रुकना नहीं चाहता। वह आज रात ही चुपचाप यहां से चल देगा — बिना किसी को बताए।

उसने रुककर पीछे-पीछे आते अपने बूढ़े पिता को देखा। पिता कितने उदास हो गए थे — पुत्र के अपमान से ? या उसे दुःखी देखकर ? कदाचित् उसे दुःखी देखकर। उनके वश में होता तो वे अपने पुत्र को प्रसन्न करने के लिए सारा वन कटवा समुद्र में तैरा देते... किंतु उनके वश में था क्या ?

उसके चले जाने से माता-पिता को बहुत कष्ट होगा — वह जानता था — किंतु उसका अपना कष्ट इतना बड़ा था कि अब वह किसी के कष्ट की चिंता नहीं कर सकता, किसी के भी कष्ट की नहीं।

धर्मभृत्य ने पांडुलिपि बंद कर दृष्टि उठायी, "आज यहीं तक।"

"चला गया न ?" लक्ष्मण ने पूछा।

"हां।"

"उसे जाना ही था। मुझे मालूम था।" वे अपनी किसी सोच में डूब गए।

## 11

आनन्दसागर आश्रम में पहुंचकर राम ने जो देखा, वह उनके लिए सर्वथा अनपेक्षित था। पिछली बार जब वे आश्रम में आए थे तो यहां कितना उत्साह था; और आज घोर हताशा। जैसे राम के आने की भी उन्हें कोई प्रसन्नता नहीं हुई। केवल मुखर उनसे आकर ऐसे मिला, जैसे वर्षों पश्चात् उसने अपने किसी प्रिय व्यक्ति को देखा हो। उसने उत्साहपूर्वक सबके ठहरने की व्यवस्था की। अन्य आश्रमों के समान उन्हें यहां आते ही कुटीरों की व्यवस्था नहीं करनी पड़ी। मुखर ने पहले ही व्यवस्था कर रखी थी।

शस्त्रों को शस्त्रागार में स्थापित कर, राम कुछ निश्चिंत हो बाहर आ बैठे। सीता, लक्ष्मण तथा मुखर भी वहीं आ गए। आनन्दसागर तथा भीखन कदाचित् उनके अवकाश पा जाने की ही प्रतीक्षा कर रहे थे।

"हां, मुखर !" राम ने पूछा, 'क्या स्थिति है ?"

"कोई विशेष घटना यहां नहीं घटी, इसका अनुमान तो आपने लगा ही लिया होगा।" मुखर बोला, "कुछ घटित हुआ होता तो आपको सूचना मिलती ही। किंतु मेरी समझ में नहीं आता कि यहां के लोग किस मिट्टी के बने हैं। पिछली बार आपके जाने के पश्चात् राक्षसों की सैनिक टुकड़ी ने आक्रमण क्या किया कि अब प्रत्येक मुख पर एक ही बात है — हमारे कुछ भी करने से क्या होगा ? राक्षस फिर आएंगे और लूट-पाटकर ले जाएंगे। पिछली बार तो वे लोग यहां ठहरे ही नहीं; यदि अधिक ठहर गए तो हत्याएं भी करेंगे।"

"यही बात है, भीखन ?" राम ने पूछा।

"कुछ ऐसा ही हो गया है, राम !" भीखन का स्वर भी पर्याप्त उत्साहशून्य था,

''कितना भी प्रयत्न करो — कहीं उत्साह नहीं जागता। मेरा अपना मन भी कुछ उदासीन-सा हो रहा है। प्रत्येक व्यक्ति पूछता है कि राम यहां कब तक रहेंगे, कब तक वे राक्षसों से लड़ेंगे ? अन्त में वे चले ही जाएंगे। फिर हम होंगे और ये राक्षस ! राक्षस दंडक वन में हैं, जन-स्थान में हैं, लंका में हैं। उनकी सेनाएं आएंगी और हमें अपने पैरों तले रौंद जाएंगी — तो फिर उनके विरोध का क्या लाभ ? हम जितना बैर बढ़ाएंगे — अन्त में उतना ही कष्ट पाएंगे। उनकी स्पर्धा तो हम कर नहीं पाएंगे।''

''और आप क्या कहते हैं, मुनि आनन्दसागर ?''

''मुझे क्या कहना है, भद्र !'' आनन्दसागर ठहरे हुए शांत स्वर में बोले, ''सचमुच राक्षसों के पिछले आक्रमण से इस क्षेत्र में बहुत ही बुरा प्रभाव पड़ा है।''

''भूधर की भूमि का आप लोगों ने क्या किया है ?'' राम ने पूछा।

''कुछ नहीं ! वैसी ही पड़ी है।'' भीखन ने बताया, ''उस भूमि पर कोई हल चलाने का साहस ही नहीं करता। मान लीजिए, आज हम उस पर खेती आरंभ करते हैं और कल ग्राम पर राक्षसों का आक्रमण होता है तो वे खेतों में खड़ी फसल या जला जाएंगे या काटकर ले जाएंगे; उस भूमि पर नियंत्रण करने के अपराध में हत्याएं अलग कर जाएंगे।''

''तो तुम्हें गांव की भूमि भी नहीं चाहिए ?'' मुखर जैसे चकित होकर बीच में ही फूट पड़ा।

''राक्षसों की भूमि नहीं चाहिए।''

''वह भूमि राक्षसों की नहीं, तुम्हारी है !'' लक्ष्मण कुछ आवेश के साथ बोले।

''जिसकी भी हो !'' भीखन बोला, ''वह भूमि हमें नहीं चाहिए।''

''अच्छी बात है !'' राम बोले, ''इस प्रकार हतोत्साहित होकर न तो तुम अत्याचार का विरोध कर सकते हो और न अपने अधिकार ही पा सकते हो ! जहां तक हम लोगों के यहां ठहरने का प्रश्न है, तुम जानते हो कि किसी भी स्थान पर स्थायी रूप से वहां का निवासी ही रहता है। बाहरी सहायता के रूप में जो कोई भी आएगा, वह थोड़े समय के लिए ही आएगा। अपने अधिकारों तथा न्याय का युद्ध तो तुम्हें स्वयं ही लड़ना होगा।'' राम ने तनिक रुककर भीखन को देखा, ''किंतु अपने ग्रामवासियों से भूमि के विषय में ठीक से पूछकर मुझे बता देना।''

''भूधर की भूमि लेने का जोखिम कोई नहीं उठाएगा।'' भीखन वैसे ही उदासीन स्वर में बोला।

''अच्छा ! लोगों की बात छोड़ो।'' सहसा राम का स्वर करारा हो उठा, ''अपनी बात कहो। क्या तुम भी वैसे ही हताश हो चुके हो ? तुम भी राक्षसों को मनमानी करने के लिए मुक्त छोड़, सदा के लिए उनके मार्ग से हट जाना चाहते हो ?''

राम के स्वर ने अपना प्रभाव दिखाया। भीखन के चेहरे का वर्ण कुछ सजीव हुआ। उसने एक बार इधर-उधर देखा और धीरे-से बोला, ''राम ! मेरा अपना मन

आज भी वही है, किंतु लगता हैं कि सारे गांव में अकेला पड़ गया हूं। इधर यह भी सुनने में आया है किं यहां की राई-रत्ती सूचना राक्षसों तक पहुंच रही है। ग्राम के ही कुछ लोग उनके भेदिए हो गए हैं। इसलिए सब कुछ सोच-समझकर ही चलना पड़ता है।''

राम ने मुखर की ओर देखा, ''क्या यह सच है ?

''यह इनका भ्रम है।'' मुखर ने पूर्ण विश्वस्त स्वर में कहा।

''और आप, मुनिवर ?'' राम मुसकराए, ''आप राक्षसों से समझौता करने के पक्ष में हैं ?''

''नहीं, राम !'' आनन्दसागर मुसकराए, ''मेरी कलाइयों के बंधन आपने खोले थे — वे कलाइयां अब बंधना नहीं चाहतीं। किंतु मैं धर्मभृत्य के समान साहसी नहीं हो पा रहा हूं। अकेला चना भाड़ नहीं फोड़ता।''

राम कुछ सोचते रहे। लक्ष्मण की दृष्टि उन पर टिकी रही।

''यदि आपको आपत्ति नहीं है,'' राम बोले, ''तो साहस के संचार के लिए कल से आश्रम में शस्त्रों का प्रशिक्षण तो आरंभ कर ही दीजिए। मेरा विचार है कि आश्रम तथा ग्राम के वासियों की निराशा उससे कुछ कम हो जाएगी। जब तक हम यहां हैं, तक तक तो रावण की सारी सेना भी आ जाए तो आपका कुछ नहीं बिगाड़ पाएगी !'' राम का स्वर ओजपूर्ण हो उठा, ''और जब हम यहां से प्रस्थान करेंगे, तब यदि आपको राक्षसों का कोई भय व्यापे तो आप हमारे साथ चलें। आपकी सुरक्षा का दायित्व हम पर है।''

राम ने लक्ष्मण की ओर देखा। वे पूर्णतः संतुष्ट दीख रहे थे।

''और मेरा दूसरा प्रस्ताव है कि भीखन अब गांव में जाकर यह सूचना प्रचारित कर दे कि राम भूधर की भूमि अपनी जन-सेना में वितरित कर रहे हैं। यह सूचना जितनी अधिक प्रचारित हो, उतना ही अच्छा। राक्षसों तक जा पहुंचे तो और भी अच्छा।''

''इससे क्या होगा ?'' आनन्दसागर बोले।

''देखना है कि भय के नीचे दबे, उनके भूमि-प्रेम पर क्या प्रभाव पड़ता है। कल प्रातः तक उनका भाव स्पष्ट हो जाएगा।'' राम मुड़े, ''मुखर ! अब तुम्हारी संचार-व्यवस्था की परीक्षा है। अनिन्द्य को संदेश भेजो। कल प्रातः तक वह अपने साथियों के साथ कुछ हल-बैल और कुदाल लेकर यहां उपस्थित हो जाए।''

''गांववाले बाहर के लोगों को अपनी भूमि जोतते देख नहीं पाएंगे।'' सीता बोलीं।

''उनके इसी भाव को जगाना है।'' राम बोले, ''इन पर भय का रंग कुछ अधिक ही गहरा है।''

प्रातः यद्यपि आश्रमवासियों में कुछ उत्साह नहीं था, फिर भी आश्रम का वातावरण

पर्याप्त बदला हुआ था। ब्रह्मचारियों की तीन टुकड़ियां बना दी गयी थीं और एक-एक टुकड़ी लक्ष्मण, सीता तथा मुखर के नेतृत्व में शस्त्राभ्यास कर रही थी। राम अपनी जन-सेना तथा उनके साथ आए हुए हल-कुदाल के साथ खेतों पर जाने के लिए उद्यत थे; केवल भीखन की प्रतीक्षा थी।

भीखन आया तो उसने ग्राम का समाचार दिया। भूमि-वितरण की सूचना ग्राम में प्रचारित कर दी गयी थी। लोगों में कुछ उत्सुकता तो जाग्रत हुई थी, किंतु कोई स्पष्ट प्रतिक्रिया नहीं हुई। किसी ने भी गांव के बाहर के लोगों में गांव की भूमि वितरित करने का कोई स्पष्ट विरोध नहीं किया था, जैसी कि राम की अपेक्षा थी।

राम कुछ देर सोचते रहे। फिर बोले, "आओ, भीखन ! हम खेतों पर ही चलें।"

वे लोग खेतों की ओर चले।

"उत्सुकता तो उनमें जागी है।" राम बोले, "इसका अर्थ यह हुआ कि भूमि में उनकी रुचि तो है, किंतु राक्षसों के आतंक के कारण भूमि ग्रहण करने का साहस नहीं कर रहे हैं। या फिर कदाचित् उन्हें लगा हो कि भूमि-वितरण की बात केवल बात ही है, उन्हें विश्वास नहीं कि भूमि राक्षसों के सिवाय किसी अन्य व्यक्ति को मिल सकती है। हमें अपने वचन को कर्म-रूप में परिणत करना होगा — कर्म से बड़ा प्रमाण दूसरा नहीं होता।"

राम ने दूर से देखा, खेतों के आस-पास दो-चार लोग मंडरा रहे थे। राम ने भीखन की ओर प्रश्नवाचक दृष्टि से देखा।

भीखन भी उन्हीं को देख रहा था और उसके मुख पर आश्चर्य का भाव स्पष्ट था।

"ये तो हमारे ही गांव के लोग हैं।" भीखन जैसे अपने-आप से कह रहा था, "ये यहां क्या कर रहे हैं ? ये तो कह रहे थे कि राम जिसे चाहें, भूमि दे दें, भूधर की भूमि का उन्हें क्या करना है।"

राम मुसकराए, "संभवतः वे लोग देखने आए हैं कि सत्य ही भूमि-वितरण होना है या केवल बातें-ही-बातें हैं।"

राम खेतों के पास आए तो ग्रामीण पीछे कुछ दूर हट गए, जैसे वे लोग राम और उनके साथियों के संपर्क में नहीं आना चाहते हों।

"अरे, ये कहां भागे जा रहे हैं ?" भीखन एक बार फिर चकित हुआ, "मैं उन्हें बुलाऊं क्या ?"

"नहीं !" राम बोले, "उन्हें दूर से ही देखने दो। वे अपनी इच्छा से ही निकट आएंगे।"

राम ने ग्रामीणों को अनदेखा-सा कर अपना कार्य आरंभ किया। सबने मिलकर भूमि की नाप-जोख की और उसे चार समान भागों में बांट दिया। जन-सेना के चौबीस व्यक्तियों की चार टुकड़ियां बनाकर, भूमि का एक-एक भाग उन्हें सौंप दिया गया।

भूलर, कृतसंकल्प, पुनीत तथा वायुगति एक-एक टुकड़ी के नेता बने। राम चारों टुकड़ियों के सम्मिलित नेता थे और अनिन्द्य उनका सहायक।

राम सोच रहे थे — भूमि बहुत अधिक थी। इतनी अधिक कि जन-सेना के इतने थोड़े-से लोग उस भूमि से पूरी उपज प्राप्त करने के लिए पर्याप्त नहीं थे। यह सारी भूमि अकेले भूधर की थी। सारा ग्राम अपना स्वेद बहाता था और उपज का स्वामी भूधर था। अब ग्रामवासी उस भूमि पर काम करने के लिए सहमत नहीं थे। इस प्रकार तो भूमि का एक बड़ा भाग परती पड़ा रह जाएगा।... आश्रम के लोगों को भी खेती में लगाना होगा। पर उन्हें भी राक्षसों के आतंक ने बाधित किया तो ?...

चारों टोलियों ने अपना-अपना कार्य आरम्भ किया, किंतु थोड़ी ही देर में राम के मन की बात सबके सम्मुख प्रकट हो गयी — इतने बड़े भू-भाग के लिए न तो उनके पास पर्याप्त व्यक्ति थे, न हल, न बैल। फिर भी चारों टोलियां होड़ लगाकर काम कर रही थीं। जो टोली पीछे छूटती दिखायी पड़ती थी, राम और अनिन्द्य उसमें जा मिलते थे। उसके अन्य टोलियों के बराबर आते ही, वे दोनों उसमें से हट जाते थे...

दूर खड़े ग्रामीण, अपनी उत्सुकता में क्रमशः खिसकते-खिसकते खेतों के पास आ गए। राम ने उनके चेहरों पर अंकित उनकी विवशता देखी — एक ओर अपनी भूमि पर काम करने की आतुरता, दूसरी ओर अपनी भूमि पर बाहरी लोगों को अधिकार स्थापित करते देखने के विरुद्ध आक्रोश ! साथ-साथ राक्षसों का अनाम-अज्ञात आतंक !...

भय आदमी को कितना बौना बना देता है — राम सोच रहे थे। मनुष्य मनुष्य न रहकर भूमि पर रेंगने वाला कीड़ा बन जाता है। यदि यह भय उनके मन में से निकाल दिया जाए, तो वह किसी भी अन्याय से जा टकराएगा, किसी भी अत्याचारी को पीस डालेगा। किंतु इसके मन में पीढ़ियों से बसा हुआ यह आतंक मिटेगा कैसे ?...

सहसा भीखन ने हांक लगायी, "आ जाओ, भैया ! तुम लोग भी आ जाओ ! भूमि तुम्हारी ही है, क्यों संकोच करते हो ?"

उनके निमंत्रण का विपरीत प्रभाव हुआ। लोग अपने भीतरी आकर्षण से खिंचे हुए, अजाने ही निकट आ गए थे। भीखन ने उनको उस दुर्बलता के प्रति सचेत कर दिया था। मन का भाव प्रकट हो जाने का संकोच तथा राक्षसों का आतंक — दोनों ही साथ-साथ जागे और उन्हें धकेलकर खेतों से दूर गांव की ओर ले गए।

भीखन खिसियाया-सा राम के पास आया, "मैंने तो सोचा था कि..."

"कोई बात नहीं।" राम ने उसे आश्वस्त किया, "किंतु अब सावधान रहना। हमें उनके हठ को बढ़ाने का उपकरण नहीं बनना है।"

मध्याह्न में सब लोग आश्रम में लौट आए। आश्रम की स्थिति पहले से अच्छी थी। प्रातः खेतों पर जाने से पहले राम को आश्रम में अजाने भय की जो छाया दिखायी पड़ी थी, वह अब नहीं थी। ब्रह्मचारी तथा स्वयं मुनि आनन्दसागर अब पर्याप्त सहज दिखायी

पड़ रहे थे। कदाचित् आश्रम में शस्त्रागार की उपस्थिति, लक्ष्मण, सीता तथा मुखर के शस्त्र-परिचालन-कौशल और सबसे बढ़कर उनके अपने शस्त्र-प्रशिक्षण के आरम्भ ने उन्हें साहसी बना दिया था। अब ऐसा नहीं लग रहा था कि वे राक्षसों के आक्रमण के भय की छाया में जी रहे हैं। और शायद सबसे बड़ी बात यह थी कि भय की स्थिति में वे लोग राम के दल के साथ ही संक्रमण की बात सोच रहे थे। ग्रामवासी अपनी भूमि के मोह में कहीं और जाने की बात सोच भी नहीं सकते थे, किंतु भीखन भी कल से आज तक में पर्याप्त बदल गया था। वह भी जैसे राम की संगति में निर्द्वन्द्व हो चुका था।

भोजन के पश्चात् जब वे लोग विचार-विमर्श के लिए बैठे तो उसके मन की बात और भी स्पष्ट होकर सामने आयी।

''मुनिवर ! मैं सोच रहा हूं,'' उसने आनन्दसागर से कहा, ''मैं भी गांव छोड़कर आश्रम में ही रह जाऊं। ग्रामवासियों का व्यवहार मुझे कुछ जंच नहीं रहा।''

मुनि ने एक विचित्र द्वन्द्व की-सी स्थिति में उसकी ओर देखा और तत्काल ही अपनी दृष्टि राम की ओर फेरी।

किंतु राम से पहले लक्ष्मण बोले, ''मुनिवर ! यदि अशिष्टता न मानें तो भीखन की इस इच्छा के संदर्भ में मैं अपना विचार कह डालूं।''

''कहिए।''

''भीखन भाई ! रुष्ट न होना।'' लक्ष्मण हंसकर बोले, ''किंतु मुझे लगता है कि तुम भी ग्राम को असुरक्षित मानकर वहां रहने से डर रहे हो।''

''नहीं...'' भीखन ने कहना चाहा।

''नहीं। हमारा भीखन इतना भीरु नहीं है।'' राम बोले, ''वैसे भीखन को दिन में थोड़े से समय के लिए आश्रम में ही रहना चाहिए, अन्यथा उसका शस्त्र-प्रशिक्षण रह जाएगा। वैसे उसे अपनी पत्नी और बच्चों के साथ गांव में अपने घर पर ही रहना चाहिए।''

''क्यों ? मेरे आश्रम में रहने में आप लोगों को क्या आपत्ति है ?'' भीखन बाधा से कुछ रुष्ट होकर बोला।

''कारण अनेंक हैं।'' राम बोले, ''सबसे पहले तो तुम्हारा आश्रम में आ जाना ग्रामवासियों के भय में वृद्धि करेगा। वे यह मान लेंगे कि भूधर की भूमि पर खेती कर, ग्राम में रहना असुरक्षित है। दूसरी बात यह है कि इससे तुम्हारे और ग्रामवासियों के बीच भेद बढ़ेगा। वे तुम्हें स्वयं में से एक न मानकर अलग मानेंगे। तुम्हारे माध्यम से उनके साथ बना हुआ हमारा संपर्क भी टूट जाएगा। दूसरी ओर तुम यदि गांव में रहोगे तो बिना कहे ही यह सिद्ध होगा कि भूधर की भूमि पर खेती करना किसी विकट जोखिम का काम नहीं है। इससे ग्रामवासियों का मनोबल और आत्मविश्वास बढ़ेगा।''

''किंतु, हमसे अलग, गांव में अकेले रहने के कारण, किसी समय भीखन अपने परिवार समेत कठिनाई में पड़ सकता है।'' सीता ने शंका की।

''कोई राक्षस भीखन के घर तक पहुंच जाए और हमें सूचना न हो, यह संभव नहीं है।'' मुखर बोला, ''हां, यदि आपका अभिप्राय ग्रामीण समाज की किसी कठिनाई से है, तो मैं कह नहीं सकता।''

''मेरा विचार है कि आश्रम से भीखन के घर, अतिथियों का आवागमन अधिक हो जाना चाहिए।'' राम धीरे-से बोले, ''लक्ष्मण, मुखर, अनिन्द्य तथा सीता भी — भीखन के घर, दिन में एक-आध बार अवश्य जाएं; तथा कोई-न-कोई, दो जन-सैनिक बारी-बारी, अतिथि के रूप में उसके घर पर रहें। इससे भीखन के परिवार के साथ-साथ ग्रामवासियों में भी सुरक्षा की भावना बढ़ेगी। ग्रामवासियों से हमारा सम्पर्क भी बढ़ेगा। सीता का आवागमन अधिक होगा तो स्त्रियों का साहस भी जागेगा। आवश्यक होने पर सुधा को भी कुछ दिनों के लिए यहां बुलाया जा सकता है। मेरा स्पष्ट मत है कि दूरी होने पर भी, अपनी गतिविधियों से हमें भीखन के घर को आश्रम का अंग बना लेना चाहिए।''

''यह ठीक है।'' सबसे पहले भीखन ने ही सहमति प्रकट की।

''यदि भीखन भाई का निवास-स्थान तय हो गया हो तो एक सूचना मुझे भी देनी है।'' अवसर पाते ही मुखर बोला।

''कहो-कहो।'' राम बोले, ''तुम अपनी सूचना सबसे पहले कहा करो। शेष गतिविधियां तो तुम्हारी सूचनाओं पर ही निर्भर हैं।''

''कुछ अपरिचित लोगों को हमारी सूचना-सीमा के आस-पास मंडराते देखा गया है।'' मुखर बोला, '' और राक्षस-सेना की एक बड़ी टुकड़ी, जिसमें दो-ढाई सौ सैनिक होने चाहिए, दक्षिण-पश्चिम की ओर से बढ़ रही है। किंतु वह हमसे अभी बहुत दूर है, और उसने अभी तक अपनी शीघ्रगामिता का कोई लक्षण नहीं दिखाया है।''

''अर्थात् अभी कुछ समय लगेगा।'' राम बोले, ''लक्ष्मण ! प्रशिक्षण का समय कुछ बढ़ा दो और क्षिप्र-शिक्षण आरम्भ करो। अनिन्द्य ! तुम भी अपने सैनिकों के अभ्यास-काल में वृद्धि करो।'' अन्त में वे आनन्दसागर की ओर मुड़े, ''मुनिवर ! आप मुझे कम-से-कम पचीस ब्रह्मचारी ऐसे दें, जिनकी सैनिक-प्रशिक्षण में विशेष रुचि हो।''

''आज प्रातः आप पांच ब्रह्मचारी भी मांगते तो कदाचित् मुझे निराशा प्रकट करनी पड़ती।'' आनन्दसागर हंसे, ''किंतु एक ही दिन के प्रशिक्षण से लोगों में इतना उत्साह भर आया है कि आप पचास ब्रह्मचारी भी मांगें तो कठिनाई नहीं होगी।''

''अच्छा, एक बात और है !'' सहसा राम गम्भीर हो गए, ''भीखन ! तुम बता सकते हो कि साधारण ग्रामवासी के पास अन्न की क्या स्थिति है ?''

''आपने अच्छा किया, यह पूछ लिया।'' भीखन बोला, ''मैं स्वयं भी सोच रहा था कि इस विषय में आपसे बात करूं।''

राम चुपचाप उसे देखते रहे।

''ग्रामवासियों की स्थिति अच्छी नहीं है।'' भीखन ने कहा, ''मुझ जैसे बहुत कम

ऐसे लोग हैं, जिनके पास थोड़ी-सी अपनी भूमि है। उसकी उपज पर भी भूधर इतना अधिक कर लगाता था कि कृषक के पास कठिनाई से दो समय खाने को बचता था। अधिकांश लोग ऐसे हैं, जिनके पास अपनी भूमि नहीं थी। वे भूधर की भूमि पर काम करते थे; और उससे पारिश्रमिक में अन्न पाते थे। वह अन्न इतना नहीं होता था कि खाते भी और बचाते भी। इधर भूधर की मृत्यु और विशेषकर राक्षसों के आक्रमण के बाद से गांव के प्रायः लोगों की स्थिति खराब है। उन्हें वन के फूलों पर रहना पड़ रहा है। अभी तक वे निराहार नहीं हैं, किंतु वैसी स्थिति शीघ्र ही आ जाने की आशंका है।''

''मुखर !'' राम बोले, ''अपनी संचार-व्यवस्था का थोड़ा-सा बल इधर भी लगाओ। बाहरी शत्रुओं का हमें पता रहे, यह तो बहुत आवश्यक है ही, किंतु इन भीतरी शत्रुओं — भूख तथा बीमारी — की भी सूचना मिलती रहनी चाहिए।''

''आज से ही प्रबंध करूंगा।'' मुखर ने आश्वासन दिया।

''गांव में भूधर के भवन में कुछ अन्न है क्या ?'' राम ने पूछा।

''कह नहीं सकता।'' भीखन बोला, ''किंतु आशा कम ही है। वे लोग बंदियों को छुड़ाकर ले गए हैं तो क्या अन्न छोड़ गए होंगे।''

''ऐसा है, मुनि आनन्दसागर !'' राम बोले, ''कि अन्न-प्राप्ति तथा अन्न के उत्पादन के लिए हमें विशेष रूप से सावधान रहना होगा। पहले तो आप देखिए कि आश्रम में कितना अन्न है। लक्ष्मण ! तुम आज किसी समय जाकर भूधर के भवन का परीक्षण करो। मुखर तथा भीखन से विभिन्न घरों की स्थिति जानकर, अपने भंडार तथा उनकी आवश्यकता के अनुसार, उन्हें खाद्य-सामग्री देने की कुछ व्यवस्था हमें करनी होगी। चाहे अन्न पहुंचाएं, चाहे वन के फल अथवा कंद-मूल; किंतु भूख से मरने की स्थिति हम नहीं आने देंगे। आवश्यकता पड़े तो धर्मभृत्य के पास भी समाचार भेज दो। संभवतः वर्तमान तो इस रूप में संभल जाएगा, किंतु भविष्य की चिन्ता मुझे और भी अधिक है...।''

''भविष्य की क्यों ?'' लक्ष्मण ने पूछा।

''भूमि किसी के भी अधिकार में हो, उसे जोता-बोया नहीं जाएगा तो अन्न कैसे उत्पन्न होगा ? ग्रामवासियों में से केवल एक भीखन हमारे साथ है। पचीस जन-सैनिक, भीखन और मैं अपने सारे श्रम के बाद भी एक-चौथाई भूमि ही कृषि-योग्य बना पाएंगे। शेष भूमि परती रह जाएगी। फिर अन्न की कमी के कारण बीज का अभाव भी हो सकता है। ऐसे में यदि पर्याप्त अन्न नहीं उपजा तो अगले वर्ष यहां अकाल पड़ेगा या नहीं ?''

राम ने रुककर देखा, सभी जैसे स्तब्ध बैठे थे। राक्षसों के आक्रमण की बात तो वे उत्सुकता तथा किंचित् भय से सुनते थे, किंतु अकाल...

''उससे बचने का एक ही मार्ग है।'' राम बोले, ''हम अकाल की सम्भावना से भी उसी तत्परता से लड़ें, जैसे राक्षसों के विरुद्ध लड़ते हैं।''

"पर कैसे ?" आनन्दसागर ने पूछा।

"कल से जन-सैनिकों के साथ सारा आश्रम भी पूरी तत्परता से खेती में लगे..." आनन्दसागर के चेहरे के भाव देखकर राम ने अपना वाक्य अधूरा छोड़ दिया, "क्या बात है, आप सहमत नहीं हैं ?"

"कैसे सहमत हो सकता हूं !" आनन्दसागर के स्वर में कुछ कटुता थी, "आश्रम से तात्पर्य है आश्रम के ब्रह्मचारी, आचार्य और मुनि ! और इनमें से किसी का भी काम खेती नहीं है। इनमें से किसी की भी महत्त्वकांक्षा कृषि-कर्म नहीं है। हम लोग अपनी मानवता के नाते, अपनी सहानुभूति के कारण ग्रामवासियों की सहायता कर दें — वह एक पृथक् बात है, और अपना सारा पाठ्यक्रम छोड़ अपनी आध्यात्मिक साधना को तिलांजलि देकर, अधिक बुद्धिमान, अधिक ज्ञानी तथा मुक्त जीव होने के स्थान पर हम कृषक बन जाएं, तो हम अपने लक्ष्य से भ्रष्ट हो जाएंगे।"

राम की दृष्टि अनायास ही लक्ष्मण पर पड़ी, वे विस्फोटक की सीमा तक पहुंचे हुए लग रहे थे। इसके पहले कि लक्ष्मण कुछ कह बैठते, राम बोले, "सौमित्र ! मेरी बात पहले सुन लेना।"

लक्ष्मण अपनी अवस्था के प्रति सजग हो गए। उन्होंने मुख में आयी बात गटक ली और सायास मुसकराकर बोले, "आप निश्चिंत रहें।"

"आप कह चुके, मुनि आनन्दसागर ?"

"जी !"

"तो अब मेरी बात सुनें !" राम बोले, "भिन्न मत होने के कारण, आपको अनुकूल न पड़े तो क्षमा करें।"

"नहीं-नहीं ! आप कहिए।" आनन्दसागर भी कदाचित् अपना आवेश पी गए थे।

"यह ठीक है कि आश्रम के ब्रह्मचारी, आचार्य तथा मुनि अधिक बुद्धिमान, ज्ञानी तथा मुक्त होने के लिए अध्ययन तथा साधना करते हैं। इन्हीं के लिए आश्रम की स्थापना होती है।" राम बोले, "किंतु आप मुझे बताएंगे कि यह बुद्धिमत्ता, ज्ञान तथा मुक्ति — समाज से निरपेक्ष होकर भी कोई अर्थ रखती है ? सामाजिक प्रासंगिकता से बढ़कर भी कोई बुद्धि, ज्ञान अथवा कोई अन्य साधना होती है ? क्या करेंगे आप ऐसे ज्ञान और बुद्धि का, जो आपके समाज के काम नहीं आ रही ! क्या आध्यात्मिकता का अर्थ अपने भौतिक स्वार्थों से मुक्त होने के सिवाय भी और कुछ है ? समाज-निरपेक्ष शून्य अध्यात्म का भी कोई अस्तित्व है क्या ? क्या अध्यात्म का सुख अपने स्वार्थों से मुक्ति तथा अपने समाज के लिए उपयोगी होकर, उसको सुखी कर, स्वयं सुखी होने से अलग भी कुछ है ? यह कैसी विडंबना है कि जिस समाज के विकास तथा सुख के लिए व्यक्ति बुद्धि और ज्ञान की साधना करता है, वह अपनी साधना की प्रगति के साथ-साथ उस समाज से असंपृक्त हो, आत्मसीमित तथा स्वार्थी होता जाता है। जब

आपके आस-पास का मानव-समाज अकाल की स्थिति में भूख से तड़प-तड़पकर मर जाएगा तो आपका तप, साधना, ज्ञान, अध्ययन — यह सब किसके काम आएगा ?''

लक्ष्मण के आवेश को टालने के लिए सतर्क राम का अपना स्वर आवेशपूर्ण हो उठा, ''यह एक पक्ष है। इसका दूसरा पक्ष राक्षस-संस्कृति और चिंतन है। क्या आप यह नहीं मानते कि इस समय स्वार्थजीवी ज्ञानी, विज्ञानी और बुद्धिजीवी ही राक्षस-संस्कृति के मूल में हैं। उन्होंने समस्त मानवीय ज्ञान-विज्ञान, चिंतन-मनन इत्यादि को समाज-निरपेक्ष तथा स्वार्थ-सापेक्ष कर रखा है। यदि आप भी उसी मार्ग पर चलकर अपनी एकान्त-साधना को बौद्धिक ऊंचाइयों तक ले जाना चाहते हैं तो उसका कोई लाभ नहीं है। शक्ति चाहे शारीरिक हो, चाहे बौद्धिक — जब समाज और मानवता-निरपेक्ष हो जाती है, न्याय-अन्याय का विचार छोड़, असमर्थ के विरुद्ध, समर्थ के पक्ष में खड़ी हो जाती है, तो वह राक्षसी शक्ति है। क्या आपने ऐसे बुद्धि-ज्ञान के विकास के लिए यह आश्रम बना रखा है ?...''

राम तीखी आंखों से मुनि को देख रहे थे और मुनि को लग रहा था कि वे राम के सम्मुख दृष्टि उठा नहीं पा रहे।

मौन के एक अंतराल के पश्चात् आनन्दसागर धीरे-से बोले, ''मैंने कभी इस पर विचार नहीं किया।''

राम का स्वर शांत हुआ, ''सोचकर देखिए, मुनि आनन्दसागर ! बुद्धि और श्रम यदि असंपृक्त दिशाओं में बढ़ेंगे, ज्ञानी जन-समाज से कटकर अपने में सीमित हो जाएंगे तो क्या वे परस्पर शत्रु नहीं हो जाएंगे ? बुद्धि श्रम से घृणा नहीं करने लगेगी ? ज्ञानी जन अज्ञ समाज को हीन भाव से नहीं देखेंगे ? और ऐसे में वे उनके शोषण का साधन बनकर स्वयं राक्षस नहीं हो जाएंगे ?''

## 12

अपराह्न में आश्रम की गतिविधियों का रूप एकदम बदल गया था। आवश्यक कामों में नियुक्त सदस्यों को छोड़कर, शेष सारे आश्रमवासी आश्रम के अन्न के वितरण के काम में लग गए थे। आश्रम में उपलब्ध अन्न ग्रामों तक पहुंचाया जाता रहा और प्रत्येक द्वार पर रुक, उनके परिवार के सदस्यों की संख्या पूछ, उनकी आवश्यकता के अनुसार अन्न दिया जाता रहा।

ग्रामवासियों के लिए यह अद्भुत घटना थी। आज तक तो कभी ऐसा नहीं हुआ था कि बिना कठिन परिश्रम कराए हुए, किसी ने उन्हें अन्न की एक मुट्ठी भी दी हो। अधिक श्रम कर, कम पारिश्रमिक पाना उनके लिए सामान्य बात थी, किंतु इस प्रकार बिना श्रम किए, घर बैठे अन्न पाना... और फिर देने वाले आश्रम के ब्रह्मचारी थे, जो कृषक नहीं थे। अपने भोजन के लिए वे वन के फलों तथा आसपास के ग्रामवासियों

की उदारता पर निर्भर करते थे। खलिहान से फसल घर लाने अथवा किसी पर्व-त्योहार के अवसर पर ग्रामवासी ही आश्रम में अन्न पहुंचा दें — यह बात तो उनकी समझ में आती थी, किंतु यह विलोम प्रक्रिया... कि आश्रम से अन्न ग्राम में आए...

तो क्या यह भी भीखन के उन साथियों का प्रभाव है, जो आश्रम में ठहरे हुए हैं ? राम को ग्रामवासी जानते थे। राम पहले भी आए थे। तब आश्रम में युद्ध हुआ था। ग्रामवासियों ने राम का साथ दिया था। तभी भूधर की हत्या हुई थी। राम उसी संध्या लौट गए थे। ग्रामवासियों को भीखन ने समझाया था कि वे अब पूर्णतः स्वतंत्र हैं। भूधर मारा गया है और उसके साथी बन्दी हो गए हैं। वे लोग अपने ग्राम का शासन जैसे चाहें, अपने ढंग से चला सकते हैं। आवश्यकता पड़ने पर मुनि आनन्दसागर से सहायता भी ले सकते हैं।... किंतु कुछ ही दिनों में राक्षसों की सैनिक टुकड़ी का आक्रमण हुआ। वे अपने बन्दी छुड़ाकर ले गए और जाते-जाते खेतों में जहां कहीं फसल थी, उसे नष्ट करते गए। विचित्र संयोग था कि उस दिन उन्होंने किसी की हत्या नहीं की थी। वे लोग बहुत जल्दी में थे, या राम से डरे हुए थे। और तब से ग्रामवासियों को पता नहीं था कि वे स्वतंत्र हैं या नहीं ? भूधर के स्थान पर उनका स्वामी कौन था ? वे खेत उनके थे या नहीं ? उन्हें उन खेतों में काम करना चाहिए या नहीं ? कर देना है या नहीं, देना है तो किसे देना है और किस रूप में देना है ? अन्न उनके पास था नहीं — कर के रूप में परिश्रम वे किसके खेत पर जाकर करें ?... भीखन उन्हें बार-बार कहता था कि वे लोग राम के पास चलें, राम से सहायता मांगें, राम से सहयोग करें... किन्तु राम के नाम के साथ एक भय जुड़ गया था। राम आए थे तो भूधर मारा गया था। उसका प्रतिशोध लेने के लिए राक्षसों ने आक्रमण किया था और ग्रामवासी वर्तमान स्थिति में धकेल दिए गए थे। इस बार राम से सहयोग... और अब अकस्मात् ही राम के आ जाने से क्रमशः अकाल की ओर बढ़ते हुए ग्राम में आश्रम द्वारा अन्न पहुंचाया जा रहा था। आश्रमवासियों को त्यागी माना जाता था, किंतु उनसे ऐसे त्याग की अपेक्षा नहीं की जा सकती थी कि वे लोग अपनी आवश्यकता के लिए इधर-उधर से जुटाया हुआ अन्न ग्रामवासियों को खिला देंगे। यह उदारता उनमें कहां से आयी ? राम से ? और अपने लिए अन्न की व्यवस्था किए बिना, अपना अन्न देकर अनिश्चित भविष्य से टकराने का साहस उन्होंने किसके भरोसे किया ? राम के भरोसे ?... ऐसा तो पहले कभी नहीं हुआ।

आश्रमवासियों के लिए भी यह अद्‌भुत अनुभव था। उन्होंने सदा त्याग का पाठ पढ़ा और पढ़ाया था। किंतु इस प्रकार का त्याग ?... अपने सामने से भोजन की थाली उठाकर अपने से अधिक भूखे की ओर बढ़ा देना... ऐसा तो उन्होंने कभी नहीं किया था। यह करवाया था राम ने। मुनि आनन्दसागर का कहना था कि राम के तर्कों का मेरे पास कोई उत्तर नहीं है, अतः उनकी बात अनिवार्यतः मानी जानी चाहिए। वह त्याग

ही क्या, जिससे अपने लिए कठिनाई पैदा न हो। फिर अपने लिए एकत्रित अन्न भूखे ग्रामवासियों को क्यों न दिया जाए ?

संध्या तक स्थिति कुछ और बदली। लक्ष्मण अपनी टोली के साथ भूधर के भवन से लौटे तो समाचार लाए कि भवन में पुष्कल मात्रा में छिपाया हुआ अन्न मिल गया है। वह अन्न इतना अधिक था कि अगली उपज के आने तक, उससे ग्राम और आश्रम दोनों की ही आवश्यकताएं पूरी हो सकती थीं।

लक्ष्मण से समाचार पाकर, राम का चिंतित मन कुछ ढीला हुआ। वे इस आश्रम में न आए होते, इस स्थिति की सूचना उन्हें न होती, तो और बात थी — किंतु एक बार ग्रामवासियों की भूख की सूचना मिल जाने पर वे कैसे यह मान लेते कि ग्रामवासियों को अन्न उपलब्ध कराना उनका काम नहीं था।... अब चिंता केवल अगली उपज की थी...

प्रातः ब्रह्मचारियों तथा जन-सैनिकों का पुनर्विभाजन किया गया। निश्चित यह हुआ कि दो बड़े वर्ग बनाए जाएं। पहला वर्ग आश्रम में शस्त्राभ्यास करे तो दूसरा वर्ग खेतों में काम करे। मध्याह्न के पश्चात् पहला वर्ग खेतों में चला जाए, दूसरा वर्ग आश्रम में शस्त्राभ्यास करे।

राम जन-सैनिकों के साथ, बड़ी संख्या में ब्रह्मचारियों को लेकर खेतों में पहुंचे। आज उन्हें खेतों के पास, कुछ अधिक ग्रामवासी खड़े मिले। राम को लगा, इन ग्रामीणों में उनका विश्वास असत्य नहीं था। बात इतनी-सी थी कि उन पर आतंक की परत कुछ अधिक मोटी होकर जमी थी। उसे उधेड़कर उन्हें अपने अकृत्रिम रूप में लाने के लिए कुछ अधिक प्रयत्न की आवश्यकता थी। आज कल से अधिक ग्रामवासी आए थे। वे राम तथा उनके साथियों को देख भड़ककर पीछे भी नहीं हटे थे। उन्होंने राम को कल जैसी आतंकित दृष्टि से भी नहीं देखा था। और आज वे भीखन से भी अधिक आत्मीयता से वार्तालाप कर रहे थे।

राम आश्वस्त हुए — लक्षण अच्छे थे। मेड़ों के निकट आए लोगों से अभिवादन के आदान-प्रदान के पश्चात् राम ने जन-सैनिकों तथा ब्रह्मचारियों को खेतों में बिखेर दिया। काम आरम्भ हो गया। काम करने वालों की संख्या अधिक होने के कारण आज ऐसा नहीं लग रहा था कि काम आगे बढ़ ही नहीं रहा और सारे खेत परती पड़े रह जाएंगे... एक के पश्चात् एक क्यारी उधड़ती जा रही थी, नीचे की मिट्टी ऊपर और ऊपर की नीचे जा रही थी। टोलियों में होड़ लगी हुई थी। चार टोलियों में से प्रत्येक के पास एक हल तथा अनेक कुदाल थे। कोई टोली स्पर्धा में पीछे छूटने को तैयार नहीं थी...

सूर्य ऊपर चढ़ आया। धूप चुभने लगी और स्वेद की मात्रा बढ़ गयी तो एक-एक टोली एक-एक पेड़ की छाया में, अपने काम की समीक्षा के लिए आ जुटी।

राम अपनी कुदाल भूमि पर रख बैठे ही थे कि अनेक ग्रामवासी उनके निकट सरक आए। राम ने उन्हें देखा... वे लोग इन्हें घेरकर इस प्रकार खड़े थे, जैसे कुछ कहना चाहते हों, किन्तु कह नहीं पा रहे हों।

''क्या बात है ?'' राम उन्हें देखकर मुसकराए।

भीड़ में अनेक लोगों की आंखें एक-दूसरे की ओर उठीं।

अन्त में एक व्यक्ति कुछ कहने की मुद्रा में आगे बढ़ आया। लगता था, किसी अत्यंत साहसिक कार्य का संकल्प किए हुए हो।

''मैं भीखन का भाई माखन हूं।'' वह अपनी थूक गटक, गले में फंसी किसी काल्पनिक वस्तु को नीचे धकेलकर बोला।

राम ने पहचान-भरी मुसकान से उसका स्वागत किया।

''हम भी खेतों में काम करना चाहते हैं।''

लगा, जैसे भीड़ के सिर से बोझ टल गया — जैसे कोई भारी काम सम्पन्न हुआ हो।

उनकी अनुकूलता का अहसास राम को प्रातः से ही था, किंतु यह वाक्य उन्हें भी चकित कर गया। क्या ये लोग एक ही दिन में अपने भय से मुक्ति पा गए हैं ?

''अत्यन्त प्रसन्नता की बात है।'' राम के मुख से अनायास ही निकला, ''किंतु भीखन ने तो मुझसे कुछ कहा ही नहीं।''

''हमने भीखन भैया से कहा था।'' माखन बोला, ''पर उन्होंने कहा कि उन्हें हमारा कोई भरोसा नहीं है। हम लोग समय पर पीछे हट जाते हैं। इसलिए हम लोग सीधे आपसे ही बात करें।''

राम हंसे, ''लगता है, भीखन तुमसे रुष्ट हो गया है। तुमने भाई होकर उसका पक्ष-समर्थन नहीं किया !''

''नहीं, वे इसलिए रुष्ट नहीं हैं।'' माखन ने बताया, ''उसका दूसरा कारण है।''

''क्या कारण है ?''

''वे कहते हैं, भूमि गांववालों की है। गांववाले भूमि ले लें और उसमें खेती करें, किन्तु हम लोग यह नहीं चाहते।''

''तुम लोग क्या चाहते हो ?''

''हम लोग चाहते हैं कि भूमि आपकी ही रहे। हम लोग आपका काम कर दिया करें और आप हमें हमारा पारिश्रमिक दे दें।''

राम ने पुनः चकित होकर उन्हें देखा — ये कैसे कृषक थे, जिन्हें भूमि का लोभ नहीं था। उन्हें भूमि मिल रही थी और वे लपककर उसकी ओर बढ़ नहीं रहे थे।

''किन्तु भूमि तुम्हारी है। तुम उसे लेना क्यों नहीं चाहते ?''

माखन सकपकाया-सा चुप खड़ा रहा।

''क्या तुम्हें भूमि प्रिय नहीं ?'' राम ने पूछा।

"बात यह है, आर्य !" माखन अपने संकोच से लड़ता हुआ बोला, "भूमि भूधर और उसके बन्धुओं की थी। भूधर तो मर गया, किन्तु हमारा अनुमान है कि उसके भाई-बन्धु अवश्य लौटेंगे। इस बार जब लौटेंगे, उनके साथ राक्षस सेना भी होगी। निश्चित रूप से जिनके पास उनकी भूमि होगी, उसे वे अपना शत्रु मानकर..." वह रुक गया।

"ओह!" राम मुसकराए, "तुम लोग राक्षसों के लौट आने की आशंका से भयभीत हो। तुम चाहते हो कि यदि वे लौटें तो उन्हें यह सूचना मिले कि उनकी भूमि पर राम आधिपत्य जमा रखा है और वे मेरे शत्रु हो जाएं।... यही बात है ?"

"हम आपका अहित नहीं चाहते, राम !" माखन बोला, "किंतु आप समर्थ हैं। हम राक्षसों की अपेक्षा बहुत दुर्बल हैं।"

राम चुपचाप उन्हें देखते रहे, जैसे उनकी सच्चाई को परख रहे हों और बोले, "यदि तुम्हारी यही इच्छा है तो यही करो। मैं नहीं चाहता कि तुम्हारा लिए भय और संकट का कारण बनूं, किन्तु दो-एक बातें समझने का प्रयत्न अवश्य करो।"

वे लोग उत्सुक दृष्टि से राम को देखते रहे।

"पहली बात तो यह है कि यह भूमि भूधर और उसके बन्धुओं की नहीं थी। यह भूमि तुम्हारी ही थी और तुम्हारी ही है। भूमि उन्हीं की [illegible] जो उसे जोतते-बोते हैं। तुम उसे जोतोगे-बोओगे तो वह अब भी तुम्हारी ही [illegible]दी और उसका जल किसी एक व्यक्ति का नहीं होता, किन्तु यह व्यक्तिगत इच्छा अथवा आवश्यकता पर निर्भर करता है कि कोई व्यक्ति कुआं खोदकर उसमें से पानी पीता है। उसी प्रकार तुम में से कोई कृषि-कर्म छोड़कर कोई अन्य उद्योग आरम्भ कर दे — यह उसकी इच्छा है, अन्यथा भूमि तुम्हारी ही है।" राम क्षण-भर रुककर बोले, "किसी समय भूधर या उसके पूर्वजों ने अपनी धूर्तता से यह भूमि तुमसे छीन ली होगी..."

"उसके पूर्वजों ने भी छीनी थी और भूधर भी छीन रहा था।" भीड़ में से एक स्वर आया।

"भूमि तो भूमि, वह तो हमारी बहू-बेटियां तक छीन रहा था।" माखन बोला।

"मुझे भीखन ने बताया था।" राम बोले, "अब तुम ही बोलो, इस प्रकार के षड्यंत्रों से वह तुम्हारी स्त्रियों को छीन लेगा तो क्या वे उसकी हो जाएंगी ?"

"नहीं।"

"तो फिर तुम्हारी भूमि कैसे उसकी हो गयी ?"

"भूमि की बात और है..." माखन बोला।

राम समझ गए, लोहा अभी गर्म नहीं हुआ। बोले, "आओ, काम करें। विश्राम बहुत हो गया।"

ग्रामवासियों की एक पृथक् टोली भी बन सकती थी, किंतु राम ने जान-बूझकर ऐसा

नहीं किया। उन्हें भी पूर्ववर्ती टोलियों में ही मिला दिया गया। वे अभ्यस्त और दक्ष कृषक थे। ब्रह्मचारी कृषि-कर्म से अनभिज्ञ थे और जन-सैनिक भी मूलत: श्रमिक अथवा ब्रह्मचारी थे। उन्हें खेती का काम करते हुए कुछ समय अवश्य हो गया था, किंतु अभी वे पूर्णत: किसान नहीं बने थे। ग्रामवासियों की पृथक् टोली बना दी जाती, तो अन्य टोलियां उनसे स्पर्धा नहीं कर पातीं।

ग्रामीणों के टोलियों में सम्मिलित हो जाने से काम की गति बहुत बढ़ गयी।... वे लोग स्वयं भी कार्य कर रहे थे और अपने साथियों का निर्देशन भी करते जा रहे थे। उनकी कार्य-पद्धति सुचारु भी थी और तीव्रगामी भी। राम देख रहे थे, अनायास ही ब्रह्मचारियों तथा जन-सैनिक को प्रथम कोटि का कृषि-प्रशिक्षण प्राप्त हो रहा था...

## 13

आज फिर आश्रम के दैनिक कार्य में कुछ व्यतिक्रम करना पड़ा था।

पहले कुछ दिनों से लक्ष्मण और मुखर अधिक-से-अधिक व्यस्त होते गए थे। वे लोग थोड़े-थोड़े समय के पश्चात् राक्षसों की सैनिक टुकड़ियों की गतिविधियों की सूचनाएं ला रहे थे। सूचनाओं से लगता था कि राक्षस बड़ी सावधानी से योजनबद्ध रूप में आगे बढ़ रहे थे, और उनकी इच्छा बड़े तथा आकस्मिक आक्रमण की थी।

ग्रामवासी क्रमश: अपना भय छोड़ते गए थे और उनमें से खेतों में काम करने वालों की संख्या बढ़ती चलती गयी थी। शीघ्र ही गांव की पूरी जनसंख्या कृषि-कर्म में सम्मिलित हो गयी थी। जैसे-जैसे उनका भय कम हुआ था, स्त्रियां और बच्चे भी उस सामूहिक जीवन में सहभागी हो गए थे। करघे चलने लगे थे, कुंभकार का चाक घूमने लगा था और लकड़ी का विविध प्रकार का सामान बनने लगा था। अन्य प्रकार की शालाओं के साथ-साथ मुखर की संगीतशाला भी बहुत लोकप्रिय हो गयी थी।... किंतु इतना होते हुए भी माखन और उसके साथी न तो भूमि को अपना मानने को तैयार थे और न वे लोग आश्रम के सैनिक प्रशिक्षण में सम्मिलित होने को सहमत हुए थे। इन दो कामों के लिए राम ने जब-जब प्रयत्न किया, असफल रहे। ग्राम का धातुकर्मी आश्रम के लिए शस्त्र बना देता था, किंतु अपने पास एक खड्ग रखने के लिए भी कभी तत्पर नहीं हुआ।

इसलिए राम को ग्रामीणों की अधिक चिन्ता थी। अभी तक कुछ निश्चित नहीं था कि राक्षस कितनी संख्या में आएंगे और एक ही स्थान पर आक्रमण करेंगे अथवा एकाधिक टुकड़ियों में बंटकर, अनेक स्थानों पर धावा बोलेंगे... वैसे तो अनिन्द्य की बस्ती, धर्मभृत्य का आश्रम, भीखन का ग्राम तथा आनन्दसागर का आश्रम ऐसी संचार-व्यवस्था में बंधे हुए थे कि छोटी-छोटी घटनाओं की सूचनाएं भी तत्काल एक स्थान से दूसरे स्थान तक पहुंच रही थीं — फिर भी यदि ग्रामवासी किसी ऐसे स्थान पर घिर

गए, जहां तत्काल सहायता पहुंचाना संभव नहीं हुआ तो शस्त्रहीन होने के कारण वे लोग तनिक भी प्रतिरोध नहीं कर पाएंगे...। दूसरी कठिनाई यह थी कि वे नहीं चाहते थे कि राक्षस उन्हें राम के पक्ष में मानें, इसलिए वे अपनी सुरक्षा के लिए भी, आश्रम में आने को प्रस्तुत नहीं थे...

आश्रम में युद्ध-समिति बैठी और विभिन्न कोणों से विचार-विमर्श किया गया। सुरक्षा की दृष्टि से खान, बस्ती, धर्मभृत्य का आश्रम, भीखन का गांव, आनन्दसागर का आश्रम तथा खेत सब ही महत्त्वपूर्ण स्थान थे। किन्तु सबसे महत्त्वपूर्ण थी जनसंख्या। जन-प्राण की रक्षा सबसे अधिक आवश्यकता थी, दूसरी कोटि में थी प्राकृतिक सम्पत्ति अर्थात् खान और खेत। आनन्दसागर आश्रम में रखा हुआ शस्त्रागार भी महत्त्वपूर्ण था, किन्तु राम का तत्संबंधी प्रस्ताव मान लिया गया कि समस्त शस्त्र योद्धा अपने साथ रखें — आवश्यक होने पर एकाधिक शस्त्र रखें, ताकि न शस्त्रागार की समस्या रहे, न ये शस्त्र शत्रुओं के हाथ पड़ें।

''मेरा विचार है कि मेरी बस्ती के सारे लोग शस्त्रबद्ध होकर खान पर चले जाएं।'' अनिन्द्य बोला, ''इससे जन-प्राण और प्राकृतिक संपत्ति एक ही स्थान पर होने के कारण हमें दो स्थानों की रक्षा नहीं करनी पड़ेगी।''

''अनिन्द्य ठीक कह रहा है।'' लक्ष्मण बोले, ''इस दृष्टि से भीखन के सारे ग्रामवासियों को खेत में रखा जाना चाहिए।''

''आश्रमवासी कहां जायें ?''

''यदि हम अनिन्द्य की बस्ती और भीखन के ग्राम का मोह छोड़ रहे हैं, तो हमें खाली कर दिए गए आश्रमों का मोह भी त्याग देना चाहिए।'' राम बोले, ''अन्यथा हम बहुत छोटी-छोटी टोलियों में बंट जाएंगे।''

''मुझे कोई आपत्ति नहीं है।'' धर्मभृत्य ने अपना मत दिया, ''मैंने देख लिया है कि सौमित्र के नेतृत्व में कुटीर कितनी सुविधा और शीघ्रता से बनते हैं।''

''तो फिर ऐसा ही हो।'' राम बोले, ''अनिन्द्य की बस्ती तथा धर्मभृत्य के आश्रम के सब लोग खान पर एकत्रित हों तथा भीखन के ग्रामवासी तथा आनन्दसागर आश्रम के ब्रह्मचारी यहां खेतों में रहें। किन्तु भीखन के ग्रामवासी न सशस्त्र हैं, न प्रशिक्षित। वैसे भी आक्रमणकारी भूधर का प्रतिशोध लेने के लिए आ रहे हैं, इसलिए वे आक्रमण इसी ग्राम पर करेंगे, अतः सारे जन-सैनिक यहीं रहें। यदि राक्षसों ने खान पर आक्रमण करने की प्रवृत्ति दिखाई तो जन-सैनिकों को तत्काल वहां पहुंचना होगा।''

''ठीक है।'' धर्मभृत्य बोला, ''यही ठीक रहेगा।''

''दूसरी बात शस्त्रों के विषय में है।'' राम पुनः बोले, ''जन-सैनिकों को धनुष-बाण दो, ताकि वे अन्य लोगों को दूर से ही संरक्षण दे सकें। उन्हें इतना अभ्यास हो चुका है कि वे युद्ध में भली-भांति धनुष-बाण का प्रयोग कर सकें। पचास धनुर्धारी ये होंगे। उसके अतिरिक्त मैं, लक्ष्मण, सीता, मुखर तथा धर्मभृत्य भी मुख्यतः धनुष-बाण

से ही लड़ेंगे। भीखन और आनन्दसागर अपनी इच्छा से धनुष-बाण ले सकते हैं...।''

''नहीं ! अभी मुझे अभ्यास नहीं है।'' आनन्दसागर ने कहा।

''मुझे भी।'' भीखन ने स्वीकार किया।

''तो तुम लोग भी खड्ग अथवा शूल से युद्ध करो। शेष लोगों को भी ये ही शस्त्र दिए जाएं।''

युद्ध समिति ने तत्काल निर्देश जारी कर दिए। उन्हीं के अनुरूप व्यवस्था की गयी। सब लोग अपने-अपने स्थान पर जा पहुंचे। किन्तु भीखन के ग्रामवासियों की समस्या अभी तक नहीं सुलझी थी।

वे लोग अपनी इच्छा से नित्य दिनचर्या के अनुसार, प्रातः ही खेतों में आ गए थे और काम कर रहे थे। जब तक वे खेतों में थे, तब तक कोई विशेष कठिनाई नहीं थी — राम सोच रहे थे — आश्रम के ब्रह्मचारी शस्त्रबद्ध थे। पचास जन-सैनिक भी वहां थे। स्वयं राम, लक्ष्मण, सीता तथा मुखर भी वहीं वर्तमान थे।... किन्तु यदि संध्या समय तक राक्षसों का आक्रमण न हुआ और ग्रामीणों ने अपने घरों में लौट जाने का हठ किया, तो उनकी सुरक्षा के लिए सारी सैनिक शक्ति को ग्राम में लगाना पड़ेगा। ऐसी स्थिति में खेतों के असुरक्षित छूट जाने का भय था।

किन्तु इसकी संभावना शायद कम थी। राक्षसों की गतिविधियों की सूचना राम को निरन्तर मिल रही थी, वे लोग आश्रम की सूचना-सीमा के भीतर प्रवेश कर चुके थे और निरन्तर आगे बढ़ रहे थे। वे रुककर प्रतीक्षा करने की स्थिति में नहीं थे। और यदि वे इसी प्रकार आगे बढ़ते रहे तो अपराह्न तक यहां आ पहुंचेंगे। उनके बढ़ने की दिशा अनिन्द्य की बस्ती अथवा धर्मभृत्य का आश्रम नहीं था...

राम अपनी योजना को धीरे-धीरे कार्यान्वित कर रहे थे... क्रमशः सारे ग्रामवासी खेतों के केन्द्र में पहुंच गए थे और आश्रम के शस्त्रबद्ध सदस्य किनारों पर आ गए थे। ग्रामवासी सशस्त्र सैनिकों के घेरे में सुरक्षित थे। आज समस्त शालाओं की छुट्टी कर छोटे-बड़े सभी बच्चों को भी खेतों पर ही बुला लिया गया था।

खेतों की चारों दिशाओं में से एक-एक ओर स्वयं राम, लक्ष्मण, सीता तथा मुखर थे। जन-सैनिक भी दस टुकड़ियों में बंटकर अपने-अपने नायकों के साथ-साथ, विभिन्न वृक्षों के ऊपर अथवा उनकी ओट में सन्नद्ध खड़े थे... राम ने प्रयत्न किया था कि इन दस टुकड़ियों से छोटे और बड़े... दुहरे वृत्त बन जायें। बाहरी वृत्त को आरम्भिक आक्रमण का आदेश नहीं था। यदि अपनी असावधानी के कारण राक्षस इन दोनों वृत्तों के बीच आ जायें तो दोनों वृत्तों को एक साथ आक्रमण करने का आदेश था। जब शत्रु पर दोहरी मार पड़ रही हो, तभी शेष लोगों के लिए उनसे भिड़ने का उचित अवसर था...

अब सूचनाएं और भी कम अंतराल से आने लगी थीं।... राक्षस निकट आ रहे

थे, उनकी संख्या पांच सौ के लगभग थी। वे अलग-अलग स्थानों पर आक्रमण करने के स्थान पर, एक ही मोर्चे पर युद्ध करने की योजना के साथ बढ़ रहे थे।

"मुखर !" राम बोले, "धर्मभृत्य को संदेश भेज दो कि आक्रमण यहीं होगा, अतः वह अपनी कुछ अतिरिक्त टुकड़ियां तुरन्त इधर भेज दे।"

"अच्छा, राम!"

मुखर ने उसी क्षण एक लड़का, अगली चौकी तक दौड़ा दिया। राक्षसों के निकट होने के कारण दूराह्वान से काम नहीं लिया जा रहा था, अन्यथा वही सरल मार्ग था।

देखने से यही लगता था कि सारे क्षेत्र का जीवन सामान्य गति से चल रहा था। खेतों में काम भी हो रहा था और लोग आ-जा भी रहे थे, किन्तु सभी जानते थे कि युद्ध समीप आ रहा है। उसकी दिशा और समय का आभास भी थोड़ा-बहुत सभी को था। खेतों में काम करने वाले ग्रामवासी — जो अभी तक राम और राक्षसों के इस युद्ध में स्वयं को तटस्थ मान रहे थे — भी जानते थे कि युद्ध क्रमशः निकट आ रहा है। उनका द्वन्द्व भी कोई समाधान खोज नहीं पा रहा था। अपने भय के कारण वे राक्षसों का विरोध करने का साहस नहीं कर पा रहे थे और इतने दिनों तक राम तथा उनके साथियों के संपर्क में रहने के कारण उन्हें छोड़ना नहीं चाहते थे...

सूचना आयी कि राक्षस ग्राम तक आ पहुंचे हैं। दूसरी ओर सूचना पहुंची कि धर्मभृत्य अपनी आश्रम-वाहिनी के साथ क्षिप्र गति से बढ़ता चला आ रहा है।

राम ने मन में गणना की — युद्ध आधी घड़ी भी चला तो धर्मभृत्य पीछे से आ पहुंचेगा, तब राक्षसों का टिकना कठिन हो जाएगा।

फिर सूचना मिली कि ग्राम को जन-शून्य पाकर राक्षस अत्यन्त निराश हुए हैं। उन्होंने दो-एक घरों को आग भी लगायी थी, किन्तु कुछ सोचकर उन्होंने अग्निदाह रोक दिया है और वे खेतों की ओर बढ़ रहे हैं।

राम ने आदेश देने आरम्भ किए... अनिन्द्य खेतों के साथ लगती बाहरी सीमा पर अपनी धनुर्धर टुकड़ी के साथ था, किन्तु उसे तब तक प्रहार नहीं करना था, जब तक कि राक्षस आगे बढ़कर खेतों के परे स्थित राम तथा उनकी आश्रम-वाहिनी से न जूझने लगें। लक्ष्मण भीतरी सीमा के वृत्त की जनवाहिनी के साथ थे। उन्हें राक्षसों पर पहले प्रहार करना था, ताकि राक्षस पूरी क्षमता के साथ आश्रमवाहिनी पर न टूट पड़ें।

सब कुछ सध गया। खेतों में काम करते माखन और उसके ग्रामवासियों को भी प्रत्यक्षतः ज्ञात हो गया कि जिन राक्षसों के लौट आने की संभावना से वे आज तक आतंकित रहे हैं — वे राक्षस न केवल लौट आए हैं, वरन् सेना लेकर आए हैं और युद्ध की इच्छा से आए हैं।

राम का मन व्यूह-रचना में उलझा था और दृष्टि ग्रामवासियों की प्रतिक्रिया पर थी। किन्तु जैसे-जैसे समय बीतता जा रहा था, उनका विश्वास बढ़ता ही जा रहा था कि

ग्रामवासी वहां से भागेंगे नहीं। यदि वे लोग भाग खड़े होते तो उनकी सुरक्षा की एक अतिरिक्त समस्या सामने आती।... किन्तु दूसरा प्रश्न अभी भी राम के मस्तिष्क में बवंडर मचाए हुए था — वास्तविक युद्ध के समय यदि ग्रामवासी खेतों में उपस्थित रहे तो उनका व्यवहार क्या होगा ?

राक्षस सेना ने अपने भरपूर आत्मविश्वास में अपना आक्रमण गुप्त नहीं रखा। वे पर्याप्त कोलाहल करते हुए आए और भयंकर क्रोधपूर्ण वेग के साथ उन्होंने धावा किया। उनकी सेना का रूप देखते ही राम के होंठों पर एक शांत मुसकान फैल गयी। उनके पास पांच धनुर्धारियों की एक छोटी टुकड़ी थी, जो सारी सेना के आगे-आगे भाग रही थी। शेष सैनिकों के पास खड्ग तथा शूल थे। यह सेना शस्त्रहीन कृषकों अथवा आश्रमवासियों के लिए अत्यन्त भयंकर प्रतीत हो सकती थी। उनका प्रभाव माखन तथा उसके साथियों के चेहरों पर स्पष्ट देखा जा सकता था। किन्तु राम एक क्षण में निश्चय कर चुके थे कि युद्ध-कौशल की दृष्टि से यह सेना अधिक शक्तिशाली नहीं थी।

राक्षस सैनिक आगे बढ़े और राम का पहला आदेश लक्ष्मण के लिए था। राक्षस धनुर्धर टुकड़ी ने प्रथम आघात के लिए अपने धनुषों की प्रत्यंचाएं खींची ही थीं कि लक्ष्मण की टुकड़ी ने बाण छोड़ दिए।... राक्षस धनुर्धारियों के मुख आश्चर्य से खुल गए। एक तो उन्हें बाणों के आने की दिशा का ज्ञान नहीं हुआ और दूसरे शायद उन्होंने धनुर्विद्या के इस कौशल की कल्पना नहीं की थी... उन्होंने भौंचक्क दृष्टि से अपने शत्रुओं की खोज का प्रयत्न किया और फिर अपने पीछे आने वाले अपने ही सैनिकों के धक्के से वे आगे बढ़ गए। भागते हुए उन्होंने अपनी कटि से खड्ग खींच लिये, जिसका अर्थ था कि उनके पास और धनुष नहीं थे।

राम की इच्छा हुई, वे राक्षसों के इस युद्ध-कौशल पर खिलखिलाकर हंस पड़ें।

किन्तु यही युद्ध की निर्णायक घड़ी भी थी। राक्षसों की सेना अपने धावे में आगे बढ़ती हुई, राम के सम्मुख तक आ पहुंची। खेतों में काम करती हुई आश्रम-वाहिनी अपने हल-कुदाल छोड़कर, खेतों से आगे बढ़ गयी। पीछे खेतों में केवल ग्रामवासी ही रह गए थे।

सम्मुख युद्ध में पहले राम ने धनुष उठाया। गोह के चमड़े के दस्ताने पहने उनकी अंगुलियां बाण छोड़ने लगीं। उसी समय सेना के पिछले भाग पर अनिन्द्य तथा भूलर की धनुर्धर टुकड़ियां टूट पड़ीं। मध्य भाग पर लक्ष्मण और उनके साथी आक्रमण कर रहे थे। बायीं ओर से सीता अपनी टुकड़ी को लेकर आयीं और दाहिनी ओर से मुखर।

राम के मन में युद्ध का परिणाम आरम्भ से ही स्पष्ट था — राक्षसों की सेना शुद्ध पशु-शक्ति थी। न उनके पास योजना थी, न संगठन, न उनके पास धनुर्धर थे, न उचित नेतृत्व। वह तो हत्या, बलात्कार, अग्निदाह तथा लूटपाट करने वाले पशुओं की एक टोली थी, जिन्हें योद्धा नहीं कहा जा सकता था।

राम की आश्रमवाहिनी विकट आत्मबल से युद्ध कर रही थी। उनके जन-सैनिकों

तथा अन्य धनुर्धारी को प्रतिरोध का सामना नहीं करना पड़ रहा था।

सहसा राक्षसों का एक दल युद्ध छोड़कर खेतों की ओर भागा। उनके हाथों में अग्निकाष्ठ थे — निश्चित रूप से वे खेतों में खड़ी फसल को अग्निसात करना चाहते थे। इस प्रकार की घटना की कल्पना राम ने नहीं की थी कि राक्षस मनुष्यों को छोड़ खेतों से लड़ने लगेंगे, न ही उसे रोकने की कोई योजना राम के मन में थी।... एक ही मार्ग था कि अपने व्यूह को परिवर्तित कर, वे दो टुकड़ियों को उनके पीछे दौड़ाएं...

राम ने भूलर की टुकड़ी को संकेत किया। भूलर के साथी वृक्षों से नीचे कूदे और भागते हुए राक्षसों की पीठ पर उन्होंने बाण छोड़ दिए।... दो राक्षस गिरे भी, किंतु शेष अपने अग्निकाष्ठों के साथ, खेतों की ओर निरंतर भागते रहे।... और जब लगा कि वे खेतों में घुसकर अग्निदाह आरम्भ कर देंगे और जीता हुआ युद्ध भी इस रूप में पर्याप्त क्षति दे जाएगा — राम का ध्यान सहसा खेतों में स्तब्ध खड़े ग्रामवासियों की ओर चला गया। ग्रामवासियों की दृष्टि भी खेतों की ओर भागते हुए उन राक्षसों की ओर थी, जिनके हाथों में अग्निकाष्ठ थे।... जिस आकस्मिक ढंग से राक्षस युद्ध छोड़कर भागे थे, उसी आकस्मिकता से ग्रामवासियों ने अपनी प्रतिक्रिया भी प्रकट की।... सहसा उनके कुदाल उठ गए और वे खेतों को छोड़, राक्षसों के सामने आ खड़े हुए।

राम ने आश्चर्य से देखा — उन सबके आगे माखन था और उसी ने आगे वाले राक्षस पर अपने कुदाल का पहला वार किया। राक्षस के हाथ से छूटकर अग्निकाष्ठ दूर जा गिरा और वह अपनी कलाई पकड़ते हुए भूमि पर लोट गया। दोनों ओर से प्रहार पर प्रहार होने लगे। प्राय: सारे ग्रामवासी माखन के आस-पास आ डटे थे और अपने खेतों को बचाने के लिए पूर्णत: कटिबद्ध थे।

तब तक मुखर की टोली उनके सिर पर आ पहुंची और उसने पीछे से राक्षसों को धर दबोचा। एक-एक करके राक्षस धराशायी हो गए। उनके अग्निकाष्ठ बुझा दिए गए। किन्तु माखन तथा अन्य ग्रामवासी जैसे मुक्त तथा निर्भय हो चुके थे। वे अपने कुदाल उठाए हुए राक्षसों की पिटती हुई सेना से जा टकराये।

''माखन !'' राम चिल्लाए, ''तुम लोग पीछे हटो।''

किंतु उनमें से किसी ने कुछ नहीं सुना। राम का हृदय कांप गया — वे लोग नि:शस्त्र भी थे और अप्रशिक्षित भी।

धनुर्धर जन-सैनिकों से घिरी तथा पिटती हुई राक्षस-सेना ने ग्रामवासियों को घेर लिया था।... अब रुकना असंभव था। तनिक से विलंब से भी अनर्थ हो जाता...

''लक्ष्मण ! तुम यहां संभालो।''

राम अपनी छोटी-सी टोली लिये, घेरे के भीतर जा घुसे। बाण चलाने को अपनी स्फूर्ति पर वे स्वयं ही चकित थे। तूणीर पर तूणीर समाप्त हो रहे थे, किन्तु शस्त्रों का वितरण इस प्रकार किया गया था कि नया तूणीर आने में तनिक भी समय नहीं लगता था। उनके बाणों ने सघन हो आए राक्षसों के बीच से मार्ग बना डाला।... राम तत्काल

भीतर धंस गए। उनकी टोली, ग्रामवासियों के चारों ओर, प्राचीर बनकर खड़ी हो गयी। परिणामतः राक्षसों को पीछे हटना पड़ा, किंतु जाते-जाते भी वे अनेक लोगों को घायल कर गए। एक खड्ग राम के बाएं कंधे पर भी लगा और कवच को चीर घाव कर गया। इतने निकट से धनुष-युद्ध की अपनी सीमाएं थीं...

राम के साथी राक्षसों को धकेलते जा रहे थे। पीछे से अनिन्द्य, भूलर तथा मुखर थे और सामने से सीता, लक्ष्मण तथा आनन्दसागर।... तभी दूर से धर्मभृत्य अपनी आश्रमवाहिनी के साथ प्रकट हुआ।... राक्षस चारों ओर से घिर गए थे और युद्ध अपनी पराकाष्ठा पर जा पहुंचा था। राक्षस सैनिक वीरता से लड़े, किन्तु एक-एक कर समाप्त होते गए।

युद्ध शीघ्र ही समाप्त हो गया। कुछ राक्षसों का हठ और कुछ जन-वाहिनी का आक्रोश — केवल एक ही जीवित युद्ध-बंदी पकड़ा जा सका।

माखन राक्षसों के घेरे से जीवित नहीं निकल पाया। उसके अनेक साथी भी घायल हुए थे। उनके घिर जाने की गंभीरता को समझकर, राम इस प्रकार राक्षसों के बीच न जा धंसे होते, तो कदाचित् उनमें से एक भी व्यक्ति जीवित नहीं बच पाता।

युद्ध समाप्त होते ही दोनों आश्रमों की सम्मिलित जन-वाहिनी घायलों की देखभाल में लग गयी। शेष लोगों ने शवों का अंतिम-संस्कार किया। राक्षसों के सारे शस्त्र बटोरे, उनकी गणना कर, आवश्यकतानुसार उन्हें विभिन्न टोलियों में बांटा और युद्ध-क्षेत्र छोड़ दिया।

आश्रम में अगला दिन विचार-विमर्श से आरम्भ हुआ। यद्यपि माखन की मृत्यु से भीखन अत्यंत दुखी था तथा अन्य ग्रामवासी भी किसी-न-किसी रूप में इस मृत्यु से पीड़ित थे, आश्रम तथा गांव के अनेक लोग घायल भी थे, फिर भी विचार-विमर्श के समय प्रत्येक व्यक्ति आश्रम में उपस्थित था।

"ग्रामवासियों ने निर्णय किया है, राम !" भीखन ने बात आरम्भ की, "कि अब उनके लिए आपका कोई भी सुझाव अमान्य नहीं है। वे आज से इस भूमि को भूधर की भूमि नहीं, ग्राम की भूमि मानेंगे और आपकी इच्छा के अनुसार उसके स्वामी बनकर खेती करेंगे।"

"यह निर्णय हमारे लिए युद्ध की विजय से भी बड़ी उपलब्धि है।" राम गंभीर स्वर में बोले, "इसका अनुमान कल मुझे उसी समय हो गया था, जब ग्रामवासी राक्षसों को देखकर कायरों के समान भागने के स्थान पर शस्त्रहीन होते हुए भी उनसे जा भिड़े। यह कैसे हुआ — यह मेरे लिए भी अभी रहस्य है।"

"राम ! हम देख रहे थे कि राक्षस हमें नष्ट करने आए हैं।" तोरू बोला, "हम यह भी देख रहे थे कि आप हमारी रक्षा कर रहे हैं। यदि आप पराजित हो जाते तो हम पुनः राक्षसों के दास हो जाते। पिछले कुछ मास जो हमने आपके संरक्षण में स्वतन्त्रता

तथा सम्मान के साथ बिताए हैं — हमारे लिए स्वप्न हो जाते। यह सब हम समझ रहे थे और परस्पर इस प्रकार की बातचीत भी कर रहे थे, किन्तु राक्षसों से लड़ जाने का साहस हम फिर भी नहीं जुटा पा रहे थे। फिर वह शस्त्रों का युद्ध था। हम — जैसा कि अभी आपने कहा — निःशस्त्र थे। पर जब हमने देखा कि वे राक्षस उस अन्न को भी नष्ट कर देना चाहते थे, जो हमारे जीवन का आधार था, तो स्थिति हमारे सामने स्पष्ट हो उठी। चुनाव स्वतन्त्र जीवन और दासता के जीवन के बीच नहीं था। चुनाव जीवन और मृत्यु के बीच था। हम युद्ध न करते तो भी हमें मरना ही था फिर लड़कर ही क्यों न मरा जाए। सबसे पहले माखन ही उठा था। उसने कहा था, 'मैंने आज तक भीखन भैया की बात नहीं मानी, किन्तु अब रुक नहीं सकता। राक्षस हमारे खेत ज़ला जाएं और हम अपने बच्चों को अकाल में भूख से तड़प-तड़पकर मरते हुए देखने के लिए कायरों के समान खड़े रह जाएं — यह नहीं होगा। जो मौन खड़ा रहे, उस पर धिक्कार।' और माखन कुदाल के साथ, राक्षसों की ओर भागा। तब हम कैसे पीछे रह सकते थे! आवेश का धक्का कायरता की जड़ता को तोड़ गया।"

"यह तो अच्छा हुआ।" राम बोले, "किन्तु राक्षसों से निहत्थे भिड़ जाने का परिणाम अच्छा नहीं हुआ। मुझे भी तुम लोगों के इस अकुशल रण के कारण दंडक वन में पहला घाव मिला है।"

राम ने अपना दायां हाथ बाएं कंधे की पट्टी पर फेरा।

"हमें खेद है, राम !..."

"मेरा अभिप्राय यह नहीं था।" राम बोले, "मैं तो केवल यह चाहता हूं कि आप लोग भी आश्रमवाहिनी के साथ-साथ शस्त्र-परिचालन का अभ्यास करें, ताकि भविष्य में फिर इस प्रकार निहत्थे लड़ने का अवसर ही न आए।"

"नहीं ! वह निश्चय तो कल ही हो चुका।" भीखन बोला, "अब सारा ग्राम शस्त्र-शिक्षा ग्रहण करेगा। किन्तु राम ! क्या उनसे फिर युद्ध की संभावना है ?"

"युद्ध की संभावना जिस दिन समाप्त हो जाएगी, वह मानव-इतिहास के लिए गौरव का दिन होगा।" राम बोले, "किन्तु अभी तुम्हारे लिए तो काफी संभावना है।"

"क्यों ? हमने तो सारे राक्षस मार दिए।" तोरू बोला, "अब लड़ने कौनं आएगा!"

राम मुसकराए, "बड़े भोले हो, तोरू ! एक व्यक्ति जब जन-सामान्य से पृथक् हो राक्षस हो जाता है और शेष जन पर अत्याचार करने लगता है — तो क्या वह अपने बल पर करता है ? कभी-कभी वैसा भी होता है — जैसे विराध ! किन्तु सामान्यतः अत्याचार संगठन का होता है। अत्याचारी जानता है कि उसकी सहायता के लिए दंडधर आएंगे, उनकी सहायता के लिए अंगरक्षक आएंगे, उनकी सहायता के लिए सैनिक टोली आएगी और अंत में टोली की सहायता के लिए साम्राज्य की सेना आएगी। भूधर का प्रतिशोध लेने के लिए यह सैनिक टुकड़ी आयी थी। इनका प्रतिशोध लेने के लिए

जन-स्थान की सेना आ सकती है, और यदि आप उन्हें भी पराजित कर दें, तो लंका की सेना भी आ सकती है। अतः अब आपको तत्पर और सन्नद्ध ही रहना है। जब तक लंका का राक्षसी साम्राज्य वर्तमान है, तब तक राक्षसी आतंक समाप्त नहीं हो सकता।''

''अर्थात् यह अनवरत तथा दीर्घ संघर्ष है।''

''तुमने ठीक समझा, तोरू !''

''तो हम सब शस्त्राभ्यास करेंगे।''

''ठीक है। सारा गांव शस्त्राभ्यास करे और पचीस कुशल योद्धा जन-सेना में सम्मिलित हों, जिन्हें धनुर्विद्या का विशेष अभ्यास कराया जाएगा। सशस्त्र जन-सामान्य तथा जन-सेना — दोनों ही अंग एक-दूसरे के पूरक के रूप में विकसित नहीं होंगे तो संघर्ष की सफलता संदिग्ध हो जाएगी।''

''हमें स्वीकार है।''

अंत में लक्ष्मण ने एकमात्र युद्ध-बंदी को सभा के सम्मुख प्रस्तुत किया।

राम ने पहली बार उसे ध्यान से देखा — वह अब तक देखे गए राक्षसों से सर्वथा भिन्न था। उसके शरीर पर न तो विलास की चर्बी थी और न उसकी वेशभूषा में संपन्नता का कोई चिह्न। एक साधारण धोती में लिपटा वह पतला-दुबला व्यक्ति साधारण श्रमिक से भिन्न नहीं था।

''तुम कौन हो ?'' राम ने पूछा।

''मैं ओगरू हूं। कर्कश का दास।''

''और यह कर्कश कौन है ?''

''हमारे ग्राम का स्वामी।''

''तुम युद्ध करने आये थे ?''

''नहीं ! मुझे स्वामी ने भेजा था कि मैं स्वयं देखकर उसे बताऊं कि राम के पास कैसे-कैसे शस्त्र हैं और राम कैसे युद्ध करते हैं। राक्षस सेना एक रात हमारे गांव में भी ठहरी थी, तभी स्वामी ने मुझे उनके साथ कर दिया था।''

''यह सब देखकर तुम क्या करते ?''

''वैसे शस्त्र बनाकर स्वामी को देता।'' ओगरू बोला, ''मैं स्वामी के लिए शस्त्रों का निर्माण करता हूं।''

लक्ष्मण मुसकराए, ''तुम शस्त्र बनाकर स्वामी को देते, ताकि वह कर्कश उन्हीं शस्त्रों के बल पर तुम्हारा और तुम्हारे पक्षधरों का दमन कर तुम लोगों को और अधिक पीड़ित करता।''

''जी ?''

''बात यह है, ओगरू !'' राम बोले, ''तुम खान-स्वामी नहीं हो, भू-स्वामी नहीं हो, तुम दूसरों का शोषण नहीं करते, अपने श्रम की रोटी खाते हो।... इन्हें देख रहे

हो?'' राम ने उपस्थित लोगों की ओर संकेत किया, ''ये सब तुम्हारे ही समान अपने श्रम पर जीवित रहने वाले लोग हैं। फिर तुम उस राक्षस कर्कश का पक्ष लेकर, न्याय के समर्थक अपने ही वर्ग के लोगों के विरुद्ध क्यों लड़ रहे हो ?''

''वह हमारा स्वामी है।'' ओगरू पूरी निष्ठा के साथ बोला।

''उसे तुम्हारा स्वामी किसने बनाया ?''

''देवी ने !''

राम ने चौंककर उसे देखा, ''किस देवी ने ?''

ओगरू थोड़ी देर तक चुपचाप खड़ा कुछ सोचता रहा, फिर बोला, ''पहले कर्कश भी हमारे ही समान साधारण श्रमिक था। एक दिन उसने सारे ग्राम के लोगों को एकत्रित कर बताया कि रात को उसे देवी ने स्वप्न में दर्शन दिए हैं। स्वप्न में देवी ने उससे कहा कि वह गांव के तालाब में बाएं कोने में बंदिनी पड़ी है। यदि कर्कश वहां से देवी का उद्धार कर देगा तो वह कर्कश को गांव का स्वामी बना देगी।... हम सब लोग कर्कश के साथ तालाब पर गए। उसने हमारे सामने तालाब के बाएं कोने में घुसकर, पानी के भीतर से देवी की दो हाथ ऊंची मूर्ति का उद्धार किया। उस मूर्ति को लाकर ग्राम में स्थापित किया गया। ग्रामवालों ने वहां मंदिर बनाया और कर्कश को देवी का पुजारी बना दिया। उस दिन से कर्कश पर देवी की कृपा है। मंदिर में खूब चढ़ावा आता है। कर्कश ने एक-एक कर गांव के सारे खेत खरीद लिये हैं। एक-एक कर, लोग ऋण के कारण उसके दास हो गये हैं। वह हमारा स्वामी है, राजा है, पुरोहित है। हम उसकी बात कैसे टाल सकते हैं ?''

आस-पास बैठे लोगों में दृष्टियों का आदान-प्रदान हुआ।

''अर्थात् एक धूर्त व्यक्ति भोले देहातियों को मूर्ख बना रहा है।'' सीता धीरे से बोलीं।

ओगरू ने सीता का वाक्य सुन लिया।

''नहीं !'' वह चीत्कारपूर्ण स्वर में बोला, ''वह देवी का भक्त है। उस पर देवी की कृपा है।''

''कौन-सी देवी ? कैसी देवी ?'' सहसा राम का तेजस्वी स्वर गूंजा, ''ओगरू! मैं तुम्हारी और तुम्हारे ग्राम के लोगों की भावना का अपमान नहीं करना चाहता, किंतु तुम स्वयं सोचकर बताओ कि वह कैसी देवी है, जिसे तुम ईश्वर की शक्ति मानते हो और वह पत्थर की एक मूर्ति में बंदिनी है, उस मूर्ति में, जो गांव के तालाब में दो हाथ पानी के नीचे डूबी हुई है और देवी स्वयं को वहां से बाहर नहीं निकाल सकती तथा इतने-से कार्य के लिए कर्कश से सहायता मांगती है।''

ओगरू तनिक भी हतप्रभ नहीं हुआ। वह तर्क पर उतर आया, ''तो कर्कश को ग्राम का स्वामी किसने बनाया ?''

''तुम्हारे अज्ञान ने।'' राम बोले, ''तुम लोगों ने स्वयं अपने धन से मंदिर का

निर्माण कर कर्कश को उसका पुरोहित बनाया। तुमने अपना पेट काटकर, अपने बच्चों को भूखा रख, अपने श्रम की कमाई पुरोहित को चढ़ाई। पुरोहित ने तुम्हारे द्वारा दान दिए गए धन से तुम लोगों को ऋण दिया और ऋण में तुम्हारे हाथ-पैर बांधकर तुम्हारी भूमि खरीद ली। अब वह तुम्हीं से शस्त्र बनवाकर तुम्हारा ही नहीं, तुम्हारा पक्ष लेने वाले लोगों का भी दमन करना चाहता है।''

''नहीं !'' ओगरू जैसे आविष्टावस्था में चीखा, ''ऐसा नहीं है। उस पर सचमुच देवी की कृपा है। वह देवी भक्त है। उसके पास दैवी-शक्ति है।''

राम चुपचाप ओगरू को देखते रहे। ओगरू अपनी बात से पूर्णतः आश्वस्त था।

''यदि मैं तुम्हें इन ग्रामवासियों को सौंप दूं, जिन पर आक्रमण करने तुम राक्षसों के साथ आए थे तो तुम्हारा कर्कश अपनी दैवी-शक्ति से तुम्हें बचा लेगा क्या ?''

ओगरू कुछ नहीं बोला। वह भीत दृष्टि से कभी राम को और कभी उपस्थित लोगों को देखता रहा।

राम ने भीखन को संकेत किया। भीखन ने अपने खड्ग की नोक ओगरू के कंठ पर रख दी।

ओगरू के शरीर से पसीना छूट गया।

राम का गंभीर स्वर गूंजा, ''इस समय कर्कश की दैवी-शक्ति तुम्हें नहीं बचा सकती, किंतु मैं अपनी मानवी-शक्ति के आधार पर, तुम्हें मुक्त करने का प्रस्ताव इस सभा के सम्मुख रखता हूं।'' राम ने ऊंचे स्वर में पूछा, ''आप लोग सहमत हैं ?''

''सहमत हैं।''

भीखन ने अपना खड्ग हटा लिया।

''हम तुम्हें मुक्त कर रहे हैं, ओगरू !'' राम बोले, ''अब तुम अपने गांव जाओ और उस कर्कश को पकड़कर उसी तालाब में फेंक दो, जिसमें से उसने देवी का उद्धार किया था। तब उससे कहना कि वह दैवी-शक्ति से अपना उद्धार कर ले।''

''यदि तुम लोग यह नहीं कर पाए तो हम तुम्हारे ग्राम में आकर, उसके साथ यही व्यवहार करेंगे।'' लक्ष्मण ने अपनी टिप्पणी दी।

''जाओ। तुम मुक्त हो !'' राम पुनः बोले।

ओगरू को जैसे अभी तक विश्वास नहीं हो रहा था कि उसके कंठ पर से खड्ग की नोक सचमुच हट गयी है और वह अपनी इच्छानुसार कहीं भी जा सकता है। वह चुपचाप खड़ा भावहीन जड़ दृष्टि से राम को देखता रहा। जब उसने देखा कि वस्तुतः उसे कोई रोक नहीं रहा और भीड़ उसे मार्ग देती जा रही है तो उसकी गति का वेग बढ़ गया। वह भीड़ को पार कर बाहर निकल आया। खुले मैदान में आकर उसने पलटकर देखा कि कोई उसे पकड़ने तो नहीं आ रहा और जब उसे पूर्ण विश्वास हो गया कि कोई उसके पीछे नहीं आ रहा तो वह पूरी शक्ति से भाग खड़ा हुआ।

अगला दिन भी बहुत व्यस्तता का था। धर्मभृत्य और अनिन्द्य अपने साथियों के साथ अपने आश्रम लौट गये थे। आनन्दसागर-आश्रम स्वयं को नयी दिनचर्या में ढाल रहा था। खेतों को उनकी स्थिति के आधार पर चार बड़े भागों में बांटकर, उन्हें कृषकों की टोलियों को दे दिया गया। आज से सारी भूमि ग्रामवासियों की थी। ग्राम का नेतृत्व तोरू कर रहा था।... फिर पचीस जन-सैनिक चुने गए। उनका नेतृत्व भीखन ने ग्रहण किया। शेष लोगों को उनके वय तथा सामर्थ्य के अनुसार, टोलियों में बांटकर, शस्त्र-शिक्षा के लिए प्रशिक्षकों को सौंपा गया। शस्त्रागार की पुनर्व्यवस्था हुई। गांव के बच्चों के लिए उनके वय के अनुसार पाठशालाओं का भी नया प्रबन्ध किया गया। लक्ष्मण तथा मुखर मुनि आनन्दसागर के साथ-साथ निर्माण-कार्य की आवश्यकताओं को देखते रहे और उसके लिए प्रबन्ध करते रहे। सीता सारा दिन महिलाओं के साथ गांव में ही रहीं। गांव की महिलाएं अनिन्द्य की बस्ती की महिलाओं से भिन्न थीं। वे अपने पतियों के साथ खुले खेतों में काम करने की अभ्यस्त थीं। उनमें आत्मविश्वास तथा आत्मबल कुछ अधिक था। विचारों और मान्यताओं को लेकर वे भी बहुत पिछड़ी हुई थीं, किंतु उनकी नया सीखने की प्रबल इच्छा को देखते हुए सीता को अपना कार्य कठिन नहीं लग रहा था।

•

कुछ ही दिनों में राम ने अनुभव किया कि भीखन का ग्राम भी तीव्र गति से अपना रूप बदल रहा था। लोगों में आत्मबल के साथ-साथ आत्मसम्मान भी लौट आया था। उनकी बौद्धिक जिज्ञासा भी जाग उठी थी। वे पूछना और जानना सीख गए थे। वे अपनी रक्षा में समर्थ हो चुके थे और आर्थिक स्थिति को सुधारने की ओर बढ़ रहे थे। ग्राम में खेती के साथ-साथ छोटे-मोटे अनेक उद्योग-धन्धे खुल गए थे।

ग्राम और आश्रम में सभी लोग व्यस्त थे। और कितनी सार्थक थी वह व्यस्तता। ग्रामवासियों में से ही विभिन्न कार्यों का दायित्व संभालने तथा नेतृत्व करने वाले लोग क्रमशः आगे बढ़ रहे थे। राम, लक्ष्मण, सीता तथा मुखर अपने कार्य नये आने वाले नेताओं को सौंपते जा रहे थे।

... तभी एक दिन संध्या समय, सुतीक्ष्ण-आश्रम से एक युवा ब्रह्मचारी कुलपति का पत्र लेकर आया। पत्र अत्यंत संक्षिप्त था — मात्र एक वाक्य। मुनि ने लिखा था, "उपद्रवी मृग राम के यश की गंध पाकर भाग गए हैं और सुतीक्ष्ण कस्तूरी मृग के समान राम को खोज रहा है।"

पत्र पढ़ते ही राम को धर्मभृत्य का स्मरण हो आया। ठीक कहा था धर्मभृत्य ने — 'तो आर्य ! आप सुतीक्ष्ण मुनि के दर्शन अवश्य करें, किंतु उनके आश्रम में आपके लिए अभी स्थान न होगा। हां, आप अन्यत्र रहकर राक्षसों का आतंक मिटा दें तो उन्हें आपको अपने आश्रम में ठहराकर अबाध आनन्द होगा।'

आश्रम में समाचार प्रचारित हो गया कि सुतीक्ष्ण मुनि ने राम को आमंत्रित किया है।... संध्या का समय था, आश्रमवासी अपने कामों से लौट आए थे।... राम की कुटिया के सम्मुख भीड़ बढ़ने लगी।

"आप जा रहे हैं, राम ?" स्वरों में कितनी आशंका थी।

राम मुसकराए, "आप लोग बैठिए। थोड़े से विचार-विमर्श की विशेष आवश्यकता आ पड़ी है।"

लागे बैठ गए। वातावरण व्यवस्थित हो गया।

"आप जानते हैं कि हमें किसी एक स्थान पर स्थायी रूप से नहीं रहना है।" राम बोले, "हमें इस सारे क्षेत्र को राक्षसी आतंक से मुक्त करना है। वस्तुतः यह एक संगठन-यात्रा है। संगठन की इस यात्रा में हमारा मुख्य पड़ाव ऋषि अगस्त्य का आश्रम है। मार्ग में सुतीक्ष्ण-आश्रम है। मेरी समस्या इस आश्रम को छोड़ने या नहीं छोड़ने की नहीं है, मेरी समस्या है कि मुनि के पिछले व्यवहार को देखते हुए, अब मुझे वहां जाना चाहिए या नहीं ?"

"राम !" सबसे पहले भीखन बोला, "कोई और समस्या होती तो कदाचित् मैं कुछ न कहता अथवा सबके पीछे कहता, किंतु इस विषय में बोलने का मेरा पहला अधिकार है।"

"तुम ही बोलो, भीखन !" राम बोले।

"मैंने शरभंग ऋषि के आश्रम से आपके साथ यात्रा की थी। सुतीक्ष्ण आश्रम में भी मैं आपके निकट था। मैं जानता हूं कि उन्होंने आपका स्वागत नहीं किया था, किंतु मेरे अपने गांव में भी तो किसी ने आपका स्वागत नहीं किया था। आपने माना कि ग्रामवासी भीरु तथा राक्षसों से आतंकित थे। आपने धैर्यपूर्वक उचित अवसर की प्रतीक्षा की और ग्रामवासियों के प्रत्यक्ष असहयोग को देखते हुए भी उनकी सहायता की। क्या सुतीक्ष्ण मुनि को भीरु मानकर आप उन्हें क्षमा नहीं कर सकते, और अब, जब वे आपको बुला रहे हैं तथा राक्षस-विरोधी संगठन में आपके सहायक हो सकते हैं, आप उनका निमंत्रण क्यों स्वीकार नहीं कर रहे हैं ?"

"भीखन भैया ठीक कह रहे हैं !" सीता बोलीं, "किसी भी भीरुता को दोष तो माना जा सकता है, उसका विरोध नहीं।"

"हां ! यदि यह निमन्त्रण किसी लोभवश नहीं है तो।" लक्ष्मण ने कहा।

"लोभ कैसा ?" आनन्दसागर ने पूछा।

"कुछ लोग अपने लाभ और लोभ को देखते हुए प्रत्येक उगती हुई शक्ति की सहायता के लिए तत्पर रहते हैं।" लक्ष्मण बोले, "जब पहली बार हम उनके आश्रम में गए थे, तब राक्षस शक्तिशाली थे। अब राक्षस-विरोधी लोग प्रबल हो रहे हैं।"

"लक्ष्मण का तर्क मुनि पर लागू नहीं होता।" राम बोले, "मुनि ने राक्षसों का पक्ष-समर्थन कभी नहीं किया। उनका व्यवहार उनकी भीरुता का ही परिचायक था।

फिर रावण के जीवित रहते राक्षस-विरोधियों को बलशाली मानने का कोई विशेष कारण मैं नहीं देखता और राम से किसी को क्या लाभ होगा। मेरे पास न शासन है, न संपत्ति। एक सिद्धांत है..."

"इसीलिए मैंने कहा था कि आपको मुनि का निमंत्रण स्वीकार कर लेना चाहिए।" भीखन पुनः बोला।

"क्यों, सौमित्र ?" राम ने लक्ष्मण की ओर देखा।

"मुझे क्या आपत्ति हो सकती है !" लक्ष्मण मुसकराए।

"सीता तो अपनी सहमति प्रकट कर ही चुकी हैं।" राम बोले, "तुम क्या कहते हो, मुखर ?"

"मेरे मन में तो एक ही बात है," मुखर बोला, "कि मैं अपने गांव की ओर बढ़ता जाऊं।"

"तो तुम्हारी ही बात रही, भीखन !" राम बोले, "यहां का कार्य अब समाप्त-प्राय ही है। कुछ दिनों में स्थिति और संभल जाएगी। तब हम सुतीक्ष्ण-आश्रम की ओर ही बढ़ेंगे।"

सुतीक्ष्ण-आश्रम के ब्रह्मचारी को विदा हुए तीन दिन बीते थे। संध्या के समय, ग्राम के उत्पादनों के क्रय-विक्रय तथा व्यापार सम्बन्धी विचार-विमर्श समाप्त हुआ ही था, सभा पूर्णतः विसर्जित भी नहीं हुई थी कि एक व्यक्ति आकर राम के सम्मुख नमस्कार की मुद्रा में खड़ा हो गया।

राम ने आगंतुक को देखा। उन्होंने इस व्यक्ति को कदाचित् देखा तो था, पर... वे चौंके — ओह ! यह तो ओगरू था, किन्तु कितना बदल हुआ। आज उसने साफ-सुथरी धोती के साथ एक स्वच्छ उत्तरीय भी ले रखा था। पांव में लकड़ी की खड़ाऊं थीं और केश-सज्जा भी प्रयत्नपूर्वक की हुई लग रही थी।

"ओगरू ! तुम !"

"हां, आर्य !"

"कैसे हो ?"

"आप देख रहे हैं, पहले से पर्याप्त अच्छी स्थिति में हूं।" वह मुसकराया।

"क्या देवी के पुरोहित की कृपा हुई है ?" लक्ष्मण का स्वर कुछ तीखा था।

"नहीं, भद्र ! स्वयं देवी की कृपा हुई है।"

"स्पष्ट कहो, ओगरू !" राम ने शांत स्वर में पूछा।

"आर्य ! अपने जो कुछ कहा था, उसके विषय में सोचता हुआ मैं अपने गांव लौटा।" ओगरू ने बताया, "पहले तो इस बात पर विश्वास ही नहीं कर पा रहा था कि आप लोगों ने न केवल मुझे जीवित छोड़ दिया है, वरन् मुक्त भी कर दिया है। इस विषय में मैं जितना सोचता रहा, उतना ही सहमत होता गया कि आप लोग सामान्य

समर्थ लोगों से भिन्न हैं। आपने साधारण ग्रामवासियों तथा भीरु आश्रमवासियों को जिस प्रकार आत्म-रक्षा में समर्थ जन-सेना में बदल दिया था — मुझे तो उसमें ही कोई दैवी-शक्ति दिखाई पड़ने लगी। आपने कहा था, आप अपनी मानवी-शक्ति के आधार पर मुझे मुक्त करने का प्रस्ताव सभा के सम्मुख रख रहे हैं — मुझे आपकी मानवी-शक्ति कर्कश की दैवी-शक्ति से अधिक सच्ची लगी। कर्कश ने अपनी दैवी-शक्ति के नाम पर ग्राम की समृद्धि को नष्ट कर हमें अपना दास बनाया था, और आपने अपनी मानवी-शक्ति से इस क्षेत्र को कितना समृद्ध बना दिया था।... अन्त में मैंने आपके सुझाव के अनुसार, कर्कश की दैवी-शक्ति की परीक्षा लेने का निश्चय किया। मैंने अपने गांववालों से इस विषय में बातचीत की, किंतु उनमें से कोई भी सहमत नहीं हुआ। किंतु मुझे शांति नहीं मिल रही थी। अंततः मैंने स्वयं ही साहस किया। एक रात अंधेरे में अपने हथौड़े से उस पर प्रहार किया। वह संज्ञाशून्य हो गया। मैंने उसके हाथ-पैर बांधे और उसे उस पोखर में डाल दिया, जिसका जल पीने के कार्य में नहीं आता था।''

ओगरू रुक गया।

''फिर क्या हुआ ?'' लक्ष्मण ने पूछा।

''गांव में ढेर कोलाहल हुआ। बार-बार पूछा गया कि कर्कश कहां गया ? मैंने उन्हें बताया कि वह मुझसे कहकर देवी के पास गया है। तीसरे ही दिन कुछ राक्षस सैनिक भी गांव में घूमते दिखाई दिए। वे उसी के विषय में पूछताछ कर रहे थे। उन्होंने बताया कि वे किसी सैनिक छावनी से आए हैं। बहुत ढूंढ़ने पर भी कर्कश उन्हें नहीं मिला। संध्या समय तक कर्कश अपनी दैवी-शक्ति से तालाब के पानी से उबर आया...।''

''क्या ?'' मुखर के मुख से अनायास ही निकल गया।

''हां ! वह अपनी दैवी-शक्ति से पानी पर तैर रहा था।'' ओगरू बोला, ''उसका शव फूलकर बैल के बराबर हो गया था...''

''वस्तुतः यह दैवी-शक्ति का चमत्कार था।'' लक्ष्मण मुसकराए।

''किंतु राक्षस सैनिक को किसी ने बता दिया कि कर्कश, ओगरू को बताकर, देवी के पास गया था। उन लोगों को मुझ पर संदेह हो गया और उन्होंने मुझे पकड़ लिया। कर्कश की दैवी-शक्ति का भेद खुल जाने से मैं इतना निर्भीक हो गया था कि मैंने स्वीकार कर लिया कि मैंने ही कर्कश को बांधकर तालाब में डाला था। उनके यह पूछने पर कि मुझे प्रेरणा किसने दी, मैंने कह दिया कि राम ने मुझे ऐसा करने के लिए कहा था।... राम का नाम सुनते ही सैनिकों के चेहरे पीले पड़ गए। उन्होंने मुझे छोड़ दिया और गांव से चले गए। उनके इस व्यवहार से मानो सारा गांव ही मुक्त हो गया।... अब गांववालों ने मुझे आपके पास भेजा है। बताइए, अब हम क्या करें ?''

''रात को यहां विश्राम करो।'' राम मुसकराए, ''कल तुम्हारे साथ मुखर और लक्ष्मण जाएंगे। कुछ ब्रह्मचारी भी साथ होंगे। धर्मभृत्य और अनिन्द्य को भी सूचित कर

देंगे। कुछ लोगों को वे भेज देंगे। ये लोग तुम्हारे ग्राम को उत्पादन, शिक्षा, रक्षा तथा संचार के सिद्धांतों पर नव-निर्माण में सुशिक्षित करेंगे। फलतः ग्राम में से कर्कश की रही-सही दैवी-शक्ति भी समाप्त हो जाएगी।''

## 14

सुतीक्ष्ण-आश्रम से बहुत पहले ही, मुनि के शिष्य अगवानी के लिए राम के दल से आ मिले।

राम, लक्ष्मण, सीता तथा मुखर के साथ, उन्हें सुतीक्ष्ण-आश्रम तक पहुंचाने के लिए भीखन के गांव और आनन्दसागर-आश्रम के लोग ही नहीं, धर्मभृत्य-आश्रम, अनिन्द्य की बस्ती तथा ओगरू के ग्राम से भी जन-सैनिक साथ आए थे। राक्षसी आतंक के हट जाने से संचार-व्यवस्था विकसित हो गयी थी और मार्ग सुगम हो गए थे। जन-सैनिक तो अपने प्रशिक्षण तथा अभ्यास की प्रक्रिया में प्रायः यह सारा क्षेत्र घूमा करते थे, ताकि स्थानीय भूगोल से उनका प्रगाढ़ परिचय हो जाए।

शस्त्रागार के परिवहन के लिए, पहले जैसी सावधानी की आवश्यकता अब नहीं रही थी, किंतु फिर भी राम उस ओर से असावधान नहीं ऋषि के शिष्य भी आ मिले थे, अतः मार्ग में विशेष कठिनाई की संभावना नहीं थी।

''भैया ! हमारा कथाकार तो वहीं छूट गया।'' लक्ष्मण कह रहे थे, ''अब हमें अगस्त्य-कथा कौन सुनाएगा ?''

''कौन-सा कथाकार, आर्य ?'' एक ब्रह्मचारी ने पूछा।

''भद्र ! सौमित्र मुनि धर्मभृत्य की चर्चा कर रहे हैं।'' राम बोले, ''उन्होंने ऋषि अगस्त्य की कथा लिखी है।''

''अगस्त्य की कथा तो आपको कुलपति सुतीक्ष्ण भी सुना देंगे।'' ब्रह्मचारी बोला, ''वे ऋषि के शिष्य हैं।''

''अगस्त्य के शिष्य सुतीक्ष्ण ?'' लक्ष्मण आश्चर्य से बोले, ''असंभव। अगस्त्य संघर्षशील जुझारू ऋषि हैं। उनके विषय में जहां-जहां सुना, यही सुना कि वे राक्षसों से भयभीत नहीं हुए। वे सदा उनसे जा टकराए और सुतीक्ष्ण मुनि तो शस्त्र से ही घबराते हैं।''

''आपका कथन सत्य है, आर्य !'' ब्रह्मचारी बोला, ''गुरु में अनेक गुण होते हैं। आवश्यक नहीं कि शिष्य उन सारे गुणों को अंगीकार कर स्वयं में उनका विकास कर सके।... वैसे पिछले दिनों कुलपति में अद्‌भुत परिवर्तन हुआ है। वे अपने अध्यात्म तथा आत्मलीनता से बाहर निकलने लगे हैं। शस्त्रों की आवश्यकता और उनके प्रशिक्षण का चिंतन करने लगे हैं। उग्राग्नि, भूधर तथा कर्कश की कथाएं हमारे आश्रम में भी बहु-प्रचारित हैं। कुलपति बहुत दिनों से गुरु अगस्त्य से भेंट करने भी नहीं गए थे —

अब वे उनके पास जाने की भी योजना बना रहे हैं। संभवत: वे आपके साथ ही जाएं।''

''तो परिवेश बदल रहा है ?'' लक्ष्मण बोले।

'त्वरित गति से, आर्य !''

''और तपस्वियों की हड्डियों का ढेर ?'' मुखर ने पूछा।

''उसकी ऊंचाई में तनिक भी वृद्धि नहीं हुई है।'' ब्रह्मचारी बोला।

''इसका अर्थ यह हुआ कि इस क्षेत्र में राक्षसों का अत्याचार समाप्त हो गया है।'' सीता ने कहा।

''देवी का अनुमान सत्य है।'' ब्रह्मचारी ने समर्थन किया, ''स्फुट अत्याचार प्राय: समाप्त हैं।''

''स्फुट अत्याचार ही क्यों, ब्रह्मचारी ?'' सहसा राम ने अपनी अन्यमनस्कता छोड़कर पूछा।

''कुलपति का विचार है कि इन स्फुट अत्याचारों की समाप्ति का कारण मात्र इतना ही है कि इधर-उधर बसने वाले इक्के-दुक्के राक्षस यहां से भाग खड़े हुए हैं; किंतु राक्षस-सेनाएं तो अब भी अपने शिविरों में पड़ी हैं और कदाचित् पहले से अधिक संगठित एवं सजग-सचेत हैं।''

''अर्थात् स्फुट घटनाओं का बन्द होना किसी बड़ी दुर्घटना की भूमिका है ?'' राम ने पूछा।

''कदाचित् ऐसा ही है, आर्य ! छोटी-छोटी टोलियां अपना पक्ष देखकर व्यापक संगठनों का अंग बनती जा रही हैं।''

''राक्षस सेनाओं के शिविर कहां हैं ?'' लक्ष्मण ने जिज्ञासा की।

''मुझे उसका ज्ञान नहीं, भद्र !'' ब्रह्मचारी बोला, ''यह तो आपको कुलपति ही बता सकेंगे।... वैसे भी हम आश्रम के पर्याप्त निकट पहुंच चुके हैं। आप लोग आश्रम में चलकर विश्राम करें।''

आश्रम में प्रवेश करते ही राम को लगा, जैसे सारा आश्रम ही परिवर्तित हो चुका था। आध्यात्मिक साधना का वातावरण तो अब भी वहां था; किंतु साथ ही शस्त्राभ्यास करती हुई विभिन्न टोलियां भी पहली ही दृष्टि में ध्यान आकर्षित करती थीं। आते-जाते प्राय: ब्रह्मचारी सशस्त्र थे तथा उनकी चाल-ढाल में सैनिक प्रशिक्षण का स्पष्ट आभास मिलता था।

ऋषि ने अपनी कुटिया से बाहर निकलकर स्वागत किया।

''स्वागत, राम !'' सुतीक्ष्ण का स्वर उल्लसित था, ''मुझे भय था कि कहीं मेरे पिछले व्यवहार की छाया तुम लोगों के मार्ग की बाधा न बने।''

''सद्भावना के प्रकाश में छायाएं ठहर नहीं पातीं, ऋषिवर !'' राम मुसकराए, ''छायाएं चाहे कितनी ही घनी क्यों न हों।''

ऋषि ने सबको आसन देकर सम्मानपूर्वक बैठाया और बोले, "वह समय भी क्या था, राम ! राक्षसों का आतंक जैसे हमारी हड्डी-हड्डी, मज्जा-मज्जा में धंसकर बैठ गया था। आज सोचता हूं तो आश्चर्य होता है। किस बात से भयभीत थे हम ? मृत्यु से ? राक्षस हमें मार तो वैसे भी डालते — हम उनका विरोध करते, न करते। हम लोग जो मनुष्य को सम्मानपूर्वक मानवीय जीवन जीने का संदेश देते हैं — स्वयं ही कितना अपमानजनक तथा कायरतापूर्ण जीवन जी रहे थे। स्वयं ही चकित हूं कि ऐसा कैसे हो गया था। मैं गुरु अगस्त्य का शिष्य — स्वयं जाज्वल्यमान अग्नि से उसका तेज ग्रहण करने वाला मैं — कैसा भीरू हो गया था कि स्वयं तो कोई साहस कर ही नहीं पाता था; तुम जब साक्षात् वीरता सरीखे अपने शस्त्रागार के साथ मेरे आश्रम में पधारे तो मेरा मन चीत्कार करता रहा, 'राम ! मैं तुम्हारी प्रतीक्षा में था। तुम मेरे निकट रहो, मुझसे दूर मत जाना।' और जिह्वा से मैं ऐसे वाक्य कहता रहा, जिनको सुनकर कोई स्वाभिमानी व्यक्ति मेरा मुख न देखना चाहता।..."

"अब क्या हो गया है, आर्य कुलपति ?" लक्ष्मण मुसकरा रहे थे।

"तुम्हें मुसकराने का अधिकार हैं, सौमित्र ! प्रत्येक व्यक्ति को मुझ पर मुसकराने का अधिकार है।" ऋषि गंभीर स्वर में बोले, "हम लोग सचमुच इतने बौने हो गए थे कि आज स्वयं भी अपने-आप पर मुसकराने का मन होता है। अपनी ही दृष्टि में पतित तथा घृणित होने का इससे बड़ा और क्या कारण हो सकता है कि मन से सदा जिनके पक्षधर थे, आज उन्हें अपनी पक्षधरता का विश्वास दिलाने के लिए, अपने मुख से कह-कहकर स्वयं को हास्यास्पद बना रहे हैं...।"

"ऋषिवर ! सौमित्र का यह अभिप्राय नहीं था।" राम ने उन्हें बीच में ही टोक दिया, "यह उसकी ही नहीं, हम सबकी जिज्ञासा है कि उस राक्षसी आतंक के इस प्रकार विलीन हो जाने का क्या कारण है, जिसने अनेक महान् आत्माओं को वामन बना रखा था।"

"उस आतंक को तुमने तोड़ा है, राम !" ऋषि बोले, "हमारे मन के आतंक को शरभंग का आत्मबलिदान भी नहीं तोड़ सका। गुरु अगस्त्य का आदेश और साहस भी हमारे तेज को जाग्रत नहीं कर सका; किंतु तुम्हारे एक-एक कृत्य ने घोषणा की कि जब जन-सामान्य का विश्वास जाग उठता है तो राक्षस उनके सामने ठहर नहीं पाते, शत्रुओं की सैनिक टुकड़ियां उनके निकट नहीं फटकतीं तथा बड़े-बड़े महारथी सेनापतियों में इतना साहस नहीं होता कि अपनी सेनाओं को जागरूक जन-सामान्य के सम्मुख खड़ा कर दें... तुम्हारी आस्था, साहस, जन-भावना और कौशल के सम्मुख राक्षसी आतंक काल्पनिक सिंह प्रमाणित हुआ।... प्रत्येक चिंतनशील व्यक्ति सोचता है कि तुम अद्भुत हो, राम ! तुम्हारा साहस, वीरता तथा क्षमता अद्भुत है। तुम्हारे पास रावण का साम्राज्य और सेना नहीं है, इन्द्र के उन्नत साधन नहीं हैं; किंतु फिर भी तुम्हारा नाम सुनते ही इन्द्र भाग खड़ा होता है और रावण दूर-दूर से ही अपने गुर्गों को

उकसाता रहता है।... वही राम हमारे पक्ष में है। वह जनता का उद्‌बोधन करता घूम रहा है। तो फिर हम भयभीत क्यों हैं ? यदि इस समय भी हम अपने स्वाभिमान, अपनी स्वतंत्रता तथा अपने मानवीय अधिकारों के लिए नहीं लड़ सके, तो फिर यह अवसर कभी नहीं आएगा। सम्मानपूर्वक जीने का अवसर आए और उसके लिए कोई उठ खड़ा न हो — ऐसा मूर्ख कौन होगा ?''

''यह आपकी उदारता है, आर्य कुलपति !'' ऋषि के मौन होने पर राम विनीत स्वर में बोले, ''अन्यथा यदि जन-सामान्य में स्वयं तेज न हो तो राम क्या करेगा और सौमित्र क्या करेगा ! प्रकृति के नियम अपना कार्य पहले से ही कर रहे थे। जहां जितना भयंकर दमन होता है, वहां उसी अनुपात में भयंकर विद्रोह भी होता है। यहां पृष्ठभूमि पहले से ही प्रस्तुत थी। हमने बहुत किया तो लोगों की भावना को कर्म का रूप दिया।'' राम कुछ रुके, ''आपके आश्रम के निकटवती ग्रामवासियों की क्या मन:स्थिति है ?''

''अभी तक हमारा आंदोलन अपने आश्रम तक ही सीमित है।'' सुतीक्ष्ण धीरे-से बोले, ''ग्रामवासियों तथा अन्य वनवासियों तक़ पहुंचने का औचित्य. अभी मेरे मन में स्पष्ट नहीं है।''

''क्यों ?'' राम ने चकित होकर पूछा।

''कह नहीं सकता कि वे लोग हमारे सिद्धांतों और हमारे लक्ष्य की गंभीरता को समझेंगे भी या नहीं।''

राम ने कुलपति को अपनी आंखों में तौला और स्थिर स्वर में बोले, ''आर्य कुलपति ! यदि अपने वय और स्थिति की सीमा का अतिक्रमण करूं तो क्षमा कीजिएगा।''

''कहो, राम !''

''यदि साधारण-जन की न्यायप्रियता, बुद्धि तथा शक्ति में आपका विश्वास नहीं है तो आप उनके निकट कैसे जा सकते हैं ? और यदि आपका आंदोलन जन-साधारण तक नहीं पहुंचेगा तो वह सफल कैसे होगा ?'' राम बोले, ''ऋषिवर ! आप मेरी बात को अन्यथा न लें तो कहना चाहूंगा कि अनेक आंदोलन, अभियान अथवा संघर्ष केवल इस कारण सफल नहीं होते, क्योंकि वे जन-सामान्य पर विश्वास नहीं कर पाते और इसीलिए वे सीमित तथा साम्प्रदायिक होकर रह जाते हैं।''

''क्या कहते हो, राम ?'' इस बार चकित होने की बारी सुतीक्ष्ण की थी, ''तुम समझते हो कि जन-सामान्य न्याय-अन्याय के उच्च्व सिद्धान्तों को समझता है ?''

''साधारण पढ़ा-लिखा अथवा अनपढ़ व्यक्ति नीतिशास्त्र की शास्त्रीयता अथवा दार्शनिकता को चाहे न समझे, किंतु न्याय और अन्याय को केवल वही समझता है।'' राम का स्वर कुछ दृढ़ हो आया था, ''क्योंकि वह स्वार्थ को छोड़कर सोचता है। आपके कृत्यों का न्यायोचित होना भी जन-सामान्य ही सिद्ध करेगा। यदि जन-सामान्य आपके संघर्ष में आपका साथ नहीं देता, यदि उसकी सहानुभूति आपके साथ नहीं है

तो निश्चित रूप से आपका संघर्ष न्यायोचित नहीं हो सकता...।''

''बीच में बोलने के लिए मुझे क्षमा करें।'' सहसा लक्ष्मण बोले, ''बहुत देर से गुरु अगस्त्य की चर्चा करना चाह रहा हूं। वे आपके गुरु हैं। क्या वे जन-सामान्य में अपनी गहरी आस्था के बिना ही, विंध्याचल पार कर दक्षिण के अपरिचित वानर-यूथों के बीच आकर बस गए थे ?''

राम, सीता और मुखर — तीनों के चेहरों पर लक्ष्मण के अनुमोदन का भाव था।

सुतीक्ष्ण अपने विचारों में उलझे, देर तक मौन बैठे रहे। क्रमशः अपनी उलझन में से निकलते हुए बोले, ''लगता है, सचमुच ही मैं अपने गुरु की आत्मा को पहचान नहीं पाया। जिस मानवीय विश्वास के बल पर वे अपरिचित लोगों में धंसते चले गए, उसे मैं कभी ग्रहण नहीं कर पाया। जब कभी उन्होंने इस प्रकार का संकेत भी किया, मैं उसे उनकी सनक समझकर उपेक्षा कर गया। किंतु...''

''वह विश्वास उनकी सनक नहीं, कर्म का मूल मंत्र है।'' राम धीरे-से बोले, ''इसीलिए तो मैं उनसे मिलने के लिए इतना लालायित हूं। मुझे तो ऐसा लगता है, आर्य कुलपति ! कि जो ऋषि, चिंतक, राजनेता अथवा किसी भी प्रकार का संगठनकर्ता जन-सामान्य पर विश्वास नहीं कर पाता, वह जन-साधारण से ही नहीं, सत्य से भी कटता जाता है; और अन्ततः अपने झूठ में घिरकर, अंधकार में विलीन हो जाता है।''

''यह आस्था और विश्वास मुझे भी प्राप्त करना होगा, राम !'' ऋषि के चेहरे पर उल्लास का भाव गहराया, ''कदाचित् इसी के अभाव में, कुछ वर्ष पूर्व, जब तुम लोग मेरे आश्रम पर आए थे, मैं तुम्हारी उपेक्षा कर गया। इन पिछले वर्षों में मैंने बहुत कुछ नया सीखा है। बार-बार गुरु का स्मरण किया है — उनके वचनों का विश्लेषण किया है और उनके चारित्र्य को पहचानने का प्रयत्न किया है। किंतु लगता है कि अभी भी बहुत कुछ शेष है।''

''यदि ऐसी बात है तो मेरा एक अनुरोध है आपसे।'' लक्ष्मण बोले।

''कहो, सौमित्र !''

''हमारा मित्र धर्मभृत्य अपने आश्रम में रह गया है और ऋषि अगस्त्य की कथा...।''

''सौमित्र को कथा चाहिए।'' सीता ने बात काट दी।

''अगस्त्य-कथा।'' मुखर बोला।

सुतीक्ष्ण मुसकराए, ''सौमित्र ! तुम्हारे अनुरोध की पूर्ति तो मेरी अपनी इच्छा की पूर्ति है। इसी ब्याज से मैं अपने गुरु के कृत्यों को शब्दों में दुहराऊंगा, उनके चारित्र्य को स्मरण करूंगा। किंतु...''

''किंतु ?''

''किंतु,'' ऋषि बोले, ''तुमने अब तक की कथा धर्मभृत्य से सुनी है, और धर्मभृत्य कथाकार है। मैं तो सीधे-सीधे शब्दों में घटनाओं का विवरण मात्र दे सकता

हूं।"

"उसकी आप चिंता न करें।" लक्ष्मण हंसे, "शिल्प पर मेरा ध्यान कभी नहीं रहा, वरन् कथाकारों के प्रेम-वर्णनों से मुझे वैसे ही चिढ़ होने लगती है। मैं तो जानना चाहता हूं कि मुर्तू के जाने के पश्चात् क्या हुआ ?"

"तो यही सही।" सुतीक्ष्ण बोले, "संध्या के भोजन के पश्चात् मुर्तू के जाने के बाद की घटना मैं संक्षेप में सुना दूंगा।"

संध्या के भोजन के पश्चात्, अपने वचन के अनुसार ऋषि सुतीक्ष्ण ने अगस्त्य-कथा आरंभ की।

मुर्तू गांव छोड़कर चला गया था, यह सबको मालूम था; किंतु ठीक-ठीक किसी को ज्ञात नहीं था कि वह कहां गया है। अनुमान यही था कि वह राक्षसों के राज्य में चला गया होगा। राक्षसों ने उसे उसकी इच्छानुसार पारिश्रमिक देकर अपने यहां काम पर लगा लिया होगा। वह उनके किसी भी नगर में हो सकता था।

गांव के अधिकांश लोगों के लिए यह घटना इतने ही महत्त्व की थी कि उनके गांव का एक व्यक्ति अपना घर छोड़ गया था। जिन लोगों का उससे कुछ घनिष्ठ स्नेह-संबंध था, उन्हें उसकी स्मृति कभी-कभी विह्वल करेगी। उनके मन में यह आशा बनी रहेगी कि वह कभी लौटकर, उनसे मिलने आएगा... किंतु कुछ दूसरे लोगों के लिए यह घटना अधिक गंभीर थी। उनका विचार था कि आज जो मुर्तू ने किया था, कल वही गांव के अन्य युवक करेंगे। गांव का प्रत्येक बच्चा गांव का अन्न खाएगा, गांव की भूमि पर रहेगा, गांव के करघे से वस्त्र प्राप्त करेगा, गांव के समाज द्वारा सुरक्षित रहकर गांव की पाठशाला में अथवा गुरु अगस्त्य के आश्रम में अध्ययन कर युवक बनेगा और युवावस्था को प्राप्त होते ही कुछ सीखने, अध्ययन करने अथवा आजीविका कमाने के बहाने राक्षसों के राज्य में चला जाएगा तो गांव की भूमि पर खेती कौन करेगा ? गांव की रक्षा के लिए प्राण कौन देगा ? गांव की कन्याओं का पाणिग्रहण कौन करेगा ? और गांव की अगली पीढ़ी के रूप में संतान को जन्म दे, उनका पालन-पोषण कौन करेगा ?

किंतु गुरु अगस्त्य के लिए समस्या का रूप एकदम भिन्न था। वे मुर्तू के मन के द्वंद्व से अच्छी प्रकार परिचित थे और जिस रात वह गांव छोड़ गया था, उस संध्या पुरोहित के दंडधरों द्वारा हुए उसके अपमान की सूचना भी उन्हें मिल गयी थी। उसके ग्राम-त्याग के अनेक कारण थे — अगस्त्य जानते थे। किंतु इतना निश्चित था कि अंतिम रूप से उसे गांव से बाहर धकेलने का कार्य पुरोहित ने अपने दंडधरों द्वारा उसका अपमान करके किया था। किंतु पुरोहित ने ऐसा क्यों किया ? अपने अज्ञान के कारण अथवा अपने स्वार्थ के कारण ?... अवश्य ही पुरोहित ने अपने स्वार्थ के वशीभूत होकर, जान-बूझकर यह कृत्य किया है। यदि मुर्तू यहां रहता तो वह नौकाएं

अवश्य बनाता और उन्हें समुद्र में तैराता भी। लोगों के मन से समुद्र के देवत्व का भ्रम नष्ट होते ही, पुरोहित का साम्राज्य भी नष्ट हो जाता। अपनी सत्ता और आय को बनाये रखने के लिए पुरोहित इस ग्राम को ही नहीं, संपूर्ण वानर-जाति को मूर्ख बना, उनका भ्रम जीवित रखना चाहता था। इसलिए मुर्तू जैसे किसी व्यक्ति के आ जाने से, अज्ञान-भंग की संभावना उत्पन्न होते ही, पुरोहित उस व्यक्ति को वहां टिकने नहीं देता। पुरोहित जैसे लोगों का स्वार्थ इस जाति को कभी आगे नहीं बढ़ने देगा।

पर अगस्त्य क्या करते ? वानरों का अपने पुरोहित में पीढ़ियों का संचित अटूट विश्वास था। यदि अगस्त्य कहेंगे कि पुरोहित झूठा है और अपने स्वार्थ के कारण सारी जाति की प्रगति में रोड़ा अटकाए बैठा है, तो वानर उनमें पूर्ण आस्था होते हुए भी सहज ही उनका विश्वास नहीं करेंगे। संभव है कि वे उनसे रुष्ट ही हो जाएं, अथवा उन्हें संदेह की दृष्टि से देखने लगें। पुरोहित पहले ही उनसे बहुत प्रसन्न नहीं है। इस संघर्ष से वह उनका पूर्णतः शत्रु हो जाएगा। यूथपति पुरोहित की बुद्धि से चलता है, अतः वह भी उनका विरोधी हो जाएगा। ऐसी स्थिति में वानरों का कुछ भला करना तो दूर, वे स्वयं भी वहां टिक नहीं पाएंगे... अगस्त्य जानते थे कि उनके प्रिय वानरों के नेता स्वार्थी थे, उनका देवता मिथ्या था, किन्तु उन्हें वानरों की भावना का सम्मान करना होगा। वे उनकी भावना का अपमान नहीं कर सकते।... उन्हें धैर्यपूर्वक उस अवसर की प्रतीक्षा करनी होगी, जब वे वानरों को उनके नेताओं तथा देवताओं की वास्तविकता समझा सकें। इस समय वे लोग वास्तविकता समझने की मनःस्थिति में नहीं थे।

गुरु को अधिक समय तक प्रतीक्षा नहीं करनी पड़ी। उन्हें अपनी गुप्त सैनिक चौकियों से सूचना मिली कि शीघ्र ही राक्षसों का आक्रमण होने वाला है। राक्षसों की सैनिक गतिविधियां बहुत बढ़ी हुई थीं। यह आक्रमण लंका की ओर से नहीं, अशिमपुरी के कालकेयों की ओर से था। अशिमपुरी, लंका के उत्तर में, पश्चिमी जम्बुद्वीप से जुड़ी हुई द्वीप-नगरी थी। कालकेय द्वीप में थे, अतः उनके आक्रमण से पहले, उन तक जा पहुंचने का अगस्त्य के पास कोई साधन नहीं था। उन्हें आक्रमण की प्रतीक्षा करनी होगी।

सहसा सुतीक्ष्ण रुक गये।

''क्या हुआ ?''

सुतीक्ष्ण मुसकराए, ''जानना चाहता था कि धर्मभृत्य जैसे कथाकार से आधी कथा सुनकर, शेष कथा सीधी-सपाट घटना के रूप में सुनने में कहीं तुम्हारी वितृष्णा तो नहीं जाग रही ?''

''नहीं-नहीं !'' लक्ष्मण बोले, ''कथा चल रही है — ठीक है। सपाट घटना हो या कथाकार की शिल्प में सजी-संवरी कथा — लक्ष्मण को दोनों ही ग्राह्य हैं। आप सुनाइये।''

सुतीक्ष्ण ने पुनः कथा आरम्भ की:

गुरु के लिए यह अच्छा अवसर था। उन्होंने आस-पास के ग्रामों में घोषणा करवा दी तथा यूथपति को भी सूचना भिजवा दी कि उन्हें अपने सूत्रों से ज्ञात हुआ है कि कालकेयों का आक्रमण होने वाला है। अब वानर यह निर्णय कर लें कि उन्हें युद्ध करना है या नहीं, और यदि युद्ध करना है तो किसके नेतृत्व में।

वानरों के लिए यह आश्चर्य का विषय था कि गुरु उनसे पूछ रहे थे कि वे अपने शत्रुओं से लड़ेंगे अथवा नहीं। भला यह भी कोई पूछने की बात थी और युद्ध के समय ऋषि अगस्त्य से उत्तम नेता और कौन हो सकता था ?

गुरु ने चेतावनी दी कि शत्रु धूर्त्त तथा साधन-संपन्न है। उससे युद्ध करने के लिए संभवतः अनेक नये साधनों का प्रयोग करना पड़े। यह न हो कि जब युद्ध अपने निर्णायक दौर में हो, तब वानर अगस्त्य को छोड़, किसी अन्य व्यक्ति के नेतृत्व में चलने का निश्चय कर लें।... और जब यूथपति सहित पूरे यूथ ने एक स्वर से शपथपूर्वक गुरु के नेतृत्व में युद्ध करने का प्रण किया तो गुरु ने उन्हें सूचना दी कि कालकेय समुद्र में से होकर आ रहे हैं। समुद्र वानरों का देवता है और कालकेय उनके शत्रु। वानरों को चाहिए कि वे अपने पुरोहित से कहें कि वह अपने देवता की पूजा कर, उससे प्रार्थना करे कि वह वानरों के शत्रुओं की समुद्र पार करने में सहायता न करे।

यूथपति ने पुरोहित को ऐसा करने की आज्ञा दे दी। यूथ के सारे प्रमुख व्यक्तियों ने अपने घुटनों के बल बैठकर, समुद्र देवता के प्रतिनिधि पुरोहित से प्रार्थना की। पुरोहित ने अत्यंत विश्वासपूर्वक सबको वचन दिया कि यदि कालकेयों ने समुद्र पार कर वानरों पर आक्रमण करने का मूर्खतापूर्ण निश्चय किया है, तो समुद्र देवता उन्हें अवश्य ही नष्ट कर देगा।

गुरु अपनी सैनिक तैयारियों में लगे। उन्होंने निकट और दूर के जितने ग्रामों से संभव हुआ, वानर सैनिक बुलाकर सागर-तट पर एकत्रित कर लिये। आश्रम की अपनी वाहिनी भी प्रस्तुत थी, उधर यूथपति भी अपने साधनों के साथ सन्नद्ध था।

''युद्ध के वर्णन की तो आवश्यकता नहीं है, सौमित्र ?'' सुतीक्ष्ण ने कथा रोककर पूछा।

''यह अच्छी रही।'' सीता हंस पड़ीं, ''कुलपति सौमित्र से पूछ-पूछकर कथा सुना रहे हैं।''

''मुख्य श्रोता को इतना विशेषाधिकार तो होता ही है।'' लक्ष्मण हंसे, ''नहीं, ऋषिवर ! युद्ध-वर्णन की आवश्यकता नहीं है।''

युद्ध के लिए सेना तैयार करने के साथ-साथ, गुरु ने गुप्त रूप से अपने निर्देशन में कुछ तीव्रगामी नौकाएं बनवायीं। दक्ष नौका-शिल्पियों के अभाव में अनघड़-सी नौकाएं भी बड़ी कठिनाई से बनीं। उस समय गुरु को मुर्तू की बहुत याद आयी। यदि

मुर्तू यहां होता तो इस समय वह सर्वाधिक उपयोगी व्यक्ति होता। किन्तु मूर्ख पुरोहित के अहंकार ने उसे यहां टिकने नहीं दिया। अब गुरु को अपनी क्षमता पर ही निर्भर रहना था और उनकी क्षमता कुछ नौकाओं के निर्माण तक ही सीमित थी। जलपोत बनाने के साधन उनके पास नहीं थे। यह तो अच्छा ही हुआ कि बहुत पहले से ही वे गुप्त रूप से अपने शिष्यों को नौका-निर्माण तथा नौका-परिचालन की शिक्षा देते आए थे।

कालकेयों ने अपने समय से आक्रमण किया, किन्तु उन्हें यह देखकर निराशा हुई कि उनके शत्रु उनकी अपेक्षा से कहीं अधिक साधन-संपन्न थे। अब वानरों की स्थिति ऐसी नहीं थी कि कालकेय अपनी इच्छानुसार मार-काट, हत्या-बलात्कार, लूट तथा अग्निकांड कर चलते बनें। वानर सजग थे, सशस्त्र थे तथा व्यूह-बद्ध हो, प्रशिक्षित सेना के समान युद्ध कर रहे थे। कालकेय किसी सेना से युद्ध करने के लिए तैयार होकर नहीं आए थे; वे तो सोये हुए निःशस्त्र, युद्ध-कौशलहीन वानरों को मारने और लूटने आए थे। इस प्रशिक्षित सेना से अधिक समय तक संघर्ष कर पाना उनके लिए संभव नहीं था। थोड़ी ही देर में उनके पैर उखड़ गए और उनके सेनापति ने प्रत्यावर्तन की आज्ञा दे दी।

ऋषि ने भागते हुए कालकेयों का पीछा किया, किन्तु उसका विशेष लाभ नहीं हुआ। कालकेय उनसे तीव्रगामी सिद्ध हुए। उनके जलपोत तैयार खड़े थे। नावें समुद्र-तट पर बंधी हुई थीं। थोड़ी ही देर में, वानरों के देखते-देखते कालकेय अपनी नावों में जलपोतों तक पहुंच गए और उनकी आंखों के सम्मुख समुद्र का वक्ष चीरकर अशिमपुरी की ओर लौट गए।

यह गुरु का चिर-प्रतीक्षित क्षण था। समस्त वानर-सेना के सम्मुख उन्होंने तत्काल पुरोहित से निवेदन किया कि वह समुद्र से प्रार्थना कर या तो कालकेयों को समुद्र में डुबो दे, अथवा वानर-सेना के लिए भी समुद्र के मध्य मार्ग प्राप्त करे।

"समुद्र में से मार्ग कैसे मिल सकता है ?" पुरोहित हकलाया, "यह तो तभी संभव है, जब समुद्र को कोई पी जाए। किन्तु समुद्र को कोई कैसे पी सकता है!"

"अर्थात् हम हाथ धरे बैठे रहें और राक्षसों के मन में जब-जब आए, वे हम पर आक्रमण करते रहें। वे अपनी इच्छा से आएं, हमें मारें और सुरक्षित अपने द्वीप में लौट जाएं; क्योंकि वानरों का पुरोहित समुद्र को देवता मानता है और उसे पी नहीं सकता।"

पुरोहित ने क्रोध और द्वेष से अगस्त्य को देखा। जब से यह ऋषि वानरों के बीच आकर बस गया था, पुरोहितों की प्रतिष्ठा कम होती गयी थी।... और आज अगस्त्य, सीधा उसका विरोध ही नहीं, अपमान कर रहा था।

"पूजा कर देवताओं को प्रसन्न करना पुरोहितों का काम है।" वह फुफकारता हुआ बोला, "किंतु युद्ध करना सेनापतियों का काम है। यदि मैं अक्षम हूं अथवा देवता मेरा अनुरोध नहीं मानते तो इसका यह अर्थ तो नहीं कि सेनापति युद्ध न करें और शत्रुओं को सुरक्षित निकल भागने दें।... अगस्त्य ने कालकेय का पीछा क्यों नहीं

किया?''

अगस्त्य मुसकराए, ''यदि कालकेय रुककर, सम्मुख युद्ध करते तो अवश्य पराजित होते; किंतु वे वीरों के समान लड़े नहीं। कायरों के समान भाग खड़े हुए।'' तनिक रुककर गुरु पूरे ओज से बोले, ''अगस्त्य इस वानर-सेना के साथ, अब भी कालकेयों का पीछा कर सकता है; किंतु पुरोहित मार्ग में खड़ा है। पुरोहित कहता है कि समुद्र वानरों का देवता है, इसलिए वानर-शत्रु कालकेयों को तो मार्ग देता है, किंतु अपने भक्त वानरों को मार्ग नहीं देता।''

यूथपति की आंखें क्रोध से लाल हो उठीं, ''पुरोहित झूठा है।''

पुरोहित भय से कांप गया, ''मैंने तो कहा है कि समुद्र मार्ग देगा, यदि कोई उसका जल पी जाए।''

''तो अगस्त्य समुद्र को पी जाएगा।'' गुरु बोले, ''हम अभी समुद्र में से होकर अशिमपुरी जाएंगे। समुद्र हमें भी मार्ग देगा।''

उन्होंने नौकाएं जल में उतारने की आज्ञा दी। स्थिति ऐसी थी कि पुरोहित उन्हें रोक नहीं सकता था। नौकाएं जल में उतारी गयीं और यूथ के चुने हुए धनुर्धारी तथा खड्गधारी आश्रमवाहिनी के साथ उनमें जा बैठे।

तट पर खड़े सहस्रों वानरों ने देखा। पुरोहित ने भी देखा। उसकी आंखें फटी रह गयीं। अगस्त्य वानर वीरों के साथ, समुद्र के बीच में से जा रहे थे; जैसे समुद्र स्वयं उन्हें मार्ग दे रहा हो, या वहां जल ही न हो — सूखी भूमि हो।

''अगस्त्य ने समुद्र पी डाला है।'' पुरोहित के मुख से अनायास ही निकला।

''अगस्त्य ने समुद्र पी डाला है।'' झुंडों के झुंड वानरों ने दुहराया।

सारा यूथ अगस्त्य की क्षमता पर स्तब्ध खड़ा था।

सुतीक्ष्ण चुप हो गए।

सब लोग उत्सुकता से उनकी ओर देखते रहे।

''जिज्ञासा शांत नहीं हुई ?'' सुतीक्ष्ण मुसकराए, ''कालकेय अपने द्वीप में असावधान सोये पकड़े गए। गुरु ने न केवल उन्हें पराजित किया, वरन् उनका ऐसा नाश किया कि वे पुनः आक्रमण करने योग्य ही न रहें।... अगस्त्य लौटकर जब आश्रम में आए, तो उन्हें ज्ञात हुआ कि यूथपति ने पुरोहित को 'वानर-शत्रु' की संज्ञा देकर मरवा डाला था और सारे यूथ में अगस्त्य 'समुद्र को पी जाने वाले' के रूप में प्रसिद्ध हो चुके थे।''

सुतीक्ष्ण ने रुककर एक-एक व्यक्ति को देखा, ''अब तो संतुष्ट हो ?''

''जी !''

''तो अब सो जाएं। कल प्रातः कुछ महत्त्वपूर्ण कार्य करने हैं।''

प्रातः सुतीक्ष्ण-आश्रम में प्रत्येक व्यक्ति बहुत व्यस्त था। लगता था, कुलपति ने आश्रम की प्रत्येक गतिविधि को उसके सर्वोत्तम रूप में राम के निरीक्षण के लिए प्रस्तुत करने का संकल्प किया था। ऋषि ने अपनी क्षमता भर, सारे कार्यक्रम के सूक्ष्मतम विवरण की पूर्व-कल्पना कर, पूर्णतम कार्य-विभाजन किया था। एक-एक व्यक्ति को उसका कार्य राई-रत्ती समझा दिया गया था। सुतीक्ष्ण चाहते थे कि एक बार कार्य आरम्भ करने का संकेत दें तो प्रत्येक कार्य, स्वतः सुचारु ढंग से होता चला जाए। उनका आयोजन इतना सुन्दर था कि निश्चित रूप से सारी गतिविधि उनकी इच्छानुसार ही होती... किंतु कार्यारंभ से पूर्व ही निकट-दूर के अनेक ग्रामों, पुरवों, टोलों, बस्तियों तथा आश्रमों से झुंड के झुंड अतिथि आ-आकर सुतीक्ष्ण-आश्रम में इकट्ठे होने लगे। आनेवालों में स्त्रियां भी थीं; पुरुष भी, बूढ़े भी थे, बच्चे भी। लगता था, जैसे राम के आगमन का समाचार दावाग्नि के समान सारे जनपद में फैल गया था और प्रत्येक व्यक्ति अपने हाथ का काम वहीं छोड़, उठकर सीधा सुतीक्ष्ण-आश्रम की ओर चला आया था। वे लोग राम को देखना चाहते थे, उनसे मिलना चाहते थे, बात करना चाहते थे, उनके विचार सुनना चाहते थे, उनके निकट बैठकर उनका व्यवहार निरखना चाहते थे, उनके साथियों का परिचय पाना चाहते थे... और सुतीक्ष्ण की प्रत्येक व्यवस्था टूट-टूट जा रही थी। उनकी कोई योजना पूरी नहीं हो रही थी। उन्हें स्वयं अपने आयोजन में दोष-ही-दोष दिखायी पड़ने लगे थे। लगता था, उन्होंने एक अत्यंत सुन्दर नाटक की रचना की थी, नट-मंडली को प्रस्तुत करने में ढेरों स्वेद बहाया था और दीर्घ प्रतीक्षा के पश्चात् जब नाटक के मंचन का समय आया तो उन्हें ज्ञात हुआ कि प्रेक्षागृह में उन्होंने दर्शकों के लिए तो कोई स्थान ही नहीं बनाया और दर्शक थे कि धाराप्रवाह उमड़े चले आ रहे थे। उनको बैठाना अनिवार्य था। नाटक का मंचन ही उनके लिए हो रहा था। दर्शकों को बैठाए बिना नाटक प्रस्तुत करना व्यर्थ था। और दर्शकों को बैठाते-बैठाते स्थिति यह हो रही थी कि प्रेक्षागृह भर गया था, मंच भर गया था, मार्ग भर गए थे।... प्रत्येक नट अपना अभिनय छोड़कर, दर्शकों के स्वागत और उनकी व्यवस्था में जा लगा था...

ऋषि को स्पष्ट दीख रहा था कि आज इस जन-सामान्य ने, उनके भीतर के संकीर्ण और अहंकारी ऋषि को दूसरी बार धिक्कारा था। स्वयं को बुद्धिमान्, मेधावी तथा प्रतिभाशाली समझने वाला चिंतक स्वयं अपनी आंखों से देख रहा था कि वह कितना नासमझ है। उसने अपने चिंतन तथा सिद्धांतों को अपने अहंकार के वृत्त में सीमित रखकर ही पोषित किया था; अपने परीक्षण के लिए इस जन-सागर में डुबकी लगाने का अवसर उन्होंने कभी नहीं आने दिया था। तो फिर खरे-खोटे का निर्णय कैसे होता ?... और दूसरी ओर यह राम है, जो वय में उनसे छोटा है, साधना में न्यून है, स्थिति में राजकुमार है — किंतु सारी सीमाओं को तोड़कर वह इस जन-सागर तक जा पहुंचा है। उसके प्रत्येक विचार, प्रत्येक कृत्य की तत्काल परीक्षा हो जाती है; और यह जन-समुदाय उसके सत्यासत्य पर अपना निर्णय दे देता है... सिद्धांत को व्यवहार में

परखे बिना सत्य का पद कैसे दिया जा सकता है ?... और आश्रमों की सीमाओं में बंदी सिद्धांत व्यवहार के समुद्र तक पहुंचेगा कैसे...

सुतीक्ष्ण अपनी कुटिया में आ बैठे। उनका मन भावों, विचारों तथा धारणाओं का युद्ध-क्षेत्र हो गया था — क्या करें और क्या न करें ? आश्रम में आए इस जन-समुदाय की उपेक्षा कर, अपने पूर्व-नियोजित कार्यक्रम के अनुसार चलें अथवा उस कार्यक्रम को स्थगित करने का आदेश दें, अकस्मात् आ गए अतिथि-रूपी इस जन-सागर का ही पूजन करें ?... ऋषि का विवेक उन्हें बार-बार चेतावनी दे रहा था — 'अब तक जन-सामान्य की उपेक्षा की है, अब यह भूल मत करना, सुतीक्ष्ण ! राम का जन-साधारण में और जन-साधारण का राम में विश्वास देखो और अपनी भूल सुधारो। जिस राम के मन को जीतने के लिए, आश्रम के गुणों की प्रदर्शनी लगाना चाहते हो, राम के मन पर, तुम्हारे द्वारा की गयी जन-साधारण की उपेक्षा का क्या प्रभाव पड़ेगा ?...'

एक लंबे ऊहापोह के पश्चात् अंततः ऋषि ने अपने पूर्व-नियोजित कार्यक्रम को स्थगित करने का निश्चय किया।... उन्होंने अपने पट्टशिष्यों तथा आश्रम के मुनियों को बुलाकर तत्संबंधी आदेश दे दिए। उन्हें आशंका थी कि कहीं इस स्थान से आश्रम-निवासियों को निराशा न हो; किंतु उन्हें यह देखकर सुखद आश्चर्य हुआ कि आदेश सुनकर आश्रम-निवासियों के सिर से जैसे बोझ टल गया। वे उल्लसित मन से आश्रम के सभा-स्थल की ओर चले गए, जहां राम, सीता लक्ष्मण तथा मुखर उपस्थित थे।

अपना मन स्थिर करने में ऋषि को थोड़ा समय और लगा। अंततः वे भी कुटिया से निकलकर अत्यन्त धीमी चाल से सभा-स्थल की ओर आए। ओट से निकलकर वे आगे बढ़े और उनकी दृष्टि सभा-स्थल पर पड़ी। वे पुनः ठिठककर खड़े हो गए। जो कुछ वे देख रहे थे, वह अविश्वसनीय था। उन्हें पूर्व-सूचना होती भी तो वे बिना अपनी आंखों से देखे, इस दृश्य का विश्वास कभी न करते। सभा-स्थल अनेक छोटे-छोटे कक्ष-खंडों में बदल गया था और जन-समुदाय छोटी-छोटी टोलियों में। कोई स्त्रियों की टोली थी, कोई बालकों की। पुरुषों की टोलियों में आश्रमवासी और ग्रामीण दोनों ही समान रूप से सम्मिलित थे। वहां विभिन्न प्रकार की व्यावहारिक और सैद्धांतिक कक्षाएं चल रही थीं — आश्रम के मुनि तथा प्रशिक्षित ब्रह्मचारी राम की मंडली के सदस्यों के निर्देशन में विभिन्न प्रकार के प्रशिक्षण दे रहे थे...

ऋषि के मन में एक आकस्मिक फुंकार उठी — यह सब हो गया और किसी ने मुझसे पूछा तक नहीं। इस आश्रम का कुलपति मैं हूं, या राम ? राम को क्या अधिकार था कि मेरे आश्रम में, मेरी इच्छा तथा अनुमति के बिना अपना कार्यक्रम आरंभ कर देते... और इन आश्रमवासी मुनियों तथा ब्रह्मचरियों को क्या हो गया है ? मेरी पूर्ण उपेक्षा कर, ये राम के निर्देशन में इस प्रकार कार्य कर रहे हैं...

किंतु फुंकार की ही आकस्मिकता से ऋषि के मन में विचार का एक शीतल झोंका भी आया — अपनी भूलों की पुनरावृत्ति मत कर, सुतीक्ष्ण ! अपने अहंकारों को

त्याग। यह जन-समूह राम को अपना नेता मानकर उनके पास आया था, तेरे लिए इनमें से एक व्यक्ति नहीं आया। तुझसे ही दीक्षा ग्रहण करनी होती, तो ये लोग वर्षों पूर्व तेरे पास आए होते... तुझमें और राम में बहुत अंतर है। तू अपने मन की बात दमित-शोषित जन-सामान्य पर थोपता है, और राम उसी जन-समुदाय की इच्छा अपने मन पर अंकित करता है... अब भी यदि तू अपनी पद्धति से अपने मार्ग पर चलता गया तो आज का यह क्षणिक एकाकीपन स्थायी हो जाएगा। धारा दूसरी ओर मुड़ जाएगी। ये लोग तुझे छोड़ जाएंगे — ये ग्रामीण, ये ब्रह्मचारी, ये मुनि... उन्हें अपने साथ चलाने का प्रयत्न मत कर, तू उनके साथ चल। उनमें आयी निर्माण की गति में विघ्न मत बन...

सुतीक्ष्ण का मन शांत हो गया। वे सहज रूप से राम की ओर चल पड़े।

अपने नये सदस्यों और नये कार्यक्रम को लेकर आश्रम दिन-भर बहुत व्यस्त रहा। ऋषि के सोचे हुए समारोह से भी बहुत बड़ा समारोह अनायास ही संपन्न हो गया। संध्या तक, सारे जनपद के लिए उत्पादन, रक्षा, शिक्षण, संचार इत्यादि का भावी कार्यक्रम निश्चित हो गया। विभिन्न कार्यों के लिए टोलियां बन गयीं और नेता चुन लिये गए। सब लोग अपना दायित्व, कार्य-क्षमता तथा महत्त्व समझ गए थे। सुतीक्ष्ण के आश्रम में स्वेद-अभिषिक्त इतने प्रसन्न चेहरे एक साथ कभी एकत्रित नहीं हुए थे। सब ओर नये भावी जीवन का आह्लाद था।

अतिथियों को विदा कर, संध्या समय वे लोग एकत्रित हुए तो ऋषि बोले, "दिन-भर बहुत व्यस्त रहे, राम !"

राम हंसे, "हां, ऋषिवर ! आपके निकट बैठने का अवसर ही नहीं मिला। पर एक ही दिन में बहुत सारा कार्य निबट गया, आर्य कुलपति ! यदि ये सब लोग अपनी इच्छा से स्वयं ही यहां न आ गए होते तो इतना संगठन-कार्य करने में कई मास लग जाते।"

"ठीक कहते हो, राम ! मैंने तुम लोगों की क्षमता के विषय में जितना सुना था, उससे कहीं अधिक ही पाया है। सत्य तो यह है कि मैंने भी आज एक दिन में जितना सीखा — उतना एक वर्ष में कभी नहीं सीखा।"

"आज आप केवल प्रशस्ति वचन की भंगिमा में हैं, आर्य कुलपति !" सीता हंसीं।

"नहीं, पुत्री ! मेरे वचन में तनिक भी अतिशयोक्ति नहीं है।" ऋषि गंभीर थे, "आज मैं अपने अहंकार तथा सत्य में होने वाले युद्ध का तटस्थ साक्षी रहा हूं। इसके परिणामस्वरूप मैंने बहुत कुछ पाया है। इसलिए निश्छद्म तथा निश्छल मन से एक निवेदन कर रहा हूं, राम !"

"आप आदेश दें, ऋषिवर !" राम ने सुतीक्ष्ण को देखा — क्या वे कुछ असाधारण कहना चाहते हैं ?

''आज से यह आश्रम मुझसे अधिक तुम्हारा है, राम ! सुतीक्ष्ण बोले, ''मुझे वचन दो कि तुम यहां से जाने की जल्दी नहीं करोगे।''

राम हंसे, ''ऋषिवर ! आश्रम व्यक्ति का तो होता नहीं। यह तो सामाजिक संपत्ति है। वैसे हमारी योजना भी संगठन-काल के लिए यहीं निवास करने की थी। क्यों सौमित्र?''

''हां, भैया ! जब तक संगठन-कार्य चले अथवा अगस्त्य-कथा चले।''

''ओह !'' ऋषि अट्टहास कर उठे, ''एक छोटा-सा अंश और है, सौमित्र ! वह आज सुन लेना।... किंतु पहले राम अपना भावी कार्यक्रम बता दें।''

''यहां का कार्य समाप्त कर, हम ऋषि अग्निजिह्व के आश्रम से होते हुए गुरु अगस्त्य के पास जाना चाहते हैं।''

''इच्छा तो मेरी भी थी, राम !'' सुतीक्ष्ण का स्वर फिर गंभीर हो गया, ''पर सोचता हूं, मैं तुम्हारे साथ न जाऊं। तुम्हारे जाने के पश्चात् भी यहीं रुककर, स्वयं को अपने गुरु के मार्ग में पूर्णतः दीक्षित करूं। तब ही उनके दर्शन करने जाऊं।'' ऋषि की दृष्टि सहसा लक्ष्मण पर पड़ी, वे उत्सुकता से उनकी ओर देख रहे थे, ''अच्छा ! हां, कथा... अगस्त्य कथा...''

यह उन दिनों की बात है, जब वातापि तथा इल्वल नाम के राक्षसों का भयंकर आतंक था। प्रतिदिन कहीं-न-कहीं उनके सैनिकों से मुठभेड़ हो जाती थी; और प्रायः हम सब लोग जानते थे कि किसी-न-किसी दिन भयंकर युद्ध होगा। फिर ऐसी सूचनाएं भी आने लगी थीं कि वे दोनों राक्षस मिलकर सैन्य-संग्रह कर रहे हैं और लंका तथा अशिमपुरी से भी उनके लिए सहायता पहुंच रही है। गुरु अगस्त्य भी चिंतित हो उठे थे। राक्षसों के पराक्रम से वे भयभीत नहीं थे; किंतु उनके मित्रों, संगठनों, धूर्तता तथा षड्यंत्रों से वे सावधान अवश्य रहना चाहते थे। कुछ दिनों तक निरन्तर आत्ममंथन करने के पश्चात् उन्होंने अपनी सैनिक शक्ति में वृद्धि का निश्चय किया। आश्रम के ब्रह्मचारी ग्राम-ग्राम में जाकर लोगों को ऋषि का संदेश दे आए। पास के ग्रामों में तो सैनिक प्रशिक्षण का कार्य चल ही रहा था। इस अभियान का लक्ष्य दूर के ग्रामों के लोगों को भी इसमें सम्मिलित करना तथा निकट के ग्रामों के इच्छुक युवकों को ग्राम छोड़, आश्रमवाहिनी के सैनिक के रूप में आश्रम में ही रहने के लिए सहमत करना था...

संध्या समय एक व्यक्ति ऋषि के पास आया। देखकर उस व्यक्ति के विषय में कुछ भी कहना कठिन था। उसने निर्धन देहातियों के-से वस्त्र पहन रखे थे, किंतु उसकी शरीर-रचना कह रही थी कि उस व्यक्ति ने जीवन में कभी निर्धनता नहीं देखी और वह सुख-सुविधा में पला है। आकृति से वह किसी स्थानीय जाति का सदस्य नहीं लगता था, किंतु वह जिस ग्राम का पता दे रहा था, वह वानर-ग्राम था। उसके खड्ग की धातु भी वन में बनायी गयी किसी भट्टी में ढाली गयी नहीं लगती थी।

ऋषि ने उसे प्रश्नवाचक दृष्टि से देखा।

"आर्य ! मेरा घर-बार राक्षसों ने लूट लिया है। परिवार सदस्यों की हत्या कर गए हैं। मैं प्रतिशोध की आग में जल रहा हूं। आपकी शरण आया हूं कि राक्षसों के अत्याचार के विरुद्ध लड़ सकूं।"

ऋषि उसे परीक्षक दृष्टि से देखते रहे और प्रश्न पूछते रहे। वह प्राय: प्रश्नों के उत्तर ठीक-ठीक देता गया। अंतत: ऋषि ने उसे अपनी जनवाहिनी में सम्मिलित होने की अनुमति दे दी। किंतु उन्हें उसकी बातों पर पूर्ण विश्वास नहीं हुआ। उसे जाने की अनुमति देते ही उन्होंने अपने भाई ऋषि अग्निजिह्व की ओर देखा, "इस व्यक्ति पर दृष्टि रखो। यह कोई घातक षड्यंत्र भी हो सकता है।"

ऋषि का आश्चर्य कुछ बढ़ा, जब थोड़े से विलंब के पश्चात् एक अन्य व्यक्ति ठीक उन्हीं स्थितियों का वर्णन करता हुआ और पहले व्यक्ति जैसे ही हाव-भाव लेकर ऋषि के सम्मुख उपस्थित हुआ। उस संध्या में बारी-बारी चार व्यक्ति आए। उसी संध्या को नहीं, उसके बाद भी प्रतिदिन वैसे ही व्यक्ति आने लगे। ऋषि का संदेह बढ़ता गया और वे अधिक सावधान होते गए। विभिन्न स्थानों में फैले हुए, आश्रम के गूढ़ पुरुषों की सूचना भी यही थी कि वातापि तथा इल्वल कोई गहरा षड्यंत्र रच रहे हैं। वे सम्मुख-युद्ध से अधिक अपनी गुप्त युद्ध-पद्धति पर निर्भर कर रहे हैं। ऋषि का संदेह पुष्ट होता गया — कहीं ऐसा तो नहीं कि आनेवाले लोग इल्वल और वातापि के ही भेजे हुए हों। वे लोग यहां आश्रमवाहिनी के सदस्य के रूप में रहें और जब बाहर से उनकी सेना आक्रमण करे तो वे भीतर से आश्रमवाहिनी की पंक्तियों को काटते हुए, बाहर निकल जाएं।

ऋषि की दृष्टि और अधिक केन्द्रित और सजग हो उठी। नये आने वाले उन समस्त सैनिकों — जिन पर तनिक भी संदेह किया जा सकता था — को एक-दूसरे के निकट के कुटीर दे दिए गए, ताकि उन्हें परस्पर मिलने में सुविधा रहे और ऋषि उनका निरीक्षण करते रह सकें। इससे यथोचित लाभ हुआ। वे लोग पहले से भी अधिक और खुले रूप में परस्पर मिलने लगे। किंतु ऋषि को कोई ऐसा प्रमाण नहीं मिल रहा था, जो संदेह को निश्चित तथ्य में बदल दे। परिणामत: उनकी चौकसी होती रही।

एक संध्या, झुटपुटा हो जाने पर ऋषि को सूचना मिली कि कुछ सशस्त्र व्यक्ति आश्रम के आस-पास के वनों में आए हुए हैं, किंतु उनकी संख्या इतनी नहीं है कि वे आश्रम पर आक्रमण कर सकें। उनकी गतिविधि का लक्ष्य आश्रम ही है, क्योंकि उनकी दृष्टि उसी ओर लगी है। ऐसा लगता था कि वे लोग कोई सूचना देने अथवा प्राप्त करने के लिए, किसी व्यक्ति से संपर्क स्थापित करने का प्रयत्न कर रहे थे...

"कुलपति का भेद-भरी कहानी में रहस्य बनाये रखने का शिल्प कच्चा है।" लक्ष्मण धीरे-से बोले।

"कुलपति तुम्हारे समान रहस्यवादी नहीं हैं।" सीता भी दबे स्वर में बोलीं, "कथा के बीच में गड़बड़ मत करो।"

"क्या बात है, पुत्री ?" सुतीक्ष्ण को वार्तालाप की कुछ गंध मिली।

"सौमित्र जानने को उत्सुक हैं कि वे कौन लोग थे ?" सीता बोलीं।

"बहुत व्यग्र हैं सौमित्र। अभी बताता हूं।" सुतीक्ष्ण पुनः कहानी कहने की मुद्रा में आ गए।

सब ओर सतर्कता बढ़ गयी। स्वयं ऋषि भी निश्चिंत नहीं बैठ सके।... वही हुआ, जिसकी आशंका थी। अन्धकार सघन होते ही आश्रमवाहिनी के नवागत सदस्यों में तीन व्यक्ति छिपकर आश्रम से निकले और वन की ओर चल पड़े। उनका नेता सबसे पहले आया हुआ व्यक्ति था, जिस पर ऋषि को सर्वप्रथम संदेह हुआ था। वे तीनों व्यक्ति छिपते-छिपाते, उन रहस्यमय सशस्त्र लोगों के वन में जा पहुंचे। लगता था, दिन में ही किसी समय ठीक-ठीक पता लग गया था कि उनके साथी वन में आये हुए हैं।

वन के वृक्षों ने रात के अंधकार को और भी सघन कर दिया था। आश्रम के गूढ़ पुरुष वृक्षों की आड़ में उनके एकदम निकट चले गए और उन लोगों का सारा वार्तालाप बड़ी स्पष्टता से सुनने में सफल हुए। आश्रम से छिपकर आए लोगों के नेता को अन्य लोग वातापि कहकर संबोधित कर रहे थे और वह किसी अन्य व्यक्ति को इल्वल कह रहा था। उनकी कार्य-योजना बड़ी स्पष्ट थी। इल्वल वातापि को बता रहा था कि सप्ताह भर में वह रात को अपने सैनिक लेकर आक्रमण करेगा। वातापि को चाहिए कि वह आश्रमवाहिनी की पंक्तियों को फाड़ते हुए, इस प्रकार बाहर निकल आए, जैसे किसी का खाया हुआ भोजन उसका पेट फाड़कर बाहर निकल आता है।

ऋषि को सारी सूचनाएं निरंतर मिलती रहीं। यह सब कुछ इतनी गोपनीयता से हुआ कि वातापि तथा उसके साथियों को तनिक भी संदेह नहीं हुआ कि उनकी गतिविधियों का निरीक्षण हो रहा है। वे लोग वन से लौटकर निश्चिंत अपने कुटीरों में सो गए और इल्वल अपने साथियों के साथ लौट गया।... ऋषि का मन अशांत हो उठा। वे सो नहीं सके। वे उस षड्यंत्र की भयंकरता पर सोचते रहे। यदि सचमुच इनकी योजना सफल हो जाए ?... इल्वल अपनी शस्त्र-सज्जित पूर्ण प्रशिक्षित सेना लेकर आक्रमण कर दे और आश्रमवाहिनी के भीतर से वातापि के सैनिक अपना कार्य आरम्भ कर दें, तो बहुत अच्छे शस्त्रों के अभाव में यह अर्द्ध-प्रशिक्षित सामान्य वानरों की सेना, एक साथ हुए भीतरी और बाहरी आक्रमण को कितनी देर झेल पाएगी ? और यदि राक्षस जीत गए तो आश्रमवाहिनी के एक-एक सैनिक की हत्या ही नहीं करेंगे, वानरों के ग्राम के ग्राम जला देंगे। इनका धन, सम्पत्ति, मान, स्त्रियां, बच्चे... सोच-सोचकर मन कांप गया... इन क्रूरकर्मी राक्षसों से बचने के लिए क्रूर होना पड़ेगा।

प्रातः गुरु ने वातापि तथा उसके साथियों को शस्त्र-शिक्षा के स्थान पर वन से लकड़ियां काटकर लाने का काम सौंपा। उनके शस्त्र आश्रम में ही रखवा लिये गए।

उसके साथ आश्रमवाहिनी के भी अनेक सदस्य भेजे गए जिनकी संख्या उनसे बहुत अधिक थी।... दिन-भर वे लोग लकड़ियां काटते रहे और संध्या समय तक इतना थक गए कि रात को बेसुध होकर सो गए... तब आश्रमवाहिनी के लोगों ने अपना कार्य आरम्भ किया। उन्होंने सोये हुए उन संदेहास्पद सैनिकों में से एक-एक को अलग ले जाकर उनके वस्त्रों का भली प्रकार निरीक्षण किया और ऋषि ने अपनी आशा के अनुकूल पाया कि उन लोगों ने अपने वस्त्रों में कोई-न-कोई शस्त्र छिपा रखा था।

अच्छी प्रकार परीक्षण कर, और यह प्रमाण मिल जाने पर कि वे वातापि के ही सैनिक हैं तथा षड्यन्त्र रचने के लिए ही आश्रमवाहिनी में सम्मिलित हुए हैं, गुरु ने उनके गुप्त वध का आदेश दे दिया।... बड़ी सावधानी से उनका वध किया गया और आश्रमवाहिनी के सैनिकों को इसकी सूचना देते हुए सचेत किया गया कि इस घटना का आभास तक बाहर किसी को नहीं होना चाहिए। साथ ही सायास यह प्रचार किया जाता रहा कि अनेक नवागंतुक सैनिक आकर आश्रमवाहिनी में सम्मिलित हो गए हैं और सैनिकों की इस वृद्धि से गुरु बहुत संतुष्ट एवं प्रसन्न हैं...

इन प्रयत्नों का परिणाम अपेक्षानुकूल ही हुआ। सप्ताह-भर के भीतर-ही-भीतर, इल्वल अपने सैनिकों के साथ आ धमका। किन्तु उसके अभियान को देखकर यह नहीं लगता था कि वह बहुत सावधान है। उसके सैनिकों के पास अच्छे शस्त्र थे, किन्तु वे लोग न तो संख्या में अधिक थे और न वे बहुत सावधान सैनिक लगते थे... उनमें कुछ अतिरिक्त विश्वास झलकता था। वे लोग इस प्रकार युद्ध कर रहे थे, जैसे उनकी विजय प्रत्येक अवस्था में पूर्व-निश्चित हो...

अपनी योजना के अनुसार निश्चित समय पर इल्वल ने पुकारा, "निकल आओ, वातापि ! अब पीछे रहने की आवश्यकता नहीं है।"

ऋषि ने हंसकर पूछा, "वातापि कहां है, इल्वल ?"

"तुम्हारे पेट में। तुम्हारी सेना के पेट में।" इल्वल अट्टहास कर बोला, "अभी तुम्हारा पेट फाड़कर बाहर आ जाएगा।"

उत्तर में ऋषि ने अट्टहास नहीं किया। वे शान्त भाव से बोले, "यदि वह मेरे पेट में है तो तुम भी समझ लो कि मैं उसे पचा गया हूं; और अब वह तुम्हारे आह्वान पर कभी नहीं आएगा।"

इल्वल का चेहरा विवर्ण हो गया और माथे पर स्वेद उभर आया। फिर भी वह वातापि को पुकारता चला गया, किन्तु अनेक बार पुकारने पर भी वातापि नहीं आया तो इल्वल को ऋषि की बात का विश्वास करना पड़ा। उसके पैर उखड़ गए। उसने भागने का प्रयत्न किया किन्तु आश्रमवाहिनी ने उसकी सेना को इस प्रकार घेर रखा था कि भागना सम्भव नहीं था। एक-एक कर उसके सभी सैनिक मारे गए, और ऋषि ने स्वयं अपने हाथों से इल्वल का वध किया।

## 15

अगस्त्य को देखकर राम पर एक बृहत् बरगद का-सा प्रभाव पड़ा, जिसकी छाया में पूरा आश्रम बसा हुआ था। अगस्त्य आश्रम का वातावरण अब तक देखे हुए समस्त आश्रमों से भिन्न था। वहां खुलकर शस्त्र-प्रशिक्षण चल रहा था और स्वयं ऋषि भी शस्त्र धारण किए हुए थे। आश्रमवासियों के चेहरों पर विश्वास की आभा थी और व्यवहार बहुत संतुलित तथा व्यवस्थित था।

राम तथा उनके साथियों का आश्रम में हार्दिक स्वागत हुआ। अगस्त्य ने उनका सत्कार इस प्रकार किया, जैसे वे उनके अत्यन्त आत्मीय हों और उनसे वर्षों पुराना व्यवहार हो। लोपामुद्रा ने सीता को अपने वक्ष में भींच लिया। सीता के गद्गद कंठ से सम्बोधन निकला, "ऋषि मां !"

लोपामुद्रा ने उन्हें बांहों की दूरी पर रखकर मुग्ध दृष्टि से निहारा और पुनः वक्ष से लगा लिया, "कहां से सीख लिया यह सम्बोधन, मेरी बच्ची !"

मन को व्यवस्थित करने में सीता को थोड़ा समय लगा। बोलीं, "आपके लिए दूसरा कोई सम्बोधन हो ही कैसे सकता है, मां ! वैसे यह शब्द मैंने मुनि धर्मभृत्य की 'अगस्त्य कथा' में सुना है।"

"मैंने भी सुना है, पुत्री ! कि किसी युवा मुनि ने 'अगस्त्य कथा' लिखी है।" लोपामुद्रा मुसकरायीं, "पर उसने इस सम्बोधन का भी उपयोग किया है, यह मुझे ज्ञात नहीं था। वैसे तो सारा जनपद ही मुझे 'ऋषि मां' कहता है; किंतु यह सम्बोधन प्रभा का दिया हुआ है और वही इसको सार्थक भी कर रही है। तुम प्रभा को जानती हो, सीता?"

"उसी कथा से परिचय पाया है।" सीता बोलीं, "वे ही न, जिनका आपने उपचार किया था ?"

"वही !" लोपामुद्रा हंसीं, "अब वह आश्रम के सभी लोगों के उपचार करती है, और मेरे वृद्ध शरीर का भी।"

"वह छोटी-सी लड़की वैद्य बन गयी ?" सीता आश्चर्य से बोलीं।

"वैद्य ही नहीं।" लोपामुद्रा बोलीं, "सेनानायक पति की शल्य-चिकित्सक पत्नी भी। प्रत्येक छोटे-बड़े युद्ध के पश्चात् उसका महत्त्व और भी बढ़ जाता है। अनेक लोगों के प्राण उसी के उद्यम से बचते हैं।"

"वह ठीक अर्थों में आपकी पुत्री है।" सीता का स्वर कुछ भावुक हो उठा।

"वह तो मेरी पुत्री है ही। तुम भी मेरी वास्तविक पुत्री हो, सीते।" लोपामुद्रा फिर मुग्ध भाव से बोलीं, "मुझे तो लगने लगा था कि पति के अभियान में साथ चल पड़ने वाली स्त्रियां जैसे अब रहीं ही नहीं। विंध्याचल पार कर एक अगस्त्य के साथ भारद्वाजी लोपामुद्रा आयी थी और अब राम के साथ जानकी सीता आयी है।"

"अच्छा ! इतना सम्मान है मेरे काम का कि मेरी समकक्षता भारद्वाजी भगवती

लोपामुद्रा से की जा सके।'' सीता जैसे आत्म-मंथन में लीन थीं, ''मैंने तो कभी सोचा भी नहीं था कि मैंने कुछ असाधारण किया है।''

''यह असाधारण है, पुत्री !'' लोपामुद्रा बोलीं, ''सब कुछ असाधारण है। पति युद्ध में जूझ रहा हो, तो या तो पत्नी भी शस्त्र उठाकर जूझे, या फिर आहतों का उपचार करे। शल्य-चिकित्सकों के बिना युद्ध नहीं जीते जाते। एक अच्छा शल्य-चिकित्सक युद्ध में हुई अपने पक्ष की हानि को आधा कर देता है।''

''सचमुच, ऋषि मां !'' सीता की आंखें भीग गयीं, ''पति के साथ ऐसा साहचर्य-भाव, इतना जाग्रत विवेक और यह वात्सल्य और किसमें होगा।''

''सीते ! अपनी मां की प्रशंसा अपने मुख से नहीं करते।'' लोपामुद्रा ने सीता के सिर पर हाथ फेरा, ''आओ, तुम्हें अपना चिकित्सालय दिखाऊं और प्रभा से भी मिलाऊं।''

वे उठीं और आगे-आगे चल पड़ीं। अपने वय की दृष्टि से लोपामुद्रा पर्याप्त स्वस्थ थीं और स्फूर्तिपूर्वक चल रही थीं।

वे दोनों चिकित्सा-कुटीर में पहुंचीं। वातावरण एक प्रकार के ममतामय अनुशासन से भर गया। लोपामुद्रा ने प्रत्येक रोगी के स्वास्थ्य के विषय में पूछा, सबको सांत्वना दी, सबको प्यार किया और सीता को लेकर साथ की कुटिया में आयीं। वहां अनेक स्त्रियां विभिन्न प्रकार की औषधियां बनाने में संलग्न थीं। उनको निर्देश दे रही थी प्रभा। सीता ने देखा — प्रभा अब छोटी-सी लड़की नहीं थी। वह अब प्रौढ़ महिला थीं, जो बड़ी दक्षता से अपना कार्य कर रही थीं।

राम के साथ आए हुए लोग क्रमशः लौट गए थे। अतिथियों को भेज आश्रम पुनः अपनी सहज स्थिति में आ गया था। राम, लक्ष्मण, मुखर और सीता आश्रम से भली प्रकार परिचित हो चके थे। सीता का अधिकांश समय चिकित्सा-कुटीर में लोपामुद्रा और प्रभा के साथ व्यतीत हो रहा था। लक्ष्मण और मुखर का कुछ समय ऋषि अगस्त्य के पास बीतता था और कुछ आश्रम-वाहिनी के व्यायामों में।... और राम जब से आए थे, ऋषि के साथ एक लंबे संवाद में उलझे हुए थे। प्रत्येक भेंट जैसे उस संवाद का एक खंड थी। पहला खंड दूसरे खंड से जुड़ता था और संवाद आगे बढ़ता था — विवाद होता था, मतभेद होता था, अनुकूलन होता था और फिर विचारों की अभिव्यक्ति और संप्रेषण होता था...

क्रमशः सीता, लक्ष्मण और मुखर भी जान गए कि अगस्त्य और राम का संवाद कोई दार्शनिक अथवा सैद्धांतिक विवाद नहीं था। वह उन दोनों की चिंता का विषय था, जिसके कारण वे लोग अपने-आपसे भी उलझ रहे थे और एक-दूसरे से भी... हां ! लोपामुद्रा अवश्य इन विवादों से अलग अपने कार्य में लगी रहती थीं — परिणामतः आश्रम का वातावरण अवसादमय नहीं हो पाता था।

"ऋषि और राम के मध्य यह क्या हो रहा है, ऋषि मां !" सीता ने चिंतित होकर पूछा।

"वे प्रसव-वेदना से तड़प रहे हैं, पुत्री !" लोपामुद्रा हंसीं, "तुम चिंतित मत हो। इनकी वेदना से किसी अद्‌भुत कार्यक्रम का जन्म होगा।"

सीता हंस नहीं सकीं, "किंतु वे लोग कितने चिंतित हैं, ऋषि मां ! मेरे राम तो यहां आकर जैसे वे राम ही नहीं रहे।"

"ओह ! तुम तो अशांत हो, सीते !" लोपामुद्रा बोलीं, "यह ऋषि की कार्य-पद्धति है। आओ मेरे साथ।"

लोपामुद्रा सीता को लेकर ऋषि की कुटिया में आयीं। राम और ऋषि आमने-सामने बैठे थे और ऋषि कुछ कह रहे थे। उन्होंने सीता और लोपामुद्रा को बैठने का संकेत किया और अपनी बात जारी रखी, "... जब सारा मानव-ज्ञान, क्षमता, बुद्धि, प्रयत्न — सब कुछ आकर स्वार्थ पर टिक जाएगा तो स्वार्थ की सीमा भी संकीर्ण होने लगेगी। उसमें ऐसी कोई बात नहीं सुनी जाएगी, जो मनुष्य को स्वार्थ से विमुख कर, मानवता की ओर उन्मुख करती हो। तुम क्या समझते हो कि रावण केवल आर्य अथवा वानर बुद्धिजीवियों की ही हत्याएं करता है ? वह किसी भी जाति, देश अथवा काल के उस बुद्धिजीवी की हत्या कर देगा, जो स्वार्थपरक व्यवस्था का विरोध करेगा। स्वार्थ की सीमा में संकीर्ण होती हुई यह व्यवस्था मात्र 'स्व' को देखती है। उदारता को शत्रुता और जिज्ञासा को विरोध मानती है। स्वयं लंका के सामान्य तथा दुर्बल नागरिक किस प्रकार पिस रहे होंगे, यहां बैठकर यह समझ पाना बहुत कठिन है। वे लोग अपनी व्यवस्था के आत्म-विरोध को चरम सीमा तक पहुंचा रहे हैं — एक ओर भौतिक दृष्टि से बहुत सपम्न्न लोग हैं और दूसरी ओर अत्यंत विपन्न लोग। वैसे सुख भी एक मानसिक स्थिति है, अतः उनके संपन्न लोग भी कितने सुखी हैं — कहना कठिन है। वे लोग अधिक-से-अधिक भौतिक संपन्नता और सुख की ओर बढ़ते हुए, विवेक के सारे बंधन तोड़ चुके हैं। सिवाय 'निज' के, अन्य कोई चिंता उन्हें नहीं है, इसलिए वे लोग आदिम बर्बरता में नहीं, सुख और स्वार्थ की चरम स्थिति में अपने सह-जाति मानव का मांस खाने लगे हैं, और दूसरी ओर शोषित वर्ग की असहायता की यह सीमा है कि जिसका मांस खाया जाता है — वह कुछ कह सकने की स्थिति में नहीं है। सारे संबंधों को उन्होंने स्वार्थ अर्थात् धन पर टिका रखा है, इसलिए वे धनी तो हैं, किंतु अपनी क्रूरता में मानवता को भूलकर राक्षस हो गए हैं।... यह तो एक अंधकार है, राम ! जो सारे आकाश पर छाता जा रहा है और अपने हिस्र पंजों में धरती को दबोचता जा रहा है। उसके प्रतिकार के लिए तो सूर्य को ही धरती पर उतारना होगा, उससे कम में तो उससे लड़ना कठिन है।"

"ऋषिवर !" राम का गंभीर स्वर गूंजा, "सारा दंडक वन जाग उठा है। हमने एक-एक ग्राम शस्त्र-बद्ध कर दिया है। स्थान-स्थान पर अनेक राक्षस मारे जा चुके हैं।

जो मारे नहीं गए, वे भाग गए हैं। दिन-दो दिनों की बात नहीं कह रहा — हम दस वर्षों से यहां भटक रहे हैं और संगठन का कार्य कर रहे हैं।...''

''मैं चालीस वर्षों से यहां बैठा हूं, राम !'' ऋषि का स्वर और भी उग्र हो उठा, ''तुम दस वर्षों की बात कर रहे हो। मैंने वातापि और इल्वल को समाप्त कर दिया, मैंने कालकेयों को नष्ट किया — किंतु उससे क्या हुआ ? राक्षस समाप्त हो गए या राक्षस-शक्ति समाप्त हो गई ? उलटे वे और अधिक फैल गए और उन्होंने उन स्थानों को खोज निकाला जहां मनुष्य और भी निर्बल, और भी निर्धन तथा और भी असंगठित हैं। परिणामतः पहले से भी अधिक संख्या और मात्रा में मानव पीड़ित है।'' ऋषि कुछ रुके, ''तुमने क्या किया, राम ? जहां-जहां लोगों को संगठित किया, वहां से राक्षस निकल गए। जानते हो, वे कहां गए — वे सब जन-स्थान में रावण के सेनापतियों के पास पहुंचे हैं। वहां साम्राज्य की सेना एकत्रित हो रही है। लंका से वह स्थान बहुत दूर भी नहीं है। तत्काल रावण द्वारा सहायता पहुंचाई जा सकती है। साम्राज्य की ओर से समस्त अधिकारों से युक्त, स्वयं रावण की बहन शूपर्णखा वहां विद्यमान है। वह सेना आक्रमण करेगी'तो क्या होगा ? तुम्हारा कौन-सा संगठन उसे रोक पाएगा ? वह ग्राम अथवा वन में बसने वाला राक्षसों का टोला नहीं, उस व्यवस्था की सेना है, जो दसों दिशाओं में राक्षसों को जन्म देती है, उन्हें पोषित करती है और उनको संरक्षण प्रदान करती है। और आक्रमण की स्थिति में उस सेना को रोका नहीं गया, तो वह दंडक वन ही में नहीं, उसके ऊपर तक ग्रामों, पुरवों, टोलों, पुरों, नगरों को उसी प्रकार उखाड़ती चलेगी, जैसे झंझावात नन्हे पौधों को उखाड़ता है, अथवा हल की फाल गीली धरती को उधेड़ती है। तुम जानते हो, राम ! यदि यह विनाश-लीला हुई तो उसके लिए उत्तरदायी तुम होगे — क्योंकि इसके कारण तुम हो, तुमने ही उन्हें उत्तेजना दी है।''

ऋषि का चेहरा देख सीता का मन कांप उठा। कितने उत्तेजित थे गुरु और कितने उग्र... किंतु राम...

राम की आंखों की गहराई में जैसे हंसी छा गई, ''मैं राम हूं, ऋषिवर ! और राम अपने किसी दायित्व से नहीं भागता। यदि यह मेरे ही कारण हुआ है तो तनिक भी बुरा नहीं हुआ। यदि मैंने दो जीवन-दर्शनों के विरोधों को इस उग्रता से उभारकर एक-दूसरे के आमने-सामने खड़ा कर दिया है तो क्या हुआ ? विनाश-लीला तो होगी, किंतु आप मेरा विश्वास करें कि इस विनाश-लीला में राक्षस-पक्ष अपने अत्याचारों का दंड पाएगा — जिस विनाश की कल्पना से आप आशंकित हैं, जन-सामान्य का वह विनाश नहीं हो पाएगा। उनके मरने के नहीं, ढंग से जीने के दिन आ रहे हैं।''

''यह राजकुमारों का आखेट नहीं है, राम !'' अगस्त्य का स्वर और भी कटु हो गया, ''यह अंधकार और प्रकाश का, जीवन-मरण का संघर्ष है। सुख-सुविधाओं में पले राजकुमारों को यह महंगा पड़ेगा। तुम भूलते हो कि छोटे-मोटे सामान्य राक्षसों की हत्याओं से रावण को एक खरौंच तक नहीं लगती। मैंने कालकेयों का नाश किया

तो वह उनकी सहायता को नहीं आया, क्योंकि उनसे वह रुष्ट था, किंतु जन-स्थान में स्वयं उसकी बहन है, उसके अपने सेनापति हैं, तो संबंध की दृष्टि से उसके भाई भी हैं। उनका विरोध होते ही साम्राज्य क्रूर हो उठेगा। वह अपनी समस्त शक्ति से टूट पड़ेगा। उसकी शक्ति को जानते हो ? उसके पास भयंकर कवचधारी रथ हैं — तुम्हारे पास एक घोड़ा तक नहीं है। उसके सहस्रों भयंकर शस्त्रधारी राक्षस तुम्हारे छोटे-मोटे आयुधों वाले नौसिखिए सैनिकों को घड़ी-भर में समाप्त कर देंगे। तुम उसकी शक्ति की कल्पना नहीं कर सकते। स्वयं ब्रह्मा तथा शिव जैसी महाशक्तियां उसकी संरक्षक हैं। तुम क्या हो — निर्वासित राजकुमार ! ऐसा युद्ध होगा कि तुम्हारा भाई और पत्नी भी तुम्हें छोड़ भागेंगे !..."

"नहीं !" अनायास सीता के कंठ से चीत्कार फूटा, "यह झूठ है !"

राम सहज रूप से मुसकराए, "आप स्वयं देखें, ऋषिवर ! मेरी पत्नी ने स्वयं अपना परिचय दिया है, और यह बहुत अच्छा है कि लक्ष्मण और मुखर यहां नहीं हैं, नहीं तो मुझे भय है कि अपनी उग्रता में वे आपका अपमान कर बैठते। और जहां तक मेरी बात है..." सहसा राम का मुखमंडल आरक्त हो उठा, "मैं राम हूं। राम जब न्याय के पक्ष में बढ़ता है तो शिव, ब्रह्मा, विष्णु जैसे नामों से नहीं डरता। शक्ति इन नामों में नहीं, जन-सामान्य में है। मेरा बल जन-सामान्य का विश्वास है। कोई शस्त्र, कोई आयुध, कोई सेना या कोई साम्राज्य जनता से बढ़कर शक्तिशाली नहीं है। आप मेरा विश्वास करें — राम मिट्टी में से सेनाएं गढ़ता है, क्योंकि वह केवल जन-सामान्य का पक्ष लेता है और न्याय का युद्ध करता है।"

"अब बस करें, ऋषिवर !" राम के चुप होते ही लोपामुद्रा अत्यन्त मृदु स्वर में बोलीं, "बहुत परीक्षा हो चुकी। अब बच्चों को अधिक न तपाएं। इन्हें आशीर्वाद दें — ये समर्थ हैं।"

ऋषि के चेहरे पर आनन्द प्रकट हुआ, "तो राम ! पंचवटी जाने के लिए मैं तुम्हें नियुक्त करता हूं और इस सारे भूखंड की जन-शक्ति तुम्हारे हाथ में देता हूं। लोपामुद्रा ने तुम्हें समर्थ कहा है, मैं तुम्हें सफल होने का आशीर्वाद देता हूं।... न्याय का पक्ष कभी न छोड़ना और जन-विश्वास को अपनी एकमात्र शक्ति मानना।... जाओ, अब विश्राम करो।"

जाते-जाते सीता और राम दोनों ने लोपामुद्रा के चरण छुए, "आशीर्वाद दो, ऋषि मां !"

"मेरे बच्चो !" लोपामुद्रा ने दोनों को एक साथ अपनी भुजाओं में भर लिया, "अन्याय का विरोध कभी असफल नहीं होता। जिस अंधकार की चर्चा ऋषि ने की है, उसे नष्ट करने के लिए तुम ही सूर्य को धरती पर उतार लाओ, यही मेरी कामना है।..."

अपनी कुटिया में आकर राम जैसे आत्मलीन हो गए। सीता पहले तो कुछ चिंतित हुईं, किंतु फिर लोपामुद्रा की बात स्मरण कर, भीतर-ही-भीतर जैसे कुछ हल्की हो गईं — 'राम प्रसव-वेदना में तड़प रहे हैं।' उन्होंने मन-ही-मन अट्टहास करने का प्रयत्न किया... किंतु अट्टहास से पूर्व ही, उसकी अनुगूंज बहुत दूर तक चली गयी और सीता के हृदय के किसी कोने को आहत कर गई।... जिसे होनी चाहिए थी, उसे तो कभी प्रसव की वेदना छू तक नहीं गई, और राम के संदर्भ में वे विचारों के जन्म को लेकर प्रसव की बात सोच रही हैं।... लोपामुद्रा के लिए कदाचित् यह पीड़ा का नहीं, परिहास का क्षेत्र था, किंतु सीता को तो इस परिहास के साथ-साथ अपनी सूनी गोद भी याद आ जाती है — अयोध्या में होतीं, तो अब तक एकाधिक संतानों का सुख भोग रही होतीं। एकाधिक बार प्रसव-वेदना भी सही होती। नन्हे-नन्हे बच्चों को गोद से उतर, भूमि पर रेंगते, डगमगाकर पग-पग चलते और फिर दौड़ते हुए देखा होता। उनकी वां-वां से तोतले बोलों तथा तोतले बोलों से होकर स्पष्ट शब्दों में हठ करते हुए उनकी वाणी को अपने कानों से सुना होता।...किंतु परिस्थितियां ही ऐसी रहीं कि न गर्भ धारण कर पायीं, न प्रसव की सुखद पीड़ा झेली, न संतान को गोद में लिया, न स्तनपान कराया, न नहलाया-धुलाया, खिलाया-सुलाया, रुठाया-मनाया, न उनकी क्रीड़ा देखी...

सीता का मन उदास हो गया। मानव-समाज की आवश्यकताएं बहुत महत्त्वपूर्ण हैं। संसार में मानव-यातना भी बहुत है — उसे दूर करने का प्रयत्न मनुष्य का पहला कर्तव्य है। मनुष्य की अपनी कोई निजी इच्छा भी होती है या नहीं ? सीता के मन में संतान पाने की इच्छा उठती है, तो वे किसी का अहित तो नहीं चाहतीं। यदि वे चाहती हैं कि राम किसी समय उनसे दूर भी हों तो उनका प्रतिरूप — उनकी संतान, सीता के निकट हो, तो इस कामना में क्या दोष है ?... सामाजिक लक्ष्य को सामने रखकर चलने वाले जीवन को यह दंड तो नहीं मिलना चाहिए कि वह इस प्रकार छोटी-छोटी कामनाओं के लिए तड़पता रहे और अतृप्ति का जीवन जिए... संतान के लिए अयोध्या का राजप्रासाद अनिवार्य तो नहीं, चित्रकूट की कुटिया, मुनि शरभंग का आश्रम, धर्मभृत्य का आश्रम, आनन्दसागर का आश्रम, भीखन का गांव, सुतीक्ष्ण अथवा अगस्त्य — किसी का भी आश्रम... सीता के बच्चे, किसी भी मिट्टी में रेंगकर बड़े हों — वे सीता के ही बच्चे होंगे... राजकीय वेशभूषा में न सही, तपस्वी वेश में ही सही... बच्चों को देखकर सीता का वात्सल्य संतुष्ट हो जाएगा...

किंतु सहसा सीता की आंखों के सामने अगस्त्य का वृद्ध किंतु तेजस्वी चेहरा उभरा... वे राक्षसी अंधकार का वर्णन कर रहे थे। एक साधारण क्रूर व्यक्ति से लेकर, एक साम्राज्य के शासन-तंत्र तक संगठित व्यवस्था — जिसका एकमात्र लक्ष्य निर्बल मानवता का रक्तपान है।... और उस व्यवस्था से लड़ रहे हैं राम ! यदि प्रत्येक घर के राम उस व्यवस्था से नहीं लड़ेंगे, तो वह राक्षसी तंत्र उनके घर में बैठी प्रत्येक सीता की गोद की संतान को अपने क्रूर हाथों में उठा लेगा और उसके कंठ में अपने दांत

गड़ाकर उसका रक्त पी, उसके शव को भूमि पर फेंक देगा... सीता का मन कांप गया... नहीं-नहीं ! राम को लड़ना होगा। अपनी अजन्मी संतान के मोह में, सीता जन्म ले चुके असंख्य शिशुओं को राक्षसों के जबड़ों में नहीं धकेल सकतीं।... अपनी छोटी-सी इच्छा भी यदि बाधा के रूप में उभरे तो भयंकर हानि पहुंचा सकती है। चिंतित राम को सीता और अधिक विचलित नहीं करेंगी।...

सहसा लक्ष्मण और मुखर के आने का स्वर सुनकर, वे कुटिया से बाहर निकल आयीं। वे दोनों दूर से दो खिलंडरे लड़कों के समान झूमते-झामते आ रहे थे, और आपसी परिहास पर कभी धीमे और कभी उच्च स्वर में हंस रहे थे।

अगस्त्य आश्रम में सीता ने इन दोनों का नया ही रूप देखा था। एक लंबे अंतराल के पश्चात् यहां आकर वे दोनों कार्य-मुक्त हुए थे, जैसे कोई बहुत कामकाजी व्यक्ति कुछ दिनों के लिए कहीं छुट्टियां मनाने आ जाए। इस आश्रम के वास-काल में न लक्ष्मण पर कोई दायित्व था, न मुखर पर। दोनों ही प्रातः से मुक्त पक्षियों के समान, किसी भी दिशा में निकल जाते थे और अपनी इच्छानुसार लौटते थे।...

पास आते ही लक्ष्मण उल्लसित स्वर में बोले, "भाभी ! आज हमने शतालु को खोज निकाला है। आपको मुनि धर्मभृत्य की अगस्त्य-कथा का शतालु याद है न ! पर अब वह बहुत वृद्ध हो गया है। वृद्ध ही सही, पर उससे मिलकर बहुत सुख मिला।"

"किसी कथा के पात्र को वास्तविक जीवन में खोज निकालना सचमुच रोमांचक अनुभव है, दीदी।" मुखर का स्वर प्रसन्न गंभीरता लिये हुए था, "ऐसा अनुभव मुझे पहली बार हुआ है।"

सीता ने देखा, वे लोग सचमुच रोमांच का अनुभव करके आए थे। इस समय उन्हें न ऋषि की चिंता का आभास था, न राम की, न सीता की।

"भास्वर को नहीं खोजा ? मुर्तू के पिता को ?" सीता ने पूछा।

"मुर्तू के माता-पिता दोनों ही अब खोजे जाने की सीमा लांघ चुके हैं, दीदी !" मुखर बोला, "मुर्तू के जाने के पश्चात् वे लोग बहुत दिनों तक नहीं जिए।"

"और मुर्तू का कोई अता-पता ?"

"नहीं ! मुर्तू फिर कभी नहीं लौटा।" लक्ष्मण बोले, "आस-पास के ग्रामों में अब तो मुर्तू को जानने वाले लोग भी बहुत कम हैं। प्रायः लोग उसे भूल चुके हैं।"

"कथा के पात्रों को वास्तविक जीवन में खोज निकालने में तुम लोग बड़े सिद्ध-हस्त लगते हो। तुम्हें उसके लिए किसी गुरुकुल से उपाधि दिलवा दूं ?" सीता परिहास के स्वर में बोलीं, "ऐसे शोध के लिए पर्याप्त धूल-मिट्टी फांककर आए प्रतीत होते हो।"

"सच कहती हैं, भाभी !" लक्ष्मण बोले, "आपका ज्ञान भी बड़ा उच्चकोटि का लगता है। आप कितने सहज ढंग से इस निष्कर्ष पर पहुंची हैं कि धूल-मिट्टी फांकने वाले को गुरुकुल की उपाधि मिलनी चाहिए और सत्य का शोध करने वाले को मार्ग

की धूल-मिट्टी।''

''क्यों ! तुम्हारा अनुभव इससे विपरीत है क्या, सौमित्र ?''

''नहीं, दीदी !'' मुखर बीच में बोला, ''मैंने तो पाया है, जिस व्यक्ति ने जितनी अधिक धूल-मिट्टी फांकी है, वह उतना ही बड़ा आचार्य माना जाता है।''

''मैं भी यही सोच रही थी।'' सीता मुसकराईं, ''तभी तो तुम दोनों अब धनुष-बाण के अभ्यास को त्याग, प्रतिदिन सुबह से ही बड़ा आचार्य बनने के प्रयत्न में निकल जाते हो।''

''अच्छा ! ऐसा है, भाभी !'' लक्ष्मण ने कुछ गंभीर मुद्रा बनाई, ''हमारे आचार्यत्व का पता भैया को न लगे, नहीं तो वे हमारी नियुक्ति किसी-न-किसी कर्तव्य में कर देंगे और हमारा आचार्यत्व अधूरा ही रह जाएगा।''

''नियुक्ति तो हो गई, सौमित्र !'' सीता गंभीर हो गयीं, ''राम की ऋषि से मिलने की व्यग्रता का कारण मुझे आज ही मालूम हुआ है।''

''कोई महत्त्वपूर्ण बात घट गई दिखती है।'' लक्ष्मण ने अपना परिहास का चोला उतारकर पृथक् कर दिया, ''क्या बात हुई, भाभी ?''

मुखर भी खिसक आया।

सीता बहुत देर तक उन्हें ऋषि के साथ हुई बातचीत के विषय में बताती रहीं।

अगली संध्या, जब वे ऋषि के कुटीर में एकत्रित हुए, तो वातावरण पर्याप्त व्यावहारिक आयोजन का था। आज लक्ष्मण और मुखर भी राम तथा सीता के साथ थे। अगस्त्य और लोपामुद्रा के साथ प्रभा, उसका पति सिंहनाद तथा आश्रमवाहिनी के दो और सेनानायक भी थे।

बात ऋषि ने ही आरम्भ की, ''राम ! मेरे इस आश्रम के निकट समुद्र में जो अशिमपुरी द्वीप है, उससे कालकेयों के पीछे-पीछे अन्य आततायियों के आने की भी पर्याप्त संभावना थी। उनके कारण इस जनपद के लोगों ने कष्ट भी बहुत सहे हैं। किंतु जब से कालकेयों का नाश हुआ है, तब से यह दिशा सुरक्षित हो गयी है। मैं तब से जमकर यहीं बैठा हूं कि इधर से और कोई आक्रांता प्रवेश न करे। इधर तुमने चित्रकूट से आरंभ कर, अत्रि-आश्रम, शरभंग, सुतीक्ष्ण, आनन्दसागर तथा धर्मभृत्य के आश्रमों के बीच का सारा क्षेत्र एक प्रकार से संगठित और शस्त्र-बद्ध कर दिया है। केवल एक ही दिशा असुरक्षित है — जनस्थान की दिशा। इसको राक्षस भी समझते हैं, इसलिए वे लोग अपना ध्यान वहीं केन्द्रित कर रहे हैं। उनके सर्वश्रेष्ठ योद्धा वहां हैं, उनके उन्नत और विकसित शस्त्र वहां हैं। और जहां राक्षसों का इतना जमघट होगा, वहां जन-सामान्य का पक्ष उतना ही दुर्बल होगा। यदि इस समय राक्षसों को वहीं नहीं रोका गया, तो वह सारा क्षेत्र श्मशान में बदल जाएगा। उनकी सेनाएं यदि तुम्हारे द्वारा नाकाबन्दी किए गए क्षेत्र में घुस आयीं तो सारे किए-धरे पर पानी फिर जाएगा। छोटे-छोटे आश्रम अपनी

आश्रम-वाहिनियों और ग्राम-वाहिनियों से साम्राज्य का सामना नहीं कर पाएंगे। अतः आवश्यक है कि इस राक्षसी सेना को वहीं रोक रखने के लिए तुम पंचवटी में एक ऐसा सबल व्यूह रचो कि राक्षसी सेना वहीं उलझकर समाप्त हो जाए।''

अपने में डूबे-डूबे राम बड़ी तन्मयता से ऋषि की बात सुन रहे थे। यह कहना कठिन था कि वे आत्मलीन अधिक थे, अथवा ऋषि की बात सुनने में अधिक तल्लीन। कदाचित् उनमें दोहरी प्रतिक्रिया चल रही थी।

''मैं आपकी योजना भली प्रकार समझ रहा हूं और उससे सहमत भी हूं। मुझे लगता है कि अब पंचवटी के इधर के क्षेत्र में मेरी आवश्यकता नहीं है।'' राम का एक-एक शब्द आत्मबल से भरपूर था।

''वह तो ठीक है, पुत्र !'' ऋषि का स्वर कुछ उदास भी था, ''यह बूढ़ा मन तुम्हें वहां भेजना भी चाहता है और भेजने से डरता भी है।''

''आप और डर ?'' लक्ष्मण अनायास ही बोल पड़े।

''वीरता और मूर्खता में भेद है, पुत्र !'' ऋषि बोले, ''निर्भय होकर तुम लोगों को वहां भेजना चाहता हूं, क्योंकि तुममें वह क्षमता दिखाई पड़ी है, जिस पर भरोसा किया जा सकता है। किंतु कैसे भूल जाऊं कि वहां तुम उन अत्याचारियों का साक्षात्कार करोगे, जिनके मन में न न्याय है, न मानवता। वहां स्वयं रावण के भाई, अपने चुने हुए चौदह सहस्त्र सैनिकों के साथ टिके हुए हैं। वहां रावण की सगी बहन है — शूर्पणखा, जो भाई के हाथों अपने पति के वध के पश्चात् उद्दंड भी हो चुकी है और शक्ति-सम्पन्न भी। वह रावण के द्वारा संरक्षित भी है और रावण के अनुशासन से मुक्त भी। जनस्थान में वे लोग हैं, जिनसे मुठभेड़ होते ही लंका की सेनाएं दौड़ी चली आएंगी। शूर्पणखा अथवा उसकी सेना का विरोध करते ही रावण ही नहीं, शिव तथा ब्रह्मा भी चौकन्ने हो उठते हैं। ऐसे शत्रुओं से प्रजा की रक्षा करने के लिए तुम लोगों को भेज रहा हूं, पुत्र ! वैदेही के लिए भी मन में अनेक प्रकार की आशंकाएं हैं। नारी के प्रति राक्षसों के मन में कोई सम्मान नहीं है। इसीलिए डरता हूं। बाढ़ में चढ़ी हुई नदी के सम्मुख चार ईंटें रखकर आशा कर रहा हूं कि वे ईंटें प्राचीर का कार्य करेंगी।''

''आप निश्चिंत रहें, ऋषिवर !'' राम अपने आश्वस्त गंभीर स्वर में बोले, ''ये ईंटें प्राचीर ही बन जाएंगी और नदी की बाढ़ को बांध लिया जाएगा।''

''यह मेरी कामना है, राम !'' अगस्त्य बोले, ''मैं अपने स्थान से हिल नहीं सकता। यहां से जमा-जमाया उखड़ गया तो राक्षस पीछे से धक्का मारकर, यह सारा प्रतिरोध बहा देंगे, और अब इस वय में पुनः नये स्थान पर काम करना कठिन लगता है — उसके लिए समय भी चाहिए और ऊर्जा भी। मेरे पास दोनों की मात्रा कम है।'' ऋषि ने रुककर राम पर दृष्टि टिकाई, ''तुम्हारे पास आत्मविश्वास, बल, साहस, दक्षता तथा योग्य सहयोगी हैं। इस चुनौती को स्वीकार करो।''

''आप निश्चिंत रहें।'' राम मुसकराए।

''तो पुत्र ! जाने से पहले कुछ बातें ध्यान में रखो।'' ऋषि पुनः बोले, ''शस्त्रों का तुम्हें पर्याप्त ज्ञान है, फिर भी कुछ दिव्यास्त्रों की शिक्षा तुम लोग इस आश्रम से लेकर ही जाना। और पुत्री सीते ! तुमने शल्य-चिकित्सा में अपनी रुचि दिखाई है, जहां तक यहां हो, उसका अभ्यास करती रहना। प्रभा तुम्हारी सहायता करेगी। युद्ध के पश्चात् शल्य-चिकित्सक अनेक घायलों को जीवन-दान देता है। पंचवटी से भी अपने कुछ साथियों को यहां प्रशिक्षणार्थ भेज देना, अन्यथा अनेक जीते हुए युद्ध भी, शल्य-चिकित्सक के अभाव में, हाथों से फिसल जाते हैं !'' ऋषि क्षण-भर रुककर बोले, ''मेरे बच्चो ! अब इस विषय में फिर संशय नहीं उठेगा। तुम्हारा जाना निश्चित है। तुम्हारा प्रस्थान तक का समय छोटे-मोटे प्रशिक्षणों, अभ्यास तथा भौगोलिक ज्ञान संचित करने में लगे — यही मेरी इच्छा है।'' गुरु के रुक्ष चेहरे पर स्निग्धता प्रकट हुई, ''आओ ! अब तुम्हें आशीर्वाद दे दूं।''

राम, सीता, लक्ष्मण और मुखर गुरु के चरणों में झुक गए।

# द्वितीय खंड

## 1

चलते-चलते एक लंबा काल बीत गया था।

गुरु अगस्त्य के आश्रम को छोड़ने के पश्चात् मार्ग एक-सा नहीं रहा था। कहीं वन सघन हो जाता था और कहीं सूरजमुखी के पुष्प सहस्त्रों की संख्या में खिले दिखायी पड़ते थे। कहीं साबर की कांटेदार झाड़ियां, लम्बे-ऊंचे मनुष्य की ऊंचाई के बराबर उठी खड़ी थीं और कहीं चम्पा के छोटे श्वेत पुष्प मुसकराते दिखाई पड़ते थे। सामान्यत: पीपल, गूलर, आम तथा वट के वृक्षों की संख्या पर्याप्त थी और ऐसे भी चट्टानी क्षेत्र थे जहां ऊंचा पेड़ एक भी नहीं था और गवद से ही भूमि ढकी हुई थी।

वे मार्ग में रुकते-रुकते ही चले थे, किंतु गोदावरी के उद्गम के पास पर्वत के ऊपर का उनका पड़ाव कुछ दीर्घकालीन हो गया था। सीधे ऊंचे पर्वत के ऊपर भूमि से फूटते स्त्रोत के पास एकांतवास के लिए सुंदर स्थान था। पर्वत पर खड़े होकर देखा जाए तो नीचे का क्षेत्र वृत्ताकार पर्वतों से घिरा हुआ एक पात्र दिखाई पड़ता था, जिसमें गोदावरी के निर्मल जल से भरे हुए दो जलाशय थे।

प्रकृति की मनोरमता को देख-देखकर सीता जितनी मुग्ध होती थीं, मुखर उतना ही गद्गद हो जाता था। वह जैसे बहुत दिनों के पश्चात् अपने घर में लौट आया था। एक-एक वस्तु के विषय में विस्तार से बताता चलता था। उसकी रुचि वहां की एक-एक शिला, एक-एक झाड़ी तथा एक-एक जलकण में थी। मुखर इतना प्रसन्न पहले कभी दिखाई नहीं पड़ा था।

राम अधिक देर तक इस प्रकार के अलग-थलग स्थान पर बसने के पक्ष में नहीं थे। इससे उनका सब ओर से सम्पर्क टूट जाने का भय था। उनकी इच्छा थी कि पंचवटी पहुंचकर ही ठहरने की बात सोची जाए। अब पंचवटी बहुत दूर भी नहीं थी — मुखर के अनुसार दस-बारह कोस से अधिक की दूरी नहीं थी।

पिछली घड़ी-भर से राम को निरंतर लग रहा था कि कोई व्यक्ति दूहों के पीछे-पीछे उनके साथ चल रहा था। जाने कब से वह व्यक्ति उन पर दृष्टि लगाए हुए था। कदाचित् वह उनकी गतिविधियों के विषय में जानकारी चाहता था।

राम ने एक टीले के पास रुकने का संकेत किया।

शेष लोगों ने उन्हें प्रश्नावाचक दृष्टि से देखा। पिछले पड़ाव के पश्चात् चलते हुए इतनी देर तो नहीं हुई थी कि वे थक गए हों। फिर भी सबके पग थम गए।

वे लोग इस प्रकार बैठ गए, जैसे देर तक सुस्ताने का विचार हो। साथ आए

अगस्त्य-शिष्यों में से एक उन्हें बता रहा था, ''आर्य ! यहां की धरती शाक-भाजी के लिए बहुत उपजाऊ है। जहां-जहां खेती का प्रयत्न किया गया, वहां अन्न भी पर्याप्त होता है। फल विशेष नहीं होते, जाने मिट्टी में ही कोई दोष है अथवा राक्षसों के आतंक के मारे कभी गंभीरतापूर्वक प्रयत्न ही नहीं किया गया।...''

राम की दृष्टि निरन्तर टीले के पीछे वाले अस्तित्व की ओर लगी हुई थी। उनके कान मानो उसकी सांस तक की ध्वनि सुन रहे थे और नाक उसकी गंध सूंघ रही थी। उन्होंने अपने संकेतों से अन्य लोगों को भी आभास दे दिया था कि उन्हें टीले के पीछे किसी के छिपे होने का संदेह है।... बातें करते हुए थोड़ा समय बीत गया और उन्हें लगा कि अब तक वह व्यक्ति बातें सुनने के लिए टीले के पीछे, निकटतम दूरी तक आ गया होगा, तो उन्होंने लक्ष्मण और मुखर को संकेत किया। वे दोनों इतनी स्फूर्ति से दो दिशाओं से टीले के पीछे की ओर झपटे कि वह व्यक्ति न भाग पाया और न स्वयं को छिपा ही पाया।

वे उसे लेकर सामने आए तो राम ने देखा — एक साधारण वृद्ध उनके सामने खड़ा था, किंतु उसके शरीर की पेशियां घोषणा कर रही थीं कि वह शरीर किसी समय पर्याप्त बलिष्ठ रहा होगा... उसके शरीर पर मात्र एक वस्त्र था, किंतु साथ ही एक खड्ग भी...

''आप कौन हैं ?'' राम ने पूछा।

''तुम लोग कौन हो ?'' वह उग्र स्वर में बोला, ''मैंने तुम्हें यहां पहले कभी नहीं देखा।''

राम शांत भाव से मुसकराए। सामने खड़ा व्यक्ति वृद्ध चाहे हो, किंतु तेजस्वी था। उसमें साहस तथा निर्भयता थी। निश्चित रूप से वह किसी दुर्भावना से उनकी चौकसी नहीं कर रहा था।

''मैं अयोध्या के चक्रवर्ती दशरथ का पुत्र हूं — राम।''

वृद्ध के चेहरे पर सुखद विस्मय का भाव उदित हुआ।

''यह मेरा भाई सौमित्र है।'' राम ने परिचय आगे बढ़ाया, ''यह मेरी पत्नी वैदेही सीता है तथा यह हमारा मित्र एवं सहयोगी मुखर है। ब्रह्मचारीगण गुरु अगस्त्य के आश्रम से हमारी सहायता के लिए साथ आए हैं।... कृपया आप भी अपना परिचय दें।''

''आप यहां क्या कर रहे हैं ?'' वृद्ध ने अपना परिचय नहीं दिया, किंतु इस बार उसके स्वर में उग्रता नहीं थी।

''हम पिता के वचन की रक्षा के लिए चौदह वर्षों का वनवास कर रहे हैं।'' राम बोले, ''और गुरु अगस्त्य के निर्देश पर पंचवटी में निवास करने आए हैं।''

अगस्त्य !'' वृद्ध कुछ सोचता हुआ बोला, ''अगस्त्य ने तुम्हें भेजा है तो अकारण नहीं भेजा होगा। तुम जानते हो, राम ! यहां से थोड़ी दूर पर गोदावरी है और उसके पार जनस्थान है जहां राक्षसों ने अपना विशाल सैनिक स्कंधावार बना रखा है।

वहां एक बड़े राज्य की रक्षा के लिए पर्याप्त सेना है...।"

"हमें इससे क्या प्रयोजन कि वहां क्या-क्या है ?" लक्ष्मण बोले।

"किंतु मुझे है !" वृद्ध का स्वर पुनः तीखा हो गया, "तुम दशरथ के पुत्र हो और मैं किसी समय का दशरथ का मित्र हूं — गृध्र जटायु ! मैं और दशरथ शंबर-युद्ध में एक ही पक्ष से लड़े थे।... तब मेरी स्थिति यह नहीं थी।" जटायु ने अपने शरीर की ओर इंगित किया।

"ओह ! आप हैं तात जटायु !" राम बोले, "आप यहां क्या कर रहे हैं ?"

जटायु आकर उनके पास बैठ गए, "यह मेरा प्रदेश है। मेरा गोत्र यहीं रहता था। किसी समय हमारा गोत्र भी समृद्ध था। अनेक गांव थे, कुछ आश्रम भी थे, जहां हमारे बच्चे शिक्षा पाते थे। किंतु इन राक्षसों के मारे कुछ नहीं बचा। उन्होंने आश्रम नष्ट कर दिए। ग्राम उजाड़ डाले। भूमि छीन ली। कुछ लोग मर-खप गए और कुछ वन में इधर-उधर विलीन हो गए। मैं तब से ही खड्ग बांधे फिरता हूं। सामान्यतः लोग मुझे सनकी बूढ़ा समझकर मेरे पास नहीं फटकते, किंतु जब कहीं राक्षसों का अत्याचार बहुत बढ़ जाता है और दो-चार दिल-जले युवक, प्राण हथेली पर लिये उनका विरोध करने के लिए उठते हैं तो मेरे पास आ जाते हैं। राक्षसों से निरन्तर प्रत्यक्ष-अप्रत्यक्ष झड़पें होती रहती हैं। तीन दिन पहले राक्षसों की एक टोली ने हमारे कुटीर जला दिए थे। दो साथी मारे गए, तीन भाग गए। तब से अकेला भटक रहा हूं। तुम लोगों को देख रहा था कि यहां क्यों आए हो ? तपस्वी वेश देखकर समझ गया था कि राक्षस नहीं हो। साथ में बहू वैदेही भी थी — इससे मन में बार-बार प्रश्न उठता था कि कौन लोग हो और यहां क्या कर रहे हो ?... किंतु ऋषि जानते हैं कि यहां कितना संकट है, फिर उन्होंने तुम्हें यहां क्यों भेजा है ?"

"क्योंकि यहां संकट है," राम मुसकराए, "और संकट से लड़ना हमारा काम है।"

जटायु ने राम को मुग्ध दृष्टि से देखा, "तुम मुझे दशरथ से भी बड़े योद्धा प्रतीत होते हो। तुम लोग यहां रहोगे तो मैं भी कुछ दिनों तक टिककर एक स्थान पर रह सकूंगा।"

"तात जटायु !" राम आश्वस्त स्वर में बोले, "हम काफी समय तक यहां रहेंगे। आप भी हमारे साथ रहें। अपने पीड़ित संगी-साथियों को भी बुला लें। आप जैसा योद्धा हमारे साथ रहेगा तो हमें भी सुविधा रहेगी। अब राक्षसों के भय से भागते फिरने की आवश्यकता नहीं है।... हमें बताइए कि हम अपना आश्रम कहां बनाएं ?"

जटायु को सोचने की आवश्यकता नहीं पड़ी, "जहां इन दिनों मेरी कुटिया है, उसके पास का स्थान बहुत सुन्दर और सुविधाजनक है। तुम लोग उसके पास ही अपना आश्रम बना लो।"

जटायु उठ खड़े हुए, "आओ, तुम्हें दिखाऊं।"

क्षण-भर में चलने की तैयारी हो गयी। सबने अपनी क्षमता तथा शक्ति के अनुसार शस्त्र उठा लिये। जटायु भी उठाने के लिए झुके तो राम ने टोक दिया, "आप रहने दें, तात ! हमारे आगे-आगे चलें और मार्ग दिखाएं।"

"अभी इतना अक्षम नहीं हूं, राम।" जटायु मुसकराए।

"प्रश्न क्षमता का नहीं, आवश्यकता का है।" राम भी मुसकराए।

वे लोग जटायु के पीछे-पीछे चल पड़े। मुखर विशेष प्रसन्नता तथा उत्साह से चल रहा था। वह राम, सीता और लक्ष्मण से कुछ आगे बढ़कर, जटायु के साथ-साथ, विभिन्न स्थानों तथा वनस्पतियों के विषय में टिप्पणियां करता हुआ चल रहा था।

"तुम इस क्षेत्र से पर्याप्त परिचित लगते हो, वत्स !" जटायु बोले, "और इस परिवेश में विशेष उल्लसित भी।"

"आपने ठीक कहा, आर्य !" मुखर अपनी प्रसन्नता छिपा नहीं पाया, "मेरा ग्राम कुछ और दक्षिण-पश्चिम में समुद्र के तट पर था। इसी खर के सैनिकों ने मेरा घर भी उजाड़ा था और परिवार भी। मैं यहां से भागकर ऋषि वाल्मीकि के आश्रम तक चला गया था। वहीं भद्र राम से भेंट हुई और तब से उनके साथ हूं। पिछले कुछ दिनों से लग रहा है कि अपने घर लौट आया हूं। फिर आपने यह भी बताया है कि गोदावरी के उस पार राक्षसों का सैनिक स्कंधावार भी है। कभी-न-कभी उनसे टक्कर भी होगी ही, तब मैं अपने परिवार पर हुए अत्याचारों का प्रतिशोध ले सकूंगा।"

"मेरी भी राक्षसों से बहुत दिनों से लड़ाई चल रही है, किंतु प्रत्येक झड़प के पश्चात् मैं अकेला पड़ जाता हूं तथा इधर-उधर छिपता फिरता हूं।" जटायु बोले, "तुम तो इतने निश्चिंत लग रहे हो, जैसे राक्षसों से टक्कर कोई बहुत सुखद घटना होने जा रही है।"

मुखर कुछ क्षण चुपचाप जटायु को देखता रहा, फिर बोला, "तात! छोटे मुंह बड़ी बात न मानें तो कहूं कि राक्षसों के साथ युद्ध निश्चित रूप से सुखद घटना होगी। राम की क्षमता और कार्य-पद्धति अद्भुत है। जिधर जाते हैं, जन-सामान्य जागकर उठ खड़ा होता है। और जाग्रत जन को पराजित करना असंभव है। मैंने आज तक राम को पराजित होते नहीं देखा।"

"तुम्हारी वाणी सत्य हो, पुत्र !" जटायु पुलकित-से बोले, "मैंने इन राक्षसों के हाथों अब तक लोगों को पीड़ित होकर मरते अथवा भागते ही देखा है।"

जटायु एक टीले के नीचे जाकर रुक गए।

अन्य लोग साथ आ मिले तो वे बोले, "राम ! मेरी दृष्टि में यह यहां का सबसे सुंदर तथा सामरिक दृष्टि से महत्त्वपूर्ण स्थान है, विशेष रूप से गुप्त युद्ध के लिए। इस टीले के चारों ओर दूह हैं, जिनके पीछे छिपकर युद्ध किया जा सकता है। सामने के

वन के पीछे गोदावरी है। बायीं ओर कपिल गंगा की धारा है। आगे इन दोनों का संगम है। यह संगम हमारे लिए प्राकृतिक सीमा है... और सुन्दर तो यह स्थान है ही।''

''बहुत सुंदर स्थान है। मेरा मन तो इसी टीले के ऊपर आश्रम बनाने का हो रहा है।'' सीता बोलीं, ''आश्चर्य है कि इतने सुंदर स्थान पर अभी तक कोई आश्रम क्यों नहीं बना।''

''यहां अनेक आश्रम थे, वैदेही !'' जटायु धीरे-से बोले, ''कपिल का, गौतम का... कुछ अन्य ऋषियों का भी। वस्तुतः किसी समय इस स्थान को तपोवन ही कहा जाता था। किंतु खर-दूषण के सैनिकों ने उनमें से एक भी नहीं रहने दिया।''

''यह तो अपने-आप में ही प्राकृतिक गढ़ है।'' लक्ष्मण ने निरीक्षण के पश्चात् अपना निष्कर्ष बताया।

''आप अद्भुत हैं, तात जटायु !'' राम मुसकराए, ''सब सहमत हैं कि यही स्थान उपयुक्त है।''

राम टीले के ऊपर चढ़ गए। वहां से सारा क्षेत्र किसी मानचित्र के समान दिखाई पड़ रहा था। ढूहों तथा टीलों के नीचे विरल वन था, जिसमें अनेक वट तथा पीपल के वृक्ष दिखाई पड़ रहे थे। कदाचित् इन्हीं में कहीं पांच वट इकट्ठे होंगे, जिसके कारण इस स्थान का नाम किसी ने पंचवटी रख दिया होगा। वन के वृक्षों के उस पार कहीं-कहीं गोदावरी की धारा दिखाई पड़ रही थी। जल बहुत अधिक नहीं था। शिलाओं से टकराता जल बड़े वेग से बह रहा था। इन शिलाओं के कारण इस स्थान पर नौका-चालन संभव नहीं था। बायीं ओर से कपिल गंगा की धारा आकर मिल रही थी... वर्षा में जब गोदावरी भर जाती होगी तो निश्चित रूप से जल इन टीलों के नीचे तक आ जाता होगा... यहां से गोदावरी न तो अति निकट थी और न ही दूर... इसके पार कहीं जनस्थान था, राक्षसों का सैनिक स्कंधावार...

राम ने अपने हाथों में पकड़े खड्ग और धनुष भूमि पर रख दिए। कंधों पर टंगे तूणीर भी उन्होंने उतार दिए। शेष लोगों ने भी शस्त्र भूमि पर, वृक्षों के तनों के साथ टिका दिए।

अगले ही क्षण सबके हाथों में कुल्हाड़ियां और कुदाल आ गए। तीव्र गति से कार्य होने लगा। वृक्षों की शाखाएं कट-कटकर गिरने लगीं। शाखाओं के पत्ते उतारे गए और सुंदर तथा दृढ़ कुटीर आकार लेने लगे।

जटायु एक वृक्ष की छाया में बैठे, उन लोगों का कौशल देख रहे थे। राम, लक्ष्मण और सीता में राजपरिवार वाली कोई कोमलता दिखाई नहीं पड़ रही थी। वे साधारण वनवासियों के समान कार्य कर रहे थे — हां, उनकी दक्षता अवश्य असाधारण थी। यह सब उनके दीर्घकालीन वनवास का ही फल हो सकता है। ये लोग कब से वन में रह रहे हैं ?... विशेष रूप से सीता को देखकर आश्चर्य हो रहा था। उसने कैसे स्वयं को इस जीवन के अनुकूल बनाया होगा ?...

जटायु की आंखों के सामने कुटीर आकार लेते चले गए... बीच में भोजन के समय थोड़ी देर के लिए कार्य रुका था, पर भोजन के पश्चात् कर्म में पुनः गति आ गयी। ऋतु ऐसी शीतल नहीं थी कि रात बिना कुटीर के न बिताई जा सके, फिर भी वे लोग अपनी तीव्रगामिता के बल पर संध्या तक अपनी आवश्यकता के अनुसार कुटीर बना लेंगे — ऐसा अनुमान किया जा सकता था। लक्ष्मण तो इस सहजता से कुटीर बना रहे थे, जैसे जीवन-भर यही कार्य करते रहे हों।

...सहसा जटायु का ध्यान उनके शस्त्रों की ओर गया। कदाचित् शस्त्रों की सुरक्षा के लिए उन्हें कुटीरों की तत्काल आवश्यकता थी। किंतु यदि राक्षसों को सूचना मिल गयी तो वे आकर उनके शस्त्र छीनकर ले जाएंगे। शस्त्रों के लिए इन्हें अधिक सावधान... सावधान तो इन्हें सीता के लिए भी रहना चाहिए।... गांव की किसी किशोरी के रूप की भी तनिक चर्चा होती है तो राक्षस उसका अपहरण कर ले जाते हैं, और सीता का रूप... ! जटायु की दृष्टि राम के शरीर पर जा टिकी। ऐसा बलिष्ठ शरीर और ये शस्त्रागार तथा दिव्यास्त्र... कदाचित् सीता के लिए संकट नहीं है... यदि संकट होता तो अगस्त्य राम को चाहे भेज देते, परन्तु सीता को यहां कभी न आने देते...

और मुखर कैसा प्रसन्न है राम के साथ। जैसे राम का सगा बन्धु हो।... जटायु ने सदा यही तो चाहा है कि प्रत्येक साधारण जन इसी प्रकार मुक्त, सुखी, समता तथा सम्मानयुक्त हो... पता नहीं जटायु का स्वप्न कब पूरा होगा, कभी पूरा होगा भी या नहीं...

संध्या तक पांच कुटीर बन गए थे। अभी उनमें कुछ कार्य शेष था, किंतु उनका उपयोग किया जा सकता था। बीच के कुटीर में शस्त्रास्त्र रखे गए थे और उसके एक ओर का कुटीर राम तथा सीता का और दूसरी ओर का लक्ष्मण का था। लक्ष्मण के साथ वाला कुटीर मुखर का था तथा पांचवां कुटीर अतिथिशाला था।

"आश्रम बन गया ?" जटायु ने पूछा।

"आज के लिए तो बन ही गया समझिए।" लक्ष्मण बोले, "शेष काम थोड़ा-थोड़ा कर होता रहेगा।"

वे लोग शस्त्रागार के सम्मुख वृत्त-सा बनाकर बैठ गए और दोपहर के बचे हुए फलों का भोजन करने लगे।

"आर्य जटायु !" राम बोले, "रात्रि के समय सुरक्षा-असुरक्षा की क्या स्थिति है ?"

"जनस्थान में राक्षस सैनिकों का स्कंधावार है !" जटायु बोले, "और चारों ओर विरोधी प्रजा की बस्तियां। इक्का-दुक्का राक्षस कम ही निकलता है। वे जब निकलते हैं तो टोली में निकलते हैं। वह भी रात के समय चोरी-छिपे नहीं, दिन के समय प्रकट रूप से शस्त्रबद्ध होकर। यदि संयोग से अकेले राक्षस का किसी से झगड़ा हो जाये तो

वह चुपचाप लौट जाता है और फिर अपनी टोली लेकर आता है। छोटी टोली पराजित हो जाए तो बड़ी टोली आती है।''

''छोटी टोली की पराजय का क्या अर्थ हुआ ?'' लक्ष्मण ने पूछा।

''राक्षसों के चार-पांच सैनिक हों तो कभी-कभी'', जटायु मुसकराए, ''इक्का-दुक्का राक्षस सैनिक इस क्षेत्र में जटायु का आतंक मानता है।''

''अर्थात् भूमिका तैयार है।'' मुखर हंसा।

''इसका अर्थ यह भी हुआ कि रात को आप पूरी नींद सो सकेंगे।'' लक्ष्मण बोले, ''विशेषकर ब्रह्मचारी बन्धु।''

''हां !'' राम कुछ सोच रहे थे, ''हमें रात को जल्दी सो जाना चाहिए। प्रातः ब्रह्मचारी मित्र विदा होंगे। और भूलना मत, मित्रो !'' राम ब्रह्मचारियों से संबोधित हुए, ''गुरु अगस्त्य से कहना कि वे सुतीक्ष्ण, शरभंग, आनन्दसागर, धर्मभृत्य, अग्निजिह्व — सभी आश्रमों में हमारे स्थान की सूचना तुम्हारे पहुंचते ही भिजवा दें। सम्पर्क शीघ्र स्थापित होना चाहिए... और हमारे शेष शस्त्र भी वे क्रमशः भिजवाते रहें...।''

''अच्छा, राम !'' जटायु बोले, ''एक प्रश्न मुझे पूछना है। संकोच मत करना, अपना स्पष्ट मत देना।''

राम ने जटायु की ओर प्रश्नवाचक दृष्टि से देखा।

''एक युवक है, जो योद्धा नहीं है; शस्त्रों का ज्ञान भी उसे नहीं है, किंतु शरीर से हृष्ट-पुष्ट है। वह जनस्थान में शूर्पणखा के प्रासाद में माली का काम करता था। कुछ कारणों से शूर्पणखा ने उसे यातना देनी आरंभ कर दी। वह वहां से भाग आया है। लौटकर वह प्रासाद में जा नहीं सकता। शूर्पणखा के भय से कोई व्यक्ति उसे आश्रय देने को तैयार नहीं है। हिंस्र पशुओं द्वारा खदेड़े गए मेमने के समान वह वन में इधर-से-उधर छिपता फिर रहा है। बताओ, उसका उद्धार कैसे होगा ?''

''प्रश्न यह है कि वह चाहता क्या है ?'' राम बोले।

''क्या चाहेगा ? सुरक्षा, ईमानदारी की आजीविका और सम्मानपूर्वक जीवन।''

''उससे कहिए कि वह हमारे पास आ जाए।'' राम बोले, ''राक्षसों से बहुत भयभीत हो तो हमारे आश्रम में कुटीर बना ले, अन्यथा किसी भी दूह पर कुटिया बना ले। यह सारा क्षेत्र अब सुरक्षित है।'' राम मुसकराए, ''कोई गृहस्थ उसे अपने साथ रखना चाहता हो, किंतु राक्षसों के भय से रख न पाता हो तो उससे कहिए, वह उस युवक को आश्रय दे दे। भय का अब कोई कारण नहीं है।''

जटायु आश्चर्य से राम को देख रहे थे। राम के चेहरे पर न अहंकार था, न गर्व। वहां एक दायित्वपूर्ण, गंभीर आत्मविश्वास था।

2

नींद टूटी तो शूर्पणखा को लगा कि सिर अब भी भारी था और मन पर गहरा अवसाद छाया था। किंतु इस बोझिल मन:स्थिति में भी उसे मध्य-रात्रि की घटना की हल्की-हल्की याद बनी हुई थी... किसी की हल्की-हल्की सुबकियों के स्वर से उसकी नींद उखड़ गयी थी। आंखें थीं कि सारे प्रयत्न के बाद भी खुलना नहीं चाहती थीं, जैसे पलकें परस्पर एक-दूसरे से चिपक गयी हों। सिर इतना भारी था कि उठाए नहीं उठता था। मन खीझ से भरा हुआ था... और थोड़ी-थोड़ी देर में उभरने वाला सुबकियों का स्वर दुखते हुए सिर की कनपटियों पर हथौड़े के समान बज रहा था।... शूर्पणखा का मन विषाक्त हो उठा। उसने जैसे क्षण-भर रुककर प्रतीक्षा की और अगले ही क्षण दुर्निवार आवेश ने अभ्यस्त हाथों से टटोलकर कशा उठाया और सुबकियों को दे मारा। सुबकियों के स्वर का गला किसी ने बलात् घोंट दिया।

उसके पश्चात् शूर्पणखा को कुछ भी स्मरण नहीं था। पता नहीं उसने अपनी गहरी नींद में कोई स्वप्न देखा था, या सचमुच ही नींद में विघ्न पाकर, कशा के आघात से उसे चुप करा दिया था।... उसे लगा, उसके मन में खीझ अब भी शेष थी... खीझ ही नहीं, क्रोध भी। यदि वह स्वप्न नहीं था तो किसने शूर्पणखा की नींद में विघ्न डालने का दुस्साहस किया था।... या संभव है कि वह स्वप्न ही हो... शूर्पणखा का थका-टूटा मन अधिक सोच-विचार नहीं करना चाहता था।...

उसे उठ गयी देखकर परिचारिका भीतर आयी।

"स्वामिनी !"

शूर्पणखा ने थके मन और उत्साहशून्य आंखों से उसे देखा। यह वज्रा थी, और वज्रा से प्रसाधन करवाना शूर्पणखा को कभी रुचिकर नहीं लगा।

"मणि कहां गयी ?"

"स्वामिनी ! कल रात वह यहां आपकी सेवा में थी, और पीछे उसके रुग्ण बालक की मृत्यु हो गयी। उसे समाचार मिला तो उसने जाना चाहा, किंतु अन्त:पुर की रक्षिकाओं ने उसे जाने नहीं दिया। बाध्य होकर वह यहीं पड़ी रही, किंतु अपनी रुलाई रोक नहीं पायी। उसकी सुबकियों के स्वर से आपकी निद्रा में बाधा पड़ी तो आपने उसे..." वज्रा रुक गयी।

शूर्पणखा ने उसे रुष्ट दृष्टि से देखा, "रहस्य क्यों बना रही है ? बोलती क्यों नहीं?"

"स्वामिनी ! आपने उसे कशा के संकेत से चुप करा दिया।" वज्रा ने भीत स्वर में कहा।

शूर्पणखा की स्मृति में हल्की-हल्की सुबकियों और कशाघात का दृश्य उभरा, और साथ-ही-साथ उसकी चिड़चिड़ाहट जाग उठी, "मैं पूछ रही हूं, मणि कहां है ?"

"स्वामिनी ! वह अपने बच्चे के शव को देखने गयी है।"

शूर्पणखा की भृकुटियां तन गयीं, "वह अपने बच्चे के शव को देखती रहेगी तो मेरा केश-विन्यास कौन करेगा ? मेरे प्रसाधन का क्या होगा ?" वह पलंग से उठी, "द्वार पर कौन है ?"

"स्वामिनी !" रक्षिका ने भीतर आ अभिवादन किया।

"मणि को उसके आवास पर देखो और कहो कि यदि वह अपने शेष बच्चों का जीवन चाहती है, तो तत्काल चली आए। यदि वह आने में आनाकानी करे, तो वह जिस भी अवस्था में हो, उसी अवस्था में उसे यहां घसीट लाओ तथा उसके परिवार को बन्दी कर अंधकूप में डाल दो।"

"जो आज्ञा !" रक्षिका बाहर चली गयी।

किंतु शूर्पणखा की उद्विग्नता तनिक भी शांत नहीं हुई। प्रत्येक श्वास के साथ उसका क्रोध बढ़ता जा रहा था — अब इन दासियों-चेटियों का भी यह साहस हो गया है कि वे शूर्पणखा की उपेक्षा का दुस्साहस करें। उसके बच्चे का मर जाना इतना महत्त्वपूर्ण हो गया कि वह भूल ही गयी कि प्रातः उठते ही शूर्पणखा के केश-विन्यास के लिए उसका यहां रहना आवश्यक है ? बच्चा मर गया... चेटियों-दासियों के बच्चों का क्या है... कीट-पतंगों के समान जन्म लेते हैं और मर जाते हैं। यह मर गया तो और जन्म ले लेगा। किसी चेटी के एक बच्चे के मर जाने का अर्थ ही क्या है ?... बच्चे का तो बहाना है, मूल बात तो विद्रोह की है...

पिछले कुछ दिनों से यहां की हवा बिगड़ती जा रही है।... शूर्पणखा को सब ओर ही विद्रोह होता दिखाई पड़ रहा है। कहां से आ रहा है यह साहस ?... जिस युवक को माली रखा था, वह खुलेआम कहता फिरता था कि माली तो वह नाम का है, वह तो राजकुमारी का प्रेमी है... कहां झूठ कहता था वह !... शूर्पणखा की आंखों के सम्मुख उसका चित्र घूम गया... पुष्ट देह का सुन्दर युवक ! सुन्दर गहरी आंखें, उन्नत नासिका, चौड़ा ललाट, रसभरे अधर, दृढ़ ठुड्डी, चौड़े कंधे, पुष्ट भुजाएं, क्षीण कटि और दृढ़ मांसपेशियों वाली पुष्ट जंघाएं।... वह राजकुमारी का प्रेमी ही हो सकता था — प्रेमी ही नहीं, प्रिय भी ! किंतु सार्वजनिक रूप से इस तथ्य की घोषणा करने का अधिकार उसे नहीं दिया जा सकता था। उसे देखते ही शूर्पणखा तरल होने लगती थी — उसके आस-पास खड़े संभ्रांत राक्षस कैसे भद्दे और पिलपिले लगते थे, फिर भी मदिरा पीकर बहके हुए मस्तिष्क से वल्गाशून्य जिह्वा को सरपट दौड़ने की अनुमति शूर्पणखा कैसे देती !... अगली बार प्रेम-क्रीड़ा के पश्चात् शांत मन से शूर्पणखा ने उसे समझाया भी था, किन्तु वह सहमत ही नहीं हुआ। बाध्य होकर शूर्पणखा को अपने कशा का उपयोग करना पड़ा... और अगले ही दिन उसे सूचना मिली कि वह राजप्रासाद छोड़कर कहीं चला गया है।... विद्रोह ! सब ओर विद्रोह ! गोदावरी के पार किसी नव-स्थापित आश्रम में चला गया... उस आश्रम को भी ध्वस्त करना होगा...

किंतु वह युवक माली ! वह फिर शूर्पणखा को नहीं मिलेगा। शूर्पणखा ने कभी उसका नाम भी नहीं पूछा। नाम पूछकर क्या होगा !... शूर्पणखा के इस जीवन में भोग की अनेक वस्तुएं आयीं और गयीं... उनका नाम क्या पूछना !

द्वार की यवनिका एक ओर कर, रक्षिका भीतर आयी, ''स्वामिनी !''

''मणि को नहीं लायी ?''

''वह अपने आवास में नहीं है।''

''कहां गयी ?'' शूर्पणखा की भृकुटियां वक्र हो उठीं।

''रात को ही अपने मृत बालक के दाह-संस्कार के लिए, परिवार सहित बाहर गयी तो लौटकर नहीं आयी।''

शूर्पणखा को लगा, क्रोध से उसका सिर फट जाएगा। उसकी आंखों से चिनगारियां बरस रही थीं और मुख में झाग आ गया था। उसके स्वर का चीत्कार प्रासाद की दीवारों से टक्करें मारने लगा, ''उसे बाहर जाने की अनुमति किसने दी ! जाओ, मेरे अंगरक्षकों को आदेश दो — प्रासाद के रात्रि-प्रहरियों को बंदी कर अंधकूप में डाल दें। और मणि तथा उसके परिवार की खोज की जाए। यदि वे मिल जाएं तो उन्हें नग्न कर, उनके हाथ-पैर बांध, घसीटते हुए यहां लाया जाए। उन्हें जीवित जलाकर, मैं अपनी आंखों से उनमें से एक-एक को तड़प-तड़पकर मरते हुए देखना चाहती हूं।'' शूर्पणखा ने रुककर रक्षिका को देखा, ''आज्ञापालन में प्रमाद न हो, अन्यथा तुम लोगों के लिए भी यही दंड होगा।''

रक्षिका ने सिर झुकाकर अभिवादन किया और बाहर चली गयी।

क्रोध में फुफकारती हुई शूर्पणखा अपने कक्ष में इधर से उधर चक्कर काटती रही। उसके मन की उद्विग्नता किसी भी प्रकार कम नहीं हो रही थी। इच्छा होती थी, सामने आयी प्रत्येक वस्तु के टुकड़े-टुकड़े कर दे, प्रत्येक जीव को चीर-फाड़ दे। किंतु सबसे अधिक क्रोध मणि पर आ रहा था। यदि किसी प्रकार एक क्षण के लिए भी मणि उसके सामने पड़ जाती तो वह उसे ऐसी यातना देकर मारती कि सुनने वाले आतंक के मारे प्राण छोड़ देते। क्या समझती है मणि ! आज तक शूर्पणखा ने उसे स्नेह से रखा है। कभी कड़वा बोली नहीं, कभी डांटा-फटकारा नहीं। जब-तब उसको पुरस्कार-स्वरूप धन दिया है। वह जानती है कि शूर्पणखा उससे अपना केश-विन्यास करवाना पसन्द करती है, और आज एक बालक के मर जाने पर वह बिना पूछे चली गयी। अपनी स्वामिनी की असुविधा का कोई ध्यान ही नहीं। शूर्पणखा के केश-विन्यास से अधिक महत्त्वपूर्ण उसके बालक की मृत्यु हो गयी... इन नीच लोगों से भलाई करना ही पाप है...

शूर्पणखा के मस्तिष्क की नसें कुछ ढीली पड़ीं। उसकी चाल धीमी हुई, और अंत में जाकर वह दर्पण के सम्मुख बैठ गयी।

''वज्रा ! शृंगार कर !'' उसने आदेश दिया, ''... पहले मेरा कशा लाकर मेरे

पास रख दे।''

कशा पास रखते हुए वज्रा का हाथ कांप गया। शृंगार करवाते हुए भी कशा को निकट रखने का अर्थ वह जानती थी। वह यह भी जानती थी कि उसके द्वारा किया गया केश-विन्यास स्वामिनी के मनोनुकूल नहीं हो सकता। किंतु अब चुनाव वज्रा के हाथ में नहीं था। आदेश दिया जा चुका था और कशा सामने था...

शूर्पणखा ने ध्यान से दर्पण में अपने प्रतिबिंब को देखा। यह उसका दैनिक क्रम था, और यहीं से उसका विषाद घनीभूत होने लगता था। समस्त लेपों, सुगंधित चूर्णों तथा औषधियों के लेपन तथा सेवन के पश्चात् भी कपोलों का मांस ढीला पड़ता जा रहा था। त्वचा की कसावट में रेखाएं उभरने लगी थीं। भुजाओं और जंघाओं का मांस जैसे अस्थियों को छोड़ लटक जाने की तैयारी में था। कंचुक को कितना भी कसकर बांधो, स्तनों में वह उठान दिखाई नहीं पड़ती थी...

खीझ में भीगा कशा वज्रा पर चल गया और उसके कोमल और चिकने कपोल पर एक नीली धारी उभार गया।

''खाना और ऊंघना ही आता है ! अपना काम नहीं आता !'' शूर्पणखा की जिह्वा कशा से कम चंचल नहीं थी, ''कपाल पर रेखा क्यों दीख रही है ?''

अपना चीत्कार दांतों से ही भींच वज्रा चन्दन का लेप लेकर शूर्पणखा के कपाल पर झुक गयी।... उस रेखा को छिपाना ही होगा, नहीं तो अनेक नीली-नीली धारियां वज्रा के मुखमंडल पर उभर आएंगी।

शूर्पणखा ने वज्रा के कपोल पर उभरी हुई नीली धारी को आंख भरकर देखा। उसके मन ने गहरी संतुष्टि का अनुभव किया।... उसने विश्वासघाती यौवन से प्रतिशोध ले लिया। उसके मन में एक तीव्र इच्छा जागी कि वह संसार के प्रत्येक मसृण कपोल पर ऐसी ही नीली धारियां उभार दे। ऐसे कपोल शूर्पणखा को बहुत परेशान करते हैं...

जब तक लंका के महामहालय प्रासाद में मात्र मंदोदरी भाभी ही थीं, शूर्पणखा को वहां जाना भला ही लगता था, किंतु जब से मेघनाद की पत्नी सुलोचना तथा अन्य युवती रानियां वहां आ गयी थीं, शूर्पणखा का लंका जाना बहुत कम हो गया था। शूर्पणखा के बाल आज भी घने और लंबे थे। उनकी कालिमा ने अभी बहुत अधिक धोखा नहीं दिया था। उसकी परिचारिकाएं अपने काले लेपों से केशों पर अंकित होते समय के चिह्नों को बंदी बना लेती थीं। नयनों को काजल तथा अन्य शोभा-लेपों से अब भी आकर्षक बना लिया जाता था, किंतु कपोलों का कोई उपचार नहीं। इस ढीलते हुए मांस को अपने स्थान पर बनाए रखने के लिए उसने विभिन्न देशों के वैद्यों को पुष्कल धन दिया था, किंतु कोई लाभ नहीं हुआ। एक बार सुलोचना के चेहरे के साथ अपना चेहरा दर्पण में देखने पर, उसे अपने चेहरे पर चले हुए काल-रथ के चक्र-चिह्न स्पष्ट दीखने लगे थे। केवल काल-रथ के चिह्न ही नहीं, अतिशय भोग के प्रमाण भी...

वज्रा चेहरे का शृंगार कर चुकी थी। वस्त्र बदलने के लिए उसने कंचुक खोला

तो शूर्पणखा की दृष्टि दर्पण में अपने शरीर के प्रतिबिंब पर पड़ी। आकार अब भी आकर्षक था, किंतु गठन क्षीण होता जा रहा था। मंदोदरी भाभी का शरीर स्थूल हो गया था, किंतु चेहरे पर स्वाभाविक आभा थी — संतुष्टि की। और शूर्पणखा ने शरीर की स्थूलता को दूर भगाने के लिए, स्वयं को सुखा डाला था। चेहरे पर आभा लाने के लिए लंका ही नहीं; उरपुर के भी विशेष लेपों और चूर्णों का प्रयोग करना पड़ता था, किंतु मंदोदरी भाभी के मुखमंडल की आभा और आंखों की संतुष्टि शूर्पणखा को कभी नहीं मिली।...

वज्रा ने सुगंधित द्रव छिड़ककर प्रसाधन की संपन्नता की घोषणा कर दी।

शूर्पणखा ने दर्पण में भली प्रकार अपना निरीक्षण किया। शृंगार और वस्त्र उसके मनोनुकूल थे, किंतु केश-विन्यास उसे नहीं रुचा। वज्रा मणि जैसा केश-विन्यास नहीं कर सकती।

"केश-सज्जा का अभ्यास कर ले, तेरी नियुक्ति मणि के स्थान पर कर दूंगी।" शूर्पणखा जाते-जाते मुड़ी, "किंतु तेरा भी कोई ऐसा बालक तो नहीं है, जिसके मरने पर तू मुझे छोड़ जाए ?"

वज्रा का मन कांप गया। कैसे अशुभ वचन थे ! क्या स्वामिनी के मन में ममता का कण भी नहीं है !

शूर्पणखा भोजन-कक्ष में आयी। परिचारिकाओं ने तत्काल भोजन परोस दिया। किंतु उसे जैसे कुछ खाने की इच्छा ही नहीं थी। आधी घड़ी तक बैठी मधुपान करती रही। भोजन के प्रति अनिच्छा जब मधु में डूब गयी तो उसने पशु-मांस की ओर हाथ बढ़ाया। कदाचित् मृग का मांस था। उसने एक बड़ा-सा खंड उठाया और उसमें दांत गड़ा दिए।

तभी रक्षिका ने आकर अभिवादन किया।

शूर्पणखा ने प्रश्नवाचक दृष्टि से देखा।

"स्वामिनी ! अंगरक्षक सूचना लाए हैं कि मणि का परिवार गोदावरी पार कर, जटायु के आश्रम के पास, किसी नव-स्थापित आश्रम में चल गया है। आश्रम के कुलपति का नाम कदाचित् राम है।"

शूर्पणखा ने मांस-खंड पटक दिया और रोष में तमतमाई हुई उठ खड़ी हुई, "अंगरक्षकों को आदेश दो कि उस आश्रम पर अभियान के लिए प्रस्तुत हो जाएं। संध्या तक आक्रमण कर उस आश्रम को अग्निसात् कर दें और उसके अंतेवासियों की हत्या कर दें। भविष्य में किसी को साहस न हो कि शूर्पणखा की इच्छा के विरुद्ध जनस्थान छोड़कर गोदावरी पार कर सके।"

रक्षिका चली गयी।

शूर्पणखा अपने स्थान पर बैठ गयी, किंतु भूख फिर से मर गयी थी... "वह युवक माली भी राम के आश्रम में चला गया था। अब मणि भी चली गयी है। वहां

सबको आश्रय मिल जाता है। कोई यह नहीं सोचता है कि इससे शूर्पणखा रुष्ट होगी। यह राम नाम का दढ़ियल संन्यासी शूर्पणखा से आतंकित नहीं है। खर की सेना से नहीं डरता और रावण की शक्ति को नहीं जानता। उसे समझाना होगा कि इसका फल क्या है।... किंतु रावण दूर बैठा है। खर मदिरा में धुत्त पड़ा होगा। क्या उसे पता नहीं है कि कोई ऐसा संन्यासी गोदावरी के उस पार आ बैठा है, जो प्रत्येक भगोड़े को शरण देकर शेष लोगों को भागने के लिए प्रेरित करता है... यह उसी बूढ़े जटायु की शरारत होगी। वह ही ऐसे कार्य करता रहता है। वह भूल गया है कि खर के सैनिकों ने अनेक बार उसे पीड़ित किया है। उसका आश्रम उजाड़ा है।... किंतु अब उसके लिए भयभीत होने का कारण भी क्या है ? खर के हाथ में अब खड्ग के स्थान पर मदिरा का पात्र होता है...' सहसा उसने अपने सिर को झटका दिया, '... न सही खर, शूर्पणखा तो है... !'

उसने परिचारिका की ओर देखा, "मदिरा।"

परिचारिका ने भांड उठाकर, उसके पात्र में मदिरा ढाली और धीरे-से बोली, "स्वामिनी ! सुना गया है कि यह कुलपति राम अयोध्या का राजकुमार है, जो अपना शासन छोड़, राक्षसों से ऋषियों की रक्षा के लिए यहां चला आया है। वह अत्यन्त बलशाली और युद्ध-कुशल युवक है, और स्वामिनी ! वह असाधारण रूप से सुदर्शन पुरुष है...।"

शूर्पणखा ने पात्र रख दिया और आंखें फाड़कर परिचारिका को देखा।

"हां, स्वामिनी !"

शूर्पणखा ने तत्काल निश्चय किया।

"अंगरक्षकों से कहो कि अभियान स्थगित कर दें।" वह उठ खड़ी हुई, "शूर्पणखा स्वयं ही अपने अभियान पर जाएगी।"

शूर्पणखा ने अपना रथ गोदावरी के इस ओर ही छोड़ दिया। शिलाविहीन स्थान पर बने घाट पर से नाव में नदी पार की। जैसे ही अंगरक्षकों ने राम के आश्रम की ओर संकेत किया, वह रुक गयी।

"तुम लोगों ने राम को देखा है ?"

"हां, स्वामिनी !"

"वह दढ़ियल संन्यासी है ?"

"नहीं, स्वामिनी ! वेश चाहे तापसों का-सा ही है किंतु दाढ़ी नहीं है, और वह बहुत सुदर्शन पुरुष है।"

"देखने में कैसा है !"

"स्वामिनी ! प्रायः चालीस वर्षों के वय का लम्बा तथा हृष्ट-पुष्ट पुरुष है। वर्ण श्यामल है। ऊंचा ललाट है, बड़ी-बड़ी सुंदर गहरी आंखें हैं। नुकीली तथा ऊंची

नासिका है और होंठों पर बड़ी मोहक मुसकान है।''

''तुम लोग जाओ।... रथ में मेरी प्रतीक्षा करना।'' वह बोली, ''मैं उसे पहचान लूंगी।''

''स्वामिनी ! आप अकेली...''

''जाओ !'' शूर्पणखा का स्वर कुछ कठोर हो गया, ''मत भूलो कि मैं शूर्पणखा हूं, रावण की बहन।''

अंगरक्षक चले गए और शूर्पणखा पेड़ों के झुरमुट में छिपकर खड़ी हो गयी।

आश्रम एक ऊंचे टीले पर बनाया गया था — कदाचित् सामरिक दृष्टि से ही इस स्थान को चुना गया था। आस-पास अनेक ऊंचे-नीचे टीले थे। उन टीलों के पीछे अनेक सैनिक छिपाए जा सकते थे, जो आश्रम से तो दिखाई पड़ सकते थे, किंतु सामने से आने वाले आक्रमणकारियों को उनमें से एक भी दिखाई नहीं पड़ता।... शूर्पणखा का मन कुछ चंचल हो उठा... इस तथ्य की ओर खर का ध्यान जाना चाहिए। यदि वह स्वयं इस तथ्य को नहीं देख पाता तो उसे दिखाया जाना चाहिए। यदि यह आश्रम सामरिक दृष्टि से ही इस स्थान पर बनाया गया है और इसका यहां बनाया जाना संयोग मात्र नहीं है तो इसको बनाने वाला व्यक्ति युद्ध के भूगोल का विशेषज्ञ होना चाहिए।... और उसने इस स्थान पर आश्रम बनाकर अपने साहस का भी परिचय दिया है। सारे दंडक वन में ऋषियों-मुनियों के आश्रम फैले हुए हैं, किंतु किसी ने भी जनस्थान के राक्षस-स्कंधावार के इतने निकट आने का साहस नहीं किया। अगस्त्य इतने पराक्रमी ऋषि माने जाते हैं, किंतु वे भी इधर आने की कल्पना नहीं कर सके, यद्यपि उन्होंने अशिमपुरी के कालकेयों का नाश कर दिया था...

शूर्पणखा के मन में जैसे किसी ने पुराना घाव छीलकर हरा कर दिया... कालकेय! शूर्पणखा के प्रिय और रावण के शत्रु कालकेय ! रावण को कालकेय विद्युज्जिह्व कभी एक आंख नहीं भाया और शूर्पणखा ने उसी का वरण किया। शूर्पणखा के विद्रोह और विद्युज्जिह्व के साहस को रावण कभी क्षमा नहीं कर सका। परिणामत: रावण ने अशिमपुरी पर आक्रमण कर विद्युज्जिह्व का वध किया और उसके शव के साथ सती होने के लिए चिता पर आरूढ़ शूर्पणखा को भाई के प्रेम की सौगंध देकर उठा लाया।... किंतु शूर्पणखा जानती है कि रावण के मन ने न कभी विद्युज्जिह्व को क्षमा किया, न कालकेयों को।... यही कारण था कि जब अगस्त्य कालकेयों का नाश कर रहा था, तब शूर्पणखा के बार-बार कहने पर भी रावण किसी-न-किसी ब्याज से उसे टालता रहा। कालकेयों की सहायता के लिए न तो वह स्वयं गया और न अपनी सेना ही भेजी।

शूर्पणखा को लगा, यदि रावण ने कालकेयों को क्षमा नहीं किया तो वह भी कभी रावण को क्षमा नहीं कर पायी है...

किंतु यह राम कौन है, जो यहां इस जोखिम के मुख में आ बसा है ? कहीं

जटायु ने ही तो उसे अपनी रक्षा और सहयोग के लिए नहीं बुलाया ?

सहसा शूर्पणखा की दृष्टि उस ऊंचे टीले, आस-पास के ढूहों — चट्टानों, शिलाओं से टकराते झाग उत्पन्न करते गोदावरी के श्वेत जल और उसके तट पर खड़े वन की ओर चली गयी। वह स्तब्ध खड़ी देखती रही — कितनी ही बार वह इधर से निकली होगी, किंतु उसकी आंखों ने इस स्थान के सौन्दर्य को नहीं पहचाना। इस व्यक्ति — राम — में निश्चय ही कवि का हृदय होगा और उसकी आंखों में सौन्दर्य की परख, अन्यथा वह अपने आश्रम के लिए ऐसा स्थान कैसे चुनता ? सामरिक महत्त्व की बात भ्रम है — उसने इस स्थल को इसके प्राकृतिक सौन्दर्य के लिए चुना होगा...

सहसा शूर्पणखा के कानों से कुछ लोगों के वार्तालाप का हल्का-सा स्वर टकराया। उसने देखा — स्त्री-पुरुषों का एक झुंड आश्रम की ओर से आ रहा था।

वह सतर्क हो गयी। उसने स्वयं को और भी सावधानी से वृक्षों के पीछे छिपा लिया।

उन लोगों के हाथों में कोई-न-कोई शस्त्र था। शूर्पणखा चौंकी। इस क्षेत्र में लोगों के पास शस्त्र ?... वे लोग स्थानीय ग्रामीण अथवा वनवासी थे। शरीर के वर्ण और आकार-प्रकार से वानर, ऋक्ष, गृध्र अथवा भील जातियों के लोग होंगे, किंतु शस्त्र ? राक्षसों ने उन्हें कभी शस्त्र छूने तक की अनुमति नहीं दी।... और उनका वार्तालाप ?... बातों से भी यही ध्वनित होता था कि वे आश्रम से शस्त्र-प्रशिक्षण प्राप्त कर लौट रहे हैं...

शूर्पणखा का माथा ठनका। तो क्या वे उड़ती-उड़ती सूचनाएं सत्य थीं ? राम क्या सचमुच दंडकारण्य में घूम-घूमकर इन जंगलियों को अभयदान देता रहा है और उन्हें संगठित करता रहा है ? तो क्या यह सच है कि अनेक राक्षस, जन-विद्राहों के सामने बाध्य होकर अपने स्थान छोड़-छोड़कर भाग गए हैं और दंडक-वन में अनेक स्थानों पर राक्षस-व्यवस्था छिन्न-भिन्न हो गयी है ?... उसने तो आज तक इन पर, नशे में सुनी हुई बातों के समान, कभी गंभीरता से सोचा ही नहीं।

रावण और खर ने भी कदाचित् इस पर ध्यान नहीं धरा। या वे स्वयं को बहुत सुरक्षित और शक्तिशाली मानते हैं ? किंतु उन्हें इसकी सूचना तो होनी ही चाहिए... शूर्पणखा को लगा उसका सारा मद उड़ गया है।... उसकी नाक के नीचे यह सब क्या हो रहा है ? इस प्रकार तो ग्राम के ग्राम शस्त्रबद्ध हो जाएंगे।... और शूर्पणखा इतनी मूर्ख नहीं है कि इसका अर्थ न समझे...

उसके मन में तीव्र इच्छा उठी कि तत्काल लौट जाए और जनस्थान में पहुंचते ही सैनिक अभियान की आज्ञा दे दे... किंतु दूसरे ही क्षण उसके कानों में परिचारिका तथा अंगरक्षकों के विभिन्न वाक्य गूंजने लगे... उन्होंने राम को बहुत बलशाली और सुदर्शन युवक बताया था...

शूर्पणखा के उठे हुए पग रुक गए। वह यहां तक आकर राम को देखे बिना नहीं

लौट सकती। क्या वह सचमुच वैसा ही है, जैसा उसके विषय में बताया गया है ?... शूर्पणखा ने तो अपनी परिचारिका से यह भी नहीं पूछा कि उसे राम के विषय में किसने बताया है ? किंतु अंगरक्षकों ने तो स्वयं राम को देखा है। उन्होंने भी तो कहा था, "... वह बहुत सुदर्शन पुरुष है..."

शूर्पणखा खड़ी की खड़ी रह गयी। निश्चय ही वह राम को देखे बिना नहीं लौट सकती।

किंतु इतनी देर में आश्रम से ऐसा कोई पुरुष बाहर नहीं आया, जिसे राम माना जा सके। थोड़ी देर में तपस्वियों का एक और दल आश्रम के टीले पर चढ़ गया। उनके वार्तालाप की जो भनक शूर्पणखा के कानों में पड़ी, उससे यही अनुमान लगाया जा सकता था कि वे लोग किसी दूर के आश्रम से आए हैं और राम के आश्रम से उनका सम्पर्क निरंतर बना हुआ है। उनमें से किसी ने यह भी कहा था कि राम ने ऐसी उत्तम संचार-व्यवस्था कर रखी है कि किसी भी आश्रम तक संदेश पहुंचने में तनिक-सी भी असुविधा और विलम्ब नहीं होता।

शूर्पणखा का मन छटपटाने लगा... राम... राम... सब ओर एक ही नाम है, किंतु वह पुरुष कौन है ? कैसा है ? उसका मन अपनी व्याकुलता में चीत्कार कर रहा था — 'बढ़, शूर्पणखा ! चल, आश्रम के भीतर चल।' किंतु उसका विवेक अभी इतना सुषुप्त नहीं था कि वह ऐसी भूल कर बैठती।

क्रमशः अंधकार छा गया और अब राम के बाहर आने की कोई सम्भावना नहीं थी। यदि शूर्पणखा को लौटने में कुछ और विलम्ब हुआ तो उसके अंगरक्षक अग्निकाष्ठ लेकर उसे खोजने आ पहुंचेंगे। तब उसका छिपना सम्भव नहीं होगा। अनेक विरोधी तथा उत्पाती लोगों के कानों में भी यह बात पहुंचेगी कि राजकुमारी शूर्पणखा वन में रात्रि के अंधकार में छिपी किसी की प्रतीक्षा करती रही थी और वह पुरुष उसके पास कभी नहीं आया।

उसे लौटना ही होगा...

लौटने की बात उठते ही उसका मन डूबने लगा... शरीर जैसे टूटने लगा, किंतु लौटना तो था ही।

वह धीरे-धीरे गोदावरी के घाट की ओर चल पड़ी।

शूर्पणखा को नींद नहीं आ रही थी। उसने आज अपनी सारी संध्या नष्ट कर दी थी, तो भी वह राम को देख नहीं पायी थी... उसका सारा शरीर एक उत्तेजना का अनुभव कर रहा था। रह-रहकर वह अपनी कल्पना में एक बलिष्ठ पुरुष-शरीर का निर्माण कर रही थी, किंतु उसका चेहरा धुंधला तथा अस्पष्ट ही रहता था। वह उसकी रेखाएं स्पष्ट करने का प्रयत्न करती तो वे युवक माली के चेहरे से मिल जातीं, किंतु अब शूर्पणखा को युवक माली का चेहरा नहीं चाहिए था।... वह राम के मुखमंडल की कल्पना करने का प्रयत्न कर रही थी... मुखमंडल स्पष्ट नहीं हुआ तो वह शरीर

की ही कल्पना करने लगी... इस्पात की-सी मांसपेशियों वाला शरीर, जो उसे अपनी बांहों में भरकर वक्ष में भींच ले... किंतु दूसरे ही क्षण उसे लगा कि वह बलिष्ठ शरीर उसे प्रेम और आसक्ति से नहीं, घृणा के आवेश में पकड़े हुए है। वह उसे कामावेश में नहीं भींच रहा, क्रोध से उसका गला दबा रहा है... और उसका दम घुट रहा है।... वह जैसे सांस लेने के लिए तड़प उठी। उसने सहायता में अपने हाथ-पैर झटके और जोर-जोर से सांस लेने का प्रयत्न किया — किंतु उसे शांति नहीं मिली। अशांति में उसके भीतर उसका दुर्दमनीय क्रोधोन्माद फुफकारकर उठ खड़ा हुआ।... शूर्पणखा ने अपना कशा उठाया और अपने पलंग को घेरकर, फर्श पर सोयी हुई दासियों को धड़ाधड़ पीटना आरंभ कर दिया।

दासियां घबराकर उठ खड़ी हुईं। आतंक, घबराहट और असहायता में बंधी वे यह पूछ भी नहीं सकती थीं कि उनका अपराध क्या है। शूर्पणखा के लिए यह बताना आवश्यक भी नहीं था।... वह धड़ाधड़ उनको पीटती रही। पूरे बल से उन पर प्रहार करती रही। ताक-ताककर उनके कोमल अंगों पर आघात करती रही।... और थोड़ी ही देर में उसे लगा कि उसका क्रोध एक उत्तेजक मद में परिणत हो गया है। उसे अपने सम्मुख खड़ी युवा, सुन्दर और कोमल दासियों को पीड़ा पहुंचाने में सुख मिल रहा था। वह क्रोध की यातना में नहीं, एक मादक सुख में निमग्न उन पर आघात करती जा रही थी। प्रत्येक आघात, और परिणामस्वरूप आहत दासी के चीत्कार से उसके रक्त में जैसे मधु घुल जाता; तो उसका मन आंखें बन्द कर अपने भीतर सुख में झूमने को आतुर हो उठता।

मारते-मारते हाथ थक गया और सुख में बाधा पड़ने लगी तो उसने हाथ रोककर आदेश दिया, ''कक्ष से बाहर चली जाओ ! तुममें से किसी का चेहरा दिखाई न पड़े।''

दासियों को मुक्ति मिली। वे एक-दूसरी पर गिरती-पड़ती बाहर निकल गयीं।

शूर्पणखा पलंग पर औंधी जा पड़ी और हांफती रही... जब और कुछ नहीं सूझा तो उसने मदिरा का भांड उठा लिया।

प्रातः आंखें खुलते ही उसे फिर एक बार मणि की याद आयी। किंतु उसका पता पाना भी कठिन था; और शूर्पणखा का प्रसाधन होना ही चाहिए था। रक्षिका को पुकारकर, शूर्पणखा ने वज्रा को बुलाने के लिए कहा। वज्रा आयी तो उसे आदेश दिया कि वह अपनी सहायिकाओं को भी बुला ले। आज शूर्पणखा का असाधारण शृंगार होना चाहिए — सर्वश्रेष्ठ वस्त्र, सर्वश्रेष्ठ प्रसाधन और सर्वश्रेष्ठ सुगंध। शूर्पणखा विश्व-सुन्दरियों की महारानी दिखाई पड़नी चाहिए...

दिन-भर शूर्पणखा का शृंगार होता रहा। उसने आज मदिरा का सेवन नहीं किया। बीच-बीच में जब शरीर और मन ने बहुत परेशान किया तो फलों का मद्य ले लिया। वह भी बहुत अधिक नहीं... उसकी सारी चेतना, दर्पण में दीखते अपने प्रतिबिम्ब को निहार रही थी। उसमें क्या और कैसा परिवर्तन किया जाए कि जो दृष्टि उस पर पड़े,

वह हट न सके...

अपराह्न में वह अपने अंगरक्षकों को लेकर चल पड़ी। रथ और अंगरक्षकों को गोदावरी के इस पार छोड़, अकेले ही नदी पार कर, उस पार राम के आश्रम के सामने के वन में जा पहुंची।

दूर से ही कुछ स्वर सुनायी पड़े। वह वृक्षों में छिप गयी। ध्यान से सुना — वृक्षों पर कुल्हाड़ियां चल रही थीं। कदाचित् कुछ लोग लकड़ियां काट रहे थे।

शूर्पणखा ने उनका वार्तालाप सुनने का प्रयत्न किया। उनके शब्द बहुत स्पष्ट नहीं थे। या तो वे लोग बोल ही बहुत धीरे-धीरे रहे थे, या फिर शूर्पणखा से उनकी दूरी अधिक थी। फिर वे कितने व्यक्ति थे और कौन थे — यह भी मालूम नहीं हो रहा था। किंतु शूर्पणखा उतनी ही निकट जा सकती थी, जहां से उसके देखे जाने की आशंका न हो। अपने अंगरक्षकों के साथ होने पर, वन में इस प्रकार लकड़ियां काटते हुए वनवासियों पर टूट पड़ना और उन्हें डराकर भगा देना, मार देना अथवा पसन्द आने पर उन्हें दास बनाकर साथ ले आना, शूर्पणखा का प्रिय मनोविनोद था। किंतु इस समय वह न तो उस मनःस्थिति में थी और न ही उसके अंगरक्षक उसके साथ थे।

पेड़ों के पीछे छिपती-छिपती शूर्पणखा निःशब्द आगे बढ़ी। उनके वार्तालाप के स्वर स्पष्ट होते जा रहे थे। एक स्वर कह रहा था, "भद्र राम ! हमारी संचार-व्यवस्था प्रायः स्थापित हो गयी है। अगस्त्य, सुतीक्ष्ण, शरभंग, धर्मभृत्य, आनन्दसागर तथा अन्य आश्रमों से और उनके माध्यम से आस-पास के ग्रामों से हमारा सम्पर्क बन गया है। समाचार आने-जाने में विलम्ब नहीं होगा। घड़ी-भर में सूचनाओं का आदान-प्रदान..."

किंतु शूर्पणखा ने कुछ भी नहीं सुना। उसने केवल एक नाम सुना — 'राम'। उसके मन में खलबली मच गयी — कौन-सा है इनमें राम ? कल से वह उसे खोजने के लिए भटक रही है।... मन की खलबली इतनी बढ़ी कि उसकी इच्छा होने लगी कि वह सारी सावधानियां त्याग, सीधी उस दल तक जाकर उनसे पूछे कि उनमें से राम कौन है ? किन्तु उसी व्याकुल मन के किसी कोने से एक चेतावनी भी उसके भीतर गूंजती रही कि उसे तनिक भी असावधान नहीं होना है। सम्भव है, देखने के पश्चात् राम उसे प्राप्ति-योग्य पुरुष लगे; और ऐसे पुरुष को अपने असावधान व्यवहार से स्वयं से विरक्त करने का जोखिम वह नहीं उठा सकती।

वह और निकट आयी। सावधानी आवश्यक थी — कहीं सूखे पत्तों पर पैर न पड़ जाए, कहीं अपने ही शरीर के आभूषण न खनक पड़ें, कहीं किसी पशु का सामना न हो जाए।

"लो, राम !"

एक तपस्वी ने कुल्हाड़ी राम की ओर बढ़ायी। शूर्पणखा ने देखा, उसकी ओर राम की पीठ थी। सांवले रंग की, पुष्ट और उभरी हुई पेशियों से बनी दृढ़ पीठ, जिससे अपना वक्ष चिपका, दोनों बांहों से घेर, अपने कपोल रगड़ने को मन तड़प उठा।...

शूर्पणखा को अपना मन हारता-सा लगा... उसके विवेक के तनिक-सा भी ढीला पड़ते ही उसका मन उसे बाध्य कर देता और वह भागती हुई जाती और जाकर उस पीठ से लिपट जाती...

राम ने अपना धनुष एक वृक्ष के तने से टिकाकर खड़ा कर दिया। साथ ही तूणीर भी रख दिया और कुल्हाड़ी पकड़ ली। वह भुजा भी उसी पीठ के अनुरूप थी, जैसे शक्ति का भंडार हो। और तब राम घूमे — अब शूर्पणखा उनका मुखमंडल देख सकती थी। शूर्पणखा की दृष्टि फिसलती भी गयी और चिपकती भी गयी... वह उन्नत ललाट, काली, घनी तथा लम्बी भवें और उनके नीचे वे आंखें। राम उसकी ओर देख नहीं रहे थे। आंखें पूर्णरूपेण खुली हुई भी नहीं थीं, किंतु वे खुली और झंपी-सी सुदीर्घ आंखें... शूर्पणखा को लगा, उसका वक्ष फट जाएगा...

राम के अधरों की मुसकान कितनी सजीव थी...

शूर्पणखा को निकट के वृक्ष का सहारा लेना पड़ा। उसे लगा, वह खड़ी नहीं रह सकती। कहीं ऐसा न हो कि वह गिर पड़े, या भागकर राम के वक्ष से जा लगे... उसकी दृष्टि थी कि फिर-फिर जाकर राम के शरीर से चिपक जाती थी, किंतु वहां टिक नहीं पाती थी... वह ठुड्डी, सीधी तनी हुई पुष्ट ग्रीवा। एक कंधे से दूसरे कंधे तक उभरा हुआ बलिष्ठ, पुष्ट वक्षस्थल और सिंह के समान क्षीण कटि... अधोवस्त्र के नीचे जंघाओं की वह कल्पना ही कर सकती थी...

राम ने अपनी कुल्हाड़ी से वृक्ष पर प्रहार करना आरंभ किया। अभी गिनती के ही प्रहार किए थे कि लगा, राम का शरीर सधता जा रहा है... वह जैसे अपना वास्तविक आकार ग्रहण कर रहा था। पेशियां और नसें जैसे उठकर खड़ी हो गयीं और सघन रूप लेने लगीं। ऊर्जा, शक्ति और रूप का ऐसा सम्मिश्रण...

शूर्पणखा अपनी चंचलता और आत्मविश्वास खो बैठी — एक-से-एक सुंदर और एक-से-एक बढ़कर बलिष्ठ और शक्तिशाली पुरुष उसने देखे थे, किंतु ऐसा पुरुष तो उसने कभी नहीं देखा। इस पुरुष से खेलने की, इसे पीड़ा पहुंचाने की भावना उसके मन में जैसे जन्मी ही नहीं थी। वह स्वयं ही उसके सम्मुख अवश हो गयी थी...

उसने आंखें मूंदकर अपने और राम के रूप की कल्पना की। वह चढ़ते हुए सूर्य के सामने ढलती हुई संध्या थी; उठते हुए ज्वार के सम्मुख उतरता हुआ भाटा थी। यह पुरुष ऐसा नहीं था, जिसे वह अपांग से देखती और वह उसके चरणों पर आ गिरता तथा वह जब चाहती उसका भोग कर, कूड़ा समझ फेंक देती। वह पुरुष कमनीय था, प्राप्य था, संग्रहणीय था...

और इस समय शूर्पणखा स्वेद में नहायी हुई, श्रृंगार-भ्रष्ट, उड़े हुए वर्ण वाली, घबरायी हुई स्त्री थी। यह उसका कमनीय रूप नहीं हो सकता। इस रूप में वह राम के सम्मुख जाकर, उसके मन में वितृष्णा जगाएगी।... वह राक्षस नहीं है कि किसी स्त्री को देखते ही भूखे पशु-सा उस पर टूट पड़े। कहीं यह उन पुरुषों में से न हो, जो काम

आह्वान करने वाली स्त्री को निर्लज्ज मान लेते हैं... शूर्पणखा को त्वरा से बचना होगा। प्रत्येक पग संभलकर उठाना होगा। राम के विषय में अधिक जानकारी प्राप्त करनी होगी — वह विवाहित है अथवा अविवाहित; पत्नी साथ है अथवा नहीं; काम को वह प्रेम का पर्याय मानता है या भोग का; स्त्री से समर्पण चाहता है अथवा बलात् उसका भोग करता है... पूरी जानकारी के अभाव में यदि वह कोई असावधानी कर बैठी और यह पुरुष उसे न मिला, तो वह स्वयं को कभी क्षमा नहीं कर पाएगी... साथ ही उसे अपने मन को भी टटोलना होगा... वह उसे पाना चाहती है या स्वयं को उसे देना चाहती है? यह अधिकार की भावना है या समर्पण की ? वह भोग चाहती है या प्रेम... ?

इस बीच जाने कब राम ने वह शाखा काटकर भूमि पर डाल दी थी। उनके साथियों ने लकड़ियां संभालकर बांध ली थीं और वे लोग लौट जाने की तैयारी में थे। यह सब शूर्पणखा की आंखों के सम्मुख घटा था, और फिर भी उसने कुछ नहीं देखा था। वह जैसे अवश-सी बैठी रह गयी थी। वह समझ नहीं पा रही थी कि उसका सारा शरीर आग में जल रहा था या स्वेद में नहा रहा था। राम को अपनी आंखों देख उसका मन जुड़ गया था, या कामना से खंड-खंड हो रहा था।...

वे लोग अपनी लकड़ियां उठाकर चले गए; और शूर्पणखा का स्वप्न भंग हो गया। वह जैसे नींद से जागी। उसकी चेतना लौटी। स्वयं उसके लिए अपना यह रूप एकदम नया था। जनस्थान की स्वामिनी और रावण की बहन शूर्पणखा — इतनी निरीह ! केवल एक पुरुष के रूप के हाथों... कैसी विडंबना !... सहसा उसे लगा, वह अपने-आपको पहचान रही है।... इस प्रकार चुपचाप बैठे रह जाना शूर्पणखा का स्वभाव नहीं है। वह अपने आदेश से इस पुरुष को प्राप्त करेगी। जनस्थान से अंगरक्षकों का पूरा एक गुल्म भेजेगी, जो राम को उसकी इच्छा के विरुद्ध भी उठाकर ले जाएगा।... जब तक शूर्पणखा ने राम को देखा नहीं था, तब तक बात और थी; किंतु अब वह उसे वन में इस प्रकार तपस्वी के रूप में रहकर, अपने यौवन को नष्ट करने की अनुमति नहीं दे सकती। यदि राम को अपने रूप और यौवन की आवश्यकता नहीं है तो न सही, शूर्पणखा को उनकी आवश्यकता है। वह उस रूप और यौवन का मूल्य समझती है। मणि का मूल्य तो कोई मणि-व्यवसायी ही समझ सकता है...

शूर्पणखा जैसे अविष्टावस्था में चल रही थी। मस्तिष्क राम के विषय में सोच रहा था और पग अभ्यासवश ही अपने मार्ग पर चल रहे थे।

... तपस्वी के वेश में राम कैसा सुंदर लग रहा था; किंतु शूर्पणखा उसकी जटाएं खुलवा देगी। उन कुंतलों का श्रृंगार होगा। वह कुंतल-मेघ कैसा लगेगा ? शरीर पर राजसी वस्त्र और अलंकार होंगे। पुष्पों की सुगंध होगी... कैसा लगेगा राम ?

"आपने कुछ पूछा, स्वामिनी ?" अंगरक्षक कह रहा था।

"नहीं। रथ चलाओ।"

शूर्पणखा ने आंखें बन्द कर लीं। उसने अपनी कल्पना में राम के शरीर का स्वेद

अपने आंचल से पोंछ डाला। शरीर पर विशेष सुगंधित चूर्ण का लेप किया। चंदन और कस्तूरी से सुगंधित किया; और प्रशंसावाचक दृष्टि से राम को देखा... उसे लगा, राम ने कुल्हाड़ी उठाकर वृक्ष काटना शुरू कर दिया है। क्षण-भर में उसका शरीर पुनः स्वेद से नहा गया। नयनों में प्रतिवाद का भाव लेकर शूर्पणखा ने राम की ओर देखा तो राम को मुसकराते पाया — दुर्ललित मुसकान। दुष्टता और लालित्य से भरी हुई। राम ने जान-बूझकर कुल्हाड़ी उठायी थी, सायास श्रम कर, शूर्पणखा द्वारा किया गया श्रृंगार अपने स्वेद में बहा दिया था ! पुनः अपने सुंदर छंटे हुए कुंतलों की जटायें बना, फिर से मस्तक पर जटाजूट बना लिया था। और उस पर मुसकरा रहा था। राम ने उसे चिढ़ाया था और अवश शूर्पणखा समझ नहीं पा रही थी कि वह दुष्टतापूर्वक हंस रहा था अथवा लालित्यपूर्वक। शूर्पणखा उस पर मुग्ध हो रही थी, अथवा रोष से जल रही थी। कैसा है यह राम ! शूर्पणखा रुष्ट होती है तो रूठने नहीं देता, मुग्ध होती है तो रीझने नहीं देता।... ऐसा खेल तो शूर्पणखा के साथ आज तक किसी पुरुष ने नहीं खेला; कालकेय विद्युज्जिह्व ने भी नहीं। उसने तो वास्तविक वीर पुरुष के समान सुंदरी शूर्पणखा का भोग किया था; शेष जितने भी पुरुष शूर्पणखा के सम्मुख आये थे, वे या तो उसके आतंक से सहमे मूषक के समान लगते थे, अथवा शूर्पणखा के रूप और सौन्दर्य को देखकर अवश खुल गए मुख से लार टपकाते...

रथ रुक गया।

शूर्पणखा बिना किसी से कुछ कहे, चुपचाप उतरी और सीधे अपने शयन-कक्ष में जा पहुंची। उसने परिधान बदलने के लिए दासियों की प्रतीक्षा नहीं की। पलंग पर औंधी जा लेटी।

''स्वामिनी ! थकी आयी हैं — शीतल जल से हाथ-पैर धो दूं ?''

''मुझे कोई मत छूना।'' शूर्पणखा बिना आंखें खोले हुई बोली, ''तुम लोग सब चली जाओ। मुझे किसी की आवश्यकता नहीं।''

शूर्पणखा नयन मूंद, मन-ही-मन राम के स्वरूप की कल्पना करती तो पहले उसकी कल्पना में चौड़ी, बलिष्ठ, सांवली, स्वेद-भीगी पीठ उभरती, फिर इस्पात की-सी पेशियों वाली भुजा। और फिर शरीर अपना पूरा आकार ग्रहण करता — बलिष्ठ ग्रीवा, पर्वत जैसा वृक्ष, सिंह की-सी कटि... और जंघाएं... जंघाएं... शूर्पणखा की कल्पना थक जाती और उस कल्पित शरीर पर एक सुंदर चेहरा चिपक जाता... गहरी आंखें, तीखी नासिका और मोहक मुसकान...

''स्वामिनी ! भोजन नहीं करेंगी ?''

शूर्पणखा ने आंखें खोलीं। आंखों की भयंकरता देख, दासी की हृदय-गति रुकने-रुकने को हुई।

''यहां कोई न आए।'' शूर्पणखा शुष्क सपाट स्वर में बोली।

''स्वामिनी ने दोपहर का भोजन भी ठीक से नहीं किया।'' दासी स्नेह प्रदर्शित

करने का दुस्साहस कर बैठी।

"मुझे भूख नहीं है।"

"स्वामिनी अस्वस्थ हैं तो वैद्य...

"जाओ !"

दासी की वाणी थम गई। वह बिना एक भी शब्द और कहे, कक्ष से निकल गई।

शूर्पणखा ने पुनः आंखें मूंद लीं। क्या अधिक आकर्षक है — राम का शरीर अथवा मुखमंडल ? शरीर की दृढ़ता अथवा मुखमंडल की मुसकान ?... शूर्पणखा का लोलुप मन राम के शरीर की ओर लपक रहा था, और उसकी ममता मुग्ध हो राम की मुसकान को निहार रही थी... अंगरक्षकों का दल यदि राम को बन्दी कर उठा लाया तो उसका शरीर तो आ जाएगा, किंतु वह मुसकान ? अपहृत युवक के मुखमंडल पर वैसी मुसकान नहीं हो सकती। अंगरक्षक राम की भुजाओं को जीत भी जाएं तो उस मुसकान को नहीं जीत पाएंगे... उसे जीतने के लिए तो स्वयं शूर्पणखा को ही जाना होगा...

शूर्पणखा चौंकी... उसका मन स्वयं ही बदल रहा था।... राम को जीतने के लिए स्वयं शूर्पणखा को ही जाना होगा। वह आदेश से राम को प्राप्त नहीं कर सकती। उसे राम को अपने सौन्दर्य पर मुग्ध करना होगा — उसे राम को रिझाना होगा...

वह पलंग से उठ बैठी। वह स्वयं चकित थी कि काम से तपते हुए उसके शरीर में उसका मन कैसा अवश और निरीह हुआ बैठा था। इससे पहले एक ही बार उसका मन ऐसा हुआ था — विद्युज्जिह्व के सम्मुख। किंतु तब शूर्पणखा मुग्धा किशोरी थी। तब उसे न प्रेम का अनुभव था, न काम का, न स्त्री-पुरुष-सम्बन्धों का। उसने तब तक किसी अन्य पुरुष को जाना ही नहीं था।... किंतु अब स्थिति भिन्न थी। स्त्री-पुरुष-सम्बन्धों को उससे अधिक कोई और क्या जानेगा। किंतु इन सम्बन्धों में उसने प्रेम का शब्द तक कभी नहीं आने दिया। उसे न स्वयं कोई भ्रांति थी, न उसने किसी को यह भ्रांति होने दी — नारी-पुरुष-सम्बन्ध उसके लिए निर्भ्रान्त रूप से काम-सम्बन्ध थे... पर क्या राम से भी वह केवल काम-सम्बन्ध ही चाहती है ?... शूर्पणखा का मन उसे निश्चित उत्तर नहीं दे रहा था।

वह उठकर दर्पण के सम्मुख आ बैठी। दीपक के धुंधले प्रकाश में वह अपने प्रतिबिंब को निहारती रही।... राम उसे तब मिला जब उसके चेहरे पर काल-रथ अपने चिह्न अंकित कर चुका था... नयनों के नीचे काले अर्धवृत्त घिर आए थे, उभरे हुए कोमल और चिकने कपोल ढुलककर रुक्ष हो चुके थे।... क्या नहीं था शूर्पणखा के पास ? रूप-रंग, यौवन-मादकता, धन-संपत्ति, दास-दासियां, रथ-घोड़े, सत्ता-अधिकार, सेना-शक्ति... वह सम्राट रावण की बहन थी — शूर्पणखा। किंतु उसका पहला प्रेम उसके अपने भाई के ही द्वारा वध्य घोषित किया गया। क्षति-पूर्ति के रूप में भाई ने उसे अपार वैभव तथा सत्ता दी। शूर्पणखा राक्षस-साम्राज्य की राजकुमारी भी थी और

जनस्थान की स्वामिनी भी... किंतु कैसी लुटी बैठी है वह ! कितनी अकेली, खंडहरों पर मंडराने वाली किसी प्रेतात्मा के समान !... स्वामिनी शूर्पणखा के पास एक भी ऐसा व्यक्ति नहीं, जिसके सम्मुख वह अपना मन खोलकर रख सके। न दास, न दासी, न मित्र, न बंधु, न प्रेमी, न पति... शूर्पणखा से अधिक निर्धन और असहाय और कौन होगा? किंतु आज उसने उस व्यक्ति को देखा, जिसको पाकर वह सचमुच महारानी हो जाएगी। किंतु अब क्या है उसके पास राम जैसे पुरुष को रिझाने के लिए ? यह शरीर, जो खंडहर हो चुका है ?... धन-संपत्ति, मणि-माणिक्य — जिन्हें त्यागकर वह तपस्वी बना बैठा है ?...

शूर्पणखा की इच्छा हुई, वह अपना सिर दर्पण पर दे मारे और दर्पण के साथ-साथ अपने सिर के भी टुकड़े कर ले। या फिर अपने ही हाथों अपने चेहरे को पीट-पीटकर सपाट कर दे, अपने सिर के बाल नोंच ले और शरीर की बोटियां-बोटियां कर दे... ऐसी हताश तो शूर्पणखा कभी नहीं हुई थी।

वह पुनः पलंग पर औंधी जा गिरी और बड़ी देर तक तकिए में अपने नाखून गड़ाए पड़ी रोती रही...

चुपचाप पड़े, रोते हुए कुछ समय हो गया, तो शूर्पणखा को लगा कि उसका मन कुछ हल्का हो गया है और उसकी हताशा भी छीज गयी है। कामना पुष्ट हो गयी है और मन हठ पकड़ता जा रहा है। उसकी उग्रता लौट रही है और शरीर कर्म के लिए उद्यत हो रहा है — दर्द-भरा एक वाक्य बार-बार उसके मन में गूंज रहा था — 'मैं शूर्पणखा हूं — जनस्थान की स्वामिनी और रावण की बहन। मैं चाहूं तो मुझे क्या नहीं मिल सकता...' कल प्रातः ही वह सर्वाधिक तीव्रगामी रथों को लंका भेज देगी। दो दिनों के भीतर लंका के सर्वश्रेष्ठ वैद्य जनस्थान में पहुंच जायेंगे। वैद्यों के आसवों से, चाहे अस्थायी रूप से ही सही, शूर्पणखा के मांस को उसकी हड्डियों से चिपक जाना होगा। उसके यौवन को लौटना होगा। वह लंका के उत्तमतम प्रसाधन-कर्मियों को बुलाएगी, सर्वश्रेष्ठ वस्त्र आएंगे, लेप, आसव, चूर्ण, सुगंध... संसार के सर्वश्रेष्ठ श्रृंगार-साधनों को वह जनस्थान में एकत्रित कर देगी... यह सत्ता, शासन, धन-वैभव किस दिन के लिए है ? यदि वह अपना इच्छित पुरुष प्राप्त नहीं कर सकती तो इस साम्राज्य का क्या करना है ?... राम उसे मिलना ही चाहिए, चाहे उसके लिए सारा राक्षस साम्राज्य ध्वस्त हो जाए... शूर्पणखा राम को पाए बिना नहीं मानेगी...

प्रातः आंख खुलते ही शूर्पणखा ने दूषण को बुलवा भेजा।

दूषण ने आने में विलंब नहीं किया। उसने देखा, आज की शूर्पणखा अन्य दिनों से सर्वथा भिन्न थी, अन्यथा संभव नहीं था कि कोई भी व्यक्ति, चाहे वह स्वयं खर अथवा रावण ही क्यों न हो, शूर्पणखा को उसके प्रसाधन से पूर्व देख सके। सारा प्रासाद जानता था कि प्रातः शूर्पणखा का पहला कार्य प्रसाधन और केश-विन्यास है। संसार के

और सारे कार्य चाहे रुक जाएं, यह कार्य नहीं रुक सकता था।... किंतु आज न तो शूर्पणखा ने प्रसाधन कर रखा था, न रात के पहने हुए वस्त्र ही बदले थे। यही नहीं, लगता था कि उसने रात को सोने से पूर्व भी वस्त्र नहीं बदले थे...

"क्या आदेश है, भगिनी-भर्तृदारिके ?"

शूर्पणखा बोली नहीं, उसे ध्यान से देखती रही, "कुछ उद्विग्न हो, भ्राता सेनापति?"

"हां, बहन ! रात कुछ ऐसा ही घटित हो गया !" वह सायास हंसा, "पर तुम अपनी बात कहो। वह सब तो होता ही रहता है।"

शूर्पणखा ने भी विशेष आग्रह नहीं किया। बोली, "अपनी सेना के तीव्रतम रथों और सारथियों को तुरंत लंका भेज दो। वे लोग कम-से-कम समय में लंका के श्रृंगार-वैद्यों, अन्य श्रृंगार-कर्मी-कलाकारों, श्रेष्ठतम वस्त्रों तथा प्रसाधनों को यहां उपस्थित करें। मैं कल संध्या तक का समय दे सकती हूं। परसों सूर्योदय के बाद लौटने वाले सारथियों को तत्काल किसी भी वृक्ष के साथ लटका दिया जाए।"

दूषण की उद्विग्नता कुछ मुखर होकर उसके चेहरे पर लौट आयी। वह अपने स्थान पर बैठा रह नहीं सका। खड़ा होकर बोला, "बहन ! रुष्ट न होना। किंतु इस समय यह सर्वथा असंभव है।"

शूर्पणखा ने उसे सर्वथा उष्णताशून्य दृष्टि से देखा, "तुम जानते हो, शूर्पणखा की अवज्ञा का दंड क्या होता है ? अपराधी चाहे सेनापति दूषण ही क्यों न हो।"

दूषण चुपचाप शूर्पणखा को देखता रहा। वह कह चुकी तो धीरे-से बोला, "थोड़ी देर शांत मन से मेरी बात सुन लो, फिर जो मन में आए, वैसी आज्ञा दे देना।"

शूर्पणखा को अपने मन के संसार से बाहर निकलना पड़ा, "क्या बात है ?"

"कल यहां एक बहुत बड़ी दुर्घटना हो गयी है।" दूषण बोला। शूर्पणखा चुप रही।

"हमारे तीन गुल्म कल आस-पास के ग्रामों में लूट-मार के विचार से गए थे।" उसने क्षण-भर शूर्पणखा को देखा, "यह कोई नयी बात नहीं है। तुम जानती हो कि ऐसा होता ही रहता है। आस-पास के ग्रामों तथा आश्रमों के लोग इतने असुरक्षित तथा निर्बल हैं कि हमारे सैनिकों और सेनानायकों का मन उनको मारने और लूट लेने के लिए ललचाता..."

"दुर्घटना की बात करो।" शूर्पणखा ने स्पष्ट अवज्ञा से कहा।

"हां !" दूषण सावधान होकर बोला, "वे लोग लूट-मार के लिए गए थे। सदा के समान वे लोग गांव के पास गए। गांव के भीतर गए। कुछेक घरों को लूटा भी और एक घर को आग लगाई। तभी सहसा झुंड के झुंड ग्रामीण उन लोगों पर टूट पड़े। आश्चर्य की बात तो यह भी थी, क्योंकि ये ही ग्रामीण हमारे सैनिकों के आने का समाचार सुनते ही अपने घरों और स्त्रियों-बच्चों तक को छोड़कर भाग जाया करते थे,

किंतु उससे भी बड़े आश्चर्य की बात यह थी कि ये सारे के सारे ग्रामीण सशस्त्र थे। उनके पास फरसा, खड्ग अथवा शूल जैसे साधारण शस्त्र तो थे ही, अनेक लोगों के पास धनुष-बाण भी थे, जिसका प्रयोग उन्होंने अत्यन्त कौशल पूर्वक किया। परिणामतः हमारे अनेक सैनिक वहीं धराशायी हो गए और शेष भाग खड़े हुए। ग्रामीणों ने भागनेवालों का पीछा किया और उनमें से अनेक को घायल कर दिया।'' आगे बोलने के लिए दूषण ने लंबी सांस ली, ''लगता यही है कि यह राम इन समस्त ग्रामों को शस्त्र-शिक्षा ही नहीं दे रहा, उन्हें शस्त्र बनाने की विधि भी सिखा रहा है। जो धनुष-बाण केवल राक्षसों के पास हुआ करते थे, अब भीलों और वानरों के हाथों में भी दिखाई पड़ने लगे हैं... हमें राम को समाप्त करना ही...''

''इस दुर्घटना का मेरी आज्ञा से क्या संबंध है, भ्राता सेनापते ?'' शूर्पणखा वक्र स्वर में बोली।

''संबंध है, बहन ! बहुत गंभीर संबंध है।'' दूषण अचकचाया, ''लंका की बात और है, पर तुम जानती हो कि जनस्थान में हमारे पास रथ अधिक नहीं हैं, और जैसे तीव्रगामी रथ तुम चाहती हो, वैसे तो दो या तीन ही हैं। हम वे तीनों रथ लंका भेज रहे हैं, ताकि वहां से शीघ्रातिशीघ्र शल्य-चिकित्सक, औषधियां तथा कुछ दिव्यास्त्र मंगाए जा सकें। हमें अपने घायलों के प्राणों की रक्षा भी करनी है और उन ग्रामीणों तथा इस राम को पाठ भी पढ़ाना है। यदि तुम्हारी आज्ञा के अनुसार, उन रथों में शृंगार-कर्मी सुंदरियां मंगा ली गयीं तो हमारे आहत सैनिक, शल्य-चिकित्सा के अभाव में, मृत्यु को प्राप्त हो जाएंगे।''

''मैंने सब कुछ सुन लिया, दूषण !'' शूर्पणखा शुष्क स्वर में बोली, ''मैंने पहली बार जाना कि सैनिकों के प्राण तुम्हारे लिए इतने महत्त्वपूर्ण हैं। उनके प्राण बचाने में मुझे कोई आपत्ति नहीं है, किंतु मेरी आज्ञा वही है। तीव्रगामी रथों को तत्काल लंका भेजा जाए। उनमें, जो व्यक्ति और सामान मैंने कहा है, मंगाया जाए। उसके पश्चात् अपनी इच्छानुसार, तुम उन रथों को जहां चाहो, भेज देना और जो इच्छा हो मंगवाना, या लंका से अन्य तीव्रगामी रथ प्राप्त कर, उनमें अपनी आकांक्ष्य वस्तुएं मंगवा लो — किंतु मेरे काम में विलंब न हो।'' शूर्पणखा के दांत भिंच गए, ''मेरी दी हुई समय-सीमा का अतिक्रमण न हो। जाओ !''

दूषण भौंचक-सा बैठा हुआ शूर्पणखा को देखता रहा, किंतु उसकी भंगिमा देख, कुछ और कहने का साहस उसे नहीं हुआ। उठा और अभिवादन कर, चुपचाप चला गया।

शूर्पणखा पुनः अपनी उलझनों में लौट आयी। अगले दिन की संध्या तक... न सही संध्या... रात्रि तक यदि लंका से शृंगार-कर्मी कलाकार और प्रसाधन का सामान आ जाए, तो वह परसों प्रातः से ही शृंगार करवाना आरंभ कर देगी। अपराह्न तक वह अपनी इच्छानुसार सज्जित होकर राम से मिलने जा सकेगी। लंका के शृंगार-कर्मियों की

सहायता के पश्चात् उसे राम के सम्मुख जाने में कोई संकोच नहीं होना चाहिए। और राम कैसा भी गर्विष्ठ पुरुष क्यों न हो, शूर्पणखा की अवहेलना वह कर नहीं पाएगा।

किंतु अभी तो दो दिन और हैं। इन दो दिनों में उसका क्या होगा ? ये दो दिन वह बिना राम के कैसे बिताएगी ? अभी तो पिछली सारी रात उसने बार-बार ऐंठते हुए अपने शरीर से लड़ते-लड़ते बिताई है। रात को भोजन भी नहीं किया... वह दो दिनों की लम्बी अवधि तक बिना राम के नहीं रह सकती... उसे राम को देखने जाना ही होगा, चाहे वह स्वयं को राम के सम्मुख प्रकट न करे...

''द्वार पर कौन है ?''

रक्षिका भीतर आयी, ''स्वामिनी !''

''वज्रा को भेज। उससे कह, कोई दक्ष केश-सज्जक उसकी दृष्टि में हो तो उसे बुला ले।''

वज्रा को आने में अधिक समय नहीं लगा। वह अपनी सहयोगिनियों के साथ आयी थी। उसने विभिन्न तापमानों के, विभिन्न सुगंधियों से पूरित जलों से शूर्पणखा को स्नान करवाया। शरीर पर अनेक प्रकार के द्रव्यों का लेप कर, उन्हें घर्षण से शरीर में खपाने का प्रयत्न किया; और शूर्पणखा जब उसके प्रयत्नों से संतुष्ट दिखी तो वज्रा धीरे-से बोली, ''स्वामिनी असंतुष्ट न हों तो निवेदन करूं कि शारीरिक सौंदर्य को बनाये रखने के लिए पौष्टिक भोजन भी अनिवार्य होता है। आपने कल रात भी भोजन नहीं किया और प्रातः से भी...''

शूर्पणखा प्रसन्नतापूर्वक हंसी, ''बहुत चतुर हो, वज्रा ! मणि कार्य-कुशल अवश्य थी, किंतु चतुर नहीं थी।... अच्छा, किसी को भेजकर खाने के लिए कुछ मंगवा ले। क्या मंगवाएगी ? फलों का मद्य और थोड़ा-सा भुना हुआ मांस मंगवा ले।''

वज्रा के सिर का बोझ हट गया, ''स्वामिनी की अनुकंपा है कि दासी की प्रार्थना स्वीकार की।''

शूर्पणखा का श्रृंगार चल रहा था और बीच-बीच में दासियां उसके सम्मुख मांस के छोटे-छोटे खंड और मद्य-पात्र प्रस्तुत कर रही थीं कि रक्षिका ने खर के आने का समाचार दिया।

दासियां संभ्रम से उठ खड़ी हुईं, किंतु शूर्पणखा अपने स्थान से तनिक भी नहीं हिली। उसने दासियों को भी बैठने का संकेत किया, ''तुम लोग अपना काम करती चलो।'' वह रक्षिका की ओर मुड़ी, ''भेज दो।''

खर आया तो उसने यह अद्भुत दृश्य देखा — शूर्पणखा ने न पूरे वस्त्र पहन रखे थे, न केश-विन्यास ही पूरा हुआ था, न प्रसाधन। अनेक दासियां अपने-अपने भाग का कार्य कर रही थीं और शूर्पणखा बीच-बीच में प्रस्तुत खाद्य और पेय स्वीकार करती हुई श्रृंगार करवा रही थी।

"कोई विशेष आयोजन है ?" खर मुसकराया।

"शूर्पणखा का प्रत्येक आयोजन विशेष ही होता है।" शूर्पणखा पूर्णतः सहज थी, "आने का प्रयोजन कहो।"

खर को जैसे शूर्पणखा के शब्दों ने झंझोड़कर सजग किया। बोला, "अभी-अभी सेनापति दूषण ने सूचना दी है कि तुम जनस्थान के सर्वश्रेष्ठ रथों को लंका भेजकर अपने लिए कुछ मंगवाना चाहती हो।"

"हां। इसमें कुछ असाधारण है क्या ? क्या मैं अपने अधिकार का अतिक्रमण कर रही हूं !"

"नहीं, शूर्पणखा !" खर शांत स्वर में बोला, "हमारे सामने कुछ असाधारण सैनिक परिस्थितियां आ गयी हैं। हम केवल यह निवेदन करना चाहते हैं कि तुम दो-तीन दिन का समय हमें दो।"

"स्थितियां मेरे सामने भी बड़ी असाधारण हैं।" शूर्पणखा तिक्त मुसकान के साथ बोली, "मैं एक क्षण भी नहीं खो सकती।" और सहसा उसका स्वर रुक्ष और रुष्ट हो गया, "मुझे बताया जाए कि अब तक मेरे आदेश का पालन क्यों नहीं हुआ? अब तक रथों को लंका क्यों नहीं भेजा गया ? क्या बुद्धिमान खर को भी स्मरण कराना होगा कि शूर्पणखा की अवज्ञा का अर्थ क्या होता है ?"

"नहीं, बहन ! अवज्ञा की बात नहीं है।" खर शूर्पणखा के स्वर में निहित संकेतों से सिहर उठा, "तुम कदाचित् इस तथ्य से अवगत नहीं हो कि जटायु ने इस बार एक भयंकर व्यक्ति को अपने पास टिका लिया है। आरंभ में हमने उसे कोई महत्त्व नहीं दिया, किंतु उसका अस्तित्व क्रमशः हमारे लिए संकटपूर्ण होता जा रहा है। पंचवटी और जनस्थान के ढेले और कंकड़ भी सैनिक प्रशिक्षण प्राप्त कर रहे हैं। ऐसी स्थिति में हमारे लिए अपने सैनिकों का जीवन बहुत मूल्यवान हो गया है; अन्यथा तुम्हारे मुख से शब्द उच्चरित होते ही उसका पालन आरंभ हो जाता है — तुम जानती ही हो।"

"तुम क्या चाहते हो ?"

"अभी कुछ दिनों के लिए तीव्रगामी सैनिक रथों को, सैनिक प्रयोजनों में ही नियोजित रहने दो।"

"कब तक ?"

"राम के वध तक।"

शूर्पणखा की आंखें उठीं तो खर को लगा, उनकी धधकती ज्वाला उसे नष्ट कर डालेगी, "पहले मेरे आदेश का पालन किया जाए।" उसने सीधे खर की आंखों में देखा, "मेरी स्पष्ट आज्ञा है कि अभी राम पर आक्रमण न किया जाए।"

"बहन ! इसमें हस्तक्षेप मत करो, यह सैनिक विषय है।"

"सैनिक विषयों को भी शूर्पणखा भली प्रकार समझती है।" शूर्पणखा का स्वर उग्र तथा रुक्ष था, "रावण से कुछ धन प्राप्त करने के लिए झूठे युद्धों का नाटक बंद

किया जाए।"

"क्या कहती हो, शूर्पणखे !" खर हल्के आवेश से बोला, "तुम मुझ पर — अपने भाई पर आरोप लगा रही हो। यह झूठे युद्धों का नाटक नहीं है, राक्षसों की सत्ता के अस्तित्व का प्रश्न है। राम को तनिक भी समय और दिया गया, तो वह अपने पैर इस प्रकार जमा लेगा कि उसे उखाड़ना असंभव हो जाएगा। तुम नहीं जानतीं कि वह अत्यंत भयंकर व्यक्ति है।"

"वह भयंकर नहीं, अत्यंत सुन्दर व्यक्ति है — सुदर्शन।"

खर की आंखों में संदेह उतरा, "तुमने उसे देखा है ?"

"नहीं।" शूर्पणखा सावधान हो गयी, "सुना है। संभव है, वह भयंकर भी हो — मुझे उससे क्या।... जाओ ! मेरी आज्ञा का पालन करो। रथों को भेजकर लंका से मेरी आवश्यक वस्तुएं मंगवाओ। अपनी सैनिक स्थिति को अधिक समर्थ बनाओ, किंतु मेरी अनुमति के बिना कहीं कोई आक्रमण मत करना। यह मेरा निश्चित आदेश है।"

खर अनिश्चित-सी दृष्टि से उसे देखता रहा और फिर असहायता में अपने हाथ झटककर बाहर चला गया।

अगले दो दिन शूर्पणखा के लिए अत्यंत व्याकुलता भरे थे। मन था कि राम को देखे बिना नहीं मानता था; और राम के सम्मुख जाने के लिए, विशेषकर पहले साक्षात्कर के लिए जैसा शृंगार वह चाहती थी, वैसा वज्रा और उसकी सहयोगिनियों के लिए संभव नहीं था...

किंतु उससे रुका नहीं गया। जैसा भी संभव हुआ, वह वैसा ही शृंगार कर, राम के आश्रम के आस-पास मंडराती रही। पहले तो बहुत समय तक राम आश्रम से बाहर नहीं निकले। शूर्पणखा का मन हताश होने लगा तो उसे राम, ग्रामीणों और ब्रह्मचारियों के छोटे-से दल के साथ बाहर से आते दिखाई दिए। अब शूर्पणखा के लिए, राम के सम्मुख प्रकट होने से स्वयं को रोकना कठिन हो गया। एक व्यक्ति कुछ करना चाहे और दूसरा उसे रोके — यह बात शूर्पणखा की समझ में आती थी; किंतु स्वयं ही मन राम के वक्ष से लग जाना चाहे, स्वयं ही उसे अपनी बांहों में भींच लेना चाहे; और फिर स्वयं ही स्वयं को रोकता भी रहे — यह क्या प्रक्रिया हुई। स्वयं ही ठेले और स्वयं ही रोके...

शूर्पणखा ने स्वयं को संभाल लिया। 'जब तक तैयारी पूरी न हो, आक्रमण नहीं करना चाहिए' — उसने स्वयं को समझाया। दो दिन से भी कम का समय है; फिर वह अपने सौंदर्यास्त्र का भरपूर प्रहार राम के वक्ष पर करेगी। राम के सारे दिव्यास्त्र धरे के धरे रह जाएंगे।... तब तक क्या इतना पर्याप्त नहीं है कि वह राम के आस-पास बनी रहे — उसे देखती रहे, उसका स्वर सुनती रहे...

शूर्पणखा ने भरपूर आश्चर्य से, जीवन में पहली बार के अपने इस विकट संयम को देखा। पहले तो उसने कभी स्वयं को इस प्रकार अनुशासित नहीं किया था — किंतु

पहले कभी उसके सम्मुख ऐसा पुरुष भी तो नहीं आया था, जिसके न मिलने पर प्राण निकल जाने की आशंका हो...

राम आज वन तक नहीं आए। वे अपने दल सहित आश्रम के टीले से नीचे उतरकर अन्य चट्टानों और ढूहों के पीछे ही कहीं रुक गए। कुछ देर प्रतीक्षा कर, शूर्पणखा इस निष्कर्ष पर पहुंची कि कदाचित् वे लोग और आगे तक नहीं आएंगे। वह स्वयं ही छिपती-छिपाती आगे बढ़ी।... राम का स्वर सुनते ही वह रुक गयी। वे आस-पास के किसी ढूह के पीछे थे और अपने साथियों को युद्ध की स्थिति में इन ढूहों का महत्त्व समझा रहे थे।

"तुम्हें अपने साथियों के साथ ऐसा स्थान खोजना है, मुखर !" वे कह रहे थे, "जहां से तुम तो अपने लक्ष्य को देख सको, किंतु वह तुम्हें ने देख सके।"

शूर्पणखा मुसकरायी, "ठीक कह रहे हो, प्रियतम ! मुझे ऐसा ही स्थान खोजना चाहिए, जहां से मैं अपना लक्ष्य देख सकूं और तुम मुझे न देख सको।"

"समझ गए ?" राम कह रहे थे, "अब लक्ष्य तुम्हारे सामने है; किंतु उसे तुम्हारे अस्तित्व का आभास भी नहीं है। वह तुम्हारे प्रहार-क्षेत्र में है और उसका कोई क्षेत्र ही नहीं है। ऐसे में तुम्हें उतावली नहीं करनी चाहिए। उसके निकट आने की धैर्यपूर्वक प्रतीक्षा करो। उसे वहां तक आने दो, जहां तक तुम चाहते हो। तुम अपनी तैयारी पूरी करो। जब स्थिति यह हो कि वह न लौट सके, न तुम्हारे हाथ से निकल सके, तब स्वयं को प्रकट करो और पूरी निष्ठा से लक्ष्यभेद करो...।"

शूर्पणखा पुनः मुसकरायी, "अच्छा प्रेममंत्र दे रहे हो, प्रियतम ! तुम्हारा आदेश पूर्णतः मानूंगी। तुम्हें वहां तक आने दूंगी, जहां तक चाहती हूं। तुम्हें देखती रहूंगी, और तुम्हें मेरे अस्तित्व का आभास तक नहीं होगा। मैं अपनी पूरी तैयारी करूंगी। अपने यौवन, रूप, सौन्दर्य और काम के तीक्ष्ण शस्त्रास्त्रों से सज्जित तब तक धैर्य से बैठी रहूंगी, जब तक तुम वहां तक न आ जाओ, जहां से न तुम्हारा लौटना संभव हो और न मेरा तिरस्कार करना; और फिर पूरी निष्ठा से अपना लक्ष्यभेद करूंगी... मैं पूरी तरह तुम्हारी आज्ञा का पालन करूंगी... पूर्णतः..."

शूर्पणखा एक दक्ष बिल्ली के समान पैर दबाए, इधर-से-उधर घूमती रही और अंततः उसने ऐसा स्थान खोज ही लिया, जहां से बिना स्वयं को प्रकट किए हुए, वह निश्चिंत होकर राम को देख सकती थी। किंतु फिर भी उसका निरंतर सतर्क रहना बहुत आवश्यक था। राम के दल के लोग आस-पास घूम रहे थे; धनुर्विद्या का अभ्यास कर रहे थे; लक्ष्य-संधान कर रहे थे। उनमें से किसी की भी दृष्टि उस पर पड़ गयी तो वह अपनी वेश-भूषा से ही तत्काल पहचान ली जाएगी।... 'बुरी फंसी, शूर्पणखा, तू' — उसने सोचा। यह भी क्या अपने प्रियतम के सम्मुख जाने का ढंग हुआ कि उनके साथी उसे पकड़, हाथ-पैर बांध, घसीटते हुए ले जाएं और राम के सम्मुख पटक दें और कहें, 'यह राक्षसी यहां छिपी बैठी हमारी गतिविधियों की टोह ले रही थी।' कहां वह राम के

सामने ऐसे रूप में जाना चाहती है कि उसकी एक झलक देख राम स्तब्ध खड़े रह जाएं और कहां वह इस रूप में प्रस्तुत की जाए कि केश बिखरे हों, घसीटे जाने के कारण वस्त्र मैले और फटे हुए हों, शरीर स्थान-स्थान से छिला हुआ हो। स्वेद-धूल-मिट्टी और रक्त से सनी, अपराधिनी बनी, ढलते यौवन की एक महिला — राम के मन पर क्या प्रभाव डालेगी ?... शूर्पणखा का मन कांप उठा — यह उसने क्या किया ?

... किंतु वह क्या करे ? राम के बिना अब जनस्थान उसे काटने लगता है। राम को न देखे तो उसके मन में हिंसा, विनाश और क्रूरता की आंधियां चलने लगती हैं। यहां सामने राम हैं — जोखिम है तो हो !... राम को देखते ही कैसी अवश हो जाती है शूर्पणखा। शरीर की बोटी-बोटी फुंकने लगती है। वक्ष जैसे फटने-फटने को हो जाता है; और शरीर की वह ऐंठन...

राम अपने साथियों को शस्त्राभ्यास कराते रहे और शूर्पणखा कभी राम पर मुग्ध होती रही, कभी उन लोगों पर क्षुब्ध होती रही, जो राम को घेरे हुए थे और जिनके कारण वह राम से दूर रहने को बाध्य थी। वह एक क्षण राम के शस्त्र-कौशल को देख-देखकर रीझती और दूसरे ही क्षण आशंकित हो कांप उठती — यदि राम उस के अनुकूल न हुआ तो ? यदि राम ने उसका तिरस्कार किया तो ?...

संध्या बीती और राम अपने दल के साथ आश्रम में चले गए तो शूर्पणखा जैसे स्वप्न से जागी।... वह भी जल्दी-जल्दी घाट पर आयी और नाव से नदी पार कर रथ में जा बैठी। किंतु उसका मन इस समय दूसरी दिशा में चल रहा था। उसके भीतर की स्त्री जैसे सो गयी थी और जनस्थान की स्वामिनी तथा राक्षसी सेना की अधिनायिका जाग उठी — आज उसने जो कुछ देखा, वह क्या था ? वन और ग्रामों के सामान्य लोग, जिन्हें राक्षसों ने आज तक अपना भोजन मात्र माना था, जिनके अस्तित्व को वनस्पति से अधिक महत्त्व कभी नहीं दिया गया — वे न केवल जाग उठे थे, वरन् सन्नद्ध होकर खड़े थे। उनके हाथों में शस्त्र थे और वे लाघवपूर्वक उनका संचालन कर रहे थे। वे रणनीति सीख रहे थे। अपने से बहुत अधिक संख्या में आयी हुई; शक्ति में बहुत बढ़ी-चढ़ी सेना से प्रभावकारी ढंग से असम्मुख, गुप्त युद्ध करना सीख रहे थे... और उनका नेता था राम ! रण-विद्या-विशारद राम ?... शूर्पणखा की चेतना में राम का रूप छा गया। राम की मुसकान ने उसके मस्तिष्क को पूर्णतः आच्छादित कर लिया। वह बैठी, मुग्ध भाव से, अपनी कल्पना में खड़े राम को देखती रही। किंतु क्रमशः वह उससे उबरी।... यदि राम को और अधिक समय मिला — खर ने ठीक ही कहा था — तो राम यहां ऐसा जम जाएगा कि उसे उखाड़ना असंभव हो जाएगा... और संघर्ष की स्थिति में संभव है कि राम राक्षसों की सेना को पराजित कर दे। जनस्थान में खड़े किए गए प्रासादों को वह धूल-धूसरित कर दे, स्कंधावार को अग्निसात् कर दे...

शूर्पणखा ने अपने सिर को झटक दिया... यदि ऐसी संभावना है, तो वह यह कौन-सा खेल खेल रही है ? उसे तत्काल रावण को सूचित करना चाहिए। और सेना,

अधिक सेनानायक और शस्त्रास्त्र मंगवाने चाहिए। जनस्थान में अपनी स्थिति दृढ़ करनी चाहिए; और राम के आश्रम पर आक्रमण...

रथ रुक गया।

शूर्पणखा अपने कक्ष में आयी। वह आसन पर सीधी बैठ गयी।

"परिधान परिवर्तन करो।" उसने आदेश दिया, "और भोजन तैयार रखने का संदेश भिजवा दो।"

उसके मस्तिष्क की चिंतन-प्रक्रिया फिर चल पड़ी... राम के आश्रम पर तत्काल आक्रमण किया जाए। समस्त कुटीरों को अग्निसात् कर दिया जाए। एक-एक आश्रमवासी को खड्ग की धार का स्वाद चखाया जाए और राम... उसकी कल्पना में राम का आज का रूप आकर खड़ा हो गया... चंचल, युद्ध-कौशल और सुन्दर... शूर्पणखा को लगा, उसके हाथ का खड्ग गिर गया है और वह राम की धनुष-बाणयुक्त भुजाओं में जा समायी है...

वह भोजन-कक्ष में आयी।

क्या करे शूर्पणखा — वह किसी निर्णय पर पहुंच नहीं पा रही थी। जिस ढंग से सोचती थी, अंत में पराजित हो जाती थी... न एक मार्ग से अपने गंतव्य तक पहुंच पाती थी, न दूसरे मार्ग से।

उसने मदिरा का पात्र उठा लिया। थोड़ी-सी मदिरा भीतर गयी तो उसके सम्मुख उसकी कल्पनाएं साकार होने लगीं — यदि वह राम को नहीं रोकती तो राम अपनी सेनाएं लेकर चढ़ आएगा। जनस्थान की सारी सेना को ध्वस्त करेगा; खर, दूषण तथा त्रिशिरा का वध कर देगा। स्कंधावार को आग लगा देगा; और अन्त में वह शूर्पणखा के द्वार पर आएगा... उसका मदिरा-पात्र वाला हाथ कांप गया — राम के शरीर पर राक्षसों के रक्त के छींटे होंगे, श्रम का स्वेद होगा, युद्ध क्षेत्र में उड़ी हुई धूल उस पर जम गयी होगी — रक्त-स्नात खड्ग से वह शूर्पणखा के द्वार की यवनिका को चीर देगा। वह उसकी ओर बढ़ेगा, भयभीत शूर्पणखा थर-थर कांप रही होगी... राम की खड्गधारी बलिष्ठ भुजा उठेगी... और शूर्पणखा को अपने अंक में भर लेगी... वह उसे अपनी विजयश्री के रूप में उठा ले जाएगा — शूर्पणखा की शिराओं का सारा रक्त राम के स्पर्श की कल्पना से मानो मदिरा में परिणत हो गया। उसकी आंखें मूंद गयीं और सिर मदमाती नागिन के समान एक ओर से दूसरी ओर झूमने लगा...

... रावण को पता चलेगा। वह अपनी सेना लेकर राम पर चढ़ दौड़ेगा। राम अपनी बायीं भुजा में शूर्पणखा को बांधे, दाएं हाथ से खड्ग चलाएगा। वह रावण का वध करेगा; मंदोदरी भाभी को पैरों से ठुकराएगा; मेघनाद को बन्दी करेगा; और सुलोचना को पड़ी रोती रहने देगा... केवल शूर्पणखा को वह अपनी भुजा में बांधे, वक्ष से चिपकाए रहेगा, केवल शूर्पणखा को...

शूर्पणखा के मन में तीव्र इच्छा का ज्वार उठा कि वह उच्च स्वर में अट्टहास करे और चीखकर कहे — 'रावण ने शूर्पणखा के एक प्रेमी का वध किया तो क्या हुआ, शूर्पणखा के दूसरे प्रेमी ने रावण का वध कर दिया... हा-हा-हा... शूर्पणखा ! वही पुरुष तेरा प्रेमी होने योग्य है, जो तेरे भाइयों से पराजित न हो और सम्मुख-युद्ध में उनका वध कर सके; अन्यथा तेरे भाई तेरे प्रेमियों के मुंड काट-काटकर लंका की प्राचीरों पर सजाते जाएंगे...

शूर्पणखा की आंखें गीली हो गयीं और कंठ से जोर-जोर से हंसने का स्वर फूटा। उसने अपना मस्तक अपने घुटनों पर टेक दिया।

दूसरे दिन प्रातः ही शूर्पणखा के मन में जल्दी मच गयी। आखिर अपराह्न तक का समय वह इधर-उधर क्यों नष्ट करती है ? राम संध्या के समय ही मिले... यह क्यों आवश्यक है ? प्रातः भी तो वह आश्रम से निकलता ही होगा। वह प्रातः ही क्यों नहीं चली जाती ? यह सारा समय वह शृंगार और कल्पनाओं में ही क्यों लगाए ? उसे राम के सम्मुख प्रकट तो होना नहीं है।... आज संध्या नहीं तो रात्रि तक लंका से शृंगार-वैद्य और शृंगारकर्मी कलाकार आ ही जाएंगे। कल वह कामरूपा हो जाएगी। अपना इच्छित रूप बनाकर राम के सम्मुख प्रकट होगी...

थोड़ा-सा मद्य पीकर उसने स्वयं को संतुलित किया; और तत्काल शृंगार का आदेश देकर वह पुनः राम के विषय में सोचने लगी। रात को सोची गयी एक-एक बात पुनः उसके मन में आने लगी। राम और रावण के मध्य होने वाला संभावित सम्बन्ध... और अतीत में हुआ रावण तथा विद्युज्जिह्व का सम्बन्ध... ऐसा क्यों है कि शूर्पणखा अपने प्रेमी के रूप में उसी पुरुष को अंगीकार करती है, जो रावण का शत्रु हो... क्या प्रत्येक श्रेष्ठ पुरुष रावण का शत्रु ही हो सकता है... या शूर्पणखा ने ही अपने मन में भाई के प्रति वैर पाल रखा है ? भाई का वैरी ही क्यों उसे प्रिय लगता है ?...

"स्वामिनी ? भोजन।"

"भोजन नहीं। रथ तैयार करने के लिए कहो।"

"स्वामिनी कब लौटेंगी ?"

"निश्चित नहीं है।" शूर्पणखा रूखे स्वर में बोली, "अपने अधिकार की सीमा समझो। राक्षसों का सम्राट् भी मुझसे इस प्रकार के प्रश्न पूछने का साहस नहीं करता।"

"भूल हुई, स्वामिनी !" परिचारिका अत्यन्त नम्र स्वर में बोली, "किन्तु इधर स्वामिनी का भोजन बहुत कम हो गया है। दासी की पाक-कला में कोई दूषण..."

"नहीं। भोजन नहीं करने के अन्य कारण हैं।"

शूर्पणखा, राम के आश्रम के सम्मुख, वन में अपने स्थान पर आ छिपी। किंतु आज स्थिति कुछ भिन्न थी। संध्या के समय तक वन में लोगों का आवागमन कम हो जाता

है। प्रकाश क्रमशः क्षीण हो रहा होता है। किंतु इस समय तो सूर्य उत्थान की ओर था। प्रकाश प्रखर होगा और लोगों के आवागमन में वृद्धि होगी... किसी की दृष्टि उस पर पड़ गयी तो स्थिति बिगड़ जाएगी। उसे अधिक सावधान रहना होगा।

वह आंखें गड़ाए बैठी रही; किंतु आश्रम में से न कोई निकला और न कोई भीतर गया, यद्यपि आश्रम की गतिविधियों की विभिन्न छोटी-बड़ी ध्वनियां यहां तक आ रही थीं। क्रमशः शूर्पणखा के मन में पश्चात्ताप अंकुरित होने लगा — व्यर्थ ही वह इस समय चली आयी। आवश्यक तो नहीं कि राम दिन-भर आश्रम के बाहर, निकट के वनों में इसलिए मंडराता रहे कि शूर्पणखा छिप-छिपकर उसे देख सके ... संभवतः वे लोग इस समय और कोई कार्य करते हों...

तभी एक टोली आश्रम से बाहर निकली। उसे लगा, टोली के आगे राम ही था। वैसा ही आकार-प्रकार, वैसे ही हाव-भाव, वैसी ही मुद्रा और भंगिमा... किंतु, फिर भी वह इतना भिन्न क्यों लग रहा है ? या दूर से शूर्पणखा को देखने में कठिनाई हो रही है ?... आज तक तो पुरुषों को दूर से ही पहचान लेने में उसे कोई कठिनाई नहीं होती... फिर राम इतना भिन्न क्यों लग रहा है ?...

वे लोग कुछ और निकट आए। शूर्पणखा ने ध्यान से देखा — राम का वर्ण आज गौर लग रहा था, ऊंचाई भी कुछ कम थी और वह कुछ दुबला भी लग रहा था... पर रात-भर में उसे यह क्या हो गया ?... शूर्पणखा ने अपनी आंखें मलीं... वह राम नहीं था। निश्चित रूप से वह राम नहीं था, पर था राम जैसा ही। गौर वर्ण का गठा हुआ पुष्ट शरीर। लगभग राम जैसा ही चेहरा; किंतु अधरों पर मोहक मुसकान के स्थान पर उग्र वक्रता थी। आंखों में आक्रामकता थी। वय भी कम थी। राम से प्रायः दस वर्ष कम। तरुण सिंह के समान चलता हुआ कितना सुंदर लगता था... वैसी ही जटाएं, वैसा ही धनुष-बाण... शूर्पणखा का तन तपने लगा। कौन है यह ? इस आश्रम में कैसे-कैसे पुरुष भरे पड़े हैं; और शूर्पणखा लंका तथा उरपुर पर दृष्टि गड़ाए बैठी रही...

किंतु यह है कौन ? राम का भाई ? यह राम भी क्या अपने सारे कुटुंब को वन में ले आया है ? कितने भाई हैं इसके ? क्या सब ऐसे ही सुंदर हैं ?...

टोली समीप से निकली। वे लोग जल-परिवहन और नौकाओं सम्बन्धी वार्तालाप कर रहे थे। शूर्पणखा भी पेड़ों की आड़ में कुछ दूरी पर चल पड़ी।...

सहसा उनमें से एक व्यक्ति रुक गया।

"क्या हुआ, मुखर ?" राम जैसे सुंदर पुरुष ने पूछा।

"तुम्हें नहीं लगा, सौमित्र !" मुखर ने उत्तर दिया, "यहां की गंध कुछ बदली हुई है। इधर पेड़ों के पीछे कोई नया पुष्प खिला लगता है।"

शूर्पणखा धक् रह गयी। उसे उनके इतने निकट नहीं आना चाहिए था। आज जल्दी में सुगंधित द्रव कुछ अधिक पड़ गया लगता था...

"खिला होगा।" सौमित्र बोला, "पहले नाव और नदी। पुष्प की बात फिर देखी

जाएगी।''

''मैं अपनी घ्राण-शक्ति का क्या करूं ?'' मुखर बोला, ''कोई गंध हो, तत्काल मेरे मस्तिष्क में चढ़ जाती है।''

शूर्पणखा ने उन्हें आगे निकल जाने दिया। इनसे दूरी पर रहना ही उचित है। यह मुखर वही व्यक्ति लगता है, जिसे राम कल गुप्त-युद्ध के विषय में बता रहा था। वह अवश्य वानर जाति का होगा, तभी तो ऐसी घ्राण-शक्ति है। इनके पास समय होता, सौमित्र इतनी शीघ्रता में न होता और कहीं ये लोग इस नये पुष्प की खोज में निकल पड़ते...

किंतु यह सौमित्र भी शूर्पणखा के हृदय में गहरा धंसता जा रहा था। उसकी वह तरुणाई। शारीरिक गठन। मुखमंडल की परिहासयुक्त वक्रता; और कैसा गोरा रंग। शूर्पणखा के शरीर की पेशियां जैसे उसे पाने के लिए ऐंठने लगीं — शिराएं टूटने की सीमा तक खिंच गयीं। उसने दोनों हाथों से वक्ष को दबा लिया, ''कल तक धैर्य रख।''

सौमित्र तथा मुखर की टोली वन में गोदावरी के तट पर बढ़ती जा रही थी। कदाचित् वे लोग किसी स्थल विशेष की ओर जा रहे थे। जहां वे रुके, वहां गोदावरी में शिलाएं नहीं थीं और जल कुछ गहरा था। जो शिलाएं थीं भी, वे तट पर थीं और प्राकृतिक प्राचीर का कार्य कर रही थीं।... शूर्पणखा ने कभी इस स्थान की ओर ध्यान नहीं दिया। स्नान के लिए यह घाट किसी सरोवर के समान सुविधाजनक था।... शूर्पणखा ने आज तक यही समझा था कि उसी ने गोदावरी को गुप्त रूप से पार करने के लिए सुविधाजनक स्थान खोज निकाला है...

सौमित्र ने तट पर पड़ी एक नाव सीधी की।... तो जल-परिवहन का ज्ञान इन्हें भी है... शूर्पणखा ने सोचा... नाव को उठाकर उन्होंने जल में उतारा और चप्पू लेकर उसमें जा बैठे। सौमित्र उन्हें काफी देर तक कुछ समझाता रहा, कदाचित् नौका-परिचालन के ही विषय में। कभी वह चप्पू की ओर संकेत करता, कभी नाव और कभी जल की ओर।... अन्त में वह स्वयं चप्पू लेकर बैठ गया और नाव चल पड़ी।

शूर्पणखा नाव को दूर तक जाते हुए देखती रही।... अब ? सौमित्र तो जाने कहां चला गया था और जाने कब लौटेगा। तब तक शूर्पणखा क्या करेगी ?... सहसा उसे स्मरण आया, वह यहां राम के लिए आयी थी, सौमित्र के लिए नहीं। किंतु कैसी विचित्र बात थी कि जब तक सौमित्र सामने रहा — शूर्पणखा को राम की याद तक नहीं आयी। वह पिछले तीन दिनों से राम से इतनी अभिभूत रही है कि उसे संसार की किसी अन्य वस्तु की चेतना तक नहीं थी — और सौमित्र ने आते ही राम को ऐसे भुला दिया।

तो वह दोनों में से किसका वरण करेगी ?

सौमित्र का रंग-रूप, बल-पौरुष, तेजस्विता-उग्रता, चंचलता... वह तरुणाई, जिसे देखते ही शूर्पणखा का मन कटकटाकर टूट पड़ना चाहता है। और राम की आंखें, राम की मोहक मुसकान... सौमित्र में तरुणाई थी तो राम में गंभीरता। स्थैर्य।... शूर्पणखा

के लिए चुनाव बहुत कठिन था... उन दोनों में से एक को चुनना हो, तो शूर्पणखा किसे चुने ?... एक को ही चुनना हो तो कदाचित् राम को ही चुनेगी; किंतु चुनना अनिवार्य क्यों है ? शूर्पणखा ने तो कभी एक-पतिव्रत जैसी कोई प्रतिज्ञा नहीं की... उसे तो दोनों की आवश्यकता है... दोनों की...

उसका मन लम्बे समय तक उल्लसित रहा — यदि वह आज प्रातः न आयी होती तो सौमित्र को न देख पाती। वह तो एक पर ही मुग्ध थी — क्या जानती थी कि मुग्ध होने के लिए और पुरुष भी हैं...

सहसा उसे लगा, उसका उल्लास छीज रहा है। सौमित्र को गए बहुत समय हो गया था और राम आश्रम से बाहर नहीं आया था। पता नहीं, वह बाहर आएगा भी या नहीं और शूर्पणखा प्रतीक्षा में यहां टंगी बैठी रहेगी... कब तक बैठी रहेगी...

अंधकार घिर आने पर जब शूर्पणखा अपने प्रासाद में लौटी तो बहुत हताश थी। प्रातः थोड़ी देर के लिए सौमित्र को देख पाने के सिवाय, उसका दिन-भर निरर्थक गया था और लौटते हुए वह एक के स्थान पर दो-दो पुरुषों के विरह से पीड़ित लौटी थी। विरह की यातना के कारण दिन-भर की थकान ने मिलकर उसे पूरी तरह हताश कर दिया था... आज उसने पहली बार अनुभव किया था कि अब उसका वह वय नहीं रहा कि वह दिन-भर बिना कुछ खाये-पिये वन के किसी वृक्ष के नीचे अथवा समुद्र-तट की किसी शिला पर बैठी अपने प्रेमी की प्रतीक्षा करती रहे। अब उसका शरीर हारने लगा था...

वज्रा ने उसे देखा तो स्थिति समझ गयी। उसने अनुमति लेने की आवश्यक़ता नहीं समझी। अपनी सहकर्मिणियों को संकेत किया। शूर्पणखा को संभाल उन्होंने पलंग पर लेटा दिया। एक बड़े पात्र में ठंडा जल ले, उसके पैर उसमें डुबो दिए। सिर को ऊंचा कर, तकिए के नीचे पात्र रख, केशों को भी जल में भिगो दिया। माथे पर औषधियों का लेप किया और हथेलियों की मालिश की।

शूर्पणखा का मन कुछ शांत हुआ तो वज्रा ने उसे एक पात्र में दूध दिया। उसे वज्रा के उपचार से इतना लाभ हो रहा था कि उसने दूध का तिरस्कार नहीं किया। दूध पीकर शरीर में कुछ बल आया तो उसने पूछा, "लंका के श्रृंगार-वैद्यों के आने का कोई समाचार ?"

"नहीं, स्वामिनी ! अभी तक कोई समचार नहीं है।"

शूर्पणखा ने मुंह फेर लिया। उसे लगा — उसकी आंखों की कोरों से अजान ही अश्रु बहते जा रहे हैं।

"क्या बात है, स्वामिनी ?"

शूर्पणखा ने उसे कुछ इस भाव से देखा, जैसे वह या तो उसकी बात समझ ही नहीं रही, या उसका उत्तर देना अनावश्यक है।

"स्वामिनी बहुत परेशान हैं ?"

"मैं इस साम्राज्य में आग लगा दूंगी।" शूर्पणखा ने रोष और निराशा में अपने दांतों से होंठ काट लिये।

"दुःखी न हों।" वज्रा ने स्नेह से उसके माथे पर हाथ फेरा, "यह आपकी भूख और थकान के कारण है। आप थोड़ा भोजन अवश्य कर लें।"

शूर्पणखा कुछ नहीं बोली। वज्रा ने मौन को सहमति मान एक परिचारिका को भोजन लाने के लिए भेज दिया। वह स्वयं पास बैठी सांत्वना देती रही और बीच-बीच में उसका सिर चांपती और केश सहलाती रही; किंतु वह उसके अश्रुओं को रोक नहीं सकी।

भोजन करा, औषधि की सहायता से वज्रा ने शूर्पणखा को सुला दिया। उसकी निद्रा के प्रति पूर्णतः आश्वस्त हो, वज्रा आज दिन-भर की घटनाओं की सूचना के लिए, खर के प्रासाद की ओर चल पड़ी।

प्रातः नींद टूटते ही शूर्पणखा ने परिचारिका से पहला प्रश्न किया, "लंका से श्रृंगार-वैद्य आये ?"

"स्वामिनी अनुमति दें तो वज्रा को बुला लाऊं।" परिचारिका बोली, "उसी को सूचना होगी।"

परिचारिका चली गयी। शूर्पणखा के मन में पुनः पीड़ा और रोष का उदय हुआ — यदि श्रृंगार-वैद्य नहीं भी आए, तो शूर्पणखा अब और नहीं रुक सकती...

वज्रा आयी।

"स्वामिनी ! लंका से श्रृंगार-वैद्य और श्रृंगार-कर्मी कलाकार आधी रात को आ पहुंचे हैं। प्रसाधनों तथा रत्नाभूषणों से भरा एक पूरा रथ आया है।"

शूर्पणखा का मन कुछ शांत हुआ। उसे अनाकर्षक रूप में राम और सौमित्र के सम्मुख नहीं जाना होगा। और अब प्रतीक्षा की आवश्यकता नहीं है।

"उन्हें बुला ला !" वह उठकर बैठ गयी।

"स्वामिनी, थोड़ा धैर्य रखें।" वज्रा बहुत कोमल ढंग से मुसकराई, "मुझे अपयश न दिलाएं। लंका के श्रृंगार-कर्मियों के सम्मुख जाने से पूर्व, अपनी कला दिखाने का मुझे भी अवसर दें।"

वज्रा ने शूर्पणखा के रात के वस्त्र परिवर्तित करवाए। गुनगुने जल से शरीर को स्वच्छ किया और पिछले दिन के प्रसाधन के सारे अवशेष मिटा दिए। सारे आभूषण उतार लिये और वेणी को खोल, केशों को गीला कर उन्हें एकदम सीधा कर दिया।

तब लंका के श्रृंगार-कर्मी आए। उनके तीन दल थे। पहला दल श्रृंगार-वैद्यों का था। उन्होंने शूर्पणखा के शरीर का निरीक्षण किया। उसके चेहरे का वर्ण परखा, आंखों के कोए, पलकों की लालिमा देखी। नाड़ी का परीक्षण किया। जिह्वा का रंग देखा। नखों

की लालिमा देखी। शरीर के विभिन्न अंगों के मांस की सुडौलता देखी और त्वचा की मसृणता का गहन परीक्षण किया। सारे निरीक्षण-परीक्षण के पश्चात् उन्होंने परस्पर विचार-विमर्श किया और तब अनेक औषधियों को आवश्यक घोषित किया। वैद्यों के सहायकों ने तत्काल वे औषधियां प्रस्तुत कीं और उसी क्षण उनका शूर्पणखा को सेवन कराया गया।

दूसरा दल श्रृंगार-कलाकारों का था। उन्होंने शूर्पणखा के रंग, रूप, आकार इत्यादि को देख, उसके अनुरूप-केश-सज्जा, वस्त्रों तथा आभूषणों का प्रस्ताव किया।

तीसरा दल प्रसाधन-कर्मियों का था। उन्होंने वैद्यों और कलाकारों से संपूर्ण स्थिति समझ, उनके निर्देशों के अनुसार कार्य आरम्भ किया। उन्होंने शूर्पणखा को आधी घड़ी तक शुद्ध वाष्प-स्नान कराया। उसके पश्चात् विभिन्न सुगंधियों से पूरित जल से स्नान कराया। प्रसाधन औषधियों के मर्दन के पश्चात् चंदन इत्यादि का लेप हुआ और चूर्णों इत्यादि के प्रयोग के पश्चात् उनका वास्तविक कार्य आरम्भ हुआ। पैर के नखों से लेकर, सिर के केशों तक प्रत्येक अंग का, रंग तथा सुगंध से श्रृंगार हुआ। चेहरे के श्रृंगार का विशेष ध्यान रखा गया। अधरों का आकार, भौंहों, पलकों, बरौनियों की बनावट तथा कपोलों की चिकनाहट पर प्रसाधन-कर्मियों ने सबसे अधिक समय लगाया। केश-विन्यास से पहले केशों को धो-पोंछ-सुखाकर, कलाकारों के आयोजन के अनुसार वेणी का श्रृंगार किया गया और उसे पुष्पों से सुशोभित किया गया। तब वस्त्रों और आभूषणों की बारी आयी।...

और जब तैयार हो शूर्पणखा दर्पण के सम्मुख खड़ी हुई तो वह स्वयं ही अपने-आपको पहचान नहीं पायी। उसका वय किसी भी प्रकार तीस वर्ष से अधिक का नहीं लग रहा था, और ऐसा सौन्दर्य सारी लंका में ढूंढ़ने पर भी नहीं मिल सकता था।

उसने श्रृंगार-कर्मियों को प्रशंसा की दृष्टि से देखा, ''तुम लोग अपना कार्य दक्षता से कर लेते हो।... अच्छा, अब विश्राम करो।'' वह वज्रा की ओर मुड़ी, ''इनके लिए अच्छी व्यवस्था कर देना। देखना, इन्हें कोई कष्ट न हो। और सारथी को रथ लाने के लिए कह दे।''

एक-एक कर, सब लोग बाहर चले गए। शूर्पणखा कक्ष में अकेली रह गयी। दर्पण के सामने खड़ी बड़ी देर तक वह स्वयं को निहारती रही। यह वय, यह रूप और यह आकर्षण उसे एक बार फिर से मिल जाता तो संसार का ऐसा कौन-सा पुरुष था, जिसका मन जीतने में उसे तनिक भी कठिनाई होती — चाहे वह पुरुष राम ही क्यों न हो...

## 3

राम जल्दी-जल्दी पग बढ़ाते हुए, आश्रम की ओर लौट रहे थे। आज उन्हें आशा से अधिक विलंब हो गया था। जब विवाद छिड़ जाए, तो उसका निर्णय किये बिना तो नहीं उठा जा सकता। क्या करते, वहां विषय ही ऐसा उठ खड़ा हुआ था। फिर मार्ग में उल्लास और उसकी पत्नी मणि को भी देखना था। बेचारे अभी तक अपने मृत बालक का शोक भुला नहीं पाए थे कि दूसरा बालक भी अस्वस्थ हो गया। वे दोनों ही बहुत चिंतित थे। लगता है, राजप्रसाद के विलासी जीवन के पश्चात् अभी वे वनवासी जीवन के अभ्यस्त नहीं हो पाए हैं। और फिर शूर्पणखा की क्रूरता का आतंक अभी तक उनका पीछा कर रहा है ...

सहसा वे रुक गए। चार-पांच पगों की दूरी पर खड़ी शूर्पणखा अत्यंत शालीनता से प्रणाम कर रही थी।

राम ने देखा — अद्‌भुत शोभा-शृंगार था। ऐसा शृंगार तो किसी अत्यन्त समृद्ध, सम्पन्न और विलासप्रिय राज्य की राजकुमारी ही कर सकती थी। इस वन में ऐसे वस्त्राभूषण, शृंगार और रूप का क्या काम ?

''कौन हो, देवि! तुम ?''

''मैं कामवल्ली हूं, राम!''

राम के कान नाम पर अटके और नयन शूर्पणखा की आंखों में दामिनी-सी ऐंठती वासना पर। किसने इस युवती का ऐसा शृंगारिक नाम रखा है ? ऐसा नाम व्यावसायिक कारणों से किसी गणिका का तो हो सकता है — या किसी अबोध व्यक्ति की मूर्खता का परिणाम। कोई समझदार माता-पिता अपनी कन्या को ऐसी संज्ञा प्रदान नहीं कर सकते ... किंतु यह क्या इसका वास्तविक नाम है ? इसकी आंखों की वासना और आमंत्रण ? क्या यह इस निर्लज्ज का आत्मनिवेदन मात्र नहीं ...

''इस सघन वन में किस प्रयोजन से आयी हो, देवि ?'' राम ने शांत स्वर में पूछा, ''यह तुम जैसी सुन्दरी के एकाकी भ्रमण के लिए उपयुक्त स्थान नहीं है।''

''प्रताड़ित हूं, राम !'' शूर्पणखा ने अपनी आत्मा की समस्त मादकता अपनी आंखों और अधरों में उंड़ेलने का प्रयत्न किया, ''तुम्हारी शरण में आयी हूं। तुम रक्षा नहीं करोगे तो मेरे प्राण चले जाएंगे।''

राम के मन में आया, उसे फटकार दें — ऐसा शृंगार प्रताड़ितों का नहीं होता। नाटक की नटियां भी इतना शृंगार नहीं करतीं। किसी प्रकार के कष्ट अथवा आशंका का एक कण भी इस सारे व्यक्तित्व में राम को दिखाई नहीं पड़ रहा था। ... फिर भी उन्होंने धैर्यपूर्वक पूछा, ''तुम पर कैसा संकट है, देवि ?''

''संकट मेरे प्राणों पर है, राम!'' शूर्पणखा ने चंचल मुसकान के साथ कहा।

राम ने पुनः निरीक्षण की दृष्टि से देखा — आज तक उन्होंने देखा था, जिनके

प्राणों पर किंचित् भी संकट होता था, उनके चेहरों का रंग उड़ जाता था, होंठ कांपते थे, कंठ से स्वर नहीं निकलता था, टांगें थरथराती थीं और सांस की धौंकनी चल रही होती थी।... और आज उनके सम्मुख एक विगत-यौवना युवती खड़ी थी, जिसने कदाचित् अपने श्रृंगार में एक सप्ताह लगाया होगा, वह मुसकरा-मुसकराकर मादक नयनों से देखती हुई अपने प्राणों के संकट की बात कह रही थी ... राम के मन में वितृष्णा जागने लगी...

"तुम पर कैसा संकट है, देवि ?" राम ने पुनः पूछा।

"देवी मत कहो, मुझे 'कामवल्ली' कहो।"

"संबोधन चुनने की स्वतन्त्रता मुझे दो।" राम का स्वर कुछ रुक्ष हो गया, "नाम द्वारा संबोधित किए जाने से तुम्हारा संकट कम नहीं होगा।"

"मुझे बताया गया है कि तुमने असहाय और निर्बल लोगों की अत्याचारों से रक्षा करने का व्रत ले रखा है।" राम के स्वर की रुक्षता की उपेक्षा करती हुई, शूर्पणखा निकट आती हुई बोली, "मणि को तुमने संरक्षण दिया है। उसकी स्थिति मुझसे अधिक संकटपूर्ण नहीं है।"

"मणि! मणि का संकट मैं जानता हूं।" राम बोले, "तुम्हारे संकट से अभी अपरिचित हूं।"

"एक निर्दयी अत्याचारी मेरे पीछे पड़ा है..." शूर्पणखा का उत्तरीय उसके कंधों से ढलककर नीचे आ गया, "वह मुझे कहीं भी शांति से बैठने नहीं देता, सोने नहीं देता, भोजन नहीं करने देता। ..."

राम को शूर्पणखा के स्वर में पीड़ा से अधिक क्रीड़ा का आभास मिला।

"...जहां जाती हूं, वहीं चला आता है।" वह कहती जा रही थी, "आज तक उसे कोई रोक नहीं सका, ऐसा दुर्निवार योद्धा है वह और कितना अत्याचारी। उसका कार्य ही लोगों को सताना है। उसके अस्त्रों की मार से कलेजे छलनी हो जाते हैं, रक्त उफनने लगता है और क्रमशः प्राण क्षीण हो जाते हैं...।"

राम देख रहे थे, अपनी यातना के वर्णन से कामवल्ली के चेहरे पर कैसी विह्वलता गहराती जा रही थी। निश्चित रूप से यह स्त्री किसी के द्वारा उत्पीड़ित नहीं थी... फिर यह सब क्या था ? राक्षसों की कोई चाल, अथवा इस स्त्री की दुश्चरित्रता?...

"अत्याचारी का नाम लो, देवि!" राम बोले, "यदि उसने तुम्हें वस्तुतः सताया है और राम में तुम्हारी रक्षा की क्षमता है, तो राम पीछे नहीं हटेगा।"

"केवल तुम में ही क्षमता है, राम! केवल तुम में!" शूर्पणखा बोली, "भूलना मत। तुमने मुझे वचन दिया है।"

"मैं अपने वचनों को भूलता नहीं।" राम उदासीनता से बोले, "किन्तु मुझे मेरे आदर्शों में बांधने का प्रयत्न मत करो। भ्रमित संदर्भों में दिया गया वचन कोई वचन नहीं

होता। ... विलम्ब मत करो। अत्याचारी का नाम लो।''

शूर्पणखा राम के एकदम निकट चली आयी, जैसे उनके कंठ में अपनी भुजाएं डाल देगी। उनकी आंखों में गहरे झांकते हुए, मुसकराकर बोली, ''कामदेव!''

राम का संदेह प्रमाण में बदल गया। धैर्यपूर्वक बोले, ''तुम्हारे शत्रु के विरुद्ध कुछ भी करने को वचनबद्ध हूं, किंतु उसे संतुष्ट करने में पूर्णतः अक्षम हूं।''

शूर्पणखा की आंखों में ज्वाला झलकी ... यह तिरस्कार! इस पुरुष का यह साहस! ... इतना शृंगार, प्रसाधन, यह रूप, यौवन ... और ऐसा खुला निमंत्रण... सब व्यर्थ! ऐंठती हुई शिराएं, उफनता हुआ रक्त और तपता हुआ शरीर...

''तुम्हारे वक्ष में हृदय नहीं है, राम ?''

''हृदय तो है, किंतु वह किसी के प्रेम में धड़कने के लिए है, किसी स्वेच्छाचारिणी के भक्षण के लिए नहीं।''

''तुम नारी-सौन्दर्य का अपमान कर रहे हो!'' शूर्पणखा बोली, ''यह आर्यरीति तो नहीं है।''

''यह अपमान नहीं है, देवि!'' राम बोले, ''मेरी अक्षमता है। मैं तुम्हें अंगीकार नहीं कर सकता। मैं विवाहित हूं।''

शूर्पणखा ने चकित दृष्टि से उन्हें देखा, ''मैने तुम्हें स्वयंवर का निमंत्रण नहीं दिया। यह काम-आह्वान है, राम! अंगीकार करने की बात ही कहां है ?''

''काम-आह्वानों को स्वीकार करना मेरी नैतिकता नहीं है!'' राम तटस्थ भाव से बोले, ''तुम्हारी आवश्यकता ने ठीक व्यक्ति का चुनाव नहीं किया।''

राम चलने को हुए, ''किसी का अकारण अपमान करना मेरी प्रकृति नहीं है। स्त्रियों का तो एकदम ही नहीं। कुछ अनुचित कह दिया हो तो क्षमा चाहूंगा।''

शूर्पणखा ने आगे बढ़कर मार्ग छेक लिया, ''तुम समझते क्यों नहीं हो, राम! मैं तुमसे कुछ मांग नहीं रही। मैं तुम पर बोझ नहीं बनूंगी। मैं तो तुम्हें जीवन का वैभव, विलास और संसार का श्रेष्ठतम भोग मुक्तहस्त दान कर रही हूं। तुम स्वयं को इस प्रकार वंचित क्यों कर रहे हो!''

पहली बार राम की मुसकान वक्र हुई, ''जो भी उपलब्ध हो जाए, वही ग्रहण कर लेना मेरे जीवन का लक्ष्य नहीं है। एक व्यक्ति के लिए जो संसार का श्रेष्ठतम भोग है, किसी अन्य के लिए वह जीवन का बोझ हो सकता है।'' राम निरन्तर चलते रहे, ''तुमने ठीक स्थान और व्यक्ति नहीं चुना, सुन्दरी! यदि तुमने गोदावरी के उस पार जनस्थान के राक्षस स्कंधावार में किसी को कृतार्थ करने का प्रस्ताव रखा होता तो उसका जीवन सार्थक हो गया होता।''

''मेरी भावना को समझने का प्रयत्न करो, राम!'' शूर्पणखा साथ-साथ चलती जा रही थी, ''मैंने जब से तुम्हें देखा है, दिन-रात तुम्हारे अंकपाश में समा जाने के लिए तड़प रही हूं। मुझे रात को नींद नहीं आती, दिन में शांति नहीं मिलती। तुम इस प्रकार

मेरी अवज्ञा करोगे तो मैं जीवित कैसे रहूंगी...''

राम ने रुककर क्षण-भर शूर्पणखा को देखा, ''तुम्हारी भावना मैं अच्छी प्रकार समझता हूं, किंतु तुम भी मेरी भावना समझो। तुम्हारा यह प्रस्ताव मेरे लिए सुखद घटना नहीं है...''

''क्यों ?'' शूर्पणखा राम के पीछे-पीछे प्रायः भाग रही थी, ''किसी भी पुरुष के लिए यह प्रस्ताव केवल सुखद ही हो सकता है ... क्या तुम अपनी पत्नी से भयभीत हो, राम?''

''पत्नी से नहीं,'' राम मुसकराए, ''मैं तो तुमसे भयभीत हूं। तुम लौट जाओ, देवि! प्रेम के बिना भोग जीवन की यातना है, और मैं तुमसे प्रेम नहीं करता।''

राम टीले की ऊंचाई चढ़ रहे थे, ''लौट जाओ। तुम्हारा प्रस्ताव अनुचित है।''

''राम!'' शूर्पणखा ने आगे बढ़, उनकी बांह पकड़ ली, ''एक बार भुजाओं में भरकर मुझे अपने वक्ष से लगा लो, फिर चाहे मेरी हत्या कर देना।''

राम ने कोमलतापूर्वक अपना हाथ छुड़ा लिया, ''कामवल्ली! अथवा जो भी तुम्हारा नाम हो, तुमने राम को बहुत गलत समझा है। लगता है, तुमने अब तक केवल पशु ही देखे हैं, मनुष्य नहीं।'' वे रुककर बोले, ''लौट जाओ! आश्रम के भीतर प्रवेश कदाचित् तुम्हारे लिए ठीक नहीं होगा।''

''मेरे लिए क्या ठीक है, क्या नहीं — यह मैं अच्छी प्रकार जानती हूं।'' शूर्पणखा पहली बार रुष्ट स्वर में बोली, ''तुम नहीं जानते कि तुम क्या कह रहे हो, क्योंकि तुम नहीं जानते कि मैं कौन हूं।''

''तुम कौन हो, देवि ?'' राम के अधरों पर उनकी मोहक मुसकान थी।

''मैं शूर्पणखा हूं — रावण, कुंभकर्ण और विभीषण की बहन! तुम्हें अपने व्यवहार का मूल्य चुकाना होगा।''

राम ने आश्चर्य से उसे देखा, किंतु शूर्पणखा रुकी नहीं। वह तीव्रगति से आश्रम के टीले की ढलान उतरती चली गयी।

राम ने पहली बार सारे प्रसंग को गंभीर दृष्टि से देखा — कितनी विचित्र बात है कि जिस रावण को उन्होंने अपना ही नहीं, समस्त मानवता का शत्रु माना है, उसी की बहन उन पर आसक्त हो — काम-प्रस्ताव लेकर स्वयं ही उनके पास आ गयी। और अब वह रुष्ट होकर लौट गयी है। कह गयी है कि राम को अपने व्यवहार का मूल्य चुकाना होगा। क्या वह अपना रोष लेकर रावण के पास जाएगी ? क्या रावण इस बात के लिए अपनी बहन का समर्थन करेगा कि वह उसके शत्रु के पास काम-संदेश लेकर गयी... ?

''आज लौटने में बहुत विलम्ब कर दिया ?''

राम ने सीता की ओर देखा। अजाने ही उनके मन ने सीता और शूर्पणखा की तुलना की — सीता साकार शांति थीं और शूर्पणखा धधकती ज्वाला।

''हां, विलंब हो गया। वार्तालाप कुछ लम्बा हो गया। मणि के यहां भी समय लग गया और ...'' राम मुसकराए, ''एक आक्रमणकारी से भी जूझता चला आ रहा हूं।''

''आक्रमणकारी! इस समय ?'' सीता चकित थीं, ''कहीं कोई घाव तो नहीं लगा ?''

''घायल तो आक्रमणकारी ही हुआ।'' राम बोले, ''इसीलिए तो उसने आक्रमण किया था ...''

वार्तालाप के कुछ शब्द हवा में फैल गए। लक्ष्मण और मुखर के साथ-साथ जटायु भी वहीं आ गए।

''क्या बात हुई ?''

राम ने सारी घटना कह सुनाई।

''भाभी, आपके लिए चुनौती आ खड़ी हुई है।'' लक्ष्मण बोले।

''हां, दीदी! सावधान तो आपको हो ही जाना चाहिए।'' मुखर ने भी टिप्पणी की, ''शूर्पणखा साधारण स्त्री नहीं है।''

सीता हंसीं, ''तुम दो-दो मेरे शुभचिंतक हो तो चिंता किस बात की। फिर आयी तो तुममें से किसी एक के हवाले कर दूंगी। वह भी कृतार्थ होगी और तुम भी धन्य हो जाओगे।''

किंतु वृद्ध जटायु घटना सुनकर बहुत गंभीर हो गए, ''यह परिहास की बात नहीं है, पुत्री! यह तो भावी संकट की पूर्व-सूचना है।''

राम ने उसी गंभीरता से जटायु को देखा, ''स्पष्ट कहें, तात जटायु!''

''राम! हम एक प्रकार से अब रावण के आमने-सामने होने की स्थिति में आ रहे हैं। यह उससे पहला सम्पर्क ही समझो।'

''तात जटायु! यह तो शूर्पणखा का प्रेम-प्रसंग है। यहां रावण कहां से आ गया!'' लक्ष्मण बोले।

''सौमित्र! तुम शूर्पणखा को नहीं जानते।'' जटायु उसी गंभीरता से बोले, ''जब से शूर्पणखा के पति कालकेय विद्युज्जिह्व का रावण के हाथों वध हुआ है, रावण ने शूर्पणखा को सब प्रकार के अनाचारों की खुली छूट दे रखी है। जनस्थान के राक्षस सैनिक स्कंधावार का अधिपति अवश्य खर है, किंतु वास्तविक स्वामिनी ये शूर्पणखा है और ...'' जटायु ने लंबी सांस ली, ''इस शूर्पणखा को मैं जानता हूं। यह पूर्ण राक्षसी है — भोग में, क्रूरता में, अत्याचार में! इसके जीवन में श्रृंगार-प्रसंग क्या अर्थ रखता है, तुम नहीं जानते। इस वय में भी वह कितनी प्रचंड है — यह यहां का जन-साधारण भी जानता है। उसकी हल्की-सी इच्छा का विरोध भी साम्राज्यों को हिला देता है।'' जटायु एक-एक शब्द चबाकार बोले, ''मेरी बात मानो तो समस्त आश्रमों में सूचनाएं

भिजवा दो। जन-वाहिनी की टुकड़ियां तत्काल यहां पहुंचनी आरंभ हो जानी चाहिए। अगस्त्य को भी सूचना भिजवा दो — संघर्ष निकट आ गया है। अगले कुछ ही दिनों में तुम राक्षसों की सैनिक-शक्ति का साक्षात्कार करोगे।''

''अरे, नहीं, तात जटायु!'' राम मुसकराए, ''आप कुछ अधिक ही आशंकित हो उठे हैं।''

''नहीं, राम ! मेरी बात को सच मानो।'' जटायु की गंभीरता में कोई अंतर नहीं आया, ''शूर्पणखा के आतंक-क्षेत्र में इतना समय बिताने वाले इस वृद्ध की आशंका व्यर्थ नहीं है।''

''किन्तु शूर्पणखा के इधर आने की सूचना हमें क्यों नहीं मिली ?'' मुखर जैसे अपने-आप से ही पूछ रहा था, ''हमारी संचार-व्यवस्था ...''

''गोदावरी का तट कोई निषिद्ध क्षेत्र तो है नहीं और उसका क्षेत्र एक-आध घाट तक सीमित भी नहीं है।'' राम बोले, ''इतना लंबा तट है। कोई एक व्यक्ति, वह भी स्त्री, यदि छिपकर इधर आ जाए तो तुम्हें उसकी सूचना कोई कैसे देगा ? इक्का-दुक्का आदमी तो कभी भी आ सकता है। तुम्हारी संचार-व्यवस्था ऐसी सूक्ष्म छलनी नहीं है, जिसमें से दो-चार आदमी भी न छन सकें। हां, कोई सेना आए, सैनिक टुकड़ी आए, तो देखो मार्ग के ग्रामों और वनों की एक-एक कुटिया टनटनाने लगती है, अथवा नहीं।''

''राम ठीक कह रहे हैं।'' सीता बोलीं, ''किंतु सौमित्र को क्या हो गया ? एकदम मौन धारण किए बैठे हैं। कदाचित् एक स्त्री के प्रेम-निवेदन के उत्तर में सैनिक-अभियानों की बात इनके करुणापूर्ण हृदय को अच्छी नहीं लगी।''

'' नहीं।'' लक्ष्मण औचक ही मुसकरा पड़े, ''किंतु मैं यह अवश्य ही सोच रहा हूं कि शूर्पणखा का प्रेम-निवेदन क्या सचमुच इतना संकटपूर्ण है ?''

''मेरा अनुभव तो यही कहता है, सौमित्र!'' जटायु बोले, ''वैसे आस-पास के ग्रामों तथा आश्रमों के युवकों को तो सतर्क कर ही दो और अगले दो-एक दिनों में शूर्पणखा की उग्रता स्वयं परख लो।''

''यह ठीक है।'' राम बोले, ''इसमें कोई आपत्ति नहीं हो सकती।

''तो कल प्रातः मैं सूचना भिजवा दूंगा।'' मुखर बोला।

''सौमित्र! तुम शस्त्र-वितरण भी आरंभ करवा देना। तात जटायु की आशंका अकारण नहीं होगी'' राम ने कहा।

''और कल यदि वह पुनः आयी तो उसका प्रस्ताव कौन स्वीकार करेगा— सौमित्र या मुखर ?'' सीता मुसकरायीं, ''मुझे भय है, कहीं उसके लिए तुम दोनों परस्पर कलह न कर बैठो।''

''यह स्वयंवर शूर्पणखा पर ही छोड़ दो,'' राम बोले, ''दोनों को उसके सामने खड़ा कर देना, जिसे वह पसन्द कर ले।''

"शूर्पणखा परिहास का विषय नहीं है, पुत्री!" जटायु बोले, "अच्छा, मैं अब चल रहा हूं, किंतु मेरी बात को भुलाना मत।"

•

जटायु चले गए। भोजन के पश्चात् लक्ष्मण और मुखर भी अपने-अपने कुटीरों में चले गए। अपनी कुटिया में आकर राम को लगा, सीता सहज रूप से सोने की तैयारी नहीं कर रहीं —जैसे उनके मन में कोई बात हो।

"क्या बात है, सीते ?"

सीता अनिश्चित-सा भाव लिये राम को देखती रहीं, फिर आकर उनके निकट बैठ गयीं। उनका हाथ अपने हाथों में लिया और उसे थपथपाती रहीं। फिर उसे अपनी दोनों हथेलियों में स्नेह से दबाकर, बहुत कोमल स्वर में पूछा, "प्रिये! शूर्पणखा बहुत सुन्दर है क्या ?"

राम अट्टहास कर उठे।

कुछ देर तक सीता, हंसते हुए राम को देखती रहीं और फिर खीझकर बोलीं, "क्यों? मैं स्त्री नहीं हूं क्या ? या मुझे अपने पति से प्रेम नहीं है अथवा कभी प्रेम आशंकाविहीन भी हुआ है ?"

"नहीं, सीते!" राम बोले, "प्रश्न यह नहीं है। प्रश्न यह है कि क्या अपनी पत्नी से सुन्दर स्त्री के मिलते ही पति अपनी पत्नी को छोड़ जाएगा ? अपनी पत्नी के प्रति पति की ईमानदारी क्या तभी तक है जब तक उसको उससे अधिक सुन्दर कोई अन्य स्त्री नहीं मिल जाती ?"

"आप ठीक कहते हैं।" सीता का स्वर आश्वस्त था, "किंतु कभी-कभी बहुत स्थिर मन भी आशंकित हो उठता है।"

"किन्तु तुम्हारे आशंकित होने का कोई कारण नहीं है।" राम मुसकराए, "सबसे अधिक आशंकित तो तात जटायु हैं।"

"उनकी चेतावनी को यूं ही मत टालिए।" सीता बोलीं, "वे ठीक ही कह रहे हैं। व्यक्ति जब निर्बाध सत्ता का भोग करता है तो वह अपनी साधारण-से-साधारण इच्छा को सम्पन्न करने के लिए साम्राज्यों को झोंक देता है, और यहां तो राम को प्राप्त करने की बात है —जो अपने आप में ही बड़े-से-बड़े साम्राज्य से अधिक मूल्यवान है...।"

राम पुनः उच्च स्वर में हंसे, "आज मेरी पत्नी को क्या हुआ है ?"

सीता ने अपना सिर, राम के कंधे से टिका दिया, "मुझे बताओ, शूर्पणखा देखने में कैसी है ?"

"बड़ा कठिन काम है।" राम बोले, "मैं उसका रूप ठीक से देख नहीं सका।"

"क्यों ? आंखें चौंधिया गयी थीं ?"

"नहीं।" राम हंसे, "उसके प्रसाधन-लेपों के मुखौटे के नीचे उसका रूप कैसा

था, यह बताना कठिन है।''

''इतना श्रृंगार किया था उसने ?''

''कोई रोम बिना रंगे नहीं छोड़ा था।''

''रंगी सियार!'' सीता सशब्द हंसीं।

शूर्पणखा अपने प्रासाद में लौटी तो उसकी उग्रता अपनी चरम सीमा पर थी। उसका मन हाथ में खड्ग लेकर सम्मुख आने वाले प्रत्येक व्यक्ति का मुंड रुंड से पृथक् कर देने को तड़प रहा था। जब शूर्पणखा की मनोकामना पूरी नहीं हो सकती तो किसी को भी वह अपनी इच्छानुसार जीने नहीं देगी। उसका मन पुकार-पुकारकर कह रहा था कि वह अपने सैनिकों को आज्ञा दे कि जो पति-पत्नी, जो प्रेमी-प्रेमिका उनको एक साथ दिखाई पड़ें, उनकी हत्या कर दें —किसी भी स्त्री अथवा पुरुष को अपनी इच्छा के स्त्री-पुरुष के निकट जाने की अनुमति नहीं दी जा सकती । जीवन में भोग के नाम पर केवल बलात्कार होगा, जो चाहे अपने बल से, जिसका चाहे भोग कर ले ...

सहसा उसका मन रोने-रोने को हो आया—जब शूर्पणखा पुरुषों के मन को विगलित कर सकती थी, जब उसे देखकर पुरुषों के मन का रक्त उफनने लगता था, जिसकी आंखें उसे देख लेतीं, उसी का वक्ष फटने लगता था— तब रावण ने उसके प्रेमी को अपने फरसे से दो टुकड़े कर डाला और आज उसकी इतनी दुर्दशा हो गयी है कि अपने प्रिय के सम्मुख जाने के लिए उसे लंका के श्रृंगार-शिल्पियों की प्रतीक्षा करनी पड़ती है, उनकी सहायता के बिना वह अपने प्रिय के सामने प्रकट होने का साहस नहीं कर सकती ... और जब प्रकट होती भी है तो वह उसके रूप पर रीझता नहीं, उसके चरणों में लोटता नहीं, उल्टे उसके प्रसाधनों के लेप के नीचे से भी उसके वय को देख लेता है और उसे ठोकर मारकर चल देता है ...

क्या लाभ है ऐसे श्रृंगार-शिल्पियों का ? उन्हें तो अंधकूप में डलवा देना चाहिए।

''द्वार पर कौन है ?''

''स्वामिनी!'' रक्षिका प्रकट हुई।

''अंगरक्षकों से कहो कि लंका से आए हुए श्रृंगार-शिल्पियों ...'' शूर्पणखा सोच में पड़ गई, ''अभी राम उसे मिला नहीं है। कल फिर प्रयत्न करना होगा। तो श्रृंगार-शिल्पी ...''

''स्वामिनी!''

''हां। श्रृंगार-शिल्पियों को संदेश दे कि वे मेरे कल के प्रसाधन की तैयारी कर लें।''

''अंगरक्षकों से संदेश भिजवाऊं ?'' रक्षिका चकित थी।

''अच्छा! परिचारिका से ही कहलवा दे।''

''जो आज्ञा।'' रक्षिका चली गयी।

शूर्पणखा की चिंतन-प्रक्रिया पुनः चल पड़ी— त्रुटि कहां रह गयी ? भूल कहां हुई ? क्या ऐसा भी कोई पुरुष हो सकता है तो उसका मूल्य भी होगा ही। इस प्रकार हताश अथवा क्षुब्ध होने के स्थान पर उसे राम के मूल्य की खोज करनी होगी। क्या चाहता है वह ? उसकी दुर्बलता क्या है ? रूप-सौंदर्य ? धन-संपत्ति ? सत्ता-शक्ति? क्या चाहता है वह?

रूप-सौदर्य से उसे आकर्षित करना कठिन है। शूर्पणखा ने स्वयं अपना रूप दर्पण में देखा था। उस रूप पर, जो पुरुष मुग्ध होना तो दूर, आकर्षित तक नहीं हुआ— उसकी दुर्बलता रूप, सौंदर्य अथवा यौवन का आकर्षण नहीं हो सकती। यदि संसार की सर्वश्रेष्ठ सुंदरियां लाकर उसके चरणों में डाल दी जाएं तो भी कदाचित् वह विचलित नहीं होगा। पर क्यों ? या तो उसके शरीर-निर्माण में कोई अभाव है— उसके पास हृदय नहीं या पुरुष का उष्ण रक्त नहीं, या आंखों में यौवन-सौंदर्य को देखने की क्षमता नहीं, या मस्तिष्क ही प्रतिक्रियाविहीन है ? या वह सड़े किस्म का कोई आदर्शवादी है, जो सिवाय अपनी पत्नी के, अन्य किसी स्त्री के कामाह्वान से स्पंदित ही नहीं होता, अथवा उसके पास-पास ऐसा रूप-सौंदर्य बिखरा हुआ है कि शूर्पणखा के सौंदर्य का उसके लिए कोई महत्त्व ही नहीं है।

तो धन-संपत्ति ? शासन--सत्ता ?

किंतु उसके विषय में बताया गया था कि वह अयोध्या का राजकुमार है, जो अपना राज्य छोड़कर वनवासी हो गया है। तो उसे धन-संपत्ति का क्या आकर्षण हो सकता है ? यदि उसे शासन की इच्छा हो तो शूर्पणखा इसी क्षण जनस्थान की राक्षस सेना उसके अधीन कर देगी— जिससे चाहे युद्ध करे, और जो राज्य चाहे, हस्तगत कर ले...

शूर्पणखा का मन इस बात पर भी टिका नहीं ... जो व्यक्ति अपना राज्य छोड़कर आया हो, वह नये राज्य को स्थापित करेगा ? कहीं ऐसा न हो कि यह भी आज के रूप-सौंदर्य के उत्कोच के समान व्यर्थ सिद्ध हो। ऐसा प्रस्ताव कर कहीं वह पुनः मूर्ख न बने ...

अंधेरे में इधर-उधर छटपटाता मस्तिष्क, अनेक मार्गों पर चला और लौट आया। अनेक प्रश्न उसके मन में उठे और फिर स्वयं ही शांत हो गये। जैसे-जैसे समय बीतता जा रहा था, उसकी व्याकुलता बढ़ती जाती थी ... कभी-कभी तो वह स्वयं भी घबरा जाती थी। व्याकुलता इसी प्रकार बढ़ती रही तो वह किसी भी क्षण तर्क का मार्ग छोड़, उग्रता के मार्ग पर चलने लगेगी और तब प्रत्येक समस्या का उसे एक ही समाधान सूझेगा— शस्त्र और सेना।

सहसा उसके मन में एक नया प्रश्न उठा— राम अपना राज्य छोड़, यहां वन में क्या करने आया है ?

दासी ने बताया था कि राक्षसों से ऋषियों की रक्षा करने आया है ... दंडकवन

में कुछ ऐसे संगठन बनाता भी रहा है — यह भी शूर्पणखा ने सुना था। जटायु के पास आकर, उसके सहयोगी के रूप में रुकने का क्या अर्थ हो सकता है ? जटायु सदा से राक्षसों द्वारा पीड़ित होता रहा है...तो राम एक लक्ष्य लेकर आया है ... कुछ लोग ऐसे भी होते हैं, जिनके सामने लक्ष्य ही प्रधान होता है। उनके लिए जीवन की प्रत्येक सुख-सुविधा नगण्य होती है, प्रत्येक आकर्षण-विकर्षण लक्ष्य के अनुरूप होते हैं ... जीवन तथा लक्ष्य पर्याय हो जाते हैं ... तो राम ऐसा व्यक्ति है —लक्ष्ण और उद्देश्य के प्रति समर्पित ... यही उसका मूल्य है...

शूर्पणखा की आंखें चमक उठीं। मन हल्का हो गया। शरीर में स्फूर्ति आ गयी।

"द्वार पर कौन है ?" उसने गर्दन उठाकर कहा, "भोजन की व्यवस्था के लिए संदेश भिजवा दो।"

प्रातः से ही राम के आश्रम में संदेश-प्रेषण का कार्य आरंभ हो गया। मुखर की व्यस्तता बहुत बढ़ गयी। उसके दल के कार्यकर्ता इधर-से-उधर दौड़ रहे थे। थोड़ी-सी देर में ही, अगले पड़ावों से, संदेश-प्राप्ति की सूचनाएं आने लगी थीं।

दूसरी ओर लक्ष्मण भी सक्रिय हो उठे थे। वे अपने साथियों को लेकर प्रातः ही निकल गए थे और अनेक स्थानों पर बनाए गए शस्त्र-निर्माण-गृहों तथा सुरक्षित स्थानों से शस्त्र वन में बने कुटीरों तथा आस-पास के ग्रामों में पहुंचने लगे थे। पिछले दिनों जिन-जिन ग्रामों पर राक्षस सैनिकों ने छापे मारे थे, वहां शस्त्र पहले ही पहुंच चुके थे। उन ग्रामों के लोगों को युद्ध का स्वरूप कुछ-कुछ स्पष्ट हो चला था, शेष लोग अपनी घृणा और आक्रोश में राक्षसों से टकरा जाने की प्रतीक्षा कर रहे थे... लक्ष्मण को सब स्थानों पर उत्साह ही दिखायी पड़ा था। निराशा और हताशा कहीं नहीं थी ...

सीता शस्त्र-प्रशिक्षण में लगी रहीं और राम एक ओर बाहर से आये हुए अनेक अभ्यागतों की समस्याओं का समाधान करते रहे तथा दूसरी ओर मुखर एवं लक्ष्मण द्वारा भेजी गयी सूचनाओं इत्यादि में उलझे रहे। दिन-भर कहीं जा नहीं पाये, जबकि इस सारे आयोजन में जटायु से विचार-विमर्श उन्हें अनिवार्य लग रहा था, साथ ही उल्लास और मणि के पुत्र के स्वास्थ्य के विषय में भी पूछना था।

संध्या समय वे आश्रम से निकले। टीले से उतर, पहले उल्लास के कुटीर की ओर जाने का निश्चय कर उधर मुड़े ही थे कि उन्हें सामने शूर्पणखा खड़ी मिली। राम ने पहली दृष्टि में देखा— उसका श्रृंगार कल से किसी भी प्रकार कम नहीं था। परिधान कुछ अधिक ही भड़कीला था— कदाचित् किसी दूर देश से मंगवाए गए, किसी विशिष्ट वस्त्र से बना हुआ।... कल जाते हुए जिस प्रकार वह रुष्ट होकर गयी थी, आज वैसी रुष्ट भी नहीं लग रही थी।

उसने बड़े नम्र और शालीन ढंग से अभिवादन किया।

राम सजग हुए। जटायु का विचार ठीक था। शूर्पणखा सहज ही हार स्वीकार

करने वाली नहीं थी। कदाचित् आज वह कोई अन्य प्रस्ताव लेकर आयी थी।

"आप मुझसे रुष्ट तो नहीं हैं ?"

उसका संबोधन आज अधिक सम्मानजनक था, स्वर अधिक कोमल था और व्यवहार अधिक शिष्ट।

राम कुछ नहीं बोले। उसे देखते रहे। कैसे मानेगी यह धृष्ट स्त्री ? तर्क सुनने को वह प्रस्तुत नहीं थी। शारीरिक बल अथवा शस्त्र-कौशल यहां सार्थक नहीं था...

शूर्पणखा ने राम के बोलने की अधिक प्रतीक्षा नहीं की, जैसे उत्तर की उसे अपेक्षा ही नहीं थी। उसे तो अपनी ही बात कहनी थी, "मैंने कल जाते-जाते आपको बताया था कि मैं रावण, कुंभकर्ण और विभीषण की बहन हूं। वह मैंने धमकी के रूप में नहीं कहा था। मैंने तो अपना परिचय दिया था।" वह सायास हंसी, "आपने कहीं यह तो नहीं मान लिया कि मैं राक्षसी हूं और रक्ष-संस्कृति के स्वार्थप्रधान, परपीड़नयुक्त, मानवताविहीन सिद्धांतों को मानती हूं तथा न्याय-अन्याय की चिंता किये बिना हिंसा तथा उग्रता के बल पर अन्य लोगों को पीड़ित करती रहती हूं।" उसने अपांग से राम को देखा, "आप यह सोच भी लें तो कुछ भी अस्वाभाविक नहीं है। ... पर कल आप जल्दी-जल्दी चले गए थे, मुझे अपनी बात कहने का अवसर ही नहीं मिला। अपने आश्रम में आने से भी आपने मना कर दिया था — यद्यपि यह आर्य-रीति नहीं है।..."

राम को बोलना ही पड़ा, "अकल्याणकारी प्रोत्साहन न देना ही आर्य-रीति है, देवि!"

"आप ठीक कह रहे हैं।" शूर्पणखा ने पुनः बात का सूत्र पकड़ लिया, "पर कल मैं अपनी बात नहीं कह सकी। मैं आपसे कहना चाह रही थी कि मुझे स्वयं यह सब अच्छा नहीं लगता। इसीलिए मैं और विभीषण सदा ही रावण और कुंभकरण का विरोध करते रहे हैं। नहीं तो क्या आवश्यकता थी कि मैं लंका जैसी समृद्ध नगरी को त्याग, यहां इस वन के स्कंधावार में पड़ी रहती ?... रावण के कृत्य देखकर, उसकी बातें सुनकर मेरा तो दम घुटता है। मैं लंका में रह नहीं सकती। विभीषण बेचारा जाने किन मजबूरियों में लंका में रहता है और कितनी पीड़ा सहता है...।"

राम आज शूर्पणखा का नया ही रूप देख रहे थे। यह स्त्री कितनी वाग्मी है और दूसरे व्यक्ति को पूर्णतः मूर्ख समझती है। यह मानकर चल रही है कि जो कुछ यह कहेगी, दूसरा व्यक्ति उसको स्वीकार कर ही लेगा। ...एक बात स्पष्ट थी कि यह अपनी बात कहे बिना, उन्हें आगे जाने नहीं देगी।

"यदि अन्यथा न मानो," राम बोले, "तो यहां बैठकर बात कर लें; शायद वार्तालाप कुछ लंबा चले।"

शूर्पणखा की आंखों में सफलता के स्फुलिंग चमके, कदाचित् राम की रुचि जाग उठी है, तभी तो बैठने के लिए कह रहा है...

वह चमक राम ने भी देखी... लगा, भूल हो गयी। यह तो सामान्य शिष्टाचार को

भी उल्टी दिशा में ले गयी। इस स्त्री को इस प्रकार प्रोत्साहित नहीं करना चाहिए था। ...किंतु भूल तो हो ही चुकी थी...

"विभीषण के विषय में आपने सुना ही होगा," शूर्पणखा बैठते हुए भी निरंतर बोलती जा रही थी, "सारा संसार जानता है कि उसने रक्ष-संस्कृति को कभी स्वीकार नहीं किया और समय-समय पर यथासंभव उसका विरोध करता ही रहा है ...।"

विभीषण के विषय में राम की जिज्ञासा जाग रही थी... कैसा है विभीषण ? भरद्वाज ऋषि ने भी विभीषण का नाम लिया था...

"वह तो अपने संबंधों के कारण लंका में पड़ा है," शूर्पणखा कहती जा रही थी, "किंतु मैंने यह स्वीकार नहीं किया। शैशव से ही मुझे विभीषण से स्नेह था और रावण मुझे अच्छा नहीं लगता था। आप जानते ही होंगे कि रावण ने अपने हाथों मेरे पति की हत्या कर दी थी," शूर्पणखा ने सुबकी लेने का अभिनय किया, "क्योंकि विद्युज्जिह्व ने कभी उसकी अधीनता स्वीकार नहीं की। आप ही बाताइए, कोई स्त्री अपने पति के हत्यारे को स्नेह की दृष्टि से कैसे देख सकती है, चाहे वह उसका अपना सगा भाई ही क्यों न हो...!" शूर्पणखा को लगा, उसका अपनी पीड़ा का अभिनय, यथार्थ से एकाकार होता जा रहा है। रावण के प्रति कहीं गहरे दबी हुई घृणा उभरकर तल पर आ रही है..., "ऐसे में आप मुझे रावण की बहन और क्रूर राक्षसी मान लें— क्या यह उचित है ?"

राम मुसकराए, "मेरा मानना-न मानना तो बाद की बात है, देवि! कल तुमने ही कहा था कि तुम रावण की बहन हो, अतः मुझे अपने किए का मूल्य चुकाना होगा।"

शूर्पणखा क्षण-भर के लिए भी हतप्रभ नहीं हुई, "कह दिया था तो क्या हुआ। आवेश में व्यक्ति कई बार अनुचित भी कह जाता है; इसीलिए तो आज अपना स्पष्टीकरण देने स्वयं चली आयी।"

"पर मुझे स्पष्टीकरण देना क्यों आवश्यक है ?" राम उठने को हुए, "मैं चलूं।"

"इतने कठोर न बनो, राम!" शूर्पणखा ने औचक ही हाथ पकड़कर राम को बैठा लिया, "यदि मेरा आचरण राक्षसों जैसा नहीं है तो मुझे ग्रहण करने में तुम्हें क्या आपत्ति है ?"

शूर्पणखा की कातरता ने राम की मुसकान को वक्र कर दिया, "मुझे जल्दी जाना चाहिए, किसी ने मुझे तुमसे बातें करते देख लिया और रावण से कह दिया तो तुम्हारे पक्ष का मानकर रावण मेरा शुत्र हो जाएगा। तब मुझे बचाने न तुम आओगी, न विभीषण आएगा।"

शूर्पणखा झटका खा गयी — वह अब तक अपना रावण-विरोध इसलिए स्थापित करती आ रही थी कि राम उसे अपना सके; और राम ने क्षण-भर में ही सारी स्थिति उलटकर रख दी। ...ठीक कह रहा है राम। ऐसी स्त्री को कौन अंगीकार करेगा,

जिससे रावण उसका शत्रु हो जाए...

शूर्पणखा अवाक् बैठी रह गयी, किंतु अगले ही क्षण उसका मस्तिष्क दूसरी ओर चल पड़ा, "किंतु हमारा विरोध ऐसा तो नहीं है, जिससे हम एक-दूसरे के शत्रु माने जाए।" शूर्पणखा ने अपने अधरों के कंपन को नियंत्रित कर लिया, "रावण ने यदि मेरे पति की हत्या की थी तो उसने अपनी भूल स्वीकार भी कर ली थी। आज तक पश्चाताप कर रहा है। इसीलिए तो मुझे जनस्थान में अनेक विशेषाधिकार दे रखे हैं। वह है तो राक्षसों का सम्राट्, किन्तु अवसर ढूंढ़ता रहता है कि कब उसे मेरी कोई छोटी-से-छोटी इच्छा मालूम हो और कब वह उसे पूर्ण कर मुझे प्रसन्न कर सके। यदि मैं तुम्हें अपने पति अथवा प्रेमी के रूप में उसके सम्मुख प्रस्तुत करूंगी तो वह निश्चित रूप से तुम्हारी ओर मैत्री का हाथ बढ़ाएगा। तुम्हें सिर-आंखों पर बैठाएगा। अपनी बहन के पति का वध कितना पीड़ादायक होता है — यह वह जान गया है। दूसरी बार वह अपने बहनोई का अपमान करने की भूल नहीं कर सकता। मेरे साथ विवाह का अर्थ जानते हो, राम! ..." शूर्पणखा संभावना से ही उल्लसित हो उठी, "राक्षसराज रावण, महाबली कुंभकर्ण, धर्मात्मा विभीषण तथा यक्षराज कुबेर तुम्हारे साले हो जाएंगे। उनकी समस्त शक्ति और धन-संपत्ति तुम्हारे अधीन होगी। तुम्हारे नाम का डंका सारे शहर में बजेगा। जो राज्य चाहोगे, तुम्हें मिल जाएगा। रावण के बहनोई के नाम से ही विश्व कांप उठेगा..."

राम ने देखा, शूर्पणखा की बुद्धि, उसका तर्क-विवेक — विह्वलता में बह गए थे। उचित-अनुचित का ज्ञान उसे नहीं था। वह व्यक्ति नहीं, एक इच्छा मात्र थी, विवेकहीन इच्छा...

"एक निर्धन तपस्वी के लिए इतने धनी लोगों का संबंधी होना जोखिम की बात है; और तुमने सुना ही होगा, देवि! मैंने अनेक राक्षसों का वध किया है।" राम कोमल स्वर में बोले, "ताड़का और सुबाहु भी मेरे हाथों ही मेरे थे। रावण अवश्य ही मुझे अपना शत्रु मानता होगा। संभवतः किसी समय रावण से मेरा आमने-सामने युद्ध हो।"

शूर्पणखा ने राम की पूरी बात भी नहीं सुनी। राम की इच्छा की दिशा पहचानते ही जैसे वह उस ओर बह निकली, "युद्ध होता है तो हो, राम! कोई भय नहीं है। युद्ध किसी से भी हो, पत्नी तो अपने पति की ओर से ही लड़ेगी। तुम्हें कदाचित् ज्ञात न हो कि मैंने अनेक शस्त्रास्त्रों का ज्ञान अपने भाई कुंभकर्ण से पाया है; और योद्धा के रूप में रावण से तनिक भी हीन नहीं हूं। युद्ध की स्थिति में मेरी सेनाएं तुम्हारे पक्ष से रावण के विरुद्ध लड़ेंगी। स्वयं मैं तुम्हारी ओर से लड़ूंगी। ..." शूर्पणखा को लगा कि वह रावण से अपने प्रेमी-द्रोह का प्रतिशोध ले रही है, "मैं तुम्हें रावण की वीरता, उसकी सेना, उसके शस्त्रों का एक-एक भेद बताऊंगी। उसकी व्यूह-रचना को खंड-खंड कर दूंगी। मैं इस राक्षस-साम्राज्य को ध्वस्त कर दूंगी और अपने हाथों से तुम्हें लंका के सिंहासन पर बैठाकर तुम्हारा राज्याभिषेक करूंगी..."

शूर्पणखा का आवेश और उग्रता देखकर राम गंभीर हो गए, यह अभिनय नहीं हो सकता। हर राक्षसी अपनी इच्छा-पूर्ति के लिए कुछ भी कर सकती है— अपने सगे भाइयों की हत्या भी। निश्चित रूप से निजी स्वार्थ की चरम परिणति, इस रक्ष-संस्कृति में पली हुई स्त्री ऐसी ही हो सकती है; जो अपने क्षणिक सुख के लिए अपने भाइयों तक की हत्या को तत्पर हो। उसके इस रूप को देखकर तनिक भी संदेह नहीं हो सकता था कि जो कुछ वह कह रही है, उसे कर डालने में वह तनिक भी संकोच करेगी...

"यह संबंध किसी भी रूप में संभव नहीं है, देवि!" राम उठ खड़े हुए, "मैंने कल ही तुमसे कहा था, मैं विवाहित हूं।"

"राम!" शूर्पणखा ने राम की भुजा थाम ली। उसकी आंखें गीली हो उठीं। चेहरे के भाव ऐसे थे, जैसे वक्ष पीड़ा से फट रहा हो, "रहने दो विवाह! एक बार मेरा रति-निमंत्रण तो स्वीकार कर लो। एक बार ..."

राम के मन में तीव्र इच्छा उठी कि इस साक्षात् वासना को झटककर अपना हाथ छुड़ा लें; किंतु उसकी आंखों का पानी उन्हें कठोर बनने नहीं दे रहा था। भला इस स्त्री को कैसे समझाया जा सकता था, जिसमें न विवेक था, न स्वाभिमान, न संस्कार, न कोई सामाजिक नैतिकता...कितनी कातर और दयनीय हो रही थी, जैसे कोई विवेकहीन पशु अपनी प्राकृतिक भूख की पीड़ा से व्याकुल हो, शिलाओं पर सिर पटकने को तत्पर हो...तो क्या करें राम ? ...सहसा उनके मन में सीता और लक्ष्मण में हो रहा परिहास जागा...क्या इस ढंग से इसे टाला जा सकता है... ?

"मैं विवाहित हूं," उनका स्वर पुनः कोमल हो गया, "अतः तुम्हें अंगीकार नहीं कर सकता। किन्तु मेरा छोटा भाई अविवाहित है, सौमित्र..."

सौमित्र का नाम सुनते ही शूर्पणखा की आंखों के सम्मुख गौर वर्ण का वह चंचल, उग्र तथा सुन्दर युवक साकार हो उठा ...तो वह राम का भाई ही है ...

राम के पग उठे तो उठते चले गए। उन्होंने पलटकर देखा— शूर्पणखा उनका पीछा नहीं कर रही थी। वह शांतिपूर्वक वहीं बैठी थी, जहां राम ने उसे छोड़ा था ... कदाचित् वह लक्ष्मण की कल्पना कर रही थी, या ...उसने लक्ष्मण को कभी देखा है क्या ?

राम समझ नहीं पा रहे थे कि शूर्पणखा के प्रति वे कैसा भाव रखें ...उसकी इस मूढ़ पाशविक वासना पर दया करें अथवा क्रोध ? पशु की मूढ़ता पर तो दया ही की जा सकती है; किंतु जब वह अपने पशुत्व से न टले, तो क्रोध भी करना पड़ता है ...पर क्या किया उन्होंने ? शूर्पणखा को लक्ष्मण की ओर प्रेरित करना कहीं सौमित्र के लिए कठिनाई उत्पन्न न करे। अपना पीछा छुड़ाने के लिए किया गया परिहास कहीं कोई और रूप न ले ले...

सहसा राम को जटायु का ध्यान आया ...वे ठीक कह रहे थे। शूर्पणखा सचमुच

बहुत अविवेकी, स्वार्थी और हठी है। उसका हठ भयंकर भी हो सकता है... जटायु ने ठीक समय पर चेतावनी दी थी... यदि शूर्पणखा अपने हट से नहीं टली और उग्र होती गयी तो कोई भी दुर्घटना हो सकती है...

शूर्पणखा लौटकर अपने प्रासाद में आयी तो राम का तर्क उसके मन में बहुत दूर तक धंस चुका था।... संभव है कि इन आर्यों में एक विवाह के सिद्धांत का इतनी कठोरता से पालन किया जाता हो कि वह व्यक्ति का संस्कार बन जाता हो; और व्यक्ति के मन में किसी अन्य स्त्री के प्रति कामाकर्षण जागता ही न हो। कहीं राम इस जड़ता का ही तो बंदी नहीं है ? यदि ऐसा ही है तो वह सरलता से न शूर्पणखा का समर्पण स्वीकार करेगा और न स्वयं समर्पित होगा। उसकी इस जड़ता को तोड़ना सरल नहीं होगा; और शूर्पणखा प्रतिदिन अपने आयोजन में असफल होकर, अपने रूप और यौवन को कोसती रहेगी तथा अपने श्रृंगार-शिल्पियों से रुष्ट होती रहेगी ... किंतु इन लोगों का यही जड़ संस्कार सौमित्र को प्राप्त करने में सहायक हो सकता है...

उसकी आंखों के सम्मुख सौमित्र का रूप उभरा। वह राम से कुछ कम बलिष्ठ लगता है, पर वय में भी तो उससे कितना छोटा है। उसकी तरुणाई में एक और ही आकर्षण है, जो राम के पौरुष में नहीं है। ...अधखिले पुष्प को मसलने का भी एक आनन्द होता है...

वह है भी अविवाहित! और यौन-संबंधों की एकनिष्ठता के अपने संस्कारों के कारण कदाचित् अभी तक उसने काम-संबंधों का सुख भी कभी नहीं पाया होगा। ऐसे व्यक्ति की भूख को जगाना, उसे अपनी ओर आकर्षित करना तथा उसे वासना में बांधकर रखना पर्याप्त सरल होगा। राम ने पत्नी-सुख भोगा है। वह जानता है कि स्त्री और स्त्री-सुख क्या है —उसके लिए उसमें कुछ नया नहीं है— वह इस लोभ का प्रतिरोध कर सकता है। सौमित्र स्त्री-सुख से विहीन है। उसे देखते ही सौमित्र का मन चंचल हो उठेगा, शरीर तपने लगेगा— कैसे रोक पाएगा वह स्वयं को! और शूर्पणखा प्रौढ़ नायिका के समान मुग्ध नायक को खेला-खेलाकर मारेगी। वह उसके सम्मुख काम-सुख के नये-से-नये क्षेत्र उद्घाटित करेगी। एक बार वह उसका स्पर्श करेगा तो पिघले बिना नहीं रह सकेगा... और एक बार सौमित्र विचलित हो गया तो वह शूर्पणखा के फंदे से निकल नहीं पाएगा... शूर्पणखा सदा के लिए उससे चिपक जाएगी।

उसके मन में अनेक सुखद कल्पनाएं प्रफुल्लित हो उठीं ...सौमित्र की पत्नी, प्रेमिका, भोग्या— कुछ भी बनकर रहे, रहेगी वह राम के निकट ही। निकट रहेगी तो सदा राम को भी लुभाती और ललचाती रहेगी। देखेगी, कब तक राम उससे भागता है? कब तक उसका प्रतिरोध टूटता नहीं है ? ...वह सौमित्र के माध्यम से अंत में राम तक भी पहुंचेगी। राम को प्राप्त करेगी ही...

उसे लगा, सुख की कल्पना से उसका कलेजा फट जाएगा —यह तो उसकी

अपनी अपेक्षा और कामना से भी बढ़कर हुआ। उसने तो केवल राम को मांगा था, उसे तो राम और लक्ष्मण दोनों ही मिल रहे हैं।

सहसा वह चौंकी। राम ने उसे सौमित्र की ओर प्रेरित क्यों किया ? यदि वह उसे लुभा नहीं पायी थी, तो फिर उसे उसने सौमित्र तक जाने को इंगित क्यों किया ? कैसी मूर्खा है शूर्पणखा! इतनी-सी बात भी वह अभी तक समझ नहीं पायी। अपने सामाजिक नियमों के अनुसार राम उसका समर्पण स्वीकार नहीं कर सकता ... अत: उसने सौमित्र की आड़ में उसे अंगीकार करने का नाटक रचा है... कैसा चतुर है राम! और मूर्ख शूर्पणखा समझती रही कि वह उसे रिझा नहीं पायी। वह अपने रूप और यौवन को कोसती रही— अपने श्रृंगार-शिल्पियों को अंधकूप में डलवाने की योजनाएं बनाती रही ...राम उस पर न रीझा होता तो दूसरे दिन भी संध्या समय उसे, उसी समय, उसी स्थान पर क्यों मिलता ? उसके निकट शिला पर बैठकर उसकी बातें क्यों सुनता ? उसके प्रत्येक तर्क को काट, वक्रता से क्यों मुसकराता और अंत में सौमित्र के माध्यम से स्वयं तक पहुंचने का मार्ग क्यों बताता...

ओह शूर्पणखा! तू कितनी मूर्ख है! काम और प्रेम के व्यवहार को भी उसके प्रत्यक्ष, स्थूल रूप में स्वीकार करती है। तेरा कभी किसी चतुर काम-रसिक से संपर्क ही नहीं हुआ...

"ओ सखी वज्रा!" शूर्पणखा वज्रा से लिपट गयी, "तुझे क्या बताऊं, कितनी प्रसन्न हूं मैं! जा, भोजन में विशेष व्यंजनों का प्रबंध कर। तीखी मदिराओं की व्यवस्था कर। अपना सुख भुला न पायी तो प्रसन्नता से मर जाऊंगी। श्रृंगार-शिल्पियों से भी कह दे — कल के श्रृंगार के लिए विशेष प्रबंध करें। कल मुझे अभिसार के लिए जाना है। और सुन! अंगराक्षकों को कह दे, आस-पास के ग्रामों का सारा दूध लाकर मेरे स्नान-सरोवर में डाल दें, कल मैं दुग्ध-स्नान करूंगी।"

वज्रा कुछ भी समझ नहीं पायी। वह मात्र फटी-फटी आंखों से उसे देखती रही।

राम के आश्रम में प्रात: से ही विभिन्न आश्रमों तथा ग्रामों के जन-सैनिकों की टोलियां पहुंचना आरंभ हो गयीं। सैनिकों के साथ उनके शस्त्र भी थे और साथ ही अन्न-भंडार भी। कई टोलियां तो अपनी आवश्यकता से कहीं अधिक अन्न लायी थीं, ताकि यदि अन्य टोलियों के पास अन्न का अभाव हो तो उसकी पूर्ति की जा सके। सबसे अधिक अन्न भीखन के गांव से आया लगता था।

आज से आश्रम का दायित्व सीता पर था। लक्ष्मण, मुखर और जटायु— बाहर से आए जन-सैनिकों की व्यवस्था में व्यस्त हो गए थे। उचित स्थान देख, अस्थायी कुटीरों का निर्माण कर, उनके आवास का प्रबंध हो रहा था। उसमें परस्पर संपर्क और संचार की व्यवस्था करनी थी। स्थानीय जन-सैनिकों के नेतृत्व में आस-पास के भूगोल का ज्ञान प्राप्त करने का प्रबंध करना था ...और यद्यपि शस्त्रों और अन्न की मात्रा पर्याप्त

थी, तथापि उनके सम्यक् वितरण की देख-भाल करनी थी।

आवास-प्रवंध के प्रधान जटायु थे। राम ने उन्हें रण-नीति समझा दी थी। आश्रम के चारों ओर के टीलों तथा ढूहों का प्रयोग दुर्ग के रूप में किया जाना था। सैनिकों को उन ढूहों के एक ओर इस प्रकार बसाया जाना था कि वे आश्रम से तो दिखायी पड़ें, किंतु विपरीत दिशा से आने वाले व्यक्ति की दृष्टि उन पर न पड़ सके। जिस टोली को जहां ठहराया जा रहा था, उसे वहीं रहना था और वहीं से युद्ध करना था, ताकि युद्ध के समय न उन्हें व्यूह-बद्ध होना पड़े, न कहीं आना-जाना पड़े। उन्हें अपने-अपने ढूह के पीछे छिपकर अपनी रक्षा करते हुए, शत्रु की अधिक-से-अधिक क्षति करनी थी।

संचार-व्यवस्था मुखर के पास थी। प्रत्येक ढूह के लिए दोहरी संचार-व्यवस्था का प्रबंध था—एक ओर अपने आस-पास के ढूहों से परस्पर संपर्क तथा दूसरी ओर आश्रम से सीधा संपर्क, ताकि सूचनाओं तथा आदेशों के आने-जाने में कोई विघ्न न पड़ सके।

शस्त्रों तथा अन्न-भंडारों की व्यवस्था लक्ष्मण देख रहे थे। प्रत्येक टोली के पास उसकी आवश्यकता के अनुसार अन्न तथा शस्त्र हों। आवश्यकता होने पर, किस प्रकार उस तक और अन्न तथा शस्त्र पहुंचाए जाएं और पीछे हटने अथवा ढूह खाली करने की स्थिति में कैसे अन्न और शस्त्र वहां से हटाए जाएं। विपरीत दिशा से आते हुए शत्रुओं से निकट पड़ने वाले ढूहों पर कम दूरी तक मार करने वाले धनुष तथा धनुर्धारी हों तथा आश्रम के निकट और शत्रुओं से दूर पड़ने वाले ढूहों पर दूर तक मार करने वाले धनुष तथा धनुर्धारी। अन्य छोटी-मोटी समस्याएं भी उठ खड़ी होती थीं। लक्ष्मण उनमें उलझे हुए थे।

राम आश्रम में अपनी कुटिया के सम्मुख ही आसन जमाए बैठे थे। उनके पास निरंतर सूचनाएं पहुंच रही थीं... कहां-कहां अन्न तथा शस्त्रों का निरीक्षण हो चुका है। कहां-कहां तक संचार-व्यवस्था स्थापित हो गयी है। ...वे अपने सम्मुख पंचवटी क्षेत्र का बड़ा-सा मानचित्र बिछाए बैठे थे। जिस-जिस ढूह पर सैनिक बसते जा रहे थे, उसे वे चिह्नित करते जाते थे...

प्रत्येक नयी सूचना को वे बड़ी ललक के साथ ग्रहण करते थे, फिर भी उनके मन में अभी एक प्रतीक्षा बनी हुई थी...

अगली सूचना लाने वाले की ओर उन्होंने देखा— यह उल्लास था, मणि का पति।

''एक सूचना लाया हूं!'' अभिवादन के पश्चात् वह बोला।

''मेरे ज्ञान के अनुसार, तुम आज के संदेश-वाहकों में से नहीं हो।''

''नहीं हूं। किंतु यह कुछ अन्य सूत्रों से प्राप्त भिन्न सूचना है।''

''बच्चे का स्वास्थ्य कैसा है ?'' राम ने पूछा।

''पहले से बहुत सुधरा है।'' वह मुसकराया, ''किंतु सूचना बच्चे के विषय में नहीं है।''

''बोलो।''

''प्रातः से अब तक तीन ग्रामों में ग्रामीणों तथा शूर्पणखा के अंगरक्षकों में सशस्त्र झड़पें हो चुकी हैं। यह संयोग है कि लक्ष्मण ने कल ही इन सब ग्रामों में शस्त्र-वितरण का कार्य समाप्त किया और आज शूर्पणखा के अंगरक्षक वहां आ पहुंचे।''

''क्या वे शस्त्र छीनने आए हैं ?''

''नहीं!'' उल्लास बोला, ''वे लोग उनका दूध छीन रहे हैं। ग्रामीणों ने दूध देना अस्वीकार किया तो अंगरक्षकों ने शस्त्र निकाल लिये। अब तक ग्रामीणों के पास शस्त्र नहीं थे, वे भयभीत हो जाया करते थे, किंतु आज वे भी सशस्त्र थे, अतः संघर्ष हो गया।''

''कोई घायल हुआ ?''

''अनेक! दो अंगरक्षक मारे भी गए हैं।''

राम ने संदशवाहकों की टोली की ओर देखा। एक संदेशवाहक निकट आया।

''मुखर से कहो कि निकट के समस्त ग्रामों को सूचित कर दे कि शूर्पणखा के अंगरक्षक उनसे बलात् दूध छीनने आएंगे। अतः वे लोग सन्नद्ध रहें। जाओ।''

दूसरे संदेशवाहक को उन्होंने संदेश दिया, ''लक्ष्मण से कहो, जन-वाहिनी की दो टोलियां ग्रामों के आस-पास फैला दें और संघर्ष की स्थिति में वे तत्काल ग्रामीणों की सहायता करें—आदेश की प्रतीक्षा न करें। लक्ष्मण से यह भी कहो कि वे पहले से ही देख लें कि इन ग्रामों में शस्त्रों की कमी न हो।''

तीसरे संदेशवाहक से बोले, ''जिन ग्रामों में संघर्ष हुए हैं, वहां के हताहतों को उठवाकर यहां लाने का प्रबंध करवाओ, तुरंत।''

चौथे को उन्होंने कहा, ''सीता से कहो, शल्य-चिकित्सा की तत्काल व्यवस्था करें। अनेक घायलों की पट्टी करनी होगी।''

चारों संदेशवाहकों को भेजकर वे उल्लास की ओर मुड़े, ''दूध का क्या झगड़ा है ? वर्षों से प्रतिदिन ढेरों दूध शूर्पणखा के अंगरक्षक निःशुल्क ले जाते हैं—अब क्या झगड़ा है ?''

''मैंने पता लगाया है।'' उल्लास बोला, ''पहले दूध की एक निश्चित मात्रा जाती थी, किंतु आज वे सारा-का-सारा दूध छीन रहे हैं। यहां तक कि बच्चों के लिए भी थोड़ा-सा दूध वे छोड़ना नहीं चाहते।''

''बात क्या है ?'' राम जैसे अपने-आपसे पूछ रहे थे, ''हमें ऐसी कोई सूचना नहीं मिली, जिससे आभास हो कि स्कंधावार में सैनिकों की संख्या बढ़ गयी है या किसी अन्य कारण से उन्हें दूध की अधिक आवश्यकता है।...'' सहसा वे उल्लास से संबोधित हुए, ''तुमने मणि से पूछा कि इसका क्या कारण हो सकता है ?''

''मैं तो सीधा आपको सूचना देने चला आया।'' उल्लास बोला, ''मणि से मेरी बात ही नहीं हुई।''

"अच्छा, तो ऐसा करो", राम कुछ सोचते हुए बोले, "एक तो तुम मणि से पूछो, दूसरे आदित्य से। आदित्य को जानते हो न, वह सुंदर और बलिष्ठ युवक, जिसे शूर्पणखा ने माली बना रखा था। वह आर्य जटायु की टोली में होगा। आशा है, इन दोनों में से किसी से दूध की आवश्यकता का कारण मालूम हो जाएगा। यह सूचना हमारे लिए बहुत महत्त्व की है।"

उल्लास चला गया और राम पुनः अपने काम में लग गए। सूचनाओं का प्रवाह बढ़ता जा रहा था। जैसे-जैसे दिन चढ़ता जा रहा था, कार्य का विस्तार भी वृद्धि पा रहा था।

सीता की ओर से सूचना आ गयी थी कि घायलों के उपचार की समुचित व्यवस्था है —रोगियों के आते ही उपचार हो जायेगा। ग्राम से लौटे हुए संदेशवाहक ने भी बताया कि घायलों को लेकर लोग चल चुके हैं— थोड़ी देर तक वे लोग आश्रम में आ पहुंचेंगे।

...और इस सब के मध्य भी, बार-बार राम के मन में प्रश्न उठता था कि शूर्पणखा को आज इतने अधिक दूध की आवश्यकता क्यों पड़ी ? ...अधिक अतिथि आ गए हैं ? नये व्यंजन बनने हैं ? लंका से नयी सैनिक टुकड़ियां आयी हैं ? अथवा यह अत्याचारियों की सनक मात्र है ? ...

तभी संदेशवाहक के मुख से नयी आने वाली टोली के नायक का नाम सुनकर राम चौंके, "कौन अनिन्द्य ?"

"हां, आर्य!"

"धर्मभृत्य के आश्रम के साथ वाली धातु-खान वाली बस्ती से ?"

"हां, आर्य!"

आर्य जटायु को सूचित करो कि अनिन्द्य और उसकी टोली को यहां मेरे पास भेज दिया जाए। उन्हें वहां न बसाया जाए।"

थोड़ी ही देर में अनिन्द्य अपने साथी सैनिकों के साथ उनके सम्मुख खड़ा था।

राम ने खड़े होकर उनके अभिवादन का उत्तर दिया और गद्गद कंठ से कहा, "मेरी जन-सेना की पहली टुकड़ी के वीरो! तुम्हारा स्वागत है।"

कुशल-मंगल के प्रश्नोत्तरों के आदन-प्रदान के पश्चात् राम मूल समस्या पर आए, "अनिन्द्य! तुम्हारी टोली को एक कठिन कार्य सौंपा है।"

"आदेश दें!"

"तुम लोग आश्रम में रहोगे और केंद्रीय जल-व्यवस्था तुम्हारे पास होगी।" राम बोले, "तुम्हें तथा तुम्हारे साथियों को युद्ध की अवधि में भी सैनिकों तक जल पहुंचाने के लिए जाना होगा। गोदावरी के उन घाटों को किसी भी मूल्य पर अपने अधिकार में रखना होगा, जो आश्रम के निकट पड़ते हैं; अथवा जहां से स्वच्छ जल प्राप्त करना

हमारे लिए सुविधाजनक है। काम कठिन है; और संभव है, राक्षस सेना कभी घेराबंदी करे— तब तुम्हारा कार्य कठिनतर हो जाएगा। सोच लो।''

अनिन्द्य मुसकराया, ''कठिन कार्य सौंपकर, आपने हमारे प्रति अपने विश्वास और स्नेह का प्रमाण दिया है: और जहां तक कठिनाई की बात है, आप निश्चिंत रहें— हमें चुनौतियों का साक्षात्कार करने का प्रशिक्षण सीधे राम से प्राप्त करने का गर्व है।''

राम हंसे, ''युद्ध-कौशल के साथ-साथ तुमने वाक्-चातुर्य भी अर्जित किया है।''

अनिन्द्य भी हंसता हुआ उठ गया।

उल्लास, मणि तथा आदित्य से मिलकर लौट आया।

''क्या समाचार लाये ?''

''कुछ समझ नहीं पाया, राम!'' वह बोला, ''मणि का कहना है कि सैनिकों की किसी भी आवश्यकता की पूर्ति के लिए खर के सैनिक जाते हैं, शूर्पणखा के अंगरक्षक नहीं। दूध प्राप्त करने के लिए अंगरक्षक गए हैं तो उसका अर्थ है कि दूध शूर्पणखा की निजी आवश्यकता के लिए चाहिए। शूर्पणखा की निजी आवश्यकता क्या हो सकती है ? वह इतना दूध पी नहीं सकती। मणि का कहना है कि शूर्पणखा जब अपनी कामेच्छा के हाथों उन्मादिनी हो जाने की सीमा तक पीड़ित होती है, तब असाधारण श्रृंगार की पूर्व-भूमिका के रूप में दुग्ध-स्नान करती है।'' उल्लास सांस लेने के लिए रुका, ''आदित्य कोई सूचना तो नहीं दे सका, किंतु इस बात की पुष्टि उसने अवश्य की है कि शूर्पणखा के प्रासाद में दुग्ध-स्नान के लिए एक सरोवर अवश्य बना हुआ है।''

राम कुछ सोचते रहे और फिर मुसकराए, ''ठीक है! बात स्पष्ट है। आज शूर्पणखा का विशिष्ट श्रृंगार-समारोह है। वह आज दुग्ध-स्नान करेगी।''

''किन्तु क्यों ?''

''उसे रहने दो।'' राम बोले, ''तुम सौमित्र को सूचित करो कि संभवत: आज शूर्पणखा उनसे भेंट करने आए। वे मनोबल और शस्त्रबल से तैयार रहें।''

''कोई विशेष बात है ?'' उल्लास ने चकित होकर पूछा।

''विशेष ही समझो।'' राम मुसकराए, ''तुम सौमित्र को सूचित कर दो; और यदि कुछ आसाधरण न हो तो आज का शेष समय अपने परिवार के साथ ही बिताओ। जाओ।''

शूर्पणखा ने जी भरकर दुग्ध-स्नान किया। उसकी दासियों ने दूध से मल-मलकर उसके अंग धोए। उसे यह सूचना मिल चुकी थी कि अनेक ग्रामों में दूध प्राप्त करने के लिए उसके अंगरक्षकों को शस्त्र-प्रयोग करना पड़ा है और चार अंगरक्षक इन्ही संघर्षों में मारे

गए हैं तथा अन्य कुछ घायल भी हुए हैं। किन्तु इस समय वह इन छोटी-मोटी बातों की ओर ध्यान नहीं देना चाहती थी। आज वह इसी धुन में थी कि उसका शृंगार ऐसा होना चाहिए; जैसे सारे विश्व में पहले कभी किसी का नहीं हुआ। उसे आज सौमित्र से मिलने जाना था— ऐसा कुछ न रह जाए, जिसके कारण सौमित्र को आकर्षित करने में उसे कठिनाई हो।

लंका से आए हुए शृंगार-वैद्य अपने आसव और औषधियां उसे निरंतर पिला रहे थे। आज प्रसाधन में शृंगार-शिल्पियों ने कुछ असाधारण कर दिखाने का संकल्प कर रखा था। शृगार की प्रक्रिया कुछ इतनी वैविध्यपूर्ण और दीर्घकालीन सिद्ध हुई कि स्वयं शूर्पणखा भी ऊबने लगी; किंतु उसने निश्चय कर रखा था कि शृंगार-शिल्पियों को पूरी तरह अपने मन की करने देगी, ताकि बाद में वे यह उपालंभ न दे सकें कि शूर्पणखा ने उन्हें समय नहीं दिया।

शृंगार-संपन्न होकर शूर्पणखा ने स्वयं को दर्पण में देखा— वस्तुत: आज का शृंगार असाधारण था। उसके मन में तत्काल आक्रोश जागा— उस दिन ऐसा शृंगार क्यों नहीं हुआ, जब वह राम से मिलने जा रही थी। किंतु, अगले ही क्षण, उसने स्वयं को शांत कर लिया— उस दिन नहीं हुआ, न सही। आज इसका लाभ उठाना चाहिए।

वह गोदवरी के पास पहुंची तो समय कुछ अधिक हो चुका था। थोड़ी ही देर में संध्या ढलने वाली! झुटपुटा धरती पर उतर आने को जैसे तैयार बैठा था। ...किंतु शूर्पणखा को इन बातों की चिंता नहीं थी— उसकी आंखें सौमित्र को खोज रही थीं।

उसे अधिक प्रतीक्षा नहीं करनी पड़ी। थोड़ी ही देर में सौमित्र आश्रम की ओर लौटते दिखाई दिए; और संयोग से वे एकदम अकेले थे।

वह जाकर उनके एकदम सम्मुख खड़ी हो गयी, "सौमित्र!"

लक्ष्मण ने देखा तो आश्चर्य से उनकी आंखें फैल गयीं। इस वन में यह रूप और यह शृंगार! धरती फोड़कर यह सुंदरी कहां से निकल आयी ?

"कौन हो, देवि! तुम ?"

"मैं शूर्पणखा हूं ..."

लक्ष्मण को राम द्वारा भिजवाया गया संदेश याद हो आया और शूर्पणखा संबंधी घटना भी मन में जीवंत हो उठी ...तो यह है शूर्पणखा! भैया को छोड़, अब वह उन पर कृपालु हुई है क्या ?

लक्ष्मण ने ध्यान से देखा— भैया ने ठीक ही कहा था, "विगत यौवना युवती।" ...पचास वर्ष का वय और अठारह वर्ष की तरुणी का वेश। लक्ष्मण को इस विंसगति में परिहास के सिवाय और कुछ भी नहीं सूझ रहा था।

"क्या चाहती हो, देवि ?"

"सौमित्र! मैं जनस्थान की स्वामिनी हूं, रावण की बहन— शूर्पणखा।" वह बोली, "तुम नहीं जानते, किंतु मैंने छिपकर तुम्हें देख था; और जिस क्षण से देखा है, उसी क्षण

से तुममें अनुरक्त हूं। मुझे ग्रहण करो।''

लक्ष्मण के मन में आया, जी खोलकर उच्च स्वर में हंसें, किंतु हंसे नहीं। स्वयं को मर्यादित कर शांत स्वर में बोले, ''देवि! अनुरक्त तो आप मुझमें थीं, किंतु समर्पण भैया को करने गयी थीं। जनस्थान की स्वामिनी का अनुराग तो अद्‌भुत है।''

''ठीक कह रहे हो।'' शूर्पणखा तनिक भी विचलित नहीं हुई, ''सोचा था, बड़े भाई के अविवाहित रहते, तुम विवाह नहीं करोगे। अतः उन्हीं से विवाह कर, तुम्हारे निकट रहूंगी।''

''और अब मुझसे विवाह कर, किसके निकट रहना चाहती हो ?'' लक्ष्मण मुसकराए।

''कैसे दुष्ट हो तुम!'' शूर्पणखा ने इठलाकर, उन्हें अपांग से देखा, ''तुमसे विवाह करूंगी तो तुम्हारे निकट रहूंगी; किसी और के निकट रहने क्यों जाऊंगी!''

''मैंने सोचा, शायद तुम लोगों की ऐसी कोई रीति हो कि जिसके निकट रहना हो, विवाह उससे न कर उनके निकट के किसी अन्य व्यक्ति से किया जाए।''

शूर्पणखा झूम-झूमकर हंसी, जैसे लक्ष्मण ने कोई अत्यन्त सुखद विनोद किया हो।

''अच्छा, तुम हंसो। मुझे बहुत काम है।'' लक्ष्मण चलने को हुए।

''अरे, जा कहां रहे हो ?'' शूर्पणखा उनके मार्ग में खड़ी हो गयी, ''विचित्र पुरुष हो! एक सुन्दरी एक सौ सोलह श्रृंगार किये, समर्पण के लिए तत्पर तुम्हारे मार्ग में खड़ी है, और तुम्हारे मन में बढ़कर उसे थाम लेने का पौरुष ही नहीं जागता।''

''दोष उसी सुन्दरी का है; उसने समर्पण के लिए ऐसा पौरुषहीन पुरुष ही क्यों चुना।'' लक्ष्मण चल पड़े, ''तुम्हें कोई ऐसा पुरुष नहीं मिला, जिसका पौरुष तुम्हें देखते ही खौल उठे।''

''जब मेरा मन ही तुम पर आया है, तो दूसरा पुरुष कैसे मिल सकता है!'' शूर्पणखा लक्ष्मण के साथ-साथ चलने लगी।

''कहां जाओगी ?''

''तुम्हारे साथ!''

''मैं तो अपने आश्रम में जा रहा हूं। वहां जाओगी तो लोग तुम्हारे इन कुंतलों का जटाजूट बना देंगे; और ठंडे जल के स्नान से तुम्हारा सारा रूप-यौवन निखार देंगे।''

''तो क्या हुआ!'' शूर्पणखा की आंखों में मादकता उतरी, ''ऐसा क्या है, जो तुम्हें पाने को मैं नहीं कर सकती।''

''सब कुछ कर सकती हो ?''

''हां!''

''तो मेरा कहा मानो।''

''कहो।''

''गोदावरी में डूब मरो।''

शूर्पणखा फिर जोर से हंसी, "प्रेम की परीक्षा लेना चाहते हो ? मैं डूब भी मरूंगी, अपनी हठ की बड़ी पक्की हूं।" वह किसी षोडशी के समान इठलाई, "आओ मेरे साथ। देख लो, तुम्हारे कहने पर डूब मरती हूं या नहीं।"

आश्रम निकट आ गया था और लक्ष्मण की समझ में नहीं आ रहा था कि उससे मुक्ति कैसे पाएं। जिस ढंग से वह चलती जा रही थी, उससे तो लगता था कि वह आश्रम तक ही नहीं, आश्रम के भीतर भी जाएगी।

"अच्छा, ऐसा करो। इस समय चली जाओ।" लक्ष्मण बोले, "कल प्रात: गोदावरी-तट पर आ जाना, फिर देखूंगा कि तुम मेरे कहने से डूब मरती हो या नहीं। यदि डूब मरोगी तो मैं तुमसे विवाह कर लूंगा।"

"डूब मरूंगी तो विवाह कर लोगे ?"

"कर लूंगा।"

"पक्की बात ?"

"पक्की।"

"तो विवाह कर लो। मैं तुम्हारे प्रेम में डूबकर, तुम पर मर चुकी हूं।"

"ठीक है।" लक्ष्मण मुसकराए, "विश्वास हो गया कि तुम मर चुकी हो, अब तुम्हारा क्रिया-कर्म कर लूं, फिर जो कन्या पसन्द आएगी, उससे विवाह कर लूंगा। तुम अब जाओ।"

"तुम बहुत रोचक बातें करते हो।" वह हंसी, "मैं तुमसे विवाह किये बिना नहीं जाऊंगी।"

वे लोग आश्रम के टीले पर चढ़ते-चढ़ते काफी ऊपर आ गए थे। लक्ष्मण सावधान थे कि जिस मार्ग से वे लोग आ रहे हैं, उसके साथ के दोनों ओर के दूहों पर जन-सैनिकों के कुटीर हैं; किंतु शूर्पणखा पीछा ही नहीं छोड़ रही थी— अब उसे टीले से धक्का दे दें, अथवा स्वयं कूद जाएं ? ...

अंत में तंग आकर बोले, "देखो, देवि! मैं तो भैया राम का अनुचर हूं — दास। उनकी अनुमति के बिना मैं पेड़ से फल तक नहीं तोड़ता। विवाह तो दूर की बात है।"

"फल मत तोड़ना।" शूर्पणखा धृष्टता से मुसकराई, "विवाह कर लो। तुम्हारे भैया से अनुमति मैं ले चुकी हूं। उन्होंने कहा था सौमित्र स्त्रीविहीन है— उससे विवाह कर लो।"

"स्त्रीविहीन हूं, बुद्धिविहीन तो नहीं कि तुमसे विवाह कर लूं।" लक्ष्मण झल्लाकर बोले, 'अब तुम जाती हो या सचमुच तुम्हें टीले से नीचे धक्का दे दूं!"

"धक्का-मुक्की प्रेम की प्रौढ़ स्थिति है।" शूर्पणखा ने अपनी भंवें नचायीं, "अभी तो केवल विवाह कर लो।"

वे आश्रम के भीतर प्रवेश कर चुके थे और लक्ष्मण का रोष चरम सीमा पर था। स्वयं को ऐसा विवश उन्होंने कभी नहीं पाया था। कैसे छुटकारा पाएं ...

सामने अपनी कुटिया के बाहर राम बैठे थे। लक्ष्मण समझ नहीं पा रहे थे— वे भैया के सामने कैसे जाएंगे, और साथ ही भाभी के कटाक्ष...

एक अपरिचित सुन्दरी को लक्ष्मण के पीछे जाते देख, मुखर और अनिंद्य की उत्सुकता भी जाग उठी थी। वे भी उधर ही देख रहे थे...

किंतु, लक्ष्मण से पूर्व ही, शूर्पणखा झपटकर राम के सम्मुख पहुंची, "राम! तुमने कहा था कि सौमित्र स्त्रीविहीन ..."

तभी कुटिया से सीता बाहर निकलीं।

शूर्पणखा ने सीता को देखा—पूर्ण-यौवना। असाधारण सुन्दरी स्त्री। साधारण वनवासी वेश। मुखमंडल पर कैसी सौम्यता! मुक्त प्राकृतिक सौन्दर्य ने जैसे नारी का रूप धारण कर लिया हो— कोई श्रृंगार नहीं, कोई प्रसाधन नहीं; और फिर भी ऐसा रूप। शूर्पणखा की कल्पना ने श्रृंगार से पूर्व दर्पण में देखा गया अपना रूप लाकर सीता के मुखमंडल के साथ रख दिया— उसे अपना चेहरा कंकाल के समान दिखाई दे रहा था...

तो यह कारण है! वह अब समझ पायी थी कि क्यों राम और सौमित्र उसका इस प्रकार उपहास करते रहे हैं। जिसकी ऐसी पत्नी हो, वह राम शूर्पणखा को क्यों स्वीकार करेगा; और जिसकी ऐसी भाभी हो, वह लक्ष्मण अपनी पत्नी के रूप में शूर्पणखा की कल्पना भी कैसे करेगा ...यही है वह स्त्री, जिसके कारण शूर्पणखा आज तक गले पड़ी वस्तु के समान ठुकरायी जाती रही है। यह स्त्री उसके अपमान का कारण तो है ही— यही उसके मार्ग की बाधा भी है। इसके रहते हुए शूर्पणखा को कभी सुख नहीं मिल सकता; राम अथवा सौमित्र में से कोई भी उसे नहीं अपनाएगा... इस स्त्री को नहीं रहना चाहिए, इसे मर जाना चाहिए, इसे जीवित रहने को कोई अधिकार नहीं है...

शूर्पणखा का क्रोध छिपा नहीं रहा, उसकी हिंस्र वृत्ति उसके चेहरे पर प्रकट होने लगी...उस पर जैसे उन्माद छा गया। उसके लिए देश-काल जैसे शून्य में विलीन हो गया। वह केवल शूर्पणखा थी, और सामने थी सीता। वह भूल गयी कि वह कहां खड़ी है, उसके आस-पास कौन है ...उसे तो केवल अपने मार्ग की बाधा दिखाई पड़ रही थी... बाधा...

शूर्पणखा ने आविष्टावस्था में अपना उत्तरीय अलग फेंका और झटके से अपनी रसना में से कटार निकली। सीता पर छलांग लगाने के लिए उसकी एड़ियां उठी ही थीं कि लक्ष्मण का खड्ग आकर उसकी कटार से लग गया। प्रहार से पूर्व ही लक्ष्मण उसे धकेलते हुए परे ले गए।

लक्ष्मण अपने खड्ग पर शूर्पणखा का दबाव अनुभव कर रहे थे... अपने वय की स्त्री की दृष्टि से शूर्पणखा का बल असाधारण था... लक्ष्मण ने झटके से अपना खड्ग हटाया तो शूर्पणखा अपने ही जोर में धरती पर आ रही; किंतु असाधारण स्फूर्ति से वह उठी और पुनः उठ खड़ी हुई। इस बार उसने लक्ष्मण पर प्रहार किया। लक्ष्मण ने उसे सीधे खड्ग पर रोका और धक्का देने से पूर्व, क्षण-भर शूर्पणखा के रूप को

देखा—उसके श्रृंगार का सारा वैभव लुट चुका था। केश खुलकर बिखर गए थ। वस्त्र मिट्टी से मैले हो गए थे। सुगंधित द्रवों पर धूल ने कीचड़ बना दिया था। अनेक स्थानों से शरीर छिल गया था। स्वेद और धूल ने चेहरे के लेपों को विकृत कर दिया था; और उसके हृदय के विकृत भाव— हिंसा, घृणा, उग्रता आकर उसके चेहरे पर चिपक गए थे। वह राक्षसी अत्यन्त घृणित और भयंकर रूप धारण किये हुए थी...

लक्ष्मण के झटके से शूर्पणखा की कटार पुन: हवा में उछल गयी और वह स्वयं भूमि पर जा गिरी। लक्ष्मण ने खड्ग की नोक उसके वक्ष से जा लगायी, "न्याय के अनुसार तो तेरा दंड सिवाय मृत्यु के और कुछ नहीं हो सकता; किंतु तू नि:शस्त्र स्त्री है और हमारे आश्रम में अकेली है, इसलिए तेरा वध नहीं करूंगा। पर अदंडित तू नहीं जाएगी। ले दंड के चिह्न...!"

और लक्ष्मण ने क्षण-भर में अपने कौशल से उसकी नासिका और श्रवणों पर खड्ग की एक-एक सूक्ष्म रेखा बना दी, जिनसे रक्त की बूंदें टपक रही थीं।

लक्ष्मण पीछे हट गए, "उठ! और चली जा।"

शूर्पणखा सहमी-सी उठी। उसने आशंका भरी दृष्टि से लक्ष्मण को देखा और फिर झटके से पलटकर भागी।

सब कुछ जैसे क्षण-भर में ही हो गया था। सीता अभी तक आकस्मिकता के झटके से ही नहीं उबरी थीं। बिना यह जाने कि बाहर कौन है और क्या स्थिति है—वे असावधान-सी सहज रूप में बाहर आयी थीं। इससे पहले कि वे शूर्पणखा को देखतीं और समझतीं कि वह कौन है तथा क्या चाहती है—शूर्पणखा उन पर आघात कर चुकी थी। वह तो सौमित्र की ही स्फूर्ति थी, जिसने उन्हें बचा लिया; अन्यथा जाने क्या अघटनीय घटता...

क्षण-भर स्तब्धता रही और तब राम बोले, "आर्य जटायु की बात सत्य हुई। शूर्पणखा की उग्रता अब उग्रतर ही होगी। रावण को चुनौती भेजी जा चुकी है। कल से संघर्ष के लिए प्रस्तुत रहो।"

## 4

शूर्पणखा असहनीय मानसिक पीड़ा, तथा आक्रोश की स्थिति में टीले की ढलान पर भागती जा रही थी। जिस स्थिति से वह बचना चाह रही थी, वही स्थिति उसके सम्मुख आ गयी। उसने कब चाहा था कि वह धूल-धक्कड़ में अटी, स्वेद में नहाई, उड़े हुए बालों के साथ अपने शरीर से रक्त बहाती राम के सामने प्रकट हो, किंतु इस सौमित्र के कारण वही हुआ। शूर्पणखा राम पर रीझी थी तो ठीक ही रीझी थी। उस व्यक्ति की आंखों में शील है और मन में धैर्य। उससे इतनी बार भेंट हुई—शूर्पणखा ने अपने मन

की बात बड़े खुले और स्पष्ट शब्दों में कही, किंतु उसने एक भी अपशब्द नहीं कहा। और इस सौमित्र ने पहली ही बार उसके सामने गोदावरी में डूब मरने का प्रस्ताव रख दिया।... वह सीता पर झपटी थी... जिसकी पत्नी थी, वह तो शांति से बैठा रहा और वह सौमित्र बीच में कूद पड़ा, नहीं तो सीता की मृत्यु के पश्चात, राम कितना भी क्षुब्ध क्यों न होता—शूर्पणखा उसे अपने रूप-जाल में फांस ही लेती...

भागती हुई शूर्पणखा का ध्यान मार्ग में पड़ने वाले दूहों पर बने कुटीरों पर चला गया। लगा, कुटीरों का ही एक वन उग आया है—पहले तो यहां कुछ भी नहीं था। इस सारे क्षेत्र में बसने, एक छोटा-सा कुटीर बनाने से पहले व्यक्ति सौ बार सोचता था। कई बार तो खर की सैनिक टुकड़ियों और उसके अपने अंगरक्षकों की क्रीड़ा-ही-क्रीड़ा में बसे-बसाए गांव उजड़ गए। किंतु अब राम के आश्रम की छाया में लोग कैसे बसते जा रहे हैं।

जैसे राक्षसी आतंक का कोई अस्तित्व ही न हो... कैसा निर्भय कर दिया है राम ने उन्हें।

लोग निर्भय होते जा रहे हैं—शूर्पणखा सोचती जा रही थी—और वह स्वयं इस समय कितनी भयभीत है। कितना अभिमान था शूर्पणखा को अपने बल और रण-कौशल का—सौमित्र ने क्षण-भर में ही सब-कुछ मिट्टी में मिला दिया। कैसा बल ? सौमित्र के प्रत्येक धक्के से वह भूमि पर आ गिरी। प्रत्येक आघात पर उसकी कटार हाथ से निकल गयी... क्या अब कभी शूर्पणखा उनके आश्रम में घुसकर उनमें से किसी पर आघात करने का साहस करेगी ?

उसे लगा, उस स्थिति के विषय में सोचते हुए भी उसकी रीढ़ की हड्डी कांपने लगती है।

उसका सारा साहस ही जैसे चुक गया था—इसीलिए तो अब वह सौमित्र का रक्त पी जाना चाहती है। इतनी हिंस्र वह पहले कभी भी नहीं थी। इस समय उसकी एक ही इच्छा थी—उसका अपमान करने वाले सौमित्र तथा उनके मार्ग की बाधा सीता की हत्या... तभी उसके अपमान का कलंक धुल सकता है, और तभी राम उसे मिल सकता है।

रथ रुका तो वह कुछ संकुचित हुई। ऐसे वेश में वह प्रासाद के भीतर कैसे जाएगी ? दास-दासियों का सामना कैसे करेगी ? ...किंतु कोई विकल्प नहीं था। जाना तो था ही...

उसे देख दासियां हतप्रभ रह गयीं, किन्तु पूछने का साहस किसी को नहीं हुआ। वे स्तब्ध खड़ी उसे देखती रहीं।

जाते ही शूर्पणखा पलंग पर गिर पड़ी और निकट आयी परिचारिका की ओर देखे बिना ही बोली, "वज्रा को बुलाने के लिए किसी को भेज दे, तत्काल! ...और मदिरा!"

वज्रा ने आने में तनिक भी विलंब नहीं किया, "यह क्या, स्वामिनी ?"

"एक हिंस्र पशु से मुठभेड़ हो गयी।" शूर्पणखा मदिरा पीती रही, "घाव धोकर कोई औषधि लगा दे और परिधान बदल दे।"

वज्रा के मन के प्रश्न मन में ही रह गए। ...वह पूछना चाह रही थी कि "तुमसे भी अधिक हिंस्र कोई पशु इस वन में है, स्वामिनी ? और उस हिंस्र पशु के पंजे नहीं थे क्या? वह हाथ में करवाल लेकर आया था ?" ...वह देख रही थी— सारे शरीर पर कहीं नखों के चिह्न नहीं थे। शरीर ऐसे छिला था, जैसे कोई भूमि पर गिरे अथवा शिलाओं पर घिसटे। हां, नाक तथा कानों पर खड्ग की नोंक से खींची गयी रेखाएं थीं...

शूर्पणखा मदिरा पीती रही। इन राम तथा सौमित्र से तो वह युवा माली ही अच्छा था। न सही उनकी समता का, परन्तु बुरा भी क्या था। सुन्दर था, पुष्ट था और सबसे बड़ी बात— शूर्पणखा के लिए वह व्यक्ति नहीं, वस्तु था। वह उसका जो चाहती, करती; तब भी कशा हाथ में रखती थी...इनके पास गयी तो उल्टे यह उपहार ले आयी...

उनका इतना साहस ही कैसे हुआ कि वे शूर्पणखा के प्रस्तावों को ठुकराएं... स्पष्टत: यह सब खर की अयोग्यता और असावधानी के कारण है... खर अपना आतंक बनाए रखता तो किसका साहस था कि शूर्पणखा के साथ वह ऐसा व्यवहार करता, किंतु प्रश्न यह है कि शूर्पणखा अब क्या करे ? खर के पास जाए ? मद्यप खर उससे पचासों प्रश्न पूछेगा। उसने पहले उसे सूचना क्यों नहीं दी ? वहां गयी थी तो साथ अंगरक्षक लेकर क्यों नहीं गयी ?...

इन सारे प्रश्नों का उत्तर देने से क्या अच्छा है कि वह स्वयं ही उनसे निबट ले? कल अपने अंगरक्षकों की टुकड़ी क्यों ने भेज दे ? वे लोग वन के किसी एकांत में सौमित्र को घेरकर छलपूर्वक उसकी हत्या कर दें।... शूर्पणखा के मन में पुनः आशा का संचार हुआ— एक बार सौमित्र मारा जाए तो किसी प्रकार वह सीता की भी हत्या करवा देगी...सीता के लिए उसे दुःख भी होता है। सीता ने उसका क्या बिगाड़ा है? और कैसी सुन्दर है वह! एक बार खर अथवा रावण उसे देख ले तो शूर्पणखा को कुछ कहने अथवा करने की आवश्यकता ही नहीं होगी— वे स्वयं ही राम और सौमित्र का वध कर उसका हरण कर ले जाएंगे। किंतु शूर्पणखा राम का वध नहीं चाहती। वह जीवित राम चाहती है— जीवित। राम का शरीर, राम का मन, राम की शक्ति, राम की धधकती वासना में वह जलना चाहती है ...और यदि सम्भव न हो तो उसे अपनी वासना में जलाना चाहती है...

प्रात: शूर्पणखा ने लंका से आए श्रृंगार-शिल्पियों को न केवल अपने श्रृंगार के लिए बुलाये जाने का निषेध कर दिया, वरन् उन्हें बिना पुरस्कार दिए ही लंका लौट जाने का आदेश भिजवा दिया। अब शूर्पणखा को उनकी कोई आवश्यकता नहीं थी।... उनकी सहायता से राम उसे नहीं मिल सकता था...

रक्षिका को बुलाकर उसने अंगरक्षकों के नायक को अपनी पूरी क्षमता के साथ तत्काल अभियान के लिए प्रस्तुत होने की आज्ञा दी।

और जब वज्रा उसका श्रृंगार करने आयी तो शूर्पणखा ने रत्नाभरणों तथा सुगंधित द्रव्यों को परे हटा दिया, ''युद्ध-वेश सजा, वज्रा! आज अभियान पर जा रही हूं।''

''कोई कटाक्षों से ही मर जाए तो उसे खड्ग से क्यों मारती हैं, स्वामिनी ?'' वज्रा हंसकर बोली।''

''इस बार शिला-वक्ष से पाला पड़ा है, वज्रा! उस पर न कटाक्षों का प्रभाव होता है, न मुसकानों का। उसे तो खुला और स्पष्ट रति-निमंत्रण भी नहीं रिझा पाया।'' शूर्पणखा का उदास स्वर रोषपूर्ण हो उठा, ''अब उसे मैं खड्ग से ही हस्तगत करूंगी।

वज्रा ने स्वामिनी को और कुरेदना उचित नहीं समझा। कहना कठिन था कि कब वह भड़क उठे और अपना रोष यहीं प्रकट करना आरंभ कर दे।

शस्त्रास्त्रों से सज्जित होकर शूर्पणखा अपने अंगरक्षकों के साथ चली। आरंभ में उसका रथ सबसे आगे चल रहा था, किंतु जैसे-जैसे गोदावरी का तट निकट आता जा रहा था, शूर्पणखा के मन के आवेग के साथ-साथ उसके रथ का वेग भी कम होता जा रहा था ... उसकी कल्पना में हाथ में करवाल लिये क्रुद्ध सौमित्र खड़ा था। उसकी आंखों की उग्रता शूर्पणखा से सही नहीं गयी। यदि वह फिर उसी सौमित्र से युद्ध करने जा रही है तो उसे क्या उपलब्ध होगा ? ...उसे लगा, उसके मन में कहीं गहरे सौमित्र का भय बैठ गया है। जैसे-जैसे आश्रम निकट आता जा रहा था, उसका भय उसके सम्मुख प्रकट होता जा रहा था... और जब साथ ही राम भी अपना धनुष तानकर खड़े हो गए तो शूर्पणखा के प्राण भी नहीं बचेंगे...

गोदावीर के तट पर पहुंचकर उसने अपना रथ एक ओर हटाकर खड़ा कर लिया।

''मैं यहां खड़ी हूं।'' वह नायक से बोली, ''तुम लोग जाओ। सौमित्र तथा सीता का वध करो। राम को जीवित पकड़ने का प्रयत्न करो और सारा आश्रम अग्निसात् कर दो।'' सहसा उसका स्वर अत्यन्त क्रूर हो उठा, ''असफल होकर मत लौटना, अन्यथा तुम मेरी प्रकृति से परिचित हो।''

नायक ने आश्चर्य से शूर्पणखा को देखा—यह वह शूर्पणखा थी, जो प्रत्येक अभियान में, रक्तपात और अग्निदाह में सबसे आगे होती थी, जिसका खड्ग किसी भी अन्य सैनिक के खड्ग से अधिक क्रूर होता था और जो युद्ध में भयंकर कृत्या के समान, नाश की लपट के समान चलती थी। किंतु आज वह एक किनारे खड़ी हो गयी थी... शूर्पणखा राम और लक्ष्मण से भयभीत थी, अथवा अपने हृदय से बाध्य ?...

प्रश्न करना नायक के अधिकार में नहीं था। उसने खड्ग उठाकर माथे से लगाया, ''स्वामिनी की आज्ञा का पालन किया जाएगा।''

उसी खड्ग से उसने अपने सैनिकों को आदेश दिया, ''बढ़ो!''

गोदावरी पार कर वे लोग राम के आश्रम के सम्मुख आए। नायक ने देखा— कहीं कोई व्यक्ति नहीं था। उन्हें सीधे आश्रम में घुस जाना था और सौमित्र तथा सीता का वध कर राम को बांध लेना था।

नायक अपने सैनिकों को लिये पूर्ण आत्मविश्वास के साथ बढ़ता जा रहा था। जैसे-जैसे वह आगे बढ़ रहा था, उसका आश्चर्य भी वर्धमान हो रहा था— स्वामिनी किस बात से डर गयीं ? आश्रम में राम और लक्ष्मण केवल दो ही योद्धा थे। अन्य वनवासियों और ग्रामीणों को तो वे लोग अपनी हुंकार मात्र से भगा देंगे ...वैसे नायक भी मन-ही-मन कहीं मान रहा था कि स्थिति अब पहले जैसी नहीं रह गयी थी। पिछले दिनों कुछ ग्रामीणों ने भी शस्त्र लेकर अंगरक्षकों का प्रतिरोध किया था। कुछ अगंरक्षक मारे भी गए थे— फिर भी ऐसी स्थिति नहीं थी कि वे लोग इन तपस्वियों और ग्रामीणों से भयभीत हो जाएं।

उसने अपने सैनिकों की ओर देखा— वे लोग संख्या में पूरे एक सौ थे। दो व्यक्ति कितने भी युद्ध-कुशल क्यों न हों— वे सौ सैनिकों से नहीं लड़ सकते थे। और फिर ये सौ सैनिक भी कैसे— जिन्होंने लंका के श्रेष्ठ योद्धाओं से रण-विद्या सीखी थी...

नायक बढ़ता जा रहा था और चकित होता जा रहा था— कैसे मूर्ख हैं ये वनवासी! कितनी असुरक्षित और कितने अज्ञानी! इतना प्रबन्ध भी नहीं है कि कोई सूचना दे कि एक सेना तुम्हारे आश्रम में घुस आयी है और वे लागे तुम्हारे टुकड़े-टुकड़े करके फेंक देंगे...

केन्द्रीय कुटियों के वृत्त में प्रवेश करते ही नायक रुक गया— उसके ठीक सामने राम अपना धनुष ताने खड़े थे। नायक ने अचकचाकर अपने चारों ओर देखा— न केवल सामने, वरन् उनके पीछे भी धनुर्धारी इस भांति तैयार खड़े थे, जैसे उन्हें अंगरक्षकों की गतिविधि की क्षण-क्षण की सूचना हो। उसके सैनिकों के पास खड्ग, करवाल, शूल इत्यादि शस्त्र थे और उनके चारों ओर धनुर्धारी-ही-धनुर्धारी खड़े थे ...अगंरक्षक हिले कि चारों ओर से बाणों की वर्षा हुई...

"क्या करने आए हो?" राम ने पूछा।

नायक ने अपना आत्मबल समेटा, "हम राजकुमारी शूर्पणखा की आज्ञा से सौमित्र तथा सीता को मृत्युदंड देने तथा तुम्हें बंदी करने आए हैं।"

"तो आज्ञा का पालन क्यों नहीं करते ?" राम मुसकराए, "जानते ही हो कि आज्ञा-पालन किए बिना लौटोगे तो पुरस्कार में मृत्युदंड पाओगे।"

नायक सिहर उठा— राम ठीक कह रहे थे। कोई विकल्प नहीं था। लड़ना ही होगा। फिर भय किसका ? ये लोग वनवासी ही तो हैं— हाथों में धनुष-बाण पकड़ लेने से सैनिक तो नहीं हो जाएंगे...

"चलो, वीरो, बढ़ो।" नायक ने आदेश दिया और साथ ही स्वयं भी झपट पड़ा।

किंतु तभी चारों ओर से बाणों की एक बौछार पड़ी। सारे सैनिक तितर-बितर हो

गए। नायक समझ नहीं पा रहा था कि वह कहां है और उसके सैनिक कहां हैं। उसके अपने शरीर में अनेक बाण घुस आए थे और उसे असहनीय पीड़ा हो रही थी। अन्य तथ्यों का ज्ञान धूमिल हो जाने पर भी एक बात उसके मन में अत्यंत स्पष्ट थी कि उसने एक भी पग आगे बढ़ाया तो बाणों की ऐसी ही बौछार और होगी तथा अन्ततः उसका एक भी सैनिक जीवित नहीं बचेगा! ...यह युद्ध नहीं था —आत्महत्या थी। अपने सैनिकों को इस प्रकार मरवाना सैनिक धर्म नहीं था।

अनायास ही उसके कंठ से आदेश फूटा, "सैनिको! अपने प्राण बचाने के लिए लौट चलो।"

नायक के मुख से शब्द फूटते ही सैनिकों में भगदड़ मच गयी—एक अंधी दौड़। वे इस प्रकार भागे कि किसी ने पलटकर भी नहीं देखा कि कौन कहां है। वे अपने हाथों के शस्त्र उठा-उठाकर चीत्कार कर रहे थे, जैसें किसी पर आघात करने जा रहे हों, किंतु वस्तुतः वे आश्रम से निकल भागने के लिए, उजाले में आ गए उल्लू के समान, पंख फड़फड़ा रहे थे।

नायक यह देखकर पूर्णतः आश्वस्त था कि उनका पीछा नहीं किया जा रहा था और भागने की उन्हें खुली छूट थी...

वे लोग आकर शूर्पणखा के सामने रुके तो उन्हें अपनी वास्तविक स्थिति का ज्ञान हुआ। उनमें से एक भी सैनिक ऐसा नहीं था, जो घायल न हुआ हो, और कदाचित, चौदह अंगरक्षकों के शव वे आश्रम में ही छोड़ आए थे....

शूर्पणखा ने बिना एक भी शब्द कहे, स्थान-स्थान से घायल अपने नायक से अभियान का वर्णन सुना और नायक के मौन होते ही अपना खड्ग उसकी पसलियों में धंसा दिया, "यह लो अपना पुरस्कार !"

"चलो, सारथि !" नायक के रक्त से सने अपने खड्ग को लहराते हुए उसने आदेश दिया। उसने पलटकर यह भी नहीं देखा कि नायक का शव कहां और कैसे गिरा है तथा अन्य सैनिकों की क्या स्थिति है।

इस बार शूर्पणखा ने तनिक भी संकोच नहीं किया। अब संकोच का अवकाश नहीं था। वह सीधी खर के स्कंधावार में पहुंची, और बिना किसी प्रकार की सूचना भिजवाए, चलती हुई स्वयं खर के सामने जा खड़ी हुई।

खर अपने सामने मदिरा के भांडों तथा पात्रों का जमघट लगाए बैठा, उनसे खेल रहा था और उसके चारों ओर प्रायः नग्न दासियों का घेरा था, किंतु शूर्पणखा को देखते ही उसकी चेतना लौट आयी, "आओ, भगिनी भर्तृदारिके!"

"तुम लोग जाओ!" शूर्पणखा ने दासियों को आदेश दिया।

एकांत हो जाने पर खर ने पूछा, "क्या है, शूर्पणखा! कोई विशेष बात है क्या?"

शूर्पणखा एक मंच घसीटकर उसके एकदम सामने बैठ गयी।

"ध्यान से मेरी ओर देखो!" वह बोली, "मेरी नाक और कानों पर तुम्हें कुछ दिखायी पड़ता है ?"

खर ने आंखें झपकाकर देखा, "घाव हुआ है क्या ?"

"यह खड्ग का घाव है!" शूर्पणखा बोली।

लगा, खर की चेतना पूर्णतः लौट आयी है। उसकी आंखों में समझदारी का भाव झलकने लगा, "यह कैसे हुआ ?"

शूर्पणखा ने पूरी घटना सुना दी।

"तुम अंगरक्षकों को साथ लेकर क्यों नहीं गयी ?"

"व्यर्थ की बातें मत करो।" शूर्पणखा का स्वर कुछ ऊंचा हो गया, "आज तक शूर्पणखा क्या अंगरक्षकों को साथ लेकर प्रेम-क्रीड़ाएं करने जाती रही है ? अपनी बात क्यों नहीं कहते कि मदिरा में डूबे रहकर तुमने इस क्षेत्र को राक्षसों के लिए असुरक्षित बना दिया है। यदि तुम्हारी सेना का आतंक बना रहता तो कोई विद्रोही यहां पग रखने का साहस नहीं करता, और जो पग रखता वह इस प्रकार मेरा अनादर नहीं कर सकता। क्या तुमने कभी देखा कि यहां की परिस्थितियां कैसे बदल रही हैं ? तुम्हें मालूम हुआ कि तुम्हारे सैनिकों और मेरे अंगरक्षकों का कहां-कहां ग्रामीणों तथा तपस्वियों से संघर्ष हुआ..."

"अब रहने भी दो, राजकुमारी!" खर ने बीच में ही बात काट दी, "जब मैंने तुम्हें बताया था कि एक संघर्ष में सैनिक घायल हुए हैं और वे मृतप्राय हैं, तो तुमने सैनिक तीव्रगामी रथ लंका से अपने शृंगार-शिल्पी मंगाने के लिए छीन लिये, जबकि हमें शल्य-चिकित्सकों की अपरिहार्य आवश्यकता थी। फिर मैं कैसे मान लेता कि सैनिक आवश्यकताओं का तुम्हारी दृष्टि में कोई भी मूल्य था। अब जो कुछ भी तुम कह रही हो— सच कहना, यह राजनीतिक आवश्यकताओं से कह रही हो अथवा..."

"कारण जो भी हो— इस विवाद से कोई लाभ नहीं है।" शूर्पणखा ने भी उसकी बात पूरी नहीं सुनी, "प्रश्न तो यह है कि सम्राट् को इन घटनाओं की सूचना मिलेगी, तो वे क्या करेंगे। मैं असावधान ही सही, किंतु मेरा अपमान लंका के राजपरिवार का अपमान है, क्या सम्राट् इसे सहन कर लेंगे ? यदि वह कुपित हुए..."

"द्वार पर कौन है ?" खर ने पुकारा।

"स्वामी!" द्वार-रक्षक भीतर आया।

"सेनापति को बुलाओ।"

"अब तक जो कुछ घटित हुआ, वह लंका के सम्राट के लिए कम अपमानजनक नहीं है।" द्वार-रक्षक के जाने के पश्चात् शूर्पणखा बोली, "और उसके लिए दोषी तुम ठहराए जाओगे। मैं यहां हूं— किंतु मेरी स्थिति भिन्न है। राक्षस आधिपत्य तथा आतंक बनाए रखने का दायित्व मुझ पर नहीं, तुम पर है!"

"तो अब क्या करूं ?" खर चिंतित हो उठा।

"अभी भी कुछ नहीं बिगड़ा," शूर्पणखा पहली बार मुसकरायी—एक क्रूर मुसकान, "राम की पत्नी सीता अद्वितीय सुन्दरी है। सम्राट् के अन्तःपुर में वैसी एक भी सुन्दरी नहीं है। यदि तुम सीता जैसी भेंट सम्राट् के सम्मुख प्रस्तुत कर दो तो वे तुम्हारी प्रत्येक भूल क्षमा कर देंगे—यह मेरा निश्चित मत है। उत्कोच से बड़ी-बड़ी समस्याएं सुलझ जाती हैं—आवश्यकता उत्कोच के ठीक रूप को पहचानने की है।" खर का चेहरा तनिक विशद हुआ, जैसे उसकी चिंता कुछ कम हो गयी हो।

तभी दूषण ने भीतर प्रवेश किया। वह अभिवादन कर, एक मंच पर बैठ गया।

"दूषण! युद्ध के लिए सेना कितनी देर में प्रयाण कर सकती है ?"

दूषण सकपका गया, "युद्ध ? सेना तो लूट-मार, हत्याएं, बलात्कार तथा अग्निदाह का काम करती आ रही है। युद्ध किये तो बहुत दिन हुए..."

"बकवास मत करो!" शूर्पणखा झपटकर बोली, "सेनापति के रूप में ठीक-ठीक उत्तर दो। तुम्हारी सेना राम तथा उसके संगी तापसों से युद्ध के लिए कितनी देर में प्रयाण कर सकती है ? तुम जानते हो कि तुम्हारी सेना यहां राक्षसों और सम्राट् के सम्मान की रक्षा के लिए रखी गयी है। अब यदि हम कुछ तपस्वी सैनिकों को पाठ नहीं पढ़ा सके तो उसके लिए सम्राट् के सम्मुख उत्तरदायी कौन होगा ?"

दूषण ने स्वयं को संभाला, "राजकुमारी! बहुत दिन हुए, सेना का स्वरूप लुटेरों और हत्यारों की टोली में बदल गया है, पर अब आप कहती हैं तो वे युद्ध के लिए प्रस्तुत हो जाएंगे। ...वैसे जहां तक राम के साथ युद्ध की बात है—यह बहुत कठिन नहीं होगा।" वह कुछ सोचकर बोला, "जहां तक मैं जानता हूं, राम और सौमित्र को अच्छे धनुर्धर अवश्य माना जाता है, किंतु उनके पास कोई नियमित सेना नहीं है। उन्होंने कुछ तपस्वियों को शस्त्र पकड़ने अवश्य सिखा दिए हैं, किंतु शस्त्र पकड़ लेने से कोई सैनिक तो नहीं हो जाता...!"

"तुम्हारी बुद्धि की बलिहारी!" शूर्पणखा कटु स्वर में बोली, "वे कैसे सैनिक हैं, यह मुझसे पूछो। मेरे एक सौ अंगरक्षक उनकी हत्या करने गए थे। उनमें से चौदह के शव आश्रम में पड़े हैं और शेष में से एक भी ऐसा नहीं है, जिसे दो-चार घाव न लगे हों। कह नहीं सकती कि उनमें से कितने जीवित बचेंगे।"

"वे राजकुमारी के अंगरक्षक हैं।" दूषण कटाक्षपूर्वक मुसकराया, "हमारे पास चौदह सहस्त्र सैनिक हैं। यदि राम के आश्रम को चारों ओर से घेर लें तो दो दिनों में अन्न-जल के अभाव में, वे स्वयं नाक रगड़ने आ जाएंगे।" उसके स्वर का गर्व प्रत्यक्ष हुआ, "अंगरक्षक धावा करने गए थे, किंतु यदि मुझे अधिकार दिया गया तो व्यूह-बद्ध युद्ध करूंगा। मेरा विचार है कि अपराह्न में प्रयाण किया जाये तो संध्या तक हम लंका के सम्राट् के लिए तीन सुंदर मुडों का उपहार प्राप्त कर सकते हैं।"

"मुंड केवल एक ही चाहिए—सौमित्र का। सीता का जीवित शरीर सम्राट् को

उपहार-स्वरूप भेंट किया जाएगा।'' शूर्पणखा बोली, ''और स्मरण रहे— राम की आवश्यकता मुझे है।''

''जाओ! सेना को तैयार करो!'' खर ने आदेश दिया।

## 5

आश्रम में एक ओर विभिन्न आश्रमों से जन-सैनिक पहुंच रहे थे और दूसरी ओर से जनस्थान में होने वाली सैनिक तैयारियों की सूचनाएं। राम युद्ध की अपनी योजना पहले ही बना चुके थे। जन-सैनिकों के कुटीरों के निर्माण का कार्य उसी दृष्टि से किया गया था। शरभंग, सुतीक्ष्ण तथा अगस्त्य के आश्रमों से भी वाहिनियां आ चुकी थीं, और समाचार था कि अगस्त्य भी पीछे-पीछे आ ही रहे हैं।

जन-सेना को अपनी योजना के अनुसार व्यूह-बद्ध कर, राम ने अपना ध्यान जनस्थान से आने वाली सूचनाओं की ओर लगाया। राक्षसों ने यह सोचा भी नहीं होगा कि उनका कोई समाचार राम तक पहुंच रहा है, किंतु उनके आस-पास की सारी जनसंख्या का एक बच्चा भी जो कुछ देख और सुन रहा था, वह मुखर तक पहुंच रहा था और वहां से वह राम तक संप्रेषित हो रहा था।

प्रातः भी, होने वाले धावे की सूचना, राम को पहले ही मिल चुकी थी। उसके लिए वे पूर्णतः सन्नद्ध थे। अंगरक्षकों को, गोदावरी के किनारे के पहले ही ढूहों के पास रोका जा सकता था, किंतु राम के ही निर्देश के कारण जन-वाहिनी ने आक्रमण नहीं किया और अंगरक्षकों को सीधे आश्रम के भीतर तक आने दिया गया...

किंतु अब जो सूचनाएं आ रही थीं— वे भिन्न थीं। खर ने अपनी पूर्ण सेना को रण-सज्जित होने का आदेश दिया था, और अपराह्न तक उनका अभियान होने वाला था। अभियान का सेनापति स्वयं खर था, उसके अधीन दूषण, त्रिशिरा तथा महाकपाल, तीन ओर से आक्रमण करने वाले थे। सेनापति और उपसेनापति रथारूढ़ होकर युद्ध करने वाले थे। उनकी सेना पूर्णतः शस्त्र-सज्जित थी और शस्त्रों का अभाव उन्हें नहीं था। शस्त्रों में उनकी सेना के पास त्रिशूल, करवाल, तोमर, चक्र, काल-पाश, गदा, परशु, बरछे, वक्रदंड, भाले, भूशुंडि, मूसल, कुंतक तथा कुलिश इत्यादि थे। सेना में चौदह सहस्र सैनिक थे और उनकी प्रहारक-शक्ति अत्यन्त भयंकर थी।

राम अपनी जन-वाहिनी के विषय में सोच रहे थे... जन-वाहिनी में तीन सहस्र से अधिक सैनिक नहीं थे, किंतु वे सब खड्गों अथवा शूलों के साथ-साथ धनुष-बाणों से सज्जित थे। आमने-सामने हाथों-हाथ युद्ध की संभावना कम ही थी। ... अब तक राक्षस सैनिक उन्नत शस्त्रास्त्रों से सज्जित हो, निःशस्त्र तपस्वियों तथा ग्रामीणों से लड़ते रह थे। कदाचित् जनस्थान की राक्षस सेना के लिए यह प्रथम अवसर होगा जबकि वे सशस्त्र प्रतिपक्षियों से लड़ें, और धनुष-बाण निश्चित रूप से, उनके शस्त्रों से अधिक

प्रहारक सिद्ध होंगे। संख्या में जन-सैनिक बहुत कम थे, किंतु अपने ढूहों की आड़ में होने के कारण निश्चित रूप से वे दुर्ग की-सी सुविधा से रक्षित थे ...फिर भी संख्या बड़ी निर्णायक शक्ति होती है। राक्षस सैनिक व्यवसाय से ही सैनिक हैं और युद्धों के अभ्यस्त हैं। जन-सैनिक आत्म-रक्षा के लिए लड़ रहे थे— लड़ना तो दूर, इतना बड़ा युद्ध उन्होंने पहले कभी देखा भी नहीं होगा। अब तक उन्होंने छोटी-छोटी टोलियों में होने वाली झड़पों में ही भाग लिया था... इस युद्ध में यदि कहीं पराजय हुई ? ...किंतु राम का मन जैसे इस प्रश्न को सुनना ही नहीं चाहता था...

राम ने आत्मलीनता से बाहर निकलकर देखा—सामने मणि खड़ी थी।

"तुम इस समय कैसे, मणि ?" वे चकित थे, "बच्चों को किसके पास छोड़कर आयी हो, उल्लास के पास ?"

"नहीं।" मणि बोली, "उल्लास को तो मुखर भैया ने कहीं काम पर भेजा है। बच्चे तो प्रातः से ही आश्रम की बाल-बाड़ी में हैं।"

"तो ?..."

"मैं एक सूचना लायी हूं, भद्र राम!" मणि धीरे-से बोली, "यद्यपि मेरे बच्चों के स्वास्थ्य की स्थिति को देखते हुए मुझे कोई भी कार्य नहीं सौंपा गया, किंतु यह कार्य मैंने अपनी इच्छा से किया है। शूर्पणखा के प्रासाद में मेरी अनेक सखियां हैं, हमने एक लम्बा दुःखभरा काल एक साथ बिताया है, अतः उन्हें मुझसे स्नेह है और मैं उन पर विश्वास कर सकती हूं।"

"कहो, मणि !" राम दत्तचित्त थे, "मैं सुन रहा हूं।"

"शूर्पणखा के प्रासाद की दासियों की सूचना है आर्य! कि यद्यपि खर चौदह सहस्त्र सैनिकों को लेकर युद्ध के लिए आ रहा है, किंतु शूर्पणखा की युद्ध में विशेष रुचि नहीं है।"

"क्यों ?" राम चौंके।

"उसकी सर्वाधिक रुचि दीदी के अपहरण में है।"

"सीता के अपहरण में ?"

"हां, आर्य! उसने खर को सारा अभियान इस प्रकार सम्पन्न करने के लिए कहा है," मणि बोली, "कि उसका अपमान करने के दंड-स्वरूप सौमित्र का वध हो, रावण को उपहार में देने के लिए दीदी का अपरहण हो तथा युद्ध की उपलब्धि के रूप में शूर्पणखा को राम मिले — बंदी अथवा दास के रूप में। इसके लिए चाहे चौदह सहस्त्र सैनिकों में से एक-एक को मरना पड़े। और यदि दीदी का अपहरण संभव हुआ तो वे युद्ध के स्थान पर अपहरण को ही वरीयता देंगे...।"

राम चिंतन-मग्न दृष्टि से मणि को देखते रहे और सहसा मुसकरा पड़े, "मुखर ने सघन जाल फैला रखा है अपने गूढ़ पुरुषों का; किंतु ऐसा समाचार तो कोई नहीं लाया, मणि! तुम तो वस्तुतः मणि हो, मानव-मणि। तुम्हारी उपयोगिता सबने ही कम

आंकी है। तुमने कितना बड़ा काम किया है, बहन! कदाचित् स्वयं तुम भी नहीं जानतीं...''

''मैं यदि आपके किसी भी काम आ सकूं...'' मणि की आंखों में पानी झलकने लगा, ''आपने मुझे, मेरे पति और बच्चों को कितनी यातनाओं और अन्तत: मृत्यु से बचाया है।''

''मणि!'' राम के होंठों पर स्निग्ध मुसकान थी।

मणि आंखें पोंछकर मुसकरायी, ''नहीं कहूगी।''

वह खठ खड़ी हुई, ''चलूं।''

थोड़ी देर तक राम एकांत में सोचते रहे और फिर उन्होंने संदेशवाहक भेजकर लक्ष्मण को उनके शस्त्रागार तथा सीता को चिकित्सा-कुटीर से बुलवा भेजा। वे दोनों तत्काल ही उपस्थित हो गए।

''सौमित्र!'' राम का स्वर अत्यन्त स्निग्ध और कोमल था, ''युद्ध की घड़ी है, अत: मेरी बात को अन्यथा न मानना।''

''क्या बात है, भैया ?'' लक्ष्मण कुछ चिंतित हो उठे।

राम ने मणि की सूचना दुहरा दी।

''वे मेरा वध नहीं कर सकते।'' लक्ष्मण निर्द्वन्द्व भाव से बोले। उनके स्वर में चिंता का लेश-मात्र भी नहीं था।

''इसका मुझे भी पूर्ण विश्वास है।'' राम बोले, ''किंतु मैं नहीं चाहता कि तुम या सीता उन्हें किसी ऐसे स्थान पर मिल जाओ, जहां से वे अपने संख्या-बल पर, अपनी पूरी सेना के मूल्य पर भी अपनी इच्छा पूर्ण कर सकें और मेरी विजय भी पराजय के समान हो जाए। ...''

''तो ?''

''मैं चाहता हूं कि व्यूह में कुछ परिवर्तन किया जाए।'' राम बोले, ''सीता को चिकित्सा-कुटीर और पीछे हटाकर पर्वत की कंदराओं में पहुंचा दिया जाए और तुम उसकी सुरक्षा के लिए उसके साथ रहो। तुम्हारी वाहिनी तुम्हारे साथ रहेगी। सहायता के लिए अगस्त्य-आश्रम की वाहिनी का नायक सिंहनाद भी तुम्हारे साथ रहेगा।'' राम रुककर बोले, ''मैं बहुत आशंकित नहीं हूं; फिर भी युद्ध में सभी सम्भावनाओं पर विचार कर लेना चाहिए। विजय हमारी है— यह निश्चितप्राय है; किंतु यदि कोई ऐसी स्थिति आ गयी कि हमारी पराजय हुई और मैं युद्ध में खेत रहा तो सीता को लेकर तुम सीधे गोदावरी-तट की ओर बढ़ना। घाट पर नावें तुम्हें तैयार मिलेंगी— ऐसी व्यवस्था मैंने कर रखी है...।''

''भैया!'' लक्ष्मण बोले, ''इसका अर्थ यह है कि मैं युद्ध में भाग ही न लूं और आप अकेले ही शत्रुओं से जूझें।''

"युद्ध में भाग तुम भी लोगे।" राम बोले, "संभव है, तुम्हें ही अधिक भाग लेना पड़े। यदि राक्षसों को हम अपने व्यूह में न बांध पाए, उन्हें आगे बढ़ने से न रोक सके और उन्हें तुम्हारा और सीता का स्थान ज्ञात हो गया तो निश्चित रूप से वे सभी मोर्चे छोड़कर अपनी पूरी शक्ति से तुम पर और सीता पर टूट पड़ेंगे। तब वास्तविक युद्ध तुम्हारा ही होगा—हम बाहर से सहायक मात्र रह जाएंगे। मैं तुम्हें युद्ध से निरस्त्र नहीं कर रहा— तुम्हें सबसे बड़ा दायित्व सौंप रहा हूं—जिस लक्ष्य को लेकर राक्षसों का आक्रमण हो रहा है, उस लक्ष्य की रक्षा का दायित्व।"

"किंतु आपका संकट..." सीता ने कहना चाहा।

"मेरा संकट अपनी जगह है; किंतु इस समय मैं ही सबसे अधिक सुरक्षित भी हूं।" राम मुसकराए, "शूर्पणखा मेरा वध नहीं चाहती और जीवित रहते मैं उसके हाथ आ नहीं जा सकता।"

"क्या ऐसा संभव नहीं कि हम तीनों यहीं एक साथ रहें ?" सीता बोलीं, "जिएं तो साथ, मरें तो साथ।"

राम हंसे, "मरने की बात मत करो, और जिएंगे तो साथ-ही-साथ। तुम्हें युद्ध भी करना है और युद्ध की अवधि में घायलों की चिकित्सा भी करनी है। हमारी सेना की एकमात्र शल्य-चिकित्सक तुम हो। तुम्हारा यहां मेरे पास रहने का अर्थ होगा—घायलों को युद्ध के केन्द्र में लाना, अर्थात् तुम्हारी तथा घायल सैनिकों की असुरक्षा।"

सीता चिन्ता-मग्न हो गयीं।

"अब सोचो तम।" राम बोले, "जाओ, सौमित्र! तुरंत व्यूह परिवर्तन करना है। तुम्हारी वाहिनी के स्थान पर मैं दूसरे लोगों को भेज रहा हूं। शीघ्रता करो। अपराह्न तक राक्षसों के आक्रमण की सूचना है।"

सीता और लक्ष्मण चले गए तो राम ने जन-वाहिनी की अनेक टुकड़ियों को स्थान-परिर्वतन के संदेश भिजवाए; और अन्त में अनिन्द्य को बुला भेजा।

अनिन्द्य आया तो बहुत उल्लसित था, "सारी व्यवस्था हो गयी है, भद्र राम! अब कोई संकट भले आए, अपने सैनिकों को जल का संकट मैं नहीं आने दूंगा।"

"साधु, अनिन्द्य!" राम बोले, "अब एक अतिरिक्त दायित्व सम्भालो।"

"आदेश दें।"

"जिस मार्ग को तुम्हें तथा तुम्हारे साथियों को निष्कंटक रखना है, उसका संकट की स्थिति में जल लाने के अतिरिक्त एक उपयोग और करना है।"

अनिन्द्य ने गहरी दृष्टि से राम को देखा।

"सीता तथा उनका चिकित्सा-कुटीर आश्रम के पीछे की छिपी कंदराओं में भिजवा दिया गया है। सौमित्र अपनी वाहिनी के साथ रक्षा के लिए वहीं हैं।"

"कोई विशष बात ?" अनिन्द्य ने पूछा और अगले ही क्षण सकपकाकर बोला, "यदि यह कोई गोपनीय बात न हो तो।"

''तुम्हारे लिए गोपनीय नहीं है,'' राम बोले, ''राक्षस सीता का अपहरण करना चाहते हैं और सौमित्र का वध।''

अनिन्द्य थोड़ा विचलित हुआ, किंतु तुरंत संभलकर बोला, ''मुझे क्या करना होगा ?''

''यदि कोई ऐसी अवस्था आयी कि सीता तथा लक्ष्मण को अपनी सुरक्षा के लिए गोदावरी के मार्ग से यात्रा करनी पड़े तो तुम्हारे द्वारा रक्षित मार्ग— किसी भी स्थिति में गोदावरी तक जाने के लिए उपलब्ध होगा।''

''ऐसा ही होगा।'' अनिन्द्य निष्कंप स्वर में बोला, ''आप मेरा विश्वास करें, राम! आपके आदेश के एक-एक शब्द का पालन होगा।''

''जाओ, मित्र!'' राम शांत थे, ''मेरी सूचनाओं के अनुसार, अब युद्ध में अधिक विलम्ब नहीं है।''

युद्ध-वेश में सज्जित राम अपनी कुटिया के सम्मुख खड़े थे। उन्होंने वक्ष पर कवच धारण कर रखा था और हाथों की हथेलियों में गोह के चमड़े के दस्ताने थे। कटि में खड्ग बंधा था। कंधों पर तूणीर थे और हाथों में धनुष। चेहरे पर चिंता की एक भी रेखा नहीं थी, जैसे जो चिंतन-मनन, सोच-विचार होना था, वह हो चुका, अब केवल कर्म था— संशय-रहित शुद्ध कर्म।

पल-पल में सूचनाएं पहुंच रही थीं। राक्षस-सेना गोदावरी के दूसरे तट पर आ चुकी थी। सेना के आगे-आगे तथा दोनों ओर नगाड़ों का गगन भेदी घोष था। चौदह सहस्त्र सैनिकों की पंक्तियां एक के पश्चात् एक बढ़ती चल रही थीं। उनके कवच और अस्त्र-शस्त्र चमक रहे थे और वे लोग हिंस्त्र पशुओं के समान कोलाहल मचा रहे थे। वह एक अनुशासित सेना के स्थान पर बर्बर पशुओं की भीड़ लग रही थी—जो स्वयं को अधिक-से-अधिक भयंकर तथा हिंस्त्र प्रमाणित करने में ही अपना गौरव मान रही थी।

सेना के आगे, खर अपने चार चितकबरे घोड़ों वाले मूल्यवान रथ पर चल रहा था। उसके रथ के दोनों ओर श्येनगामी, पृथुग्रीव, यज्ञशत्रु, विहंगम, दुर्जय, करवीराक्ष, परुष, कालकार्मुक, हेममाली, महामाली, सर्पास्य तथा रुधिराशन — बारह महारथी खर को घेरकर चल रहे थे। खर के पीछे रथ पर दूषण था और उसके पीछे महाकपाल, स्थूलाक्ष, प्रमाथी तथा त्रिशिरा अपने-अपने रथों पर चल रहे थे। उनके पीछे सारी पैदल सेना थी।

खर की सेना आकर राम के आश्रम के सम्मुख खड़ी हो गयी। खर ने गर्वपूर्वक अपनी सेना के विशाल विस्तार को देखा और तब आश्चर्य से दूर टीले पर खड़े रथविहीन एकाकी राम को देखा। उसे शूर्पणखा की बात याद आ गयी— राम को जीवित बांधकर शूर्पणखा के लिए ले जाना था ... किंतु सीता और सौमित्र कहीं दिख नहीं रहे

थे। कहां गए वे ? भाग गए क्या ? वह वध किसका करेगा और रावण के लिए उपहार स्वरूप किसे भेजेगा ? वनवासी और ग्रामीण कहां गए ? छिप गए ? ...और सहसा उसे लगा, अकेले व्यक्ति से — चाहे वह कितना ही वीर क्यों न हो — युद्ध करने के लिए चौदह सहस्त्र सैनिकों को लेकर आना, उसके लिए कोई गौरव की बात नहीं थी। ...किंतु शूर्पणखा ने इतना डरा दिया था कि वह इससे कम तैयारी के साथ आना ही नहीं चाहता था...

खर के साथ दो सहस्त्र सैनिकों ने आगे बढ़कर राम और खर के बीच की भूमि को पाट दिया। दूषण अपने पांच सहस्त्र सैनिकों को लेकर, खर के दाहिनी ओर फैल गया। महाकपाल, स्थूलाक्ष तथा प्रमाथी के अधीन पांच सहस्त्र सैनिक बायीं ओर फैल गए तथा त्रिशिरा अपने दो सहस्त्र सैनिकों के साथ पीछे से खर की सेना की रक्षा करने के लिए तत्पर हो गया।

राम ने देखा — खर एक ही मोर्चे पर लड़ने की तैयारी कर रहा था, कदाचित् राम के आश्रम को घेरने की योजना उसके मन में नहीं थी। राम ने संकेत किया — ढूहों के पीछे छिपे जन-सैनिकों ने गुप्त रूप से अपने स्थान बदले। भीखन, धर्मभृत्य तथा आनन्दसागर — उनके साथ के ढूहों के पीछे अपने सैनिकों के साथ व्यूह बांधकर बैठ गए। मुखर उनकी दाहिनी ओर का क्षेत्र संभाल रहा था और जटायु उनकी बायीं ओर थे।

युद्धारंभ की घोषणा खर ने की। उसने अपने आगे के सैनिकों को आगे बढ़ने का संकेत करते हुए आदेश दिया, ''राम को घेरकर जीवित पकड़ना है।''

राक्षस आगे बढ़े ही थे कि राम ने संकेत किया और भीखन, धर्मभृत्य तथा आनन्दसागर के जन-सैनिकों ने बाणों की बौछार आरंभ कर दी। खर को स्थिति समझने में अधिक समय नहीं लगा। निश्चित रूप से राम सर्वथा अकेला नहीं था — किंतु उसके साथियों की न तो संख्या ज्ञात हो सकती थी और न उनकी गतिविधि का पता लग सकता था। राक्षस सैनिक अपनी संख्या के दंभ में अंधाधुंध आगे बढ़े थे और बाणों की पहली ही बौछार में आधे से अधिक खेत रहे थे। जो खेत नहीं रहे थे, वे राम के सैनिकों की पंक्तियों के बीच आ फंसे थे और दोहरी मार झेलकर धराशायी हो रहे थे...

खर के लिए यह स्थिति अप्रत्याशित भी थी और असह्य भी। उसने अपने सारथी को आगे बढ़ने का संकेत किया। रथ के आगे बढ़ते ही खर ने अपने धनुष से दक्षतापूर्वक भल्ल, नीलीक, नाराच तथा विकर्णी बाणों की वर्षा आरंभ की।

राम मुसकराए। निश्चित रूप से खर धनुर्धारी था। राम ने भी अपना धनुष संभाला। कानों तक धनुष की प्रत्यंचा खींची और बाण छोड़ दिया। उसके पश्चात् खर के लिए यह देखना कठिन हो गया कि राम कब तूणीर से बाण खींचता है, कब प्रत्यंचा पर रखता है, कब प्रत्यंचा खींचता है और कब बाण छोड़ देता है... ऐसी स्फूर्ति खर ने आज तक किसी धनुर्धारी में नहीं देखी थी। जिस क्षण राम की ओर देखो — राम

बाण छोड़ता हुआ ही दिखाई पड़ता था। खर ने क्रुद्ध होकर अपने धनुष पर नाराच रखे और एक के पश्चात् एक प्रहार करते हुए, पूरा तूणीर शेष कर दिया ... रुककर उसने देखा — कवच होने पर भी, राम के शरीर पर अनेक घाव हुए थे और उनसे रक्त बह रहा था।

राम ने भी देखा — अपने बारह महारथियों से घिरे होने के कारण खर अभी तक आहत नहीं हुआ था, किंतु उसके सैनिक प्रायः खप चुके थे। उन दोनों के बीच रुंड-मुंडों का ढेर लग चुका था। रक्त तथा कीचड़ में जैसे कोई अंतर नहीं रह गया था... और अब बीच के सैनिकों के अभाव में खर, राम के एकदम आमने-सामने था...

जटायु और मुखर दोनों ही बार-बार अपने स्थानों से हटकर, राम की सुरक्षा-पंक्ति में आने का हठ कर रहे थे। कदाचित् वे राम के शरीर से बहते रक्त को देखकर विह्वल हो गए थे — किंतु राम ने उन्हें वहीं बने रहने का आदेश दिया।

सहसा दूषण की दृष्टि खर की स्थिति पर गयी। राम के पक्ष की कितनी क्षति हुई थी, कोई क्षति हुई भी थी अथवा नहीं — यह जानना बड़ा कठिन था; किंतु खर के दो सहस्र सैनिकों में से कोई भी शत्रु से लोहा लेता दिखाई नहीं पड़ रहा था। जो मरे नहीं थे, वे घायल पड़े थे और जो घायल नहीं थे अथवा घायल होते हुए भी चलने-फिरने की स्थिति में थे — वे युद्ध-क्षेत्र छोड़कर भाग चुके थे। इस समय राम, दूहों के पीछे बैठे अपने सैनिकों के साथ, यदि अपने टीले से नीचे उतर आए तो उसका सम्पूर्ण प्रहार अकेले खर पर होगा — सोचने के लिए अधिक समय नहीं था। दूषण तुरन्त अपने पांच सहस्र सैनिकों के साथ आगे बढ़ा और खर तथा राम के बीच के शून्य क्षेत्र को उसने तुरंत पाट दिया। उसके आते ही राम तथा खर का सीधा संपर्क पुनः टूट गया और खर को सांस लेने का अवसर मिल गया।

किंतु पहले ही आघात में इतनी सक्षम सेना के दो सहस्र सैनिकों का इस प्रकार खप जाना किसी भी सेना के लिए साधारण क्षति नहीं थी। राक्षस सेनापतियों के मन में अपने सैनिकों के प्राणों के लिए चाहे तनिक भी मोह न हो, किंतु इतनी बड़ी क्षति की सहज ही उपेक्षा नहीं की जा सकती थी। उनके सैनिकों के मनोबल पर भी इसका दुष्प्रभाव अत्यन्त प्रत्यक्ष था। उनके उत्साह का आवेग उसी प्रकार वापस लौट रहा था, जैसे समुद्र की लहर आगे बढ़कर पीछे लौटती है। ...यदि एक प्रबल आघात कर राम की इस गुप्त सेना का शमन नहीं किया गया तो जनस्थान की इस राक्षस-सेना तथा उसके सेनापतियों का वर्षों के परिश्रम से प्राप्त किया गया यश एक घड़ी में ही धूल में मिल जाएगा।

दूषण ने अपने सैनिकों को अर्द्ध-वृत्ताकार लहर के रूप में आगे बढ़ने का आदेश दिया। वह स्वयं उनके केन्द्र में था। उसने राम को घेरकर बाणों से छलनी कर देने की योजना बनायी थी; किंतु राम के सामने से ही जब इतनी अधिक सुरक्षा का प्रबन्ध था तो वह पीछे से भी असुरक्षित नहीं होगा। ऐसे में अपनी सेना को अधिक फैलाकर,

उसकी शक्ति क्षीण करना और राम की सेना के पृष्ठ भाग को भी युद्ध में घसीट लाना बुद्धिमत्ता नहीं थी। ...उसके मन में शूर्पणखा के आदेश अत्यन्त स्पष्ट रूप से अंकित थे – राम का वध नहीं करना था। शूर्पणखा को राम की आवश्यकता थी। किंतु इस समय यदि राम को न मारा गया तो वह राक्षसों की सारी सेना का नाश कर देगा...

दूषण के सैनिक आगे बढ़े। उसने तीन ओर से आघात किया था, किंतु तीनों ओर से उन्हें उत्तर भी मिला। दूषण क्षण-भर के लिए हतप्रभ खड़ा रह गया – यह जानना संभव नहीं था कि उन ढूहों के पीछे कितने सैनिक थे। और पहली बार दूषण के सम्मुख उसकी मूर्खता प्रत्यक्ष हुई। उसके सैनिक जिन शस्त्रों से सज्जित थे, वे आमने-सामने होने वाले हाथों-हाथ युद्ध में ही सहायक हो सकते थे, जबकि राम की सेना में सब धनुर्धारी ही दिखाई पड़ रहे थे। उनकी ओर से अभी तक सिवाय बाणों के दूसरे किसी शस्त्र का प्रयोग नहीं किया गया था। उनके बाणों की बौछार इतनी प्रबल थी कि दूषण के सामने स्थिति स्पष्ट हो गयी। उसके सैनिक बिना प्रहार किए ही कटते जा रहे थे। दूषण ने खड्ग छोडकर धनुष उठाया...

राम ने मुसकराकर देखा – दूषण ने धनुष उठाया था और तूणीर से बाण निकाल प्रत्यंचा को खींच रहा था। उन्होंने तीखा क्षुरबाण ताककर मारा और दूषण अपनी धनुष की कटी हुई प्रत्यंचा को झूलते हुए देखता रहा। राम ने एक अर्द्ध-चन्द्राकार बाण मार, उसके सारथी का मुंड, रुंड से पृथक् कर दिया।

रथ और धनुष, दोनों को ही व्यर्थ हुए देख, दूषण क्षुब्ध हो उठा। उसने शस्त्रों में से लोहे का एक भयंकर परिघ खींचा, जिसके चारों ओर लोहे की तीखी नुकीली कीलें लगी हुई थीं और उसका प्रहार सहकर जीवित रहने की क्षमता किसी मानव में नहीं हो सकती थी। परिघ को हाथ में लिये हुए उसने विकट हुंकार भरी और रथ से कूद भूमि पर आ खड़ा हुआ। उसके साहस का उसके सैनिकों पर भी प्रभाव पड़ा। उनके बढ़ते हुए वेग को देखकर लगा कि वे बाणों की अनवरत वर्षा में से भी पार होकर राम तक जा पहुंचेंगे।

भीखन, धर्मभृत्य तथा आनन्दसागर की वाहिनियों के लिए बड़ा विकट समय उपस्थित हुआ था। इस धावे को यदि न रोका गया, यदि यह व्यूह टूट गया तो राम पूरी तरह घिर जाएंगे; और पीछे से लहर पर लहर के समान आने वाली राक्षसी सेना को रोकना असंभव हो जाएगा ...

राम ने निमिष-भर के अंतराल में दो बाण खींचकर मारे और दूषण की दोनों भुजाएं कटकर भूमि पर आ गिरीं। जब तक दूषण समझ पाए कि उसके साथ क्या घटित हुआ है – राम ने धनुष की प्रत्यंचा कान तक खींचकर उसके वक्ष में बाण दे मारा।

दूषण के गिरते ही उसकी सेना अनियंत्रित हो उठी। आगे बढ़ने के स्थान पर वह पलटकर पीछे भागी। अपनी ही सेना के भागते पैरों के नीचे, उनकी टुकड़ियां-की-

टुकड़ियां कुचली गयीं... सेना की त्रस्त दशा देखकर महाकपाल, स्थूलाक्ष तथा प्रमाथी अपने पांच सहस्त्र सैनिकों के साथ दूषण का स्थान लेने के लिए आगे बढ़े।

खर के बायीं और दायीं ओर की सेनाएं हट चुकी थीं। राम ने संकेत किया। मुखर तथा जटायु भी अपने सैनिकों के साथ सिमट आए। प्रत्यक्ष सामने भीखन, धर्मभृत्य तथा आनन्दसागर की वाहिनियां थीं; और वे लोग अब तक बड़ी सफलता से राक्षसी सेना के धावे को रोक रहे थे। मुखर, जटायु के निकट आ जाने से उन्हें और भी बल मिला तथा उनका प्रतिरोध सघनतर हो गया।

महाकपाल अपना भयंकर शूल लेकर आगे बढ़ा। वह इतने अधिक रोष में था कि स्वयं ही अपने सैनिकों को कुचलता हुआ सबसे आगे निकल आया। दूसरी ओर से स्थूलाक्ष अपना पट्टिश लहराता हुआ अपने सैनिकों के साथ आगे बढ़ा। तीसरी दिशा से प्रमाथी अपना भयंकर परशु लिये हुए चढ़ दौड़ा।

जटायु तथा धर्मभृत्य स्थूलाक्ष को लक्ष्य किए हुए थे। मुखर और आनन्दसागर की दृष्टि प्रमाथी पर थी। भीखन अपनी वाहिनी को महाकपाल की गति रोकने पर लगाए हुए था। किंतु महाकपाल भयंकर गति से आगे बढ़ा था और संभव था कि वह अपने शूल से विकट संहार करता हुआ टीले पर चढ़ आता कि इतने में राम ने अर्द्ध-चन्द्राकार बाण मार, उसका सिर काट दिया था। उसका ऊपर उठा हुआ शूलधारी हाथ झूल गया और शरीर पीछे आते हुए अपने ही सैनिकों के पैरों तले रौंदा गया।

स्थूलाक्ष तथा उसके सैनिक जटायु तथा धर्मभृत्य के बाणों को झेलते हुए आगे बढ़ने के लिए जूझ रहे थे। राम ने उनकी दोनों आंखों को शूल जैसे दो बाणों से बींध डाला... प्रमाथी ने अपने सहयेगी सेनापतियों को इस प्रकार धराशायी होते देखा तो वह सीधा राम पर झपटा; किंतु तब तक उसके शरीर में इतने बाण चुभ चुके थे कि परशु का प्रहार करने से पूर्व ही उसकी आंखें बंद हो गयीं।

सेनानायकों को इस प्रकार मरते और सेना को विशृंखल होते देख, खर अपने बारह महारथियों के साथ आगे बढ़ा। अपने सैनिकों के शवों को कुचलता हुआ उसका रथ आगे आया। उसकी सेना सावधान हो उठी। खर के जीवित रहते, उन्हें राम का विशेष भय नहीं था। किंतु थोड़ी ही देर में स्पष्ट हो गया कि राम के कर्णिबाणों के सम्मुख खर तथा उसके महारथियों का भी ठहरना कठिन था।

स्थिति के अधिक बिगड़ने से पूर्व ही त्रिशिरा अपने दो सहस्त्र सैनिकों के साथ, खर की पृष्ठभूमि को छोड़ आगे बढ़ आया। उसने अन्य सेनानायकों की भांति अपने सारे सैनिकों को सीधे राम पर आक्रमण करने के लिए झोंकने के बदले तीन टोलियों में बांट दिया। राम पर सीधे आक्रमण करना अपने लिए अधिक-से अधिक क्षति को आमंत्रित करना था। एक तो राम की असाधारण क्षमता, उसका युद्ध-कौशल तथा धनुर्विद्या की चरम पूर्णता; दूसरी ओर उसकी सेना की अपने प्राण देकर भी राम को बचा लेने की निष्ठा — सीधे आक्रमण के लिए अत्यन्त घातक थी। राम से राक्षस-

सैनिक नहीं लड़ सकते थे। उनसे तो स्वयं त्रिशिरा को ही लड़ना था।

दायीं ओर से त्रिशिरा की जो सेना बढ़ी, उसे रोकने का भार मुख्यतः मुखर पर था। मुखर ने उन्हें स्वतन्त्र रूप से अपने व्यूह की ओर बढ़ते देखा तो उसके मन के गहन तलों में सोया हुआ आक्रोश जागा। यह वही सेना थी, जिसने उसका घर उजाड़ा था, उसके सम्बन्धियों को यातना दे-देकर मारा था। कोई अन्य युद्ध किसी का भी हो, किन्तु यह युद्ध उसका अपना है। ...उसने युद्ध से पहले ही राम से आग्रह किया था कि राम उसे या तो अपने साथ रखें, अथवा अपने सामने वाले दूहों में से किसी व्यूह का स्वतन्त्र नेतृत्व उसे दें, किंतु राम ने यह कहकर उसे बायीं ओर रखा था कि मध्य में वे स्वयं होंगे। किनारों को काटकर, यदि राक्षस आगे बढ़ गए तो वे सीधे चिकित्सा-कुटीर वाली कंदराओं में जा पहुंचेंगे — वहां सीता हैं। ...वह दीदी की रक्षा के विचार से बायीं ओर के व्यूह पर चला आया था। वैसे वह भी जानता था कि राम उसके आक्रोश तथा आवेश से पूर्णतः परिचित थे, अतः उन्होंने नहीं चाहा होगा कि वह अपने रोष के कारण स्वयं को अतिरिक्त जोखिम में डाले...

किन्तु अब वह राक्षसी सेना ठीक उसके सामने थी — उसे रोकने का दायित्व उस पर था। यदि वह एकदम ही असफल न हुआ तो राम अथवा किसी अन्य नायक को उसकी सहायता के लिए आने की आवश्यकता नहीं पड़ेगी ... यह केवल उसी का युद्ध था — निजी और स्वतन्त्र... उसे राम से पायी शस्त्र-विद्या की सार्थकता सिद्ध करनी थी, अपना प्रतिशोध लेना था, अन्यायी को दण्ड देना था, और अपने इस भू-क्षेत्र को राक्षसी अत्याचारों से मुक्त करना था...

राम ने उसे धनुर्विद्या का ही सर्वाधिक अभ्यास करवाया था ... कितना उपयुक्त आयुध था धनुष ऐसे युद्ध के लिए। ऊंचे दूह के पीछे छिपे हुए धनुर्धरों के साथ वह पूर्णतः सन्नद्ध था, और नीचे से राक्षस-सेना अपने शस्त्र चमकाती पशुओं के समान कोलाहल करती उनकी ओर भागी आ रही थी। उन्हें अपने शूलों, परिघों, तोमरों और करवालों का गुमान था। अपनी शक्ति के मद में वे पशु हो गए थे। निःशस्त्र और असंगठित, निर्धन और अज्ञानी लोगों की हत्याएं करते फिरते थे ... हिंस्र पशु ... ! राम जानते हैं इनका उपचार। तभी तो राम ने निर्बल और दीन लोगों को संगठित कर उनके हाथ में धनुष जैसा अस्त्र दिया, जो इन राक्षसों पर भी भारी पड़े।

राक्षस दूह से दस पग की दूरी तक आ गए तो मुखर ने अपने सैनिकों को संकेत किया, "प्रहार!"

बाणों की झड़ी लग गयी। राक्षसों की जो पंक्ति आगे बढ़ती, वह ऐसे गिरती जैसे कगार तक पहुंच कोई नीचे जा गिरता है। मुखर को इतने से सन्तोष नहीं हो रहा था। वह स्वयं भी तीखा से तीखा बाण चला रहा था। उसे अपने वास्तविक धनुकौशल का ज्ञान स्वयं भी आज ही हुआ था। एक-एक राक्षस के गिरने पर जैसे उसे कोई अगाध सुख मिलता था। हृदय का उत्ताप शांत होता था....

थोड़ी देर में राक्षसों की अंधी पशु-दौड़ बन्द हो गयी। एक तो उनकी संख्या बहुत कम हो गयी थी, दूसरे अपनी इस विधि की निस्सारता वे देख चुके थे। थोड़ी-थोड़ी देर में उनकी ओर से फेंका गया कोई अस्त्र ढूह से टकराकर युद्ध का आभास मात्र दे रहा था...

मुखर तृषित ही रह गया। उसे अपने वक्ष की जलन शांत करने का पूर्ण अवसर नहीं मिला था। जो राक्षस आगे नहीं बढ़ रहे, क्या वे ऐसे ही जीवित लौट जाएंगे ...जिन लोगों ने उसके माता-पिता के शरीर के खंड-खंड कर डाले थे, जिन्होंने उसके परिवार की स्त्रियों को अपमानित कर आत्महत्या के लिए बाध्य किया था, जिन्होंने बच्चों को ऐसे जीवित जला दिया था जैसे कोई अहेर किए गए मृत पशु को भी नहीं जलाता ...वे राक्षस केवल इसलिए जीवित बच जाएंगे, क्योंकि वे आगे बढ़कर उसकी टोली पर आक्रमण नहीं कर रहे और ढूह से बाहर निकलकर राक्षसों पर आक्रमण करना आज की युद्ध-नीति के अनुकूल नहीं है...

मुखर का रक्त जैसे उफन-उफन कर वाष्प बनने लगा...मस्तिष्क जड़ होने लगा — उसे तो प्रतिशोध लेना था। आज चूका तो फिर अवसर कहां आएगा...

मुखर ढूह के ऊपर चढ़ गया। अब राक्षस सेना उसे देख सकती थी — किंतु वह भी उन्हें देख सकता था।... उसने अपने सैनिकों को आदेश देने आरंभ किए — "बाएं से... दाएं... आगे बढ़ो... पीछे..."

...एक राक्षस सैनिक अपना त्रिशूल उस पर फेंकने के प्रयत्न में था। मुखर की दृष्टि उस पर पड़ी और उसने एक गांठदार वक्र बाण उसके वक्ष में दे मारा। सैनिक अपने शूल सहित धराशायी हो गया ... किन्तु राक्षस सैनिकों की दृष्टि उस पर पड़ चुकी थी। राक्षसों ने एक के पश्चात् एक अस्त्र फेंकने आरंभ कर दिए। कुछ अस्त्रों को मुखर ने मार्ग में ही अपने बाणों से काटा भी, किंतु इस विद्या का उसे पूर्ण अभ्यास नहीं था ... एक शूल उसके बाएं कंधे से टकराया ...कंधे में घाव हो गया और रक्त बह-बहकर शरीर पर गिरने लगा। मुखर ने अपना कंधा देखा ...पीड़ा भी थी और अशक्तता का भी आभास होने लगा था ... उसने दृष्टि उठाकर आश्चर्य से राम को देखा — दूर, अपने टीले पर अप्रतिहत खड़े वे निरंतर, पूरी स्फूर्ति से बाण चला रहे थे। सारे शरीर पर रक्त की क्षीण और स्फीत धारियां बह-बहकर यह भी पता नहीं लगने दे रही थीं कि शरीर पर कितने घाव थे ... मुखर को घाव ही गहरा लगा है या उसे अभी घाव खाकर रक्त बहाने का अभ्यास नहीं है...

मुखर ढूह से नीचे उतर आया। उसे लगा, वह खड़ा नहीं रह सकेगा। वह बैठ गया, "पानी!"

एक सैनिक ने उसे पानी दिया।

"नायक! आपको चिकित्सा-कुटीर तक पहुंचा दें ?" भूलर ने पूछा।

पानी पीकर मुखर को कुछ बल मिला। वह उठ खड़ा हुआ, "नहीं। जब

संज्ञाशून्य हो जाऊं, तब चिकित्सा-कुटीर में छोड़ आना।'' वह अपना धनुष उठाते हुए बोला, ''हमें शिथिल नहीं होना है, नहीं तो राम पर राक्षसों का दबाव बढ़ जाएगा।''

त्रिशिरा की सेना का बायां खंड बायीं ओर दूर तक चलता ही चला गया। जटायु अपने सहायक नायकों शुभबुद्धि और कृतसंकल्प के साथ हतप्रभ-से खड़े रह गए। कहां जा रही है राक्षसों की यह सेना ? यह युद्ध से भाग रही है, अथवा दूहों को पार कर, दीर्घ वृत्त बनाकर वह राम पर पीछे से आक्रमण करना चाह रही थी ? कहीं ऐसा तो नहीं कि उन्हें यह ज्ञात हो गया हो कि सीता का चिकित्सा-कुटीर तथा लक्ष्मण की वाहिनी पीछे की कंदरा में हैं। ये उन्हीं पर आक्रमण करने तो नहीं जा रहे ?

जटायु के सामने निर्णय की विकट घड़ी थी। यदि वे अपना व्यूह छोड़कर उस सेना के पीछे जाते हैं तो बायीं ओर से राम असुरक्षित हो जाएंगे, और यदि वे अपने स्थान पर टिके रहते हैं तो राक्षसों की वह सेना बिना किसी रोक-टोक के, अपनी पूरी क्षमता से लक्ष्मण पर आक्रमण करेगी और अकेले लक्ष्मण घिर जाएंगे...

जटायु ने कृतसंकल्प को राम के पास भेजा। वह संदेश लेकर लौटा, ''तात जटायु अपने स्थान पर ही रहें। वह सेना बहुत बड़ी नहीं है। यदि वह लक्ष्मण पर आक्रमण करने का प्रयत्न करेगी तो लक्ष्मण, सिंहनाद तथा अनिन्द्य की वाहिनियों के बीच घिर जाएगी। हां, उसे और सहायता पहुंचाने के लिए यदि कोई टुकड़ी जाए तो अपना व्यूह छोड़कर भी उसे रोका जाए। ऐसी स्थिति में तात जटायु के स्थान पर भीखन अपनी सेना लेकर आ जाएगा।''

जटायु उस सेना की गतिविधि देखते रहे... आज यह विचित्र युद्ध हो रहा था। खर की सेना से यह उनकी पहली भिड़ंत नहीं थी। अनेक बार खर के सैनिकों ने उनके द्वारा रक्षित बस्तियों को उजाड़ा था। अनेक बार जटायु ने उन पर गुप्त आक्रमण किए थे, किंतु ऐसा योजना बद्ध युद्ध करने के साधन वे आज तक नहीं जुटा पाए थे। राम ने यह अद्‌भुत व्यूह रचा था। कहां-कहां से जन-सैनिक राम की सहायता के लिए आ गए थे — जैसे सारे क्षेत्र का प्रत्येक बच्चा शस्त्र-वद्ध हो, राम का सैनिक हो गया हो। और सबको सुरक्षित स्थानों पर, ओट में छिपा, राम संपूर्ण राक्षसी सेना के सम्मुख अकेले खड़े हैं तथा खर को आक्रमण के लिए उकसा रहे हैं। खर की सेना ज़ब राम को एकाकी और निरीह जानकर झपटती है तो घास और पत्तों, दूहों और ढेलों में छिपे, राम के जन-सैनिक, अपने बाणों से छलनी कर, सेना को पीछे लौटा देते हैं ...कब से आवश्यकता थी इस क्षेत्र के जन-जन को एक-एक धनुष की । वही धनुष राम ने प्रजा के हाथों में पकड़ा दिया है। सारी राक्षसी सेना को उसके समस्त आयुधों के होते हुए भी, यह धनुष खा जाएगा ...जटायु को पूर्ण विश्वास है कि इस क्षेत्र में अब राक्षस पनप नहीं पाएंगे ...

त्रिशिरा की सेना की वह टुकड़ी दूहों के पीछे न जाकर, दूहों की ओर ही पलटी।

जटायु के सम्मुख, राक्षसों की योजना स्पष्ट हो गयी। वे लोग स्वयं जटायु की वाहिनी पर ही आक्रमण करने आ रहे थे। उनका प्रयत्न उन पर पिछली ओर से आक्रमण करने का था...

जटायु ने तत्काल शुभबुद्धि की टुकड़ियों को वहां से हटाया, वे राक्षस सेना के एकदम सामने पड़ रहे थे और कृतसंकल्प को आगे बढ़ने का संकेत किया। ... सहसा जटायु के रक्त में जैसे कोई मद्य घुल गया — इस टुकड़ी का एक भी सैनिक जीवित बचकर नहीं जाएगा — वे निश्चिन्त थे। आज इनसे इनके द्वारा उजाड़ी गयी बस्तियों और ग्रामों का प्रतिशोध लिया जाएगा...

राक्षस बहुत सावधानी से बढ़ रहे थे। यह उनका भिन्न प्रकार का अभियान था, नहीं तो वे भयंकर चीत्कारों और कोलाहल के साथ आक्रमण करते थे। इस बार उन्होंने अपने शस्त्र भी नहीं चमकाये थे। कदाचित् उनका विचार था कि उन्हें किसी ने देखा नहीं है और वे लोग आकस्मिक आक्रमण करने में सफलता पा सकेंगे।

वे ढूह के निकट पहुंचे तो उनकी पीठ पर शुभबुद्धि की टुकड़ी ने आक्रमण किया। आकस्मिक गुप्त आक्रमण करने की योजना से आगे बढ़ते हुए राक्षसों के लिए यह इतना अप्रत्याशित था कि वे लोग स्वयं को गुप्त नहीं रख सके और अपने अभ्यास के अनुसार कोलाहल करते हुए पलटे, किंतु उनके पलटते ही कृतसंकल्प की टुकड़ियां उनकी पीठ पर प्रकट हो गयीं। राक्षसों में अव्यवस्था फैलाने के लिए सह पर्याप्त था। उनकी स्थिति को देखते हुए लगता था कि उनमें कोई कुशल नेता भी नहीं था। वे लुटेरों के गिरोह के ही समान युद्ध कर सकते थे, किसी सेना से योजनाबद्ध युद्ध कदाचित् उनके वश का नहीं था।

विश्रृंखलता तथा अव्यवस्था की पराकाष्ठा पर पहुंच, जब उनका प्रत्येक सैनिक उचक-उचककर दोनों ओर लड़ने का प्रयत्न कर रहा था, तब जटायु ने अपनी टुकड़ियों को आघात करने का संकेत किया। ...स्वयं जटायु को बाण छोड़ते हुए तनिक भी आभास नहीं हो रहा था कि वे कोई युद्ध कर रहे हैं। प्रत्येक राक्षस के गिरने के पश्चात् जैसे उन्हें कहीं कुछ उदात्त घटित होने का-सा आभास हो रहा था। उन हत्याओं में कोई ऐसा पवित्र तत्त्व था कि जटायु को युद्ध-कर्म पुण्य के समान प्रतीत हो रहा था...

उनकी योजना सफल हुई थी। उनकी ओर बढ़ी हुई राक्षस सेना का एक भी सैनिक जीवित नहीं बचा था। तब जटायु का ध्यान अपने सैनिकों और स्वयं अपनी ओर गया। उन्होंने अपने शरीर में धंसे दो-एक बाणों को झटके से निकालकर फेंक दिया और बोले, ''शुभबुद्धि! भाई कृतसंकल्प! अपने सैनिकों को देखो। जिसे गहरा घाव आया हो, उसे चिकित्सा-कुटीर में भिजवा दो।''

तीसरी टुकड़ी के साथ स्वयं त्रिशिरा, राम की ओर बढ़ा। अपने सैनिकों को राम की गुप्त

सेना से उलझा, स्वयं सीधे राम से जूझ पड़ा। जब तक कि राम उसकी क्षमता का कुछ आभास पाएं, उसने तीन बाण राम के शरीर में धंसा दिए।

राम सावधान हुए। यह राक्षस बहुत विकट था। यह इस प्रकार बढ़ता रहा तो घातक भी हो सकता है। राम ने पहले चार बाणों से उसके घोड़े बींध दिए और अगले दो बाणों से उसके सारथी के प्राण ले लिये। ... किंतु त्रिशिरा अब भी बाण चलाता जा रहा था। राम ने एक के पश्चात एक चौदह बाण उसके वक्ष में मारे, अन्ततः त्रिशिरा अपने धनुष समेत, अपने टूटे हुए रथ पर ही लटक गया।

त्रिशिरा के गिरते ही राक्षस सेना में भयंकर हाहाकार हुआ और अव्यवस्था जैसे अपनी चरम सीमा पर जा पहुंची। खर ने भी देखा, अब सेना रुक नहीं सकती। उसने अपना रथ आगे बढ़ाया, ''लौटो!'' उसने अपने सैनिकों को ललकारा, ''नहीं तो अपने हाथों से तुम्हारा वध कर दूंगा। जो सैनिक युद्ध-क्षेत्र से भागेगा, उसकी सम्पत्ति उससे छीन ली जाएगी और उसके परिवार की युवतियां विजयी सैनिकों में उपहार स्वरूप वितरित कर दी जाएंगी ...''

किंतु खर की घोषणाओं से राम के बाण अधिक प्रभावी सिद्ध हो रहे थे। सैनिकों में कोई विशेष प्रतिक्रिया नहीं हुई। बहुत थोड़े से सैनिक पलटे, शेष गोदावरी की ओर भागते ही चले गए।

खर क्रोध में जलता हुआ, आगे बढ़ा। उसके अंगरक्षक बारह महारथी — श्येनगामी, पृथुग्रीव, यज्ञशत्रु, विहंगम, दुर्जय, करवीराक्ष, परुष, कालकार्मुक, हेममाली, महामाली, सर्पास्य, रुधिराशन — अब भी उसके रथ को घेरे हुए थे। उसके पक्ष में लड़ने वाले दो-ढाई सौ से अधिक सैनिक शेष नहीं थे।

राम ने मुसकराकर देखा — खर सामने था। जनस्थान की राक्षसी शक्ति का मेरुदंड! इस व्यक्ति ने स्वयं तो जो अत्याचार किए थे, वे किए ही थे — इस संपूर्ण क्षेत्र में रावण की शक्ति के प्रतिनिधि के रूप में समस्त अत्याचारों को प्रश्रय देने का कार्य इसने किया था। इसने मुखर के परिवार जैसे असंख्य परिवारों को नष्ट किया था। जटायु के साथियों की निरंतर हत्याएं की थीं, आस-पास के सैकड़ों ग्रामों के अबोध बालक इसके आतंक के कारण अपने खेतों का अन्न नहीं खा सके, अपनी वाटिकाओं के फल नहीं खा सके और अपने ही पशुओं का दूध नहीं पी सके। शूर्पणखा जैसी चुड़ैल इसकी सैनिक शक्ति के बल पर मणि जैसी अनेक स्त्रियों के अबोध बच्चों को खाती गयी, आदित्य जैसे युवकों के यौवन का शोषण करती रही ...और आज वह राम के सम्मुख खड़ा था...।

खर ने अपना धनुष उठाया और राम पर बाण छोड़ा। बाण राम की जंघा में लगा। राम ने भी प्रत्यंचा खींची और बाण छोड़ा ...बाण खर के अंगरक्षकों में उलझकर रह गया। तब तक खर का दूसरा बाण राम के धनुष की प्रत्यंचा काट गया। जब तक राम

दूसरे धनुष की ओर झुके, खर ने अपनी अद्भुत क्षमता का परिचय देते हुए, एक के पश्चात् एक सात बाण राम को मारे; और राम का कवच काटकर पृथ्वी पर फेंक दिया।

कवच और धनुष से विहीन राम, एकाकी, बिना किसी ओट के भूमि पर खड़े थे और सामने अपने बारह महारथियों से रक्षित, सैकड़ों शस्त्रास्त्रों से भरे, अपने मूल्यवान रथ में अरूढ़, खर धनुष ताने खड़ा था।

राम की सेना में विकट हलचल हुई और अगले ही क्षण मुखर, जटायु, भूलर, धर्मभृत्य, आनन्दसागर, भीखन, कृतसंकल्प, शुभबुद्धि तथा अनेक छोटे-बड़े नायक सघन प्राचीर की भांति बीच में धंस आए और उनके अनेक धनुषों की स्फूर्तिपूर्ण आकस्मिक टंकार ने खर की गति अवरुद्ध कर दी।

राम अपने साथियों का कौशल देखकर मुसकराए। इस बीच उन्हें पर्याप्त समय मिल गया था। वे अगस्त्य ऋषि द्वारा दिए गए वैष्णवी धनुष से सज्जित हो उठे थे। कंधे के तूणीर परिवर्तित कर लिये थे; और अब राम का, धनुर्विद्या-प्रदर्शन का समय आया था। राम ने पहले बाणों से खर के रथ का जुआ काट डाला। अगले झटके में उन्होंने उसके चारों चितकबरे घोड़े मार डाले। खर, अपने डोलते हुए रथ पर जब तक संभलता, उन्होंने उसका सारथी मार डाला और तीन तीक्ष्ण बाणों से रथ का त्रिवेणु काट, अगले क्षुरबाण से खर के धनुष के टुकड़े कर दिए ...

राम के साथियों के बाणों की अजस्र वर्षा खर के महारथियों को संभलने का अवसर ही नहीं दे रही थी। और धनुषविहीन खर, टूटे हुए रथ पर खड़ा एक के पश्चात् एक आघात सह रहा था। सहसा उसने रथ के शस्त्रालय से एक भयंकर गदा खींची और रथ से कूदकर भूमि पर आ गया। इससे पहले कि वह राम की ओर लपकता, राम ने दो बाणों से उसकी जंघाओं को अक्षम कर दिया। खर ने वहीं से खड़े होकर अपनी गदा राम पर चला दी। राम के बाणों ने गदा को मार्ग में ही जा लिया और दो तीक्ष्ण बाण खर के वक्ष में जा लगे..

राक्षसों का स्वामी मुख से रक्त थूकता, अपने चितकबरे घोड़ों के साथ ही भूमि पर जा गिरा।

युद्ध समाप्त होते ही, अगले ही दिन से एक साथ कई प्रकार के काम आ पड़े थे। सारे जन-सैनिकों को दो भागों में बांट दिया गया था — पहला वर्ग उनका था जो इस युद्ध में से बिना एक भी घाव खाए निकल आए थे; और दूसरे वे, जो किसी-न-किसी रूप में घायल हुए थे। पूर्णतः स्वस्थ सैनिकों को व्यवस्था का सारा दायित्व सौंपा गया था। युद्ध में खेत रहे, अपने तथा शत्रु के सैनिकों के शवों की अंत्येष्टि सबसे आवश्यक कार्य था; और मृत शत्रु सैनिकों के शस्त्रास्त्रों को एकत्रित कर, विभिन्न प्रकार के शस्त्रों को वर्गीकृत कर, उसे शस्त्रागार में उचित प्रकार से रखना अथवा शस्त्रविहीन जन-सैनिकों में उसका वितरण कर देना भी कम महत्त्व का कार्य नहीं था।

युद्ध की अवधि में लक्ष्मण, सिंहनाद तथा अनिन्द्य अपने साथियों के साथ अपने कर्तव्य को युद्ध-दायित्व के रूप में ही पालते रहे थे, किन्तु युद्ध-समाप्ति पर, उनमें खेद का-सा भाव ही शेष रह गया था — उन्हें लग रहा था कि इतने भयंकर युद्ध में भी उन्होंने कोई महत्त्वपूर्ण योगदान नहीं किया। परिणामतः राम ने युद्धोत्तर कार्यों का नेतृत्व उन्हें ही सौंप दिया था।

दूसरा कार्य घायल सैनिकों का उपचार तथा शल्य-चिकित्सा थी। इसकी मुखिया सीता ही थीं। चिकित्सा-कुटीर को पुनः आश्रम के बीच स्थापित किया गया था और सीता आकंठ अपने कार्य में डूबी हुई थीं। उनकी सहायता के लिए कुछ तो जन-सैनिक ही थे, जो घाव पर औषध लगा, पट्टी बांधने इत्यादि का कार्य कर लेते थे तथा कुछ विभिन्न ग्रामों की स्त्रियां आ गयी थीं। वे स्त्रियां आयीं तो सहयोग के भाव से ही थीं — किंतु सीता ने इसे उपचार-प्रशिक्षण का अवसर बना, उन्हें अपने साथ लगा लिया था।

मध्याह्न तक अगस्त्य ऋषि भी आ गए। उनके साथ लोपामुद्रा, प्रभा तथा सुतीक्ष्ण मुनि भी थे। प्रभा का पति सिंहनाद पहले से ही लक्ष्मण के साथ काम में लगा हुआ था। प्रभा के आ जाने से सीता का कार्य विशेष सरल हो गया। एक तो घायलों का उपचार शीघ्र हो गया —दूसरे कुछ जटिल शस्त्रों के घावों की शल्य-चिकित्सा भी प्रभा ने कर दी।

राम को इस युद्ध में उन्नीस घाव लगे थे, जिनमें कुछ गम्भीर भी थे। रक्त भी बहुत बहा था। किंतु न तो वे दुर्बलता का अनुभव कर रहे थे और न उन्होंने कार्य करना ही छोड़ा था। पट्टियां बंधवा, वे बैठे हुए कोई-न-कोई व्यवस्था करते ही जा रहे थे। ... मुखर के कंधे का घाव भी गम्भीर था; उसकी पट्टी कर सीता ने उससे कम-से-कम पूरा एक दिन शैया पर पड़े रहने का अनुरोध किया था। 'दीदी' के अनुरोध की रक्षा के लिए वह मान भी गया था, अन्यथा वह अब भी लक्ष्मण के साथ कार्य करने का आग्रह कर रहा था। वृद्ध जटायु के शरीर पर भी तीन घाव आए थे, जिनसे वे निढाल हो गए थे। भूलर, शुभबुद्धि, भीखन, कृतसंकल्प, धर्मभृत्य, आनन्दसागर — सभी को कोई-न-कोई घाव लगा ही था। युद्ध का चिह्न प्रायः सबने ही अपने शरीर पर सगर्व वहन किया था।

राक्षसों की पराजय तथा खर के वध की सूचना जहां-जहां पहुंचती थी — वहीं से झुंड-के झुंड लोग राम से मिलने के लिए आ रहे थे। आश्रमों की वाहिनियां पहले ही आयी हुई थीं। जैसे-जैसे उन्हें समाचार मिल रहे थे, युद्धोत्तर सहयोग के रूप में वे सामग्री तथा प्रतिनिधि भेजते जा रहे थे। आश्रम में मेले का-सा वातावरण बना हुआ था।

सन्ध्या समय राम की कुटिया के सम्मुख प्रायः सभी प्रमुख लोग एकत्रित हुए। प्रभा, सीता तथा उनके साथ कार्य करने वाले स्त्री-पुरुष चिकित्सा-कुटीर छोड़कर नहीं

आ सकते थे, अतः वे नहीं आए।

''साधु, राम!'' अगस्त्य बोले, ''मैं तुम्हारा अभिनन्दन करता हूं। तुमने वह कार्य कर दिखाया है, जिसे करने का स्वप्न हम वर्षों से देख रहे थे। मैं यह जानता हूं कि तुम्हें सब लोगों का सहयोग मिला है — मैं किसी का भी श्रेय नहीं छीनना चाहता; पर फिर भी कहता हूं कि यह युद्ध तुमने अकेले ही जीता है।''

उपस्थित लोगों ने हर्ष-ध्वनि की, ''ऋषि ठीक कहते हैं। हम सब मानते हैं कि युद्ध अकेले राम ने जीता है।''

''यह युद्ध तो जीत लिया, पुत्र! यह क्षेत्र अत्याचार से मुक्त हुआ। किंतु भविष्य के लिए क्या सोचा है, राम ? क्या तुम्हारा लक्ष्य पूरा हो गया ?''

राम हंसे, ''यह तो आरम्भ है, ऋषिवर! वास्तविक युद्ध तो अभी होना है।''

''राम ठीक कहते हैं।'' जटायु बोले, ''मैं स्वयं यही कहना चाह रहा था — इसे अन्तिम युद्ध न समझा जाए। आप लोग यदि अपना संघर्ष आगे न भी चलाना चाहें तो भी युद्ध होगा ही। यहां की पराजय की सूचना रावण तक पहुंचेगी। सम्भव है कि अब तक पहुंच भी गयी हो। इसका प्रतिशोध लेने के लिए रावण स्वयं आएगा। इस बार साम्राज्य की सेना आएगी — लंका से। हमें उस युद्ध के लिए भी तैयारी करनी है, अन्यथा प्रतिशोध की ज्वाला में जलती लंका की सेना इस क्षेत्र को श्मशान बना देगी। उसके प्रतिशोध के लिए तैयारी, हमें बिना एक भी दिन खोए आरम्भ कर देनी चाहिए।''

''मैं भी यही सोच रहा था।'' राम गंभीर हो गए, ''यदि साम्राज्य की सेना आएगी, तो न तो एक मोर्चे का युद्ध होगा, न एक दिन का। उसके लिए हमें अधिक सैनिकों की भी आवश्यकता होगी तथा अधिक शस्त्रों की भी। अतः हमें तुरन्त तैयारी आरम्भ कर देनी चाहिए। अत्यन्त व्यापक धरातल पर युद्ध-प्रशिक्षण आरंभ होना चाहिए; किंतु साथ-ही साथ इस मुक्त हुए क्षेत्र की रक्षा की व्यवस्था तथा उसके नव-निर्माण का कार्य आरम्भ होना चाहिए। केवल मुक्ति तो किसी काम की नहीं होती। मनुष्य को मुक्ति चाहिए ताकि वह अपने जीवन का समता और न्याय के आधार पर स्वतंत्र रूप से विकास कर सके। निर्माण-विहीन मुक्ति थोड़े ही समय में सड़ने लगती है और उच्छृंखलता एवं अराजकता को जन्म देती है। अतः निर्माण का कार्य भी तुरन्त आरम्भ होना चाहिए।''

''राम ठीक कहते हैं।'' मुखर बोला, ''जब तक सामान्य जीवन सुविधा तथा सम्मान से पूर्ण नहीं होगा, तब तक सामान्य-जन को यह अनुभूति कैसे होगी कि अब राक्षसों का आतंक समाप्त हो गया है। प्रत्येक ग्राम में प्रशासकीय तथा निर्माण समितियां बन जानी चाहिए। वे समितियां योजनाएं बनाएं और उन्हें कार्यान्वित करें। और हम यथासम्भव उनके कार्य में सहायता करें।''

''तीन शब्द याद रखो, पुत्र!'' अगस्त्य बोले, ''सुरक्षा, उत्पादन तथा शिक्षा।

आवश्यकतानुसार इनका क्रम बदल देना। पर तीनों को समान महत्त्व देना।''

''ठीक कहते हैं, गुरुवर!'' लक्ष्मण पहली बार बोले, ''मेरा विचार है, पहले हम सुरक्षा सम्बन्धी नीति और कार्यक्रम पर विचार कर लें। इस समय यहां एक जन-सेना है और प्रायः आश्रमों तथा अनेक ग्रामों के प्रतिनिधि हैं। यह जन-वाहिनी यहीं बनी रहे या अपने-अपने स्थान पर लौट जाए ? सैनिक स्थिति दृढ़ करने के लिए क्या और कैसी व्यवस्था हो ? यदि निकट भविष्य में रावण का आक्रमण हो — जो कि निश्चय ही होगा, हमारी युद्ध-नीति क्या हो ?''

''कहो, राम!'' अगस्त्य बोले।

''तात जटायु! आपका क्या विचार है ?'' राम ने पूछा।

''मैं समझता हूं कि सारे जन-सैनिकों को अनिश्चित काल तक पंचवटी में रोके रखना व्यावहारिक नहीं होगा।'' जटायु बोले, ''पहली बात तो यह है कि इतने लोगों को अनिश्चित काल तक अपने यहां टिकाए रखने की व्यवस्था हमारे पास नहीं है। दूसरे, यदि उनके आश्रमों तथा ग्रामों से उनके लिए अन्न इत्यादि की व्यवस्था करनी पड़े और वे लोग अपने खेतों में अन्न के उत्पादन में भाग भी न ले सकें तो ग्रामों तथा आश्रमों पर अनावश्यक बोझ पड़ेगा। युद्ध की स्थिति में तो यह उचित हो सकता है, किंतु अनिश्चित प्रतीक्षा के लिए नहीं।'' वे क्षण-भर रुककर चिंतनशील स्वर में बोले, ''और घायल सैनिकों की देख-भाल की दृष्टि से भी इतने सैनिक इस आश्रम में सुविधापूर्वक नहीं रह सकेंगे। जो गंभीर रूप से आहत हैं और यात्रा के सर्वथा अयोग्य हैं, उन्हें तो यहीं रहना चाहिए; किंतु जो यात्रा कर सकें, उन्हें अपने-अपने आश्रमों में भेज दिया जाए, तो वहां उनकी देख-भाल और अच्छी प्रकार हो सकेगी।''

''एक बात और है।'' लक्ष्मण बोले, ''यदि जन-सेना का इतना बड़ा भाग पंचवटी में ही रहेगा तो इस समस्त जनपद में नये सैनिकों के प्रशिक्षण की भी भारी क्षति होगी; जन-सामान्य के मनोबल पर भी घातक प्रभाव होगा और जन-सैनिक स्वयं को सामान्य-जन का अंग न मान, एक पृथक् वर्ग के रूप में देखने लगेंगे।''

लक्ष्मण मौन हो गए। अन्य कोई व्यक्ति नहीं बोला। राम ने दो-एक क्षण प्रतीक्षा की और बोले, ''इसका अर्थ यह हुआ कि सभी लोग इस विषय में सहमत हैं कि जन-सैनिकों को अनावश्यक रूप से पंचवटी में न रोका जाए।''

''मैं भी सहमत हूं।'' अगस्त्य बोले, ''किंतु एक सावधानी बरतनी होगी कि हमारी सूचना-व्यवस्था तथा सम्पर्क-व्यवस्था अत्युत्तम श्रेणी की होनी चाहिए, ताकि राक्षसों की एक भी सैनिक टुकड़ी इस दिशा में बढ़े तो तत्काल राम को सूचना मिल जाए; और शीघ्रातिशीघ्र न केवल समस्त आश्रमों, ग्रामों तथा अन्य केन्द्रों से सम्बन्ध स्थापित किया जा सके, वरन् वहां से समय पर सैनिक यहां एकत्रित भी हो सकें।''

''ऋषि ठीक कहते हैं।'' जटायु बोले, ''यह बहुत आवश्यक है।''

''मेरा विचार है कि सबसे पहले हम इस बात पर विचार कर लें कि रावण की

सेना आने में कितना समय लगने की सम्भावना है ?" राम बोले, "तभी शेष योजनाओं के सम्बन्ध में निश्चित रूप से कुछ कहा जा सकता है।"

"सेना के शीघ्र आने की सम्भावना नहीं है।" अगस्त्य बोले, "क्यों, जटायु!"

"मेरा भी यही विचार है।" जटायु ने अपना मत दिया, "खर की जो सेना यहां पराजित हुई है, उसकी सैनिक-संख्या चौदह सहस्त्र थी। रावण इतना तो मान ही लेगा कि इस बीच हम अपनी सैनिक-शक्ति और बढ़ा लेंगे। अत: यदि वह विजय चाहता है तो खर की सेना से कम-से-कम चौगुने सैनिक लाने होंगे।"

"हां, इससे कम में उनकी विजय की सम्भावना नहीं हो सकती।" सुतीक्ष्ण ने कहा।

"उनकी विजय की सम्भावना तो है ही नहीं।" लक्ष्मण मुसकराए, "चाहे वे कितनी ही सेना लेकर क्यों न आएं।"

"हम दोनों बातों पर विचार कर लें।" राम मुसकराए, "हमारी दृष्टि से उनकी विजय की सम्भावना नहीं है। उनकी दृष्टि से विजय के लिए उन्हें कम-से-कम छप्पन सहस्त्र सैनिकों की आवश्यकता पड़ेगी। अब प्रश्न यह है कि छप्पन सहस्त्र सैनिकों को तैयार करने, उनके वस्त्र-अन्न की आपूर्ति तथा युद्ध के लिए उपयुक्त स्थिति में उनके यहां तक परिवहन में कितना समय लगेगा ?"

"छह मास से कम में इतना बड़ा काम सम्भव नहीं है।" अनिन्द्य ने अपना मत दिया।

"नहीं, ऐसी बात नहीं है।" भूलर बोला, "यह चार मास में भी संम्भव हो सकता है।"

"चार से छह मास, कुछ भी लगें। उससे पहले वर्षा आरंभ हो जाएगी, नदियों में बाढ़ आ जाएगी, मार्ग में कीचड़ हो जाएगा। सैनिक प्रयाण —विशेष रूप से एक साम्राज्य की सेना का प्रयाण वर्षा-ॠतु में नहीं होगा।" भीखन बोला, "हमारी बात और है। हम अपने अस्तित्व और सम्मान के लिए लड़ते हैं। इसलिए लंगोटी बांधे, नंगे पैर, वर्षा में भीगते हुए, कीचड़-कादों में भी चल पड़ेंगे। पर वे लोग तो साम्राज्य के सैनिक हैं। रावण और उसके सम्बन्धियों के लिए विलास के लिए अन्य लोगों का शोषण करने हेतु लड़ते हैं। वे तब तक नहीं चलेंगे, जब तक आकाश मेघों से शून्य नहीं हो जाएगा, मार्ग स्पष्ट और स्वच्छ नहीं हो जाएंगे। उनकी मदिरा के भांड ढोने के लिए रथों का निर्माण नहीं हो जाएगा।"

"भीखन ठीक कहता है।" अगस्त्य बोले, "रावण की सेना किसी भी रूप में वर्षा-ॠतु की समाप्ति से पहले नहीं चलेगी।"

"तब तो हम बरखा होते ही खेत में जोत-बो लेंगे।" कृतसंकल्प ने अपना मत दिया, "युद्ध के समय न हमें अन्न की कमी रहेगी, न पीछे घर पर बच्चों को कठिनाई होगी।"

"तुम कुछ नहीं बोल रहे, धर्मभृत्य!" राम बोले, "तुम भी तो कुछ सोचते होगे।"

"ऋषिवर अगस्त्य को देखकर इन्हें अपनी अधूरी लिखी अगस्त्य-कथा का स्मरण हो आया है।" लक्ष्मण मुसकराए, "सोच रहे होंगे, इस वर्षा-ऋतु में यह कार्य सम्पन्न हो जाना चाहिए।"

"सौमित्र ने ठीक याद दिलाया।" धर्मभृत्य मुसकराया, "मुझे यही कार्य पूर्ण कर लेना चाहिए। ऐसी कुछ बातें, जिनका मुझे ज्ञान नहीं है — गुरुदेव से पूछ भी लूंगा।"

"अवश्य-अवश्य!" अगस्त्य मुस्कराए, "मैं स्वयं सुनने को उत्सुक हूं कि तुमने मेरे विषय में क्या लिखा है। कई बार साहित्यकार अपने पात्रों को उनके वास्तविक अस्तित्व से बहुत ऊंचा बना देता है।"

"मेरे विषय में भी कुछ लिखा है या नहीं ?" लोपामुद्रा मुसकरायीं, "अगृहस्थ संन्यासी हो, कहीं पत्नी का महत्त्व क्षीण मत कर देना।"

"नहीं-नहीं!" धर्मभृत्य कुछ संकुचित हो गया, "मैं किसी दिन आपको सुनाऊंगा।"

अगस्त्य हंसे, "हां, राम! अपने विषय की ओर लौटो।"

"हां! हम लोग सहमत हैं कि रावण यदि मूर्ख नहीं है तो पहले वह लंका की सुरक्षा का प्रबन्ध करेगा और तब कम-से-कम छप्पन सहस्र सैनिकों की सेना लेकर, वह वर्षा-ऋतु के पश्चात् प्रस्थान करेगा। इसलिए हमें जन-सैनिकों को पंचवटी में रोके रखना नहीं चाहिए। उन्हें अपने-अपने क्षेत्रों में लौट जाना चाहिए। वहां सैनिक अभ्यास तथा प्रशिक्षण का कार्य करना चाहिए, अन्न-उत्पादन तथा शस्त्र-निर्माण करना चाहिए तथा अन्य क्षेत्रों में निर्माण और सामान्य शिक्षा का कार्यक्रम चलाना चाहिए।"

"ठीक है।"

"यदि यह निश्चित है कि जन-सैनिक अपनी-अपनी सुविधानुसार यथाशीघ्र अपने क्षेत्रों की ओर प्रस्थान करेंगे," लक्ष्मण बोले, "तो आपको यहीं सूचित कर दूं कि राक्षस-सेना के जितने शस्त्र हमने प्राप्त किए हैं, वे सब वर्गीकृत होकर वितरण के लिए प्रस्तुत हैं। जाने से पूर्व सभी नायक अपनी टुकड़ियों की आवश्यकतानुसार शस्त्र लेते जाएं और उनका अभ्यास अपने क्षेत्रों में कराएं।"

"एक बात और," राम बोले, "ये शस्त्र अधिकांशत: प्रशिक्षण और अभ्यास के लिए हैं — अपने-अपने क्षेत्रों में आप जन-क्रांति के लिए उनका उपयोग भी कर सकते हैं; किंतु रावण की सेना के साथ आने वाले युद्ध के लिए हमारा शस्त्र धनुष-बाण ही है।"

सबने अपनी सहमति दी।

"जब सब लोग कह ही रहे हैं तो एक बात मैं भी कह दूं।" लोपामुद्रा मुसकरायीं, "तुम लोग बड़े-बड़े युद्धों की तैयारियां कर रहे हो तो प्रत्येक नायक अपनी

टुकड़ी में एक चिकित्सक तथा शल्य-चिकित्सक भी तैयार करे। मेरी बेटियां बड़े युद्धों के सहस्रों आहतों का उपचार नहीं कर सकेंगी।''

अगस्त्य हंसे, ''प्रभा और सीता को अपनी जान खपाते देख, लोपामुद्रा को बहुत कष्ट होता है; फिर भी बात वे ठीक कह रही हैं। सैनिक के साथ उनके प्राण बचाने वाले शल्य-चिकित्सक का महत्त्व भी हमें ध्यान में रखना चहिए।''

''तो मित्रो! आज की बात यहीं तक।'' राम मुसकराए।

## 6

खर को सेना सहित विदा कर, शूर्पणखा अपने शयन-कक्ष में जा लेटी। ... स्थिति कहां-से-कहां तक जा पहुंची —वह सोच रही थी —कहां उसने सोचा था कि अपने रूप-वैभव से राम को मुग्ध करेगी, और कहां आज खर को अपने समस्त सेनापतियों तथा चौदह सहस्र सैनिकों की विशाल सेना लेकर राम पर आक्रमण करने के लिए जाना पड़ गया है।... किंतु क्या सचमुच इसकी आवश्यकता थी ? ...शूर्पणखा का मन निश्चय नहीं कर पा रहा था ...क्या सचमुच इसकी आवश्यकता थी ? दो तापस धनुर्धारियों और उनके कुछ सहायकों को दंडित करने के लिए जनस्थान के समस्त सेनापतियों, महारथियों और सम्पूर्ण सेना का जाना आवश्यक था क्या ? ... पर जब दूषण ने राम की शक्ति का तिरस्कारपूर्वक उल्लेख किया था, तो स्वयं शूर्पणखा ने ही उसका विरोध कर, उसे आवेश दिलाया था ... नहीं तो कोई भी व्यक्ति कितना भी युद्ध-कुशल क्यों न हो, कितने ही दिव्यास्त्रों का ज्ञान उसे क्यों न हो — उसके लिए इतनी बड़ी, साधन-सम्पन्न सेना का जाना ...

...चलो, कोई बात नहीं — उसने सोचा — सैनिक पड़े-पड़े आलसी ही तो हो गए थे, उनका व्यायाम हो जाएगा और राम तथा सौमित्र के सम्मुख राक्षसों का शक्ति-प्रदर्शन हो जाएगा।

सहसा वह चौंककर उठ बैठी — अभी घड़ी-दो घड़ी में खर बंदी राम, अपहृत सीता और मृत सौमित्र के साथ यहां आ पहुंचेगा; और वह ऐसे बैठी है, जैसे कुछ होना ही न हो...

''द्वार पर कौन है ?''

''स्वामिनी!''

''वज्रा को भेज!'' शूर्पणखा बोली, ''और कापालिका को भी आने के लिए कह दे।''

''जो आज्ञा।''

शूर्पणखा दर्पण के सामने बैठ गयी — खर राम को बंदी करने गया है। अब राम मेरे भोग्य पदार्थ के रूप में यहां रहेगा। उसे लुभाना अब आवश्यक नहीं है — अब

उसकी नहीं, मेरी इच्छा चलेगी। वह मुझे लुभाने का प्रयत्न करेगा। अपनी इच्छा से मेरे अंगों को नहीं सहलाएगा तो मेरे कशाघातों के कारण अपने शरीर को सहलाता रहेगा। स्वयं को कष्टों से बचाने के लिए, अधिक सुविधाएं पाने के लिए, अपने जीवन के छोटे-छोटे सुखों के लिए, मुझ पर रीझने का नाटक करेगा, घटिया चाटुकारों के समान मेरी स्तुति करता फिरेगा, मेरे भ्रू-संकेतों पर नाचेगा ...

"आदेश दें, स्वामिनी!" वज्रा ने आकर अभिवादन किया।

"काम-क्रीड़ा के अनुकूल मेरा प्रसाधन कर दे।" शूर्पणखा ने दर्पण में अपना मुखड़ा देखते हुए कहा, "और परिधान बदल दे।"

वज्रा सखियों के साथ अपने काम में लग गयी।

राम को साथ वाले कक्ष में बंदी कर रखना पड़ेगा — शूर्पणखा सोच रही थी — उसके लिए आरंभ में तो प्रहरियों की भी व्यावस्था करनी पड़ेगी। बहुत उत्पात करेगा तो —शूर्पणखा का रोष उद्दीप्त हो उठा — उसे पैरों में श्रृंखलाएं पहनाकर रखना पड़ेगा। शांति से रहेगा तो वह उसे अपने कक्ष में भी रख सकती है ...

और उस सीता को — उसके मन में प्रश्न उठा — उसे सीधे रावण को भेंट कर दिया जाय ...या उसकी हत्या कर दी जाए ? ...नहीं! हत्या अधिक लाभकारी नहीं है। रावण वैसी स्त्री पाएगा तो शूर्पणखा का आभार मानेगा। तब वह उससे कुछ अधिक सुविधाएं पा सकेगी। उसे तो शीघ्रातिशीघ्र रावण के पास पहुंचा देना चाहिए ... किन्तु वह सौमित्र! उसकी हत्या तो खर युद्ध-क्षेत्र में ही कर देगा। वह भी कमनीय पुरुष था...

"आज्ञा दें, स्वामिनी!" कापालिका उपस्थित हुई।

"साथ के कक्ष में एक प्रिय पुरुष के रहने की व्यवस्था कर दे।" शूर्पणखा ने आदेश दिया, "इस कक्ष का रंग-रूप ठीक कर दे। एक अतिरिक्त व्यक्ति के सोने की व्यवस्था कर — वह व्यक्ति पुरुष है। आस्तरण और यवनिकाएं बदल दे। कक्ष नया, सुन्दर और स्वच्छ लगे।"

"जो आज्ञा।"

... कमनीय था सौमित्र भी —शूर्पणखा ने सोचा — किंतु धृष्ट निकला। उसकी बात मान जाता, तो वह दोनों भाइयों को अपने पास रख लेती। संग्रहणीय पुरुष हों तो एक से दो अधिक सुखकर होते हैं ...

शूर्पणखा का मन क्रीड़ाओं की कल्पनाएं करने लगा था।

सहसा रक्षिका कक्ष के भीतर आयी, "स्वामिनी! द्वार पर गूढ़ पुरुषों का नायक अकंपन खड़ा है। आपके दर्शन करना चाहता है। तुरन्त! इसी समय!"

"उससे कह दो, मैं इस समय केवल एक पुरुष से ही मिल सकती हूं और वह पुरुष अकंपन नहीं है।"

"वह हठ कर रहा है। कह रहा है, समय नष्ट नहीं होना चाहिए।"

शूर्पणखा ने घूरकर रक्षिका को देखा, किंतु फिर कुछ सोचकर बोली, "आने

दो।''

अकंपन भीतर आया। लगता था, दूर से भागता चला आ रहा है — धूल-धक्कड़ से अटा हुआ, स्वेद में नहाया हुआ। वह हांफ रहा था।

''क्या है ?''

''स्वामिनी!'' अकंपन उसके सम्मुख भूमि पर घुटनों के बल बैठ गया, ''स्वामिनी! अघटनीय घट गया है। सर्वनाश का क्षण निकट ही है।''

''क्या हुआ ?'' शूर्पणखा ने उत्तेजित स्वर में पूछा, ''क्या राम निकल भागा ?''

''राम से युद्ध करती हुई हमारी सेना ध्वस्त हो चुकी है। त्रिशिरा और दूषण का वध हो चुका है। खर के अंगरक्षक महारथियों में से केवल चार बचे हैं। और युद्ध चल रहा है...''

शूर्पणखा को विश्वास नहीं हुआ।

''यह कैसे सम्भव है ?''

''यही सत्य है।'' अंकपन उठ खड़ा हुआ, ''मुझे खर के जीवन की कोई आशा नहीं है। मैं सीधा लंका जा रहा हूं ताकि सम्राट् को सूचित कर सकूं। आपका भी यहां रहना सुरक्षित नहीं है। खर का वध कर राम यहां आएगा। संभव है, वह इन प्रासादों को अग्निसात् कर दे। आप यथाशीघ्र अपने अंगरक्षकों के साथ लंका के लिए प्रस्थान करें।''

अकंपन अभिवादन कर बाहर चला गया।

शूर्पणखा स्तंभित खड़ी रह गयी — कहां राम को बंदी कर, उसे अपनी भोग्य वस्तु के रूप में कशा से आहत करने की बात ... किंतु यह कैसे सम्भव है? मुट्ठी-भर तपस्वी चौदह सहस्त्र सैनिकों का वध कर दें — यह क्या विश्वास करने योग्य समाचार है ? किंतु अकंपन झूठ नहीं बोल सकता। उसकी सूचना असत्य नहीं हो सकती। वह गूढ़ पुरुषों का नायक है, उसके द्वारा दी गयी सूचनाओं के आधार पर साम्राज्य की नीतियां बनती हैं। ..सत्य ही अघटनीय घट गया है। ... निश्चय ही अपनी विजय के पश्चात्, राम आए न आए, सौमित्र अवश्य इधर आएगा। उसके हाथ में खड्ग होगा, संभव है खड्ग के स्थान पर परशु ही हो। वह प्रासाद में प्रवेश करेगा ...और जिसे सामने पाएगा, उसका सिर धड़ से पृथक् करता जाएगा...

शूर्पणखा का रथ लंका की ओर तीव्र गति से भागता जा रहा था। उसके अंगरक्षकों के घोड़े रथ के दाएं-बाएं और पीछे चल रहे थे। शूर्पणखा के लिए रात्रि-भर के लिए जनस्थान में रुकना कठिन हो गया था। उसने संध्या के समय ही प्रासांद छोड़ दिया था। अपनी दासियां-चेटियां तथा भरा-पूरा प्रासाद वैसा का वैसा ही छोड़ आयी थी — न किसी व्यक्ति को साथ लेने का समय था, न किसी वस्तु को। उनसे यही कह आयी थी कि वे वहां रहने, प्रासाद छोड़ कहीं अन्यत्र चले जाने अथवा राम का आश्रय

स्वीकार करने के लिए स्वतंत्र थीं। वह जब पुनः साम्राज्य की सेना के साथ लौटेगी, तब सोचेगी कि उसे किस व्यक्ति को कहां खोजना है ...

साम्राज्य की सेना के बिना उसका लौटना असंभव था — वह जानती थी। किंतु साम्राज्य की सेना उसके साथ आएगी क्या ? ...विद्युज्जिह्व के वध के पश्चात् से, उसके मन में रावण के प्रति गहरा अविश्वास जम गया था। यद्यपि उस घटना के बाद, रावण ने कभी उससे एक कठोर शब्द भी नहीं कहा और उसकी प्रत्येक इच्छा पूर्ण की; किंतु शूर्पणखा को सदा यही लगा है कि रावण का संपूर्ण प्रेम ऊपरी दिखावा है। मन-ही-मन वह शूर्पणखा के सुख का विरोधी है। ... ऐसे में यदि वह कहेगी कि रावण साम्राज्य की सेना के साथ आए और जनस्थान पर अधिकार स्थापित कर, समस्त शत्रुओं को दूर कर, राम और लक्ष्मण उसको सौंप दे — तो क्या रावण आएगा ? उससे शूर्पणखा का सुख देखा जाएगा ? ...नहीं-नहीं! वह कभी नहीं आएगा — शूर्पणखा का मन चीत्कार करने लगा — वह केवल अपना सुख चाहता है। कामुक और मद्यप! दूसरे किसी के सुख से उसे क्या लेना। नहीं तो वह विद्युज्जिह्व की ही हत्या क्यों करता ? कालकेयों का नाश क्यों होने देता ? ...उसे तो अपने शासन और अपनी सेना की भी चिंता नहीं है, बस सुन्दरियों का अपहरण करता फिरता है ...नहीं तो क्या पंचवटी में होने वाली अपनी सेना की दुर्दशा की सूचना उसे नहीं मिलनी चाहिए थी ? उसे खर की सहायता के लिए नहीं आना चाहिए था ?

सहसा शूर्पणखा सीधी होकर बैठ गयी ... वह क्यों यह कहे कि उसे राम और लक्ष्मण चाहिए ? वह रावण के ही स्वार्थ की बात क्यों न कहे ? अपने स्वार्थ के लिए तो वह जाएगा ही — रावण और राम का युद्ध होना ही चाहिए ... रावण ने राम को बंदी कर लिया तो शूर्पणखा को भोग के लिए जनस्थान का राज्य और राम तथा लक्ष्मण की प्राप्ति होगी, राम-लक्ष्मण मारे गए तो शूर्पणखा के तिरस्कार का प्रतिशोध होगा...और यदि कहीं रावण पराजित हुआ तथा मारा गया तो वह विद्युज्जिह्व के वध का प्रतिशोध होगा ... राम के संदर्भ में कदाचित् कुछ भी असंभव नहीं है। जो खर की सेना को पराजित कर सकता है, वह रावण का वध भी कर सकता है...

सीता ने एक-एक कर राम के घाव धोए और उन पर औषध लगा दी। प्रायः घाव सूख चले थे, किंतु माथे पर लगे त्रिशिरा के बाण तथा कवच को काटते समय खर द्वारा बाएं कंधे पर मारे गए नाराच का घाव अभी भी पीड़ा दे रहा था। उन्हें सूखने के लिए समय चाहिए था।

"कितने घाव खाए हैं आपने!" सीता बोलीं, "यह शूर्पणखा का प्रतिशोध है। आपने उसे कामाहत किया, उसने आपको बाणाहत करवा दिया।"

राम हंसे, "मैंने तो समझा था कि हम सबने मिलकर कोई बड़ा काम किया है, तुमने उसे काम-बाण और लौह-बाण के आदान-प्रदान तक सीमित कर दिया।"

"बड़ा काम तो आप सबने किया ही है।" सीता गंभीर हो गयीं। वे राम के कंधे और माथे के घावों के आस-पास अपना स्नेह-भरा हाथ निरंतर फिरा रही थीं, "सारा जनपद राक्षसों से शून्य हो गया है। अब यहां आश्रमों तथा ग्रामों का जीवन कैसा है — आप जानते भी हैं ?"

"कैसा है ?"

"उन्मुक्त। सुखद।" सीता बोलीं, "दिन-भर में कितनी ही स्त्रियां मेरे पास आती हैं। निरंतर आपकी प्रशंसा करती रहती हैं। अपने पिछले कष्टों को स्मरण करती हैं; टूट गए बंधनों की चर्चा करती हैं, भविष्य के सपनों की कथा कहती हैं। ...और मैं मन में एक ही खेद पालती रहती हूं कि उस युद्ध में मैंने स्वयं तो भाग ही नहीं लिया, मेरे कारण बेचारे सौमित्र तथा सिंहनाद भी बंध गए।"

"तुमने भाग लिया तो।" राम स्नेहसिक्त स्वर में बोले, "जितने घायल जन-सैनिकों को तुमने अपनी औषधि से प्राण-दान दिया है, उतने लोगों के प्राण तो मैंने भी अपने शस्त्रों से नहीं बचाये।" राम ने सीता को उनके कंधों से थाम लिया और उनकी आंखों में झांका, "मन में ऐसी भावना मत पालो। स्वयं को निरर्थक मत समझो। तुमने एक ऐसा मोर्चा सम्भाला है जिस पर लड़ने के लिए हमारे पास कोई सैनिक नहीं था।" राम धीमे से आश्वस्त स्वर में हंसे, "निकट भविष्य में ही निर्णायक युद्ध की सम्भावना है — सौमित्र को भी युद्ध का पूर्ण अवसर मिलेगा।"

"और मुझे ?"

"अभी से क्या कहूं, सीते! जाने तुम्हें कितना बड़ा और कैसा मोर्चा संभालना पड़े — युद्ध का अथवा उपचार का।" राम हंसे, "अच्छा, यह बताओ, जो स्त्रियां तुम्हारे पास आती हैं, वे इन राक्षसों के विषय में क्या बताती हैं ?"

"ओह, प्रिय!" सीता बोलीं, "उनके पास सुनाने के लिए अत्याचार और यातना की इतनी कथाएं हैं कि उनका अंत नहीं। उन्हें सुनकर यही इच्छा होती है कि इन राक्षसों को पुनः जीवित किया जाए और पुनः उनका वध किया जाए। एक बार की मृत्यु तो कोई बात ही नहीं है, उन्हें तो सैकड़ों बार मृत्युदंड मिलना चाहिए। और साधारण मृत्यु नहीं —यातनापूर्ण मृत्यु। ...मणि ने अपनी कथा मुझे विस्तारपूर्वक सुनाई ..."

"क्या बताया मणि ने ?"

"कह रही थी कि साधारणतः तो शूर्पणखा कामुक, विलासिनी, स्वार्थी तथा क्रूर स्त्री थी ही; किसी अन्य का सुखी गार्हस्थ्य तथा दाम्पत्य जीवन भी नहीं देख सकती थी। जहां किसी ने अपने पति अथवा संतान के अस्वस्थ होनें अथवा उनकी किसी असुविधा की बात की कि शूर्पणखा के भीतर चुड़ैल जाग उठती थी। उसका वश चलता तो वह संसार में किसी स्त्री का न पति जीवित रहने देती, न कोई संतान। ... अपनी इसी वृत्ति के कारण यह चुड़ैल उसका एक बालक खा गयी।"

"जिसकी मृत्यु के पश्चात् मणि यहां आयी थी ?" राम ने कहा।

''हां, वही।'' सीता का स्वर करुणायुक्त हो उठा, ''वह बालक कई दिनों से अस्वस्थ चल रहा था, किंतु उस दिन उसकी अवस्था बहुत गंभीर हो गयी थी। मणि का कार्य शूर्पणखा का केवल केश-विन्यास करना था। उसने प्रातः केश-सज्जा कर, अपने रुग्ण पुत्र के पास जाने की अनुमति चाही। यद्यपि उसका कार्य समाप्त हो चुका था, किंतु शूर्पणखा ने उसे इसलिए अवकाश नहीं दिया, क्योंकि वह अपने रुग्ण पुत्र के पास जाना चाहती थी। इधर मणि को बलात् अनावश्यक रूप से व्यर्थ के कामों में उलझाकर अपने पास रोके रखा, और उधर उल्लास को कोई संदेश देकर, किसी दूर स्थान के लिए भेज दिया। दिन-भर बेचारी मणि छटपटाती रही। संध्या समय पुनः केश-सज्जा करने के पश्चात् उसने अनुमति चाही तो उसे रात-भर के लिए भी वहीं रोक लिया। भोजन तक के लिए उसे अपने घर नहीं जाने दिया। रात को शूर्पणखा के सो जाने के पश्चात् मणि ने जाने का प्रयत्न किया तो रक्षिकाओं ने उसे बलात् भीतर धकेल दिया। उन्हें स्वामिनी की आज्ञा थी कि मणि को रात-भर बाहर न जाने दिया जाए, क्योंकि प्रायः स्वामिनी को अपनी केश-सज्जा के लिए उसकी आवश्यकता होगी।...''

''फिर वह वहां से निकली कैसे ?''

''आधी रात के पश्चात् जब बालक के देहांत का समाचार आया तो रक्षिकाएं भी द्रवित हो गयीं। तब मणि और उल्लास ने भोर की प्रतीक्षा नहीं की। बालक की अन्त्येष्टि के व्याज से सारा परिवार प्रासाद से निकल आया। अन्त्येष्टि के पश्चात् वे लोग यहां न चले आए होते तो इस अपराध के लिए शूर्पणखा उन्हें यातना दे-देकर मार डालती।''

''मैंने भी इस प्रकार की अनेक घटनाएं सुनी हैं।'' राम उदास हो गए, ''समझ में नहीं आता कि कोई इतना क्रूर कैसे हो सकता है। इनके मस्तिष्क में कोई विकार है, अथवा प्रकृति ने इनके कपाल में हिंस्र पशु का मस्तिष्क डाल दिया है, अथवा अपनी शक्ति का अबाध भोग ही इतना भयंकर मद बनकर मानव-मस्तिष्क को विकृत कर देता है कि उसमें कोई कोमल भावना शेष नहीं रहती, विवेक नहीं रहता, मानवीय तर्क उसकी समझ में ही नहीं आता।'' राम ने रुककर क्षण-भर सीता को देखा, ''आदित्य ने मुखर को अपनी कथा सुनायी थी। वह किसी आजीविका की खोज में उधर भटक रहा था कि शूर्पणखा की दृष्टि उस पर जा पड़ी। उसने उसे बुला लिया। वह आया तो उससे कहा कि उसके उपयुक्त कोई कार्य उस समय नहीं था। जब तक कोई उपयुक्त कार्य नहीं मिलता, वह वाटिका में कुछ काम कर दिया करे। उपयुक्त अवसर मिलते ही उसकी नियुक्ति किसी अच्छे स्थान पर हो जाएगी। आदित्य को माली के रूप में अपनी नियुक्ति समझ में नहीं आयी, क्योंकि वह तो बुनकर था — वाटिका का उसे रंचमात्र भी ज्ञान नहीं था। ...किंतु सन्ध्या समय उसे अपनी नियुक्ति का भेद मालूम हो गया। उसका शरीर बलिष्ठ था और रूप सुंदर। उसे शूर्पणखा ने अपने आमोद-प्रमोद की

वस्तु के रूप में नियुक्त किया था। इस सूचना से वह इतना आहत हुआ कि अत्यधिक मात्रा में मदिरा पीकर लोगों से कहता फिरा कि वह प्रासाद की वाटिका का माली नहीं, राजकुमारी का प्रेमी है। शूर्पणखा ने इस बात को यहीं रोकने के लिए अपने वैद्य से यह घोषणा करवायी कि आदित्य किसी मानसिक विकृति से पीड़ित है, अतः उपचार-स्वरूप उसे कशाओं से पीटा गया। वह वहां से भाग न आता तो जाने उसका क्या होता ... और आदित्य एकमात्र ऐसा युवक नहीं है। मुझे ज्ञात हुआ है कि बीसियों नवयुवकों ने शूपर्णखा से इसी प्रकार की नियुक्तियां पायी हैं।''

''जबकि ये नवयुवक उसके पुत्र के-से वय के हैं ...'' सहसा सीता की दृष्टि राम के घाव पर बंधी पट्टी की ओर चली गयी, ''बातों में यह गांठ ढीली ही बंधी है।''

सीता ने गांठ खोल, पट्टी पुनः संवारकर बांधी।

''मुखर और आर्य जटायु के घावों की क्या स्थिति है ?'' राम ने पूछा।

''अब ठीक-से ही हैं।'' सीता बोलीं, ''तात जटायु के घाव गंभीर नहीं हैं, किंतु उनका वय अधिक होने के कारण वे निढाल हो गए हैं। मुखर को गहरा घाव लगा है, भारी शस्त्र का। वह मात्र अपनी संकल्प-शक्ति और जिजीविषा के बल पर उसे झेल गया है, नहीं तो बड़ी विकट स्थिति होती।''

बाहर किसी की पग-ध्वनि हुई, ''मैं आ जाऊं, भैया!''

''आओ, सौमित्र!'' सीता द्वार तक जा, अगवानी कर लायीं।

''क्या-क्या हो गया, सौमित्र ?''

सौमित्र एक आसन पर बैठ गए, ''बहुत सारा काम हो गया। जनस्थान के प्रासाद तो सारे क्षेत्र की गतिविधि के कार्यालयों की आवश्यकता से भी बड़े हैं।''

''अच्छा है।'' सीता बोलीं, ''स्थान का अभाव नहीं रहेगा।''

''काम क्या-क्या हुआ ?'' राम ने पुनः पूछा।

''सुरक्षा, उतपादन तथा शिक्षा के लिए केंद्रीय समितियां बन गयी हैं। अब वे लोग प्रत्येक ग्राम-बस्ती, पुरवे-टोले में वैसी ही समितियां स्थापित करेंगे। तरुण टोली, शिशु टोली, महिला संघ इत्यादि संस्थाएं बन गयी हैं। ग्राम-पंचायतों की स्थापना कर दी है। भूमि-वितरण की व्यवस्था हो गयी है। कृषि के इच्छुक प्रत्येक व्यक्ति को उसकी आवश्यकतानुसार भूमि मिलेगी। प्रथम वर्ष के लिए किसी से कोई कर नहीं लिया जाएगा। ग्राम-पंचायतों तथा अन्य संस्थाओं का व्यय राक्षसों द्वारा छोड़े गए धन से चलेगा।''

''बहुत कुछ कर आए।'' राम बोले, ''पर अभी बहुत कुछ शेष है। कृषि के लिए अच्छे बीजों और अच्छे पशुओं की व्यवस्था करनी होगी। राक्षसों द्वारा प्रचारित यह व्यापक मदिरापान की लत छुड़ानी होगी। दासता की प्रथा, वेश्यावृत्ति, बहुपतित्व तथा बहुपत्नीत्व इत्यादि के विरुद्ध भी अभियान चलाना होगा।''

''मैंने चर्चा की थी।'' लक्ष्मण बोले, ''आदित्य, उल्लास, मणि इत्यादि बहुत

उत्साह से इस दिशा में काम करना चाह रहे हैं। मणि की एक सखी है वज्रा। वह शूर्पणखा की प्रसाधिका थी। एक कापालिका नाम की भी महिला है। ये तथा इनकी सखियां, इनके परिवार, सब ही परिवर्तन के लिए कार्य करने को आतुर थे।''

''फिर तो विशेष कठिनाई नहीं होगी।'' सीता बोलीं।

''आर्य जटायु ने सैनिक प्रशिक्षण के लिए नवयुवक भी चुन लिये हैं। वे अपने घावों के बावजूद काम आरंभ कर रहे हैं।''

''उनको समझाना पड़ेगा।'' सीता चिंतित स्वर में बोलीं, ''इस वय में घावों की उपेक्षा नहीं होनी चाहिए।''

''मेरे घाव की तो चर्चा नहीं हो रही, दीदी ?'' मुखर भी आ गया।

''चर्चा तो तुम्हारे घाव की भी थी।'' सीता बोलीं, ''पर तुम थे कहां ? संध्या समय पट्टी करवाने भी नहीं आए ?''

''अपने अतिथियों को विदा कर रहा था।'' मुखर बोला, ''अब स्थिति यह है कि दूसरे आश्रमों अथवा ग्रामों से आए हुए सभी जन-सैनिक, नायक, ऋषि-मुनि, अतिथि-अभ्यागत सब विदा हो चुके हैं। इस समय आश्रम में केवल आश्रमवासी ही हैं।''

''किंतु अंतिम अभ्यागत तो दोपहर को ही विदा हो गए थे।'' सीता बोलीं।

''यहां से तो विदा हो गए थे, किंतु आश्रम से तो वे अब विदा हुए हैं।'' मुखर हंसा।

''इस युद्ध के पश्चात् जितना प्रसन्न मुखर दिखाई पड़ता है, उतना प्रसन्न और कोई नहीं है।'' सीता बोलीं, ''इतना विकट घाव खाकर भी।''

''मैं आपको बता नहीं सकता, दीदी! कि मैं कैसा और कितना प्रसन्न हूं। मेरे भीतर की घृणा का सारा विष इस युद्ध ने निकाल दिया है। मेरी आत्मा जैसे विशद हो गयी है। मेरा जीवन सार्थक हो गया है। मैंने अपना प्रतिशोध ले लिया है। अब अपना जीवन मेरे लिए एक सुन्दर पुष्प है, जिसे निर्माण की वेदी पर धीरे-से रख देना चाहता हूं। ...''

''युद्ध के पश्चात् उदास तो मैं हूं।'' लक्ष्मण धीरे-से बोले, ''जिसके शस्त्र चलाए बिना ही युद्ध समाप्त भी हो गया।''

''तुम्हारी पीड़ा मैं समझता हूं।'' राम बोले, ''किंतु कभी-कभी ऐसे पीड़ापूर्ण दायित्व भी स्वीकार करने पड़ते हैं।''

''बार-बार ऐसा कष्ट न ही दें, भैया!'' लक्ष्मण कुछ गंभीरता और कुछ परिहास में बोले।

''अच्छा! भाभी की रक्षा का दायित्व तुम्हारे लिए पीड़ा है।'' सीता ने धमकाया, ''बड़े दुष्ट हो तुम, सौमित्र!''

''क्षमा, भाभी! क्षमा!'' लक्ष्मण ने दोनों कानों को हाथ लगा दिए।

लंका में रावण के महामंहालय के एक सुसज्जित कक्ष में शूर्पणखा पलंग पर लेटी हुई थी। अनेक दासियां उसकी सेवा में नियुक्त थीं। दो दासियां मिलकर उसके पैरों को गुनगुने पानी में धो-धोकर उसे आराम पहुंचाने का प्रयत्न कर रही थीं। दो दासियां उसके कपाल और केशों पर शीतल जल में भिगो-भिगोकर वस्त्र फिरा रही थीं। चंदन तथा अन्य प्रकार की औषधियां लेकर अनेक दासियां खड़ी थीं। दो दासियां उसके शरीर को हल्के-हल्के हाथों से चांप रही थीं।

...किंतु न तो शूर्पणखा के शरीर की थकान उतर रही थी, न मन का ताप। जनस्थान से एक बार चलकर वह मार्ग में कहीं नहीं रुकी थीं। मार्ग में स्थान-स्थान पर स्थापित अश्वशालाओं में अश्व अवश्य बदले गए थे। सारथी ने कई बार कहा भी कि वे लोग संकट-क्षेत्र पार कर चुके हैं और राम की सेना अब उन्हें नहीं पकड़ सकती —किंतु शूर्पणखा ने न थमने का नाम लिया, न ठहरने का। अश्वों की गति धीमी होती तो वह सारथी को अपने कशा से कोंचने लगती। रथ के घोड़े तो कई स्थानों पर बदले गए थे, किंतु उन अश्वशालाओं में इतने घोड़े नहीं होते थे कि सारे अंगरक्षक भी नया वाहन प्राप्त कर सकते। अंगरक्षक और उनके घोड़े बहुत थक गए थे। मार्ग में अनेक घोड़े संज्ञाशून्य होकर गिर भी पड़े, किन्तु शूर्पणखा ने पलटकर उनकी ओर न तो स्वयं देखा और न किसी को देखने दिया।

लंका के द्वार पर उसकी अगवानी के लिए अनेक लोग उपस्थित थे। अकंपन के पहले आ जाने से, शूर्पणखा के लंका में किसी भी क्षण पहुंचने की प्रतीक्षा थी। अगवानी के लिए आने वाले लोगों में स्वयं नाना सुमाली तथा भाभी मंदोदरी भी थीं। किन्तु उसका कोई भाई वहां उपस्थित नहीं था।

नये रथ में बैठाकर भाभी मंदोदरी उसे अपने साथ महामहालय में ले आयी थीं। उन्होंने मार्ग में ही बता दिया था कि अकंपन से उन लोगों को जनस्थान में होने वाली सारी घटनाओं की सूचनाएं मिल गयी थीं। यद्यपि वह खर के वध से पहले ही जनस्थान से चल पड़ा था, किन्तु उसके चरों के माध्यम से खर के वध तथा राक्षसों की अन्तिम पराजय की सूचनाएं भी लंका में पहुंच चुकी थीं। इस समय शूर्पणखा के तीनों भाई राज-सभा में उपस्थित थे। उसके भैया रावण ने ही अपने मंत्री नाना सुमाली को यह संदेश देकर भेजा था कि वे लोग जाकर शूर्पणखा की अगवानी करें। अपना कार्य समाप्त कर सम्राट् भी यथाशीघ्र आ जाएंगे।

तब से अब तक मंदोदरी, शूर्पणखा की क्लांति दूर करने का भरसक प्रयत्न कर रही थीं; किन्तु शूर्पणखा के मन में जाने कैसी उथल-पुथल मची हुई थी कि उसे न नींद आ रही थी, न चैन पड़ता था। थोड़ी-थोड़ी देर में उसकी आंखें क्रोध से रक्तिम हो उठती थीं और थोड़ी-थोड़ी देर में उसका मन रोने-रोने को हो उठता था।

शूर्पणखा की अवस्था सुधरती न देख, मंदोदरी ने दासियों को हटा दिया। वे स्वयं उसके सिरहाने आ बैठीं और उसका सिर दबाने लगीं ...अपनी इस छोटी ननद की

गतिविधियां मंदोदरी को कभी नहीं भायी थीं, किन्तु जब-तब उसकी पीड़ा देखकर उनका मन अवश्य पसीजा था। जब विद्युज्जिह्व की मृत्यु के पश्चात् शूर्पणखा लंका में लायी गयी थी तो खड़ी-खड़ी पछाड़ खाकर गिर पड़ा करती थीं। उसकी यातना देख-देखकर मन्दोदरी का हृदय फटने-फटने को होता था और कष्ट की सबसे बड़ी बात यह थी कि उसके पति का हत्यारा स्वयं उसका भाई था...

मन्दोदरी को रह-रहकर वे ही दिन याद आ रहे थे। आज फिर शूर्पणखा जैसे अपनी पीड़ा से निढाल हुई पड़ी थी। तब वह अपने पति का वध देख विधवा होकर आयी थी, आज शत्रु से काम की असफल याचना कर, अपने चौदह सहस्र सैनिकों का वध करवा, अपने भाइयों और सेनापतियों को काल के मुख में धकेल, अपने प्रासादों और अधिकृत क्षेत्र को शत्रु के हाथों सौंप — लुटी-पुटी उसके सामने पड़ी थी...

"जब तुमने लंका के श्रृंगार-शिल्पियों और प्रसाधकों को बुलाया था, तो हमें स्थिति का तनिक भी ज्ञान नहीं था।" मन्दोदरी ने धीरे-से कहा, "यदि किंचित् भी आभास होता तो हम उनके साथ-ही-साथ लंका की सेना भी अवश्य भेजते। तब कदाचित् यह स्थिति न आती..."

"स्थिति तब भी यही आती, भाभी!" शूर्पणखा कर्कश स्वर में बोली, "जब राजा शस्त्र छोड़कर, अपने हाथ मदिरा-पात्रों और नर्तकियों की कटियों में उलझा देता है, तो उसकी कोई सेना विजयी नहीं होती।"

"क्या कह रही हो, शूर्पणखा ?" मन्दोदरी हतप्रभ रह गयी, "अपने विश्व-विजयी भाइयों के रहते हुए तुम्हें ऐसी बात मुख से नहीं कहनी चाहिए।"

शूर्पणखा ने भवें चढ़ाकर भाभी को देखा, "बड़ा मदिरा-पात्र लिये बैठा होगा, दूसरा कहीं सोया होगा और तीसरा किसी ग्रंथ में डूबा होगा।" उसका स्वर तीखा हो गया, "ऐसे ही विश्वविजयी भाई होते तो मेरी यह दुर्दशा न होती।"

मन्दोदरी को लगा, यही दशा रही तो थोड़ी ही देर में बातचीत असहनीय हो जाएगी। पर दूसरे ही क्षण उन्होंने स्वयं को संभाला — शूर्पणखा इस समय अत्यन्त पीड़ित मनःस्थिति में थी। इतने बड़े धक्के से व्यक्ति का मानसिक संतुलन डोल जाता है। उसकी बातों को गंभीरतापूर्वक स्वीकार नहीं करना चाहिए... पीड़ित व्यक्ति अनेक बार अनर्गल बातें कर जाता है...

"तुम चिंता न करो, शूर्पणखा!" मन्दोदरी ने सायास स्नेह-सिक्त स्वर में कहा, "औरों के विषय में मैं कुछ नहीं जानती, किन्तु तुम्हारे बड़े भैया अवश्य ही तुम्हारे अपमान का प्रतिशोध लेंगे।"

शूर्पणखा के तीखे स्वर ने मन्दोदरी की बात बीच में ही काट दी, "वाली ने मायावी का वध किया। क्यों नहीं गए भैया प्रतिशोध लेने ? बोलो! मायावी तुम्हारा भाई नहीं था, या उसका वध तुम्हारा अपमान नहीं था ?"

मन्दोदरी ने आहत आंखों से शूर्पणखा को देखा — शूर्पणखा शूर्पणखा ही थी।

किसी का भी हृदय अपने शूर्प जैसे नखों से किसी भी क्षण छील सकती थी... तनिक भी मोह-माया नहीं, किसी से कोई ममता नहीं। जीवन का लक्ष्य ही जैसे सम्पर्क में आए प्रत्येक व्यक्ति को आहत-पीड़ित करना हो। ...भाई ने ऐसी भयंकर घटना को भी चुपचाप अनदेखा कर मन्दोदरी का कम अपमान किया था कि अब बहन उपालंभ दे रही है। किस अपराध का दंड दे रहे हैं ये लोग उसे ? इसका कि मन्दोदरी घर में सुख-शांति चाहती है। वह क्लेश नहीं चाहती ...वह शूर्पणखा को कष्ट में सांत्वना देने आयी थी – और शूर्पणखा ने उसका वह घाव छीलकर उसके सामने रख दिया, जिसे भूल जाने का वह कब से प्रयत्न कर रही थी।

"तुम विश्राम करो, शूर्पणखा!" सहसा मन्दोदरी उठ खड़ी हुई और उन्होंने दासियों को संकेत दिया, "देखना! राजकुमारी को कोई कष्ट न हो।"

शूर्पणखा अपनी आंखों में एक संतोष लिये, भाभी को जाते देखती रही। उसके मन का उत्ताप जैसे कुछ हल्का पड़ा। होंठों पर क्रूर मुसकान उभरी ...मेरे तो पति की हत्या कर दी और स्वयं दाम्पत्य सुख उठा रहे हैं... थोड़ी देर में दासी ने सूचना दी कि राजकुमारी विभीषण अपनी रानी के साथ पधारे हैं। शूर्पणखा द्वार की ओर देखती रही, मुख से कुछ नहीं बोली। वह उन्हें आने से रोक नहीं सकती, किन्तु विभीषण का आना उसके लिए तनिक भी सुखकर नहीं होगा।

विभीषण और सरमा आकर पलंग के निकट रखे मंचों पर बैठ गए –"कैसी हो, बहन ?"

शूर्पणखा ने विभीषण को तीखी दृष्टि से देखा, "तुम्हें कोई सूचना नहीं मिली कि कैसी हूं ?"

विभीषण सायास मुसकराया, "समझ गया। वैसी ही हो, जैसी थी। जनस्थान की सारी राक्षस-सेना को नष्ट करवा; खर, दूषण तथा त्रिशिरा का वध करवाकर भी अभी तुमने कुछ नहीं सीखा, बहन!"

"तुम मझे अपमानित करने आए हो, विभीषण ?" शूर्पणखा का स्वर कुछ ऊंचा उठा।

सरमा ने चुपके से पति का हाथ दबाया, "शांत रहो।"

विभीषण ने उसकी ओर ध्यान नहीं दिया, "मैं अपमान करने नहीं आया। दुःख की घड़ी में अपनी बड़ी बहन को सांत्वना देने आया हूं। किन्तु देखता हूं कि बहन अभी पर्याप्त शक्तिमती है। अभी तो उसमें लंका की सेना को भी कटवा डालने का उत्साह बना हुआ है।"

"अपनी अपमानित और पीड़ित बहन को सांत्वना देने का यही ढंग है, विभीषण ?" शूर्पणखा बोली, "क्या इसी व्यवहार को पाने के लिए मैं जनस्थान से भागी हुई यहां आयी हूं ? जनस्थान में यदि राम के हाथों राक्षस-सेना मारी गयी तो क्या मेरा दोष है ? मेरे अपमान का प्रतिशोध लेने लंका की सेना जाए और नष्ट हो जाए तो

उसके लिए भी क्या मैं दोषी होऊंगी ?''

विभीषण की हंसी वक्र हो गयी, ''मैंने असत्य तो नहीं कहा था कि अभी मेरी बहन में लंका की सेना को भी कटवा डालने का उत्साह है।'' सहसा उसका स्वर तीखा हो गया, ''जनस्थान की सेना का नाश किसने करवाया ? तुम्हारे अत्याचारों और क्रूरताओं की प्रतिध्वनियों से लंका की प्राचीर भी कांप रही है, बहन! आततायी तो अपने ही पाप से मारा जाता है। अकेला बेचारा राम क्या कर सकता था, यदि तुमने और खर ने अपने कृत्यों से जनस्थान का एक-एक ढेला अपना शत्रु न बना लिया होता।''

''राम अकेला नहीं है।'' शूर्पणखा भी तीखे स्वर में बोली, ''उसकी ओर से लड़ने वाले अनेक लोग हैं।''

''लोग हैं। सेना तो नहीं है।'' विभीषण ने उत्तर दिया, ''बताओ, उनमें से किसी ने भी ढंग से सैनिक प्रशिक्षण पाया हो, किसी ने पहले कोई युद्ध किया हो। वहां तो राम का भाई लक्ष्मण तक नहीं लड़ा कि हम कह सकें कि दो योद्धा तो थे...।''

''क्यों! जटायु भी उनकी ओर से लड़ा।''

''हां-हां! जटायु भी।'' विभीषण बोलता गया, ''कल तक तो यही जटायु तुम्हारे लिए एक बूढ़ा गिद्ध मात्र था, जो छिपकर घायल और मृत सैनिकों को खा सकता था। आज वह भी योद्धा हो गया। आदिम जातियों के अबोध-अज्ञानी नवयुवक प्रशिक्षित सेना में कैसे बदल गए ? उन्हें राम ने सैनिक बनाया अथवा तुम्हारे अत्याचारों ने ?'' विभीषण निमिष-भर रुका, ''तुमने उन्हें इतना पीड़ित न किया होता तो वे जातियां सौ वर्षों तक यह भी न जान पातीं कि धनुष किसे कहते हैं। इसीलिए कह रहा हूं कि अब भी चेत जाओ।''

शूर्पणखा ने धधकती आंखों से विभीषण को देखा, ''जो बहन शत्रुओं के हाथों अपने नाक-कान कटवाकर आयी है, जिसकी सेना नष्ट हो गयी है, स्कंधावार छिन गया है — तुम उसके प्रति यह सहानुभूति जता रहे हो ?''

''हां! सहानुभूति न होती तो तुम्हारे पास न आता।''

''क्यों आए हो ? तुम्हें कोई बुलाने गया था ?''

''अपने सगे-सम्बन्धियों का प्रेम बुलाने गया था।'' विभीषण का स्वर शांत था, ''इसीलिए कहने आया हूं — अपने नाक-कान कटा आयी हो, अब अपने भाइयों पर कृपा करो; उनके नाक-कान मत कटवाओ। जनस्थान तो उजड़ गया, अब लंका को श्मशान मत बनाओ। यदि अब भी तुमने स्वयं को नहीं संभाला तो तुम देखोगी कि शोषित जातियां जब उठ खड़ी होती हैं तो उनका प्रतिशोध कितना भयंकर होता है...।''

''देख रही हूं, तुम्हें अपनी बहन से अधिक तो उन लोगों के साथ सहानुभूति है, जिन लोगों ने तुम्हारी बहन के नाक-कान काटे हैं।'' शूर्पणखा क्रोध में धधकती हुई बोली, ''यदि संसार में सब भाई तुम्हारी जाति के हो जाएं, तो किसी स्त्री के चेहरे पर

नाक-कान बचेंगे?''

''बहन हो, इसलिए सहानुभूति तो तुम्हारे ही प्रति है।'' विभीषण अपने संतुलित स्वर में बोला, ''किन्तु उसने तुम्हारे नाक और कान को केवल शस्त्रचिह्नित किया है। निश्चित रूप से वह बहुत न्यायप्रिय और उदार व्यक्ति है।''

''तुम जाओगे या मैं तुम्हारा मुंह नोंचने के लिए उठूं ?'' शूर्पणखा सचमुच उठने को हुई।

''नहीं। कष्ट मत करो।'' विभीषण उठकर द्वार की ओर बढ़ा, ''मैं स्वयं ही जा रहा हूं।''

सरमा चुपचाप विभीषण के पीछे-पीछे द्वार से बाहर चली गयी।

विभीषण के जाते ही शूर्पणखा ने दासियों के हाथ परे झटक दिए। पैर धोने वाली दासियों को पैरों के प्रहार से दूर कर दिया तथा औंधी लेटकर अपना मुख तकिए में छिपा लिया। उसकी दसों अंगुलियों के नख तकिए में गड़ गए थे और आंखों से गर्म-गर्म अश्रु बहकर तकिए की रूई में लीन होते जा रहे थे।

दासियों, परिचारिकाओं तथा अंगरक्षकों की हलचल से उसने अनुमान लगाया कि सम्राट् आ रहे हैं।... वह सीधी होकर लेट गयी और आंखें पोंछ डालीं।

रावण ने कक्ष में प्रवेश किया। दासियां सावधान होकर खड़ी हुईं। रावण ने उन्हें बाहर जाने का संकेत किया। कक्ष में एकांत हो गया।

रावण आकर शूर्पणखा के पास बैठ गया, ''मैंने सब कुछ सुन लिया, शूर्पणखे! अकम्पन ने विस्तार से मुझे बताया है।... देखूं तेरे नाक-कान !''

रावण पास खिसक आया। उसने बड़े ध्यान से नाक और कान के औषध लगे घावों को देखा।

''घाव तो गम्भीर नहीं हैं।'' रावण बोला, ''उन्होंने घाव करना भी नहीं चाहा होगा। यह तो अपमान करने के लिए था। पीड़ा तेरे अंगों में नहीं, मन में है।''

शूर्पणखा का मन कुछ शांत हुआ। रावण के प्रति मन का विरोध भी कुछ क्षीण हुआ। धीमे स्वर में बोली, ''ठीक कह रहे हो, भैया !''

''अब तू मुझे बता, मेरी बहना !'' रावण ने अत्यन्त स्नेह से कहा, ''मैं तेरे लिए क्या करूं — तपस्वियों का वध कर, तेरे प्रतिशोध की अग्नि को शांत करूं अथवा उन्हें बांधकर तुझे ला दूं ताकि तू अपने तन का ताप शांत कर ले ?''

शूर्पणखा सावधान होकर बैठ गयी, ''भैया ! इतना सरल नहीं है।''

''तू अपनी बात कह।'' रावण मुसकराया, ''रावण के लिए कुछ भी कठिन नहीं है।... कैसे हैं तपस्वी ? बहुत सुन्दर हैं ?''

शूर्पणखा ने सायास अपनी मुसकान रोकी, ''मैं नहीं जानती कि अकम्पन ने आपको क्या-क्या बताया है। सुन्दर तो वे दोनों हैं। मैंने उनकी कामना भी की थी। किंतु

अब स्थिति बदल गयी है।''

''अब क्या स्थिति है ?''

''उन्होंने मेरे काम-आह्वान का तिरस्कार किया — यह ठीक है,'' शूर्पणखा बोली, ''किंतु जब तक मैंने उन्हें अपना परिचय नहीं दिया, उन्होंने मेरा अपमान करने का साहस नहीं किया था। मेरा अपमान उन्होंने तब किया, जब मैंने उन्हें बताया कि मैं राक्षसराज रावण की बहन हूं। वस्तुत: उन्होंने राक्षसराज का ही अपमान करने के लिए मेरे साथ ऐसा व्यवहार किया है।''

रावण के अहंकार पर सीधी चोट पड़ी।... उन्होंने एक कामुक स्त्री को दंड नहीं दिया, रावण की बहन का अपमान किया है... उन्होंने यह जानते हुए भी कि जनस्थान की सेना रावण की सेना है, उसका नाश किया है...

''उन्होंने मेरी क्षति भी की है और मेरा अपमान भी।'' रावण बोला, ''कल ही से सैनिक अभियान की तैयारी होगी। ... इन तपस्वियों — राम और लक्ष्मण के टुकड़े होंगे, सारे जनपद के आश्रम जला डाले जाएंगे। उनका पक्ष लेने वाले ग्रामीणों और तपस्वियों का मांस लंका के हाट में बिकेगा। रावण उनसे ऐसा प्रतिशोध लेगा कि भविष्य में लोग रावण के नाम से ही थर्रा उठेंगे। कोई दो-चार झोंपड़ियां डाल ले, आश्रम बना ले — कोई बात नहीं, किंतु रावण अपने विरुद्ध राजनीतिक शक्तियां खड़ी नहीं होने देगा।'' वह क्रूरता से मुसकराया, ''इन लोगों को कदाचित् यह मालूम नहीं कि राजनीति का खेल कितना भयंकर होता है। प्रचार मौखिक विरोध अथवा इनके रचे काव्यों की रावण चिन्ता नहीं करता; किंतु जब कोई वास्तविक राजनीतिक शक्ति को हस्तगत करने के लिए पग उठाता है तो रावण उस पग को उठने से पहले ही काट डालता है तथा पग उठाने की बात सोचने वाले मस्तिष्क को उसके मस्तक से बाहर निकाल देता है।'' वह शूर्पणखा की ओर घूमा, ''तुम चिंता न करो। लंका की सेना शीघ्रातिशीघ्र प्रस्थान करेगी।''

''भैया!'' शूर्पणखा का मुख गंभीर हो गया, ''एक बात कहूं, बुरा तो नहीं मानोगे ?''

''कहो।'' रावण दत्तचित्त हो गया, ''कोई विशेष बात है ?''

''लंका की सेना को पंचवटी मत भेजो।'' शूर्पणखा शांत स्वर में बोली, ''युद्ध में राम को पराजित करना असंभव है।''

रावण अट्टहास कर उठा, ''रावण के लिए कुछ भी असम्भव नहीं। आज समस्त देव, दैत्य और मानव शक्तियां रावण के आतंक से थर्राती हैं। राम कैसा भी योद्धा क्यों न हो — उसके पास सेना नहीं है, रथ नहीं हैं, दिव्यास्त्र नहीं हैं, सेना के पोषण के लिए धन नहीं है, राजनीतिक शक्ति नहीं है। और रावण के पास न व्यक्तिगत शौर्य की कमी है, न धन की, न शस्त्रों की, न राजनीतिक सत्ता की। और सबसे बड़ी बात है, शूर्पणखे!'' रावण ने भेद बताने के-से स्वर में कहा, ''ब्रह्मा और शिव जैसी महाशक्तियां

मेरे पक्ष में हैं। तुम देखोगी, न्याय तथा स्वार्थ में स्वार्थ सदा शक्तिशाली होता है। और कोई बड़ी शक्ति नहीं चाहती कि ये वानर-भालुओं के समान जीने वाले आदिम यूथ अपना विकास कर उन शक्तियों से टक्कर ले सकने में सक्षम हो जाएं। बड़ी शक्तियां इन अविकसित-अर्द्धविकसित जातियों का अपने स्वार्थ के लिए दूसरी शक्तियों के विरुद्ध प्रयोग तो कर सकती हैं, किन्तु इन्हें स्वयं अपने-आप में 'शक्ति' नहीं बनने देंगी।''

शूर्पणखा तनिक भी विचलित नहीं हुई, ''इस प्रकार की भ्रांतियां मैं भी अपने मन में पालती रही थी। किंतु आज कह सकती हूं कि यह सब होने पर भी लंका की सेना पंचवटी में राम को पराजित नहीं कर सकती —मैं पिछले युद्ध के आधार पर इस निष्कर्ष पर पहुंची हूं।''

''किंतु क्यों ? क्या है राम के पास ? ऐसी कौन-सी शक्ति है उसके पास ?'' रावण कुछ क्षुब्ध स्वर में बोला।

''पंचवटी और जनस्थान के प्रदेशों में पत्ता-पत्ता, कण-कण राम का है। जनस्थान त्यागते हुए, अन्तिम समय मुझे ज्ञात हुआ कि जिन्हें मैं बहुत अपना मानती थी, वे दास-दासियां, सेवक-चेटियां — सब राम के थे, जबकि मैं उनकी स्वामिनी थी और राम उनका कुछ नहीं था।''

''उससे क्या होगा ?''

''मैंने यह भी देखा कि धन, राजनीति और शस्त्रों से भी एक बड़ी शक्ति होती है, वह है जन-शक्ति। वह पंचवटी में राम के पास है; और वह जानता है कि उसका उपयोग कैसे करना है। शत्रु की सेना की एक टुकड़ी भी वहां पहुंचती है, तो एक-एक झोंपड़ी इस समाचार से गूंजने लगती है और उससे राम का आश्रम सक्रिय हो उठता है। राम के आश्रम से यह सूचना प्रत्येक आश्रम और प्रत्येक गांव में पहुंचती है; तथा प्रत्येक घर से शस्त्रबद्ध सैनिक निकलकर युद्ध के लिए सज्जित हो उठते हैं। राम अपनी सुविधा के प्राकृतिक तथा मानवीय व्यूह बनाकर लड़ता है। वहां ऐसा व्यूह है कि साम्राज्य की बड़ी-से बड़ी सेना उसमें खप जाएगी; और राम के जन-सैनिकों को कदाचित् खरोंच तक न आए।''

''पर राम के पास इतने सैनिक आए कहां से ?''

''वहां कोई सैनिक नहीं है; किंतु प्रत्येक पुरुष, प्रत्येक स्त्री, प्रत्येक बालक — सभी सैनिक हैं।''

''इतना कुछ हो गया और मुझे उसकी सूचना तक नहीं मिली।'' रावण चिंतित हो उठा।

''इसी से तुम अपने साम्राज्य की शक्ति का मूल्यांकन कर सकते हो, भैया!'' शूर्पणखा कटुता से मुसकराई, ''मैं जनस्थान में बैठी थी और मुझे कोई सूचना नहीं मिली।''

"कारण ?"

"हमारे गुप्तचर मदिरा में डूबे थे," शूर्पणखा बोली, "और हम मदिरा तथा अहंकार में।"

रावण चिंतित मुद्रा में उठ खड़ा हुआ। वह कक्ष में एक सिरे से दूसरे सिरे तक टहलता रहा, जैसे कुछ सोच रहा हो।

शूर्पणखा उसकी चिन्ता को सुखी मुद्रा में देखती रही, जैसे उसका मनोवांछित घट रहा हो।

"तुम्हारा क्या विचार है ?" सहसा रावण ने अपना टहलना स्थगित कर पूछा, "राम को पंचवटी में पराजित नहीं किया जा सकता अथवा कहीं भी पराजित नहीं किया जा सकता?"

"पंचवटी उसका मोर्चा है।" शूर्पणखा बोली, "वहां विजय उसी की होगी, किन्तु यदि उसे वहां से किसी प्रकार उखाड़ दिया जाय तथा किसी ऐसे मोर्चे पर युद्ध के लिए बाध्य किया जाए, जहां मोर्चा हमारा हो, जन-शक्ति हमारी हो — जैसे हमारी लंका; तो राम अपने युद्ध-कौशल तथा दिव्यास्त्रों के ज्ञान के होते हुए भी पराजित होगा।"

"पर वह पंचवटी छोड़, हमसे लड़ने के लिए लंका क्यों आएगा!"

"आएगा।" शूर्पणखा मुसकराई, "तुम उसे लाओगे, भैया!"

"कैसे ?"

"क्या तुम्हें अकम्पन ने यह नहीं बताया कि राम के साथ कौन-कौन हैं ?"

"बताया था।" रावण बोला, "उसका भाई तथा उसकी पत्नी।"

"उसने बताया कि राम की पत्नी कैसी है ?"

"कह रहा था, अतीव सुन्दरी है।"

"सुन्दरी!" शूर्पणखा जैसे भावावेश में बोली, "वैसी सुन्दरी सारे संसार में नहीं है। तुम्हारे अन्तःपुर की रानियां-महारानियां उसकी दासियां होने योग्य नहीं हैं।"

"इतनी सुन्दर है ?" रावण की आंखों में लोलुप चमक जागी।

"उसका रूप-सौंदर्य तथा उसका यौवन!" शूर्पणखा जैसे अपनी कल्पना में उस सौन्दर्य को साकार देख रही थी, "उसे देखकर मुझे मद चढ़ आया, तुम तो पुरुष हो। उसका चम्पक वर्ण, झील-सी गहरी कजरारी आंखें। मनुष्य एक बार देख भर ले, तो मन का सारा उत्ताप शांत हो जाए। उसके काले, लम्बे और घने केश —लंका के श्रेष्ठतम प्रसाधक भी कभी वैसे कृत्रिम केश तैयार नहीं कर पाये। उसके अधर, जैसे मद ही मद हो। क्या-क्या वर्णन करूं! अभी तो मेरे पास न पुरुष की दृष्टि है, न पुरुष का मन। पुरुषार्थ उसी का सार्थक है, जिसके अंक में सीता जैसी स्त्री है। भैया! तुम स्वयं उसका हरण करने मत जाना।"

"क्यों ?" शूर्पणखा के अन्तिम वाक्यों से रावण का मद जैसे टूट गया।

"उसे देखते ही कहीं अचेत हो गए तो ?"

''इतनी सुन्दर है ?'' रावण फिर से आत्मलीन हो गया।

शूर्पणखा समझ गयी — रावण का मन उसकी मनोवांछित दिशा में गतिशीत हो चुका था। अब उसकी गति ब्रढ़ाने की आवश्यकता थी।

''सीता को हरण करवा लो।'' शूर्पणखा रावण के कानों में फुफकारी, ''तुम निश्चिंत हो अपनी लंकानगरी में उसका भोग करना और राम उसके विरह में या तो स्वयं ही तड़प-तड़पकर मर जाएगा अथवा उसे खोजता-खोजता, धक्के खाता हुआ — असहाय और निरुपाय, बिना जन-शक्ति, सेना और व्यूह के, तुम्हारे द्वार पर अपनी पत्नी की भीख मांगने आएगा। तब उसका किसी प्रहरी के हाथों वध करवा देना।''

रावण मौन बैठा, सोचता रहा। फिर बोला, ''क्या यह आवश्यक है कि वह उसे खोजता हुआ लंका आए ही! मान लो कि वह पत्नी को भुलाकर, पंचवटी में ही जमा बैठा रहे।''

शूर्पणखा ने उपेक्षा-भरी दृष्टि से रावण को देखा और उपहासपूर्वक मुसकराई, ''एक बार सीता को देख आओ, फिर यही कहना।'' उसका स्वर ऊंचा हुआ, ''जिस पुरुष ने एक बार सीता को सकाम दृष्टि से देख लिया, वह उसके बिना जीवित नहीं रह सकता — फिर राम तो उसका पति है, इतने वर्षों से उसके साथ रहा है। ...'' वह पुनः मुसकराई, ''और मान लो कि वह न भी आया, तो भी तुम घाटे में नहीं रहोगे। सीता को पाकर तुम अपने साम्राज्य को भी तुच्छ न समझने लगे तो मुझे कहना।''

रावण के मन ने जैसे अकस्मात् ही निश्चय कर लिया। उसकी मुख मुद्रा बदल गयी। एक आश्वस्त मुसकान के साथ उसने शूर्पणखा का हाथ अपने हाथों में लेकर थपथपाया, ''तू निराश न हो, बहन! रावण अपनी बहन के अपमान का क्रूरतम प्रतिशोध लेगा। ... तू अब विश्राम कर।'' उसने पुनः मुसकराकर शूर्पणखा को देखा, स्नेहपूर्वक सिर हिलाया और कक्ष से बाहर निकल गया।

शूर्पणखा चुपचाप मुसकराती-सी, रावण को बाहर जाते हुए देखती रही। ... रावण चला गया और कक्ष का द्वार बंद हो गया तो उसने जैसे सुख की सांस ली ... अब सीता महामहालय में आएगी तो मंदोदरी पटरानी से दासी हो जाएगी। ... घर में कलह मचेगा, दांपत्य-सुख विलीन हो जाएगा ... और राम दीन-हीन दशा में लंका के द्वारों पर सिर मारने के लिए आएगा। ... तब तक रावण सीता के यौवन के मद में आकंठ डूबा होगा, और शूर्पणखा आंख के एक संकेत मात्र से ही राम को अपने लिए मांग लेगी...

## 7

शूर्पणखा को आश्वासन देकर रावण स्वयं चिंतित हो उठा था — यह सब कैसे संभव हुआ ? जनस्थान में कुछ पिछड़ी हुई वन्य-जातियां रहती हैं। कुछ ऋषि-मुनि और

ब्रह्मचारी रहते हैं। वे लोग किसी को देख लें अथवा रावण का नाम ही सुन लें तो संज्ञाशून्य होकर गिर पड़ते हैं। युद्ध की तो वे लोग बात भी नहीं सोच सकते। और अकेले राम ने उन्हीं वनवासियों की सहायता से, सम्पूर्ण राक्षस सेना के साथ खर, दूषण तथा त्रिशिरा जैसे तीन महत्त्वपूर्ण राक्षस सेनापतियों का वध कर दिया। रावण इसे सच मान ले ? पर अकम्पन ने भी यही बताया था और अब शूर्पणखा से वार्तालाप के पश्चात् इसमें संदेह के लिए कोई अवकाश ही नहीं रह जाता...

कौन है यह राम ? अनेक वर्ष पहले ताड़कावन में इसी राम ने ताड़का की हत्या की थी। किन्तु वह वीरता नहीं थी। अकस्मात् सामने से प्रकट होकर राम ने ताड़का के वक्ष में बाण दे मारा था। बलवान से बलवान शत्रु को असावधान अवस्था में सुविधा से मारा जा सकता है। ... सुबाहु की हत्या असावधानी में नहीं हुई थी, किंतु सुबाहु और मारीच दोनों ही मूर्ख थे। जब उन्हें ज्ञात था कि आश्रम में धनुर्धारी आए हुए हैं तो उन्हें खड्ग लेकर जाने की क्या आवश्यकता थी। खड्ग से धनुष-बाण का सामना नहीं किया जा सकता। और शस्त्रों के गलत चुनाव के कारण अच्छे से अच्छे योद्धा भी मूर्खों के समान ही मारा जाता है। मारीच भी मूर्ख के समान ही भागा था। भयभीत कुत्ते के समान दुम दबाकर भागा तो भागता चला गया। न रुका, न अन्य राक्षसों से परामर्श लिया ... न किसी से सहायता मांगी...

इतने-से कार्य के लिए राम को असाधारण वीर और योद्धा नहीं माना जा सकता। ... किंतु जनस्थान के युद्ध को क्या समझा जाए ? अकेले राम ने समस्त राक्षस योद्धाओं का नाश कर दिया – अकेले राम ने। उसके साथ के वनवासियों को, रावण योद्धा मानने को तैयार नहीं। वनवासियों को योद्धा मानना योद्धाओं का अपमान करना है। ... या फिर क्या शूर्पणखा की बात सत्य है! क्या सत्य ही वन्य-जातियों तथा वनवासी तापसों को जिन्हें आज तक राक्षस मात्र निरीह जन्तुओं तथा वनस्पति के समान अपना खाद्य ही मानते रहे हैं, राम ने युद्ध-कौशल सिखाकर, एक प्रशिक्षित सैन्य में परिणत कर दिया है ? है राम में इतना सामर्थ्य ? क्या वह ऐसा विकट प्रशिक्षक तथा ऐसा असाधारण संगठनकर्त्ता है, जिसने मिट्टी में से सशस्त्र सेना का निर्माण किया है ? ... कदाचित् ऐसा ही है। आर्यों का यही आदर्श है। आर्य आश्रमों में वसिष्ठ की कथा बहुत प्रचलित है। वे लोग बड़े गर्व से कहते हैं कि विश्वामित्र की राजसी प्रशिक्षित सेना से युद्ध करने के लिए वसिष्ठ ने शून्य में से सेना उत्पन्न की थी। क्या था वह शून्य ? वह शून्य भी तो वनवासी कोल-भील थे – वे वन्य जातियां ही थीं, जिन्हें आर्य कुछ नहीं गिनते थे ... और वही वसिष्ठ इस राम का कुल-गुरु है। वह समस्त परम्परा राम को उत्तराधिकार में मिली है। इतना ही नहीं, इसे तो वसिष्ठ के विरोधी विश्वामित्र से भी अपने लड़कपन में दीक्षा मिल चुकी है...

शूर्पणखा की बात को सत्य मानना होगा ... दंडकारण्य में राम ने तपस्वियों और स्थानीय जातियों का ऐसा व्यूह संगठित किया है, जो राक्षस सेना का काल है। यदि

लंका से अपनी राक्षसी सेना ले जाकर रावण, राम के उस व्यूह से टकराएगा तो उसकी स्थिति भी खर, दूषण तथा त्रिशिरा की-सी होगी। यह कृत्य शशक का सिंह की गुफा में जाकर लड़ने के समान होगा...

रावण विक्षिप्त हो उठा। ... जगद्विजयी रावण की अपनी बहन ने आज यह घोषित कर दिया है कि एक असहाय और निर्वासित राजकुमार ने सर्वथा एकाकी ही दंडकारण्य में ऐसी प्राचीर गढ़ दी है, जिसे रावण अपनी समस्त सेना, वीर सेनापतियों, योद्धा-पुत्रों और भाइयों के बल की सहायता पाकर भी पार नहीं कर सकता। कीट-पतंगों जैसे नगण्य जीवों में संगठन के आधार पर उसने रावण को दंडकारण्य के इधर-उधर ही बंदी कर दिया है। बाहर से जाकर दंडकारण्य में युद्ध करना किसी के लिए भी संभव नहीं है। वहां की प्रजा सचेत, जागरूक, संगठित तथा सशस्त्र है ...

दंडकारण्य में अब युद्ध नहीं होगा ... रावण के मस्तिष्क में कोई चीत्कार कर रहा था ... युद्ध होगा तो दंडकारण्य के इधर-उधर ही होगा। ठीक कहती है शूर्पणखा — रावण केवल मदिरापान कर, रमणियों में घिरा संज्ञा-शून्य पड़ा रहा है। नहीं तो जनस्थान में, उसकी नाक के नीचे इतना कुछ घटित होता रहता और उसके कान पर जूं तक नहीं रेंगती ? वह तो लंका में पड़ा था, किंतु खर, दूषण और त्रिशिरा तथा स्वयं शूर्पणखा जनस्थान में बैठे क्या कर रहे थे ? ... उसके मन में कोई अट्टहास कर उठा — शूर्पणखा ने स्वयं स्वीकार किया है कि वे जनस्थान में वही कर रहे थे, जो स्वयं वह लंका में कर रहा था। ऐसे में किसी को किसी बात की सुध कहां रहती है।

रावण हताश हो उठा। उसके मन में आया कि वह अपना सिर दीवार से दे मारे और उसे चूर-चूर कर दे। ... किंतु उसका मन यह भी जानता था कि प्रत्येक दीवार सिर मारने से चूर-चूर नहीं होती; नहीं तो क्या वह राम द्वारा निर्मित दीवार पर सिर न दे मारता ? सहसा उसके चिंतन का प्रवाह थम गया ... आखिर वह शूर्पणखा की प्रत्येक बात को ठीक उसी रूप में मानकर क्यों चल रहा है, जिस रूप से शूर्पणखा ने उसे उसके सम्मुख रखा है ? वह स्वयं जाकर क्यों नहीं देखता कि जनस्थान में स्थिति क्या है ? उसने बिना युद्ध किए ही क्यों यह मान लिया कि राक्षस सेना जनस्थान में जीत नहीं पाएगी ? क्या सत्य ही उसका मन दुर्बल हो गया है ?

बड़ी देर तक चुपचाप बैठा रावण अपने पूर्वतन कृत्यों को याद करता रहा, स्वयं को धैर्य बंधाता रहा, किंतु उसका प्रत्येक प्रयास रेत की भित्ति ही सिद्ध हो रहा था। जगद्विजयी रावण का मन बार-बार चीत्कार कर रहा था — उसका बल, शासन, वीरता, अधिकार — सब केवल इसीलिए था, क्योंकि जनस्थान में संगठन नहीं था। आज राम ने उन्हें संगठन दे दिया है। लंका की राक्षस सेना का सारी पृथ्वी पर इतना आतंक है कि उसका नाम सुनते ही शत्रु अपने आप भाग खड़े होते हैं। इसी आतंक के कारण उसका यश है। यदि रावण उस सेना को ले जाकर पंचवटी में युद्ध करे और उस सेना की भी वही गति हो, जो खर-दूषण की सेना की हुई, तो फिर उस यश की ...और उस

यश की ही क्यों, लंका की भी रक्षा कौन करेगा ? रावण इतना बड़ा संकट मोल नहीं ले सकता...

सहसा रावण का उद्धत रूप जागा। उसके मन में अपने लिए ही जैसे एक धिक्कार उठा— वह भयभीत है। एक साधारण, निर्वासित, वनवासी युवक से रावण भयभीत है। उसका बल, विक्रम, साहस, वीरता, शौर्य — सब कुछ भ्रम मात्र था क्या ... यदि वह अपनी सेना को जोखिम से बचाना चाहता है, तो क्यों नहीं वह अकेला जाकर राम को द्वन्द्व-युद्ध के लिए ललकारता ? ... पर दूसरे ही क्षण उसका आक्रोश क्षीण हुआ। उसका सन्तुलित, शांत विवेक उदित हुआ। आक्रोश तथा आवेश का नाम युद्ध नहीं है। युद्ध बुद्धि, कौशल, अभ्यास तथा प्रहारक बल के संयोजन का नाम है। अकेला रावण राम को जा ललकारे और उसके युवा हाथों की शक्ति और कौशल में घिरकर प्राण दे दे — तो इतने बड़े इस राक्षस साम्राज्य का क्या होगा ? युद्ध का परिणाम सदा अनिश्चित होता है। निश्चित विजय की बात सोचना मूर्खता है। रावण यदि अपनी सेना को संकट में नहीं डालना चाहता तो वह स्वयं अपने-आपको — लंका के महाराजाधिराज को, ऐसे घातक संकट के मुख में कैसे धकेल सकता है। ...

उसे अपनी और अपने साम्राज्य की प्रतिष्ठा के लिए प्रत्यक्ष युद्ध न कर, छद्म-युद्ध करना होगा। गुप्त प्रहार। युद्ध में सब कुछ न्याय-संगत है, सब कुछ धर्म-संगत। और फिर राक्षस-नीति तो है ही विजय-नीति । विजय जहां भी मिले, जिस पर भी मिले, जैसे भी मिले, जितनी भी क्षति कर मिले ... और राम ने भी तो गुप्त युद्ध ही किया है। उससे लड़ने के लिए, उसी की युद्ध-नीति अपनानी पड़ेगी...

रावण के मन में सीता के प्रति जिज्ञासा जागी। कैसी है यह राम की पत्नी, जिसके पीछे उसने शूर्पणखा का प्रेम-प्रस्ताव ठुकरा दिया ? शूर्पणखा कहती है कि सीता अद्वितीय सुन्दरी है। ... क्यों न वह शूर्पणखा की बात मान ले और सीता को धोखे से हर लाये ? यदि वह सचमुच अनिन्द्य सुन्दरी हुई तो उसे वह अपने अन्तःपुर में रखेगा; और यदि वह उसे न भायी तो किसी भी समय उसका वध कर, उसका मांस खाया जा सकता है। कोमलांगी आर्य राजकुमारी का मांस खाने में कम स्वादिष्ट नहीं होगा।

सीता-हरण का राम पर क्या प्रभाव होगा ? ...

मां-बाप ने उसे घर से निकाल दिया है। उसने प्रचार तो यही कर रखा है कि पिता के सत्य की रक्षा के लिए, वह चौदह वर्षों का वनवास कर रहा है; पर रावण ऐसे 'सत्य' और 'वनवास' को भली प्रकार समझता है। ये लोग ऐसी कथाएं गढ़ने और ढकोसले पालने में बहुत दक्ष हैं। जब मां-बाप ने घर से निकाल ही दिया है तो क्या कहे बेचारा। रावण ने सुना था कि चित्रकूट में राम का सौतेला भाई सेना लेकर उसको मनाकर अयोध्या लौटा ले जाने के लिए आया था। क्यों नहीं लौट गया वह अयोध्या? ढोंगी कहीं का! चित्रकूट को छोड़, पंचवटी क्यों चला आया ? ऐसे प्रश्नों का उत्तर रावण अच्छी तरह समझता है। सेनाएं लेकर कोई किसी को मनाने नहीं जाता। उल्टे

अयोध्या से और भी दूर भाग आया ...

अयोध्या से राम को कोई सहायता नहीं मिल सकती। अत: वनवासियों और तपस्वियों का संगठन करता फिर रहा है। किसके लिए ? अयोध्या से लड़ने के लिए अथवा राक्षसों से भिड़ने के लिए ? किसी के लिए भी हो, पर अभी उसमें उत्साह है। उसके उत्साह को तोड़ना होगा। उसे हतोत्साहित करना होगा। शूर्पणखा के अपमान का प्रतिशोध तो लेना ही है। साथ-ही-साथ उसके उत्साह तथा संगठन को यदि तोड़ा न गया तो वह राक्षसों के लिए बहुत बड़ी परेशानी का कारण हो सकता है।

यदि सीता-हरण हो जाए तो भी वह इसी प्रकार का उत्साही रहेगा ? क्या तब भी वनवासियों का संगठन करता फिरेगा ? सीता के प्रति अपने प्रेम के कारण, उसकी अनुपस्थिति में वह दीन और हतप्रभ नहीं हो जाएगा! और पत्नी के अपहरण के अपमान के आघात से पागल होकर, वन के वृक्षों से अपना सिर नहीं मारता फिरेगा ?

... कदाचित् यही होगा। शूर्पणखा भी यही कहती है। यही सरल मार्ग है। दंडकवन में से किसी एक स्त्री का अपहरण रावण के लिए तनिक भी कठिन नहीं होता। एक तो वहां जनसंख्या इतनी विरल है कि एक आश्रम में घटित घटनाओं का समाचार दूसरे आश्रम तक पहुंचने में महीनों निकल जाते हैं। फिर वहां कोई नागरिक-सुरक्षा-व्यवस्था नहीं है। शूर्पणखा और अकम्पन दोनों ने ही राम की संचार-व्यवस्था की प्रशंसा की है किंतु वह सैनिक गतिविधियों के लिए है। एक-दो व्यक्तियों के आवागमन पर किसका ध्यान जाएगा। और फिर उनकी संचार-व्यवस्था के क्षेत्र में रावण को रहना ही कितना देर है। जनस्थान से बाहर निकलते ही वह उनकी पकड़ से दूर हो जाएगा। ... यदि किसी प्रकार राम और लक्ष्मण को आश्रम से हटाकर कहीं दूर ले जाया जा सके, तो आश्रम में ही सीता की हत्या की जा सकती है; आश्रम से कुछ दूर ले जाकर उसका वध किया जा सकता है; अथवा उसे उठाकर लंका लाया जा सकता है। रावण के पास वेगवान वाहन हैं; इतने वेगवान कि दंडकवासी जातियों के लिए यह अविश्वसनीय है। उन्होंने अभी यातायात-व्यवस्था की बात तक नहीं सोची और राक्षसों ने तीव्रगामी अश्वों की व्यवस्थित चौकियां तथा शक्तिशाली एवं क्षिप्रगामी नौकाओं का प्रबंध कर रखा है। रावण निरंतर चलता हुआ एक दिन में बिना किसी कठिनाई के सीता को लंका में ला सकता है।

... पर वह यह सब सोच रहा है तो दंडकवन में राम के आश्रम में राम और लक्ष्मण का वध कर आने की बात क्यों नहीं सोचता! ...रावण ने अपने मन के सारे स्तर, सारी तहें उलट-पलट डालीं; पर राम तथा लक्ष्मण से ससैन्य युद्ध अथवा द्वन्द्व का विचार वहां कहीं भी नहीं था। रावण उनसे लड़ना नहीं चाहता था ... क्यों ? क्या वह उनसे भयभीत है ? ...रावण अपने-आप पर खीझ उठा — इसमें डर और भय की बात कैसे आ गयी ? यह तो नीति है। यदि एक स्त्री के हरण मात्र से ही उसका उद्देश्य पूरा हो जाता है, तो वह व्यर्थ का रक्तपात क्यों करे ?

बड़ी देर के बाद रावण ने पहचाना कि उसके मन के भीतर बैठा यह अन्य व्यक्ति कौन था, जो बार-बार उसकी वीरता पर संदेह करता था। यह भी एक अन्य रावण था — प्रतिरावण — जो ऐसे प्रत्येक अवसर पर, जब वह प्रकट वीरता छोड़, कपट-युद्ध की बात सोचता था, उसके भीतर प्रकट होकर, उस पर कटाक्ष क़रने लगता था।

रावण अपने मन में बैठे विद्रूप से मुसकराते उस अन्य रावण को साफ-साफ देख रहा था। उसकी वक्र मुसकान कह रही थी — 'मैं जानता हूं, तुम उनसे लड़ना क्यों नहीं चाहते ...

रावण उसकी उपेक्षा कर गया — बकने दो उसे! युद्ध से अधिक श्रेयस्कर हरण है। सीता का अपहरण! शूर्पणखा के साथ किए गए दुर्व्यवहार का प्रतिशोध; शत्रु के संगठन तथा उत्साह का नाश; भोग के लिए एक सुन्दर आर्य स्त्री। ... रावण अपहरण ही करेगा।

किन्तु उसके चिन्तन-प्रवाह में फिर बाधा पड़ी। इस बार बाधा देने वाला प्रतिरावण नहीं था। इस बार मन्दोदरी का विचार था। कन्याओं के हरण को लेकर मन्दोदरी ने रावण से बहुत कुछ कभी नहीं कहा। आरम्भ में तो कभी नहीं कहा। किन्तु इधर महारानी इस अपहरण-व्यवसाय का विरोध अत्यन्त प्रबल ढंग से करने लगी हैं। यदि अपहृत कन्या सुन्दरी हो तो महारानी अपने विरोध में प्रचंड हो जाती हैं। महारानी अब पहले के समान रावण के क्रुद्ध हो जाने से भयभीत नहीं होतीं। वे साम्राज्य की साम्राज्ञी हैं, उनके युवा-पुत्र साम्राज्य को अपने कंधों पर उठाए हुए हैं। उन्हें अब रावण से भयभीत हो कांपने की कोई आवयकता नहीं है। ...और सीता को देखने वालों ने कहा है कि वह असाधारण सुन्दरी है। क्या सीता का लंका में लाया जाना महारानी सह लेंगी ... ?

यदि सीता तनिक साधारण हुई तो वह उसका वध कर देगा, जिसमें महारानी को कोई आपत्ति न होगी; और यदि वह असाधारण हुई ...रावण का मन जैसे पीड़ा से कराहने लगा ...असाधारण सुन्दरी! रावण किसी असाधारण सुन्दरी को नहीं छोड़ सकता ...किसी के भी भय से नहीं — न राम के भय से, न मन्दोदरी के भय से। ... उसके मन में मन्दोदरी के विरुद्ध आक्रोश संचित होने लगा। मन्दोदरी अपने बेटों पर इतना गुमान न करे। रावण अभी जीवित है और हाथ में खड्ग ले साम्राज्य के लिए युद्ध भी कर सकता है तथा अभिचार के लिए वेदी पर बलि भी दे सकता है। ... रावण सीता का हरण अवश्य करेगा ...

किन्तु विभीषण ?

विभीषण की किसको चिन्ता है। रावण ने अपने कंधे झटक दिए।

उसके मन का द्वन्द्व मिट गया। वह निर्णय कर चुका था। और रावण के निर्णय को कोई नहीं हिला सकता ... मन्दोदरी का विचार विलीन हो गया ... प्रतिरावण भी मौन हो गया ...

रावण के मस्तिष्क ने अजाने ही हरण की पद्धति पर विचार करना आरम्भ कर दिया। ...उसने सोच तो लिया कि किसी प्रकार राम और लक्ष्मण को आश्रम से दूर हटा ले जाया जाए, किन्तु कौन हटाएगा उनको ? कैसे हटाएगा ? संभव है, वे दोनों एक साथ आश्रम कभी न छोड़ते हों ... तो फिर कौन है ऐसा व्यक्ति, जो यह कार्य कर सके! उसमें साहस हो, वाक्-चातुर्य हो, प्रत्युत्पन्नमतित्व हो और वह व्यक्ति राम का घोर शत्रु हो ... ?

कौन जाएगा हरण करने ? साम्राज्य के स्वामी, स्वयं रावण को जाने की क्या आवश्यकता है — किसी अन्य व्यक्ति को भी तो भेजा जा सकता है ...किन्तु दूसरे ही क्षण रावण ने स्वयं ही यह विचार त्याग दिया। चौदह सहस्र सैनिकों को तो राम ने बिना बात के ही समाप्त कर दिया। अब दो-चार व्यक्तियों को भेजा तो हरण तो वे क्या करेंगे, अपनी मूर्खता के कारण अपने प्राण भी खोएंगे और सीता-हरण की योजना का भी भंडाफोड़ कर आएंगे। यदि राम को संदेह हो गया तो वह सीता की सुरक्षा का कदाचित् कोई और प्रबंध कर लेगा ... नहीं-नहीं! सुन्दरियों के अपहरण के सन्दर्भ में रावण किसी अन्य व्यक्ति पर विश्वास नहीं कर सकता। ... उसे स्वयं ही जाना होगा ... किन्तु सहायक ? साथ कौन होगा ? जिसमें साहस हो, वाक्-चातुर्य हो, प्रत्युत्पन्नमतित्व हो और ... और ... राम का शत्रु भी हो ...

सहसा रावण को मारीच याद आया — मामा मारीच। रावण की मां का चचेरा भाई। वह करेगा यह सब। यद्यपि उसने सिद्धाश्रम से भागकर पर्याप्त कायरता दिखाई है, किन्तु उसमें साहस की कमी नहीं है। उससे पूर्व ताड़कावन और उसके आस-पास उसने अनेक पराक्रम दिखाए हैं। सिद्धाश्रम से पलायन के पूर्व वह अपने प्रकार का एक ही दुस्साहसी व्यक्ति माना जाता था। तभी तो सिद्धाश्रम पर आक्रमण के समय सुबाहु उसे अपने साथ ले गया था। ... फिर मारीच के मन में राम के प्रति शत्रुता, विरोध तथा वैर भी पर्याप्त होना चाहिए। राम के कारण ही मारीच को सिद्धाश्रम से भागना पड़ा; और मारीच जो किसी समय ताड़कावन में स्थापित राक्षसों के राज्य का राजा अथवा सेनापति हो सकता था, आज तक समुद्रतट पर एक छोटी-सी कुटिया बनाकर संन्यासी का वेश बनाए, इधर-उधर आने-जाने वाले यात्रियों से छोटी-मोटी ठगी करता हुआ, अपना जीवन व्यतीत कर रहा है।

मारीच के प्रति रावण के मन में भी पर्याप्त क्रोध था — उसने न केवल सिद्धाश्रम से भागकर कायरता दिखाई थी —रावण से न मिलकर उसने राक्षसों के प्रति घोर अपराध भी किया था। नहीं तो महाराजाधिराज रावण का एक भूतपूर्व सेनाधिकारी इस प्रकार छोटी-मोटी ठगी कर जीवन व्यतीत करता। सिद्धाश्रम से भागा ही था तो कोई बात नहीं। यदि वह रावण के पास आता और राम के विरुद्ध सैनिक अभियान के लिए सहायता मांगता तो रावण सहर्ष उसकी सहायता करता और उसके सुख का पूरा ध्यान रखता; किन्तु वह रावण के पास आया ही नहीं ...

...पर क्या अकेले मारीच का राम और लक्ष्मण के पास जाना जोखिम का काम नहीं होगा ? वे लोग उसे पहचान भी सकते हैं। उसे पहचानते ही वे उसका वध कर देंगे। यदि न भी पहचानें तो भी तनिक-से संदेह पर वे उसके प्राण ले लेंगे। जिन लोगों ने जनस्थान की सारी राक्षस सेना का संहार कर डाला, उनके लिए मारीच का नाश क्या कठिन होगा ... रावण को लगा, उसके मन में मारीच के लिए रंचमात्र भी करुणा नहीं है। जिस कायरता का काम मारीच ने किया है, वह राक्षसों के लिए कलंक है। सीता-हरण में सहायता देकर या तो मारीच को उस कलंक को धोना होगा, अथवा राम के हाथों मरकर अपने अपराध का प्रायश्चित करना होगा ...

रावण का मन क्रमशः कठोर होता गया। निश्चय दृढ़ होता गया। रावण अपनी उद्धतता के लिए प्रसिद्ध था। निर्णय कर लेने के पश्चात् न तो उसमें परिवर्तन हो सकता था, न पुनर्विचार।

'मारीच को यह करना ही होगा।' रावण ने अपने ही सम्मुख, अपने निर्णय की घोषणा की।

राम के आश्रम की सीमा दिखाई पड़ते ही रावण रुक गया। उसे रुकते देख मारीच के भी पैर ठिठक गए। क्षण-भर में उसके मस्तिष्क में सारी योजना जीवन्त हो उठी और उसके रोम भय से सिहर गए। रावण उसे चारा बनाकर, सिंह से भी भयंकर तथा शक्तिशाली राम एवं लक्ष्मणं का आखेट खेलने आया था। संभव था, वह सिंह का आखेट कर भी ले, किन्तु उतनी देर में चारा तो नष्ट ही हो जाएगा ...

रावण ने मारीच के चेहरे पर उभर आए उसके मन के भय को पढ़ लिया। उसकी आंखें क्रोध से लाल हो गयीं, ''देखना! विश्वासघात किया अथवा कायरता दिखाई तो जिस यातना से तुम मारे जाओगे, वह मृत्यु से भी भयंकर होगी।''

रावण न भी कहता तो भी मारीच यह जानता था। उसे या तो रावण का काम करते हुए प्राण देने होंगे अथवा रावण के हाथों मरना होगा। मृत्यु से बचने का एक मार्ग था कि वह सफलतापूर्वक रावण का कार्य कर दे और पुरस्कार में रावण से प्राण-दान पाये। ...या फिर दूसरा मार्ग राम की शरण जाने का था। हां, यह भी एक मार्ग था। वह जाकर रावण की योजना के सम्बन्ध में सब कुछ राम को बता दे और बदले में राम से अपनी रक्षा का वचन ले। ...पर राम उसकी रक्षा क्यों करेंगे ? वह राक्षस है। रावण का सम्बन्धी है। किसी समय उसने राम तथा विश्वामित्र की हत्या के लिए सिद्धाश्रम पर किये गए अभियान का नेतृत्व किया था। क्या राम उस घटना का प्रतिशोध नहीं लेंगे? अथवा उसकी मैत्रीपूर्ण बातों को उसका छल नहीं मानेंगे ? किस आधार पर वे उसका विश्वास करेंगे ? वह था मारीच! छल-छद्म और ठग-विद्या के लिए प्रसिद्ध राक्षस! ...और यदि किसी प्रकार राम उसका विश्वास कर भी लें, उसकी रक्षा का वचन दे भी दें, तो अपनी समस्त शक्ति और युद्ध-कौशल के रहते हुए भी वे मारीच की रक्षा कर

पाएंगे ? पग-पग पर राक्षस बस्तियां, शिविर तथा चौकियां हैं। स्थान-स्थान पर रावण के अनुचर हैं। राम कहां-कहां उसकी रक्षा करेंगे ? राक्षस उसे कहीं भी पकड़कर चीर-फाड़ खाएंगे! यदि मरना ही है तो राम के हाथों उसकी मृत्यु कम यातनापूर्ण होगी ...नहीं! उसके पास कोई विकल्प नहीं है। उसे रावण की बात माननी ही होगी। उसके सामने एक ही मार्ग है। रावण की इच्छा के अनुसार — राम से छल! असफल होने पर राम के हाथों मृत्यु और सफल होने पर रावण द्वारा क्षमा और पुरस्कार!

मारीच ने अपने वेश पर दृष्टि डाली। वे दोनों ही —वह और रावण — संन्यासियों का वेश बनाकर आए थे। राम ने मारीच को जब सिद्धाश्रम में देखा था, तब संभ्रान्त राक्षसों के समान उसके केश सुन्दर ढंग से कटे हुए थे, दाढ़ी नहीं थी और यत्न से बढ़ाई हुई हल्की मूंछें थीं। यहां से भागकर इन पिछले वर्षों में संन्यासी रूप में जीवन-यापन करने के कारण उसके केश तो बढ़ गये थे, किन्तु प्रकृति की प्रतिकूलता के कारण दाढ़ी-मूंछ में कोई विशेष वृद्धि नहीं हुई थी। इसीलिए आज उसे कृत्रिम दाढ़ी की सहायता लेनी पड़ी थी। यदि किसी समय राम अथवा लक्ष्मण को उसकी दाढ़ी की अकृत्रिमता पर संदेह हो गया तो अवश्य ही उसके प्राण जाएंगे।

चारों ओर सतर्क दृष्टि से देखते हुए मारीच टीले की चढ़ाई चढ़ गया। उसे किसी विशेष सुरक्षा-प्रबन्ध का आभास नहीं मिला। कदाचित् खर-दूषण की मृत्यु के पश्चात् परस्पर संगठित आश्रमों को असुरक्षा का विशेष भय नहीं था। ... मारीच के मन में रावण के प्रति क्रोध जागा। क्यों नहीं वह अपनी सेना के साथ आक्रमण करता और राम-लक्ष्मण का वध कर, सीता को उठा ले जाता ? व्यर्थ का एक कीड़ा मस्तिष्क में पाल लिया। एक तर्कहीन-सी योजना बना ली और सुख से बैठ मारीच को उसके आश्रम में से उठाकर ला मृत्यु के मुख में पटक दिया। ... किन्तु दूसरे ही क्षण उसका क्रोध शांत हो गया। वह अपने मन में बैठे राम के भय को साक्षात् देख रहा था और समझ रहा था कि उसी भय के कारण वह चाहता था कि जोखिम का काम रावण करे — और कदाचित् राम के इसी भय के कारण रावण चाहता था कि जोखिम का काम मारीच करे।

आश्रम के फाटक पर ही एक युवक ने उसे टोक दिया, "आप कौन हैं, आर्य? किससे मिलना चाहते हैं ?"

मारीच ने गहरी दृष्टि से उस युवक को देखा — वह आश्रम के विद्यार्थी ब्रह्मचारियों के वेश में था; किन्तु खड्ग और धनुष-बाण से युक्त था। आकृति से वह आर्य नहीं, वानर लगता था। उसके कंधे पर पट्टी बंधी थी, जैसे कोई गहरा घाव लगा हो।

अपनी खीझ और कौतूहल को मारीच बड़ी कुशलता से छिपा गया, "तुम कौन हो, भद्र ? और आश्रमों में यह सशस्त्र प्रहरियों की व्यवस्था कब से हो गयी ?"

युवक हंसा, "मैं मुखर हूं, आर्य! सशस्त्र प्रहरी नहीं हूं, एक साधारण आश्रमवासी

हूं। राक्षसों के उपद्रव के कारण राम ने प्रत्येक ब्रह्मचारी को शस्त्रबद्ध कर रखा है। हमारे शस्त्र अन्याय के विरुद्ध आत्म-रक्षा के लिए हैं, किसी के दमन के लिए नहीं। आप शंका न करें। अपना परिचय दें।''

''भद्र! मैं राम से मिलने आया हूं।'' मारीच ने अत्यन्त दीन होने का अभिनय किया, ''पीड़ित हूं, और राम से सहायता मांगने आया हूं। इससे अधिक परिचय क्या दूं।''

''आएं, आर्य!'' मुखर ने और कुछ न पूछा, ''राम के आश्रम के द्वार प्रत्येक पीड़ित के लिए सदा खुले हैं।''

मारीच मुखर के पीछे-पीछे चल पड़ा। उसने समझ लिया था — यद्यपि प्रत्येक आश्रमवासी के शस्त्रबद्ध होने की बांत मुखर ने कही थी, किन्तु प्रहरी व्यवस्था नहीं थी, अन्यथा मुखर फाटक से हटकर उसके साथ न चला आता। आश्रम की सीमा से कुलपति तक किसी ब्रह्मचारी द्वारा मार्गदर्शन आश्रमों की साधारण व्यवस्था थी।

दूर से ही कुछ लोगों में घिरे बैठे राम को मारीच ने पहचान लिया। आश्रम में बैठी एक मण्डली में हो रही चर्चा का यह एक सामान्य दृश्य था। इसमें कुछ भी असाधारण नहीं था ... किन्तु दूसरी दिशा में दृष्टि पड़ते ही मारीच सन्न रह गया — वहां लक्ष्मण कुछ युवकों तथा युवतियों को बाण-संधान का अभ्यास करा रहे थे। धनुर्धारी लक्ष्मण को देखते ही मारीच को देश-काल का बोध विस्मृत हो गया। उसे लगा जैसे वह सिद्धाश्रम में खड़ा है और सम्मुख धनुष ताने लक्ष्मण खड़े हैं — यद्यपि तब के बालक लक्ष्मण अब युवक हो चुके थे ... अभी राम भी उठेंगे और उस पर मानवास्त्र का प्रहार करेंगे। उसके रक्त-बिन्दुओं में वह पीड़ा फिर से जाग उठी, जो मानवास्त्र से उत्पन्न हुई थी। और फिर वह घायल अवस्था में भूखा-प्यासा, थका-हारा भागता ही चला जाएगा। कदाचित् इस बार भागकर सागर-तट पर भी उसे शांति नहीं मिलेगी ...

विकट प्रयास कर उसने अपने मन को शांत किया। अपने आस-पास देखा — मुखर वहां नहीं था। वह आश्रम के मुख्य द्वार की ओर लौट चुका था। ... तो उसकी घबराहट किसी ने नहीं देखी थी। किसी को उस पर संदेह नहीं हुआ होगा। वह निश्चिंत होकर राम तक जा सकता था।

वह अपनी टांगों के कम्पन को बड़ी कठिनाई से साधता हुआ, राम की अध्ययन-मण्डली तक आया।

एक नवागंतुक संन्यासी को देखकर राम मौन हो गए। उन्होंने अपने स्थान पर खड़े होकर हाथ जोड़े, ''आर्य! मैं राम आपको नमस्कार करता हूं और अपने आश्रम में आपका स्वागत करता हूं।''

अध्ययन-मण्डली के युवकों ने भी उसी प्रकार नमस्कार किया।

मारीच ने आशीर्वाद की मुद्रा में हाथ उठा दिया, ''कल्याण हो, भद्र राम! मैं

बहुत दूर से अपनी पीड़ा सुनाने आया हूं। सुना है कि राम के आश्रम से प्रत्येक पीड़ित को सदा सहारा मिला है। किन्तु ...'' उसने राम के शरीर पर बंधी पट्टियों की ओर संकेत किया, ''किन्तु आप तो आहत हैं।''

राम मुसकराये, ''निश्‍चिंत हो आसन ग्रहण करें, आर्य! इन घावों तथा पट्टियों की चिन्ता न करें। ये राम के मार्ग में बाधा नहीं बनते। आपकी पीड़ा दूर करने के लिए राम अपनी शक्ति, बुद्धि और कौशल भर कार्य करने का आपको वचन देता है। आप अपनी कठिनाई कहें।''

''भद्र राम! अन्यथा न मानना।'' मारीच ने संकुचित होने का अभिनय किया, ''मैं अपनी बात पूर्ण एकांत में ही कह सकूंगा।'' उसने दृष्टि घुमाकर युवकों को देखा, ''इसमें किसी के प्रति कोई अविश्वास नहीं है, किन्तु मेरी बात ही ऐसी है।''

''आप संकोच न करें, आर्य!'' एक युवक बोला, ''हमारी शंकाओं का समाधान हो चुका है। हम जा ही रहे हैं। आप निश्‍चिंत हो अपनी बात कहें।'' उसने हाथ जोड़ दिए, ''आर्य राम! हम अपने ग्राम की अध्ययन-मण्डली में इन बातों पर विचार-विमर्श करेंगे और तब अपना कार्यक्रम निश्चित करेंगे। कोई कठिनाई होने पर फिर आपको कष्ट देंगे।''

''अवश्य, मित्र!'' राम बोले, ''वैसे भी सौमित्र तुम्हारे ग्राम जाएंगे ही। मैंने यह कभी नहीं चाहा कि मेरी बात, अथवा किसी की भी कोई बात बिना समुचित विचार-विमर्श के स्वीकार कर ली जाए। यह बहुत अच्छी बात है कि तुम लोगों में परस्पर विचार-विमर्श की प्रवृत्ति है। तुम्हारे गांव की पाठशाला अच्छी प्रकार चल रही है और बच्चों के साथ वयस्क पुरुष और नारियां भी अक्षर-ज्ञान प्राप्त कर अध्ययन की ओर प्रवृत्त हो रहे हैं — यह मेरे लिए बहुत बड़ा प्रोत्साहन है। जब इच्छा हो, आओ। तुम्हारा स्वागत है।''

युवक लक्ष्मण की टोली की ओर बढ़ गए। शस्त्र-प्रशिक्षण भी रुक गया और शस्त्र-प्रशिक्षार्थी भी अध्ययन-मण्डली के साथ ही आश्रम के मुख्य द्वार की ओर चले गए।

लक्ष्मण उन्हें विदा कर राम और मारीच के पास आ खड़े हुए।

''यह मेरे छोटे भाई हैं — सौमित्र!'' राम ने कहा, ''और ये नवागंतुक संन्यासी हैं, सौमित्र! किसी दूरस्थ स्थान से अपनी कठिनाई में सहायता लेने आए हैं।''

राम ने आसन की ओर संकेत किया, ''बैठें, आर्य!''

मारीच ने फिर संकुचित होने का अभिनय किया, ''क्षमा करना, राम! अपने एक संकल्प के कारण मैं किसी अन्य व्यक्ति द्वारा दिये गए आसन पर नहीं बैठता। अपना आसन साथ लिये चलता हूं। इसमें किसी की अवमानना नहीं है, यह मेरा अपना संकल्प है।''

''कोई बात नहीं, आर्य! आप अपने आसन पर ही बैठें।''

मारीच ने अपनी गठरी टटोली और उसमें से एक मृगछाल निकाली।

राम और लक्ष्मण दोनों की दृष्टि मृग-चर्म पर जम गयी। यह असाधारण मृग-चर्म था। स्वर्णिम मृग-चर्म। सोने की पृष्ठभूमि पर जैसे गहरे नीले रंग के नीलम जड़े हुए हों। ... यह मृग-चर्म नहीं हो सकता। यह तो धातु को गलाकर किसी दक्ष कारीगर द्वारा उसमें नीलम जड़े हुए थे। ऐसा मृग तो उन्होंने कभी नहीं देखा। यह मृग-चर्म नहीं है ...

किन्तु मारीच बड़े सहज भाव से उसे साधारण मृग-चर्म के समान झाड़कर, भूमि पर बिछाकर उस पर बैठ गया।

राम और लक्ष्मण उसके सम्मुख अपने आसनों पर बैठ गए।

मारीच ने अपने सम्पूर्ण अभिनय-कौशल का आह्वान कर, अत्यन्त पीड़ित मुद्रा बनायी, "भद्र राम! सुदूर दक्षिण में समुद्र-तट पर मेरा आश्रम है। कभी-कभी जब समुद्र से जोर का ज्वार आता है, सागर की लहरें मेरे आश्रम का आंगन भी धो जाती हैं ..."

तभी कुटिया से सीता बाहर आयीं। उन्हें बाहर किसी अतिथि के आने की सूचना नहीं थी। एक अपरिचित व्यक्ति को देख चकित हुईं; और फिर उनकी दृष्टि उस अतिथि के आसन-रूप में बिछे मृग-चर्म पर पड़ी। सीता की आंखें विकट आश्चर्य से फैल गयीं — ऐसा मृग-चर्म ...

मारीच ने भी दृष्टि उठाकर सीता को देखा — यह है वैदेही। रावण इसका हरण करना चाहता है। अद्भुत था सीता का रूप। रावण ने सीता को अभी तक देखा नहीं था, शूर्पणखा से केवल उसका वर्णन भर सुना था। उसने यदि एक बार सीता को देख लिया तो वह उसे प्राप्त करने के लिए लंका की समस्त राक्षसी सेना को कटवा देने में भी संकोच नहीं करेगा...

"यह मेरी पत्नी है ... सीता।" राम ने परिचय दिया, "और यह सुदूर दक्षिण से आए एक अतिथि संन्यासी ..."

मारीच ने अपनी बात आगे बढ़ाई, "मैं अत्यन्त सुख-शांति से उस आश्रम में रह रहा था। कुछ अपनी साधना करता था, कुछ ब्रह्मचारियों को शिक्षा देता था; और जो हो सकता था, जन-कल्याण का प्रयत्न करता था। किन्तु राम, मेरे आश्रम से कुछ दूरी पर राक्षसों का एक पत्तन है। उनके जलपोतों तथा नौकाओं का आवागमन वहां लगा ही रहता है। एक दिन उस पत्तन से कुछ राक्षस मेरे आश्रम पर आए। उन लोगों ने मुझे बताया कि वे रावण की जल-सेना के अधिकारी हैं। उन्हें अपनी नौकाओं और जलपोतों को चलाने के लिए दासों की आवश्यकता है। अतः वे लोग रावण की आज्ञा से मेरे आश्रम के ब्रह्मचारियों को पकड़कर ले गए।

"मैं विवश, अक्षम संन्यासी उनके विरुद्ध कुछ नहीं कर सका। अपने शिष्यों के भाग्य पर दुःखपूर्वक विचार करता हुआ दिन व्यतीत करता रहा। सहसा एक दिन ब्रह्मचारियों में से एक मेरे पास आया। उसने मुझे बताया कि वह किसी प्रकार राक्षसों

के चंगुल से छूट भागा है। शेष ब्रह्मचारी पशुओं के समान शारीरिक और मानसिक क्लेश तथा यातना भुगतते हुए भूखे-प्यासे नौकाएं चलाने का कार्य करते हैं। जिस दिन उनमें से कोई कार्य करने में अक्षम हो जाता है, उस दिन उसे मारकर राक्षस खा जाते हैं। आधे से अधिक खाए जा चुके हैं, और शेष खाए जाने की प्रतीक्षा में हैं।

''यह सूचना पाकर मैं कितना पीड़ित हुआ हूंगा, आप कल्पना कर सकते हैं। ...तभी वे राक्षस जल-सेनाधिकारी फिर से आ धमके। मेरे आश्रम को जन-शून्य पाकर वे बहुत क्रुद्ध हुए। उन्होंने मुझे विशेष शारीरिक पीड़ा तो नहीं दी, किन्तु यह आदेश दे गए हैं कि मैं ग्राम-ग्राम घूमकर, अपने आश्रम के लिए विद्यार्थी इकट्ठे करूं। वे लोग अगली बार आकर, उन विद्यार्थियों को भी अपनी नौकाओं के लिए ले जाएंगे।

''उस गुरु के मन की स्थिति की कल्पना करो, राम! जो राक्षसों के भय से अपने आश्रम को बलि-पशुओं का बाड़ा बनाने को बाध्य हो। वह विद्यार्थियों का पालन-पोषण इसलिए करे कि राक्षस आएं और उसके प्राणों से भी प्रिय विद्यार्थियों को पशुओं के समान हांककर ले जाएं। उन्हें मारें, पीटें और अंत में उन्हें चीर-फाड़कर खा जाएं।

''मैं विद्यार्थी इकट्ठे करने के बहाने से भागकर तुम्हारे पास आया हूं, राम! अब मुझे बताओ, मैं क्या करूं ?''

मारीच मौन हो गया।

''राक्षसों के अत्याचारों की विभिन्न कथाएं हमें सुनने को मिल रही हैं; और जितना ही लंका की दिशा में बढ़ते जाएं, उतनी ही मात्रा में उनके अत्याचार भी बढ़ते जाते हैं।'' राम बोले, ''हम लोगों ने प्रत्येक अत्याचार के प्रतिरोध का संकल्प किया है। इस अत्याचार का विरोध भी किया जाएगा, इसका मैं आपको वचन देता हूं। किंतु कब और कैसे, इस पर हमें मिलकर विचार करना होगा।''

मुखर आकर उन लोगों के पास खड़ा हो गया। उसकी आंखें मारीच के आसन पर पड़ गयीं। सीता की दृष्टि, मुखर के इस प्रकर देखने से प्रोत्साहित होकर, फिर उस मृग-चर्म पर रुक गयी।

उन दोनों के इस प्रकार देखने से लक्ष्मण को भी बल मिला। उनका स्वर आवेशभरा था, ''आर्य संन्यासी! आपने जो कुछ बताया, वह अत्यन्त कष्टप्रद है। आपकी बात सुनकर अपने आक्रोश में कोई भी क्षत्रिय शस्त्र उठाकर राक्षसों से युद्ध करने के लिए आपके साथ चल पड़ सकता है। किन्तु मेरी एक जिज्ञासा है ...''

''क्या ?'' मारीच ने सशंक दृष्टि से लक्ष्मण को देखा।

''राक्षसों ने यह सब क्यों किया ? वे पारिश्रमिक देकर नाविक प्राप्त कर सकते थे। धन देकर अन्न अथवा पशु क्रय कर खा सकते थे ...''

''धन के ही तो लोभी हैं राक्षस। वे धन व्यय किये बिना सब कुछ प्राप्त करना चाहते हैं।'' मारीच जल्दी-जल्दी बोला।

''तो फिर संन्यासी-श्रेष्ठ! वे आपके पास क्यों इतना स्वर्ण छोड़ गए, जिससे

आप आसन बनवाते फिरें!'' लक्ष्मण का स्वर व्यंग्यपूर्ण हो उठा।

किंतु मारीच तनिक भी नहीं घबराया। अब बातचीत उसके इष्ट विषय की ओर जा रही थी।

''यह स्वर्ण नहीं है, सौमित्र!'' वह पूर्णत: शांत था, ''यह मृग-चर्म है। कदाचित् तुमने ऐसा कोई स्वर्ण-मृर्ग देखा नहीं है। अयोध्या के आस-पास ऐसे मृग होते भी नहीं हैं, इसलिए तुम इसे स्वर्ण-निर्मित मान बैठे हो। समुद्र-तट पर ऐसे स्वर्ण-मृगों के झुंड-के-झुंड घूमते फिरते हैं।''

सीता की आंखें मुखर की ओर उठ गयीं, ''क्या यह सत्य है ?''

मुखर अस्वीकार की हंसी हंसा, ''आर्य! मेरा ग्राम भी समुद्र-तट पर था किंतु मैंने उस प्रदेश में ऐसा सुनहरा मृग कभी नहीं देखा, जिसके चर्म को देखकर स्वर्ण और मणियों का भ्रम हो।''

राम चुपचाप उन सबकी मुद्राएं देख रहे थे — लक्ष्मण द्वारा उठाए गए विवाद से क्या निष्कर्ष निकलता है ?

मुखर के अस्वीकार से मारीच ने अपमानित होकर आक्रोश में आने का जीवन्त अभिनय किया, ''मैं नहीं जानता कि यह बालक कौन है और यह क्यों झूठ बोल रहा है। या तो यह सागर-तट के ग्राम का निवासी नहीं है, या फिर स्वर्ण-मृग देखकर भी यह झूठ बोल रहा है।''

''आप हमारे आश्रम के अतिथि हैं, आर्य!'' मुखर किंचित् रोष से बोला, ''अत: मैं कुछ नहीं कहता, अन्यथा आपको ज्ञात करा देता कि मुखर पर असत्यवादी होने का आरोप लगाना कितना महंगा पड़ता है ?''

इससे पहले कि मारीच मुखर की बात का उत्तर देता, राम ने बात का सूत्र सम्भाल लिया, ''आर्य अतिथि! इस प्रकार आप किसी को मिथ्यावादी कहें और कोई आपको असत्यवादी — इससे हम किसी निष्कर्ष पर नहीं पहुंचेगे। और अब, जब इस स्वर्ण-मृग के अस्तित्व पर विवाद उठ खड़ा हुआ है, हमारे लिए आवश्यक है कि हम इस बात को अन्तिम छोर तक पहुंचाकर छोड़ें। या तो आप यह प्रमाणित करें कि स्वर्ण-मृग जैसा कोई जन्तु होता है अन्यथा यह माना जाएगा कि जिस प्रदेश और आश्रम की बात आपने कही है वह कपोल-कल्पित है। ऐसी स्थिति में हमें यह भी सोचना पड़ेगा कि आपने ऐसा आचरण क्यों किया ?''

मारीच के लिए यही उपयुक्त अवसर था। यदि इस समय वह चूक जाता तो निश्चय वह अपने उद्देश्य में असफल होता और रावण के हाथों मारा जाता।

उसने असाधारण आक्रोश का अभिनय किया, ''तुम सब लोग मिलकर मुझे झूठा ठहरा रहे हो, राम! यह व्यवहार आर्य आश्रमों की मर्यादा के अनुरूप नहीं है।''

मारीच के आक्रोश से कोई भी प्रभावित नहीं हुआ। सबकी भंगिमाओं में अविश्वास का भाव पर्याप्त व्यक्त था। परिहास के-से स्वर में सीता बोलीं, ''संन्यासी

श्रेष्ठ! यदि सचमुच वहां ऐसे स्वर्ण-मृग के झुंड-के-झुंड फिरा करते हैं, तो मैं भी ऐसा ही एक मृग-चर्म प्राप्त करना चाहूंगी, ताकि जब कभी आप जैसा कोई सम्मानित अतिथि आए, तो मैं उसके बैठने के लिए ऐसा सुन्दर मृग-चर्म बिछा सकूं।''

''देवि! परिहास मत करो।'' मारीच उसी प्रकार आवेश में बोला, ''मैं सर्वथा सत्य कह रहा हूं। यदि सत्य ही तुम्हें ऐसा मृग-चर्म चाहिए तो तुम्हें सागर-तट तक जाने की आवश्यकता भी नहीं है। तुम्हें यह मृग-चर्म यहां भी मिल सकता है। मैंने अभी आते हुए आश्रम से दक्षिण-पूर्व के वन में ऐसा ही एक मृग देखा भी है। किन्तु यह मृग अत्यन्त फुर्तीला होता है। ऐसा मृग-चर्म उसी स्त्री को मिल सकता है, जिसका पति असाधारण धर्नुधारी हो। मृग की गति से दौड़ सके और एक ही बाण में भागते हुए मृग को धराशायी कर सके। साधारण धनुर्धारी की पत्नी तो तुम्हारे समान ऐसे मृग को कल्पना ही मान ले तो श्रेयस्कर है।''

''आर्य संन्यासी!'' लक्ष्मण भभक उठे, ''देवी वैदेही के पति कैसे धनुर्धर हैं, यह तो सारा आर्यावर्त जानता है। किन्तु अभी उनकी परीक्षा का समय नहीं आया। मैं आपके साथ चलता हूं — देखूं तो कैसा है यह स्वर्ण-मृग!''

लक्ष्मण ने धनुष उठाने के लिए हाथ बढ़ाया तो राम ने उनकी बांह थाम ली, ''ठहरो, सौमित्र! तुम आश्रम में ही रुको। मैथिली ने स्वर्ण-मृग मांगा है तो उसके पति को ही यह परीक्षा देने दो।'' राम उठ खड़े हुए, ''उठिए, अतिथि संन्यासी! किंतु चलने से पूर्व अच्छी प्रकार सोच लीजिए कि आपने स्वर्ण-मृग आश्रम के दक्षिण-पूर्व में देखा है अथवा उत्तर-पूर्व में। और यह भी स्मरण कर लीजिए कि वह स्वर्ण-मृग जो आपने देखा है, कहीं लंगड़ा तो नहीं है। राम के बाण को भी यह परखना है कि कौन-सा मृग असाधारण धावक है।''

मारीच के लिए बड़ा कठिन समय था। प्रत्येक क्षण उसका भेद खुल जाने का भय था। और यदि भ्रम खुला तो उसकी हत्या अनिवार्य थी। वे लोग उस पर खुला सन्देह कर रहे थे; किंतु अपनी शालीनतावश उसके झूठ को प्रमाणित कर दिखाना चाह रहे थे। यदि कहीं राक्षसों ने उस पर सन्देह किया होता तो अब तक उसके शरीर के टुकड़े-टुकड़े कर दिए होते ...

''आओ, राम!'' मारीच रुष्ट स्वर में बोला, ''निश्चय ही आज मेरे ग्रह अत्यन्त प्रतिकूल हैं, अन्यथा इस प्रकार मुझे मिथ्यावादी बताने वाला कोई व्यक्ति आज तक मुझे नहीं मिला।''

अपने भय को नकली आवेश में छिपाता हुआ मारीच प्रायः भागता हुआ आश्रम के मुख्य द्वार की ओर चला। राम ने मुसकराकर लक्ष्मण, सीता तथा मुखर की ओर देखा और वेगपूर्वक मारीच के पीछे चले गए।

भयभीत मारीच शीघ्रातिशीघ्र आश्रम से दूर हो जाने के उद्देश्य से भागता चला जा रहा था। उसे दृष्टि में बनाए रखने के लिए राम को काफी प्रयत्न करना पड़ रहा था।

उस संन्यासी की आरम्भिक बातचीत से ही उसके सत्य पर उन्हें संदेह हो गया था। सम्भव है कि वह मूलतः संन्यासी ही न हो। इस वन में इस प्रकार का छल-प्रपंच, षड्यन्त्र अथवा माया कोई बहुत बड़ी बात नहीं थी। आश्रम में सबके आक्रोश के कारण बातचीत ने जो दिशा पकड़ी थी — वह राम की अभीप्सित दिशा नहीं थी। उनके मन में आरम्भ से ही स्पष्ट था कि यदि शांति से प्रश्नोत्तर चलते रहते तो संन्यासी अपना भेद अधिक देर तक छिपा नहीं सकता। किन्तु अब तो एक ही मार्ग शेष था कि संन्यासी के सम्मुख उसका झूठ प्रमाणित किया जाए। ...किंतु वह तो भागा चला जा रहा था। कहीं ऐसा न हो कि वह घने वन में खो जाए और राम उसे खोजते रह जाएं। ऐसी स्थिति में उसका भेद कभी नहीं खुल पाएगा। संन्यासी ने स्वर्ण-मृग की प्रशंसा अवश्य की थी, किंतु यह नहीं कहा था कि स्वयं भी स्वर्ण-मृग के समान भागता है ...

वन सघन होता गया और संन्यासी को दृष्टि में बनाए रखने के लिए राम को अधिक-से-अधिक प्रयत्न करना पड़ रहा था। ... उनके मन में अनेक विचार आ-जा रहे थे — इस गहन वन में इस वेग से भागने वाला संन्यासी सामान्य संन्यासी नहीं हो सकता। पेड़ों की बाधा जैसे उसके लिए कोई बाधा ही नहीं थी। वृक्ष उसके लिए पारदर्शी हो गए थे। वह तो इस प्रकार चलता जा रहा था, जैसे उसका मार्ग पहले से ही निश्चित था। इस प्रदेश के लिए अपरिचित संन्यासी क्या इस प्रकार भाग सकता है? निश्चय ही यह व्यक्ति वह नहीं है, जो उसने बताया है। उसकी वास्तविकता और ही है। कौन है वह ? छद्म-वेश में वह आश्रम में क्या करने आया था ? क्या वह सफल हुआ ? ... सहसा राम चौंके ... कहीं उन्हें आश्रम से दूर हटा ले जाने के प्रयत्न में ही तो उसने यह सब नहीं किया ? ...किंतु यदि उसका उद्देश्य राम को आश्रम से हटाना मात्र ही था तो वह मूर्ख था। आश्रम में अभी लक्ष्मण थे, सीता थीं, मुखर था — और सब ही सशस्त्र तथा द्वन्द्व-युद्ध में सक्षम थे। फिर आश्रम की सीमा के साथ ही आर्य जटायु की कुटिया थी...

राम के विचारों की श्रृंखला टूट गयी। संन्यासी वृक्षों के पीछे कहीं ओझल हो गया था। सचमुच राम उतने वेगवान धावक सिद्ध नहीं हुए थे, जितना वह संन्यासी रूपी स्वर्ण-मृग था...

तभी राम का हृदय धक् रह गया। उन वृक्षों के पीछे से, जहां वह संन्यासी ओझल हुआ था, कोई करुण स्वर में चीत्कार कर रहा था — "हा लक्ष्मण!..."

राम स्तम्भित रह गए।

"हा लक्ष्मण... !"

तत्काल सारी गुत्थी सुलझ गयी। पुकारने वाले का स्वर स्वयं उनके अपने स्वर से इतना मिलता-जुलता था कि आश्रम में सौमित्र तथा सीता को यही लगेगा कि स्वयं राम उन्हें पुकार रहे हैं। निश्चित रूप से यह सारा षड्यन्त्र राम को आश्रम से दूर हटाने के लिए ही था और अब लक्ष्मण को भी पुकारा जा रहा था। अवश्य ही किसी दुष्ट

की दृष्टि आश्रम में रखे शस्त्रास्त्रों अथवा स्वयं वैदेही पर लगी हुई है ... मणि ने कहा था — शूर्पणखा सीता का अपहरण करवाना चाहती थी ...

स्वर राम से बहुत दूर नहीं था। राम ने अपना धनुष उठा लिया। इस बार पत्ता भी हिला तो छद्म संन्यासी अपने प्राण गंवा बैठेगा ... किंतु संन्यासी के वध से क्या होगा? इस षड्यन्त्र का रहस्य तो नहीं खुल पाएगा ... जीवित संन्यासी को पकड़ा जा सके तो उसके मन का भेद मालूम हो ...

दो बार पुकारकर संन्यासी मौन हो चुका था और भागता ही चला जा रहा था। धनुष ताने हुए राम भी उसके पीछे भागे जा रहे थे; किन्तु संन्यासी वस्तुतः असाधारण धावक था।

वे लोग भागते हुए आश्रम से इतनी दूर निकल आए थे कि पुकारने पर संन्यासी का स्वर आश्रम तक पहुंच भी नहीं सकता था। कदाचित् यही कारण था कि अब संन्यासी पुकार भी नहीं रहा था। ... किन्तु अब राम खाली हाथ लौट भी नहीं सकते थे। जाने कौन था यह संन्यासी और क्या चाहता था। उसे पाये बिना आश्रम में लौटना व्यर्थ था। चाहे संध्या तक भागते ही क्यों न जाना पड़े, राम उसे लेकर ही जाएंगे ... वह षड्यन्त्र रचकर राम को आश्रम से निकाल लाया था और पुकारकर लक्ष्मण को भी आश्रम से हटाने का प्रयत्न उसने किया था। किंतु लक्ष्मण इतने मूर्ख नहीं थे कि उसकी इतनी-सी-चाल समझ न पाएं। लक्ष्मण जानते हैं कि राम कभी भी इस प्रकार दीन होकर सहायतार्थ नहीं पुकारेंगे... फिर वे अपने भाई का स्वर भी पहचान लेंगे ... कोई कितना ही पुकारे, वे सीता को अकेली छोड़कर नहीं जाएंगे ... चिंता की कोई बात नहीं है। इस षड्यन्त्रकारी को दण्ड देना ही होगा — चाहे उसकी हत्या ही क्यों न करनी पड़े ...

राम को लगा, वे कई कोस दौड़ चुके हैं और अब उनका शरीर थकने लगा है। यदि यह संन्यासी-मृग इसी प्रकार भागता रहा तो राम कदाचित् और न भाग सकें। ऐसे में वह उनके हाथ से बचकर निकल जाएगा। उसका रहस्य तो वे नहीं ही पा सकेंगे, उसे दण्डित भी नहीं कर पाएंगे ... संन्यासी की गति में भी वह वेग नहीं रह गया था। अब उसके भागने की कोई निश्चित दिशा भी नहीं रही थी; जैसे उसका लक्ष्य पूरा हो गया हो और अब वह मात्र प्राण बचाने के लिए, छटपटाता हुआ, कोई आश्रय ढूंढ़ रहा हो। वह किसी भी प्रकार राम की दृष्टि से ओझल हो जाना चाह रहा था ...

अब राम उसे जीवित नहीं पकड़ पाएंगे ... वह निकल भागेगा।

सहसा संन्यासी, वृक्ष की ओट से बाहर निकला और राम ने अपना बाण छोड़ दिया।

एक चीत्कार के साथ कोई गिरा। प्रहार की मुद्रा में धनुष धारण किये हुए, राम उसी ओर भागे। ... सामने संन्यासी भूमि पर पड़ा तड़प रहा था। बाण उसके वक्ष में लगा था और अपनी पीड़ा में उसने अपनी दाढ़ी नोच डाली थी। राम ने ध्यान से देखा...

समय का झीना-सा परदा उठ गया; राम ने पहचाना — मानवास्त्र का घाव खाकर बच निकलने वाले मारीच का शव उनके सामने पड़ा था, यद्यपि इतने वर्षों के अन्तराल ने उसे प्रौढ़ कर दिया था।

संन्यासी के असहज व्यवहार और राम को इस त्वरा में उसके पीछे जाते देख, सीता का मन विचलित और सशंक हो उठा। उन्होंने घबराहट भरी दृष्टि से लक्ष्मण की ओर देखा — लक्ष्मण भी सहज नहीं थे। वे अपना उग्र वेश उतारकर, चिंतित लग रहे थे। सदा आश्वस्त मुखर भी इस समय घबराया हुआ था।

तीनों की दृष्टियां परस्पर मिलीं।

"देवर! यह सब क्या था ?" सीता बोलीं।

"था नहीं, भाभी! है!" लक्ष्मण गम्भीर स्वर में बोले, "वैसे तो भैया के बल-विक्रम पर मुझे इतना अधिक विश्वास है कि शत्रुओं द्वारा उन्हें कष्ट दिये जाने की सम्भावना की कल्पना भी मेरे मन में नहीं है। किन्तु बल-विक्रम युद्ध में काम आता है। षड्यन्त्रों में फंसकर कभी-कभी बल-विक्रम व्यर्थ हो जाता है ..."

"तो कहीं ऐसा तो नहीं, सौमित्र! कि वे लोग छल से प्रिय को ऐसे स्थान पर ले जाएं, जहां पहले से व्यूह रचा गया हो; और उस व्यूह में घेरकर प्रिय का अहित करने का प्रयत्न करें।"

"यह भी हो सकता है, दीदी!" मुखर बोला, "कि वे लोग आर्य राम को इसलिए आश्रम से हटाकर ले गए हों कि पीछे से आश्रम पर आक्रमण कर सारा शस्त्रागार उठा ले जाएं ..."

लक्ष्मण ध्यान से मुखर को देखते रहे। फिर बोले, "मुझे लगता है कि सम्भावनाएं दोनों प्रकार की हो सकती हैं। बाहर वन में भी व्यूह रचा गया हो सकता है, जहां भैया को ले जाया गया है; और व्यूह यहां आश्रम के चारों ओर भी हो सकता है, जहां से भैया को हटाया गया है। इसलिए हमें दोनों स्थानों पर सन्नद्ध रहना चाहिए। यहां भी और वहां भी ... किन्तु व्यूह किसने रचा ? राक्षसों की एक भी सैनिक टुकड़ी इधर आयी होती, तो हमें उसकी सूचना अवश्य मिल जाती।"

"बाहर वन में राम हैं," सीता सौमित्र के आत्मचिंतन की उपेक्षा करती हुई बोलीं, "और यहां शस्त्रागार है। इन दोनों में किसकी रक्षा अधिक आवश्यक है, सौमित्र?"

"इन दोनों में से तो भैया की रक्षा ही अधिक आवश्यक है, भाभी!" सौमित्र बोले, "भैया सकुशल रहेंगे तो ऐसे अनेक शस्त्रागारों का निर्माण करेंगे। किन्तु भाभी! आश्रम में केवल शस्त्रागार ही नहीं है; यहां आप भी हैं। मेरे लिए बाहर वन में भैया हैं और आश्रम में भाभी हैं। दोनों की रक्षा समान रूप से आवश्यक है। भैया अपनी रक्षा में सक्षम हैं, आप इतनी सक्षम नहीं हैं। ऐसी स्थिति में आपकी रक्षा का प्रबन्ध पहले

करना होगा। अकेला घायल मुखर षड्यन्त्रों में धंसने अथवा व्यूहों को तोड़ने में समर्थ नहीं है। ऐसी स्थिति में न उसे अकेला भैया की सहायता के लिए वन में भेज सकता हूं और न आपकी रक्षा का भार उस पर छोड़कर जा सकता हूं ...''

सहसा उन सबके कान खड़े हो गए — मृत्यु की-सी यातना भरा स्वर पुकार रहा था, ''हां, लक्ष्मण! ...''

स्वर उसी दिशा से आ रहा था, जिस दिशा में राम गए थे। स्वर था भी उन्हीं का-सा।

तीनों ने एक-दूसरे की ओर देखा।

''मैं जाता हूं।'' मुखर बोला, ''आप दोनों यहीं ठहरें।''

''ठहरो, मुखर!'' लक्ष्मण ने उसे रोक दिया, ''जहां तक मैं अपने भाई को जानता हूं, वे किसी भी स्थिति में इतने दीन नहीं हो सकते। हमें सोच-समझकर पग उठाना चाहिए। यह स्वर राक्षसों की माया भी हो सकता है।''

''देवर!'' सीता कुछ घबरायी हुई-सी बोलीं, ''तुम समझदार भी हो और बुद्धिमान भी। ऐसी परिस्थितियों को भी तुम मुझसे अधिक भली प्रकार समझते हो। किंतु एक तो मैं स्त्री हूं, फिर राम से बहुत प्रेम करती हूं। प्रेम करने वाला मन अधीर भी होता है और शंकालु भी। इस समय मेरा मन स्थिर नहीं है। मैं विवाद कर पाने तथा निर्णय-अनिर्णय की स्थिति में नहीं हूं। इस समय मेरा मन शरीर को चीरकर, बाहर निकलना चाह रहा है। या तो मुझे राम की सहायता के लिए जाने दो — अथवा तुम स्वयं जाओ। अपनी और शस्त्रागार की रक्षा मैं मुखर की सहायता से कर लूंगी। फिर आर्य जटायु भी यहां से अधिक दूर नहीं हैं, उन्हें संदेश भिजवा, मैं पास के ग्राम से जन-सैनिक बुलवा लूंगी ...''

तभी, पहले के समान, पीड़ा से भरा हुआ स्वर फिर से आया, ''हा लक्ष्मण!''

अन्त तक आते-आते स्वर टूट गया। चीत्कार करने वाले का कंठ जैसे अवरुद्ध हो गया हो। टूटा-सा स्वर वन के वृक्षों से टक्करें मारता, जैसे भटकता फिरता था, पत्तियों और शाखाओं से सिर धुनता चलता था ... ''हा लक्ऽऽऽमण ...''

सीता ने तुरन्त कटि से खड्ग बांधा। तूणीर उठाया और कंधे पर रख, धनुष की ओर हाथ बढ़ाया।

''देवर! या तो आश्रम की रक्षा मुझ पर छोड़कर तुम जाओ, अथवा आश्रम में तुम ठहरो और मुझे जाने दो।''

लक्ष्मण के चेहरे पर, मन में हो रहे भीषण द्वन्द्व के लक्षण थे। वे निर्णय नहीं कर पा रहे थे — ''भाभी! सबसे सरल मार्ग तो यह है कि हम तीनों ही भैया की सहायता के लिए चलें। किंतु उसमें दो बातें आपत्तिजनक हैं — प्रथम तो हम शस्त्रागार को सर्वथा असुरक्षित छोड़ रहे हैं और दूसरे, वन के व्यूह की स्थिति जाने बिना, भैया की अनुमति के अभाव में, मैं आपको जोखिम के स्थान पर ले जा ...''

''मेरे पास ऊहापोह के लिए समय नहीं है, सौमित्र!'' सीता अत्यन्त व्यग्र स्वर में बोलीं, ''जल्दी निश्चय करो। या तुम जाओ, या मुझे जाने दो ... मेरी मानसिक स्थिति ठीक नहीं है, देवर! मैं बहुत व्यग्र हूं। ऐसा न हो ...''

''कैसा न हो, भाभी ?''

''कि तुम्हारे अनिर्णय, अकर्म और विलम्ब से मेरे इस अस्थिर मन में तुम्हारे प्रति कोई दुर्भावना जागे ... भाभी की रक्षा की आड़ में बार-बार अपने दायित्व से पलायन करना ...''

लक्ष्मण का मुखमंडल तमतमा गया, जैसे किसी ने चांटा मार दिया हो। बलात् स्वयं को बांध, उन्होंने सूक्ष्म दृष्टि से सीता की ओर देखा ... सीता का संकेत क्या खर से हुए युद्ध की ओर है ? क्या वे कहना चाहती हैं कि लक्ष्मण जान-बूझकर युद्ध से हट गए थे ? क्या वे लक्ष्मण पर कायरता का आरोप लगा रही हैं ? ...शायद वे यही कहना चाह रही हैं। ... तब भी सौमित्र कंदरा में छिपे रहे थे और भैया अकेले ही शत्रुओं से जूझे थे ... अब भी लक्ष्मण आश्रम में सुरक्षित बैठे थे और भैया वन में शत्रुओं से जूझ रहे थे ...

''भाभी! ...''

''मैं बाध्य हूं, सौमित्र! मेरा मन स्वस्थ नहीं है।''

लक्ष्मण के मन में आक्रोश और पीड़ा का समान उग्रता से विस्फोट हुआ।

''अच्छी बात है, भाभी!'' लक्ष्मण का स्वर दृढ़ हो गया, ''यह आपात्काल है। इस समय मैं आपको, मुखर को और शस्त्रागार को — तीनों को ही छोड़ रहा हूं। आर्य जटायु को सूचना भिजवा दीजिए कि समीपस्थ ग्राम से जन-सैनिक बुलवा लें। यद्यपि यहां कोई षड्यन्त्र ही रचा गया है, किंतु षड्यन्त्रकारी संख्या में अधिक नहीं होंगे; नहीं तो उनके आने की सूचना हमें अवश्य मिलती। अपनी तथा शस्त्रागार की रक्षा कीजिएगा ... अपनी कुटिया में शस्त्रागार के द्वार पर स्वयं रहिएगा और शस्त्रागार के दूसरे द्वार पर मेरी कुटिया में मुखर को रखिएगा। आर्य जटायु यथासम्भव आपकी सहायता करेंगे। ... जन-सैनिक तो हमने स्वयं विदा किये थे, किंतु आज विचित्र संयोग है कि आश्रम में कोई ब्रह्मचारी, जिज्ञासु अथवा अतिथि तक नहीं है। उल्लास और आदित्य भी नहीं हैं — सन्देश केवल आर्य जटायु के माध्यम से ही जा सकता है ...''

''जाओ, देवर! जल्दी ...''

''भाभी! कुटिया के भीतर रहिएगा। खुले में मत आइएगा। शस्त्रागार से दूर मत जाइएगा।''

निर्देश देते-देते ही लक्ष्मण वेग से भागते हुए, स्वर की दिशा में बढ़ गए।

सीता का मन कुछ सन्तुलित हुआ। लक्ष्मण राम की सहायता के लिए चले गए थे। राम अब अकेले नहीं थे। ...वे स्वयं आश्रम में मुखर के साथ अकेली थीं। राम की सुरक्षा के लिए, इससे अधिक अब कुछ नहीं किया जा सकता था। अब भी यदि शत्रु

का पक्ष भारी पड़ता है, तो सिवाय वीरगति के और कोई उपाय नहीं। ...आश्रम का दायित्व अब उन्हीं पर था। वैसे तो मुखर पुरुष था, शस्त्रास्त्रों की शिक्षा उनके साथ ही ले रहा था। किन्तु वय में छोटा था और राम का शिष्य था। सीता वय में भी बड़ी थीं, गुरु–पत्नी भी थीं और कुलपति की पत्नी भी। मुखर उनकी आज्ञा का पालन भी करेगा। कर्म का आदेश सीता ही देंगी।

"मुखर!" सीता कंधे पर तूणीर बांधती हुई बोलीं, "तुमने सौमित्र की बात सुनी ही है। जब तक राम और लक्ष्मण सकुशल लौटकर आश्रम में नहीं आ जाते, तब तक हमें व्यूह–बद्ध रहना है। मैं अपनी कुटिया में, तुम सौमित्र की कुटिया में। खुले में नहीं आना है। शस्त्रागार के निकट रहने से शस्त्रों का अभाव भी नहीं होगा और कुटिया की ओट में शत्रु हमें देख भी नहीं पाएगा। ... अब भैया! भागते हुए जाओ और आर्य जटायु को सूचना देकर लौटो तथा अपना स्थान सम्भालो। आगे सन्देश भेजने का कार्य आर्य जटायु स्वयं कर लेंगे।"

"अच्छा, दीदी! मैं अभी गया और आया।"

मुखर जटायु की कुटिया की ओर भागा।

सीता स्फूर्ति से अपनी कुटिया में आयीं; द्वार भीतर से बन्द किया और गवाक्ष पर अपना धनुष टिकाकर खड़ी हो गयीं। ... उन्हें केवल तीन ही दिशाएं दिखाई पड़ रही थीं। चौथी ओर से वे सर्वथा असुरक्षित थीं। आक्रमणकारी पीछे से भी आ सकता था। आर्य जटायु आएंगे तो उन्हें वे पीछे का ध्यान रखने के लिए कहेंगी ...

मुखर भागा जा रहा था, अभी वह सीता की दृष्टि से ओझल नहीं हुआ था। आर्य जटायु की कुटिया का मोड़ मुड़ते ही वह अदृश्य हो जाएगा ...

तभी पास के वृक्ष से कोई मुखर पर कूदा। वह भारी–भरकम शक्तिशाली जीव था। रंग काला था और संन्यासियों के समान दाढ़ी और केश थे। किंतु वह संन्यासी नहीं था। उसके हाथ में दीर्घाकार खड्ग था।

सीता ने अनायास ही चीत्कार किया ... मुखर आक्रमण की ओर से सर्वथा असावधान था। आक्रमणकारी आकार में उससे कहीं बृहद् तथा शक्ति में श्रेष्ठतर लग रहा था। उसके हाथ में भयंकर नग्न खड्ग था और मुखर के हाथ में धनुष–बाण, जिसका वह इतने निकट से प्रयोग नहीं कर सकता था। खड्ग निकालने का उसे अवसर ही नहीं मिलेगा ... वैसे भी मुखर अपने कंधे के घाव के कारण ...

सीता ने बाण चला दिया। किंतु पता ही नहीं चला कि वह आक्रमणकारी को लगा नहीं, अथवा उसके शरीर पर उसका कोई प्रभाव नहीं हुआ ...

अब तक मुखर भी स्थिति समझ चुका था। उसने अपना खड्ग खींच लिया था और प्रहार करने जा रहा था। किन्तु आक्रमणकारी उससे कहीं अधिक फुर्तीला और दक्ष था। उसका खड्ग पहले घूमा। मुखर के हाथ से उसका खड्ग निकल गया। वह निःशस्त्र था। आक्रमणकारी का खड्ग भयंकर गति से ऊपर उठकर नीचे गिरा। मुखर

धराशायी हो गया ... उसका शरीर निःस्पंद था।

सीता ने कांपते हाथों से दूसरा बाण चलाया, किन्तु आक्रमणकारी इस बार बाणों की ओर से सावधान भी था। उसने खड्ग के वार से बाण काट डाला। वह उसी स्फूर्ति से कुटिया की ओर बढ़ा। ...

सीता के प्राण उनके बाणों में समा गए। राम-लक्ष्मण वन में थे, मुखर कदाचित् मारा जा चुका था, अथवा गम्भीर रूप से आहत था। आर्य जटायु को कोई सूचना नहीं थी। वैसे भी वे वृद्ध थे और इन दिनों घायल भी। कानों से ऊंचा सुनते थे, ऐसी सम्भावना कम ही थी कि चीत्कार सुनकर वे स्वयं ही सहायता को आ जाएंगे। ... राम से विचार-विमर्श करने अथवा लक्ष्मण से शस्त्र-विद्या सीखने वाले ग्रामीण युवक भी जा चुके थे — अब तो सीता का यह धनुष था और वह आक्रमणकारी था। सीता को स्वयं ही निर्णय करना था।

सीता ने पूरी शक्ति से तीसरा बाण छोड़ा।

आक्रमणकारी फुर्ती से एक ओर हटकर बाण को बचा गया। उसने क्षण-भर रुककर, बाण की दिशा और स्थान को भांपा और दूसरे ही क्षण सारी स्थिति का विश्लेषण कर, अपनी नीति निर्धारित कर ली। ...

इससे पहले कि सीता अगला बाण छोड़तीं, आक्रमणकारी लक्ष्मण की कुटिया की दिशा में भागा।

सीता का हृदय धक् रह गया —यदि यह लक्ष्मण की कुटिया में घुस गया तो वह सुरक्षित हो जाएगा और सीता तथा शस्त्रागार दोनों असुरक्षित हो जाएंगे। उसे लक्ष्मण की कुटिया में घुसने से रोकना होगा — किन्तु वह इस गवाक्ष से सम्भव नहीं था। ... लक्ष्मण ने आड़ छोड़, खुले में आकर युद्ध करने से मना किया था, किन्तु अब आक्रमणकारी को रोकने के लिए कुटिया से बाहर आना ही होगा ...

सीता ने कुटिया का द्वार खोल दिया और ईषत् कोण में खींचकर बाण मारा। इस बाण को आक्रमणकारी बचा नहीं पाया। वह उसकी बायीं भुजा में जा घुसा था। किन्तु उसने बड़ी लापरवाही से बाण खींचकर फेंक दिया और अपने भागने की दिशा बदल दी। वह सीधा सीता की ओर आ रहा था...

सीता का हाथ कांप गया — वह व्यक्ति साधारण योद्धा नहीं था। अब तक का उसका प्रत्येक कृत्य उच्चकोटि के दक्ष योद्धा का था — किंतु साहस छोड़ने से बात नहीं बनेगी ... सीता ने धनुष खींचा ...

झन्न् की ध्वनि के साथ सीता के धनुष की प्रत्यंचा कट गयी। आक्रमणकारी का वार बड़ा सधा हुआ था। उसने सीता के हाथ का धनुष खींचकर फेंक दिया ... और पहली बार उसने रुककर सीता को निहारा ...

भयभीत सीता की आंखों ने देखा — उस भयंकर पुरुष के चेहरे पर भी कोमल भाव आए। वह मुसकराया।

"मैं लंकापति रावण हूं, मैथिली! तुम्हारा हरण करने आया हूं।"

सीता के मुख से स्वर नहीं निकला। कंठ अवरुद्ध हो गया, आंखें पथरा गयीं, शरीर अक्षम हो गया – केवल मस्तिष्क कार्य कर रहा था, वह भी मात्र दृष्टा का – सामने वह व्यक्ति खड़ा था, जिसका आतंक सम्पूर्ण जंबू-द्वीप में फैला हुआ था। यह सारा षड्यन्त्र उसी का रचा हुआ था और अब वह सीता का अपहरण कर रहा था ...

रावण ने झपटकर सीता को उनकी कटि से पकड़कर उठा लिया और अपने कंधे पर डालकर कुटिया की पिछली दिशा में, आश्रम के प्रवेश-द्वार के ठीक विपरीत मार्ग की ओर भागा ...

सीता का स्तंभन टूटा। उनके मुख से चीत्कार फूटा और हाथ-पैर छूटने के लिए संघर्ष करने लगे। उन्होंने रावण की दाढ़ी नोंच डाली। सिर के केश पूरी शक्ति से उखाड़ने का प्रयत्न किया। जहां-तहां नखों तथा दांतों से नोंच-काट डाला, किन्तु रावण की गति में विघ्न नहीं पड़ा। वह भागता ही चला गया।

हाथ-पैरों के साथ सीता का मस्तिष्क भी सक्रिय हो उठा था – राम और लक्ष्मण जिस दिशा में गए थे, रावण उसकी विपरीत दिशा में भाग रहा था। मार्ग में संयोग से राम-लक्ष्मण के मिल जाने की कोई संभावना नहीं थी। अब यदि कोई सीता का सहायक हो सकता था तो वह केवल आर्य जटायु ही थे। रावण उन्हीं की कुटिया की दिशा में बढ़ रहा था। ...

सीता की इच्छा हुई, वे पूरी शक्ति से चीत्कार करें – शायद आस-पास कोई हो और उनका स्वर सुनकर आ जाए। यदि कोई आ जाए तो रावण से चाहे उनकी रक्षा वह न कर सके, किंतु राम को समाचार तो दे ही सकेगा ... किंतु रावण ने उन्हें इस प्रकार पकड़ रखा था कि उसका बायां हाथ उनके मुंह पर था। न वह हाथ हटता था और न वह चीत्कार कर सकती थीं। ऐसा ही तब हुआ था, जब विराध ने उनका अपहरण करने का प्रयत्न किया था। शारीरिक शक्ति में कम होने के कारण शस्त्र-विद्या भी व्यर्थ जा रही थी। ... फिर भी उनका प्रयत्न निरंतर चल रहा था; किंतु इतना तो स्पष्ट ही था कि रावण की पकड़ से छूट पाना सम्भव नहीं था। संघर्ष संघर्ष के लिए ही था। ... सम्भव था, मार्ग में जटायु मिल जाएं। यद्यपि वृद्ध जटायु, रावण से लड़ने के लिए, उपयुक्त योद्धा नहीं थे, किंतु इस समय तो सीता की एकमात्र आशा उन्हीं पर टिकी हुई थी। अपनी कुटिया के बाहर बैठे जटायु ने देखा – एक विशालकाय सांवला पुरुष एक स्त्री को बलात् उठाए लिये भागा जा रहा है। ... जटायु ने आंखों पर हथेली रखकर देखना चाहा – क्या सचमुच वही हो रहा है, जो वे देख रहे हैं; या वह उनकी वृद्ध आंखों का भ्रम है। किंतु उनकी आंखें अभी ऐसी तो नहीं हुईं कि शून्य में काल्पनिक दृश्य देखा करें, अन्यथा खर के साथ हुए युद्ध में वे भाग कैसे लेते ... पर अब तो बहुत दिनों से इस वन में इस प्रकार की घटनाएं नहीं होतीं। राम के आने के साथ ही यहां प्राय: शांति हो गयी थी ...

वे अपने द्वार से उठकर, पगडंडी के बीच आ खड़े हुए।

वह पुरुष उन्हीं की दिशा में बढ़ रहा था ... उसकी भी दृष्टि सहसा जटायु पर पड़ी और वह अचकचाकर रुक गया। कदाचित् उसकी पकड़ भी ढीली पड़ गयी और स्त्री को अवसर मिल गया।

"तात जटायु!" सीता अपनी पूरी शक्ति से चिल्लाई।

सीता को पहचानने में जटायु को क्षण-भर भी नहीं लगा। उनकी शिथिलता विलीन हो गयी, असमंजस समाप्त हो गया। वे अपनी अवस्था भूल गए, पिछले दिनों युद्ध में खाए अपने घावों का ध्यान उन्हें नहीं रहा। तनकर खड़े हो गए, "कौन है, दुष्ट, तू ?"

और फिर जैसे उनकी स्मरण-शक्ति की धूल झड़ गयी। बहुत दिनों के पश्चात् देख रहे थे, किंतु वे भूल नहीं कर सकते थे — यह अवश्य ही रावण था।

"दुष्ट! निर्लज्ज! पापी!" जटायु दांत पीस-पीसकर कह रहे थे। उनकी मुट्ठियां भिंच-भिंच जा रही थीं। वे भूल गए कि उनके सम्मुख रावण खड़ा है, जिसका नाम सुनते ही विश्व के बड़े-बड़े योद्धाओं के हाथों से शस्त्र छूटकर गिर जाते हैं। ... उनकी आंखों के सम्मुख मुक्त होने के लिए छटपटाती हुई सीता थीं; और एक दुष्ट राक्षस था, जो सीता को छोड़ नहीं रहा था ...

"अपना जीवन चाहता है तो सीता को छोड़ दे, दुष्ट!" जटायु झपटकर उसकी ओर बढ़े।

रावण को निश्चय करने में निमिष-भर से अधिक समय नहीं लगा। उसने झपटते हुए जटायु के सम्मुख से तनिक एक ओर हटकर, किनारे से प्रबल धक्का दिया। उसका अनुमान ठीक था ... जटायु अपनी रक्षा के लिए प्रस्तुत नहीं थे। वे असावधानी में भूमि पर जा गिरे।

किंतु वृद्ध जटायु ने चामत्कारिक स्फूर्ति का परिचय दिया। अगले ही क्षण वे उठकर खड़े हो गए और पुनः रावण की ओर झपटे। ... रावण उनके आगे-आगे भागता जा रहा था। सीता अब भी उन्हें सहायतार्थ पुकार रही थीं और छूटने के लिए पूरी शक्ति से हाथ-पैर चला रही थीं ... जटायु की दृष्टि रावण के लक्ष्य पर पड़ी तो उनका सारा रक्त जैसे जम गया ... वक्षों के झुरमुट के पीछे, रावण का गधे सरीखे घोड़ों से जुता हुआ रथ तैयार खड़ा था। रावण एक बार रथ तक पहुंच गया तो फिर उसे पकड़ना असम्भव हो जाएगा। वह चारों ओर से बन्द इस रथ में सीता को बंदी कर, पवन गति से रथ हांककर ले जाएगा और कोई देख भी नहीं पाएगा कि रथ में कौन है ...

जटायु अपने प्राणों का सारा बल लगाकर भागे। इस गति से शायद कभी वे अपनी युवावस्था में भी नहीं भागे थे ... रावण रथारूढ़ हो ही रहा था कि जटायु ने उसे पकड़ लिया। और कुछ न सूझा तो पूरी शक्ति से अपने दांत उसकी टांग में गड़ा दिए ... शस्त्र का अभाव उन्हें जीवन-भर कभी इतना नहीं खला था।

एक ओर सीता रावण की पकड़ से निकल जाने के लिए छटपटा रही थीं और दूसरी ओर से वृद्ध जटायु ने उसकी टांग में दांत गड़ा दिए थे ... रावण ने दाहिने हाथ का भरपूर मुक्का जटायु के मुख पर मारा। ... जटायु दूसरी बार गिरे और सीता ने देखा, उनकी नाक से रक्त बह आया था। सीता के कंठ से चीख निकल गयी ...

किंतु इस बार रावण थमा नहीं, वह भूमि पर गिरे हुए जटायु को पैरों, घुटनों और मुक्कों से निरंतर पीटता चला गया। किंतु जटायु ने भी संघर्ष नहीं छोड़ा। आघात-पर-आघात सहकर भी वे हताश नहीं हुए। जाने कैसे उन्होंने रावण की दाहिनी भुजा पकड़ ली और फिर उससे चिपक गए। ... रावण ने झटकने के लिए भुजा उठाई, तो वे उसके साथ उठते गए और उसके कंठ में बांहें डाल, अपने पूरे बल से उसके साथ लटककर, पुनः अपने दांत उसके कंधे में गड़ा दिए।

सीता के लिए भी यही अवसर था। उन्होंने रावण की बायीं भुजा में अपने दांतों से काटा ... किंतु इससे पहले कि उसकी पकड़ शिथिल होती, रावण ने दाएं हाथ से खड्ग निकाल जटायु के पेट में धंसा दिया। एक हल्की कराह के साथ जटायु, रावण को छोड़, भूमि पर गिर पड़े। उनके मुख से स्वर नहीं निकला, केवल खुली आंखों में बेबसी का भाव लिये चुपचाप पड़े रहे ... उसी अर्ध-मूर्च्छावस्था में उन्होंने देखा कि रावण ने सीता को जोर से रथ में पटका और रस्सियों से जकड़ दिया। रथ का द्वार बन्द किया और रथ को हांक दिया... जटायु की संज्ञा जैसे लौटी। रथ चला गया तो क्या होगा ? — वे उचके और उन्होंने रथ को पकड़ लिया। वे यह भी नहीं समझ पा रहे थे कि रथ का कौन-सा भाग उनके हाथ में आया था और भागते हुए रथ को पकड़कर वे क्या करेंगे ?... रथ चलता जा रहा था और जटायु साथ लटके हुए थे ... यदि वे एक बार रथ पर चढ़ पाएं... पर क्या करेंगे रथ पर चढ़कर... ? सहसा एक झटका लगा और जटायु भूमि पर आ रहे। उन्होंने अपनी बंद होती हुई बूढ़ी आंखों से देखा कि रावण का रथ पूरे वेग से भागता जा रहा था...

## 8

रावण ने अपने कक्ष में प्रवेश किया तो देखा, मंदोदरी वहां पहले से बैठी हुई थी।

सामान्यतः जब रावण किसी यात्रा से लौटता था तो रथ के रुकते ही मंदोदरी उसका स्वागत महल के मुख्य द्वार पर आरती के थाल के साथ किया करती थी। किंतु आज न तो किसी को यह ज्ञात था कि वह कहां गया है, न उसके लौटने का समय ही नियत था; इसलिए यदि महारानी द्वार पर अपने पति का स्वागत नहीं कर पायी तो कोई बात नहीं। किंतु इस समय भी उसने स्वागत का कोई प्रयत्न नहीं किया। रावण को देखकर उसने न उल्लास प्रकट किया, न आश्चर्य। वह उसी प्रकार निश्चल मुद्रा में बैठी रही, जैसे रावण सदा से महल में ही हो, बाहर कहीं गया ही न हो।

रावण ने ध्यान से देखा -- मंदोदरी के चेहरे पर ऊपरी शांति के भीतर से आवेश का हल्का-सा आभास फूट रहा था।

''क्या बात है ? आज साम्राज्ञी कुछ असन्तुष्ट दीख रही हैं।''

''सम्राट तो सन्तुष्ट हैं न!'' मंदोदरी का स्वर शुष्क था, ''सुना है, सम्राट् अपनी बहन के अपमान का प्रतिशोध लेने गए थे।''

''हां, गया था शूर्पणखा के अपमान का प्रतिशोध लेने।'' रावण मंदोदरी का व्यवहार समझ नहीं पा रहा था।

''क्या शूर्पणखा की दुश्चरित्रता के लिए उसका प्रताड़न करने वालों का वध कर आए ?'' मंदोदरी का स्वर शुष्कता छोड़ वक्र हो उठा।

''मंदोदरी!'' रावण का क्रोध संयत नहीं रह सका, ''मेरी बहन को दुश्चरित्र कहने का साहस कर रही हो तुम!''

''सम्राट को बुरा लगा।'' मंदोदरी का स्वर अधिक वक्र तथा उपहासपूर्ण हो गया, ''मुझे मालूम नहीं कि सम्राट् किसे दुश्चरित्र कहते हैं। शूर्पणखा का विवाह हमारे विवाह से भी पहले हुआ था। वय में वे मुझसे बड़ी नहीं तो विशेष छोटी भी नहीं हैं। मेरा इंद्रजीत जैसा पुत्र तथा सुलोचना जैसी पुत्रवधू है। शूर्पणखा के पति का वध न हुआ होता अथवा उसने उन्मुक्त काम-विहार न कर पुनर्विवाह कर लिया होता तो आज उसकी संतानें वय में उन वनवासियों से बड़ी होतीं, जिनका उसने कामाह्वान किया था। ठीक है कि किसी संतान को जन्म न देने के कारण वे अपने वय से कम दीखती हैं; किंतु अपने पुत्र-योग्य वय के पुरुषों को रति-निमंत्रण देना सच्चरित्रता का आदर्श तो नहीं!''

''मंदोदरी! तुम जानती हो कि राक्षसों ने सच्चरित्रता के इन आदर्शों को कभी मान्यता नहीं दी। शूर्पणखा स्वतंत्र है। वह किसी से भी काम-प्रस्ताव कर सकती है।''

''तो वे वनवासी भी स्वतंत्र थे। उन्होंने काम-प्रस्ताव ठुकरा दिया। शूर्पणखा को क्या अधिकार था कि वह उनके साथ की स्त्री के प्राण लेने का प्रयत्न करती।'' मंदोदरी ने क्षण-भर रुककर जैसे शक्ति एकत्रित की, ''सम्राट अपने मुख से कह दें कि यह असत्य नहीं है कि सीता जैसी रूपवती युवती देखकर शूर्पणखा अपने रूप और यौवन की विदाई की अनुभूति से पीड़ित हो उठी थी। वह ईर्ष्या से जल उठी थी, इसलिए उसने सीता पर आक्रमण किया था।... उसका वश चले तो वह प्रत्येक सुन्दरी युवती के टुकड़े-टुकड़े कर दे। उसे स्वयं मेरी पुत्र-वधुएं एक आंख नहीं भातीं।''

''मंदोदरी!'' रावण का चीत्कार गूंजा, ''घर के झगड़े अन्य बात है और बाहरी शत्रुओं द्वारा मेरे किसी सम्बन्धी का अपमान किया जाना अन्य बात। रावण न्याय-अन्याय और औचित्यानौचित्य नहीं देखता। वह सम्बन्धों को देखता है। कोई मेरे सम्बन्धियों का अपमान करेगा, उनका विरोध करेगा, उन्हें हानि पहुंचाएगा तो मैं उसका प्रतिशोध अवश्य लूंगा।''

''किसी भी सम्बन्धी का ?''

''हां, किसी भी सम्बन्धी का। राक्षसराज रावण आज विश्व की सबसे बड़ी शक्ति है। उसके सम्बन्धियों की इच्छाओं का विरोध करने वाले को प्राण दण्ड के लिए प्रस्तुत रहना चाहिए।''

''तो सम्राट्!'' मंदोदरी का स्वर अत्यन्त शांत था, ''जब मेरे भाई मायावी का वध वाली ने वन्य-पशु के समान कर डाला था तो सम्राट् उसका प्रतिशोध लेने क्यों नहीं गए ? मायावी राक्षसराज का संबंधी नहीं था क्या ? या वाली की पत्नी सीता के समान सुन्दरी और युवती नहीं थी, जिसके अपहरण के लिए राक्षसराज लालायित हो उठते!''

''साम्राज्ञी!'' लगा, रावण का स्वर फट जाएगा।

''यह तो विचित्र प्रतिशोध है।'' मंदोदरी अपने शांत स्वर में बोलती गयी, ''एक स्त्री के अपमान का प्रतिशोध दूसरी स्त्री के अपमान से लेना, राक्षसराज की विचित्र नीति है ... राक्षसराज ने न वाली का वध किया, न उस वनवासी का। वाली का वध क्यों नहीं किया ? राक्षसराज उससे भयभीत थे ? या उन्हें अपनी मदिरा तथा गणिकाओं से अवकाश नहीं था ? या साम्राज्ञी का भाई होने के कारण मायावी सम्राट् का सम्बन्धी नहीं था ... ?''

''मंदोदरी!'' रावण का स्वर कोमल हो गया, ''समझने का प्रयत्न करो। वाली मेरा मित्र है। उसने आज तक राक्षसों के कार्यों में हस्तक्षेप नहीं किया।''

''अर्थात् उसने वानर-कन्याओं के हरण और वानरों के दास बनाकर बेचे जाने अथवा उनका वध कर लंका के हाटों में उनका मांस बेचने का विरोध नहीं किया।''

''अनेक राजनीतिक कारण हैं।'' रावण ने पुनः समझाने का प्रयत्न किया, ''वह आर्य ऋषियों को अपने राज्य में घुसने नहीं देता। वह वानरों को शिक्षा प्राप्त करने का अवसर नहीं देता। वह सशस्त्र सेनाओं का निर्माण नहीं करता, नहीं तो लंका की नाक पर एक राजनीतिक प्रतिद्वन्द्वी खड़ा हो जाएगा।''

''यदि वाली सम्राट् के भाई का वध कर देता, तब भी सम्राट् यही कहते ?'' मंदोदरी ने अपांग से रावण को देखा, ''या यह तर्क केवल साम्राज्ञी के भाई के वध के लिए है ?''

''तुम क्या चाहती हो, मंदोदरी ?'' रावण खीझकर बोला, ''कि मैं वाली से युद्ध ठानूं ? उसे अपना शत्रु बना लूं और इतनी बड़ी वानर-जाति को समर्थ बनाने में सहायता देकर उन्हें देव-जातियों के पक्ष में धकेल दूं ? ... यदि मैं वाली की हत्या कर दूंगा तो उसका भाई सुग्रीव शासक बने या उसका पुत्र अंगद — किष्किंधा का शासन राक्षसों के लिए शुभ नहीं होगा।''

''तो सम्राट् का विचार है कि सीता का इस प्रकार कायरतापूर्ण अपहरण राक्षसों के लिए शुभ होगा!'' मंदोदरी का धैर्य जैसे समाप्त हो चुका था। उसका स्वर ऊंचा हो

गया, ''सीता उस व्यक्ति की पत्नी है, जिसने अकेले ही खर-दूषण की समस्त सेना को ध्वस्त कर दिया। सम्राट् का विचार है कि निःशस्त्र और पिछड़ी हुई, पूर्णतः असभ्य वानर-जाति की शत्रुता तो राक्षसों के लिए भयंकर हो सकती है, किंतु दिव्यास्त्रों में प्रशिक्षित उन दोनों भाइयों — जिन्होंने दंडकारण्य की धूल-मिट्टी से साम्राज्य ध्वस्त करने वाली सेना खड़ी कर दी — की शत्रुता राक्षसों के लिए हितकर होगी ?''

''उनकी शत्रुता का क्या अर्थ है ?'' रावण स्पष्ट खीझ के साथ बोला, ''पिता द्वारा घर से निष्कासित, अपने राज्य, बन्धु-बांधवों से इतनी दूर, अकेले दो वनवासी तरुण, रावण के साम्राज्य का क्या बिगाड़ सकते हैं। उनके सहायक जो दो-चार संन्यासी हैं भी, वे भी रावण का नाम सुनते ही भाग जाएंगे। अपनी स्त्री का हरण हुआ जानकर राम का मन और साहस दोनों टूट जाएंगे। बहुत होगा तो वह आत्महत्या कर लेगा। उसका छोटा भाई भी रो-रोकर प्राण दे देगा।... रावण यहां बैठा है, समुद्र से घिरी लंका में। एक तो वे जीवित ही नहीं रहेंगे, जीवित रहेंगे तो उन्हें पता नहीं होगा कि सीता कहां है, और पता लगेगा तो राम समुद्र पार कर नहीं पाएगा, और यदि पार कर भी गया तो रावण के हाथों मारा जायेगा।''

''इतने ही निरीह वे हैं तो सम्राट् राम और लक्ष्मण का ही वध कर आते। सीता को उठा लाने की क्या आवश्यकता थी ?''

इस बार रावण हंस पड़ा, ''कहीं ऐसा तो नहीं कि शूर्पणखा पर लगाया गया आरोप साम्राज्ञी पर भी लागू होता हो। सीता का यौवन और रूप-सौन्दर्य साम्राज्ञी के लिए भी असह्य है ?''

''निश्चित रूप से सीता अनिन्द्य सुन्दरी है।'' मन्दोदरी शांत स्वर में बोली, ''और अभी पूर्ण यौवना है। मन्दोदरी के लिए सीता का अपहरण ईर्ष्या का नहीं, लज्जा का विषय हो रहा है। मन्दोदरी के मन में सीता के लिए कोई स्पर्धा नहीं है, किन्तु मैं यह सोच-सोचकर दुखी हूं कि सम्राट् आज तक अपनी मर्यादा की रक्षा नहीं कर पाए। असंख्य सुन्दरियों का हरण कर, अपनी पत्नी का मन तो सदा दुखाते ही रहे, अब आप अपने पुत्रों के सम्मुख ऐसे आदर्श प्रस्तुत कर अपनी पुत्र-वधुओं को भी पति-सुख से वंचित करेंगे।''

''तुम क्या पति-सुख से वंचित रही हो, मन्दोदरी!'' रावण ने आश्चर्य प्रकट किया।

''सम्राट् समझते हैं कि मैं सुखी रही हूं।'' मन्दोदरी तीखे स्वर में बोली, ''जिसका पति नित्यप्रति युद्ध, आक्रमण, लूटपाट और बलात्कारों के लिए विदेशों में घूमता रहे लौटकर घर आए तो विजय के चिह्न के रूप में अपहृत कन्याओं की सेना साथ लाए और विजय-पर्व के नाम पर उन निरीह बालिकाओं के साथ बलात्कार करता रहे — वह पत्नी क्या सुखी कही जा सकती है ?''

''तो साम्राज्ञी अपने पति को छोड़ जाने को स्वतंत्र थीं। ...''

''मेरे तथा सम्राट् की बहन के संस्कार पर्याप्त भिन्न हैं, सम्राट्!''

रावण को लगा, क्रोध के मारे उसका मुख तो खुल गया है, किन्तु कोई स्वर नहीं निकल रहा। बड़ी कठिनाई से वह कह सका, ''मन्दोदरी ... !''

किन्तु मन्दोदरी कहती गयी, ''और फिर जो पुरुष अन्य स्त्रियों को अपने पतियों के साथ नहीं रहने देता, वह अपनी पत्नी को किसी अन्य पुरुष के साथ देख सकता! ... मैं कहती हूं, अब भी समय है, सम्राट्!''

''किस बात का ?''

''सम्राट् अपनी काम-लिप्सा को संयत करें।''

''साम्राज्ञी अपने पति को कामुक कह रही हैं!''

''सम्राट् ने इस विशेषण को सदा गर्वपूर्वक अंगीकार किया है। ... किन्तु अब हममें से किसी को भी यह विशेषण गौरवमय नहीं लगता। मैं नहीं चाहती कि यह कीर्ति फैले कि सम्राट् किसी भी युवा सुन्दरी को देख स्वयं को वश में नहीं रख पाते; और परिणामतः सम्राट् की पुत्र-वधुएं भी स्वयं को इस राजप्रासाद में असुरक्षित मानें ...''

''मन्दोदरी!'' रावण का क्रोध उफन पड़ा, ''तुम साम्राज्य के प्रतिशोध को अत्यन्त कलुषित रूप में प्रस्तुत कर रही हो।''

''सम्राट् के क्रुद्ध होने का मैं कोई कारण नहीं देख[illegible]'' [illegible]स बार मन्दोदरी ने अपनी आंखों में रोष भरकर रावण को देखा, ''यदि य[illegible] का प्रतिशोध ही है तो सम्राट सीता को महल से हटाकर आशोक वाटिया में बन्दिनी बनाकर रखें। और प्रतिशोध के नियम के अनुसार, यदि आप उसके पति का वध करते तो भी उसे पति-शोक को भूलने के लिए एक वर्ष का समय दिया जाता। यद्यपि उसका पति जीवित है, फिर भी उसे एक वर्ष की अवधि दें कि वह अपने पति को भूलने का प्रयास करे। एक वर्ष के पश्चात् उसे पुनर्वरण का अवसर दें। तब यदि वह आपको अपना पति स्वीकार कर ले तो उसे अपनी सपत्नी मानने में मुझे कोई आपत्ति नहीं होगी।''

''यह नहीं होगा।'' रावण उठ खड़ा हुआ।

''यही होगा, सम्राट्!'' मन्दोदरी के स्वर में आदेश था, ''यह न भूलें कि मन्दोदरी भी इस साम्राज्य की साम्राज्ञी है।''

रावण के नेत्र क्रोध से आरक्त हो उठे, ''अपनी सीमा पहचानो, मन्दोदरी! सम्राट् की इच्छा का विरोध दण्डनीय है; और दंड का निर्णय मैं करता हूं।''

मन्दोदरी के मुख पर सहज उपेक्षा प्रकट हुई, ''सीमाएं सबकी होती हैं, सम्राट्! यह साम्राज्य अकेले रावण की भुजाओं पर खड़ा होता तो कब का ध्वस्त हो गया होता।'' ... मन्दोदरी क्षण-भर रुककर बोली, ''मैं इस निर्णय की सूचना इन्द्रजित को भी भेज रही हूं और विभीषण को भी। यदि आपने अपने अहंकार में मनमानी करने का प्रयत्न किया तो आप देखेंगे, साम्राज्य को उलट देने की शक्ति मन्दोदरी में भी है...!''

मन्दोदरी के मुख पर ऐसी दृढ़ता रावण ने शायद ही पहले कभी देखी थी ...

मन्दोदरी चली गयी और रावण अपने कक्ष में बैठा रह गया। कहां वह अपने सफल अभियान पर उल्लसित लौटा था और कहां यह स्थिति हो गयी, जैसे न मन में कोई उत्साह है और न शरीर में प्राण। ... जब कभी वह हरण कर किसी कन्या को लाया, मन्दोदरी ने अपनी अप्रसन्नता जतायी थी; किन्तु साथ ही उस रूपगर्विता ने यह भी संकेत दिया था कि रावण किसी भी अन्य सुन्दरी से बंधकर नहीं रह सकता। ... और कहां आज वह ...

रावण को लगा, वह सच कहती है — रावण का अब वह वय नहीं रहा। मायावी का वध सुनकर वह एक बार क्रोध प्रकट कर मौन ही रहा। शूर्पणखा के अपमान की बात सुनकर भी उसने राम और लक्ष्मण का वध नहीं किया — उनकी अनुपस्थिति में सीता को अपहृत कर लाया; और आज फिर इन्द्रजित तथा विभीषण की धमकी दी है मन्दोदरी ने, और रावण अपना खड्ग निकाल उसका सिर धड़ से पृथक् नहीं कर सकता ... क्या सत्य ही रावण वृद्ध हो गया है ? ... किन्तु कैसी वृद्धावस्था? सीता को देखते ही रावण के रोम-रोम में बिजलियां तड़प उठी थीं। अकेला रावण, इतनी दूर से सीता का हरण कर, रथ दौड़ाता हुआ भागा आया है। यह क्या वृद्धावस्था का लक्षण है ? ... सीता का तो रूप ही ऐसा है कि रावण चिता पर से उठकर भी आकाश तक छलांग लगा सकता है। ... कितनी दूर-दूर तक धावे मारे हैं रावण ने और कैसी-कैसी सुन्दरियों का हरण कर, उनके साथ बलात्कार भी किया है ... किन्तु सीता! सीता जैसी सुन्दरी उसने आज तक देखी ही नहीं।... अब मन्दोदरी उसे कैसा दंड देना चाहती है। रावण अपनी इच्छा से सीता को अपने प्रासाद से निकालकर अशोक-वाटिका में ठहरा दे और स्वयं दिन-रात उसकी कल्पना में तड़पता रहे ... उसे भुलाने के लिए मदिरा में डुबकियां लगाता रहे ... जीते-जी जलते रहने का दंड दे रही है मन्दोदरी! कैसे सहेगा रावण का मन ? उसने तो सोचा था कि वहां वन में सीता के वियोग में राम तड़पता फिरेगा; और यहां मंदोदरी ने सारी चाल पलटकर रख दी।... वह राम क्या तड़पेगा, जो सीता से इतनी दूर है। तड़पेगा तो रावण — सीता जिसकी भुजाओं में घिरी तो है, किन्तु वह उसका स्पर्श नहीं कर सकता। ... ओह मन्दोदरी! तूने अपने जीवन-भर तड़पने का प्रतिशोध एक ही बार में ले लिया ...

किन्तु क्यों बाध्य है रावण! वह सम्राट् है — लंका का अधिपति! राक्षसों का अधीश्वर! उसके मुख से निकला शब्द विधान है, उसकी इच्छा विश्व-भर के लिए आदेश है। वह मन्दोदरी के सम्मुख बाध्य क्यों है ? ... जो कुछ आज मन्दोदरी ने रावण से कहा है, यदि वह इन्द्रजित से भी कह देगी तो पुत्र का हृदय मां की पीड़ा जानकर पिघल नहीं जाएगा ? तब क्या इन्द्रजित अपने पिता का विरोध नहीं करेगा ? ... इन्द्रजित! रावण के साम्राज्य का सबसे समर्थ और विश्वसनीय योद्धा! ...रावण उसका विरोध नहीं चाहता ... ओह! पुत्रों के वयस्क हो जाने पर मां कितनी समर्थ हो जाती है। कैसा मूर्ख है पिता भी! स्वयं अपने विरोधियों को जन्म देता है, उनका पालन-पोषण

करता है; और जब वे वयस्क हो जाते हैं, तो उनके सम्मुख आत्म-समर्पण कर देता है...

...विभीषण का नाम भी लिया है मन्दोदरी ने! विभीषण से रावण तनिक भी नहीं डरता; किन्तु लंका में विभीषण के भी अनेक अनुयायी हैं। लंका में भी कुछ लोग अब रावण की पद्धति का विरोध करने लगे हैं। विभीषण उनका अगुआ बन बैठा है। ... विभीषण से रावण नहीं डरता, किन्तु वह नहीं चाहता कि विभीषण और इन्द्रजित मिलकर उसके विरुद्ध एकजुट हो जाएं ...

पता नहीं, शत्रु का वध कर उसकी पत्नी के हरण की पद्धति की चर्चा मन्दोदरी ने जान-बूझकर की है, या असावधानी में ही उसके मुख से बात निकल गयी है... यदि कहीं वह सीता को लौटा देने की हठ पकड़ लेती तो रावण की स्थिति क्या होती ? ...सीता को रावण लौटा नहीं सकता और मन्दोदरी का दमन अब संभव नहीं है।... मन्दोदरी ने उसे सीता को एक वर्ष की अवधि देने को कहा है और उसके पश्चात् पुनर्वरण की स्वतन्त्रता। ... सीता को पुनर्वरण की स्वतन्त्रता दी जाएगी तो क्या वह स्वेच्छा से रावण का वरण करेगी ? ... नहीं! शायद नहीं! यदि वह पुनर्वरण के लिए मान भी गयी तो क्या उसकी दृष्टि अन्य युवा राक्षसों पर नहीं पड़ेगी ... इन्द्रजित पर या रावण के किसी अन्य पुत्र पर ...

रावण का मस्तक झनझना उठा। नहीं! सीता किसी और का वरण नहीं कर सकती। वह या तो स्वेच्छा से रावण का वरण करेगी या रावण स्वयं अपने चन्द्रहास खड्ग से उसके टुकड़े-टुकड़े कर देगा ... किंतु मन्दोदरी द्वारा लगाया गया एक वर्ष का प्रतिबंध! रावण क्या जानता था कि मन्दोदरी नागिन बनकर उसे इस प्रकार मर्म पर डसेगी।

मन्दोदरी आकर अपने पलंग पर लेटी तो उसे लगा, जैसे पेट की गहराई में रह-रहकर पीड़ा की लहर उठ रही है... विवाह के आरम्भिक कुछ वर्षों को छोड़कर रावण कभी भी पूर्णत: मन्दोदरी का नहीं रहा। मन्दोदरी ने सदा इस पीड़ा को झेला है और प्रतिवाद किया है। किन्तु तब रावण का फैला हुआ यश था, बढ़ता हुआ साम्राज्य था, प्रतिदिन नये युद्ध थे और पराजित तथा अपहृत युवतियों की सेनाएं थीं। दो-चार दिन वे रावण की आंखों में चढ़ी रहती थीं। फिर चाहे किसी सेनापति अथवा सामन्त को प्रदान कर दी जाती थीं, अथवा मन्दोदरी की दासियां बनाकर प्रासाद-रूपी कारागार में डाल दी जाती थीं। मन्दोदरी तब युवती थी, उसे अपनी अप्सरा मां से रूप का भंडार मिला था। उन अपहृत युवतियों के पीछे मदांध हुए रावण को देखती तो उसे उस पर दया आ जाती। मन्दोदरी जैसी पत्नी होते हुए भी उन साधारण युवतियों पर मुग्ध होनें वाले व्यक्ति की बुद्धि पर दया ही की जा सकती है ... किन्तु शायद रावण को बलात्कार में ही सुख मिलता था। स्त्री का आत्मसमर्पण अथवा परस्पर सहमति से रति-सुख रावण को

आकर्षक नहीं लगता था... और मन्दोदरी यही सोचती रही कि रावण अपने इस व्यवहार से स्वयं ही वंचित हो रहा है, और मन्दोदरी ने क्या खोया ...

किन्तु पिछले कुछ वर्षों से मन्दोदरी का अक्षय रूप भी क्षीण हो रहा था। दर्पण देखना उसके लिए बहुत सुखद नहीं रह गया था। ... ठीक कहा था रावण ने, शूर्पणखा पर लगाया गया मन्दोदरी का आरोप स्वयं उस पर भी लागू हो सकता था। ... सीता को देखते ही न केवल मन्दोदरी की आंखें चौंधिया गयी थीं, उसे अपना क्षीण यौवन-रूप बहुत पीड़ित भी कर गया था। उसे पहली बार लगा था कि उसके पति को उससे स्थायी रूप से छीनने वाली स्त्री इस घर में आ गयी है। सीता का रूप और यौवन अभी वर्षों तक बना रहेगा और रावण को कभी पलटकर मन्दोदरी को देखने की न आवश्यकता होगी, न अवकाश। मन्दोदरी के मन में तभी झंझावात उठ खड़ा हुआ था ... किसी भी प्रकार सीता को रावण से दूर रखना होगा। पहले मन्दोदरी ने सीता के वध की बात सोची थी, फिर उसे लौटा देने के लिए रावण को बाध्य करने की ... किन्तु ये दोनों ही उसे उसका पति नहीं लौटा सकते थे। मन्दोदरी रावण को जानती है — सीता का रूप और रावण का मद! यदि सीता को रावण से छीनने का प्रयत्न किया जायेगा तो लंका का यह साम्राज्य जलकर क्षार हो जायेगा ... मन्दोदरी यह नहीं कर सकती। ... तभी उसके मन में सीता को रावण से दूर करने की युक्ति आयी थी ... सीता अपनी इच्छा से कभी रावण का वरण नहीं करेगी, कभी आत्मसमर्पण नहीं करेगी, और मन्दोदरी उसे बलात्कार करने नहीं देगी ...

रावण की समझ में नहीं आ रहा था कि वह क्या करे। मन्दोदरी की बात माने या न माने ? सीता के अपहरण से राम से शत्रुता होगी — यह तो वह जानता था। उसका उसे भय भी नहीं था। पर अपने घर के भीतर से विरोध ? आज तक वह इन्द्रजित का बल-विक्रम देख-देखकर प्रसन्न हुआ करता था, किन्तु आज मन्दोदरी की धमकी ने उसके सामने उसका एक और भी पक्ष प्रस्तुत कर दिया था। इन्द्रजित की बढ़ती हुई शक्ति प्रत्येक दशा में, रावण की शक्ति की वृद्धि नहीं है ... सीता-हरण के प्रसंग में कौन उसका साथ देगा — मन्दोदरी, इन्द्रजित, विभीषण ... कोई नहीं; शायद कुंभकर्ण भी नहीं। केवल शूर्पणखा ही उसका पक्ष लेगी। वह जानती है अपने भाई की प्रकृति। उसी ने तो सुझाया भी था। शूर्पणखा की ही प्रवृत्ति भाई से मिलती है।

शूर्पणखा गयी थी राम को प्राप्त करने ... और प्राप्त हो गयी रावण को सीता! ... किन्तु वहां राम क्या कर रहा होगा ? पत्नी को न पाकर, शिलाओं पर सिर पटक रहा होगा — पंचवटी में गोदावरी की गोद में शिलाएं हैं भी बहुत सारी। ... अथवा सैन्य-संगठन कर रहा होगा। अद्‌भुत संगठनकर्ता है राम ... उसकी गतिविधि की सूचनाएं मिलती रहनी चाहिए ...

"द्वार पर कौन है ?" उसने पुकारा, "अकंपन को तुरन्त यहां आने के लिए

कहो।''

अकम्पन आया, ''सम्राट्!''

''तुम्हारे अधीन कोई गूढ़-पुरुष है, या अयोग्य-जनों की ही सेना बना रखी है?''

अकम्पन का वर्ण पीला पड़ गया, ''मुझसे कोई भूल हुई, सम्राट!''

''भूलें तो तुमसे बहुत हुई हैं।'' रावण बोला, ''किन्तु इस समय उनकी चर्चा के लिए तम्हें नहीं बुलाया। एक अत्यन्त दायित्वपूर्ण कार्य सौंपना चाहता हूं।''

''सम्राट् आदेश दें।''

''कुछ चुने हुए योग्य गूढ़-पुरुषों को जनस्थान में भेज दो। वे लोग अपनी पहचान छिपाकर साधारण जनों के समान वहां रहें। संभव हो तो राम की सेना में सम्मिलित हो जाएं। हमें राम की गतिविधियों की निरंतर सूचना मिलती रहनी चाहिए। यदि वह सैन्य-संगठन का प्रयत्न करता है तो तुरन्त हमें बताया जाए।''

''आपके आदेश का पालन होगा।'' अकम्पन चला गया।

किन्तु रावण का मन शांत नहीं हो पा रहा था। सीता को वह ले आया था और मन्दोदरी ... क्या कहती है मन्दोदरी ? यही तो कि सीता अपनी इच्छा से उसका वरण करे। तो यही होगा ...

रावण संकल्प और निश्चय के साथ उठ खड़ा हुआ। कक्ष से बाहर निकल, परिचारकों को मार्ग दिखाने का आदेश दिये बिना ही बढ़ता चला गया। परिचारक और अंगरक्षक सहमे-से पीछे-पीछे चल रहे थे। वे समझ रहे थे कि सम्राट् आवेश में हैं, और इस समय कुछ भी पूछना विपत्ति का कारण हो सकता है।

रावण उस खण्ड के अन्तिम कक्ष के सम्मुख जाकर रुक गया।

द्वार-रक्षकों ने द्वार खोल दिया और वह भीतर प्रविष्ट हुआ — सामने एक मंच पर सिर झुकाये सीता बैठी थीं।

सीता ने दृष्टि उठाकर रावण को देखा। इस समय न उनके चेहरे पर घबराहट थी, न आंखों में भय। संकट को निश्चित जानकर उससे साक्षात्कार करने का संकल्प उनके चेहरे पर था। मुद्रा यद्यपि उदास थी, किन्तु एक प्रकार की कठोरता का आभास मिलता था।

''वैदेही!''

सीता की आंखें जैसे पूरी खुल गयीं।

रावण उस सौन्दर्य को निहारता खड़ा रहा। फिर बोला, ''मैं जानता हूं कि तुम बहुत दुःखी हो; किन्तु दुःख से मुक्त होने का उपकरण तुम्हारे अपने हाथ में है। मैंने अपने प्रेम के कारण तुम्हारा अपहरण किया है। मैं तुम्हारा अनिष्ट नहीं चाहता, तुम्हें कष्ट देना नहीं चाहता, तुम्हें दुःखी देखना नहीं चाहता। संसार का सारा ऐश्वर्य मैं तुम्हारे आंचल में डाल देना चाहता हूं ...''

''ऐश्वर्य मुझे नहीं चाहिए।'' सीता शुष्क और कठोर स्वर में बोली।

''तो क्या चाहिए तुम्हें ?''

''एक खड्ग, अथवा धनुष-बाण।''

''क्या करोगी ?''

''तुम्हारा वध!''

रावण ने सकपकाकर सीता को देखा — किस मिट्टी की बनी है यह नारी! धीरे-से बोला, ''तुम यहां से मुक्त नहीं हो सकतीं, मैथिली! व्यर्थ का हठ छोड़ दो। मैं तुमसे प्रेम करता हूं। स्वेच्छा से मुझे स्वीकार करो तो लंका का साम्राज्य तुम्हारा है।''

''कभी किसी स्त्री ने स्वेच्छा से किसी चोर को भी स्वीकार किया है ?''

''मैथिली! रावण लंका का सम्राट् है।''

''रावण कायर और चोर है।''

''इस बकवाद का परिणाम जानती हो ?'' रावण का रोष उभर रहा था।

''तुम अपने कृत्य का परिणाम जानते हो ?'' सीता तीखे स्वर में बोलीं, ''तुमने सारी लंका के लिए मृत्यु का प्रबंध कर दिया है। तुम्हारी सेना, सेनापतियों तथा सम्बन्धियों के सिर पशु तक भी पैरों से ठुकरायेंगे।''

''लंका की सेना जनस्थान की सेना नहीं है कि राम उसे अपने तापस साथियों की सहायता से नष्ट कर दे। तुम्हारा पति — वह राज्य-निष्कासित, अपने ही परिवार द्वारा प्रताड़ित, निर्धन, पदाति तापस यदि यहां आने का साहस करेगा तो लंका का कोई भी प्रहरी उसकी बोटियां कर पशुओं को खिला देगा। तुम लंका की शक्ति से परिचित नहीं हो।''

''जनस्थान की सेना ने राम से युद्ध करने का साहस तो किया था।'' सीता तड़पकर बोलीं, ''लंका की सेना क्या लड़ेगी, जिसका सम्राट, पत्नी का अपहरण करने से पहले, पति के साथ द्वंद्व-युद्ध का भी साहस नहीं कर सका। तुम जैसे नीच और कायर व्यक्ति को मारना राम के गौरव के अनुकूल नहीं है, किन्तु तुमने याचना की है तो तुम्हें मृत्यु अवश्य मिलेगी।''

''तुम निश्चय कर चुकी हो ?''

''हां!''

''स्वेच्छा से मेरा वरण नहीं करोगी ?''

''न स्वेच्छा से, न अनिच्छा से।''

''ठीक है!'' रावण का क्रोध छलका, ''अन्तिम अवसर दे रहा हूं। तुम्हें एक वर्ष की अवधि दी जाती है। इस अवधि में जब मेरे वरण की इच्छा हो मुझे बुला लेना, अन्यथा एक वर्ष के पश्चात् तुम्हारी हत्या कर दी जाएगी। अपने जीवन की अवधि अब स्वयं निश्चित कर लो।''

रावण ने संकेत किया। अनेक सशस्त्र रक्षिकाएं कक्ष में आ गयीं।

''इसे ले जाकर अशोक-वाटिका में बन्दी कर दो। मेरी अनुमति के अभाव में

इससे कोई नहीं मिल सकेगा — साम्राज्ञी भी नहीं। जब यह मुझे बुलाने की प्रार्थना करे, मुझे सूचना दी जाए। ... ले जाओ! और सावधान! किसी भी प्रकार का कोई शस्त्र इसके हाथ न लगे।''

शूर्पणखा की व्याकुलता किसी भी प्रकार शांत नहीं हो रही थी। ... उसने क्या चाहा था और घटनाओं ने क्या मोड़ ले लिया। वह गयी थी राम और लक्ष्मण, दोनों को प्राप्त करने और रावण को सीता मिल गयी। विद्युज्जिह्व से उसे पृथक् करने वाले को सीता दिलाने में वह स्वयं माध्यम बन गयी ... सीता को लाने के पश्चात् शूर्पणखा ने रावण को देखा था। क्या कहीं तनिक-सा भी आभास इस बात का था कि सम्राट् अपनी बहन के अपमान के प्रतिशोधस्वरूप उस स्त्री का हरण करके लाए हैं ? ... लगता था, सम्राट् जैसे किसी स्वप्न लोक में जी रहे हैं। सीता की चर्चा करते ही उनकी आंखों की चमक बढ़ जाती है, और फिर जैसे वे किसी ताप में जलने लगते हैं ... यदि यही स्थिति रही तो सीता रावण के प्राणों का नियंत्रण करने लगेगी। उसकी इच्छा लंका में सर्वोपरि हो जाएगी। सीता चाहेगी तो रावण शूर्पणखा का वध वैसे ही कर देगा, जैसे उसने विद्युज्जिह्व का वध किया था ... शूर्पणखा का मन कांप गया ... कैसा भयंकर काम कर बैठी है वह! राम को पाने की लालसा में वह अपनी सबसे बड़ी शक्ति को अपने शत्रु के हाथों में सौंप बैठी है। ... यह सब न भी हुआ, तो भी सीता जैसी अलौकिक सुन्दरी तो रावण के हाथ लग ही गयी ... शूर्पणखा जब-जब यह सोचती है, उसका मन तड़प-तड़प जाता है ... जिस रावण के कारण वह जीवन-भर जलती रही, वही रावण उसके कारण सुख पाए, वह भी ऐसा सुख ...

शूर्पणखा को लगा, जैसे वह आंग के बीच खड़ी जल रही है ... भीतर-बाहर आग-ही-आग ... यह अग्नि-दाह ...

द्वार पर किसी ने हल्की-सी थाप दी।

''आ जाओ।''

आने वाली त्रिजटा थी।

''आओ, त्रिजटा!'' शूर्पणखा उठकर बैठ गयी, ''बड़ी देर से प्रतीक्षा कर रही हूं।''

''क्षमा करें, राजकुमारी!'' त्रिजटा धीरे-से बोली, ''मार्ग में अनेक बाधाएं हैं।''

''क्या समाचार है ?''

''अनेक समाचार हैं, राजकुमारी!'' त्रिजटा मुसकराई, ''लगता है कि सीता के आने से लंका का सम्पूर्ण राज-परिवार डोल गया है।''

''क्या हुआ ?'' शूर्पणखा की रुचि जाग गयी।

''सम्राट् ने गुप्त आदेश भिजवाया है कि सीता को डराया-धमकाया जितना भी जाए, किन्तु उन्हें कष्ट कोई न हो। उनके शारीरिक और मानसिक आराम की पूरी देख-

भाल की जाए।''

शूर्पणखा की आंखों से क्रोध झलका ... यही होगा। अब रावण सीता के मोह-पाश से मुक्त नहीं होगा। धमकियां वह जितनी भी दे, किन्तु सीता की इच्छा के प्रतिकूल वह नहीं चल पाएगा ... ओह शूर्पणखा! तुझे पहले ही सोचना चाहिए था ...

''और राजकुमारी!'' त्रिजटा रहस्यपूर्ण ढंग से बोली, ''साम्राज्ञी ने तकंटका से कहा  है कि यदि सम्राट् एक क्षण के लिए भी सीता से मिलने अकेले आएं, तो उन्हें तत्काल सूचित किया जाए।''

इनके दाम्पत्य में भी सीता के आने से दरक पड़ेगी — शूर्पणखा सोच रही थी — साम्राज्ञी भी सचेत हो गयी हैं ...

''राजकुमार विभीषण ...''

''विभीषण क्या ?'' शूर्पणखा व्यग्र भाव से बोली।

''अभी ठीक-ठीक मुझे ज्ञात नहीं हो पाया, राजकुमारी!'' त्रिजटा बोली, ''किंतु यह मालूम हुआ है कि राजकुमार विभीषण भी इस विषय में रुचि ले रहे हैं। अशोक-वाटिका के प्रहरियों में कुछ राजकुमार के निजी अनुचर हैं। उन्हें राजकुमार का आदेश है कि सीता की रक्षा उन्हें अपने प्राण देकर भी करनी है ...''

सिद्धांतवादी — शूर्पणखा ने सोचा — बिना स्वार्थ के भी टांग अड़ाएगा। सदा से यही करता आया है। रावण को रुष्ट भी करेगा और उपलब्धि कोई होगी नहीं...

''उन गूढ़-पुरुषों का क्या हुआ, जिन्हें सम्राट ने जनस्थान की गतिविधियों का समाचार भेजने के लिए कहा था ?'' शूर्पणखा ने पूछा।

''वे लोग अभी तक तो लंका के ही मदिरालयों-वेश्यालयों में देखे गए हैं।'' त्रिजटा ने बताया, ''यहां से खिसकेंगे तो कहीं और चले जाएंगे। ... आजकल यही होता है, राजकुमारी!'' उसका स्वर और भी धीमा हो गया, ''सम्राट् अपने विरुद्ध कोई सत्य सुनना नहीं चाहते, तो उनके सेवकों के हाथ भी उन्हें प्रसन्न करने की सरल कला आ गयी है। वे लोग मदिरालयों में बैठे-बैठे समाचार भेजते रहेंगे कि राम रो रहा है, भटक रहा है अस्वस्थ है, मरने वाला है... और सम्राट् इन समाचारों को पाकर प्रसन्न होते रहेंगे...

शूर्पणखा कुछ सोचती रही, जैसे उसने त्रिजटा की बात ही न सुनी हो। त्रिजटा चुप हुई तो शूर्पणखा बोली, ''तुझे एक विशेष प्रयोजन से बुलाया है, सखि!''

''आदेश करें, राजकुमारी!''

''तुम्हें निरन्तर यह प्रयत्न करना है कि सीता का आत्मबल कम न हो। उसे सांत्वना देती रहो। ढाढस बंधाएं चलो। उसे राम के, सेना-सहित आने का विश्वास दिलाती चलो।'' शूर्पणखा बोली, ''किसी भी प्रकार वह सम्राट् की शक्ति से भयभीत न हो, उनकी सत्ता से अभिभूत न हो। वह हताश न हो — न आत्महत्या की बात सोचे, न आत्मसमर्पण की। उसका साहस और जिजीविषा बनी रहे।'' वह मुसकराई, ''तुम्हें

भरपूर पुरस्कार मिलेगा, सखि!''

''मुझे विश्वास है, राजकुमारी!'' त्रिजटा बोली, ''आपकी प्रत्येक आज्ञा का पालन होगा। बस, आप यह देख लें कि मेरी स्थायी नियुक्ति सीता की रक्षिकाओं में ही रहे। मुझे कहीं और भेज दिया गया ...।''

''तुम वहीं रहोगी।'' शूर्पणखा मुसकराई, ''विश्वास रखो।''

त्रिजटा अभिवादन कर, बाहर चली गयी।

शूर्पणखा उसे जाते हुए देखती रही; और सहसा उसके अधरों पर एक मुसकान फैल गयी — विनाश की मुसकान। ●